第五册目録

赦宥總部

綜論部

論説

（清）孫星衍《尚書今古文注疏》卷一《堯典》 眚災肆赦。注：史遷災作栽，肆作過。鄭康成曰：眚災，爲人作患害者也。過失，雖有害則赦之。疏：眚災者，春秋左氏莊廿五年傳云：非日月之眚不鼓。注：眚，猶災也，是日月之食謂之眚。乾象《通鑑》七引《尚書》緯曰：當赦不赦，月爲之食。是今文有説此眚災爲月食者。《開元占經》引石氏曰：若月行疾，則君刑緩，行遲則君刑急，故人君月有變則省刑。《書》曰：眚災肆赦。《穀梁》莊二十二年《經》：肆大眚。《傳》云：肆，失也。眚，災也。注云：《易》稱赦過宥罪，《書》稱眚災肆赦，《經》稱肆大眚，皆放赦罪人。如其説則肆當讀如肆大眚之肆。釋文本作佚，謂縱佚之也。又杜氏注《左傳》云：肆，緩也，緩即寛宥之意。漢魏諸儒，堅持赦非善政之説，并此經義删落之。然經之言赦，不一而足。平法之代，自可不赦，若遇淫刑之時，賴有赦以補救天災人怨，未可執偏見也。史公災爲栽者，《説文》云：栽，籀文作災。肆作過者，古文異字。鄭注見《史記集解》，以眚災爲作患害者。《康誥》云：乃有大罪，非終，乃惟眚災時乃不可殺。鄭用此義。以眚爲患，災爲害也。云過失雖有害則赦之，鄭本肆亦作過，故隨文解之也。

（明）丘濬《大學衍義補》卷一〇九《慎刑憲・慎眚災之赦》 《舜典》曰眚災肆赦。朱熹曰：眚災肆赦。言不幸而觸罪者，則肆而赦之，此法外意也。

臣按：此萬世言赦罪者之始。夫帝舜之世所謂赦者，蓋因其所犯之罪，或出於過誤，或出於不幸，非其本心固欲爲是事也。而適有如是之罪焉，非特不可以入常刑，則雖流宥金贖亦不可也，故（直）〔宜〕赦之。蓋就一人一事而言耳。非若後世（槩）〔概〕爲一札，併凡天下之罪人，不問其過、誤、故犯一切除之也。

（清）沈家本《歷代刑法考・赦一・原赦》 《舜典》：眚災肆赦。《傳》：眚，過也。災，害也。肆，緩也。過而有害者緩赦之。疏：若過誤爲害，原情非故者，則緩縱而赦放之。《史記・五帝紀集解》：鄭玄曰，眚栽，爲人作患害者也。過失，雖有害則赦之。邱濬曰：朱子曰：言不幸而觸罪者則肆而赦之，此法外意也。按此萬世言赦罪者之始，夫帝舜之世所謂赦者，蓋因其所犯之罪，或出於過誤，或出於不幸，非其本心固欲爲是事也。而適有如是之罪焉，非特不可以入常刑，則雖流宥、金贖亦不可也，故宜赦之。蓋就一人一事而言耳，非若後世概爲一札，併凡天下之罪人，不問其過誤故犯，一切除之也。

按：《易・訟》无眚，《釋文》鄭注眚，過也，是鄭亦訓眚爲過，災爲害，故云過失雖有害則赦之，東晉之孔傳正用鄭説也。《史記集解》眚下疑奪過也二字，以致詞不別白。江氏聲《音疏》引此文而删上九字，蓋疑之也。

（明）徐元瑞《吏學指南・儀制》 赦，天子寛恕之，命與民更始也。始於舜。

（明）徐元瑞《吏學指南・舜刑》 流宥五刑。宥，寛也。以流放之法寛五刑也。

（明）徐元瑞《吏學指南・過》 悔過，謂昔非今是也。伊尹放太甲於諸桐，悔過自責反善。改過，即悔過也。悛改去惡從善也。又悛者，正過也。《左傳》曰：内外以悛。改正，過而能改，錯而能正，名曰改正。謂以嫡爲庶，以庶爲嫡，以奴爲子，以良爲賤，違律爲婚，私入僧道，詐免徭役。及增減年紀，侵隱田園，脱漏户口，公事失錯，私罪枉被愆犯者，雖會恩并合改正。叙復，述其衷曲曰叙，挽回原職曰復。

《尚書・梓材》 王曰：封！以厥庶民暨厥臣，達大家；以厥臣達王。惟邦君，汝若恒越曰：我有師師、司徒、司馬、司空、尹、旅。曰：予罔厲殺人。亦厥君先敬勞，肆徂厥敬勞。肆往姦宄、殺人、歷人，宥。肆亦見厥君事、戕敗人，宥。

（明）唐順之《荊川稗編》卷一一九《論大赦之非》 按唐虞三代之所謂赦者，或以其情之可矜，或以其事之可疑，或以其在三赦三宥八議之列，然後赦之，蓋臨時隨事而爲之斟酌，所謂議事以制者也。至後世乃有大赦之法，不問情之淺深，罪之輕重，凡有犯在赦前，則殺人者不死，傷人者不刑，盜賊及作姦犯科者不詰，於是赦爲偏枯之物、長姦之門。今觀管仲所言及陶朱公之事，則知春秋戰國時已有大赦之法矣。

（清）蔡方炳《廣治平略》卷三八《赦宥篇・周代赦宥》 《虞典》曰：眚災肆赦則赦之。所由始也。至《周官》有司刺掌三宥三赦之法，以贊司寇、聽獄訟。一宥曰不識。謂若報仇者誤以甲若爲乙而殺之也。再宥曰過失。謂若舉刃砟伐而誤中人也。三宥曰遺亡。若遺亡法禁之所而偶有所犯也。一赦曰幼弱。年幼而微弱者。再赦曰老耄。年老而昏耄者。三赦曰惷愚。性惷愚而無知者。以此三法者求民情、斷民中而施上服、殺與墨劓也。下服宮刑也。之罪，然後刑殺，則赦之法第赦其可矜者耳。穆王作五刑亦曰：五刑之疑有赦，五罰之疑有赦，其審克之。《王制》曰：疑獄汎與衆共之，衆疑赦之。則赦之法亦赦其可疑者耳。春秋時管仲曰：赦者，先易而後難，久而不勝其禍。法者，先難而後易，久而不勝其福。故惠者，人之仇讎也。法者，人之父母也。凡赦者，小利而大害者也。無赦者，小害而大利者也。夫盜賊不勝則良人危，法禁不立則姦邪煩。故赦者，奔馬之委轡也。想其時已有概行赦宥之典，故其言如此。試舉一事以悉其餘。如陶朱公中子，殺人繫獄，乃令其長子賫千金，遺楚王所信善莊生請之。莊生入見楚王，言某星宿某惟爲德，可以除之。王乃使使者封三錢之庫。楚人告朱公長男曰：王且赦。曰：何以也？曰：每王且赦，常封三錢之府。昨暮王使使封之。朱公長男以爲赦，弟固當出重千金，虚棄莊生也。乃復見莊生，以爲王且赦。莊生乃還其金，羞爲所賣，復入言於王曰：臣前言，某星宿某欲修德報之。今臣出道路，皆言陶之富人朱公之子，殺人囚楚，其家多持金錢，賂王左右。王非爲楚國而赦，乃以朱公子故也。楚王大怒，令殺朱公子，明日遂下赦令。按唐虞三代之所謂赦者，或以其情之可矜，或以其事之可疑，或以其在三赦三宥八議之列，然後赦之。蓋臨時隨事而爲之斟酌，所謂議事以制者也。至後世乃有大赦之法，不問情之淺深、罪之輕重，凡所犯在赦前，則殺人者不死，傷人者不刑，盜賊及作姦犯科者不詰。於是，赦遂爲偏枯之物、長姦之門。今觀管仲所言及陶朱公之事，則知春秋戰國時已有大赦之法矣。

（明）丘濬《大學衍義補》卷一〇九《慎刑憲・慎眚災之赦》 《周禮・司刺》：一宥曰不識，再宥曰過失，三宥曰遺忘。一赦曰幼弱，再赦曰老（旄）〔耄〕，三赦曰惷愚。

臣按：赦有二者之義，程子謂赦釋之宥，惟寬之而已。蓋就其所犯之人，品原其所犯之情實，而赦之宥之也。其與後世所頒之赦異矣。

（唐）李鼎祚《周易集解》卷八 緩必有所失故受之以損。崔憬曰：宥罪緩死，失之則僥倖，有損於政刑。故言緩必有所失，受之以損。

（宋）李衡《周易義海撮要》卷一〇《序卦傳》 以柔居尊，爲解之主，有應於下，是赦過宥罪之君。既出其險，又寬其法，小人信服，湯武之（道）〔牧〕。

（清）朱駿聲《六十四卦經解》 赦過宥罪，行春令也。又君子謂三，伏陽出，成大過，坎爲罪，入則大過象壞。故以赦過，二四失位，皆在坎獄中。三出體乾，兩坎不見，震喜兑悦，罪人皆出，故以宥罪。謂三入則赦過，出則宥罪也。又宥一作尤，又大難初平，宜有殊恩。若王允不赦西涼將士，激成大變。

（宋）朱熹《四書章句集注・論語集注》卷七《子路第十三》 赦小過。過，失誤也。大者於事或有所害，不得不懲；小者赦之，則刑不濫而人心悦矣。

（清）沈家本《歷代刑法考・赦一・原赦》 《易・解卦》：象曰，雷雨作，解。君子以赦過宥罪。疏：赦謂放免，過謂誤失，宥謂寬宥，罪謂故犯。過輕則赦，罪重則宥，皆解緩之義也。程傳：天地解散而成雷雨，故雷雨作而爲解也。赦，釋之。宥，寬之。過失則赦之可也，罪惡而赦之則非義也，故寬之而已。君子觀雷雨解之象，體其發育則施恩仁，體其解散則行寬釋也。邱濬曰：按雷雨作，解。君子以赦過宥罪，蓋言《易卦》之象如此爾。人君於人之有過者而赦之，有罪者而宥之，亦猶《易》之有是象也。然過有小大，過失之小者固不必問，若事雖過失而事體所關則大，如失火延燒陵廟，射箭誤中親長之類，其罪有不可釋者，原其情則非故也，故因時赦其罪以宥之。宥如流宥五刑之宥也，所謂罪者，過失而入於罪者耳。若夫大憝極惡之罪，殺人不死則死者何辜？攫財不罪則失者何苦？雷雨作，解，豈謂如是之人哉？

按：此罪字如邱説則與赦過無分別矣，當是情可矜原者故寬之，即《舜典》流宥五刑之意。

（清）孫希旦《禮記集解》卷一三《王制》 曰：凡執禁以齊衆，不赦過。鄭氏曰：亦爲人將易犯。愚謂《周禮·士師》：掌五禁之法以左右刑罰：一曰宫禁，二曰官禁，三曰國禁，四曰野禁，五曰軍禁。下文關市之禁，蓋舉國禁畧言之也。過，謂過誤。刑於過者有赦，而禁不赦過者，蓋刑之所懲者重，禁之所治者輕，故不論其過、故而期於必行，然後約束嚴而人不敢輕犯也。

（清）沈家本《歷代刑法考·赦一·原赦》 《周禮·秋官·司刺》：掌三刺、三宥、三赦之法，以贊司寇聽獄訟。注：赦，舍也。壹刺曰訊羣臣，再刺曰訊羣吏，三刺曰訊萬民。壹宥曰不識，再宥曰過失，三宥曰遺忘。注：鄭司農云，不識，謂愚民無所識則宥之。過失，若今律過失殺不坐死。玄謂，識，審也。不審，若今仇讎當報甲，見乙誠以爲甲而殺之者。過失，若舉刃欲砍伐而軼中人者。遺忘，若間帷薄忘有在焉，而以兵矢投射之。壹赦曰幼弱，再赦曰老耄，三赦曰惷愚。注：惷愚，生而癡騃童昏者。鄭司農云，幼弱、老耄，若今律令年未滿八歲、八十以上，非手殺人，他皆不坐。邱濬曰：按赦有二者之義，蓋就其所犯之人，品原其所犯之情，實而赦之宥之也，其與後世所頒之赦異矣。

《地官·司諫》：掌糾萬民之德而觀之朋友，正其行而强之道藝，强猶勸也。巡問而觀察之，以時書德、行、道藝，辨其能而可任於國事者，以考鄉里之治，以詔廢置，以行赦宥。注：因巡問勸强萬民而考鄉里吏民罪過，以告王所當罪不。疏：司諫，考鄉里之治者，由上文，巡問即察官民善不也。云而考鄉里吏民罪過者，以巡問觀察萬民則知吏之治不，故鄭兼吏民總言之。

《司市》：國君過市則刑人赦。注：市者，人之所交利而行刑之處，君子無故不游觀焉，若游觀則施惠以爲説也，國君則赦其刑人。

按：《司市》云：市刑，小刑憲罰，中刑徇罰，大刑扑罰。此所謂刑人，即犯此三者之人也。

《吕刑》：五刑之疑有赦，五罰之疑有赦，其審克之。傳：刑疑赦從罰，罰疑赦從免，其當清察能得其理。蔡傳：疑于刑則質于罰也，疑于罰則質于過而宥免之也。邱濬曰：按此所謂有赦者，赦其有疑者耳，非若後世不問有疑無疑一概蠲除之也。

按：如孔傳之説，則此節所云即漢之赦降，今之減等也。下節墨辟疑赦云云，乃是贖法。詳贖。

《王制》：赦從重。注：雖是罪可重，猶赦。疑獄，訊與衆共之，衆疑，赦之。凡作刑罰，輕無赦。注：法雖輕，不赦之，爲人易犯。疏：此非疑獄，故雖輕不赦也。若輕者輒赦則犯者衆也，故《書》云刑故無小。

（清）沈家本《歷代刑法考·赦一·原赦》 《通考》一百七十一：管仲曰：文有三情，按：今《管子》作侑。武無一赦。楚陶朱公中子殺人繫獄，乃令其長子賫千金遺楚王所信善，莊生請之。莊生入見楚王言：某星宿某，獨以德爲可以除之。王乃使使者封三錢之庫。楚人告朱公長男曰：王且赦。曰：何以也？曰：每王且赦，常封三錢之府，昨暮王使使封之。朱公長男以爲赦，弟固當出，重千金虚棄莊生，以爲殊無短長也。乃復見莊生，以爲王且赦，莊生乃還其金，羞爲所賣。復入言王曰：臣前言某星，王言欲修德報之。今臣出，道路皆言陶之富人朱公之子殺人囚楚，其家多持金錢賂王左右，王非爲楚國而赦，乃以朱公子故也。楚王大怒，令論殺朱公子。明日，遂下赦令。按唐虞三代之所謂赦者，或以其情之可矜，或以其事之可疑，或以其在三赦、三宥、八議之列，然後赦之。蓋臨時隨事而爲之斟酌，所謂議事以制者也。至後世乃有大赦之法，不問情之淺深、罪之輕重，凡所犯在赦前則殺人者不死，傷人者不刑，盗賊及作姦犯科者不詰，於是赦遂爲偏枯之物、長姦之門。今觀管仲所言及陶朱公之事，則知春秋戰國時已有大赦之法矣。

（宋）朱熹《四書章句集注·論語集注》卷七《子路第十三》 仲弓爲季氏宰，問政。子曰：先有司，赦小過，舉賢才。朱注：過，失誤也。大者，於事或有所害，不得不懲；小者，赦之則刑不濫，而人心悦矣。

（清）沈家本《歷代刑法考·赦一·原赦》 《左傳》杜注：無傳。赦有罪也，《易》稱赦過宥罪，《書》稱眚災肆赦，傳稱肆眚圍鄭，皆放赦罪人，蕩滌衆故，以新其心。有時而用之，非制所常。故《書》疏：肆，緩也。眚，過也。緩從大過，是赦有罪也。大罪猶赦，則小罪亦赦之，猶今赦書大辟罪已下悉皆原免也。此諸言肆眚者，皆是放赦罪人，蕩滌衆故，除其瑕穢，以新其心也。必其國有大患，非赦不解，或上有嘉慶，須布大恩，如是乃行此事。故《釋例》曰：天有四時，得以成歲，雷霆以振之，霜雪以齊之，春陽以煖之，雲雨以潤之，然後能相育也。天且弗違，而況於人乎？物不可終否，故受之以同人。同人者與人同也，解天下之至結，成天下之亹亹，肆大眚之謂也。堯曰：咨！爾舜，有罪不敢赦，所以須待革命。有時而用，非制所常，故書之也。杜唯言有時用之，亦不知此時何以須赦？《穀梁傳》曰：肆大眚。爲嫌天子之葬也，其意言文姜有罪，不合以禮而葬。若不赦，不復書葬，嫌天子許之，明須赦而後得葬，故爲赦也。賈逵以文姜爲有罪，故須赦而後葬，以説臣子也。魯大赦國中罪過，欲令文姜之過因是得除，以葬文姜，杜不明説，要文姜出奔之日尚稱夫人，夫人之名未嘗有貶，何須以赦除之？此赦必不爲文姜也。但夫人以去年七月薨，十一月則當合葬，乃至此年正月，經七月始葬，如此遲緩，必是國家有事，須赦解之，但不知其所由耳。胡傳：肆眚者，蕩滌瑕垢之稱也。《舜典》曰：眚災肆赦。《易》於《解卦》曰：君子以赦過宥罪。《吕刑》曰：五刑之疑有赦，五罰之疑有赦。《周官》：司刺掌赦宥之法，未聞肆大眚也。大眚皆肆則廢天討，虧國典，縱有罪，虐無辜，惡人幸以免矣。後世有姑息爲政，數行恩宥，惠姦宄，賊良民，而其弊益滋，蓋源於此。故諸葛孔明曰：治世以大德不以小惠，其爲政於蜀，軍旅數興而赦不妄下，斯得《春秋》之旨。肆眚而曰大眚，譏失刑也。邱濬曰：按後世大赦天下，其原蓋出於此。夫魯所肆者，一國之中而謂之眚，則其所赦者過失焉耳。眚而謂之大意者，魯國向有所肆，皆小眚也。今則併其大者而肆之，然於罪惡猶未赦也。聖人書之，以垂戒萬世以此爲坊。後世赦文乃至徧赦天下，已發覺未發覺、已結正未結正，罪無大小，咸赦除之。甚至十惡之罪、常赦所不原者亦或赦焉。惠姦宄，賊良民，怙終得志，善良喑啞，失天討之公，縱人欲之私，皆春秋之罪人也。

按：眚，過也。大眚云者，其所肆非一人一邑，蓋舉一國之中咸肆之，故曰大也。眚與罪惡之出于故意者不同。唐虞即有肆赦之法，春秋時亦有肆眚之事，但於一人一邑行之，舉一國而肆之，非法也，故書以譏之。胡、邱之説，持論甚正，似未得大眚之本義。

《左傳・襄九年》：肆眚圍鄭。注：肆，緩也。眚，過也。疏：肆訓爲緩，緩從罪人，謂放赦之也。將求民力，開恩赦罪，赦諸侯之軍內犯法者。服虔以爲放鄭囚。案《傳》未與鄭戰，無囚可放。設使有囚可放，鄭人以戰而獲，非有所犯，不得謂之肆眚也。

按：《爾雅・釋詁》：赦，舍也。郭注：舍，放置。《三蒼》：赦，舍也。與《周禮》鄭注合。《説文》：赦，置也。其義亦同，謂有罪者放置之也。據《通考》之説，是古之赦者乃過失之類。如《司刺》所言者，尚無後世大赦常赦之事，惟春秋之肆大眚，似爲大赦之權輿。管子言赦之害，其相齊亦在斯時，可見春秋之初已有此事，但不知實起何時耳。自漢以後，遂爲常法矣。

《逸周書・大武篇》：陳有七來，來有三哀、四赦。四赦，一勝人必嬴，二取威信復，三人樂生身，四赦民所惡。《大聚篇》：王親在之，賓大夫，免列以選，赦刑以寬，復亡解辱，削赦輕重，皆有數，此謂行風。注：削，削其職。赦，赦其罪。數，等差。風，風聲。

（明）丘濬《大學衍義補》卷一〇九《慎刑憲・慎眚災之赦》

《吕刑》：五刑之疑有赦，五罰之疑有赦，其審克之。孔穎達曰：五刑之疑有赦，赦從罰也。五罰之疑有赦，赦從過也，過則赦之矣。蔡沈曰：疑於刑，則質于罰也。疑於罰，則質于過，而宥免之也。

臣按：此所謂有赦者，赦其有疑者耳。非若後世不問有疑無疑，一槩蠲除之也。

（清）沈家本《歷代刑法考・赦十一・論赦一》

《管子・法法篇》：民毋重罪，過不大也。民毋大過，上毋赦也。不赦則懼而修德。上赦小過則民多重罪，積之所生也，所謂積小以成高大。故曰赦出則民不敬，有罪不誅則安用敬？惠行則過日益。恃恩不恭，非過而何？惠赦加於民而囹圄雖實，殺戮雖繁，姦不勝矣，造姦以待赦也。故曰邪莫如蚤禁之。無使滋蔓，蔓難圖也。赦過遺善則民不勵，善即惠也。有過不赦，有善不遺，勵民之道於此乎用之矣。凡赦者，小利而大害者也，苟悦衆心，故曰小利，人則習而易犯法，故曰大害。故久而不勝其禍。犯法漸廣，轉欲危君，故曰不勝其禍。毋赦者，小害而大利者也，人初不悦，故曰小害，創而修德，故曰大利也。故久而不勝其福。家正而天下定，則太平可致，故曰不勝其福也。故赦者犇馬之委轡，必致覆佚也。毋赦者痤徂禾切，癤也。雎之礦石也。疾可瘳也。按：雎者，疽之假借。《初學記》引作疽。爵不尊祿不重者，不與圖難犯危，以其道爲未可以求之也。是故先王制軒冕所以著貴賤，不求其美；設爵禄所以守其服，不求其觀也。使君子食於道，小人食於力。君子食於道則上尊而民順，小人食於力則財厚而養足。上尊而民順，財厚而養足，四者備體則胥足上尊，時而王，不難矣。胥，相也。文有三侑，侑，寬也。武毋一赦。惠者多赦者也，先易而後難，久而不勝其禍；法者先難而後易，久而不勝其福。故惠者民之仇讎也，法者民之父母也。

按：《管子》以不赦小過爲勵民之道，與孔子赦小過之語正相反。《書》言眚災肆赦，《易》言赦過，帝王之道，莫不以過爲可赦。夫小過與小罪有别，過者非本意也，非本意而偶有失是謂過失，其情可矜，固當赦也。罪者有心爲非，其事雖小，積而成大，此不當赦。《書》所謂刑故無小也，《管子》之所言，必皆其有心爲非者也。小者不赦則民知自勵，然則《管子》之語初無悖於聖人也，若不問事之爲有心爲無心，嚴則濫，寬則縱，其亦未體會乎古人立言之本旨矣！

（清）孫星衍《孔子集語》卷一〇《論政》 《尚書大傳》子曰：古之聽民者，察貧窮，哀孤獨矜寡，宥老幼不肖無告，有過必赦，小罪勿增，大罪勿纍。老弱不受刑，有過不受罰。故老而受刑謂之悖，弱而受刑謂之剋。不赦有過謂之賊，逆率過以小謂之枳。故與其殺不辜，寧失有罪，與其增以有罪，本無以字，據《御覽》六百五十二引補。寧失過以有赦。

（宋）王應麟《玉海》卷六七《詔令·赦宥》 古者眚災肆赦，周有三宥三赦之法。春秋莊二十年書肆大眚。范甯曰：有時而用，非經國之常制。秦孝、文、莊，襄元年皆有赦。初即位肆赦，始此。秦并諸侯曰大赦天下。由漢以來，或即位，建儲、改元、立后皆有赦，遂爲常制。大赦者，不以罪大小皆原。其或某處有災，或車駕行幸，則曰赦某郡已下，謂之曲赦。復有遞減其罪，謂之德音者。比曲赦則恩及天下，比大赦則罪不盡除。

（宋）李昉等《太平御覽》卷六五二《刑法部·赦》 《管子》曰：凡赦者小利而大害也，故久而不勝其禍。無赦者小害而大利也，故久而不勝其福。故赦者，奔馬之委轡也。無赦者，痤疽之砭石也。

又曰：赦者先易後難，法者先難後易。故惠者，民之仇讎也。法者，民之父母也。

（明）丘濬《大學衍義補》卷一〇九《慎刑憲·慎眚災之赦》 管仲曰：文有三情，武無一赦。赦者，先易而後難，久而不勝其禍。法者，先難而後易，久而不勝其福。故惠者，人之仇讎也。法者，人之父母也。凡赦者，小利而大害者也。無赦者，小害而大利者也。夫盜賊不勝，則良人危；法禁不立，則姦邪煩。故赦者，奔馬之委轡也。

馬端臨曰：唐虞三代之所謂赦者，或以其情可矜，或以其事可疑，以其在三赦三宥八議之列，然後赦之。蓋臨時隨事而爲之斟酌，所謂議事以制者也。至後世乃有大赦之法，不問情之淺深、罪之輕重，凡所犯在赦前，則殺人者不死，傷人者不刑。盜賊及作姦犯科者不詰，於是遂爲偏枯之物，長姦之門。今觀管仲所言，及《史記》所載，陶朱公救子之事，則知春秋戰國之時已有大赦之法矣。

（宋）李昉等《太平御覽》卷六五二《刑法部·赦》 《家語》曰：孔子爲司寇，有父子訟者。夫子同狴狴，獄也。而執之，三月而不别也。其父請止，夫子赦焉。季孫聞之不悦，曰：司寇欺余，曩告余曰爲國家，必先以孝。余今戮一不孝以教民孝，不亦可乎？又赦之何哉？冉有以其言告，孔子喟然歎曰：上失其道而煞其下，非理也。不教以孝而聽以獄，是煞不辜。三軍大敗不可斬也，獄犴不理不可刑也，何者？上教之不行，罪不在民故也。

（宋）李昉等《太平御覽》卷六五二《刑法部·赦》 莊子曰：聞在宥天下，不聞治天下。郭象注曰：宥使自有則治，法治之則亂。在也者，恐天下之淫其性也。宥也者，恐天下之遷其德也。天下不淫其性也不遷其德，有治天下者哉。無治乃不遷滛耳。

（明）丘濬《大學衍義補》卷一〇九《慎刑憲·慎眚災之赦》 漢元帝在位十五年凡十赦。匡胤上疏曰：陛下躬聖德開太平之路，閔愚民觸法抵禁，比年大赦，使百姓得改行自新，天下幸甚。臣（切）〔竊〕見大赦之後，姦邪不爲衰止，今日大赦，明日犯法，相隨入獄，此殆導之未得其務也。蓋保民者陳之以德義，示之以好惡，觀其失而利其宜，故動之而和，綏之而安。今天下俗貪財賤義，好聲色，上侈靡，廉耻之節薄，淫僻之意縱，綱紀失序。疏者踰内親戚之恩薄，昏姻之黨隆，苟合徼倖以身設利，不改其原。雖歲赦之，刑猶難使錯而不用也。

臣按：西漢之世，赦令最頻數。高帝在位十九年，凡九赦。蓋漢初得天下，人之染秦俗者深，事之襲秦弊者久，不可不赦。赦之所以與民更始也。文帝在位者二十三年，凡四赦。文帝承呂后之後，蓋亦有不得已焉者。若夫景帝十六年而五赦，武帝五十五年而十八赦，昭帝十三年而七赦，宣帝二十五年而十赦，成帝二十六年而九赦，哀帝六年而四赦，大約計之，未有過三年而不赦者。數赦如此，何其爲良民計也。恒不足，而爲姦民地也，恒有餘哉。

（漢）荀悦《前漢紀》漢元帝初元二年三月 荀悦曰：夫赦者，權時之宜，非常典也。漢興，承秦兵革之後，濆亂之世，比户可刑，故設三章之法。大赦之令蕩滌穢流，與民更始，時勢然也。後世承業，襲而不革，失時宜矣。若惠文之世，無所赦之。若孝景之時，七國皆亂，異心並起，姦邪非一。及武帝末，賦役繇興，羣賊並起，加太子之事，巫蠱之禍，天下紛然，百姓無聊，人不自安。及光武之際，撥亂之後，如此之比，宜用赦矣。君臣失禮，政教陵遲，犯法者衆，亡命流竄而不擒獲。前後相積，布滿山野，勢窮刑蹙，將為羣盜。或刑政失中，猛暴横作，怨枉繇多，天下憂慘，羣獄姦昏難得而治，承此之後，宜為赦也。或赦大逆，或赦輕罪，或赦一方，或赦天下，期於應變濟時也。

（宋）沈樞《通鑑總類》卷二下《赦書門・漢匡衡荀悦論赦》 永光二年，元帝問給事中匡衡以地震日食之變，衡上疏曰：陛下躬聖德，開太平之路，閔愚吏民觸法抵禁，比年大赦，使百姓得改行，自新天下，幸甚。臣竊見大赦之後，姦邪不為衰止，今日大赦，明日犯法，相隨入獄，此殆導之未得其務也。荀悦論曰：夫赦者，權時之宜，非常典也。漢興，承秦兵革之後，大愚之世，比屋可刑，故設三章之法大赦之，令蕩滌穢流，與民更始，時勢然也。若惠文之世，無所赦之。若孝景之時七國皆亂，異心並起，姦詐非一。及武帝末年，賦役繁興，羣盜並起，加以太子之事，巫蠱之禍，天下紛然，百姓無聊，人不自安。及光武之際，撥亂之後，如此之比宜為赦矣。

（明）丘濬《大學衍義補》卷一〇九《慎刑憲・慎眚災之赦》 荀悦曰：夫赦者，權時之宜，非常典也。漢興承秦兵革之後，比屋可刑，故設三章之法大赦之令，蕩滌穢流與民更始，時勢然也。後世承業，襲而不革，失時宜矣。惠文之世，無所赦之，若孝景之時，七國皆亂，異心並起，姦詐非一。及武帝末年，賦役繁興，群盜並起，加以巫蠱之禍，天下紛然，百姓無聊。及光武之際，撥亂之後，如此之比，宜爲赦矣。

臣按：當承平之世，赦不可有，有則姦宄得志，而良民不安。當危疑之時，赦不可無，無則反側不安，而禍亂不解。荀氏謂赦爲權時之宜，而後世乃以之爲常典，何哉。

《漢書》卷八一《匡衡傳》 〔元帝初〕衡上疏曰：【略】臣竊見大赦之後，姦邪不爲衰止，今日大赦，明日犯法，相隨入獄，此殆導之未得其務也。蓋保民者，陳之以德義，示之以好惡，觀其失而制其宜，故動之而和，綏之而安。今天下俗貪財賤義，好聲色，上侈靡，廉恥之節薄，淫僻之意縱，綱紀失序，疏者逾内，親戚之恩薄，婚姻之黨隆，苟合徼幸，以身設利。不改其原，雖歲赦之，刑猶難使錯而不用也。

（宋）李昉等《太平御覽》卷六五二《刑法部・赦》 《淮南子》曰：或曰知天且赦也而殺人，或曰知天且赦而活人。其望赦同，其所利害異，故或吹火而燈，或吹火而滅，所以吹者異也。

（明）丘濬《大學衍義補》卷一〇九《慎刑憲・慎眚災之赦》 光武建武二十年，吴漢病篤，車駕親臨問所欲言，對曰：臣愚無所知識，惟願陛下慎無赦而已。

臣按：吴漢武將也，猶欲其君以慎無赦，赦不可以輕而數也，明矣。

（清）沈家本《歷代刑法考・赦十一・論赦一》 《御覽》六百五十二：崔寔《政論》曰：孝文皇帝即位二十三年乃赦天下，示不廢舊章而已。近永平、建初之際，亦六七年乃〔一〕赦，亡命之子，皆老於草野，窮困懲艾，皆至於死。頃歲以來，歲且一赦，百姓輕爲姦非，前年一朞之中，大小四赦。諺曰：一歲再赦，奴兒喑啞，況不軌之民，孰不肆意？遂以赦爲常俗。赦以趣赦，轉相趨踧而不得息，雖日赦之，亂彌繁也。又四百九十六：崔寔《政論》曰：每詔書所欲禁絶，雖重懇惻，罵詈極筆，由復廢捨，終無悛意。故里諺曰：州郡記，如霹靂，得詔書，但掛壁。又曰：一歲再赦，奴兒噫嗜。況不軌之民孰不肆意？

《困學紀聞》十三：崔寔《政論》云：諺曰：一歲再赦，好兒喑啞。唐太宗之言蓋出于此。兒與人同，如以可人爲可兒。閻按《潛夫論》：奴兒噫嗟。奴恐是好字之譌。翁元圻案，范祖禹《唐鑑》三：帝謂侍臣曰：古語有之，赦者小人之幸，君子之不幸，一歲再赦，善人喑啞。《潛夫論》：奴兒噫嗟。汪繼培箋：奴讀爲駑。崔寔《政論》亦載此諺，《困學紀聞》引《政論》：奴作好，或云好兒即好人，非也。

按：《政論》下句：況不軌之民云云，與好兒對，自以好字爲勝，況有太宗語，更足印證。宋時《政論》尚存，伯厚所引，必可據也。即以《潛夫論》考之，其下文云：言王誅不行，則痛瘀之子皆輕犯，況狡乎？痛瘀之義未詳，觀況狡乎一句，似亦與《政論》之意相同。

崔寔《政論》：長吏或實清廉，心平行潔，內省不疚，不可媚竈，曲禮不行於所屬，私愛無□於□府。州郡側目，以爲負折，乃選巧文猾吏，向壁作條，誣覆闔門，捕攝妻子。大赦之造，乃聖王受命而興，討亂除殘，誅其鯨鯢，赦其臣民，漸染□化者耳。及戰國之時，犯罪者輒亡奔鄰國，遂赦之，以誘還其逋逃之民。漢承秦制，遵而不越。頃間以來，歲且一赦，百姓忸忕，輕爲姦非，每迫春節徼倖之會，犯惡尤多。踐祚、改元際，未嘗不赦，每其令曰：蕩滌舊惡，將與士大夫更始。是襃己薄先，且違無改之義，非所以明孝抑邪之道也。今如欲遵先王之制，宜曠然更下大赦令，因明諭使知永不復赦，則羣下震慄，莫輕犯罪。縱不能然，宜十歲以上，乃時一赦。

（漢）王符《潛夫論》卷四《述赦》 凡治病者，必先知脈之虛實，氣之所結，然後爲之方，故疾可愈而壽可長也。爲國者，必先知民之所苦，禍之所起，然後設之以禁，故姦可塞國可安矣。

今日賊良民之甚者，莫大於數赦。赦贖數，則惡人昌而善人傷矣。奚以明之哉？曰：孝悌之家，修身慎行，不犯上禁，從生至死，無銖兩罪；數有赦贖，未嘗蒙恩，常反爲禍。何者？正直之士之爲吏也，不避强禦，不辭上官。從事督察，方懷不快，而姦猾之黨，又加誣言，皆知赦之不久，則且共橫枉侵冤，誣奏罪法。今主上妄行刑辟，高至死徙，下乃淪冤，而被冤之家，乃甫當乞鞫告故以信直，亦無益於死亡矣。

及隱逸行士，淑人君子爲讒佞利口所加誣覆冒，下土冤民，能至闕者，萬無數人，其得省問者，不過百一，既對尚書，空遣去者，復十六七。雖蒙考覆，州郡轉相顧望，留苦其事。春夏待秋冬，秋冬復涉春夏，如此行逢赦者，不可勝數。

又謹慎之民，用天之道，分地之利，擇莫犯土，謹身節用，積累纖微，以致小過，此言質良蓋民，惟國之基也。

輕薄惡子，不道凶民，思彼姦邪，起作盜賊，以財色殺人父母，戮人之子，滅人之門，取人之賄，及貪殘不軌，凶惡弊吏，掠殺不辜，侵冤小民，皆望聖帝當爲誅惡治冤，以解蓄怨。反一門赦之，令惡人高會而夸詫，老盜服臧而過門，孝子見讎而不得討，亡主見物而不得取，痛莫甚焉。

故將赦而先暴寒者，以其多冤結悲恨之人也。

夫養稊稗者傷禾稼，惠姦宄者賊良民。《書》曰：文王作罰，刑茲無赦。是故先王之制刑法也，非好傷人肌膚，斷人壽命者也，乃以威姦懲惡除民害也。天下本以民不能相治，故爲立王者以統治之。天子在於奉天威命，共行賞罰。故經稱：天命有德，五服五章；天罰有罪，五刑五用。《詩》刺：彼宜有罪，汝反脱之。古者惟始受命之君，承大亂之極，被前王之惡，其民乃並爲敵讎，罔不寇賊消義姦宄奪攘，以革命受祚，爲之父母，故得一赦。繼體以下，則無違焉。何者？人君配乾而仁，順育萬物以成大功，非得以養姦活罪爲仁，放縱天賊爲賢□也。

今夫性惡之人，居家不孝悌，出入不恭敬，輕薄慢傲，凶悍無辨，明以威侮侵利爲行，以賊殘酷虐爲賢，故數陷王法者，此乃民之賊，下愚極惡之人也。雖脱桎梏而出囹圄，終無改悔之心，自詩以羸敖頭，出獄踧踖，復犯法者何不然。

洛陽至有主諧合殺人者，謂之會任之家，受人十萬，謝客數千。又重饋部吏，吏與通姦，利入深重，幡黨盤牙，請至貴戚寵臣，説聽於上，謁行於下。是故雖嚴令、尹，終不能破攘斷絶。何者？凡敢爲大姦者，材必有過於衆，而能自媚於上者也。多散苟得之財，奉以諂諛之辭，以轉相驅，非有第五公之廉直，孰能不爲顧？今案洛陽主殺人者，高至數十，下至四五，身不死則殺不止，皆以數赦之所致也。由此觀之，大惡之資，終不可化，雖歲赦之，適勸姦耳。

或云：三辰有候，天氣當赦，故人主順之而施德焉。未必然也。王者至貴，與天通精，心有所想，意有所慮，未發聲色，天爲變移。或若休咎庶徵，月之從星，此乃宜有是事。故見瑞異，或戒人主。若忽不察，是乃己所感致，而反以爲天意欲然，非直也。

俗人又曰：先世欲赦，常先遣馬分行市里，聽於路隅，咸云當赦，以知天之教也，乃因施德。若使此言也而信，則殆過矣。夫民之性，固好意度者也，見久陰則稱將水，見久陽則稱將旱，見小貴則言將饑，見小賤則言將穰，然或信或否。由此觀之，民之所言，未必天下。前世贖赦稀疏，民無覬覦。近時以來，赦贖稠數，故每春夏，輒望復赦；或抱罪之家，僥倖蒙恩，故宣此言，以自悦喜。誠令仁君聞此，以爲天教而輒從之，誤莫甚焉。

論者多曰：久不赦則姦宄熾，而吏不制，故赦贖以解之。此乃詔亂之本原，不察禍福之所生者之言也。凡民之所以輕爲盜賊，吏之所以易作姦匿者，以赦贖數而有僥望也。若使犯罪之人終身被命，得而必刑，則計姦之謀破，而慮惡之心絶矣。

夫良贖可，孺子可令姐，中庸之人，可引而下，故其諺曰：一歲載赦，奴兒噫嗟。言王誅不行，則痛瘀之子皆輕犯，況狡乎？若誠思畏盜賊多而姦不勝故赦，則是爲國爲姦宄報也。夫天道賞善而刑淫，天工人其代之，故凡立王者，將以誅邪惡而養正善，而以逞邪惡逆，妄莫甚焉。

且夫國無常治，又無常亂，法令行則國治，法令弛則國亂；亦無常行，亦無常弛，君敬法則法行，君慢法則法弛。昔孝明帝時，制舉茂才，過闕謝恩，賜食事訖，問何異聞，對曰：巫有劇賊九人，刺史數以竊郡，訖不能得。帝曰：汝非部南郡從事邪？對曰：是。帝乃振怒，曰：賊發部中而不能擒，然材何以爲茂？捶數百，便免官，而切讓州郡，十日之間，賊即伏誅。由此觀之，擒滅盜賊，在於明法，不在數赦。

今不顯行賞罰以明善惡，嚴督牧守以擒姦猾，而反數赦以勸之，昔文常曰：謀反大逆不道諸犯，不當得赦皆除之，將與士大夫灑心更始。歲歲灑之，然未嘗見姦人冗吏，有肯變心悔服稱詔者也。有司奏事，又俗以赦前之微過，妨今日之顯舉。然則改往修來，更始之詔，亦不信也。

《詩》譏：君子屢盟，亂是用長。故不若希其令，必其言。若良不能了無赦者，罕之爲愈，令世歲老古時一赦，則姦宄之減十八九，可勝必也。昔大司馬吴漢老病將卒，世祖問以遺戒，對曰：臣愚不智，不足以知治，慎無赦而已矣。

夫方以類聚，物以羣分。人之情皆見乎辭，故諸言不當赦者，非修身慎行，則必憂哀謹慎而嫉毒姦惡者也。諸利數赦者，非不達赦務，則必内懷隱憂有願爲者也。人君之發令也，必諮於羣臣，羣臣之姦邪者，固必伏罪，雖正直吏，猶有公過，自非鬻拳、李離，孰肯刑身以正國？然則是皆接私計以論公政也。與狐議裘，無時焉可！

《傳》曰：民之多幸，國之不幸也。夫有罪而備辜，寃結而信理，此天之正也，而王之法也。故曰：無縱詭隨，以謹無良。若枉善人以惠姦惡，此謂：斂怨以爲德。先帝制法，論衷刺刀者。何則？以其懷姦惡之心，有殺害之意也。聖主有子愛之情，而是有殺害之意，故誅之，況成罪乎？

《尚書・康誥》：王曰：於戲！封，敬明乃罰。人有小罪匪省，乃惟終自作不典，戒爾，有厥罪小，乃不可不殺。言恐人有罪雖小，然非以過差爲之也，乃欲終身行之，故雖小，不可不殺也。何則？是本頑凶思惡而爲之者也。乃有大罪匪終，乃惟省哉，適爾，既道極厥罪，時亦不可殺。言殺人雖有大罪，非欲以終身爲惡，乃過誤爾，是不殺也。若此者，雖曰赦之可也。金作贖形，赦作宥罪，皆謂良人吉士，時有過誤，不幸陷離者爾。

先王議讞獄以制，原情論意，以救善人，非欲令兼縱惡逆以傷人也。是故《周官》差八議之辟，此先王所以整萬民而致時雍也。《易》故觀民設教，變通移時之義。今日捄世，莫乎此意。

《三國志》卷三三《蜀志・後主傳》 評：諸葛亮爲政，軍旅屢興而赦不妄下，不亦卓乎！自亮没後，兹制漸虧，優劣著矣。裴松之注：《華陽國志》曰：丞相亮時，有言公惜赦者，亮答曰：治世以大德，不以小惠，故匡衡、吴漢不願爲赦。先帝亦言吾周旋陳元方、鄭康成間，每見啓告，治亂之道悉矣，曾不語赦也。若劉景升、季玉父子，歲歲赦宥，何益於治！

(明) 丘濬《大學衍義補》卷一〇九《慎刑憲・慎眚災之赦》 漢帝禪延熙六年，立后大赦。孟光責費禕曰：夫赦者，偏枯之物，非明世所宜有也。衰敝窮極必不得已，然後乃可權而行之耳。今主上仁賢，百僚稱職，何有旦夕之急。而數施非常之恩，以惠姦軌之惡，禕謝之。初丞相亮爲相十四年，纔兩赦。時有言公大惜赦者，亮答曰：治世以大德，不以小惠。故匡衡、吴漢不願爲赦。先帝亦言：周旋、陳元方、鄭康成間每見啓告治亂之道，悉矣。曾不語赦也。若劉景升父子，歲歲赦宥，何益於治。

陳壽曰：諸葛亮軍旅數興而赦不妄下，不亦卓乎。胡寅曰：赦之無益於治道也，前賢言之多矣，而終不能革，至按以常典而行之，於其間有吉慶、克捷、祥瑞、祈禱之事，則又頒焉。不信二帝三王之法，而循後世之制，是何也。始受命則赦，改年號則赦，獲珍禽奇獸則赦，河水清則赦，刻章璽則赦，立皇后則赦，建太子則赦，生皇孫則赦，平叛亂則赦，開境土則赦，遇災異則赦，有疾病則赦，郊祀天地則赦，行大典禮則赦。或三年一赦，或比歲一赦，或一歲再赦、三赦。赦令之下也，有罪者除之，有負者蠲之，有滯者通之，或得以蔭補子孫，或得以封爵祖考。如是而已耳。明哲之君，則赦希而實。昏亂之世，則赦數而文。希者尚按故事，而不盡去也。數者則意在邀福，而歸諸已也。實者有罪必除，有負必蠲也。文者雖有是言，而人不被其澤也。

臣按：赦之爲言，釋其罪之謂也，後世之赦，乃以蠲逋負舉隱逸，蔭子孫，封祖考，甚至立法制，行禁令，皆於赦令行焉。失古人眚災肆赦，赦過宥罪之意矣。臣愚以爲，赦令之頒，宥罪之外。蠲逋減税，省刑已責，弛工、罷役、寬征、招止。凡寬民惠下之道，因赦而行，可也。非此屬也，一切付之有司行焉。凡夫赦文之初作，條件之初擬也。必須會集執政大臣，各擬所司，合行條貫。從公計議必於律例無礙，必於事體無違，必於人情不拂，斷然必可行，的然必無弊。如蠲逋也，其物必可除，後決不至於復追。如寬征也，其事必可已，後決不至於再作。其文意必不至解而兩通，其前後必不至言而相戾。既處置其事宜，復講解其文理。明白切當，然後著於赦文，行於天下。則上之所頒者，無虚文。下之所沾者，皆實惠矣。

（元）馬端臨《文獻通考》卷一七二《刑考・赦宥》 宋武帝即位，大赦，改元。逋租宿債，勿收。其犯鄉論清議，贓汙淫盜，一皆蕩滌，與之更始。長徒之身，特皆原遣。亡官失爵，禁錮奪勞，一依舊准。裴子野論曰：昔重華受終，四凶流放，武王克殷，頑民遷洛，天下之惡一也。鄉論清議，除之過矣。【略】二年正月，祀南郊，大赦。裴子野曰：夫郊祀天地，修歲事也，赦彼有罪，夫何爲哉？

《周書》卷四〇《尉遲運傳》 自是德政不修，數行赦宥。運又上疏曰：臣謹案《周官》曰：國君之過市，刑人赦。此謂市者交利之所，君子無故不游觀焉。若游觀，則施惠以悦之也。《尚書》曰：眚災肆赦。此謂過誤爲害，罪雖大，當緩赦之。《吕刑》云：五刑之疑，有赦。此謂（赦）〔刑〕疑從罰，罰疑從免。《論語》曰：赦小過，舉賢才。謹尋經典，未有罪無輕重，溥天大赦之文。逮兹末葉，不師古始，無益於治，未可則之。故管仲曰：有赦者，奔馬之委轡。不赦者，痤疽之礪石。又曰：惠者，民之仇讎。法者，民之父母。吴漢遺言，猶云唯願無赦。王符著論，亦云赦者非明世之所宜。豈可數施非常之惠，以肆姦宄之惡乎。

（宋）王溥《唐會要》卷四〇《臣下守法》 武德四年，王世充竇建德平，大赦天下。既而責其黨與，並令遷配。治書侍御史孫伏伽上表諫曰：今月十三日，發雲雨之制。既云常赦不免，皆赦除之，非直赦其有罪，亦是與天下以更新。因何世充建德部下，赦後又欲遷之？此是陛下自違本心。欲遣下人，若何取法。如臣愚見，經赦合免責罰，諸欲遷配者，請並放之。則天下幸甚。

（宋）李昉等《太平御覽》卷六五二《刑法部・赦》 貞觀二年，上謂侍臣曰：凡赦唯及不軌之輩，古語曰，小人之幸，君子不幸，一歲再赦，奴人喑啞，凡養稂莠者傷禾稼，惠姦宄者賊良人。昔文王作罰，刑兹無赦。夫小仁者，大仁之賊，故我有天下以來，不甚放赦。今四海安静，禮義興行，數赦則愚人常冀僥倖，唯欲犯法，不能改過，當須慎赦。

（唐）吴兢《貞觀政要》卷八《赦令》 貞觀七年，太宗謂侍臣曰：天下愚人者多，智人者少，智者不肯爲惡，愚人好犯憲章。凡赦宥之恩，惟及不軌之輩，古語云：小人之幸，君子之不幸，一歲再赦，善人喑啞。凡養稂莠者傷禾稼，惠姦宄者賊良人。昔文王作罰，刑兹無赦。又蜀先主嘗謂諸葛亮曰：吾周旋陳元方、鄭康成之間，每見啓告，理亂之道備矣，曾不語赦，故諸葛亮理蜀十年不赦，而蜀大化。梁武每年數赦，卒至傾敗。夫小仁者大仁之賊，故我有天下以來絶不放赦。今四海安寧，禮義興行，非常之恩彌不可數，將恐愚人常冀僥幸，惟欲犯法，不能改過。

（明）丘濬《大學衍義補》卷一〇九《慎刑憲・慎眚災之赦》 唐太

宗嘗謂侍臣曰：古言赦者，小人之幸，君子之不幸，一歲再赦，善人喑啞。昔文王作罰，刑茲無赦。小仁者大仁之賊，故我有天下以來，不甚放赦。今四海安静禮義興行，數赦即愚人常冀僥倖，惟欲犯法不能改過，當須慎赦。

臣按：三代以下，稱賢君者必曰唐太宗。太宗之於赦也，其慎也如此，則赦無益於治道也，明矣。

（唐）吴兢《貞觀政要》卷八《論刑法》　長孫皇后遇疾，漸危篤。皇太子啓后曰：醫藥備盡，今尊體不瘳，請奏赦囚徒，并度人入道，冀蒙福祐。后曰：死生有命，非人力所加。若修福可延，吾素非爲惡者。若行善無效，何福可求？赦者，國之大事。佛道者，上每示存異方之教耳！常恐爲理體之弊，豈以吾一婦人而亂天下法！不能依汝言。

（清）沈家本《歷代刑法考·赦十一·論赦一》　貞觀六年，親録囚徒，閔死者三百九十人，縱之還家，期以明年秋即刑；及期，囚皆詣朝堂，無後者，太宗嘉其誠信，悉原之。歐陽修《縱囚論》：信義行於君子，而刑戮施於小人，刑入於死者，乃罪大惡極，此又小人之尤甚者也。甯以義死，不苟幸生，而視死如歸，此又君子之尤難者也。方唐太宗之六年，録大辟囚三百餘人，縱使還家，約其自歸以就死，是以君子之難能期小人之尤者以必能也。其囚及期而卒自歸無後，是君子之所難而小人之所易也，此豈近於人情哉？或曰罪大惡極，誠小人矣，及施恩德以臨之，可使變而爲君子，蓋恩德入人之深而移人之速，有如是者矣。曰太宗之爲此，所以求此名也，然安知夫縱之去也，不意其必來以冀免所以縱之乎？又安知夫被縱而去也，不意其自歸而必獲免所以復來乎？夫意其必來而縱之，是上賊下之情也，意其必免而復來，是下賊上之心也，吾見上下交相賊以成此名也，烏有所謂施恩德與夫知信義者哉？不然太宗施德於天下，於茲六年矣，不能使小人不爲極惡大罪，而一日之恩能使視死如歸而存信義，此又不通之論也。然則何爲而可？曰縱而來歸，殺之無赦，而又縱之而又來，則可知爲恩德之致爾，然此必無之事也。若夫縱而來歸而赦之，可偶一爲之爾，若屢爲之，則殺人者皆不死，是可爲天下之常法乎？不可爲常者其聖人之法乎？是以堯舜三王之治必本於人情，不立異以爲高，不逆情以干譽。

按：此特赦也，不可以爲常例，歐陽氏論之詳矣。太宗嘗論赦，不以爲是，其語見後條，可見此事乃偶爾行之以取名耳。自來特赦之事亦甚多，有不可不赦而赦者，有不必赦而赦者，當分别觀之。

（明）楊士奇等《歷代名臣奏議》卷二一八《赦宥》　太宗貞觀中，鹽澤道行軍總管、岷州都督高甑生坐違李靖節度減死徙邊。時有上言者曰：甑生，舊秦府功臣，請寬其過。太宗曰：甑生違李靖節度，又誣告靖謀逆，雖是藩邸舊勞，誠不可忘。然治國守法，事須畫一。今若赦之，使開僥倖之路，且國家建義太原，元從及征戰有功者甚衆，若甑生獲免，誰不覬覦？有功之人皆須犯法，我所以必不赦者，正為此也。又謂侍臣曰：天下愚人者多，智人者少。智者不肯為惡，愚人好犯憲章。凡赦宥之恩，惟及不軌之輩。古語云：小人之幸，君子之不幸。一歲再赦，善人喑啞。凡養稂莠者傷禾稼，惠姦宄者賊良人。昔文王作罰，刑茲無赦。又蜀先主嘗謂諸葛亮曰：吾周旋陳元方、鄭康成之間，每見啟告，理亂之道備矣，曾不語赦。故諸葛亮理蜀十年不赦，而蜀大化。梁武帝每年數赦，卒至傾敗。夫小仁者大仁之賊，故我有天下以來，絶不放赦。今四海安寧，禮義興行，非常之恩彌不可數，將恐愚人常冀僥倖，惟欲犯法，不能改過。

（元）馬端臨《文獻通考》卷一七二《刑考·赦宥》　武后天册萬歲元年正月，大赦。九月，加尊號，赦天下。獲嘉縣主簿劉知幾上表言：皇業權輿，天地開闢，嗣君即位，黎元更始，則時籍非常之慶，以申再造之恩。今六合清晏而赦令不息，近則一年再降，遠則每歲無遺，至於違法悖禮之徒、無賴不仁之輩，編户則寇攘爲業，當官則贓賄是求。而元日之朝，指期天澤，重陽之節，佇降皇恩，如期忖度，咸樂釋免，咸爲各垂結正。罪當斷決，竊行貨賄方便，規求故致稽延，畢霑寬宥用使，俗多頑悖。時罕廉隅，爲善者不預恩光，作惡者獨承徼幸。若乃方正直言之士，守善嫉惡之夫，每欲攬轡埋輪，效鷹鸇而報國，褰帷露冕，去蝥賊以安人，而遇赦無以效其功，閲恩無所施其巧。古語云：小人之幸，君子之不幸，斯之謂也。望今後頗節於赦，使黎民知禁，姦宄肅清。又海内臣僚九品以上，每歲逢赦，必賜階勳，遂使緋服衆於青衣，象版多於木笏，皆榮非德舉，位罕才望，稍息私恩，使有善者愈效忠勤，無才者咸知勉勵。

疏奏太后，頗嘉之。

（宋）宋敏求《唐大詔令集》卷八六《政事·時令·歲初處分德音》

勑：天地以大德生羣有，聖人以大寶守萬物，古者受命之君，謂之承天之序，明有所代，夫豈徒然！若道無欽崇，命不永保，帝實臨汝，人曷戴君，朕所以每期庶乎合於仁覆之意也。夫伏羲神農，黃帝堯舜，或誅而不怒，或教而不誅。彼亦何為，獨臻於此！朕自有天下，二紀及兹，雖未能畫衣以禁，亦未嘗刑人於市，而政猶踳駮，俗尚澆醨。當是為理之心，未返於本耳。凡人豈不仁於父母兄弟，不欲於飲食衣服乎？而卒被無孝友之名，不溫飽之困，其故何哉？蓋未聞義方，不識善道，或任小智而為詐，或見小利而苟得。致遠則窮，繼之以暴，已而身受戮辱，家不相保。愚妄之徒，類多自陷，獄訟之弊，恒由此作。吁可悲乎！亦在教之不明也。蓋刑罰者，不得已而用之。天下黔黎，皆朕赤子，以誠告示，或知所歸，何必用威，然後致理，先務仁恕，寧不懷之。且五常循行，豈須深識，六親和睦，何待丁寧，自宜勉之，以副所望。刑措不用，道在於兹。今獻歲之吉，迎氣伊始，敬順天常，無違月令。所由長吏，可舉舊章，諸有嫗伏孕育之物，蠢動生靈之類，慎無殺伐，致令夭傷。九土異宜，三農在候，聚衆興役，妨時害功，特宜禁止，以助春事。至若家有征鎮，人或孤惸，物向陽和，此獨憂悴，良可憫也，亦宜所由隨事優恤。蓋不體仁，無以為長人；不知道，無以為用心。故道者，衆妙之門；而心者，萬事之統。得其要會，義可以兼濟於人；失其指歸，生不能自全於己，故我玄元皇帝，著《道德經》五千文，明乎真宗致於妙用。而有位者未之講習，不務清静，欲令所為之政，何從而至於太和也。百辟卿士，各須詳讀，勉存進道之誡，更圖前席之議。至如計校小利，綜緝煩文，邀名直行，去道彌遠，違天和氣，生人怨心，朕甚厭之，所不取也。各勵精一，共興玄化，俾蒼生登於仁壽，天下還於淳樸，豈遠乎哉！行之可至，其《老子》。宜令士庶家藏一本，仍勸習讀，使知指要。每年貢舉人，量減《尚書》、《論語》一兩道策，准數加《老子》策，俾敦崇道本，附益化源。朕推誠與人，有此教誡，必驗行事，豈垂空言。今之此勑，亦宜家置一本，每須三省，以識朕懷。開元二十一年正月一日。

（唐）徐堅《初學記》卷二〇《政理部·赦第一》 《爾雅》曰：赦，舍也。郭璞注，謂放置也。按《虞書》眚災肆赦，《周禮》司刺掌三赦之法。又曰：國君過市則刑人赦。《論語》曰：有罪不敢赦正，是也。

故《管子》曰：凡赦者，小利而大害也，故久而不勝其禍。無赦者，小害而大利也，故久而不勝其福。赦者，犇馬之委轡也。無赦者，痤疽之礦石也。又王符《潛夫論》云：或三辰有候，天氣當赦，故人從之施德也。《史記》莊生謂楚王曰：某星犯某宿，宜以德報怨，楚王將爲赦。又《望氣經》曰：黃雲四出，注期五十日赦。又風角書，春甲寅風起。從申上來爲大赦，期六十日應也。

（唐）白居易《白居易集》卷六五《策林四·議赦》 臣謹案：《書》曰：眚災肆赦。又《易》曰：雷雨作解，君子以赦過宥罪。斯則赦之不可廢也必矣。《管子》曰：赦者，奔馬之委轡也；不赦者，痤疽之礦石也。又諺曰：一歲再赦，婦兒瘖啞。斯又赦之不可數也明矣。然則赦之為用，用必有時。數既失之，廢亦未為得也。何者？赦之為德大矣，為賊亦甚矣。大凡王者踐祚改元之初一用之，則為德也；居常致理之際，數用之則為賊也。故踐祚而無赦，則布新之義缺，而好生之德廢矣；居常而數赦，則惠姦之路啓，而召亂之門開矣。由此而觀，蓋赦者，可疏而不可數也，可重而不可廢也。用捨之要，其在兹乎？

（唐）陸贄《翰苑集》卷二〇《中書奏議四·再奏量移官狀》 右伏以國之令典，先德後刑。所後者，法當舒遲。故決罪不得馳驛行下，所先者，體宜疾速，故赦書日以五百里為程，誠以聖王之心，務弘慶惠，必廻翔於行罰，而企躍於舒恩，不加罰於典法之外，不虧恩於德令之內，則受責者莫得興怨，荷貸者咸思自新。所謂威之斯懲，宥之斯感，懲以致理，感以致和，致理則尊，致和則愛。為人父母必在兼行。陛下德配上玄，澤流下土，頃因郊祀普降鴻恩，凡是貶責之人，並許量移近處。臣等任叨輔翼，職在宣行，尋具奏聞，請便進擬聖心精一務，欲均齊令，待所司檢尋一時，類例處分，其左降官內，或罪非可棄，才有足甄，亦許別狀商量，不拘常例奬用。臣等據所司檢勘，左降官及流人送名到者，都比擬量移，及別追用，分為三狀。前月十二日封進，其流人量移狀已蒙印出行下訖，餘兩狀至今未奉進止。竊以赦書宣布，僅欲半年，若更淹遲，恐乖事體。又諸州刺史及臺省官等繼有事故，頗多缺員，睿旨精於選求，至今常不充備，以眚掩德，見非古人録用棄瑕，允歸聖造，願廣含弘之美庶增誘掖之途。謹奉狀陳聞，伏聽進止。

（唐）陸贄《翰苑集》卷二〇《中書奏議四・三進量移官狀》 右希顔奉宣進止。舊例，左降官每准恩赦，量移不過三百五百里。今度進擬，稍似超越，又多是近兵馬處及當路州縣，事非穩便，宜更商量。伏以罰宜從輕，赦宜從重，所以昭仁恕之道，廣德澤之恩也。夫位尊者，其惠不可以不重，言大者，其實不可以不豐，位尊而惠輕則體非宜，言大而實寡則人失。望陛下躬行盛禮，渙發德音，念謫居之荒遐，哀負累之沈棄，俾移近處，將合新恩赦令初行，室家相慶，惠亦至矣，言亦大矣。竊料竄逐窮僻，喜聞霈澤降臨，固必破産以飾行裝，計日而俟休命，荏苒淹卹，復經半年，儻又所移之官還與舊任鄰近，竊恐乖陛下垂愍之意，虧制書行慶之恩，口惠重而事實輕，非所以揚鴻休而布大信也。謹按承前格令，左降官非元勑令，長任者每至考滿，即申所司量其舊資，便與改叙，縱或未有遷轉，亦即任其歸還，逮於開元末，李林甫固權專恣，凡所斥黜，類多非辜，慮其却迴，或復冤訴，遂奏左降官考滿未别改轉者，且給俸料，不須即停，外示優矜，實欲羈係，從此已後，遂為恒規。一經貶官，便同長任，廻望舊里，永無還期，縱遇非常之恩，許令移遠就近，雖名改轉，不越幽遐，或自西徂東，或從大適小。時俗之語，謂之横移，馴致忌尅之風，積成天寶之亂。展轉流弊，以至於今，天下咸病此法，深苛而不能改從舊典者，良以猜嫌之慮，易惑上心，將謂負譴之人，悉包樂禍之意，已經黜責，遂欲隄防。故高論則痛嫉林甫之陰邪，而密網則習行林甫之弊法，憸邪為蠹，乃至於斯。然則左降永絶於歸還，量移不離於僻遠，蓋是姦臣詭計，殊非國典舊章，且貶黜之中，情狀各異，犯有輕重，責有淺深，固非盡是回邪，皆須備慮。王者之道，待人以誠，有責怒而無猜嫌，有懲沮而無怨忌，斥遠以儆其不恪，甄恕以勉其自新，不儆則浸及威刑，不勉則復加黜削，雖屢進退，俱非愛憎，行法乃暫使左遷，念材而漸加進叙。人知復用，誰不增脩，何憂乎亂常？何患乎蓄憾？如或以其貶黜便謂姦兇，恒處閑防之中，長從擯棄之例，則是悔過者無由自補，藴才者終不見伸。凡人之情，窮則思變，含悽貪亂或起於兹，雖則何患能為，亦足感傷和氣，謂非帝王開懷含垢之大體，聖哲誘人遷善之良圖也。臣等昨進擬，商度非不精詳，既審事宜，亦尋舊例參求，折衷兼務齊平，大約所擬之官，各移近地一道郡邑，稍優於舊任官資，序進於本銜，並無降差，亦不超越，其有累經移改已至關畿，則但以大州增其常秩，所冀人皆受賜，施不失平，上副鴻恩，下塞延望，纔將得所，殊匪為優。今若裁限，所移不過三五百里，則有改職而疆域不離於本道，遷居而風土反惡於舊州，徒有徙家之勞，是增移配之擾。又當今郡府多有軍兵，所在封疆少無館驛，應合量移之例，約有二百許人，道路須計其遠邇之差，州縣則校其高下之等，若必選非當路復不近兵，則恐類例失倫，署置偏併，示人疑慮，體人非弘，幸希聖聰更賜裁審，其擬官狀，並未敢改革。

（唐）陸贄《翰苑集》卷一三《奏草三・奉天論赦書事條狀》 右隱朝奉宣聖旨，并以中書所撰赦文示臣，令臣審看可否，如有須改張處及事宜不盡條録奏來者。臣謹如詔旨，詳省再三，猶懼所見不周，兼與諸學士等參考得失，僉以為綱條粗舉，文理亦通，事多循常，辭不失舊，用於平昔，頗亦可行，施之當今，則恐未稱，何則履非常之危者不可以常道安，解非常之紛者不可以常語諭。自陛下嗣承大寶，志一中區，窮用甲兵，竭取財賦，甿庶未達於暫勞之旨，而怨咨已深昊穹，不假以悔禍之期，而患難繼起，復以刑謫太峻，禁防傷嚴，上下不親，情志多壅，乃至變生都輦，盗據宫闈，九廟鞠陷於匪人，六師出次於郊邑，奔逼憂厄，言之痛心。自古禍亂所鍾，罕有若此之暴，今重圍雖解，逋寇尚存，裂土假王者四兇，滔天僭帝者二豎，又有顧瞻懷貳，叛換黨姦，其流實繁，不可悉數。皇輿未復，國柄未歸，勞者未獲，休功者未及賞，困窮者未暇恤，滯抑者未克申。將欲紓多難而收羣心，唯在赦令。誠言而已，安危所屬，其可忽諸，動人以言，所感已淺，言又不切，人誰肯懷？昔成湯遇災，禱於桑野，躬自貶剔以為犧牲。古人所謂割髪宜及膚，翦爪宜侵體，良以誠不至者，物不感損，不極者益不臻。今兹德音，亦類於是，悔過之意不得不深，引咎之辭不得不盡。招延不可以不廣，潤澤不可以不弘，宣暢鬱堙不可不洞開襟抱，洗刷疵垢不可不蕩去瘢痕，使天下聞之，廓然一變，若被重昏而覩朗曜，人人得其所欲，則何有不從者乎？應須改革事條，謹具别狀同進，除此之外，尚有所虞，竊以知過非難，改過為難，言善非難，行善為難。假使赦文至精，止於知過言善，猶願聖慮更思所難。《易》

曰：聖人感人心而天下和平。夫感者誠發於心而形於事，人或未諭，而宣之以言，言必顧心，心必副事，三者符合，不相越踰，本於至誠，乃可求感，事或未致，則如勿言。一虧其誠，終莫之信。伏惟陛下先斷厥志，乃施於辭，度其可行而宣之，其不可者措之，無苟於言，以重其悔，言克誠而人心必感，人心既感而天下必平，事何可不詳？言何可不務？罄輸愚懇，伏聽聖裁。謹奏。

（唐）陸贄《翰苑集》卷一六《奏草六・請釋趙貴先罪狀》 右欽溆奉宣聖旨，前者共卿商量趙貴先，欲恕其罪，朕朝來更問諸將，皆云：貴先順從朱泚，則是逆人，合依常刑，不可寬捨。衆人意既如此，應難釋放，卿宜知悉者。臣愚以為貴先從逆之罪，法當不容；貴先陷身之由，情則可恕。陛下所議矜宥原其情也，諸將所請誅戮據於法也。據法而除君之惡者，人臣之常志；原情而安衆之危者，人主之大權。臣主之道既殊，通執之方亦異。言各有當，體各有宜，事或相駮而無傷，此之謂也。往以襄城告急，詔命隴右發兵，齊映率衆東行，貴先即其部將於時軍至昭應，適遇駕幸奉天，齊映馳歸鳳翔，貴先獨主營幕，進無揔帥，退閡亂兵，遂為賊泚所招，給以同迎鑾駕。泚既反狀未露，貴先安得勿從，已受邀留，遂遭刼制，身縻偽職，兵隸兇徒，雖居賊中，亦不見任，首末事跡簡在天心。臣亦親承德音，非獨聞於傳説，其於情狀，頗有足矜，所可受責之辜，唯在不能守節而死耳。貴先儻能守節，即是忠烈之徒，固獲褒旌，豈資寬捨。況所議讞，蓋緣獄疑罪疑惟輕，實編令典，脅從罔理，亦載聖謨，況復懷光未殲，希烈猶熾，遭罹誘陷，其類寔繁。今京邑初平，皇猷更始，乃是汚俗觀化之日，聖王布德之時。所用刑章尤宜審慎，一輕一重，理亂攸生，宥之以恩，則自新者咸思歸命；斷之以法，則懷懼者姑務偷生。衆心既偷，賊勢思固，不忍一朝之忿，而貽累歲之憂。苟循匹夫之談，以興億衆之役為計。若此，夫何利之有焉？曩者，安史創亂，染汚士吏。肅宗興，復累降赦書，罪止渠魁，餘所不問。河朔遺孽既聞德澤之弘被，且幸脅汚之見原，人人皆自怨，尤各悔歸國之晚，及乎三司按罪繼用，嚴科未降之流，復喜得計。慶緒將消，而再結思明，已附而重攜，浸長厲階，至今為梗，豈不以任法吏而虧權道，小不忍而亂大謀者乎？昔漢高帝既定四方，見諸將往往偶語謀反，乃問張良曰：為之奈何？良曰：陛下所最恨者為誰？帝曰：雍齒與我有舊而數窘我。良曰：今急封雍齒，則人人自堅矣。帝用良計，諸將果安，皆云雍齒且侯，吾屬何患？蓋以圖霸王者不牽於常制，安反側者罔念於宿瑕。今陛下有漢高之英，貴先無雍齒之釁，加戮不足威暴逆，矜全可以定危疑，明恕而行，盛德斯在，何所為慮，尚勞依違。微臣區區上言，蓋為將來張本，凡非首惡，皆願從寬，庶使負累之徒莫不聞風而化，消姦兇誘惑之計，開叛亂降附之門，此其大機不可失也。陛下前意固為善矣，伏惟不為浮議所移。

（宋）沈樞《通鑑總類》卷二下《赦書門・陸贄言竄謫者未霑恩》 貞元十年，陸贄上言郊禮，赦下已近半年，而竄謫者尚未霑恩，乃為三狀擬進。德宗使謂之曰：故事左降官準赦量移不過三五百里，今所擬稍似超越，恐非便。贄復上言以為，王者待人以誠，有責怒而無猜嫌，有懲沮而無怨忌，斥遠以儆其不恪，甄恕以勉其自新，如或以其貶黜，便謂姦兇，恒處防閑之中，長從擯棄之例，則是悔過者無由自補，藴才者終不見伸。若所移不過三五百里，則有疆域不離於本道風土，反惡於舊州，徒有徙家之勞，是增移配之擾，乞更賜裁審。

（明）丘濬《大學衍義補》卷一〇九《慎刑憲・慎眚災之赦》 宣宗大中元年，以旱故，命同平章事盧商與御史中丞封敖疎理京城繫囚。大理卿馬植奏稱：盧商等務行寬宥。凡抵極法者，一切免死。彼官典犯贓及故殺，平日大赦所不免，今因疎理而原之，使貪吏無所懲畏，死者含寃無告，恐非所以消旱災致和氣也。昔周飢克殷而年豐，衛旱討邢而雨降。是則誅罪録姦，或合天意。雪寃決滯，乃副聖心也。

臣按：五代晋天福中，張允進駁赦論曰：以水旱降德音，宥過放囚，冀感天心以救災，非也。假有二人訟，遇赦，則有罪者幸免，無罪者銜寃，寃氣升聞乃所以致災，非弭災也。天道福善禍淫，若以赦爲惡之人，而變災爲福，是則天助惡人也。觀於此言，則赦無益於救災，明矣。

（唐）呂溫《呂衡州集》卷一〇《雜著・功臣恕死議》 昔衛蒯聵以竊國之詐盟其陪臣，服冕乘軒三死無與。近代惑者，爲因口號，一作因爲口實。於是乎有功臣恕死之典，考諸古訓，其異端歟？稽諸時事，其亂本歟？何者？有國之柄，莫大乎刑賞，人生有欲，不可以不制，天討有罪，不可以不刑。盖刑者，聖王所一作時以佐道德而齊天下者也。功濟乎物，不可以不賞。賞勸乎功，不可以不信。蓋信者，聖人所以一號令而惇天下者也。然則恕死之典，棄信而廢刑。何以言之夫立功者，自八元十亂之後，非盡能賢或有起屠販壟畝行陣之間，乘帝王應天順人之勢，用力無幾，遂貪天功，超騰風雲，各得變化。率勞怙寵，崛强自負，僭冒無厭，見利忘義，是宜崇威竣法，大爲之防。而反丹書鐵券許以不死，其功大者，可以五作亂而十犯上。孰不以暴爲無傷乎。且人君之言，如涣汗不反，既與之要天地誓山河卒。倉忽反。一旦失馭，有黥韓之罪，神怒人怨不得已而誅，是棄信也。若恣行凶險，隳突憲綱，或姦鋒將發亹逼宗社，乃念斯言之玷忍而不誅，是廢刑也。向者纔得其塵涓之勞集作剢螢爝之助，而信棄刑廢將焉用之。使賢而有功，驚寵懼滿，自居無過之地，何恕死爲；使愚而有功，小人不幸，集作之又告以無死，是增驕而啓姦，適所謂賞之一有以字禍也。雖恕之死，其能免乎？夫其賢如太公，忠如伊尹，惟君知臣可以勿貳，而遽宥以罪死，是宜其不終。非所以待之以誠，而盡君子之心也。若乃猾如狗盜，庸如黥徒，未有罪而先恕之死，是不許其慕生廉耻自固名節，非所以道之以德而勸小人之善也。以爲明君之處勞臣也，安之以爵禄，拘集作護之以紀律，名之以好惡，聳之以禍福，使得遷善遠罪，保勳全名，剖符傳慶，與國終始。恩斯勤斯是亦極矣。柰何撓權亂法，以罪寵人，墜信賞必罰之典，虧昭德塞違之道，恐非哲王經邦軌物之制也。謹議。

（宋）洪邁《容齋三筆》卷七《赦恩為害》　赦過宥罪，自古不廢，然行之太頻，則惠姦長惡，引小人於大譴之域，其爲害固不勝言矣。唐莊宗同光二年大赦，前云：罪無輕重，常赦所不原者，咸赦除之。而又曰：十惡、五逆、屠牛、鑄錢、故殺人、合造毒藥、持仗行刼、官典犯贓不在此限。此制正得其中，當亂離之朝，乃能如是，亦可取也，而今時或不然。

《舊五代史》卷一〇八《漢書·張允傳》　晋天福初，允以國朝頻有肆赦，乃進《駁赦論》，曰：《管子》云：凡赦者小利而大害，久而不勝其禍；無赦者小害而大利，久而不勝其福。又，《漢紀》云：吴漢疾篤，帝問所欲言。對曰：唯願陛下無爲赦耳。如是者何？蓋行赦不以爲恩，不行赦亦不以爲無恩，爲罰有罪故也。竊觀自古帝王，皆以水旱則降德音而宥過，開狴牢以放囚，冀感天心以救其災者，非也。假有二人訟，一有罪，一無罪，若有罪者見捨，則無罪者銜冤，銜冤者彼何疏，見捨者此何親乎？如此則是致災之道，非救災之術也。自此小民遇天災則喜，皆相勸爲惡，曰國家好行赦，必赦我以救災，如此即是國家教民爲惡也。且天道福善禍淫，若以捨爲惡之人，而便變災爲福，則又是天助其惡民也。細而究之，必不然矣。儻或天降之災，蓋欲警誡人主，節嗜慾，務勤儉，恤鰥寡，正刑罰，不濫捨有罪，不僭殺無辜，使美化行於下，聖德聞於上，則雖有水旱，亦不爲沴矣。豈以濫捨有罪，而反能救其災乎？彰其德乎？是知赦之不可行也明哉！帝覽而嘉之，降詔獎飾，仍付史館。

（元）馬端臨《文獻通考》卷一七三《刑考·赦宥》　晋高祖天福元年十一月，即位，大赦。十二月，入洛陽，大赦。二年，至汴州，大赦。三年，大赦。左散騎常侍張元進《駁赦論》曰：竊觀自古帝王皆以水旱則降德音而宥過，開狴牢而放囚，冀感天心以救其災者，非也。假有二人訟，一人有罪，一人無罪，遇赦則有罪者幸免，無罪者銜冤，銜冤者何疏，見赦者何親？寃氣升聞乃所以致災，非弭災也。小民遇大災則喜，皆勸爲惡，曰國家好行赦，必赦我以救災，如此則赦者教民爲惡也。且天道福善禍淫，若以赦爲惡之人，以變災爲福，是則天助惡民也。或曰天降之災，警誡人主，豈以濫捨有罪而能救其災乎？上嘉納之。中書舍人李詳上疏，以爲十年以來赦令屢降，諸道職掌，皆許推恩，而藩方薦論，動踰數百，乃至藏典書吏優伶奴僕，初命則至銀青階，被服皆紫袍象笏，名器僭濫，貴賤不分。請自今諸道主兵將校之外，節度州聽奏記大將軍以上十人，他州止聽都押牙都虞候孔目官，自餘但委本道遷職名而已。

（宋）王溥《五代會要》卷九《論赦宥》　晋天福三年二月，左散騎常侍張允進《駁赦論》曰：臣聞《管子》曰：赦者小利而大害，久則不勝其禍；不赦者小害而大利，久則不勝其福。又《漢紀》云：吴漢病篤，帝問所欲言，對曰：願陛下無爲赦耳。竊觀自古帝王皆以水旱則降德音而宥過，開狴牢而放囚，冀感天心以救其災者，非也。假有二人訟，一人有罪，一人無罪，有罪者見赦則喜，無罪者銜冤，銜冤者何疏乎？見赦者何親乎？如此則是致災之道，非救災之術也。至使小民遇天災則喜，皆勸爲惡曰：國家好行赦，必赦我以救災，如此則赦者教民爲惡也。

且天道福善禍淫，若以赦爲惡之人，而變災爲福，則是天助惡民也。故曰天降之災，警誡人主，豈以濫捨有罪而能救其災乎？是如赦不可行也明矣。上深納之。

（宋）李昉等《文苑英華》卷五二二《刑獄門・請不用赦判》 得乙上封，請永不用赦。大理云：廢赦何以使人自新？乙云：數赦則姦生，恐弊轉甚。

對

刑乃天威，赦惟王澤。于以御下，存乎建中。上封以宥過，利淫倖門，宜閉大理，以蕩邪除舊，權道當行。皆推濟國之誠，未達隨時之義。何則政包寬猛，法有弛張，習以生常則起爲姦之弊。廢而不用何成作解之恩。請思砭石之言，兼詠蓼蕭之什，數則不可無之，亦難。

（宋）李昉等《文苑英華》卷五二二《刑獄門・刑罰疑赦判》 甲刑罰之疑俱赦，有司以刑不上備，省科之云適輕下服，諸罰有權。

對

先王立辟，議事以制。得情勿喜，寧失不經。故三宥以順時，重一成而不改。永懷中典亦謹無良，惟罰與刑，有疑俱赦。厚倫正俗，立教在寬。二罪並興，載難上備。五聽無濫，宜遵下服，既有權而適道，當惻隱而從輕。不俾少懲，將爲允當。

（宋）李燾《續資治通鑑長編》宋太宗雍熙二年五月 庚午，中書門下奏，謫官在外而累經赦宥者，欲令歸闕，責其後效。上不許，謂宰相曰：朝廷致理，當任賢良，君子小人，宜在明辨。大抵人君宜先自正其身，亦如治家，身不正則家亂矣。故聽讒邪之言，則骨肉至親，坐成離間，豈能致敦敍之道歟！大小雖殊，其致一也。今海島瓊、崖遠惡處甚多竄逐之臣，郊禋以來，豈不在念！然此等務行巇嶮，若小得志，即復結朋植黨，恣其毁譽，如害羣之馬，豈宜輕議哉。

《宋史》卷二〇一《刑法志》 恩宥之制，凡大赦及天下，釋雜犯死罪以下，甚則常赦所不原罪，皆除之。凡曲赦，惟一路或一州，或别京，或畿内。凡德音，則死及流罪降等，餘罪釋之，間亦釋流罪。所被廣狹無常。又，天子歲自録京師繫囚，畿内則遣使，往往雜犯死罪以下，第降等，杖、笞釋之，或徒罪亦得釋。若并及諸路，則命監司録焉。

初，太宗嘗因郊禮議赦，有秦再恩者，上書願勿赦，引諸葛亮佐劉備數十年不赦事。帝頗疑之。時趙普對曰：凡郊祀肆眚，聖朝彝典，其仁如天，若劉備區區一方，臣所不取。上善之，遂定赦。

初，太祖將祀南郊，詔：兩京、諸道，自十月後犯强竊盗，不得預郊祀之赦。所在長吏告諭，民無冒法。是後將祀，必先申明此詔。天聖五年，馬亮言：朝廷雖有是詔，而法官斷獄，乃言終是會赦，多所寬貸，惠姦失詔旨。遂詔：已下約束而犯劫盗，及官典受贓，勿復奏，悉論如律。七年春，京師雨，彌月不止。仁宗謂輔臣曰：豈政事未當天心耶？因言：向者大辟覆奏，州縣至於三，京師至於五，蓋重人命如此。其戒有司，決獄議罪，毋或枉濫。又曰：赦不欲數，然捨是無以召和氣。遂命赦天下。

《宋史》卷二〇〇《刑法志》 帝嘗御邇英閣經筵，講《周禮》：大荒大札，薄征緩刑。楊安國曰：緩刑者，乃過誤之民耳，當歲歉則赦之，憫其窮也。今衆持兵杖劫糧廩，一切寬之，恐不足以禁姦。帝曰：不然，天下皆吾赤子也。一遇饑饉，州縣不能振恤，饑莩所迫，遂至爲盗，又捕而殺之，不亦甚乎？

（宋）李燾《續資治通鑑長編》宋真宗天禧元年三月 江南提點刑獄、太常博士范應辰上言：伏覩辛亥制書，常赦不原者咸除之。臣謹按《吕刑》云：兩造具備，師聽五辭，五辭簡孚，正於五刑，五刑不簡，正於五罰，五罰不服，正於五過。由是，赦宥之文可得而詳矣，故曰：五刑之疑有赦，五罰之疑有赦。臣今看詳所部州軍正月中旬已後所申，犯由過誤而被宥者雖多，切害而蒙釋者亦衆。蓋以姦凶之輩，密料赦期，百計罔有不爲，萬途得以殘酷。或發其夙憾，恣彼忿心，怯弱者因此受辜，彊梁者由是得便。或舉家而隕命，或罄室而掠財，或持刀殺人，肝腦塗地，或縱火焚舍，蘊蓄蕩空。有糾合輕生之徒，恣爲彊剽之盗，公行殘害，以奪資儲。巡警之官，上逼下逐。或設謀而緝捕，或冒險以鬬敵。科校耆伍，書罰令尉，方諧敗獲，合正典刑。逢此霈恩，亦除其罪，悉又配爲卒伍，皆給衣糧。今力耕之夫，遍飢原野，而此輩季支以服，月賜以粟，又何異賞人爲盗者耶？與夫疑則赦之，諒有殊矣。望自今應有知赦在近而固爲罪戾，若赦後彰顯，情理切害者，死罪以下，遞減一等斷之。有赦前殺人剽財，赦後雖不復爲，若因事捕獲，並請決配遠惡州軍。其有諸州曾係殺人放火，刼掠財貨，已依赦配本城者，望止令本處重役，如更犯逃亡、飲博等罪，並依禁軍例科斷。其已該赦免，重罪而情理切害者，令逐處長吏取索赦到日所犯罪人，內元犯謀殺、鬬殺之類，籍其姓名，若再瀆憲綱，不以罪名大小，並收禁奏裁。其州縣官吏昨因差檢災傷，侮刑受賂，或案已結正及未發覺者，望准赦原免其罪而除削其官，以伸警戒。上曰：先帝因郊禮，方議肆赦，致齋之夕，有朝士秦再思上書，願勿赦，且引諸葛亮佐劉備數十年不赦事，先帝頗疑之。時趙普爲相，因入對，言曰：聖朝開創已來，具存彝制，每三年郊祀，即覃肆眚，所謂其仁如天，堯、舜之道也。至若劉備偏據一方，區區用心，臣竊爲陛下不取。先帝善其對，赦宥之文遂定。應辰所奏，頗見盡心，然或全無赦宥，亦恐難行。張知白曰：古人所謂數則不可，無之實難，斯爲確論也。

（宋）李燾《續資治通鑑長編》宋真宗天禧元年九月 壬午，徐州張旻言：伏覩辛亥制書，罪無輕重，咸赦除之。又覩近詔，官典犯贓者奏裁。伏以渙汗之恩，出則不復，絲綸之命，審乃惟行，弛而復張，民不爲信。願守一成之法，免煩三尺之科。詔從之。

（宋）包拯《包孝肅奏議集》卷一《應詔·論赦恩不及下》 臣伏聞先帝時，冬十二月雷震，司天監奏：主國家發惠布澤，未及黎庶。上召輔臣謂之曰：此上天所以警朕也。且河北、關西戍兵未息，民人勞止；又三司、轉運使率擾之事，名類實繁。大者宜即減省，小者悉蠲除之。將來改元赦書，卿等宜盡採民弊，著為條目，務澤及黎庶也。大哉，先帝愛民之心如是之至！以陛下求治之心，亦先帝之心也。臣竊見陝西用兵之後，朝廷急於饋運，多所經畫。丁夫征賦有常數矣，若踰之，則盡為無名之率，其他酒稅錢穀之類，亦有定額矣，而貪於寵利者，惟務聚斂，掊克於下。前後剝暴，競以相勝。前者增幾十萬，遂用之，後者則又增幾十萬，以圖優賞。日甚一日，何窮之有，而民力困且竭矣。所以瘡痏天下，於今未息。用是觀之，其實豈為國乎！果為國，豈不以愛民為心哉！《禮》曰：與其有聚斂之臣，寧有盜臣，則先王顧生民何如哉！今雖用度微窘，而諸州旱潦相繼，亦當寬養黎庶，固其大本。大本不固，則國家從何而安哉！況朝廷比下詔令，未嘗不以寬民卹物為先，而有司往往不即遵行。是陛下有憂民之心，而民無繇知。使王澤壅於上，民情鬱於下，此皆向者有司之失，恐非所以流布愷悌，慰安元元之深旨也。臣欲乞應自西事以來一切權宜之事，因循未釐革者，將來明堂赦書，盡採餘弊，著之條目，悉與改正，以為定制，若民間夏秋二稅，除依例輸納外，不得非横支移折變，茶鹽酒稅課利，一切依舊額趁辦，勿許擅有增減。諸色欠負，自來每遇恩貸，不以存亡，必根究本末，但務追攝，罕得除放。乞今今後於理合該蠲免者，更不縲繫逮捕，重為煩擾，並令疾速檢會除放。若有司稽違，必嚴行黜責。如此，則上可以遵先帝之意，下可以救當世之患，俾四方之人知陛下曠蕩之澤，實及於下則海內幸甚。

（宋）李覯《直講李先生文集》卷一〇《刑禁第三》 鄉士掌國中，辨其獄訟，異其死刑之罪而要之，旬而職聽於朝。司寇聽之斷其獄，弊其訟於朝。群士司刑皆在，各麗其法，以議獄訟。獄訟成，士師受中，協日刑殺。若欲免之，則王會其期。遂士掌四郊，二旬而職聽於朝，若欲免之，則王令三公會其期。縣士掌野，三旬而職聽於朝，若欲免之，則王命六卿會其期。期，謂鄉士、遂士、縣士職聽於朝。司寇聽之日，王欲赦之，則用此時親往議，或命三公六卿往議之也。君之於民，猶親之於子也。親則不忍其子，君焉得忍其民哉？推其不忍之心，則人無有可戮，罪無有可刑，王欲赦之，固其理也。然而天討有罪，王者奉之以作五刑。刑者非王之意，天之意也。非天之意，天下之人之意也。殺人者死，而民猶有相殺；傷人者刑，而民猶有相傷。苟有以不忍而赦之，則殺人者不死，傷人者不刑。殺傷之者無以懲其惡，被殺傷者無以伸其冤。此不近於帥賊而攻人者乎？是故先王雖有不忍之心，而不敢輒赦，必於外朝與掌事者議其可否焉。赦者非王赦之，情可赦也；否者非王不赦，情不可赦也。如此，民何有不服？令何有不行？王符述赦曰：養稂莠者，害禾稼；惠姦宄者，賊良民。誠哉！不可不慎也。

（宋）李覯《直講李先生文集》卷一八《安民策第八》 赦者，所以恤其民也。贖者，所以優其臣也。民之無狀，自陷罪辜。或銜刀於市，或刻其肌膚。蚤刑暮犯，纆綿弗絕。繞以叢棘，被以五木。託身獄吏，畢命螻蟻。聖人傷焉，此赦之所以作也。群公卿士，盡瘁爾職，以身從君，以家狥國。而子姪有過，或麗於法，撻之戮之，同夫甿隸，則耻及其門，憂及其親。聖人傷焉，此贖之所以起也。是則惻隱之至，念功之著，而儒先之論，未有言其可者，何也？所利寡而所害衆也。竊迹古先哲王之制刑法，非嗜殺人，乃以生人也；非欲作威，乃以作福也。夫物生有類，類則有群，群則相爭，爭則相害。是以強者脅弱，衆者暴寡，智者詐愚，勇者苦怯。或則以殺，或則以傷。不有王者作，人之相食且盡矣。故先王立禮，則天之明，因地之性，刑罰威獄，以類天之震曜殺戮也。溫慈惠和，以效天之生殖長育也。大刑用甲兵，其次用斧鉞，中刑用刀鋸，其次用鑽鑿，薄刑用鞭朴。大者陳諸原野，小者致之市朝。殺人者死，然後人莫敢殺；傷人者刑，然後人莫敢傷，弱寡愚怯之民，有所賴矣。故曰：鞭朴不可弛於家，刑罰不可廢於國，征伐不可偃於天下也。若曰有赦焉，有贖焉，是皆仁者之過也。昔王符有言曰：賊良民之甚者，莫大於數赦贖。赦贖數，則惡人昌而善人傷矣。其論甚詳，前哲稱之。然今日之事又甚於古，且國之大祀皆有期日，天下所與知也。必以是時而赦，是啓人以惡也。挾其姦邪，以逞其欲，脱身而行，避吏幽遠，天波一洒，復爲編戶者，所至而見也。何百神受職之年，有椎埋爲姦之弊？商旅或不敢越疆，孤贅或不敢出戶，此冥冥之民無告之甚也。又衣冠子孫，負勢馳騁，禽虜下戶，貪暴無厭，己之贖金無窮，而人之肌肉有盡，孰能以敲朴之苦易銖兩之罰哉？此又冥冥之民無告之甚也。與其赦之，曷若使畏而不犯？與其贖之，曷若使耻而不為？幸赦而姦卒以不悛，人鬼以怨，死亡以亟，非所以恤之也。幸贖而惡，終以不悔，辱其祖考，墮其門閥，非所以優之也。文中子曰：無赦之國，其刑必平。玆諸葛亮所以治蜀也。古者公族，其有死罪，則磬於甸人，其刑罪則纖剸，亦告於甸人。獄成有司讞於公，公三宥之，不對，走出致刑於甸人。故曰：公族之罪，雖親不以犯有司正術也，所以體百姓也。公族尚然，況其下者乎？儻留神明，以義割恩，示天下以大公，則萬世永賴矣。

（宋）李燾《續資治通鑑長編》宋仁宗天聖五年七月　壬寅，詔自今大禮前已降約束，而犯劫盜及官典受贓，並論如律，仍毋得禁奏聽裁。先是，知亳州馬亮言：按律，知有恩赦而故犯者，不得以赦原。朝廷每於赦前下約束，蓋欲申警貪盜之人，令犯者禁奏聽裁。及案下大理寺，而法官復不詳律意，乃言終是會赦，因而多所寬貸，頗爲惠姦。故降是詔。

（宋）司馬光《司馬溫公文集》卷四《論赦劄子》　臣伏見國家每下赦書，輒云敢以赦前事言者，以其罪罪之。誠欲恩澤下究，而號令必信也。比見臣僚多以私意偏見，奏赦前事乞不原赦。或更特行編配，重於不經赦之人，朝廷皆從其請。若其人情理巨蠹，必不可赦者，則國家當於約束勑及赦文内明白言之。若所坐不至甚重，而特不赦，是恩澤有所不均，而同罪之人有幸有不幸也。且今劫盜殺人不死，及雜犯死罪，猶赦之。而微罪不赦，是則罪之輕重，不繫於人主不刊之法令，而決於人臣一時之私意也。況使經赦之人，仍就編配，得罪重於不經赦者，尤無謂也。夫赦者，誠非致治之道。然朝廷若能永無赦令，使有罪者必刑，斯人知恐懼，莫敢犯矣。今既數下赦令，而使大罪得免，小罪被刑。經赦者其罰重，不經赦者其罰輕，臧否糾紛，使百姓何所取信哉。臣愚欲望陛下，自今犯罪之人，情理巨蠹，必不可赦者，乞於豫降約束勑内明白言之，其餘並從赦文處分。其有指赦作過情狀顯然，不因臣僚奏請，陛下聖意特不原免者，止宜依法施行，亦不可使重於赦前之罪。應昨赦前犯罪，不至編配，而赦後特行編配者，並乞放令逐便，庶使恩澤均一，號令明信，取進止。

（宋）司馬光《溫國文正公文集》卷一八《論赦及疎決狀嘉祐六年八月十五日上》　右臣竊以赦者害多而利少，非國家之善政也。《虞書》曰：眚災肆赦，怙終賊刑。謂過誤有害則赦之，恃惡自終則殺之，非不擇罪之有無并赦之也。漢大司馬吳漢病篤，光武親臨，問所欲言，對曰：惟願陛下慎無赦而已。王符亦曰：今日賊良民之甚者，莫大於數赦贖。赦贖數，則惡人昌而善人傷矣。蜀人稱諸葛亮之賢，亦曰軍旅屢興，而赦不妄下，然則古之明君賢臣，未嘗以數赦爲美也。國家承順天心，子愛百姓，發號出令，必先至仁，然數赦之，弊猶未能去。又古之赦者，其出無常，嚴謹周密，不可前知，姦民猶抵冒以待之，況今國家三年一郊，未嘗無赦。每歲盛夏，皆有疎決，猾吏貪縱，大爲姦利，悍民暴橫，侵侮善良，百千之中，敗無一二。幸而發露，率皆亡匿，不過周歲，必遇赦降，則晏然自出，復爲平人，往往指望謂之熱敕，使願愨之民，憤邑惴恐，凶狡之群，志滿氣揚。豈爲民父母勸善沮惡之意哉！且疎決之名，本以盛暑之際，恐囹圄之中，有滯積寃結，有司不爲申理，使無所告愬。故天子臨軒，親加慮問，平其枉直，無辜則赦，有罪則誅，使久繫之人，一朝而決。故能消釋沴氣，迎致太和，非謂不問是非，一切縱之也。又祖宗之時，每歲不過一次踈決，死罪以下皆遞降一等。近年以來，或至再三，自徒以下，一切赦之。今歲五月以前，踈決之令，已再行矣。此所以使百職懈慢，姦邪恣睢者也。今縱未能盡革前弊，伏望陛下特降指揮下中書，今後每歲踈決，不過一次，或早或晚，使外人不可豫期，其徒罪仍依舊降從杖，或遇親祀南郊之歲，更不踈決，永爲定制，庶幾爲惡之人，不敢指以自寬，有所戒懼。

（宋）陳舜俞《都官集》卷七《説宥》 説曰：古者有宥而無赦，故曰宥過無大。又曰：殺無赦宥者刑之仁也。今者有赦而無宥，故比年一降，三年一赦，赦者宥之失而刑之賊也。《易》之解曰：君子以赦過宥罪。蓋曰過則赦而宥其罪，非有罪而赦之也。穆王道衰吕侯作刑，而刑罰之疑有赦，穆吕之刑，非舜皋陶之刑也。舜為君，皋陶為士師，天下宜無刑，猶曰：罪疑惟輕，立法以教後世也。輕者，忠厚之道，非赦之謂也。春秋肆大眚，仲尼譏之，非是之也。漢儒不探其意，詐古以罔今，或謂國君過市則赦，是國君所至，詔人以殺人，亂莫甚焉。故《詩》曰：彼宜有罪，女覆説之。昔者天子一受命，禍亂一息，新舊染定民志。君子猶曰：王道之薄也。舜受命誅殛放流者四人，而天下服，未聞赦也。管子曰：赦也者，先易而後難，久而不勝其禍，惜乎？論之小也非之，而猶以為利，苟於暫恩而不知必去，此桓公所以霸也。漢為甚矣！論者數人焉。唐不盡革也，或止之或推之，亦數人焉，然未有比年一降，三年一赦，若今之甚者也。夫天豈不愛斯民？而能為之五日一風，十日一雨，使田不耕而植乎？不耘而獲乎？風雨不時，豐年不常，則民日仰首雲霓之下，竊幸一豐樂，亦曰：天之賜也，勞耕而植，力耘而獲，其有粱稻則知自貴而不費，此天之所以不為也。今天下大澤計日而知，則下非有雲霓之望，小人屢罪屢脱，則不若一幸豐年而知自貴。此赦而又失者也。上世無赦，其刑平，其次有赦而賊刑。今夫屢下而賊恩賊刑者，殺人不死傷人不刑，然小人猶以幸而獲免，日誦天子之德而不復蹈其姦賊恩者，天下亡命屈指俟報，不知朝廷之仁，而謂之典刑，適爾釋而未必改，謂後之日復當赦天下，由赦而偽者多矣。是方於前世，不獨有惠姦失惡之嘆，用恩之敝，一至於此，可不念哉？臣伏謂事有挾山超海不可為者，折枝則非難也，以今君相聖明使天下刑措，其勢猶折枝，況不數赦而已乎？唐太宗何人哉？顧不為耳。臣愚不佞，故為宥説。

（清）沈家本《歷代刑法考・赦十一・論赦一》 《通考》一百七十三：仁宗世大赦二十二，曲赦五，德音十五，録繫囚五十八。英宗世大赦二，德音三，録繫囚七。其赦常赦所不原罪，唯仁宗、英宗即位及明道中太后不豫行之。然明道所行，人以爲濫，既而詔殺人者，雖會前赦，皆刺録千里外牢城。世或謂三歲一赦，於古未有。景祐中，言者以爲三王歲親祀圜丘，未嘗輒赦。自唐兵興以後，事天之禮不常行，因有大赦，以蕩亂獄。且有罪者宥之未必自新，被害者抑之未必無怨。不能自新，將復爲惡，不能無怨，將悔爲善，一赦而使民悔善長惡，政教之大患也。願罷三歲一赦，使良民懷惠，凶人知禁。或謂未可盡廢，即請命有司前郊三日理罪人，有過誤者引而赦之，州縣須詔到倣此疏奏朝廷，重其事。第詔自今罪人情重者毋得一以赦免，然亦未嘗行。

邱濬曰：人君爲天之子，奉天之祀則當體天之心，以惠天之民，天之民不得已而誤入於罪，赦之可也。不幸而爲，人所害焉，爲天子者不能恭行天討，使天之民寃苦莫伸，豈天意所欲哉？蓋赦之初設，爲眚災也，後世相承既久，不能復古。然曠蕩之恩如雷雨之施，不時而作，使人莫可測知可也。宋人爲之常制而有定時，則人可揣摩，以需其期，非獨刑法不足以致人懼，而赦令亦不足以致人感也。

（明）楊士奇等《歷代名臣奏議》卷二一八《赦宥》 仁宗時，范仲淹奏為赦後乞放祖宗朝欠負疏曰：臣伏覩國家每一降赦，萬人懽呼，一兩月間，錢穀司存將欠負之人，依舊督責桎梏老幼，籍沒家産，既失大信，且虧至仁，蒙聖恩已差楊日嚴王質與三司詳定，不係侵欺盜用該赦欠負次，臣舊曾在三司定放欠負，見滑州酒務有少欠雜物，係專副四十餘界，計八十來年登戴，少數又不顯侵欺，其勾當人亡殁年深，只追貧弱子孫，理納並不知祖父，如何少欠，似此刻剥傷民，豈陛下愛育生靈之德？臣欲特出聖意，應祖宗朝天下欠負，更不問侵欺盜用，並與除放。如省司更不舉行，許三司知次第人陳告干繫人吏，並坐，違制，決停告事人與轉一資，諸處承受施行，官吏並科違制之罪。

（明）楊士奇等《歷代名臣奏議》卷二一八《赦宥》 起居舍人知諫

院范鎮上奏曰：臣聞古人有言曰：一歲再赦，好人暗啞，此言赦之惠姦而無益於治道，不可數者也。屬者京師及畿輔歲一赦，而去歲再赦，今歲三赦，京師兵士又得再賜錢，姑息之政，無此甚者。夫歲一赦者，細民謂之熱恩，必其在五六月間也。猾胥姦盜，倚爲過惡，指斯以待免，況再赦乎？況三赦乎？其爲惠姦，虧損治道可知矣。好人良善也，數赦尚猶暗啞，蚩蚩愚民，其不狃而爲姦，且盜者無幾矣。又今防秋備塞之人無慮五六十萬，使聞京師端坐而受賜者能無動心乎？不可不慮。然陛下德音已下，賜錢已出，臣知不可救已。伏乞今後罷所謂歲一赦者，以摧姦猾而使善良有所立也。罷兵士之特賜錢者，以均内外，以防後患，而使民力得寬裕於財也。昔唐太子承乾爲長孫皇后請賜赦以崇福祐者，長孫皇后曰：赦者，國之大事，豈以吾故亂天下法乎？長孫，婦人耳，猶能如此，陛下聖仁堯舜之資，顧不爲長孫后之所爲乎？臣竊惜之。

《宋史》卷二〇一《刑法志》〔宋仁宗〕在位久，明於人之情僞，尤惡訐人陰事，故一時士大夫習爲惇厚。久之，小人乘間密上書，疏人過失，好事稍相與唱和，又按人赦前事。翰林學士張方平、御史吕誨以爲言，因下詔曰：蓋聞治古，君臣同心，上下協穆，而無激訐之俗，何其德之盛也！朕竊慕焉。嘉與公卿大夫同底斯道，而教化未至，澆薄日滋。比者中外羣臣，多上章言人過失，暴揚難驗之罪，或外託公言，内緣私忿，詆欺曖昧，苟陷善良。又赦令者，所以與天下更始，而有司多舉按赦前之事，殆非信命令，重刑罰，使人洒心自新之意也。今有上言告人罪，言赦前事者，訊之。至于言官，宜務大體，非事關朝政，自餘小過細故，勿須察舉。

神宗即位，又詔曰：夫赦令，國之大恩，所以蕩滌瑕穢，納於自新之地，是以聖王重焉。中外臣僚多以赦前事捃摭吏民，興起獄訟，苟有詿誤，咸不自安，甚非持心近厚之義，使吾號令不信於天下。其内外言事、按察官，毋得依前舉劾，具按取旨，否則科違制之罪。御史〔臺〕覺察彈奏，法寺有此奏按，許舉駮以聞。知諫院司馬光言曰：按察之官，以赦前事興起獄訟，禁之誠爲大善。至於言事之官，事體稍異。何則？御史之職，本以繩按百僚，糾擿隱伏。姦邪之狀，固非一日所爲。國家素尚寬仁，數下赦令，或一歲之間至於再三，若赦前之事皆不得言，則其可言者無幾矣。萬一有姦邪之臣，朝廷不知，誤加進用，御史欲言則違今日之詔，若其不言，則陛下何從知之。臣恐因此言者得以藉口偷安，姦邪得以放心不懼。此乃人臣之至幸，非國家之長利也。請追改前詔，刊去言事兩字。光論至再，帝諭以言者好以赦前事誣人，光對曰：若言之得實，誠所欲聞，若其不實，當罪言者。帝命光送詔于中書。

（明）楊士奇等《歷代名臣奏議》卷二一八《赦宥》 神宗熙寧元年，通判利州周表臣論災異不必肆赦疏曰：臣伏見國家每因天文之異，水旱之灾，大則行德音於天下，小則曲赦於西京，臣竊惑焉。夫數赦之為害，古人論之詳矣。蓋古者赦過宥罪，行於過失遺亡，而不以惠姦。陷於刑辟者，非盜人貨財則脅弱暴寡者也。使為盜者蒙釋，則其主必憤疾；使衆強者被宥，則寡弱必無訴。故赦者，良民不被其澤而惡人昌矣。又況小人習性之愚，不能改過自新，其既出也，大至於讎害其主，小至於傷損平人，則復穴坯踰垣揭篋探囊，故朝脱桎梏，夕復殺人；朝出囹圄，夕復為盜。此非一日也。國家何姑息於此而赦之乎？昔成湯之時，其旱可謂久矣。湯以六事自責而已，未嘗聞赦也。高宗有飛雉之鳴，可謂異矣，祖已訓之以正厥事而已，未嘗聞赦也。周宣王之時，其旱亦可謂久矣，詩美其側身脩行而已，未嘗聞赦也。夫遇灾應變得如成湯、高宗、宣王，不亦可乎？而必赦姦宄以為惠，不亦異乎？竊原國家之意，豈非謂刑罰獄訟或有寃濫，故赦之，以致和氣，苟得其人則自無寃濫矣。況近年以來，省法弛禁，人持近厚之心，刑罰清而獄訟理，乃使兇姦之人槩蒙釋宥，恐非國之福也。臣願朝廷或遇灾異，求古明王所以應天之道，或脩法度政事之未備者，或求惠民濟衆之未至者，或舉擢有道德才行而隱晦於下位者，或出宫嬪之間執事歲深與無職掌掃灑而幽閉者。臣聞太祖皇帝躬履儉約，嬪御不滿三百，猶以為多，嘗因霖雨，又出數十人，此近事之驗也。凡此皆先王舊典或祖宗故事，惟陛下博求行之以應變，而赦不妄下，庶乎使寇賊姦宄無不息矣。七年三月，不雨。帝以旱欲降赦。時已兩赦，王安石奏曰：湯旱以六事自責，曰政不節與若一赦。三赦是政不節矣。非所以弭灾也。上乃止。

（宋）洪邁《容齋三筆》卷一六《多赦長惡》 熙寧七年，旱，神宗欲降赦，時已兩赦矣。王安石曰：湯旱，以六事自責，曰政不節與。若一歲三赦，是政不節，非所以弭災也。乃止。安石平生持論務與衆異，獨此說爲至公。近者六年之間，再行覃霈。婺州富人盧助教，以刻核起家，因至田僕之居，爲僕父子四人所執，投寘杵臼內，搗碎其軀爲肉泥，既鞫治成獄，而遇己酉赦恩獲免。至復登盧氏之門，笑侮之曰：助教何不下莊收穀？茲事可爲冤憤，而州郡失於奏論。紹熙甲寅歲至於四赦，凶盜殺人一切不死，惠姦長惡，何補於治哉？

（宋）文彦博《潞文公集》卷二四《論赦事元豐三年九月》 元豐三年，大尉文彦博上論赦事疏曰：臣伏覩陛下躬行大享之禮，前期潔齋於路寢，既而朝謁於靈宮，孝享於太廟，乃格明堂以嚴宗祀，祀禮之重莫重於此。既而御端闈，孚大號，霈惠澤於天下，號令之重亦莫重於此。然號令之出，在於必行，不惟其反，謹詳辛巳赦文，釋係縲貸逋負，比常赦至寬。自殺人已死及監主自盜、官吏枉法外，罪無輕重，悉除。而近歲以來，中外臣僚多不詳罪犯與情理之輕重，皆乞遇赦不原。朝廷或從其奏。臣恐輕重之間，有所未安，且臣下迎格赦令，則禮為不恭；朝廷遂從其請，則令有不信。臣乞今後凡有罪奏乞不赦原者，並送刑部，候具獄上一繫朝廷臨時特旨。

（清）沈家本《歷代刑法考·赦九·赦例三》 〔宋〕神宗元豐六年，郊，赦。大理少卿劉衮言：赦書以赦降日昧爽以前爲限，非次恩霈，人難預期，請依德音例，以赦到日爲限。從之。

按：據此，是宋世赦例大赦以赦降日爲限，德音以赦到爲限，劉衮議改爲一例，更寬矣。赦固不可使人得預期也，況道里有遠近、判決有遲速，若必以赦到日爲限，其中窒礙頗多，劉議未是。

（宋）佚名《宋大詔令集》卷二〇二《政事·刑法·恤刑詔元祐八年四月癸丑》 方夏暑時，動植之類皆以遂其長養。而吾民觸禁抵法，繫縲囹圄，其深文之吏或不能體朕欽恤之意。因循延蔓，久不爲决。以干陰陽之和，非細故也。其詔天下官司之長敬若時令，哀矜庶獄，以丕應朕志。

（明）楊士奇等《歷代名臣奏議》卷二一八《赦宥》 神宗時，知諫院司馬光上言曰：按察之官以赦前事興起獄訟，禁之誠為大善。至於言事之官，事體稍異，何則？御史之職，本以繩按百僚，糾擿隱伏姦邪之狀，固非一日所為。國家素尚寬仁，數下赦令，或一歲之間至于再三，若赦前之事，皆不得言，則其可言者無幾矣。萬一有姦邪之臣，朝廷不知，誤加進用，御史欲言則違今日之詔，若其不言則陛下何從知之。臣恐因此言者，得以藉口偷安，姦邪得以放心不懼，此乃人臣之至幸，非國家之長利也。請追改前詔，刊去言事兩字。光論至再，帝諭以言者好以赦前事誣人，光對曰：若言之得實，誠所欲聞，若其不實，當罪言者。帝命光送詔於中書。知諫院陳襄乞原免張堯夫等狀曰：臣伏見轉運司差官置院，取勘本州宛丘縣令張堯夫，司法參軍周琳為檢幾潁州萬壽縣令劉獻臣等明知張育等多納人户青苗頭子錢四十四貫有零，偷盜入己。及事發，旋搬所盜錢入縣。其時，劉獻臣等却容庇本人，許令陳首，虚作誤納錢數在庫，從杖罪，就縣斷遣，係提刑司巡歷到縣，點檢發覺，差官覆勘出上件情罪，牒請張堯夫録問周琳檢法，將劉獻臣等作故出，張育等盜錢徒一年，全罪以官吏分首從，從私罪定斷。尋蒙大理寺等處駮定，只合用公坐相承四等減斷，其張堯夫、周琳却有檢斷不當罪名。准勅下轉運司取勘，雖兩經德音，及遇郊禋大赦，其推勘院為見前來德音，後准朝旨取勘，以此不敢引赦恩釋放。依前圓結公案録奏，檢准熙寧編勅，諸官負將校犯罪自首或會恩，合原除私罪徒及贓罪，並結案聞奏，餘更不結案。其張堯夫、周琳所犯，只得公罪杖，不合結案事理分明。臣昨曾知本州，備知逐官蒞職公勤，州縣所賴。今再叨朝寄益，見其職事風蹟可觀，歷任以來，各無公私過犯。內張堯夫是故禮部尚書張詠曾孫，到邑三年，臨事精敏，威惠兼著，奉行新法，夙夜匪懈。僧道舉人等累次經轉運司陳狀，稱本官婚田鬪訟，給納青苗，並無留滯，催驅青苗税，物不施刑，責各依限了，足備見愛民之甚。乞留再任，已具奏陳提刑司，曾申中書，乞免替移，通判比部負外郎雍標亦具申奏，乞依勅條原放。兼入仕已來，有韓絳、呉充、王拱辰、滕甫、劉庠、陳薦、薛向等一十三人保舉充縣令，京職官任使得替合該磨勘，惜其名臣之後，能自立身勤政如此，誠可奬激。及周琳除本職外，州司多委他局勾當，並皆濟集強幹可稱。竊詳萬壽縣令佐元犯本為不覺察人吏多納青苗錢數有礙新法，刑名深重，避見申觧上州，暴揚己過，以此商量，許令陳首，作悮納錢數，只就本縣斷放，雖然公事，其間雜有私情，顯是刑名疑慮。其張堯夫等意在推明新法，嚴誡吏人取受，以致失錯檢斷，別無枉曲。今依條減外，亦只有公罪杖累，逢恩宥，於法自合，全原不當圓結公案。竊慮將來奏案朝廷，以前來德音曾降，勑命取勘特有移改，隔礙磨勘指揮，原其本情，誠足矜憫。欲乞聖慈檢會提刑轉運司，及本州通判雍標等奏狀，及申中書狀，特賜詳酌與依赦勑原放，不作遺闕。庶使公勤盡心之吏知所勸激，謹具狀奏聞，伏候勑旨。彭汝礪上奏曰：禮之有刑，非以民為不足教也，所以救禮之失也。刑之有赦，有宥，有贖，非以姦為可容也，所以待刑之所不及也。故周公之法非獨老幼惷愚者有赦也，而不識者亦有宥焉。非獨墨劓之疑有赦也，而大辟者亦有贖焉。以此知先王之所以愛人厚矣，後世無先王之教育而有先王之刑，有先王之刑而無先王之赦，是所以愛人者少而所以傷人者有餘也。此豈可忽哉！律，大辟刑名疑慮許奏請，然有司畏於駁問，見坐而移，易獄辭牽，合法令以刑之，則疑者未必釋也。杖罪，情理可矜許贖，然有司用法，或出於喜怒，而無告者未必有，而無故未必刑也。大辟極矣，而或有減，則徒役者何獨不幸耶！杖罪至輕矣，而亦有贖，則流配者，何獨不恤耶！《舜典》曰：罪疑惟輕。又曰：宥過無大，刑故無小，則赦宥非有輕重之論也。臣欲乞應以過失犯刑，應刑名疑慮，皆聽贖，則請於逐路職司而已，其應赦而不請應決而私用贖，許民得自言而使職司督察之，如此則民無幸不幸者矣。先王仁義之意，其或在是歟。

（宋）黎靖德《朱子語類》卷七一《易·無妄》 問：伊川言：災自外來，眚自內作，是否？曰：看來只一般，微有不同耳。災，是禍偶然生於彼者；眚，是過誤致然。《書》曰：眚災肆赦。《春秋》曰：肆大眚，皆以其過誤而赦之也。僩。

（明）楊士奇等《歷代名臣奏議》卷二一八《赦宥》 哲宗元祐七年九月，侍講學士范祖禹乞除賊盜重法狀曰：臣於去年十二月轉對奏事，乞除賊盜重法，未蒙施行。臣聞王者之德，如天無不覆，地無不載。四海之內皆赤子也，無有遠邇，當視之如一。今重法之地，獨為匪民一人犯罪，連及妻孥，沒其家產，便同反逆。先王制刑，必使民得以自新，不聞別異州域偏行峻令，恐非聖世所宜為也。陛下將郊見天地，御樓肆赦，若於赦文悉除此法，一切蕩滌與之更始，足以感格人心，召致和氣，則帝舜好生之德、大禹泣罪之仁、成湯解網之恩，復見於今矣。恭惟祖宗無不哀矜庶獄，刑罰從寬，遠過前代，實有陰德，上當天心，是以承平百年，福祚無窮。唯自嘉祐七年初立窩藏重法，至熙寧中，中書檢正官奏請，遂為著令，皆因有司建議，非仁宗、神宗本意。此乃權時之制，不可久行。臣前奏論之已詳，今因初郊，宜以為仁政之始。聖人順動，雲行雨施，刑清民服，此其時也。伏望聖慈斷而不疑，特降睿旨，於將來赦書行下，使百姓曉然知二聖天地涵養無私之德，不獨視此諸郡如夷貊之人。臣將見民之戴恩，淪於骨髓，則勝殘去殺，庶可望矣。謹録奏聞。元祐中，上清儲祥宮成，將肆赦。樞密直學士王巖叟曰：昔天禧中祥源成，治平中醴泉成，皆未嘗赦。古人有垂死諫君無赦者。此可見赦無益於聖治也。

（明）楊士奇等《歷代名臣奏議》卷二一八《赦宥》 徽宗時，翰林學士葉夢得上奏曰：臣近因申明昊天上帝皇、地祇冊文，尋蒙聖旨，別撰已為祈辭。今來合降赦書，謂宜更行推廣，歷敘天下艱危之狀，深自貶損，明示四方，使無遠近皆知陛下為民請命，以邀福於上下神祇之意。昔漢光武初興，第五倫每讀詔書，常嘆息曰：此聖主也，一見決矣。唐德宗以朱泚之亂巡幸奉天。陸贄在翰林，每降詔令，武夫悍卒無不感泣，李抱真自山東入朝，言曰：此時，臣知天下不足平，蓋上天不可矯誣，人情易以誠感，惟不諱禍難，而示以惻怛，則雖幽遠，與愚賤皆可以動文辭，播告不為無補，伏望聖慈詳酌，如允所請，將赦書乞降付本院，依此施行。

（明）楊士奇等《歷代名臣奏議》卷二一八《赦宥》 高宗建炎元年，尚書右僕射李綱議赦令疏曰：臣伏讀陛下登寶位赦書，竊怪與祖宗登極之赦恩數不同，及得張邦昌僭位偽赦考之，乃知登寶位赦書，一切比附以行也。臣所致疑者，有三祖宗登極，惟赦雜犯死罪以下，至於惡逆，則不赦。蓋惡逆者，天地之所不容，使其罪亦得以幸免，則人倫廢而天理絕矣。邦昌嘗位宰輔，依附金人，易姓建號，身為惡逆之魁，故其偽赦不循典憲而首為亂階。今陛下纘承大統，以為神民萬物主，豈可不法祖宗而赦惡逆哉！此臣之所疑者一也。祖宗登極，自京官以上有轉官恩數，而選人則否，豈非以其負多而太濫故耶！邦昌僭竊，欲以私恩收天下之士心，故其偽赦雖選人，亦有循資之文。今陛下嗣位於艱難多事之時，正宜吝惜名器，示天下以大公至正之道。豈可不法祖宗而行濫賞哉！此臣之所疑者二也。祖宗登極，於有罪犯安置編管羈管等人，次第推恩，或量移，或自便，或敘用，或復官，以其罪之輕重為差，故恩施而威立。邦昌僞赦一切復官而有職名者，又皆復職，惟以姑息，更無典憲。今陛下出政於國勢削弱之際，正宜分别是非，行覈實之政，豈可不法祖宗而務姑息哉！此臣之所疑者三也。是三者，豈朝廷以今日事勢為正當如此耶！將以邦昌僞赦寬大而不比附以行，則失天下之心耶！抑邦昌與聞國事，欲以此蓋其惡耶！臣愚竊以為過矣。宜降詔改從祖宗之制。惡逆不赦，選人不循資，安置編羈管人，令刑部檢具元犯以聞，等第施行，則國政立而人心服矣。春秋大正始，今日所當正者莫先於此。伏望聖慈旨而行之，以公天下為度，而勿以反汗為嫌，天下幸甚。

（明）楊士奇等《歷代名臣奏議》卷二一八《赦宥》 高宗時，皇子生，故事當肆赦，綱為尚書右僕射，又上奏曰：陛下登極，曠蕩之恩，獨遺河北河東，而不及勤王之師，天下觖望。夫兩路為朝廷堅守，而赦令不及，人皆謂已棄之，何以慰忠臣義士之心？勤王之師，在道路半年，擐甲荷戈，冒犯霜露，雖未效用，亦已勞矣。加以疾病死亡，恩恤不及，後有急難，何以使人乎？願因今赦，廣示德意。上嘉納，於是兩路知天子德意，人情翕然。

（清）沈家本《歷代刑法考・赦九・赦例三》 〔宋〕孝宗淳熙九年，赦。大理卿王尚之言：近以民間詞訴，官司按劾多有連及赦前事者，復送有司根勘，如此則與不曾經大赦無以異，非所以示信也。請降指揮，應今復還所司推勘者，只合將大赦後罪犯依法結斷，若所犯在大赦前，苟非惡逆以上，並不許推究。從之。

按：此事歷代以來言者自言之，而所司仍違之，甚不可解，或者曰罪雖免，事須明白。夫罪既免矣，事之明白與否有何關係？而必求其明白，牽累無辜，蒲服公庭，亦不過爲胥吏益囊橐耳。此其中惟後事之根於前事不能不問，否則赦文明言不許告言而獨許推究，此何理也？近嘗與人言之，而人終不悟甚矣，曉事人之寡也。

（清）沈家本《歷代刑法考・赦十一・論赦一》 《容齋隨筆》曰：近者六年之間，再行覃霈。婺州富人盧助教，以刻核起家，因至田僕之居，爲僕父子四人所執，投寘杵臼內，搗碎其軀爲肉泥，既鞫治成獄，而遇己酉赦恩獲免。至復登盧氏之門，笑侮之曰：助教何不下莊收穀？茲事可爲寃憤，而州郡失於奏論。甲寅歲至四赦，凶盜殺人一切不死，惠惡長姦，何補於治哉？

按：此事謀殺也，四人皆應論死。宋初，在赦例不免之列，自常赦不原者，咸赦之例行，而謀殺亦可放免。赦例之寬皆後來之弊，其初不然也。甲寅爲光宗紹興五年。

又曰：淳熙十六年二月登極赦：凡民間所欠債負，不以久近多少，一切除放。遂有方出錢旬日，未得一息，而並本盡失之者，人不以爲便。何澹爲諫大夫，嘗論其事，遂令只償本錢，小人無義，幾至喧譟。紹興五年七月，覃赦乃只爲蠲三年以前者。按晋高祖天福六年八月赦云：私下債負取利及倍者並放。此最爲得。又云：天福五年終已前，殘税並放。而今時所放官物常是以前二年爲斷，則民已輸納，無及於惠矣。唯民間房賃欠負，則從一年以前皆免，比之區區五代，翻有所不若也。

按：民間債負乃私有之權，本不應在赦中，赦本非美事，此尤爲失之甚者。今時之赦無此事，蓋不用宋法矣。

（清）沈家本《歷代刑法考・赦九・赦例三》 光宗紹熙五年，是歲五月，以孝宗大漸，嘗肆赦。七月，上登極。九月，宗祀明堂。尚書契勘，一歲之間三行赦放，恐有凶惡累犯之人指恩作過。內曾犯徒流罪已經登極，赦恩免罪，後再犯徒流，以情理深重者，未曾斷遣，別聽朝廷指揮，與赦文同降，但以白紙連書於黃牒前云，蓋前此所未有。

按：此赦中之變例。是歲爲甲寅，此云三赦，而《容齋隨筆》以爲歲至四赦者，是年尚有曲赦一次也。

（明）丘濬《大學衍義補》卷一〇九《慎刑憲・慎眚災之赦》 宋自祖宗以來，三歲遇郊則赦，此常制也。世謂三歲一赦，於古無有。景祐中言者以爲，三王歲祀圜丘未嘗輒赦，自唐兵興以後，事天之禮不常行，因有大赦以蕩亂獄，且有罪者宥之，未必自新；被害者抑之，未必無怨。不能自新，將復爲惡；不能無怨，將悔爲善。一赦而使民悔善長惡，政教之大患也。願罷三歲一赦，使良民懷惠，凶人知禁。或謂未可盡廢，即請命有司前郊三日，理罪人有過誤者，引而赦之。州縣須詔到倣此。

臣按：人君爲天之子，奉天之祀，則當體天之心，以惠天之民。天之民不得已而誤入於罪，赦之可也。不幸而爲人所害焉，爲天子者，不能恭行天討，使天之民寃苦莫伸，豈天意所欲哉。蓋赦之初設，爲眚災也。後世相承既久，不能復古。然曠蕩之恩，如雷雨之施不時而作，使人莫可測知，可也。宋人爲之常制，而有定時，則人可揣摩以需其期，非獨刑法不足以致人懼，而赦令亦不足以致人感也。

（清）蔡方炳《廣治平略》卷三八《赦宥篇·宋代赦宥》 宋朝赦宥之制，其非常覃慶，則常赦不原者咸除之。其次釋雜犯死罪以下，皆謂之大赦，或止謂之赦。雜犯死減等，而餘罪釋之。流已下減等，杖笞釋之。自謂之德音。亦有釋雜犯罪至死者。其恩霈之及，有止於京城、兩京，兩路、一路，數州、一州之地者，則謂之曲赦。太祖乾德中，詔自後犯竊盜者，不得預郊祀之赦。所在長吏，當告諭下民，無令犯法。其後平蜀，平廣南，平江南，皆止赦其地。太宗平河東，亦止赦其地。太宗時，嘗因郊祀議赦，有引諸葛亮佐劉備，數年不赦事爲言者，帝頗疑之。趙普曰：凡郊肆眚，聖朝彝典，堯舜之道也。蓋劉備區區一方，臣所不取。於是，赦宥之文遂定。但京朝幕府州縣官，犯人已贓，除名配諸州者，縱逢恩赦不在放還之限。端拱元年，少府監言：犯贓配役人郭冕等，皆嘗任京朝官，會赦當敍用。上曰：冕等贓，更不可復齒仕版，止令釋遣之。真宗時詔曰：聞小民知有恩赦，故爲劫盜。自今不在原免之限。時提點刑獄范應辰亦言：伏讀辛亥詔書，常赦不原者咸除之，竊惟所部州軍過誤而被宥者雖多，竊害而蒙釋者亦衆。蓋以姦凶之輩，密斷赦期，百計是爲。單弱受辜，强梁肆暴。或舉家隕命，罄室攎財；或持刃殺人，肝腦塗地；或縱火焚舍，蘊蓄蕩空。至人糾輕生之徒，爲强剽之盜，公行戕害，以奪資儲。似茲敗獲，合正典刑，逢此霈恩，亦蠲其罪，悉又配爲卒伍，咸給衣糧。今力耕之人，有受其寒餒者，而此輩季賜以服，月賦以粟，又何異賞人爲盜者耶？與夫疑則赦之之言殊矣。望自今應有知赦在近而固爲罪戾，若赦後彰顯，情理切害者，死罪以下止遞減一等。赦前殺人剽財，赦後雖不復爲，若因事捕獲，決隸遠惡州軍。其殺人放火，擄劫財貨，已依赦配本城者，如更配逃亡、飲博之罪，依禁軍例科斷。其重罪該原，而情理切害者，所在長吏籍其犯由，若再黷憲網，不論罪之大小，禁錮奏裁。其州縣官吏，侮刑受賂，望止原其罪而削其官，以申警戒焉。至仁宗時，赦更頻數。知諫院范鎮言：京輔歲一赦，而去歲再赦，今歲三赦。又在京諸軍，歲再賜緡錢。姑息之政，無甚於此。夫歲一赦者，細民謂之熱恩。以其必在六五月間也。姦猾爲過，指以待免。况再赦、三赦乎？今備塞之兵五六十萬，使聞京師端坐受賜者，能不動心哉？請自今罷所請一赦以摧姦猾，而使善良得以立也。罷兵士之特賜以均外，而使民得以寬也。時帝在位久，明於人之情僞，尤惡人訐陰事。詔曰：比者中外多上章言人過失，暴揚難驗之罪，告接無證之詞，詆欺曖昧，苟陷善良。夫赦今者，所以與天下更始，而有司多舉按赦前事，殆非性命令重刑罰使人洒然自新之意也。自今有上章告人罪及言赦前事者，訊之。至於言事之官，宜務大體。非事關朝政，勿須察舉。計仁宗之世，大輸二十二，曲赦五，德音十五，録繫囚五十八。英宗之世，大赦二，德音三，録繫囚七。其赦常赦所不原罪，唯仁宗、英宗即位及明道中太后不豫行之。然明道所行，人以爲濫。既而詔，殺人者雖會前赦，皆刺隸千里外牢城。世或謂三歲一赦，千古未有。景祐中，言者以爲三王歲親祀圜丘，未嘗輒赦。自唐兵興以後，事天之體不常行，因有大赦以蕩亂獄。且有罪者宥之，未必自新。被害者抑之，未必無怨。不能自新，將復爲惡。不能無怨，將悔爲善。行赦而使民悔善長惡，政教之大患也。願罷三歲一赦，使良民懷惠，凶人知禁，或謂未可盡廢，請命有司前郊三日，理罪人有過誤者，引而赦之。州縣須詔到倣此。疏奏，詔：自今罪人情重者，毋得一以赦免，然亦未嘗行。神宗時，司馬光上言：竊惟赦者，害多而利少，非國家之善政。古之明君賢臣，未嘗以數赦爲美也。國家承順天心，子愛百姓，發號出令，必先至仁。然數赦之弊所不能去。又古之赦者，其出無常，嚴緊周密，不可前知，姦民猶抵冒以待之。况今國家三年一郊，未嘗無赦。每歲盛夏，皆有疎决，猾吏貪縱，大爲姦利，悍民暴横，侵侮善良，百千之中，敗無一二。幸而發露，率皆亡匿。不過周歲，必遇赦降，則晏然自出，復爲平人，遙遙指望，謂之熱勅。使原愨之民憤悒惴恐，凶狡之羣志滿氣揚，豈爲民父母、勸善沮惡之意哉？且疎决之名，本以盛暑之際，恐囹圄之中有積滯冤結，有司不爲申理，使無所告愬，故天子臨軒，親加慮問，平其枉直，無辜則赦，有罪則誅，使久繫之人一朝而決，故能消釋沴氣，迎祥太和，非謂不問是非，一切縱之也。議最正當。後熙寧七年，帝以天旱欲降赦。時歲已兩赦，王安石曰：湯旱以六事自責，一曰政不節歟。若一歲三赦，是政不節，非所以弭灾也。哲宗時，門下省言，當官以職事曠隳，雖去官不免猶可言。至於赦降大恩，與物更始，雖劫盗殺人亦蒙寬宥，豈可以一事差失負罪終身，請更定赦例。從之。徽宗時，夏鰭言：諸路奏獄，有因祖父母爲人所毆，而子孫毆之以致死者，並坐。情理可憫，奏裁，多免流配。若遇赦，則不復奏裁。即以鬬殺情理，減等流配，是不遇赦者爲幸，遇赦者爲不幸。請自今雖遇赦亦令奏裁。從之。按神宗時，大赦凡十一，曲赦凡十一，德音凡八，録繫囚五。哲宗大赦凡八，德音凡九，徽宗大赦二十六，曲赦十四，德音二十七。欽宗大赦二，德音一。赦之頻數，未有甚於宋者也。高宗建炎改元大赦，右僕射李綱言：登極赦文，獨遺河東北，而不及勤王之師。夫兩路爲朝廷堅守，而赦令不及勤王之師。雖未嘗用，然在道半年，亦已勞矣，况疾病死亡者不可勝數。恩恤不及，後復有急，何以使人。上嘉納言，故赦於二者待詳。二十五年，右正言凌哲言：陛下深念比年臣僚有緣誣告不測之罪，投竄遐裔，無路自明，乃因郊祀肆赦，曠然與之昭雪，或除罪籍，或復原官，寃憤既伸，萬物吐氣，甚盛德也。至於姦贓狼籍，已經按治，蹟狀顯著，人所共知者，亦復巧飾詞理，公肆誕謾。咸以違忤權臣爲辭，陛下方開公正之路，小人乃啓僥幸之門，此正清議之所不容也。况此曹嗜利之人，與生俱生，未易悛革，倘復齒仕途，再臨民社，益務掊尅，以殘虐吾民，其害將有甚於前日矣。請特詔有司，自今陳雪過名之人，並須檢會原犯事因，如係贓罪已經勘劾者，乞止依原斷條法施行。從之。時有婺州富人盧助教，以刻核起家。因至田僕之居，爲僕父子四人所執，投寘杵臼内，擣碎其軀爲肉泥。既鞫，治成獄，而遇己酉赦恩獲免。復登盧氏門，笑侮之曰：助教何不下莊收穀。即此一事觀之，惠姦長惡，何補於治哉。淯熙十六年，寧宗登極，赦天下，凡民間所欠債負，不以久近、多少，一切除放。遂有方出錢旬日，未得一息，而并本盡失之者。人不以爲便。何澹爲諫大夫，嘗論其事。遂令只償本錢。小人無義，幾至喧譟。此又赦之不便於民者也。善乎胡寅論赦之言曰：赦之無益於治道也，前賢言之多矣。而終不爲革，至按以常典而行之。於吉慶克捷，祥瑞祈禱之事，無弗頒焉。不信二帝三王之法，而循後世之制，是何也？明哲之君則赦希而實，昏亂之世則赦數而文。希者尚按故事，而未盡去也。數者則意在邀福，而歸諸己也。實者有罪必除，有負必蠲也。文者雖有是言，而人不被其澤也。復有姦宄擅權者，以急征暴賦，多獄無罪，歸之上，而施行寬宥，布宣惠政，必自我請之。由是數者而論赦，爲有益乎？爲無益乎？人君誠以明哲自期，而以昏亂爲戒，則所謂按故事而釋有罪者，尚在在所議。且故事有是有非，豈可盡循罪人。若審有罪，豈可盡貸有罪，而貸則善人奈何？甲殺乙而遇赦，乙已不可復生，而甲得不死。以赦爲偏枯者此也。若曰乙已不辜而死矣，吾未知甲之果當殺人乎？抑疑似也，則援寧失不經之文，而赦之以爲從厚，而終不恤乙之無辜。以赦爲偏枯者此也。百姓負租，或以旱，或以貧，或以已納而不爲之除籍，或爲官司所抑，代人而輸，其事非一。每下赦令，未嘗不蠲也。而百姓有黄紙放、白紙催之言，自古如此。則以著於令甲者曰凡蠲旱税，不得過若干分。而赦令則曰：歲大旱，其盡蠲之。百姓喜於盡蠲之文，而不知令甲之有限也，則相與怨其上曰：黄紙之放特給我耳。此又偏枯之甚者也。姦宄亂賊之人，知赦之可擬也，則甫期而爲姦宄亂賊之事，僥倖貸釋，不可勝數矣。亦或病其然，則下令曰：凡距赦若干日而殺人，是待赦也，不得以赦原。先爲遠期焉，而姦宄亂賊之人有財可行，有力可援，有反可恃，有求可使，一入囹圄用是數者，遷延稽故終以無事。而捕寇之吏、被傷之主、發覺之人往往反坐，於是良善困於姦宄，閭里怵於亂賊，喑嗚飲氣，無路伸吐。此又偏枯之甚者也。靈帝行冠禮，大赦天下，而黨人不與焉。自是後凡五赦，而益增士族之錮。又五赦，而黄巾起，不得已，乃赦黨人。黨人縱有罪，不輕於十赦之惡逆乎？况黨人無罪，而願忠於君，志除姦凶，以靖天下者也。乃經十赦不得已而後赦，此豈直偏枯而已，舉四肢皆廢矣。四肢盡廢，頭首兀然，其能不爲人所捽擊曳挽而仆乎？於是董卓角之，袁紹掎之，曹操靡之，獻帝爲所挾而不得赦，伏后爲所弑而不得赦，二皇子爲所弑而不得赦。語赦至此，無益明矣。明哲之君，監失而思得，舍非而從是，莫若兼用《虞舜》、《大易》、《呂刑》、《周官》之法，則雖曠歲而不一赦，一年而十百赦無不可者。《舜》之法曰：眚災肆赦，謂有目病而害加乎人者也。《大易》之法曰：君子以赦過宥罪。過誤則直肆之，罪咎則稍寬之而已。《呂刑》之法曰：五刑五罰之疑而不明者則赦，無疑則不赦矣。《周公》之法曰：赦幼弱、老耄、蠢愚，非此三者則不赦矣。魯國肆大眚，《春秋》非之。以其無謂而盡赦也。取正乎孔子，略法乎《虞》周《大易》之訓，則刑罰盡道，可以代天之春生秋殺矣。

（元）馬端臨《文獻通考》卷一七三《刑考·赦宥》 江南提點刑獄范應辰上言：伏覩辛亥制書，常赦不原者咸除之。謹按《呂刑》云：兩造具備，師聽五辭。五辭簡孚，正於五刑。五刑不簡，正於五罰。五罰不服，正於五過。繇是五刑之疑有赦，五罰之疑有赦，其來詳矣。臣今所部州軍，過誤而被宥者雖多，竊害而蒙釋者亦衆。蓋以姦凶之輩密斷赦期，百計是爲，萬端斯起，發其夙憾，狃於忿心，單弱受辜，强梁肆暴。或舉家隕命，罄室虜財；或持刃殺人，肝腦塗地；或縱火焚舍，蘊蓄蕩空。至有糾輕生之徒爲强剽之盜，公行戕害以奪資儲。巡警之官，上逼下逐，設謀緝捕，冒險鬭敵，科罰著伍，薄責令尉，以茲敗獲，合正典刑。逢此霈恩，亦蠲其罪，悉又配爲卒伍，咸給衣糧。今力耕之人有受其寒餒者，而此輩季賜以服，月賦以粟，又何異賞人爲盜者耶？與夫疑則赦之言殊矣。望自今應有知赦在近而故爲罪戾，若赦後彰顯情理切害者，死罪以下，止遞減一等。赦前殺人剽財，赦後雖不復爲，若因事捕獲，決隸遠惡州軍。其殺人放火，虜劫財貨，已依赦配本城者，如更犯逃亡飲博之罪，依禁軍例科斷。其重罪該原而情理切害者，所在長吏籍其犯由，若再黷憲綱，不以罪之大小，禁錮奏裁。其州縣官吏侮刑受賄，望止原其罪而削其官，以申警戒焉。上覽之，頗嘉其盡心，然以赦數則不可無之，實難也。

（元）馬端臨《文獻通考》卷一七一下《刑考·赦宥》 致堂胡氏曰：赦之無益於治道也，前賢言之多矣，而終不能革。至按以常典而行之，於其間有吉慶、克捷、祥瑞、祈禱之事，則又赦焉，不信二帝三王之法而循後世之制，是何也？其說多矣，始受命則赦，改年號則赦，獲珍禽奇獸則赦，河水清則赦，刻章璽則赦，立皇后則赦，建太子則赦，生皇孫則赦，平叛亂則赦，開境土則赦，遇災異則赦，有疾病則赦，郊祀天地則赦，行大典禮則赦。或三年一赦，或比歲一赦，或一歲再赦，赦令之下也，有罪者除之，有負者蠲之，有滯者通之。或得以廕補子孫，或得以封爵祖考，大概如是而已耳。明哲之君則赦希而實，昏亂之世則赦數而文。希者尚按故事而不能盡去也，數者則意在邀福而歸諸己也，實者有罪必除，有負必蠲也，文者雖有是言而人不被其澤也。復有姦宄，擅權者以急征、暴賦、多獄、無罪歸之上，而施行寬宥布宣惠心自我請之，按惠上下疑有脱字。由是數者而論，赦爲有益乎？爲無益乎？人君誠以明哲自期，而以昏亂爲戒，則所謂按故事而釋有罪者尚在所議，故事有是有非，豈可盡循罪人？若審有罪，豈可盡貸？有罪而貸則善人奈何？甲殺乙而遇赦，乙已不可復生，而甲得不死，以赦爲偏枯者此也。若曰乙已不辜而死矣，吾未知甲之果當殺之乎？抑疑似也則援寧失不經之文而赦之以爲從厚，而終不恤乙之無辜，以赦爲偏枯者此也。百姓負租，或以旱，或以貧，或以已納而不爲之除籍，或爲官司所抑代人而輸，其事非一，每下赦令，未嘗不蠲也。而百姓有黄紙放白紙催之言，自古如此。則以著於甲令者，曰凡蠲旱稅不得過若干分，而赦令則曰：歲大旱，其盡蠲之，百姓喜於盡蠲之文，而不知令甲之有限也，則相與怨。其上曰：黄紙之放，特給我耳。此又偏枯之甚者也。姦宄亂賊之人知赦之可擬也，則前期而爲姦宄亂賊之事，僥幸貸釋，不可勝數矣。亦或病其然，則下令曰，凡距赦若干日而殺人是待赦也，不得以赦原先爲遠期焉。而姦宄亂賊之人有財可行，有力可援，有反可恃，有求可使，一入囹圄用是數者，遷延稽故，終以無事。而捕寇之吏、被傷之主、發覺之人往往反坐，於是良善困於姦宄，閭里怵於亂賊，暗嗚飲氣，無路伸吐，此又偏枯之甚者也。靈帝行冠禮，大赦天下，而黨人不與焉。自是後，凡五赦而益增五族之錮。又五赦。而黄巾起，不得已乃赦黨人，黨人縱有罪，不輕於十赦之惡逆乎？況黨人無罪而願忠於君，志除姦凶以清天下者也，乃經十赦，不得已而後赦，此豈直偏枯而已？舉四肢皆廢矣，四肢盡廢，頭首兀然，其能不爲人所捽擊曳挽而仆乎？於是董卓角之，袁紹犄之，曹操靡之，獻帝爲所挾而不得赦，伏后爲所弒而不得赦，二皇子爲所弒而不得赦，語赦至此，無益明矣。明哲之君，監失而思得，舍非而從是，莫若並用《虞舜》、《大易》、《呂刑》、《周官》之法，則雖曠歲而不一赦，一年而十、百赦無不可者。《舜》之法曰：眚災肆赦，謂有目病而害加乎人者也。《大易》之法曰：君子以赦過宥罪。過誤則直肆之，罪咎則稍寬之而已。《呂刑》之法曰：五刑五罰之疑而不明者則赦，無疑則不赦矣。《周官》之法曰：赦幼弱、老耄、惷愚，非此三者則不赦矣。魯國肆大眚，《春秋》非之，以其無謂而盡赦也。取正乎孔子，畧法乎《虞》、《周》、《大易》之訓，則刑罰盡道可以代天之春生秋殺矣。夫吴漢攻戰之士也，臨終獻言勸光武以勿赦，陳壽於孔明有憾者也，而稱譽不赦之卓，況爲天下國家者可不如吴漢、陳壽之見乎？

（宋）宇文懋昭《大金國志》卷三六《赦宥》 金國以赦宥最爲大事，或改元，或生子，或册封，或遷都，或災異，並皆肆赦，罪減等，一例放之。每赦必有恩，内外大小文武百官，並與覃遷一資。〔熙宗臨〕季年，一歲兩赦。海陵立，嘗謂赦宥非國家常典，若惠姦宄，則賊良民，詔示天下，自今以往，更不議赦。不兩年，躬自蹈之。其後，復有改正隆赦。迨世宗立，纔數年間，已降三赦。然洪忠宣公《松漠記聞》云：北朝惜赦，無（數）〔郊〕霈，余啣命十五年，纔見兩赦，一爲餘覩姑叛，一爲皇子生。豈是時天會年閒惜赦，而此後不復赦邪？

《金史》卷四五《刑志》 〔大定十二年〕尚書省言：内丘令蒲察臺補自科部内錢立德政碑，復有其餘錢二百餘貫，罪當除名。今遇赦當敘，仍免徵贓。上以貪僞，勿敘，且曰：乞取之贓，若以赦原，予者何辜。自今可並追還其主，惟應入官者免徵。

（清）畢沅《續資治通鑑》元世祖至元二十一年春正月 乙卯，羣臣上尊號曰憲天述道仁文義武大光孝皇帝。時議欲大赦，參知政事張雄飛曰：古人言，無赦之國，其刑必平。故赦者，不平之政也。聖明在上，豈宜數赦！帝嘉納之，遂止下輕刑之詔。

（明）楊士奇等《歷代名臣奏議》卷二一八《赦宥》 元世祖時，趙天麟上策曰：臣聞天之道，陰陽而已矣。王者之道，刑賞而已矣。故承天而居尊，宜法道而立政。夫陽主生而春夏始於前，陰主殺而秋冬繼於後，斯二者天也，慶賞以勵功能，威刑以警罪惡，斯二者人也。有功弗賞，有能弗舉，則無以激將來之功能，有罪不刑，有惡不除，則無以致姦佞之絶迹。是以明乎陰陽之並行，審乎冬夏之先後，賞者無以為慶也，刑者所以好生也。故刑期無刑，辟以止辟，豈虛語哉！然而赦者欲以蕩滌瑕穢，與民更始，以負罪者言之，則實莫大之洪恩，以致治者論之，則非太平之常事也。近世以來，郊天、祀宗、建儲、立后，未有不肆赦者，僥倖之子逆知期蒙，能不啟非濫之心哉！且罹犴罹獄者，皆人之切心側目者也。及乎啼烏夜啟，驛馬宵流，玉籥告靈，金雞樹伏，雷雨一解，例皆釋之，名為嘉吉之符，實皆變異之徵也。遂使攘刼服贓而詫議，善流屏忍而銜冤，養稂莠於良田，縱豺狼於當道，獨不念害嘉穀而傷平民乎？風俗駭然，誠可憚也。又況大赦之後，姦邪未嘗衰止，朝脱囹圄夕嬰縲紲，其不能承化自新，亦已明矣。《書》曰：文王作罰刑，茲無赦。《志》曰：太宗絶赦，四海安静，子顔願無赦於光皇。孔明非惜赦於蜀土，故得彌天息寇，闔境安生，此皆前世明主賢臣已然之效也。今國家哀囚徒之孽苦，憫小民之庸騃，頻降原赦，此蓋朝廷不忍人之心形於外，而不能自已也。推此以及良民，順天道以正生殺，則周文之治不難同矣。又豈唐太、漢光、蜀國碌碌之足言哉！夫當罪而宥之，當殺而生之，亦猶來暄風於霜雪之辰，行春令於秋冬之際，如此而欲天道之成，臣不知其可也。事作於下者，象動於上，感興於人者，應發於天，能無懼乎？《易》曰：一陰一陽謂之道。伏望陛下信賞決罰，無肆赦宥，使上下有紀，内外絶倖，則治天下可運之掌上矣。且使王符之類靡得而議焉。時册上尊號，議大赦天下，參知政事張雄飛諫曰：古人言：無赦之國，其刑必平。故赦者，不平之政也。聖明在上，豈宜數赦？帝嘉納之，語雄飛曰：大獵而後見善犲，集議而後知能言。汝所言者是，朕今從汝，遂止降輕刑之詔。順帝時，蘇天爵論不可數赦疏曰：自昔國家務明刑政，苟或赦宥之數行，必致紀綱之多紊，是以先王既興禮樂以教民，又嚴法制以懲惡，蓋禮樂興則教化洽，法制嚴則姦貪懼，未嘗數赦以病民也。唐太宗貞觀二年，謂侍臣曰：凡赦，惟及不軌之輩。古語有云：君子不幸，小人之幸。一歲再赦，善人喑啞。夫養稂莠者傷禾稼，惠姦宄者賊良人。朕有天下以來，嘗須慎赦。蓋數赦則愚人嘗冀僥倖，唯欲犯法不復能改過矣。誠哉！太宗之斯言也。昔我世祖皇帝即位之初，未嘗肆赦。臨御既久，聖德深仁丕冒天下，是以刑政肅清，禮樂脩舉，姦貪知懼，善良獲伸。故中統至元之治，比隆前古，欽惟聖天子承順天心，子愛百姓，發號施令，必先至仁，踐阼伊始，已降寬恩。然自近歲以來，赦宥太數，誠恐姦人貪吏各懷僥倖，大為姦利，非國之福也。夫以世祖皇帝在位三十五年，肆赦者八。近自天曆改元至元統初歲，六年之中肆赦者九，蓋敷恩宣澤雖出於朝廷之美意，然長姦惠惡誠為政者所當慎也。伏願自今以始，近法世祖皇帝之所行，遠鑑唐太宗之所言，使中外臣民洗心革慮，守法奉公，知非常之恩，不可復覬，不勝幸甚。

（元）蘇天爵《滋溪文稿》卷二六《論不可數赦》 自昔國家務明刑政，苟或赦宥之數行，必致紀綱之多紊。是以先王既興禮樂以教民，又嚴法制以懲惡。蓋禮樂興，則教化洽，法制嚴，則姦貪懼，未嘗數赦以病民也。唐太宗貞觀二年謂侍臣曰：凡赦，惟及不軌之輩。古語有云：君子不幸，小人之幸。一歲再赦，善人喑啞。夫養稂莠者傷禾稼，惠姦宄者賊良人。朕有天下以來，嘗須慎赦。蓋數赦則愚人嘗冀僥倖，唯欲犯法不復能改過矣。誠哉！太宗之斯言也。昔我世祖皇帝即位之初，未嘗肆赦，臨御既久，聖德深仁，丕冒天下，是以刑政肅清，禮樂脩舉，姦貪知懼，善良獲伸，故中統至元之治比隆前古，欽惟聖天子承順天心，子愛百姓，發號施令必先至仁，踐祚伊始已降寬恩。然自近歲以來，赦宥太數，誠恐姦人貪吏各懷僥倖，大為姦利，非國之福也。夫以世祖皇帝在位三十五年，肆赦者八，近自天曆改元至元統初，歲六年之中肆赦者九。蓋敷恩宣澤雖出於朝廷之美意，然長姦惠惡誠為政者所當慎也。伏願自今以始近法世祖皇帝之所行，遠鑑唐太宗之所言，使中外臣民洗心革慮，守法奉公，知非常之恩不可復覬，不勝幸甚！

（清）沈家本《歷代刑法考·赦十一·論赦一》 至治元年正月，享太廟，或言祀事畢宜赦天下，帝諭之曰：恩可常施，赦不可屢下。使殺人獲免，則死者何辜？十月，受尊號，拜住請釋囚，不允。二年十二月，西僧灌頂請釋囚，帝曰：釋囚祈福，豈爲師惜。朕思惡人屢赦，反害善良，何福之有？按：元之君多佞佛喜僧，其因僧人請釋囚者史不絕書，獨英宗不輕赦，雖以灌頂之請而不許可，謂持之堅矣。

《張雄飛傳》：至元二十一年春，册上尊號，議大赦天下，雄飛諫曰：古人言：無赦之國，其刑必平。故赦者，不平之政也。聖明在上，豈宜數赦？帝嘉納之，語雄飛曰：大獵而後見善射，集議而後知能言，汝所言者是，朕今從汝。遂止降輕刑之詔。

《續通考》一百四十：趙天麟上策曰：赦者欲以蕩滌瑕穢，與民更始，以負罪者言之則爲莫大之深恩，以致治者論之則非太平之常事也。近世以來，郊天、祀宗、建儲、立后，未有不肆赦者，僥幸之子逆知期會，能不啓非濫之心哉？養稂莠於良田，縱豺狼於當道，獨不念害嘉穀而傷平民乎？又况大赦之後，姦邪未嘗衰止，朝脱囹圄，夕攖縲絏，其不能承化自新亦已明矣。夫當罪而宥之，當殺而生之，亦猶來暄風於霜雪之辰，行春令於秋冬之際，如此而欲天道之成，臣不知其可也。伏望陛下信賞決罰，無肆赦宥，使上下有紀，内外絶倖，則治天下可運之掌矣。元世祖時。

《名臣奏議》二百十八：順帝時，蘇天爵論不可數赦疏略曰：唐太宗貞觀二年謂侍臣曰，朕有天下以來，嘗須慎赦，蓋數赦則愚人嘗冀僥幸，唯欲犯法不復能改過矣。我世祖在位三十五年，肆赦者八，近自天曆改元至元統初歲，六年之中肆赦九，蓋敷恩宣澤雖出於朝廷之美意，然長姦惠惡誠爲政者所尚慎也。顧自今以始，近法世祖皇帝之所行，遠鑑唐太宗之所言，使中外臣民知非常之恩不可復覬。

按：元世張雄飛、趙天麟、蘇天爵並以赦爲非，自是正論，而耶律楚材屢以赦勸太宗行之，此中調劑之權別有深識存焉，事豈可一概論哉？

邱濬曰：元西僧歲作佛事，或姿意縱囚以售其姦宄，俾善良者喑啞而飲恨。按赦宥出於上，識治體者猶以爲非，元人信胡僧之言，每作佛事輒縱罪囚，以希福報，恩不出於上而出於下，人不感帝之恩而感乎僧。是以每遇將作佛事之先，有罪在繫者輒賄僧以求免，遂使凶頑席僧勢以稔惡，善良抱冤屈而莫訴，胡俗所爲，無足責也。中國之治，烏可尤而效之哉？

《續通考》一百四十：元世西僧每歲爲佛事，必請釋輕重囚徒以爲福利，謂之都勒幹。豪民犯法者皆賄賂之以求免，雖大臣有罪莫不假是逭其誅。迨仁宗延祐元年，始以僧人作佛事擇釋罪囚，命中書審察。又功德使額珠沁以佛事奏釋重囚，帝不允。時御史臺亦言：西僧以作佛事之故累釋重囚，外任之官身犯刑憲輒營求内旨以免罪，請革其弊。制曰：可。六年，皇姊大長公主以作佛事釋全甯府重囚二十七人，按問全寧守臣何從不法，仍追所釋囚還獄。若仁宗者可謂善守憲典者矣，然而終元之世，故事相沿，迄不能革，壞法長姦，弊政未有甚於此也。

按：佛事釋囚始見於成宗即位之初，其後屢見之，仁宗時亦有六次，雖欲釋而未能也。惟英宗時，僅以西僧亦思剌蠻展普疾，釋大辟囚一人，笞罪二十人。西僧灌頂請釋囚，勿許也，是則善守憲典。英宗方足當之，仁宗弗及也。

（清）畢沅《續資治通鑑》元英宗至治二年十二月　西僧（灌頂）疾，請釋囚，帝曰：釋囚祈福，豈爲師惜！朕思惡人屢赦，反害善良，何福之有！

（清）蔡方炳《廣治平略》卷三八《赦宥篇·元代赦宥》　元世祖以平宋，赦天下。後以羣臣上尊號，復議肆赦。張雄飛諫曰：古人言：無赦之國，其刑必平。故赦者，不平之政也。聖明之世，豈宜數赦？上納之，遂止下輕刑之詔。時趙天麟亦上策曰：赦者，欲以蕩滌瑕穢，與民更始。以負罪者言之，則實莫大之洪恩。以致治者論之，則非太平之常事也。近世以來，郊天祀宗，建儲立后，未有不肆赦者，僥幸之子，逆知期會，能不啓非濫之心哉。且罹獄者皆人之切心側目者也。及乎啼烏夜啓、驛馬宵流、玉籥告靈、金雞樹伏、雷雨一解，例皆釋之。名爲嘉吉之符，實皆變異之徵也。遂使攘劫服贓而詑議，善流屏息而銜冤。養稂莠於良田，縱豺狼於當道，獨不念害嘉穀而傷平民乎？又況大赦之後，姦邪未嘗衰止。朝脱囹圄，夕攖縲紲。其不能承化自新亦已明矣。今國家哀囚徒之孽苦，憫小民之庸騃，頻降原赦。此蓋朝廷不忍人之心形於外，而不能自已也。推此以及良民，順天道以正生殺，則周文之治不難同矣。若當罪而宥之，當殺而生之，亦猶來暄風於霜雪之辰，行春令於秋冬之際。如此，而欲天道之成，臣不知其可也。英宗元年祀事畢，宣言宜赦天下。帝曰：恩可常施，赦不可屢下，使殺人獲免則死者何辜？遂命中書陳便宜行之。至文宗以後，肆赦頻頒。蘇天爵言：自昔國家務明刑政。苟或赦宥之數行，必致紀綱之多紊。是以世祖皇帝即位之初，未嘗肆赦。臨御既久，聖德深仁，丕冒天下，刑政肅清，禮樂脩舉，姦貪知懼，善良獲伸。故中統、至元之治，比隆前古。近歲以來，赦宥太數，誠恐姦人、貪吏，各懷僥幸，大爲姦利，非國之福。按世祖皇帝在位三十五年，肆赦者八。近自天曆改元，至元統初歲，六年之中，肆赦宥者九。雖出於朝廷之美意，然長姦惠惡亦所當慎。俾臣民洗心革慮，守法奉公，不敢覬非常之恩，國家幸甚！

（明）何棟如《皇祖四大法》卷一《心法》〔洪武十年十一月〕甲辰江夏侯周德興，有罪當下獄。上特赦之，召諸將相大臣諭之曰：曩者豪傑並起，豈無智謀壯勇之士，然臝暴無禮自取敗亡。朕當此時，飭身自守，推誠任人，故能成大功。天下已定，朕與卿等共享富貴，各盡其道，而徃徃有犯法者，何也？昔廖永忠數犯罪，屢宥不悛，又復僭侈失人臣禮甚矣。夫智人君子，既自守法，又能訓子孫爲善，不至犯法。是以爵禄傳之無窮，愚者反是。夫法度者，朝廷所以治天下也，爲功臣者不能守法自保，使朝廷屈法保汝，乃不得已。苟至再三，朝廷亦難保汝矣。朕于祭祀之時，一心齋肅，思欲格神及遣汝輩奉祭，則多私利慢神甚非禮也。且國家除宫室外，未嘗作一臺榭，以爲遊觀燕樂之所，而汝等乃私取材木，廣營室宇，此豈守法教子孫之道乎。念汝等相從俱嘗有功，致有爵位，故丁寧告汝，汝等毋忽朕言可自保持。

（明）余繼登《典故紀聞》卷三　太祖嘗命御史察舉天下有司，諭之曰：古人有言，禮義以待君子，刑戮加於小人。蓋君子有犯，或出於過誤，可以情恕，小人之心，姦詭百端，無所不至。若有犯，當按法去之，不爾則遺民患。君子過誤，責之以禮義，則自知愧悚，必思改爲。彼小人者，不知廉恥，終無忌憚，所以不得不去之也。故朕於廉能之官，雖或有過，常加宥免；若貪官之徒，雖小罪，不赦也。

（明）談遷《國榷》成祖永樂二年十月　〔庚辰〕刑部尚書鄭賜言：軍犯概宥其初，或容姦未便。上曰：天不於惡木廢發生，君亦不於小人忘矜恤。

《明太宗寶訓》卷五《宥過》〔永樂四年〕五月丁酉都督程遠有罪，上特宥之，命隨西平侯沐晟立功自贖。遂勑晟曰：都督程遠犯死罪，今惜其才，特宥之。使從爾立功，蓋其才足當一面，其餘文武官有罪發立功者，各量罪之輕重，察才之高下，而用之。用當其才，成功可必。既而，顧侍臣曰：君人之道，犯極惡則不宥，有小善亦不棄，人孰無過？論小過而廢大善，則爲善者怠，亦孰無才？若録小才而免大惡，則爲惡者肆，故惡之難容者，乃不論其才，才有可用者，乃可略其過，如此，則善善惡惡皆不失矣。

《明史》卷一六四《左鼎傳》　左鼎，字周器，永新人。正統七年進士。明年，都御史王文以御史多闕，請會吏部於進士選補。帝從之。尚書王直考鼎及白圭等十餘人，曉諳刑名，皆授御史。而鼎得南京。尋改北，巡按山西。

時英宗北狩，兵荒洊臻。請蠲太原諸府稅糧，停大同轉餉夫，以蘇其困。也先請和，抗言不可。尋以山東、河南饑，遣鼎巡視，民賴以安。律，官吏故勘平人致死者抵罪，時以給事中于泰言，悉得寬貫。鼎言：小民無知，情貸可也。官吏深文巧詆，與故殺何異？法者，天下之公，不可意爲輕重。自是論如律。

（明）陳子龍等《明經世文編》卷二〇八韋商臣《應詔陳言平大獄疏》

臣惟古司刑官有士師，即今之大理是也。夫理也者，理其情之是非，罪之輕重而已矣。有廷尉平，即今之評事是也。夫評也者，評其是非之當，輕重之宜而已矣。古廷尉平專掌平決詔獄，故銓曹叅注，必以才望清高標格孤秀者署之。臣之庸腐，愧非其人，而誤蒙陛下之欽除者，則其職也。臣自授官以來，竊見以職在與聞刑獄，請得以獄之大者一一爲陛下評之。臣自授官以來，竊見以大禮事，羣臣伏闕號泣以諍，觸犯聖怒。大臣調任者，吏部左侍郎何孟春一人，其餘以爲首克軍者學士豐熙等凡八人，決杖病創死者編修汪思等凡十七人，以送迎忤使臣而拏問者，副使劉秉監、知府羅玉等凡幾人，以織造抗使臣而拏問者，布政馬卿、知府查仲道等凡幾人，以失儀下獄者，御史葉奇、主事蔡乾前後凡五人，以京堂官爲所屬訐奏下獄者，御史任洛、副使任忠凡二人，此皆國家大獄。上干天象，下駭民俗，關係甚鉅者也。臣不敢愛死，妄議以爲伏闕諸臣狂直之罪，信有之矣。然其當宥者猶有三焉。蓋雖已往，情猶可推，其初不過欲陛下持重大宗，崇奉正統，爲宗廟社稷計至深且遠。若諸爲首者，又特以職銜在先，故名次亦先之耳。如本寺奏疏，雖左寺正毋德純爲之首，然臣在病中猶署名焉，實微忠所不容已也。彼豈能迫之使從耶？觀此則其他可知矣。此當宥者一也。古昔聖王得萬國之懽心，以事其先王，今陛下行孝，似先失廷臣之懽心。臣夙聞獻皇帝寬明仁聖，使其有靈，恐不能安其祭也。此當宥者二也。先帝朝罪謫者，陛下悉起而用之，天下至今以爲美談。今日貶黜者，安知後日無優恤之者乎？是陛下自安其過而遜其美，以遺後人也。惟自今失之，自今復之，則天下萬世，皆謂陛下前日之赫然怒者，猶日月之食，人皆見之者也。今日之釋然悟者，猶日月之更，人皆仰之者也。豈非聖明之盛事耶？此當宥者三也。臣願陛下大奮明斷，凡去位遠戍，悉復其官，不幸死者，悉録其子孫，庶幾猶不失欽恤之意爾。以送迎及織造逮繫諸臣，其疎聵之罪，容有之矣。然其當宥者猶有四焉。蓋太監賴義以奉迎神主，經過順德地方，副使劉秉監等送迎館穀，禮也。顧因驛遞之傳報失悞，倉卒不及候迎，因院宇之規模相似，因循不及更易，其迹誠若可惡，然皆一時小過，所謂人有不及，可以情恕者也。且不免窘辱于當時，拏問于今日，亦足以贖其罪矣。此當宥者一也。布政馬卿等，受藩宣之寄，爲陛下保障一方者，太監吴勳奉織造之勅，或失安静之旨，故卿等少爲鉗制以安其民，是知有陛下之民，而不知有使臣也。命使且然，則其他豪强不得以擾民可知矣。爲陛下守土者皆若人也，天下何患其不治耶？此當宥者二也。劉秉監、馬卿等及賴義、吴勳等，雖遠近不同，均之臣子也。勳等一言，遂不辨其是非曲直，而欽等遽有拏問之辱。臣恐宣力四方者，莫不聞而解體也。此當宥者三也。先帝朝内使四出，罕聞有此。今陛下在上，顧反有之者，必當時畏權姦之故。今日恃陛下爲甚厚，而敬陛下爲甚大也。此當宥者四也。臣願陛下廣昭仁恕，釋其囚，盡復其官，庶幾猶不失明允之意爾。諸臣以失儀下獄者，罪固不可逭矣。然臣愚以爲，臣子之微或失儀於君父之前，斷非敬之不至，乃其敬之過甚所致耳。是過也，非故也。故《書》曰：宥過無大，刑故無小。且陛下往歲亦嘗行之矣，何獨至今日而異之？或曰失儀者拏問，亦祖宗之法也。臣竊謂祖宗良法美意，尤有大於此者，誠能舉其大，不拘其小，得其意不盡其法，則所謂善繼人之志、善述人之事者矣。臣願自兹以後，侍臣於失儀者，必從而糾之，所以盡其職。陛下於既糾者，或從而宥之，所以廣其量。上下交盡，夫誰謂之不可耶？以京堂憲臺爲所屬小民訐奏下獄者，罪固有所歸矣。然臣愚以爲，諸臣不足惜，所惜者朝廷之大體爾。夫天子所以爲至尊，而天下之人仰之如天，敬之如神明者，特以等級明白，截然不可踰，體統森嚴，凛然不可犯爾。故曰：廉遠地則堂高。又曰：體統正而朝廷尊。今所屬得以奏去其堂官，小民得以奏去其方面，是等級可踰、體統可犯也，是豈陛下之福耶？且陳彦章所奏憲臣，方因首垢面，係累於法司，而彦章何人，顧偃然得寧家以去？樂護等，刑部鞫之於前，大理評之於後，法律具在，誰敢容私於其間而内批降級調任，亦莫知所由。臣聞之道路，凡此皆非陛下本意。或有左右其間爾。臣謂此先帝朝權姦播弄威福之所爲，而謂聖明之世，亦有之乎？倘有之，則前車之覆，後車之戒。彼獨不見前日播弄威福者之禍耶？況西虜跳梁，正日夜占驗天象之時，而少知天文者，使之不在左右，恐亦非計之得者。北邊軍士反側，議者猶欲添注官司以備之，易州兵備，豈可遽議裁革？故當時兵部之執奏，科道之交章，殆有見矣。陛下嘗得一一省覽否乎？臣願復諸臣之官，正妄奏者之罪，以存大體。或有擬除，令吏部考其賢否而爲之黜陟焉。庶乎用刑用人，各得其當也。臣與前項諸臣三四人，鮮有桑梓之好，筮仕之始，亦寡平生之交，但念臣前疾雖已漸平，弱質終難久恃，苟不及時少盡微忠，萬或填委溝壑，則負陛下擢用之績，則負臣父訓育之恩，則負師友化誨之功。臣安敢避嫌遠罪，而不一盡其愚耶？昔有虞皋陶爲大理，天下無虐刑，其稱舜曰：臨下以簡，御衆以寬，罪疑惟輕，功疑惟重。唐戴胄至大理，犯顏據正，衆處法意，有罪當流者，太宗欲置之死。胄曰：法者，布大信於人，言乃一時喜怒所發，陛下以一朝忿將殺之，既知不可而置諸，此忍小忿存大信也。太宗從其言。夫虞舜皋陶，二聖交孚，太宗戴胄，兩賢相得。惠澤流於當時，聲譽垂於萬世。凡有道之君、有志之士，莫不嗟嘆，企服於無窮。今臣位微力劣，固不敢望戴胄之賢於萬一，況皋陶之聖乎？然陛下寬信之德，則上追虞舜，而下視唐宗者矣。臣敢曰吾君不能從，付諸太息而已哉。況邇者水旱、癘疫、風雹、星隕、地震、山崩、泉湧、蝗蝻之災，迨遍天下。又西戎犯順，説者謂應春首五星聚於營室之變，有識多爲之寒心。臣以爲消弭備禦之道，固自有在。然平反刑獄，亦一事也。蓋刑獄不失其平，然後下得人和，以上致天和，近得内寧以遠消外憂爾。其轉移斡運之機，亦非此疏所能盡者，伏乞聖明，揆狂夫之言，舉蒙瞽之意，下臣言法司議，果前項諸臣，其情可原，請從肆赦，以昭陛下之仁。如臣所言於律有碍，情甘顯戮，以彰顯陛下之義。拳拳忠懇，不勝待罪之至。

（明）海瑞《海瑞集·乞正赦款疏》 尚寶司丞臣海瑞謹奏：爲懇乞勅諭各部條正赦款以廣天恩、以全民命事。臣向自僭言朝廷重務，干冒先帝威顔，罪在莫贖，法在不赦，臣萬死不辭矣。當是之時，即蒙陛下念臣一點赤忱，雖冒出位妄言之罪，實存忠君報國之心。特命左右侍臣，傳諭刑部及錦衣衛官，毋加重刑，留臣後用，以至微軀得全，殘生幸免。是萬死之中，得一生也。此時先帝既崩，陛下登位，他務未遑，庶政未舉，獨先赦臣，復臣爵位，是臣今日之生，皆既死之年而陛下之所特賜者也。賜之以既死之年，則報之以免死之事，固臣之所甘心而樂爲也。況當今日政治清明之際，臣亦安敢自棄其生，不思有以圖報乎？古人求養其身以有待，今臣之所以當死而不即死者，正養其身以有待之謂也。然臣有當死之罪，而陛下獨生之；臣犯不赦之法，而陛下獨宥之。在臣一人固萬萬幸矣。然天下有罪之人，皆陛下之赤子也。雖有一時無知而犯罪，猶赤子無知而入井。陛下今日改元建極，上法堯舜之仁，以建唐虞之業，將決天下之民一洗而更新之，則凡各府州縣監禁有罪之人，皆倒縣望解久矣。何不以赦臣之赦赦天下，而獨赦臣之厚乎？先帝在位四十五年，惟初年頒赦二次，續後數年又赦一次，至今已二十餘年不見赦於天下。有罪之人所仰望於陛下者，何啻如饑之望食，渴之望飲者乎。屢年天雨不調，寒暑不均，皆積獄積怨之所至致也。臣罪犯在不赦，尚蒙曠世厚恩，視在監有罪之人中間，另有掩犯受冤者，獨不蒙陛下一視之仁乎？臣向在獄中，每見獄中稱冤者，臣即有冒死上陳之念，而時不可行，正有待於今日也。蓋臣所見者，在京一處監耳。在京如此，天下可知也。一處如此，處處可知也。邇者二三大臣雖奉聖諭，議陳赦款，殊未仰承聖意，善體聖心，致陛下洪恩厚澤，阻抑而不遠施，狹隘而不得遠布也。詔開十惡及强盗重罪不赦，可也。至於左道逆富，貪酷枉法，指稱誆騙者，犯罪甚輕者，盈於十惡强盗，均之不赦乎？且此等俱係在京之事，與在外府州縣有何預，亦混頒於天下乎？此責在刑部之官，宜勅之條正者也。詔開侵匿漕運京庫錢糧不赦，可也。盈於在外小民侵收錢糧入官給主者，皆可宥之贓，至列於漕運之不赦乎？且此等皆撫按官所當量行曲處者，何不盡宥之以蘇民困乎？此責在户部之官，宜勅之條正者也。吏部有當官吏宜量免其數，宥其罪愆；禮部有完室之犯罪者，除謀反外，悉宜赦宥；工部有無益置造之者，除婚祭外盡宜罷免。皆當勅之條正者也。蓋陛下有愛民無窮之念，而二三大臣無仰承善體之忠，不惟不能施恩澤於民，而且不能盡革故鼎新之美。使臣又默而不言，則陛下之寬仁厚澤又何以自達於天下哉！詔内開款又皆狐疑不決，句多兩可之説，不盡出言之詞。近自遠方來京者，皆云府州縣貪暴苟刻之官，每每堅執詔内開款，凡一切在監有罪之人少有干於條内，皆不釋放。甚至一府州縣不得開一二十人者，良可惜也。臣雖自體陛下獨厚之仁以宥免，而不能使天下之人皆如臣之宥免，以體陛下之仁，亦何以一日安寧於朝廷之上乎！使天下後世稱陛下有洪恩於臣，而不能廣施恩於萬民，豈非一二大臣之罪哉！臣亦預有責也。四月前刑部尚書黄到監審録罪人等，免一二釋放，皆大聲號哭。死罪不赦，遂有哭泣之詞；重罪不赦，遽興怨恨之嘆。所以然者，祇由前詔開款未明，抑且狹窄不寬故也。願陛下總臣所奏，即賜勅諭各部預陳條款，逐一開明，使天下之民得以盡宥，大開悔過遷善之門，則臣亦安受陛下再生之恩矣。而天下之民皆得如臣之宥免，而仰荷陛下千萬世無窮之恩矣。臣不勝恐懼之至。爲此具本親齎，謹具奏聞。奉聖旨各部議了回報。

《明穆宗寶訓》卷一《寬仁》〔隆慶元年八月辛卯〕南京刑工二部，以徒犯錢金等援登極恩詔乞赦，各持論不合，移刑部議。刑部侍郎樊深等議言：臣謹按《大明令》，凡徒犯以主配所者，例不許放還。祇因市板訛謬流傳不一，故工部執以爲可許，刑部執以爲不可許。以法言之，則刑部當是無可疑者。第徒流著役之人，雖律令俱稱不宥，然以臣所聞，《大明律》内一欵，又有赦書臨時定罪名特免之文，則是國家立法之意。凡遇霈恩，若止是傳旨肆赦，不別定罪名者，則當拘常赦不原之律，其餘自當別論。今皇上登極，覃恩既不止於傳旨肆赦，而臨時所定，又各條有罪名，豈可以常赦所限而拘之乎？且詔書所云，已發覺、未發覺，已結正、未結正者，罪無大小，咸赦除之，徒流著配之人，獨非已結正者乎？臣惟國家赦宥有法，所以立萬世之經，使人難犯，登極有赦，所以溥曠蕩之恩，使人自新。今遵行明詔而又膠柱乎律令，奉揚殊典而又掣肘於常法，宜乎其執滯不通也。况上稽洪武近及嘉靖年間，赦書往往於此輩有開釋者，亦未聞謂其與律令背馳。且徒流之罪例許拆贖，此輩獨以無力故就胥靡。今僞印發塚，諸死罪不應拆贖者，既蒙寬宥，而此輩獨以已至配所，反不得一霑殊恩，恐非所以昭我皇上樂與天下更始之意。第事不歸一，故人持兩端。伏乞明示德音，布告中外，使奉法之吏有所依守。疏上，上曰：登極覃恩，與常不同，徒流人已至配所者，特許放還。

（清）龍文彬《明會要》卷六七《刑·贖罪》萬曆中，浙江饑。或請令罪人出粟除罪。刑部尚書李世達言：法不可廢，寧赦毋贖。赦則恩出於上，法猶存；贖則力出於下，人滋玩。識者韙之。《李世達傳》。

·**（明）孫甸《明疏鈔》卷三一萬鏜《應詔陳言時政疏》**一廣矜宥，伏見往年妄議大禮及勘問大獄諸臣，踵襲敝風，自招罪戾。上干天怒威譴有加，是卽雷霆肅物之義也。諸臣甘罪無詞復何所覬，但臣竊聞之天地無棄物，王者重絶人。今諸臣幽錮已久，悔悟必深，且其中情罪輕重不同，而才識亦多有可用者，倘蒙分別差等，容令自新，或量移近地，或放免生還，或稍復舊銜，或漸加録用，是即雨露生物之仁也。比來建論之臣，屢嘗及此。天聽未回，而臣猶昧死言之者，誠以治體之所關，群情之所切望也。臣又聞之，桓公於管仲，唐太宗於王珪，魏徵皆其讐也。乃能赦而用之，卒得其力。况前罪諸人，皆陛下臣子，猶子得罪於父母也。父母忍讐視而終絶之乎？又况聖德如天，無不容覆，遠出於二君萬萬者乎。臣今不敢過望陛下即有施行，惟乞此後或特旨中降，或因事覃恩，使天下之人知諸臣之久遺非盡出於聖慈之本心，而今日之曲全，亦非由臣下之祈請，如此則恩出朝廷，事體允當。

（清）蔡方炳《廣治平略》卷三八《赦宥篇·明代赦宥》太祖造廓清之烈，大赦天下，與民更始。後以雷震謹身殿，始再頒赦。仍勅有司分別應赦諸人。諭曰：帝王撫臨百姓，皆欲其從化，至於刑罰不得已而用之。故唐虞之法，罪疑惟輕。諸凶之罪，止於流竄。今天下已安，法令已定，有司既不能宣明教化，使民無犯，及有小過，或加以苛刻，朕甚憫焉。夫上有好生之德，則下有爲善之心，改過者多則輕生者少。自今惟十惡真犯者決之如律，其餘雜犯死罪皆減死論，以稱赦過之意。成祖登極，頒赦詔，名在姦臣榜者不赦，如漢宋黨人之列，亦非法之平也。逮仁宗即位，既頒大赦於天下，復語侍臣曰：方孝孺輩皆忠臣也，宜從寬典。明日出御札付禮部，曰：建文姦臣，其正犯已悉受顯戮。家屬初發教坊司、錦衣衛、浣衣局並習匠及功臣家爲奴者，悉宥還家，仍以田土給與之。又，凡爲言事失當謫充軍者，並令赦還。振忠節之風，培諫諍之氣，誠聖王舉動也。宣宗時，以皇太子生赦天下，上問侍臣曰：朝廷下寬恤之令，或爲有司沮格者，誠有之乎？侍臣對曰：亦間有之。上曰：治天下以誠信爲本，朕每出一詔令，必預度可行與否而後發。不然，徒失信於民，豈爲君子之道？人臣輔君理民，以信義爲要，君欲施仁而臣沮格於下，不忠孰大焉！王者留心若此，而後赦令之頒，不徒爲朝廷具文矣。又每遇法司奏要囚，輒廢鄉膳，顏色慘然，以手撤其牘，謂左右曰：說與刑官，少緩之。王者存此仁心，天下自無冤民，何必屢赦之爲恩哉。世宗以大禮成，命内閣草詔，欲寬恩例。席書奏曰：此小人之幸，徒壞典禮。時給事中田濡，請廣遣戍之赦。謂馬録等以大獄，楊慎等以大禮，皆編戍數年懲創既久，乞溥浩蕩之仁，遂彼生還之願。仍不允行。萬曆初，既頒大赦。七年，復令暫免行刑。輔臣張居正奏曰：查祖宗舊制，凡官吏軍民人等犯該死罪，有決不待時者，有監至秋後者。鞫問既明，悉依律處決，未有淹禁累年不行處斷者。至嘉靖末年，世宗皇帝以齋醮奉元，始有暫免不決之令。或間從御筆所勾，量行處決。此實比年姑息之弊，非祖宗垂憲之典也。夫春生秋殺，天道所以運行。雨露霜雪，萬物因之發育。若一歲之間，有春生而無秋殺，有雨露而無霜雪，則歲功不成，而化理或滯矣。明王奉若天道，其刑掌予奪皆奉天意以行事，若棄有德而不用，釋有罪而不誅，則刑賞失中，慘舒異用，非上天立君治民之意矣。臣等連日詳閲法司所開重犯招情，皆絶滅天理，傷敗彝倫。仁人之所痛惡，覆載之所不容者，天欲誅之，而皇上顧欲釋之，無乃違上天之意乎？且稂莠不鋤嘉禾不茂，寃憤不泄戾氣不消。今聖意獨見犯罪者身被誅戮之可憫，而不知被彼所戕害者皆含寃蓄憤於幽冥之中。明王聖主不爲之一泄，彼以其怨恨寃苦之氣，欝而不散，上或蒸爲妖沴氛祲之變，下或招致凶荒疫厲之災，則其爲害又不止一人、一家受其荼毒而已。獨奈何不忍於有罪之凶惡，而反忍於無辜之良善乎？伏願皇上念上天之意不可違，祖宗之法不可廢，毋惑於浮屠之説，毋流於姑息之愛。奏上，詔將各犯照常行刑，以順天道。二十九年，刑部奏言：矜審係國家大典，祖宗二百年來未之或廢。今題請遣官審理，未奉明旨。伏念天宰化機，生殺各以其時。惟聖法天，恩威不容偏廢。若矜審洪恩，延閣不行，是臣等徒以秋殺之令，上佐威嚴而不能以春生之氣宏敷聖德。皇上執此罪臣，臣等何以自解？所望皇上同天之德，在此一舉也。夫有罪必誅，而姦宄無倖恩。矜疑必審，而囹圄無宿獄。是亦可興赦宥之意相變通者也。

（清）嵇璜等《清朝通典》卷八九《刑・赦宥》　臣等謹按赦宥之典議之者衆矣，蓋不赦無以召天地之和，數赦易以長姦宄之漸，不姑息以壞法，而又不威克以損恩，則聖之時德之至也。我世祖章皇帝定鼎之初，蕩瑕滌垢，咸與維新，自時厥後，民風丕變。逢慶典則赦，值眚災則赦，有間歲而舉，有數十歲而舉，民之沐浴膏澤者，浹髓淪肌，而非其時不赦也。又，赦有常格，十惡不得與赦，有三次緩決，減等開釋，情實重犯，不得與。彼觝綱觸禁自速厥辜者，又豈有幸焉？故民卒不聞以幸赦之心，輕罹憲典，而上益得以好生之德，敬迓天庥。

聖祖仁皇帝諭曰：自古不以頒赦爲善政，以其便於惡人而無益於善人也。百餘年來，祇率盛典，不疏不數與時偕行，故自開國以迄於今，赦典凡數十見。國恩有節，民慶無疆，和氣祥風，彌綸周浹，溯唐虞三代之盛，莫與比隆者也。天命六年三月，釋遼陽繫獄官民。十年九月，詔赦國中死罪以下人犯。十一年八月，赦漢官、漢民罪。天聰十年四月，以受尊號禮成，大赦，除十惡不赦外，餘悉原之。崇德二年七月，皇子生，大赦。五年十月，以萬壽聖節，大赦。七年十月，以聖躬違和，大赦，凡重辟及械繫人犯，俱令集大清門外，宣諭曰：爾等衆犯，有罪應死者，有應責應罰者，今俱釋爾罪，其各改過自新，毋再干國典。八年三月，上不豫，大赦。八月，世祖章皇帝御極，大赦。

（清）嵇璜等《清朝通志》卷八〇《刑法略・赦宥》　臣等謹按，鄭志《刑法畧》所述赦宥，凡大赦、曲赦，槩置不録，蓋以歷朝赦令繁多，難於枚舉，故從簡畧。

我朝刑法協中，毋枉毋弛，列聖以來，恭遇慶覃、大典，或逢水旱偏災，則必有德音下逮，以施法外之仁。既敬謹摘録而於停止勾決之年，亦編次如左。查《會典・赦宥》，概以欽恤。今析出各自爲卷，從鄭例也。

凡赦宥，若犯十惡、殺人、盗係官財物及强盗、竊盗、放火、發塚、受枉法不枉法贓、詐僞、犯姦、略人略賣和誘人口，若姦黨及讒言左使殺人，故出入人罪，若知情故縱，聽行藏匿，引送説事過錢之類，一應實犯。雖會赦，並不原宥其過。誤犯罪及因人連累致罪，若官吏有犯公罪並從赦宥。其赦書臨時欽定罪名特免，及降減從輕者，不在此限。徒流人在道，會赦，計行程過限者，不得以赦放，有故者不用此律。若曾在逃，雖在程限内，亦不放免。其在途身死，所隨家口願還者，聽還徙，安置人准此，其徒流遷徙，安置人已至配所及犯謀反叛逆緣坐應流，若造畜蠱毒，採生折割人殺一家三人，會赦猶流者，不在此限。凡以赦前事告言人罪者，以其罪罪之。若干係錢糧、婚姻、田土等項，罪雖遇赦寬免，事須究問明白，凡恩詔内開有軍流俱免之條，其和同誘拐案内係民人改發煙瘴少輕地方者，既准寬免，係旗下家人發遣爲奴，人犯一體援免。凡官員問擬徒罪不論未已到配，遇赦減免，令各督撫造具咨部，彙題存案，其有關人命擬徒常犯遇赦減等，另册報部核辦，不得與尋常徒犯按季册報。凡直省偶值雨澤愆期，應請清理庶獄，除徒流等罪外，其各案内牽連待質，及笞杖内情有可原者，該督撫一面酌量，分别減等，一面奏聞。

綜述

《尚書正義》卷四《大禹謨》 宥過無大，刑故無小。罪疑惟輕，功疑惟重。

（清）孫星衍《尚書今古文注疏》卷一七《梓材》 肆往，姦宄、殺人，歷人宥。肆亦見厥君事，戕敗人宥。

注：馬融云：戕，殘也。戕敗人宥，一作彊人有。疏：歷者，《廣雅·釋詁》云：過也。見，猶效也。《史記·天官書》：以效爲見。《曲禮》效馬效羊，注云：效，猶呈見言汝今往，有姦宄及殺人者，其所過歷之人，不當同罪。汝今亦效其君敬勞之事，殘壞人不至死者，不當坐以殺人之罪，俱原情寬宥之。若律容止逃亡，罪止徒，知情藏匿罪人，減罪人罪一等。漢法：殺人者死，傷人及盜抵罪也。《墨子·尚同篇》引《泰誓》云：小人見姦巧，乃聞不言也，發罪鈞。鈞，均也。蓋紂法見姦不言，事發同罪。故周公以姦宄、殺人，歷人宥，誥康叔，革紂法也。馬注見《釋文》《周禮·大司馬》疏引作鄭注。云：戕殘者，《詩·十月之交》箋同。戕敗人宥，《論衡·效力篇》引《梓材》曰：彊人有王開賢，厥率化民。蓋今文也，義見下疏。

（清）皮錫瑞《今文尚書考證·吕刑》 五刑之疑有赦，五罰之疑有赦，其審克之。今文克作核。《大傳》曰：古之聽民者，察貧窮，哀孤獨矜寡，宥老幼不肖無告，有過必赦，小過勿增，大罪勿纍，老弱不受刑，有過不受罰。是故老而受刑謂之悖，弱而受刑謂之暴，不赦小過謂之賊，率過以小謂之枳。故與其殺不辜，寧失有罪；與其增以有罪，寧失過以有赦。

（宋）李昉等《太平御覽》卷六五二《刑法部·赦》 《書》曰：眚災肆赦。眚過災害肆緩，言大過害當緩赦之。又曰：五刑之疑有赦，五罰之疑有赦，其審克之。刑疑赦從罰，罰疑赦從免，其當伺察，能得其禮。

（宋）蔡沈《書經集傳》卷六《周書·君陳》 狃于姦宄，敗常亂俗，三細不宥。狃，女九反；狃，習也。常，典常也。俗，風俗也。狃于姦宄，與夫毁敗典常，壞亂風俗，人犯此三者，雖小罪亦不可宥，以其所關者大也。此終上章之宥。

（宋）蔡沈《書經集傳》卷四《周書·梓材》 汝若恒越曰：我有師師、司徒、司馬、司空、尹、旅。曰：予罔厲殺人。亦厥君先敬勞，肆徂厥敬勞。肆往，姦宄、殺人，歷人宥。肆亦見厥君事、戕敗人，宥。恒，常也。師師，以官師爲師也。尹，正官之長。旅，衆大夫也。敬勞，恭敬勞來也。徂，往也。歷人者，罪人所過律，所謂知情藏匿資給也。戕敗者，毁傷四肢面目，漢律所謂痍也。此章文多未詳。

《禮記正義》卷一三《王制》 王制，附從輕，赦從重。【略】疑獄汜與衆共之，衆疑赦之，必察小大之比以成之。

《周禮注疏》卷三四《秋官司寇·司刺》 壹宥曰不識，再宥曰過失，三宥曰遺忘。鄭司農云：不識，謂愚民無所識則宥之。過失，若今律過失殺人不坐死，玄謂識，審也。不審，若今讎仇當報甲，見乙，誠以爲甲而殺之者。過失，若舉刃欲斫伐而軼中人者。遺忘，若間帷薄，忘有在焉，而以兵矢投射之。疏注：鄭司射之，釋先鄭以爲不識，謂愚民無所識，則宥之。若如此解，則當入三赦惷愚之中，何得入此三宥之内，故後鄭不從也。云過失，若今律過失殺人不坐死者，於義是。故後鄭增成之云：謂識審也者，不識即不審，云甲乙者，興喻之義耳。假令兄甲是讎人，見弟乙誠以爲是兄甲，錯殺之，是不審也。

《周禮注疏》卷九《地官司徒·司市》 國君過市，則刑人赦。

《周禮注疏》卷三五《秋官司寇·司刺》 司刺掌三刺三宥三赦之法，以贊司寇聽獄訟。【略】壹宥曰不識，再宥曰過失，三宥曰遺忘。壹赦曰幼弱，再赦曰老旄，三赦曰惷愚。

（清）沈家本《歷代刑法考·赦一·原赦》 《春秋·莊二十二年》：春王正月，肆大眚。《穀梁傳》：肆，失也。眚，災也。《集解》：《易》稱赦過宥罪，《書》稱眚災肆赦，經稱肆大眚，皆放赦罪人，蕩滌衆故。有時而用之，非經國之常制。災紀也，失故也。《集解》：災謂罪惡。紀，治理也。有罪當治理之，今失之者，以文姜之故。爲嫌天子之葬也。《集解》：文姜罪應誅絶，誅絶之罪不葬。若不赦除衆惡而書葬者，嫌天子許之，明須赦而後得葬。惠棟《九經古義》云：失係古佚字，佚與逸同，謂逸囚也。

（明）董説《七國攷》卷一二《秦刑法・赦》 昭襄王二十一年，錯攻魏河内，魏獻安邑。秦出其人，募徙河東賜爵，徙罪人遷之。二十五年，拔趙二城。二十六年，赦罪人遷之。二十七年，錯攻楚，赦罪人遷之。二十八年，大良造白起攻楚，取鄢、鄧，赦罪人遷之。莊襄王元年，大赦罪人。見《史記》。余讀《商子》：秦之法，一刑無等級，自卿相將軍以至大夫庶人，有不從王令、犯國禁、亂上制者，罪死不赦。有功於前，有敗於後，不為損刑。有善於前，有過於後，不為虧法。忠臣孝子有過，必以其數斷。守職之吏有不行王法者，罪死不赦，刑及三族。真少恩矣。至為法令，置官吏，有敢剟定法令，損益一字以上者，罪死不赦。諸官吏及民有問法令之所謂，必於王法之吏各為尺六寸之符，明書年月日時，所問法令之名，以告吏民。主法之吏不告，及告而非法令所謂也，即以吏民之所問法令之罪，各罪主法者之吏。天子之殿中，為法令為禁室，有鋌鑰為禁而封之，内藏法令。一副禁室中，封以禁印，有擅發禁室中印，及入禁室視禁法令及剟一字以上者，罪死不赦。故桓譚曰：秦之重法猶盛三代之重禮樂也。初衛鞅學於李悝，其嚴刑峻法，皆李悝之教，語在《魏刑法考》中。《史記》云：商鞅凌轢公族，傷殘百姓。趙良曰：君之出也，後車載甲，多力而駢脅者為驂乘，持矛而操闟旁車而趨。此一物不具，君固不出。君之危若朝露，而尚貪商、於，寵秦政，畜百姓之怨？

（明）薛允升《漢律輯存・周禮》 司刺，掌三刺三宥三赦之法。壹宥曰不識，再宥曰過失，三宥曰遺忘。鄭司農云：不識，謂愚民無所識，則宥之。過失，若今律過失殺人不坐死。玄謂：識，審也。不審，若今仇讎當報甲，見乙，誠以爲甲，而殺之者。過失，若舉刃欲斫伐而軼中人者。遺忘，若間帷薄，忘有在焉，而以兵矢投射之。壹赦曰幼弱，再赦曰老旄，三赦曰惷愚。

注云：若今時律令：年未滿八歲，八十以上，非手殺人，他皆不坐。光武紀建武三年詔曰：男子八十以上，十歲以下，及婦人從坐者，自非不道，詔所名捕，皆不得繫。鄭氏《孝經注》云：手殺人者大辟，即漢律所云不道也。

《隋書》卷二五《刑法志》 〔《齊律》〕赦日，則武庫令設金鷄及鼓於閶闔門外之右。勒集囚徒於闕前，撾鼓千聲，釋枷鎖焉。

（宋）王欽若等《册府元龜》卷八三《帝王部・赦宥》 〔唐高祖武德〕二年二月甲午詔曰：赦過宥罪哲王彝訓。録舊念功，有國通典。汾晉之地，王迹所基，戮力齊心，夷凶静亂。惟彼士庶，義越嘗倫，犯禁陷刑，宜從洗滌。其並州、浩州、石州、介州、賈胡堡以北，自武德二年二月二十四日以前，犯辟罪已下，已發覺繫囚、見徒悉從原放。五月癸未詔曰：朕恭膺寶命，綏静氓黎，思俾宇内，躋於仁壽。而河湟之表，比罹寇賊，勾連凶醜，擁隔朝風。元元之民，匪遑寧宴，夙興軫慮，旰食忘疲。重勞師旅，下令討擊，馭以遐筭，且事招懷而慕化之徒，乘機立効，兵不血刃，費無遺鏃。今凶狡即夷，西垂克定。遠人悦附，改道惟新。宜播惠澤與之更始，可曲赦：凉、甘、瓜、鄯、肅、會、蘭、河、廓九州。自武德二年五月十六日以前，罪無輕重，已發繫囚見徒，悉從原免。桀犬吠堯，非無前喻。弃瑕蕩穢，列聖通規。有惡言不順及邪謀惑計者，並從洗滌，一無所問。十月，高祖幸華陰，送出師也。下詔曰：朕祗膺靈命，君臨區宇，承凋弊之餘，拯横流之難，雖復蠲除徭賦，督課耕農，安集黎元，與之休息，然而鯨鯢未翦，四海多虞，師旅洊興，事不獲已，及其士卒浮惰苟求逸樂，憚於征役，離其營伍，因此逃竄潛匿崎嶇，盗竊爲資，規免朝夕，良繇勘勵不明，部署失所，弛慢之責在於朕躬。琴瑟不調，已云變革，多墜刑綱，情兼軫悼，宜從寬宥，許以自新。其義士募人有背軍逃亡者，自武德二年十月二十日以前，罪無輕重，皆赦除之。飢寒困弊不能自存者，所在官司，隨事賑給。

（宋）王欽若等《册府元龜》卷八三《帝王部・赦宥》 〔唐高祖武德〕四年二月丁巳詔曰：祝網泣辜，彰乎舊典，赦過宥罪，著自前經。徃者劉武周竊據邊陲，擁逼良善，石嶺以北皆罹其弊。雖復武周奔竄，寄命蕃夷，而殘黨餘氛尚懷旅拒，致使朔漠猶警，關塞未寧，屢動干戈，久違聲教。代州總管定襄王大恩勤績允著，安輯邊境討擊未賓，率其從化。朕君臨天下，義存撫育，念彼彫弊，若納諸隍。但朔方黎元逆命日久，今雖歸附，仍懷反側。其代州總管府内石嶺以北，自從武德四年二月二十九日以前，所有愆犯罪無輕重，悉從原宥，可並令安居復業，勿使驚擾。五月乙丑，以竇建德平詔曰：自隋氏失馭，政散民流，盗賊交侵，區宇離析。喋喋黔首俱被焚溺之灾，元元無辜並困豺狼之吻。朕受天命，君臨人極。克除暴亂，大極黎民。聲教所覃，無思不服。唯彼趙魏，尚隔朝風。建德往因喪亂，連群結黨，竊州據邑，擅置官寮，叛渙一隅，恣行凶虐。朕愍彼河朔，久遭塗炭，納隍軫慮，無忘興寢。但以彫弊之後，惡煩士衆，且事含弘，未先討擊。然而遊魂放命，數稔貫盈，驅率犬羊，圖爲侵斥。與王世充欲相救援，輙來舉斧以抗大軍。兵威所臨，醜徒皆潰。生擒建德因致軍門，凡厥支黨，皆就虜獲。歷念逋冦一舉廓清，蕩滌遺民，與之更始。可赦山東諸州舊爲建德詿誤者，自武德四年五月八日以前，皆赦其罪，仍令太子左庶子鄭善果爲山東道撫慰大使，考功郎中李覲玉、膳部郎中高正表爲副，存問民俗，宣布朝章。其有率衆全城因機立効者，量其功績就加職任。奇才異行隨事旌擢。其亡命山澤，仍爲結聚，詔書到後三十日不來歸首者，復罪如初。六月庚寅詔曰：朕初膺靈命，撫育萬邦，一物失宜，憂責在己。是以昧旦丕顯，旰食忘勞思流惠澤被於率土。日者，世充作梗，僭擅一方。侵虐士民阻絶聲教，鞏洛之地，比邑連城，受制凶威，莫能自勉。翹足引領，乞師請降。朕愍彼黎庶，獨爲匪民，命將出軍，用申撫吊。兵威所震，醜徒慴伏，元惡頓纇，面縛軍門。殄滅氛祲，混同文軌，拯彼烝民，出乎塗炭。宜從蕩滌，與之更始，可赦河南諸州舊爲世充所詿誤者，自武德四年六月四日已前，皆赦其罪。若有率其部衆保城邑，因事立功，以歸朝化者，量其効績，就加職任。奇才異行，隨事旌擢。鰥寡孤獨，以時恤理。亡命山澤，詔書到後三十日不來歸首者，復罪如初。七月丁卯詔曰：天生烝民，樹之司牧，光宅區宇，撫字黎庶。日月炤臨，文明於是。統極雷雨、作解順時，所以布化往者，隋氏代衰，政刑廢缺，九服雲擾，五嶽塵飛。率土之民，墜於塗炭，瞻天蹐地，控告無所。朕愍彼横流，志存拯溺，投袂鞠旅，肇建義旗，伐暴除殘，克寧宇縣。靈祇葉贊，遐邇樂推，歸運所集，祗膺寶位。戡翦多難，綏輯遺氓。溥彼萬方，情均覆育。然而世充放命，擾亂周韓，建德遊魂，虔劉趙魏。害虐良善，阻絶朝風。言念匪民，久罹凶毒。盈滿之欒，猶有向隅，納隍之嘆，無忘旦夕。是以出軍命將，伐罪吊民。宗廟威靈，卿士效節，旌旗所拂，醜徒米泮。二凶授首，萬方廓清。車軌大同，氛祲澄蕩。邊候解拆，烽燧無虞。振旅休徒，凱歌里忭。今既九圍静謐，八表乂寧，思與吏民，勵精更始。又惟寡德，政道多違，陰陽不調，致兹亢旱。深思惕懼，震悼于懷，解網崇恩，宜流愷澤。可大赦天下，自武德四年七月十二日昧爽已前，大辟罪以下，已發露未發露，悉從原免。自武德二年十二月三十日已前，亡官失爵者，量聽叙用。天下民庶，給復一年。其陝、鼎、函、虢、虞、芮六州供轉輸之費，幽州管内久隔戎，給復二年。身死王事，量加褒贈。律令格式，且用開皇舊法。孝子順孫，義夫節婦，所在詳例，旌表門閭。奇才異行，隨狀薦舉。高年惸獨，量加贍邺。

（清）沈家本《歷代刑法考·赦八·赦例二》 《唐律·名例》十惡條：四曰惡逆。謂毆及謀殺祖父母、父母，殺伯叔父母、姑、兄姊、外祖父母、夫、夫之祖父母、父母。《疏議》曰：毆謂毆擊，謀謂計謀。自伯叔以下，即據殺訖，若謀而未殺，自當不睦之條。惡逆者，常赦不免，決不待時。不睦者，會赦合原，唯止除名而已。

應議請減條：其加役流、反逆緣坐流、子孫犯過失流、不孝流及會赦猶流者，各不得減贖，除名、配流如法。《疏議》曰：案《賊盗律》云：造畜蠱毒，雖會赦，並同居家口及教令人亦流三千里。《斷獄律》云：殺小功尊屬、從父兄姊及謀反大逆者，身雖會赦，猶流二千里。此等並是會赦猶流。其造畜蠱毒，婦人有官無官，並依下文，配流如法。有官者，仍除名，至配所免居官。問曰：五流不得減贖，若會降，合減贖以否？答曰：五流，除名、配流，會降至徒已下，有蔭、應贖之色，更無配役之文，即有聽贖者，有不聽贖者。止如加役流、反逆緣坐流、不孝流，此三流會降，並聽收贖。其子孫犯過失流，雖會降亦不得贖。何者？（又）文云：於期以上尊長犯過失殺傷應徒，不得減贖。此雖會降，猶是過失應徒，故不合贖。其有官者，自准除、免、當、贖之例。本法既不合例減，降後亦不得減科。其會赦猶流者，會降，灼然不免。

諸犯十惡、故殺人、反逆緣坐，獄成者，雖會赦猶除名。獄成，謂贓狀露驗及尚書省斷訖未奏者。《疏議》曰：犯十惡等罪，獄成之後，雖會大赦，猶合除名。獄若未成，即從赦免。注云贓狀露驗者，贓，謂所犯之贓，見獲本物。狀，謂殺人之類，得狀爲驗。雖在州縣，並名獄成。及尚書省斷訖未奏者，謂刑部覆斷訖，雖未經奏者爲獄成。此是赦後除名，常赦不免之例。

即監臨主守於所監守内犯姦、盗、略人，若受財而枉法者，除名。

姦，謂犯良人，盗及枉法，謂贓一匹者。獄成會赦者，免所居官。會降者，同免官法。《疏議》曰：會赦者，免所居官。此是赦後仍免所居之一官，亦爲常赦所不免。問曰：監守内略人，罪當除名之色。奴婢例非良人之限，若監守内略部曲，亦合除名以否？答曰：據殺一家非死罪三人，乃入不道。奴婢、部曲不同良人之例。强盗若傷財主部曲，即同良人，各以當條見義，亦無一定之理。今略良人及奴婢，並合除名。舉略奴婢是輕，計贓入除名之法。略部曲是重，明知亦合除名。又《鬭訟律》云：毆傷部曲，減凡人一等。奴婢，又減一等。又令云轉易部曲事人，聽量酬衣食之直。既許酬衣食之直，必得一匹以上，准贓即同奴婢，論罪又減良人。今准諸條理例除名，故爲合理。注：會降者，同免官法。《疏議》曰：降既節級減罪，不合悉原，故降除名之科，聽從免官之法。假令降罪悉盡，亦依免官之例。即降後重斷，仍未奏畫，更逢赦降，猶合免所居之官。

其雜犯死罪，即在禁身死，若免死别配及背死逃亡者，並除名。皆謂本犯合死而獄成者。《疏議》曰：其雜犯死罪，謂非上文十惡、故殺人、反逆緣坐，監守内姦、盗、略人、受財枉法中死罪者。即在禁身死者，謂犯罪合死，在禁身亡。若免死别配者，謂本犯死罪，蒙恩别配流、徒之類。及背死逃亡者，謂身犯死罪，背禁逃亡者。此等四色所犯，獄成，並從除名之律。故注云，皆謂本犯合死而獄成者。背死逃亡者，即斷死除名，依法奏畫，不待身至。其下文犯流、徒，獄成逃走，亦准此。

會降者，聽從當、贖法。《疏議》曰：雜犯死罪以下，未奏畫逢降，有官者聽官當，有蔭者依贖法。本法不得蔭贖者，亦不在贖限。其會赦者，依令，解見任職事。問曰：上文云十惡、故殺人、反逆緣坐，會赦猶除名。雜犯死罪等，會降從常贖法。若有别蒙敕放及會慮減罪，得同赦、降以否？答曰：若使普覃惠澤，非涉殊私，雨露平分，自依恒典。如有特奉鴻恩，總蒙原放，非常之斷，人主專之，爵命並合如初，不同赦、降之限。其有會慮減罪，計與會降不殊，當免之科，須同降法。慮若全免，還從特放之例。又問：加役流已下五流，犯者除名、配流如法。未知會赦及降若爲處分？答曰：會赦猶流，常赦所不免，雖會赦、降，仍依前除名、配流。其不孝流、反逆緣坐流，雖會赦亦除名。子孫犯過失流，〔會赦免罪，會降有官者聽依當、贖法。其加役流，犯非一色，入十惡者，雖會赦降，仍合除名。稱以枉法論、監守内以盗論者，〕會赦免所居官；會降同免官之法。自餘雜犯，會赦從原，會降依當、贖法。凡斷罪之法，應例減者，先減後斷。其五流先不合減者，雖會降後，亦不合減科。《釋文》：降者即赦之别文。赦則罪無輕重，降則減重就輕。慮者又與降同，然降自咸免，慮則奏免，赦、降、慮三者，名殊而義歸於赦。

諸犯流應配者，三流俱役一年。本條稱加役流者，流三千里，役三年。役滿及會赦免役者，即於配處從户口例。《疏議》曰：役滿一年及三年，或未滿會赦，即於配所從户口例。課役同百姓。

若流、移人身喪，家口雖經附籍，三年内願還者，放還。即造畜蠱毒家口，不在聽還之例。下條准此。《疏議》曰：依本條：造畜蠱毒並同居家口，雖會赦猶流；况此已至配所，故云不在聽還之例。

諸流配人在道會赦，計行程過限者，不得以赦原。謂從上道日總計，行程有違者。《疏議》曰：行程，依令：馬日七十里，驢及步人五十里，車三十里。其水程，江、河、餘水沿泝，程各不同。但車馬及步人同行，遲速不等者，並從遲者爲限。假有配流二千里，准步程合四十日，若未滿四十日會赦，不問已行遠近，並從赦原。從上道日總計，行程有遠者，即不在赦限。

有故者，不用此律。《疏議》曰：故，謂病患、死亡及請糧之類。准令：臨時應給假者及前有阻難，不可得行，聽除假。故不入程限，故云不用此律。

若程内至配所，亦從赦原。《疏議》曰：假有人流二千里，合四十日程，四十日限前已至配所而遇赦者，亦免。

逃亡，雖在程内亦不在免限。即逃者身死，所隨家口仍准上法聽還。《疏議》曰：行程之内逃亡，雖遇恩赦，不合放免。

犯流罪者，權留養親。謂非會赦猶流者。《疏議》曰：犯流罪者，雖是五流及十惡，亦得權留養親。會赦猶流者，不在權留之例。

不在赦例。仍准同季流人，未上道限内會赦者，從赦原。《疏議》曰：權留養親，動經多載，雖遇恩赦，不在赦限。依令，流人季别一遣。同季流人，若未上道而會赦者，得從赦原。問曰：死罪囚家無期親，上請，敕許充侍。若逢恩赦，合免死以否？答曰：權留養親，不在赦例。既無各字，止爲流人。但死罪上請，敕許留侍，經赦之後，理無殺法，況律無不免之制，即是會赦合原。又斷死之徒，例無輸課，雖得留侍，課不合徵，免課霑恩，理用爲允。又問：死罪是重，流罪是輕。流罪養親，逢赦不免。死罪留侍，卻得會恩。則死刑何得從寬，流坐乃翻爲急，輕重不類，義有惑焉。答曰：死罪上請，唯聽敕裁。流罪侍親，准律合住。合住者須依常例，敕裁者已沐殊恩。豈將恩許之人比同曹判之色？以此甄異，非爲重輕。

若家有進丁及親終期年者，則從流。計程會赦者，依常例。《疏議》曰：本爲家無成丁，故許留侍。若家有期親進丁及親終已經期年者，並從流配之法。計程會赦者，一准流人常例。

諸年七十以上、十五以下及廢疾，犯流罪已下，收贖。犯加役流、反逆緣坐流、會赦猶流者，不用此律。至配所，免居作。《疏議》曰：加役流者，本是死刑，元無贖例，故不許贖。反逆緣坐流者，逆人至親，義同休戚，處以緣坐，重累其心。此雖老疾，亦不許贖。會赦猶流者，爲害深重，雖會大恩，猶從流配。此等三流，特重常法，故總不許收贖。至配所免居作者，矜其老小，不堪役身，故免居作。其婦人流法與男子不同，雖是老小，犯加役流，亦合收贖。反逆緣坐流，依《賊盜律》，亦免流配。婦人犯會赦猶流，唯造畜蠱毒，並同居家口仍配。

彼此俱罪之贓，即簿斂之物，赦書到後，罪雖決訖，未入官司者，並從赦原。《疏議》曰：簿斂之物，謂謀反、大逆之家資合沒官者。赦書到後，罪人雖已決訖，其物未入官司者，並從赦原。若簿斂之物已入所在官司守掌，並不合放免。

若罪未處決，物雖送官，未經分配者，猶爲未入。《疏議》曰：若反、逆之罪仍未處決，罪人雖已斷訖，其身尚存者，物雖送官，但未經分配者，並從赦原。

即緣坐家口，雖已配沒，罪人得免者，亦免。《疏議》曰：謂反逆人家口，合緣坐沒官，罪人於後蒙恩得免，緣坐者雖已配沒，亦從放免。其奴婢同於資財，不從緣坐免法。問曰：但是緣坐遇恩，罪人得免。其有罪人不合免者，緣坐亦有免法以否？答曰：謀反、大逆，罪極誅夷，污其室宅，除惡務本。罪人既不會赦，緣坐亦不合原，去取之宜，皆隨罪人爲法。其謀判已上道及殺一家非死罪三人、支解人，緣坐雖及家口，其惡不同反、逆。又律文特顯反逆緣坐，爲與十惡同科，不得請、減及贖，自同五流，除名，配流如法。自餘緣坐流，並得減、贖，不除名。雖云合流得減、贖者，明即與反、逆緣坐不同。赦書若十惡不原，非反、逆緣坐人，仍從恩免。以其身非十惡，又非反、逆之家故也。

以贓入罪條：已費用者，死及配流勿徵。《疏議》曰：因贓斷死及以贓配流，得罪既重，多破家業，贓已費用，矜其流、死，其贓不徵。若未經奏畫，會赦免流、死者，徵贓如法。畫訖會恩，即同免例。

若計庸、賃爲贓者，亦勿徵。《疏議》曰：既計庸、賃爲贓，其贓元非正物，故雖非會赦，其贓並亦不徵。

會赦及降者，盜、詐、枉法猶徵正贓。《疏議》曰：謂會赦及降，唯盜、詐、枉法三色正贓猶徵，各還官、主，盜者免倍贓，故云猶徵正贓。謂赦前事發者，若赦後事發，捉獲見贓，准《鬪訟律》徵之。問曰：枉法會赦，正贓猶徵，未知此贓還官、還主？須定明例。答曰：彼此俱罪之贓，例並合沒。雖復首得原罪，正贓猶徵如法。其贓追沒，於法何疑。

餘贓非見在及收贖之物，限內未送者，並從赦降原。《疏議》曰：餘贓非見在，赦前已費用盡，若非轉易得他物及生產蕃息者，皆非見在之贓。及收贖之物者，謂犯罪徵銅，依令節級，各依期限，限內未送，並從赦、降原，過限不送，不在免限。稱限內不送，唯據贖銅，餘贓舊無限約，逢赦並皆放免。其犯罪應贖徵銅，送有期限，違限不納，會赦不原。故云限內未送者，唯爲贖銅生文，不爲餘贓立制。

諸略、和誘人，若和同相賣；及略、和誘部曲、奴婢，若嫁賣之，即知情買娶，及藏逃亡部曲、奴婢；署置官過限及不應置而置；《疏議》曰：在令，置官各有員數，員外剩置，是名過限。詐假官、假與人官及受假者；若詐死，私有禁物，赦書到後百日，見在不首，故蔽匿者，復罪如初。媒、保不坐。《疏議》曰：赦書原罪，皆據制書出日，昧爽以前，並從赦免。惟此蔽匿條中乃云赦書到後百日，此據赦書所至之處，別取百日爲限。見在不首故蔽匿者，謂人、物及所假官等見在，故蔽匿隱藏而不首出，並復罪如初。初者，謂如犯罪之初，贓物應徵及倍，悉從初犯本法。若人有轉易在他所，但其人見在不首，皆爲故蔽匿。其媒、保不坐者，謂嫁娶有媒，買賣有保，既經赦原，無問百日内外，雖不自首，並皆不坐。

其限内事發，雖不自首，非蔽匿。雖限內，但經問不承者，亦爲蔽匿。《疏議》曰：從略、和誘已下，私有禁物以上，謂赦書到後，事發之所百日内發者，雖不自首，亦非蔽匿，以其限尚未充，故得無罪。注云云。《疏議》曰：上云限内事發，雖不自首，非蔽匿。謂限内事發，經問即承，爲無隱心，乃非蔽匿。其經問不承，雖在限内，仍同蔽匿之法。

即有程期者，計赦後日爲坐。《疏議》曰：程者，依令：公案小事五日程，中事十日程，大事二十日程。及公使，各有行程。如此之類，是爲有程期者。《律》有大集校閲，違期不到之條，亦有計帳等，在令各有期限。此等赦前有違，經恩不待百日，但赦出後日仍違程期者，即計赦後違日爲坐。赦後並須准事給程，以爲期限。

其因犯逃亡，經赦免罪，限外不首者，止坐其亡，不論本罪。謂赦書到後，百日限外計之。《疏議》曰：謂赦前犯罪，因即逃亡，會赦之後，罪皆原免。赦後百日，仍不自首，止有逃亡之坐，更不論其本罪。又如征防逃亡，會赦免罪，計百日限外，征防仍自未還，須計征防之日，以爲逃亡定罪，限内流例若還，即同在家亡法。即軍人上番，因犯逃走，經赦當下，亦同常亡之律。注云云。《疏議》曰：上論蔽匿，既以百日之外爲限，此逃亡之坐，亦以百日限外計之。

諸會赦應改正、徵收，經責簿帳而不改正、徵收者，各論如本犯律。謂以嫡爲庶，以庶爲嫡，違法養子，私入道，詐復除，避本業，增減年紀，侵隱田園，脱漏户口之類，須改正。監臨主守之官私自借貸及借貸人財物，畜産之類，須徵收。《疏議》曰：前條以百日爲限，此據赦後經責簿帳即須改正、徵收，仍有隱欺不改從正者，皆如本犯得罪。其應改正、徵收，具如子注。問曰：上條會赦以百日爲限，下文會赦乃以責簿爲期。若有上條赦後百日内責簿帳隱而不通者，下條未經責簿帳，經問不承，合得罪否？答曰：上條以罪重，故百日内經問不承，罪同蔽匿，限内雖責簿帳，事終未發，縱不吐實，未得論罪。後條犯輕，赦後經責簿帳不通，即得本罪。經年不經責簿帳，據理亦未有辜，雖復經問不承，未合得罪。又問：蔽匿之事，限内未首，及應改正，簿帳未通，乃有非是物主，傍人言告，未知告者得罪以否？答曰：赦前之事，各有程期，限内事發，律許免罪，終須改正徵收，告者理不合坐。

犯罪共亡條：若罪人自首及遇恩原減者，亦准罪人原減法。《疏議》曰：謂因罪人以得罪，罪人於後自首及遇恩原減者，或得全原，或減一等、二等之類，一依罪人全原、減降之法。

謀反大逆條：《疏議》問曰：反、逆人應緣坐，其妻妾據本法，雖會赦，猶離之、正之。其繼養子孫依本法，雖會赦，合正之。准離之、正之，即不在緣坐之限。反、逆事彰之後，始訴離之、正之，如此之類，並合放免以否？答曰：刑法慎於開塞，一律不可兩科，執憲履繩，務從折中。違法之輩，已汩朝章，雖經大恩，法須離、正，離、正之色，即是凡人。離、正不可爲親，須從本宗緣坐。

造畜蠱毒條：造畜者，雖會赦，並同居家口及教令人亦流三千里。八十以上、十歲已下、篤疾無家口同流者放免。《疏議》曰：老幼及篤疾，身自犯罪，猶尚免流。今以同居共活，有同流家口亦配，無同居家口共去，其老小及篤疾不能自存，故從放免。問曰：被毒之人父母不知情者，放免。假有親兄弟，大房造蠱，以毒小房，既同父母，未知父母合免以否？答曰：蠱毒家口，會赦猶流，恐其涉於知情，所以例不聽住。若以蠱毒毒同居，被毒之人父母、妻妾、子孫不知情者，不坐。雖復兄弟相毒，終是被毒之人父母，既無不免之制，不知情者合原。又問：依律犯罪未發自首，合原，造畜蠱毒之家，良賤一人先首，事既首訖，得免罪以否？答曰：犯罪首免，本許自新，蠱毒已成，自新難雪，比之會赦，仍並從流。

諸殺人應死，會赦免者，移鄉千里外。《疏議》曰：殺人應死，會赦免罪，而死家有期以上親者，移鄉千里外爲户。其有特勅免死者，亦依會赦例移鄉。

《鬬訟律》：諸以赦前事相告言者，以其罪罪之。官司受而爲理者，以故入人罪論。至死者，各加役流。《疏議》曰：以赦前事相告言者，謂事應會赦，始是赦前之事不合告言。若常赦所不免，仍得依舊言告。假有會赦，監主自盗得免，有人輒告，以其所告之罪罪之。謂告徒一年贓罪者，監主自盗即合除名，告者還依比徒之法科罪。官司違法受而爲理者，以故入人罪論。謂若告赦前死罪，前人雖復未決，告者免死處加役流，官司受而爲理至死者，亦得此罪。故稱各加役流。若官司以赦前合免之事彈舉者，亦同受而爲理之坐。

若事須追究者，不用此律。追究，謂婚姻、良賤、赦限外蔽匿、應改正徵收及追見贓之類。《疏議》曰：事須追究者，備在注文。不用此律者，謂不用入罪之律。注云追究，謂婚姻、良賤、赦限外蔽匿，謂違律爲婚，養奴爲子之類，雖會赦，須離之、正之。赦限外蔽匿，謂會赦應首及改正徵收，過限不首，若經責簿帳不首，不改正徵收，及應徵見贓，謂盜詐之贓，雖赦前未發，赦後捉獲正贓者，是爲見贓之類，合爲追徵。問曰：准誣告條，至死而前人未決，聽減一等。流罪以下，前人未加拷掠，而告人引虛，得減一等。又准官司入人罪，若未決放，聽減一等。有誣告赦前死罪，官司受而爲推，得依此條減罪以否？答曰：依律以赦前事相告言者，以其罪罪之。官司爲理者，以故入人罪論。此是赦前之事，並不許告言。論實尚無減例，誣告豈得減之？不至死者，俱無減法，至死者，處加役流。

《斷獄律》：諸赦前斷罪不當者，若處輕爲重，宜改從輕，處重爲輕，即依輕法。《疏議》曰：處斷刑名，或有出入不當本罪，其事又在恩前，恐判官執非不移，故明從輕坐之法。若處輕爲重，宜改從輕。假有鬭殺堂兄，當時作親兄，斷爲惡逆，會赦之後，改從堂兄，坐當不睦。赦，若十惡亦原，處流二千里，以常赦不免，故仍處流坐。又如鬭殺凡人，斷爲緦麻尊長，會赦，十惡不免，改爲雜犯，免死移鄉，此並仍有輕罪。又有受所監臨五十匹，斷爲枉法處死，會赦，改爲受所監臨，不在徵贓之例。又有犯近流，科作遠流，或止合一官當徒，斷用二官以上，若奏畫訖，及流至配所會赦者，改從本犯近流及還所枉告身。若未奏畫及流人未到流所會赦者，即從赦原。若應徵銅，而處輕爲重，其銅或在限外未輸，或在限內納訖，會赦者，並改從輕法，其剩納者卻還，未送者依輕罪數徵納。若限內未納會赦者，從赦並免。稱輕者，全免亦是。故令云，犯罪未斷決逢格改者，格重聽依犯時，格輕聽從輕法。即總全無罪，亦名輕法。其處重爲輕，即依輕法，假令犯十惡，非常赦所不免者，當時斷爲輕罪及全放，並依赦前斷定。

其常赦所不免者，依常律。常赦所不免者，謂雖會赦猶處死及流，若除名、免所居官及移鄉者。《疏議》曰：常赦所不免者，赦書云，罪無輕重，皆赦除之。不言常赦所不免者，亦不在免限，故云依常律。即犯惡逆，仍處死；反逆及殺從父兄姊、小功尊屬，造畜蠱毒，仍流；十惡，故殺人、反逆緣坐獄成者，猶除名；監守內姦、盜、略人、受財枉法，獄成會赦，免所居官；殺人應死，會赦移鄉等是。

即赦書定罪名合從輕者，又不得引律比附入重，違者各以故失論。《疏議》曰：赦書定罪名合從輕者，假如貞觀九年三月十六日赦：大辟罪已下並免，其常赦所不免、十惡、妖言惑衆、謀叛已下道等，不在赦例。據赦，十惡之罪，赦書不免，謀叛即當十惡，未上道者，赦特從原。叛罪雖重，赦書定罪名合從輕，不得引律科斷，若比附入重，違者以故失論。

諸聞知有恩赦而故犯，及犯惡逆，若部曲、奴婢毆及謀殺，若强姦主者，皆不得以赦原。即殺小功尊屬、從父兄姊及謀反大逆者，身雖會赦，猶流二千里。《疏議》曰：聞知有恩赦而故犯，謂赦書未出，私自聞知而故犯罪者，及犯惡逆，謂毆及謀殺祖父母、父母，殺伯叔父母、姑、兄姊、外祖父母、夫、夫之祖父母、父母，此名惡逆。若部曲、客女亦同，並奴婢毆及謀殺若强姦主者，皆不得以赦原。即殺小功尊屬、從父兄姊及謀反大逆者，此等雖會赦免死，猶流二千里。

按：唐代赦例甚繁，今節取各帝制詔之文而備録律文於後，其大略可覩矣。大抵盛時赦少而例嚴，及其衰也，赦多而例亦寬矣。其常赦所不原之款略分四等。一、會赦不原者：犯惡逆若部曲、奴婢毆及謀殺若强姦主，見《斷獄律》。赦詔中稱十惡，已包惡逆在內，亦有十惡外稱五逆者，未知爲何者五項。詔有稱奴殺主者，有稱奴婢、部曲反主者，並與律文不盡相同，此一等也。一、會赦猶流者：造畜蠱毒，見《賊盜律》。殺小功尊屬，從父兄姊及謀反大逆，見《斷獄律》。謀反大逆，十惡之首；造畜蠱毒，十惡之不道也；殺小功尊屬，不睦也；皆包於十惡之內。從父兄姊，乃大功尊長，則不關十惡，諸赦詔無及之者，蓋包於常赦不免之中矣，此一等也。一、會赦猶除名者：十惡、故殺人、反逆緣坐，見《名例》。《開皇律》犯十惡及故殺人，會赦猶除名，《唐律》承之。十惡已見前二等，並此分三等矣。赦詔多言謀殺，開元二十四年赦制始言故殺人，自此已後，皆爲故殺矣。反逆緣坐亦偶及之，此一等也。一、會赦免所居官者：監臨主守於所監守内犯姦盜、略人，若受財枉法，見《名例》。受財枉法、主守自盜，赦詔有之。亦有稱官人犯贓者，則無所不包，官吏犯姦，亦見赦詔，惟監守内犯略人，詔中未見。除名者官爵悉除，免所居官者但免所居之一官，視除名爲輕矣，此一等也。以上皆常赦不原者也。又有赦後百日不首故蔽匿復罪如初者，諸略、和誘人，若和同相賣；及略、和誘部曲、奴婢，若嫁賣之，即知情娶買，及藏逃亡部曲、奴婢；署置官過限及不應置；詐假官、假與人官及受假者；若詐死，私有禁物，見《名例》。赦詔中未見明文。梁太清元年大赦，有開恩百日，各令自首，不問往罪之例，乃此律之所仿，此又一等，而不在常赦不原之例。又若赦詔有其目而律無文者，曰妖言惑衆、曰劫賊、曰謀殺人、曰造僞頭首、曰犯名教、曰妖僞，開元二。曰劫賊殺財主，開元十一。曰妖訛、曰盜賊，開元十九。似是録囚。曰劫殺人、曰痕累人、曰宿宵人、曰僞造妖妄頭首、曰攻劫、曰五逆、上元二。曰官典犯入已贓、太和元。曰劫獄、曰奪囚、曰持仗强劫、太和七。曰合造毒藥、曰開發墳墓、咸通十二。曰光火持杖。咸通十四。以上各項，皆律所不及，或出於臨時之裁定，或由於故事之遵循，非皆常赦不原者也。大抵漢之赦例，每云謀反大逆不道，不用此書，是以謀反大逆不道爲重。唐之赦例，惡逆會赦不原，反逆會赦猶流，是惡逆視反逆爲重。若官典犯贓、妖言惑衆、造僞頭首、謀故殺人，則往往不原，而反逆轉有特原之事。自餘款目，或此赦有而彼赦無，或此赦增而彼赦減，三百年中，參錯不一，大旨本乎律而亦不全用律，法之無定，蓋自古然矣。

（宋）王欽若等《册府元龜》卷九五《帝王部·赦宥》　天福十二年六月十五日昧爽已前，諸道州府見禁人等，已結正未結正，已發覺未發覺，除十惡五逆外其餘罪無輕重，咸赦除之。三司地征六營軍費，素懸數額，皆有限程。但以兵革屢興，旱蝗相繼，蓋督吏不能開許，致疲民無以供輸。苟不蠲除，轉成困弊。天福十一年已前，諸道州府，應係殘欠税租，並特除放。朕昨夙駕河汾，薄狩陜虢，洎及京邑，周覽神臯，禾黍廢爲閑田，墻屋毁爲平地，悽傷滿目，指顧傷心。且農夫不耕，廪食何取，蠶婦不織，府帛何輸。言念流離，諒宜矜恤。况朕頃在藩翰，備諳稼穡，自臨大寶，首念蒼生，常久困於蕃戎，欲盡蠲其租賦，又以干戈未弭，士馬方繁，月無見糧，歲無嘗給，特於經費須此減除。其東西兩京畿内，遭契丹蹂踐暴苦處，人牛俱喪，蠶麥不收。雖近復田園，固無可輸納。其東西兩京一百里内，今年夏税及沿徵物色，並與蠲放。其一百里外曾有契丹經過劫掠之處，委本處官吏躬親恤問，如實被契丹蹂踐不虚，其今年夏税大小麥苗子沿徵物色等，各放一半。其京城内先遭張彦澤明行拷捶劫掠資財，兼被契丹毁拆屋舍括率緡錢爰屬艱危，並罹殘虐。爰符望幸用慰來蘇，其京城内今年夏税與減一半。應已前貶降官未量移者，當與量移。已量移者，便與叙録。應該徒流者，與放還。近因玁狁猖狂，萑蒲充斥，交相劫剽，不問官私，遂令王事之人，空有係官之數。應屬省務局錢穀，曾經契丹及草寇般擎處據已勘到實數，仰三司具指實條奏，當議別有指揮，應係欠省司錢物，尚令逐處徵催。全放則因便生姦，加罪則困窮可憫，宜下三司，據見有家業抵當外，如實無充折者，特貸餘生，更無任使亡命不逞之徒，殘民蠹物之類，或隱藏山谷或畏懼典刑，及今日已前，結集爲非者，並不問罪。仍令所在長吏，丁寧曉諭，如願在軍都者，量材安排。如不願在軍都者，即任歸農業，與限兩月明示招携。如限滿依前結集爲非，不議寬恕，即嚴加捕捉，復罪如初。

（宋）佚名《宋大詔令集》卷二一五《政事·恩宥·赦天下制》　朕受命上元，居尊中土，思欲納蒸民於壽域，平太階於慶霄。至誠感通，景貺昭格。爰從今夏，逮及初秋，稼穡屢登，氛霾頓息，非眇躬之攸至，蓋穹昊之降祥。俗阜民康，既洽豐年之望。赦過宥罪，宜覃及物之恩，可大赦天下云云。於戲！解網泣辜，尚緬懷於往聖，赦過宥罪，冀流惠於庶方，布告衆多，咸令知悉。

（宋）竇儀等《宋刑統》卷三〇《斷獄律·遇赦不原》　諸聞知有恩赦而故犯，及犯惡逆，若部曲、奴婢毆及謀殺若强姦主者，皆不得以赦原。即殺小功尊屬從父、兄、姊及謀反、大逆者，身雖會赦，猶流二千里。疏議曰：聞知有恩赦而故犯，謂赦書未出，私自聞知，而故犯罪者。及犯惡逆，謂毆及謀殺祖父母、父母，殺伯叔父母、姑、兄、姊、外祖父母、夫、夫之祖父母、父母，此名惡逆。若部曲，客女亦同。並奴婢，毆及謀殺若强姦主者，皆不得以赦原。即殺小功尊屬從父、兄、姊及謀反、大逆者，此等雖會赦免死，猶流二千里。諸獄結正，犯翼祖廟諱改爲正，下同。徒以上各呼囚及其家屬，具告罪名，仍取囚服辯，若不服者，聽其自理，更爲審詳，違者笞五十，死罪杖一百。疏議曰：獄結正，謂徒以上刑名，長官同斷案已判訖。徒、流及死罪，各呼囚及其家屬，具告所斷之罪名，仍取囚服辯，其家人親屬唯止告示罪名，不須問其服否，囚若不服，聽其自理，依不服之狀，更爲審詳。若不告家屬罪名，或不取囚服辯，及不爲審詳，流、徒罪並笞五十，死罪杖一百。

（宋）李燾《續資治通鑑長編》宋真宗咸平元年四月 上謂宰相曰：諸路逋欠，先朝每有赦宥，皆令蠲放。而有司不認朝旨，尚令理納，頗聞細民愁嘆，此甚亡謂也。己酉，遣使乘傳與諸路轉運使、州軍長吏按百姓逋欠文籍，悉除之。始用王欽若之言也。除逋欠凡一千餘萬，釋繫囚三千餘人。上由是眷欽若益厚。

（宋）李燾《續資治通鑑長編》宋真宗大中祥符九年三月 癸丑，詔官吏犯贓被劾，有故延歲月以俟赦宥者，自今法寺勿以赦原。

（宋）李燾《續資治通鑑長編》宋真宗天禧四年八月 刑部請自今犯贓濫配隸，經恩從便者，俟一年後遇赦宥方理。

（宋）李燾《續資治通鑑長編》宋真宗天禧四年九月 丁卯，赦天下繫囚，除十惡、已殺之、官典犯贓、盜官物、持仗放火、僞造符印外，咸除之。天禧三年已前所逋夏秋稅、貸糧種子見欠倚閣者，並與蠲除。周懷政、朱能干連黨類，除已行勘斷外，自餘咸許自新，一切不問。

（宋）李燾《續資治通鑑長編》宋真宗乾興元年七月 又詔諸路按察官取乾興赦前配隸兵籍者，列所坐罪狀以聞。自是，每下赦書輒及之。

（宋）李燾《續資治通鑑長編》宋仁宗天聖四年正月 知益州薛田言兩川犯罪人配隸他州，雖老疾得釋者，悉留不遣，自今請無放停。上曰：遠民無知犯法，而終身不得還鄉里，豈朕意乎！察其情有可矜者，聽遣還。

（宋）李燾《續資治通鑑長編》宋仁宗天聖七年四月 辛卯，遣官謝晴。殿中侍御史張逸言：庚寅赦書，十惡與四殺連文，並爲已殺人者不赦。然則十惡非殺人者，亦得赦矣，恐非詔意，請明示有司。遂詔十惡罪，無輕重皆不赦。

（宋）李燾《續資治通鑑長編》宋仁宗寶元元年九月 戊申，詔應緣祀事已受誓戒而不虔恭者，毋得以赦原。

（宋）李燾《續資治通鑑長編》宋仁宗慶曆四年十一月 諫官余靖言：臣伏覩南郊肆赦在近，曠蕩之澤，與民更始，四方延頸，相望恩渥。臣訪聞荆湖南路，本因蠻賊出就民家居停，其提點刑獄邵飾等，盡令近山人戶不得耕種，及燒拆屋宇，起遣入城居住，遂致近山人戶失業，亡入賊中。及楊畋將不曾作蠻賊人戶，盡底驅逐，散入廣南東、西路，失其巢穴。又京西去歲，被賊人張海等虜掠驚擾。臣欲乞於南郊赦書中特示存撫，應荆湖南、北路人户先因脅從，及投入賊中者，限赦書到後一百日内，經官司首身，並令州縣勘會，支與舊來田業，其山猺人戶，亦令安撫。轉運、提點刑獄等司，多方招誘，如能效順，並與放罪，務令各歸舊住山林，常加存恤。應京西及荆湖北路去年經賊人驚擾縣分人户，轉運司體量勘會，與免一年科配。其上項事節，乞指揮中書、樞密院商量施行。從之。余靖議赦書條目，不知何時，赦書多從其言，今附郊禮前。

（宋）李燾《續資治通鑑長編》宋仁宗慶曆五年七月 詔自今罪殊死，若祖父母年八十以上及篤疾無朞親者，以其所犯聞。

（宋）李燾《續資治通鑑長編》宋仁宗皇祐二年九月 詔内降指揮，百司執奏毋輒行，敢因緣干請者，諫官、御史察舉之。初議肆赦，帝謂輔臣曰：卿等廣詢民間利病，著爲條目，務從寬大，以稱朕勤恤之意。又曰：比有貴戚近習，貪緣請託，以圖内降。雖頗抑絶，然未免時有侵撓。可於赦文中嚴切禁止，庶澄清宿弊，示信天下。輔臣對曰：陛下躬行大祀，以新庶政，辟至公之路，杜私謁之蹊，實天下幸甚。然載之赦條，恐未盡聖意。乃别爲手詔，與赦同降。

《宋史》卷二〇一《刑法志》 熙寧七年三月，帝以旱，欲降赦。時已兩赦，王安石曰：湯旱，以六事自責曰：政事不節与？若一歲三赦，是政不節矣，非所以弭災也。乃止。八年，編定《廢免人叙格》，常赦則郡縣以格叙用，凡三朞一叙，即朞未滿而遇非次赦者，亦如之。

（宋）李燾《續資治通鑑長編》宋神宗熙寧八年七月 詔權知開封府陳繹奏請，孕婦犯罪，許會赦恩詔，經疏決情理輕，釋之。

（清）沈家本《歷代刑法考・赦九・赦例三》 熙寧八年，編定《廢免人敘格》，常赦則郡縣以格敘用，凡三期一敘，即期未滿而遇非次赦者，亦如之。按：此廢免人遇赦敘用之例。

（清）徐松《宋會要輯稿·刑法六·矜貸》〔元豐五年〕二月五日，開封府言：令文，諸老幼疾病犯罪應罰銅，而孤寡無以入贖者，取保矜放。本府日決獄訟，應贖者多孤寡貧乏，又無鄰保，不免責廂巡狀以便取保之文，自今乞役審察貧乏直行放免，從之。

（宋）李燾《續資治通鑑長編》宋神宗元豐六年二月 又詔：私鑄錢罪至死者，比已貸之，然其妻屬尚有編管法，其除之，自今勿緣坐。

（宋）李燾《續資治通鑑長編》宋神宗元豐八年三月 中書省奏：應今年正月九日赦前衝替人，並以事理輕重遞減。其差替者，並與差遣。赦前衝替而赦後定輕重者准此。其三月二日、六日兩次赦前犯者，並依此遞減。從之。

（宋）李燾《續資治通鑑長編》宋神宗元豐八年三月 壬戌，刑部言，差使、借差、殿侍停降，並軍員降配，雖非命官，緣各有敘法，係赦書該說不盡，欲乞並與三次赦恩例朞而收敘。從之。

（宋）李燾《續資治通鑑長編》宋神宗元豐八年四月 庚寅，尚書省奏：刑部言：今年正月九日赦書，敘法未復舊官者，滿三期聽一敘。即已得正官者，每敘轉官。如選人到銓日及年限，即更與敘用。按選人常敘，如未復舊資，須一任，回到吏部日及年限，方許再敘。今非次赦恩，特理三期，欲不以到部爲限，並與並敘內見任人，據所敘官資與寄理，仍支所敘官俸。從之。

（宋）李燾《續資治通鑑長編》宋神宗元豐八年四月 刑部言：敘用人連遇三赦，合敘三官，惟遇第一赦人，多赦前已歷歲月，及赦文內稱特理三期，而文武臣僚叙法乃有一期二期一叙者，欲應赦前合敘，期限已滿之人，偶未投狀，該前項第一赦者，先具期限，次具赦恩，各與敘用。若該第一次赦恩所叙期限未滿，即以赦恩叙訖，仍留實歷過年月後叙收使，並文武臣僚合一期二期一叙者，赦文雖稱與理三期，止合每赦與叙一官，即不在收留赦文內剩期之限。從之。

（清）沈家本《歷代刑法考·赦九·赦例三》〔宋哲宗〕元祐元年，門下省言：當官以職事墮曠，雖去官不免，猶可言。至於赦降大恩，與物更始，雖劫盗殺人亦蒙寬宥，豈可以一事差失，負罪終身？今刑部所修不以去官、赦降原減條，請更刪改。按：此文未了，當有闕奪。《通考》云：今刑部所脩不以去官、赦降原減條，所留尚多，所刪尚少，請更刪改存留。從之。可取以補《志》之闕。

（宋）李燾《續資治通鑑長編》宋哲宗元祐四年四月 詔應臺察事已彈察後，及一月以上遇赦降者，其稽遲本罪不得原減。從侍御史盛陶言也。

（宋）李燾《續資治通鑑長編》宋哲宗元祐六年二月 丙辰，大理寺言：因舉官緣坐已經恩者，如罪人不該原減，聽減一等。若再會恩，從原減法。罪人該特旨及於法不以赦降原減者，舉主自依赦降。從之。

（清）沈家本《歷代刑法考·赦九·赦例三》〔宋〕哲宗元祐八年，赦。門下侍郎韓維言：請自今每近郊赦令，刑部大理寺、開封府並依當時決遣獄訟，不減日限，其情重難釋者，別爲一等奏斷。從之。按：此京師遇赦以赦降日爲限，不用劉衮之議，京外烏可兩歧？

（宋）李燾《續資治通鑑長編》宋哲宗紹聖四年四月 詔：恤刑條制依元豐令，提點刑獄司歲於四月、十月上旬檢舉，下諸州長官行訖奏聞。

（宋）李燾《續資治通鑑長編》宋哲宗紹聖四年九月 詔：今月五日赦前犯事經斷人，應合敍用者，依該非次赦恩與敍。應承務郎已上大小使臣，不因贓罪降充監當者，如後來別無贓私過犯，候到任及二周年，與依條牽復差遣。應見貶謫命官使臣，除元祐餘黨及別有特旨之人外，未量移，未得與差遣使臣，並仰於所屬投狀，依例施行。命官使臣，令刑部將昨經明堂人各具已經赦數，並今月五日赦，與理一赦，申尚書省、樞密院移放。已上並依揀放條約施行。應衝替命官，係事理重與減作輕，係輕者便與差遣，使臣比類施行。《曾布日録》庚申，闕樞密院，除元祐餘黨及已有特旨人外，並依非次赦，與理三期移敍。然議者尤莫曉餘黨之説，意恐其紛紛未已也。既而曰：餘黨止爲安燾、鄭雍輩爾。今附此，當考。

（宋）謝深甫等《慶元條法事類》卷四七《賦役門·稅租薄》〔名例勑〕諸稱不以赦降原減除緣姦細事，或傳習妖教托幻變之術及故決盗決江河隄，遇非次赦或再遇大禮赦者，聽從原免。

（清）畢沅《續資治通鑑》宋理宗紹定三年七月 丁未，臣寮請今後疏決，先期降旨，下臨安府、三衙：應犯罪在指揮前，許引用恩赦。如指揮後有犯罪，雖已停決，不在原減之數。其合引赦人，不許於停決前輕行斷遣。如或違失，從故出入人罪條制施行。令刑部詳度。

（清）畢沅《續資治通鑑》宋理宗紹定三年十一月　癸卯，臣寮言：曾經奏劾，有永不得親民差遣指揮之人，如引赦，乞改正。並令都司、吏部取原犯攷訂，除情輕從舊制外，其或貪贓慘酷，刑寺不得例作不曾推勘免約法許令改正。從之。

（清）沈家本《歷代刑法考・赦九・赦例三》　《續通考》一百四十：淳祐三年七月，臣寮奏乞，今後疏決，先期降旨，犯罪在指揮前許引用恩赦，如指揮後有犯，雖有停決，不在原減之數。其合引赦人不許於停決前輕行斷遣，如或違戾，並從故出入人罪條制施行。令刑部詳度，上於尚書省。按：指揮前即赦降日前也。宋之赦詔不傳，故赦例亦不及唐之詳，要其大旨亦先嚴而後寬。開創之初，事多整肅，中葉以後，漸歸寬弛，亦勢使然也。

（清）畢沅《續資治通鑑》宋理宗淳祐八年八月　壬寅，周坦言：明堂肆赦，州郡奉行不虔，有稽遲、隱匿、文具三弊，宜革去以昭溥博之仁。從之。

《元典章》卷三九《刑部・刑制・刑法・做罪過的不疎放》　中書省劄付皇慶二年四月二十六日奏過事内一件，皇帝登寶位，詔書裏該着赦不可頻數，麼道這般行了呵。去年冬間又開了詔赦來，那之後因着做好事節次放了的罪囚，多有爲這般，上頭皇帝根底奏呵，今後休教放者。聖旨有來，如今星芒天旱，百姓缺食的，其間似這般有罪過的歹人每放了呵，被害的人每寃氣無處伸告，傷着和氣，今後做罪過的歹人每依體例交問了，要罪過不疎放呵，歹人每怕懼也者。更外頭做官的人每犯罪拿着問的，其間使見識交奏啓了。傳奉聖旨、懿旨，交舖馬裏上來，休問者麼道也。有來俺商量來似這般呵，壞了法度，做罪過的歹人每根底慣了去也，今後傳聖旨懿旨喚的，休交來依體例問了，要罪過呵，怎生奏呵。您説的是，有聖旨了也，欽此。都省仰欽依施行。

（元）沈仲緯《刑統賦疏・第三韻》　事須追究而正者聽，言乎赦前。《鬭訟律》諸以赦前事相告言者，以其罪罪之，官司受而爲理者，以故入人罪論，至死者各加役流。若事須追究者不用此律。注：追究謂婚姻良賤、赦限外蔽匿應改正，徵收及追見贓之類，夫凡罪之已赦者則置之勿論，惟恐人之有告言，是故敢以赦前事相告言者，律有以其罪罪之之禁，然其違律爲婚養奴爲子之類應改正者、及貸官物盜詐取人財物之類應追收者，又聽其告言矣。蓋先王赦其罪而不赦其非，容其改過而不容其僥幸，違律之罪已赦而事不改正者則愈亂常分矣，作之罪已赦而贓不追收者，則不負於財主矣。若此之類，雖無合斷之常，有合行追究改正之事，故雖犯在赦前猶聽告之矣。

直解：違律爲婚、養奴爲子、盜詐取財物之類必合追究改正者，雖在赦前亦合告言。

（元）沈仲緯《刑統賦疏・第三韻》　會赦、會降，有輕於會慮。輕重之罪咸釋放之謂赦，死罪減徒徒罪減杖之謂降，或原或減出於睿斷之謂慮，三者皆會恩也。然赦降者恩之常，慮者恩之異，是以《名例律》諸犯十惡、故殺人條，人問曰：上文云十惡、故殺人會赦猶除名，雜犯死罪等會降，從當贖法，若有別蒙敕放及會慮減罪，得同赦降以否。答曰：若使普覃恩澤，非涉殊私，雨露平分，自依恆典，如有特奉鴻恩，總蒙原宥非常之斷，人主專之爵命并合如初，不同赦降之限。其有會慮減罪計，與會降不除當免之科須同降法。若慮全免還從特放之例，故赦降有輕於慮矣。

直解：赦者咸釋放之，降者減輕之，謂皆恩之常慮者，情出聖意，此恩之異，故赦降輕於慮。

（元）孟奎《粗解刑統賦》　篤疾癡愚亦合於三赦。十五之前曰幼，七歲曰悼，九十曰耄，此三者罪不加罪刑。蓋古禮也，故三赦篤疾、癡愚。凡癈疾之人有罪，皆准贖免。輕囚就重，聽移於百里，一事而二處置，覺發者俱有文案，相離百里以輕就重而并勘之，若百里之外各從事發處歸結，事不大論乎？失軍國重事或誤陷城池之類，此大事也，難准過失，法重猶矜於死。人之犯法，罪莫大焉，然死而是至絞者，但犯而免絞可也，古律所以矜其死而然。《書》曰罪疑惟輕。罪相爲隱外止及於祖孫。夫九服者曾高至玄孫則無服矣，故有服者得相容隱，無服則不容矣，所以奴爲主隱，若主爲奴隱則有縱容犯法之罪。

（元）佚名《別本刑統賦解》　篤疾癡愚亦合於三赦。篤疾者二支廢，兩目盲等類，癡愚蠢至甚也。《周禮》有三赦之法，一曰幼弱、二曰老耄、三曰憊愚。此三者不以犯事之輕重皆赦除之，其篤疾者既成廢人亦合於三赦之法也。今例諸篤廢殘疾不任杖責者免罪收贖，此其義也。輕囚就重聽移於百里。推囚之道得情爲難，對鞫則情易得，偏聽則詞難明。若囚徒一處敗露，面對同推則真僞可顯，涉有相議共犯伴類繫於他處者，必須移推并問，又恐漏，露情犯或逃亡走失，故此詐移於百里之内也。事大不論乎。失一應事情，有故有失，有私有公，皆原情科罪。舉兵征伐乃國之大事，稽緩雖因公致罪，豈可與常事一概論。故大事而犯失錯者，亦不從失錯之論也。

《元史》卷一〇三《刑法志》 諸犯罪流遠逃歸，再獲，仍流。若中路遭亂而逃，不再犯，及已老病並會赦者，釋之。

（清）沈家本《歷代刑法考·赦九·赦例三》 《續通考》一百四十：洪武五年九月，定赦款事例。先是，帝諭中書省曰：凡犯贓罪者，罪雖已赦，仍徵其贓。赦文内有云已發覺未發覺、已結正未結正之類，其詳定以聞。至是，刑部議凡謀反、大逆、謀殺祖父母、父母、妻妾殺夫、奴婢殺主、謀故殺人及强盜、蠱毒魘魅不赦外，其餘輕重咸赦。有以赦前事相告訐者抵罪。若係官錢糧事，須推究，罪雖遇原，依律改正徵收。民間户婚、田産、錢債雖已經赦應合改正歸還者，並聽追理。凡今後官吏受贓，遇赦免罪，贓並追納。其在赦前犯贓，事發懼罪逃避，及革後發落，依律追究，奏上。制從之。按：此所舉不赦之款，與前代略同而與明律異，其時律雖定，未刊布也。私債聽追，則較唐法爲允。

《明太祖實録》洪武七年十一月 丙寅，詔曰：釋罪宥愆，昔君未嘗輕發，發則精詳，豈有獲罪而苟免，致寃而無訴者，故眚灾肆赦，怙終賊刑，具載於《書》，至今明焉。漢唐至元，其間懦君承業，權由姦佞，因有大赦，雖間釋君子之過愆，而姦頑之徒得爲漏網之魚，使善良者含鬱而不伸，古人謂小人之幸，君子之不幸，豈不信然。朕爲天下生民主，恒恐悖理乖仁，脱凶頑於僥幸，長姦佞於姑息，有乖聖人明刑慎罰之意。中書其條陳獄囚若果真犯，但笞罪以上俱各不原，其餘詿誤過失，因人致罪者，悉皆有之。

（明）談遷《國榷》太祖洪武十四年四月 甲子，上諭刑部臣曰：惡名人所恥，仕者孰不欲保爵禄，彰善譽，或差或誤，雖悔無及。自今犯者宥罪復職。榜過門端，改則除之。

（明）談遷《國榷》太祖洪武二十年五月 諭刑部尚書唐鐸曰：有司犯者欲盡法治之。人謂刑重弭姦，不則靡所忌。古云：書用識哉，欲並生哉，自今輕犯悉宥之。徒流及雜犯死罪，皆戴罪復職。有至再三者，亦録其罪而復其官。

（明）談遷《國榷》太祖洪武二十四年二月 命户部：武臣死罪而宥者，給半禄，餘罪宥，全給，死而有子孫，給如之。

（清）沈家本《歷代刑法考·赦九·赦例三》 《明律·名例》常赦所不原條：凡犯十惡、殺人、盜係官財物及强盜、竊盜、放火、發塚、受枉法不枉法贓、詐僞、犯姦略人、略賣和誘人口、若姦黨及讒言左使殺人、故出入人罪、若知情故縱聽行、藏匿、引送、説事過錢之類，一應真犯，雖會赦並不原宥。謂故意犯事得罪者，雖會赦皆不免罪。其過誤犯罪，謂過失殺傷人、失火及誤毁、遺失官物之類。及因人連累致死，謂因别人犯罪連累以得罪者，如人犯罪失覺察關防鈐束及干連聽使之類。若官吏犯公罪，謂官吏人等因公事得罪及失出入人罪，若文書遲錯之類。並從赦宥。謂會赦皆得免罪。其赦書臨時定罪名特免，謂赦書不言常赦所不原，臨時定立罪名寬宥者，特從赦原。及減降從輕者，謂降死從流、流從徒、徒從杖之類。不在此限。謂皆不在常赦所不原之限。令曰：凡今後若遇國家恩赦，除見禁未曾斷決罪囚該赦者，並行釋放，其有已經斷決徒流及遷徙煙瘴地面安置之人，即係已絶事理，除徒役候年滿放回外，其餘流徙安置之人並不許放還。《纂注》：十惡以下至説事過錢之類，皆有心故犯，並不赦原絶之。如過誤連累至官吏公罪之類，皆無心誤犯，並從赦原矜之也。其有赦書臨時定立罪名雖所不原者，或特從全免，或減降從輕，又一時曠蕩之恩，蓋特赦也。按：常赦所不原之目，漢律久亡，除謀反大逆不道外，無可考見。唐法之見於律者，曰惡逆，曰部曲、奴婢毆及謀殺，若强姦主，此會赦不原者。曰造畜蠱毒，曰殺小功尊屬從父兄姊，曰謀反大逆，此會赦猶流者。曰十惡，曰故殺人，曰反逆緣坐，此會赦猶除名者。曰監臨主守於所監守内犯姦盜、略人、受財枉法，此會赦免所居官者。以上並是常赦所不免者。又有赦後百日不首，復罪如初之律：曰略和誘人，若和同相賣；曰略和誘部曲奴婢，若嫁賣，即知情娶買；曰藏逃亡部曲奴婢；曰署置官過限及不應置而置；曰詐假官，假與人官及受假者；曰詐死；曰私有禁物，則在常赦不免之例。今以《明律》比核之，曰十惡、曰受枉法贓，此與《唐律》同者。曰殺人，《唐律》則曰故殺人，而赦文中亦有但稱殺人者，此與《唐律》不同。而同者曰盜係官財物、曰犯姦、曰略人略賣，《唐律》但有監臨主守於所監守内犯姦盜、略人，而不及常人，此與《唐律》同。而不同者曰强盜、曰發塚、曰詐僞，《唐律》無而赦文中有之。則尚與唐法同者曰和誘人口，《唐律》在百日不首之例，並非常赦不免，此與唐不同者，其餘並爲《唐律》所無。竊盜放火則宋赦書中有之。若姦黨及讒言左使殺人，又明時獨有之律，爲歷代所無者。洪武五年有赦款事例，與此律亦不相符，蓋彼時所用尚是歷代之舊典，而此律則明所改定者也。

《大明律》卷一《名例律·徒流人在道會赦》 凡徒流人在道會赦，計行程過限者，不得以赦放，謂如流三千里，日行五十里，合該六十日程，若未滿六十日會赦，不問已行遠近，並從赦放。若從起程日總計行過路程有違限者，不在赦限。有故者不用此律。有故，謂如沿途患病或阻風，被盜，有所在官司保勘文憑者皆聽。除去事故日數，不入程限，故云不用此律。若曾在逃，雖在程限内，亦不放免。其逃者身死，所隨家口願還者聽，遷徙安置人准此。其徒流、遷徙安置人已至配所及犯謀反逆叛緣坐應流，若造畜蠱毒、採生折割人、殺一家三人會赦猶流者，並不在赦放之限。【略】給没贓物條：其犯罪應籍没財産，赦書到後，罪雖決訖，未曾抄劄入官者，並從赦免。其已抄劄入官守掌及犯謀反逆叛者，並不放免。若罪未處決，物雖送官，未經分配者，猶爲未入。其緣坐人家口雖已入官，罪人得免者，亦從免放。

《大明律》卷二八《刑律·斷獄·赦前斷罪不當》 凡赦前處斷刑名罪有不當，若處輕爲重者當改正從輕，處重爲輕其當赦所不免者，依律貼斷。若官吏故出入者，雖會赦並不原宥。

聞有恩赦而故犯條：凡聞知有恩赦而故犯罪者加常犯一等，雖會赦並不原宥。若官司聞知有恩赦而故論決囚罪者，以故入人罪論。

（清）龍文彬《明會要》卷六六《刑·矜老弱》 凡未老疾犯罪，而事發於老疾，以老疾論。幼小犯罪，而事發於長大，以幼小論。犯死罪，非常赦所不原，而祖父母老無養者，得奏聞取上裁。

永樂元年，縣令以贓戍，擊鼓陳狀。帝爲下法司，其人言：實受贓，年老昏眊所致，惟上哀憫。帝屈法宥之。

（明）談遷《國榷》成祖永樂二年七月 戊辰，大理寺言：有犯者法當黥。上曰：宥之人皆可自新，墨其身，則心不復。

《明仁宗寶訓》卷二《宥過》 永樂二十二年十一月乙亥，遣使賫勅諭兀良哈官民曰：皇考太宗皇帝賓天，朕已欽奉天命，繼承大位，主宰天下，凡四方萬國之人罪無大小悉已赦宥，若兀良哈官民能敬順天道，許令改過自新，仍前朝貢，聽往來自在生理。上因諭侍臣曰：彼有過而不宥之，既無所容，必爲邊患，吾不吝屈，以安百姓。

《明史》卷九四《刑法志》 凡有大慶及災荒皆赦，然有常赦，有不赦，有特赦。十惡及故犯者不赦。律文曰：赦出臨時定罪名，特免或降減從輕者，不在此限。十惡中，不睦又在會赦原宥之例，此則不赦者亦得原。若傳旨肆赦，不别定罪名者，則仍依常赦不原之律。自仁宗立赦條三十五，皆楊士奇代草，盡除永樂年間敝政，歷代因之。凡先朝不便於民者，皆援遺詔或登極詔革除之。凡以赦前事告言人罪者，即坐以所告者罪。

《明史》卷九三《刑法志》 〔正統〕八年，大理寺言：律載竊盜初犯刺右臂，再犯刺左臂，三犯絞。今竊盜遇赦再犯者，咸坐以初犯，或仍刺右臂，或不刺。請定爲例。章下三法司議，刺右遇赦再犯者刺左，刺左遇赦又犯者不刺，立案。赦後三犯者絞。帝曰：竊盜已刺，遇赦再犯者依常例擬，不論赦，仍通具前後所犯以聞。後憲宗時，都御史李秉援舊例奏革。既而南京盜王阿童五犯皆遇赦免。帝聞之，詔仍以赦前後三犯爲令。至神宗，時復議奏請改遣云。

（明）余繼登《典故紀聞》卷一二 景泰間，給事中盧祥言：近老會議寬恤事宜，其謀逆、反叛、人命、强盜，俱許出首免罪，定不當行之例，施不當加之恩，且謀逆强盜殺人者，得自首以免罪，而良善無辜受害者，又孰從而雪冤？好惡既戾乎人心，感召曷通乎天意？是則將以弭災，而反以致災，若不裁正於今，必致貽悔於後，惡逆怙終之禍，將何以遏止之哉？景皇帝報曰：賞功罰罪，自有正典，寬則恐小人無所警懼，法司其計議停當以聞。

（清）沈家本《歷代刑法考·赦九·赦例三》 〔明〕憲宗成化元年

十一月，申明赦例。時法司會奏遵旨，帝命人命故殺者不宥，餘皆宥之。犯在十惡者，罪雖輕亦不可宥。官吏貪淫，事無顯迹證佐者具奏。區處邊遠爲民者，自天順元年爲始，於謫所成家業不願回者聽。有犯贓追未完者悉免之，仍令通行知會。按：故殺、十惡不赦，舊例也，此特申明之耳。事無顯迹證佐，自當赦原，未使以官吏而過嚴也。

（明）王錡《寓圃雜記》卷一《憲宗不殺》 憲宗好生，每奏讞大辟，多所寬宥，或不得已而行刑。其日必却八珍之奉，默坐焚香。哀矜之意，惻然見於玉色，仁之至矣。

（清）孫世芳《宣府鎮志》卷一九《法令考·明》 〔正德五年〕詔矜宥罪囚。凡内外衙門見問囚犯，除死罪並已發落外，其餘犯該徒配笞杖及枷號者，悉與宥，免具有職名人役行。止有虧敗倫傷化例，該爲民充軍等項，仍照例發落，照提未到者，公罪住提，其餘仍提問擬明白，俱照前例發落。奉旨勘問者，奏請定奪。凡軍民人等有因才潑害人曾經問發口外充軍爲民，遇例放回者，該管官司特加省論，務令改過自新，若仍蹈前非，起滅詞訟經害良善，挾制官府，事發枷號三箇月，仍照例問發遠方極邊充軍。凡近年犯罪不係叛逆抄没房産者，俱給還原主住種，其已經變賣銀兩入官者，所在官可給價取贖。凡京邊問刑衙門有監追侵盗及一應還官錢糧，年久家産盪絶，及正犯身死家貧無追者，具奏定奪。凡盗賊多因饑寒困苦，流離失業，脅從逼迫，嘯聚爲非，其各該官司再行出榜曉諭，許其自首免罪，軍還原伍，民還原籍，各存恤一年免其差徭，其有能擒捕首惡并黨類首官者，照例給賞，仍量給犯人財産。

（清）沈家本《歷代刑法考·赦十·赦儀》 《明志》：世宗雖屢停刑，尤慎無赦。廷臣屢援赦令，欲宥大禮大獄，暨建言諸臣，益持不允。及嘉靖十六年，同知姜輅酷殺平民，都御史王廷相奏當發口外，乃特命如詔書宥免，而以違詔責廷相等。四十一年，三殿成，羣臣請頒赦，帝曰：赦乃小人之幸。不允。按：世宗之世，如三年之追尊興獻宗，十八年謁顯陵，二十四年有事於太廟，安神定位，躋睿宗於武宗之上，皆赦，皆私情也。惟十八年建儲赦爲舊典耳。二十四年以後歷二十一年無赦，自來赦之疏者誠無如此時矣。然其不赦也，亦深惡大禮大獄，暨建言諸臣不欲放令歸，故持之堅耳。自九年舉謝醮免決囚後，或因祥瑞，或因郊祀，大報停刑之典，每歲舉行，又何爲也？然明代之慎赦者莫如世宗，故附記其事。

（清）姚福《青溪暇筆》卷上 俗語云：三年兩赦，善人暗啞。言赦之不可數也，數則姦宄幸而善人病也。後漢王符著《潛夫論》，其《述赦篇》略曰：今日賊良民之甚者，莫大於數赦，赦數則惡人昌，而善人傷矣。夫謹飾之人，身不蹈非。又有爲吏正直，不避彊御，而姦猾之黨，横加誣言者，皆赦之不久故也。善人君子能自明者，萬無一二。令惡人高會而夸咤，老盗贓而過門，孝子見仇而不得討，遭盗者睹物而不敢取。夫養稂莠者傷禾稼，惠姦宄者賊良民。福按：符之言固云善矣，然知其一，而不知其二也。夫先王之時，雖不三歲一赦，而《書》曰眚灾肆赦，宥過無大。在周，則三赦三宥，是赦宥所從來遠矣。後世於民，富而後教，既不如先王之備，則責以遷善遠罪，恐亦未可如先王之詳。苟不赦焉，安知囹圄縲紲之中，果皆不善之人邪？此俗間一語，害事不淺，故特表而出之，以俟知道者共詳焉。

《大清律例》卷四《名例律·常赦所不原》 凡犯十惡，殺人，盗係官財物，及强盗，竊盗，放火，發塚，受枉法、不枉法贓，詐僞，犯姦，略人略賣、和誘人口，若姦黨，及讒言左使殺人，故出入人罪；若知情故縱聽行，藏匿，引送，説事過錢之類一應實犯，皆有心故犯。雖會赦並不原宥。其過誤犯罪，謂過失殺傷人，失火及誤毁、遺失官物之類。及因人連累致罪，謂因别人犯罪，連累以得罪者，如人犯罪失覺察、關防、鈐束，及干連、聽使之類。若官吏有犯公罪，謂官吏人等因公事得罪，及失出入人罪，若文書遲錯之罪，皆無心誤犯。並從赦宥。謂會赦皆得免罪。其赦書臨時欽定實犯等罪名特賜宥免，謂赦書不言常赦所不原，臨時定立罪名寬宥者，特從赦原。及雖不全免，減降從輕者，謂降死從流，流從徒，徒從杖之類。不在此限。謂皆不在常赦所不原之限。

條例

一、凡殺死本宗緦麻以上尊長及外姻小功尊屬者，俱不准援赦。

一、番役誣陷無辜，妄用腦箍及竹簽、烙鐵等刑致斃人命者，以故殺論，不准援赦。

一、誣告叛逆，被誣之人已決者，誣告之人擬斬立決。被誣之人未決者，擬斬監候。不准援赦，俱不及妻子家產。

一、誣告平民因而拖累致死三人以上者，以故殺論，不准援赦。

一、凡關係軍機兵餉事務，俱不准援赦寬免。關係行間兵餉者，乃坐。

一、以赦前事告言人罪者，以其罪罪之。若干係錢糧、婚姻、田土等項罪，雖遇赦寬免，事須究問明白。應追取者，仍行追取。應改正者，仍行改正。

一、捕役誣拏良民及曾經犯竊之人，威逼承認除被誣罪名，遇赦尚准援免者，其反坐之番役亦得援赦免罪外。若將平民及犯竊之輕罪人犯逼認爲謀殺、故殺、强盜者，將捕役照例充軍，遇赦不准援免。

一、凡遇恩詔内開有軍、流俱免之條，其和同誘拐案内，係民人改發煙瘴稍輕地方者，既准寬免。係旗下家人於誘拐案内發遣爲奴人犯，亦許一體援免。

《大清律例》卷四《名例律・流犯在道會赦》 凡流犯在道會赦，赦以奉旨之日爲期，必於程限内未至配所會赦者，方准赦回。若雖未至配所，計行程過限者，不得以赦放。恐姦徒有意遷延，謂如流三千里，日行五十里，合該六十日程，未滿六十日會赦，不問已行遠近，並從赦放。若從起程日，至奉旨日，總計有違限者，不在赦限。若在道有故者，不用此律。有故，謂如沿途患病，或阻風，被盜，有所在官司保勘文憑者，皆聽除去事故日數，不入程限，故云不用此律。若於途中曾在逃，雖在程限内遇赦，亦不放免。其逃者身死，所隨家口願還者，聽。遷徙安置人，准此。軍罪亦同。

其流犯及遷徙安置人已至配所，及犯謀反、叛逆緣坐應流，若造畜蠱毒，採生折割人，殺一家三人會赦猶流者，並不在赦放之限。

其徒犯在道會赦，及已至配所遇赦者，俱行放免。流犯加徒者，亦免加徒。

《清高宗實録》乾隆十四年九月〔辛未〕刑部議准，甘肅按察使顧濟美奏請，嗣後凡遇誣告内擬流加徒之犯，如所告係謀故殺人，及强盜等案；在所誣之罪，原非常赦得原，則其反坐之罪，遇有親老丁單，仍照擬發落，不准留養。再查常赦應原等案，其中情罪亦自輕重各别。如鬭殺内，事本理直，傷止一二處者，固屬情輕，其或理曲尋釁，或金刃逞凶，或叠毆多傷，此等凶徒，不無情重，雖罪人之親，在所當恤，而殺人者抵。似應量爲區别。嗣後除理直傷輕，及戲殺、誤殺等案，仍照定例遵行外，如該犯實係理曲，或金刃重傷，及雖非金刃而連毆多傷致死者，雖係親老丁單，應於照例奏請，時議以不准留養。從之。

《清高宗實録》乾隆四十四年十一月〔丙戌〕又諭向年秋朝審人犯，内有業經緩決三次以上，人數積多者，每届數年，勅刑部堂官量爲查奏減等，以示法外之仁。今自乾隆四十一年十月查辦之後，至本年秋讞，擬入緩決者，又積有八千九百九十餘名，其數已爲不少。著刑部堂官，將本年秋朝審緩決至三次各犯，照前次查辦之例，逐一查明，各按所犯情節分别減等，以昭矜恤。至秋朝審情實官犯，有經十次停勾者，並著查明，加恩改爲緩決。其既改緩決以後，即有再閲秋朝審三次者，亦不得與常犯一例議減。朕辦理庶獄，每寬於民，而嚴於官。蓋以身爲職官之人，自罹法網，與無知之小民不同。業由情實改入緩決，已邀寬典。自不當因其又經三次，遽予矜原。此次刑部辦理緩決減等各案，其官犯即照此例。止須將其由實改緩，並閲過次數，另列清單呈覽。此等或有應行加恩者，候朕隨時酌量降旨。刑部不得爲之申請，著爲令。該部即遵諭行。

(清)席裕福《清朝政典類纂》卷三七一《刑三・名例律・流犯在道會赦》 凡流犯在道會赦，赦以奉旨之日爲期，必於程限内，未至配所會赦者，方准赦回。若雖未至配所，計行程過限者不得以赦放。恐姦徒有意遷延，謂如流三千里，日行五十里，合該六十日程，未滿六十日會赦，不問已行遠近，並從赦放。若從起程日至奉旨日，總計有違限者，不在赦限。若在道有故者，不用此律。有故，謂如沿途患病或阻風、被盜，有所在官司保勘文憑者，皆聽除去事故日數，不入程限。故云不用此律。若於途中曾在逃，雖在程限内遇赦，亦不放免。其逃者身死，所隨家口願還者，聽。遷徙安置人，准此。軍罪亦同。其流犯及遷徙安置人已至配所，及犯謀反、叛逆緣坐應流，若造畜蠱毒、採生折割人、殺一家三人會赦猶流者，並不在赦放之限。其徒犯在道會赦，及已至配所遇赦者，俱行放免。流犯加徒者，亦免加徒。謹案：律名及律文首句，原作徒流人在道會赦。雍正三年奏准，徒犯雖已到配，會赦亦得放免，將徒字删去，改爲流犯。又於遷徙安置人准此，下註軍罪亦同四字。乾隆五年，增注赦以奉旨之日爲期句，流犯加徒者亦免加號句。

一、凡官員問擬徒罪，不論已未到配，遇赦減免。令各督撫造册咨部彙題存案，其有關人命擬徒常犯，遇赦減等，另册報部覈辦，不得與尋常徒犯按季册報。謹案：此條乾隆四十一年定。

一、凡在京八旗兵丁閒散人等，因犯逃罪及别項罪名發遣黑龍江、新疆等處當差者，如在途在配遇赦回京，仍歸入本旗檔内嚴加管束，即准以步甲等差挑取。儻挑差後怙惡不悛，仍復滋事及脱逃被獲者，即銷除旗檔，發遣煙瘴地方，照民人一例管束，不准釋回。若未經挑差以前復犯逃罪被獲者，仍發黑龍江等處當差。若自行投回，毋論已未挑差，俱照旗人逃走自首例辦理，其有犯别項罪名，各照本例科斷。謹案：此條嘉慶四年修改。

事例

康熙九年覆准，旗下人犯徒罪，枷號日期未滿，遇赦即行釋放。其民人犯徒罪已到配所，遇赦者，亦照旗下人例免徒釋放。嘉慶元年奉旨，刑部奏，軍流遣戍各犯應否減免，分别請旨一摺，此等共毆案内，訊無謀故重情擬絞之犯，既得援赦，而同案問擬軍流人犯情節較輕，轉不得一例邀免，自未平允。著再加恩即將此等案内人犯，一律釋免。至新疆、黑龍江等處人犯，業經降旨加恩，令軍機大臣會同刑部，酌核案情，分别減釋，爲時無幾，除前經減徒人犯，既在赦前照例辦理外，其餘在配，各犯多係情重新事，年分尚淺，此時俱毋庸查辦。俟有恩施時，再行辦理，以示區别。又覆准，人命案内，受傷獲犯在赦前，而死在赦後，與受傷在赦前未即呈報，至斃又在赦後，及一切斬絞軍流徒杖各罪，事犯在赦前，到官在赦後者，均在恩詔内開未發覺減赦除之之例，自應欽遵辦理。至接遞軍遣，係因公截留，與無故稽延者不同，一併歸入赦款案分别彙辦。

刑案

尋常流犯例，應隆冬停遣。該犯自願前進，到配後遇赦，例得援免。私自逃回枷號兩個月，責四十板。嘉慶元年浙江案。

（清）席裕福《清朝政典類纂》卷三七一《刑三・名例律・常赦所不原》 凡犯十惡、殺人、盜係官財物，及强盜、竊盜、放火、發塚、受枉法不枉法贓、詐僞、犯姦、略人略賣、和誘人口，若姦黨及讒言左使殺人，故出入人罪，若知情故縱，聽行藏匿、引送、説事過錢之類一應實犯，皆有心故犯。雖會赦並不原宥。其過誤犯罪，謂過失殺傷人，失火及誤毁、遺失官物之類。及因人連累致罪，謂因别人犯罪，連累以得罪者，如人犯罪失覺察、關防、鈐束及干連、聽使之類。若官吏有犯公罪，謂官吏人等因公事得罪，及失出入人罪，若文書遲錯之罪，皆無心誤犯。並從赦宥。其赦書臨時定罪名特免，謂赦書不言常赦所不原，臨時定立罪名寬宥者，特從赦原。及雖不全免，減降從輕者，謂降死從流，流從徒，徒從杖之類。不在此限。謂皆不在常赦所不原之限。

例條

一、以赦前事告言人罪者，以其罪罪之。若干繫錢糧、户婚、田土等項，罪雖遇赦寬免，事須究問明白。應追取者，仍行追取，應改正者，仍行改正。謹案：此條係原例，載在赦前斷罪不當條下。乾隆五年移入此門，並於究問明白下增註。一、文武官員、舉人、監生、生員及吏典兵役但有職役之人，犯姦盜、詐僞併一應贓私罪名遇赦，取問明白，罪雖宥免，仍革去職役。謹案：此條載在文武官犯私罪律後，嘉慶六年移附此律，又删去冠帶官及俱發爲民字樣，改定此條。一、凡在京在外已徒而又犯徒，律應總徒四年，及原犯總徒四年准徒五年者，若遇赦減等，俱減一年。其誣告平人死罪未決，應杖一百，流三千里，加徒役三年者，如徒役未滿遇赦減等，減爲總徒四年。若再遇赦，仍准再減一年。如已到流配所加徒役已滿者，即照尋常流犯減爲徒三年。謹案：此條嘉慶十六年增改。一、凡關繫軍機兵餉事務，俱不准援赦寬免。關繫行間兵餉者，乃坐。謹案：此條雍正三年定，乾隆五年删兵餉下重大二字，增例後小注九字。一、凡侵盜倉庫錢糧入己，數在一千兩以上，擬斬監候之犯，遇赦准予援免。如數逾一萬兩以上者，不准援免。謹案：此條雍正五年定，原載監守自盜倉庫錢糧律後，例末尚有文武官員犯侵盜者俱免刺字二句，嘉慶六年移載此律，惟删去末二句，仍歸侵盜本條。一、凡遇恩詔内開有軍流俱免之條，其和同誘拐案内，係民人改發煙瘴少輕地方者，既准寬免。係旗下家人，於誘拐案内發遣爲奴人犯，亦許一體援免。謹案：此條乾隆五年定。一、直省地方偶值雨澤愆期，應請清理刑獄者除徒流等罪外，其各案内牽連待質及笞杖内情有可原者，該督撫一面酌量分别減免省釋，一面奏聞。謹案：此條乾隆八年定。一、凡察哈爾蒙古及扎薩克地方偷竊四項牲畜，罪應發遣賊犯遇赦，俱不准減等。謹案：此條乾隆五十三年定。一、誣告叛逆未決，應擬斬候者，不准援赦。又捕役誣拏良民及會經犯竊之人威逼承認，除被誣罪名遇赦尚准援免者，其反坐捕役亦得援赦免罪外，若將平民及犯竊之輕罪人犯逼認爲謀殺，故殺、强盜者，將捕役照例充軍，遇（不）赦准援免。謹案：此條乾隆三年定，嘉慶六年修併。一、凡殺死本宗緦麻以上尊長及外姻小功尊屬者，俱不准援赦。謹案：此條雍正三年定。一、觸犯祖父母、父母發遣之犯，遇赦查詢伊祖父母、父母願令回家，如恩赦准其免罪者，即准釋放。若祇准減等者，仍行減徒。其所減徒罪，照親老留養之例枷號一個月，滿日釋放，毋庸充配。儻釋回後再有觸犯，復經祖父母、父母呈送，民人發往新疆給官兵爲奴，旗人枷號兩個月，仍發黑龍江當差。謹案：此條嘉慶六年續纂，十一年、十五年、十九年、道光十年四次修改，二十五年改復舊例。一、凡宗室覺羅及旗人、民人觸祖父母、父母呈送發遣圈禁之犯，除恭逢恩赦仍遵定例查詢辦理外，若遇有犯親病故，許令親屬呈報各該旗藉，咨明宗人府，並行知配所督撫將軍，查核原案，祇係一時偶有觸犯，尚無怙終屢犯重情，並察看本犯果有聞喪哀痛迫切情狀，如係宗室覺羅，由宗人府奏請釋放，如係旗人、民人，由各督撫將軍咨報刑部核明，奏請釋放。如在逃被獲，訊明實因思親起見，又有聞喪哀痛狀者，即免其逃罪，仍發原配安置，不准釋回。其逃回後，自行投首及親屬代首者，遇有犯親病故，准其察看情形，如實係聞喪哀痛，免其發回原配，仍照不應重律杖八十。若本係桀驁性成，屢次觸忤干犯，致被呈送發遣情節，較重之犯，俱不准釋回。謹案：此條嘉慶十九年續纂，道光二十五年修改。

事例

天命十年九月，頒詔大赦，自死罪以下，咸赦除之。崇德元年，頒詔大赦，除十惡外，咸赦除之。有以赦前事首告者，反坐。七年，諭爾等衆犯有罪應至死者，有應責應罰者，朕因行祈禱，皆釋爾罪，其各改過自新。順治九年覆准，督撫承問叩閽事件，有情罪重大，不在赦例者，依限審結。其餘輕罪與赦例相符者，即行釋放，彙題銷案。十三年，頒詔除十惡及受贓官吏盜、欠錢糧員役不赦外，其餘死罪皆減一等，軍罪以下咸赦除之。在京朝審候決重犯及直省秋決重犯，皆與減等發落。十四年諭，今歲自春入夏，連月不雨，三農失望。朕夙夜儆惕默思，其故必由刑獄未清，無辜冤抑，以致上干天和，膏澤不降，特遣内閣大臣會同刑部將現在獄犯，無論已結未結，逐加詳審。其有無知而罹法網，小過而陷重辟者，即與察覈奏聞，務使情法允協，有枉必申，以昭朕祈天恤民之至意。康熙元年，欽奉恩詔，凡罪不論已結及現在告發者，但係元年以前事，悉赦之。又定，凡謀殺、故殺案内干連人犯，自軍流以下，徒杖以上，俱照律例擬罪不得援赦。十年定軍犯赦後到配者，查明釋放。在途遇赦者，即行題請。旗人徒罪折枷日期未滿，遇赦即行釋放。民人徒罪到配遇赦者，亦免徒。十七年覆准，隱匿籍没入官人口財物，在赦後發覺者，不准援赦。二十一年諭，山海關以外及盛古塔等處官吏、軍、民人等除十惡死罪不赦外，其餘已結未結一切死罪，皆減等發落。軍流以下悉予赦免。四十二年覆准，赦書一到，火速奉行。如不肖官將軍流徒犯故意遲延，詐取銀兩者，上司官查出，題參重處。若上司徇情不參，一併交與該部嚴行議處。四十五年諭，刑部緩決人犯，至三四次者，免死減等。五十四年覆准，劈鞘盜課分用銀兩之犯，不准援赦。五十五年奉旨，刑部緩決人犯，長繫囹圄殊屬可憫，令九卿會同，按其年分久遠，情屬可矜者，分別奏明減等。五十七年諭，各省緩決人犯，分別減等。六十一年十二月諭，恩詔内赦罪一款，非朕本心徒爲惡人僥倖於事有何裨益，但朕即位之初，諸臣援例陳請，不得不允奏施行。凡此罪人皆因其自取之罪，並非强治其罪也。此番援赦豁免人等，俱宜詳記檔案，如既赦之後，仍不改惡，干犯法紀，務將伊等前罪加倍罪之。著註悉曉諭，並行文各省一體遵行。雍正元年詔赦天下。乾隆元年諭，明罰勑法，國之大典，而肆赦所加，原以昭法外之仁。恩詔之頒，已逾半年，而題結批結之案，尚屬寥寥，遲玩已極。著刑部即行令各該督撫速行嚴飭各屬，立即詳慎查明，逐一詳報歸結省釋。如有仍前濫刑擾累及耽延滋弊，以沮抑國家德意者，一經查出，罪有攸歸，斷不輕貸。即刑部所有案件，亦應速爲剖晰，勿致沉擱，以副朕哀矜庶獄之意。二年覆准，從前八旗滿洲及内務府五旗王公府屬滿洲，凡因罪給與公主、郡主之人，查其案情輕重，併伊等祖父及本身有無效力之處，查明具奏，請旨赦令回旗。又諭，從前發遣各處之人，其情罪尚輕者，先於恩詔内令該管官具奏請旨，其情罪較重者，原無赦回之例。今朕思未經赦回之犯，其中有年逾七十，雖原案較重，而年已衰老，且在外年久，國法已伸，仍留遣所，情亦可憫。著該管官覈明，除强竊、行凶等重罪外，其餘各犯，有年老在七十以上者，將所犯情罪，具奏請旨。再軍流人犯本身已故，其妻子准其回籍，已於恩詔内著爲定例。今朕思從前發遣在外安置及當差之犯，雖情罪較重，然本身已故，其妻子原係連坐之人，著各該管官覈明報部奏聞，准其回籍。七年諭，今年上下兩江被水情形非常年可比，朕宵旰焦勞，凡極撫綏之道，亦屢經籌畫矣。今又思《周禮・荒政》，載有緩刑之條。是舉行矜恤之典，亦感召和氣之一端。現在江蘇、安徽兩省秋審人犯中有情有可原，當在矜疑之列者，或多年緩決不至正法，久繫囹圄者，皆應減等完結，以示因災恤刑之意。著大學士會同刑部詳閱招册，分别妥擬具奏。十九年諭，仰惟列祖創業東土，光啓萬年景運，山陵永峙，福佑靈長，我皇祖、聖祖仁皇帝三詣陪京，躬親展謁，禮成行慶，典册昭垂，朕寅紹丕基，時深景慕。兹於九月初五等日謁祭三陵，大禮告成，宜敷愷澤。自山海關以外及寍古塔等處官吏、軍民人等，除十惡死罪外，其餘已結未結一應死罪，皆著減等發落。軍流以下悉予寬免。又議准，事犯在恩詔以前，而到官羈禁在恩詔以後，例不援免。至婦女事犯在恩詔以前者，俱應援免，並不以到案羈禁爲斷。二十年欽奉恩詔，除謀殺故殺外，如原無讎隙，偶因一時忿激相毆，傷重致死者，將凶犯免死決杖一百，照例追銀四十兩給死者家屬。軍流以下人犯，概予減等。除十惡不赦外，犯法婦人盡行赦免。現在内外監候質審及干連人等，概予釋放。二十六年諭，今歲恭逢皇太后七旬萬壽，所有慶典次第舉行，現在刑部辦理秋審案件内，緩決人犯其罪不至情實，而亦難遽從矜減者，閲時既久淹繫，遂多應酌量查辦，以清讞牘。該部將朝審、秋審各犯緩決，至三次以上者，覈其情罪，分别請旨減等發落。用昭推廣慈恩矜恤祥刑至意。四十一年諭，兹當金川全境蕩平，告功孔廟，蹕途所經之地，業已疊沛恩施。第念武功耆定，兵氣永銷，並宜式措祥刑，益敷愷澤。所有直隸省現在軍流已下人犯，著加恩悉予減等發落。用昭行慶肆眚之至意。又恩詔，直隸山東軍流已下人犯，業經蹕路，經由降旨減等發落。其在京刑部及各省軍流以下人犯，並著加恩概予減等發落。流徙人犯，在流徙處所身故，其妻子情願回籍者，該地方官報明該部，准其各回原籍。滿兵跟役脱逃，如無偷竊軍械、馬匹等項情事，著照前降寬免。餘丁諭旨交部一體覈擬發遣。五十年欽奉恩詔直省軍流以下人犯，俱著減等發落。又諭，本年舉行千叟燕盛典，官民耆老咸得普被恩施用彰錫福。其直省軍流以下人犯，亦於恩詔内，概予減等發落。惟罪犯斬絞情節，不致予勾。或本擬緩決者，俱應牢固監禁。該犯等，因身罹重辟，雖年已老邁，仍不免羈禁囹圄，未得一體邀恩。朕心深用惻，然著刑部堂官，於朝審、秋審情實未勾，併原擬緩決斬絞人犯内，詳加查覈，除近年新事及年未七十者，仍牢固監禁外，其餘年七十以上，未經予勾及本擬緩決之犯，著加恩分别減免釋放。五十五年欽奉恩詔，各省監禁人犯，著將上年秋朝審緩決至三次，各犯仍照節次查辦之例，查明所犯情節，分别減等發落。其緩決一二次人犯内，案情本輕可予矜原者，亦著該部查明，請旨定奪，現犯軍流以下人犯，俱著減等發落。在配軍流人犯，已過十年安分守法，别無過犯者，著各督撫分别咨部查照向例，覈擬奏請省釋。五十八年諭，京師入冬以來，尚未得有雪澤，允宜清理庶獄，感召天和。所有朝審、秋審情實未勾已過三次各犯，著加恩改入緩決。其由實改緩已過三次人犯，及原擬緩決已過一二次者，俱著該部查明，各按所犯情節，分别減等發落，以昭矜恤。嘉慶元年欽奉恩詔，官吏兵民人等有犯，除謀反、叛逆、子孫殺祖父母、父母，内亂妻妾殺夫、奴婢殺家長、殺一家非死罪三人採生折割人、謀殺、故殺、真正人命蠱毒、魘魅毒藥、殺人强盗、妖言、十惡等真正死罪不赦外，軍機獲罪、隱匿逃人亦不赦外，其餘自嘉慶元年正月初一日以前，已發覺未發覺，已結未結者，咸赦除之。有以赦前事告訐者，以其罪罪之。各省軍流人犯，查明到配三年實在安静守法及年逾七十者，釋放回籍。又奉旨刑部奏欽遵恩詔，將常赦所不原犯人，分别准減一摺，披閲軍内，如搶奪刃傷未死，及文武生員欺壓平民毆人致死，竊盗臨時拒捕刃傷未死，威力制縛人致死四條，較之别款情節稍重，若一律省釋，不足以示區别。著將以上四條人犯，各重責二十板，再行釋放，以昭平允。四年欽奉恩詔，現在内外監候質審及干連人等俱著准其保釋。軍流人犯有本人身故，其妻子情願回籍者，該管官報明該部，准令各回原籍。六年諭，御史鄭敏行奏，請定觸犯父母發遣人犯，不准援赦之例一摺，此等遣犯向例皆不準援赦，嗣於乾隆六十年查辦發遣人犯，欽奉皇考高宗純皇帝特旨，如查詢伊祖父母、父母願令其回籍者，即准釋回。敬繹聖意，子孫違犯教令，其祖父母、父母送官發遣，或係出於一時氣忿，及至子孫遠戍，後來未必不心存繫念，是以皇考特諭有仍願子孫回家者，准其援赦。係曲體天下爲祖父母、父母者之心，並非於會犯忤逆之人，稍有寬宥，自當永遠遵行。所有觸犯父母發遣人犯，如遇恩赦，傳詢各犯祖父母、父母有願伊子孫回家者，仍欽遵皇考諭旨，准其釋回，以符孝治天下之義。儻赦回後，再有忤逆情事，一經呈告，即當加倍治罪。至前定父母已故，准令釋回條，例係彼時軍機大臣所議，原未允協。忤逆發遣之人，若謂伊父母已故，不致再有忤逆情事，即准釋回，殊非情理。況該犯於親在時，既敢於違犯失其歡心，又安望其依戀墟墓之誠，即此一條著即删去，仍遵例不赦。又諭，京師自本月初旬，連日大雨。永定河決口四處，中頂、南頂及南苑一帶俱經淹浸。猶幸決口處尚距盧溝橋南五六里。若再向北衝決，則京城及圓明園皆被水患。是上天於降災示警之中，仍寓仁愛垂慈之意。叩感之餘，朕心益深兢惕。向來偶遇雨澤愆期，清理庶獄以冀感召和甘，因思旱潦同一災祲，此次雨水連綿，居民屋宇多有淹浸，而囹圄之中，蒸濕尤甚，殊堪憫惻。著刑部查明各省軍流已下各案，無論已未結、在配在途，概行分別減等發落。其因事牽涉拘繫候質各犯，亦速行訊明省釋。至尋常案件，並著即行完結，毋得稍遲。十一年諭，欽恤庶獄，仁政所先，茲當紀年開袠，著加恩遵照乾隆十一年之例，所有刑部及各省已經結案監禁人犯，除情罪重大及常赦所不原者，無庸查辦外，其餘著大學士會同刑部酌量案情輕重，分別請旨減等發落。其軍流徒杖以下人犯，一併分晰減等完結。俾霑實宥之恩，勉圖自新之路，以副朕錫福兆民至意。十四年議准，凡因觸犯問擬軍罪在配脱逃被獲，例應加等改發之犯，即查詢犯親，願令回籍按照軍犯脱逃遇赦得免逃罪之例，衹准免其逃罪，仍應發原配充軍，不得與在配未脱逃人犯一律減徒。但此等人犯，本係伊祖父母、父母呈請發遣，既經遇赦，查詢願領回籍，若仍令羈留軍配不得遂其烏私，殊非曲體爲人父母者望子之心。查軍流徒事同一例，自應與觸犯發遣應准減徒之犯，均照親老留養例免其刺字，枷號四十日，滿日交與犯親領回管束。如犯親不願領回，或業已物故，即應刺字改發，不准免其逃罪。《會典·事例》。道光元年奏准，婦女犯謀故殺各案内，如有關十惡仍應不准其寬免。其餘有犯，無論斬絞、軍流、徒杖，核其情罪，儻無關十惡，均應欽遵恩詔，盡行赦免。又議准，嗣後遣配各犯，在本年八月二十七日恩詔以前應准免罪釋放，並免刺字。儻釋免後再行滋事犯法，應照所犯之罪加一等治罪。二十年奏准，軍流已下減等人犯，除情罪重大，及有關十惡者仍照向例不准減等外，其尋常已未到配軍流已下官常各犯，凡不在不准減等之列者，俱准一體查辦，軍流罪減爲杖一百、徒二年。徒罪減爲杖一百准徒。總徒俱遞減一年。已經到配徒犯，即行釋放。已經決其杖逃徒並免緝拏，枷杖悉予寬免。逃軍逃流審無行凶爲匪者，免其調發，應刺字者免其刺字，應追贓者，仍行追贓。若事犯在恩詔以前，到官在後者，概不准減。至發遣吉林、黑龍江、新疆等處已未到配官常各犯，與内地軍流人犯一體核減。咸豐元年議准，本年恭逢恩赦，查辦軍流以下條款，强姦婦女未成，總不在不準減免之例。惟近來各省辦理强姦婦女未成之案，層見疊出，此等淫惡之徒，因孱弱婦女力難抵禦，肆無忌憚，任意行强，核其情節實與凶徒惡棍無異，凶惡棍徒現均不准援免，若竟將淫凶之犯轉予免釋，實不足以懲强暴而維風化。嗣後遇有此等案件，應一概不准援免。六年議准，嗣後各直省辦理酗酒滋事人犯減等之在此次恩詔以前者，如查覈原案實有毆詈本官情事，概擬不准援減。其無毆詈本官情事及别項重情，准其扣滿十年後，量爲減等。至前次恩赦業經題准減等者，如有毆詈本官情事，均擬遵照前題辦理，不准再爲累減，其無毆詈本官情事及别項重情扣滿十年後，准其累減。同治元年議准，竊盗倉糧及偷竊官銅等項官物，擬以總徒四年、准徒五年人犯，情節較重，現逢大赦仍照因竊擬流人犯章程，一概不准援免。又奏准，除將竊贓滿貫逾五百兩之犯，仍照奏定章程酌入緩決外，其未逾五百兩情節較輕之犯，雖在准免之列，亦不即予援免，仍照減等之例減，發極邊烟瘴充軍。至因竊問擬軍流各犯，如係積匪猾賊怙惡不悛之犯，仍不准其援免外，其尋常竊盗等案問擬軍流之犯，雖在准免之列，仍概不准援免。如此酌量辦理庶足以懲匪徒而安良善。其因竊擬徒以下各犯，仍照條款准予緩免，並照例起除刺字後，倘再有犯，仍以初犯論。嗣後鬥毆之案其穿透之傷，如在肢體並穿部位僅止一處者，仍准其援免外，若穿透在頭、腹、胸、背及由肢體透入腹背等處，並穿透係兩處部位者，均不准其援免，酌入秋審緩決，至食氣嗓俱斷係要害奇重之傷，亦應一體改入緩決。再查毆人成篤成廢之犯，除無心毆傷依律問擬流徒者，准其援免外，其起意毆人成殘廢，將死者割筋、剜眼、折肢等致令斃命者，應免其鬭毆之絞罪，仍照凶徒忿争例擬以近邊充軍，不准援免。如此畫一辦理庶足以儆凶殘而昭平允。二年欽奉恩詔，各處效力贖罪人員，向無定限。多致苦累殊堪矜憫。著各該管官，查係已滿三年者，聲明犯罪緣由，奏請酌量寬免。七年諭，刑部奏各省軍流徒人犯，請仍復年終彙報舊例一摺，各省軍流徒人犯，向係年終彙報。嗣經停止，現在查辦減等散漫無稽，各省未經造報者甚多，殊屬違延。且恐有遺漏情事，非所以溥仁施而昭周密。其有因案牽涉之犯，亦以輾轉行查，辦理需時。嗣後著各省督撫、將軍、都統、府尹等仍照舊例將遣軍流犯定地發配及到配安置，除專咨報部外，均於年終逐案摘敘事由，並聲明何司案呈造册彙報。徒罪人犯一體辦理。該部即纂入例册遵行，並著各該省查照本年六月部定章程，迅即備録。各犯案由分别官常犯准減不準減造册聲敘名口總數，趕緊題咨報部，其已報各省有應行補報之犯，亦著一併迅速造報，毋再遲延。八年覆准，查緩決三次准減軍流各犯，特以人數較多，故按省分遠近分單進呈。其實罪名之應減與否，已早定於三月。查緩決三次准減軍流各犯，未減等之先，復逢恩詔，即與羈禁到官在先之軍流犯無異，自應照軍流人犯一體查辦。十五年欽奉恩詔，刑例從嚴定擬人犯，除遊勇士、匪馬賊就地正法外，其餘盜案及盜墓各犯新章從嚴者，有可改歸舊例之處，著刑部核議具奏，遵旨議准，嗣後遇有强刦得財之案，如事在此次恩詔以前者，悉照定律，不分首從皆斬，無論有無執持火器，概免中擬梟示，至發塚爲從各犯，事犯如在恩詔以前，俱照舊例分别次數，及是否幫同下手，定擬秋審實緩，其情輕應行減等者，亦查照舊章分别核辦。此係仰邀曠典暫行改歸舊例。若事犯在赦以後者，均應仍照新定章程科斷。二十年欽奉恩詔，官吏、兵民人等有犯除謀反、叛逆、子孫謀殺祖父母、父母、內亂妻妾殺夫、奴婢殺家長、殺一家非死罪三人、採生折割人、謀殺、故殺人，强盜、妖言、十惡等真正死罪不赦，又軍機獲罪，隱匿逃人及侵貪入己，亦不赦外，其餘自本年五月初一日以前，已發覺未發覺、已結未結者，咸赦除之。彙案。

刑案

逃徒遇赦免緝，其解配中途脱逃之犯，俟緝獲日減爲杖一百發落。乾隆二十年江西案。

免死減等流犯，初逃免罪，復逃被獲，未到配遇赦，免其調發。乾隆四十九年浙江案。

語言調戲致本婦自盡，奉旨不准援免，入於緩決與減等人犯一體辦理。嘉慶元年河南案。

不准援減軍犯，妄指朋黨擅遞封章奏旨改爲絞監候永遠監禁。嘉慶十六年廣東案。

准赦軍流，赦後脱逃，改爲總徒四年。乾隆五十六年陝西司説帖。

減等條款，止查辦徒、杖、笞、軍流、折枷不准寬免。乾隆六十年直隸司説帖。

觸犯改發新疆，業已到戍，不准查辦。嘉慶二十二年直隸案。

屢犯並未送官，嗣又觸犯，呈送發遣者，聞喪哀痛，准釋。嘉慶二十一年直隸司説帖。

脱逃非因親喪，遇赦仍應調發。嘉慶二十四年浙江案。

脱逃自首，親故仍查有無哀痛，分别辦理。道光元年福建司説帖。

聞喪哀痛釋回，並非大赦援免後復犯罪，不應加等。道光三年直隸案。

甫經發配，犯父誤聞赦曲，不准請釋。道光九年湖廣司説帖。

家主與父呈請發遣後懇釋回，照徒犯留養，例枷杖再予領回。道光八年貴州司案。

呈送發遣太監，家主呈請釋回，准其減爲滿徒折枷發落。道光十四年浙江司案。

發遣到配，聞母病故，逃回被獲，仍照逃軍定擬成案，亦有酌免逃罪者。嘉慶二十一年浙江案。

偶致觸犯，聞喪哀痛，隨時呈辦。道光元年通行。

書吏侵蝕錢糧擬斬，遇赦援免，仍應監追。道光四年山東案。

觸犯遇赦不願領回，後又具呈請釋者，即准其釋回。道光六年山東撫請示説帖。

觸犯未經遇赦，犯親呈懇釋回，自應比例枷責，准予領回。道光七年廣西司説帖。

觸犯逃回省親被獲，其父呈請免遣，應比例枷責，存留養親。道光八年四川案。

兩次觸犯，呈送發遣，聞喪哀痛，不准釋回。道光十三年直隸司説帖。

在配聞知父故，哀痛逃回投首，照不應重律杖八十。道光五年陝西司案。

呈送在獄，父故哀痛，母請免遣，依子孫違犯教令律，杖一百領回。道光五年廣東案。

觸犯擬遣尚未起解，聞喪哀痛，照子孫違犯教令律，折責發落。道光十四年貴州司説帖。

觸犯擬遣逃回，其父呈請免遣，准其援赦，減等科斷。道光十四年安徽司説帖。

准赦流犯不候查辦在配逃回，照滿徒人犯中途脱逃例，減等發落。道光十一年直隸司案。

（清）劉錦藻《清朝續文獻通考》卷二五六《刑考·宥赦》 光緒十五年暨二十年，赦款大略相符，自應查照舊章分別酌核辦理，謹擬定不准援免者共五十四條，酌入緩決者共四十六條，減爲軍流者共七條，准予援免者共三十四條。其不准免各款皆係情罪重大，其擬以不准援免，酌入緩決各條，係因雖在應赦之條，而情浮於法，或在不赦之列而法重情輕，是以酌核歸入緩決。其擬以不准援免，仍准減軍流各條，係從前准免之案。近來例案加嚴，是以減發極邊充軍及酌減爲滿流。其准免各條均屬尋常人命等案，並非十惡不赦之犯，惟是案情不一，其單内未及賅載之案，亦可仿照條款比例類推。或情浮於法，或法重情輕，均應就案確核，臨時隨摺本聲明請旨辦理。如准免者，即予釋放，准減軍流者，即行發配，其不准免及酌入緩決各犯，仍牢固監禁，入於本年秋審辦理。其准免各犯，並免刺字，應追贓款及埋葬銀兩，仍行著追。如釋免後倘有滋事犯法者，應遵照舊例，照所犯之罪加一等治罪。其監候待質一項人犯，因正犯未獲久羈囹圄，情殊可憫，除原犯案情不在赦款内者毋庸議外，其餘情輕待質之犯，應仰體皇仁，分別保釋，以昭矜恤。均依議行。

不准援免各犯罪名共五十四條

一、謀反及大逆但供謀者。一、謀殺祖父母父母者。一、妻妾因姦同謀殺死親夫者。一、殺一家非死罪三人者。一、奴婢謀殺家長者。一、採生折割人爲首及爲從者。一、蠱毒殺人者。一、實犯大逆緣坐者。一、光棍爲首及爲從者。一、奴婢毆家長者。一、與販私鹽聚衆十人以上，帶有兵器拒捕傷人者。一、圖財害命得財，因而死人命者。一、姦夫起意同謀，殺死親夫者。一、惡徒夥衆搶去良人子弟，强行雞姦爲首者。一、搶奪殺人爲首者。一、罪人拒捕殺人，情節凶惡者。一、魘魅殺人者。一、毒藥殺人者。一、飛報軍情隱匿不速奏，因而失誤軍機者。一、造讖緯妖言惑衆者。一、謀殺造意及貪賄挾嫌、因姦、因盜從而加功者。一、故殺者。一、謀故殺而誤殺旁人者。一、番役誣陷無辜，妄用腦箍等刑致斃人命者。一、誘賣不從，殺死人命者。一、守邊將帥，失陷城寨者。一、强姦緦麻以上親之妻，致本夫羞忿自盡者。一、竊盜拒捕殺人爲首者。一、姦兄弟妻者。一、卑幼逞凶犯尊，刃傷期親尊長者。一、卑幼逞凶，毆死期功尊長者。一、雇工人誣告家長者。一、監禁罪犯，在監毆斃人命者。一、官軍征討私逃再犯者。一、官司差人捕獲罪人，聚衆打奪傷人者。一、故殺妻，理曲殘忍者。一、奴姦家長之妾者。一、强奪良家妻女，姦佔爲妻妾者。一、投遞匿名文書告言人罪者。一、姦夫自殺其夫，姦婦事後知情隱匿者。一、有禄人實犯枉法贓八十兩者。一、誣告，將案外之人拖累拷禁致死一二人者。一、聽從母命，毆死逼母改嫁之胞兄者。一、誤傷胞兄至死，並非逞凶干犯者。一、救親情切及尊長蔑倫以致毆斃，並刃傷期親尊長者。一、强姦十二歲以下幼女，因而致死者。一、强盜自首及聞拏投首，例不得免死者。一、紅鬍白撞手等項匪徒，從犯罪擬絞候者。一、强姦已成者。一、强盜及共謀爲竊臨時行强者。一、發塚爲從，開棺見屍，在外瞭望三次及三次以上者。一、發塚爲從，開棺見屍，幫同下手者。一、鑿棺抽竊，幫同下手三次及三次以上者。一、鑿棺抽竊，在外聽望六次者。以上各條均係從前奏明不准援免之案，應照章辦理。此外如有不在各項罪名之内，核其情罪較重，與不准之條相似者，應一律議以不准。

不准援免酌入緩決各犯罪名四十六條

一、言語調戲致本婦羞忿自盡者。此條嘉慶元年奏明不准援免，酌入緩決。

一、强姦未成，本婦羞忿自盡者。此條嘉慶二十五年奏明不准援免，酌入緩決。

一、故殺同堂弟妹，理曲殘忍者。一、謀殺卑幼致死，依故殺法，理曲殘忍者。一、搶奪，刃傷人未死者。一、竊盜臨時拒捕，刃傷人未死者。一、威力制縛主，使人致死情重者。一、卑幼毆本宗緦麻兄姊尊屬致死者。一、謀殺人從而加功，並無賄貪挾嫌、因姦、因盜別情及被殺之人理曲者。一、罪人拒捕殺人，情有可原者。一、搶奪滿貫及竊盜，並奴婢、雇工人行竊家長，贓至五百兩以上者。以上九條，係道光三十年奏明不准援免，酌入緩決。一、竊盜搶奪殺人爲從，幫毆刃傷及折傷者。此係從前在准免之例，因同治元年奏准，搶竊罪至軍流以上均不准援免，此例實之案，是以酌入緩決。一、强姦未成，刃傷本婦者。此係從前在准免之例，因道光三十年奏准，通行强姦婦女未成，擬流不准援免，此例實之案，是以酌入緩決。一、火器誤殺旁人者。一、火器殺人，情有可原者。一、謀故殺，情有可原者。一、毆死祖妾、父妾情重者。一、鬭殺金刃十傷以上及鐵器二十五傷以上，情節較凶者。一、鬭殺刃傷要害，奇重及洞胸貫脇者。一、共毆致斃彼造四命以上案内，下手致斃一命者。一、互毆致斃六命以上案内，下手致斃一命者。一、聚衆共毆致斃一家二三命爲從，下手情重者。一、聽糾致斃一命，復聽從謀殺不加功者。一、糾毆金刃九傷以上，聽糾十傷以上者。一、因瘋殺死平人非一家三命及一家二命者。一、致斃老人、幼孩、婦女，情傷較重者。一、竊匪斃命情傷較重者。一、姦匪斃命情傷較重者。一、賭匪斃命情傷較重者。一、擅殺四五命以上，情節慘忍者。一、邪術醫人，致死情重者。一、假差嚇詐，致令自盡者。一、故殺恩養未久義子者。一、搶奪婦女已成，夥犯拒殺事主，或鎗傷事主，或致本婦親屬自盡，並乘機分搶財物案内，爲從尚未入室架拉夥搶不止一次，並被搶至三人者。一、搶奪良婦未成，致令自盡者。一、搶奪路行婦女尚未姦污，未聚衆爲首者。一、聚衆搶奪婦女，未成爲首者。一、誘拐幼孩，被誘之人無下落者。一、行竊庫銀至一百兩以上，並非糾衆行竊者。一、竊盜刃傷事主，夥賊遺火延燒致斃人命者。一、夥衆跟踪引竊逾貫，尚無積慣凶惡情事者。一、聚衆十人以上，中途奪犯未傷差者。一、刁民聽從聚衆罷考，照光棍爲從，並未毆官者。以上三十一條，係咸豐十一年奏明不准援免，酌入緩決。一、發塚爲從，開棺見屍，在外瞭望一二次者。一、鑿棺抽竊，幫同下手者。一、鑿棺抽竊，在外瞭望三次至五次者。以上三條，係光緒二十年奏明不准援免，酌入緩決。

以上各條均擬以不准援免，酌入緩決之案。此外如雖在應赦之條，而情浮於法，或在不赦之列而法重情輕，亦應酌核歸入緩決，臨時酌核辦理。

不准援免仍准減軍各犯罪名七條

一、竊贓滿貫並無積慣凶惡情狀者。此條減極邊充軍。一、竊盜三犯，贓至五十兩以上者。此條減極邊充軍。一、誘拐子女，被誘之人不知情，情節較輕者。此條減極邊充軍。一、共毆人致死及鬭殺擬絞，起意故折人肢體成廢者。此條減爲流三千里。一、捉人勒贖案内，擬絞僅止一人一次，並無凶暴重情者。此條減極邊充軍。一、搶奪婦女已成爲從，並無入室架拉及夥犯拒殺事主各重情者。此條減極邊充軍。一、鑿棺抽竊，在外一二次者。此條減極邊充軍。

以上七條係從前准免之案，近來例案加嚴，是以均擬減爲軍流，應照章發配。

准予援免各犯罪名共三十四條内有酌加重責二十板釋放者七條

一、文武生員，欺壓平民毆人致死者。一、誣良爲竊，逼斃人命者。一、誣告人因而致死者。一、比照子孫因姦致父母自盡，量減擬絞候者。一、姦夫拒捕刃傷應捉姦之人者。一、姦夫自殺其夫，姦婦不知情，並非匿隱者。一、用藥迷人，未得財爲從者。以上七條俱重責二十板，釋放。一、悔過拒姦謀殺姦夫者。一、奴婢毆良人致死者。一、販私拒捕十人以上，並未攜帶軍器傷人者。一、僞造印信誆騙財物十兩以上爲首者。一、故殺妻，理直不殘忍者。一、故殺同堂弟妹，理直不殘忍者。一、威力制縛主使人致死，情輕者。一、鬭毆殺人者。一、謀殺卑幼致死，依故殺法，理直不殘忍者。一、同謀共毆人因而致死，下手者。一、原謀共毆亦有致命重傷者。一、因戲而殺人者。一、鬭毆而誤殺旁人者。一、毆小功親之雇工人至死者。一、家長故殺雇工人者。一、夫毆妻致死者。一、尊長毆緦麻小功、大功卑幼之女至死者。一、毆死期親尊長，犯時不知以犯論者。一、無禄人枉法，贓一百二十兩者。一、罪人已就拘執，及不拒捕而擅殺者。一、平常發遣人犯，逃後行凶爲匪，犯該軍流發遣者。一、受賄故縱罪囚，贓未滿貫者。一、本夫登時殺死姦婦，姦夫當時脱逃被獲者。一、致斃緦麻兄姊尊屬，遇赦已經酌緩情輕者。一、毆姊之夫至死者。一、外姻尊長毆緦麻卑幼至死者。一、良人毆他人奴婢至死者。

以上各條俱係遵照舊章酌核准免之案，其有不在此内而案情似此者，一律酌量援免。

《大清法規大全・法律部》卷三《變通舊律例二・法部奏覈誤殺及可

矜人犯擬請追繳埋銀摺》　竊戲、誤擅殺並秋審照例入矜人犯，業由臣部先後奏請隨案改爲流徒，均經奉旨允准在案。惟查例載應該償命罪囚，遇蒙赦宥，俱追埋葬銀二十兩，給付被殺家屬。又命案減等發落人犯，應追埋葬銀兩，勒限一箇月追完各等語，詳繹例意。誠以廣寬仁之治，固貴矜生而酌情罪之平，尤應恤死，法至密意至善也。臣部改章之始，因戲誤殺等項，均毋庸虛擬死罪。既於隨案核議時，當即改爲流徒，似與應該償命。罪囚不同，故於追埋，一項未經擬及。比年以來各省辦理此等案件，咨部時均止照章改擬流徒。多未聲明追埋，是以照擬核覆。兹據東三省總督徐世昌咨該省王奎濼、矯滿糧子二案，俱係幼孩救親斃命，例應入於可矜。將該犯等依律擬絞，照章改流。一則聲明追埋，一則未經聲叙。案屬一省，事涉兩歧。比類參觀辦理，殊未畫一。伏查戲、誤殺與例應入矜人犯，雖可照章改爲流徒，惟續定新章，流犯則仍著赭衣，徒犯則於辦後留短髮方寸。均各於右臂衣袖加靪白布，分別揭示罪名。曰絞罪改流、改徒之犯。是此項人犯，雖去其虛擬死罪之名，究難没其應該償命之實。若併此埋葬銀兩，概予蠲除，在犯法者既得免囹圄之拘留，而被殺者，反不獲絲毫之撫恤。揆之情法，似未持平。況值恩詔特頒，尤應衡量於生死之間，曲加矜恤，方不至失之偏重。臣等公同商酌，擬請嗣後除擅殺及毆死妻向不追埋，毋庸置議外，其戲殺、誤殺及別項可矜人犯，擬仍援照應該償命罪囚，及命案減等例文，均追繳埋葬銀二十兩，給付被殺之家，以資營葬。若逢恩赦宥者，亦照定例遵行。似此變通辦理，庶刑制益昭整齊，而閭澤不至倖邀矣。如蒙俞允，即由臣部將本年應行彙奏夏秋二季戲誤殺及可矜人犯，在恩詔以前者，均飭於各該犯名下，照追埋葬銀兩，以歸畫一。其奉省王奎濼一起仍先行照復，並將矯滿糧子一起飭令追埋，庶得辦理一律。至別省有漏未聲明者，亦於核覆時隨案更正，俾免參差。恭俟命下，臣部即通咨内外問刑衙門，一體遵照。謹奏。光緒三十四年十二月十四日奉旨，依議欽此。

紀事

（唐）杜佑《通典》卷一七〇《刑法・赦宥》　湯出野，見張網四面者，湯曰：嘻！盡之矣。乃去其三面，祝曰：欲左，左；欲右，右。不用命，入吾網。諸侯聞之曰：湯德至矣！及禽獸。乃叛桀而歸湯。

（清）沈家本《歷代刑法考・赦三・漢世諸帝赦之次數》　高帝二年、正月、六月。五年、正月、六月大。六年、十二月。九年、正月。十一年、正月大、七月。十二年。四月。

按：高帝在位十二年，其赦天下凡九，或曰赦，或曰大赦，今總彙焉，而注大字以別之。其五年，令曰：兵不得休八年，萬民與苦甚，今天下事畢，其赦天下殊死以下。六年，詔曰：天下既安，豪傑有功者封侯，新立，未能盡圖其功。身居軍九年，或未習法令，或以其故犯法，大者死刑，吾甚憐之。其赦天下。蓋高帝當大亂之後不能不赦，以與天下更始，固非平世所得同也。又曲赦三，別赦二，詳彼門。

惠帝四年。三月。

按：惠帝在位七年，赦天下祇一次，減等二，贖一，詳彼門。

吕后，臨朝、大赦。六年、四月。八年。遺詔大赦。

按：吕后赦三。

文帝，即位、七年、十五年、後四年。

按：文帝在位二十三年，凡四赦，皆不言大。又曲赦一，赦徒一，詳彼門。

景帝，元年、三年大、四年、中元年、五年、後元年。

按：景帝在位十六年，凡赦六，又曲赦一，減死一，赦徒一，詳彼門。

武帝，建元元年、元光元年、四年、元朔元年、三年、六年、元狩元年、三年、元鼎元年、五年、元封二年、五年、天漢元年、三年、太始元年、四年、征和三年、後元元年。

按：武帝在位五十五年，凡赦十八，皆不言大。又曲赦四，赦徒一，詳彼門。

昭帝，即位，始元元年、四年，元鳳元年、二年、四年、六年。

按：昭帝在位十三年，凡赦七，皆不言大。又別赦一，詳彼門。

宣帝，即位大，本始元年、四年一、二大，地節二年大、三年大，元康二年，神爵二年、四年，五鳳三年，甘露二年。

按：宣帝在位二十五年，凡赦十一，言大者四，一即位，一災異，一親政，一建儲也。又別赦一，赦徒二，詳彼門。

元帝，初元元年大、二年、三年，永光元年、二年一、二大、四年，建昭二年、三年、五年。

按：元帝在位十五年，凡赦十，又赦徒二，詳彼門。

成帝，即位大，建始元年大，河平元年大，陽朔二年大、四年，鴻嘉三年，永始四年大，元延元年，綏和元年大。

按：成帝在位二十六年，凡赦九，而六言大。又赦徒五，詳彼門。

哀帝，即位大，建平元年、二年大，元壽元年大。

按：哀帝在位六年，凡赦四，其建平二年之大赦，則當時已蠲除矣。又赦徒一，詳彼門。

平帝，即位，元始元年、四年、五年。

按：平帝在位五年，凡赦四，並言大。又赦徒三，詳彼門。

光武，建武元年、二年、三年二、四年、五年、六年、七年、二十四年，中元元年。

按：光武在位三十三年，凡大赦十，東京之赦皆言大也。七年以前八赦，大亂之時，不得不以赦安人心也。八年以後，中原略定，即不復赦。中元元年之赦，改元封禪也。二十四年之赦，不詳其故，是時匈奴內附，或即以此。光武之於赦蓋亦慎之，不但因吳漢之言。又減等四，曲赦三，免徒二，詳彼門。

明帝，永平二年、十年、十五年。

按：明帝在位十八年，凡大赦三，二年之赦不言大而是大赦。又減等二，贖三，曲赦二，免徒一，均詳彼門。

章帝，即位，建初三年，元和二年。

按：章帝在位十三年，凡大赦三，又減贖三，減等二，還徒一，除禁錮一。

和帝，永元二年、五年、十一年、十四年，元興元年。

按：和帝在位十七年，凡大赦五。又減贖一，贖一，免徒一，並詳彼門。赦徒三，詳赦徒。

殤帝，延平元年太后詔。

按：殤帝在位八月，大赦一。

安帝，永初元年、三年、四年、六年，元初四年，永寧元年，建光元年，延光元年。

按：安帝在位十九年，凡大赦八，又減贖二，贖一，曲赦三，別赦一，並詳彼門。

少帝，延光四年。

按：少帝，北鄉侯也，在位八月，大赦一，未改元。

順帝，永建元年、四年，陽嘉元年、三年，永和元年、四年，漢安元年，建康元年。

按：順帝在位十九年，凡赦八，永建四年不言大，惟此赦復秩、屬籍、除禁錮三者俱備，視餘年之赦爲寬，疑《紀》文奪大字也。又減贖二，減一，贖二，並詳彼門。

沖帝。

按：沖帝在位六月，改元而未大赦，惟減等一。

質帝，即位，本初元年。

按：質帝在位未二年，大赦二。

桓帝，建和元年、二年，和平元年，元嘉元年，永興元年、二年，永壽元年、三年，延熹元年、三年、四年、六年、八年，永康元年。

按：桓帝在位二十一年，凡大赦十四，又減等六，贖一，減徒一，別赦一。

靈帝，建寧元年、二年、四年，熹平元年、二年、三年、四年、五年、六年，光和元年、二年、三年、四年、五年、六年，中平元年、二年、三年、四年、五年。

按：靈帝在位二十二年，凡大赦二十，幾於無年不赦矣。中平元年三月赦，赦黨人也，十二月赦，改元也，一年二赦。漢赦之多無逾桓、靈者，愈赦愈亂，赦何益哉？又贖七，詳彼門。

少帝，即位，改元。

按：少帝，皇子辯也，在位六月，大赦二。

獻帝，即位，初平元年、二年、三年三、四年，興平元年、二年，建安元年二。

按：獻帝在位三十一年，凡大赦十一。中平六年，少帝二赦，獻帝一赦，一年三赦。初平三年，一年三赦。建安元年，二郊二赦。蓋自中平六年至建安元年，八年之中大赦十三，亂世之政不足道矣。迨許都既遷，政歸曹氏，自是遂無赦矣。

先主，章武元年。

按：先主在位三年，大赦一。

後主，建興元年、十二年，延熙元年、六年、九年、十二年、十四年、十七年、十九年、二十年，景耀元年、四年，炎興元年。

按：後主在位四十一年，凡大赦十三。自建興元年至十二年，中間十年不赦，武侯之政也。侯薨即赦，俗見之難除也。

按：此有漢一代之赦事也，大抵盛時赦少，亂時赦多。文帝在位二十三年，祇四赦。靈帝在位二十二年，凡二十赦，蓋幾於無歲不赦，而黨人獨不赦，惡人幸而善人傷，何顛倒如斯也？迨亂作而後赦黨人，而天下已潰敗決裂，不可挽回矣。武侯之治蜀十年不赦，武侯薨而赦遂多，此孟光之所以責費禕也。

（唐）杜佑《通典》卷一六九《刑法·赦宥》 漢景帝四年，赦：有犯死罪欲腐者，許之。腐者，宮刑也。丈夫割勢不復生子，如腐木不生實矣。

（宋）鄭樵《通志》卷六〇《刑法略·赦宥》 後漢光武建武中，大司馬吳漢疾篤，帝親臨，問所欲言，對曰：臣無識知，惟願慎無赦而已。

（明）楊士奇等《歷代名臣奏議》卷二一八《赦宥》 東漢光武建武二十年，大司馬廣平侯吳漢病篤，車駕親臨，問所欲言。漢對曰：臣愚無所知識，但願陛下慎無赦而已。

（唐）杜佑《通典》卷一六九《刑法·赦宥》 安帝永初中，尚書陳忠上言：母子兄弟相代死者，聽，赦所代者。從之。

（清）梅鼎祚《東漢文紀》卷一《明帝·贖罪詔十八年三月》 其令天下亡命自殊死已下，贖死罪縑三十匹，右趾至髡鉗、城旦、舂十匹，完城旦至司寇作五匹，吏人犯罪未發覺，詔書到自告者，半入贖。

（清）沈家本《歷代刑法考·赦四·大赦》 《魏志·文紀》：延康元年十月，即阼，改延康爲黃初，大赦。

按：文帝在位七年，大赦一，又曲赦二。

《明紀》：黃初七年五月，即位，大赦。太和二年四月，赦繫囚非殊死以下。四年十月，令罪非殊死聽贖各有差。五年七月，皇子殷生，大赦。青龍二年三月，大赦。景初元年五月，大赦。二年四月，大赦。

按：明帝在位十三年，大赦五，赦非殊死一，贖一，又曲赦一。

《三少帝紀》：齊王芳景初三年正月，即位，大赦。秋七月，上始親臨朝，聽公卿奏事。八月，大赦。正始四年，帝加元服，四月，立皇后甄氏，大赦。嘉平元年正月，大赦。誅曹爽。三年四月，大赦。四年，立皇后，大赦。五年四月，大赦。六年二月，大赦。誅李豐、夏侯元。四月，立皇后，大赦。

按：齊王在位十五年，大赦九。

高貴鄉公嘉平六年十月，即位，大赦，改元。正元。二年，立皇后，大赦。甘露二年九月，大赦。

按：高貴鄉公在位七年，大赦三，又曲赦三。陳留王甘露五年六月，即位，大赦，改元。景元。四年，立皇后，十一月，大赦。咸熙二年九月，大赦。

按：陳留王在位六年，大赦三，又曲赦二。魏氏歷年四十六而大赦二十一，以三少帝時爲多，國運衰則赦多也。

《少帝齊王紀》：景初元年，即位，官奴婢六十已上，免爲良人。正始七年秋八月戊申，詔曰：屬到市觀見所斥賣官奴婢，年皆七十，或癃疾殘病，所謂天民之窮者也。且官以其力竭而復鬻之，進退無謂，其悉遣爲良民。若有不能自存者，郡縣振給之。注：臣松之案：帝初即位，有詔：官奴婢六十以上免爲良人。既有此詔，則宜遂爲永制。七八年間，而復貨年七十者，且七十奴婢及癃疾殘病，並非可售之物，而鬻之於市，此皆事之難解。

按：衰世之政有不可以常理論者，即位時雖有詔，奉行者不力，故甫七八年而尚有此等人，惟此等人不能力作，官方鬻之而孰肯買之？此則真不可解也。

(清) 沈家本《歷代刑法考・赦四・北齊》 《北齊書・文宣紀》：天保元年五月，即位，大赦，改元。六月，以皇太子初入東宮，赦畿内及并州死罪已下，餘州死降，徒流已下一皆原免。五年七月，降罪人。七年七月，大赦。按：文宣在位十年，大赦二，降免一，降一。

《廢帝紀》：天保十年十一月，即位，大赦。乾明元年正月，親録囚徒，降免各有差。

按：廢帝在位一年，大赦一，降免一。

《孝昭紀》：皇建元年八月，即位，大赦，改元。二年正月，郊禘，詔降罪人各有差。

按：孝昭在位二年，大赦一，降一。

《武成紀》：大寧元年十一月，即位，大赦，改元。河清元年，立皇后、立皇太子，大赦。四月，以河濟清，改大寧二年爲河清，降罪人各有差。三年三月，以律令班下，大赦。

按：武成在位五年，大赦三，降一。

《後主紀》：天統元年四月，即位，大赦，改元。河清四年四月，太史奏天文有變，其占當有易王，乃傳位於皇太子。二年正月，郊，祫祭於太廟，詔降罪人各有差。三月，以旱故，降禁囚。三年二月，帝加元服，大赦。十一月，以晉陽大明殿成，大赦。四年十二月，太上皇帝崩，大赦。武平元年二月，降死罪已下囚。六月，皇子恆生，大赦。三年十月，降死罪已下囚。拜弘德夫人穆氏爲左皇后，大赦。五年五月，大赦。七年正月，大赦；十二月甲寅，大赦；軍敗。丁巳，大赦，改元。幼主隆化二年正月，即位，改元，大赦。

按：後主在位十一年，大赦十，降四，又幼主大赦一。

(清) 沈家本《歷代刑法考・赦四・梁》 《梁書・武紀》：天監元年四月，即位，大赦，改元。如宋、齊。三年五月，大赦。四年正月，郊，赦。《通考》云：大赦。五年十一月，以師出淹時，大赦。時伐魏。六年八月，赦。七年四月，皇太子納妃，赦大辟以下。八月丁巳，赦大辟已下未結正者。《通考》云：以皇子繹生。《紀》不書。《元帝紀》以天監七年八月丁巳生，《通考》當本此。八年正月，郊，赦。《通考》云：大赦。十年正月，郊，大赦。十二年正月，郊，赦大辟以下。十三年二月，耕籍，赦。十四年正月，皇太子冠，赦。《通考》云：大赦。十五年九月，赦。《通考》無。十六年，耕籍，赦罪人。《本紀》無，見《通考》。十八年四月，大赦。《通考》云：受佛戒，赦罪人。普通元年，改元，大赦。二年正月，郊，大赦。三年五月壬辰朔，日有蝕之，既。癸巳，赦。《通考》云：大赦。四年正月，郊，大赦。六年正月，郊，大赦。七年〔正月〕，赦殊死已下。十一月，大赦。大通元年三月，幸同泰寺捨身。還宮，赦，改元。中大通元年正月，祠南郊，大赦。六月，大赦。九月，幸同泰寺捨身。十月，還宮，大赦，改元。三年正月，郊，大赦。七月，立皇太子，大赦。五年正月，郊，大赦。六年二月，耕籍田，大赦。大同元年正月，大赦，改元。二年正月，郊，大赦。八月，幸阿育王寺，赦。《通考》云：設無礙食，大赦。四年七月，以東冶徒李胤之降如來真形舍利，大赦。六年八月，赦。七年正月，郊，赦。十年九月，詔曰：今兹遠近，雨澤調適，其穫已及，冀必萬箱，宜使百姓因斯安樂。凡天下罪無輕重，已發覺未發覺，討捕未擒者，皆赦宥之。侵割耗散官物，無問多少，亦悉原除。田者荒廢、水旱不作，無當時文例，應追税者，并作田不登公格者，並停。各備臺州以文最逋殿，罪悉從原。其有因饑逐食，離鄉去土，悉〔聽〕復業，蠲課五年。《通考》云：大赦。中大同元年三月，大赦。凡主守割盗、放散官物，及以軍糧器（下）〔甲〕，凡是赦所不原者，起十一年正月以前，皆悉從恩，十一年正月已後，悉原加責；其或爲事逃叛流移，因饑以後亡鄉失土，可聽（從）〔復〕業，蠲課五年，停其徭役；其被拘之身，各還本郡，舊業〔若在〕，皆悉還之。四月，於同泰寺解講，設法會。大赦，改元。大清元年正月，郊，大赦。清議禁錮，並皆宥釋；所討逋叛，巧籍隱年，闇丁匿口，開恩百日，各令自首，不問往罪；流移他鄉，聽復宅業，蠲課五年。三月，幸同泰寺，設無遮大會，捨身。四月，還宮，大赦，改元。

按：武帝在位四十八年，凡赦三十七，内不言大者十二，未知當時有分別否，《通考》或亦引作大赦也。

《梁書・簡文紀》：大清三年五月，即位，大赦。大寶元年，大赦，改元。二年八月，侯景矯爲太宗詔，禪於豫章王棟，大赦改年。

按：簡文在位二年，大赦二，侯景矯詔一。

《梁書・元紀》：承聖元年五月，下令赦。時未即位。十一月，即位，赦。有詔而無大赦之文。《通考》、《圖書集成》並稱大赦。

按：元帝在位三年，赦二，不言大。

《梁書・敬紀》：紹泰元年九月，即位。十月，大赦。太平元年正月，大赦，其與任約、徐嗣徽葉契同謀，一無所問。六月，大赦。時破齊兵。九月，改元，大赦。

按：敬帝在位二年，大赦二，又曲赦三。

（清）**沈家本《歷代刑法考・赦四・陳》** 《陳書・高紀》：永定元年十月，即位，大赦。如宋、齊、梁。二年正月，郊，詔罪無輕重，已發覺未發覺，在今昧爽以前，皆赦除之。西寇自王琳以下，並許返迷，一無所問。《通考》云：大赦。

按：高祖在位三年，赦二，一言大，又別赦一。

《文紀》永定三年六月，即位，大赦。天嘉元年，大赦，改元。二年正月，大赦。三年三月，大赦。四年十二月，大赦。天康元年二月，大赦，改元。詔內有疹患淹時，亢陽累月語。

按：文帝在位七年，大赦六，又曲赦七，別赦二。

《廢帝紀》：天康元年四月，即位，大赦。光大元年正月，大赦，改元。

按：廢帝在位二年，大赦二，又曲赦一。

《宣紀》：太建元年正月，即位，大赦，改元。二年三月，大赦。三年三月有，大赦。又詔犯逆子弟支屬逃亡異境者，悉聽歸首。見縶繫者，量可散釋，其有居宅，並追還。四年九月，日有蝕之，大赦。十年三月，大赦。十一年十一月，大赦。有詔。

按：宣帝在位十四年，大赦六，在六代時赦爲少。又曲赦二，別赦一。

《陳書・後主紀》：太建十四年正月，即位，大赦。七月，大赦。九月，設無礙大會於太極殿，捨身，大赦。至德元年正月，大赦，改元。三年正月，大赦。十一月，大赦。三年十一月，幸長干寺，大赦。四年十一月，大赦。有詔。禎明元年正月，大赦，改元。九月，大赦。

按：後主在位七年，大赦十。

（清）**沈家本《歷代刑法考・赦四・十六國》** 漢劉淵元熙元年，稱王，赦其境內。永鳳元年，即皇帝位，大赦，改元。河瑞元年，汾水中得玉璽，以爲己瑞，大赦，改元。二年，赦其境內。

劉聰光興元年，即位，大赦。嘉平元年，克洛陽，大赦，改元。三年，立后，大赦境內殊死已下。建元元年，以太廟新成，大赦，改元。麟嘉元年，陷長安，大赦。二年，立太子，大赦。

劉粲漢昌元年，即位，大赦。

劉曜光初元年，即位，大赦，惟靳准一門不在赦例。二年，改國號曰趙，大赦境內殊死已下。三年，討句渠知，大赦。四年，終南山崩，得白玉，以爲己瑞，大赦。五年，葬其父及妻，大赦。七年，曲赦隴右殊死已下，惟陳安、趙募不在其例。十年，病瘳，曲赦長安殊死已下。十一年，以夜夢不祥，大赦。

以上前趙。

（清）**沈家本《歷代刑法考・赦四・十六國》** 涼張軌晉永嘉四年，赦州內殊死已下。

張茂攝州事，大赦。

張駿茂之四年，拜涼州牧，大赦。四年，赦其境〔內〕。永樂元年，拜子爲世子，大赦。

張祚和平元年，即王位，改元，赦。

張元靖和平二年，爲西平公，赦。

張天錫十年，疾瘳，大赦。

以上前涼，張氏僻在一方，故事多散逸。

（清）**沈家本《歷代刑法考・赦四・十六國》** 趙石勒元年，稱王，赦殊死已下。太和元年，獲黑兔，大赦，改元。建平元年二月，稱天王，大赦。九月，稱帝，大赦，改元。赦三歲刑已下，特赦涼州殊死。二年，郊，赦四歲刑。耕籍田，赦五歲刑。四年，録囚徒五歲刑已下，皆輕決遣之。

石宏延熙元年，赦殊死已下。虎拔長安，大赦。

石虎建武元年，稱導攝天王，大赦，改年。九月，遷都鄴，大赦。二年，赦二歲刑。運洛陽鐘簴九龍於鄴。三年，稱大趙天王，大赦。六年，以星虹之變，京獄見囚非手殺人，一皆原遣。大甯元年，稱帝，大赦，改元。

石遵即位，大赦。

石鑒即位，大赦。

冉閔永興元年，即位，大赦，改元，國號魏。

以上後趙。

劉俊文《敦煌吐魯番唐代法制文書考釋・格・唐神龍散頒刑部格殘卷》 工樂雜户犯者，没爲官，奴婢並不在赦限。

(清)沈家本《歷代刑法考・赦四・北周》 《孝閔紀》：元年正月，即位，大赦。未建元。四月，詔死罪已下，各降一等。八月，詔曰今秋律已應，將行大戮，其犯〔死〕者宜降從流，流以下各降一等。不在赦限者，不從此降。

按：孝閔在位一年，大赦一，降二。

《明紀》：元年九月，即天王位，大赦。二年四月，降死罪一等，五歲刑已下皆原之。七月，順陽獻三足烏。八月，大赦。十二月，大赦。武成元年八月，改天王稱皇帝，大赦，改元。

按：明帝在位四年，大赦四，降一。

《武紀》：武成二年四月，即位，大赦。保定元年七月，旱，詔所在見囚殊死以下，一歲刑以上，各降本罪一等；百鞭以下，悉原免之。二年二月，以久不雨，降宥罪人。五月，以山南衆瑞並集，大赦。三年七月，幸津門，降死罪一等。四年九月，以皇世母閻氏自齊至，大赦。護之母。五年，幸秦州，降死罪以下。天和元年正月，大赦。三年三月，皇后阿史那氏至自突厥，大赦。五年六月，以皇女生，降宥罪人。建德元年正月，帝幸玄都觀，親御法座講説，公卿道俗論難，事畢還宮。降死罪及流罪一等，其五歲刑已下，並宥之。三月，誅晉國公護，大赦，改元。四月，立皇太子，大赦。三年二月，大赦。五年十二月，平齊，大赦。六年正月，詔去年大赦班宣未及之處，皆從赦例。

按：武帝在位十九年，大赦九，降六。

《宣紀》：宣政元年六月，即位。大象元年正月，大赦，改元。大成二月，傳位皇太子衍，大赦，改大成元年爲大象元年。二年四月，詔率土見囚死罪並降從流，流罪從徒，五歲刑已下悉皆原宥。其反叛惡逆不道，及常赦所不免者，不在降例。

按：宣帝在位二年，大赦一，降宥一。

《静紀》：大象二年五月，大赦。八月，相州平，大赦。其共迥元謀，執迷不悟，及迥子姪，逆人司馬消難、王謙等，不在赦例。是年六月，相州總管尉遲迥舉兵。

按：静帝在位二年，大赦一，又别赦一。

(清)沈家本《歷代刑法考・赦十・赦儀》 《通典》一百六十九：大唐令：赦日，武庫令設金雞及鼓於宮城門外之右，勒集囚徒於闕前，撾鼓千聲訖，宣制放其赦書，頒諸州，用絹寫行下。

《唐書・百官志・少府・中尚署》令一人。赦日，樹金雞於仗南，竿長七丈，有雞高四尺，黄金飾首，銜絳幡長七尺，承以彩盤，維以絳繩，將作監供焉。擊摑鼓千聲，集百官、父老、囚徒。坊小兒得雞首者官以錢購，或取絳幡而已。

《玉海》六十七：《實録》：貞觀十七年四月丙戌，立晉王爲皇太子。帝御承天門樓，大陳仗御，當道植金雞，大赦天下。

按：唐代大赦，或御承天門樓，或御宣政殿，或御丹鳳樓，均詳《玉海》。至於宋代，或御明德門樓，或御丹鳳樓，即明德門也。或御乾元門、正陽門、麗正門，祥符元年則御乾觀壇，時修封禪在泰山也。均詳《玉海》。

(唐)杜佑《通典》卷一六九《刑法・赦宥》 唐武德四年，王世充、竇建德平，大赦天下。既而責其黨與，並令遷配。侍書侍御史孫伏伽諫曰：今月十三日發雷雨之制，既云常赦不免皆除赦之，此非直赦其有罪，亦是與天下斷，當許以更新。何因世充、建德部下赦後又欲遷之？此是陛下自違本心，欲遣下人若何取則？如臣愚見，經赦合免責罰欲遷配者，並請放之，則天下幸甚。

(清)沈家本《歷代刑法考・赦四・唐》 《唐書・高祖紀》：武德元年，即位，大赦，改元。四年七月，大赦。東都平。五年四月，釋流罪以下。六年十月，降死罪，流以下原之。七年四月，大赦。時輔公祏平，詔見《册府》。九年六月，秦王世民殺皇太子建成、齊王元吉。大赦。

按：高祖在位九年，大赦四，降一，釋流罪以下一，又曲赦九。

《太宗紀》：武德九年八月，大赦，武德流人還之。貞觀二年三月，以旱蝗責躬，大赦。四年二月，大赦。伐突厥，克之。詔見《册府》。五年五月，皇太子承乾疾篤，請降囚徒，許之。見《册府》中，《紀》不載。八年二月，皇太子加元服，降死罪以下。九年三月，大赦。十七年四月，立皇太子，大赦。二十一年正月，慮囚，降死罪以下。二十三年三月己未，自冬旱，至是雨。辛酉，大赦。

按：太宗在位二十三年，大赦六，降二，流罪以下一，又曲赦十四。

《高宗紀》：貞觀二十三年，即位，大赦。永徽元年七月，以旱慮囚，八月，降死罪以下。三年正月，以旱避正殿，減膳，降囚罪，徒以下原之。《册府》云流以下放免。七月，立皇太子，大赦。六年二月，皇太子加元服，降死罪以下。十月，立皇后，大赦。顯慶元年正月，立皇太子，大赦，改元。四年十月，皇太子加元服，大赦。龍朔二年七月，以子旭輪生滿月，大赦。乾封元年正月，封於泰山，大赦，改元。總章元年三月，大赦，改元。咸亨元年三月，大赦，改元。以京師旱。上元元年八月，大赦，改元。追尊祖宗謚號，長流人並放還。二年六月，立皇太子，大赦。儀鳳元年十一月，大赦，改元。陳州言鳳凰見。三年四月，大赦。調露元年六月，大赦，改元。永隆元年，立皇太子，大赦。永淳元年二月，以孫重照生滿月，大赦，改元。弘道元年十二月，大赦，改元。

按：高宗在位三十四年，大赦十七，降三，又曲赦十八。

《武后紀》：弘道元年十二月，皇太子即位，尊后爲皇太后，臨朝稱制。大赦。光宅元年二月，廢帝，立豫王旦爲皇帝，大赦。九月，大赦，改元。垂拱元年正月，大赦，改元。二年正月，大赦。三年七月，大赦。十二月，拜洛受圖，大赦。永昌元年正月，享於萬象神宮，大赦，改元。天授元年正月，大赦，改元載初。九月，改國號曰周，大赦，改元。四年二月，大赦。長壽元年四月，大赦，改元如意。九月，大赦，改元。二年九月，加號，大赦。延載元年五月，加號，大赦。天册萬歲元年正月，加號，改元證聖，大赦。九月，郊，加號，大赦，改元。萬歲通天元年臘月，改元萬歲登封，大赦。三月，復作明堂，改曰通天宮。大赦，改元。神功元年九月，大赦，改元。聖曆元年正月，大赦，改元。九月，立廬陵王顯爲皇太子，大赦。二年（正）〔臘〕月，賜皇太子姓武氏，大赦。〔一月〕久視元年五月，大赦，改元。十月，復唐正月，大赦。長安元年四月，大赦。十月，大赦，改元。二年十一月，郊，大赦。五年正月，大赦。

按：武后僭位二十一年，大赦二十九，又曲赦九。唐代大赦之多，於斯爲甚。《册府元龜》詳載唐赦事而不及武后，蓋削除之矣。

《中宗紀》：神龍元年正月，張柬之等討亂。甲辰，皇太子監國，大赦，改元。丙午，復位，大赦。二月，皇后韋氏復於位，大赦。九月，祀明堂，大赦。十一月，及皇后享於太廟，大赦。

按：一年五赦，中宗之昏懦即此事可見。二年十一月，大赦。景龍元年七月，大赦。太子舉兵誅武三思，不克，死之。九月，大赦，改元。受神龍皇帝尊號。二年二月，大赦。皇后衣裙有五色雲圖，示百寮。十一月，大赦。安樂公主下降。三年，郊，大赦。

按：中宗在位六年，大赦六，又曲赦三。

《睿宗紀》：景雲元年六月，韋后殺中宗，矯詔立温王爲皇太子。即位，大赦，改元唐隆。庚子，臨淄郡王討亂，誅韋氏等。辛丑，大赦。甲辰，帝即位，大赦。立平王隆基爲皇太子。七月，大赦，改元。二年四月，大赦。八月大赦。舊宅枯株重生。先天元年正月，大赦，改元太極。五月，大赦，改元延和。八月，皇太子爲皇帝，自爲太上皇，大赦，改元。二年三月，詔京城見禁囚，除死罪以外，並特放免營農，天下諸州準此。《本紀》不載，見《册府》。七月甲子，大赦，歸政。誅太平公主等。

按：睿宗在位三年，大赦八，放免一，又曲赦一。《玄宗紀》：先天元年八月，即位。十月，享於太廟，大赦。開元元年七月丁卯，大赦，改元。二年二月，慮囚。六月甲子，以太上皇避暑，徙御大明宮。

按：《册府》：六月甲子，以太上皇避暑，制兩京及諸州宜令長官親理冤獄，除犯名教及官典犯贓並緣妖僞以外，餘罪徒以下咸宜放免。此即慮囚也，與《紀》月分不符。三年正月，立皇太子。降死罪，流以下原之。二月，赦囚非惡逆、造僞者。五年正月，如東都。二月，大赦。九年五月，原見囚死、流罪隨軍效力、徒以下未發者。十一月，大赦。十一年十一月，郊，大赦。十三年正月，降死罪，流以下原之。十一月，封禪，大赦。十五年八月，降天下死罪，嶺南邊州流人，徒以下原之。十六年正月，許徒以下囚保任營農。三月，免營農囚罪。九月，以久雨降囚，徒以下原之。十七年四月，降死罪，流已下原之。十一月，謁諸陵，還，大赦。十八年二月，免囚罪杖以下。《册府》：正月，迎氣東郊。大辟罪已下咸赦除之。與此文不同。十九年四月，降死罪以下，八月，以千秋節降死罪，流以下原之。二十年二月，降囚罪，徒以下原之。十一月，如汾陰，祠后土，大赦。二十一年五月，皇太子納妃，降死罪，流以下原之。二十二年四月，降死罪以下。二十三年正月，耕籍，大赦。二十四年四月，降死罪以下。二十六年正月，迎氣東郊。降死罪，流以下原之。四月，有司讀時令。降死罪，流以下原之。六月，立皇太子。七月，大赦。二十七年，上尊號，大赦。二十九年正月，降死罪，流以下原之。夢玄元皇帝，畫真容布告天下。天寶元年正月，大赦，改元。三月，郊，大赦。三載正月，改年爲載，降死罪，流以下原之。三月，降死罪，流以下原之。十二月，祠九宮貴神於東郊，大赦。六載正月，郊，大赦。七月，以旱降死罪，流以下原之。七載五月，上尊號，大赦。八載閏六月，上尊號，大赦。十載正月，郊，大赦。十三載正月，上尊號，大赦。十四載八月，降死罪，流以下原之。十五載七月，次蜀郡。八月，大赦。

按：玄宗在位四十四年，大赦二十，降二十，曲赦十四。

《肅宗紀》：至德元載七月，即位，大赦，改元。二載十二月，上皇至自蜀，大赦。乾元元年二月，上上皇册號曰聖皇天帝，大赦，改元。四月，大赦。親行郊廟之禮。十月，立皇太子，大赦。二年三月，以旱降死罪，流以下原之。三年二月降死罪，流以下原之。

按：乾元無三年。此係誤記。上元元年三月，降死罪，流以下原之。閏月，大赦，改元。二年正月，降死罪，流以下原之。九月，大赦。寶應元年建卯月，大赦。建辰月，大赦。建巳月，皇太子監國，大赦，改元。楚州獻定國寶十有三，因以建元。按：肅宗在位七年，大赦十，降三，又免徒一。寶應元年二月至四月，月一赦，加以代宗即位又赦，一年四赦矣。

《代宗紀》：寶應元年四月，即位。五月，大赦。廣德元年七月，上尊號，大赦。二年二月，郊，大赦。永泰元年正月，大赦，改元。大曆元年十一月，大赦。四年七月，降死罪，流以下原之。五年六月，以彗星滅，降死罪，流以下原之。七年五月，以旱，大赦。八年五月，降死罪，流以下原之。九年四月，大赦。

按：代宗在位十七年，大赦七，降三，又曲赦二。

《德宗紀》：大曆十四年五月，即位。六月，大赦。建中元年正月，改元，上尊號，郊，大赦。興元元年正月，大赦，改元。七月，至自興元，大赦。貞元元年正月，大赦，改元。十一月，郊，大赦。四年正月，大赦。六年十一月，郊，降囚罪，徒以下原之。九年十一月，郊，大赦。

按：德宗在位二十五年，大赦八，降一。

《順宗紀》貞元二十一年正月，即位，大赦。四月，册皇太子，降死罪以下。永貞元年八月，立皇太子爲皇帝，自稱太上皇。改元，降死罪以下。按：順宗在位一年，大赦一，降二。

《憲宗紀》：元和元年正月，大赦，改元。六月，降死罪以下。二年正月，郊，大赦。三年正月，上尊號，大赦。四年六月，立皇太子。十月，降死罪以下。七年七月，立皇太子。十月，降死罪以下。十三年正月，大赦。淮蔡平。十四年七月，上尊號，大赦。

按：憲宗在位十五年，大赦五，降三。八年至十二年凡五年不赦，赦事之少惟此時。

《穆宗紀》：元和十五年閏月，即位。二月，大赦。長慶元年，郊，大赦，改元。七月，上尊號，大赦。二年十二月，立皇太子，降死罪以下。四年正月，降死罪以下，減流人一歲。

按：穆宗在位四年，大赦三，降二，又曲赦三。

《敬宗紀》：長慶四年正月，即位。三月，大赦。寶曆元年正月，郊，大赦，改元。四月，上尊號，大赦。

按：敬宗在位二年，大赦三，又别赦一。

《文宗紀》：寶曆二年十二月，即位。太和元年二月，大赦，改元。三年十一月，郊，大赦。六年正月，降死罪以下。去冬雨雪寒甚。七年八月，降死罪以下。《册府》：册皇太子。《本紀》立皇太子在六年十一月。八年二月，以疾愈，降死罪以下。開成元年正月，大赦，改元。二年二月，以彗見，降死罪，流以下原之。三年十一月，降死罪以下。以妖星再見。

按：文宗在位十四年，大赦二，降五，又曲赦四。

《武宗紀》：開成五年正月，即位。二月，大赦。會昌元年，郊，大赦，改元。二年四月，上尊號，大赦。五年正月，上尊號，郊，大赦。六年二月，以旱，降死罪以下。

按：武宗在位六年，大赦四，降一。

《宣宗紀》：會昌六年三月，即位。五月，大赦。大中元年，郊，大赦，改元。二年正月，上尊號，大赦。四年正月，大赦。七年正月，郊，大赦。十三年正月，大赦。

按：宣宗在位十三年，大赦六。自八年至十二年，五年不赦。又曲赦二。

《懿宗紀》：大中十三年八月，即位。十月，大赦。咸通元年十一月，郊，大赦，改元。三年，上尊號，大赦。十一月，降死罪。四年正月，郊，大赦。七年十一月，大赦。以復安南。八年五年，以不豫降囚罪，出宮人。十一年正月，上尊號，大赦。十四年四月，大赦。迎佛骨。

按：懿宗在位十四年，大赦七，降二。

《僖宗紀》：咸通十四年七月，即位。十二月，大赦。乾符元年二月，降死罪以下。十一月，改元。《册府》：郊廟，大赦，改元。二年正月，郊，大赦。三年二月，以旱，降死罪以下。四年正月，降死罪以下二等。中和元年七月，大赦，改元。光啓元年三月，至自成都，大赦，改元。五月，上尊號，大赦。《本紀》不載。三年七月，降死罪以下。文德元年二月，至自鳳翔，大赦，改元。

按：僖宗在位十五年，大赦七，降四，又曲赦二。

《昭宗紀》：文德元年三月，即位。龍紀元年正月，大赦，改元。十一月，郊，大赦。大順元年正月，上尊號，大赦，改元。二年四月，有彗星，大赦。景福元年正月，大赦，改元。乾甯元年正月，大赦，改元。四年二月，立皇太子，大赦。光化二年五月，大赦。立后。八月，至自華州。大赦，改元。天復元年四月，大赦，改元。三年正月，至自鳳翔，大赦。天祐元年四月，大赦，改元。遷都洛陽。

按：昭宗在位十六年，大赦十二，又曲赦三。昭宣帝天祐元年八月，即位。

按：昭宣帝在位四年，惟曲赦三。卜郊不行，朱全忠不以君事之矣。

（唐）杜佑《通典》卷一六九《刑法・赦宥》 貞觀二年七月，上謂侍臣：凡赦，惟及不軌之輩。古語云：小人之幸，君子不幸。一歲再赦，善人喑啞。凡養稂莠者傷禾稼，惠姦宄者賊良人。昔文王作罰，刑茲無赦。夫小仁者，大仁之賊。故我有天下以來，不甚放赦。今四海安寧，禮義興行，數赦則愚人常冀僥倖，惟欲犯法，不能改過，當須慎赦。

（宋）沈樞《通鑑總類》卷二下《赦書門・唐太宗不欲數赦》 貞觀二年，太宗謂侍臣曰：古語有之赦者，小人之幸，君子之不幸，一歲再赦，善人喑啞。夫養稂莠者害嘉穀，赦有罪者賊良民，故朕即位以來不欲數赦，恐小人恃之輕犯憲章故也。

（宋）鄭樵《通志》卷六〇《刑法略・赦宥》 武太后聖曆三年，斷屠殺。鳳閣舍人崔融上議曰：春生秋殺，天之常道。冬狩夏苗，國之大事。豺祭獸，獺祭魚，自然之理也。一乾豆，二賓客，不易之義也。上自天子，下至庶人，莫不揮其鸞刀，烹之鶴鼎，所以充庖厨。故能幽明感通，人祇輯睦，萬王千帝，殊途同歸。今者禁屠宰，斷弋獵，二驅莫行，一切不許。將恐違聖人之達訓，紊明王之善經。一不可也。且江南諸州以魚為命，河西諸國以肉為齋。一朝禁止，倍生勞弊，富者未革，貧者難堪。二不可也。如有貧賤之流，刳割為事，家業儻失，性命不全。雖復日戮一人，終慮未能總絶，但益恐嚇，惟長姦欺。外有斷屠之名，内誠鼓刀者衆，勢利依倚，請託紛紜。三不可也。雖好生惡殺，是君子之小恩，而考古會今，非國家之大體。但使順月令，奉天經，造次合禮儀，從容中刑典，自然人得其性，物遂其生，何必改革，方為盡善。

（宋）鄭樵《通志》卷六〇《刑法略・赦宥》 景龍元年，遣使往江淮分道贖生，以所在官物充直。中書舍人李乂上疏曰：江淮水鄉，採捕為業，魚鼈之利，黎元所資。雖雲雨之私有霑於末類，而生成之惠未洽於平民。何則？江湖之饒，生育無限，府庫之内，支供易殫。費之若少，則所濟何成？用之儻多，則常支有闕。在於拯物，豈若憂民？且鬻生之徒，惟利斯視。錢刀日至，網罟年滋，施之一朝，營之百倍。未若廻救贖之錢物，減貧無之徭賦，治國愛民其福勝彼。二年九月，勑：鳥雀昆蟲之屬，不得擒捕，以求贖生。犯者，先決三十。宜令金吾及州縣市司，嚴加禁斷。

（唐）杜佑《通典》卷一六九《刑法・赦宥》 天寶十三載二月赦

文：左降官承前遭憂，皆不得離任。孝行之道，所未弘通；情理之間，深可哀恤。如有此類，宜並放歸，仍申省計至服滿日，准法處分。自今以後，編入常式。

（宋）王欽若等《册府元龜》卷六一六《刑法部・議讞》　李峴，肅宗至德中爲御史大夫。時中丞崔器性刻樂禍，陰忍寡恩，又希旨深文，奏陷賊官，云反逆，從者據律並合處死。帝初收復，欲懲勸天下，以爲器議是。峴執之曰：夫事有首從，情有輕重。若一槩處死，恐非陛下含洪之義，又失國家惟新之典。且胡羯亂常，狂寇凌據，二京全陷，萬乘南巡，各顧其生，衣冠蕩覆。或陛下親戚，勳舊子孫，責之以死，恐乖仁恕。昔者，明王用刑，殲厥渠魁，脅從罔治。況河北殘寇，今尚未平，苟容漏網。適開自新之路，若盡行誅，是堅叛逆之心，誰人更肯歸順？困獸猶鬭，況數萬人乎！崔器、吕諲皆守文之吏，不識大體，殊無變通。廷議累日，方從峴奏。陳希烈已下定六等科罪，斬於獨柳樹，次杖刑，決殺於京兆府門，自盡於大理寺，流於嶺南遠惡處。及貶，有三等。後蕭華自相州賊中歸順闕廷，授尚書右丞，亦奏賊仕、賊官等重爲安慶緒所驅。至相州初，聞廣平王奉宣恩，命陳希烈下並放之，皆相顧曰：我等國家見待如此，悔恨至此，其何可言？及聞器議刑，衆恨乃息。帝曰：朕幾爲崔器所誤。

（宋）李上交《近事會元》卷五《赦書一本在内》　唐文宗開成元年赦畢，上曰：朕務行實，不欲崇長空文。宰臣李石奏曰：赦書須内一本，陛下時看之。

（宋）王欽若等《册府元龜》卷六一六《刑法部・議讞》　宇文鼎，太和中爲御史中丞，奏當司前後推覆，造僞出身文書，賣官，并造僞印行用等，因張璹、劉建、胡伯忠犯罪，並在太和三年十一月十八日恩赦前，准刑部、大理寺詳斷，悉處極刑。准《斷獄律》，赦前斷罪不當者，若處輕爲重，宜改從輕，處重爲輕，即依輕法者。臣以前件因等，雖抵極法，悉經殊恩，或自赦文全生，或因起請減等。伏緣俱引霈澤累陳訴詞，若非得中，恐未服罪。昨者一與一奪，事關起請，既生又死，稍覺二三，如臣所見。伏請赦書以前犯者特許減論，赦書以後所犯者不得援例。庶使後無僥倖，令絶披陳。勑：張璹、胡伯忠、劉建等宜准元勑處分。

（宋）沈樞《通鑑總類》卷二下《赦書門・李絳白居易上言》　元和四年，憲宗以久旱欲降德音。翰林學士李絳、白居易上言：以為欲令實惠及人，無如減其租稅。又言宮人驅使之餘，其數猶廣，事宜省費，物貴徇情。又請禁諸道横歛以充進奉。又言嶺南黔中福建風俗多掠良人賣為奴婢，乞嚴禁止。閏月己酉，制降天下繫囚，蠲租稅，出宮人，絶進奉，禁掠賣，皆如二臣之請。己未，雨降，表賀曰：乃知憂先於事，故能無憂；事至而憂，無救於事。

（宋）王欽若等《册府元龜》卷六一六《刑法部・議讞》　王播爲刑部侍郎，憲宗元和八年正月奏：天德軍五城及諸邊城配流人等。臣竊見配流人每逢赦恩，悉得歸還。唯前件流人，皆被本道重奏稱要防邊，遂令歿身，終無歸日。臣又見比年邊城所配流者，多是胥徒小吏，或是鬬毆輕刑，據罪可原，在邊無益。伏請自今已後，流人及先流人等，准長流格例滿六年後並許放還。所異抵法者，足以悛懲，滿歲者絶其愁怨。從之。十一月又奏准，本年九月十七日勑，自今已後，兩京及關内河東、河南、河北、淮南、河東西等道，州、府犯罪繫囚，除大逆及下手殺人外，其餘應入死罪者，委所任官長審量事狀。但情非巨蠹，並免死，配流天德、五城諸鎮。臣謹言勑文，除大逆、下手殺人外，餘入死罪科目至多。若不舉其條流，或慮中外處斷不一。今請犯十惡及故殺、鬬謀、刼私、鑄錢、造僞，並京兆界持杖强盜不論並依律文及前後格勑處分，自餘死刑，即請准今勑，減死配隸天德伍城。有妻者仍准式，勒隨流人。其父祖、子孫，欲隨去者，任去。從之。自九月減死配流之令，而京師多盜，府縣不能督捕，及有是奏，而盜稍定。

（宋）沈樞《通鑑總類》卷二下《赦書門・陸贄陽城皆死貶所》　永貞元年，德宗之末十年無赦，羣臣以微過譴逐者，皆不復叙用，至是始得量移，追忠州别駕陸贄、郴州别駕鄭餘慶、杭州刺史韓臯、道州刺史陽城赴京師。贄與陽城皆未聞追詔而卒。

《舊唐書》卷一九下《懿宗本紀》　四月八日，佛骨至京，自開遠門達安福門，彩棚夾道，念佛之音震地。上登安福門迎禮之，迎入内道場三日，出於京城諸寺。士女雲合，威儀盛飾，古無其比。制曰：朕以寡德，纘承鴻業，十有四年。頃屬寇猖狂，王師未息。朕憂勤在位，愛育生靈，遂乃尊崇釋教，至重玄門，迎請真身，爲萬姓祈福。今覯睹之衆，隘塞路歧。載念狴牢，寢興在慮，嗟我黎人，陷於刑辟。況漸當暑毒，繫於縲紲，或積幽凝滯，有傷和氣，或闗連追擾，有妨農務。京畿及天下州府見禁囚徒，除十惡忤逆、故意殺人、官典犯贓、合造毒藥、放火持仗、開發墳墓外，餘罪輕重節級遞減一等。其京城軍鎮，限兩日内疏理訖聞奏。天下州府，敕到三日内疏理聞奏。

（宋）沈樞《通鑑總類》卷二下《赦書門・李逢吉恐李紳量移》 寶曆元年，羣臣上尊號曰文武大聖廣孝皇帝，赦天下，赦文但云在降官已經量移者，宜與量移，不言未量移者。翰林學士韋處厚上言：逢吉，恐李紳量移，故有此處置。如此則應近年流貶官，因李紳一人，皆不得量移也。敬宗即遣追赦文改之，紳由是得移江州長史。

（清）沈家本《歷代刑法考・赦五・五代》 後梁太祖開平元年正月，即位，大赦，改元。三年正月，郊，大赦。八月，降死罪囚。乾化元年正月，赦流罪以下。五月，大赦，改元。二年五月，德音降死罪以下囚。末帝貞明六年正月，降死罪以下囚。龍德元年五月，德音改元，降流罪以下囚。赦友能。

按：後梁二主合十六年，大赦三，降四。五代之亂，事多闕失，他無可考。《册府元龜》赦宥門無梁事，蓋刪而不録。

（清）沈家本《歷代刑法考・赦五・五代》 後唐莊宗同光元年四月，即位，大赦，改元。十月，德音降死罪囚，流已下原之。滅梁。二年二月，郊，大赦。四年正月，降死罪已下囚。

明宗天成元年四月，即位，大赦，改元。十一月，詔降大辟罪已下，降當死刑外並釋放。《本紀》不載。二年二月，德音釋輕繫囚。長興元年二月，郊，大赦，改元。二年四月，以旱赦流罪以下囚。四年八月，大赦。

愍帝應順元年正月，大赦，改元。

廢帝清泰元年四月，即位，大赦，改元。二年五月，有死罪以下囚。《本紀》不載。

按：後唐四主合十三年，大赦七，有死罪以下一，降二，免流罪以下二，輕繫囚一。

（清）沈家本《歷代刑法考・赦五・五代》 漢高祖天福十二年二月，即位。六月，赦罪人。乾祐元年正月，大赦，改元。

隱帝乾祐元年二月，即位，大赦。二年正月，赦囚。

按：後漢二主合四年，大赦二，赦二，又曲赦二。

（清）沈家本《歷代刑法考・赦五・五代》 周太祖廣順元年正月，即位，大赦，改元。顯德元年正月，郊，大赦，改元。

世宗顯德元年正月，即位。三月，大赦。四年正月，赦非死罪囚。

恭帝顯德六年六月，即位。七月，大赦。舊《紀》。

按：後周三主合九年，大赦四，赦一，又曲赦七。

（宋）沈樞《通鑑總類》卷二下《赦書門・後晋張允上駁赦論》 天福三年，左散騎常侍張允上《駁赦論》，以為帝王遇天災多肆赦，謂之修德，借有二人坐獄，遇赦則曲者幸免，直者銜冤，冤氣升聞，乃所以致災，非所以弭災也。詔褒之。

（明）丘濬《大學衍義補》卷一〇九《慎刑憲・存欽恤之心》 宋太祖開寶六年，有司言自二年至今，所貸死罪凡四千一百八人。上注意刑辟，哀矜無辜。嘗讀《虞書》，嘆曰：堯舜之時，四凶之罪，止從投竄，何近代憲網之密耶？蓋有意於刑措也。故自開寶以來，犯大辟非情理深害者，多貸其死云。

（宋）李燾《續資治通鑑長編》宋太祖開寶八年三月 上性寬仁多恕，尚食供膳，有蟲緣食器旁，謂左右曰：勿令掌膳者知。嘗讀《堯典》，歎曰：堯、舜之世，四凶之罪，止從投竄，何近代憲網之密耶？蓋有意於刑措也。故自開寶以來，犯大辟非情理深害者，多貸其死。己丑，有司言自二年至今，詔所貸死罪凡四千一百八人。

《宋史》卷一一七《禮志》 御樓肆赦。每郊祀前一日，有司設百官、親王、蕃國諸州朝貢使、僧道、耆老位宣德門外，太常設宫縣、鉦鼓。其日，刑部録諸囚以俟。駕還至宣德門内幄次，改常服，羣臣就位，帝登樓御坐，樞密使、宣徽使侍立，仗衛如儀。通事舍人引羣官橫行再拜訖，復位。侍臣宣曰：承旨，舍人詣樓，侍臣宣敕立金雞。舍人退詣班南，宣付所司訖，太常擊鼓集囚。少府監立雞竿於樓東南隅，竿末伎人四面緣繩爭上，取雞口所銜絳幡，獲者即與之。樓上以朱絲繩貫木鶴，仙人乘之，奉制書循繩而下，至地以畫臺承鶴，有司取制書置案上。閤門使承旨引案宣付中書、門下，轉授通事舍人，北面宣云：有旨，百官再拜。宣赦訖，還授中書，門下，付刑部侍郎承旨放囚，百官稱賀。閤門使進詣前，承旨宣荅訖，百官又再拜，舞蹈，退。若德音、赦書自内出者，並如文德殿宣制之儀。其降御劄，亦閤門使跪授殿門外，置箱中，百官班定，閤門授宰臣讀訖，傳告，百僚皆拜舞稱萬歲。真宗宣制，有司請用儀仗四千人，自承天殿設細仗導衛，近臣起居訖，則分左右前導之。

（宋）李燾《續資治通鑑長編》宋仁宗康定元年五月 甲子，詔以近降德音，更不疏決。此據《朔曆》，更檢故事詳著之。

（宋）周必大《玉堂雜記》卷上 《司馬文正公日記》云：熙寧二年五月癸巳，鎖院以奉安二御容，禮成，德音降西京，囚杖以下放。是日，丞相出，中書提點魏孝先以下入院，授以參政趙抃所封御前劄子、茶湯，館於虚閣，御藥劉有方來茶湯，館於門塾，復謁，御厨翰林設食致酒果，黄昏進首尾詞内批，依此修寫，四鼓起讀點句，攅點進入。明日，丞相退朝，宣訖開院。淳熙三年十一月八日，必大被宣草十二日冬祀，赦。黄昏方至院，御藥持御封，中書門下省熟狀來，繫鞵，迎於中門，同監門内侍一員俱升廳，御藥先以熟狀授監門，共茶湯訖，先送御藥出院，復與監門升廳，受熟狀付吏，又點湯送監門下階，館之門塾。而不報謁，既熟狀自内出非參政所封，故提點官不來，惟中書門下省刑房録事、尚書省刑房主事各一人，穿秉同至，仍舊繫鞵，見之不迎不送，不設茶湯而退，守當官四人貼房十數人，旅揖階下，與文正公所記多不同。至六年九月十二日，復被宣草明堂赦，御藥張安、中監門梁襄相見如儀，惟録事沈楧、主事李師文茶而不湯，院吏云：前不設茶，誤也。守當官等不復廷揖，所謂酒饌之賜，今皆無之。詰朝奏知先出，而吏卒輩皆俟三日後宣赦訖，乃得歸。

（宋）李燾《續資治通鑑長編》宋神宗熙寧十年二月 詔：宗室使相雖及十年，更不取旨磨勘。先是，宗諤自請磨勘，中書檢宗室著令，凡有所乞，並申大宗正詳條例以聞。宗諤當罰俸，詔釋罪，而有是命。

（宋）李燾《續資治通鑑長編》宋神宗元豐七年二月 乙酉，刑部言沈括准赦量移。詔更候一赦取旨。

（宋）司馬光《傳家集》卷五〇《章奏三十三・乞未禁私市先赦西人劄子元祐元年二月上》 臣於今月三日上言，以西人未服，中國不得無憂而邊備不敢少弛，不自揆其狂妄獻二策。上策欲因天子繼統，曠然赦之，歸其侵地與之更始。下策欲嚴禁私市，俟其屈服，然後赦之。然禁私市甚難，立法極嚴。又邊帥得人然後能行，不若前策之道大體正，萬全無失也。今竊聞執政用臣下策，止令禁私市，又立法不嚴，邊師未盡得人。若邊吏拘文獲一漏百，私市滔滔如故，或此路禁絶而彼路放行，如隄防一存一亡，將何所益？如此適足以激怒西人，使益發悖心，安肯屈服，萬一微犯邊境，或表牒中形不遜語，至時朝廷轉難處置，悔之無及。不若用臣上策早相彌縫，縱未欲還其侵地，且下詔書責而赦之，使彼此安心，時難得而易失，不可忽也。况本欲因天子繼統蕩滌其罪，今日行之已為太晚，若更遷延則赦之無名，兹事繫國安危，若俟執政論議僉同，恐失機會，誤國大事。伏望聖意獨斷行之，勿復有疑，天下幸甚。若有執政立異議，乞令其人自入文字，若依從其議，他日因此致引惹邊事，當專執其咎。取進止。

（清）嵇璜等《續通典》卷一一七《刑・赦宥》 宋制，遇非常覃慶，則常赦所不原者，咸除之。其次釋雜犯死罪以下，皆謂之大赦。雜犯死減等而餘罪釋之，流已下減等，杖笞釋之，皆謂之德音。其恩霈所及止於京城、兩京一州一路者，則謂之曲赦。又天子歲自録京師繫囚，畿内則遣使往，往雜犯死罪第降等，杖笞釋之，或徒罪亦得釋。若并及諸路，則命監司録焉。太祖即位大赦天下，後三歲遇郊則赦，終宋之世，遂爲成典。太宗太平興國三年，將郊議赦，有秦再恩者上書，願勿赦。引諸葛亮佐劉備數十年不赦事，帝意惑。趙普對曰：凡郊祀肆眚，聖朝彝典。其仁如天，堯舜之道也。若劉備區區一方，臣所不取。帝善之，遂定赦。仁宗景祐中，言者以爲，三王歲祀圜丘，未嘗輒赦。自唐兵興，已後事天之禮，不常行。因有大赦以蕩亂獄。且有罪者，宥之未必自新，被害者抑之未必無怨。不能自新，將復爲惡。不能無怨，將悔爲善。一赦而使民悔善長惡，政教之大患也。願罷三歲一赦，俾良民懷惠，凶人知禁，即謂未可盡廢。請命有司，前郊三日，理罪人有過誤者，引而赦之。州縣須詔到，倣此疏上朝廷，重其事。第詔自今，罪人情重者，毋得一以赦免。卒亦不果行。開寶八年，有司言：自三年至今，詔所貸死罪凡四千一百八人。太宗嘗親録京師繫囚，至日旰，近臣或諫過勞，帝曰：儻惠及無告獄訟，不致枉撓，朕深以爲適，何勞之有？自是，祁寒盛暑或雨雪稍愆，輒親録繫囚，多所原減，歲以爲常。

真宗咸平二年詔曰：如聞小民知有恩赦，故爲刼盜，自今不在原免之限。景德二年，大理寺又言：郊禮在近，諸州奏按多不精詳。冀於覆駁延留，以俟恩宥。請自今事狀明白者，即具情實定斷，以絶僥幸。詔可。然自大中祥符已後，崇奉天書，侈言封禪，肆赦之令幾於無歲不有矣。天禧元年，江南提刑范應辰上言：伏覩辛亥制書，常赦不原者，咸除之。臣今所部州郡，過誤而被宥者雖多，竊害而蒙釋者亦衆。蓋以姦凶之輩，密斷赦期。狃於忿心，發其夙憾。單弱受辜，强梁肆暴。或舉家殞命，罄室擄財，或持刀殺人，或縱火焚舍，至有糾輕生之徒，爲强剽之盜，公行戕害，以奪資儲。巡警之官，上逼下逐。設謀緝捕，冒險鬬敵，以茲敗獲合正典刑。逢此霈恩，亦蠲其罪，又配爲卒伍，咸給衣糧，是何異賞人爲盜耶。請自今應有知赦在近而故爲罪戾，及赦後彰顯，情理切害者，死罪已下，止遞減一等。赦前殺人剽財，赦後雖不復爲，若因事捕獲，決隸遠惡州軍，其殺人放火擄財刧貨，已依赦配本城者，如更配逃亡、飲博之類，所在長吏籍其罪由。若再黷憲綱，不問罪之大小，禁錮，奏裁。帝覽之，頗嘉其盡心。然亦不能用也。仁宗在位久，凡大赦二十二。而曲赦、德音、録繫囚之數，不與焉。然赦常赦所不原者，惟帝即位，及明道中，太后不豫行之。而明道所行，人以爲濫。天聖初，詔諸路按察官取乾興赦前配隸兵籍者，列所坐罪狀以聞。自是赦書下，輒及之。五年詔已下，約束而犯刼盜及官典受贓勿復奏，悉論如律。初太祖將祀南郊，詔兩京諸道，自十月後犯强竊盜不得預赦。所在長吏告諭民無冒法，自後將祀必先申明此詔。而法官讞獄，終以會赦多所寬貸。臣僚建言，謂惠姦失詔旨，故復有是詔。帝尤惡人告訐陰事，時有人密上書疏過，又數按人赦前事者，翰林學士張方平、御史吕誨皆以爲言，乃下詔曰：比者中外多上章，言人過失，暴揚難驗之罪，告按無證之辭，或外托公言，内緣私忿，詆欺曖昧，苟陷善良。又赦令者，所以與天下更始，而有司多舉按赦前事，殆非信命令重刑罰，使人洒心自新之意也。自今有上章告人罪、言赦前事者，訊之。慶曆三年，既疏理天下繫囚，因詔諸路配隸役人，並皆釋之。神宗大赦凡十一，曲赦如之。即位詔曰：夫赦令國之大恩，所以蕩滌瑕穢，納於自新之地。是以聖主重焉。中外臣僚多以赦前事捃摭吏民，興起獄訟，苟有詿誤，咸不自安，甚非持心近厚之誼。使吾號令不信於天下，其申詔内外言事，按察官司毋得依前舉劾，具案取旨，否則科違制之罪。按：《宋史·刑法志》載：是詔亦作仁宗。今從《文獻通考》改正。知諫院司馬光上言：按察之官以赦前事興獄，禁之誠爲大善，至於言事之官，本以繩按百辟、糾擿姦邪之狀，固非一日所爲，國家素尚寬仁，數下赦令，或一歲之間至於再三。若赦前之事皆不得言，則其可言者無幾。萬一有姦邪之臣，朝廷不知，誤加進用，御史欲言，則違今日之詔，若其不言，則陛下何從知之。臣恐因此言者，得以箝口偷安，姦邪得以放心不懼。此乃人臣之大幸，非國家之長利也。請追改前詔，刊去言事二字。光論至再，帝諭以言者，好以赦前事誣人，光曰：若言之得實，誠所欲聞。若其不實，當罪言者。帝命光送詔於中書。熙寧八年，編定廢免人叙格。常赦則郡縣以格叙用。凡三期一叙，即期未滿而遇非次赦者亦如之。哲宗朝大赦凡八。元祐元年，門下省言：當官以職事曠隳，雖去官不免，猶可言。至於赦降大恩，與物更始，雖刼盜殺人亦蒙寬宥，豈可以一事差失，負罪終身。今刑部所修，不以去官赦降原減條所留，請更删改從之。八年因門下侍郎韓維言：詔自今每近郊赦，令刑部、大理寺、開封府並依常時決遣獄訟，不减日限。其情重難釋者，别爲一等奏斷。元符三年，中書省言：元祐編敕，惟傳習妖教，託幻變之術，及故盜決河隄堰，不以赦降。原减餘犯一再遇非次赦，或兩經大禮者，聽從原免。元符新敕删去，遂使犯法者無由自新。詔依元祐法。徽宗政和五年，知興仁府夏鰭言：諸路奏獄，有因祖父母爲人所毆，而子孫毆之以致死者，並作情理可憫奏裁，多免流配。若遇赦，則不復奏裁。即作鬬殺情理，減等流配。是遇赦反爲不幸。詔自今雖遇赦，亦令奏裁。帝在位二十五年，凡大赦二十六，曲赦十四，德音二十七。南渡已後，紹興歲至四赦，刑政紊而恩益濫矣。高宗登極，赦文不及河東北。右僕射李綱言：兩路勤王之師，爲朝廷堅守，而恩恤獨遺。後復有急，何以使人？帝嘉納之。是年六月，皇子生，大赦。詔特詳焉。建炎三年，韓世忠執苗傅、劉正彦，獻俘檻車幾百兩，先付大理獄。將盡尸諸市。大理少卿王衣奏曰：此曹在律當誅，顧其中婦女，有傭買及擄掠以從者。帝矍然曰：朕慮不及此，即詔：自傅、正彦妻子外，皆釋之。自祖宗已來，赦書節文，凡官典犯枉法贓者，皆在不原。而積久弊生，漸行弛縱。紹興二十五年，右正言凌哲言：陛下深念比年臣僚有緣誣告不測之罪，投竄遐裔，無路自明，迺因郊祀赦，曠然與之昭雪，或疏罪籍，或復原官，甚盛德也。至於姦贓狼籍，已經按治蹟狀顯著，人所共知者，亦復巧飾詞理，公肆誕謾，咸以違忤權臣爲辭，今陛下方開公正之路，小人乃欲啓僥幸之門，此正清議所不容也。又況此曹嗜利與性俱生，未易悛革，儻復齒仕途，益務掊克，其害將有甚於前日者。請特詔有司，應自今陳雪過名之人，並須檢會元犯事因，如係贓罪已經勘劾者，乞止依元斷條法施行。詔如所請。孝宗淳熙九年，大理卿王尚之言：近以民間詞訴官司，按劾多有連及赦前事者，復送有司根勘，如此則與不曾經赦何異，非所以示信也。詔應所犯在大赦前者，苟非惡逆以上，並不許推究。光宗紹熙二年，敕赦文與令甲牴牾者，飭省部逐一比照見行條法，務在從寬，毋引法以沮赦。五年九月，時寧宗已即位，尚書省契勘，一歲之間，三行赦放，恐有凶惡累犯之人，指恩作孽，內曾犯徒流罪，已經登極赦，恩免後再犯，以情理深重者，別聽朝廷指揮。其指揮與赦文同降，但以白紙連書於黃牒前，蓋前所未有也。開禧三年，平吳曦家屬應緣坐，其幼男女、妾特宥從遠徙。理宗每歲大暑，必臨軒慮囚，自謀殺、故殺、鬬殺，已殺人者，僞造符印、會子放火，官員犯入己贓，將校軍人犯枉法，自餘死罪情輕者，降從流，流降徒，徒從杖，杖以下釋放。大寒或祈晴雪，亦如之。有一歲凡數疏決者，後以建康爲先朝駐蹕之地，罪人亦得視臨安減降之法。淳祐三年，臣僚奏乞，今後疏決，先期降旨下臨安府三衙，應犯罪在指揮前，許引用恩赦。如指揮後有犯，雖已停決，不在原減之數。其合引赦人，不許於停決前，輕行斷遣，如或違戾，並從故出入人罪條制施行。詔令刑部詳度上尚書省。

（宋）周必大《玉堂雜記》卷下 禁中以鎖院為重。淳熙三年，慶壽赦。凡降麻官合加恩者，用辛巳明堂例免鎖院，宣制仍勿辭免。九月三日，中書進熟狀，魏王愷恩、平郡王璩永、陽郡王居廣並加食邑食實封，只乞降付院草制内夫人失於詳閲，宣鎖程直院是夜進草，明日告廷如式，又明日内批付，密院典字直筆吴慶，慶降充紫霞帔，不令供職，主管大内公事慶國淑懿夫人劉從信降兩字，夫人蓋懲其誤也。

（清）嵇璜《續文獻通考》卷一四〇《刑考・赦宥》 宋寧宗嘉定十七年閏八月，理宗即位，大赦。九月祀明堂大赦。寶慶三年十一月南郊大赦。紹定三年九月祀明堂大赦。四年正月帝請慈明殿行慶壽禮大赦。五年十月以星變大赦。十二月皇太后違豫大赦。六年九月祀明堂大赦。端平三年九月祀明堂大赦。嘉熙三年九月祀明堂大赦。四年二月大赦。淳祐二年九月祀明堂大赦。三年七月臣寮奏乞，今後疏決先期降旨，犯罪在指揮前許引用恩赦。如指揮後有犯，雖有停決，不在原減之數。其合引赦人，不許於停決前輕行斷遣。如或違戾，並從故出入人罪條制施行。令刑部詳度，上於尚書省。五年九月祀明堂大赦。八年九月祀明堂大赦。十一年九月祀明堂大赦。寶祐二年九月祀明堂大赦。五年九月祀明堂大赦。景定元年皇太子行册禮大赦。九月祀明堂大赦。五年十月帝有疾大赦。理宗大赦凡二十，別有德音。二京湘沔州軍縣鎮，以詔悔開邊責己。四川等州軍府縣鎮，以被兵及轉輸勞役。是月度宗即位大赦。咸淳五年祀明堂大赦。邱濬曰：赦之初設，爲眚災也。後世相承，不能復古。然曠蕩之恩，如雷雨之施，不時而作，使人莫可測知可也。宋人爲之常制，而有定時，則人可揣摩，以需其期，非獨刑法不足以致人懼，而赦令亦不足以致人感也。

（清）沈家本《歷代刑法考・赦五・宋》 《宋書・太祖紀》：建隆元年正月，大赦，改元。即位在上年。六月，大赦，減死罪。澤潞平。二年五月，以皇太后疾，赦雜犯死罪。乾德元年十一月，郊，大赦，改元。三年五月，大赦，減死罪一等。開寶元年十一月，郊，大赦。四年二月，大赦。廣南平。十一月，郊，大赦。九年正月，大赦，減死罪一等。四月，郊，大赦。

按：太祖在位十七年，大赦九，赦雜犯一，又曲赦六，別赦一。

《太宗紀》：開寶九年十月，即位，大赦，常赦所不原者咸除之。十二月，御乾元殿受朝，大赦，改元。太平興國三年十一月，郊，大赦。六年五月，降死罪囚，流以下釋之。十一月，郊，大赦。八年八月，以大水故釋死罪以下。雍熙元年十一月，郊，大赦。二年九月，以歲無兵凶，死罪減降，流以下釋之。三年九月，減兩京諸州繫囚流以下一等，杖罪釋之。端拱元年正月，耕籍，大赦，改元。二年八月，大赦。淳化二年五月，減兩京諸州繫囚流以下一等，杖罪釋之。十二月，慮囚，降徒流以下一等，釋杖罪。四年正月，郊，大赦。五年正月，慮囚，流罪以下釋之。四月，赦降死罪以下囚。九月，以襄王元侃爲開封尹，改封壽王，大赦。至道元年二月，以旱慮囚，減流罪以下。四月，遣使分決諸路刑獄，劫賊止誅首惡，降流罪以下一等。八月立壽王元侃爲皇太子，大赦。二年正月，祀圜丘，大赦。

按：太宗在位二十年，大赦十一，降釋十一，又曲赦十一，別赦一。

《真宗紀》：至道三年二月，即位，赦天下。常赦所不原者，咸除之。

按：此大赦也，疑奪大字。咸平元年正月，彗出。二月，慮囚，老幼疾病，流以下聽贖，杖以下釋之。二年閏月，以久不雨，詔天下繫囚非十惡、枉法及已殺人者，死以下減一等。十一月，郊，大赦。三年五月，詔天下死罪減一等，流以下釋之。四年正月，詔天下繫囚死罪已下減一等，杖罪釋之。五年十一月，郊，大赦。六年十一月，慮囚，雜犯死罪以下遞減一等，杖釋之。十二月，太后不豫，赦天下，死罪減一等，流以下釋之。景德元年正月，大赦，改元。二年正月，以契丹講和，大赦。十一月，郊，大赦。大中祥符元年正月，迎天書，大赦，改元。十月，封禪，大赦。四年二月，次河中府。祀后土地祇，大赦。五月，慮囚，死罪流徒降等，杖以下釋之。五年十月，延恩殿道場，帝瞻九天司命天尊降，大赦。七年二月，恭謝天地，大赦。十一月，玉清昭應宮成，詔減諸路繫囚罪流以下一等。八年正月，謁玉清昭應宮，赦。閏六月，赦。九年五月，詔天下繫囚死罪減等，流以下釋之。天禧元年，謝天地於南郊，大赦。二年四月，赦天下死罪減一等，流以下釋之。七月，以星變赦天下，流以下罪減等，左降官羈管十年以上者，放還京師。八月，立皇子昇王爲皇太子，大赦。三年七月，上尊號。八月，大赦。十一月，郊，大赦。四年九月，赦。五年正月，帝疾愈，詔天下死罪降，流以下釋之。五月，慮囚，降天下死罪。乾興元年正月，改元。二月，大赦。

按：真宗在位二十六年，大赦十六，赦一，贖釋一，降釋十二，又曲赦十九，別赦一。天書出而赦事多矣，王欽若之罪可勝誅哉？

《仁宗紀》：乾興元年二月，即位，大赦。五月，録繫囚，雜犯死罪遞降一等，杖以下釋之。天聖元年八月，德音，減天下囚罪一等，杖以下釋之。二年，郊，大赦。四年六月，京師水，降天下囚罪一等，徒以下釋之。五年十一月，郊，大赦。七年四月，赦。八年，郊，大赦。明道元年八月，大内火，延八殿，詔羣臣直言闕失，大赦。十一月，以修内成，謝天地於大安殿，謁太廟，大赦，改元。二年二月，耕籍，大赦。三月，以皇太后不豫，大赦。景祐元年八月，以星變，大赦。二年五月，降天下繫囚罪一等，杖以下釋之。十一月，郊，大赦。四年五月，皇子生，録繫囚，降死罪一等，流以下釋之。寶元元年十一月，郊，大赦，改元。康定元年三月，德音，降天下囚罪一等，徒以下釋之。大風，晝暝，黑氣見。慶曆元年，郊，大赦，改元。四年，降天下繫囚流、徒罪一等，杖、笞釋之。十一月，郊，大赦。五年三月，以曩霄稱臣，降繫囚罪一等，笞釋之。十月，祔章獻明肅皇后、章懿皇后神主於太廟，大赦。七年，郊，大赦。八年十二月，以霖雨爲災，頒德音，改明年元，減天下囚罪一等，徒以下釋之。皇祐二年九月，大饗明堂，大赦。五年，郊，大赦。《通考》作四年。至和元年三月，日當食四月朔，下德音，改元，減死罪一等，流以下釋之。嘉祐元年正月，不豫，赦。《通考》云大赦。九月，恭謝天地於大慶殿，大赦，改元。二年二月，録繫囚，降罪一等，徒以下釋之。八月，録繫囚，降罪一等，徒以下釋之。三年二月，録繫囚，降罪一等，徒以下釋之。四年四月，録繫囚，降罪一等，徒以下釋之。八月，大祫於太廟，大赦。五年五月，録繫囚，降罪一等，徒以下釋之。六年，録繫囚，降罪一等，徒以下釋之。五月，録繫囚，降罪一等，徒以下釋之。七年九月，大饗明堂，大赦。《通考》作二年。八年正月，帝不豫，下德音，減天下囚罪一等，徒以下釋之。

按：仁宗在位四十二年，大赦二十，赦二，《通考》云大赦二十二。德音十二，不言德音而是德音者十二，曲赦二十五，録囚十二，別赦一。《通考》曲赦五，德音十五，録囚五十八，當必有據。今録囚惟取《紀》言減釋者，餘姑不録。

《英宗紀》：嘉祐八年，嗣位，大赦。治平二年，郊，大赦。三年十一月，帝不豫，降天下囚死罪一等，流以下釋之。十二月，立潁王頊爲皇太子，大赦。四年正月，上尊號，降天下囚罪一等，徒以下釋之。

按：英宗在位四年，大赦三，德音三。《通考》云録囚七。

《神宗紀》：治平四年正月，即位，赦。熙寗元年正月，以旱減天下囚罪一等，杖以下釋之。德音。十一月，郊，大赦。二年十一月，減天下囚罪一等，杖以下釋之。德音。三年八月，以旱慮囚，死罪以下遞減一等，杖笞釋之。四年六月，大饗明堂，赦。六年三月，以四月朔日當食，降天下囚罪一等，流以下釋之。十一月，中太一宮成，減天下囚罪一等，流以下釋之。並德音。七年三月，慮囚，減死罪一等，杖以下釋之。七年十一月，郊，赦。八年五月，慮囚，降死罪一等，杖以下釋之。十月，彗出，赦。《通考》云大赦。九年六月，慮囚，降死罪一等，杖以下釋之。十年三月，慮囚，降死罪一等，杖以下釋之。十一月，郊，赦。元豐元年三月，慮囚，降死罪一等，杖以下釋之。十二月，録囚，降死罪一等，杖以下釋之。二年十月，太皇太后疾，減天下囚罪一等，流以下釋之。德音。三年九月，大饗明堂，赦。五年三月，以日當食，赦降死罪一等，流以下原之。德音。十一月，景靈宮成，以奉安神御赦。六年十一月，郊，赦。七年五月，慮囚，降死罪一等，杖以下釋之。八年正月，帝不豫，赦。《通考》云大赦。三月，立延安郡王傭爲皇太子，赦。《通考》云大赦。

按：神宗在位十九年，赦十一，其一言大。然即位之赦，《紀》云：赦天下常赦所不原者，實大赦。《通考》云大赦十一，當得其實。《本紀》殆史之省文歟？《通考》云德音八，其一以皇子生，當即《本紀》二年三月之事。《通考》云曲赦十一，《紀》所書者十三。詳曲赦。《通考》云熙河獨再，而《紀》惟見其一。《通考》云親録在京繫囚凡十五，及諸路者及西京者二，兹録八，又京畿一。詳曲赦。《通考》所言當有據，今無以證之。又别赦四。

《哲宗紀》：元豐八年三月，即位，大赦。元祐元年九月，大享明堂，赦。三年二月，德音，減囚罪一等，徒以下釋之。八月，降繫囚罪一等，杖以下釋之。四年八月，大享明堂，赦。五年二月，減天下囚罪，杖以下釋之。六年九月，上清儲祥宮成，減天下囚罪一等，杖以下釋之。七年，郊，赦。《通考》云大赦。八年八月，以太皇太后疾，赦。紹聖二年九月，大享明堂，赦。四年九月，以星變，赦。元符元年五月，御大慶殿，受天授傳國受命寶。段義獻。班德音，減囚罪一等，徒以下釋之。十一月，郊，赦。二年八月，皇太子生，降德音，減囚罪一等，流以下釋之。三年正月，奉安太宗皇帝御容於景靈宮，大赦。

按：哲宗在位十五年，大赦二，赦七，德音三，不言德音而是德音者七，曲赦二，録囚一。《通考》云大赦八，德音九。西邊進築，《紀》云曲赦，而《通考》云德音，是二者亦難區别矣。

《徽宗紀》：元符三年正月，即位，赦。《通考》云大赦。四月，長子亶生，大赦。七月，皇太后還政，減天下囚罪一等，流以下釋之。德音。十二月，皇太后不豫，降德音於諸路，減囚罪一等，流以下釋之。建中靖國元年三月，以日當食，降天下囚罪一等，流以下釋之。德音。十一月，郊，赦。崇甯二年四月，以初謁景靈宮，赦。《通考》云大赦。三年十一月，郊，赦。四年九月，赦。五年正月，以星變，赦。毁《元祐黨人碑》，除黨人一切之禁。大觀元年正月，赦。《通考》云大赦。九月，享明堂，赦。二年正月，受八寶於大慶殿，赦。四年五月，以彗見，赦。《通考》云大赦。十一月，郊，赦，改明年元。政和元年七月，以疾愈，赦。二年十月，得玉圭於民間。十一月，受元圭於大慶殿，赦。《通考》云大赦。三年十月，郊，大赦。四年十二月，以禁中神御殿成，減天下囚罪一等。德音。五年二月，立定王桓爲皇太子，赦。六年九月，上玉皇上帝徽號，赦。《通考》云大赦。十一月，郊，赦。七年五月，祭地於方澤，降德音於諸路。九月，大享明堂，赦。重和元年正月，受定命寶於大慶殿，赦。《通考》云大赦。九月，以歲當戊、月當壬爲元命，降德音於天下。十一月，改元，大赦。宣和元年八月，以神霄宮成，降德音於天下。十一月，郊，赦。二年五月，祭方澤，降德音於諸路。三年二月，赦。《通考》云討方臘，大赦。四年十一月，郊，赦。六年，以復燕雲，赦。《通考》云大赦。七年十一月，郊，赦。

按：徽宗在位二十五年，大赦三，赦二十三，德音十三，不言德音而是德音者九，曲赦十八，又别赦一。《通考》及《宋志》並云大赦二十六，曲赦十四。德音則《通考》二十七，《志》三十七，又各不同。

《欽宗紀》：和七年十二月，即位，赦大逆、反叛以下罪。《通考》云大赦。靖康元年二月，金人退師，赦。

按：欽宗在位二年，赦二。即位赦及反叛，實大赦也。曲赦一。《通考》云大赦二，德音一。

《高宗紀》：建炎元年五月，即位，改元，大赦。張邦昌及應干供奉金國之人，一切不問。六月，子旉生，大赦。二年十一月，郊，大赦。三年二月，降德音，赦雜犯死罪以下囚，放還士大夫被竄斥者，惟李綱罪在不赦，更不放還。蓋用黄潛善計，罪綱以謝金人。《通考》云上如杭州，大赦。三月，苗傅、劉正彦等叛，迫帝遜位，大赦。四月，帝復位，大赦。十一月，詔降雜犯死罪，釋流以下囚。四年二月，以金兵退，肆赦。《通考》云大赦。紹興元年正月，改元，釋流以下囚。九月，大享明堂，大赦。二年九月，以彗出，大赦。四年九月，大享明堂，大赦。七年正月，聞上皇及甯德皇后崩。帝成服，下詔降徒囚，釋杖以下。九月，大享明堂，大赦。九年正月，以金國通和，大赦。十年九月，大享明堂，大赦。十二年九月，大赦。和議成。十三年十一月，郊，大赦。十五年四月，以彗出，大赦。十六年十一月，郊，大赦。十九年十一月，郊，大赦。二十二年十一月，郊，大赦。二十五年十一月，郊，大赦。二十八年十一月，郊，大赦。二十九年九月，以皇太后不豫，大赦。三十一年九月，大享明堂，大赦。

按：高宗在位三十六年，大赦二十一，德音一，肆赦一，降釋二。

《孝宗紀》：紹興三十二年六月，即位，大赦。乾道元年正月，郊，大赦，改元。八月，立子愭爲皇太子，大赦。三年七月，以皇太子疾，減雜犯死罪囚，釋流以下。十一月，郊，大赦。六年十一月，郊，大赦。七年二月，立子惇爲皇太子，大赦。九年十一月，郊，大赦。淳熙二年十二月，朝德壽宮，行慶壽禮，大赦。三年十一月，大赦。六年九月，大享明堂，大赦。九年九月，大享明堂，大赦。十年十二月，朝德壽宮，行太上皇后慶壽禮。推恩如太上皇故事。按：是年《本紀》不言赦，《圖書集成・祥刑典》列于《赦宥部》內，以既言：推恩如太上皇故事，必有赦也。《通考》云：十年，行太上皇帝慶壽禮，赦。其言赦則是，其言帝則非，或傳寫之譌。十三年，詣德壽宮，行慶壽禮。《紀》不言太上皇帝皇后，蓋兼有之。《通考》云：行太上皇后慶壽禮，尤誤。十二年十一月，郊，大赦。十三年正月，率羣臣詣德壽宮，行慶壽禮，大赦。十四年十月，以太上皇不豫，赦。十五年九月，大享明堂，大赦。

按：孝宗在位二十七年，大赦十四，赦一，減釋二，又曲赦七。

《光宗紀》：淳熙十六年二月，即位，大赦。紹熙元年三月，以久雨，釋杖以下。二年十一月，郊，不成禮，肆赦。五年五月，以壽皇聖帝疾，赦。

按：光宗在位五年，大赦一，肆赦一，赦一，又曲赦三。

《甯宗紀》：紹熙五年七月，即位，大赦。九月，大享明堂，大赦。慶元三年十月，以太皇太后違豫，赦。《通考》云：以冬雷，赦。似誤。十一月，郊，大赦。五年八月，以過宮上壽禮成，詔減諸路流囚，釋杖以下。六年正月，子坦生。二月，減諸路雜犯死罪囚，釋徒以下。六月，以太上皇后違豫，赦。八月，以太上皇違豫，赦。九月，大享明堂，大赦。嘉泰元年五月，以旱，釋諸路杖以下囚。二年七月，以旱，釋諸路杖以下囚。三年十一月，郊，大赦。開禧二年九月，祀明堂，大赦。三年五月，以太皇太后謝氏有疾，赦。十一月，以立皇太子，大赦。嘉定二年九月，祀明堂，大赦。五年十一月，郊，大赦。八年四月，減臨安及諸路雜犯死罪以下囚，釋杖以下。九月，祀明堂，大赦。十年七月，以旱，釋諸路杖以下囚。十一年九月，祀明堂，大赦。十四年九月，祀明堂，大赦。十五年正月，以受寶，大赦。十七年八月，帝不豫，赦。《本紀》不載，見《通考》。

按：甯宗在位三十年，大赦十三，赦五，減釋六。

《理宗紀》：嘉定十七年，嗣位，大赦。九月，祀明堂，大赦。寶慶二年，郊，大赦。紹定三年，祀明堂，大赦。四年正月，皇太后年七十有五，上詣慈明殿行慶壽禮，大赦。五年十月，以星變，大赦。十二月，皇太后不豫，大赦。六年，祀明堂，大赦。端平三年，祀明堂，大赦。嘉熙三年，祀明堂，大赦。四年二月，大赦。星變。十二月，詔繫囚情理輕者釋之。淳祐二年，祀明堂，大赦。五年，祀明堂，大赦。八年，祀明堂，大赦。十一年，祀明堂，大赦。寶祐二年，祀明堂，大赦。五年，祀明堂，大赦。景定元年七月，册皇太子，大赦。九月，祀明堂，大赦。四年，祀明堂，大赦。五年十月，帝有疾，大赦。

按：理宗在位四十年，大赦二十一，曲赦三，其他降釋，《紀》皆不書，大約元代修史時《本紀》不出於一人之手，故體例各不同也。

《度宗紀》：景定五年十月，即位，大赦。咸淳三年正月，郊，大赦。五年，祀明堂，大赦。八年，明堂禮成，祀景靈宮，肆赦。

按：度宗在位十年，大赦三，肆赦一。

《帝㬎紀》：德祐元年，祀明堂，赦。

按：帝㬎在位二年，赦一，又曲赦一。

《端宗紀》：德祐二年五月，立於福州，郊，赦。

按：端宗流離海上，所謂赦者亦空有其名而已。

（清）嵇璜等《續通典》卷一一七《刑・赦宥》　遼太祖五年，皇弟埒克、達喇、伊德實、安圖謀反。安圖妻訥默庫知之，以告得實。帝不忍誅，乃與諸弟登山刑牲告天地爲誓，而赦其罪。出埒克爲德呼勒部額爾奇木，封訥默庫爲晋國夫人。八年于古凌部人塔勒滿執逆黨布呼雅爾堅等十七人來獻，帝親鞫之，辭多連宗室，及有脅從者。乃杖殺首惡布呼，餘並原釋。裕悦實魯之子華格屢蓄姦謀，帝每優容之，而反覆不悛。召父老羣臣正其罪。所鞫逆黨三百餘人，獄既具，帝以人命至重，死不復生，賜宴一日，隨其平生之好，使爲之酒酣或歌或舞或戲射角觝各極其意，明日乃以輕重論刑。首惡埒克，次達喇，帝猶弟之不忍，寘法杖而釋之。以伊德實、安圖性本庸弱，爲埒克所使，伊德實妻尼嚕古脅從，安圖妻訥默庫嘗有忠告，並免。天贊三年二月，徇幽薊地，詔改元，赦軍前殊死已下罪囚。自後平渤海，始即位，凡兩肆大赦焉。會同已後大赦、曲赦之典，不可枚舉。大約嗣位改元、上尊號、皇子生及舉柴册、再生之禮，則行。太宗初，邊將奏破吐谷渾，擒其長，詔止除首惡，餘並赦。世宗時，耶律吼有定策功，加采訪使益以寶貨，辭曰：臣位已高，敢復求富臣。從弟達魯諸子，坐事籍没。陛下哀而赦之。臣受賜多矣。帝曰：吼舍重賞，而請赦族人賢矣，從之。趙王喜隱應曆中謀反事覺，帝臨問有狀，以親釋之，未幾，復反下獄。景宗即位，聞有赦，自脱其械，而朝。帝怒曰：汝罪人，何得擅離禁所。詔誅守者，復寘于獄，及改元保寧，乃宥其罪。道宗在位歲久，又性溺浮屠，故赦特煩數。然終遼之世，如天禄時之以公主額伯哩自死獄中，重熙時之以樞密使蕭孝忠薨，開泰寺鑄銀佛像成，皆曲行赦令，尤爲不經，蓋無取焉。

（清）嵇璜《續文獻通考》卷一四〇《刑考・赦宥》　遼太祖神册元年二月上尊號，建元，大赦。天顯元年二月，以渤海平，改元大赦。太祖大赦凡二。又赦殊死以下二，一渤海國内，一天贊二年軍前。二年十一月，太宗即位，上尊號大赦。會同元年十一月，上尊號，改元，大赦。大同元年正月建國號大遼，改元大赦。太宗大赦凡三，又曲赦繫囚一，以在涼陘觀市。世宗天禄元年九月，即位大赦。三年正月肆赦。穆宗應歷十一年六月赦。穆宗赦一，又曲赦一，釋囚二，俱以生日。又曲赦京畿囚一。景宗保寧元年二月，即位，改元，大赦。乾亨元年十一月改元赦。四年九月聖宗即位，十月始臨朝，上尊號大赦。統和元年六月，以上尊號大赦。二十四年以上尊號大赦。二十七年十二月以皇太后不豫，肆赦。開泰元年十月，以上尊號，改元大赦。六年九月以皇太子生大赦。太平元年十一月，以上尊號大赦。聖宗大赦凡七。又曲赦二，一以觀市赦中繫囚，一以至上京，赦畿内囚。十一月六月興宗即位，改元大赦。重熙元年十一月，以上尊號，改元大赦。四年十月行柴册禮於白嶺，大赦。八年十一月以皇太后行再生禮，大赦。按禮志再生儀，凡十有二，成一舉。行於禁門北，除地置室。皇帝詣室三過歧木之下，而卧於其旁，羣臣進襁褓、綵絡等物，若初生時，然皇帝起拜先帝諸御容。遂宴羣臣。蓋遼祖蘇爾威汗制此禮以發嗣君孝思，而其後皇太后亦行之也。九年三月以應聖節大赦。十年十月以皇子生肆赦。十一年十一月以上尊號大赦。十六年四月以皇太后疾愈肆赦。二十年十二月以皇太后行再生禮肆赦。二十三年十一月以上皇太后尊號大赦。二十四年八月帝不豫大赦。興宗大赦凡十一。又曲赦凡六：一以幸南京，赦析津府境内囚。一以聖宗在時生辰。一以應聖節並赦徒以下。一以開泰寺鑄銀佛像赦在京囚，再以皇太弟重元生子赦死罪以下。一赦行在及長春鎮北二州徒罪以下。又德音凡四：一以樞密使蕭孝忠薨。一以應聖節。一以皇太后疾愈。一以燕趙國王洪基疾愈。又釋役徒凡二：一臨潢府。一役徒限年者。

臣等謹按：史稱興宗好名又溺浮屠，法務行小恵，數降赦宥，以故釋死囚及犯罪應加而特赦其罪者甚衆。

道宗清寧元年八月，即位改元大赦。二年十一月上尊號大赦。四年三月肆赦。十一月受大册禮大赦。咸雍元年正月，以上尊號改元大赦。八年十二月以坤寧節大赦。十年十二月以明年改元大赦。太康二年三月，以皇太后崩大赦。大安五年十一月，燕國王延禧生子大赦。九年十月燕國王延禧生子赦。道宗大赦凡十。又曲赦凡五：一以應聖節赦百里内囚。一以太皇太后不豫赦行在五百里内囚。一以皇太后行再生禮赦西京囚。一以爲燕國王延禧行再生禮赦上京囚。一赦三百里内囚。又赦凡六：一以聖臣宗在時生辰赦上京囚。一以南京地震赦其境内。一以行再生禮。一以明年改元並赦雜犯死罪以下。又德音凡二：一以皇太子行再生禮。一以明年改元。又曲赦役徒凡五：一西京。一春州赦。一泰州。一奉聖州。一中京蔚州。又曲赦南京徒罪以下囚。乾統元年正月，天祚帝即位，二月改元大赦。三年十一月上尊號大赦。六年十一月行柴册禮大赦。保大元年正月改元大赦。天祚帝大赦凡四。

（清）沈家本《歷代刑法考・赦五・遼》《太祖紀》：神册元年二

月，上尊號，大赦，建元。天顯元年二月，祭天地，大赦，改元。

按：太祖在位先九年，及建元後十一年，大赦二，又曲赦三。

《太宗紀》：天顯二年十一月，即位，大赦。不改元。會同元年十一月，上尊號，大赦，改元。大同元年，建國號大遼，大赦，改元。

按：太宗在位二十一年，大赦三，又曲赦一，别赦一。

《世宗紀》：大同元年四月，即位。九月，大赦，改元。天禄。三年正月，肆赦。蕭翰伏誅。

按：世宗在位三年，大赦一，肆赦一。

《穆宗紀》：應曆十一年二月，蕭恩言老人星見，乞行赦宥。六月，赦。

按：穆宗在位十八年，赦一，又曲赦四。

《景宗紀》：應歷十九年二月，即位，大赦，改元。保甯。乾亨元年十一月冬至，赦，改元。

按：景宗在位十三年，大赦一，赦一。

《聖宗紀》：乾亨四年九月，即位。十月，大赦。統和元年六月，上尊號，大赦，改元。十二年八月，録囚，雜犯死罪以下釋之。二十四年十月，上尊號，大赦。二十七年十二月，皇太后不豫，肆赦。開泰元年十月，上尊號，大赦，改元。六年九月，以皇子生，大赦。太平元年十一月，上尊號，大赦，改元。

按：聖宗在位四十九年，大赦六，肆赦一，録囚一，又曲赦一。

《興宗紀》：太平十一年六月，即位，大赦，改元景福。重熙元年十一月，上尊號，大赦，改元。四年十一月，行柴册禮，大赦。七年十二月，録囚，非故殺者減科。八年十一月，皇太后行再生禮，大赦。九年三月，以應聖節，大赦。十年十月，以皇子生，肆赦。十一年十一月，册皇后，大赦。十二年七月，北院樞密使蕭孝忠薨，特釋繫囚。十五年三月，以應聖節，減死罪釋徒以下。十六年四月，肆赦。十二月，以太后愈，雜犯死罪減一等論，徒以下免。十七年七月，録囚，減雜犯死罪。十八年三月，赦雜犯死罪以下。燕趙國王洪基疾愈。二十年十二月，以皇太后行再生禮，肆赦。二十三年十一月，上尊號，大赦。二十四年八月，疾大漸，大赦。

按：興宗在位二十五年，大赦八，肆赦三，德音五，曲赦六，録囚二，釋徒二，别赦一。《續通考》曰：史稱興宗好名又溺浮屠法，務行小惠，數降赦宥，以故釋死囚，及犯罪應加而特赦其罪者甚衆。

《道宗紀》：重熙二十四年，即位，改元清甯，大赦。二年十一月，上尊號，大赦。四年三月，肆赦。十一月，受大册禮，大赦。咸雍元年正月，上尊號，改元，大赦。三年十二月，行再生禮，赦死罪以下。五年十二月，行皇太子再生禮，減諸路徒以下罪一等。德音。六年十二月，以坤甯節，赦徒罪以下。八年十二月，以坤甯節，大赦。十年十二月，改明年爲太康，大赦。太康二年三月，皇太后崩，大赦。五年十二月，行再生禮，赦雜犯死罪以下。九年六月，詔諸路檢括脱户，罪至死者，原之。十一月，進封梁王延禧爲燕國王，大赦。十年十二月，改明年爲大安，赦雜犯死罪以下。大安五年十一月，燕國王延禧生子，大赦。九年十月，燕國王延禧生子，肆赦。十年十二月，詔改明年元，減雜犯死罪以下。德音。

按：道宗在位四十六年，大赦九，肆赦二，赦七，又曲赦六，赦徒五。

《天祚紀》：壽隆七年正月，即位，改元乾統，大赦。三年十一月，上尊號，大赦。六年，行柴册禮，大赦。保大元年正月，改元，肆赦。

按：天祚在位二十四年，大赦三，肆赦一。

北遼耶律淳福建元年，大赦。

《金史》卷三六《禮志》 大定七年正月十一日，上尊册禮畢。十四日，應天門頒赦。十一年制同。前期，宣徽院使率其屬，陳設應天門之内外，設御座於應天門上，又設更御衣御幄於大安殿門外稍東，南向。閤門使設捧制書箱案於御座之左。少府監設鷄竿於樓下之左，竿上置大盤，盤中置金鷄，鷄口銜絳幡，幡上金書大赦天下四字，卷而銜之。盤四面近邊安四大鐵環，盤底四面近邊懸四大朱索，以備四伎人攀緣。又設捧制書木鶴仙人一，以紅繩貫之，引以轆轤，置於御前欄干上。又設承鶴畫臺於樓下正中，臺以弩手四人對舉。大樂署設宫縣於樓下，又設鼓一於宫縣之左稍北，東向。兵部立黄麾仗於門外。刑部、御史臺、大興府以囚徒集於左仗外。御史臺、閤門司設文武百官位於樓下，東西相向。又設典儀位於門下稍東，西向。宣徽院設承受制書案於畫臺之前。又設皇太子侍立褥位於門下稍東，西向。又設皇太子致賀褥位於百官班前。又設協律郎位於樓上前楹稍東，西向。尙書省委所司設宣制書位於百官班之北稍東，西向。司天臺設鷄唱生於東闕樓之上。尙衣局備皇帝常服，如常日視朝之服。尙輦設輦於更衣御幄之前。

躬謝禮畢，皇帝乘金輅入應天門，至幄次前，侍中俛伏，跪奏：請降輅入幄。俛伏，興。皇帝降輅入幄，簾降。少頃，侍中奏：中嚴。又少頃，俟典贊儀引皇太子至門下侍立位，通事舍人引羣官就門下分班相向立，侍中奏：外辦。皇帝服常朝服，尙輦進輦。侍中奏：請升輦，傘扇侍衛如常儀，由左翔龍門踏道升應天門，至御座東，侍中奏請降輦升座，宮縣樂作。所司索扇，五十柄。扇合，皇帝臨軒即御座，樓下鳴鞭，簾捲扇開，執御傘者張於軒前以障日，樂止。東上閤門使捧制書置於箱，閤門舍人二員從，以俟引繩降木鶴仙人。通事舍人引文武羣官合班北向立，宮縣樂作。凡分班、合班則樂作，立定即止。典儀曰：再拜。在位官皆再拜，訖，分班相向立。侍中詣御座前承旨，退，稍前南向，宣曰：奉敕樹金雞。通事舍人於門下稍前東向，宣曰：奉敕樹金雞。退復位。

金雞初立，大樂署擊鼓，樹訖鼓止。竿木伎人四人，緣繩争上竿，取鷄所銜絳幡，展示訖，三呼萬歲。通事舍人引文武羣官合班北向立。樓上乘鶴仙人捧制書，循繩而下至晝臺，閤使奉承置於案。閤門舍人四員舉案，又二員對捧制書，閤使引至班前，西向稱有制，典儀曰：拜。在位官皆再拜，訖，以制書授尙書省長官，稍前，搢笏，跪受，訖，以付右司官，右司官搢笏，跪受，訖，長官出笏，俛伏，興，退復位。右司官捧制書詣宣制位，都事對捧，右司官宣讀，至咸赦除之，所司帥獄吏引罪人詣班南，北向，躬稱脫枷，訖，三呼萬歲，以罪人過。右司官宣制訖，西向，以制書授刑部官。跪受訖，以制書加於笏上，退以付其屬，歸本班。典儀曰：拜。在位官皆再拜，舞蹈，又再拜。

典贊儀引皇太子至班前褥位立定，典儀曰：拜。皇太子以下羣官皆再拜。典儀引皇太子稍前，俛伏，跪致詞，俛伏，興，典儀曰：再拜。皇太子以下羣官皆再拜，搢笏，舞蹈，又再拜。侍中於御座前承旨退，臨軒宣曰有制。典儀曰：再拜。皇太子以下羣官皆再拜，侍中宣答，宣訖歸侍位，典儀曰：再拜。皇太子以下羣官皆再拜，搢笏，舞蹈，又再拜，訖，典贊儀引皇太子至門下褥位，通事舍人引羣官分班相向立。侍中詣御座前，俛伏，跪奏：禮畢。俛伏，興，退復位。所司索扇，宮縣樂作，扇合，簾降，皇帝降座，樂止。樓下鳴鞭，皇帝乘輦還內，傘扇侍衛如常儀。侍中奏：解嚴。通事舍人承敕，羣臣各還次，將士各還本所。

臣下拜赦詔儀。宣赦日，於應天門外設香案，及設香輿於案前，又於東側設卓子，自皇太子宰臣以下序班定。閤門官於箱内捧赦書出門置於案。閤門官案東立，南向稱有敕，贊皇太子宰臣百僚再拜，皇太子少前上香，訖，復位，皆再拜。閤門官取赦書授尙書省都事，都事跪受，及尙書省令史二人齊捧，同昇於卓子讀，在位官皆跪聽，讀訖，赦書置於案，都事復位。皇太子宰臣百僚以下再拜，搢笏，舞蹈，執笏，俛伏，興，再拜。拱衛直以下三稱萬歲，訖，退。其降諸書，禮亦準此，惟不稱萬歲。

其外郡，尙書省差官送赦書到京府節鎮，先遣人報，長官即率僚屬吏從，備旗幟音樂彩輿香輿，詣五里外迎。見送赦書官，即於道側下馬，所差官亦下馬，取赦書置彩輿中，長官詣香輿前上香，訖，所差官上馬，在香輿後，長官以下皆上馬後從，鳴鉦鼓作樂導至公廳，從正門入，所差官下馬。執事者先設案並望闕褥位於庭中，香輿置於案之前，又設所差官褥位在案之側，又設卓子於案之東南。所差官取赦書置於案，彩輿退。所差官稱：有敕。長官以下皆再拜。長官少前上香，訖，退復位，又再拜。所差官取赦書授都目，都目跪受，及孔目官二員，三人齊捧赦書，同高几上宣讀，在位官皆跪聽。讀訖，都目等復位。長官以下再拜，舞蹈，俛伏，興，再拜。公吏以下三稱萬歲。禮畢。明日，長官率僚屬，音樂送至郭外。

（清）嵇璜等《續文獻通考》卷一四〇《刑考·赦宥》　金太祖天輔七年二月在赦。時先曲赦平州，以遼平州節度使時立愛降故也。太宗天會元年九月即位，改元大赦中外。十年十月以天清節大赦。十四年正月，熙宗即位，十二月詔明年改元大赦。皇統元年正月受尊號，改元大赦。二年二月以皇子生，赦中外。五年十二月赦。九年五月以天變肆赦。十月大赦。熙宗大赦凡六。又曲赦一。以太白經天赦畿内。十二年海陵篡立，改元大赦。貞元四年二月改元大赦。世宗大定元年十月即位，改元大赦。十一年十一月有事於圜丘，大赦。次年尙書省言：內邱令富察臺布自科部內錢，立德政碑，復有餘錢二百餘貫，罪當除名。今遇赦，當叙仍免徵贓。上以貪僞勿敘。且曰乞取之錢，若以赦原予者，何事自今可並退還其主。惟應入官者，免徵。十九年十一月以改葬昭德皇后大赦。二十七年以皇太孫受册赦。二十八年十二月上不豫赦天下。世宗大赦凡五。又曲赦凡二：一行次東京赦百里内徒以下，一赦會寧府。又德音一，以安撫山東。二十九年五月章宗即位，以世宗祔廟禮成大赦。明昌四年八月大赦。承安元年十一月，有事於南郊，改元大赦。泰和三年五月，以定律令，正士德、鳳凰來、皇嗣建大赦。時亳州醫者孫士明，擅用黃紙大書勅賜神針先生等十二字，紙尾年月摹作寶樣，朱篆青龍二字，以誑市人。有司捕治款伏，值赦，大理寺議宜准僞造御寶，雖會赦，不應原。參知政事賈鉉奏：天子八寶，其文各異，若僞造，不限用泥及黃蠟。今用筆描成青龍二字，既非八寶文，論以僞造御寶，非本注意。上悟，遂以赦原。章宗大赦凡四。又曲赦一，以如冰井赦西北路。又赦凡二：一以山東路災，一唐、鄧、潁、蔡、宿、泗六州，一鳳成西和階山五州。又德音凡四：一以河北山東旱，一以羣臣累上尊號不受，一以皇子生，一以邊事定。衛紹王大安元年正月改元，大赦。三月道陵禮成大赦。崇慶元年正月改元，赦。衛紹王大赦凡三。又曲赦凡二：一以大旱赦西京太原兩路，一西京遼東北京。宣宗貞祐元年九月即位，改元大赦。二年三月赦國内。四月赦國内。三年八月大赦。四年十月祔享禮成赦。興定元年九月改元赦國内。二年十一月大赦。六年六月大赦。八月以彗星見改元大赦。元光二年二月大赦。宣宗大赦凡十。又曲赦凡十：一赦彰德府境内，一以南遷，一中都路再山東路山遼東路，一招撫北京作亂者，一中都河北等路，一河東南北路，一陝西路以地震，一山東西路，一東平府以伐宋，一河南路以旱災。又德音一，以京畿不雨。十二月哀宗即位詔赦中外。正大元年四月宣宗祔廟大赦中外。八年四月赦。九年正月改元肆赦。四月又改元肆赦。哀宗大赦五。又赦六。再以旱，一以夏全降赦諸路從宋及淮楚官夫軍民，一赦陝西東西路，一赦河朔，一以入歸德赦在府囚。又曲赦一，蔡州管内雜犯以下。

（清）沈家本《歷代刑法考・赦五・金》　《太祖紀》天輔七年二月，大赦。

按：太祖在位十一年，建元九年，大赦一，又曲赦二。

《太宗紀》：天輔七年九月，即位，大赦，改元天會。十年十月，天清節，大赦。

按：太宗在位十三年，大赦二。

《熙宗紀》：天會十三年正月，即位。未改元。十五年十二月，改明年爲天眷元年，大赦。皇統元年正月，上尊號，大赦，改元。二年，以皇子生，赦中外。五年十二月，赦。九年五月，以天變，肆赦。十月，大赦。

按：熙宗在位十四年，大赦三，肆赦一，赦二，又曲赦一。

《海陵庶人紀》：皇統九年十二月，簒位，大赦，改元天德。正隆元年二月，改元，大赦。

按：海陵在位十二年，大赦二，又曲赦一。

《世宗紀》：大定元年，即位，改元，大赦。二年十月，葬睿宗皇帝於景陵，大赦。七年正月，受尊號，大赦。十一年十一月，郊，大赦。十九年十一月，改葬昭德皇后，大赦。二十七年三月，皇太孫受册，赦。二十八年十二月，上不豫，赦天下。

按：世宗在位二十九年，大赦五，赦二，又曲赦二。

《章宗紀》：大定二十九年五月，以祔廟禮成，大赦。明昌四年五月，羣臣上尊號，不受，詔諭中外，徒罪以下遞降一等，杖以下原之。德音。八月，百僚再請上尊號，不許，大赦。承安元年十一月，郊，大赦，改元。二年五月，皇子生，詔中外，降死罪，釋徒以下。德音。泰和三年五月，以定律令、正士德、鳳皇來、皇嗣建，大赦。

按：章宗在位二十年，大赦四，德音二，又曲赦四。

《衛紹王紀》：大安元年正月，改元，大赦。三月，道陵禮成，大赦。崇慶元年，改元，赦。

按：衛紹王在位五年，大赦二，赦一，又曲赦二。

《宣宗紀》：至甯元年九月，改元貞祐，大赦。二年三月，赦國内。四月，以大元允和議，大赦國内。三年八月，大赦。四年十月，祔享禮成，赦。興定元年九月，改元，赦。二年十二月，大赦。元光元年六月，大赦。八月，以彗星見，改元，大赦。二年二月，大赦。

按：宣宗在位十一年，大赦七，赦三，又曲赦十六。

《哀宗紀》：元光二年十二月，即位，大赦。正大元年四月，宣宗祔廟，大赦。二年五月，以旱甚責己，避正殿，減常膳，赦罪。五年六月，以旱，赦雜犯死罪以下。八年四月，赦。天興元年正月，肆赦，改元開興。四月，肆赦，改元天興。

按：哀宗在位十四年，大赦二，肆赦二，赦二，又曲赦四，別赦一。

（清）沈家本《歷代刑法考・赦五・元》　《太宗紀》：十三年二月，帝有疾，詔赦天下囚徒。

按：太宗在位十三年，赦一。

《憲宗紀》：二年十二月，大赦。

按：憲宗在位九年，大赦一。

《世祖紀》：中統元年五月，以阿里不哥反，詔赦天下。至元元年八月，以改元，大赦。六年七月，遣官審理諸〔路〕冤滯，正犯死罪明白者，各正典刑，其雜犯死罪以下量斷遣之。十年五月，詔：天下獄囚，除殺人者待報，其餘一概疏放，限以八月内自至大都，如期而至者皆赦之。十月，有司斷死罪五十人，詔加覆審，其十三人因鬭毆殺人，免死充軍，餘令再三覆審以聞。十三年九月，以平宋，赦。二十一年，上尊號，赦。二十二年正月，遣官諸路慮囚，罪輕者釋之。十二月，敕減天下罪囚。二十四年二月，幸上都。札魯忽赤合刺合孫等言：去歲審囚官所録囚數，南京、濟南兩路應死者已一百九十人，若總核諸路，爲數必多。宜留札魯忽赤數人分道行刑。帝曰：囚非羣羊，豈可遽殺耶！宜悉配隷淘金。二十五年正月，大赦。二十七年九月，赦。二十八年十二月，詔釋天下囚非殺人抵罪者。二十九年二月，遣使分行諸路，釋死罪以下輕囚。十月，詔擇囚徒罪輕者釋之。三十年十月，赦。

按：世祖在位三十五年，大赦，赦五，釋死罪一，釋非殺人者二，録囚三，釋輕囚三，減一，又別赦三。

《成宗紀》：至元三十一年四月，即位，大赦。大德元年二月，改元，赦。四年十一月，詔頒寬令，徒罪各減一半，杖罪以下釋之。德音。六年三月，以旱、溢爲災，赦。八年正月，以災異故，詔天下恤民隱，省刑罰。雜犯之罪，當杖者減輕，當笞者並免。私鹽徒役者減一年。德音。九年二月，赦。六月，立皇太子。諸處罪囚淹繫五年以上，除惡逆外，疑不能決者釋之。流竄遠方之人，量移内地。十年七月，釋諸路囚，常赦所不原者不與。

按：成宗在位十三年，大赦一，赦二，德音二，釋囚十一，曲赦一，赦徒一。

《武宗紀》：大德十一年五月，即位，大赦。十二月，以明年改元，赦。《本紀》不言赦罪人，此據《續通考》。至大二年二月，以受尊號，大赦。十月，以饑疫旱蝗相仍，大赦。此二赦《本紀》無，見《續通考》。三年十月，以皇太后授尊號，赦。四年正月，帝不豫，大赦。

按：武宗在位五年，大赦四，赦二，曲赦一。

《仁宗紀》：至大四年三月，即位，大赦。皇慶元年十月，赦。延祐元年正月，改元，釋天下流以下罪囚。二年十月，以星變，赦。五年五月，遣官分道減決笞以下罪。

按：仁宗在位十年，大赦一，赦二，德音一，録囚一，釋囚六。

《英宗紀》：延祐七年三月，即位，赦。十二月，以明年改元，赦。《本紀》無，見《續通考》。

按：英宗在位三年，赦二，又曲赦一，釋囚二。《泰定帝紀》至治三年八月，即位，大赦。泰定元年十月，釋笞四十七以下囚及輕重流人。二年閏月，赦。三年十一月，赦。地震。四年閏月，以災變，赦。致和元年二月，改元，詔疑獄繫囚三年不決者咸釋之。

按：泰定帝在位五年，大赦一，赦三，釋囚四，又曲赦一。

《文宗紀》：致和元年九月，即位，大赦，改元天曆。十二月，赦。二年八月，復即位，大赦。至順元年十二月，郊，大赦。三年六月，以月魯帖木兒等罪詔告中外，赦。

按：文宗在位五年，大赦三，赦二，又曲赦一，釋囚二。又《紀》云，至順二年八月，以星變，令羣臣議赦。而不言何時赦，或未行也。

《寧宗紀》：至順三年十月，即位，大赦。未及改元。

按：甯宗在位未及一年，大赦一。

《順帝紀》：至順四年六月，即位，赦。元統二年八月，赦。以星變。至元元年七月，誅荅里及刺刺等，赦。九月，赦。十一月，星文示儆，改元至元，赦。四年正月，地震，赦。至正三年十月，郊，大赦。六年閏月，赦。十年四月，赦。十二年正月，河復故道，大赦。十三年六月，立皇太子，大赦。十五年十二月，以天下兵起，下詔罪己，大赦。十七年二月，以征河南大捷，赦。二十一年正月，赦。二十三年三月，大赦。二十五年七月，孛羅帖木兒伏誅，召皇太子還宮。大赦。二十七年十月，赦。

按：順帝在位三十六年，大赦六，赦十一，釋囚三，又曲赦四。

（清）沈家本《歷代刑法考・赦五・明》 《太祖紀》：洪武元年八月，赦殊死以下。克元都。八年二月，宥雜犯死罪以下及官犯私罪，謫鳳陽輸作屯種贖罪。十三年五月甲午，雷震謹身殿。乙未，大赦。十四年三月，大赦。十五年正月，減大辟囚。十七年正月，大赦。二十三年十二月，令殊死以下輸粟北邊自贖。二十五年正月，令死囚輸粟塞下。

按：太祖在位三十一年，大赦三，赦一，減一，贖三，又曲赦一，別赦二。

《惠帝紀》：洪武三十一年閏五月，即位，大赦。十二月，釋黥軍及囚徒還鄉里。

按：惠帝在位四年，大赦一，釋一。

《成祖紀》：永樂元年五月，宥死罪以下遞減一等。四年十二月，赦天下殊死以下。五年六月，詔自永樂二年六月後犯罪去宫者悉宥之。《本紀》無，見《續通考》。八月，録囚，雜犯死罪減等論戍，流以下釋之。十一年十月，命皇太子録囚。《明志》：録南京囚贖雜犯死罪以下。十二年八月辛丑朔，至北京，御奉先殿受朝賀。《續通考》：十一年，御北京新殿，大赦。按《本紀》事在十二年，一乃二之譌，惟《本紀》不言大赦。十五年三月，雜犯死罪以下囚，輸作北京贖罪。十九年正月，大赦。兩京宫殿成，有詔，見《明大政記》。

按：成祖在位二十二年，大赦二，赦一，録囚二，減釋二，贖一，又曲赦三。

《仁宗紀》：永樂二十二年八月，即位，大赦。

按：仁宗在位一年，大赦一，又別赦二。

《宣宗紀》：洪熙元年六月，即位，大赦。宣德元年正月，赦死罪以下運糧宣府自贖。十二月，録囚，宥免三千餘人。二年，以皇長子生，大赦。八年二月，録囚，宥免五千餘人。

按：宣宗在位十年，大赦二，贖一，録囚二，又曲赦一，別赦一。

《英宗前紀》：宣德十年正月，即位，大赦。二月，上兩宫尊號，赦。見《明大政記》。正統四年三月，赦。六年十一月，詔定都北京，大赦。見《明大政記》。八年五月，大赦。十一年十一月，減殊死以下罪。十四年六月，赦。南京宫殿災。

按：英宗先在位十四年，大赦二，赦三，減一，又曲赦一。

《景帝紀》：正統十四年九月，即位，大赦。十二月，尊皇太后爲上聖皇太后，尊母賢妃爲皇太后，立妃汪氏爲皇后，大赦。景泰元年八月，上皇歸，赦。三年五月，立皇子見濟爲皇太子，太子母杭氏爲皇后，大赦。

按：景帝在位八年，大赦三，赦一。

《英宗後紀》：天順元年正月，復位，赦。七月，大赦。《明大政記》云：承天門災，上下詔責躬。五年七月，大赦。曹吉祥等伏誅。

按：英宗復位後在位八年，大赦二，赦一。

《憲宗紀》：天順八年正月，即位，大赦。成化六年八月，以水旱相仍，下詔寬卹。《續通考》：除真犯死罪不宥，軍徒以上降等發落，杖以下悉寬宥。七年十一月，立皇子祐極爲皇太子，大赦。旋薨。十一年十一月，立皇子祐樘爲皇太子，大赦。二十年五月，再録囚，減死罪以下。二十一年正月，星變，赦。

按：憲宗在位二十三年，大赦三，赦一，録囚一，又曲赦一。

《孝宗紀》：成化二十三年九月，即位，大赦。弘治五年三月，立皇子厚照爲皇太子，大赦。十一年十二月，以清寧宫災，赦。

按：孝宗在位十八年，大赦二，赦一。

《武宗紀》：弘治十八年五月，即位，大赦。八月，尊皇太后爲太皇太后，皇后爲皇太后。《續通考》：詔徒流以下罪悉宥之。正德五年四月，赦。安化王反。六年四月，審囚，凡矜疑閱實者奏聞，從末減釋之。《本紀》不載，見《明大政記》。

按：武宗在位十六年，大赦一，赦一，審囚一。

《世宗紀》：正德十六年四月，即位，大赦。嘉靖三年四月，追尊興獻帝，大赦。九年十一月，郊，大赦。十二年八月，皇子生，赦。十五年十一月，皇長子生，赦。十七年十一月，郊，赦。十八年二月，立皇太子，赦。三月，謁顯陵，赦。二十四年七月，有事於太廟，赦徒罪以下。

按：世宗在位四十五年，大赦三，赦五，徒以下一。明代郊赦，惟世宗行之。

《穆宗紀》：嘉靖四十五年十二月，即位，大赦。隆慶二年三月，立皇太子，赦。

按：穆宗在位六年，大赦二。

《神宗紀》：隆慶六年六月，即位，赦。萬曆十年九月，皇太子生，赦。二十五年七月，赦。二十九年十月，立皇太子，赦。三十三年，皇長孫生，赦。四十一年三月，慈聖皇太后崩。四月，以皇太后遺命，赦。

按：神宗在位四十八年，赦六。明列帝即位，皆書大赦，獨神宗、熹宗不言大，其史文之駁歟？

《光宗紀》：萬曆四十八年八月，即位，大赦。

按：光宗在位一月，大赦一。

《熹宗紀》：萬曆四十八年九月，即位，赦。天啓三年閏月，皇子生，赦。五年十月，皇子生，赦。

按：熹宗在位七年，赦三。

《莊烈帝紀》：天啓七年八月，即位，大赦。崇禎二年，皇長子慈烺生，赦。三年三月，立皇太子，大赦。

按：莊烈帝在位十七年，大赦二，赦一。

《明太宗寶訓》卷五《恤刑》〔永樂元年十二月丁丑〕錦衣衛臣奏：福建送至亂寇若干人，法當棄市。上曰：朕嘗許以不殺，今殺之是不信。不信則後來者之路塞矣。俱宥之。謫戍邊。錦衣衛臣復奏：寇有婦女一人，本擄掠得之，今已爲妻，合當俱發邊。上曰：本吾良民，不幸爲寇所掠，可釋歸原籍。

（明）余繼登《典故紀聞》卷九　宣宗因與侍臣論刑法，曰：漢文帝除肉刑，唐太宗《觀明堂針灸圖》，禁鞭背，皆後世仁政。文帝培植漢之國脉，太宗肇啓唐祚，享國長久，有以哉。

《明史》卷五六《禮志》　凡頒命四方，有詔書，有赦書，有敕符、丹符，有制諭、手詔。詔赦，先於闕廷宣讀，然後頒行。敕符等，則使者齎付所授官，秘不敢發。開讀迎接，儀各不同。

洪武二十六年定頒詔儀，設御座於奉天殿，設寶案於殿東，陳中和韶樂於殿内，設大樂於午門及承天門外，設宣讀案於承天門上，西南向。清晨，校尉擎雲蓋於殿内簾前，百官朝服班承天門外，公侯班午門外，東西向。皇帝皮弁服，升殿如儀。禮部官捧詔書詣案前，用寶訖，置雲蓋中。校尉擎雲蓋，由殿東門出。大樂作，自東陛降，由奉天門至金水橋南午門外。樂作，公侯前導，迎至承天門上。鳴贊唱排班，文武官就位，樂作。四拜，樂止。宣讀展讀官升案，稱有制，衆官跪。禮部官捧詔書，授宣讀官。宣訖，禮部官捧置雲蓋中。贊禮唱俯伏興，樂作。四拜，樂止。舞蹈山呼，又四拜。儀禮司奏禮畢，駕興。禮部官捧詔書分授使者，百官退。

嘉靖六年續定，鴻臚官設詔案，錦衣衛設雲蓋盤於奉天殿内東，別設雲盤於承天門上，設彩輿於午門外，鴻臚官設宣讀案於承天門上。百官入丹墀侍立，帝冕服升座，如朝儀。翰林院官捧詔書從，至御座前東立。百官入班，四拜，出至承天門外。贊頒詔，翰林院官捧詔書授禮部官，捧至雲盤案上。校尉擎雲蓋，俱從殿左門出，至午門外，捧詔置綵輿内。公侯伯三品以上官前導，迎至承天門上，宣讀贊拜，俱如上儀。禮部官捧詔書授錦衣衛官，置雲匣中，以彩索繫之龍竿，頒降。禮部官捧置龍亭内，鼓樂迎至禮部，授使者頒行。隆慶六年，詔出至皇極門，即奏禮畢，駕還。

迎接詔赦儀洪武中定。凡遣使開讀詔赦，本處官具龍亭儀仗鼓樂，出郭迎。使者下馬，奉詔書置龍亭中，南向，本處官朝服行五拜禮。衆官及鼓樂前導，使者上馬隨龍亭後，至公廨門。衆官先入，文武東西序立，候龍亭至，排班四拜。使者捧詔授展讀官，展讀官跪授，詣開讀案。宣讀訖，捧詔授朝使，仍置龍亭中。衆官四拜，舞蹈山呼，復四拜畢。班首詣龍亭前，跪問皇躬萬福，使者鞠躬答曰：聖躬萬福。衆官退，易服見使者，並行兩拜禮。復具鼓樂送詔於官亭。如有出使官在，則先守臣行禮。

《明清史料》戊編《刑部為内閣抄出奉上諭一道移會二月十六日生擒逆匪林爽文》　刑部爲欽奉等事，福建司案呈内閣抄出，奉上諭一道，相應抄單移會稽察房可也。須至移會者，計粘單一紙，右移會稽察房。乾隆五十三年二月日。

乾隆五十三年二月初四日，奉上諭：臺灣逆匪林爽文等，糾衆滋事一案，現已生擒逆首，尅期蕆功。此事自常青接辦後，株守郡城已及半載，朕料此事必非常青所〔非〕〔能〕辦理完結，是以預令福康安前赴熱河面綬〔授〕方略，速往臺灣督辦，並先機籌畫調撥四川屯練及湖南貴州官兵六千，陸續進發。福康安于未到鹿汙港之前，各省官兵已先後雲集。福康安等統領渡洋，奮勇進勦，用能破賊解圍，所向克捷。旬月之間掃穴擒渠，辦理迅速。福康安調度有方，用心周密，真能不負任使，全朕用人顔面。朕心深爲嘉許，是以叠沛殊恩，酬庸懋奬，惟福康安于覆奏恒瑞一事，有心祖〔獲〕〔護〕親戚，節經降旨嚴飭。恒瑞前經常青派令帶兵，授令應〔疑誤〕嘉義縣城，並不能打通道路，攻透賊圍。惟駐兵鹽水港，遷延觀望，轉藉口賊多兵少，張大其詞，奏稱必須添兵六七萬方可集事。彼時朕洞燭機宜，以其言必不可信，若明發諭旨，必致搖惑軍心，是以祇將恒瑞嚴行申飭。並諭令福康安不可爲其言所惑，速渡鹿汙港，直前進勦。現在福康安等攻破賊巢，擒拿逆首，所用官兵，止係屯練及黔楚官兵數千，即迅速集事，又何常需用多兵？設如恒瑞所言，必須添調六七萬，則隣近省分官兵俱經派調，若再于他省徵發，不獨遠近騆騷，且行走配渡需時。目下尚不能全數到彼，伊等在彼守候，日事因循或致臺灣全郡竟爲林爽文所陷，尚復成何事體。且當賊匪肆抗之時，恒瑞爲此張皇失措之語，緑營弁兵，素爲恇怯，倘爲其言所惑，必致衆心摇動，關係不小。若律以搖惑軍心之罪，即當照律正法。豈可復留軍營，是以屢經降旨將恒瑞革去將軍，令其來京候旨。乃福康安節次奏報之摺，尚曲爲庇護，將恒瑞聯寫銜名，又屢次聲叙恒瑞帶兵打仗，以見其出力，爲卸過邀功地步。已明降諭旨將福康安嚴飭，計彼時自當早已接奉，乃福康安昨日奏到生擒逆首摺内，當將恒瑞露名，非有心袒護親戚而何？恒瑞妄言惑聽之罪，若在他人，必應按律即行正法。特念伊係宗室又年少未嘗更事，姑援議親之條，稍爲寬宥。恒瑞到京訊明，就即着發往伊犁效力贖罪。至福康安袒護恒瑞一事，其咎甚重，若非有生擒逆首功績，必將伊從重治罪。今既將林爽文生獲，自當録其功而寛其罪。此乃朕權衡輕重賞功宥過必明必公之意。福康安當倍加儆省益〔失〕〔矢〕公慎，勿謂此等伎倆可屢于朕前嘗試也。

（清）西清《黑龍江外紀》卷五　流人遇赦，如慶更生。遇有部檄行查，由幕府逐名册報，此依例奉行按籍可稽之事，往往輕率遺漏。至翻閲累日經時，而猶有向隅者。過雖無心，孽實不小，司事者其加慎諸。

大赦部

論說

(元)方回《續古今攷》卷二二《赦天下殊死以下》 又下令曰：兵不得休八年，萬民與苦甚。今天下事畢，其赦天下殊死以下。韋昭曰：殊死，斬刑也。師古曰：殊，絶也，異也，言其身首離絶而異處也。紫陽方氏曰：二年六月，立孝惠為太子，《史記》書：大赦罪人，《漢紀》書：立太子，赦罪人。此赦《史記》不書，其曰：兵不得休八年，萬民與苦甚。不以得天下為誇，不急於即皇帝位而發此語，辭簡意惻。後世下一赦，多為儷語，不近人情，曷不法此。八年者，秦二世元年壬辰秋七月，陳勝起蕲，二年癸巳，三年甲午九月，二世弑子嬰，立四十六日秦亡。高祖元年乙未、丙申、丁酉、戊戌、己亥五年十二月誅項羽，凡八年也。此高祖第二赦也。其先書曰：大赦罪人。境内而已，今書赦天下，文法自不同而又知古不數赦。凡赦非常之恩也。

(清)沈家本《歷代刑法考·赦二·踐阼》 《漢書·高后紀》：惠帝崩，太子立爲皇帝，年幼，太后臨朝稱制，大赦天下。

按：高祖於五年十二月破楚，春正月，以天下事畢，赦天下。迨二月甲午，即皇帝位，不復赦。惠帝於十二年四月甲辰，高祖崩，丁未發喪，大赦天下。五月丙寅，惠帝即位，不復赦。是漢初尚無踐阼赦也。此太子即位，少帝也，史不著其名。班《紀》書赦于即位稱制之下，其爲踐阼之赦歟？抑爲稱制之赦歟？《史記》書赦于即位之前，似此赦非踐阼之赦。迨四年，少帝廢，恒山王弘爲皇帝，不改元，不赦。

(清)沈家本《歷代刑法考·赦二·踐阼》 《孝文紀》：詔曰：制詔丞相、太尉、御史大夫：間者諸吕用事擅權，謀爲大逆，欲危劉氏宗廟，賴將相列侯宗室大臣誅之，皆伏其辜。朕初即位，其赦天下。

按：此踐阼之赦也。文帝自代來，故赦以安人心，踐阼赦當始此。迨文帝於後七年六月崩，景帝即位，未赦，其元年四月之赦距即位之日已遠。武帝於景帝後元三年正月即位，建元元年二月赦天下，其相去亦遠。惠帝、景帝並於葬後即位，武帝於景帝崩日即位，昭帝於次日即位，其踐阼之日亦不同。

(清)杜貴墀《漢律輯證》卷一 赦。《初學記》二十：《漢舊儀》云，踐阼改元立皇后太子赦天下，每赦自殊死以下及謀反大逆不道諸不當赦者，皆赦除之。命下丞相御史乘傳駕行郡國解囚徒，布詔書郡國各分遣史傳廏車馬行屬縣解囚徒。

(清)杜貴墀《漢律輯證》卷一 母子兄弟相代死，赦所代者。《後書·陳寵傳》，按范曄論云，開父子兄弟得相代死，斯大謬矣，是則不善人多幸，而善人常代其禍，進退無所據也。

(宋)司馬光《資治通鑑》魏邵陵厲公正始七年秋九月 〔蜀〕漢大赦，大司農河南孟光於衆中責費禕曰：夫赦者，偏枯之物，非明世所宜有也，衰敝窮極，必不得已，然後乃可權而行之耳。今主上仁賢，百僚稱職，何有旦夕之急，而數施非常之恩，以惠姦宄之惡乎。禕但顧謝踧踖而已。初，丞相亮時有言公惜赦者，亮答曰：治世以大德，不以小惠，故匡衡吳漢不願為赦。先帝亦言吾周旋陳元方、鄭康成間，每見啓告治亂之道悉矣，曾不語赦也。若劉景升季玉父子歲歲赦宥，何益於治。由是蜀人稱亮之賢，知禕不及焉。陳壽評曰：諸葛亮為政，軍旅數興而赦不妄下，不亦卓乎。

(唐)顔師古《匡謬正俗》卷八 殊死。或問曰：每見赦書，或云殊死以下，或云死罪以下。為有異否，何謂殊死？董勛答曰：殊，異也。死，有異死者，大逆，族誅，梟首，斬腰。《易》有焚如之刑也。漢高帝初興之際，死罪已下，是為異死者，不赦也。世祖始起赦殊死以下，是謂異死者，皆赦也。按：稱殊死、絶死，謂斬刑也。《春秋傳》曰：斷其木而不殊。班書《韓延壽傳》云：門下掾自剄，人救不殊。殊者，訓絶而死，有斬絞，故或云殊死或云死，但云死者，絞縊刑也，云殊死者，身首分離，死内之重也。非取殊異為名。又漢高帝五年，赦天下殊死已下。何言不赦乎，漢令云：蠻夷有罪當殊之。而應劭釋云：殊之者，死也，義與誅同。此説亦未盡。

（唐）王方慶《魏鄭公諫録》卷四《對刑法寬猛》 太宗御太極殿，大赦，因謂侍臣曰：為君極難。法若急，恐濫及善人；法若寬，則不肅姦宄。寬猛之間，若為折衷？公對曰：自古為政者，因時設教。若人情似急，則濟之以寬；如有寬慢，則糾之以猛。時既不常，所以法令無定。

（清）沈家本《歷代刑法考・赦八・赦例二》 〔貞觀〕九年三月，詔大辟罪已下皆赦除之，其常赦不免者不在赦例。

按：常赦不免，《唐律》有其文，《疏議》雖成于永徽之時，而律文先定，或即用開皇原文。貞觀赦書多有常赦不免者不在赦限之語，其赦例尚嚴也。中葉以後，其例漸寬矣。

（清）沈家本《歷代刑法考・赦九・赦例三》 後唐莊宗同光元年四月制，除大辟罪已下，罪無輕重，已發覺未發覺、已結正未結正，咸赦除之。唯犯十惡、五逆、火光行劫、持刃殺人、官典犯贓、屠牛、鑄錢、合造毒藥，不在原赦之限。

按：持刃殺人，《唐律》以故殺論，即赦例之故殺人也。屠牛、鑄錢二項則舊例所無。《唐律》盜牛殺者，徒二年半，罪名尚輕。後唐同光元年敕，凡軍人百姓將牛、驢及馬宰殺貨賣，處斬訖奏。獨創峻法，并列諸赦款中矣。

二年二月制，大辟罪已下所犯，罪無輕重，已發覺未發覺、已結正見禁囚徒常赦所不原者，咸赦除之。十惡、五逆、屠牛、鑄錢、故意殺人、合造毒藥、持仗行劫、官典犯贓，不在此限。

按：既云常赦不原者咸赦而又提出十惡、五逆等不赦，又一例也。《容齋隨筆》謂此制得其中，當亂離之朝，乃能如此，亦可取也。然屠牛實當時之峻法，列諸赦款，究爲過重，未見其得中矣。

（宋）司馬光《傳家集》卷二六《章奏九・論赦劄子嘉祐七年十月二十七日上》 臣伏見國家每下赦書，輒云敢以赦前事言者，以其罪罪之，誠欲恩澤下究，而號令必信也。比見臣僚多以私意偏見，奏赦前事乞不原赦，或更特行編配，重於不經赦之人，朝廷皆從其請。若其人情理巨蠹，必不可赦者，則國家當於約束勑及赦文内明白言之。若所坐不至甚重，而特不赦，是恩澤有所不均，而同罪之人有幸有不幸也。且今劫盜殺人不死，及雜犯死罪，猶赦之，而微罪不赦，是則罪之輕重，不繫於人主不刊之法令，而決於人臣一人之私意也。況使經赦之人，仍就編配，得罪重於不經赦者，尤無謂也。夫赦者，誠非致治之道，然朝廷若能永無赦令，使有罪者必刑，則人知恐懼，莫敢犯矣。今既數下赦令，而使大罪得免，小罪被刑，經赦者其罰重，不經赦者其罰輕，臧否糾紛，使百姓何所取信哉！臣愚欲望陛下，自今犯罪之人，情理巨蠹，必不可赦者，乞於豫降約束勑内明白言之，其餘並從赦文處分，其有指赦作過情狀顯然，不因臣僚奏請，陛下聖意特不原免者，止宜依法施行，亦不可使重於赦前之罪，應昨赦前犯罪，不至編配，而赦後特編配者，並乞放令逐便，庶使恩澤均一，號令明信。

（明）佚名《新纂四六合律判語》卷下《刑律・赦前斷罪不當》 明王以好生爲德，雖施坦蕩之仁；賢官以守法爲經，當職公平之義。每藉言於肆赦，遽無意於明刑。今某濫擬斷於章前，弗諦詳於令後。宜輕而重，曾無亟正於輕刑。宜重而輕，罔解終歸於重典。見筆端之蠅集，輒棄明條。聞天上之鷄鳴，便蠲巨罪。《海中日占》曰：天鷄星動，當有赦。帝王以爲候。唐放赦日，植金鷄竿。徒免三驅之用，真成五罰之疑。縱云出文雉於湯羅，獨不念君子無辜之禍。況復脱横鱗於任釣，任釣公車六鰲。何以彰大君癉惡之威。請服常刑，庶嚴後戒。

（明）佚名《新纂四六合律判語》卷下《刑律・聞有恩赦而故犯》 明王肆赦，雖開遷善之門；君子懷刑，且由爲惡之轍。蓋上以好生爲德，而下以守法爲經。今某不畏傷弓，惟思漏網。問鷄明於子夜，故爲吞餌之謀。聽鵲報於青山，自作離羅之計。《詩》：雉離於羅。稔要於貫索刑星也。之見，改行於驛馬之流。弗思李白謫夜郎，方望金鷄之赦。縱使張成善風角，亦罹破柱張朔弟張成爲縣，倚兄勢，凌虐百姓。李膺甚有威望，逮捕之，匿於兄家夾壁中。李膺至朔家，破柱得之，罪置於法。之刑。真覬覦於救焚，遂爾褰裳於就火。蓋庶幾於拯溺，無嫌攘袂以馮河。難從末減之科，用示巨姦之戒。

綜述

《漢書》卷一《高帝紀》〔五年春正月，下令〕又曰：兵不得休八年，萬民與苦甚，今天下事畢，其赦天下殊死以下。

《漢書》卷一《高帝紀》〔六年十二月〕詔曰：天下既安，豪桀有功者封侯，新立，未能盡圖其功。身居軍九年，或未習法令，或以其故犯法，大者死刑，吾甚憐之。其赦天下。田肯賀上曰：甚善，陛下得韓信，又治秦中。秦，形勝之國也，帶河阻山，縣隔千里，持戟百萬，秦得百二焉。地勢便利，其以下兵於諸侯，譬猶居高屋之上建瓴水也。夫齊，東有琅邪、即墨之饒，南有泰山之固，西有濁河之限，北有勃海之利，地方二千里，持戟百萬，縣隔千里之外，齊得十二焉，此東西秦也。非親子弟，莫可使王齊者。上曰：善。賜金五百斤。上還至雒陽，赦韓信，封爲淮陰侯。

《漢書》卷五《文帝紀》〔前元元年〕春正月，詔曰：間者歲比不登，民多乏食，夭絶天年，朕甚痛之。郡國或磽狹，無所農桑毄畜；或地饒廣，薦草莽，水泉利，而不得徙。其議民欲徙寬大地者，聽之。夏四月，赦天下，賜民爵一級。

《漢書》卷四《文帝紀》〔高后八年閏八月，代王即位〕下詔曰：制詔丞相、太尉、御史大夫：間者諸吕用事擅權，謀爲大逆，欲危劉氏宗廟，賴將相列侯宗室大臣誅之，皆伏其辜。朕初即位，其赦天下，賜民爵一級，女子百户牛酒，酺五日。

《漢書》卷六《武帝紀》〔元朔元年〕春三月甲子，立皇后衛氏。詔曰：朕聞天地不變，不成施化；陰陽不變，物不暢茂。《易》曰：通其變，使民不倦。《詩》云：九變復貫，知言之選。朕嘉唐虞而樂殷周，據舊以鑒新。其赦天下，與民更始。諸逋貸及辭訟在孝景後三年以前，皆勿聽治。

《漢書》卷六《武帝紀》〔元朔〕三年春，罷蒼海郡。三月，詔曰：夫刑罰所以防姦也，內長文所以見愛也；以百姓之未洽于教化，朕嘉與士大夫日新厥業，祗而不解。其赦天下。

《漢書》卷六《武帝紀》〔元封二年〕六月，詔曰：甘泉宫內中産芝，九莖連葉。上帝博臨，不異下房，賜朕弘休。其赦天下，賜雲陽都百户牛酒。作《芝房之歌》。

《漢書》卷六《武帝紀》〔元封〕五年冬，行南巡狩，至于盛唐，望祀虞舜于九嶷。登灊天柱山，自尋陽浮江，親射蛟江中，獲之。舳艫千里，薄樅陽而出，作《盛唐樅陽之歌》。遂北至琅邪，並海，所過禮祠其名山大川。春三月，還至泰山，增封。甲子，祠高祖于明堂，以配上帝，因朝諸侯王列侯，受郡國計。夏四月，詔曰：朕巡荆揚，輯江淮物，會大海氣，以合泰山。上天見象，增修封禪。其赦天下。所幸縣毋出今年租賦，賜鰥寡孤獨帛，貧窮者粟。還幸甘泉，郊泰畤。

《漢書》卷六《武帝紀》〔後元元年〕二月，詔曰：朕郊見上帝，巡于北邊，見羣鶴留止，以不羅罔，靡所獲獻。薦于泰畤，光景並見。其赦天下。

《漢書》卷七《昭帝紀》〔元鳳〕六年春正月，募郡國徒築遼東玄菟城。夏，赦天下。詔曰：夫穀賤傷農，今三輔、太常穀減賤，其令以叔粟當今年賦。

《漢書》卷八《宣帝紀》〔本始四年〕夏四月壬寅，郡國四十九地震，或山崩水出。詔曰：蓋災異者，天地之戒也。朕承洪業，奉宗廟，託于士民之上，未能和羣生。乃者地震北海、琅邪，壞祖宗廟，朕甚懼焉。丞相、御史其與列侯、中二千石博問經學之士，有以應變，輔朕之不逮，毋有所諱。令三輔、太常、內郡國舉賢良方正各一人。律令有可蠲除以安百姓，條奏。被地震壞敗甚者，勿收租賦。大赦天下。上以宗廟墮，素服，避正殿五日。

《漢書》卷八《宣帝紀》〔元康〕二年春正月，詔曰：《書》云：文王作罰，刑兹無赦。今吏修身奉法，未有能稱朕意，朕甚愍焉。其赦天下，與士大夫厲精更始。

《漢書》卷八《宣帝紀》〔神爵〕二年春二月，詔曰：乃者正月乙丑，鳳皇甘露降集京師，羣鳥從以萬數。朕之不德，屢獲天福，祗事不怠，其赦天下。

《漢書》卷八《宣帝紀》〔神爵〕四年春二月，詔曰：乃者鳳皇甘露降集京師，嘉瑞並見。修興泰一、五帝、后土之祠，祈爲百姓蒙祉福。鸞鳳萬舉，蜚覽翺翔，集止于旁。齋戒之暮，神光顯著。薦鬯之夕，神光交錯。或降于天，或登于地，或從四方來集于壇。上帝嘉嚮，海内承福。其赦天下，賜民爵一級，女子百户牛酒，鰥寡孤獨高年帛。

《漢書》卷八《宣帝紀》〔五鳳三年〕三月，行幸河東，祠后土。虚閭權渠單于請求和親，病死。右賢王屠耆堂代立。骨肉大臣立虚閭權渠單于子爲呼韓邪單于，擊殺屠耆堂。諸王並自立，分爲五單于，更相攻擊，死者以萬數，畜産大耗什八九，人民飢餓，相燔燒以求食，因大乖亂。單于閼氏子孫昆弟及呼遬累單于、名王、右伊秩訾、且渠、當户以下將衆五萬餘人來降歸義。單于稱臣，使弟奉珍朝賀正月，北邊晏然，靡有兵革之事。朕飭躬齊戒，郊上帝，祠后土，神光並見，或興于谷，燭燿齊宫，十有餘刻。甘露降，神爵集。已詔有司告祠上帝、宗廟。三月辛丑，鸞鳳又集長樂宫東闕中樹上，飛下止地，文章五色，留十餘刻，吏民並觀。朕之不敏，懼不能任，婁蒙嘉瑞，獲兹祉福。《書》不云乎？雖休勿休，祗事不怠。公卿大夫其勗焉。減天下口錢。赦殊死以下。賜民爵一級，女子百户牛酒。大酺五日。加賜鰥寡孤獨高年帛。

《漢書》卷八《宣帝紀》〔甘露〕二年春正月，立皇子囂為定陶王。詔曰：乃者鳳皇甘露降集，黄龍登興，醴泉滂流，枯槁榮茂，神光並見，咸受禎祥。其赦天下。減民算三十。賜諸侯王、丞相、將軍、列侯、中二千石金錢各有差。賜民爵一級，女子百户牛酒，鰥寡孤獨高年帛。

《漢書》卷九《元帝紀》〔初元二年三月〕詔曰：蓋聞賢聖在位，陰陽和，風雨時，日月光，星辰静，黎庶康寧，考終厥命。今朕恭承天地，託于公侯之上，明不能燭，德不能綏，災異並臻，連年不息。乃二月戊午，地震于隴西郡，毁落太上皇廟殿壁木飾，壞敗豲道縣城郭官寺及民室屋，壓殺人衆。山崩地裂，水泉涌出。天惟降災，震驚朕師。治有大虧，咎至於斯。夙夜兢兢，不通大變，深惟鬱悼，未知其序。間者歲數不登，元元困乏，不勝饑寒，以陷刑辟，朕甚閔之。郡國被地動災甚者無出租賦。赦天下。有可蠲除減省以便萬姓者，條奏，毋有所諱。丞相、御史、中二千石舉茂材異等直言極諫之士，朕將親覽焉。

《漢書》卷九《元帝紀》〔初元三年〕夏四月乙未晦，茂陵白鶴館災。詔曰：乃者火災降於孝武園館，朕戰慄恐懼。不燭變異，咎在朕躬。羣司又未肯極言朕過，以至於斯，將何以寤焉！百姓仍遭凶阨，無以相振，加以煩擾虖苛吏，拘牽乎微文，不得永終性命，朕甚閔焉。其赦天下。

《漢書》卷九《元帝紀》〔永光元年〕三月，詔曰：五帝三王任賢使能，以登至平，而今不治者，豈斯民異哉？咎在朕之不明，亡以知賢也。是故壬人在位，而吉士雍蔽。重以周秦之弊，民漸薄俗，去禮義，觸刑法，豈不哀哉！繇此觀之，元元何辜？其赦天下，令厲精自新，各務農畝。無田者皆假之，貸種、食如貧民。賜吏六百石以上爵五大夫，勤事吏二級，爲父後者民一級，女子百户牛酒，鰥寡孤獨高年帛。是月雨雪，隕霜傷麥稼，秋罷。

《漢書》卷九《元帝紀》〔永光〕二年春二月，詔曰：蓋聞唐虞象刑而民不犯，殷周法行而姦軌服。今朕獲承高祖之洪業，託位公侯之上，夙夜戰慄，永惟百姓之急，未嘗有忘焉。然而陰陽未調，三光晻昧。元元大困，流散道路，盗賊並興。有司又長殘賊，失牧民之術。是皆朕之不明，政有所虧。咎至於此，朕甚自恥。爲民父母，若是之薄，謂百姓何？其大赦天下，賜民爵一級，女子百户牛酒，鰥寡孤獨高年、三老、孝弟力田帛。又賜諸侯王、公主、列侯黄金，中二千石以下至中都官長吏各有差，吏六百石以上爵五大夫，勤事吏各二級。【略】

夏六月，詔曰：間者連年不收，四方咸困。元元之民，勞於耕耘，又亡成功，困於饑饉，亡以相救。朕爲民父母，德不能覆，而有其刑，甚自傷焉。其赦天下。

《漢書》卷九《元帝紀》〔永光〕四年春二月，詔曰：朕承至尊之重，不能燭理百姓，婁遭凶咎。加以邊境不安，師旅在外，賦斂轉輸，元元騷動，窮困亡聊，犯法抵罪。夫上失其道而繩下以深刑，朕甚痛之。其赦天下，所貸貧民勿收責。

《漢書》卷九《元帝紀》〔建昭〕五年春三月，詔曰：蓋聞明王之治國也，明好惡而定去就，崇敬讓而民興行，故法設而民不犯，令施而民從。今朕獲保宗廟，兢兢業業，匪敢解怠，德薄明晻，教化淺微。傳不云虖？百姓有過，在予一人。其赦天下，賜民爵一級，女子百户牛酒，三老、孝弟力田帛。又曰：方春農桑興，百姓（戮）〔勠〕力自盡之時也，故是月勞農勸民，無使後時。今不良之吏，覆案小罪，徵召證案，興不急之事，以妨百姓，使失一時之作，亡終歲之功，公卿其明察申敕之。

《漢書》卷一〇《成帝紀》〔成帝建始元年二月〕詔曰：乃者火災降於祖廟，有星孛于東方，始正而虧，咎孰大焉！《書》云：惟先假王正厥事。羣公孜孜，帥先百寮，輔朕不逮。崇寬大，長和睦，凡事恕己，毋行苛刻。其大赦天下，使得自新。

《漢書》卷一〇《成帝紀》〔河平元年〕夏四月己亥晦，日有蝕之，既。詔曰：朕獲保宗廟，戰戰栗栗，未能奉稱。傳曰：男教不修，陽事不得，則日爲之蝕。天著厥異，辜在朕躬。公卿大夫其勉悉心，以輔不逮。百寮各修其職，惇任仁人，退遠殘賊。陳朕過失，無有所諱。大赦天下。

《漢書》卷一〇《成帝紀》〔陽朔〕二年春，寒。詔曰：昔在帝堯立羲、和之官，命以四時之事，令不失其序。故《書》云黎民於蕃時雍，明以陰陽爲本也。今公卿大夫或不信陰陽，薄而小之，所奏請多違時政。傳以不知，周行天下，而欲望陰陽和調，豈不謬哉！其務順四時月令。三月，大赦天下。

《漢書》卷一〇《成帝紀》〔陽朔〕四年春正月，詔曰：夫《洪範》八政，以食爲首，斯誠家給刑錯之本也。先帝劭農，薄其租稅，寵其彊力，令與孝弟同科。間者，民彌惰怠，鄉本者少，趨末者衆，將何以矯之？方東作時，其令二千石勉勸農桑，出入阡陌，致勞來之。《書》不云乎？服田力嗇，乃亦有秋。其勗之哉！二月，赦天下。

《漢書》卷一一《哀帝紀》〔建平二年〕夏四月，詔曰：漢家之制，推親親以顯尊尊。定陶恭皇之號不宜復稱定陶。尊恭皇太后曰帝太太后，稱永信宮；恭皇后曰帝太后，稱中安宮。立恭皇廟于京師。赦天下徒。

《漢書》卷一一《哀帝紀》〔建平二年六月〕待詔夏賀良等言赤精子之讖，漢家曆運中衰，當再受命，宜改元易號。詔曰：漢興二百載，曆數開元。皇天降非材之佑，漢國再獲受命之符，朕之不德，曷敢不通！夫基事之元命，必與天下自新，其大赦天下。以建平二年爲太初元將元年。號曰陳聖劉太平皇帝。漏刻以百二十爲度。【略】八月，詔曰：待詔夏賀良等建言改元易號，增益漏刻，可以永安國家。朕過聽賀良等言，冀爲海内獲福，卒亡嘉應。皆違經背古，不合時宜。六月甲子制書，非赦令也，皆蠲除之。賀良等反道惑衆，下有司。皆伏辜。

《漢書》卷一一《哀帝紀》元壽元年春正月辛丑朔，日有蝕之。詔曰：朕獲保宗廟，不明不敏，宿夜憂勞，未皇寧息。惟陰陽不調，元元不贍，未睹厥咎。婁敕公卿，庶幾有望。至今有司執法，未得其中，或上暴虐，假勢獲名，溫良寬柔，陷於亡滅。是故殘賊彌長，和睦日衰，百姓愁怨，靡所錯躬。乃正月朔，日有蝕之，厥咎不遠，在余一人。公卿大夫其各悉心勉帥百寮，敦任仁人，黜遠殘賊，期於安民。陳朕之過失，無有所諱。其與將軍、列侯、中二千石舉賢良方正能直言者各一人。大赦天下。

《漢書》卷一二《平帝紀》帝年九歲，太皇太后臨朝，大司馬莽秉政，百官總己以聽於莽。詔曰：夫赦令者，將與天下更始，誠欲令百姓改行絜己，全其性命也。往者有司多舉奏赦前事，累增罪過，誅陷亡辜，殆非重信慎刑，灑心自新之意也。及選舉者，其歷職更事有名之士，則以為難保，廢而弗舉，甚謬於赦小過舉賢材之義。對諸有臧及內惡未發而薦舉者，皆勿案驗。令士厲精鄉進，不以小疵妨大材。自今以來，有司無得陳赦前事置奏上。有不如詔書為虧恩，以不道論。定著令，布告天下，使明知之。

《後漢書》卷一《光武帝紀》〔建武二年〕三月乙未，大赦天下，詔曰：頃獄多冤人，用刑深刻，朕甚愍之。孔子云：刑罰不中，則民無所措手足。其與中二千石、諸大夫、博士、議郎議省刑法。

《後漢書》卷一《光武帝紀》〔建武五年〕夏四月，旱，蝗。【略】五月丙子，詔曰：久旱傷麥，秋種未下，朕甚憂之。將殘吏未勝，獄多冤結，元元愁恨，感動天氣乎？其令中都官、三輔、郡、國出繫囚，罪非犯殊死一切勿案，見徒免爲庶人。務進柔良，退貪酷，各正厥事焉。

《後漢書》卷一《光武帝紀》〔建武七年三月〕癸亥晦，日有食之，避正殿，寢兵，不聽事五日。詔曰：吾德薄致災，譴見日月，戰慄恐懼，夫何言哉！今方念愆，庶消厥咎。其令有司各修職任，奉遵法度，惠茲元元。百僚各上封事，無有所諱。其上書者，不得言聖。夏四月壬午，詔曰：比陰陽錯謬，日月薄食。百姓有過，在予一人，大赦天下。

《後漢書》卷二《明帝紀》 中元二年二月戊戌，即皇帝位，年三十。尊皇后曰皇太后。三月丁卯，葬光武皇帝於原陵。有司奏上尊廟曰世祖。夏四月丙辰，詔曰：予末小子，奉承聖業，夙夜震畏，不敢荒寧。先帝受命中興，德侔帝王，協和萬邦，假於上下，懷柔百神，惠於鰥寡。朕承大運，繼體守文，不知稼穡之艱難，懼有廢失。聖恩遺戒，顧重天下，以元元爲首。公卿百僚，將何以輔朕不逮？其賜天下男子爵，人二級；三老、孝悌、力田人三級；爵過公乘，得移與子若同産、同産子；及流人無名數欲自占者人一級；鰥、寡、孤、獨、篤癃粟，人十斛。其施刑及郡國徒，在中元元年四月己卯赦前所犯而後捕繫者，悉免其刑。又邊人遭亂爲内郡人妻，在己卯赦前，一切遣還邊，恣其所樂。中二千石下至黄綬，貶秩贖論者，悉皆復秩還贖。

《後漢書》卷二《明帝紀》〔永平〕二年春正月辛未，宗祀光武皇帝於明堂，帝及公卿列侯始服冠冕、衣裳、玉佩、絇屨以行事。禮畢，登靈臺。使尚書令持節詔驃騎將軍、三公曰：今令月吉日，宗祀光武皇帝於明堂，以配五帝。禮備法物，樂和八音，詠祉福，舞功德，（其）班時令，敕羣后。事畢，升靈臺，望元氣，吹時律，觀物變。群僚藩輔，宗室子孫，衆郡奉計，百蠻貢職，烏桓、濊貊咸來助祭，單于侍子、骨都侯亦皆陪位。斯固聖祖功德之所致也。朕以闇陋，奉承大業，親執珪璧，恭祀天地。仰惟先帝受命中興，撥亂反正，以寧天下，封泰山，建明堂，立辟雍，起靈臺，恢弘大道，被之八極；而胤子無成康之質，羣臣無吕旦之謀，盥洗進爵，踧踖惟慙。素性頑鄙，臨事益懼，故君子坦蕩蕩，小人長戚戚。其令天下自殊死已下，謀反大逆，皆赦除之。百僚師尹，其勉修厥職，順行時令，敬若昊天，以綏兆人。

《後漢書》卷二《明帝紀》〔永平十年〕夏四月戊子，詔曰：昔歲五穀登衍，今茲蠶麥善收，其大赦天下。方盛夏長養之時，蕩滌宿惡，以報農功。百姓勉務桑稼，以備災害。吏敬厥職，無令愆墮。

《後漢書》卷二《明帝紀》〔永平〕十五年春二月庚子，東巡狩。辛丑，幸偃師，詔亡命自殊死以下贖：死罪縑四十匹，右趾至髡鉗城旦舂十匹，完城旦至司寇五匹；犯罪未發覺，詔書到日自告者，半入贖。徵沛王輔會睢陽。進幸彭城。癸亥，帝耕于下邳。三月，徵琅邪王京會良成，徵東平王蒼會陽都，又徵廣陵侯及其三弟會魯。祠東海恭王陵。還，幸孔子宅，祠仲尼及七十二弟子。親御講堂，命皇太子、諸王説經。又幸東平。辛卯，進幸大梁，至定陶，祠定陶恭王陵。夏四月庚子，車駕還宫。【略】乙巳，大赦天下，其謀反大逆及諸不應宥者，皆赦除之。

《後漢書》卷三《章帝紀》〔元和二年二月〕丙辰，東巡狩。己未，鳳皇集肥城。乙丑，帝耕於定陶。詔曰：三老，尊年也。孝悌，淑行也。力田，勤勞也。國家甚休之。其賜帛人一匹，勉率農功。使使者祠唐堯於成陽靈臺。辛未，幸太山，柴告岱宗。有黄鵠三十從西南來，經祠壇上，東北過于宫屋，翺翔升降。進幸奉高。壬申，宗祀五帝于汶上明堂。癸酉，告祠二祖、四宗，大會外内群臣。丙子，詔曰：朕巡狩岱宗，柴望山川，告祀明堂，以章先勳。其二王之後，先聖之胤，東后蕃衛，伯父伯兄，仲叔季弟，幼子童孫，百僚從臣，宗室衆子，要荒四裔，沙漠之北，葱領之西，冒耏之類，跋涉懸度，陵踐阻絶，駿奔郊時，咸來助祭。祖宗功德，延及朕躬。予一人空虚多疚，纂承尊明，盥洗享薦，慙愧祗慄。《詩》不云乎：君子如祉，亂庶遄已。曆數既從，靈燿著明，亦欲與士大夫同心自新。其大赦天下。諸犯罪不當得赦者，皆除之。復博、奉高、嬴，無出今年田租、芻稾。

《後漢書》卷四六《郭躬傳》 章和元年，赦天下繫囚在四月丙子以前減死罪一等，勿笞，詣金城，而文不及亡命未發覺者。躬上封事曰：聖恩所以減死罪使戍邊者，重人命也。今死罪亡命無慮萬人，又自赦以來，捕得甚衆，而詔令不及，皆當重論。伏惟天恩莫不蕩宥，死罪已下並蒙更生，而亡命捕得獨不沾澤。臣以爲赦前犯死罪而繫在赦後者，可皆勿笞詣金城，以全人命，有益於邊。肅宗善之，即下詔赦焉。

《後漢書》卷四《殤帝紀》〔延平元年〕五月辛卯，皇太后詔曰：皇帝幼冲，承統鴻業，朕且權佐助聽政，兢兢寅畏，不知所濟。深惟至治之本，道化在前，刑罰在後。將稽中和，廣施慶惠，與吏民更始。其大赦天下。自建武以來諸犯禁錮，詔書雖解，有司持重，多不奉行，其皆復爲平民。

《後漢書》卷六《順帝紀》　永建元年春正月甲寅，詔曰：先帝聖德，享祚未永，早棄鴻烈。姦慝緣間，人庶怨讟，上干和氣，疫癘爲災。朕奉承大業，未能寧濟。蓋至理之本，稽弘德惠，蕩滌宿惡，與人更始。其大赦天下。賜男子爵，人二級，爲父後、三老、孝悌、力田〔人〕三級，流民欲自占者一級；鰥、寡、孤、獨、篤癃、貧不能自存者粟，人五斛；貞婦帛，人三匹。坐法當徙，勿徙；亡徒當傳，勿傳。宗室以罪絶，皆復屬籍。其與閻顯、江京等交通者，悉勿考。勉修厥職，以康我民。

《後漢書》卷六《順帝紀》〔永建〕四年春正月丙寅，詔曰：朕託王公之上，涉道日寡，政失厥中，陰陽氣隔，寇盜肆暴，庶獄彌繁，憂悴永歎，疢如疾首。《詩》云：君子如祉，亂庶遄已。三朝之會，朔旦立春，嘉與海内，洗心自新。其赦天下。從甲寅赦令已來復秩屬籍，三年正月已來還贖。其閻顯、江京等知識婚姻禁錮，一原除之。務崇寬和，敬順時令，遵典去苛，以稱朕意。丙子，帝加元服。

《後漢書》卷六《順帝紀》〔陽嘉〕三年春二月己丑，詔以久旱，京師諸獄無輕重皆且勿考竟，須得澍雨。【略】五月戊戌，制詔曰：昔我太宗，丕顯之德，假于上下，儉以恤民，政致康乂。朕秉事不明，政失厥道，天地譴怒，大變仍見。春夏連旱，寇賊彌繁，元元被害，朕甚愍之。嘉與海内洗心更始。其大赦天下，自殊死以下謀反大逆諸犯不當得赦者，皆赦除之。

《後漢書》卷六《順帝紀》〔陽嘉三年〕五月戊戌，制詔曰：昔我太宗，丕顯之德，假于上下，儉以恤民，政致康乂，朕秉事不明，政失厥道，天地譴怒，大變仍見，春夏連旱，寇賊彌繁，元元被害，朕甚愍之。嘉與海内，洗心更始，其大赦天下，自殊死以下謀反大逆諸犯不當得赦者，皆赦除之。

（宋）王欽若等《册府元龜》卷八二《帝王部·赦宥》　高貴鄉公以嘉平六年九月司馬景王廢齊王，十月己丑，公即位，詔曰：昔三祖神武聖德應天受祚，齊王嗣位，肆行非度，顛覆厥德，皇太后深惟社稷之重，延納宰輔之謀，用替厥位，集大命于予一人，以眇眇之身託于王公之上，夙夜祗畏，懼不能嗣守祖宗之大訓，恢中興之洪業，戰戰兢兢如臨于谷。今群公卿士股肱之輔四方，征鎮宣力之佐，皆積德累功忠勤帝室，庶憑先祖先父有德之臣，左右小子，用保乂皇家，俾朕蒙暗垂拱而治，蓋聞人君之道，德厚侔天地，潤澤施四海。先之以慈愛，示之以好惡，然後教化行於上，兆民聽於下。朕雖不德，昧於大道，思與宇内共臻兹慶，《書》不云乎，安民則惠，黎民懷之，大赦，改元正元。

《晉書》卷三《武帝紀》〔晉武帝以魏咸熙二年十二月丙寅受禪，設壇於南郊〕禮畢，即雒陽宫幸太極前殿，詔曰：昔朕皇祖宣王，聖哲欽明，誕應期運，熙帝之載，肇啓洪基，伯考景王，履道宣猷，緝熙諸夏。至于皇考文王，叡哲光遠，允協靈祇，應天順時，受兹明命。仁濟于宇宙，功格于上下。肆魏氏弘鑒于古訓，儀刑于唐虞，疇咨群后，爰輯大命于朕身。予一人畏天之命，用不敢違。惟朕寡德，負荷洪烈，託于王公之上，以君臨四海，惴惴惟懼，罔知所濟，惟爾股肱爪牙之佐，文武不貳之臣，乃祖乃父，實左右我先王，光隆我大業，思與萬國，共享休祚，於是大赦，改元。賜天下爵，人五級。鰥寡孤獨不能自存者穀，人五斛。復天下租賦及關市之税一年，逋債宿負皆勿收。除舊嫌，解禁錮，亡官失爵者悉復之。

《晉書》卷三《武帝紀》〔泰始四年春正月〕丙戌，律令成，封爵賜帛各有差。有星孛于軫。丁亥，帝耕於藉田。戊子，詔曰：古設象刑而衆不犯，今雖參夷而姦不絶，何德刑相去之遠哉！先帝深愍黎元，哀矜庶獄，乃命羣后，考正典刑。朕守遺業，永惟保乂皇基，思與萬國以無爲爲政。方今陽春養物，東作始興，朕親率王公卿士耕藉田千畝。又律令既就，班之天下，將以簡法務本，惠育海内。宜寬有罪，使得自新，其大赦天下。長吏、郡丞、長史各賜馬一匹。

《晉書》卷九《孝武帝紀》〔太元元年〕夏五月癸丑，地震。甲寅，詔曰：頃者上天垂監，譴告屢彰，朕有懼焉，震惕于心。思所以議獄緩死，赦過宥罪，庶因大變，與之更始。於是大赦，增文武位各一等。

《晉書》卷四《惠帝紀》〔永寧元年正月，趙王倫簒位。四月齊王冏逐倫歸第，乘輿反正。〕癸亥，詔曰：朕以不德纂承皇統，遠不能光濟大業，靖綏四方；近不能開明刑威，式遏姦宄，至使逆臣孫秀敢肆凶虐，窺間王室，遂奉趙王倫饕據天位，鎮東大將軍、齊王冏，征北大將軍、成都王穎，征西大將軍、河間王顒，並以明德茂親，忠規允著，首建大策，圖救國難。尚書漼共立大謀，左衛將軍王輿與群公卿士，協同謀略，親勒本營，斬秀及其二子。前趙王倫爲秀所誤，與其子等已詣金墉迎朕幽宮，旋軫閶闔。豈在予一人獨饗其慶，宗廟社稷實有賴焉。於是大赦改元，孤寡賜穀五斛，大酺五日。誅趙王倫、義陽王威、九門侯質等及倫之黨與。

《晉書》卷一〇《安帝紀》〔元興三年〕〔三月〕丙戌，密詔以幽逼於玄，萬機虛曠，令武陵王遵依舊典，承制總百官行事，加侍中，餘如故。并大赦謀反大逆已下，惟桓玄一祖之後不宥。

《晉書》卷一〇《安帝紀》〔元興三年五月〕甲申，詔曰：姦兇篡逆，自古有之。朕不能式遏杜漸，以致播越。賴鎮軍將軍裕英略奮發，忠勇絶世，冠軍將軍毅等誠心宿著，協助同嘉謀。義聲既振，士庶效節，社稷載安，四海齊慶。其大赦，凡諸畏逼事屈逆命者，一無所問。

《晉書》卷一〇《安帝紀》〔義熙元年春正月〕戊戌，詔曰：朕以寡德，夙纂洪緒。不能緝熙遐邇，式遏姦宄。逆臣桓玄乘釁肆亂，乃誣罔天人，篡據極位。朕躬播越，淪胥荒裔，宣皇之基，眇焉以墜。賴鎮軍將軍裕忠武英斷，誠冠終古。運謀機始，貞賢協其契；拉淚誓衆，義士感其心。故霜戈一揮，巨猾奔迸，三率棱威，大憝授首。而孽振猖狂，嗣凶荆郢。幸天祚社稷，義旗載捷，狡徒沮潰，朕獲反正。斯實宗廟之靈，勤王之勳。豈朕一人，獨享伊祜，思與億兆，幸兹更始。其大赦，改元，唯玄振一祖及同黨不在原例。賜百官爵二級，鰥寡孤獨穀人五斛，大酺五日。

《晉書》卷一〇《安帝紀》〔義熙八年九月〕己卯，太尉劉裕害右將軍兗州刺史劉藩、尚書左僕射謝混。庚辰，裕矯詔曰：劉毅苞藏禍心，構逆南夏，藩、混助亂，志肆姦宄。賴寧輔玄鑒，撫機挫鋭，凶黨即戮，社稷乂安。夫好生之德，所因者本，肆眚覃仁，實資玄澤。况事興大憝，禍自元凶。其大赦天下，唯劉毅不在其例。

《宋書》卷二《武帝本紀》〔晉安帝義熙十四年〕六月，受相國宋公九錫之命。令曰：孤以寡薄，負荷殊重，守位奉藩，危溢是懼。朝恩隆泰，委美推功，遂方軌齊、晉，擬議國典。雖亮誠守分，十稔于今，而成命弗迴，百辟胥暨内外庶僚，敦勉周至。籍運來之功，參休明之迹，乘菲薄之資，同盛德之事，監寐永言，未知攸託。隆祚之始，思覃斯慶。其赦國内殊死以下，今月二十三日昧爽以前，悉皆原宥。鰥寡孤獨不能自存者，人賜粟五斛。府州刑罪，亦同蕩然。其餘詳依舊准。

《宋書》卷三《武帝本紀》永初元年夏六月丁卯，設壇於南郊，即皇帝位，柴燎告天。【略】禮畢，備法駕幸建康宮，臨太極前殿。詔曰：【略】其大赦天下。改晉元熙二年爲永初元年。賜民爵二級。鰥寡孤獨不能自存者，人穀五斛。逋租宿債勿復收。其有犯鄉論清議、贓汙淫盜，一皆蕩滌洗除，與之更始。長徒之身，特皆原遣。亡官失爵，禁錮奪勞，一依舊准。

《宋書》卷三《武帝本紀》〔宋武帝永初元年八月〕乙亥，詔曰：朕承曆受終，猥饗天命。荷積善之祚，藉士民之力，七廟備文，率由令範。先后祗嚴，獲遂宣訓，蒸嘗肇建，情敬無違。加以儲宮備禮，皇基彌固，國慶家禮，爰集旬日，豈予一人，獨荷兹慶。其見刑罪無輕重，可悉原赦。限百日，以今爲始。先因軍事所發奴僮，各還本主；若死亡及勳勞破免，亦依限還直。

《宋書》卷三《武帝本紀》〔永初〕三年春正月甲辰朔，詔刑罰無輕重，悉皆原降。

《南史》卷一《宋本紀・武帝》〔永初〕三年春正月甲辰朔，詔刑罰無輕重悉原之。

《宋書》卷四《少帝本紀》〔景平二年五月〕帝居處所爲多過失。乙酉，皇太后令曰：王室不造，天禍未悔，先帝創業弗永，棄世登遐。義符長嗣，屬當天位，不謂窮凶極悖，一至於此。大行在殯，宇内哀惶，幸災肆於悖詞，喜容表於在慼。至乃徵召樂府，鳩集伶官，優倡管絃，靡不備奏，珍羞甘膳，有加平日。采擇媵御，產子就宮，靦然無怍，醜聲四達。及懿后崩背，重加天罰，親與左右執紼歌呼，推排梓宮，抃掌笑謔，殿省備聞。加復日夜媟狎，羣小慢戲，興造千計，費用萬端，帑藏空虛，人力殫盡。刑罰苛虐，幽囚日增。居帝王之位，好皁隸之役，處萬乘之尊，悅厮養之事。親執鞭撲，毆擊無辜，以爲笑樂。穿池築觀，朝成暮毁，徵發工匠，疲極兆民。遠近歎嗟，人神怨怒，社稷將墜，豈可復嗣守洪業，君臨萬邦。今廢爲營陽王，一依漢昌邑、晋海西故事。【略】扶出東閤，就收璽紱，群臣拜辭，送於東宮，遂幽於吴郡。是日，赦死罪以下。

《宋書》卷六《孝武帝本紀》〔大明三年七月〕辛未，大赦天下。尚方長徒、奚官奴婢老疾者悉原放。

《宋書》卷六《孝武帝本紀》〔大明四年正月〕乙亥，車駕躬耕藉田。大赦天下。尚方徒繫及逋宿債，大明元年以前，一皆原除。

《宋書》卷八《明帝本紀》〔宋明帝泰始三年八月〕癸卯，詔曰：法網之用，期世而行，寛惠之道，因時而布。况朕尚德戡亂，依仁馭俗，宜每就弘簡，以隆至治。而頻罹兵革，繇賦未休，軍民巧僞，興事甚多。蹈刑入憲，諒非一科。至乃假名戎伍，竊爵私庭，因戰散亡，託懼逃役。且往諸淪逼，雖經累宥，逋竄之黨，猶爲實繁。宵言永懷，良兼矜疚。思所以重播至澤，覃被區宇。可大赦天下。

《南齊書》卷二《高帝本紀》 建元元年夏四月甲午，上即皇帝位於南郊，設壇柴燎告天【略】詔曰：五德更紹，帝迹所以代昌，三正迭隆，王度所以改耀。世有質文，時或因革，其資元膺曆，經道振民，固以異術同揆，殊流共貫者矣。朕以寡昧，屬值艱季，推肆勤之誠，藉樂治之數，賢能悉心，士民致力，用獲拯溺龕暴，一匡天下。業未參古，功殆侔昔。宋氏以陵夷有徵，曆數攸及，思弘樂推，永鑒崇替，爰集天禄於朕躬。惟志菲薄，辭弗獲昭，遂欽從天人，式繇景命，祗月正於文祖，升禋㬪於上帝。猥以寡德，光宅四海，纂革代之蹤，託王公之上，若涉淵水，罔知所濟。寶祚初啓，洪慶惟新，思俾利澤，宣被億兆，可大赦天下。改昇明三年爲建元元年。賜民爵二級，文武進位二等，鰥寡孤獨不能自存者穀人五斛。逋租宿債勿復收。有犯鄉論清議，贓汙淫盗，一皆蕩滌，洗除先注，與之更始。長徒敕繫之囚，特皆原遣。亡官失爵，禁錮奪勞，一依舊典。

《南齊書》卷三《武帝本紀》〔永明四年閏正月辛亥〕詔：【略】見刑罪殊死以下，悉原宥。

《南齊書》卷六《明帝本紀》 建武元年冬十月癸亥，即皇帝位。詔曰：【略】大赦天下，改元。【略】劫賊餘口在臺府者，可悉原放。負釁流徒，竝還本鄉。

《梁書》卷二《武帝本紀》〔天監元年夏四月丙寅，高祖即皇帝位於南郊〕禮畢，備法駕即建康宫，臨太極前殿。詔曰：五精遞襲，皇王所以受命。四海樂推，殷周所以改物。雖禪代相舛，遭會異時，而微明迭用，其流遠矣。莫不振民育德，光被黎元。朕以寡闇，命不先後，寧濟之功，屬當期運，乘此時來，同心萬物，遂振厥弛維，大造區夏，永言前蹤，義均慙德。齊氏以代終有徵，歷數云改，欽若前載，集大命于朕躬。顧惟菲德，辭不獲命，寅畏上靈，用膺景業。執禋柴之禮，當與能之祚，繼迹百王，君臨四海，若涉大川，罔知攸濟。洪基初兆，萬品權輿，思俾慶澤，覃被率土，可大赦天下。改齊中興二年爲天監元年。賜民爵二級，文武加位二等，鰥寡孤獨不能自存者，人穀五斛。逋布、口錢、宿債，勿復收。其犯鄉論清議，贓汙淫盗，一皆蕩滌，洗除前注，與之更始。

《梁書》卷三《武帝本紀》〔中大同元年〕三月乙巳，大赦天下：凡主守割盗、放散官物，及以軍糧器甲，凡是赦所不原者，起十一年正月以前，皆悉從恩，十一年正月已後，悉原加責；其或爲事逃叛流移，因饑以後亡鄉失土，可聽復業，蠲課五年，停其徭役；其被拘之身，各還本郡，舊業若在，皆悉還之。

（清）釋道宣《廣弘明集》卷一五《出古育王塔下佛舍利詔》 大同四年八月，月犯五車，老人星見。改造長干寺阿育王塔，出佛舍利髮爪。阿育，鐵輪王也，王閻浮，一天下，一日夜役鬼神造八萬四千塔，此其一焉。乘輿幸長干寺，設無礙法喜食，詔曰：

天地盈虚，與時消息。萬物不得齊其蠢生，二儀不得恒其覆載，故勞逸異年，懽慘殊日。去歲失稔，斗粟貴騰。民有困窮，遂臻斯濫。原情察咎，或有可矜。下車問罪，聞諸往誥。責歸元首，實在朕躬。若皆以法繩，則自新無路。《書》不云乎？與殺不辜，甯失不經。《易》曰：隨時之義，大矣哉。今眞形舍利，復現於世。逢希有之事，起難遭之想。今出阿育王寺，設無礙會，耆年童齒，莫不欣悦。如積飢得食，如久別見親。幽顯歸心，遠近馳仰。士女霞布，冠蓋雲集。因時布德，允叶人靈。凡天下罪無輕重，皆赦除之。

（清）釋道宣《廣弘明集》卷一五《牙像詔梁武帝》 大同四年詔曰：

天慈普覆，義無不攝，方便利物，豈有方所。上虞縣民李胤之掘地得一牙像。方減二寸，兩邊雙合，俱成獸形。其内一邊佛像一十二軀，一邊一十五軀，刻畫明淨，巧迹妙絶，將神靈所成，非人功也。中有真形舍利六焉，東州昔經奏上，未以爲意，而胤之銜悆縲紲東治，真形舍利降在中署，光明顯發，示希有相，大悲救苦，良有以乎。宜承佛力，弘兹寬大。凡天下罪無輕重，在今月十六日昧爽已前，皆赦除之。即日散出，奉迎法身還臺，供養。

《梁書》卷三《武帝本紀》〔太清元年正月〕辛酉，與駕親祠南郊，詔曰：天行彌綸，覆燾之功博，乾道變化，資始之德成。朕沐浴齋宮，恭虔上帝，祇事槱燎，高熛太一，大禮克遂。感慶兼懷，思與億兆，同其福惠。可大赦天下，尤窮者無出即年租調；清議禁錮，並皆宥釋；所討逋叛，巧籍隱年，闇丁匿口，開恩百日，各令自首，不問往罪。流移他鄉，聽復宅業，蠲課五年。孝悌力田賜爵一級，居局治事，賞勞二年。可班下遠近，博採英異，或德茂州閭，道行鄉邑，或獨行特立，不求聞達，咸使言上，以時招聘。

（宋）李昉等《文苑英華》卷四三一《赦書・赦詔》門下：朕肅纂乾統，思弘祖業。方欲克廣法猷，寧濟遐邇，實賴羣才，共康世務。至於股肱宗戚，情委特隆，垂拱責成，緝熙是寄。而各包藏禍心，規縱醜逆。朕每存容隱，冀或能悛，而靡懲前慝，彌結後釁。七百業艱，宗廟事重，不得不垂涕行戮，以義斷恩。或藩屬皇宗，或睦姻近戚，夫豈不懷，社稷故也。雖四門已穆，羣凶靡餘，而泣辜之歎，義兼自昔。方勵精思治，登賢任官，隆平之化，庶從兹始。宜播嘉惠，咸與維新，可大赦天下。自今月二十日昧爽已前，謀反、大逆、手殺人以下，皆赦除之。頃歲軍旅繁興，叛征者衆，其質繫家屬，及同伍代役，三署見徒，詳所尤原遣，主者施行。

（宋）李昉等《文苑英華》卷四三一《赦書・大赦詔》門下：王室多難，祲沴相仍，昔歲紛阻，鋒交九逵。今兹狂煽，兵連萬雉，時事屯厄，罕有斯逆。故今迷疑互起，向背者多。元惡既懸，猜懼彌廣，奔亡草澤，自反莫因。近雖曲赦，與之更始，而愚昧之徒，猶多竄伏。且遏寇未夷，役連遐邇，刑政弛張，陷罪非一。思所以曠敷加惠，被之億兆，可大赦天下。凡與崔慧景協契同謀首爲姦逆，爰及降叛輸力盡勤，良由世道交喪，流源浸遠，風槩靡立，以至如斯。悉皆蕩滌，一無所問。凡諸反側，咸與維新，並加宣慰，還復民伍。國信之明，皎如日月。榜勒畿要，咸使聞知。惟崔慧景諸子，不在赦例。主者施行。

《陳書》卷二《高祖本紀》〔永定元年十月〕詔曰：五德更運，帝王所以御天，三正相因，夏殷所以宰世。雖色分辭翰，時異文質，揖讓征伐，迄用參差，而育德振民，義歸一揆。朕以寡昧，時屬艱危，國步屢屯，天維三絶。肆勤先後，拯厥横流，藉將帥之功，兼猛士之力，一匡天下，再造黔黎。梁氏以天禄永終，曆數攸在，遵與能之典，集大命于朕躬。顧惟菲德，辭不獲亮，式從天睠，俯協民心，受終文祖，升禋上帝，繼迹百王，君臨萬宇，若涉川水，罔知攸濟。寶業初建，皇祚維新，思俾惠澤，覃彼億兆，可大赦天下。改梁太平二年爲永定元年。賜民爵二級，文武二等，鰥寡孤獨不能自存者，人穀五斛。逋租宿債，皆勿復收。其有犯鄉里清議贓汙淫盗者，皆洗除先注，與之更始。長徒勑繫，特皆原之。亡官失爵，禁錮奪勞，一依舊典。

《陳書》卷三《世祖本紀》〔永定三年六月甲寅〕其日即皇帝位於太極前殿。詔曰：【略】可大赦天下，罪無輕重，悉皆蕩滌。

《陳書》卷六《後主本紀》〔太建十四年〕丁巳，太子即皇帝位于太極前殿。詔曰：【略】可大赦天下。

《魏書》卷一〇《孝莊帝紀》〔武泰元年四月〕戊戌，南濟河，即帝位。【略】辛丑，車駕入宮，御太極殿，詔曰：【略】可大赦天下，改武泰爲建義元年。

《魏書》卷一〇《孝莊帝紀》〔永安三年九月戊戌〕詔曰：蓋天道忌盈，人倫嫉惡，疎而不漏，刑之無捨。是以吕霍之門，禍譴所伏，梁董之家，咎徵斯在。頃孝昌之末，天步孔艱，女主亂政，監國無主。尒朱榮爰自晉陽，同憂王室，義旗之建，大會盟津，與世樂推，共成鴻業。論其始圖，非無勞效。但致遠恐泥，終之實難，曾未崇朝，豺聲已露。河陰之役，安忍無親。王公卿士，一朝塗地，宗戚靡遺，内外俱盡。假弄天威，殆危神器。時事倉卒，未遑問罪。尋以葛賊横行，馬首南向，捨過責成，用平醜虜。及元顥問鼎，大駕北巡，復致勤王，展力行所。以此論功，且可補過。既位極宰衡，地踰齊魯，容養之至，豈復是過。但心如猛火，山林無以供其暴，意等漏卮，江河無以充其溢。既見金革稍寧，方隅漸泰，不推天功，專爲己力，與奪任情，臧否肆意，無君之跡，日月以甚。拔髮數罪，蓋不足稱，斬竹書愆，豈云能盡。方復託名朝宗，陰圖釁逆，睥睨天居，窺覦聖歷。乃有裂冠毀冕之心，將爲拔本塞源之事。天既厭亂，人亦悔禍，同惡之臣，密來投告。將而必誅，罪無容捨。又元天穆宗室末屬，名望素微，遭逢際會，頗參義舉。不能竭其忠誠以奉家國，乃復棄本逐末，背同即異，爲之謀主，成彼禍心。是而可忍，孰不可恕。並以伏辜，自貽伊戚，元惡既除，人神慶泰，便可大赦天下。

（唐）歐陽詢《藝文類聚》卷一六《儲宮部·儲宮》 後魏温子昇魏莊帝生皇太子，赦詔曰：有國三善，事屬元良。本枝百世，義鍾繼體。朕應天纂命，握圖受籙，景祚唯新，十年以永。今月吉辰，皇子誕育，彩雲映日，神光照殿。方開博望，將起龍樓。遠近同歡，人神共悦，便可大赦天下。

（明）張溥《漢魏六朝百三家集》卷一〇八温子昇《魏温子昇集·為魏帝遷都拜廟鄴宫赦詔》 建國所先，理屬於宗廟，立事爲大，禮歸於禋祀。本丞相渤海王神武命世，重匡頹歷，導塞源於將竭，扶神器於已傾，立天地之大功，成人臣之重義。朕以冲昧，猥當樂推。關路多虞，衿帶難固。瞻言往事，取則前修，乃襲去豐，用追遷亳。定鼎鄴都，卜世惟永。民用子來，功成不日。今清廟初興，閟宫始就，靈祇萃止，祖考來格，神光夜照，香氣朝聞。今月吉辰，躬展誠敬，時和氣婉，景麗雲業。四表來庭，萬國在位。哀樂相交，感慶兼集。固宜覲象雷雨，布寬大之恩，取類澤風，申肆眚之令。可大赦天下

《魏書》卷一一《出帝紀》 〔中興二年四月〕戊子即帝位於東郭之外，入自東陽、雲龍門，御太極前殿，群臣朝賀。禮畢，昇閶闔門，詔曰：【略】。思與兆民同兹嘉慶，可大赦天下。改中興二年爲太昌元年。

（清）沈家本《歷代刑法考·赦八·赦例二》 建德五年十二月，平齊，大赦。六年正月，詔去年大赦班宣未及之處，皆從赦例。

按：此亦赦中之別一例。

《北齊書》卷四《文宣帝紀》 〔天保元年〕詔曰：無德而稱，代刑以禮，不言而信，先春後秋。故知惻隱之化，天人一揆，弘宥之道，今古同風。朕以虚薄，功烈無紀。昔先獻武王值魏世不造，九鼎行出，乃驅御侯伯，大號燕趙，拯厥顛墜，俾亡則存。文襄王外挺武功，内資明德，纂戎先業，闢土服遠，年踰二紀，世歷兩都，獄訟有適，謳歌斯在。故魏帝俯遵曆數，爰念褰裳，遠取唐虞，終同脱屣，實幽憂未已，志在陽城，而羣公卿士誠守愈切，遂屬代終，居於民上。如涉深水，有眷終朝，始發晋陽，九尾呈瑞，升壇告天，赤雀効祉。惟爾文武不貳心之臣，股肱爪牙之將，左右先王，克隆大業，永言誠節，共斯休祉。思與億兆同始兹日，其大赦天下，改武定八年為天保元年，其百官進階，男子賜爵，鰥寡六疾義夫節婦旌賞各有差。

《周書》卷八《静帝紀》 朕祇承洪業，二載於兹。藉祖考之休，憑宰輔之力經天緯地，四海晏如。逆賊尉遲迥才質凡庸，志懷姦慝，因緣戚屬，位冠朝倫。屬上天降禍，先皇晏駕，萬國深鼎湖之痛，四海窮遏密之悲。獨幸天灾，欣然放命，稱兵擁衆，便懷問鼎。乃詔六師，肅兹九伐，而凶徒孔熾，充原蔽野。諸將肆雷霆之威，壯士縱貔貅之勢，芟夷縈拂，所在如莽，直指漳濱，擒斬元惡，群醜喪魄，咸集鼓下。順高秋之氣，就上天之誅，兩河妖孽，一朝清蕩。自朝及野，喜抃相趨。昔上皇之時，不言爲治，聖人宰物，有教而已，未戢干戈，實深慚德。思弘寬簡之政，用副億兆之心，可大赦天下。其共迴元謀，執迷不悟，及迥子姪，逆人司馬消難、王謙等，不在赦例。

（宋）王欽若等《册府元龜》卷八三《帝王部·赦宥》 煬帝大業元年正月壬辰朔，大赦改元。二年四月辛亥，御端門大赦，免天下今年租賦。三年四月甲申，頒律令，大赦天下，關内復給三年。四年八月辛酉，親祠五丘河北道，郡守畢集，大赦天下，車駕所經郡縣免一年租調。

五年六月戊午，帝在張掖大赦天下。開皇已來流配悉放還鄉，晋陽逆黨不在此例。隴右諸郡給復三年。八年四月丙申，詔曰：天地施化生育之德，既弘皇王建極戡濟之功斯大，故能經綸四海，撫育萬方。朕嗣膺靈命，屬當負荷，思隆景業，克播鴻猷，晷緯不占之鄉，咸被聲教，梯航所絶之域，罔弗來庭，而遼左島夷獨懷逆命，惡甚夙沙，罪深玁狁。朕奉遵先志，躬行吊伐，爰整六師，親麾三令，上憑宗廟之靈，實賴幽明之德。歷

代逋醜，一鼓大定。憬彼遐裔，萬里肅清。今凱旋云及，長贏布氣，宜順茲含養，與物惟新，可大赦天下。自大業八年四月十六日昧爽已前，大辟罪已下，已發覺未發覺、已結正未結正、繫囚見徒罪無輕重，皆赦除之。其嘗赦所不免，謀反大逆、妖言惑衆、語及國家，並不在赦例。其諸郡供軍事者，並給復一年。其所役丁夫匠至涿郡者，復二年。至臨榆關已西者，復三年。至柳城已西者復五年。至通定鎮已西者復七年。至渡遼鎮者復十年。流配未達前所，亦宜放免除名。解官並聽收叙。其鰥寡孤獨不能自存者，量加賑贍。高年之老，賜以束帛。并賜天下大酺五日。女子百户牛酒，孝悌力田、義夫節婦并加旌異表其門閭。遼左之民，新霑皇化，宜遣刑部尚書正議大夫衛文昇、守尚書左丞劉士龍等巡撫存問。仍給復十年。即置郡縣以相統攝。若有奇能異等，隨才任用，同之齊民，無隔夷夏。

(宋) 王欽若等《册府元龜》卷八三《帝王部·赦宥》 恭帝義寧元年十一月壬戌，即位於大興殿。詔曰：王道喪亂，天步不康。古往今來，代有其事。屬之於朕，逢此日羅，彼蒼者天，胡寧斯忍襁褓之歲，夙遭閔凶孺子之辰。太上播越，興言感動，寔疚于懷，太尉唐公，膺期作宰，時稱舟檝，大拯横流，糾合義兵，翼戴皇室，與國咸休，再造區夏。爰奉明詔，弼予幼冲，顯命光臨，天威咫尺，對揚尊號，悼心失圖，一人在遠，三讓不遂，僶俛南面，厝身無所，苟利社稷，莫敢或違。俯從群議，奉遵聖旨，可大赦天下，改大業十三年爲義寧元年。十一月十六日昧爽已前，大辟罪已下，皆赦除之。常赦所不免者，不在赦例。

(宋) 宋敏求《唐大詔令集》卷二《帝王·即位赦·神堯即位赦》

詔曰：舜禹殊時，禪代存乎揖讓；殷周異世，革命事乎干戈。至於據龍圖，握鳳紀，統御皇極，撫拯黎民，奄有四方，朝宗萬國，垂法作訓，其揆一焉。朕以寡薄，屬彼澆季，大業末年，綱維廢弛，三光改耀，九服移心。既戡定時難，緝和庶績，一匡海内，再造黎元。隋氏以天禄永終，曆數攸在，敬禪厥位，授於朕躬。顧惟慙德，屬當景運，懼甚履冰，懍乎御朽。上答蒼靈之睠，俯順億兆之心。寶曆初基，普天同慶，宜布茲寬惠，咸與惟新。可大赦天下，改隋義寧二年爲武德元年。自五月二十日昧爽以前，罪無輕重，已發露未發露，皆赦除之。子殺父、奴殺主，不在赦限。百官及庶人，賜爵一級。義師所行之處，給復三年，自餘給復一年。孝子順孫、義夫節婦，旌表門閭。孝弟力田、鰥寡孤獨，量加賑恤。

(宋) 宋敏求《唐大詔令集》卷八三《政事·恩宥·武德二年十月赦》

朕祇膺靈命，君臨區宇，承凋弊之餘，拯横流之難。雖復蠲除徭賦，督課耕農，安集黎元，與之休息。然而鯨鯢未剪，四海多虞，師旅薦興，事不獲已。及其士卒浮惰，苟求逸樂，憚於征役，離其營伍，因此逃竄，潛匿崎嶇。竊為生資，規免朝夕，良由勸勵不明，部署失所，踈慢之責在於朕躬，琴瑟不調，已云變革，多墜刑網，兼堪痛悼。宜從寬宥，許以自新。其義士募力有背軍逃亡者，自武德二年十月二十日以前，罪無輕重皆赦除之。饑寒困敝不能自存，所在官司隨事賑給，士非素屬，難以應敵，設法垂憲，期於不犯。自今以後，有背軍鎮征役者，隨即科處，必無容貸，宜明宣告，咸使聞知。

(宋) 宋敏求《唐大詔令集》卷一二三《政事·平亂·平王世充復赦》

詔曰：天生蒸民，樹之司牧，光宅區宇，撫字黎庶。日月照臨，文明於是統極；雷雨作解，順時所以布化。往者隋季道衰，刑政廢缺，九服雲擾，五岳塵飛，率土之民，墜於塗炭，瞻天跼地，控告無所。朕愍彼横流，志存拯溺，投袂鞠旅，肇建義旗，伐暴除虐，克寧宇縣，靈祇叶贊，遐邇樂推，歸運所集，祗膺寶位。戡剪多難，撫輯遺民，溥被萬方，情均覆育。然而世充放命，擾亂周、韓；建德遊魂，虔劉趙、魏。虐害良善，阻絶朝風。古念匪民，久罹凶毒，滿堂之歎，猶有向隅，納隍之嘆，無忘旦夕，是以出車命將，伐罪弔民。宗廟威靈，卿士效節，旌旗所拂，醜徒冰泮，二凶授首，萬方廓清，書軌大同，氛祲澄蕩，邊堠解柝，熢燧無虞，振旅休兵，塗歌里忭。既九圍寧謐，八表乂安，思與吏民，厲精更始。朕惟寡德，政道多違，陰陽不調，致使亢旱。深思惕懼，震悼於懷，解網崇恩，宜流愷澤。可大赦天下，自武德四年七月十二日昧爽以前，大辟罪已下，已發露、未發露，悉從原放。自武德二年十二月三十日以前，亡官失爵者，量聽叙用。天下民庶，給復一年；其陝、鼎、函、虢、虞、芮六州，供轉輸之費，幽州管内，久隔寇戎，給復三年。身死王事，量加襃贈。律令格式，且用開皇舊法。孝子順孫、義夫節婦，所在詳列，旌表門閭。奇材異行，隨狀薦舉。高年惸獨，量加贍恤。

（宋）宋敏求《唐大詔令集》卷一二三《政事·平亂·皇太子建成齊王元吉伏誅大赦》 朕恭膺寶位，臨馭萬方，綏育黔首，於茲九載。欲仁惠之政，達於天下，德義之方，孚於宇宙。豈謂莫大之釁，近發蕭墻，反噬之惡，滅於天性。皇太子建成，戚居嫡長，屬當儲貳，處以少陽，冀克負荷。光昭遠近，狎比群小，聽受邪謀，蔑棄君親，離阻骨肉，密圖悖逆，潛爲梟獍。司徒、齊王元吉，寄深磐石，任惟翰屏，寵樹既厚，職位非輕。背違天經，協同元惡，助成隱慝，遞相驅扇，醜心逆迹，一旦盡彰。惟彼二凶，罪窮數稔，禍不旋踵，自取屠戮。念茲醜惡，慙恨盈懷。今禍難既除，氛祲澄蕩，國步夷坦，政道惟新，思與萬民，滌除更始，可大赦天下。自武德九年六月四日申時以前，罪無輕重，已發露，未發露，禁囚見徒，悉從原免。凶逆之事，止有二人，自餘徒黨，其被詿誤，一無所問，各從洗蕩。其僧尼道士女冠，宜依舊定。國朝之事，皆受秦王處分。

（宋）宋敏求《唐大詔令集》卷八三《政事·恩宥·貞觀四年二月大赦》 天生蒸民，樹之司牧，莫不仰膺靈命，克嗣寶圖，用能永享鴻名，常為稱首。朕君臨八表，於今四載。夙興夜寐，無忘晷刻。履薄馭朽，思濟黔黎，惟此至誠，庶幾王道，上荷蒼旻之睠，下藉股肱之力。宇内休平，遐邇寧泰，率此區域，致之仁壽。憬彼犬戎為患，自昔軒昊以來，常為冠暴。是以隆周致涇水之師，强漢受白登之辱，武夫盡力於關塞，謀士極慮於廟堂，征伐和親，無聞上策。有隋災亂，憑陵轉甚疆，埸之前，曾無寧歲。朕韜戈戢，務其存養，自去歲迄今，降款相繼，不勞衛霍之將，無待賈晁之畧。單于稽首，交臂藁街，名王靣縛，歸身夷邸，襁負而至，前後不絶，被髪左衽之鄉，狼望龍堆之境，蕭條萬里，無復王庭，唯頡利挺身逃竄林穴，天網雲布，走伏何所？大同之世，諒在茲日，斯皆上玄降祐，清廟威靈，豈朕虚薄所能致此。方欲至仁化物，宜存寬惠，思與萬邦同享斯福，可大赦天下。自貞觀四年二月十八日以前，罪無輕重，自大辟以下見繫囚徒，皆赦除之。逋負官物三分免一分。謀反、大逆、妖言惑衆及殺期親以上尊長，奴婢、部曲反主，官人枉法受財不在赦例。鰥、寡、孤、獨不能自存者，州縣量加賑恤，賜天下大酺五日。敢以赦前事告官者，以其罪罪之。

（宋）宋敏求《唐大詔令集》卷八三《政事·恩宥·貞觀九年三月大赦》 天地播氣，垂生育之德；皇王御歷，宏覆幬之仁，故能材成萬類，光宅八表。朕祗奉慈訓，嗣守鴻業，承百王之季末，屬四海之凋殘，晨興夕惕，無忘兆庶，尅己勤躬，思隆政道，欲使陰陽順序，干戈載戢，庶幾前烈，致茲刑措。而山東之地，頻年不稔，水雨為災，饑饉相屬，蠢爾西戎，屢擾邊境，事不獲已，遂勞兵車。良由誠未動天，德不被物，興言念此，撫己多慚。加以澆偽尚繁，刑典仍用，雖復留心聽斷，明慎庶獄，常恐縲紲之中，負寃靡訴，憲綱所及，弗辜致罪，一物有怨，責深在余。今歲惟暮春時屬生長，助天布澤與物更新，可大赦天下。自貞觀九年三月十六日昧爽以前，大辟罪以下，皆赦除之。其常赦不免者不在赦例。鰥、寡、孤、獨不能自存者，所在官司量加賑恤。

（宋）宋敏求《唐大詔令集》卷三《帝王·改元·改元總章赦》 朕以寡薄，忝承丕緒，奉二聖之遺訓，撫億兆以初臨。馭朽兢懷，推溝在念，而上玄垂祐，宗社降休，歲稔時和，人殷俗阜，車書混一，文軌大同，檢玉泥金，升中告禪，百蠻執贄，萬國來庭，朝野歡娱，華夷胥悦。但爲郊禋嚴配，未安太室，布政敷化，猶闕合宫。朕所以日昃忘疲，中宵輟寢，討論墳籍，錯綜群言。採三代之精微，探九皇之至賾，斟酌前載，製造明堂。授宇方圓之規，雖兼故實；肆筵陳俎之法，獨運裁成。宣諸内外，博考詳求，度其短長，冀廣聞見。而鴻生碩儒，俱稱盡善，宜命有司，及時赴作，務從折中，稱朕意焉。今陽和在辰，景風扇物，昆蟲草木，咸獲康寧，朕之百姓，尚多勞止，恩覃恵澤，與其更新。可大赦天下，改乾封二年爲總章元年，大辟罪已下，皆赦除之。

（宋）宋敏求《唐大詔令集》卷三《帝王·改元·改元弘道詔》 朕以寡昧，謬膺丕緒，未嘗不孜孜訪道，戰戰臨人，馭朽懷秋駕之危，負重春冰之懼，日慎一日，三十四載於今矣。何則？足寒傷心，人勞傷國，下安即上逸，時弊即君憂。所以身處九重，而情周萬姓，建本之懷遽切，抑末之念逾深。今雖庶績已凝，淳源未洽，履素歸厚者，遂寂寥而靡聞；徇華趨利者，尚馳騖而不息。顧以薄德，有謝移風，永睠群方，在予多愧。況朕之綿系，兆自玄元，遠叶先規，光宣道化，變率土於壽域，濟含生於福林。屬想華胥，載勞寤寐，所冀内外寮寀，各竭乃誠，敦惟黎民，俱崇簡質，舊染薄俗，咸與惟新。憑大道而開元，共普天而更始，宜申霈澤，廣被埏紘，可改永淳二年爲弘道元年，大赦天下。前後責情流人並放還。老人年百歲已上者，版授下州刺史，婦人版授郡君；九十已上者，版授上州司馬，婦人版授縣君；八十已上者，版授縣令，并婦人節級量賜粟帛。孝子順孫、義夫節婦，表其門閭，終身勿事。鰥寡孤獨篤疾不能自存者，量加賑給。仍天下諸州，置道士觀，上州三所，中州二所，下州一所，每觀各度七人。比來天后事條，深有益於爲政，言近而意遠，事少而功多，務令崇用，式遵無怠。見任内外官，五品已上經四考，及守五品經三考，六品已下，計滿三考，政用清勤，狀無私犯者，各加二階。

（宋）宋敏求《唐大詔令集》卷三《帝王·改元·改元光宅赦》

鸞臺：朕聞上皇建極，體元氣以育群生；大聖承天，法開陽而陶庶類。與時舒卷，叶三正而推移；隨道汙隆，應五幹以通變。故能牢籠宇宙，埏埴人靈，符景運而財成，契休期以光宅。昔有隋標季，率土淪胥，豺狼肆吞噬之灾，億兆被虔劉之酷。高祖神堯皇帝，披圖汾水，仗鉞參墟，廓氛祲而安四維，掃攙槍而清六合。太宗文武皇帝，負日月而膺運，鼓雷霆以震威。蕩海夷山，功浹八荒之外；救焚拯溺，仁霑萬域之表。樂和禮洽，天平地成，茂績光於遂初，鴻名冠於闔辟。高宗天皇大帝，雲房誕睿，虹渚降靈，受緑錯之禎符，應朱綈之景命。飛車乘毳，臣軒項之不臣；没羽浮金，服禹湯之未服。開邊服遠，更闡寓於先基；富國寧人，重增輝於前烈。撫璇當寧，調五氣於明堂；考瑞升中，朝百神於日觀。茫茫衆俗，寧知覆燾之恩；蠢蠢庶萌，孰辨陶甄之力？固已千年啓旦，三聖重光，歷選前書，無聞往載。豈謂道隆金鏡，運迫鼎湖，方延翠渚之祥，遽白雲之駕。以社稷之大任，屬荒眇之微躬，斂奉遺言，載深悲懼，遂以茲菲德，開導嗣皇，式綜萬幾，載宣風化。所賴王公卿士，各竭乃誠，若濟巨川，實資舟檝。然自恭臨朝序，已積炎凉，教靡致於移風，道尚慚於變俗，良以哀迷在疚，荼棘纏心，陵廟未安，匪皇專慮。今者鳳京遥踐，龍馭上升，既因大禮之終，宜更中區之始。朕居臨赤縣，求瘼之志每盈；子育蒼生，恤隱之懷鎮切。惟欲勵精爲政，克己化人，使宗社固北辰之安，區宇致南風之泰。以斯酬眷命，用此報先恩，冀上不負於尊靈，下微申於至懇。夫五行遞用，列代相承，欲崇其德，先遵所尚。故夏以金運，乘驪而尚玄；周以火行，貴騂而尚赤。將隆母德，必欲子扶。近者地不藏珍，山無秘寶，皇家土德，勝氣彌彰，宜從白賁之象，以輔黄中之運。自今已後，旗幟皆用金色，仍飾之以紫，畫以雜文。其應合改者，所司詳依典故。供奉帷幙，咸用紫色，自録府衛作旗並改以皂，八品已下舊服青者，並改以碧。其在京諸司文官職事五品已上清官，並六品七品清官，並每日入朝之時，常服袴褶。諸州縣長官，在公衙亦准此。自餘官，朔望朝參依舊，其色皆依本品。又鎮星之在太微，已歷年載，著土清之美應，表坤祚之元符。宜同感帝，以時薦享。又東都改爲神都，宫名太初。但列署分司，各因時而立號；建官置職，咸適事以標名。而今曹僚之中，稱謂多爽，宜改尚書省爲文昌臺，左僕射爲文昌左相，右僕射爲文昌右相，吏部尚書爲天官尚書，户部尚書爲地官尚書，禮部尚書爲春官尚書，兵部尚書爲夏官尚書，刑部尚書爲秋官尚書，工部尚書爲冬官尚書，門下省改爲鸞臺，中書省改爲鳳閣，侍中改爲納言，中書令改爲内史，太常寺改爲司禮寺，鴻臚寺改爲司賓寺，宗正寺改爲司屬寺，光禄寺改爲司膳寺，太府寺改爲司府寺，太僕寺改爲司僕寺，衛尉寺改爲司衛寺，大理寺改爲司刑寺，司農寺依舊，左右衛依舊，左右驍衛亦爲左右武衛，左右武衛爲左右鷹揚衛，左右威衛爲左右豹韜衛，左右領軍衛爲左右玉鈐衛，左右金吾衛依舊，其餘曹司及官僚名未改者，所司速制名奏聞。又司隸之官，監郡之職，所有巡省風俗，刺舉愆違，今人物殷繁，區宇遐曠，而所在州縣，未能澄肅，可置右肅政御史臺一司，其職員一准御史臺，專知諸州按察。其舊御史臺改左肅政御史臺，專知在京百司及監諸軍旅並出使。其諸州録事參軍並宜依舊，仍令在京五品已上清官，每日章善顯福等門各一人待詔，朕當親訪政道，詳求得失。又玄元帝者，皇室之源，韞道德而無爲，冠靈仙而不測，業光衆妙，仁覃庶品，豈使寶胤見御宸居，先母竟無尊位？可上尊號曰先天太后，宜於老君廟所敬立尊像，以申誠薦。又洛州界内所有帝王之陵，及自古清直之臣，忠廉之佐，並令州縣就其塋域，一申祭享。又自武德已來，元勳佐命，或以忠鯁事主，或以道德匡君，非身有犯，緣子孫絶封者，前詔雖已處分，或恐仍有闕遺，宜降霈澤，重申前命。又往日先朝聖武，蕩定遐方，日月照臨，咸爲郡縣，皆荷生成之惠，無復遠近之殊。朕矜撫之懷，豈隔中外，每念其後嗣，愍愴良深。繼絶興亡，實惟本志，各宜求其後胤，立之以承享獻。其諸都護漢官及鎮兵等，並悉放還；其營奉山陵使，及鹵簿使等，並依別敕處分。又兩京之所，徭賦實繁，亦令所司作優量法，使勞役得所。靈駕所涉，千里斯遥，在路黎民，莫不哀奉，念其勞敝，情增感惻，其緣供頓及山陵者，並免今年課税。又比來諸道軍行，敘勳多濫，或端居不出，以貨買勳，真僞相蒙，深爲巨蠹。自今以後，所司宜明具條例，務令禁斷，責成斯在，可不勉歟！如更有違，必越法科處分。又比命放出宫女，已降詔書，然以在内多時，咸悉願住，但念其各有親屬，豈可久致分離？宜准前恩，即令放出。又隆平日久，户口滋多，物務既煩，欺隱斯衆。其上州三萬户已上，大縣萬户已上，各宜析出，别置州縣，惟雍洛二州，不在此限。又濟時之道，求賢是務。其官人及百姓等，或器標瑚璉，材堪棟幹，或在職清慎，或抱德幽棲，或武藝馳聲，或文藻流譽，宜令京官九品已上，諸州長官，各舉一人，咸以名薦，務取得賢之實，無貽濫收之譏。又前者有詔，具述内外官寮，備陳行事，以申勸沮。仍恐百官在職，尚有虧違，今欲重降深恩，共垂寬宥，棄瑕録用，罔責於前非，滌罪論功，必期於後善。若又不悛已過，重掛疏羅，當使置以嚴刑，倍加其罰。思與庶士，共此維新，可大赦天下，改文明元年爲光宅元年。自九月五日昧爽已前，大辟罪已下，罪無輕重，已發覺、未發覺、已結正、未結正繫囚見徒，皆赦除之，流人未達前所者，放還。其犯十惡，官人枉法受財，監臨主守自盗，劫殺人，故殺人，謀殺人，反逆緣坐，並軍將臨戎挫威喪律，鎮遏失所，虧損師徒，及常赦所不免者，並不在赦例。亡官失爵，量加收叙。諸年八十以上，各賜粟二石，綿帛二段；九十以上，賜粟三石，綿帛三段；百歲以上，賜粟五石，綿帛五段，並依舊例版授。孝子順孫、義夫節婦，咸表門閭；鰥寡孤獨篤疾之徒、不能自存者，並加賑恤。亡命山澤，挾藏軍器，百日不首，復罪如初。敢以赦前事相告言者，以其罪罪之。布告天下，咸使聞知。其詔書内事有未盡者，仍令所司作條例處分。

（宋）宋敏求《唐大詔令集》卷四《帝王·改元·改元載初赦》 朕聞元皇纂歷，則天地以裁規；大聖握圖，法陰陽以施化。故能牢籠品類，陶鑄生靈，敷景運於休期，闡宏基於光宅。昔有隋失馭，率土分崩，赤縣爲禾黍之場，蒼生遇塗炭之酷。我高祖神堯皇帝，龍興汾晋，鳳起寰區，殪梟獍而安八荒，剪鯨鯢而清四海。太宗文武聖皇帝，膺昊穹之曆數，鼓雷電之雄威，服遠冠巢燧之前，開邊越羲農之際，鴻名邁於三五，茂績隆於往初。高宗天皇大帝，稟雷澤之禎符，降天縱之神器。湛恩所被，匝乾坤覆載之鄉；至化所覃，盡舟車所通之境。撫璇丹極，輯瑞蒼巖。天平地成，淳風啓千年之運；樂和禮備，實祚隆三聖之基。逖聽王猷，馨聞帝載。朕以虚薄，虔奉睿圖，業業兢兢，不遑寢食。幸穹昊貽佑，宗社延祥，河薦合天之符，洛出永昌之籙，時和歲稔，遠肅邇安，斯皆先德所延，屢彰嘉貺。自恭臨億兆，已積炎涼，尚想希風，未臻於至道，顧循菲德，愧切於深衷。思弘顧託之恩，再闡混元之始。夫以玄穹列象，三辰所以麗天；厚載含章，五行於焉紀地。《易》曰三五以變，錯綜其數。通其變遂成天下之文，極其數遂定天下之象。火水相變，其卦爲革。《彖》曰天地革而四時成，言五德更相生，變革萬物。故帝者改政施教，明受之於天，不定之於人者也。仲尼曰：其或繼周者，雖百代可知。蓋以文質相因，法度相改故矣。是以伏羲、高陽、有周，皆以建子之月爲正，神農、少昊、陶唐、有殷，皆以建丑之月爲正，軒轅、高辛、夏后、漢氏，皆以建寅之月爲正，後雖百代，皆可知者以此，雖遭遇不同，步驟殊致，未有不表明軌物，以章靈命之符者也。我國家創業，有意乎改正朔矣，所未改者，蓋有由焉：高祖草創百度，因循隋氏；太宗緯地經天，日不暇給；高宗嗣歷，將弘丕訓。改作之事，屢發聖謨，言猶在耳，永懷無及。自五帝纘統，三王馭宇，或父子相承，同體異德，或金木迭改，應天順人。故納麓登庸，粤受終於文祖；干戈革命，必理歷於明時。然則開元配永，肇自陽來之旦；統歷履端，基於朔易之首。孳萌發内，氣律由中。品物任而昭蘇，生類蕩而敷革。是知夏之人統，不逮殷之地正；殷之地正，有殊周之天統。元命所苞，實在兹矣。周公稽古，制禮於成王之日；漢高握德，改元於武皇之代。則知文物大備，未遑於上業；損益之道，諒屬於中平。朕所以式遵禮經，奉成先志，至推三統之次；國家得天統，當以建子月爲正。考之群藝，厥義明矣。宜以永昌元年十有一月爲載初元年正月，十有二月改臘月，來年正月改爲一月。自載初元年正月一日子時已前，大辟罪已下，罪無輕重，已發覺未發覺、已結正未結正繫囚見徒，皆赦除之。其叛逆緣坐及子孫殺祖父母父母、部曲容姦、奴婢殺主，不在赦限。其與敬業虺冲並與諸虺友往還，其魁首已伏誅，其支黨事未發者，並特從原免，不得更相言告。内外見任文武，九品以上職事官，並各賜爵一級。天下百歲以上老人，版授下州刺史，米粟五石，帛十段；九十以上，第版授上州司馬，米粟四石，帛七段；八十以上，版授縣令，逋租懸調並丁夫雜匠衛士，及有番第等達番及逃走應陪番及征課調者，並特宜免放。其欠負官物，及盜詐三庫物，並不在赦限。鰥寡孤獨篤疾等不能存立者，量加賑恤。孝子順孫、義夫節婦，旌表門閭，終身勿事。天下百姓，年二十一身爲户頭者，其各賜右爵一級；女子百户賜以牛酒；明堂役工人未被恩及者，所司即類例定等級奏聞。十五日内使了。緣供明堂致死人，其有未霑勳賜者，亦宜准例酬給。今年麥不熟處，及遭霜澇之處，並量放庸課。州縣好加檢校，勿使饑饉。新年軍差科百姓，稍有辛苦，亦宜量加優恤，蠲其徭役。所司類例處分供象州軍百姓艱辛處未得復者，宜給復一年。洛州輦轂徭役繁多，代朔並忻等州行軍，及諸州供明堂木及銅處，所司各類例節級給復。皇親諸陪位未出身者，量材處分，已出身者賜勳一轉。富商大賈衣服過制，喪葬奢侈，損廢生業，州縣相知捉搦，兩京兼委金吾檢校。天下百姓，皆須嫁娶以時，勿使外有曠夫，内有寡女。戰亡人格外贈勳兩轉，回授期親。子孤煢者，州縣給糧安養。征鎮人家口，州縣存恤。勸課殷有之家，助其營種，勿使外人侵欺。仍令所司刊正禮樂，刪定律令格式不便於時者。内外官五品已上，各舉所知。九經文字，集學士詳正，革其訛舛。亡官失爵，量加叙録。長流人並别敕流人移貫人降授官人及反緣逆人用當及造罪過特處分者，雖未至前所，並不在赦限。西府功臣及晋府子孫屈滯者，量加收叙，所司奏聞。亡命山澤，挾藏軍器，百日不首，復罪如初。敢以赦前事相告言者，以其罪罪之。率土之内，賜酺三日。赦書日行五百里。朕又聞之，人必有名者，所以吐情自紀，尊事天人。是故以甲以乙，成湯爲子孫之制；有類有象，申繻明德義之由。朕今懷柔百神，對揚上帝，三靈眷祐，萬國來庭。宜膺正名之典，式敷行政之方。朕宜以曌爲名。聿自卦演龍圖，文開鳥跡，萬人以察，百工以乂。所以弘敷政道，宣明禮樂，指事會意，改易異塗，轉注像形，屈伸殊制。周宣博雅，史籀興古篆之文；尼父温良，丘明述《春秋》之傳。自諸侯力争，姬室寖微，離爲二周，分成七國，法律異令，田疇異畝，言語異聲，衣冠異制。秦兼天下，剗滅古文，隸卒屢興，兵車歲動，官獄繁鶩，爰創隸書，自著秦文，肇興八體。刻符兼於大篆，摹印逮於殳書。兩漢因之，九千餘字，張敞杜鄴講學於前，揚雄甄豐校理於後。魏晋以降，代乏名儒，穿鑿多門，形聲轉繆，結造新字，附會其情，古今訛舛，稍益繁布，規畫無端平之體，魚鳥增奔放之容，轉相倣效，日滋月甚，遂使後生學徒，罔知所據，先王載籍，從此湮沉。言念澆灕，情深憫悼。思返上皇之化，佇移季葉之風，但習俗多時，良難頓改，特創制一十二字，率先百辟，上有依於古體，下有改於新文，庶保可久之基，方表還淳之意。昔在苞犧開木德之運，軒轅應土行之序，循環終始，布在方册，莫不績著帝猷，功宣皇道。方列三微之統，乃膺五行之曆，雖則盛比共工，强踰嬴政，齊桓晋文之業，大彭豕韋之美，纔爲霸者，豈登帝籙。自炎精蕩覆，王風哀思，漢氏蒙塵，中原離析，當塗逆取，但肆兵威，典午專權，無聞德化。故三國鼎峙，五胡幅裂，或道乖嗣德，或業匪孫謀，良由取之不以樂推，失之在乎虐用者也。齊梁竊據，僻在江淮，周魏勃興，奄宅咸洛，雖變夷從夏，號令惟行於境内，而智小謀大，聲教不通於天下。隋之御極，陳氏猶存，開皇之中，纔聞混一。嗣主失道，俄至分崩，七八年間，生人泯絶，秦項之酷，猶未之半，開闢已來，盖未之有。我國家祖宗積德，文武重光，仁風被於四表，英猷冠於三代。《易》不云乎，天地之道，久而不易者也。仲尼曰：善人爲邦百年，可以勝殘去殺。則知聖王久於其道，而天下化成矣。自魏至隋，年將四百，稱皇僭帝，數十餘家，莫不廢王道而立私權，先詐力而後仁義。勳未踰於列國，德不漸於霸圖。雖復時合諸侯，一匡區域。晋武踐祚，茂烈多慚於水官；隋帝乘時，雄圖不逮於秦氏。惟彼二君閏位，况區區者，豈宜當三統之數者乎！朕遜聽皇綱，幽求帝典，定王伯之真僞，洗生人之耳目，庶叶三推之美，光宣五帝之次。况合宫布政，景化惟新，太初開歷，上元伊始，宜以發揮大寶，申明曆數，恢皇家貞土之符，續炎漢真火之序，摛之罔極，垂之無窮。以周漢之後爲二王，仍封舜禹成湯之裔爲三恪，所司求其苗裔，即加封建，其周隋宜同列國，其嗣使主祭焉。布告遐邇，咸知朕意，主者施行。

（宋）宋敏求《唐大詔令集》卷二《帝王・即位赦・中宗即位赦》

門下：天地盈虛，四時有消息之度；皇王興替，五運有遷革之期。稱號斯殊，驪驅亦異，受明命者，罔不由茲。我大唐高祖神堯皇帝，聖期首出，天與神器，有大功於區夏，有大造於生靈。太宗文武聖皇帝，道則繼明，業推搆極，類商湯之起亳，若姬發之承周，彈壓九皇，牢籠萬古。高宗天皇大帝，上聖御圖，大明司契，手調元氣，心運洪鑪。齊五緯而平太階，應三神而登日觀，網羅開闢，包冠羲胥，大猷闡化，能事斯畢。仙駕不追，逆臣開釁。敬業挺灾于淮甸，務挺潛應於沙場，天柱將摇，地維方撓，非撥亂之神功，不能定人之危矣。則天大聖皇帝，亶聰成德，濬哲應期。用初九之英謨，開太一之宏略，振玉鈐而殪封豕，授金鉞而斬長鯨，屬受河洛之圖書，當昊羲之曆數，惠育黎獻，並登仁壽。既而凝懷問道，屬想無爲，以大寶爲勞生，遂復忝於明辟。且有後命，俾承先緒。光啓大唐之圖，用崇興復之基。交際在辰，情深感慰。奉高祖之宗廟，遵太宗之社稷，不失舊物，實在於茲。業既惟新，事宜更始，可改太周爲唐。社稷宗廟，陵寢郊祀，禮樂行運，旗幟服色，天、地等字，臺閣官名，一事已上，並依永淳已前故事。其神都依舊爲東都，北都依舊爲并州。大都督府永昌來庭兩縣並從廢省，其百姓依舊分屬河南洛陽兩縣。周朝宗廟陵寢及官，宜令所司商量處分。朕之遠系，出自老君，靈佑所資，貽慶長久，宜依舊上尊號爲玄元皇帝，省司差使册告。天下村落佛堂，並令開門灑掃，不得因茲聚斂，創加修葺。庠序之規，風教之首，京都兩學，尚且闕修，欲令四方，何以取則？其京都學館及先聖廟堂，所有破壞未營造者，逐要修葺，速令畢功，仍不得浪有勞擾。樂府之設，國風所繫，豈惟易俗，抑且和神。至若絲竹繁聲，倡優雜伎，深乖禮則，並宜量事減省。國之禮儀，已經改撰，隨時逐變，務在弘通。宜令禮官重加詳審，於行事有不便者，即從損益。制勑删定，處分已久，宜從易簡，務速施行。設官固須量才稱職，比來委任，稍亦乖方，遂使鞫獄推囚，不專法守，撰文修史，豈任秘書？營造無取於將作，句勘罕從於比部，多差別使，又着判官，在於本司，便是曠位，並須循名責實，不得越守侵官。皇家親屬籍沒者，則天大聖皇帝雖已溥暢鴻恩，其先有任五品已上官枉遭陷害者，並宜改葬，式遵典禮，若有後嗣，還其資蔭。其別勑安置並左貶者，亦復其屬籍，量還官爵。仍遣諸流移人，除犯贓賄及畜蠱毒造僞避讐反逆緣坐勘會不免者，餘並放還。天下軍鎮，不要者多，轉輸艱辛，府庫虚耗，事須改弊，不可循常。宜簡内外官人，有材識者，分爲充使。巡邊按覆，須留鎮遏及應減一事已上，並委使人，共所管詳度，還日具利害聞奏。其應支兵，先取當土及側近人，仍隨地配割，分州定數，年滿差替，各出本州，永爲格例，不得踰越。五品以上致仕曾伏事先朝者，賜爵一級。曾任州府幕府及任洛州牧日官人，並勘責聞奏。經任東宫官僚，見任六品官，計階應入五品者，特宜不拘年限，餘依常例。三衛細引主帥直司行署番官七絶等，通前各減二年，勞考滿者，各加勳一轉。合得官者，稍與處分。中書門下官人，計階考入五品者，優量令史番官准羽林例處分。直者及外司官，與二十二日誅賊之時，緣祇承在中書省者，各賜勳一轉。諸司有品直司，宜加一階，無品直司，賜勳一轉。禮官緣即位修執儀注者，各賜物二十段。正月當番三衛監門等，於武成衙内明福門外南衙及諸門者，賜物十段。左右羽林，及東宫北門厨供膳及匠，准例各賜物十段。正月量追三衛細引監門細引直長飛騎雜技飛騎，各賜物十段。東宫北門官及三衛細引監門直長，各賜物二十段，類例工夫多少奏聞。其引玉册及轝册讀册等官人，各賜物五十段。授册使人，賜物一百段。書册人，各賜物十段。其轝腰轝官人，賜物二十段。飛騎，各賜物十五段。其轝香蹬三衛及轝寶人，各賜二十段。頃者户口逃亡，良田差科繁劇，非軍國切要者，並量事停減。若要和市和雇，先依時價付錢。自非省支勒索，不得輙有進送。諸貢物皆須任土，當處無者不得別求，仍於常數每事量減。緣百姓間所有不穩便者，並委州府具狀奏聞，朕當親覽，即爲釐革。天下百姓，並免今年租及地稅。自今以後，租庸准符配定，更不須徵折脚價錢，其已前未征得者，亦即免放。天下宗姓，並准舊式。房州百姓，宜給復三年。其諸司官員，並雜色役掌幕士門役之徒，兼音聲人丁匠等，非灼然要籍，並量事減省。所司速爲條制。廄馬數多，皆須秣飼，食人之粟，日費滋深。殿中諸閑廄馬，量支留以外，抽送外州馬坊及本監牧，其東宫諸王公主等馬應官供者，亦令隨事減省。奢淫伎巧，實爲蠹弊，皆因節日宗屬婚親王公妃主競相賀遺，或造珍麗，妄爲進奉，錦綵異飾，雕鏤奇文，假撰樓臺，僞裝禽獸，諸如此類，深是害時，宜明勑格，嚴加禁斷。衣服采章，一准令式。夫鄒纓齊服，尚且變俗移風，朕率先百僚，必期化成兆庶。東都正月當上番兵，年至五十五即放出。前赦及今制處分有不盡者，並令所司類例續奏。布告遐邇，咸使知聞。主者施行。

（宋）宋敏求《唐大詔令集》卷六八《典禮·南郊·景龍三年南郊赦》

朕聞展禮禘祖，昊穹著其成命；就陰即陽，墳典明其大節。故豺獺有祭，下不隔於微品；犧牲畢陳，上以光於嚴配。軒皇用事，則雍旁五祠；漢帝潔齋，則城南七里。用能使敬而不黷，求而不匱，我高祖神堯皇帝，開階立極，配永循機；太宗文武聖皇帝，仗金策而清四方，運璇璣而齊七政；高祖天皇大帝，與乾坤合其德，與日月合其明；則天大聖皇后，建補天立極之功，受河圖洛書之統，五精歸運，四葉重光。朕虔順樂推，欽承睠命，紹宏基於累聖，日慎斯兢，執大象於群生，夙興如厲。遠人殊俗，占風而集蠻邸；美瑞休符，繫月而輝史筆。故得三邊靜柝，五兵銷刃，寰宇大寧，人神式序。而德慚被物，誠謝動天，水旱尚臻，政刑猶舛，永以憂惕，無忘鑒昧。然則事天事地，莫盛乎禋祀；弗躬弗親，孰申乎誠敬。朕自臨四海，於今六年，幸承祧社之靈，未展郊丘之謁。方今朔風候律，南晷登辰，乘上日而恭饗，奉高禋而肅事，備殷薦之容，行昭報之禮。豈唯光靈所燭，俱驗其徵，方冀後先不違，實受其福。至若五刑之屬，十惡爲重，自頃恩赦，罕聞該及。朕以眇身，膺乎大寶，下人不足，每切如子之傷，上帝所臨，敢逃在予之責。閒居三月，未弭厥愆，靜念終朝，載增寅畏。侑神伊始，與物惟新，思崇曠蕩之恩，以答高明之貺。可大赦天下。繫囚見徒及十惡咸赦除之；雜犯流人，並放還。京文武官、及應集考使別勅陪位官、邊州都督刺史、諸軍大使副使，三品以上，賜爵一等；四品以下，加一階；入三品者，三品減四考，五品減三考，聽入；外文武百官，賜勳一轉；關內諸州，無出今年地稅；令內五品以上，各舉堪任州刺史縣令者。天下大酺三日。

（清）沈家本《歷代刑法考·赦八·赦例二》 溫王唐隆元年六月庚子，臨淄郡王平韋庶人。辛丑，詔大辟罪已下常赦所不免者，咸赦除之，其逆賊頭首，咸已斬決，自餘支黨，一無所問。

按：唐太宗以前，赦文每云常赦所不免者不在赦例，高宗、中宗時詔書不具，至此次詔書始有常赦所不免者咸赦除之文，蓋當討亂之時，赦例務從寬也。是年七月、十一月兩次赦詔，仍有常赦不免不在赦例之語，至開元十七年十一月之赦始曰常赦不免咸赦除之，自是以後，其例遂寬矣。

（宋）宋敏求《唐大詔令集》卷一二三《政事·平亂·平內難赦》

大盜移國，朝有賊臣；見危受命，家多義士。朕以凶閔，觸諸糜潰，姦竪構扇，傾陷宗社。潛圖欲發，機兆未萌。相王第三子臨淄郡王隆基，糾合同盟，忠勇奮怒，志除凶黨，保護邦家。逆賊韋溫、馬秦客、葉靜能、宗楚客、紀處訥、武延秀、趙履温、楊均業等，密行鴆毒，先聖暴崩。朕志不圖全，枕戈泣血，風雲玄感，情計陰通。太平公主男衛尉卿薛崇簡，與前同州朝邑縣尉劉幽求、總監鍾紹京，日夜共謀，誓誅逆黨。凶徒驚恐，投竄無所。今天衢交泰，氛祲廓清，宜申作解之恩，以洽升平之化。自唐隆元年六月二十一日昧爽以前，大辟以下，常赦所不原者，咸赦除之。其逆賊頭首，咸已斬決，自餘支黨，一無所問。內外官三品以上，賜爵一級，四品已下，加一階。隆基可封平王，實封一千户，賜帛五千段。薛崇簡封立節郡王，食實封五百户，賜物三千段。鍾紹京可銀青光禄大夫、守中書侍郎，潁川郡開國公，食實封一百户，賜物一千段。前同州朝邑縣尉劉幽求可朝議大夫、守中書舍人，仍參知機務，中山縣開國男，食實封二百户。利人府折衝麻嗣宗可雲麾將軍、行左金吾衛中郎將，賜物一千段。

（宋）宋敏求《唐大詔令集》卷二《帝王·即位赦·睿宗即位赦》

門下：朕聞自古帝王，光膺圖籙，則尊尊親親之義，著於典册。朕諒在至公，蓋非獲已。我大唐乘時撫運，累聖重光，當四海之樂推，受三靈之眷命。大行皇帝奄棄宇縣，痛結仇讎，朕志掃巨逆，保寧嗣主。今皇帝哀煢在疚，託於朕躬，懃懇再三，願成茲意。朕以不德，猥承丕緒。念今追昔，載感於懷。若涉大川，罔知攸濟。思荷宗祧之業，屬此惟新；式揚渙汗之恩，與之更始。可大赦天下。

（宋）宋敏求《唐大詔令集》卷二九《皇太子·册太子赦·景雲元年册皇太子赦》 天下公器，非上聖無以運其機；域中大業，非元良無以固其本。朕欽若靈命，寅奉神宗，屈己順人，用安四海，承祧主鬯，實貞萬國。頃者象臻大憫，在疚爲憂，梟獍滿朝，豺狼塞路；武職戎政，必任凶徒，國要時權，咸畀逆黨；社稷之守，望絕苞桑，忠義之懷，誰其艾棘？階禍稔惡，伺隙乘間，煩言碎辭，所不稱述。皇太子諱，正氣凝姿，端命毓德，自家刑國，英徽日湛，移孝爲忠，雄謀電發。北軍馳入，埽攙搶於紫微；南宮反正，開日月於黄道，平亂寧夏，翼戴朕躬。一旅不勞，功逾復禹；七德咸舉，事邈興周，聲應吹銅，望歸當璧。今遣司空讀册命，侍中授璽，實由立義，豈曰尚親？承華肇開，元嗣以建，宜申洊雷之澤，仍紀景雲之瑞。可大赦天下。改唐隆元年爲景雲元年。内外官子爲父後者，賜勳一轉。公卿各舉孝友忠正堪任東宫官一人。

《舊唐書》卷七《睿宗本紀》〔景雲二年〕八月乙卯，詔以興聖寺是高祖舊宅，有柿樹，天授中枯死，至是重生，大赦天下。其謀殺、劫殺、造僞頭首並免死配流嶺南，官典受贓者特從放免。天下大酺三日。

（宋）宋敏求《唐大詔令集》卷七三《典禮・北郊・太極元年北郊赦》

門下：朕聞：大事在祀，禮極乎郊丘；大道曰生，道存乎赦宥。故至誠斯感，允接神明之休，盛典聿修，必敷雷雨之施。古先聖帝，躬祀后土，所以崇兼載之功，配博臨之義。有虞氏之合禘，徧於山川；成周氏之從祀，逮於林澤。西漢汾陰之脽，東洛翠嬀之禪，雖制未備，而道有可觀。曹魏以還，數百餘載，葢設儀而不復，或誠信而未孚，有其廢之，莫能得舉。我國家之受命也，承百王之季，啓三統之元。高祖神堯皇帝膺籙受圖，繼天立極；太宗文皇帝弔人伐罪，南征北怨。是用拯生靈於塗炭，登物類於休和。高宗天皇大皇帝，惟睿作聖，垂衣而理；大聖天后，受託從權，當寧而化；中宗孝和皇帝，允恭克讓，守文御武，能致刑措，於變時雍。朕以渺身，恭荷丕構，常恐政理乖中，風雨愆期，惕厲周於萬户，疚懷時於一物。幸乾坤交泰，宗社降靈，氣無疵癘之災，物遂生成之性。呼韓慕化，侍子來庭；月支請職，名王入貢。大荒同軌，瀛海無波，俯循涼德，載懷寅畏。故以歲首，肅事禋宗，爰撰令辰，親祀方澤。採黄圖之舊制，定黑畤之前基，心謀取則於禮經，宥密同規於詩頌。三祖登配，群望畢從，咸池之舞在列，合鍾之管斯應。祥風入候，當乎八變之殷；瑞日揚暉，屬乎三獻之始。臣工助而胥悦，兆庶覩以相趨，誠敬克申，感慶交集。頃緣郊籍，已肆眚災，貸宥之道，未應累降。但精享云缺，既曠代而方循；福釐所被，思寰宇之同沐。宜因大典，式暢洪恩。可大赦天下，改太極元年爲延和元年。五月十三日昧爽以前，大辟罪以下，咸赦除之。其十惡及劉誠之、胡太宰徒侶，官人受贓，並不在赦限。文武官預大禮，各賜勳一轉。桓彦範、敬暉、崔玄暐、袁恕、張柬之等，特還其子孫實封二百户，大酺五日。

（宋）宋敏求《唐大詔令集》卷二《帝王・即位赦・明皇即位赦》

朕承累聖之鴻源，荷重光之積慶。昔因多難，時屬邅屯。寶位深墜地之危，神器有綴旒之懼。事殷家國，義感神祇。吟嘯風雲，恭行雷電。致君親於堯舜，濟黔首於休和。遂以孟秋，允昇儲貳，旋承内禪，繼體宸居。拜手之請空勤，讓王之誠莫展。恭臨億兆，二載於茲。上稟聖謨，下凝庶績。八荒同軌，瀛海無波。不謂姦慝潛謀，蕭墻竊發。逆賊竇懷貞等，並以庸妄，擢在朝廷。毫髮之效未申，丘山之釁仍積。共成梟獍，將肆姦回。太上皇聖斷宏通，英謀獨運，命朕率岐王範、薛王業等，躬事誅鋤，齊斧一麾，凶渠盡殪。太陽朗耀，闢氛靄於天衢；高風順時，彰肅殺於秋序。人靈叶贊，夷夏相歡。四族之慝既清，七百之祚方永。爰承後命，載闢休明。揔軍國之大猷，施雲雨之鴻澤。承乾之道，既光被於無垠；作解之恩，思式覃於品物。當與億兆，同此惟新。可大赦天下，大辟罪已下咸赦除之。邠王守禮，加實封三百户；宋王成器、申王成義，各加實封一千户；岐王範、薛王業，各加實封七百户。内外官人，被諸道按察使及御史所通惡狀，咸宜洗滌，選日依資叙用。

（宋）王欽若等《册府元龜》卷八五《帝王部・赦宥》唐玄宗先天元年十月庚子，謁太廟禮畢，御延喜門，下制大赦天下。

開元元年三月丁卯御承天門樓，下制曰：朕承累聖之鴻源，荷重光之積慶，昔因多難，時屬邅屯，寶位深墜地之危，神器有綴旒之懼。事殷家國，義感人祇，吟嘯風雲，恭行雷電，致君親於堯舜，濟黎庶於休和。遂以孟秋允升，儲貳旋承，内禪繼體，宸居拜首之請，空勤讓王之誠，莫展恭臨，億兆二載，于茲上稟聖謨，下凝庶績，大荒同軌，瀛海無波。不謂姦慝潛謀，蕭墻竊發，逆賊竇懷貞等，頃以庸妄擢居台庭，毫髮之效未申，丘山之釁仍積，共成梟獍，將肆姦回。太上皇聖斷宏通，英謀獨運，命朕率岐王範、薛王業等躬事誅鋤，齊斧一麾，凶渠盡殪。太陽朗曜，澄氛靄於天衢，高風順時，厲肅殺於秋序，人靈叶贊，夷夏相歡。四族之慝既清，七百之祥方永，爰承後命，載闡休期，總軍國之大猷，施雲雨之鴻澤。承乾之道，既光被於無垠，作解之恩，思式覃於品物，當與億兆同此維新。可大赦天下。大辟罪已下咸赦除之。邠王守禮加實封二千户。宋王成器、申王成業各加實封一千户。岐王範、薛王業各加七百户。文武官三品以上，賜爵一級。四品以下各加一階。內外官人，被諸道按察使及御史所通惡狀，咸宜洗滌，選日依資叙用。十二月庚寅，大赦天下，改元爲開元。

（宋）宋敏求《唐大詔令集》卷四《帝王・改元・改元開元元年大赦天下制》 黄門：聖人無心，同於吹萬；上皇有道，契於明一。居天下之尊者莫大，體其大以照臨；成天下之務者至公，順其公以康濟，故能稽昌歷，考元符，通於神祇，格於上下；鴻名不可以深拒，盛典不可以固違，斯豈在予而狥於物也。朕以菲德，丕承聖訓，掃除欃槍，保衛宗稷，内問安以承志，外聽理以推誠。始自朝廷，納之以軌物；加於蠻貊，洎之以聲教。令跂行喙飲，含齒戴髪，去其夭札，蠲其疵厲。每兢兢於紫座，寧自貴於黄屋？而凡我群辟，顧斯兆庶，以爲人謀協從，天意欽若。王者人所歸也，帝者天之號也，歸之者以德，號之者以功。然號以功成，則功不可以不表；歸以德厚，則德不可以不勵。朕猥屬與能之運，遂忘冲讓之私，將逮建寅之歲首，甫擇建子之天統。是用發揮景命，受兹禮册。夫循名者責實，謀始者慮終。勉而全之，非敢自滿，所以克己思政，惟懷永圖。懼弗勝荷，用多惭惕，赦令所作，其來尚矣。是則姦人之幸，嘗思奔馬之喻，朕但欲令其畏惡，化之爲善，庶比屋可封，豈開羅爲惠。朕之此志，每用形言。自昨冬序，頗愆農澤，朱洎簡辰揀日，有司備禮，則上天同雲，北風雨雪。意者將乘廣慶，必待湛恩，宜憑宥過之典，以叶隨時之義。可大赦天下。改先天二年爲開元元年。自開元元年十二月一日昧爽已前，大辟罪已下，已發覺未發覺、已結正未結正、繫囚見徒，咸赦除之云云。禮尚於儉，書戒於奢。朕方歸敦朴，以存勸沮，至於乘輿服御，及土木之功，蠲除樽節，貴從簡省。王公已下，宜識此心，將欲先自朕躬，冀能化行海内。薛伯陽以凶魁之子，合寘嚴刑，緣尚主之恩，特令遠貶。旋念從夫之禮，深矜自我之出，宜復舊婚，再承新命，可唐州别駕員外置同正員。郭元振往立大功，保護於朕，頃因閲武，頗失軍容，責情放逐，將收後効，可饒州司馬員外置同正員。朕聞罪不相及，先王之制，叔向豈坐於凶弟，展禽見稱於哲兄，劉廙不以劉偉獲辜，王導不以王敦廢職。崔滌爲其兄湜搆禍，每進欵誠，事朕有年，心則無隱，忠邪既判，賞罰宜均，俾踐儲卿，式彰臣節，可太子僕員外置同正員。國初以來，宰相及實封功臣，子孫一房沉翳未承恩者，令所司訪擇有才用者，量加擢用。周朝酷吏來俊臣、周興之徒，殘害宗枝，毒陷良善，永言及此，深所嘆恨。其酷吏有身在及酷吏子孫，亦令所司勘會，甄别處分。諸軍將士，有年歲深久，所由要籍，或不得選集，及未叙勞效，咸委軍將據實奏聞，仍令所司早勘處分。及諸軍將佐總管以上，自今已後，冬正束帛一准京官例給。亡命山澤，挾藏軍器，百日不首，復罪如初。敢以赦前事相告言者，以其罪罪之。赦書日行五百里，布告遐邇，咸使聞知，主者施行。

（宋）宋敏求《唐大詔令集》卷八三《政事・恩宥・開元三年正月德音》 青春式序，陽和布氣，萬物熙熙，莫不遂其性而嘉其生也。中念愚人，干我王度，日陷坑穽，寘之網羅。朕代天理物，為人父母，睠言囚獄，良增隱惻，豈憲章之尚密，將教導之不明。欲順時令，抑惟恒典，兩京及天下見禁囚，除犯惡逆并造偽以前宜決一百配流嶺南及磧西諸州，其餘一切放免。

（宋）宋敏求《唐大詔令集》卷七九《典禮・巡幸・巡幸東都賜賚扈從赦天下制》 朕自臨天下，未至於洛。雖二京出遊，蓋惟常典，五載來巡，肇於即事。念兹扈從，特有加恩。南北衙應從官三品以上，各賜物四十段，四品三十段，五品二十段，六品七品十五段，八品九品十段。從飛騎、萬騎，各賜物五段，馬家小兒賜物三段。三衛檢校監門直長引駕等，發京宿衛，執當不闕者，簡日優量。其置頓、營幕、橋道等使並制官，各賜物，遞加從官一等，仍與中上考。緣路刺史、上佐縣令、奉承頃事並專知官，各准從官例與賜，亦與中上考。衛士、掌閑幕士等，各賜兩段。大赦天下，惟謀反大逆，不在赦限，餘並宥之。河南府百姓給復一年，河北遭澇及蝗蟲處，無出今年租。武德貞觀以來，勳臣子孫無名在位，更詳求其後奏聞。有嘉遁幽棲、養高不仕者，州牧各以名薦。

（宋）宋敏求《唐大詔令集》卷七九《典禮・巡幸・至東都大赦天下制》 黄門：周宅中土，秦里上田，皆王者之都也；時邁觀風，載巡展義，皆王者之政也。朕嗣守宸極，頓移年所。冕旒而視，心每周於萬邦；

車轍所屆，迹不出於三輔。豈懷安以憚勞，若省費而休力。然以設京師者不偏于西據，奉宗廟者亦傒於東征，安可阻從人之心，增徯予之怨？是用閶陽發歲，練日簡辰，順和氣以應物，御惠風以行令。永言告至，載叶伻來，顧茲非躬，畏此鴻業。下輦而有宮室，即舊不加；登臺而有山川，覽今猶昔。森言在目，用軫於懷。思宏遠圖，俾作寬典。不忘師古之義，特布惟今之渥。可更大赦天下。自開元五年二月三日昧爽以前，大辟以下，罪無輕重，已發覺未發覺，已結正未結正繫囚見徒，常赦所不原者，咸赦除之。謀反大逆，不在赦限。云云。夫政欲清静，詞尚省要，問者思致於義，未臻其道。文書盈几閣，而吏益欺；詔命下閭里，而人莫諭。得非失於牴牾，弊在煩蕪耶？簡而易從，禁則難犯。令式格勅有不便者，先令尚書省集議刑律刊定，宜詳閲厥衷，合於大體。亡命山澤，挾藏軍器，百日不首，復罪如初。敢以赦前事相告者，以其罪罪之。赦書日行五百里，布告天下，稱朕意焉。主者施行。

（宋）王欽若等《册府元龜》卷八五《帝王部·赦宥》〔開元九年〕十一月庚午大赦天下。内外官九品以上，加一階。五品已上加爵一等。自六月二十日、七月三日臣欽若等曰：玄宗景隆元年六月三日，平韋庶人。先天二年七月三日平太平公主。扶衛社稷，食實封功臣，坐事削除勳封官爵，中間有先死者，並量加收，贈致仕官合佩魚者，聽其終身。大酺三日。

（宋）宋敏求《唐大詔令集》卷六八《典禮·南郊·開元十一年南郊赦》門下：朕獲主三靈，於今一紀，聽政中昃，每不敢康，觀書乙夜，將求諸道。【略】今宗廟降靈，克開厥後，乾坤交泰，保合太和。麟鳳龜龍，玄符黄瑞之祉，蠻夷戎狄，梯山航海之琛，莫不日月以聞，道路相屬。顧惟不德，承茲休運，欽若昭報，疇咨故實。所以今年獻春，恭祀后土，季秋吉日，追崇九廟，採先後於魯經，稽肆類於虞典。爰因長至，欽謁上玄，告受命之玄符，昭嚴配之成績。大典云備，至誠克展，諸侯駿奔，來於穆之相，百神受職，率咸秩之文。六變已陳，三獻斯畢，蓋春秋大事莫先乎祀，王者盛禮莫重於郊。柴燎克終，感慶罔極，豈予一人之福，亦爾萬邦之賴。宜因咸和之際，俾承厚下之澤，可大赦天下。自開元十一年十一月十六日昧爽已前，罪無輕重，已發覺未發覺，已結正未結正繫囚見徒，大辟罪以下，咸赦除之；其十惡死罪，造僞頭首，刼賊殺財主，不在赦例。就中仍慮有寃濫者，所司具狀送中書門下，盡理詳覆奏聞，朕將親覽。其有亡命山澤，挾藏軍器，百日不首，復罪如初；敢以赦前事相告言者，以其罪罪之。昇壇行事官及供奉官，三品以上賜爵一級，四品以下加一階，諸獻官並准昇壇例。内外文武官，及致仕並前資陪位者，賜勳一轉；緣大禮有職掌押當者，更加一階；齋郎並與出身，皇親諸陪位未出者並放選，已出身者，賜勳一轉；親王公主，各與一子官；三衛監門黄衣長上飛騎，並仗内雜色，在齋宫宿衛，及諸色有資勞人，緣大禮有職掌，並流外行署預見大禮者，亦賜勳一轉；其充香爐執扇及禮生祝史贊者，賜勳外，簡選日優與處分。兵士宿衛齋宫，並諸資勞雜色，無勞資緣大禮有職掌，及京兆府百姓，緣南郊祇應者，各免其家一年雜科差；南北衛將軍，率中郎將宿衛齋宫者，並同昇壇例，其諸節度大使，及三都留守，雖不陪位，委寄既重，特宜同昇壇官例。百歲老人賜綿帛五匹，粟五石，縣令至其家存問給付。孝子順孫，義夫節婦，旌表門閭，終身勿事。諸州百姓，或因逢水旱流寓未安者，宜令所司朝集使，即作賑恤安輯法奏聞；其單貧衛士，番鎮久次，令州府長官簡擇灼然者放免。番役行人家，州縣檢校，勿使侵欺。磧西鎮人，途路懸遠，特宜賜勳一轉；鰥寡惸獨，亦令州縣矜恤，使得存濟；元置義倉，救人不足，承貸百姓糧及種子未納者，並放免，不得刼徵。自古聖帝明王，忠臣烈士，名山大川，並令所管致祭。其已得官人，並轉累未得處分，非老弱疾病，猶堪處事者，量加收録，使免失職；其左貶官，非逆人五服内親，及犯贓賄名教者，所司勘實奏聞，量移近處；其官人有清白政術，堪任刺史縣令，及抱器懷才，不求聞達者，州長具以名薦；宗室中有孝悌才術，爲衆所知，仍在俾任者，委宗正具以名奏。君臣一體，休慼共焉。朕今承天命，恭傳大寶，蓋憑累祖餘業，得一之符；亦由群公舊勳不二之力，永言繫賴，其敢忘之。自武德以來，實封功臣，知政宰輔，有身無大故而亡官失封，子孫淪屈者，所由勘責，具以狀奏。存者可酬其官榮，逝者當録其胤嗣，使幽明同慶，知有令辰。亞獻邠王守禮、終獻寧王憲，各賜物一千匹；捧俎申王撝、夾侍岐王範、薛王業，各賜物七百匹；侍中源乾曜、中書令張説、兵部尚書同中書門下三品王晙，各賜物五百匹；正衣附馬都尉王守一、王繇、温曦，宗正少卿崔澄，各賜物三百匹；二王後，賜物三百匹，壇場使京兆尹孟温禮，賜物二百匹；修造羽儀使，賜物一百匹；修撰儀注官，五品以上賜物一百匹；六品以下賜物七十段；自餘陪位預宴官，一品賜物一百匹；二品三品八十匹；四品五品六十匹；七品四十匹；八品九品三十匹；鴻臚諸蕃等使，與見大禮及在本蕃王侯大酋長，同宴會例給賜；郡主縣主各賜物八十匹。緣大禮數處有職長者，任於一頭從高叙，天下州府，賜酺三日，京城五日。前任所在百姓村坊宴樂，不得科率聚斂。其有處分未該者，令所司及本使比類奏聞，赦書日行五百里。主者施行。

（宋）宋敏求《唐大詔令集》卷六六《典禮·封禪·東封赦書》 門下：朕聞天監惟后，后克奉天，既合德以受命，亦推功而復始。厥初作者七十二君，道德洽著，時至符出，皆用事於介丘，升中於上帝。人情之所望，果有以塞之，皇王之叙，固可得而言也。朕接統千載，承光五葉，惟祖宗之德在人，惟天地之靈作主。往有内難，幽贊而集大勳；間無外虞，守成而纘舊服。未嘗不乾乾終日，思與公卿大夫，上下叶心，聿求至理，以弘我列聖，其庶幾乎馨香。今九有大寧，群黎樂業，時必敬授而不奪，物亦順成而無夭。懋建皇極，幸致太和。洎乃幽遐，率皆感被。戎狄不至，惟文告而來庭；麟鳳已臻，將覺悟而在藪。以故凡百執事，極言大封。顧惟不德，初欲勿議。伏以先聖儲祉，與天同功，荷傳慶以在今，敢侑神而無報。大節斯在，朕何讓焉。遂奉遵高祖太宗之業，憲章乾封之典，時邁東土，柴告岱岳。精意上達，肸蠁來應。宿信行事，雲物呈祥。登降之禮斯畢，嚴配之儀獲展。百神群望，莫不懷柔，四方諸侯，莫不來慶，斯事天道之介福也，邦家之耿光也。無窮之休祉，豈獨在予；非常之惠澤，宜其逮下。可大赦天下。自開元十三年十一月十三日昧爽以前，大辟罪以下，罪無輕重，已發覺未發覺、已結正未結正囚繫見徒咸赦除之。惟十惡死罪，不在此例。流人未達前所，放還；其有挾藏軍器，亡命山澤，百日不首，復罪如初。敢以赦前事言首者，以其罪罪之。內外文武官，三品以上，賜爵一級；四品以下，一階。邠王守禮、寧王憲、岐王範、薛王業，各與一子三品官。公主、嗣主、縣主、郡主，各與一子官。其應文武行從官，加階之外，並賜勳兩轉。三衛引駕，細引黃衣長上，飛騎彍騎，先有武散官加兩階；未給武散官，各賜勳兩轉。衛士馬主軍戎主幕士掌閑供膳太常及仗内聲音人行署，及蕃官七色，並別勅雜色定名行從人，亦賜勳兩轉。緣大禮登山供奉、侍從引事、轝脚等官，三品以上，特賜一階，仍與一子官；四品已下，特賜一階，仍賜勳兩轉，量與進改。其四軍別抽登山宿衛及諸司上山執當官，三品以上，賜一等，與一子出身；四品以下，加一階，賜勳兩轉，亦量進改。其白身人及引署蕃官，放蕃選，其山下昇壇行事官，三品以上，加爵一等，賜勳一轉；四品以下，加一階，賜勳一轉，選日稍優。諸獻官及宿衛齋宫將軍，率中郎並郎將，並兩京留守，諸軍節度使，並升壇例諸有職掌押當，非昇壇例諸有職人，加階，選日優量。其加階應入三品五品人，非特賜者，並依十一年三月二十八日勅節限。齋郎、禮生、見任官、前資官以上人，並依資量材與處分，未出身者放出身。皇親、別勅、承恩陪位者，亦准此。諸州岳牧四府長史、朝覲陪位者，泛階之外，各賜勳一轉。諸方使人及諸州父老，宗姓，並從家子孫，至岳不得陪位者；並賜勳一轉、物五段。諸州及兖州道僧至岳見大禮者，並賜五段。孔子後褒聖侯，量才與處分。天下致仕官，各依本品賜一季禄並束帛；其陪位者，仍賜勳一轉。諸蕃侯王酋長來會禮者，各賜加一官。至都節級賜其入朝；留在邊軍人，亦准此。其蕃中祇候衙官、刺史縣令，並與賜物及袍帶。突厥可汗小殺等，諸國王守護塞垣，歲月朝貢，並賜物，付使將往。侍老年百歲以上者，板授下州刺史，婦人板授郡主；年九十以上板授上州司馬，婦人板授縣君；年八十以上者板授縣令，並婦人並節級量賜束帛。其預見大禮侍老，各別加侍丁一人。孝子順孫，義夫節婦，旌表門閭，終身勿事。行人之家，及鰥寡惸獨，並疾病不能自存者，委州縣長官倍加存恤。諸軍行有文武散官者，加一階，白身者賜爵一轉。負欠官物，逋懸租調，並宜放免。其行過州縣，供頓劬勞，並帖頓百姓，有雜差科，並車馬夫役者，並免一年租税；兖州免二年租税。當頓官人，始末不絶者，與中上考，仍賜勳一轉。朕永惟王業，繄賴舊勳，元首股肱，其猶一體。自武德以來，功臣宰輔，或名存王府，遺嗣沈淪；或身無大故，銜屈泉壤，宜令所司放擇申理。唐元元年六月二十日立功官、人，往屬艱難，能盡忠義，今成大禮，何日忘之，宜各與一子出身；無子者任回與周親之人，有司試策三道等第收奬。朕躬陟天門，宿齋日觀，時屬嚴冬雪後，初變風寒，露立祈恩，誓欲代人當咎。俯仰之際，頓息霜飆，奠獻之辰，變同韶景。誠荷上天垂佑，亦賴靈山吐祥。《詩》云：無德不報。宜封泰山神爲天齊王，禮秩加三公一等。宜令所管崇飾廟祠。環山十里，宜禁其樵採。給近山二十户復，以奉祠神。率土之内，賜酺七日，任於村坊内宴樂，不得率斂煩勞。其節文未有霑及者，有司比類奏聞。其封祠諸數處行事者，從一處叙。赦書日行五百里。主者施行。

(宋)宋敏求《唐大詔令集》卷六六《典禮・后土・后土赦書》 門下：昔者巡狩所至，柴瘞所在，蓋取誠享，以遵告類。朕躬承祖宗之烈，獲主神祇之祀，夙夜祗畏，不敢荒寧，故勤兵朔陲，先展義於枌社；回旌睢上，遂有事於郊壇。王者父事天，母事地，則漢氏所穀，未始正名；周禮降神，乃爲徼福而已。朕以天命爲重，子道爲先，惟兹精誠，在乎教孝，庶蒙福於四海，期永康於兆人，是以率由舊章，恭敬明祀，嚴配之誠既展，奠獻之禮又終。且《春秋》之義，大事在祀，齋祭之福，庶品維祺。豈獨在予，而有斯慶！可大赦天下。自開元二十年十一月二十一日昧爽以前，大辟罪已下，罪無輕重，已發覺未發覺、已結正未結正咸赦除之；官人犯贓及有事被推者，本罪雖原，不得更令却上，仍别與處分。自奉先以來，有雜犯流移人，並配隸人，各量移近處；左降官未經量移、未複本資者，奏聽進止。天下遭損免州應損户減一分以上者，及供頓州，無出今年地税；如已征納，聽折來年地税；逋租懸調，貸糧種子，欠負官物，在百姓腹内者，亦宜准此。其不損各州，自開元十七年以前，所貸糧種，欠負官物，在百姓腹内者，亦宜准此。諸州緣供頓所差帖助夫，亦放其家今年地税。孝子順孫，義夫節婦，旌表門閭，終身勿事。諸州侍老百歲以上，賜粟七石；九十以上，賜粟五石；八十以上，賜粟三石，所由速付，勿淹旬日。太原潞府侍老等，先已加恩，不在此例。亞獻皇太子鴻，賜物二千匹；終獻慶王潭，賜一千匹；邠王守禮、寧王憲、薛王業，各賜物一千匹；忠王浚以下，各賜物三百匹；夾侍正衣、進珪、捧珪、汝陽郡王淳等，各賜物三百匹；皇太子夾侍正衣，各賜物一百五十匹。裴光庭、蕭嵩，弼亮朕躬，弘益斯遠，不有優異，何殊等倫，加階賜之外，各與一子官，無子者任與周親，仍各賜物三百匹。二王各賜物二百匹，長公主各賜物三百匹，嗣王郡主縣主各賜二百匹。行從文武官，三品以上賜物八十匹，四品五品賜物六十匹，六品七品賜物四十匹，八品九品賜物三十段。升壇官，三品以上特賜一階，四品以上各加一級，應入三品五品官階相當，不限考數，聽得入。知頓使，及判官修禮儀官，撰玉册官，知頓御史等加一級，修壇壇州刺史及修壇官，各賜物一百匹；其已升壇職掌，從一頭處分。緣大禮有職掌官，賜勳三轉，從行官首末不絶，及陪位官，各賜勳兩轉。内外文武官三品以上賜爵一等；四品以下各加一階。致仕官，三品以上賜物七十匹，四品五品各五十匹。從蕃客，鴻臚安置陪官，見大禮者，宜賜物五十匹，節級分付。南北衙應宿衛齋宫官及左右廂知兵馬虞候總管以上，及判司别奏，兼孔目官等，更加勳一轉，前資官選日稍優與處分；白身人有資勞者，簡選之日，優與處分，無資蔭者，勳兩轉，南北衙行從、三衛飛騎、萬騎、引駕細仗、監門直長、主師黄衣長以上，各賜勳兩轉，仍各賜物五段；兩營弓手六蕃併行，宜各賜物五段，仍量折；蕃役諸口彍騎及兵角弓手，官馬主掌，閑幕士駕，供膳習馭，工人，樂人，雜户，官户白身有職掌人，合行從人等，各賜勳一轉，物三段。其齋郎既是現任官，准壇上壇下有職掌官吏處分；執彈三衛及禮生贊者，各減二年勞，無勞可減者，簡選日稍優與處分；流外行署從者，各賜勳一轉，有職掌者，各兩轉；供頓州刺史同陪位官例，始末轉，支頓官各與上下中考。蒲州刺史、寶鼎縣官，同升壇官處分，管壇一鄉百姓給復二年，蒲州侍老等，准太原潞府例，降一等；武德初功臣，每有大慶，必存追遠，業參運始，義合賞延，其子孫沈翳，無在朝者，宜令勘責，即與一子官；唐元初立功臣等，艱難之際，誠效亦深，言念其初，豈忘終始，其三品以上，可賜紫金魚袋，有亡歿者，優贈一官，仍與一子官，已得官者，選日優與處分；兩京留守、京兆河南尹、四大都督府長史、諸軍節度副大使，准行從官例處分；諸方通表疏使人，預見大禮，准陪位官處分；諸道陣亡人家，仰州縣存恤，不周濟者，量事賑給；諸道健兒，别勅行人各賜勳一轉，仍令所司勘會團官奏寫告身送付諸道行人；或有身死被逃，猶徵課役，累及親鄰者，即宜審勘，爲其削除。皇親中有文武才用堪任使者，委宗正具以名上，當與獎擢。五岳四瀆，名山大川，自古聖帝明王，忠臣輔相，各令致祭，務其誠潔；赦書有所未該者，所司比類奏聞。亡命山澤，挾藏軍器，百日不首，罪復如初。敢以赦前事相告者，以其罪罪之。率土之内，賜酺三日。赦書日行五百里，布告遐邇，咸使聞知。主者施行。

（宋）宋敏求《唐大詔令集》卷九《帝王・册尊號赦・開元二十七年册尊號赦》 門下：古之執大象、建皇極者，必籍彝訓而受鴻名，所以應乎天而順乎人也。朕嗣守丕業，二十七年，受命之初，既膺明號，尚多祗懼，已謂崇高。公卿宗子，緇黄耆艾，披誠瀝懇，詣闕上言，僉以爲乃聖乃文，祖宗大業，恭惟纘服，必在欽承，顧以休名，施於薄德。抑而不許，凡已十年，爰洎於今，又陳八請。上迫奉先之義，下稽從衆之言。將存至公，不可固拒。以今日敬依大號，曰開元聖文神武皇帝，勉從典册，良增感懼。惟新之號，既不私於朕躬；非常之澤，宜普覃於率土。可大赦天下。自開元二十七年二月七日牓牒，昧爽已前，大辟罪已下，罪無輕重，已發覺未發覺、已結正未結正繫囚見徒常赦所不免者，咸赦除之。自開元以來，諸色逋負痕累人等，咸從洗滌，令許自新。所司更不須以此爲累。其有别勅停官，及亡官失爵者，放歸不齒之類，量加收叙。恤左遷官及諸色流人，並稍量移近處。朕每念黎甿，常恐失所，求其困乏，必在及時。比來諸州，或有損處，所在賑給，例逼春農，比及奏報，又淹時月，既無救於懸絶，亦何成於惠養？自今以後，每年至秋收後，即宜遣使分道宣慰，仍與採訪使及州縣相知巡檢，百姓間或有乏絶不自支濟者，應須蠲放及賑給，便量事處置訖奏聞。天下百姓，宜放今年地税，古者三載考績，黜陟幽明，允叶大猷，以勸天下。比來諸道所通善狀，但優仕進之輩，以爲選調之資，責實循名，或乖古義。自今以後，諸道使更不須通善狀，每至三年，朕當自擇使臣，觀察風俗。有清白政理著聞者，當别擢用。宗廟致敬，必先於如在；神人所依，無取於非族。深惟至理，用切因心。其應緣太廟五享，宜於宗子及嗣郡王中，揀有德望者，令攝三公行事。其異姓官吏，不須令攝。其草澤間有殊才異行、文堪經國、爲衆所推如不求聞達者，所由州長官，以禮徵迎。皇太子璵男宜并封授官；邠王守禮、寧王憲，各與一子三品官。其内外文武三品以上，賜爵一級；四品以下，各加一階。長公主及嗣郡王各與一子官；郡主縣主各放一子出身。二王後及諸方蕃客，宜各賜物。諸致仕官，量與進改，依前致仕。天下耆老，百歲已上，版授下州刺史，婦人版授郡君，賜粟五石，綿帛五段；九十已上，版授上州司馬，婦人版授縣君，賜粟三石，綿帛三段；八十以上，版授縣令，婦人版授鄉君，賜粟兩石，綿帛二段。京城父老等，宜共賜物三千段。僧道等，賜物一萬匹。天下觀寺，每六齋日，宜轉經讀典，懲惡勸善，以闡大教。率土之内，賜酺五日。

（宋）宋敏求《唐大詔令集》卷四《帝王・改元・改元天寶赦》 古先哲王之致理也，皆上順天心，下稽人事。時令贊發生之德，靈符叶紀年之稱。考彼前載，斯爲大猷。恭惟烈祖玄元皇帝，天寶錫慶，象帝之先，垂裕後人，重光五聖。自朕嗣守丕業，洎三十年，實賴宗社降靈，昊穹孚祐，萬方無事，六府惟修，寰宇晏如，庶臻於理。然則乾元在上，仁覆爲德；皇王臨下，惠化攸先。恩弘善貸，用廣滋育，尊道實而建元，暢玄風於不宰。況屬陽和布氣，獻歲發生，宜覃在宥之恩，式降惟新之澤。可大赦天下，改開元三十年爲天寶元年。自天寶元年正月一日昧爽已前，大辟罪已下，罪無輕重，已發覺未發覺、已結正未結正繫囚見徒，常赦所不原者，咸赦除之。諸色左降官，並其流人未經量移者，亦與量移。禁麛卵以遂生成，自今已後，每年春天下宜禁弋獵採捕。如聞百姓之内，或有户高丁多，苟爲規避，父母見在，乃别籍異居，宜令州縣勘會。其一家之中有十丁以上，放兩丁征行賦役；五丁已上者，放一丁，即令同籍共居，以敦風教。天下侍老八十已上者，宜委州縣官每加存問，仍量賜粟帛。侍丁者令其養老，孝假者矜其在喪，此王政優容，俾申情禮，而官吏不依令式，多雜役使，自今後不得復然。國之急務，莫若求才，頃者雖屢搜揚士庶，尚慮遺逸，更宜精訪，以副虚懷。其前資及白身人中，有儒學博通，及文詞秀逸，或有軍謀越衆，或武藝絶倫者，委所在長官，具以名薦。若乃弘我風化，實惟方岳，必佇其人，以膺共理。其京文武官五品以上清資並郎官，據資歷人才，堪爲刺史者，各任封狀自舉。但文宣垂訓，事必正名。而黄鉞古來以金爲飾，金者應五行之數，有肅殺之威，去金稱黄，理或未當，其黄鉞宜改爲金鉞，副威武之義焉。内外文武九品以上，各賜勳兩轉。前王重典，在乎祭祀，況屬惟新，事宜昭告。五岳四瀆、名山大川諸靈迹及自古帝王忠臣義士，並令所由州縣致祭。

《舊唐書》卷九《玄宗本紀》 〔天寶元年二月〕丙申，合祭天地于南郊。制天下囚徒，罪無輕重並釋放。流人移近處，左降官依資叙用，身死貶處者量加追贈。枉法贓十五疋當絞，今加至二十疋。

（宋）王欽若等《册府元龜》卷八六《帝王部・赦宥》 唐玄宗天寶元年四月大赦天下。【略】大辟罪已下，罪無輕重，已發覺未發覺、已結正未結正繫囚見徒常赦所不原者，咸赦除之。諸色左降官並流人未經量移者，亦與量移。

（宋）宋敏求《唐大詔令集》卷九《帝王・册尊號・天寶八載册尊號赦》 自昔皇王受祚，必降於元符，天人協心，乃章於大號。朕纘承玄緒，虔奉睿圖，何嘗不精意真宗，勵心庶政？幸以邊隅底定，風雨時若，人和歲稔，且洽於邕熙，極瑞殊祥，薦臻於昭應。故得玉芝再產，秘牒玄通。斯皆至道降休，先聖儲祉。顧惟菲德，曷以克當，是用祗薦崇名，永揚鴻烈。而群公百辟，援義比事，誠請不已。因辭不獲已，今日敬膺典册，曰開元天地大寶聖文神武應道皇帝。徽章載茂，寅畏增深，宜因稽古之典，式布惟新之澤。可大赦天下。自天寶八載閏六月五日昧爽已前，大辟罪已下，罪無輕重，已發覺未發覺、已結正未結正繫囚見徒常赦所不免者，咸赦除之。朕永惟風俗之本，漸冀返樸；至於弘貸之名，亦思復古。天下百姓，丈夫爲户頭者，宜各賜爵一級。征鎮之役，其來自久，雖存素備，諒在變通。頃者用兵，蓋非獲已。今西戎摧殄，北敵歸降，南蠻東夷，咸來稽顙，亦可謂四海無事，萬里廓清。減戍息人，思弘善貸。其諸軍鎮兵，非切要可均減者，宜令本鎮節度使與所司商量處置聞奏。其百姓有頻經征鎮者，已後差點之次，不在取限。年高給侍，本屬存養，因時定式，務廣仁恩。其天下百姓，丈夫七十五已上，婦人七十以上，宜各給中男一人充侍，仍任自簡擇；至八十已上，依常式處分。唐虞省刑，畫冠不犯；秦漢制法，密網唯煩。理亂之源，得失斯在。朕長想遠古，務崇敦樸，刑期不濫，政叶無爲。豈惟守於平邦，庶有臻於大道。頃者詳諸條目，已從簡易，至於結斷，尚慮深刻，所貴從寬，示其知禁。宜令中書門下與刑部大理寺法官審更詳定。法律之間有所非便者，具牒自奏。禘祫之禮，以存序位，質文之變，蓋取隨時。國家系本仙宗，業承聖祖。重熙累盛，既錫無疆之休；合享祭神，宜弘不易之典。自今每遇禘祫，並於太清宫聖祖前設位序正，上以明陟配之禮，欽若玄宗，下以盡虔恭之誠，無違至道。比來每緣禘祫，時享則停，事雖適於從宜，禮或虧於必備。自今已後每緣禘祫，其時享無廢。又奉先追遠，禮惟昭德，崇福展敬，義在因心。自今已後，獻祖宣皇帝宣莊皇后忌日，宜令京城一日設齋；太祖景皇帝景烈皇后代祖元皇帝元貞皇后忌日，京城三日行道。玄宗妙本，實備徽言，垂範傳學，時宏至化。朕所以發求道之使，遠令搜訪，因聽政之餘，親加尋閱。既刊譌謬，爰正簡編，必在闡揚，以敦風教。今内出一切道經，宜令崇玄舘即繕寫分送諸道採訪使，令管内諸郡轉寫，其官本便留採訪郡太一觀持誦。聖人垂訓，蓋先乎道，學者崇本，必有其師。文宣王與聖祖同時，俱爲教首，雖考言比德，理在難明，而問禮序經，跡彰親授。思廣在三之義，用崇得一之尊，宜於太清太微宫聖祖前，更立文宣王像，與四真人列侍左右。且道降真符，天有成命，藏之於密，則取固名山；彰之以類，則發祥星洞。況靈仙所集，宜表殊休，太白山可封爲神應公所，由四時祭祀，其金星洞改爲嘉祥洞，所管華陽縣改爲真符縣，仍於洞所置一祠宇，仙人臺下置一觀。兩京並十道於一大郡，亦宜各置一觀，仍並以真符玉芝爲名。每觀度道士七人，修持香火。户部侍郎兼御史中丞王珙以才受委，以忠奉上，須命精求玄論，克叶神心，宜旌迺誠，俾正章綬，特與三品。其李渾等四人，既親傳真誥，因獲元符，當有甄明，用旌福應，宜令中書門下量其所能，具狀聞奏，當别處分。夫九州之鎮，實著《禮》經，三代之典，必崇望秩。事既屬於報功，義有弘於錫命，其九州鎮山除入諸岳外，宜并封公，仍各置祠宇。如先有祠宇者，量更增修，以時致祭。其五岳四瀆，雖載常祀，儲慶發祥，當申昭報，宜令所在長官，各陳祭禮。名山大川，亦量事致祭。天下侍老，並量賜酒麵。内外見任文武官，職事官三品已上，賜爵一級；四品已下，各加一階。其京文武官見在職及諸色陪位官、通表使等，賜帛有差。率土之内，賜酺三日。

（宋）宋敏求《唐大詔令集》卷六八《典禮・南郊・天寶十載南郊赦》 皇天眷命，必順於五行；哲后馭時，實遵於三統，考古之道，何莫由斯。朕欽若上玄，嗣守丕業，察璇衡以齊政，念稼穡以勸人。日慎一日，四十載於茲矣，何嘗不夙夜祗畏，憂勞在懷，思康黎元，臻夫至理。幸以刑清俗阜，天成地平，萬方底寧，群物咸遂。雖慚大化，且謂小康，此皆至道儲祉，宗社敷祐，豈予菲薄，而克致焉。然則上稽曆象，旁採輿議，爰以土德，承漢火行，是憑《大易》之辭，用紹前王之烈。禎祥累應，正閏攸分，不改舊章，惟新景運，屬歲初吉，乘時布和。是用展祀崇禮，竭誠昭報，庶叶發生之序，載覃雷雨之澤。可大赦天下。自天寶十載正月十日昧爽以前，大辟罪已下，罪無輕重，已發覺未發覺、已結正未結正繫囚見徒，常赦所不免者，咸赦除之，其左降官，及流移配隸安置罰鎮効力之類，並稍量移近處；其官已復資，至叙用之日，不須爲累；其流人配隸，並一家住者，所犯人情非切害，身已亡殁，其家口放還；流人及左降官，考滿載滿丁憂服滿者，亦准例稍與量移；其亡官失爵，放還不齒，及諸色放停解免者，與替人等非犯贓者，宜令所司勘責，量加收叙；其衰老疾病者，仍與致仕官。天下百姓，今載地税，並諸色勾徵欠負等色，在百姓腹内未納者，並一切放免；且京兆府及三輔郡，百役殷繁，自今以後，應差防丁屯丁，宜令所由支出别郡。禮者所以訓導人俗，昭事明祇，有所宜增修，以會其本。况國之大典，在於精禋，必資備禮，以彰遵奉。自今已後，攝祭南郊，薦獻太清宫，薦享太廟，其太尉行事前一日，於致齋所，具羽儀鹵簿公服引入。朕親授祝版，乃赴清齋，用展誠敬。夫孝子奉親，生極敬愛，殁有思戚，霜露之感逾深，蒸嘗之敬如在。且廟者貌也，取像存焉，是禮由於情，因心則感。太廟宜置内官，以備嚴奉，仍於廟外别造一院安置，庶申罔極之思，無忘事生之禮。岳瀆山川，藴靈毓粹，雲雨之澤，利及生人。《春秋》之義，存乎祀典，况正其運序，式遵咸秩。其五岳四瀆及諸鎮山，宜令專使分往致祭；其名山大川及諸靈迹，並自古帝王，及得道昇仙，忠臣義士，孝婦烈女，先有祠廟者，各令郡縣長官致祭；其有陵墓屋宇頽壞者，量事修葺，合應禁樵採。宜申明捉搦，四海收廣，百川朝宗，德乃靈長。道惟善利，永言澤潤，義在封崇，其四海宜並封王，仍差使備禮册祭。朕每順時行令，奉道施法，天心不違，靈鑑非遠，且去載長至，庚子御辰；今兹建元，辛卯應曆，立春乃標於歲首，上已更協於清明，此氣序和調，乾坤交泰。既正東方之位，咸歸啓運之祥，則政貴宏通，上符天意。况法以輔德，刑以閑邪，豈在煩苛，必資簡易。朕永懷至理，思致還淳，每軫哀矜之心，屢申寬大之詔，實欲人皆知禁，化洽無爲。頃者已令法官，每刋刑典，猶慮尚乖大體，未副朕懷，再令中書門下與刑部大理官，審加詳定，務從寬曲。夫共理親人，在於郡守縣令，今二千石朝廷精擇，得其人；縣令委之選司，慮未盡善，孰若連職同官，見其踪跡。宜令天下太守，各舉堪任縣令一人，善惡賞罰，必及所舉。所司仍明作條例，每搜羅賢俊，旌賁丘園。猶慮匿跡藏名，安卑守位，瞻言及此，寤寐思焉。其諸色人中，有懷才抱器未經薦舉者，委所在長官審訪具名録奏。禮之王制，垂範作程，亦既觀德，訓人孝敬。故天子七廟，諸侯五廟，大夫三廟，士一廟，孝享奉先，禮亦有辨。今三品已上乃許立廟，永言廣敬，載感於懷，其京正員四品清望官，及四品五品清官，並許立私廟。京官五品以上正員清資，官階相當，並五品以上正員外清官，父母先没無官號者，並與追贈；又父有封爵，合傳授子孫，或緣申請遲違准式，遂停承襲，如有此色，自開元以來，宜令所司審加勘責，灼然合襲者，特宜許襲。天下侍老百姓，百歲已上，賜綿帛五段、粟五石；八十已上，綿帛三段、粟三石；丈夫七十五以上、婦人七十以上，綿帛二段、粟二石；大清宫道士，各賜物三十段；陪位道士，共賜物五百段；亞獻太子璵賜物二千段；終獻榮王琬賜物一千段。文武百官，及有職掌，各賜粟帛有差。率土之内，賜酺三日。

（宋）宋敏求《唐大詔令集》卷九《帝王·册尊號·天寶十三載册尊號赦》

今日敬膺典册，曰開元天地大寶聖文神武證道孝德皇帝。大號載崇，祇若增懼。宜因布和之序，式弘在宥之澤，可大赦天下。自天寶十三載二月九日昧爽已前，大辟罪以下，罪無輕重，已發覺未發覺、已結正未結正繫囚見徒常赦所不免者，咸赦除之。官人犯入己贓，不可更令却上後不須爲累。其左降官，並稍量移近處。其反逆緣坐流配諸色，宜與量移。其王鉷、李林甫、柴崇耀，阿布思等，並寄任非輕，苞藏特甚，原情議法，深所難容，况日月未淹，罪坐尤重，即從寬宥，何以懲肅？應緣親累流配者，並不在該及之限。左降官承前遭憂，皆不得離任，孝行之道，所未弘通，情禮之間，深可哀恤。如有此類，宜並放歸，仍申省計至服滿之日，准法處分。自今以後，編入常式。其中有非反逆緣坐，及情理切害，有父母老年不任相隨，無昆弟養者，許停官歸侍。及有身已衰老，久罹譴責，情願停官者，委本道採訪簡擇具名，牒中書門下，然後放還。鰥寡惸獨乏絶者，量加賑給。

（宋）宋敏求《唐大詔令集》卷二《帝王·即位赦·肅宗即位赦》

朕聞聖人畏天命，帝者奉天時。知皇靈眷命，不敢違而去之；知曆數有歸，不獲已而當之。在昔帝王，靡不由斯而有天下也。乃者羯胡亂常，京闕失守，天未悔禍，群凶尚扇。聖皇久厭大位，思傳眇身，軍興之初，已有成命，予恐不德，罔敢祗承。今群公卿士，僉曰孝莫大於繼德，功莫大於中興。朕所以理兵朔陲，將殄逆寇，務以大者，本其孝乎？須安兆庶之心，敬順群臣之請。乃以七月癸丑朔十二日甲子即皇帝位於靈州，敬崇徽號，上尊聖皇曰上皇天帝。所司擇日昭告於上帝。朕以薄德，謬當重任，既荷承天之禮，宜覃率土之澤，可大赦天下，改元曰至德。大辟罪以下，常赦所不免者，咸赦除之。其逆賊李林甫、王鉷、楊國忠近親合累者，不在免限。百姓官吏，能率親屬，去逆歸順，有官加其優奬；斬得賊逆父子，不問首從，當賜茅土，別有褒崇。其有直言極諫，才堪牧宰，文詞博達，武藝絶倫，孝悌力田，沉淪草澤，委所在長官聞薦，詣闕自陳者亦聽。東宮官屬，既會昌期，合承寵命，量加改轉。諸色勾徵逋租懸調及官錢在百姓腹内，並放免。靈州改爲靈武郡。大都督府，上縣爲望，中縣爲上，官寮等一切便授。天下耆壽，各賜物五段；侍老版授太守縣令有差，各賜物五段；天下諸道百姓，本道採訪使差郡縣官存問，四方將士，各賜馬一匹；六品以下，賜物十段；天下寺觀，各度七人；太守並限三考，然後轉御史。取曾任郡縣理人官者，後可薦用。所有彈奏，一依貞觀故事。官吏犯枉法贓，終身勿齒。自古聖帝明王、忠臣烈士、五嶽四瀆、名山大川，並令所在致祭。孝子順孫、義夫節婦，旌表門閭。內外文武官九品以上，各加兩階，賜勳兩轉，三品以上賜爵一級。

（宋）**宋敏求《唐大詔令集》卷一二三《政事·平亂·收復兩京大赦》**

今六飛届止，萬姓昭蘇，義奉君親，慶深家國，不失舊物，與俗維新，宜弘肆眚之典，共喜以康之福。可大赦天下，常赦所不免者，咸赦除之。其逆人能自投降，率衆款附及殺獲逆人，以所部郡縣軍城降者，並加超賞。應與安禄山同謀反逆枝黨及李林甫、王鉷、楊國忠等一房並不在免限。

（宋）**王欽若等《册府元龜》卷八七《帝王部·赦宥》** 唐肅宗乾元元年四月除反逆之黨、緣坐、謀殺、十惡、劫盜臨監主掌，自餘一切原免。其餘逆賊元謀及脅從，今但歸投，並原其罪，仍與官賞。

（宋）**宋敏求《唐大詔令集》卷八七《帝王·改元·改元上元赦》**

自古哲王，恭承景命，莫不執象以御宇，曆時以建元，必當上稽乾符，下立人極者也。朕承累聖之鴻緒，紹大中之寶位，屬故孽干紀，王師尚勞，乾乾之心，豈忘鑒寐！一物失所，每軫納隍之憂，萬邦未寧，深懷馭朽之懼。賴上玄垂福，宗廟降靈，百辟卿士，同心戮力。方冀干戈載戢，區宇乂安。常勵躬於帝圖，恒取則於天道。屬天人葉紀，景象垂文。爰遵革故之典，將契維新之命。義存更始，庶有應於天心；澤被無私，宜載覃於率土。可大赦天下，改乾元三年爲上元元年。自上元元年閏四月十九日昧爽已前，其大辟罪已下，已發覺未發覺，已結正未結正繫囚見徒，罪無輕重，常赦所不免者，咸赦除之。其與逆賊元謀及脅從受驅使，懼法來降，並潛藏不出者，已頻處分，但能歸順舍罪，除元惡之外，一無所問。其史思明心能改圖，束手來款，亦當洗其瑕釁，議以勛封，内外文武官賜爵各有差。其六軍及飛龍閑廄，加賜物。其成都靈武元從扈從，遞加有差。在外諸軍，各加録賞，陣亡將士，優加褒贈。行人家口，所在賑給。定禍亂者必先於武德，拯生靈者諒在於師貞。周武創業，克寧區夏，惟師尚父，實佐興王。况德有可師，義當禁暴；稽諸古習，爰崇典禮。其太公望可追封武成王，有司依文宣王置廟，仍委中書門下，擇古今名將，同文宣王置亞聖及十哲等享祭之典。自古帝王，欽慎刑法。蓋以法者人之命，刑者國之權，苟或失其科條，因難措其手足，頃或姦臣擅命，中典不修，造次便行，哀矜何在？自今已後，其有犯極刑者，宜命本司依舊三復。庶平反之際，人謂不寃；幽明之間，理皆無濫。又《書》稱群望咸秩，《詩》曰祀事孔明，爰自遐代，尤崇祀典。朕深惟古義，必在至誠，苟德之不修，則神亦無據。故知精誠有感，黍稷非馨。而况宋璟發言，固三從而可驗，漢文深誡，爲千載之明徵。事可遵行，理當變革。有司所立秘祝之法，或移於歲，或移於人，君人之心，寧所忍也。自今已後，削去此法。其中祀並雜祭祀事一切並停，其諸應合祭祀，列於恒典，所用祭科，一依古制，務從減省，以副朕心。又車服以庸，有虞盛典；威儀以等，周禮舊章。徃屬承平，多歷年所，下至於公卿列位，中外在官，多以奢僭爲心，流弊成俗。宜命所司，定王公以下車服産業，各詳古制及令式，作節限聞奏。自頃戎車未息，殘孽猶虞，軍吏獻功，務陳首級。且四海之内，孰非王人？豈以苟從昏迷，陷在夷戮？一朝授首，懸彼藁街！朕志存好生，憫其驅脅，其諸軍所獲首級，除元惡之外，一切不須傳送。又設官分理，本在安人，遞遷之政，務於利用。今寰瀛之内，兵革未清，加以時或不登，物皆湧貴，軍儲是急，廩稍靡供，冗官之流，固甚勞弊。其京閑司官等，材堪釐務者，宜命中書門下即類例量資出授外官。王者設教，擇賢以理，廣徵巖穴，用副薪槱。宜令中外五品以上文武正員官，各舉賢良方正，直言極諫一人。武藝文才，俱堪濟理者，亦任狀舉。其或文乏詞策，武非騎射，但權謀可以集事，材力可以臨戎，方圓可收，亦任通舉，並限制到一月内奏畢。自古明王聖帝、名山大川，並委州縣長吏擇日致祭。義夫節婦，孝子順孫，旌表門閭，終身勿事。

（宋）宋敏求《唐大詔令集》卷二《帝王·即位赦·代宗即位赦》

高宗嗣興，諒陰成受終之禮，康王承統，翌日奉顧命之書。况萬事尚殷，蕭墻有釁，蒼生佇理，社稷謀安。教雖達於通喪，禮有變於金革。順人聽政，僶俛從權。朕頃侍鑾輿，率彼西夏，佐成草昧，俾掌戎車。國步艱難，睿圖廣運，再清宇縣，崇復宗社。禀成命以受律，敢貪天以爲功？聖慈弘深，册踐明兩，奉若廷訓，敢有怠心？嗚呼，不吊昊天，殃咎薦至。皇祖之哀未釋，閔凶之罰奄鍾。攀號罔極，若無天地，誓終喪紀，企及前王。百辟抑予，俾恭遺訓，俯遂衆望，嗣膺丕烈。欽兹大寶，懼不勝任，若蹈春冰，如集喬木。邇者先聖哀損，朕在問安，而鬩墻構灾，陵長成禍，闐闟作孽，閹寺滔天，職爲亂階，潛置巫蠱，將行竊弄，覆我邦家。賴良弼匡戴，爪牙同德，天道助順，神理害盈。昭此共工之心，終貽管蔡之辱。舍彼有罪，咸服其辜，廢於離宫，寘於城潁。今天衢雖泰，率土未康，式協公卿之心，仰遵日月之命。奉時斯在，先甲未孚，宜允人神，覃兹涣汗，可大赦天下。自寶應元年五月十九日昧爽已前，大辟罪已下，已發覺未發覺，已結正未結正繫囚見徒常赦所不免者，罪無輕重，咸赦除之。自開元以來，所有諸色犯累者，並宜雪免。左降官並諸色流人，及罰鎮效力、配軍團練等，一切即放還。其中有見任刺史縣令及正員者，並依本任。其四月十五日已後，諸色流貶者，與量移近處；逆賊史朝義已下，有能投降及率衆歸附者，當超與封賞。天下禁囚不得過五日，所有推劾不得分外拷掠，亦不得信支證便結罪名。

（宋）宋敏求《唐大詔令集》卷八四《政事·恩宥·大曆四年大赦》

勅：至理之代，先德後刑，上勸心以臨下，下欣然而奉上，禍亂不作，法令何施。去聖久遠，薄於教化，簡書填委，獄訟繁興，苛吏舞文，寃人致辟，思欲刷耻改行，厥路無由，豈天地父母慈愛之意也。朕主三靈之重，托群后之上，夕惕若厲，不敢荒寧。内訪卿士，外咨方岳，日不暇給，八年於兹。而大道淳風，鬱而不振，四郊多壘，連歲備邊，師旅在外役費尤廣。賦與轉輸，疲耗吾人，困竭無聊，窮斯濫矣。下愚暗昧，不見刑網；我士在軍，未習法令。犯禁抵罪，其徒實繁，狴牢之間，未詳其事。實吏議不决，動淹夫時序；傷沮和氣，屢彰咎徵。此皆朕之不明，教之未至，上失其道而繩下以刑，敢不罪己，以答灾眚。且人者君之支體，害之則君有所傷；刑者教之輔助，失之則人無所措。慮有寃濫，惨然憂傷，用明慎罰之典，俾宏在宥之澤。其天下見禁囚徒，死罪降從流，流以下罪釋放。其左降官及流人，並與量移，仍委本司即勘實，送名中書門下，奏聽進止。如聞州縣官，比來率意恣行粗杖，不依格令，致殞使斃，深可哀傷，頻有處分，仍聞乖越。自今以後，非灼然蠹害者，不得輒加非理，仍委觀察節度使嚴加捉搦，勿令有犯，録名聞奏。宣示中外，宜悉朕懷。

（宋）宋敏求《唐大詔令集》卷八四《政事·恩宥·大曆五年大赦》

門下：惟辟奉天，作人父母，若天垂戒於上，人不安於下，則修德勤政，以明至誠。恤刑獄之寃抑，痛閭閻之疾苦，招納諫臣，旁求賢良，允迪前烈，率由兹道。朕獲承宗廟之重，托於王侯之上，夙夜齋栗，莫敢荒寧。推誠以撫萬邦，屈己以安百姓，憂勤之至，日慎一日，服御之給，損之又損。而涉道猶淺，燭理不明，國經王度，多有廢缺。加以寇戎驟犯，軍國頻勞，賦重人竭，因之歲歉，田荒業廢，逋散相仍，每深怵悼，頻有蠲降。兼亦簡求良吏，以惠矜人，去除姦宄，用達幽枉，大變風俗，更張刑政。冀人和之漸洽，何天眚之屢彰！固以朕德之寡昧，化之衰薄，其咎不遠，在予一人；亦由郡邑之候，未盡條理，或貪以害物，或擾以傷農，有凌弱暴寡之寃，有不均失中之政，人無所措，多陷刑辟。蓋教之道未至，豈忍以文法繩之，慘然憂嗟，深自引慝。雖靡草麥秋之候，方斷薄刑；而薰風長養之時，宜寬庶獄，大决踈網，與之更新。其天下見禁囚徒，死罪並降從流，流以下並釋放。內外文武官及前資官六品以下，並草澤中有碩學專門、茂才異等、智謀經武、諷諫主文者，仰所在州府觀察牧宰精求表薦；如所由搜揚未盡，遺免林間者，即宜詣闕自舉，親當策試，量能擢用。朕每覽漢文詔書，至陽和之日，草木群生之類，皆有以自樂。而吾百姓或阽於死亡，而莫之省，悵然遐思，感嘆增懷，哀矜之人，又甚於昔，思有贍恤，安其居食。觀察、節度使及刺史，各宜訓勵所部，使奉科條，變貪官之節，激廉吏之行。其清白明著政理殊尤者，具以名聞，必加獎擢。若冒於貨賄，紊我紀綱，一經糺劾，當峻刑憲。其官人犯贓經恩免罪者，並宜申報中書門下及所司，不得容其却上。自王室多故，積有歲時，皆我文武之臣，中外戮力。今天下既定，崇德報功，與之剖符，傳代不絕。至於涖官述職，宜慎典刑，貽慶子孫，永同休慼。於戲！武德、貞觀之間，有若魏徵、王珪、李靖、李勣、房玄齡、杜如晦等，扶翼大運，勤勞王家，尊主庇人，匪躬致命，咸有一德，格於皇天，緬然常懷，風烈猶在。後嗣沉翳，特加優獎；如廟宇荒毀，即宜修葺。無德不報，何日忘之！其鰥寡孤獨、老幼貧窮、不能自存者，委州府縣吏取諸色官物，量事賑給，仰名招携户口，勸課農桑。應所在州府有興功役處，非灼然急切者，宜並停之。五嶽四瀆，名山大川，神明所居，風雨是主，宜委中書門下分使致祭，以達精誠。孝子順孫，義夫節婦，事跡著者，特加旌表。頒示中外，知朕意焉。

（宋）宋敏求《唐大詔令集》卷八五《政事・恩宥・大曆七年大赦》

門下：濟於道者，化醇而刑措；善於理者，綱舉而網踈。朕涉道未宏，燭理多昧，常亦遐想太古，高挹玄風，保合太和，在宥天下。蓋德薄而未臻也。是用因時以設教，便俗以立功，務盡平恕，用申哀恤。又教淺而多犯也，加以邊虞未戢，井賦猶繁，荒瘵之餘，寇攘斯起，遂令圜土嘉石之下，積有纍囚，危章互簡之中，困於法吏。屬盛陽之候，大暑方蒸，永念狴牢，何堪鬱灼。所以沮傷和氣，感致咎徵，天道人事，豈相遠也。如聞天下諸州自春以來，或□時雨，首種不入，宿麥未登，哀我矜人，何恃不恐。皆由朕過，益用懼焉，惕然憂嗟，深自咎責，所以悉減常膳，别居齋宮，禱於明神，冀獲嘉應。仲夏之月，靜事無刑，以助宴陰，以宏長養，斷薄决小，已過於麥秋，繼長增高，宜順乎天意。可大赦天下，其大歷七年五月十五日昧爽以前，已發覺未發覺、已結正未結正應天下見禁囚徒，罪無輕重，一切並宜放免。所由不須類例聞奏，宜令諸道節度觀察及州牧縣宰等於當官內所有名山靈跡，各精誠致祭，祈降甘澤，冀獲豐稔，永思流弊，庶振風猷。其巴南諸州，仍歲水旱，迫於凍餒，或至流離因有剽求，苟全性命，懼刑網之所及，始嘯聚以相依，抑有由焉。蓋非獲已永言其弊，用軫於懷，如能相率來歸，各安生業，並無所問，咸許自新。敢以赦前事相告者，以其罪罪之。亡命山澤，挾藏軍器，百日不首，復罪如初。赦書日行五百里，宣示中外，咸使聞知。

（宋）宋敏求《唐大詔令集》卷八五《政事・恩宥・大曆八年大赦》

自古帝王，順時行令，當北至之炎燠，應南風之長嬴，必使無刑，解網申惠，叙麥秋之氣，而代天理物矣。朕獲奉珪璧，虔恭郊廟，一紀有餘。承累聖之鴻業，爲兆人之父母，戰戰兢兢，恐懼不濟。而天地幽贊，陰陽化育，關輔之内，農祥薦臻，嘉穀豐衍，宿麥滋藩，閭閻之間，倉廩皆實，百價低賤，實曰小康。此皆上帝報貺，列祖儲祉，卿士存誠，元元盡力之效。思與萬方百辟，咸共樂之，而未能也。況或抵常憲，纍然就拘，辨對官曹，置閉獄户。永惟械繫之慘，追恩冒犯之由，皆自王化未醇，風教多闕。俾人忘耻格，俗虧禮讓，罹在刑典，久於狴牢。當順陽助生之時，積寃蔽感傷之氣。百姓有過，在予一人。顧諟欽恤，誠切傷痛，用申在宥之旨，庶洽惟新之令。自大曆八年五月二十九日昧爽以前，天下見禁囚徒，已發覺未發覺、已結正未結正、死罪並降從流；流以下，並宜放免。敢以赦前事相告者，以其罪罪之。亡命山澤，挾藏軍器，百日不首，復罪如初。夫承天下之序，則三時有成；自申刑外之仁，則四海蒙福。嗟爾庶士，諒悉予懷。

（宋）宋敏求《唐大詔令集》卷八五《政事・恩宥・大曆九年大赦》

朕誕膺天命，以撫方夏，夙夜兢惕，保祐惟人。懼庶獄之未孚，俾一夫之不獲，思用哀恤，與之和寧。頃屬夷夏多虞，干戈是務，徵賦頗重，黎元不康，内迫艱窮，外乘師旅，因行盜竊，自陷典刑，纍然圜土之下，停勦視獲蔭之命。永念愚惑惻焉疚心，而寰區之間，舉若斯衆今火中，惟夏長嬴及時，鬱然沉繫，致傷和氣，萬方有罪，在予一人。將洽至淳之化，更布維新之理。其大歷九年四月二十四日昧爽以前，大辟罪以下已發覺未發覺、已結正未結正，罪無輕重，一切並宜放免。敢以赦前事相言告者，以其罪罪之。其在軍將士有刀箭所傷，久嬰沉疾者，戮力疆場，身當鋒刃，各委所由量給藥物，厚加優賞。其陣亡將士，亦仰本使隨事優恤妻子，各申錫賚。其百姓鰥、寡、孤、獨不能存濟者，困窮無主誠可哀傷，所在府、州、縣長官每年以諸色官物量加贍恤，令其得所。亡命山澤，挾藏軍器，百日不首，復罪如初。在宥之典既周，動植純嘏之錫，庶延子孫，凡在品彙，各宜遷善，宣示中外，令悉朕懷。

（宋）王欽若等《册府元龜》卷八九《帝王部・赦宥》 唐德宗以大曆十四年五月癸亥即位，六月己亥朔御丹鳳樓，大赦天下。自大曆十四年六月一日已前，罪無輕重嘗赦不原者，咸赦除之。寶應元年以後痕累禁錮，及反逆緣坐等一切洗滌。【略】諸使及州府有須改革處置事，一切先申尚書省，委僕射已下衆官商量聞奏。外使及州府不得輒自奏請。或律令格式條目有未折衷者，委中書門下簡擇理識通明官共删定。自至德已來制勅，或因人奏請，或臨事頒行，差互不同，使人疑惑。中書門下與删定官詳決，取堪久長行用者，編入條格。三司使准式，以御史中丞中書舍人給事中各一人爲之，每日於朝堂受詞，推勘處分。憲官諫官嘗參官，每政事錯綜，仰面折廷爭，無有所隱。憲司彈奏，一依貞觀故事。其知匭使先有明勅，非不丁寧，猶聞壅遏，自今已後，仰每日諸匭，務招遠方達聰明目，諸司各舉厥職，共守至公，天下有才業尤著，高蹈丘園，及直言極諫之士，所在具以名聞。其諸色人中，有孝弟力田，經學優深，文詞清麗，軍謀宏遠，武藝殊倫者，亦具以名聞，能詣闕自陳者，亦聽。仍限今年十二月内到，朕當親試。自今已後，更不得令置寺觀，及請度人。存問耆老，恤孤弱不能自存者。

（宋）宋敏求《唐大詔令集》卷一二三《政事・購募・平朱泚後車駕還京赦》 門下：致理之體，先德後刑。禮義興行，故人之耻格；教令明當，則俗致和平，然後姦慝不萌，暴亂不作。古先哲後，莫不由斯。國家受命，百七十載，八聖儲慶，敷佑下人。邁種寛大之德，累蠲苛酷之令。蓋仁之所積者厚，故澤之所流者深。玆予小子，獲主重器，昧於治亂之道，溺於因習之安，授任不明，賞罰無當。立法以齊衆，而犯命愈甚；興戎以除害，而長亂益多。繁賦蓄姦，乘釁竊發，九廟乏祀，兆人靡依，猰貐肆其吞噬，豺狼穴於宫闕，歲未云半，載罹播遷。仰慙穹昊，俯愧臣庶，敢愛霣越，苟全眇身！誠懼益縱寇儲，重辱宗社，忍耻誓志，庶補前差。賴億兆之心，不忘先德；將帥戮力，恭行天罰。俾予寡昧，再膺多祜，結乾綱於既紊，復天柱於將傾。言旋鎬京，不改舊物，宗祧以序，朝享有期，責重慶深，彌增感嘆。嗚呼！君者，所以恤民也。君若失位，民將安仰！朕既不德，致寇興禍，使生靈無告，受制凶威。苟全性命，急何能擇？或虧廢名節，或貪冒貨利，陷於法網，事匪一端，究其所由，自我而致。不能撫之以道，乃欲繩之以刑，豈所謂恤人罪己之誠，含垢布和之義！滌清污俗，咸與更新。可大赦天下。自興元元年七月二十二日昧爽以前，大辟罪以下，已發覺未發覺、已結正未結正繫囚見徒常赦所不原者，咸赦除之。今年五月二十八日已前左降官，即與量移；已經量移，未復資者，更移近處。流人及配隸，罰鎮効力，並即放還。亡官失爵，放歸不齒，量加收叙，未復資者，更與進改。其黜免人等，有素著行能傍遭譴累，特加録用，勿以爲負。【略】應天下建中四年年終以前所有諸色負欠，在百姓腹内者，一切放免。百司諸軍諸使，舉放利錢，今年六月以前，百姓欠負未納者，亦並停征。京兆府百姓，普恩之外，給復一年。其供頓官吏，委京兆府類例具名銜聞奏，量與優賞。古者計户以署吏，因時而建職，此下人士，亦無冗員。今田畝污萊，版籍凋耗，齊人編户，托庇官曹。會貪吏黠胥，誘爲囊橐，啓姦隳業，爲害尤深。應京百司色役人及流外等，委御史大夫即與諸司、諸使長官審商量，據見所掌事之閑劇聞奏，仍挾名送中書門下，務宜減省，副朕憂人。以後須署置，並定名先奏，仍永爲恒式。今年正月一日赦書，節目未行者，並舉而行之；赦書或有未該，即此類條件聞奏。敢以赦前事相言告者，以其罪罪之。亡命山澤，挾藏兵器，百日不首，復罪如初。赦書日行五百里，布告遐邇，咸使聞知。興元元年七月二十三日

（宋）王欽若等《册府元龜》卷八九《帝王部・赦宥》 貞元元年正月丁酉朔御含元殿，受朝賀禮畢，大赦天下。以興元二年爲貞元元年，李懷光束身歸順，以其嘗有大勳，官封如舊。諸道進討淮西，罪止希烈，脅從皆原。自今特赦正月十一日昧爽已前大辟罪已下，咸赦除之。左降官量移近處，流人及罰鎮効力，並即放還。應有痕殿禁錮，前後恩赦節文未該

及者，並宜洗雪。李希烈僭逆不道誠所難容，朕憫念蒼生，務息征討，頻有詔命，許其自新，若能歸降，依前勅待之以不死。

（宋）宋敏求《唐大詔令集》卷七〇《典禮·南郊·貞元九年南郊赦》 可大赦天下。自貞元九年十一月十日昧爽以前云云其見於官司辨對者，亦並放免；官人犯入已贓，不可令其却上，已後勿以爲累；左降官及流人，並量移。云云。竄謫遐裔，冀速霑恩，比者准制量移；所司比例申牒，屢加盤覆，累涉歲年，既病淹遲，且不均一，宜令吏部刑部審檢，勘本流貶及量移。勅旨：比類元犯事狀輕重，月内與處分；内外文武云云從我巡狩，涉於艱難，録其忠勞，宜有優異；應從奉天扈從至興元府文武官將士等，普恩之外，三品以上賜爵。云云兵興以來，垂四十載，稅既煩重，人多困窮，因之流離，因之凍餒，爲人父母，實深哀傷，誠由德化未敷，耗斁猶廣。每欲蠲復，與之小休，迫於軍儲，有意未就。姑爾勤恤，減其田租，惠貸非多，深自慚愧。天下百姓貞元十年地租，斛斗應令度支收管者，宜並三分放一分；如當管無屬度支斛斗，即減放合送上都十分之一；其所放斛斗錢物，並委巡院官與觀察經略等使，計會審勘，定數分明，榜示百姓，仍具申奏。去年以來，所有貸糧種子在百姓腹内者，一切放免。富俗安人，在於薄斂，必不得已，簡則易從。自頃削去煩苛，制爲兩稅，既無他擾，頗便於時。朕推誠御人，所貴存信，保此誠法，期於不逾。凡百有司，所宜遵守。儻求取無節，則因緣起姦，獲利失人，殊乖朕意，諸司使及諸州府，除兩税外，別有科配，悉宜禁絶。近年以來，因和市和糴久負百姓錢物，並即填還；已後官司應有市糴者，各須先付價直，不得賒取抑配，因茲斂怨擾人。水旱爲灾，古今不免，苟有豐蓄，何患凶年。屬此多虞，里閭凋耗，姑務求於日給，不遑慮於歲儲。一穀不成，人則艱食，害至方救，其傷已多，俾無餒殍之憂，將在備之而已。宜委諸州府長官，每年以當管迴殘餘羨物，穀賤時收糴，各便隨近貯納。年終具有無多少報中書門下，兼申考勸，以爲考課升降；如有替代，各分明交領，准前申報。若遇災害不稔，則量事給百姓，輒有將充諸色用者，以枉准贓罪之；其勸課百姓自置義倉，仍准貞元元年十一月十一日制處分。

（宋）宋敏求《唐大詔令集》卷二《帝王·即位赦·順宗即位赦》 朕纂承天序，嗣守鴻業，以不敏不明，託於萬國兆人之上。永惟高祖太宗，肇造區夏，列聖休德，洽於人心。肆惟寡昧，膺受多福，大懼不克負荷，爲宗廟羞，若涉大川，罔知攸濟。思與群公卿士方伯連帥，祗若丕訓，惟懷永圖，内熙庶績，外弘至化，以弼餘理，臻於大中。俾懷生之類，各遂其性，咸得自新，道迎休和，蕩滌瑕累，可大赦天下。自貞元二十一年二月二十四日昧爽已前，大辟罪已下，罪無輕重，已發覺未發覺、已結正未結正繫囚見徒常赦所不原者，咸赦除之。左降官，量移近處；如復資者，任依常調選，如有親故在上都，任於所司陳狀，便與處分；分別勅責受降資正員官，亦與追改。亡官失爵，放歸不齒，量加收叙，流人放還。僧尼道士移隸者，罪人已亡歿、家口未許歸者，一切放歸；如自情願住者，勿抑令歸。如先有勅云縱逢恩赦不在放還限者，及別勅安置者，並宜放還。其安置人五品已上待進止，左降官及流人亡歿有官者，各還本官。今日已前，痕累禁錮，及反逆緣坐者，一切並與洗滌。應緣山陵制度，及喪儀禮物，博詢可否，務遵禮度，必誠必信，副朕哀懷。橋道置頓，並以内庫錢充諸有費用，先給工價，仍以見錢，及不折物，不得輒令科配。天下百姓，應欠貞元二十一年二月三十日已前榷酒及兩稅錢物，諸色逋懸，一物已上，一切放免。京畿諸縣，一應今年秋夏青苗錢，並宜放免。天下諸州府，應須夫役車牛驢馬脚價之類，並以兩稅錢自備，不得別有科配，仍並以兩稅元勅處分，永爲恒式，不得擅有諸色榷稅。常貢外，不得別進錢物、金銀器皿、奇綾異錦、雕文刻鏤之類；若已發在路者，並納左藏庫。清淨者理國之本，恭儉者修己之端。朕臨御萬邦，方弘此道，苟可濟物，余何愛焉。宮掖之中，宜先省約，其後宮細人弟子音聲人等，並宜放歸親族。朕應緣宮市，並出正文帖，仍依時價買賣，不得侵擾百姓。所緣諸宮要奶母並取食糧户充稅，不得科配寺觀。諸軍先擒吐蕃生口，配在諸處者，宜資給還本國。天下官吏應行鞭捶，本罪不至死者，假以責情，致令殞斃。每念於此，良增惻然，宜切加察訪。

（唐）韓愈《順宗實録》永貞元年二月 甲子，上御丹鳳門，大赦天下：自貞元二十一年二月二十四日昧爽已前，大辟已下，罪無輕重，常赦所不原者，咸赦原之。

（宋）宋敏求《唐大詔令集》卷八五《政事·恩宥·元和十三年大赦》

朕聞王者法天作則，與衆守邦，奉天無私，居兆人上。當恭己向方之際，切臨深馭朽之懷，憂勤靡遑，今古何遠？所重者兵革不試，軌度自貞，熙仁育和，以至大道。朕顧惟菲德祇奉睿圖，承昊天之眷命，纘列聖之丕緒。旰食以求至理，虚心而聽昌言，兢兢業業，常懼失墜，逮今十有四年矣。道且希於廣運，意嘗在於包荒，推誠則深，感物未至。頃歲蜀川、浙右，怙亂阻兵，人神共誅，剪滅相次。姑務偃革，期於措刑，方《簫》《勺》以懲姦，庶干羽以成化。淮蔡寇孽，稔禍延炎，問罪興師，蓋非獲已。念征行之暴露，軫饋給之煩勞，中宵惻然，載益祇厲。妖凶既殄，黎庶有康，斯皆宗社垂休，中外協力，將勤思於下土，冀昭答於上玄，兹朕所以與群公卿士勵精於庶政也。屬獻歲發春，授時惟敬，勾萌盡達，幽蟄咸蘇，徽纆可矜，鰥寡存念，俾疎網之是决，與慶澤而惟新。可大赦天下。元和十三年正月一日昧爽以前，大辟罪以下，咸赦除之。

（宋）王欽若等《册府元龜》卷九〇《帝王部・赦宥》 長慶元年正月辛丑，郊禋禮畢，御丹鳳樓，大赦改元。【略】自正月三日昧爽已前，大辟罪已下，罪無輕重咸赦除之。唯故殺人者，十惡内者及官典犯贓不在免限。左降官量移近處，如復資便任選，亡官失爵不齒者，量加收叙。左降官及流人先有官者，如已亡殁者，各還本官。天下百姓，今年夏税每貫放一百五十文，州縣應徵科兩税，榷酒錢内，舊額須納見錢數者，並任百姓隨所有段疋、斛㪷依當處時價送納，不得邀索見錢。度支鹽鐵户部應納税茶兼糶鹽中須納見錢者，亦與時估段疋及斛㪷，如情願納見錢，亦任穩便。

（宋）王欽若等《册府元龜》卷九〇《帝王部・赦宥》 〔長慶元年〕七月己酉，册尊號禮畢，御丹鳳樓宣制曰：【略】自長慶元年七月十八日昧爽以前，罪無輕重，咸赦除之。唯故殺人并官典犯贓不在限。應左降官及流人未經量移者，宜與量移近處。有左降官流人本因犯贓得罪者，宜依今年正月三日制處分。京畿諸縣，度支鹽鐵户部欠負，各疎理放免有差。李師經戰陣之處所在州縣，收瘞遺骸，仍量事賜與槥櫝，兼以禮致祭。李師道、吴元濟自絶於天，並從誅滅。念其祖父，嘗事先朝，墳墓所在並不得令人擅有毁發。愛人本於省賦，雖必在輕，國用出於地財，又安可缺。

（宋）宋敏求《唐大詔令集》卷七〇《典禮・南郊・寶曆元年正月南郊赦》 門下：朕以眇薄，纂承洪構，祇見九廟，肇祀二儀。外飾備物，中惟盡敬，昆蟲水草之實，致豐於蠲潔；愷樂和愉之感，庶交乎神明。四海駿奔，衆祇授職，冀下觀而化，皆内誠乎心。百王之禮樂在陳，列聖之聲詩合奏，敬極嚴配，道備饗親。虔奉成式，惕焉惴懼。而今而後，不敢滿假，庶無大悔，以貽祖考之羞，因體元以統歷，遂頒恩而大宥。可大赦天下，改長慶五年爲寶曆元年。自寶曆元年正月七日昧爽以前，大辟罪無輕重，已發覺未發覺、已結正未結正繫囚見徒常赦所不原者，咸赦除之；其官典犯贓，不在免限。左降官，自長慶四年三月三日制後，未經量移者，與量移近處；已經量移者，更與量移；如復資者，即任依常調選，丁憂去任，服闋日亦與量移；如有親故在上都，任於所司陳狀，便與處分，不必更待本州申請。别勅因責授降資正員官，未經改轉者，亦與進改；亡官失爵，放歸不齒者，量加收叙；縱元勅云終身不齒者，亦量與收叙；流人未到所在，及已到者，量移近處；如已收叙者，量才録用。並僧尼道士移隷者，亦與量移近處；得罪人已亡殁，家口未許歸者，一切放歸；如情願住者，亦任。諸色得罪人中，有先有勅云縱逢恩赦不在放限者，並别勅安置者，亦並宜委中書門下量事狀輕重，節級處分。左降官，及流人先有官者，如已亡殁，各還本官；流貶人所在身亡，任其親故收以歸葬，仍仰州縣量給棺櫬，優賞發遣。諸色人中，有波累禁錮，及反逆緣坐等，一切並與洗滌。常參官，及諸州刺史，有先因停替，及因病假解官，並終制未授官者，委中書門下量才進擬，勿令稽遲；致仕官未經改轉者，量改官，依前致仕。諸軍先禽獲吐蕃生口，配在諸處者，宜委本道資給放還本國，勿許因循所在停住，國家與吐蕃舅甥之好，彼此無虞。自今以後，邊上不得受納投降人，並擒捉生口等。天下諸州府縣官吏，應行鞭捶，本罪不致死者，假以責情，致令殞斃，每念於此，良增惻然。宜委御史臺，及出使郎官御史等，切加察訪，仍具事由聞奏。

（宋）宋敏求《唐大詔令集》卷五《帝王・改元・改元太和赦》 朕聞古先哲王之爲理也，修己以安百姓，恤刑以矜庶獄，端立政以謹始，弘厚澤以體仁，推其心以及於物，誠其中而化於外，和氣斯洽，休徵以臻，故兵革不試而四海寧，疵癘不作而三靈泰。我有唐祖武祖文，光宅天下，列聖承統，遂康區中。漸濡丕冒，掩軼前載。宏兹道以騰英聲，焕其文以耀中古。惟此鴻業，屬於冲人。荷無疆之丕構，託於兆人之上，晝惕宵儆，惄焉如疚。抑惟宗社儲休，神功協力，克靖內難，恢復皇綱。思布和以立極，爰正風於更始。因體元紀號之典，舉肆眚覃恩之命。昭我恤隱，與人惟新。可大赦天下，改寶曆三年爲太和元年。正月十三日昧爽已前，大辟罪已下，罪無輕重，已發覺未發覺，已結正未結正見繫囚徒常赦所不免者，並赦除之。惟十惡五逆，及故殺人，官典犯入已贓，不在免限。左降官量移近處，已經量移者，更與量移。其合復資者，五品已上，中書門下速與處分；六品已下，任從常例選。丁憂去任，在憂未赴貶所者，服滿日亦與量移。如故舊在上都任經本司陳狀，不必更待州府申請，流貶中縱勅不許量移者，及言終身勿齒者，亦與依例處分。亡官失爵，各與收叙，痕累禁囚，並從洗滌。其緣去年十二月十八日坐累流隸者，不在此限。

（宋）宋敏求《唐大詔令集》卷三《帝王·即位赦·武宗即位赦》

朕粤自蕃邸，來握乾符，銜哀授遺，當寧興感。【略】爰遵典訓，特霈鴻恩，諒表政於維新，敢忘憂於馭朽？可大赦天下。自開成五年二月八日昧爽以前，大辟罪已下，罪無輕重，咸赦除之，唯十惡叛逆，故殺人，官典犯贓，不在此限。

（宋）宋敏求《唐大詔令集》卷一〇《帝王·册尊號·會昌二年册尊號赦》　今惟首夏長養之時，動植之物，莫不自遂，思有以導迎和氣，生活吾人。是用稽《羲經》之作解，法《虞書》之肆赦，推恩宥過，與物同休，可大赦天下。自會昌二年四月二十三日昧爽已前，大辟罪已下，已發覺未發覺、已結正未結正繫囚見徒，罪無輕重，咸赦除之。唯犯十惡叛逆已上、故殺人、及官典犯贓，不在此限。

（宋）宋敏求《唐大詔令集》卷一〇《帝王·册尊號·會昌五年册尊號赦》　門下：王者事帝，必嚴禋祀之容；臣下歸功，爰極推崇之義。既膺顯號，式展盛儀，因時布和，順歲更始，前聖垂範，逮余是遵。矧以眇身，幸逢昌運。雖履冰惟懼，而涉道未周。繄我輔臣，洎茲列岳，內盡交修之志，外分共理之憂。乃者虜衆乖離，部族款附，救帝子於氈裘之所，致名王爲冠帶之臣。堅昆來朝，不遠萬里；夷貊嚮化，克同九州。重以上黨狂童，竊襲叛迹，問罪之師既集，元凶之首遂梟。廓清亂風，洗滌汚俗，翦逆弁而故都底定，竄摩尼而懷法永除。由是退惡進賢，化行令舉，刑姦贓之吏，破黷貨之家。此皆宗社降靈，助成時政。豈朕涼德，獨擅厥功？而中外諸臣，文武多士，累陳懇疏，再舉鴻誠，辭不獲從，被此虛美。是用虔告清廟，明禋上玄，煙燎所升，靈貺如答。既展郊禮，重申國經。宜因行慶之辰，誕布惟新之令，同我景福，永孚於休。可大赦天下。自會昌五年正月三日昧爽已前，大辟罪已下，罪無輕重，已發覺未發覺、已結正未結正繫囚見徒常赦所不原者，咸赦除之。

（宋）宋敏求《唐大詔令集》卷三《帝王·即位赦·宣宗即位赦》

天分四時，必始發生之德；帝臨九有，是先蕩滌之恩。故雷雨作而萬物滋榮，慶澤行而兆人悅服。皇王之典，今古所遵。朕以眇身，獲纂丕業，上承宗社之眷祐，下係生靈之安危，夙夜祗勤，庶臻於理。永惟黎元之困，賦役之繁，干戈未寧，輸發尚急，流移未復，寃滯猶多，刑獄未平，姦詐斯起，進獻無度，淫巧競生，思與蠲除，俾從開泰，將以導迎和氣，咸致歡心。爰因大慶之辰，式舉惟新之令，可大赦天下。

（宋）宋敏求《唐大詔令集》卷一〇《帝王·册尊號·大中二年册尊號赦》　今百執事，謂余曰聖敬，敢忘湯武日躋之詩？謂余曰文思，敢忘放勛欽明之典？謂余曰和武，敢忘保大之功？謂余曰光孝，敢忘繼志之義？以是自勉，庶無悔焉。浮實之名，既不獲已；乘春之澤，當務惟新。可大赦天下。自大中二年正月三日昧爽已前，大辟罪已下，已發覺未發覺、已結正未結正繫囚見徒，罪無輕重，咸赦除之。惟犯十惡五逆已上、故殺人、及官典犯贓，不在此限。

（宋）宋敏求《唐大詔令集》卷八六《政事·恩宥·大中十三年正月赦》　天將發生萬物也，則必假以暄妍，潤以風雨。王者之在宥四海也，期必滌其瑕穢，施以渥恩，固頻啟於倖門，豈無彰於皇澤。朕以菲德，獲纘丕圖，常慕唐堯之無為，漢文之恭儉，宵旰不暇，乙夜觀書，萬務靡有不親，一夫尤慮失所，兢兢業業，不敢荒寧，十有四年至於茲矣。每懼風俗之未厚，賦役之尚繁，政令之未明，刑獄之多濫，思用克濟，浩無津涯。上荷昊穹垂休宗社深祐，下賴股肱翊化岳牧懋功，五稼屢登，四夷內附，懷仁庶同於行葦，納諫無愧於從繩，俾疵癘不生，飛翔遂性，日月所燭，庶為小康。顧予寡昧，何以臻此。近者藩方之任，撫理或乖，泯棼日聞，假擾相次，雖興師殄寇，本於為人而殘殺戕生，良多慼納。而又緣河數郡暴水成災，念其蕩飄，深自憂軫，乘此三元之慶，宜宏肆眚之恩。可大赦天下，自大中十三年正月一日昧爽以前大辟罪以下，罪無輕重，咸赦除之。唯十惡、叛逆、故殺人、官典犯贓，不在此限。

（宋）宋敏求《唐大詔令集》卷八六《政事·恩宥·咸通七年大赦》

近者兵革未弭，蟲蝗相仍，方懷徵發之勞，復起薦饑之嘆。雖頻加錫賚，累有蠲除，尚慮澤未遍通，信未旁及。是用連宵假寐，每食忘餐，思所以拯我黎元，臻其壽考。或多方以革弊，盡慮以鼎新，庶或上下，咸從人欲。況善爲國者，以好生爲首；行王道者，惟憫物是先。苟可勝殘去殺，亦冀止戈爲武。嗚呼！誠明之旨，既悉於斯；渙汗之恩，夫何所愛。可大赦天下。自咸通七年十一月十日昧爽以前，大辟罪以下，已發覺未發覺、已結正未結正見繫囚徒，罪無輕重，咸赦除之。唯犯十惡叛逆以上，故殺人、官典犯贓，不在此限。持杖打刼，必欲害人，苟遇支敵，必行殺戮；拒敵追捕，肆意姦凶，並故殺人者；雖已傷未死，已死更生，意欲殺傷，偶得免者，並同殺人法處分。其賣毒藥，開刼墳墓，及別獄之內，官吏推斷不平，因成寃濫，無論有贓、無贓，不在原宥之限。

（宋）宋敏求《唐大詔令集》卷八六《政事·恩宥·咸通七年大赦》

我國家膺天明命，光宅萬方，二百有五十載矣。梯航所及，昭顯於夏殷，文軌攸同，夐逾於漢晉。朕承十六聖之業，居億兆人之上。猥惟眇身，祇荷丕構，遠奉貞觀、開元之至理，近宗憲祖宣考之宏規。常慕雖休勿休，豈敢自暇自逸，然而仁不遂於百姓，德不叅於二儀。莫致感通，更延灾沴。近者兵革未弭，蟲蝗相仍，方懷徵發之勞，又獲已饑之歎。雖頻加錫賚，累有蠲除，尚慮澤未偏通，信未旁及。是用連宵假寐，每食忘飡，思所以拯我黎元，臻其壽考。或多方以革弊，盡慮以鼎新，庶或上下咸從人欲。況善為國者，以好生為首；行王道者，惟憫物是先。苟可勝殘去殺，亦冀止戈為武，於戲！誠明之旨，既悉於斯，渙汗之恩，夫何所愛。可大赦天下，自咸通七年十一月十日昧爽以前，大辟罪以下已發覺未發覺、已結正未結正繫囚見徒，罪無輕重，咸赦除之。唯犯十惡、叛逆以上，故殺人、官典犯贓不在此限。持杖打刼，必欲害人，苟遇支敵，必行殺戮。拒敵追捕，肆意姦兇，并故殺人者，雖已傷未死已死更生，意欲殺傷，偶得免者，並同殺人法處分。其賣毒藥、開刼墳墓及別獄之內官吏推斷不平，因成寃濫，無問有贓無贓，不在原宥之限。朕君臨四海，子有兆人，常恐萬類之中一物失所。況雲南素推誠節，久慕華風，顧帥臣撫御乖失不諭朝旨，遂令侵擾邊隅。初陷交邕，旋侵越巂，積移星歲，彌縱干戈，靡思量力之言，曾無事大之禮，軼我疆理，勞我隄防，爰用征兵，諒非獲已。鋒刃之下，必有殺傷，每念於懷，良深惻悼，寧屈已以狥衆，不窮兵以害人，斷自予懷，更宏招諭。應南安、邕州、西川等道諸軍兵士各守疆界，不用進師。乃委劉潼審詳事機，明加曉諭，如能重修和好，信使如初。朕當虛懷一切不問，雲南先差專使昨已有詔旨處分。其先配隷習讀質子，各本道供給。續當指揮安南、邕管、西川三道將士皆踰山越海，擐甲荷戈，志切勤王，誠深報國，固內侵之封域，收已失之城池。盡欲捐軀，咸思賈勇，深明歷數，終始一心，言念忠勤，誠用嘉歎。今南蠻已加撫招，冀就弭寧，日下但嚴守封疆，且備要害。雖未用更圖攻討，亦未可便絕訓齊，其將等義感風雲，志諧金石。屯營既久，立效已多，大功將成，懇節無奪，候其歸欵，別有指揮。仍委劉潼、高駢、李躭等具此慰勞，以副予懷。其三道軍糧，地界懸遠，致其盡力，當有充腸。如諸道戍兵未免饑餒，因之殞命，尤用傷懷。宜令常宙、劉潼嚴加條疏，丁寧期限，無缺供饋，或致失時。其赴府三道行營兵有親老及妻子在家者，各委本道切加存恤，勿使凍餒悽惶，俾無廻顧之憂，以勵當鋒之志。其諸將士勇敢用命當鋒殁身，義節可嘉，孤弱是念，並委本道節度使據所申報，各須安存，如血屬單弱不能自存者，即厚加給䘏。遺骸在野，深可憫嗟，今春已降德音，盡令優給收葬，尚慮暴露，未契幽陰。今更舉明用慰泉壤，宜令所在長吏訪尋收斂，如法瘞藏，仍以酒醪，殷勤奠酬。應三道兵士經過累路州、縣，供應頓遞，徵配閭里，水程船夫，陸路車役，勞弊斯甚，疲瘵可哀。其岳州、湖南、桂、管、邕、容管內沿路州縣，今年二月二日德音已蠲放今年夏秋兩稅各一半。尚恐鄉村未泰，更要加恩，宜於今年夏稅正錢，每貫量放三百文。沿路州縣亦甚凋傷，先未霑恩，今須優假，宜於來年夏稅正錢量放一半，仍各委本處長吏親自點檢明閱薄書，勿使恩不布於疲羸，幸或生於桀黠，副予深意，必及遠人，誠信之道，蠻貊可行，苟或未孚，其肯懷惠。應安南、邕州、容州、黔南、西川諸溪洞酋長首領，務加優恤，諭以恩信，若須節級頒賜官秩賞給者，委當管速具分析聞奏。京畿之内，蝗旱為灾，稼穡不收，凋殘可憫。其京兆府今年青苗地頭及秋税錢悉從放免，仍並出内庫錢二十四萬五千三百六十餘貫賜官府司充填諸色費用。河南及同、華、陜、虢等州，遭蝗蟲食損田苗，奏報最甚，除合放免本色苗子外，仍於本户税錢上每貫量放三百文。如今年秋税已納，即放來年夏税。其諸道有蝗蟲甚處並具奏聞，亦議蠲減。其河南府水災之後，仍歲飛蝗，想彼蒸黎尤多凋瘵，宜别賜鹽鐵，河陰人運米三萬石委崔璙充諸色用。其諸道州縣應有逋懸兩税、斛㪷、青苗、地頭、榷酒等錢，既存書簿，不免徵剥，咸通三年以前者並一時放免，從四年至七年其中有準勑蠲者，亦不得因此重徵。京畿之内，供億事繁，色役差科，曾無虚日，黎人困苦，深可憫傷，更有逋懸，日久徵迫，無由收斂，徒繫簿書。應京兆府諸縣從大中八年後至咸通六年應欠諸司税草、斛㪷、糖粇、番匠知食使玉藕及府司欠延資，并度支户部錢物及賑貸折糴粟，并諸縣欠填省修堰埭等錢疋，莊宅監察使拆寺并佛堂材木樹等價，及欠左右神策軍捉賊賞錢，及諸縣應欠咸通三年至六年合送府夏、秋税錢物斛㪷并趙越莊田地租，及諸縣咸通三年至五年賑貸粟并長安縣大中八年先借太倉粟充賑貸除已納外，餘欠斛㪷等並從放免。兼簿書一時毁序，從今年以後，别立帳。内庫一年支放費用雖廣，有司積久追呼固多，虚繫簿書，頗為煩弊。朕方宏儉約，深軫凋殘，特示優矜，用蠲逋責。應度支積欠大盈庫年支疋段絲錢，從太和八年以後至咸通元年以前，並宜放免。及欠瓊林庫年支金、銀、錫器，銀棱器皿雜物等，自開成五年以後至咸通元年以前，並宜放免。左降官量移近處，已經量移者更與量移，如後資者任取本官選所。數集丁憂放還者，服闋日各與量移，并别勑因責降，除正員官所司亦與處分。其左降官及流人先有官者，如已亡歿各還本官；失爵痕累禁錮者，並從洗滌。左降官并流人元勑令終身勿齒，及長流遠惡并云縱逢恩赦不任量移者並與量移，如已亡歿者，並許歸葬。如緣葬事困窮不能自濟者，委所在官吏量給棺櫬，優恤發遣。中外前資見任官中，其有頃因瑕累未階録用者，并左降官如事情可恕才行足稱者，委中書門下量加簡拔，隨能録用。戎狄欵塞，邊陲無虞，或使臣因備制弛慢，切在搜訪利病，濟便兵農，勿以久安遽忘遠慮，所宜常加備境，每切訓戎，將宏綏撫之功，須為經久之計。其邊上方鎮本軍兵、數節度使，皆位崇元帥，暂立殊功，必能閲軍實以静邊，撫單寒以和衆。素有定額，固非空文，然亦慮或過犯逃匿、死亡、停解，不便招募，缺額遂多，並須檢勘分明，仍委御史三司院並加察訪，即時聞奏。江淮諸州，百姓只合輸本分苗税，不合分外差科，多為所在長吏權立條流，臨時差配，或强名和市，都不給直。自今除納本分苗税外，一切禁斷。牧守之任，慈惠為先，欲安遠人，須求廉吏。如聞邕、容、桂、廣等道管内刺史每州皆管三縣，人户不少，其間選用尤要得人。訪聞本道觀察使所奏監州官多是本土富豪，百姓兼雜色人，例皆署為本道軍職，或作試銜。便奏司馬權知軍州事，既不諳熟文法，又皆縱恣侵欺，多取良家以為奴婢，遂使豪酋搆怨，溪洞不安，若不條流，生人轉困。其邕、容、桂、廣等道管内自今以後，刺史必須精選賢良，久歷官途、不越資序者，然後許奏請。其軍職試銜並不在奏署限藩條之例。刺舉是資郡政之方，邑宰是選斯紀綱。具設次第相臨，苟皆推公，必無敗政。如聞近者廉車殊無刺舉，牧守率務并容，邑宰非才，疲人罹弊，必在懲革，以惠惸嫠。自今以後，委觀察使專刺舉之職，如郡守不理或臨財不廉，酬飲是營，獄訟靡息，以時奏劾，按罪定刑。如藩方不謹察廉，或致下人上訴，推覆得實，觀察使别候勑旨，本判官遠加譴罰。其郡守亦仰察訪縣令。如或有過不舉，停任後别，有處分録事參軍，重加削罰。如刺史縣令有異政灼然可舉者，仰其録奏，必議超升。人命至重，在慎典刑，國章苟隳，必多枉撓。近日執法之吏罕得其人，或制勑不行，曾無提舉，或姦巧為患，莫能辨明，遂使可死者生，可生者死，而又縲絏繁擁，斷决淹延，乃致怨嗟，或成灾沴。予懷憯怛，寢食靡寧，宜委御史臺、刑部、大理寺慎擇官吏，皆須素能折獄，俾務盡心，則人必無寃，法當盡理。天下州縣官等皆罕習律令，莫知重輕，唯任胥徒，因多枉濫，委本道觀察使覺察聞奏。又刺史縣令多務遊宴，不思官常，决遣既妨，囹圄自滿。永言寃滯，豈不由斯。委觀察使表率條流，以懲深弊。度支、鹽鐵、户部三司欠負錢物，頻有赦令據年額節級矜蠲。如聞所司尚有徵迫妄行，可徵可放，多因姦吏恣情，遂使恩不及夫窮危，事無補於經費。其諸色人户所由等應欠三司錢物，自大中十二年以前並宜放免。縣道之間，郵亭具列，行李供億，格勑著明。如聞節度觀察刺史等所經過不遵品式，公券之外，私費至多，或在道途有六百七百人，行李所在，地主務求交歡，別差吏人，號為置頓，必皆率配，弊及疲人。自今以後，所在長吏切加遵守格文，不得違越，赦令所在欲蘓疲瘵。如聞遠處州縣告示不得分明，今要條流，永為定制。赦書到後，各委本道全寫録於縣門牓示，但緣事理煩細，紙數煩多，減放矜蠲，頭項埋沒，鄉村百姓，無因得知。宜令所在長吏細詳，各據本處百姓合得免科叚，一一竪項作小牓，於要路曉諭，令百姓知悉。宗室子孫，不合凌替，班列之内，人數至稀，宜令宗正寺搜擇宗子，有行義文學吏事堪有清實者，具名聞奏。委中書門下量才叙用。如在郡縣，年已蹉跎，士行可弊，困於寒餒，宜委所在長吏隨分驅策，優假如聞。編户之中，素非宗室，因緣識故寫録諸書，投入宗枝，妄認房籍，恃憑攪擾，侵害鄉村，近日此徒敗露非一。雖已行法，未絶根源。從今以後，委所在長吏切加收獲，如涉疑妄即收録聞奏，當痛懲治，用安里閭。前代為賔崇德，理合頒恩，二王三恪及文宣公各賜物五十疋，衡珊拱衛，執玉會同，俾申懷遠之恩，用展酬勞之錫。神策六軍、威遠營、金吾及皇城應緣御樓立仗將士等，各賜物有差。鴻臚、禮賔院應在城内蕃客等，並節級賜物。功播一時，名流千古，念其後裔，覩以將來，故尚父子儀贈，太師，晟贈太尉，秀寔各與子孫中二人八品官，顔杲卿、張廵、許遠、南霽雲子孫中各與一子出身，中書門下儀制官及内侍省内教並特加一階，勳著燮和，道彰鎮撫，牧守宣力，卿士叶心，永言盡瘁之誠，宜給追榮之典。中書門下及節度使帶平章者，祖父母、父母並與贈官封，已經追贈者，更與改贈。京文武常參官、東都留守、度支、鹽鉄等使，諸道節度觀察都防禦經畧等使，及神策、金吾、六軍將軍、大將軍，威遠營鎮國軍等，使父母已歿，未經追贈者，量與贈官；已追贈者，亦與改贈；父歿母存，未封邑號者，父見存未有官者，量與致仕官，其贈任常叅官出為刺史、縣令、分司等官，今已得替，兼前資郎官以上，官其父母，並準有見任常叅官例與追贈。挂冕相先，懸車自遂，紀綱之僕，軒陛攸陳，宜升階級之榮，式進勳封之寵。内外文武及見任及致仕官三品以上，贈賜爵一級，四品以下加一階。神策、六軍、金吾、威遠營，皇城等將士普恩之外，各賜勳兩轉。天下百姓年九十以上，各贈米五石，絹二疋，綿一屯，羊酒有差。仍令本縣令就家存問，今州府方員多不給付，所用無幾，係體則深，宜令以上供餘錢物充給訖，各具分析聞奏。

（宋）宋敏求《唐大詔令集》卷八六《政事・恩宥・咸通八年五月德音》

朕聞唯天為大，唯堯則之，施及文王，昭事上帝。朕退思古訓，順考前聞，仰止於皇王之間，規範於堯文之際。始如徒涉，而望超溟渤，中若策蹇，而求躡雲霄。思逮於三，希之則至。由是力於恭己，説以濟人，九載於兹，一致不怠，然而德未甚興，信未甚孚，雖懷汔可之詩，敢企康哉之咏！尚賴社稷降祉，祖宗垂休，兵革向寧，朝野斯乂。自頃誕施渥澤，冀獲霶流，猶慮莫及昭蘇，逾多困乏。今則夏田豐稔，倍於常時，不足之憂，暫免興慮。又以西成未保，蟲蝗是虞，永惟惠恤之宜，庶叶銷禳之要。苟能利於百姓，賴於四方，可使稼穡有年，邊疆無事，則唯恐不及，豈憚於必行！是用更理闕遺，載新提舉。一陽斯始，爰開蕩滌之恩，晏陰將成，式經矜蠲之令。副我誠切，在爾司存。應京畿天下見禁囚徒，暑毒之時，要令疎理。牢獄之内，慮有滯寃，宜令臺府及該軍司并所在州縣長吏，據見禁囚徒，德音到後七日内，親詳罪名，疏理訖聞奏，不得更延引時日。除非巨蠹，有礙去年赦條外，餘並節級遞減一等，從輕處分。左降官及諸色流人，雖累有赦令，皆已霑恩，欲其悔過自新，豈悋頻施沛澤。經去年赦條已得量移者，更與量移；合復資者，準前例處分。其去年十一月十日後至今年五月以前，續有左降官及流人，亦便與量移；如令放還者，所司速與處分。内人久在宫者，常膺使令，不唯勤勞可憫，固亦親愛是思，宜令揀選五百人放出，各歸其家屬，俾無離怨，用叶推恩。見在宫人，尚令揀放，諸節進奉，宜有指揮。應諸親及公主等每年端午及延慶并妃嬪生日所進女口，自今以後，宜並停進。鷹鷂之設，本為畋遊，朕端居穆清，不好馳騁，所宜鮮放，以遂物情。左右神策軍各放二十聯，五坊放三十九聯，飛龍放一十一聯。九月十五日各停進鷹一聯，共停一十四聯。其左右神策軍每年進鷹鷂，於數内停減春秋二社兩進。應租莊宅使司産業莊磑店舖所欠租斛㪷草及舍課地頭等錢，所由人户貧窮，無可徵納，年歲既遠，虚繫簿書，緣咸通七年赦條不該入，宜從大中三年以後至大中十三年以前，並宜放免。京兆府奏雲陽等一十二縣百姓，論去年宿種麥苗下子之後，旋被蝗蟲食損，今年盡不滋生。雖京畿之間，去冬蠲放不少，但以疲人懇訴，須務哀矜，已令府司差官廵檢，如有損處，特與減放，今府司具合放數詣寔聞奏。戍役辛苦，道途綿歷，將還鄉土，在贍供須。安南、邕州已奏放回北軍，其於頓遞過本州縣界，須如法先自備辦擬排比，切不得臨時差配百姓及借索擾人，仍録前後德音赦條，於鄉村分明牓示，不得違越。仍委所在長吏，嚴立條制，專加覺察，枷禁所施，在防姦蠹。舉便欠負，未涉重條。如聞府縣禁人，或緣私債及有錮身監，逐無計營生，須有條流，俾其存濟。自今日以前，應百姓舉欠人債，如無物産抵當，及身無職任請俸，所住州縣及諸軍司，須寬行期限，切不得禁錮校料，令其失業，不許利上生利，及迴利作本，重加徵收，如有違越，勘實奏聞。去年德音赦令條流，事件極多，貴其普及生靈，惠沾寰宇，聞所在未盡施行，今重舉明，俾無留滯。宜令天下長吏，差清强判官，專事勾當，切更分明檢校，一一據節施行訖奏聞，如更因循，必行朝典。所差判官，速具名銜分析聞奏。好生之德，宜及禽魚，卵育之時，須加條制。舊勅每年起三月一日至五月末，不許採捕蚩禽走獸。雖有勅禁，尚恐因循，宜令臺府及諸軍司，及時禁之月，嚴更提撕，勿使違犯。儉德之修，聖賢所重，近日俗多澆靡，時尚矜誇。朕慕素風，思遵儉制，去歲赦文之內，已曾明有指揮，所宜克副朕心，用革奢僭。東川每年進蜜浸荔枝，道路遥遠，勞費至多，自今已後，宜令停進。布告中外，稱朕意焉。

（宋）宋敏求《唐大詔令集》卷七二《典禮·南郊·乾符二年南郊赦》

今復承以陽春之時，布其渙汗之典，上符天意，旁契人心，大禮備陳，彝章克舉，謀猷廣備，聲教遐宣，期昭泰於寰區，亦涵濡於動植。溥天率土，既樂元風，四海九州，宜覃慶澤。可大赦天下。自乾符二年正月七日昧爽以前，大辟罪以下，罪無輕重，已發覺未發覺、已結正未結正繫囚見徒常赦所不原者，咸赦除之；唯犯十惡叛逆以上，及故殺人，官典犯入已贓，兼情涉巨蠹，及持杖行刼，並故殺人者，雖已傷未死，更生意欲殺傷偶得免者，並同已殺人法處分；買賣毒藥，開刼墳墓，及刑獄之内，官吏用情，推勘不平，因成冤濫，無問有贓無贓，並不在原免之限。敦本睦親，古今典制，永惟負荷，常切憂兢。應宗室有材行可升，淪落在外，並委宗正卿，專加察訪，旋申尚書門下量材處分。惠安皇太后，凡有緦麻以上親，各委所在搜訪聞奏。仰酬顧復，何擇親疎，爰念播遷，重命牽復。至於殂謝，亦使惠綏，用表深仁，以彰玄化。左降官量移近處，已經移者，更與量移，如官至刺史，准刺史月限例處分；諸色官未復資者，有司别條疏聞奏，如合復資者，五品以上，中書門下便與處分；六品以下，任依常例選集；丁憂去任，及在憂制受貶者，服闋日，亦與量移；緣責除降資正員官，及緣累停免，未經引用者，並量與進改。流人及降死從流者，移近地，如已收叙者，量材録用；並僧尼道士移隸者，亦放還。勸善懲違，朝廷大典，苟或隳紊，何以聳人。其流貶人中，或有情狀巨蠹，物議不容者，不在該恩；流貶人如已亡殁，家口欲還，及須歸葬者，聽隨所便；如緣葬事，幼弱飢寒不能自濟者，委所在長吏量給棺櫬，優恤發遣。左降官，及流人等有官者，如已殁，各還本官；亡官失爵，連累禁錮者，並從洗滌；諸色流貶人，元勅内云雖逢恩赦不在量移之限，有自前年十月十二日赦書後，已經量移五千里，更與量移一千里；三千里外與量移五百里，情狀難容者，不在此限。天德五城流人，負罪素重，元赦未經十載不得放還，今屬洪恩，須令沾及，宜減三年；如年限已滿，便放還；從九月四日降郊禮赦後流貶，及引决妄稱寃人等，並重推覆囚徒，並不在此限。近日姦險之徒，多造無名文狀，或張懸文榜，或撰造童謡，此爲弊源，合處極法；應捉獲此色者，准持杖刼人、合造毒藥例，經赦不原；其所得文狀，凖律文於所在焚爇。不得徵逋賦，以利疲人。是協政經，期爲理本。京兆府去年夏青苗錢，每貫量放三百文，所放之錢如是有司占留色目，委户部准舊例據數支填，其咸通十一年以前，百姓積欠兩税斛斗，及青苗榷酒錢，並税草職田糠䴷䴸𪍿等，徵收不得空繁簿書；前年十一月十二日赦令，已令蠲放，至今尚未了絶，宜令所司，速具放免錢物數目，分析奏聞；如在官典所由腹内者，不在此限。從咸通十三年夏以前，京兆府所欠諸陵園及諸軍、諸使錢草斛斗，一物以上，亦並放免；從咸通十三年夏以前，京兆府所欠之諸陵掌閑、彍騎、丁資、三衛等資錢，亦並放免。甸内逃亡人户，尚徵税物，切要條流，以安疲瘵，委京兆府差官逐縣勘覆，其逃亡人户産業田地，未有人承佃者，其隨田地苗税，除陌榷酒錢及斛斗等，並權放三年。勒常切招召人户，三年後再差官勘覆，據歸復續却收税。從咸通十三年以前，甸内所欠延資庫，户部度支榷酒除陌，及和糴賑貸錢物斛斗，一物以上，並宜放免。内莊宅使巡官及人户等，應欠大中十三年以前至咸通八年以前諸色錢六萬二千三百八十貫三百文、斛一十萬三千七十四石九斗、絲二十二萬七千五百八兩、麻二千四百七十斤、草二十六萬五千八百五十五束，念其累歲不稔，人户貧窮，徒有鞭笞，終難徵納，並宜放免。三司所欠錢物，已遣不徵，必慮依違，尚猶追攏；度支户部鹽鐵三司，應收管在城及諸州府諸場監院，所欠咸通十年前之諸色錢物斛斗等，前年十月十二日赦文，並令放免，所司不得更生節目，妄有進徵；如聞所司官吏，緣循至今，尚有盤勘，都非公事，但務生情，歲月轉深，姦弊頗甚，各委本司差定官一人專勾當，但據見在文帳檢勘；除官典所由請領官錢和糴和市，及在場官供官招商所由帳内正身見在外，其身已亡殁，曾經檢責，及正身見在，貧窮家業蕩盡，無可徵納者，並逃竄捕役未獲，囚繫妻男，攤徵保人等，仰便據年額請免，除去簿書，不得更行文牒，妄有盤問；赦書下後，限一箇月内具放免錢物單數，分析聞奏，如更稽違，本勾當郎官，當議貶黜，典吏等痛加懲斷停解。天下州縣官，銓司注擬，便有選自朝廷；多故三司監院官，索州縣承迎，云是制院，恐嚇州縣，影占富豪。從今後，有監院處，亦仰州縣常加聽察，如監院官有不公不進，各申本州，行牒本司便；如狀事稍重，仰專差使送申狀本司，事大則任聞奏，兼申中書門下御史臺，以憑推勘，所冀遞相檢察，不敢侵凌。諸司更换，素有定規，近日苟且緣循，漸至虚折商徒，則獲利倍於往日，所司則侵損轉難任持，若不條疏，積成蠹弊，其三司更换，宜令准咸通十五年閏四月二十一日度支所奏處分。如尚踵前，必舉朝典制置，新歲酒錢，其户貧破者，州縣不令破户；或賣柴傭力以納税，令所由司條疏聞奏。其河南府界蒿荒地，委河南尹於税錢三分内，量與免二分，勿令無路營生，聚爲草賊；其天下州縣，除已准元勅徵收兩税、榷酒錢、茶鹽利、旨支米價等分外餘額外，如徵别配，及販柴炭之人納税等，元無勅文，緣本道，請降勅，並仰勅内便皆停罷，仍限勅到後二十日内外分析聞奏，並不罪今日已前之事，如又不已，必舉明刑；曾經水旱，已放徵科，或慮緣循，須更提舉，諸道州府，或有遭水旱甚處，去年夏税合納苗税等錢，委本州府長吏酌量蠲放，其咸通十年以前，所欠負兩税錢米等，在百姓腹内，徵收不上者，前年十一月十二日赦書已放免，仍委州府速檢勘蠲放，分析聞奏。所在州縣除前資寄住實是衣冠之外，便各將攝官文牒，及軍職賂遺，全免科差，多是豪富之家，致苦貧下，准會昌中勅；家有進士及第方免差役，其餘只庇一身；就中江南富人多，一武官使庇一户，致使貧者轉更流亡。從今後，並依百姓，一例差遣，仍委方鎮，各下諸州，準此檢點。江淮運米，本實關中，只緣徐州用軍，發遣全無次第，運脚價妄被占射，本色米空存簿書，遂使倉廩漸虚，支備有缺。緣循弛慢，全自職司，宜令轉運使速具條疏，分析聞奏；纔及春緩，便須差清强官吏，節級催驅，嚴立科條，須及舊額，苟或踵前容易，必舉朝章。郵傳供須遞馬，數目素有定制，合守前規；河南館驛錢物至多，本來别庫收貯，近日被府司奏請，一同支用，遂使遞馬欠缺，料糧不充，憲司又但務緣循，都不提舉，宜令東臺館驛使，述具條疏，分析聞奏。東都留守所管兵數不少，無非市肆之人，緩急抽差，全不堪用，防禦官闕，尤非所宜，頃有條疏，以革前弊，宜令速分析見在缺額，並老弱人數聞奏。應緣州府經費，悉有舊規，近者不務在公，唯思潤己，或聯遇豐稔，亦不貢羨餘，若小有水旱，即競有論請，致朝廷事力轉困，全在臣下誠敬何乖；自今以後，如輒將上供一錢物支用，併當加譴責，不在原貸之限；如本道實有灾荒，積歲爲甚，衆所知者，不在限例。朝廷徵發兵士，固非獲已，道途頓遞，勞費至多，又聞節級須得人事裨補，每縣不下五千文，盡配疲人，深可哀憫；自今後，但供備無缺，輒不得踵前率配，如或違犯，縣令本曹官，重加貶降，人吏决杖配流，其都知兵馬使以下，並以枉法贓論。立法之始，當在必行。諸處本置作坊，只合製造干戈兵甲，及進獻供需，昨徐方用軍，諸道多無兵器，内庫般送，填塞道途，如聞作坊唯使雜伎、弓甲之匠，十無一人，打築即唯務精新，器甲則動妄修整，自節察至剌史，皆爲信臣，不能委曲條疏，各宜自知改革。諸道兵士，非唯缺額不堪，兼又軍將數多，一員斂官健數分，又占官健當直，遣納課錢，其弊數重，深要除蕩。仰諸道各自檢點，如或本自書題，又無功効，非軍中子弟，空請職名者，並皆疎理；其軍將等，各遣納課錢者，並准入己贓結罪，科斷；東畿之内留守，影占最多，稍富者不揀。城外村中盡有一虚名文牒，犯罪者亦稱此名，府縣若追，但行牒却取，事小則推勘了牒送，事重者則與勒停委留，切不得遮奪，免致門傷。其在京諸司，亦仰各依此例，如被抑屈，但具奏聞。且徵兩税自有常期，苟或先自催驅，必致齊民凋弊，蓋緣機織未畢，庤錢未終，便須令賣縑繒，賤糴斛斗，致使豪首迫蹙，富户吞侵；須更申明，俾其通濟，諸州府如有不依旨限，先期徵税者，長吏聽奏進止，縣令、録事參軍並停見書下考，不在務恕之限。關要之外，聲教至遥，每念疲人，尤多横役，訪聞五嶺諸郡，修補廨舍城池，材石人工，並配百姓，至於糧用，皆自賫持，既不折税錢，又全無優恤，永言凋瘵，實可憫傷；自此，委節度觀察使接借本錢，並刺史百計收拾，運轉别立修造案名額，遣幹濟官主持，常令急遂修整，勿遣大段摧毁，永放百姓額外差科，已債恤人，斯爲盛美，遐荒賤吏，尤可哀矜。先於咸通五年梧州糴十萬石米，停貯，數載之後，方令盤送邕交，如聞卑濕損傷，雀鼠耗折，計其所言六萬石餘。累載以來，亦頗校料徵納，主持軍將十餘輩，攤保累數百家，或科決不輕，或資財蕩盡，典男鬻女，力竭計窮，盡虚掛簿書，徒爲羈縶；宜從寬宥，用釋宸憂，其所欠米，委度支一時放免。邕南交趾，屯駐兵士，全無運糧，俾其足食。湖南江西管内諸郡，出米至多，豐熟之時，價亦極賤，綱官若得錢收糴，每斗必有盈餘，道途既可經營，輸納當無敗缺，緣於官倉領米刮鐵平量，既潤資陪，便致吞侵耗折，所以經年累月，舳艫相交，江路多有沉淪，軍食常有欠缺。自今仰所在長吏，切須饒潤，綱官並令交付脚錢，仍與善價糴買，嚴示刑賞，不使稽遲。邕州、安南、晏州見屯諸道行營兵士，合食錢米等，三處兵數近四萬，日食錢米費用極多，全在諸道州使巡院，饋運相繼，免失支持。近日以南中爲警急抽差，皆務循將相同常事，蓋緣地遠，差綱無利，皆托以鹽鐵户部指揮，未得分明，申報逗遛，圖延界分，或有未有本色，皆云額望收錢；及綱官進發之時，欠脚錢途路侵盗錢米，所至稽停，每發一綱，便逾星歲，致令供軍使頻申三處月限，不相接續。所司前後申奏行牒督責，非不丁寧，蓋緣只有科貶之名，曾無必行之令，遂致全無懔懼，但務緣循，若不嚴立科條，必恐轉成敗失。其諸道州使、巡場監院所，合搬送南中供軍錢米；各委所在長吏并發綱船，以濟軍用；仍委逐道節度、觀察、防禦、經略、刺史，差最大判官一人，專判校科；其巡場監院官、場官，自專催促，各令設法勾當，克濟軍需，如依前逗遛，不早送申，遂使邊軍糧儲久缺，供奉不得相續，便據所欠錢米處勘，還重加貶責。如州使官吏、巡場監院官，能罄誠節，慎選行綱支遣，及至舟船繼至，即重議酬奬。河東向管延資庫，斛斗五十萬石，每歲出陳入新之際，勞擾州縣百姓至多，未有用時，積爲深弊，宜令本道節度使點檢，除道路與邊鎮接近，緩急堪般充軍糧者，即且准前，其餘深僻州縣，並速條疏分析聞奏。義倉斛斗，本防灾年，所貯積歲多，翻成侵害，又差重丁大户充倉督子弟主管；凡節察及監軍使、刺史、縣令到任，仍須一一斛量，差役鄉夫，數重勞擾，每一量覆，欠折轉多，主掌之人，貼家竭産，生靈塗炭，州縣困窮。從今後，宜五年一度變换，便糴貨收錢，入冬却糴，仍委本道監使，常加訪察；如有上下蒙蔽欺隱破除聞奏，但不要初上之日。須重復量，每度擾人，朝廷大弊，在於令不行。只如經水旱州，三降勑命，不許將逃亡規攤見在人户，遭灾水旱處，有於見在户兩倍徵，或至三陪；又近年以來，節度觀察使，或初到任，或欲除移，是正二月百姓飢餓之時，分遣二日條先抽徵見錢，每一千文令納三四百，此時無不兩倍三倍，生生舉債，至有賣男女以充納官，行彼貪心，殘我赤子。從今後，有如此者，必舉極法，以謝生靈。諸道事例差使結歡，法信出於官中，答幣歸於私室，駐留供備，迎送優豐，進獻不副常程，結好却爲公事，唯奏欠缺，不思本源；且鄰境結歡，何必事須厚幣？來者若爲私物，去者何必官錢？道慕空門，名爲釋子，若非精進，何以住持？應城及諸州府僧尼，元勑人數外，不得轉令私度，如有死亡等缺，即任據人數填補，年終聞奏，待五年限滿時，每收補皆須選擇有戒行事業者，勿令濫雜之輩，於此容身。天下刑獄，申到法寺及刑部，有經數年不得了絶；省寺人吏，競邀賄賂，出入律文；大理寺及刑部官僚，不親公事，致死一案之内，半死獄中。從今後，委中書門下每日點檢，如停滯者，大則貶降，小則停勒；其刑部郎中、員外，切須選擇，亦不得輒冀奉使，以望賄財。有文案則並送對廳，行貨財則獨收私第。准咸通十一年條流，諸州刺史三千里外限三十箇月、二千里外限二十七箇月，近者勒刺史到郡交代，則可以計到郡月滿便且除移；如新除者，則須待月限滿除替；其餘内外諸官，並依咸通十一年條疏。如有限未滿錯替者，任經中書門下過狀，便與追勑，有過失須替，則不在此限；兩省官本令先任四赤令，貴欲知人疾苦，近者才三五月則替，何殊罔生，空倍擾人。從今後，宜以十五月爲限，兩畿令府判司，從前吏部注擬，頃年或除三人兩人，近者乃至除望縣令，及部尉等。中書自不存體，百司何以仰瞻？其進焉十年本限五年方滿，近者旋替年深，致使入仕多門，三銓無缺。從今後，如或用年深缺補人，兵部郎官，必議貶降。詞科出身，士林所重，本貴踐曆，漸至顯榮；近者唯扇澆風，皆務躁進，麻衣才脱，結綬王畿。是能十年宦途，今來半歲遷授，頗爲訛弊，須舉重明。自今以後，進士及第，並須滿二週年後，諸道藩鎮及户部度支鹽鐵及在京諸司方得奏請；如未及奏官限内，有攝職處，一任隨牒攝。其弘文館集賢院奏請直館校理，並依此日限。如出身後，諸道奏已請初銜，未得兩考者，輒便奏畿内尉充在職兩考，方得依資除官改轉；其授使下官，先自有月限資序，一一須守舊規，不得超越、比擬。准咸通十四年十月九日勅文，處分關節，取受本身值財，素來貧無，亦多舉債，只緣從來赦文，未甚分明，賞罰若行，必當止絶。自今以後，如有人入錢買官，納銀求職，敗露之後，言告之初，取與同罪，卜射無舍，其錢物等並令没官，送御史臺，以贓罰收管；如是波斯番人錢，亦準此處分。其櫃坊人户，明知事情，不來陳告，所有物業，並不納官，嚴加懲斷，决流邊遠，庶絶此類。用其清平樂官，乞托本自人情，既越舊規，過於債負，雖累有明勅，尚不遵行；兩巡不切追擒，教場又不鈐轄，從來上於方鎮，近日方鎮與樂官人事轉多，别有遷除，例皆乞覓，喧呼門户，擁塞階庭，以此得官人不願除授。自今以後，除方鎮外，兩巡使及諸司外巡，切加擒捉，如有此色，具送本司枷禁勘責，痛加懲斷，以絶此端。近年以來，風俗奢侈，本營根本，各務誇張，及第登科，傾資竭産，屋地悉逾於制度，喪葬皆越於禮儀；爲册使吊贈之臣，或争財貨，乞賜章服之類，不畏慚羞，致使兒童，或輕朝列，念兹靡愧，常行嗟嘆。委中書門下，次第條疏，稍加改革碗其常賦正尚，慮不充，更或加徵，其何以濟？近年百姓流散，税錢已多，如聞自朝廷用軍，告終百姓税外，每貫紐四十五十文，已是數年，至今不矜放，黎氓寃抑，腿脊瘡疾，所徵錢財將充諸色支分，所添兵則逐月銷減，每思此事，深可嘆傷。其天下緣用軍奏加紐貫之外，更有敢徵一文，其長吏及判官録事參軍，並准入己贓，仍不在以官贖之限。其鄭州庚道尉在任日，加徵税錢，如或却徵，亦依此例；衡鏡之司，去留雖切，念其羈寓，須與商量。支部選人，如聞累年駁放至多，或文狀舛錯，或書判差遲，有司守文，不得不爾；况選人例迫飢寒，遠來調集，頻年被駁，情實可矜，既遇鴻恩，合與優假，委吏部檢勘去冬選人。若有此色，除身非名逾濫，及欠選欠考外，並以比遠殘缺，取其情願者，特與却收注擬，諸道奏官奏者，緣要缺舊人不理；從今後並須分明其不理罪愆，先加懲責，有罪空替，則是惠姦。其奏前資及見任，多有虚竪頭銜，用錢計會；從今以後，有官吏更奏者，便仰兼遞告身，進奏院，以憑點檢，如告身不到，不在奏行；其虚銜所奏，祇與九品初任仍奏狀内須是三代官諱及鄉貫户頭年幾，餘各依資奏請，河北三道，不在此限。守土長人，切資士族，品流混雜，必害生靈。刺史縣令，如是本州百姓及商人等，准元勅不令任當處官，不係高下，蓋以事體不可兼。又十室九親，多有憎愛，一切阻礙，公事難行；近年此色至多，各仰本道遞相檢察，當日勒停；百姓商人，亦不合爲本縣鎮將，若有違越，必舉典刑。裨補除任，實在奬勞，奏請繁多，則爲過濫。咸通七年赦書條？諸州府奏軍將官，不許除上佐，如有功須奬，即於本管内除授，仍不得占優厚處；近日諸道不守條章，或分兩三度奏來，所貴前後不相見，但行計會，貴得人多。從今以後，諸道軍將官，並限七月表到京，令之初行，宜武臣之叙進，據所合奏人數一表；令如有别勞効者，即待明年七月，不得兩度貴行欺隱。忠臣社稷，誓著山河，或盟府書勛，或閟宫配食，宜舉賞延之典，用彰義烈之名。故尚父汾陽王、贈太師晟、贈太尉秀實、贈司徒顔杲卿、太師真卿、張巡、許遠、南霽雲，子孫中未甄奬者，每家與一人正員官。安金藏頃申忠節，實異等倫，合爲疇庸，以勸義士。如有子孫，與一人正員官。武德以來配享功臣，名迹尤著，節義顯聞，子孫凌替，官閥廢墜，未經甄録者，委中書門下搜訪後嗣，量加優奬。慶連宗室，義重維城，洎文武群僚，恪恭事務，用酬勞績，宜降恩私。亞獻撫王紘榮王憒等，各賜物一百匹；夾侍、正衣、進珪、捧珪，各賜物五十匹；亞獻、終獻、正衣，各賜物四十匹；大長公主、嗣王、郡主、縣主，各賜物。内外文武見任及致仕官，三品以上，賜爵一級；四品以下，加一階；合入三品五品欠者未合叙者，待考足日聽餘封。孔聖之後，加虞賓之恩，或表崇儒，以明繼絶。文宣王之後，及二王三恪，各與一子官；其祠廟，委所司量加修飭。義在奉親，道唯睦族，將申孝敬，合示恩榮。皇五等以上親，三品以上，賜爵一級；五品以上，加一階；六品以下，及前資常選散官，簡選日優與處分；未有出身陪位者，准會昌五年正月三日赦書處分；應陪位皇五等以上親，三品以上，賜爵一級；四品以下，加一階；四等親並諸色陪位者，五品以上，加一階；六品以下及白衣，並賜勛兩轉；其前資及後出身，各減一選。皆懷追養之願，盡有榮終之心，授任封崇，式光存歿。常參官及諸州府長官，父母見在未有官封者，並量與五品致仕官及階，並邑號；如有官者，量與進改，如官已至五品以上者，即與五品階；父母亡歿，未經追贈者，量與追贈及號邑。任榮輔相，寄重藩方，洎於親軍，咸秉忠節，俾令追贈，以顯榮名。中書門下及節度使帶平章事者，各與一子八品正員官；祖父母父母亡歿，各與追贈；其有已經追贈者，更與追贈；節度使與一子正員九品官；東都留守，度支鹽鐵使，觀察處置、都團練、防禦、經略、招討使、皇城留守，各與一子出身；先亡歿未追贈者，各與追贈。虔奉典章，肅供祀事，宜覃鴻澤，以獎勞能。禮儀使、大禮使、京兆府尹，各與一子正員九品官；應郊廟升壇行事官，溥恩外，中書門下、尚書省、御史臺，三品以上，特加一階；四品以下，各加一階；如入三品者，量減四考；入四品者，量三考；入五品者，量減二考；足日聽叙，其合選人，與減一選；內行事者，官三品以上，賜爵一級；四品以下，更加一階；內侍省，及內坊官，四品以上，各賜勛五轉；五品以下，各賜勛三轉；應從駕至郊廟者，溥恩之外，三品以上，賜爵一級；四品以下，各加一階；白衣賜勛兩轉。位列牙爪，職掌警衛，念其宣力，宜加疇勞。

（宋）王欽若等《册府元龜》卷九一《帝王部・赦宥》 天祐元年閏四月甲辰，帝至雒。乙巳，御光政樓，大赦改元，制曰：【略】可大赦天下，改天福四年爲天祐元年。應依天祐元年閏四月十一日昧爽已前所犯罪輕重，已發覺未發覺、已結正未結正見繫囚徒嘗赦所不原者，咸赦除之。唯十惡五逆、故殺人命、造毒藥、持杖行劫、官典犯贓不在此限。長流人罪無輕重一切放免，左降官與量移，已經量移者更與量移。經兩度量移者，便與復資。縱元勑云逢恩赦不在量移者，今亦與洗滌，一例施行，如所在亡歿者，便許歸葬。

《舊五代史》卷二九《唐書・莊宗本紀》 〔同光元年四月〕大赦天下，自四月二十五日昧爽以前，除十惡五逆、放火行劫、持杖殺人、官典犯贓、屠牛鑄錢、合造毒藥外，罪無輕重，咸赦除之。

《舊五代史》卷三一《唐書・莊宗本紀》 〔同光二年二月〕大赦天下，應同光二年二月一日昧爽已前，所犯罪無輕重常赦所不原者，咸赦除之。十惡五逆、屠牛鑄錢、故意殺人、合造毒藥、持杖行劫、官典犯贓，不在此限。

（清）沈家本《歷代刑法考・赦九・赦例三》 〔後唐明宗〕天成元年十一月敕，應天下諸州府見禁囚徒，除十惡、五逆、殺人、光火劫盜、合造毒藥、官典犯贓、僞行印信、屠牛外，罪無輕重，並宜釋放。

按：此赦又增僞行印信一項，而不言鑄錢，可見當日制書其款目乃臨時所定。上條所謂准律者，語未核也。長興元年赦書與此同，但無殺人一項。又長興元年制曰赦書有不該者，所司各具條例聞奏。如聞近年赦書所在不廣宣佈，仍令御史臺嚴加訪察，無縱稽留云云。他赦制所無也。

《舊五代史》卷三八《唐書・明宗本紀》 〔天成二年冬十月〕己亥，詔曰：太子少保致仕任圜，早推勳舊，曾委重難，既退免於劇權，俾優閑於外地。而乃不遵禮分，潛附守殷，緘題罔避於嫌疑，情旨頗彰於怨望。自收汴壘，備見綜由，若務含弘，是孤典憲。尚全大體，止罪一身，已令本州私第自盡，其骨肉親情僕使等並皆放罪。辛丑，詔曰：后來其蘇，動必從於人欲；天監厥德，静宜布於國恩。近者言幸浚郊，暫離洛邑，蓋逢歲稔，共樂時康。不謂姦臣，遽彰逆狀，爲厲之階既甚，覆宗之禍自貽。以致近輔生靈，遭此多端紛擾，永言軫惻，無輟寐興。宜覃雨露之恩，式表雲雷之澤，應汴州城內百姓，既經驚劫，宜放二年屋稅；諸處有曾受逆人文字者，隨處焚毀。應天下見禁囚徒，除十惡五逆、殺人放火、劫盜、合造毒藥、官典犯贓、僞行印信、屠牛外，罪無輕重，並從釋放。應有民年八十已上及家長者有廢疾者，免一丁差役云。

《舊五代史》卷四一《唐書・明宗本紀》 〔長興元年二月乙卯〕宣制：改天成五年爲長興元年，大赦天下，除十惡五逆、放火劫舍、屠牛、官典犯贓、僞行印信、合造毒藥外，罪無輕重，咸赦除之。天成四年終諸道所欠殘稅及場院欠折，並特放免。

《舊五代史》卷四四《唐書・明宗本紀》 〔長興四年八月戊申〕制大赦天下，常赦所不原者咸赦除之。

（宋）王欽若等《册府元龜》卷九三《帝王部・赦宥》 改應順元年

爲清太元年，可大赦天下。四月十六日昧爽已前，内外見繫囚徒，據罪已發覺未發覺、已結正未結正，罪無輕重，嘗赦所不原者咸赦除之。應左降官及徒流人，與量移，已量移者更與量移，已放歸者量與叙録，應内外文武臣寮，節鎮州府等使刺史，文武職員將校並與加恩應自鳳翔扈駕員寮凡主兵主事者，各賜功臣名。見在京隨駕並諸道馬步將士，竝與等第優給，竝從别敕處分。自二月十四日西來文武、參佐歿於王事者，各與追贈，仍叙録子孫。隨駕前資文武官寮，竝量才任使。鳳翔民李存、劉實罄出家財以助軍賞，竝與命官。起事之初，鳳翔三城民户，多遭燒爇，竝宜本道撿視量給瓦木工價，各令修葺。自岐雍華陝已來，王師所經踐履去道叁里内，夏税竝與放免。應三京諸州府，長興三年十二月已前欠夏秋殘税，竝與除放。其鳳翔即自長興四月十二日終已前竝放。

《舊五代史》卷四七《唐書・末帝本紀》〔清泰二年〕五月丙申，新州、振武奏，契丹寇境。乙巳，詔：天下見禁囚徒，自五月十二日以前，除十惡五逆、放火燒舍、持仗殺人、官典犯贓、僞行印信、合造毒藥并見欠省錢外，罪無輕重，一切釋放。

《舊五代史》卷七六《晉書・高祖本紀》天福元年十一月己亥，帝御北京崇元殿，降制：改長興七年爲天福元年，大赦天下。十一月九日昧爽已前，應在京及諸州諸色罪犯，及曾授僞命職掌官吏，并見禁囚徒，已結正未結正、已發覺未發覺，罪無輕重，常赦不原者，咸赦除之。應明宗朝所行敕命法制，仰所在遵行，不得改易。【略】

〔閏十一月甲申〕制：大赦天下，應中外諸色職掌官吏内曾有受僞命者，一切不問。僞庭賊臣張延朗、劉延皓、劉延朗等，並姦邪害物，貪猥弄權，罪既滿盈，理難容貸。除此三人已行敕命指揮外，其有宰臣馬裔孫、樞密使房暠、宣徽使李專美、河府節度使韓昭裔等四人，並令釋放。

《舊五代史》卷七六《晉書・高祖本紀》〔天福二年四月丁亥〕制：應天福二年四月五日昧爽已前，諸道州府見禁囚徒，大辟已下，罪無輕重，並釋放。天福元年已前，諸道州府應係殘欠租税，並特除免。諸道係徵諸色人欠負省司錢物，宜令自僞清泰元年終已前所欠者，據所通納到物業外，並與除放。昨者，行至鄭州滎陽縣界，路旁見有蟲食及旱損桑麥處，委所司差人檢覆，量與蠲免租税。河陽管内酒户百姓，應欠天福元年閏十一月二十五日已前，不敷年額麴錢，並放。其諸處應經兵火者，亦與指揮。當罪即誅，式明常典；既往可憫，宜示深仁。僞清泰中，臣僚内有從誅戮者，並許收葬。天下百姓，有年八十已上者，與免一子差徭，仍逐處簡署上佐官。梁故滑州節度使王彦章，效命當時，致身所事，禀千年之正氣，流百代之令名，宜令超贈太師，子孫量才叙録。應諸道州府管界，有自僞命抽點鄉兵之時，多是結集劫盗，因此畏懼刑章，藏隱山谷，宜令逐處曉諭招攜，各令復業。自今年四月五日已前爲非者，一切不問。如兩月不歸業者，復罪如初。

《舊五代史》卷七六《晉書・高祖本紀》〔天福二年八月〕乙巳，詔：天下見禁囚徒，除十惡五逆、放火劫舍、持杖殺人、合造毒藥、官典犯贓、欠負官錢外，其餘不問輕重，已發覺未發覺、已結正未結正，並從釋放。應自張從賓作亂以來，有曾被張從賓及張延播脅從染污者，及符彦饒下隨身軍將等，兼安州王暉徒黨，除已誅戮外，並從釋放，一切不問。張繼祚在喪紀之中，承逆竪之意，顯從叛亂，難貸刑章。乃睠先臣，實有遺德，遽兹乏祀，深所軫懷。其一房家業，准法雖已籍没，所有先臣并祖父母墳莊祠堂，並可交付骨肉主張。應自梁朝、後唐以來，前後奉使及北京沿邊管界擄掠往向北人口，宜令官給錢物，差使賫持，往彼收贖，放歸本家。

（宋）王欽若等《册府元龜》卷九四《帝王部・赦宥》〔天福〕六年八月己亥，帝至鄴，壬寅制曰：【略】應三京新都諸道州府，天福六年八月十五日昧爽已前，諸色罪犯已結正未結正、已發覺未發覺，罪無輕重，嘗赦所不原者，咸赦除之。其持杖行劫并殺人賊免罪移鄉，仍配逐處軍都收管。其犯枉法贓人，雖免罪即不得再有任用。或始因罪犯久處竄流，特行洗滌之恩，各遂歸還之望。應配流人并已前逢赦不在放還人等，并放還。徒罪年限未滿者，竝放。偶負瑕疵爰從黜降，俾量移于近地。宜漸復于舊資，應貶降官等，未量移者，與量移。已量移者，約資叙進用。或歲因災沴民用艱辛久係逋懸，宜示蠲免。應欠天福五年終已前夏秋税租，并公徵諸色及營田租課，竝與除放。朕頃當開創，爰在并汾，或傾歸順之心，首謀翊戴，或擁驍雄之旅，力效推崇，洎汜水興妖，鄴城伐罪，每令致討皆立奇功，漸臻開泰之期，愈念艱危之際，宜頒殊渥，允答茂勳。應河東起義之初，佐命效順，收復鄴都，汜水立功臣僚將校等，竝與加恩。其亡殁者，更與追贈，子孫已有官職者，與遷改。未有身名者，與叙用。經過郡縣迎奉乘輿，既供億以爲勞，宜旌酬而示寵，自東京至鄴都沿路供頓官員職掌等，竝與加恩，六飛行幸，萬騎扈從，慮旁午於路岐，微損傷於苗稼，應沿路有傍道稍損，却田苗處其合納苗子，及沿徵錢物等，據訫數竝與除放。載念雀臺昔居侯服撫綏六郡，臨蒞四年，睠彼職員，依然父老無恡，推恩之典，仍敦尚齒之風，鄴都并相澶貝博衛等州官員職掌内有頃歲潛龍時在職者，竝與加恩。管内耆老八十已上者，竝與版受。上佐官，爲國之規，利物爲本，農器俾從於改革，甿民必致於便宜，諸道鐵冶，三司先滌蹤百姓，農具破者，須於官場中賣鑄時，却於官場中買鐵。今後并許百姓取便鑄造，買賣所在場院不得輒有禁止。【略】亡命山澤，負罪潛藏者，竝放罪招携，各令歸業，所在切加安撫。如過百日不出者，復罪如初。唐室忠臣鄴臺靈廟，濟蒼生於一境，正皇統於中區，宜命褒崇，用彰激勸，唐梁國公狄仁傑與追贈官秩，主掌曠敗，錢物逋懸，宜示矜容，聊加蠲免。應天福三年終已前諸色場院官欠負官中錢物人等，累經徵理通勘，實無錢物家業者，竝與除放，其人免罪。任從逐使，不得再任。使無黨無偏徇至公之道，去泰去甚戒求利之心。私下債負，徵利已及一倍者，竝與除放。如是主持者，不在此限。邊陲管界蕃部，經繇言念疲羸良深，軫恤忻代蔚并鎮州。管界内有經蕃部踐踏却苗稼者，其合納苗子、沿徵錢物等，據頃訫與除放。其經燒爇舍室，殺傷人命者，據户下合徵苗税，竝與除放。於戲！居域中之大，爲天下之君，按巡既展於盛儀涣汗，宜覃於慶澤，人情允洽，帝道有光，更期忠藎之臣，未贊隆平之運，布告遐邇，知朕意焉。

《舊五代史》卷八一《晉書・少帝本紀》〔天福六年秋七月〕庚子，帝御正殿，宣制：大赦天下，諸道州府諸色罪犯，除十惡五逆，殺人强盜、官典犯贓、合作毒藥、屠牛鑄錢外，其餘罪犯，咸赦除之。襄州安從進如能果決輸誠，並從釋放。其中外臣僚將校，並與加恩。天下有蝗處，並與除放租税。

（清）沈家本《歷代刑法考・赦九・赦例三》〔晋天福〕六年八月制，諸色罪犯，已結正未結正、已發覺未發覺，罪無輕重，常赦所不原者咸赦除之。其持仗行劫並殺人賊，免罪移鄉，仍配逐處軍都收管。其犯枉法贓人，雖免罪即不得再有任用。或始因罪犯，久處竄流，特行洗滌之恩，各遂歸還之願。應配流人并已前逢赦不在放還人等，并放還，徒罪年限未滿者並放。

按：此亦大赦也，强盜仍移鄉配發，又一例。

（宋）王欽若等《册府元龜》卷九四《帝王部・赦宥》〔少帝以天福七年六月即位，七月庚子〕大赦天下，應天福七年七月十七日昧爽已前，四京及諸道州府諸色罪犯，除十惡五逆，殺人强盜，官典犯贓，合造毒藥，屠牛，鑄錢，諸色僞造外，其餘罪犯，已結正未結正，已發覺未發覺咸赦除之。已前諸色配流人等，除終身不齒，嘗知所在，縱逢恩赦不放還人及曾爲强盜已配諸處收管人外，其餘竝放還。其今日已前放還人内舊有職官者，量與叙用。弔民伐罪，用遵懲勸之恩；改過自新，必務含弘之道。其襄州安從進如能果決推誠，一稟朝旨，竝從捨釋，各與官榮。

（清）沈家本《歷代刑法考・赦九・赦例三》出帝天福七年七月制，四京及諸道州府諸色罪犯，除十惡、五逆、殺人、强盜、官典犯贓、合造毒藥、屠牛、鑄錢、諸色僞造外，其餘罪犯，已結正未結正、已發覺未發覺，咸赦除之。已前諸色配流人等，除終身不齒，常知所在，縱逢恩赦，不放還人，及曾爲强盜，已配諸處收管人外，其餘並放還。

按：《五代會要》晋天福十二年八月，應天下凡關强盜捉獲，不計贓物多少，按驗不虛，並宜處死，蓋即明律强盜但得財皆斬之所仿也。可見石晋時治盜獨嚴，故赦款亦視他罪爲嚴。如前條之赦後移鄉，此條之在配不放，皆特例也。迨後，開運元年七月赦制曾行劫盜之人並宜放罪，願在軍者，與配軍收管，願歸農者，委本縣安存，則視此兩赦爲寛矣，此事固當因時制宜，本未可執一定之見也。開運二年五月赦制流人曾爲盜賊者不放歸，則又與此年同。至後漢、後周赦書則並無此例，可見重法但能施於一時，豈可歷久而不變哉？

《舊五代史》卷八一《晉書・少帝本紀》〔天福八年五月〕甲辰，詔：諸道州府見禁罪人，除十惡五逆、行劫殺人、僞行印信、合造毒藥、官典犯贓各減一等外，餘並放。是時所在旱蝗，故有是詔。

《舊五代史》卷一〇〇《漢書・高祖本紀》〔天福十二年六月〕戊

辰，制：大赦天下。應天福十二年六月十五日昧爽已前，天下見禁罪人，已結正未結正、已發覺未發覺，除十惡五逆外，罪無輕重，咸赦除之。諸州去年殘税並放。東、西京一百里内，放今年夏税；一百里内及京城，今年屋税並放一半。契丹所授職任，不議改更。諸貶降官，未量移者與量移；已量移者與叙録。徒流人並放還。應係欠省錢，家業抵當外並放。宜以國號爲大漢，年號依舊稱天福云。

《舊五代史》卷一〇〇《漢書·高祖本紀》〔乾祐元年正月〕乙卯，制：大赦天下，改天福十三年爲乾祐元年，自正月五日昧爽已前，犯罪人除十惡五逆外，罪無輕重，咸赦除之。己未，改御名爲暠。

《舊五代史》卷一〇〇《漢書·隱帝本紀》〔乾祐元年二月〕癸巳，制大赦天下，自乾祐元年二月十三日昧爽已前，所犯罪人，已結正未結正、已發覺未發覺、常赦所不原者咸赦除之。中外文武臣僚並與加恩，馬步將士各賜優給。唐晉兩朝求訪子孫，立爲二王後云。

《舊五代史》卷一〇二《漢書·隱帝本紀》〔乾祐二年正月〕今以三陽布和，四序更始，宜申兑澤，允答天休，卹獄緩刑，捨過宥罪，當萬物之孳甲，開三面之網羅，順彼發生，以召和氣。應乾祐二年正月一日昧爽已前，天下見禁罪人，除十惡五逆、官典犯贓、合造毒藥、劫家殺人正身外，其餘並放。

《舊五代史》卷一一〇《周書·太祖本紀》〔廣順元年正月〕朕本姬室之遠裔，虢叔之後昆，積慶累功，格天光表，盛德既延於百世，大命復集於眇躬，今建國宜以大周爲號，可改漢乾祐四年爲廣順元年。自正月五日昧爽已前，應天下罪人，常赦所不原者，咸赦除之。故樞密使楊邠、侍衛都指揮使史弘肇、三司使王章等，以勞定國，盡節致君，千載逢時，一旦同命，悲感行路，憤結重泉，雖尋雪於沈冤，宜更伸於渥澤，並可加等追贈，備禮歸葬，葬事官給，仍訪子孫叙用。其餘同遭枉害者，亦與追贈。馬步諸軍將士等，戮力叶誠，輸忠效義，先則平持内難，後乃推戴朕躬，言念勳勞，所宜旌賞。其原屬將士等，各與等第，超加恩命，仍賜功臣名號，已帶功臣者别與改賜。應左降官，未量移者與量移，已量移者與復資，已復資者量加叙録。亡官失爵之人，宜與齒用，配流徒役人，並許放還。諸處有犯罪逃亡之人，及山林草寇等，一切不問，如赦到後一月不歸本業者，復罪如初。内外前任、見任文武官僚致仕官，各與加恩。應在朝文武臣僚、内諸司使、諸道行軍副使、藩方馬步都指揮使，如父母在，未有恩澤者即與恩澤，已有者更與恩澤；如亡没，未曾追封贈者亦與封贈，已封贈者更與封贈。

《舊五代史》卷一一三《周書·太祖本紀》顯德元年春正月丙子朔，帝親祀圜丘，禮畢，詣郊宫受賀。車駕還宫，御明德樓，宣制：大赦天下，改廣順四年爲顯德元年。自正月一日昧爽已前，應犯罪人，常赦所不原者，咸赦除之。内外將士各優給，文武職官並與加恩，内外命婦並與進封。寺監攝官七周年已上者，同明經出身，今後諸寺監不得以白身署攝。升朝官兩任已上，著緑十五周年與賜緋，著緋十五年與賜紫。州縣官曾經五度參選，雖未及十六考，與授朝散大夫階，年七十已上，授優散官，賜緋。應奉郊廟職掌人員，並與恩澤。今後不得以梁朝及清泰朝爲僞朝僞主，天下帝王陵廟及名臣墳墓無後，官爲檢校云。

（宋）王欽若等《册府元龜》卷四九二《帝王部·赦宥》〔顯德〕四年正月己丑詔曰：【略】應天下見禁罪人，除犯大辟外，一切釋放。應諸色亡命之人，官中自來追捕未獲者，今並放罪。諸道州府應欠顯德三年終已前秋夏税物，並與除放。諸處敗闕場院人員，自來累行徵督，尚有逋欠，實無抵當者，宜令三司具欠分析數目，聞奏，别候指揮。内外文武職官，自前曾有犯罪，停免黜削人等，宜令中書門下樞密院具罪犯因繇聞奏，别候進止。

（宋）佚名《宋大詔令集》卷一《帝統·即位·太祖即位赦天下制建隆元年正月乙巳》門下：五運推移，上帝於焉眷命，三靈改卜，王者所以膺圖。朕起自側微，備嘗艱險。當周邦草昧，從二帝以徂征。洎虞舜陟方，翊嗣君而纂位。但罄一心而事上，敢期百姓之與能，屬以北敵侵疆，邊民罹苦。朕長驅禁旅，往殄烽塵。旗鼓纔出於國門，將校共推於天命，迫回京闕，欣戴眇躬。幼主以曆數有歸，尋行禪讓，兆庶不可以無主，萬幾不可以曠時，勉徇群心，已登大寶。昔湯武革命，發大號以順人。漢唐開基，因始封而建國。宜國號大宋，改周顯德七年爲建隆元年，乘時撫運，既協於謳謡，及物推恩，宜周於華夏。可大赦天下。云云。於戲！革故鼎新，皇祚初膺於景命，變家爲國，鴻恩宜被於寰區。更賴將相王公同心協力，共裨寡昧以致昇平。凡百軍民，深體朕意。

（宋）佚名《宋大詔令集》卷一《帝統·即位·太宗即位赦天下制開寶九年十月乙卯》 門下：王者繼統承祧，所以嗣神器。節哀順變，所以寧萬邦。顧歷代之通規，諒舊章而可法。先皇帝勤勞啓國，宵旰臨朝，萬幾靡倦於躬親，四海方成於開泰。念農民之疾苦，知戰士之辛勤，多壘盡平，生靈永逸，而寒暄遘厲，寢疾彌留，方臻偃革之期，遽起遺弓之歎。猥以神器，付予冲人，遵理命而莫獲固辭，涉大川而罔知攸濟。負荷斯重，攀號莫任，宜覃在宥之恩，俾洽惟新之澤，可大赦天下。云云。恭惟先皇帝推誠損己，焦思勞神。念將士之忠勤，知戰伐之辛苦。衣糧禄賜，無非經手經心。土地官封，不惜酬功酬效，生靈是念稼穡爲憂，罷非理之差徭，去無名之侵耗。不貪□□，盡去奢華，減後宫冗食之人，停諸司不急之務。方岳止甘鮮之貢，殿庭碎珠玉之珍，獄訟無冤，刑戮不濫，凡開物務，盡立規繩。予小子纘紹丕基，恭稟遺訓，仰承法度，不敢踰違，更賴將相公卿，左右前後恭遵先旨，同守成規，庶俾冲人，不墜鴻業，宣佈遐邇，咸使聞知。

（宋）佚名《宋大詔令集》卷二《帝統·改元·改太平興國元年赦天下見禁例開寶九年十二月》 門下：朕猥以眇躬，嗣守鴻業，託於人上，奄宅域中，繼先朝不拔之基，副率土樂推之意，神器大寶，既負荷以維艱，薄冰深淵，寔怵惕而爲懼，自登宸極，再易朔辰，躬親雖覽於萬機，德澤未周於四海。而中外胥悦，遐邇謐寧，顧寡昧以何堪，賴宗社而垂祐，今者千官在列，萬國來庭，被袞冕以臨朝，順乾坤而布政，改元更號，舉前古之舊章，蕩穢滌瑕，洽普天之大慶。可大赦天下，改開寶九年爲太平興國元年。云云。於戲！爲君之道，無先於克儉克勤，致理之由，必賴於同心同德。矧惟眇質，初嗣寶圖，敢忘馭朽之懷，庶致垂衣之化，允資卿士，共竭謀猷，沃心造膝者，無恡讜言，求瘼班條者，勉揚善政。百職各思於振舉，兆民俾樂於和平。同施翊贊之勞，永保延鴻之祚，布告天下，咸使聞知。

（宋）錢若水《宋太宗皇帝實録》太平興國九年十一月 大赦天下，改太平興國九年爲雍熙元年，自雍熙元年十一月二十一日昧爽已前，應天下繫囚，除故殺人，并十惡罪至死，及官典犯枉法贓不赦外，其餘罪無輕重，咸赦除之。

（宋）佚名《宋大詔令集》卷一五一《政事·儆災·彗星見赦端拱二年八月丙辰》 朕膺曉命，寅奉丕圖。躬親庶政之餘，泛覽前王之誥，何嘗不春冰在步，朽索居懷。上以畏天地之神靈，中以保祖宗之洪緒，然而涉道猶淺，燭理未明，誠不動天，信未及物。刑罰有所未當，政教有所未均。天道無言，星文有變，仰觀垂象，深用咎心。緬思罪己之言，方切在予之責。庶幾惕懼，聞達高明，冀其桑穀生朝，未累商王之治。熒惑退舍，以符宋景之仁。雖云避殿撤懸，自從於貶損。曷若御樓肆赦，廣示於哀矜。宜覃曠蕩之恩，溥洽寰區之内，可大赦天下。云云。於戲！先王治國，止務於修身。惟辟奉天，敢忘於明誠，更賴庶尹卿士。共勵忠勤，將相藎臣，輔予不逮，化祆爲福。永孚于休，自邇及遐。當體朕意。

（宋）佚名《宋大詔令集》卷一《帝統·即位·真宗即位赦天下制至道三年四月》 門下：創業垂統，于以貽後昆，嗣位承祧，于以紹前烈。無爲股肱之元首，俾億兆之宅心，洪惟永圖，屬在明辟，夫何凉德，享是至休。先皇帝膺籙上元，受遺太祖，臨馭迨踰於二紀，憂勤遂冠於百王。無一日不舉皇綱，無一事不親聖覽。宵衣旰食，焦思勞神。禹跡混同，方致太平之運。堯心不倦，俄興弗豫之灾。棄大寶以上仙，付冲人之神器。仰遵顧命，下迫推崇。若涉大川，罔知涯涘。黽勉負荷，兢畏交并。宜覃作解之恩，聊展奉先之意，可大赦天下。云云。恭念先朝庶政，盡有成規，謹守奉行，不敢失墜。所宜開諫諍之路，拔茂異之材，鰥寡無告之民悉令安泰。動植有生之類，冀獲昭蘇。庶幾延宗社之鴻休，召天地之和氣。更賴中外百執，左右藎臣，各罄乃誠，輔兹不逮。布告遐邇，咸使聞知。

（宋）佚名《宋大詔令集》卷二《帝統·改元·改景德元年赦天下制》 門下：我國家皇天眷命，四海歸仁，太祖以神武定寰中，肇基王業，太宗以睿文化天下，光闡鴻圖。朕以眇躬，肆承丕構，荷二聖之餘慶，爲萬邦之所尊，夙夜憂勤，不遑寧處。四時遷易，七載于兹，何嘗不寤寐賢良，焦勞疲瘵，親臨庶政，期及小康，志在日新。願從人欲，時惟獻歲，氣正陽春，諸方之貢物充庭，蕃國之酋豪在列，仗衛森肅，金石成音。是宜景慕前修，昭宣令典，稽于古訓，順彼發生。覃作解之寬恩，建紀元之新號，與民更始，保國隆平，可大赦天下，改咸平七年爲景德元年。云云。

於戲！君人者不患無才，患于蔽固。事君者不患無位，患于詭隨。朕清滌化源，勵精君體，庶令圓首方足，漸革于澆風。四夷八蠻，永通於和氣，更賴左右輔弼，中外勳臣同堅赤心，助成深德。誕告遐邇，明知朕懷。

（宋）佚名《宋大詔令集》卷二《帝統·改元·改大中祥符元年赦正月戊辰》 朕欽承命曆，思惠黎元，撫御萬邦，憂勤一紀，何嘗不順考古道，欽懷永圖。嚴祀事以奉神祇，潔至誠而享宗廟。政刑是恤，茂育於群生。恩信所加，同躋于壽域。罔敢自逸，期臻太和，荷上帝之眷懷，啓靈心而降鑒。燭祥輝於寢殿，神告先期，肅清醮於齋壇，天垂寶籙。祇膺景貺，躬受丹書，所期純嘏以及人，豈止殊禧而在己。載窺秘檢，誕錫元符，清净爲宗，濬發愛民之旨，延洪儲祉，遠踰卜世之期，嘉應非常，惕然增懼，且詳觀載籍，眇覿前聞。聖若羲黄，八卦演連山之象，功齊舜禹，九疇浮出洛之文。何凉德之感通，偕昔王之盛美。是用時均慶賜，仰答高明。虔增錫瑞之名，用易紀年之號。式均大賚，普洽洪休，可大赦天下，改景德五年爲大中祥符元年。云云。於戲！龐鴻之慶，荷天意以彌彰。寅畏之心，豈予衷之敢怠。更賴文武列辟，中外藎臣，益竭乃誠，以輔台德，同底于道，不其韙歟。

（宋）李燾《續資治通鑑長編》宋真宗大中祥符八年閏六月 己卯，大赦天下，非已殺人及枉法贓致殺人、十惡致死者，悉原之。賜修內兵匠物有差。自今諸州有大辟情可憫者，具獄以聞。敕：法律內重刑未稱矜恤者，委法官與編敕官條奏。先是，上謂宰相曰：朕以盛暑之月，屬念囚繫，欲肆恩宥，何以爲名？王旦曰：今邊鄙寧謐，黎庶阜安，風雨以時，疵癘不作，叶此景貺，特覃大慶，固其宜也。翌日，以條目進呈。上曰：前後赦文，未嘗不以謹罰爲首。今當別白條告，使四方曉解。旦乃以二事爲請，故特著之。

（宋）佚名《宋大詔令集》卷二一五《政事·恩宥·赦天下制大中祥符八年閏六月己卯》 門下：朕緬承丕緒，嗣守成基。顧大寶之恭臨，屬中區之治定。封疆罷警，海域同和。紹擁珍符，交興純懿。內惟菲德，茂乃鴻猷，上則穹昊儲靈。祖宗錫類，下則百工修輔，群后納言，俾盛烈之協宣，豈冲人之獨致，今以薰風戒節，甘雨應時，豐楙允諧，疵癘咸息，是用仰祇既施，俯慶隆平。欽翼居懷，庶奉持盈之訓。曠蕩流澤，爰遵涣汗之文，與物自新，行兹大賚，可大赦天下。云云。於戲！闢左扉而聽朔，是曰良辰，布大令以滌瑕，兹爲盛典，期爾率土，體斯克仁。

（宋）佚名《宋大詔令集》卷一八〇《政事·營繕·景靈宮會靈太極觀成赦天下制大中祥符九年五月丙辰》 門下：朕祇奉璿圖，茂膺寔貺。而景輿臨暨，諄誨述宣，百世延祥，獲於累盛，萬靈幽贊，顯於曲成，由是仰戴詒謀，內勤至孝，勵醇精於夙夜，報丕佑於開先。載惟峻極之奠方，寔佐圜清之默定。並用指都城而求吉壤，法環極以建殊庭。以至感電之區，爰啓明霞之館。乃締□□□□□所以欽奉遥源，罄遹追之志，惠綏綿寓，祈浹洽之祥。海縣同寅，官師協力，珍材中度，表地寶之應時。哲匠效勤，見人心之順美。役皆亟就，事罔後期，靈龜告猷，屬當於吉序。飛翬考室，咸慶於僝功。式頒涣汗之恩，用廣疇勞之意。而况長嬴布令，炎燠届辰，體盛德於好生，敷至仁於在宥。應三京諸路繫囚，除十惡至死、劫殺、謀殺、故殺、並爲已殺人、官典犯枉法贓不赦外，其餘死罪降流，流已下並放。景靈宮使已下及江淮制置發運使、京東轉運使、兗州官吏、應副修宮觀至成者，並與加恩。翰林待詔、藝學工役將士、諸司應奉修撰造專典軍校兵匠，委所由司録名以聞，並與酬獎。諸州軍差雇畫塑手學業精妙者，當與收録。其餘季替工匠，七次已上者放三年本户差徭，五次已上放二年，三次已上放一年。都城居住有税屋者，准上項放免，如客户及無差徭可放者，量賜錢米。京東西山場採石及差雇車牛夫力之家，亦依次放免。蓋梓州路、淮南江浙發運司、應奉宮觀物遞鋪船卒、管押人員、自京至兗州仙源縣遞鋪、及急脚鋪卒各有支給。係牙職人，量管勾官物多少，與場務酬獎。其管押物有逋欠，並除放之。得替幕職州縣官並與放還。今年夏税，開封府祥符開封縣、兗州仙源縣免十之三。東畿庀縣十之二。地居靈嶽，職奉歲祠，將示蠲除。因彰崇異，兗州奉符、潭州衡山、華州華陰、定州曲陽、河南府登封五縣各免十之三。五州府內餘縣免十之二。陝西路、京兆、河中府同華虢耀等州、江西兩浙路温州，去冬已來人頗艱食。今年夏税，未得催納。逃亡軍人、山林賊寇百日內許令首露，限滿不至，復其罪。云云。於戲！葺萬盈之宇，已展於夤威。開三面之羅，益彰于欽恤。覃兹麗澤，被于庶邦，愈增旰昃之懷，以介蒸黔之祉。誕告遐邇，知予志焉。

（宋）李燾《續資治通鑑長編》宋真宗天禧二年八月　甲辰，立昇王受益爲皇太子，改名禎。大赦天下，惟十惡、刼殺、謀殺、故殺、鬬殺、盗官物、僞造符印、官典犯贓，論如律。宗室並加恩。文武常參官子爲父後見任官者，賜勳一轉。

（宋）李燾《續資治通鑑長編》宋真宗天禧三年八月　丁亥，以天書再降於乾祐縣，大赦天下。常赦不原者，咸除之。諸軍並與特支，屯駐在外舊無例特支者，皆給與。賜乾祐縣民秋税十之五。普度諸道釋童行。廣南官吏聽挈家之治所。制曰：朕寅奉丕基，撫寧中宇，慶靈積厚，高明博臨。受河、洛之祕書，開聖真之鴻緒，陳嘉牲於崇巘，沈瑄玉於隆脽。順拜文闕之壇，恭薦鏤瓊之版。儲精淵妙，敷化醇醲。矧惟咸、鎬之區，是爲神明之奥，名山之内，福地在焉。載砡嚴曲密之都，式佇鴻蒙之駕，清心昭格，璿極鑒觀。由兹鶉首之封，薦錫龍綈之檢。諭朕以輔德，勗朕以愛民。告臨降之先期，述延洪之景祐；介子孫於千億，保宗稷於大寧。而又乃顧皇儲，繼頒寶命，昭其仁孝之志，示以報應之祥。齋莊載披，惕厲彌至。考諸册牒，允謂殊尤。昔燧皇握機，但有蒼渠之刻；虞舜負扆，止觀河渚之文。豈若祚乃菲躬，慶及元嗣，膺兹繁祉，實冠皇圖；思與萬邦，共均純嘏。仰答高旻之貺，用推肆眚之恩。郊恩密邇，忽降大赦，葢以《乾祐天書》再降故也。及周懷政、朱能等敗，史官諱之，遂改易制辭，自恭薦鏤瓊之版以下，但云迨兹二紀，馴致小康，邦本既寧，天休允集。顧惟陰騭，奚獨在予！思與萬邦，共膺純嘏。遂大赦天下。臣燾初讀《實録》、《國史》，固疑此赦之必有所爲也。檢《會要》，云以天書，而赦文殊不及之，因令于諸州所編録建隆以來赦文内尋出全本，則其辭葢昭然。且朱能等僞造天書，《實録》、《正史》皆略之，惟此制辭差詳，恐其亡逸，今特著于此。原史官所以深諱者，爲過舉也。過而能改，善莫大焉。

（宋）佚名《宋大詔令集》卷一五二《政事·儆災·彗滅赦天下制》

門下：朕躬承駿命，祗若永圖。奉上帝之明威，守二聖之成憲。兢兢業業臻乎治平。何嘗不欽翼百神，敦崇至道。茂修上下之祀，迪對靈妙之尊。誠心感通，禧瑞昭著。然而勤求政體，保祐黎元，用答靈休，罔敢自逸。近屬清秋戒序，元象垂文。躔次之間，夙宵迥異。雖天道淵邈，曷究其精微，而朕志欽承，敢忘於寅畏。尚慮四海至廣，衆務惟繁。内則三事百工，外則方牧庶尹。思所不逮，政或未孚，獄訟有失於詳平，物情或至於堙鬱，側身載省，旰食在懷，冀與萬邦，肆諸大眚，式稽前典，俾協至和，宜均在宥之恩，庶表恤人之旨，可大赦天下。云云。於戲！昊穹眷懷，寰區允矚，惟期惕勵，永保和寧。咨爾群倫，當體深意。

（宋）佚名《宋大詔令集》卷二一六《政事·恩宥·赦天下制天禧三年八月丁亥》　門下：朕夤奉丕基，撫寧中宇，慶靈積厚，高明博臨。受河洛之成書，開聖真之鴻緒。陳嘉牲於崇巘，沈瑄玉於隆睢。順拜文闕之壇，恭薦鏤瓊之板，儲精淵妙，敷化醇醲。矧惟咸鎬之區，是爲神明之奥，名山之内，福地在焉，載嚴曲密之都，式佇鴻蒙之駕。清心昭格，璿極鑒觀，由兹鶉首之封，薦錫龍綈之檢。諭朕以輔德，勗朕以愛民。告臨降之先期，述延洪之景祐，介子孫於千億，保社稷於大寧。而又大顧皇儲，繼頒葆命，昭其仁孝之志，示以報應之祥。齊莊載披，惕厲彌至，考諸册諜，允謂殊尤。昔燧皇握機，但有蒼樂之刻。虞舜負扆，止觀河渚之文。豈若祚我菲躬，慶及元嗣。膺兹繁祉，實冠皇圖。思與萬邦同均純嘏，仰答高旻之貺，用推肆眚之恩，可大赦天下。云云。於戲！上帝敷祐，永錫龐鴻之禧，兆姓賴予，俾覃昭曠之澤，咨爾群庶，當體至懷。

（宋）李燾《續資治通鑑長編》宋真宗天禧三年十一月　辛未，合祭天地於南郊，大赦天下。非劫殺、鬬殺已殺人，十惡至死，僞造符印，放火，盗官物、官典入己贓，咸除之。鬬殺可閔者，奏裁。

（宋）佚名《宋大詔令集》卷二一六《政事·恩宥·赦天下制天禧四年九月丁卯》　朕祗遹皇靈，嗣纘丕構，恪守盈成之業，對越穹厚之威，裁萬樞之宜，匪忘於日慎。荷三神之眷，聿至於時雍，五兵載櫜，四鄙不聳，吏稟劭農之訓，野騰栖畝之謠。方隅大寧，表裏多慶。尚念中區之至廣，或慮庶獄之滋豐，多辟之咎實繁，服我之心奚捨。屬以秋成紀序，時屬布和，荷離明昌祚之祥，叶于大順，體巽風申命之典。覃以醲恩，矧惟眇眇之區，克被昭昭之祉。嚮用之福，方慶以延鴻。賚及之仁，宜均於純嘏，允答圓方之並貺，益祈顧禔之殊休，可大赦天下。云云。於戲！發涣號以惟新，資乎滌釁。宥于過而無大，示乃寶慈。導臻冲氣之和，覬絶象刑之犯。祝天祺之紹集，眷非質以丕膺，更賴承弼之臣，胥洎弁紳之列，罄宣忠力，恢贊永圖。

（宋）佚名《宋大詔令集》卷一《帝統·即位·仁宗即位赦天下制乾興元年二月二十日》 門下：惟天輔德，所以司牧黔黎。惟后守邦，所以奉承緒業。稽三代傳歸之典，寔百王善繼之規。洪惟先皇帝紹二聖之丕圖，膺三靈之眷命，仁臨區宇，澤浸昆蟲，誕揚清静之風，聿致和平之治，焦勞虔鞏，二紀于兹。遽興憑几之言，遂起遺弓之恨。肆予眇質，俾荷慶基，顧殞越以無容，且哀荒而在疚，適屬承祧之始，宜覃在宥之恩，可大赦天下。云云。恭念夙侍聖顔，備承寶訓。凡百機務，盡有成規，謹當奉行，不敢失墜。更賴宗工良佐，中外具僚，咸竭乃誠，以輔不逮。布告遐邇，咸使聞知。

（宋）佚名《宋大詔令集》卷二一六《政事·恩宥·赦天下制乾興元年二月庚子》 門下：朕以九五之尊，居億兆之上。獲承先烈，馴致太和，昭遠略以懷柔，講彌文而封祀。交舉百度，賓延萬靈。邈思王業之艱，仰席天祺之厚。動惟慮善，道必求中，遴柬群官，哀矜庶獄。悉罷遠方之民算，屢蠲南畝之地征，服靡尚於雕璣，務實登於農穡。常勤聽覽，殆絶游畋。二紀于兹，一心無懈。幸以蒼旻降祐，廟社儲祥，内外協忠，邇遐宣力，政刑之大，稍息於濫冤。幼艾之繁，漸臻於仁壽。眷兹鴻慶，奚獨眇躬，是用及此王春。建于元曆，載協仲陽之朔，均覃解雨之恩，凡在幅員，同兹涣號，可大赦天下。云云。於戲！家六合以纂緒，聿遵乎治平，子兆民而布和，敢怠於欽恤。尚賴當朝文武，列位才賢。咸厥德以告猷，一乃心而凝績，亮采於盡瘁，保邦于大寧，克綏永圖，以祐神化。

（宋）佚名《宋大詔令集》卷一五二《政事·儆災·霖雨赦天下制天聖七年四月一日》 朕以凉薄之資，紹隆熙之業。實賴慈訓，保祐政塗。迄兹累年，方夏寧謐。念守成之匪易，惟屢省以在勤。而春夏之交，霖澍繼作，田事將廢，里民其咨。託居人上，聳然嗟惕，且懼皇極之未建，號令之靡孚，天其儆予，敢不祗肅。今治化猶鬱，獄繫尚繁，豈無幽冤。足戾和氣，當寬重出輕之典，體茂時育物之仁。式布湛恩，用綏庶品。可大赦天下。云云。於戲！虞舜欽刑，則眚災肆赦。周宣修政，則戒懼側身。緬企前猷，無忘懋德。嘉與中外，洒濯自新。公卿大夫，率謹常憲。共輔不逮，以對上靈之心。

（宋）佚名《宋大詔令集》卷一五二《政事·儆災·宫禁火赦天下制明道二年九月丁卯》 朕祗荷眷靈，紹膺統緒。上以奉慈闈之訓助，下以賴列辟之輔成，允臻熙洽之期，思隆久大之業，罷畋游之樂，減服玩之珍，臺榭之飾靡營，聲色之娱不邇。小大之獄，必慎罰而得情。中外之官，必懋功而責實。守盈成之戒，勵欽翼之心，于兹十年，罔有怠志。而首春已降，列緯垂文。躔次屢差，官占預告，洎閭閻之多室，被焚燎以挺災，察其所因，是爲先儆。不謂掖庭之内，火禁弗嚴。既烈燄之倏興，屬清宵之未艾。遂兹燔爇，延及殿闈。幸賴元昊降衷，群臣叶力，徹塗之衆，詰旦駢臻。俄頃之間，騰煙盡息。端門路寢，禁帑周廬，俯接連甍，並皆安堵。載惟菲薄之質，實居億兆之尊，深慮政刑之闕未修，德惠之流未溥，聽斷之際，或失於重輕。上下之情，罔臻於交泰，致斯譴謫，集此震驚。敢忘罪己之懷，用覃肆眚之澤。可大赦天下。云云。穹昊監觀，垂誡斯在，祖宗基構，必葺是圖，當此鼎新，在循矩度，固宜儉約，豈敢增崇。應宫殿之内，昨經遺漏，沿燒殿宇，已指揮修葺。大内司次第興修，其臺殿宫室，約祖宗舊制，更從減省，務敦儉素。云云。於戲！灾咎匪常，載恩於修省，瑕疵盡滌，宜召於和平，咨爾士民，當體朕意。

（宋）佚名《宋大詔令集》卷一三九《典禮·祔廟·章獻章懿皇后升祔太廟赦》 朕荷穹昊之睠，紹祖宗之緒，恢宅函夏，靖康群生，何嘗不講求善經。稽合古誼，以格至順，以循大中。恭念二慈之親，並膺先帝之託，章獻明肅皇后宣導陰教，輔隆寶業，章懿皇后丕擁慶羡，實生眇沖。顧復之恩深，保綏之念重，神馭長往，仙遊兹邈。嗟乎！爲天下之母，育天下之君，不逮乎九重之承顔，不及乎四海之致養。念言一至，追慕增結，向崇閟宫之制，未侑太室之饗。參驗故實，懼非經據，遂涓穀旦，交舉盛儀。工師協恭，海寓延矚，咸秩祀事，式寧神心，上以伸罔極之孝思，下以厚重號之風教。宜誕均於純嘏，俾周暨於普天，可大赦天下。云云。於戲，陟配奉親，所以尊神靈於冥漠。擁休肆眚，所以致動植於清明。考諸前謨，兹實大典，尚賴三事庶尹，列辟衆司，交輸有恪之誠，共底無疆之福，咨爾中外，體予意焉。

（宋）佚名《宋大詔令集》卷一五二《政事·儆災·星變赦天下詔景祐元年八月辛未》 門下：朕以微眇之躬，居億兆之上，奉三后之成緒，資列辟之忠規。踵兹熙洽之期，克臻嘉靖之治。何嘗不慎守彝訓，博詢讜言。欽恤常刑，憂勤庶政，思隆久大之業，敢忘翼勵之懷。仍歲以來，沴災間作，或螟蝗而爲害，或暵潦以臻傷。頗多艱食之民，屢頒振廩之惠。方今秋成在候，農畝畢登。既獲多稌之豐，允洽如茨之詠。而靈臺占氣，列象騰芒。考璇曆而仰觀，見霄纏而示變。荷高明之所儆，懼涼薄之是貽。側身靡寧，其咎安在。惟撫心而增惕，思與物以自新。逮于萬方，率同大宥，特避嚮明之座，仍減常膳之珍。庶彰修省之誠，式覃曠蕩之澤，可大赦天下。云云。頃者災異薦臻，焦勞在念，特減尊崇之號，冀申祗慄之懷。邇來輔弼近臣，累有陳請，過形順美，願復徽名。朕奉若靈心，欽承明誡，務從抑損，以表寅威，此後更勿獻言，重予不德。云云。於戲！天聽其邇，必符至德之言。民心無常，盡有好生之樂。期休應之來格，俾霈澤以斯行。咨爾群倫，當體予意。

（宋）佚名《宋大詔令集》卷二一六《政事·恩宥·大赦至和三年正月十一日》　朕席祖宗之基，處方夏之上，思咸和於庶績，必兢業於萬微。人其乂寧，物以安殖。然念乏盛德之事，何堪盛德之稱，雖無疆惟休，亦曰無疆之恤。兹曷恃之弗恐，當益戒於保存。翼懼載懷，憂勤經務，以至膳饔之舉，日中昃而未遑。邦國之謀，夜申旦而猶慮。欽刑毖祀，矜役達窮，身之焦勞，敢自暇而圖逸。天君顧諟，迺蒙福而降康。是亦公辟臣民之奉忠，宗社神靈之垂祐，洽臻嘉靖，承錫延鴻。今春陽發生，庶品茂遂，尚意囹圄有滯冤之係，畎畝多乏絶之虞。政有未平，人或失所，宜覃寬宥之澤，俾同富壽之期，滌蕩賙均，被於普率，可大赦天下。自至和三年正月十一日昧爽以前。云云。於戲！敷慶施惠，既及於仁時，慎罰裕民，爰頒於孚號，冀此平成之化，叶於天地之心，復賴賢獻和衷，股肱修輔，共資宣佈之效，允貽福順之祥，咨爾萬方，咸知朕志。

（宋）佚名《宋大詔令集》卷一《帝統·即位·英宗即位赦文嘉祐八年四月癸酉》　門下：烝民之生，置君爲之司牧。神器之重，有子所以傳歸。先皇帝天資慈仁，聖德深厚，臨御歲踰於三紀，憂勤日攬於萬幾。常旰昃以忘勞，因晦明而遘厲，寖違沖豫，遂至彌留，遽興憑几之言，念及承祧之寄，猥以大業，屬于沖人。永惟負荷之艱，矧在哀迷之次，罔知攸濟，祗率舊章，宜覃在宥之恩，式表奉先之志，可大赦天下。云云。恭念夙奉慈顔，備聞聖訓，在于庶政，悉有成規，惟謹奉行，罔敢廢失。更賴中外多士，左右忠賢，各盡乃誠，以輔台德。布告遐邇，咸使聞知。

（宋）佚名《宋大詔令集》卷一《帝統·即位·神宗即位赦治平四年正月九日》　門下：夫民之戴君，尊如元首之奉。天之與子，傳有神器之歸。先皇帝紹履至尊，欽篤先烈，圖治百王之上，垂精五載之間，玉几留章，每及夜分之覽，紫闈訪道，多踰日旰之咨。既寤寐之積瘽，因寒暄之遘厲，神機未釐，遽至彌留之憂。邦禍何勝，已聞遺訓之託，屬哀荒之靡次，顧負荷之惟艱，煢然自思，浩莫能濟。宜本承祧之始，用覃澤物之私，可大赦天下。云云。恭念先朝之摹，具循四聖之業，雖寡德之末類，敢舊章之或隳，尚覬宗社隤靈，忠賢合慮，以固鴻圖之守，以安寶命之承。咨爾萬方，其體朕意。

（宋）佚名《宋大詔令集》卷一五四《政事·儆災·彗星見赦文》　朕紹履尊極，于兹九年。昭事神祇之明，祗迪祖宗之烈，深維寡昧，未知攸濟，夙興旰食，靡或遑寧。而比歲以來，災沴未息，今兹星文譴見，變異甚著，永思厥咎，在予一人。豈非德不能綏，理有未燭。政令或失，刑罰罔中，皇天動威，以是譴告。是用撤去常膳，改避正殿。仍推肆眚之恩，以洽好生之德。庶敷宣於和氣，覬回復於善祥，可大赦天下。云云。於戲！惟修政可以塞變，惟至誠可以動天。用端寅恭，以祈消復，更賴股肱良弼，中外藎臣，益申儆於事爲，冀導迎於福應。咨爾方夏，體朕至懷。

（宋）佚名《宋大詔令集》卷一四三《典禮·原廟·原廟奉安畢赦天下制元豐五年十一月乙酉》　門下：朕荷累聖之烈，擁萬方之區。永惟至艱，靡敢遑息，常慮禮樂未具，不足以紹制作之文。衣冠出遊，不足以殫嚴奉之意。乃建上都之左壤，是爲真祖之殊廷，肆營新宫，萃興寶構，載差穀旦，祗妥睟容。于時日景晏温，天休交至，體神之沛，豈朕敢專。落以斯干，慶備成於熙事。布之涣汗，庶大賚于多邦。可大赦天下。云云。於戲！揭虔妥靈，兹本禮經之意，滌瑕蕩故，用昭神況之敷，蓋制之所就者隆，則澤之所流者遠。咨爾有衆，宜體朕懷。

（宋）佚名《宋大詔令集》卷二一六《政事·恩宥·元豐八年赦天下制正月甲寅》　門下：朕以眇躬，奉承聖緒。夙夜祗畏，靡敢荒寧。賴天博臨，中外康靖。兵革不試，年穀屢登。方春萌陽，萬物孚甲。裁成輔相，王政所先。宜渙恩休，導迎和氣。嘉與四國，洗心自新。弼予一人，永膺駿命。可大赦天下，除劫謀故鬬四殺、已殺人、十惡、僞印、放火、盜賊抵死不赦，及情輕奏裁減等刺配外，其餘罪無輕重，咸赦除之。云云。於戲！順天理物，致百福之來求。發政施仁，冀萬方之蒙澤。咨爾庶位，當體至懷。

（宋）佚名《宋大詔令集》卷一《帝統·即位·哲宗即位赦元豐八年三月己亥》 門下：生黎民而立之君，所以出四方之令。有天下而傳於子，所以維萬世之安。先皇帝道極聖神，德兼文武，圖治三王之上，儲精七閏之間，緝熙事功，董正法度，積勤勞於日昃，違沖豫于春元，植璧以歸，方致金縢之禱。綴衣遽設，忍聞玉几之言。眷予沖人，屬以重器，永荷艱難之託。曷勝哀疚之懷，宜謹始于承祧，用渙恩而及物，可大赦天下。云云。恭念先朝之治，必循五聖之謀，思祇率於舊章，用答揚于先訓。尚賴中外列辟，左右忠賢，交修厥官，以輔予治。布告遐邇，咸使聞知。

（宋）李燾《續資治通鑑長編》宋神宗元豐八年四月 尚書省言：三省及在京官司官吏，凡歲終比較功過并上簿過犯，自來雖遇常赦，並通計行罰。今該三月六日登極大赦，常赦所不原者咸赦除之。其今年三月五日已前過犯，除以功比折外，應理過者，並合除免。從之。

（宋）佚名《宋大詔令集》卷一一《太皇太后·服藥·太皇太后服藥赦元祐八年八月戊辰》 門下：朕以沖昧，承祖宗休德，紹膺洪緒，仰賴文母，大公至仁，衣被四海，保佑我國家，歷年于兹，按堵無事。然兢業萬幾，彌綸庶政，焦勞嬰疾，俄涉晦明，朕夙夜寢門，躬侍藥膳，齋誠徧禱，未獲痊平。宜廣惠心，俾求休應，可大赦天下。云云。於戲！釋過宥罪，推博愛之常懷，集祉弭災，馨群生之協願，咨爾衆庶，咸體至懷。

（宋）佚名《宋大詔令集》卷一《帝統·即位·徽宗即位赦元符三年正月庚辰》 門下：朕承先帝之末命，嗣累聖之丕圖。若履淵水，未知攸濟。先皇帝睿明聰哲，克勤于邦。遵志揚功，篤紹先烈，十有六載，海内蒙休。憂勞爽和，遂至大漸。乃以神器屬於冲人，負荷惟艱，怵惕以懼，用謹承祧之始，肆頒在宥之恩，可大赦天下。云云。恭念元豐詒謀，紹聖遺訓，具在天下，可舉而行。惟既厥心，罔敢廢失，其率循于天下，用奉若于先王。更賴忠良盡規，文武合慮，永弼乃后，共圖康功。咨爾萬邦，體予至意。

（宋）佚名《宋大詔令集》卷二一六《政事·恩宥·崇寧元年四月二十日赦》 門下：朕弟及承祧，君臨御極，永泰甫成於陵邑，欽儀遽燎於容衣。荐罹艱棘，久宅亮闇，恭默思治，四年于兹。賴帝降康，俾從時乂。星緯循度，海隅向風。萬民興悦豫之懷，百穀應豐穰之望。既得神天之佑助，實由祖考之燕寧。迨此免憂，始獲祇見。對威靈於原廟，躬致齊誠，按仙聖於真祠，誕膺景貺，其敷大號，以賚多方，可肆赦天下。云云。於戲！斂福錫民，將慶備成之熙事，好生育物，廣敷昭格之惠心。咨爾黎元，體予至意。

（宋）佚名《宋大詔令集》卷一五五《政事·儆災·星變赦崇寧五年正月十三日》 門下：朕以菲德，獲奉丕基。事天保民，罔不欽翼。旰昃圖治，夙宵究思。若涉淵水，靡敢豫怠。惟恐弗類，仰達天心。今星出西方，變異甚著，永思厥咎，在予一人。是用損膳避朝，求言肆眚。冀導迎於善氣，以消弭於妖祥。可大赦天下。云云。於戲！側身修行，深懷誠懼之誠。惟德動天，庶格休嘉之應。尚賴股肱近弼，中外藎臣，悉意交修，共臻丕祐。咨爾方夏，咸體朕懷。

（宋）佚名《宋大詔令集》卷二《帝統·改元·改大觀元年赦崇寧五年十二月三十日》 門下：朕膺盈成之基，式顧諟之訓，奉承大業，撫寧四方。若涉淵水，罔敢豫怠。永惟繼志之重，深念守文之艱。揔攬萬微，緝熙百度。勤於政，庶以圖天下之佚。儉於家，庶以資天下之豐。昭恩信以懷戎，敦廉恥以勵俗。迺正律度，迺賓賢能。八年于兹，海内綏靖。兵革不試，囹圄屢空。邊陲妥安，年穀豐稔。乾端垂象，日當交而不虧。坤厚薦珍，禾與芝而並秀。顧豈眇躬之克享，寔賴昊穹之博臨。嘉與群黎，導迎景貺，是用因三朝之慶會，順一氣之發生，易冠元之名，覃作解之澤，既革而當，惟新是圖，可大赦天下。云云。於戲！發政施仁，任德以承於天意。赦過宥罪，好生迺洽於民心。誕敷純被之恩，益廣布新之令。更賴百官修職，三事協恭。時若熙豐之大猷，共濟唐虞之極治。咨爾多士，咸體朕懷。

（宋）佚名《宋大詔令集》卷一五五《政事·儆災·彗星見赦天下制大觀四年五月二十日》 門下：朕祇膺駿命，寅奉丕圖，憂勤萬微，靡敢怠豫。恐德弗類，以干三光。今星出東方，爲異甚大，朕念往歲之垂象，聿新善政以應天，豈謂期年，悉加興易。永思厥咎，時予之辜。是用損膳避朝，宣恩肆宥，覬導迎於和氣，以敷祐于庶民。可大赦天下。云云。於戲！惟至誠可以動天，惟正德可以格物，尚賴交修之助，咸臻銷弭之祥。咨爾多方，咸體朕意。

（宋）佚名《宋大詔令集》卷一四九《政事·符寶鼎圭輅·元圭赦政和二年十二月二十四日》　門下：朕嗣守丕構，獲承至尊。永惟居業之艱，敢怠繼猷之重，荷皇穹之純祐，僕景命於無疆。錫乃元圭，爲時大寶，内赤外黑，上鋭下方。藴陰陽之至精，體乾坤之盛德。温潤而澤，有雲行雨施之文。追琢其章，著地平天成之象。冠真祥而創見，兹歷世所未聞。是用稽圖牒之言，總縉紳之議。聿迎至日，親御路朝。肆誕舉於隆儀，用靈承於丕貺。昭哉嗣服，緬懷二帝之勛。告厥成功，豈獨一人之慶。可大赦天下。云云。於戲！惟天祐予壹德，施其敢專。斂福錫厥庶民，遠無弗届。咨爾中外，體予至懷。

（宋）佚名《宋大詔令集》卷一四九《政事·符寶鼎圭輅·受定命寶赦文政和八年正月六日》　門下：備守邦之器，蓋惟天下之至神。申卜世之休，斯有聖人之大寶。朕纂承丕祚，臨御多方，遵烈考之燕謀，荷上穹之孚佑。師干載戢，農扈屢豐，集四海之嘉祥，莫不畢至。舉百王之墜典，迄用有成，誕開慶緒之隆，爰示珍符之秘，金石來於異域，定命自於神霄。謀惟龜筮之從，篆以蟲魚之妙。于帝其訓，而天弗違。乃即歲端，受於路寢，禮罄齋莊之意，樂宣純繹之音。太極函三，通太和於一氣，乾元用九，增寶曆於萬年。宜錫涣恩，以昭景貺，肆繇中而及外，咸與物以爲春。可大赦天下。云云。比修建明堂，嚴父配天。頒朔布政，凡時之運氣與月之政令，朕親御明堂舉而行之。布告中外，惟爾攸司，其悉乃心。祇若成憲，檢舉遵守，使繼志述事之政，常行而不怠，常舉而不廢，以稱朕意。云云。於戲！無疆惟休，既對自天之命，並受其福。式敷率土之仁，尚資修輔之聯，更懋奮庸之志，誕綏有衆，永底丕平。

（宋）佚名《宋大詔令集》卷二一《帝統·改元·己酉朔旦冬至改重和元年赦》　門下：得天之統，上帝所以申景命之休。以道爲門，聖人所以對高真之睠。朕紹承丕緒，祇遹先猷，荷穹昊之降康，罄寰區而作乂。法全令具，禮備樂成，迺追古道之淳，迺發内經之隱。順斗布合宮之政，分方調文鼎之神。修德錫符，維新九寶，迎日推策，載列三雍。固已祉福咸蒙，天人無間。雲物龍翔而抱月，檜芝獒伏而如丹。金篆浮波，河伯順流而聽命。瓊科宣籙，青華正晝以臨壇。兹者氣應中冬，日極南至。當甲子之月朔旦，逢己酉之會復元。遂契臾區之言，上同黄帝之世。于時太一，適次乾維。基迹潛宮，仰憲紫微之象。妥神熉幄，下娱黄秘之庭。叢祥並胙於邦圖，冠號肇更於年統，與四時而合序，以莫不增。參萬歲以成統，終而復始。肆颺大號，溥宥多方。可大赦天下。云云。於戲！萬邦協和，式鑒太清之治，五福敷錫，誕昭丕冒之仁，尚緊弼亮之聯，更勵寅恭之助，共崇妙道，永佑群元。

（宋）佚名《宋大詔令集》卷二一六《政事·恩宥·宣和三年赦二月二十七日》　門下：嗣前人而宅丕后，茂揚駿惠之功，昭上帝而用康年，敷錫博臨之況。朕紹膺景命，撫有嘉師，永爲安民輔世之圖，罔匪垂裕詒謀之懿，顧基緒之攸重，軫羹墻而不忘。肆於纂承，敢或墜失，豈謂長民之吏，並緣爲姦，有如奉詔之臣倚法以削。殊咈隆寬之意，浸乖祇遹之謀，頻年以來，流弊滋甚，屬者攷舊章而作則，裁宿蠹以圖功。規模非寧人之指則弗從；政事非元豐所行則弗舉。復盡經常之制，悉除苛嬈之科。慮民力殫於多役，則蠲不急之務以紓其廑。恐邦財耗於無名，則削可省之員以清其濫。農人服田以安穡事，父老扶杖以聽詔書。上靈監觀，嘉澤薦降。雷霆奮于中夕，相予以震疊之威，氛埃息于崇朝，示人以廓清之象。既優既渥，協氣以臻，如茨如梁。豐年可告。允矣無私之報，倬哉有道之符，紹聞衣德言燕皇天而克饗，丕靈承帝事冒寰宇以均釐。其敷曠蕩之恩，用答函蒙之祉，可大赦天下。云云。於戲！和獲天助，聿彰嗣服之純，德洽民心，斯共榮懷之慶。咨爾萬方之有衆，聽予一人之作猷，永孚于休，同底于道。

（宋）徐夢莘《三朝北盟會編》卷二六《靖康中帙》　宣和七年十二月二十三日庚申，即帝位。三字改作禪位於皇太子。大赦天下。門下：我國家創業守成，紹二百年之祚運，宅中圖大，奠三萬里之幅員，肆及眇躬，嗣膺神器，永念纘承之重，懼劇春冰，載惟臨御之艱，憂深朽索。矧今邊陲未靖，師旅方興。肆惟曠蕩之恩，用慰邇遐之望，可大赦天下，應赦書到日昧爽以前罪人，除謀反、謀大逆，謀叛、惡逆不赦外，其餘罪無輕重，已發覺未發覺、已結正未結正、常赦所不原者，咸赦除之。應文臣承務郎、武臣承信郎以上，并内臣及致仕官並與轉官合磨勘者，仍不隔磨勘。諸軍將校合加恩者，並加恩。内外馬步軍諸將士等，並特與優賞。承務郎以上服緑、服緋及十五年者，並與改轉服色。文武陞朝官，禁軍都虞候，諸班諸軍都虞候，諸班指揮使，御前軍佐馬步軍都軍頭，副都軍頭，藩方馬步軍都指揮使，父母妻並與封叙。已有官封者，更與封叙。亡歿者，與封贈，已封贈者更與封贈。應貶、降、責授官，並與牽叙。在外未量移者與量移，已量移與叙用，已叙用者更與叙用。應流配人，元係命官已經恩赦放還者，量與叙用。應各追官停廢人等，并終身不齒及放歸田里并註誤連累自來未敢求仕人，并許於刑部投狀具元犯聞奏，當議特與甄叙。應散官編管人等，並仰所屬具元犯聞奏，當議等第施行。應除名追官停廢人等，曾經編管羈管已放逐便者，并許於刑部投狀特與叙用。應停降諸色人等，未曾叙用者，依例施行。應諸路人户所欠今年夏秋租税及送納錢物，并自來倚閣税物並與除放。其鄉村逃移人户，並仰招誘歸業，應今日以前，天下諸色欠負並令逐處依今年冬祀赦書例，疾速保明聞奏。今來邊事之際，諸路州縣應有合行寬恤事件，仰逐路帥臣、監司、守臣疾速一而施行訖奏。應逃亡軍人並與限一百日許於所在自首，並與放罪，限滿不首復罪如初。應諸處有聚集盜賊所在州縣備坐，今來赦宥招誘歸業。如願在軍者許諸軍内安排，給與衣糧。應孝子、順孫、義夫、節婦宜旌表，以厚人倫。五嶽四瀆、名山大川，歷代聖帝、明王、忠臣、烈士載在祀典者，委所在精潔致祭，近祠廟並禁樵採。如祠廟破損處，令逐州以係省錢糧修葺。仍仰監司常切點檢，毋致隳壞。應赦書該説不盡事件，委逐處子細看詳分析聞奏。於戲，清蹕而朝萬宇，敢忘丕冒之仁，繼明以照四方，宜布惟新之政，更賴忠良協贊，文武交修，永孚於休，同底於治。咨爾有衆，體予至懷。

（宋）謝深甫等《慶元條法事類》卷一七《文書門・毁失》〔名例勅〕諸稱不以赦降原減，除緣姦細事，或傳習妖教，託幻變之術，及故決、盜決江河隄堰已決外，餘犯若遇非次赦，或再遇大禮赦者，聽從原免。

（宋）謝深甫等《慶元條法事類》卷六《職制門・批書》〔名例申明〕紹興六年九月二十三日，尚書省劄子，遇非次赦或再遇大禮赦，既不以赦降原減罪許行原免。所有犯不以去官之罪，亦同原免。本所看詳上件指揮在法不以赦降原減者，遇非次赦或再遇大禮赦，許行原免。所有犯不以去官之罪亦合原免。竊慮州軍未盡通曉，引用差誤。今編入隨勅，申明照用。

《金史》卷一七《哀宗本紀》〔元光二年十二月〕壬辰，詔大赦，略曰：朕述先帝之遺意，有便於時欲行而未及者，悉奉而行之。國家已有定制，有司往往以情破法，使人罔遭刑憲，今後有本條而不遵者，以故入人罪罪之。草澤士庶，許令直言軍國利害，雖涉譏諷無可採取者，並不坐罪。

《元典章》卷一《詔令・世祖聖德神功文武皇帝・至元改元》至元元年八月十九日欽奉詔書節該。應天者，惟以至誠。拯民者，莫如實惠。朕以菲德獲承慶基，内難未戢，外兵弗戢，夫豈一日，於今五年。賴天地之畀矜，暨祖宗之垂裕，凡我同氣，會於上都。雖此日之小康，敢朕心之少肆，比者星芒示儆，雨澤愆常，皆闕政之所繇，顧斯民其何罪？宜布惟新之令，溥施在宥之仁，據不魯花、忽察、脱滿、阿里察、脱火思輩構禍我家，照依成吉思皇帝扎撒已正典刑訖，可大赦天下，改中統五年爲至元元年。自至元元年八月十六日昧爽以前，除殺祖父母、父母不赦外，其餘罪無輕重，咸赦除之。開云云。於戲，否往泰來，迓續亨嘉之會，鼎新革故，正資輔弼之良。咨爾臣民，體予至意。敢以赦前事相告者，以其罪罪之，故兹詔示，想宜知悉。

（清）畢沅《續資治通鑑》元至元十年七月 元主以天下獄囚滋多，敕諸路自死罪以下縱遣歸家，期仲秋悉來京師聽決。囚如期至，元主惻然。八月，庚戌，詔並赦之。既而命詞臣作詔戒諭天下，皆不稱旨，王磐獨以縱囚之意命詞，元主喜曰：此朕所欲言而不能者，卿乃爲朕言之。賜酒嘉獎。

《元史》卷九《世祖本紀》〔至元十三年二月〕丁未，詔諭臨安新附府州司縣官吏士民軍卒人等曰：

間者，行中書省右丞相伯顔遣使來奏，宋母后、幼主暨諸大臣百官，已於正月十八日賫璽綬奉表降附。朕惟自古降王必有朝覲之禮，已遣使特往迎致。爾等各守職業，其勿妄生疑畏。凡歸附前犯罪，悉從原免；公私逋欠，不得徵理。應抗拒王師及逃亡嘯聚者，並赦其罪。百官有司、諸王邸第、三學、寺、監、祕省、史舘及禁衛諸司，各宜安居。所在山林河泊，除巨木花果外，餘物權免徵税。祕書省圖書，太常寺祭器、樂器、法服、樂工、鹵簿、儀衞，宗正譜牒，天文地理圖册，凡典故文字，并戶口版籍，盡仰收拾。前代聖賢之後，高尚儒、醫、僧、道、卜筮，通曉天文曆數，并山林隱逸名士，仰所在官司，具以名聞。名山大川，寺觀廟宇，并前代名人遺迹，不許拆毁。鰥寡孤獨不能自存之人，量加贍給。

《元典章》卷三《聖政・霈恩宥》 至元十三年二月平定江南，欽奉詔書內一欵，歸附以前犯罪者，無問輕重，悉從原免，官司逋欠，並不徵理。

《元史》卷一八《成宗本紀》 〔至元三十一年〕夏四月壬午，帝至上都，左右部諸王畢會。先是，御史中丞崔彧得玉璽于故臣之家，其文曰受命于天，既壽永昌，上之徽仁裕聖皇后。至是手授於帝。甲午，即皇帝位，受諸王宗親、文武百官朝於大安閣，詔曰：朕惟太祖聖武皇帝受天明命，肇造區夏，聖聖相承，光熙前緒。迨我先皇帝體元居正以來，然後典章文物大備。臨御三十五年，薄海內外，罔不臣屬，宏規遠略，厚澤深仁，有以衍皇元萬世無疆之祚。

我昭考早正儲位，德盛功隆，天不假年，四海缺望。顧惟眇質，仰荷先皇帝殊眷，往歲之夏，親授皇太子寶，付以撫軍之任。今春宮車遠馭，奄棄臣民，乃有宗籓昆弟之賢，戚畹官僚之舊，謂祖訓不可以違，神器不可以曠，體承先皇帝夙昔付託之意，合辭推戴，誠切意堅。朕勉徇所請，於四月十四日既皇帝位，可大赦天下。

《元典章》卷一《詔令・成宗欽民廣孝皇帝・登寶位詔》 至元三十一年四月日欽奉皇帝聖旨：朕惟太祖聖武皇帝，受天明命，肇造區夏，聖聖相承，光熙前緒，迨我先皇帝體元居正以來，然後典章文物大備，臨御三十五年，薄海內外，罔不臣屬，宏規遠略，厚澤深仁，有以衍皇元萬世無疆之祚。我昭考早正儲位，德盛功隆，天不假年，四海觖望，顧惟眇質仰荷先皇帝殊眷。往歲之夏，親授皇太子寶付，以撫軍之任。今春宮車遠馭，奄棄臣民，乃有宗藩昆弟之賢，戚畹官僚之舊，謂祖訓不可以違，神器不可以曠。體承先皇帝夙昔付記之意，合辭推戴，誠切意堅，朕勉徇所請，於四月十四日即皇帝位，可大赦天下。自四月十五日昧爽以前，除殺祖父母、父母，妻妾殺夫、奴婢殺主，不赦外，其餘一切罪犯，已發覺未發覺、已結正未結正，罪無輕重，咸赦除之。敢以赦前事相告言者，以其罪罪之。欽此。

《元典章》卷三《聖政・霈恩宥》 大德元年二月，改元欽奉詔書內一欵：自大德元年二月二十七日以前，除謀殺祖父母、父母，妻妾殺夫，奴婢殺主，謀故殺人，但犯强盗不在原免，其餘一切罪犯，已未發覺者，並從釋放，侵盗官物及盗賊正贓，依例追徵。

《元典章》卷三《聖政・霈恩宥》 大德六年三月日，欽奉詔書節文可大赦天下。自大德六年三月初三日昧爽以前，除謀反大逆，殺祖父母、父母，妻妾殺夫，奴婢殺主，强盗殺人及姦人而殺其所姦妻妾之夫者不赦，其餘一切罪犯咸赦除之。敢以赦前事相告者，以其罪罪之，所告之事勿問。

《元典章》卷三《聖政・霈恩宥》 大德九年六月，欽奉詔書節文，可自大德九年二月二十五日昧爽以前，除謀反叛逆，殺祖父母、父母，妻妾殺夫，奴婢殺主，謀故殺人，强盗殺傷事主，爲首下手者不赦外，爲從非下手者，各免死，徒一年，其餘罪犯，已發覺未發覺、已結正未結正，無論輕重，咸赦除之。

《元典章》卷三《聖政・霈恩宥》 大德十一年五月日，欽奉登寶位詔書節文，可大赦天下，自五月二十二日昧爽以前，除謀殺祖父母、父母，妻妾殺夫，奴婢殺主不赦，其餘已發覺未發覺、已結正未結正，罪無輕重，咸赦除之。敢以赦前事相告言者，以其罪罪之。

《元典章》卷三《聖政・霈恩宥》 至大元年十一月，肇建中都詔書節文，又念諸路水旱疾疫，吏不能奉職，民不能自存，輕觸刑憲，徃徃有之，朕君臨萬邦，恩霈寧有遠邇之間，可赦天下。自至大元年十一月二十五日昧爽以前，除殺祖父母、父母，妻妾殺夫，奴婢殺主不赦外，其餘已發覺未發覺、已結正未結正，罪無輕重，咸赦除之。敢以赦前事相告言者，以其罪罪之。

《元典章》卷三《聖政・霈恩宥》至大二年十月日，欽奉詔書節文，朕自臨御以來，下詔萬方，其所以撫安元元者，亦已至矣。而前歲江浙飢疫，今年蝗旱相仍，民或盡死，幸生者流離道路，雖當遣使分道賑恤，終恐未能户到。夫既罹是天刑，其輕觸憲綱者必衆，有司又以重法繩之，朕實憫焉。其自十月十七日昧爽以前，中外罪囚，大辟以下，已未發覺，並從釋免。

《元典章》卷三《聖政・霈恩宥》至大三年十月日欽奉立皇太后詔書節文：自至大三年十月十八日昧爽以前，除大辟、流竄不赦外，杖罪以下已未發覺結正者，并從原免。

又條：闒闒反餘黨未發覺者，并原其罪。

《元典章》卷三《聖政・霈恩宥》至大三年十一月二十三日，禮祀南郊詔書節文，可自至大四年正月初五日昧爽以前，已發覺未發覺、已結正未結正，罪無輕重，咸赦除之。敢以赦前事相告者，以其罪罪之。

《元典章》卷三《聖政・霈恩宥》至大四年三月十七日，中書省啓過事内一件：前者尚書省官人每正月初五日教行了的赦書，自世祖皇帝時，分不揀那個赦裏不曾放來的，謀反大逆，殺祖父母、父母，妻妾殺夫，奴婢殺主的都交放了。有這般重罪囚每，拿省依體例合要罪過，有爲這般上到臺家官人每，俺根底也與他文書來，詔書裏教行呵。不宜也者，各處似這般不合放的罪囚，教拿了，依體例要罪過呵。怎生？啓呵，那般者。麼道令旨了也。

《元典章》卷一《詔令・武宗章孝皇帝・登寶位詔》〔至大四年〕可大赦天下，自三月十八日昧爽以前，除謀反大逆，殺祖父母、父母，妻妾殺夫，奴婢殺主，强盗殺傷事主不赦外，其餘一切罪犯，已發覺未發覺、已結正未結正，罪無輕重，咸赦除之。敢以赦前事相告言者，以其罪罪之。其可爲令法程，拯民急者具如左方。見後聖政各類。於戲！凡我有官君子，皆古所謂治天職食天禄者，宜一心力，欽乃有司，無替朕命。

《元典章》卷三《聖政・霈恩宥》至大四年三月日，欽奉登寶位詔書節文，可大赦天下。自三月十八日昧爽以前，除謀反大逆，殺祖父母、父母，妻妾殺夫，奴婢殺主，强盗殺傷事主不赦外，其餘一切罪犯，已發覺未發覺、已結正未結正，咸赦除之。敢以赦前事相告言者，以其罪罪之。

《元典章》卷三《聖政・霈恩宥》皇慶元年十月日，欽奉諸王入觀詔書節文自皇慶元年十月二十九日昧爽以前，除謀反大逆，謀殺祖父母、父母，妻妾殺夫，奴婢殺主，及故殺致命，但犯强盗僞造寶鈔不赦外，其餘罪犯，已未發覺，咸赦除之。敢以赦前事相告言者，以其罪罪之。

《元典章》卷三《聖政・霈恩宥》延祐元年正月日，欽奉改元詔書節文，自延祐元年正月二十二日昧爽以前，除謀反大逆，謀殺祖父母、父母，妻妾殺夫，奴婢殺主，故殺致命，但凡强盗僞造寶鈔，及官吏取受侵盗係官錢糧不在原免，其餘一切罪犯，已未發覺，並行釋免。

《元典章》卷三《聖政・霈恩宥》延祐二年十一月日，欽奉詔赦節文，可赦天下，自延祐二年十一月二十七日昧爽以前，除謀反大逆，謀殺祖父母、父母，妻妾殺夫，奴婢殺主，謀故殺人，但凡强盗，僞造寶鈔，不赦外，其餘罪犯，已發覺未發覺、已結正未結正，罪無輕重，咸赦除之。敢以赦前事相告言者，以其罪罪之。

《元典章》卷一《詔令・武宗統天繼聖欽文英武章孝皇帝・赦罪詔》〔延祐四年正月初十日〕阿思罕等謀爲不軌，搆亂我家，已爲陜西行省行臺管軍官等，將叛賊阿思罕教化，徹里哥思等，斬首以狥，其同謀及脅從者，欲盡加誅，有所不忍，宜推曠蕩之恩，開以自新之路，可大赦天下。自延祐四年正月初十日昧爽以前，除殺祖父母、父母，不赦外，其餘常赦所不原者，罪無輕重，咸赦除之。若有避罪逃從逆黨，或竄匿民間及嘯聚山林者，赦書到日，限一百日内，許令出首，與免本罪。限外不首，復罪如初。條畫見聖政各類。於戲！赦過宥罪，惟期反側之安，發政施仁，聿底隆平之治，敢以赦前事相告訐者，以其罪罪之。

《元典章》卷三《聖政・霈恩宥》延祐四年正月初十日，欽奉原罪詔書節文，比者忽失剌年屬幼弱，聽信憸人，謀爲不軌，擾亂我家，欲盡加誅，有所不忍，宜推曠蕩之恩，開以自新之路可大赦天下。自延祐四年正月初十日昧爽以前，除殺祖父母、父母，其餘常赦所不原者，罪無輕重，咸赦除之。若有避罪逃從逆黨，或竄匿民間及嘯聚山林者，赦書到日，限百日内許令出首，與免本罪，限外不首復罪如初，敢以赦前事相告言者，以其罪罪之。

《元典章》新集《國典・詔令・今上皇帝登寶位詔》　延祐七年三月十一日，上天眷命皇帝聖旨：　洪惟太祖皇帝膺期撫運，肇開帝業，世祖皇帝神機睿略，統一四海以聖繼聖。迨我先皇帝至仁厚德，涵濡羣生，君臨萬國，十年於茲，以社稷之遠圖，定天下之大本。協謀宗親，授予册寶，方春宫之與政，遽照考之賓天，諸王貴屬，元勳碩輔，咸謂朕宜體先皇帝付託之重，皇太后擁祐之慈，既深繫乎人心，詎可虛於神器，合辭勸進，誠意交孚。乃於三月十一日即皇帝位，於大明殿誕受維新之命。庸推在宥之恩，可赦天下。自延祐七年三月十一日昧爽以前，除謀反大逆，謀殺祖父母父母、妻妾殺夫、奴婢殺主、謀故殺人，但犯强盗、印造僞鈔、侵盗短少係官錢糧不赦外，其餘一切罪犯，已發覺未發覺，已結正未結正，罪無輕重，咸赦除之。敢以赦前事相告言者，以其罪罪之。所有合行事宜，畫列於後。

一、恤災拯民國有令典，應腹裏路分被災去處，曾經賑濟者，據延祐七年合該絲線十分爲率，擬免五分，其餘諸郡絲線，並江、淮夏税並免三分。

一、差發税銀民之常賦，貧乏逋欠在所宜矜，其延祐七年以前徵理未足之數，並行蠲免，已徵入主典之手者，不在蠲免之限。

一、各處站赤差役繁併迤漸消乏，仰中書省通政院設法擠載，諸衙門毋得泛濫給驛，違者罪及當該判署官吏。路府提調官、鈐束站官人等，毋致聚斂侵尅。差役不均，監察御史、肅政廉訪司嚴加糾治。

一、遠近諸軍征行戍守，終歲勞苦，實可矜憫。其陣亡之家，常例存恤限外更展一年。本管翼衛及奥魯等官，毋得非理科斂。違法放債勒取重息監察御史、肅政廉訪司常加體究。

一、兩廣雲南等處哨聚賊人，據恃巢險出没不常，雖蠻荒之俗固然，亦由官府失於威信不能撫懷，以致如此。詔書到日，限一百日内出官自首，許免本罪，各安其業。限外不悛，依收捕。

一、農桑學校王化之本，蓋務農所以厚民，勸學所以興化。累聖相繼具有典章，仰各處提調官常切加意，勉求實效，勿事虛文，其科學貢試之法，並依舊制。

一、獄鎮海瀆，聖帝明王諸在祀典者，長吏擇日致祭，尚念祖宗丕緒持守維艱，萬機之繁罔敢暇逸。更賴遠近勳戚左右臣鄰，咸一乃心，以輔予治。咨爾多方，體予至意，故兹詔示，想宜知悉。

《元史》卷二七《英宗本紀》　〔延祐七年〕三月辛巳，以中書禮部領教坊司。壬午，賑陳州、嘉定州饑。瓜哇遣使入貢。戊子，太陰犯酒旗上星，熒惑犯進賢。徵諸王、駙馬流竄者，給侍從，遣就分邑。庚寅，帝即位，詔曰：　洪惟太祖皇帝膺期撫運，肇開帝業；世祖皇帝神機睿略，統一四海。以聖繼聖，迨我先皇帝，至仁厚德，涵濡群生，君臨萬國，十年于兹。以社稷之遠圖，定天下之大本，十劦謀宗親，授予册寶。方春宫之與政，遽昭考之賓天。諸王貴戚，元勳碩輔，咸謂朕宜體先帝付託之重，皇太后擁護之慈，既深繫於人心，詎可虛於神器，合辭勸進，誠意交孚。乃於三月十一日，即皇帝位于大明殿。可赦天下。

《元史》卷二九《泰定帝本紀》　〔至治三年〕諸王按梯不花及也先鐵木兒奉皇帝璽綬，北迎帝于鎮所。〔九月〕癸巳，即皇帝位於龍居河，大赦天下。詔曰：　薛禪皇帝可憐見嫡孫、裕宗皇帝長子、我仁慈甘麻剌爺爺根底，封授晉王，統領成吉思皇帝四个大斡耳朵，及軍馬、達達國土都付來。依著薛禪皇帝聖旨，小心謹慎，但凡軍馬人民的不揀甚麽勾當裏，遵守正道行來的上頭，數年之間，百姓得安業。在後，完澤篤皇帝教我繼承位次，大斡耳朵裏委付了來。已委付了的大營盤看守著，扶立了兩个哥哥曲律皇帝、普顔篤皇帝，姪碩德八剌皇帝。我累朝皇帝根底，不謀異心，不圖位次，依本分與國家出氣力行來；諸王哥哥兄弟每，衆百姓每，也都理會的也者。

今我的姪皇帝生天了也麽道，迤南諸王大臣、軍士的諸王駙馬臣僚、達達百姓每，衆人商量著：　大位次不宜久虛，惟我是薛禪皇帝嫡派，裕宗皇帝長孫，大位次裏合坐地的體例有，其餘争立的哥哥兄弟也無有；這般，晏駕其間，比及整治以來，人心難測，宜安撫百姓，使天下人心得寧，早就這裏即位提説上頭，從著衆人的心，九月初四日，於成吉思皇帝的大斡耳朵裏，大位次裏坐了也。交衆百姓每心安的上頭，赦書行有。

《元史》卷三二《文宗本紀》　〔致和元年九月〕壬申，帝即位於大明殿，受諸王、百官朝賀，大赦，詔曰：　洪惟我太祖皇帝混一海宇，爰立定制，以一統緒，宗親各受分地，勿敢妄生覬覦，此不易之成規，萬世所共守者也。世祖之後，成宗、武宗、仁宗、英宗，以公天下之心，以次相傳，宗王、貴戚，咸遵祖訓。至於晋邸，具有盟書，願守籓服，而與賊臣鐵失、也先帖木兒等潛通陰謀，冒干寶位，使英宗不幸罹於大故。朕兄弟播越南北，備歷艱險，臨御之事，豈獲與聞！

朕以叔父之故，順承惟謹，于今六年，災異迭見。權臣倒剌沙、烏伯都剌等，專權自用，疏遠勳舊，廢棄忠良，變亂祖宗法度，空府庫以私其黨類。大行上賓，利於立幼，顯握國柄，用成其姦。宗王、大臣，以宗社之重，統緒之正，協謀推戴，屬於眇躬。朕以菲德，宜俟大兄，固讓再三。宗戚、將相，百僚、耆老，以爲神器不可以久虚，天下不可以無主，周王遼隔朔漠，民庶遑遑，已及三月，誠懇迫切。朕故從其請，謹俟大兄之至，以遂朕固讓之心。已於致和元年九月十三日，即皇帝位於大明殿。其以致和元年爲天曆元年，可大赦天下。自九月十三日昧爽已前，除謀殺祖父母、父母，妻妾殺夫，奴婢殺主，謀故殺人，但犯强盗，印造僞鈔不赦外，其餘罪無輕重，咸赦除之。

《元史》卷三七《寧宗本紀》〔至順三年〕十月庚子，帝即位于大明殿，大赦天下，詔曰：洪惟太祖皇帝，啓闢疆宇；世祖皇帝，統一萬方；列聖相承，法度明著。我曲律皇帝入纂大統，修舉庶政，動合成法，授大寶位于普顔篤皇帝以及格堅皇帝。曆數之歸，實當在我忽都篤皇帝、扎牙篤皇帝，而各播越遼遠。時則有若燕鐵木兒，建義效忠，戡平内難，以定邦國，協恭推戴扎牙篤皇帝。登極之始，即以讓兄之詔明告天下。隨奉璽紱，遠迓忽都篤皇帝，朔方言還，奄棄臣庶。扎牙篤皇帝，荐正宸極，仁義之至，視民如傷，恩澤旁被，無間遠邇。顧育眇躬，尤篤慈愛。賓天之日，皇后傳顧命於太師、太平王、右丞相、荅剌罕燕帖木兒，太保、浚寧王、知樞密院事伯顔等，謂聖體彌留，益推固讓之初志，以宗社之重，屬諸大兄忽都篤皇帝之世嫡。乃遣使召諸王宗親，以十月一日來會于大都，與宗王、大臣同奉遺詔。揆諸成憲，宜御神器，以至順三年十月初四日，即皇帝位于大明殿。可大赦天下。自至順三年十月初四日昧爽以前，除謀反大逆、謀殺祖父母父母、妻妾殺夫、奴婢殺主、謀故殺人、但犯强盗、印造僞鈔、蠱毒魘魅犯上者不赦外，其餘一切罪犯，咸赦除之。

《元史》卷三八《順帝本紀》〔至順〕四年六月己巳，帝即位于上都，詔曰：洪惟我太祖皇帝，受命于天，肇造區夏；世祖皇帝，奄有四海，治功大備；列聖相傳，丕承前烈。我皇祖武宗皇帝入纂大統，及致和之季，皇考明宗皇帝遠居朔漠，札牙篤皇帝戡定内難，讓以天下。我皇考賓天，札牙篤皇帝復正宸極。治化方隆，奄棄臣庶。

今皇太后召大臣燕鐵木兒、伯顔等曰：昔者闊徹〔伯〕、脱脱木兒、只兒哈郎等謀逆，以明宗太子爲名，又先爲八不沙始以妬忌，妄構誣言，疏離骨肉。逆臣等既正其罪，太子遂遷于外。札牙篤皇帝後知其妄。尋至大漸，顧命有曰：朕之大位，其以朕兄子繼之。時以朕遠征南服，以朕弟懿璘只班登大位，以安百姓，乃遽至大故。皇太后體承札牙篤皇帝遺意，以武宗皇帝之元孫，明宗皇帝之世嫡，以賢以長，在予一人，遣使迎還。徵集宗室諸王來會，合辭推戴。今奉皇太后勉進之篤，宗親大臣懇請之至，以至順四年六月初八日，即皇帝位于上都。

於戲！惟天、惟祖宗全付予有家，慄慄危懼，若涉淵冰，罔知攸濟。尚賴宗親臣鄰，交修不逮，以底隆平。其赦天下。

《明太祖實録》丁酉年十二月　己丑，下令釋輕重罪囚。令曰：干戈未寧，人心初附，民有冒犯禁令者繫縲於有司，吾其閔之。其自今年十二月二十日昧爽以前，官吏軍民有犯法者，罪無輕重皆釋之。敢有復言其事者，抵罪。

（明）何棟如《皇祖四大法》卷三《治法》〔洪武五年八月〕己卯，大赦天下，詔曰：天生民而立之君。君者奉天而安養斯民者也。日者，元政陵夷，民失安養。群雄蜂起，疆宇分裂。朕以布衣入戎伍，憤生民塗炭，提孤軍與豪傑同志者，思所以靖之，賴天之靈，因民之利，干戈所至，强殞弱服，大河之北，以際南海，罔不來臣。重念推戴以來，軍士勞苦，農民罷敝，未有以安之。賢人君子逃匿巖穴，未有以來之。獄訟繁興，未有以平之。供億頻數未有以紓之。朕爲此寢食弗寧，特大赦天下，與民更始。自八月十一日昧爽以前，除謀逆殺祖父母父母，妻妾殺夫，奴婢殺本使，謀故殺人，犯强盗蠱毒魘魅不原外，其餘已結正未結正、已發覺未發覺，罪無輕重，咸赦除之。敢有以赦前事相告言者，抵罪。從征將士勞苦特甚，中書省大都督府檄有司厚恤其家。新附軍士，老疾無丁男代役者，及陣亡病故寡婦無依者，並從其便。從征逋卒，首于官者，免罪。仍資給軍裝行糧，遣至軍前。其守禦逋逃者，亦許首免。所在官司，給與行糧起遣還役，一月外不首者論如律。新克州郡，其民皆吾赤子，不許妄加殺戮。來降者，優加撫遇。民間輸賦京師，道里遼遠者，有司設法轉運，毋致困民。今歲水旱爲灾，所司具以實聞，蠲其租賦。鎮江密邇京畿，餽運供億未獲休息，而旱暵尤甚，悉免今年秋租及明年夏税。州郡人民因兵亂逃避，地方田産已歸於有力之家，其耕墾成熟者，聽爲己業。若還鄉復業者，有司於旁近荒田内如數給與耕種，其餘荒田亦許民墾，闢爲己業，免徭役三年。孔子闕里，常遣官致祭，其襲封衍聖公與所授曲阜知縣，並如前代制復。其家懷材抱德之士，隱於巖穴者，有司詢訪，具實來奏，即遣人禮聘赴京。學校養賢育材之所，兵亂以來，人多廢學。中書省，集議舉行，務求實效，毋事虚文。天下徵至賢良官吏，中書省量材授任。老病不願仕者，聽。徒流遷徙者，釋還爲民。其城寨將校及已發隸兵者，不在例内。頃因戡亂，其有刑出軍律者，未爲平允，中書省宜重講究，務從中典，決重刑須待秋後，毋得非時以傷生意。書籍田器等物，不得徵税。民間逋負係官錢穀，悉免徵。蒙古、色目人既居我土，即吾赤子，有才能者，一體擢用。鰥寡孤獨廢病不能自養者，官爲存恤。京師被火之家，中書省量加賑卹。民年七十以上者，許令一子侍養，免其差役。御史臺提刑按察司乃耳目之寄，務在振肅百司，慎選賢良方正之人，以佐朕。不逮民間有不便事宜，與利所當興，害所當除，詔書所不載者，有司明白具聞。於戲！民墮塗炭十有七年。今天下再定，光嶽之氣於焉始復。繼今宜各修爾業，厚爾生，共享大平之福，以臻雍熙之治。

（明）談遷《國榷》太祖洪武十三年五月　乙未，詔曰：朕以菲德，託萬姓之上。不期宰輔失計，肆姦擅權，使賢愚陷罪。朕思剏業之初，念民生之不易，首誅奸惡，鋤根剪蔓。及其餘黨，録刑之際，不無過焉，甚非上帝好生之德。五月甲午時及申，雷震謹身殿，朕甚懼焉。天下有罪，自十惡外咸赦除之。釋在京及中都屯作者，免太平、鎮江、宣城、廣德、滁和今年田租，還山西軍二萬四千餘人爲民。坐事免官者，自思無罪，則身來朝仍授職。丙申釋在京及臨濠屯作者。

（明）何棟如《皇祖四大法》卷三《治法》〔洪武十四年〕三月癸巳朔。甲午宥獄囚，下令曰：　發政施仁，誕布維新之治，安民廣土，當弘肆眚之恩。爰自渡江以來，夙夜祗懼，期以上膺天貺，下拯民憂，往歲親率大軍徂征海右，賴天地之靈，將師之力，以去歲十二月甲申，開拓婺城，民庶無驚，市肆不擾，數日之間，浦江諸縣，聞風來歸。此豈余智力之所能，實天地祖宗默有以相之也。皇天既命余削平僭亂，敢不順時敷惠以闡至仁。況春氣發育，草木昆蟲猶得自遂其生，而吾民有久繫于獄者，抑鬱翡愁之氣，恐傷天地之和。是用布告，所隸州郡，自三月初二日以前，除大逆無道及敵之偵伺拘繫外，其餘罪無大小，咸與宥原，敢有不遵仍前告言者，以其罪罪之。

（明）何棟如《皇祖四大法》卷五《治法》〔洪武十四年〕三月丙戌朔，赦天下。詔曰：在昔唐虞三代之君，任賢使能，民皆遠罪，刑措不用，享年永久。朕恭膺天命，撫育黔黎，今十有四年，雖夙夜究心以求民之安，而未臻其效。獄猶未清，良由委任非人，致民陷刑辟。朕甚憫焉。今大赦天下，與民更始。自洪武十四年三月初一日昧爽以前，除謀反大逆，殺祖父母父母，妻妾殺夫，奴婢殺本使，毆殺小功以上親及謀故殺人、强盗、僞造鈔、蠱毒、魘魅，不赦。其餘已結正未結正、已發覺未發覺，罪無大小，咸赦除之。敢有以赦前事告言者，抵其罪。斷發充軍未到衛所者，安置流徙未至地方者，作耗詿誤流竄未到配所者，并釋還鄉。追徵贓罰侵欺錢糧，欺隱田賦及兩淛福建見追煎鹽工本並免徵。

（明）何棟如《皇祖四大法》卷七《治法》〔洪武十七年二月〕甲子大赦天下，詔曰：朕率諸英雋平群雄，安宇内，即位以來，十有七年。其間罪頑民，清吏弊，刑賞皆施，雖間有肆宥，而未嘗大赦。今自洪武十七年三月二十七日昧爽以前，除謀反大逆，謀殺祖父母父母、妻妾殺夫、奴婢殺本使、謀故殺人、蠱毒魘魅毒藥殺人不赦，其餘已發覺未發覺、已結正未結正，罪無輕重咸赦除之。敢以赦前事相告者，以其罪罪之。於戲！赦過宥罪，既大布以殊恩，遷善保安，尚同躋于至治。故兹詔示，悉使聞知。

（明）談遷《國榷》太祖洪武十八年七月　庚午，以盗糧株累良民，詔大赦天下，詔曰：天道以有餘補不足，人乃以不足奉有餘。嗚呼！罪盈自己，惡怒人神。天譴既臨，尚造多非。如户部侍郎郭桓闔部等，刑部尚書王惠迪侍郎□修闔部等。兵部侍郎王志闔部等。工部侍郎麥至德闔部等。禮部侍郎趙瑁闔部等。贓貪亂政，賄賂屯集，罪已分明，尚掩殺身之計，妄指善良，爲寄贓所。朕設官造民，業不勝任，又且罪盈，法古天討，以除民害，愈加害民，必欲除姦，復生姦甚。實朕不才之致。凡我天下良民，憐朕不敏，《書》不云乎，天位艱哉！仰觀俯察，寢食不安，惟圖康民。人心若此，自詔以後，大赦吾民，所有不赦，惟是姦貪。

《明太宗實録》永樂四年十二月　辛卯，大赦天下，詔曰：朕惟聖帝明王之於天下，體天地之心，順萬物之宜以爲治，朕荷天命承皇考鴻基，莅祚以來，夙夜兢惕，父母斯民之道，惟恐不至，比見有犯法者心甚憐之，故勅法司以人命至重，議獻審覆，務先寬大，毋深文誣詆，法外求情，尚慮中外奉行不謹，致令良善罹於憲條，雖欲改過，其道無由。今大赦天下，嘉與維新。自永樂四年十二月初六日昧爽以前，除謀反大逆，謀殺父母祖父母，妻妾〔殺〕夫，奴僕殺主，謀故殺人，蠱毒魘魅、毒藥殺人、强盗不赦外，其餘已發覺未發覺、已結正未結正，罪無大小，咸赦除之。於乎！發政施仁，用廣好生之德，改過遷善，永同熙皡之風。故茲詔示，咸使聞之。

《明太宗實録》永樂十九年春正月　戊寅，大赦天下。詔曰朕荷天地祖宗之佑，繼承大寶，統馭萬方，祇勤撫綏，夙夜無間。乃者倣成周卜洛之規，建立兩京，爲子孫帝王永遠之業。爰自經營以來，賴天下臣民殫心竭力，趨事赴工，今宫殿告成，朕御正朝，祇祀天地宗社，著懷黎庶，嘉與維新，弘敷寬卹之仁，用洽好生之德，大赦天下。自永樂十九年正月十五日昧爽以前，除謀反大逆，謀殺祖父母父母、妻妾殺夫、奴婢殺主、謀故殺人、蠱毒魘魅、毒藥殺人、强盗不赦外，其餘已發覺未發覺、已結正未結正，罪無大小，咸赦除之，敢有以赦前事相告言者，以其罪罪之。所有事宜條例，列于後。一、文武官吏，官民人等，有爲事工作等項，悉宥其罪，官吏復還職役，軍還原伍，匠仍當匠，民放寧家。一、軍官，旗軍，將軍，力士，校尉，舍人，餘丁犯罪，未經斷决發遣，各處立巧及哨瞭等項者，盡行赦宥，復還職役。立功者仍前立功，已斷發充軍者不在此例。一、文武官及總水旗有爲事已復職役仍住支俸糧并支半俸者俱照舊關支。一、遞年虧欠倒死馬駞驢騾等畜，及拖欠蘆柴未納各項贓罰，并虧折等項追陪未完顔料，一應物件盡行蠲免，其倍追一應物件止追該納正數，倍追者蠲免。一、軍民該辦柴炭自永樂十六年以前，拖欠未納者悉皆蠲免。一、遞年拖欠虧兑未完税糧農桑及諸色課程草束等項，經該官吏人等俱宥其罪，仍令照數納足。一、逃軍逃匠許令赴官首告，與免本罪，軍還原衛，匠仍當匠。一、失班罰工人匠及願鐐終身工作者盡行釋放，仍舊輪班。一、各處逃移人户悉宥其罪，許於所在官司首告，發回原籍復業，其户下虧欠税糧盡行蠲免。一、各處監收及起取未到尼姑道姑悉宥罪還俗。一、凡有軍民利病及貪官污吏作弊害民，仍前不改者，許人具實奏聞，以除民患。一、各處造作，除軍需等項急用外，餘不急之務並皆停止。一、今後諸司所行事務悉遵舊制，不許更改，敢有更改變亂成法者，治以重罪。一、民間有懷材抱德堪任用者，許諸人奏保，量才擢用，不許狥私濫舉。一、鰥、寡、孤、獨及篤廢殘疾者，有司依例存卹，毋令失所，民年八十以上，有司給絹二疋，布二疋，酒一斗，肉十斤，時加存問。於戲！體天爲治，覃敷曠蕩之恩，與物皆春，同樂太平之世。故茲詔未，咸使聞知。

《明仁宗實録》永樂二十二年八月　〔丁巳〕上登寶位，朝群臣，大赦天下，詔曰，【略】一、文武官吏，軍民匠作人等，有爲事發運磚拖石、砌城、運糧、做工等項，悉宥其罪。官吏復還職役，軍還原伍，匠仍當匠，民放寧家。其風憲官有犯贓罪，不許復職，放回原籍爲民當差。一、軍官并旗軍力士，校尉，舍人，餘丁等犯罪發各處立功及哨瞭等項者，悉宥免之，復其職役。一、軍官犯罪發各處充養馬種田等項者，悉宥復職。一、軍官總小旗犯罪，除謀逆外，軍官被刑及罷閑者，本身見在，復其原職，已故者子孫依律承襲，總小旗革役充軍者亦准此例，復其原役。一、文武官并總小旗有爲事已復職役，住支俸銀，及支半俸者，俱照舊支給。一、遞年爲事發買馬當站及充遞運驛夫皂隸膳夫軍伴之類，法司即撥人代替，放回爲民，不許延緩。一、逃軍逃囚逃匠人等，詔書到後，許一月内赴官自首，與免本罪，軍還原伍，民還原籍，匠復本業。一、軍民中有鰥寡孤獨者，所司依例存恤，毋令失所。民年七十以上及篤廢殘疾者，許令一丁侍養，不能自存者，官爲賑給。凡軍民年八十以上，所司給與絹二疋，綿二觔，酒一斗，肉十觔，時加存問。一、有懷材抱德堪任用者，或屈在下寮，或混處軍民，或隱跡山林，委所司薦舉，以禮遣送赴京。一、孝子順孫、義夫節婦，令所在有司保勘明白，具實奏聞，以憑旌表。一、凡軍民利病，許諸人直言無隱。一、凡有貪污官吏，蠹政壞法，作弊害民，詔書到後，不即改悔，仍前貪虐者，巡按監察御史按察司即拿問解京。一、自今官吏敢有以催辦爲由，輒自下鄉科擾平民者，許諸人首告，所司即拿問解京。一、諸司官敢有容隱吏卒，弓兵，皂隸，牢子，久占衙門，連年不替，專一浸潤官長，起滅詞訟，説事過錢及稱主文等項名色，在衙門結攬寫發，把持官府，虐害良善，許諸人首告，所在按察司及巡按監察御史即拿問解京。一、法司論門今後一依大明律科斷，不許深文。於戲！君民一體，愛人必務於寬弘，賞罰有經，爲國必彰於明信。

《明宣宗實録》洪熙元年六月　庚戌，上即帝位。【略】遂頒詔大赦天下，曰：【略】爲政所重，以德及人，其改明年爲宣德元年，大赦天下，咸與維新，所有合行事宜條示于後。一、自洪熙元年六月十二日昧爽以前至去年八月十五日以後，官吏軍民人等有犯除謀反大逆、謀叛、子孫謀殺及毆罵祖父母父母、妻妾殺夫、奴婢殺主、謀故殺人、蠱毒魘魅、毒藥殺人、强盗不赦外，其餘已發覺未發覺、已結正未結正，罪無大小，咸赦除之，敢有赦以前事相結告者，以其罪罪之。一、自去年八月十五日以後，軍官及旗軍將軍、力士、校尉、舍人、餘丁除犯反叛黨惡不宥外，其餘有犯發各處立功贖罪及降出充軍等項，並送兵部查理，復其戎役。一、自去年八月十五日以後，文官除犯貪贓及枉害人已命發落者不宥外，其餘有犯發充吏役及承差者，悉還吏部量能授官。一、自去年八月十五日以後，見任文武官員有停罷俸禄者，詔書到日仍舊関支。一、言路所以廣視聽，達民隱，自今朝廷政務或有不便及軍民利病當除者，諸許人陳言，勿有所諱。一、農桑，王政之本，衣食之源，有司宜身爲之勸，務求實效，勿事虚文。一、安民之道，必在守令得人，軍民之中有行己廉正、才堪撫字者，許見任官具實薦舉，朕將親擇而用之，不許狥私濫舉。一、學校吴才之所自出，必在師範得人，令軍民中有經明行脩之人，可充教職者，許見任官保舉而試用之，有司宜常加劝勉其生員之家。

《明英宗實録》正統九年十二月　甲子，敕三法司、工部曰：　今天氣隆寒，新正在邇，朕念囹圄中無知犯法者衆，飢寒可憫。除真犯死罪及官吏犯贓外，其餘雜犯死罪以下遞減二等發落，不許淹滯。笞杖罪悉宥免。諸匠役除緊關工程外，其餘不急之役并在京做雜工囚犯，俱令歇假休息。明年二月初一日仍舊上工，囚犯計日准工。所司務奉公守法，俾人受實惠，毋徇私作弊，以取罪愆！

《明英宗實録》景泰元年八月　庚寅，以太上皇帝還京，遣寧陽侯陳懋、安遠侯柳溥、駙馬都尉焦敬石璟祭告天地、宗廟、社稷、山川之神。遂頒詔大赦天下。詔曰：【略】所有寬恤事宜，條列于後：一、自景泰元年八月十九日昧爽以前，官吏軍民人等有犯除謀反大逆、子孫謀殺祖父母父母、妻妾殺夫，奴婢殺主、蠱毒魘魅、毒藥謀故殺人、强盗不赦外，其餘已發覺未發覺、已結正未結正，罪無大小，咸赦除之。敢有以赦前事相告言者，以其罪罪之，所司與受理者以違制論。【略】一、軍官先因犯死罪充軍，後遇赦該降等用者，悉注原衛所差操，文武官員人等先因在大同、威遠等衛充軍立功哨瞭，正統十四年八月内因守大同城池遇蒙太上皇帝宥免還職役者，各送該部。一、廣東、廣西、福建、浙江、四川、貴州等處苗蠻作耗，已嘗調兵征剿，除已捜殺及歸順外，然聞尚有逃匿山林不向化者，詔書至日，所在總兵、鎮守、三司、御史等官即便謄寫，差人賚捧詣賊逃匿之所，宣布朝廷威德，若能悔過出官投順，不限謀反常赦不原之罪，悉皆赦免。所司好生撫恤安插，令復原業。有不悛者聽大軍剿滅，必俾無遺類。一、官吏有犯曾經正統十四年九月初六日赦免該還職役，因有窒礙，申訴未曾還職役者，俱還職役。其原衙門已經銓撥者，調别衙門用，後不爲例。今各處有司官有使上司考察，起送赴部，若有百姓赴京保留或累曾訴冤枉者，吏部悉與查理，復其原職。有贓犯者不在此例。一、文武官吏、監生生員、旗校、軍民、匠作人等有爲事問發見做工運糧等項者，悉宥其罪，官吏人等復還職役，軍還原伍，匠仍當匠，民放寧家。其文官有犯贓罪者，發還原籍爲民。【略】一、各衛所官旗近因守關等項在逃及爲事降調邊衛守瞭立功等項者，復還職役，就注降調衛所管事，着役差操。一、官吏人等有爲事充軍者，悉照宣德十年詔書事例，止終本身，法司通查自正統元年至十四年七月終發遣充軍無贓官員果有才能堪任用者，明白具奏定奪。【略】一、各處軍民人等有爲强盗、謀逆等項事發懼罪逃避山林，詔書到日，限一月内赴官出首，宥免本罪。一、内外官司問擬罪囚中間有冤抑者即與辦理，失入官吏不必追究。一、自正統十四年九月初六日以後累次詔書條件，所司務在遵守而行，敢有故違者，許風憲官覈奏，治以重罪。於戲！雪耻不以威而以德，誠有仗宗社之靈，遺民不于勞而于安，志在益邦家之福，尚賴叔祖、叔父、群臣賢哲匡朕躬於不逮，庶幾華夏蠻貊、四方遠邇臻治效于無窮。布告中外，咸體朕懷。

《明英宗實録》景泰三年五月 甲午，册立皇妃杭氏爲皇后，長子見濟爲皇太子。詔天下曰：朕以凉薄，躬際艱危，賴天地祖宗眷佑之隆，膺母后臣民付戴之重，嗣臨大寳，蒙固家邦，方負荷之弗勝，豈授承之敢慮，而皇親、公、侯、駙馬、伯及在廷文武群臣乃合辭上請，以爲天佑下民作之君，實遺安於四海，父有天下傳之子，斯固本於萬年。此三代之聖謨，誠百王之懿範。謂朕長子序在倫先，宜正東宮，以明繼體。事方聞於聖母，遽見允於輿情。復以皇后謙冲固遜，軒龍於有子，再三陳懇，理順名端，肆循慈訓之諄，兼遂賢情之切。乃於五月初二日册朕長子見濟爲皇太子，其母杭氏爲皇后。大本既正，彝倫亦明，親親之義尤所當取。太上皇帝長子特更封爲沂王，次子見清爲榮王，見淳爲許王，同屏國家，衛安宗社。爰推恩於遠邇，庸資弼於臣民。所有合行事宜條例於後：一、自景泰三年五月初二日昧爽以前，官吏軍民人等有犯除謀反、大逆、子孫謀殺祖父母父母、妻妾殺夫、奴婢殺主、蠱毒魘魅、故毒藥殺人及强竊盗不赦外，其餘已發覺未發覺、已結正未結正，罪無大小，咸赦除之。事有應改正者並須改正。敢有以赦前事相告言者，以其罪罪之。一、軍官并旗軍、將軍、力士、校尉、舍人、餘丁見因失機及爲事監問累訴冤枉，法司暫發做工聽候照勘并發運米、立功降用、調各營各衛所帶操等項者，盡行宥免，復還職役，仍舊差操管事。一、官吏軍民人等爲事問發運米做工等項悉行放免，各還職役，軍還原伍，民放寧家，匠仍當匠。文職官吏有放贓罪，雖經赦宥，亦發原籍爲民。及官員有被人誣執，自行赴京奏訴辯明，久候提人不到法司無從辯理者，悉令復職管事。風憲官有被人告循私失職欺罔等情，不分曾無參贊問否，雖經赦宥，難任風憲，並送吏部改用，以警將來。一、在京各營并在外各都司衛所及邊關在逃官旗、軍餘、民壯、義勇、報效人等有曾被經該衙門參奏，行移各處巡按御史等官挨提究問，例該全家調發邊衛及極邊墩臺守瞭，不問已獲未獲及在逃年月久近，詔書到日，在京限一月以裏赴通政司具首，在外限三個月以裏赴所在官司具首，送發原營原衛隨操着役，若過期不首者，仍依例問罪發遣。一、官吏人等爲事發遣充軍者，節有詔書事例，自宣德十年以後止終本身，此等軍人若有病故，合干都司、衛所体勘明白，別無詐冒。即將遺下幼男婦女并隨營人口具保結，送人伴送兵部，發回原籍寧家，仍將本軍充軍來歷、疾故日期及不該勾丁緣由從實開奏，不許刁蹬留難。【略】一、今後法司刑名務要推情問理，不許明知冤抑，畏避嫌疑，只依原發致人於罪，或有被人緝訪及有告無對證誣捏不明之事，悉與辯明分豁。一、各處有司官員中間有因年老闒茸罷軟等項近被巡撫等官考察起送、見在吏部例革冠帶原籍爲民者，悉與冠帶閑住，其已革者不在此例。【略】一、朝廷設置大理寺審録罪囚，本以明慎用罰，務使刑歸有罪，不及無辜。近者法司多有任情用刑，鍛煉成獄，不由本寺詳審，徑自朦朧具奏發落，致使冤抑無伸，有傷和氣。今一應輕重罪囚雖曾承旨問者，悉遵舊例，仍發該寺審録，無冤，並從本寺具奏定奪，不許變亂，擅作威權，妄參情重難常例等語，惑亂耳目，致有冤抑。【略】一、在京在外官吏人等有爲事問發各處擺站，照依徒限滿日，所司即便疏放，不必等候更替，固而淹滯，靠損人難。一、薦舉古之良法，今各處見在官員果有德行政事優長，拘于資格歲月，屈在下僚，及有文學才行堪授職任之士，隱於民間及官罷職委無贓犯重情而才學可用者，並聽四品以上官員、在外巡撫、巡按方面并府州縣正官，指陳實跡爲證舉薦，赴京考用，不許徇私濫舉，所舉之人犯有犯贓罪者，連坐主舉。於戲！綱常正而家道雍，式弘敦於化本，儲副專而國統續，庶永固基圖。布告臣民，體予至懷。

《明憲宗實録》成化十一年十一月 〔癸丑〕是日，以册立皇太子禮成，詔告天下，詔曰：帝王誕膺景命，必建儲闈，所以重宗社之承，正邦家之本，此古今通制也。朕丕纘令緒，祗懷永圖，旰食宵衣，不遑自逸，允惟七鬯之主，實繫臣民之心，庸舉盛儀以慰群望。皇子祐樘，聰明天賦，睿智夙成，孝本因心，禮皆中度。朕遠稽古昔，近法祖宗，覽羣臣請建之章，奉聖母從衆之訓，遂授册寳，立祐樘爲皇太子，正位東宮，衍寳祚於萬年，隆本支於百世，弘施慶澤，覃被寰區，所有寬恤事宜條列于後。

一、自成化十一年十一月初八日昧爽以前，官吏、軍民人等，有犯除謀反、大逆、謀叛、子孫謀殺祖父母父母、妻妾殺夫、奴婢殺主、蠱毒魘魅、毒藥殺人、强盗人命，及文武職官有犯贓罪不赦外，其餘已發覺未發覺、已結正未結正，罪無大小，咸赦除之。敢有以赦前事相告言者，以其罪罪之。

一、文武官吏、監生、知印、承差、生員、軍民人等，有爲事見發運磚、運灰、運炭、納米、拘役、枷號、罰馬、做工、擺站、煎鹽、炒鐵、及充軍、伴儀、從膳夫斗級等項，悉宥其罪，各還職役，寧家隨住，軍職例該帶俸者，悉照原擬發落。文職官吏人等，有犯貪淫者，悉發原籍爲民。

一、軍官、旗軍、將軍、力士、校尉、舍人，有爲事發遣各處立功、哨瞭者，盡行放免，復職役，例該帶俸差操者，不許管軍、管事。

一、各處逃軍、逃匠、逃囚人等，詔書到日，限三個月以裏，許赴所在官司首告，與免本罪，軍還原伍，匠仍當匠，民放寧家，輪班人匠有罰工者，免其罰工，止當正班、在京各管遠年及近年在逃官軍，許令出首免問，送營收操。【略】

一、内外法司，凡有累訴冤枉、中間事情可辯者，所司悉與從公辯理，其强盗人命，有贓仗欠明，情可矜疑者，具實奏聞區處。

一、文武官吏、監生人等，自成化元年正月以後，有爲事問發充軍、及編發爲民者，除黨逆、强竊盗、搶奪、人命、失機、誣告十人以上、貪淫酷暴不宥外，其餘悉放寧家隨住，有奉特旨發遣者，所司具奏定奪。【略】

一、各處義官、義民、已經給與散官冠帶榮身及立石旌異等項，近該在外問刑衙門，不論所犯輕重，俱革去冠帶，追奪有孤旌勸之意，今後除重罪外，其餘徒流以下不問已、未結正，止〔許〕各依所犯科罪，不在除名追奪之限。

《明孝宗實録》成化二十三年九月 壬寅，英國公張懋奉命告天地，駙馬都尉周景告宗廟，保國公朱永告社稷。上即皇帝位，遂頒詔大赦天下，詔曰：【略】

一、自成化二十三年九月初六日昧爽以前，官吏軍民人等，有犯除謀反、叛逆、子孫謀殺祖父母父母、妻妾殺夫、奴婢殺主、謀殺、故殺、蠱毒、魘魅殺人、并强盗、黨惡、失機不赦外，其餘已發覺未發覺、已結正未結正，罪無大小，咸赦除之。敢有以赦前事相告言者，以其罪罪之。

一、文武官吏、監生、知印、承差、旗軍、匠校、舍餘人等，有爲事問發立功、運甎、運灰、運炭、追罰馬匹、做工、納米、擺站、煎鹽、炒鐵、瞭哨，發充軍、伴儀、從膳夫等項，悉皆放免，各還職役，寧家隨住。其文職官吏、監生、知印、承差原犯貪淫者，發回原籍爲民。武職原犯侵欺枉法並科歛害軍者，仍於原衛差操，不許管軍管事。【略】

一、官吏軍民人等原犯真犯死罪充軍逃回不首、例該仍照原問死罪處決者，并原犯雜犯死罪以下充軍逃回、例該枷號三箇月、改發極邊衛分充軍者，俱免處死、枷號、改調，仍各發充軍衛分著役。【略】

一、在京在外各衙門見監囚犯，有監追贓物未完者，除侵盗官錢糧，誆騙强索人財物、應該還官給主者，照舊監追外，其餘彼此之罪一應入官之贓，悉免追徵。事未發覺者以後事發，俱照此例。其强盗追無贓仗年久不得結正，及人命無屍檢驗并累訴冤枉替，具實奏聞區處。【略】

一、自天順八年正月以後，官吏、監生、承差人等爲事充軍，例該止終本身及問發口外爲民者，所司查勘明白，放回原衛原籍爲民隨住。一、在外鎮守、分守、守備、内外等官，近年假以進貢爲名，僉取民間，皁隸出辦銀兩，貽害地方，今後不許額外進貢，沿途擾害軍民，皁隸革罷。

一、各處軍解領批違限一年之上例該充軍者，悉宥其罪，照舊起解，再違者仍發充軍。【略】

一、江西、浙江、福建、湖廣等處未獲强盗，除首惡外，其脅從者，詔書到日，許自首免罪。有能綁出首惡，照不係應捕人員功次陞賞，仍量給本犯財産。一、兩京文職官員，自成化十一年以後至成化二十三年九月初六日以前，除被劾并特旨降調外，給事中、御史有因言事及公錯、并公事詿誤特旨降調者，吏部通查調者陞一級。降者對原品調任。爲民者，冠帶閑住。充軍者放回爲民。其有司因考察報稱貪酷黜爲民者，亦與冠帶閑住。【略】

一、各衙門住坐軍民人匠，有因事故在逃并輪班人匠先爲災傷流移及出贅過繼年幼、紀録埋没并遺失勘合等項，以致拖欠班次者，詔書到日，限三箇月以裏許於所在官司首告，給與明文赴部免其問罪，住坐者送原役衙門。上工輪班者，自今年八月以前俱免罰班，見當該罰班者，一體寬免，俱止當正工三箇月。

一、在外給由官吏因公致罪、紀録過名，吏部俱與除免，照例陞用收考，其吏典三考滿日考試不中者，給與冠帶閑住，其寄名聽取中間有老疾者，聽所在有司正官從公揀退爲民，堪用者聽候取用。

一、給由、給假起復等項官吏人等，除例限外，有違限一月之上者，雖無文憑，免其問罪。其吏典或因地方災傷、及告上納糧草違限例該重歷者，悉免重歷。已發重歷者聽撥實歷。

一、内外文職官員署職、試職，悉與實授，後不爲例。

一、自天順八年正月以前，内外武官功陞試職、署職，遇例實授該世襲者，子孫仍照舊例世襲，其未實授及以後功陞試職、署職，並署總小旗，悉與實授，後不爲例。原支俸一石者給與半俸，應襲替者子孫照見奏行例，仍試職、署職支俸。一、官吏人等，有被人告訐，并招攀贓私罪名照提未到年久、逃躲不肯出官者，悉免其罪，官吏仍革職役爲民，其見行勘提者，仍問理明白，奏請發落。

《明孝宗實録》弘治五年三月〔戊寅〕以册立皇太子禮成，詔告天下。詔曰：帝王統御天下必立儲副，以定國本，以繫人心，斯能長治久安而綿鴻業於無疆也。朕繼祖宗天序，登極五年，夙夜憂勤，恭膺天眷。元子厚照，軒龍毓秀，資表異常，福慶攸鍾，華夷均戴。兹者皇親公侯、駙馬，伯，文武羣臣累表率吁，勸請立儲，朕俯鑒悃誠，仰承慈訓，皆謂主器不可以久虚，輿情不可以固拒，事在當舉，理難終辭。爰擇日祇告上下神祇，授厚照以册寶，立爲皇太子，正位東宮，益增九廟之光，丕衍萬年之祚，國家大典，中外同歡，宜敷茂恩，用慰顒望，所有合行寬恤事條開示于後。

一、自弘治五年三月初八日昧爽以前，官吏軍民人等有犯除謀反、叛逆、子孫謀殺祖父母父母、妻妾殺夫、奴婢殺主、蠱毒魘魅、毒藥殺人、强盗人命、當惡及十惡至死罪者不赦外，其餘已發覺未發覺、已結正未結正，罪無大小，咸赦除之。敢有以赦前事相告言者，以其罪罪之。

一、文武官吏、監生、知印、承差、生員、旗校、軍民人等有爲事見發立功、運甎、運炭、運炭、納米、拘役、枷號、罰馬、做工、擺站、煎鹽、炒鐵、哨瞭及充軍、伴儀、從膳夫等項，悉皆放免，各還職役，寧家隨住。軍職例該帶俸差操者，悉照原擬不許管軍管事。文職官吏人等有犯貪淫酷暴及行止有虧者，悉〔發〕〔放〕原籍爲民，見被提問該發立功等項者，仍候歸結，一體免罪發落。

一、文武官吏軍民人等，自成化二十三年九月初六日以後，有爲事問發充軍、編發爲民者，除黨逆强竊盗、搶奪、失機、人命、贓私、左道亂政、盗関内府財物、撥置王府及真犯死罪者不赦外，其餘悉與宥免，各還原衛原籍，寧家隨住。其爲民者，文職非脱逃犯贓及行止有虧，武職非懼罪在逃、敗倫傷化者，俱與冠帶閑住。【略】

一、成化二十三年九月初六日以後，給事中、御史有因言事及公錯註誤、降調外任者，各巡撫、巡按官查勘，果有不改初心别無違犯者，具名奏行吏部，仍照原任京職事例量加擢用。

一、武職總小旗自成化二十三年九月初六日以後，爲事調衛者，除盗関内府財物撥置親王及事関邊情特旨降調者不宥外，其餘悉以原職并降定職役回還原衛帶俸差操，係近侍衙門者，改註在京衛分。【略】

一、各處土官子孫襲替，除十年之外纔方具告者不准外，若十年之内曾在本處上司具告，展轉駁勘，以致延遲，雖在十年之外，公文到部，如果保勘明白，别無詐冒者，亦准承襲。其不准承襲掌印土官應否改設流官，鎮巡三司等官會奏定奪。

一、内外各衙門問〔發〕重歷吏典，詔書到日，悉免重歷，起送該部照例辦事，滿日撥補，京考以後違限者，仍照舊例重歷。

一、内外衛所在逃官軍人等，限三箇月以裏赴官自首，與免本罪，復還職役差操，有應罰班補操者，悉與寬免。【略】

一、各處納粟義官，有司須要以禮相待，不許擅使差使及肆行淩虐多般勸罰擾害，以致人心不肯尚義，如或有犯除重罪外，其餘徒杖以下，止問以應得罪名，不許革去冠帶，以勵將來。

一、福建、兩廣、雲南、貴州等處，近年有未獲賊徒逃避山澤者，許出官自首，悉免其罪，有〔罪〕〔司〕仍加撫恤，俾安生理，其執迷不復者，聽鎮巡總兵等官勦殺。

一、天下軍民利病許諸人直言無隱。於戲！元良建而萬邦以貞治，隆熙皥解，澤降而率土斯潤，化洽纖洪，詔告多方，咸使知悉。

《明孝宗實録》弘治十一年十二月　壬子，以清寧宮災詔天下，詔曰：朕祇承天序，嗣祖宗鴻業，一紀于兹，宵旰憂勤，罔敢逸豫，而位育之效，猶有未臻。累歲以來，災異相仍，近者清寧宮之火，其變尤甚。朕心兢懼，若切淵冰，意必人事下乖，斯天道上應，其或舉錯違宜，刑賞靡當，時弊滋積，民隱莫伸。或賦役頻繁，侵漁太急，困窮鰥寡，日不聊生，以至然歟！朕深居九重，雖慮周天下，而耳目有不逮，恩澤有未宣，服念踰時，益增悔艾。已勑文武群臣，同加修省，兹特誕敷涣號，普及黔黎，俾覆幬之區均沾德惠，庶慰渴懸之望，永祈眷佑之休，所有寬恤事宜條列于後。

一、自弘治十一年十二月二十一日昧爽以前，官吏軍民人等，有犯除謀反、叛逆、子孫謀殺祖父母父母、妻妾殺夫、奴婢殺主、蠱毒魘魅、毒藥殺人、强盗人命、失機并事干邊情，及十惡罪至死者不赦外，其餘已發覺未發覺、已結正未結正，罪無大小，咸赦除之，敢有以赦前事相告言者，以其罪罪之。

一、文武官吏、監生、生員、知印、承差、將軍、力士、旗校、軍民人等，自弘治五年三月初八日以後，至弘治十一年十二月二十一日以前，有爲事問發立功、哨瞭、運甎、運炭、運石、運灰、納米、枷號、罰馬、做工、擺站、煎鹽、炒鐵，充儀從、軍伴、膳夫等項，悉皆放免，各還職役肄業，寧家隨住。其軍職例該帶俸降級、革職，文職官吏人等例該爲民革役者，各照原擬發落，見被提問該立功等項者，仍候歸結，一體免罪發落。

一、文武官吏、監生、知印、軍民人等，自弘治五年三月初八日以後，有爲事問發充軍者，除黨逆、强竊盗、喇唬搶奪、聚衆打劫、失機、人命、持刀傷人，指以各衙門打點，誆騙財物、左道亂正、撥置王府，及真犯死罪不赦外，其餘悉與宥免，發回原籍原衛寧家隨住，文職有贓者爲民。【略】

一、强盗人命等項死罪重囚，曾經法司并巡撫巡按等官原奏，情可矜疑未得寬免及行再問者，詔書到日，覆審是實，俱免死，照例充軍，若累經伸訴果有寃枉者，毋拘成案，即與辦理，篤疾犯該死罪見監者，悉皆宥免，免死充軍，逃回仍照原問死罪處決者，發極邊衛分充軍，以後逃者，仍處以死。【略】

一、軍職總小旗，自弘治五年三月初八日以後，有爲事降級調衛者，除宿娼、行止有虧、失機并誣奏十人以上，及舊例該載者不宥外，其餘悉以原職并降定職事，回還原衛帶俸差操。

一、在京在外官員，有因言事及公錯并公事詿誤降調爲民充軍者，除近日有旨斟酌陞用外，其餘吏部通查，調者陞一級，降者對原品調任，爲民者冠帶閑住，充軍者放回爲民。

一、各處逃軍、逃匠、逃囚人等，自詔書到日爲始，限三箇月以裏於所在官司首告，與免本罪，軍還原伍，匠仍當匠，民發寧家，上操違限官軍，免罰班補操，弘治十年以前失班人匠，俱免罰班。

一、各處軍衛有司，有管解逃軍軍丁赴衛，違限一年之上，解人例發附近、逃軍軍丁該發邊遠衛所充軍者，悉皆宥免，解人發回原籍當差，逃軍軍丁仍發原衛着役。

一、内外文武官員住俸戴罪者，悉皆宥免，照舊支俸任事。

一、給由官吏因公罪紀録過名，俱與除免，吏典見發重歷者，免其重歷。【略】一、法司問囚，近來條例太多，人難遵守，中間有可行者，三法司查議停當，條陳定奪，其餘冗瑣難行者，悉皆革去。

一、天下軍民利病，時政缺失有可興可革者，許諸人直言無隱。於戲！《虞書》以好生爲德，尚體天心。《夏訓》以固本爲言，必先民事。詔告中外，咸悉朕懷。

《明世宗實録》嘉靖十二年八月　乙未，以皇嗣生，詔告天下，【略】布聞中外，誕布寬恤。所有開示，並宜奉行。

一、自嘉靖十二年八月二十五日昧爽以前，官吏軍民人等有犯除謀反叛逆、子孫謀殺祖父母父母，妻妾殺夫、奴婢殺家長、殺一家非死罪之人、採生折割人、謀殺、故殺、蠱毒魘毒殺人、强盗、妖言、姦黨、失機，并事干邊方夷情及人命、十惡致死罪者，以及大禮大獄至惡情重不赦外，其餘已發覺未發覺，已結正未結正，罪無大小，咸赦除之。敢有以赦前事相告言者，以其罪罪之。【略】

一、内外各衙門見監死罪重囚，内有情可矜疑，曾經奏請，未得饒死者，覆審是實，俱免死發邊衛充軍。其見問重囚，若有情可矜疑，及毆傷人，延至辜限外身死，情真是實，照例仍擬死罪者，强盗贓狀不明，人命無屍可檢，并一應重囚，監禁五年之上，累次稱冤有詞，應合辨問者，在内三法司，在外巡按御史，公同三司官，各會審明白，具奏定奪。

一、内外各衙門囚犯，該追贓物係還官給主銀貨至五十兩以上，并入官至一百兩以上，監追一年之外，及正犯身死，拘禁家屬合勘，無家産堪以變賣賠納者，開具所犯情罪，奏請定奪。其不及前數，監追半年之外，及正犯身故，各勘無家産，并例該進納馬牛等項，悉與宥免，查照發落。其有正犯在逃未獲，監禁家屬證佐，不係事干叛逆、劇盗者，悉令保候歸結。

一、在京在外緝獲强盗、妖言、姦細等項，多有貪功圖利及無賴戮番之徒妄拏誣陷重罪，累有詔旨禁例，多不遵守。今後問刑衙門務要從公研審，果有冤抑，即與辯理，不許拘泥成案。若干礙妄拏報功人員，照例從重究治。

《明世宗實録》嘉靖十五年十一月 戊午，上御奉天殿，以皇子生頒詔天下。【略】爰循往例，申布恩宜，令至所司，至者即行。

一、自嘉靖十五年十一月初六日昧爽以前，官吏軍民人等有犯除謀反、叛逆、子孫謀殺祖父母父母、妻妾殺夫、奴婢殺主家長、殺一家非死罪三人、採生折割人、謀殺、故殺、蠱毒魘魅、毒藥殺人、强盗、妖言、姦黨、失機、并事干地方夷情及人命、十惡至死罪者及充軍人犯不赦外，其餘已發覺未發覺、已結證未結證，罪無大小，咸赦除之。有以赦前事相告者，以其罪罪之。【略】

一、内外各衙門囚犯該追贓物，係還官給主，監追五年之上及正犯身死，拘禁家屬，勘無家産賠納者，悉與宥免，查照發落。

一、問刑衙門有因正犯逃故，累及家屬親隣，干連証佐，監久不係重情者，即時釋放。

一、在京在外緝獲强盗、妖言、姦細等項，多有貪功圖利，及無賴戮番之徒，妄拿誣陷重罪，累有詔旨禁例，多不遵守。今後問刑衙門務要從公研審，果有冤抑，即與辨理，不許拘泥成案。若干礙妄官，平昔謀勇出衆，累立戰功，偶因失事革職閒住及充軍等項，年力未衰，猶堪任使者，詔書到日，聽撫按科道官查訪疏名奏聞，兵部酌量起用。

《明世宗實録》嘉靖十八年二月 辛丑，以册立禮成，告謝太廟。【略】頒詔天下，詔曰：【略】一、自嘉靖十八年二月初四日昧爽以前，官吏軍民人等有犯除謀反、叛逆、子孫謀殺祖父母父母、妻妾殺夫、奴婢殺家長、殺一家非死罪三人、採生折割人、謀殺、故殺、蠱毒、魘魅、毒藥殺人、强盗、妖言、姦黨、失機及事干邊方夷情人命、十惡至死，并一應真犯死罪及大禮大獄首重者不赦外，其餘已發覺未發覺、已結証未結証，罪無大小，咸赦除之，敢有以赦前事相告言者，以其罪罪之。

《明世宗實録》嘉靖二十四年七月 〔壬戌〕是日頒詔天下，【略】所有寬恤事宜開列於後：一、自嘉靖二十四年七月初二日昧爽以前，官吏軍民人等有犯除一應真犯死罪并事干邊方夷情及充軍人犯不赦外，其餘自徒罪以下，已發覺未發覺、已結証未結証，罪無大小，咸赦除之。

《明世宗實録》嘉靖四十五年十二月 壬子，上即皇帝位。是日，【略】頒詔大赦天下。詔曰：【略】所有合行事宜條列于後。【略】

一、自正德十六年四月以後，至嘉靖四十五年十二月以前，建言得罪諸臣，遵奉遺詔，存者召用，殁者卹録。吏禮兵部作速查開職名，議擬具奏。

一、方士人等，遵奉遺詔查照情罪，各正刑章。王金、陶倣、申世文、劉文彬、高守中、陶世恩妄進藥物，致損聖躬，着錦衣衛拿送法司從重究問。唐秩、章冕等各以符法濫叨恩賞，着押發原籍爲民。書造局真人府官道，禮部查係在京宫觀取用者，發還宫觀，係在外龍虎等山取來者，遣回本處焚修，其所授太常寺官職及真人高士名號盡行革去。【略】

一、自嘉靖四十五年十二月二十六日昧爽以前，官吏軍民人等有犯除十惡至死與詐傳詔旨、交結近侍、通夷失機、强盗人命、及侵盗邊海腹裏倉庫漕運錢糧并貪酷枉法、逆黨左道、扇惑人民爲從、營幹鑽刺、指稱誆騙、潛住京師窺探爲姦者俱不赦外，其餘已發覺未發覺、已結正未結正，罪無大小，咸赦除之。敢有以赦前事相告言者，以其罪罪之。

《明穆宗實録》隆慶二年三月 辛酉，上御皇極殿，傳制册立皇子爲皇太子。【略】盛禮既成，普天同豫，肆頒渥澤，覃被多方。所有寬恤事宜，條列於後。【略】

一、自隆慶二年三月十一日昧爽以前，凡官吏軍民有犯除真犯死罪、十惡、失機、貪贓、酷刑及潛住京師窺探爲姦、指名誆騙、侵欺一應錢糧俱不赦外，其餘已發覺未發覺、已結正未結正，〔罪無大小〕咸赦除之。敢有以赦前事告言者，以其罪罪之。【略】

一、軍官、旗軍、將軍、力士、校尉、舍人餘丁有爲事問發立功瞭哨，除前欵所開不赦外，其餘盡行放免，復還職役。例該帶俸差操者，仍不許管軍管事；中間有立功未滿病故者，子孫准免減俸。

一、大漢將軍侍衛二年半以上者，給與冠帶；四年半以上者，授試百户；將軍侍衛二十年以上者，亦俱冠帶榮身。

一、各處儒學生員有親老無人侍養願告侍親者，聽親終復學；其累舉不第年五十以上願告退閑者，許以衣巾終身，仍免雜泛差役。

《明神宗實録》萬曆十年九月　〔辛酉〕自萬曆十年九月初六日昧爽以前，官吏軍民人等有犯除謀反、叛逆、子孫謀殺祖父母父母、妻妾殺夫、奴婢殺家長、殺一家非死罪三人、採生折割人、謀殺、蠱毒魘魅、毒藥殺人、强盗、妖言、姦黨失機等事于邊方夷情及人命十惡至死罪者，及永遠充軍人犯不赦外，其餘已發覺未發覺、已結証未結証，罪無大小，咸赦除之。敢有以赦前事相告言者，以其罪罪之。

《明神宗實録》萬曆二十五年七月　丁酉，詔赦天下。奉天承運，皇帝詔曰：朕仰荷天庥，恭膺寶曆，二十有五載于兹，追惟嗣服之初，盖亦無時豫怠，第緣歲積，頗恃政成，兼以多病侵尋，猶須深居静攝，郊廟闕躬承之禮，朝講希臨御之時，喜怒有失其平，用舍未歸于當，章奏每滯，官曹半虚，忠言寡聞，民隱莫達。方隅多故，兵食之徵調日繁，營造又興，開採之徵求四出。加之旱乾水溢，析民室家，污吏貪官，朘民膏血，叢此人怨，屢干天和。乃于萬曆二十五年六月十九日皇極等殿，皇極等門，文昭武成二閣內外周迴廊房一時被火。夫寢宫煨燼，曾幾何時，正殿崇嚴，又復罹此。震驚列聖，憂慼慈闈，蹐地跼天，靡所容措，况一人統御之地，乃萬國衣冠所歸。天意若斯，朕實不德。兹已虔申吁禱，痛加艾懲，祓志改圖，誓從今始，嚴勑庶位，各獻忠猷。惟天視聽在民，惟民歸依在德，爰稽典制，特布詔條，庶藉有衆之歡，以回皇穹之眷，消咎徵于已往，迓福祉于將來。所有寬恤事宜，備列于後。

一、自萬曆二十五年六月十九日昧爽以前，官吏軍民人等，有犯除十惡至死與詐傳詔旨，交結近侍、通夷、失機，强盗人命及侵盗服御、邊腹、倉庫、漕運，没官錢糧，並貪贓枉法、逆黨左道、營幹鑽刺、指稱誆騙潛住京師，窺探爲姦者不赦外，其餘不分已發覺未發覺、已結正未結正，咸赦除之。若奉欽依的還奏請定奪，有以赦前事相告言者不許准理。【略】

一、各邊軍民人等，或因犯罪逃入虜中，或因搶去，遂爲虜用，有來歸者，咸赦往罪，所在官司，務加存恤安插。如有率歸衆多及番夷歸附者，厚加撫恤，仍具奏酌賞録用。【略】

一、罪廢將領，見今征倭禦虜，有能自效，立有功勞在叙賞之列者，許其贖免。若功次與贖相當，有餘，仍與勘酌優叙。如大僻、永戍，須大功方贖，其間更有特建奇功，不妨越次重用。【略】

一、內外各衙門見監應决重犯，今歲暫免行刑。

一、內外問刑衙門，有因正犯在逃，監禁家屬日久不獲者，除叛逆劇賊外，其餘悉令保候挨拏，有情罪矜疑，律例不合，事難決斷，與人命無屍可簡，强盗贓仗不明，及年久無贓，人犯無證，原問衙門未成獄者，即與從輕。當奏請者，即與請讞，寄監人犯，暑月易生疾疫，每夏四月，比照熱審事例，請查釋放。

一、充軍終身人犯，已經着伍，如不係引例發遣及年七十以上，並殘廢篤疾不堪差操者，俱准釋放。

一、免死充軍，本因矜疑寬典而致累其子孫，因輕及重，深爲可憫。今後止發烟瘴極邊充軍終身，若復逃歸本鄉，仍坐以死。

一、內外各衙門追贓正犯，除情罪明顯照舊監追外，其查盤坐侵訪察出入，原無証據者，如果查勘家産盡絶，不分年月久遠，不論還官入官，給主約銀一百兩以下，徑自豁免。一百兩以上，奏請定奪。內外各衙門追贓家屬，係正犯親父及子孫，與同居共爨兄弟，監追五年之外，勘無家産者，銀二百兩以下，徑自豁免。二百兩以上，奏請定奪。其餘親族，若平昔與犯罪之人無干被累者，不論年月久近，銀五百兩以下俱准豁免，五百兩以上及曾經題奉欽依者，仍奏請定奪。其經管錢糧人等，查盤坐侵，以監守自盜論。向無刺字之例，不許刺字。【略】

於戲！我國家忠厚比于行葦，舊德弘深。予一人儆戒，切于苞桑，新恩溥被，式慰渴懸之民。望仰承仁愛之天心，敷告四方，咸宜知悉。

《明神宗實録》萬曆二十九年十月〔己卯〕是日，遂詔天下。詔曰：蓋聞帝王久安長治之道，莫重於崇建元良。我祖宗家法相承，惟長是立，所以厚國本定人心也。朕長子孝敬寬仁，天鍾粹美，奉朕諭教，時敏厥修。今德器日益端凝，學業日益精進，允堪弘受慰。朕至懷敬，入奏於聖母諏詢，今十五日吉授册寶爲皇太子，仰承廟杜之靈，俯順臣民之望。爰封第三子常洵爲福王，第五子常浩爲瑞王，第六子常潤爲惠王，第七子常瀛爲桂王，俾各守藩，共繼大統。典禮既成，普天同慶，丕覃渥恩備列於後。【略】

一、自萬曆二十九年十月十五日昧爽以前，官吏軍民人等有犯除謀反、逆叛，子孫謀殺祖父母、父母，妻妾殺夫，奴婢殺主，蠱毒魘魅，毒藥殺人，强盗人命，侵盗服御，邊腹倉庫，漕運錢糧並欽依罪犯及永遠充軍不赦外，其餘已發覺未發覺、已結正未結正，咸赦除之。連年會審矜疑者，分別奏讞，敢有以赦前事相告言者，以其罪罪之。

一、內外各衙門見監應決重犯，暫免行刑一年。

一、免死充軍本回矜疑寬典而致累子孫爲輕反重，及補解清勾祖軍重爲里甲苦累，今後止照萬曆二十五年新例。免死充軍者，發烟瘴極邊充軍終身，若復逃歸，仍坐以死。勾解，除嘉靖以後犯罪發遣照舊外，其遠年丁盡者，准銷。有丁者，許告清軍司衙門，類題改附近衛所。若有丁詐稱盡絶者，坐罪。其佃户，女户，不係的派户丁，不得混行勾解。

一、問發充軍及編發爲民，安置家口，除逆黨，强竊盗搶奪人命，窩訪指稱，騙詐貪淫，失機者不宥外，若曾有功而罪可原者，准行放免。其素著謀勇，年力猶堪驅策者，撫按覈實量用。奉特旨發遣者，具奏定奪。【略】文職官吏人等，有犯贓罪情輕，悉放原籍爲民，見被提問該發立功等項者，仍候歸結，一體免罪發落。【略】

一、各邊軍民人等，或因犯罪逃入虜中，或因搶去遂爲虜用，有授歸者，咸赦往罪，所在官司，務加存恤安插。如有率衆歸多及番夷歸附者，厚加撫恤，仍具奏酌賞録用。

一、正犯在逃，監禁家屬日久不獲者，除叛逆劇賊外，其餘悉令保候挨拏。有律例不合，事難決斷，與人命無屍可簡，强盗贓仗不明及年久無贓，人犯無證，原未成獄及已成獄而累訴冤枉，事可驚疑者，即與辨理。當奏請者請讞。

一、各處逃軍，逃匠，逃囚人等，在京限一箇月以裏赴通政司，在外限三箇月以裏赴所在官司具首，准免逃罪，軍還原伍，匠仍當匠，民放寧家。其有解軍之人因違限，期問發充軍者，放回寧家，後不爲例。

《明光宗實録》泰昌元年八月 丙午朔，上即皇帝位。是日，早遣泰寧侯陳良弼、舉順侯吴汝胤等，告天地宗廟社稷。上親告大行皇帝，几筵縗服，行禮訖，易袞冕服，詣文華殿，行告天地禮，詣奉先殿告列祖，以下再詣大行皇帝，孝端皇后，温肅端静皇貴妃，各几筵行禮畢，午時出御文華殿陞寶座，命文武百官免賀免宣表，止行五拜三叩頭禮，訖，大赦天下。詔曰：維我皇明，運祚隆昌，基圖鞏固，煌煌大曆，聖聖相承，皇考大行皇帝奉天臨民四十八載，乾綱在握，解澤旁流。淵穆端居而慮周海内，化成久道而誠切日中，方垂恭己之衣，忽陟上賓之馭。顧命神器畀予眇躬，仰遵彌留憑几之言，俯從臣庶累箋之請，宗社大計弗獲固辭，兹於八月初一日丙午祗告天地、宗廟、社稷，即皇帝位。永惟皇考啓佑之深慈，嗣服覲揚之匪易，有懷兢惕若涉淵冰，尚賴文武親賢一心一德，惟是邦家彝憲是訓是行。屬兹履阼之初，宜焕維新之號，其以明年爲泰昌元年，大赦天下，與民更始，所有合行事宜開列于後。

一、自萬曆四十八年八月初一日昧爽以前，官吏軍民人等，有犯除十惡至死，與詐傳詔旨，交結近侍，道夷失機，强盗人命，及侵盗邊海、倉庫，漕運錢糧，並貪酷枉法，逆黨左道，煽惑人心，爲從營幹鑽刺，指稱誆騙，潛住京師，窺探爲姦者，俱不赦外，其餘已發覺未發覺，已結證未結證，罪無大小，咸赦除之。敢有以赦前事相告者，以其罪罪之。【略】

一、內外大小武職官，除真犯死罪及事干軍機重情不宥外，凡一應干累詿誤，犯該充軍立功等項，所司查明來歷，奏請定奪。其失機不係失陷城池，及殺人至二百人之上，內有年力精壯尚堪委用者，許其具奏所司查實，題發遣衛充軍立功贖罪。

一、內外問刑衙門，無論文武職官，有犯曾經撫按問明具題，覆請未下者，查照原擬發落。若正犯已故，累及子孫者，酌量開釋。其各省直撫

按官例報審録矜疑等項人犯，題請未下者，亦俱照原擬發落。【略】

一、内外各衙門見監死囚重犯有情可矜疑及人命在辜限外者，覆審是實，俱免死發邊衛充軍，其人命無屍可檢、强盜贓仗不明、及年久無贓，人犯無證，具題未下，原問衙門未成獄者，即比照熱審事例清查釋放。

一、在京在外監追還官入官給主贓物，除原係官錢糧監守侵盜者俱照舊監追外，其入官贓百兩以上，給主贓五十兩以上，若監追二年之上正身已故，家屬代追，各勘無家産堪以變賣者，開具所犯情罪，奏請定奪。【略】

一、四十七、八兩年在京問過發配納贖三年以下等徒罪，監禁日久，可抵配贖候過寺後即准釋放。

一、犯罪存留養親，備載《名例律》：凡軍民罪囚，有祖父母、父母年八十以上老疾應侍，家無以次成丁者，犯該死罪除極惡重情常，赦所不原及奉欽依外，若誤殺、戲殺、誣告人累死隨行親屬等項，開具所犯情由，奏請定奪，其徒流人犯照萬曆四十二年例發本處擺站做工煎鹽瞭哨，以便存留養親，務勘結明白，不許納賄扶同，任情朦攏混行，違者以故出論。

《明熹宗實録》泰昌元年九月　庚辰，上卽皇帝位。是日祭告，南郊遣侯陳良弼、北郊侯吴汝胤、太廟駙馬萬煒、社稷伯陳偉各行禮。上親告大行皇帝几筵。行禮畢，辰時，御文華殿即位，命文武百官免賀宣表，止行五拜三叩頭禮，遂頒詔大赦天下。詔曰：維我國家受天明命，累洽重熙，列聖相承，代增其德。我皇考大行皇帝元良主器二十餘年，睿智英資，夙炳靈於天授；稷躬繕性，兼式穀於庭幕。嗣纘鴻圖，誕敷文命，用賢納諫，率祖以攸行，致治保邦，惟日之不足緊，克勤于永慕，遽厭世而上賓，顧命眇躬屬慈神器。朕煢煢在疚，豈忍遽聞，而文武羣臣及耆老軍民人等，累箋勸進，辭拒至再，情益懇切，乃遵遺詔，以九月初六日祗告天地、祖宗、社稷，即皇帝位。朕以凉德，方在幼冲，深維上天眷命之隆，祖宗付託之重，執憑依而攸濟，在典則之作求。惟兹臨御之初，宜有涣頒之號，其以明年爲天啓元年，大赦天下，與民更始，所有合行事宜開列於後。【略】

一、自萬曆四十八年九月初六日昧爽以前，官吏軍民人等，有犯除謀反、叛逆、子孫謀殺祖父母父母、妻妾殺夫、奴婢殺家長、殺一家非死罪三人、採生折割人，謀殺、故殺、蠱毒魘魅、毒藥殺人、强盜妖言、姦黨、失機、並事干邊方夷情人命，十惡至死罪者，及永遠充軍人犯不赦外，其已發覺未發覺、已未結證，罪無大小，咸赦之。敢有以赦前事相告言者，以其罪罪之。【略】

一、宗室犯罪，發高墻監禁者，除前次詔書所載越關赴京建言詿誤及身故子孫妻妾無依者，聽撫按查明具奏外，其有侵犯職官、欺凌小民、不係人命、姦淫、强搶人財物者，已經押解高墻，久示懲創，准與維新，撫按查明具奏放回，以照敦睦之仁。【略】

一、兩京各省軍民鬬毆致死人命，除下手最重一人應抵外，其餘共毆之人，有致命重傷例雖充軍，然必有執持鎗刀等項凶器，爲例文所載者，方擬充軍，如木棍磚石之類，俱係他物，不許濫擬充軍，詔書到日即清查釋放，已後刑部都察院撫按當行申飭，務查照例文遵行，違者以故入人罪論。

一、内外各衙門見監應決重犯，今歲暫免行刑，在内法司及差出恤刑并巡按官仍將情有可矜疑，如正犯脱逃解役，及家眷監禁五年以上，朋謀共毆人命，爲首及首下手人已經監故，爲從及稱主使喝令者，准與辯明開豁。【略】於戲！繼述覲揚勉率循于無斁，翼爲明聽，尚匡弼之是求，所頼文武親賢，殫乃心力，輔朕不逮，以成我皇考未竟之志，昭爾萬邦無疆之休，布告遐邇，咸宜知悉。

《明熹宗實録》天啓三年閏十月　壬寅，上陞殿，以皇子誕生，詔告天下：奉天承運，皇帝詔曰：朕惟自古帝王纘圖綿歷，率隆胤祚，以重宗祧。朕以眇躬紹承洪緒，夙夜祗念皇祖皇考儲祉垂庥，詔孫翼子所望，早昌嗣續，以慰在天之靈。蓋三年于兹，乃荷皇穹眷佑，九廟居歆。以今年十月二十二日皇子誕生，係皇貴妃范氏出。嘉慶積于邦家，歡悰洽乎億兆，肆頒渥澤，覃被多方，所有恩條開列于後：

一、自天啓三年閏十月十六日昧爽以前，官吏軍民人等有犯除謀反、叛逆、失機、子孫謀殺祖父母父母、妻妾殺夫、奴婢殺家長、殺一家非死罪三人、採生折割人、謀殺、蠱毒、魘魅、毒藥殺人、强盜、妖言、姦黨、假印、假官、人命十惡至死罪，及永遠充軍不赦，併終身軍有事干封

疆、違禁通夷、詐爲諸衙門文書誆騙財物亦不赦外，其餘已未發覺、已未結正，罪無大小，咸赦除之。【略】

一、宗室犯罪發高墻庶人已故，所遺子孫妻妾無依者，撫按衙門查明原犯情由，開具奏請釋放。【略】

一、侵欺還官銀兩雖情重數多，例不應免。或係萬曆三十年以前事犯正犯，已經監故正法，家屬拘禁年久産盡者，及各項追贓人犯有係查盤坐侵、訪察坐入、風聞參論，原無證據，或正犯已監故，併家屬累及親族者，户部法司備細查明，分別年月久近，贓數多寡，將應免應釋人犯開具奏請定奪。

一、萬曆四十八年已前，沿邊沿海倉場官攢商人守支糧料草束五年之外，查盤浥爛，虧折不係正數者，不分正犯家屬，軍罪以上，開具奏請，徒罪以下俱准免追釋放。【略】

一、内外各衙門見監死罪重囚，有情可矜疑及人命在辜限外，覆審是實，俱免死發邊外充軍。其人命無屍可驗，强盗贓仗不明，人犯無證，原問衙門未成獄者，即比炤熱審例清查釋放。【略】

一、犯徒流并編發口外爲民，及遷徙安置已到配所者，除謀叛家屬不赦外，其餘悉准放回原衛原籍，寧家隨住。【略】

一、鋪窑夫匠車户人等拖欠錢糧，果係家産盡絶身已物故，累及子孫者，自萬曆四十年已前悉與赦免。【略】

今次詔書俱于頒行日止。以後遷除推起各官，及事在詔後者，俱不許援引。應當遵行而有司官阻撓寢格者，俱以違制論。於戲！震得男而應索，適開長發之祥，巽申命以疏恩，用佐維新之政。布告中外，咸使聞知。

《明熹宗實録》天啓五年十月（庚子）以皇子生，頒詔大赦天下。詔曰：國家累德存仁，聞馨受祉，天必錫予胤嗣，以昌世衍，祚於無疆。朕即位以來，夙夜祗畏，罔敢怠荒，冀圖所以崇昭格而大庥美，幸賴玄穹垂眷，暨我皇祖皇考丕顯之靈，以今年十月初一日誕生皇子，爲容妃任氏所出。是日，寶曆初頒，千官拜舞，而慶從天錫，喜自内傳，知爾萬方普同懽悦，特援舊典，用沛新恩、合行條例如左：

一、自天啓五年十月二十五曰昧爽以前，官吏軍民人等有犯除謀反、叛逆、失機、子孫謀殺祖父母父母、妻妾殺夫、奴婢殺家長、殺一家非死罪三人、採生折割人、謀殺、故殺、蠱毒魘魅殺人、强盗、妖言、姦黨、假印、假官、十惡致死罪及永遠充軍不赦，併終身軍有事干封疆、侵盗軍餉、違禁通夷、詐爲衙門内文書誆騙財物亦不赦外，其餘已未發覺、已未結證，罪無大小，咸赦除之。

一、宗室一應名封合例者速與保奏，不合例者量准名糧，及旌善蠲罪俱如前詔例行，其長史司及守備衙門各姦棍人等，該管官務嚴加禁戢，無令勒掯，使各沾恩以彰親親之仁。

一、管理擇賢視，論親、論爵、論齒，尤足風勵，其間奉法無害者，仍舊管理，勿得縱更。

一、宗生應舉，勿拘定數，其場中試卷須與民生一樣糊名易書，毋另編宗號，登名之日即止其宗禄，以後選除勿限外任，使天潢有志者，咸知奮勵。

一、宗室犯罪發高墻庶人已故，所遺子孫妻妾無倚者，撫按衙門查明原犯情繇，開具奏請釋放。

一、各王府分封既久，宗支日繁，禄米歲增，民間地畝所出有限，兼以有司怠於催徵，地方時遇荒歉，以致嘗禄拖欠、養贍不周，深爲可憫。詔書到日，撫按官各將境内宗禄及坐派民糧額數通融計算，嚴行設法徵給，如有不敷，仍酌議裒益通變事宜奏聞朝廷區處，毋使貧難失所，有孤親親之意。【略】

一、侵欺在官錢糧，律例最重，不容蠲免。但正犯已經監故正法、家屬拘禁年久、家産盡絶無可追處者，姑自萬曆四十五年已前事犯者，悉與查豁。

一、天啓元年已前沿邊沿海倉場官攢商人守支糧料草束五年之外查盤浥爛虧折不係正數者，不分正犯、家屬，軍罪以上開具奏請定奪，徒罪以下俱准免追釋放。

一、浙江等總運糧官員有因漂流掛欠監追五年之上産盡或身故者，子孫准其襲替，照例扣俸還官，如係侵盗，正犯奏請定奪，其違限詿誤及中都等處違誤領班，各題參，住降俸級，立功者准與查復宥免。【略】

一、各處贓罰銀兩先因額外加增數多，以致刑官故入人罪，橫肆科罰，殊爲民害。前次恩詔已將加增銀數蠲除，自天啓元年爲始，一照舊額解部，以昭朝廷恤民之意。各該司、道有司敢有如前故入濫科等弊，撫按查訪參奏重治。【略】

一、錦衣衛堂上掌印僉書、南北鎮撫司掌印僉書、理刑並東廠理刑官各陞一級，仍舊理刑管事，及巡捕、提督京營副將亦有勳勞，量加職級，都給與新銜勳階，撰文誥命。【略】

一、内外各衙門見監死罪重囚有情可矜疑及人命在辜限外者，覆審是實，俱免死，發邊衛充軍。

《清太宗實録》天聰十年三月〔丁亥〕上還宫，以上尊號。禮成頒詔大赦。詔内恩欵：除犯上燒毁宗廟、山陵、宫闕，逃叛謀殺、故殺、蠱毒、魘魅，盜祭天器物、御用諸物，殺傷祖父母、父母，兄賣弟、妻告夫，内亂，强盗、十惡不赦外，其餘罪犯，悉赦之。其隱匿人口財物者，但令給還原主，無罪。彼此稱貸之事，仍舊償還。其先經審結贓罰應追者，仍行追取。有雖經審理罪罰未定者，赦免。赦後有犯者，仍行議罪。有以赦前事首告者，反坐。即以前盜竊隱匿等事首告者，亦不准理。赦後有犯此者，仍行議罪。

《清太宗實録》崇德七年十月 丁巳，聖躬違和，肆大赦。凡重辟及械繫人犯，俱令集大清門外，悉予寬釋。命啓心郎索尼宣諭曰：爾等衆犯，有罪應至死者，亦有應責應罰者，朕今俱釋爾罪，自兹以後，其各改過自新，毋再干國典。

《清太宗實録》崇德八年三月〔庚戌〕聖躬違和，大赦。死罪以下，咸宥之。

《清世祖實録》崇德八年八月〔初九日〕上賓令：諸伯叔兄及文武羣臣，咸以國家不可無主，神器不可久虚，謂朕爲皇考之子，應繼大統。乃於八月二十日即皇帝位，以明年爲順治元年。朕年幼冲，尚賴諸伯叔兄大臣共襄治理，所有應行赦款，開列於後。謀犯朝廷：焚毁宗廟陵寢宫殿，逃亡叛逆，蠱毒、魘魅，竊盜祭天器皿及御用諸物，子孫殺祖父母、父母，鬻賣兄弟，妻妾告夫，内亂，殺人，聚黨刦財等大惡，向在不赦，今咸赦除之。其餘一切死罪、囚禁、隱匿偷盗及未完贓贖等罪，盡行赦免。如有以赦前事訐告者，以其罪罪之。逃走遺失者，如經原主認識給還免罪。彼此相稱貸者，照舊准償。布告中外，咸使聞知。

《清世祖實録》順治元年七月 壬寅，攝政和碩睿親王諭官吏、軍民人等曰：嘗聞德惟善政，政在養民。養民之道必省刑罰、薄税斂，然後風俗醇而民生遂。自明季禍亂以來，刁風日競，閭閻細故，輒瀆聽聞，以越訴爲等閒，以誣告爲常事，設機構訟，敗俗傷財，心竊痛之。自今以往，嘉與維新，凡五月初二日昧爽以前，不拘在京在外事無大小，已發覺未發覺、已結正未結正，悉行宥免。如違諭興訟者，即以所告之罪罪之。官司受聽者，併治。

《清世祖實録》順治元年十月〔甲子〕一、自順治元年十月初一日昧爽以前，官吏軍民人等罪犯，除謀反、叛逆、子孫謀殺祖父母父母、妻妾殺夫、奴婢殺家長、殺一家非死罪三人、採生折割人、謀殺、故殺、真正人命，蠱毒魘魅、毒藥殺人、强盗、妖言及十惡至死罪者不赦外，其餘已發覺未發覺、已結正未結正，罪無大小，咸赦除之。有以赦前事相告訐者，以其罪罪之。其隱匿在官及民間財物人口牲畜者，許自首免罪。如被人告發，不在赦例。

《清世祖實録》順治五年十一月 册尊祖妣爲翼皇后，考福王爲顯祖宣皇帝，妣爲宣皇后。典禮綦隆，覃恩宜廣，特大赦天下，以慰臣民。應行事宜條列於後。叔父攝政王治安天下，有大勳勞，宜增加殊禮，以崇功德，及妃世子應得封號。院部諸大臣集議具奏。一、親王、郡王、貝勒、貝子、公、將軍等宜優加恩賜，併王妃、世子嗣子等，應得封典，該部察議具奏。一、自順治五年十一月初八日昧爽以前，官吏兵民人等有犯，除謀反、叛逆、子孫謀殺祖父母父母、内亂、妻妾殺夫告夫、奴婢殺家長、殺一家非死罪三人、採生折割人、謀殺、故殺、真正人命、蠱毒、魘魅、毒藥殺人、强盗、妖言、十惡等真犯死罪不赦外，其餘已發覺未發覺、已結正未結正，咸赦除之。有以赦前事相告訐者，以其罪罪之。

《清世祖實録》順治八年正月 庚申，上親政，御太和殿。諸王羣臣上表行慶賀禮，是日頒詔，大赦天下，詔曰：朕今躬親大政，總理萬幾，深思天地祖宗付託甚重，海内臣庶望治方殷，自惟凉德，夙夜祇懼。天下至大，政務至繁，非朕躬所能獨理，分猷宣力内賴諸王、貝勒、大臣、内三院、六部、都察院、理藩院卿寺等衙門，外賴諸藩王、貝勒等及各大臣，併督撫司、道府、州縣、衛所等衙門提督鎮守將領等官。一應滿漢內外文武大小官員，皆有政事，兵民之責，務各殫忠盡職，潔己愛人，任怨任勞，不得推避。天下利弊，必以上聞，朝廷恩意期於下究，庶政舉民安早臻平治。凡我民人，宜仰體朕心，務本興行藥業安生，共享泰寧之慶，合行恩赦事宜條列於後。

一、在京諸王以下至六品官員以上，俱加恩賜。

一、在外諸王以下至公等以上，俱加恩賜。

一、內外滿漢官員一品封贈三代，二品三品封贈二代，七品以上封贈一代，八九品止封本身，該部作速舉行。

一、官吏兵民人等有犯，除謀反、叛逆、子孫謀殺祖父母父母、內亂、妻妾殺夫告夫、奴婢殺家長、殺一家非死罪三人、採生折割人、謀殺、故殺真正人命、蠱毒、魘魅、毒藥殺人、强盗、妖言、十惡等真正死罪不赦，隱匿滿洲逃人亦不赦外，其餘自順治八年正月十二日昧爽以前，已發覺未發覺、已結正未結正，咸赦除之。有以赦前事相告訐者，以其罪罪之。

一、凡文武官員見在議革、議降罰及住俸戴罪，併敕督撫提問究擬者，盡與豁免。

《清世祖實録》順治十八年春正月　辛亥朔，上不視朝。免諸王文武羣臣行慶賀禮。孟春時，享太廟，遣都統穆理瑪行禮。壬子，上不豫。甲寅，信郡王多尼薨，年二十六，追封多羅宣和郡王。丙辰，諭禮部，大享殿合祀大典，朕本欲親詣行禮，用展誠敬。兹朕躬偶爾違和，未能親詣，應遣官恭代，著開列應遣官職名具奏。爾部即遵諭行。上大漸，遣內大臣蘇克薩哈傳諭：京城內，除十惡、死罪外，其餘死罪，及各項罪犯，悉行釋放。丁巳夜，子刻，上崩於養心殿。遺詔頒示天下。

《清世宗實録》雍正十三年九月　一、官吏兵民人等有犯，除謀反叛逆，子孫謀殺祖父母父母，內亂，妻妾殺夫告夫，奴婢殺家長，殺一家非死罪三人、採生折割人、謀殺、故殺、真正人命，蠱毒魘魅，毒藥殺人，强盗妖言、十惡等真正死罪不赦，及軍機獲罪隱匿逃人亦不赦外。其餘自雍正十三年九月初三日昧爽以前，已發覺未發覺、已結正未結正，咸赦除之。有以赦前事告訐者，以其罪罪之。一、五嶽四瀆等祀，應遣官致祭者，照舊例舉行。一、文官在京四品以上，在外三品以上，武官在京，在外二品以上，各送一子入監讀書。一、滿洲兵丁，戰功被傷，不能披甲，年老閒住者，俱加恩賚。一、會試額數，俟禮部臨期請旨廣額外，鄉試、大省加三十名，中省加二十名，小省加十名。一、各直省儒學，無論府州縣衛，俱於本年。以正貢作恩貢，次貢作歲貢。一、各省入學額數，大學加七名，中學加五名，小學加三名。一、凡文武官員，現在議降、議罰及住俸戴罪者，盡與豁免。及京官告假、告病休致者，准其補用。一、每府州縣衛，各舉孝廉方正，暫賜以六品頂帶榮身，以備召用。務期採訪真確，毋得濫舉。一、天下之本農爲重，各府州縣衛，果有勤於耕種，務本力作者，地方官不時加獎，以示鼓勵。一、各省民欠錢糧，係十年以上者，著該部查明具奏，候旨豁免。一、歷年驛站軍興甚屬勞苦，著各省督撫加意撫恤。一、年老之人自古所重，滿漢八十以上，除家奴外，作何給與品級之處，該部查議具奏。一、各處盜賊，或爲飢寒所累，或爲貪官所迫，實有可憫。如能改過就撫者，准赦其罪。一、凡各省侵貪挪移應追之項，查果家産盡絶力不能完者，槩與豁免，毋得株連親族。一、八旗及內務府，並五旗包衣人等，凡侵貪挪移應追銀兩實係本人家産盡絶者，查明准與豁免。其分賠、代賠以及牽連著賠者，一槩豁免。一、應追軍需錢糧，除本身不准豁免外，其弟兄親族，以及指欠、開欠，有著落追賠者，著該部旗查明具奏，候旨豁免。

（清）劉鳳誥等《八旬萬壽盛典》卷六四《刑部謹》　乾隆五十五年正月初一日，恭逢皇上八旬萬壽，欽頒恩詔。內開：一、各省現犯，軍流以下人犯，俱著減等發落，其在配軍流人犯，已過十年，安分守法，别無過犯者，著各省督撫分别咨部查照，向例核議，奏請省釋。欽此。欽惟我皇上法天行健，久道化，成三元，開五代之堂，萬壽協八徵之瑞澤靡不被，既鳳詔之頻頒，悦且无疆。遂雞竿之肆赦，蓋祥刑早慎。夫成讞而解網，更畀以殊恩，郊遂遠方，悉予自新之路，胥靡城旦，益昭宥過之仁。凡聖朝特沛之宏慈，寔壽寓難逢之盛典。臣等謹查，向來辦理軍流減等條例，及近年屢奉恩赦，臣等奏定章程，除常赦所不原，及叛逆緣坐强盗免死發遣，家奴吃酒行兇，棍徒生事擾害，用藥迷拐子女，開窑誘賣為從，并例應給披甲人為奴，及擬遣之；積匪猾賊搶竊滿貫，並三犯竊盜，擬絞，緩決，減等；　及偷刨人參，私鑄十千以上為從，不及十千為首，并擬遣新疆，以及由新疆改發内地等項人犯，凡情罪較重者，不準減等外，其餘尋常軍流以下人犯，一概酌予減免等因，遵照在案。今此次恭逢恩詔，應請仍照節次章程辦理，凡各省原犯，軍流以下，事在本年正月初一日以前，不在前議，不準減等；　各條之内者，軍流、遣犯概減為杖一百，徒三年；　徒罪人犯，概減為杖一百；　雜犯準徒，總徒人犯，遞減一年。以上徒犯，已經到配者，即行釋放；　已經決杖、逃徒，并免緝拿；　枷杖人犯，悉行寬免；　應刺字者，并免刺字；　應追贓者，仍行追贓。又應減軍流遣犯，内已審未結、已結未解、已經起解在道，會赦，計其程限，不能到配者，均照定例，準其援減。各省督撫於接到部文，即日飛飭地方官檢核原案，查照奏定章程，分別辦理，務於一月内照例題咨并摘叙簡明案，由彙册送部核覆臣部辦理。現審案内，軍流徒罪各犯已經起解者，應聽各該督撫查照已未到，配定例辦理；　其已經審結，尚在羈禁，未經發落者，臣部亦照議定條欵，酌核彙總，具題其各省題咨；　現已到部，尚未議覆，及嗣後續到題咨案件，查事犯在恩詔以前者，臣等於議覆時，隨案聲明酌減。至辦理軍流在配十年無過釋回之案，臣等恭查乾隆十一年臣部奏定章程内稱：　除發寧古塔等處及改發烟瘴地方，遣犯内係强盗，免死、減等，以藥迷拐子女、開窑誘賣、家奴吃酒行兇、偷刨墳塚，寔係兇惡棍徒，情罪重大，有關十惡，常赦條例内不準原免之項，均毋庸查辦外，其餘情罪較輕之外遣、内遣，以及安置、安插，編發為民，駐防當差，旗下家奴犯該軍流給發駐防兵丁為奴者，均與尋常軍流人犯一體查辦等因。又臣部於四十三年奏明：　新疆人犯内有無力捐貲入廠，其人尚安分守法者，請旨勑令該將軍查明，遣犯内已過十年，并無過犯之人，其中有年逾七十，及衰病無能，不任耕作者，令其回籍；　其年力强壯者，仍留各該處，歸入内地，送往種地民人之内，起除刺字，俾令永為良民；　其新疆為奴遣犯，續經奏明，不準回籍各等因，均經奉旨允準，遵行在案。此次恭逢恩旨，自應遵照乾隆十一年及四十三年兩次辦理章程，將所定應準不應準條欵，行令直隸各督撫、府尹、將軍、副都統，查明各項人犯，在本年正月初一日欽奉恩旨以前，到配已過十年，寔係安分守法，別無過犯，及現今年逾七十以上者，均摘叙犯案事由罪名到配年月日期，議以應釋不應釋，分類彙造清册，咨送臣部覆核，摘由開單，按照省分遠近陸續奏請釋回，並行令伊犁、烏嚕木齊、哈密等處各將軍、辦事大臣，將當差人犯内衰病無力、年逾七十、在配已過十年、安分無過者，亦照内地人犯之例，摘叙原犯罪名事由及到配年月，造册送部查核；　其年力强壯者，仍遵四十三年奏準章程，仍由各該處歸入内地，送往種地民人之内，起除刺字，俾令永為良民。至此次各項欽奉恩旨應行釋回之犯如有在配年久、不願回籍者，聽從其便；　其回籍之犯，已經刺字者，準照竊盗寔能悔過例，起除刺字，復為良民，若於省釋後，故智復萌，仍有在地方生事不法者，應照所犯之罪加一等治罪。再遇恩施，不準援免所有。臣等遵旨，酌議軍流以下減等及十年無過省釋章程，理合恭摺具奏，俟命下行文内外各衙門一體遵照辦理。本年正月二十五日奉旨依議，又奏為欽奉恩赦事。乾隆五十五年正月初一日，恭逢恩詔。内開：　一、各省監禁人犯，著將上年秋朝審緩決至三次，各犯仍照節次查辦之例，查明所犯情節，分别減等發落，其緩決一二次人犯，内有案情本輕可予矜原者，亦著該部查明，請旨定奪。欽此。仰見我皇上澤普天衢，仁敷壽寓，純嘏集八旬之慶麻，和溥被於八埏，貞元啟萬壽之祥，愷樂宣昭於萬類，恩覃格外，圜扉蒙解吉之占，喜動寰中，肺石免訟終之咎，不惟緩決三次以上人犯，共沐洪慈，即一二次緩決者，亦得仰邀巽命，原其罪戾。予以生全事雖近而必矜，四表上春臺之頌，恩屢推而愈溥，九霄空貫索之躔，此聖朝特沛之殊恩，實亘古難逢之曠典。臣等謹查得現在秋審、朝審緩決常犯共七千七百餘名，内業經緩決三次以上者，共四千四百四十餘名。遵照向年減等條欵，詳加酌議，除減等人犯，復犯死罪、監候待質寔犯、大逆緣坐之子孫，以及殺死期功尊長情重等項人犯，毋庸議減外，其尋常鬭毆、共毆，及戲殺、誤殺、夫毆妻至死，及毆死大小功以下卑幼良人，毆死他人奴婢，威力主使致死等項，情節本輕者，擬以減流；　毆死緦麻尊長，故殺妻，故殺胞弟，奴婢毆死良人，夥衆丟包等項，情節稍重者，分別擬發近邊、邊遠、極邊充軍。又尋常軍犯在配犯鬭殺謀殺，人傷而未死，以及詈誘、誣告等項情節畧重者，并旗下正身及旗下家奴，應減軍流人犯，均發黑龍江等處分別當差、為奴。又奉天等處，所屬旗人應減，軍流人犯照例解部，酌發各省駐防兵丁分別當差、為奴。又毆死期功以下尊長人犯内，除情重者不減外，其中如有救親情切、毆由義忿，並廹於尊長之命勉從，加功，及戲殺、誤殺等項人犯，俱因情稍可原，由情實改為緩決，酌核情節，分別減發邊遠、極邊、黑龍江等處。至竊盜、拒捕、刃傷事主，及折傷以上，搶奪滿貫等項人犯，應發新疆者，面刺改遣改發雲貴、兩廣、烟瘴充軍。至緩決一二次人犯共三千二百五十餘名，遵奉恩旨，詳晰查核，擇其案情，本輕可予矜原者，酌量擬減，恭候欽定。又新疆緩決人犯應與內地一體查辦，令該將軍照例調發等，謹將朝審及各省秋審人犯，核其案情輕重，擬以應減不應減，按人犯多寡，省分遠近，分為三次：以雲南、貴州、四川、廣西、廣東、福建等省，共二千四百六十餘名為一次；奉天、陝西、湖廣、浙江、江西、安徽等省，共二千六百餘名為二次；江蘇、河南、山東、山西、直隸及朝審人犯共二千六百三十餘名，為三次。各繕清單陸續具奏，請臣旨將減流者杖一百，流三千里；減軍者分別發遣發黑龍江等處者，解交黑龍江等處各將軍酌量分別安插，嚴行管束，奉天旗人應發各省駐防者，令將人犯解送臣部，轉交兵部，定地發配。老幼婦女以及篤疾者，俱照例收贖。各犯內有祖父母、父母老疾，應請留養者，俱照例核辦。蒙古人犯仍照蒙古例辦理。所有臣等遵照節年緩決減等條欵，分別查辦緣由，理合奏聞請旨。本年正月二十五日，奉旨依議，臣等謹案訓典率於下，嘉祥萃於上，良由政教旁流，用以底蒸民之生，而大協中之化焉耳。皇上布德行仁、太和翔洽之會，無時不本睿情。欽慎昭議獄之持平，至於裁律，意之重輕，核罪名之出入，或再三昭雪，或委曲生全，凡皆憫恵元元，務歸於仁至義盡。恭際萬壽敷恩，德音大赦，並育並生曲賜原情，俾所司從例減釋。一時幪扉之衆沐解澤，而噓羿風何其幸歟，顧竊惟寬刑宥罪在聖德為緒餘，而雨露雷霆寔並昭。夫至教是我皇上以誠感物之理，即以仁得壽之徵，行見淑氣蒸濡，普為良善，所以答天庥而錫民祉者，寧有既極哉！

《清仁宗實録》嘉慶二十五年八月　一、官吏兵民人等有犯，除謀反、叛逆、子孫謀殺祖父母父母、內亂、妻妾殺夫、奴婢殺家長、殺一家非死罪三人、採生折割人、謀殺、故殺、真正人命、蠱毒魘魅、毒藥殺人、强盜、妖言、十惡等真正死罪不赦外，軍機獲罪隱匿逃人亦不赦外，其餘自嘉慶二十五年八月二十七日昧爽以前，已發覺未發覺，已結未結者，咸赦除之。有以赦前事告訐者，以其罪罪之。一、各省軍流人犯，查明到配三年實在安靜守法，及年逾七十者，釋放回籍。一、各旗籍、內務府及五旗包衣人等，凡侵貪那移，一切賠罰應追銀兩，實係本人家產盡絶者，查明准予豁免。其分賠代賠，以及牽連著賠者，一概豁免。一、凡官員因公賠罰等項，而其子孫又代祖父著賠者，查明豁免。

中國第一歷史檔案館《咸豐同治兩朝上諭檔》同治十三年十一月十五日　同治十三年十二月初四日奉旨，此案著交王文韶督同臬司親提人証卷宗，秉公嚴訊，確情按律定擬，具奏原告監生倪若霖等，該部照例解往備質，欽此。軍機大臣會同刑部謹奏，爲欽奉恩旨，會議章程將斬絞軍流等犯分別准減不准減條款，恭折奏聞事。同治十三年十一月十五日內閣奉上諭，朕奉慈安端裕康慶皇太后、慈禧端佑康頤皇太后懿旨，皇帝於本月遇有天花之喜，仰賴蒼穹，默佑諸臻康吉，寅感寔深，因念欽恤庶獄，仁政所先，允宜特沛恩施，量加矜恤，所有刑部及各省已經結案監禁人犯，除情罪重大及常赦所不原者，毋庸查辦外，其餘著軍機大臣會同刑部酌量案情輕重，分別請旨減等發落。其軍流徒杖以下人犯一併分晰減等完結。俾霑寬大之恩，勉圖自新之路，用示予惠兆民，法外施仁之至意，欽此。欽遵仰見我皇上吉時康强，治昭欽恤，恩周庶獄，光天敷肆赦之仁，慶洽重熙，圜土有更生之樂，奉溫綸之特沛，欣聞澤之旁流，臣等祇頌之下，欽佩難名。溯查咸豐十一年及同治十一年查辦減等章程，所有已結暫絞監禁人犯，凡應入情寔者，不准減等。應入緩決者，分別減軍流。其緩決案內，情節較重不便即予援減者，酌擬監禁二年，再行查辦。遣軍流徒各犯不分已未到配，亦各按情節重輕，分別應否援減各在案。此次恭逢恩旨，俱應遵照辦理。惟查舊章內間有應行更改之條，自應詳細參酌，改定期歸允當，臣等公同核議酌擬條款，謹將刑部已結，及曾入秋審斬絞人犯，分別准減不准減摘敘案由奏明，請旨。各省已結並曾入秋審斬絞人犯，按省分遠近，陸續分次具奏，所有應減人犯，核其案由，分別減擬軍流。如情節較重，酌加監禁二年。不准減等之犯，仍歸入秋審辦理，至本年秋審照例應行核辦減等之犯，業已恭逢恩旨，自應准其分別遞減。各省審題案件經法司衙門駁查，尚未題覆或督撫駁查未結，凡在恩旨以前羈禁之犯，並恩旨以前已經督撫定案，尚未題達者，均令該督撫於題本內，將羈禁招解在恩旨以前之處，逐細聲明月日，法司隨本分別核辦。內有斬絞官犯，仍按次摘敘案由，開列名單，恭候欽定。各省現在已經題達到部，刑部尚未議覆，及嗣後續經到部，並刑部尚未審結之案，法司均於題覆本內隨案聲明，應否准減，分別請旨。至外遣人犯向與軍流徒犯一體查辦，此次恭逢恩旨，除一切邪教會匪並情罪重大有關十惡及搶竊匪徒爲害閭閻等犯，俱不准減等外，其餘尋常遣軍流徒並軍台效力官常各犯，無論已未到配，及在道會赦。凡獲犯羈禁到官並斷結在本年十一月十五日恭逢恩旨以前者，均准其一體查辦，刑部現審遣軍流徒各犯已經審結，尚未起解之案由臣等會同彙總具題枷杖，各犯由刑部釋免，其已經審結遣軍流徒起解在途，並各省已經題咨完結，遣軍流徒以下各犯，行令直省各督撫府尹將軍都統於接到部文之日，即查照奏定條款飛飭所屬，檢核原案，將遣軍流徒人犯備録案，由分別准減不准減彙造清册。在道會赦者，由沿途截留查案造報，業經到配官常各犯，由配所查案分別造報，除去往返程途，限一月內，題咨到部，統俟刑部核覆辦理。徒罪以下常犯，由該省查明，不在不准援減之列者，即先行減釋，仍造册咨部查核。徒罪以下官犯，仍令各省彙題，俟刑部核題後，再行發落。軍台効力各犯，並咨行兵部照例核辦。其准減各犯遣軍流罪，俱減爲杖一百，徒三年。擬流加徒之犯，減爲杖一百，總徒四年。已到流配，徒役已滿者，減爲徒三年，准徒總徒准其遞減一年，准減徒犯未到配者，減爲杖一百，已到配決杖者，即予釋放，枷杖人犯悉予寬免，應刺字者，核免刺字。應追贓者，仍行著追，並令該督撫於題咨內，將獲犯羈禁在恩旨以前之處，聲明核辦。若事犯在恩旨以前而獲犯到官羈禁在後者，不論罪名輕重，概不准其查辦。總之，情罪重大及常赦不原之犯，固不得濫予援減，即情輕應減之中，仍有軍流及監禁二年之各異，其遣軍流徒各犯，亦有酌核情節，分別准減不准減之殊，斯寬典不至倖邀，而辦理亦有區別矣。謹將斬絞及軍流以下准減不准減條款，分繕清單進呈御覽，恭候欽定，所有臣等會議緣由理合恭摺具奏，伏候訓示施行，謹奏。

同治十三年十二月初四日奉旨依議，欽此。

軍機大臣和碩泰親王臣奕訢，

軍機大臣大學士管理工部事務臣文祥，

軍機大臣大學士管理吏部事務臣寶鋆，

軍機大臣兵部尚書臣沈桂芬，

軍機大臣工部尚書臣李鴻藻，

刑部尚書臣崇實，

刑部尚書臣桑春榮，

刑部左侍郎臣紹祺，

刑部左侍郎臣黃鈺，

刑部右侍郎臣宗室載崇，

署刑部右侍郎臣溫葆深，

同治十三年十一月十五日，欽奉恩旨，查辦軍流以下人犯酌擬准減不准減條款，開列於後。

《軍流徒准減條款五十三條》

計開：

一、祖父母父母呈送子孫發遣查詢犯親，情願領回者。

一、卑幼毆傷尊長實係救親情切及尊長蔑倫並誤傷，情輕者。

一、本宗外姻尊長毆故殺卑幼，情輕，罪應流徒者。

一、卑幼過失傷期親尊長及奴婢過失傷家長之期親，罪應流徒者。

一、卑幼逼迫本宗緦麻尊長及外姻尊長致死，罪應擬徒者。

一、夫毆傷妻妻毆傷妾，罪應擬徒者。

一、毆傷不同居繼父，罪應流徒者。

一、家長毆故殺奴婢，在徒罪以下者。

一、故殺子孫奴婢並無圖賴情事者。

一、毆傷受業師因師長挾嫌非理淩虐致被毆傷，例應以凡論者。

一、毆傷宗室覺羅因宗室等，不繫黃紅帶入酒肆茶坊，自取淩辱，例應以凡論者。

一、官吏毆傷制使及軍民吏卒毆傷本管官，因制使非理淩辱，及本管官不守官箴，自取侮辱，及並非本管官者。

一、謀殺案內已有抵命之人從而不加功之犯，審無挾嫌貪賄情事者。

一、謀殺人傷而不死從而不加功，罪應擬徒者。

一、威逼一命，案內罪應軍徒者。

一、擅殺姦盜各項罪人應擬流徒者。
一、鬥毆傷人，尚無兇惡情狀，罪在軍流以下者。
一、兇器傷人情輕者。
一、洋盜案内被脅服役及知情買贓一次，罪應擬徒者。
一、强盜知而不首及强逼爲盜，臨時逃避事後分贓，罪應擬徒者。
一、知强盜後而分所盜之贓，罪應擬徒者。
一、尋常竊盜結夥不足三人，行竊未至四次，亦未執持器械，罪應擬徒者。
一、僅止一二人徒手搶奪犯該徒罪者。
一、各省匪徒犯該枷杖下罪名，例應鎖帶鐵杆石礅者。
一、結夥十人以上持械行竊未得財爲徒者。
一、誣姦誣竊，尚未釀命者。
一、和姦敗露致姦婦羞愧自盡者。
一、輪姦犯姦婦女，案内同謀未經同姦，罪應擬徒者。
一、和誘知情首從及被誘之人，罪應軍徒者。
一、强奪婦女案内被逼扛抬，罪應擬徒者。
一、孀婦母家夫家期功尊長搶奪强嫁，未致被污，罪應擬徒者。
一、褻語釀命並無圖姦污衊之心者。
一、知情藏匿縱放准減罪人應與同罪。
一、收留迷失子女，罪應擬徒者。
一、不枉法贓准枉法贓及坐贓，罪應流徒者。
一、因公那移，審非入己者。
一、誣告多人而非全虚及全虚而非誣告多人者。
一、誣告反坐審無挾嫌貪賄圖詐圖賴情事者。
一、教唆詞訟止係一時一事，尚非實在訟棍者。
一、誤執傷痕致屍遭蒸檢，罪應軍流徒者。
一、卑幼將功服尊長屍身圖賴人，罪應擬徒者。
一、卑幼因熏狐狸燒外姻小功緦麻尊長屍身，及尊長因熏狐狸燒卑幼屍身，罪應流徒者。
一、地界内有死人里長地隣輒移他處埋藏以致殘毀，及棄屍水中者。
一、隨駕官員跟役雇工不曾偷竊逃回，罪應擬徒者。
一、從征守禦兵丁餘丁脱逃自首，及落後有因者。
一、比照棍徒量減擬徒，及棍徒爲從者。
一、鎗倩案内被騙生童，罪應擬者。
一、私鑄銅鉛錢未成，案内罪在流徒以下者。
一、販賣賭具爲從並賭博，罪應擬徒者。
一、犯無引私鹽並未聚衆持械者。
一、牧養官馬等項不如法及誤失毀官物，罪應擬徒者。
一、故殺他人馬牛，罪應擬徒者。
一、發遣新疆黑龍江等處，及由新疆改發内地，核其情罪稍輕者。

《軍流徒不准減等條款一百四十六條》

一、祖父母父母呈送子孫發遣查詢犯親不願領回者。
一、子貧不能養贍，致父母自盡，罪應擬流者。
一、子孫妻妾過失傷祖父母父母，夫及奴婢過失傷家長，罪應流徒者。
一、祖父母父母夫家長被殺子孫妻妾奴婢賄和，罪應擬流者。
一、卑幼毆期親尊長，及毆傷本宗緦麻以上尊長，外姻緦麻以上尊屬，及謀殺尊長，已行未傷，罪在流徒以上者。
一、卑幼逼迫本宗大功小功尊長致死，罪應流徒者。
一、妻妾毆傷夫，妾毆傷正妻，罪在流徒以上者。
一、毆傷同居繼父，罪應擬流者。
一、奴婢雇工人毆傷家長之内外緦麻以上親者。
一、贖身奴婢毆傷舊主者。
一、毆傷受業師，罪應流徒者。
一、毆傷宗室覺羅，罪在流徒以上者。
一、官吏毆傷制使及軍民吏卒毆傷本管官者。
一、謀殺期親以上尊長案内平人從而不加功者。
一、謀殺誤殺旁人案内下手傷重致死，罪應軍流以上者。
一、一切異端法術醫人未死，罪應擬流者。
一、糾毆致斃非一家三命以上者。

一、殺一家非死罪三人、採生折割人、並造畜蠱毒者之妻子及同居家口，應行緣坐者。
一、謀殺案内從而不加功之犯，審有挾嫌貪賄情事，及死係十歲以下幼孩者。
一、謀殺人傷而未死從而加功，罪應擬流者。
一、毆人至篤疾及剜瞎人眼全抉人耳鼻口舌及毀敗人陰陽，罪應軍流者。
一、刃傷三人以上並連傷二人成廢者。
一、兇器傷人情重者。
一、施放鳥鎗竹銃傷人者。
一、沿江濱海混行鬬毆案内，罪應徒流者。
一、河南安徽省兇徒結夥三人以上執持兇器傷人，罪應遣軍者。
一、各省械鬬共毆案内自稱鎗手受雇在場幫毆，罪應擬流者。
一、毆死卑幼一家二命者。
一、在宮衙禁地爭鬬傷人，罪應流徒者。
一、故殺子孫奴婢圖賴人，罪應軍徒者。
一、威逼案内致死二命以上，罪應擬軍者。
一、免死人犯復又行兇，罪應軍流者。
一、洋盜案内接買盜贓二次以上，罪應遣軍者。
一、强盜自首案内，罪在徒流以上者。
一、知强盜贓而受寄及代爲銷贓三次以上者。
一、知竊盜贓而接買受寄，罪應擬軍者。
一、搶竊拒捕案内首從各犯罪在徒流以上者。
一、店家船戶等項行竊，罪應擬徒者。
一、竊盜逃走事主追捕失足身死及失財窘迫自盡，罪在流徒以上者。
一、竊盜結夥三人以上持械行竊並行竊四次以上，罪在徒流以上者。
一、結夥三人以上或不及三人係持械搶奪，罪在徒流以上者。
一、各省搶竊訛詐匪徒犯該徒罪以上，例應鎖帶鐵杆石礅者。
一、强竊盜窩主，罪應流徒以上者。
一、用藥迷人及邪術迷拐案内犯該徒罪以上者。
一、捉人勒贖案内罪應遣軍者。
一、粤省匪徒捏爲打單名色嚇詐商民，罪應軍徒者。
一、圖財害命案内，罪應軍流徒者。
一、因風因火乘危搶奪，罪在流徒以上者。
一、川省匪徒及河南安徽湖北各交界地方，並山東兖沂曹三府，江蘇淮徐海三府州匪徒攔搶，案内罪在遣軍以下者。
一、山東安徽省匪徒結捻結幅搶奪訛索聚衆五人以上，罪在徒流以上者。
一、共謀爲盜，臨時不行，罪在徒流以上者。
一、積匪猾賊，罪應軍徒者。
一、竊匪盜官物及官錢糧，罪在流徒以上者。
一、監守常人盜倉庫錢糧入己，罪應軍流徒者。
一、回民結夥搶竊，罪應軍徒者。
一、偷刨人參，罪應軍流徒者。
一、因姦致釀二命，罪在流徒以上者。
一、因姦因盜致縱容袒護之父母自盡，及教令犯姦盜之父母被殺或自盡，罪在徒流以上者。
一、强姦未成及姦幼女幼童，罪在流徒以上者。
一、姦人妻女致並未縱容之本夫父母羞忿自盡，罪應擬徒者。
一、調姦婦女未成，和息後本婦追悔抱忿自盡，罪應擬流者。
一、姦婦抑媳同陷邪淫致令自盡者。
一、孀婦自願守志，夫家母家親屬搶奪强嫁及知情謀娶已成者。
一、奴及雇工人和賣家長期親以下親屬，罪應擬流者。
一、略誘略賣及開窑誘取婦女，罪應擬流者。
一、强奪良家妻女，案内罪應擬流者。
一、搶奪曾經犯姦及興販婦女，案内罪在軍流以上者。
一、强姦親屬未成，罪應擬軍者。
一、强姦犯姦婦女致令羞忿自盡，罪應擬以軍流者。
一、用强求娶孀婦逼受聘財，因而致死，罪應擬軍者。
一、私債准折人妻女姦占，罪應擬徒者。

一、本宗緦麻以上外因功服親屬相姦，並姦妻前夫子女及同母異父姊妹，罪在流徒以上者。

一、奴及雇工人姦家長之内外緦麻以上親並緦麻以上親之妻者。

一、捏造姦贓污人名節，罪應擬軍者。

一、發掘墳塚案内，罪在軍流以上者。

一、盗未殯夫埋屍棺見屍，罪在總徒以上者。

一、卑幼因熏狐狸燒本宗緦麻以上尊長屍，罪應擬流者。

一、尊長發掘、卑幼墳塚開棺見屍，罪應擬徒者。

一、妻妾將夫屍卑幼將期親以上尊長屍圖賴人者。

一、邪教會匪聚衆結盟，罪應軍流徒者。

一、叛逆案内緣坐犯屬及知情不首者。

一、糾衆戕官反獄及倡立邪教，案内親屬應行緣坐者。

一、謀叛案内被脅入夥，悔罪投首者。

一、内地漢民在回疆地方擅娶回婦，罪應軍流者。

一、造讖緯妖書妖言傳用惑人不及衆者。

一、巡捕兵役并各衙門書吏營私犯贓索詐誣拏，並捕役豢賊分贓，罪應軍流徒者。

一、黔省匪徒如有帽頂大五小五等名號犯該軍流徒者。

一、姦徒偷運米穀貨物，並私帶違禁軍器接濟外洋盗匪，罪應軍流徒者。

一、僞造盗用各衙門印信及僞造官文書，冒差詐騙并詐稱現任職官，罪在流徒以上者。

一、漕船頭幫軍伍派歛私收多行勒索，罪應軍徒者。

一、薊運回空丁舵刨取白土裝帶及鎖戶將白土賣與糧船攙入漕糧，罪應軍徒者。

一、打攬倉場及攬擾商税，案内罪應擬軍者。

一、經紀人等灌漲漕米，罪應流徒以上者。

一、各倉花戶已經斥革，復在現充花戶，身後影射把持勒索得贓，罪應軍流徒者。

一、運糧旗丁買米回漕賣米之人，罪應擬軍者。

一、糧船水手糾衆傳發溜子，欺淩運弁。横索旗丁錢文，僅止附和助勢，罪應擬軍者。

一、内地民人交結外國誆騙財物，罪應軍徒者。

一、姦民煎穵窩囤興販硝磺，罪在流徒以上者。

一、家奴喫酒行兇者。

一、回民結夥行兇執持器械，罪應擬軍者。

一、兇惡棍徒擾害良人者。

一、廣東等省糾衆械鬬仇殺，罪應擬軍者。

一、興販私鹽聚衆十人以上及雖不及十人帶有軍器，罪應軍流者。

一、窩頓流娼土妓及興販婦女轉賣爲娼，罪應流徒者。

一、受枉法贓，罪應流徒者。

一、指稱各衙門打點使用名色誆騙財物，罪應軍徒者。

一、獄卒解役賄縱罪囚及主守淩虐罪囚並仵作得賄控報傷痕，罪在流徒以上者。

一、姦徒捏陷平人平空訛詐，罪在流徒以上者。

一、誣告人有關倫紀名節並全誣十人以上，罪應軍流者。

一、匿名揭帖告言人罪爲從者。

一、造刻淫詞小説及抄房捏造言語録報各處，罪應擬流者。

一、誣告良民爲强盗，罪應擬軍者。

一、挾嫌貪賄誣告平人反坐，罪應軍流者。

一、積慣訟棍及教唆詞訟，罪應軍流徒者。

一、官民人等詐騙不遂懷挾私仇妄捏干己情事控告，罪應擬軍者。

一、教誘宗室爲匪，及賭博誆哄財物，罪應擬軍者。

一、宗室覺羅訛詐不遂，串結捏控，及主使教誘助勢之犯，罪應軍遣者。

一、子孫妻妾奴婢雇工人告祖父母父母家長得實，罪應擬徒者。

一、挾仇誣告人命致屍遭蒸檢爲從，罪應擬流者。

一、刁徒直入衙門挾制官吏并聚衆辱官，案内罪應軍流徒者。

一、衝突儀仗妄行奏訴並呈遞封章，罪應擬軍者。

一、白役詐贓逼命案内正役，罪應軍流徒者。

一、官員家丁擬擾驛站，倚勢行兇致釀人命者。

一、刁徒訛詐釀命，案内罪應擬流者。

一、京城錢鋪侵蝕票存，逾限不能完贓，罪在軍流以上者。

一、私鑄銅錢未成，首犯與匠人，罪應擬軍者。

一、私鑄銅鉛錢已成，案内罪應軍流以上者。

一、隨棚鎗手及捏稱關節，誆騙財物，罪應擬軍者。

一、犯罪拒捕毆傷捕人，及拒捕殺人案内爲縱並聚衆奪犯傷差，罪在流徒以上者。

一、圖財挾仇放火，已求延燒，罪應軍流徒者。

一、事關貽誤軍機，及引惹邊釁者。

一、安徽省水烟箱主及助勢濟惡，罪應軍徒者。

一、藉充人牙將領賣婦人逼勒賣姦圖利，罪應擬軍者。

一、盗決河防因而淹沒居民田禾廬舍，罪應軍徒者。

一、强占山場屯田並將爭競不明田地，及公共墳山塚隴投獻勢要，罪應擬軍者。

一、擅入禁山砍賣林木，罪應擬軍者。

一、盗挖金銀等礦砂及偷盗圍場案内，罪在徒流以上者。

一、開場設局誘賭，罪在軍流以上者。

一、造賣及販賣賭具，罪應軍流者。

一、開設花會聚賭，罪應軍徒者。

一、子孫盗賣祖父墳塋樹木祀産，及知情謀買者。

一、盗砍他人墳塋樹株，及知情謀買犯該徒罪以上者。

一、官吏故出入人罪犯該徒罪以上者。

一、罪囚越獄脱逃，罪應軍流者。

一、發遣新疆黑龍江等處，及由新疆改發内地，核其情節較重者。

一、知情藏匿縱放前項不准援減之罪人，應與同罪者，以上各條欵其不准減等。軍流徒罪人犯在配脱逃被獲，軍流加等，調發徒罪，從新拘役。如有在逃未獲，無論軍流徒罪，仍行緝拏獲日調發拘役。其在准減之列者，軍流脱逃被獲，免其加等，調發仍發原配安置。未獲，省仍行嚴緝。徒罪在配脱逃者，免其緝拏，若中途逃脱，緝獲之日杖一百，折責發落。如軍流人犯脱逃，在恩旨以後核其情罪應准減等者，緝獲之日即照滿徒人犯中途脱逃之例加等，改爲杖一百，總徒四年。此外條欵所未賅載者，仍隨時酌量辦理。

《斬絞人犯准減條欵四十三條》

一、服制情實二次，已經改緩者。此項期功減發往邊充軍緦麻減發邊逸充軍。

一、情實十次，已經改緩者。此項減發極邊足四千里充軍。

一、調姦釀命情實一次，已經改緩者。此項減流三千里。

一、毆本宗緦麻及外姻功緦尊屬尊長，情輕應緩者。此項本宗緦麻及外姻小功減發邊遠充軍，外誦緦麻減發姻邊充軍。

一、毆死同居繼父，情輕應緩者。此項減發邊遠充軍。

一、毆傷有服尊長尊屬至篤疾，情輕應緩者。此項減發近邊充軍。

一、毆謀故殺本宗外姻卑幼並無圖産爭繼詐賴，情輕應緩者。婦女毆殺夫之卑幼同此項。毆死者，減流三千里。故毆者，減發近邊充軍。

一、毆故殺妻及妻前夫子女並義子雇工，情輕應緩者。此項毆死者，減流三千里。故殺者，減發近邊充軍。

一、毆死兄弟妻，情輕應緩者。此項減流三千里。

一、毆故殺夫妾，情輕應緩者。此項毆正者，減流三千里。故殺者，減發近邊充軍。

一、毆死庶母及祖妾父妾，情輕應緩者。此項庶母減發近邊充軍父妾減三千里。

一、軍流人犯在配在逃殺人，情輕應緩者。此項均庶原犯罪名一等減發。

一、毆死他人奴婢及奴婢毆死良人，情輕應緩者。此項毆死他人奴婢，減三千里。奴婢毆死良人，減發近邊充軍。

一、匠藝人等因弟子違犯教令，以理毆責致死者。此項減三千里。

一、謀故殺人因激於義忿者。此項減發近邊充軍。

一、謀故殺人而誤殺旁人，情輕應緩者。此項減發近邊充軍。

一、火器殺人，情輕者。此項減發極邊充軍。

一、鬬殺情輕。此項減流三千里。

一、共毆情輕。此項減流三千里。

一、戲殺。此項減流三千里。

一、誤殺。此項減流三千里。

一、擅殺。此項減流三千里。

一、鬬殺二命情輕者。此項減發近邊充軍。

一、威力主使、制縛人毆打致死，情輕應緩者。此二項俱減流三千里。

一、屏去人服食及以他物置人耳鼻孔竅致死，情輕應緩者。此二項俱減流三千里。

一、毆斃人命致父母愁急自盡，情輕應緩者。此項減發邊遠無。

一、搶奪逾貫並未結夥持械，情輕應緩者。此項減發極邊遠充軍。

一、竊賊未逾五百兩尚非積慣爲害商旅，並奴僕雇工偷盜主財，情輕應緩者。此項減發近邊府庫充軍。

一、蒙古偷竊牲畜等物，拒捕傷人爲首應緩者。此項減發湖廣福建江西浙江江南等省，驛站當差。

一、偷竊蒙古四項牲畜例應入緩者。此項減發雲貴兩廣烟瘴地方驛站當差。

一、蒙古搶奪傷人及搶竊財物逾貫應緩者。此項減發雲兩廣烟瘴地方驛站當差。

一、聚衆奪犯未傷人應絞者。此項減流三千里。

一、因姦因盜圖脫，刄傷捕人，情輕應緩者。此項減發極邊烟瘴充軍。

一、姦夫自殺其夫，案內不知情之姦婦審無戀姦忘仇情事者。此項減流三千里。

一、姦夫拒殺本夫並不喊阻首告之姦婦，情輕應緩者。此項減流三千里。

一、本夫捉姦殺死姦婦將姦夫擬抵無關服制應緩者。此項減流三千里。

一、誘拐子女被誘之人已給親完聚應緩者。此項減發極邊烟瘴充軍。

一、夥搶婦女爲從，情輕應緩者。此項減發極邊烟瘴充軍。

一、發塚開棺見屍及鋸縫鑿孔爲從，情輕應緩者。此項減發極邊烟瘴充軍。

一、圖財强嫁疎遠親屬，尚未釀命應緩者。此項減流三千里。

一、誣告致死，情輕應緩者。此項減發極邊烟瘴充軍。

一、軍流人犯在禁脫逃加等擬絞應緩者。此項各照原犯罪名本例加等減發。

一、瘋病殺人病已痊癒，監禁已及五年者。如未及五年應俟監禁限滿時，查明瘋病不復發，再行分別減等。

以上各條情形不一，情重應實者，不准減等。已另單開列外，情輕可緩者，擬准減等，分別發配。

其有應擬緩決而情節較重不便即予援減者，酌擬監禁二年再行查辦。

此外尚有條款未賅載者，監時核其輕重，酌量辦理。

《斬絞人犯不准減等條款九十五條》

一、服制情實未經改緩者。

一、調姦釀命應實者。

一、本宗外姻尊長謀故殺卑幼奪産爭繼，圖詐圖賴，情節慘忍者。婦女謀故殺夫之卑幼同。

一、毆死本宗緦麻及外姻功緦尊屬尊長，情重應實者。

一、毆死同居繼父及妻父母，情重應實者。

一、毆傷有服尊長尊屬至篤疾，情重應實者。

一、毆故殺妻及妻前夫子女並義女雇工，情重應實者。

一、毆死兄弟妻，情重應實者。

一、毆故殺夫妾，情重應實者。

一、毆死庶母及祖妾父妾，情重應實者。

一、奴婢毆死良人，情重應實者。

一、軍流人犯在配在逃殺人，情重應實者。

一、雇工毆死家長期親及折傷以上。

一、雇工毆家長至折傷。

一、乳母撋死幼孩。

一、謀殺造意加功應實者。

一、謀殺人傷而未死者。

一、故殺應實者。

一、謀故殺人而誤殺旁人應實者。

一、火器殺人應實者。

一、鬬殺，情重應實者。

一、共毆，情重應實者。

一、聽糾致斃一家二命以上，爲從下手傷重者。

一、連斃二命應實者。

一、威力主使、制縛人毆打致死，情重應實者。

一、屏去人服食及以他物置人耳鼻孔竅致死，情重應實者。

一、免死盜犯在配犯該徒罪以上者。

一、用藥迷竊未得財。

一、糾眾行刧在獄罪囚拒傷獄卒，隨同助勢，及刧獄未傷人爲從應實者。

一、聚眾奪犯殺差幫毆有傷，及傷差未至死首犯并聚眾至十人以上者。

一、圖財害命，案内罪應斬絞監候者。

一、搶奪逾貫，情重應實者。

一、川省並河南安徽湖北等省交界地方，及山東兖沂曹三府，江蘇淮徐海三府州匪徒攔搶，案内罪應斬絞監候者。

一、搶竊拒捕殺人，案内爲從下手刃傷及毆至折傷以上者。

一、竊盜贓逾五百兩及雖未逾五百兩，而積慣掉竊爲害商旅並窩竊，情重應實者。

一、竊盜衙署餉鞘及奴僕雇工偷盜主財，情重應實者。

一、侵盜錢糧。

一、蒙古偷竊四項牲畜，例應入實者。

一、蒙古搶奪逾貫，情重應實者。

一、蒙古搶奪傷人，刀傷及折傷以上，情重應實者。

一、蒙古搶奪殺人，案内爲從之絞犯。

一、因姦因盜威逼人致死者。

一、因姦因盜拒捕刃傷人，情重應實者。

一、强姦已成。

一、强姦未成毆斃本婦，及其夫與父母親屬，或本婦及其夫與父母親屬羞忿自盡。

一、姦夫自殺其夫，案内不知情之姦婦，審係戀姦忘仇者。

一、姦夫拒殺本夫並不喊阻首告之姦婦，情重應實者。

一、本夫捉姦殺死姦婦，將姦夫擬抵，有關服制應實者。

一、因姦致本夫羞忿自盡案内之姦婦。

一、姦職官妻及姦家長期親。

一、强奪良人妻女姦佔及配與子孫或賣與他人爲妻妾，及因强奪致本婦與本婦親屬自盡，罪應斬絞監候者。

一、聚眾夥搶婦女並搶奪路行婦女，已成爲從，未成爲首，及夥搶興販婦女已成爲首，情重應實者。

一、卑幼圖財搶賣緦麻以上尊長，及强賣疎遠親屬致婦女自盡應實者。

一、略賣殺人者。

一、略誘爲首被誘之人未經給親完聚應實者。

一、貴州流棍用威力將婦女强行綁去，並誘往四川販賣爲從，及和同誘拐往川爲首罪應絞候者。

一、官司差人追徵錢糧勾攝公事拒毆致死，情重應實者。

一、各項罪人拒捕殺人者。

一、罪人拒捕，毆所捕人至篤疾，及本罪已至滿流，拒毆在折傷以上者。

一、犯罪事發在逃被獲時，拒捕刃傷及火器傷人者。

一、鹽販拒捕案内首從各犯，罪應斬絞監候者。

一、罪干十惡應實。

一、異姓結拜弟兄未至四十人年少居首者。

一、序齒結拜聚眾至四十人以上者。

一、妄佈邪言煽惑人心爲從。

一、左道惑人。

一、聚眾鬨堂塞署爲從。

一、刁民聚眾毆官爲從。

一、官軍臨陣先退。

一、挾仇圖財放火，罪應斬絞監候者。

一、誣告叛逆。

一、誣告致死及挾仇誣告謀命致屍遭蒸檢，情重應實者。

一、誣良爲竊拷打致死。

一、子孫因姦因盜致祖父母父母被殺及羞忿自盡者。

一、枉法贓。

一、蠹役詐贓逾貫。

一、假差嚇詐斃命。

一、刁徒訛詐斃命。

一、姦贓污衊斃命。

一、捕役私拷斃命。

一、伏草捉人勒贖。

一、光棍爲從及比照定罪，情重應實者。

一、官吏挾仇故勘故禁平人致死。

一、匿名揭帖。

一、發塚開棺見屍，及鋸縫鑿孔而從情重應實者。

一、僞造印信冒支錢糧誆騙多贓，及買受僞劄詐假官應實者。

一、私鑄銅錢十千以上或不及十千而私鑄不止一次，爲首及匠人。

一、私鑄鉛錢，大爐廣鑄至十千文以上，爲首及匠人。

一、邪術醫人致死者。

一、監禁人犯越獄脫逃，例應入實者。

一、禁卒解役賄縱照所縱囚罪同科，例應入實者。

一、遣犯逃後復犯該軍流發遣應實。

一、各項罪應立決，自首得免所因者。

一、各項由立決改監候之案。

一、瘋病殺人始終瘋迷者。

中國第一歷史檔案館《咸豐同治兩朝上諭檔》咸豐十一年　一、內外文職自四品以下，武職自三品以下，降革留任及住俸罰俸處分，准其開復。【略】

一、官吏兵民人等，有犯除謀反叛逆，子孫謀殺祖父母父母，內亂妻妾，殺夫，奴婢殺家長，一家非死罪三人，採生折割人，謀殺故殺真正人命，蠱毒魘魅，毒藥殺人，强盜妖言，十惡等真正死罪不赦外，軍務獲罪隱匿逃人亦不赦外，其餘自咸豐十一年□月□日以前，已發覺未發覺、已結未結者，咸赦除之，有以赦前事告訐者，以其罪罪之。

一、各省軍流人犯查明到配三年，實在安静守法及年逾七十者，釋放回籍。

一、各處盜賊或爲飢寒所累，或爲貪官所迫，實有可憫，如能改過就撫者，准赦其罪。

一、各旗籍內務府及五旗包衣人等凡侵貪那移一切賠罰應追銀兩，實係本人家産盡絶者，查明准予豁免，其分賠代賠以及牽連著賠者一概豁免。

一、凡官員因公賠罰等項，而其子孫又代祖父著賠者，查明豁免。

一、旗營官兵有因出征及被災借支俸餉者，免其扣還。

嘉慶二十五年宣宗成皇帝登極恩詔條款：【略】一、內外文職自四品以下，武職自三品以下降革留任及住俸罰俸處分准其開復。【略】

一、國子監貢監生及各官學教習免坐監一月。

一、官吏兵民人等有犯，除謀反叛逆，子孫謀殺祖父父母，內亂，妻妾殺夫，奴婢殺家長，一家非死罪三人，採生折割人，謀殺故殺真正人命，蠱毒魘魅，毒藥殺人，强盜妖言十惡等真正死罪不赦外，軍務獲罪隱匿逃人亦不赦外，其餘自嘉慶二十五年八月二十七日昧爽以前，已發覺未發覺、已結未結者，咸赦除之，有以赦前事告訐者，以其罪罪之。

一、各省軍流人犯查明到配三年，實在安静守法及年逾七十者，釋放回籍。

一、各旗籍內務府及五旗包衣人等凡侵貪那移一切賠罰應追銀兩實係本人家産盡絶者，查明准予豁免。其分賠代賠以及牽連著賠者一概豁免。

一、官員因公賠罰等項，而其子孫又代祖父著賠者，查明豁免。

道光三十年大行皇帝登極恩詔條款：【略】

一、內外文職自四品以下，武職自三品以下，降革留任及住俸罰俸處分，准其開復。【略】

一、官吏兵民人等有犯，除謀反叛逆，子孫謀殺祖父母父母，內亂，妻妾殺夫，奴婢殺家長，一家非死罪三人，採生折割人，謀殺故殺真正人命，蠱毒魘魅，毒藥殺人，强盜妖言十惡等真正死罪不赦外，軍務獲罪、隱匿逃人亦不赦外，其餘自道光三十年正月二十六日以前，已發覺未發覺、已結未結者，咸赦除之，有以赦前事告訐者，以其罪罪之。

一、各省軍流人犯查明到配三年實在安静守法及年逾七十餘者，釋放回籍。

一、各旗籍内務府及五旗包衣人等凡侵貪那移一切賠罰應追銀兩實係本人家産盡絶者，查明准予豁免。其分賠代賠以及牽連著賠者一概豁免。

一、凡官員因公賠罰等項，而其子孫又代祖父著賠者，查明豁免。

《清德宗實録》光緒三十四年十一月 詔：一、官吏兵民人等有犯，除謀反叛逆，子孫謀殺祖父母父母，内亂，妻妾殺夫，奴婢殺家長，一家非死罪三人，採生折割人，謀殺故殺真正人命，蠱毒魘魅毒藥殺人，强盜妖言十惡等真正死罪不赦外，軍務獲罪，隱匿逃人亦不赦外，其餘自光緒三十四年十一月初九日以前，已發覺未發覺、已結未結者，咸赦除之。有以赦前事告訐者，以其罪罪之。一、各省軍流人犯，查明到配三年，實在安静守法，及年逾七十者，釋放回籍。一、各旗籍内務府及五旗包衣人等，凡侵貪挪移，一切賠罰應追銀兩，實係本人家産盡絶者，查明准予豁免，其分賠代賠以及牽連者賠者，一概豁免。一、凡官員因公賠罰等項，而其子孫又代祖父著賠者，查明豁免。

紀事

（明）董説《七國攷》卷一二《趙刑法·大赦》 惠文王三年，主父自代道大通。還歸，行賞，大赦。見《趙世家》。

《史記》卷五《秦本紀》 莊襄王元年，大赦罪人，修先王功臣，施德厚骨肉而布惠於民。

《史記》卷六《秦始皇本紀》 〔二世〕二年冬，陳涉所遣周章等將西至戲，兵數十萬。二世大驚，與群臣謀曰：柰何？少府章邯曰：盗已至，衆彊，今發近縣不及矣。酈山徒多，請赦之，授兵以擊之。二世乃大赦天下，使章邯將，擊破周章軍而走，遂殺章曹陽。

《漢書》卷一上《高帝紀》 〔二年〕六月，漢王還櫟陽。壬午，立太子，赦罪人。

《漢書》卷一下《高帝紀》 〔五年〕戍卒婁敬求見，説上曰：陛下取天下與周異，而都雒陽不便，不如入關，據秦之固。上以問張良，良因勸上。是日，車駕西都長安。拜婁敬爲奉春君，賜姓劉氏。六月壬辰，大赦天下。

《漢書》卷一下《高帝紀》 〔高帝十一年〕秋七月，淮南王布反。【略】上赦天下死罪以下，皆令從軍。

《漢書》卷一下《高帝紀》 〔十二年〕夏四月甲辰，帝崩于長樂宫。盧綰聞之，遂亡入匈奴。吕后與審食其謀。【略】乃以丁未發喪，大赦天下。

《漢書》卷三《高后紀》 六年春，星晝見。夏四月，赦天下。

《漢書》卷二《惠帝紀》 〔四年〕三月甲子，皇帝冠，赦天下。

《漢書》卷三《高后紀》 〔惠帝七年〕太后臨朝稱制，大赦天下。

《漢書》卷三《高后紀》 〔高后八年〕秋七月辛巳，皇太后崩于未央宫。遺詔賜諸侯王各千金，將相列侯下至郎吏各有差。大赦天下。

《漢書》卷四《文帝紀》 〔文帝七年〕夏四月，赦天下。

《漢書》卷四《文帝紀》 〔十五年夏四月〕上幸雍，始郊見五帝，赦天下。

《漢書》卷四《文帝紀》 〔後元〕四年夏四月丙寅晦，日有蝕之。五月，赦天下。免官奴婢爲庶人。

《漢書》卷五《景帝紀》 〔景帝元年〕夏四月，赦天下。賜民爵一級。

《漢書》卷五《景帝紀》 〔三年春正月〕吴王濞、膠西王卬、楚王戊、趙王遂、濟南王辟光、菑川王賢、膠東王雄渠皆舉兵反。大赦天下。遣太尉亞夫、大將軍竇嬰將兵擊之。斬御史大夫晁錯以謝七國。

《漢書》卷五《景帝紀》 〔中元〕五年夏，立皇子舜爲常山王。六月，赦天下，賜民爵一級。

《漢書》卷五《景帝紀》 〔後元年〕三月，赦天下，賜民爵一級，中二千石、諸侯相爵右庶長。夏，大酺五日，民得酤酒。

《漢書》卷五《景帝紀》 〔建元元年〕春二月，赦天下，賜民爵一級。

《漢書》卷六《武帝紀》 〔景帝四年〕六月，赦天下，賜民爵一級。

《漢書》卷六《武帝紀》 〔元光元年〕夏四月，赦天下，賜民長子爵一級。復七國宗室前絶屬者。

《漢書》卷六《武帝紀》 〔元光四年〕夏四月，隕霜殺草。五月，地震。赦天下。

《漢書》卷六《武帝紀》 〔元朔〕六年春二月，【略】赦天下。

《漢書》卷六《武帝紀》 〔元狩元年〕夏四月，赦天下。

《漢書》卷六《武帝紀》 〔元狩〕三年春，有星孛于東方。夏五月，赦天下。

《漢書》卷六《武帝紀》 元鼎元年夏五月，赦天下，大酺五日。

《漢書》卷六《武帝紀》 〔元鼎五年〕十一月辛巳朔旦，冬至。立泰畤于甘泉。天子親郊見，朝日夕月。【略】夏四月，南越王相吕嘉反，殺漢使者及其王、王太后。赦天下。

《漢書》卷六《武帝紀》 天漢元年春正月，行幸甘泉，郊泰畤。三月，行幸河東，祠后土。匈奴歸漢使者，使使來獻。夏五月，赦天下。

《漢書》卷六《武帝紀》 〔天漢三年〕三月，行幸泰山，修封，祀明堂，因受計。還幸北地，祠常山，瘞玄玉。夏四月，赦天下。行所過毋出田租。

《漢書》卷六《武帝紀》 〔太始元年〕夏六月，赦天下。

《漢書》卷六《武帝紀》 〔太始〕四年春三月，行幸泰山。壬午，祀高祖於明堂，以配上帝，因受計。癸未，祀孝景皇帝于明堂。甲申，修封。丙戌，禪石閭。夏四月，幸不其，祠神人于交門宮，若有鄉坐拜者。作《交門之歌》。夏五月，還幸建章宮，大置酒，赦天下。

《漢書》卷六《武帝紀》 〔征和三年〕夏五月，赦天下。

《漢書》卷七《昭帝紀》 〔後元二年二月〕武帝崩。戊辰，太子即皇帝位，謁高廟。【略】夏六月，赦天下。

《漢書》卷七《昭帝紀》 〔始元元年〕秋七月，赦天下，賜民百戶牛酒。

《漢書》卷七《昭帝紀》 〔始元〕四年春三月甲寅，立皇后上官氏。赦天下。辭訟在後二年前，皆勿聽治。

《漢書》卷七《昭帝紀》 〔元鳳元年〕夏六月，赦天下。

《漢書》卷七《昭帝紀》 〔元鳳四年〕五月丁丑，孝文廟正殿火，上及羣臣皆素服。發中二千石將五校作治，六月成。【略】六月，赦天下。

《漢書》卷八《宣帝紀》 元平元年四月，昭帝崩，毋嗣。大將軍霍光請皇后徵昌邑王。六月丙寅，王受皇帝璽綬，尊皇后曰皇太后。癸巳，光奏王賀淫亂，請廢。秋七月，光奏議曰：【略】孝武皇帝曾孫病已，有詔掖庭養視，至今年十八，師受《詩》、《論語》、《孝經》，操行節儉，慈仁愛人，可以嗣孝昭皇帝後，奉承祖宗，子萬姓。奏可。遣宗正德至曾孫尚冠里舍，洗沐，賜御府衣。太僕以軨獵車奉迎曾孫，就齊宗正府。庚申，入未央宮，見皇太后，封爲陽武侯。已而羣臣奉上璽綬，即皇帝位，謁高廟。【略】九月，大赦天下。

《漢書》卷八《宣帝紀》 〔本始元年〕五月，鳳皇集膠東、千乘。赦天下。賜吏二千石、諸侯相、下至中都官、宦吏、六百石爵，各有差，自左更至五大夫。賜天下人爵各一級，孝者二級，女子百户牛酒。租税勿收。

《漢書》卷八《宣帝紀》 〔本始四年〕三月乙卯，立皇后霍氏。賜丞相以下至郎吏從官金錢帛各有差。赦天下。

《漢書》卷八《宣帝紀》 〔地節二年〕夏四月，鳳皇集魯郡，羣鳥從之。大赦天下。

《漢書》卷八《宣帝紀》 〔地節三年〕夏四月戊申，立皇太子，大赦天下。賜御史大夫爵關内侯，中二千石爵右庶長。天下當爲父後者爵一級。賜廣陵王黄金千斤，諸侯王十五人黄金各百斤，列侯在國者八十七人黄金各二十斤。

《漢書》卷九《元帝紀》 〔初元元年〕大赦天下。

（漢）荀悦《前漢紀》初元元年春正月 辛丑，孝宣皇帝葬杜陵。赦天下。賜諸侯王、公、列侯金，二千石以下錢帛各有差。

（清）沈家本《歷代刑法考·赦二·郊》 建昭二年春正月，行幸甘泉，郊泰畤。夏四月，赦天下。

按：泰畤立于武帝元鼎五年，其年始郊赦，其後泰畤之郊皆赦。至宣帝神爵元，五鳳元，甘露元、三，元帝永光五，成帝元延三、四，綏和二等年，郊泰畤未赦。

《漢書》卷九《元帝紀》〔建昭〕四年春正月，以誅郅支單于告祠郊廟。赦天下。

《漢書》卷一〇《成帝紀》〔竟寧元年〕七月，大赦天下。

《漢書》卷一〇《成帝紀》〔河平元年〕夏四月己亥晦，日有蝕之，既。大赦天下。

（漢）荀悦《前漢紀》陽朔元年春二月　丁未晦，日有蝕之。三月，赦天下。

《漢書》卷一〇《成帝紀》〔陽朔二年〕三月，大赦天下。

《漢書》卷一〇《成帝紀》〔陽朔四年〕二月，赦天下。

《漢書》卷一〇《成帝紀》〔鴻嘉〕三年夏四月，赦天下。

《漢書》卷一〇《成帝紀》〔永始元年〕六月丙寅，立皇后趙氏。大赦天下。

《漢書》卷一〇《成帝紀》〔永始〕四年春正月，行幸甘泉，郊泰畤，神光降集紫殿。大赦天下。

《漢書》卷一〇《成帝紀》〔元延元年〕夏四月丁酉，無雲有雷，聲光耀耀，四面下至地，昏止。赦天下。

《漢書》卷一〇《成帝紀》綏和元年春正月，大赦天下。

《漢書》卷一一《哀帝紀》綏和二年三月，成帝崩。四月丙午，太子即皇帝位，謁高廟。尊皇太后曰太皇太后，皇后曰皇太后。大赦天下。

《漢書》卷一一《哀帝紀》建平元年春正月，赦天下。

（漢）荀悦《前漢紀》建平元年春正月　有石隕於地，十六。是月，大赦天下。

《漢書》卷一二《平帝紀》〔元壽二年〕九月辛酉，中山王即皇帝位，謁高廟，大赦天下。

《漢書》卷一二《平帝紀》〔元始元年〕夏五月丁巳朔，日有蝕之。大赦天下。

（漢）荀悦《前漢紀》元始元年秋九月　赦天下徒。

（漢）荀悦《前漢紀》元始三年春　地震，大赦天下。

《漢書》卷一二《平帝紀》〔元始四年〕二月丁未，立皇后王氏，大赦天下。

《漢書》卷一二《平帝紀》〔元始五年〕冬十二月丙午，帝崩于未央宮。大赦天下。有司議曰：禮，臣不殤君。皇帝年十有四歲，宜以禮斂，加元服。奏可。葬康陵。詔曰：皇帝仁惠，無不顧哀，每疾一發，氣輒上逆，害於言語，故不及有遺詔。其出媵妾，皆歸家得嫁，如孝文時故事。

《漢書》卷九九中《王莽傳》〔始建國元年〕大赦天下。

《漢書》卷九九中《王莽傳》〔始建國〕二年二月，赦天下。

《漢書》卷九九中《王莽傳》〔始建國〕四年二月，赦天下。

《漢書》卷九九中《王莽傳》天鳳元年正月，赦天下。

《漢書》卷九九中《王莽傳》〔天鳳元年〕三月壬申晦，日有食之。大赦天下。

《漢書》卷九九中《王莽傳》〔天鳳〕二年二月，置酒王路堂，公卿大夫皆佐酒。大赦天下。

《漢書》卷九九中《王莽傳》〔天鳳三年〕戊子晦，日有食之。大赦天下。

《漢書》卷九九下《王莽傳》地皇元年正月乙未，赦天下。

《漢書》卷九九下《王莽傳》〔地皇二年〕閏月丙辰，大赦天下，天下大服民私服在詔書前亦釋除。

《後漢書》卷一上《光武帝紀》〔建武二年〕六月戊戌，立貴人郭氏爲皇后，子彊爲皇太子，大赦天下。

《後漢書》卷一上《光武帝紀》〔建武三年春正月〕辛巳，立皇考南頓君已上四廟。壬午，大赦天下。

《後漢書》卷一上《光武帝紀》〔建武三年五月〕乙卯晦，日有食之。六月壬戌，大赦天下。

《後漢書》卷一上《光武帝紀》〔建武〕四年春正月甲申，大赦天下。

《後漢書》卷一上《光武帝紀》〔建武五年〕二月丙午，大赦天下。

《後漢書》卷一下《光武帝紀》〔建武〕二十四年春正月乙亥，大赦天下。

《後漢書》卷一下《光武帝紀》〔中元元年春正月〕丁卯，東巡狩。

二月己卯，幸魯，進幸太山。北海王興、齊王石朝于東嶽。辛卯，柴望岱宗，登封太山；甲午，禪于梁父。三月戊辰，司空張純薨。夏四月癸酉，車駕還宮。己卯，大赦天下。復嬴、博、梁父、奉高，勿出今年田租芻稾。改年爲中元。

《後漢書》卷二《明帝紀》〔永平十年〕夏四月戊子，詔曰：昔歲五穀登衍，今茲蠶麥善收，其大赦天下。方盛夏長養之時，蕩滌宿惡，以報農功。百姓勉務桑稼，以備災害。吏敬厥職，無令惰墮。

《後漢書》卷二《明帝紀》〔永平十五年〕改信都爲樂成國，臨淮爲下邳國。封皇子恭爲鉅鹿王、黨爲樂成王、衍爲下邳王、暢爲汝南王、昞爲常山王、長爲濟陰王。賜天下男子爵，人三級；郎、從官〔視事〕二十歲已上帛百匹，十歲已上二十匹，十歲已下十匹，官府吏五匹，書佐、小史三匹。令天下大酺五日。乙巳，大赦天下，其謀反大逆及諸不應宥者，皆赦除之。

《後漢書》卷三《章帝紀》〔永平十八年〕冬十月丁未，大赦天下。

《後漢書》卷三《章帝紀》〔建初〕三年春正月己酉，宗祀明堂。禮畢，登靈臺，望雲物。大赦天下。

《後漢書》卷四《和帝紀》〔永元〕二年春正月丁丑，大赦天下。

《後漢書》卷四《和帝紀》〔永元〕五年春正月乙亥，宗祀五帝於明堂，遂登靈臺，望雲物。大赦天下。

《後漢書》卷四《和帝紀》〔永元〕十一年春二月，遣使循行郡國，稟貸被災害不能自存者，令得漁採山林池澤，不收假税。【略】夏四月丙寅，大赦天下。

《後漢書》卷四《和帝紀》〔永元十四年〕三月戊辰，臨辟雍，饗射，大赦天下。

《後漢書》卷四《和帝紀》〔元興元年〕夏四月庚午，大赦天下，改元元興。宗室以罪絶者，悉復屬籍。

《後漢書》卷四《殤帝紀》延平元年，大赦，自建武以來諸犯禁錮，其皆復爲平民。

《後漢書》卷五《安帝紀》永初元年春正月癸酉朔，大赦天下。

《後漢書》卷五《安帝紀》〔永初〕三年春正月庚子，皇帝加元服。大赦天下。賜王、主、貴人、公、卿以下金帛各有差；男子爲父後，及三老、孝悌、力田爵，人二級，流民欲占者人一級。

《後漢書》卷五《安帝紀》〔永初四年三月〕戊子，杜陵園火。癸巳，郡國九地震。夏四月，六州蝗。丁丑，大赦天下。秋七月乙酉，三郡大水。

《後漢書》卷五《安帝紀》元初元年二月己卯，日南地坼。三月癸酉，日有食之。夏四月丁酉，大赦天下。

《後漢書》卷五《安帝紀》〔元初元年〕夏四月丁酉，大赦天下。

《後漢書》卷五《安帝紀》〔元初〕四年春二月乙巳朔，日有食之。乙卯，大赦天下。

《後漢書》卷五《安帝紀》〔永寧元年〕夏四月丙寅，立皇子保爲皇太子，改元永寧，大赦天下。

《後漢書》卷五《安帝紀》〔建光元年〕二月癸亥，大赦天下。賜諸園貴人、王、主、公、卿以下錢布各有差。以公、卿、校尉、尚書子弟一人爲郎、舍人。

《後漢書》卷五《安帝紀》〔建光元年〕秋七月己卯，改元建光，大赦天下。

《後漢書》卷五《安帝紀》〔延光元年〕三月丙午，改元延光。大赦天下。還徙者，復户邑屬籍。賜民爵及三老、孝悌、力田，人二級；加賜鰥、寡、孤、獨、篤癃、貧不能自存者粟，人三斛；貞婦帛，人二匹。

《後漢書》卷五《安帝紀》〔延光四年夏〕六月乙巳，大赦天下。

《後漢書》卷六《順帝紀》〔陽嘉元年三月〕庚寅，帝臨辟雍饗射，大赦天下，改元陽嘉。詔宗室絶屬籍者，一切復籍；稟冀州尤貧民，勿收今年更、租、口賦。

《後漢書》卷六《順帝紀》〔永和元年春正月〕己巳，宗祀明堂，登靈臺，改元永和，大赦天下。

《後漢書》卷六《順帝紀》〔永和四年夏四月〕戊午，大赦天下。

《後漢書》卷六《順帝紀》漢安元年春正月癸巳，宗祀明堂，大赦天下，改元漢安。

《後漢書》卷六《順帝紀》〔建康元年夏四月〕辛巳，立皇子炳爲皇太子，改年建康，大赦天下。賜人爵各有差。

《後漢書》卷六《質帝紀》〔永憙元年二月〕乙酉，大赦天下。

《後漢書》卷六《質帝紀》〔永嘉元年〕冲帝不豫，大將軍梁冀徵帝到洛陽都亭。及冲帝崩，皇太后與冀定策禁中，丙辰，使冀持節，以王青蓋車迎帝入南宮。丁巳，封爲建平侯，其日即皇帝位，年八歲。己未，葬孝冲皇帝於懷陵。【略】〔二月〕乙酉，大赦天下。

《後漢書》卷六《質帝紀》〔本初元年五月〕庚戌，太白犯熒惑。六月丁巳，大赦天下。

《後漢書》卷七《桓帝紀》〔建和元年春正月〕戊午，大赦天下。賜吏更勞一歲；男子爵，人二級，爲父後及三老、孝悌、力田人三級；鰥、寡、孤、獨、篤癃、貧不能自存者粟，人五斛；貞婦帛，人三匹。災害所傷什四以上，勿收田租；其不滿者，以實除之。

《後漢書》卷七《桓帝紀》〔建和〕二年春正月甲子，皇帝加元服。庚午，大赦天下。賜河間、勃海二王黄金各百斤，彭城諸國王各五十斤；公主、大將軍、三公、特進、侯、中二千石、二千石、將、大夫、郎吏、從官、四姓及梁鄧小侯、諸夫人以下帛，各有差。年八十以上賜米、酒、肉，九十以上加帛二匹，綿三斤。

《後漢書》卷七《桓帝紀》和平元年春正月甲子，大赦天下，改元和平。

《後漢書》卷七《桓帝紀》〔元嘉元年春正月〕癸酉，大赦天下，改元元嘉。

《後漢書》卷七《桓帝紀》〔元嘉〕三年春正月己未，大赦天下。

《後漢書》卷七《桓帝紀》〔永興元年〕夏五月丙申，大赦天下，改元永興。

《後漢書》卷七《桓帝紀》〔永興〕二年春正月甲午，大赦天下。

《後漢書》卷七《桓帝紀》永壽元年春正月戊申，大赦天下，改元永壽。

《後漢書》卷七《桓帝紀》〔永壽二年〕十二月，京師地震。三年春正月己未，大赦天下。

《三國志》卷三三《蜀志・後主傳》延熙元年春正月，立皇后張氏，大赦，改元。

《後漢書》卷七《桓帝紀》〔延熹元年〕六月戊寅，大赦天下，改元延熹。

《後漢書》卷七《桓帝紀》〔延熹〕三年春正月丙申，大赦天下。

《後漢書》卷七《桓帝紀》〔延熹四年六月〕己酉，大赦天下。

《後漢書》卷七《桓帝紀》〔延熹六年〕三月戊戌，大赦天下。

《後漢書》卷七《桓帝紀》〔延熹八年〕三月辛巳，大赦天下。

《後漢書》卷七《桓帝紀》〔永康元年〕六月庚申，大赦天下，悉除黨錮，改元永康。

《後漢書》卷八《靈帝紀》〔建寧元年春正月〕己亥，帝到夏門亭，使竇武持節，以王青蓋車迎入殿中。庚子，即皇帝位，年十二。改元建寧。【略】二月辛酉，葬孝桓皇帝于宣陵。【略】庚午，謁高廟。辛未，謁世祖廟。大赦天下。

《後漢書》卷八《靈帝紀》〔建寧〕二年春正月丁丑，大赦天下。

《後漢書》卷八《靈帝紀》〔建寧〕四年春正月甲子，帝加元服，大赦天下。賜公卿以下各有差，唯黨人不赦。

《後漢書》卷八《靈帝紀》〔熹平元年〕夏五月己巳，大赦天下，改元熹平。

《後漢書》卷八《靈帝紀》〔熹平二年〕二月壬午，大赦天下。

《後漢書》卷八《靈帝紀》〔熹平三年〕二月己巳，大赦天下。

《後漢書》卷八《靈帝紀》〔熹平四年〕五月丁卯，大赦天下。

《後漢書》卷八《靈帝紀》〔熹平〕五年夏四月癸亥，大赦天下。

《後漢書》卷八《靈帝紀》〔熹平〕六年春正月辛丑，大赦天下。

《後漢書》卷八《靈帝紀》〔光和元年〕三月辛丑，大赦天下，改元光和。

《後漢書》卷八《靈帝紀》〔光和二年夏四月〕丁酉，大赦天下，諸黨人禁錮小功以下皆除之。

《後漢書》卷八《靈帝紀》〔光和〕三年春正月癸酉，大赦天下。

《後漢書》卷八《靈帝紀》〔光和四年〕二月，郡國上芝英草。夏四月庚子，大赦天下。

《後漢書》卷八《靈帝紀》〔光和〕五年春正月辛未，大赦天下。

《後漢書》卷八《靈帝紀》〔光和六年〕三月辛未，大赦天下。

《後漢書》卷八《靈帝紀》〔中平元年〕十二月己巳，大赦天下，改元中平。

《後漢書》卷八《靈帝紀》〔中平三年春二月〕庚戌，大赦天下。

《後漢書》卷八《靈帝紀》〔中平〕四年春正月己卯，大赦天下。

《後漢書》卷八《靈帝紀》〔中平五年春正月〕丁酉，大赦天下。

《後漢書》卷八《靈帝紀》〔中平六年夏四月〕丙辰，帝崩于南宮嘉德殿，年三十四。戊午，皇子辯即皇帝位，年十七。尊皇后曰皇太后，太后臨朝。大赦天下，改元爲光（喜）〔熹〕。

《後漢書》卷八《靈帝紀》〔光熹元年八月〕辛未，還宮。大赦天下，改光（喜）〔熹〕爲昭寧。

《後漢書》卷九《獻帝紀》中平六年四月，少帝即位，封帝爲勃海王，徙封陳留王。九月甲戌，即皇帝位，年九歲。大赦天下。遷皇太后於永安宮。大赦天下，改昭寧爲永漢。

《後漢書》卷九《獻帝紀》初平元年春正月，辛亥，大赦天下。

《後漢書》卷九《獻帝紀》〔初平〕二年春正月辛丑，大赦天下。

《後漢書》卷九《獻帝紀》〔初平〕三年春正月丁丑，大赦天下。

《後漢書》卷九《獻帝紀》〔初平三年〕五月丁酉，大赦天下。

《後漢書》卷九《獻帝紀》〔初平三年六月〕己未，大赦天下。

《後漢書》卷七二《董卓傳》初，卓以牛輔子壻，素所親信，使以兵屯陝。輔分遣其校尉李傕、郭汜、張濟將步騎數萬，擊破河南尹朱儁於中牟。【略】其後牛輔營中無故大驚，輔懼，乃齎金寶踰城走。左右利其貨，斬輔，送首長安。【略】牛輔既敗，衆無所依，欲各散去。傕等恐，乃先遣使詣長安，求乞赦免。王允以爲一歲不可再赦，不許之。傕等益懷憂懼，不知所爲。武威人賈詡時在傕軍，説之曰：聞長安中議欲盡誅涼州人，諸君若棄軍單行，則一亭長能束君矣。不如相率而西，以攻長安，爲董公報仇。事濟，奉國家以正天下；若其不合，走未後也。傕等然之，各相謂曰：京師不赦我，我當以死決之。若攻長安克，則得天下矣；不克，則鈔三輔婦女財物，西歸鄉里，尚可延命。衆以爲然，於是共結盟，率軍數千，晨夜西行。王允聞之，乃遣卓故將胡軫、徐榮擊之於新豐。榮戰死，軫以衆降。傕隨道收兵，比至長安，已十餘萬，與卓故部曲樊稠、李蒙等合，圍長安。城峻不可攻，守之八日，吕布軍有叟兵内反，引傕衆得入。城潰，放兵虜掠，死者萬餘人。殺衛尉种拂等。吕布戰敗出奔。王允奉天子保宣平城門樓上。於是大赦天下。

《後漢書》卷九《獻帝紀》〔初平四年春正月〕丁卯，大赦天下。

《後漢書》卷九《獻帝紀》興平元年春正月辛酉，大赦天下，改元興平。

《後漢書》卷九《獻帝紀》〔興平〕二年春正月癸丑，大赦天下。

《後漢書》卷九《獻帝紀》建安元年春正月癸酉，郊祀上帝於安邑，大赦天下，改元建安。

《後漢書》卷九《獻帝紀》〔建安元年秋七月〕丁丑，郊祀上帝，大赦天下。

《三國志》卷三二《蜀志・先主傳》〔建安〕二十五年，魏文帝稱尊號，改年曰黄初。或傳聞漢帝見害，先主乃發喪制服，追謚曰孝愍皇帝。【略】即皇帝位於成都武擔之南。【略】章武元年夏四月，大赦，改年。

（宋）王欽若等《册府元龜》卷八二《帝王部・赦宥》魏文帝以延康元年十一月庚子受漢禪即位於繁陽，改延康爲黄初，大赦。

（宋）王欽若等《册府元龜》卷八二《帝王部・赦宥》明帝以黄初七年五月丁巳即位，大赦。

（宋）王欽若等《册府元龜》卷八二《帝王部・赦宥》〔太和〕五年七月己酉，皇太子殷生，大赦。

《三國志》卷五四《吴志・吕蒙傳》封爵未下，會蒙疾發，權時在公安，迎置内殿，所以治護者萬方，募封内有能愈蒙疾者，賜千金。時有鍼加，權為之慘慽，欲數見其顔色，又恐勞動，常穿壁瞻之，見小能下食則喜，顧左右言笑，不然則咄唶，夜不能寐。病中瘳，為下赦令，羣臣畢賀。

《三國志》卷四七《吴志・吴主傳》〔黄龍元年四月〕丙申，南郊即皇帝位，是日大赦，改年。

《三國志》卷四七《吴志・吴主傳》〔黄龍〕三年，會稽南始平言嘉禾生。十二月丁卯，大赦，改明年元也。

（宋）王欽若等《册府元龜》卷八二《帝王部・赦宥》〔景初〕二年四月庚戌，大赦。

（宋）王欽若等《册府元龜》卷八二《帝王部・赦宥》〔青龍〕四年十二月幸許昌宫，明年改元景初，五月己巳，行還雒陽宫，己丑大赦。

（宋）王欽若等《册府元龜》卷八二《帝王部・赦宥》齊王以景初三年正月丁亥朔即帝位，大赦。七月齊王始親臨朝，八月大赦。

（宋）王欽若等《册府元龜》卷八二《帝王部・赦宥》正始四年四月乙卯，立皇后甄氏，大赦。

（宋）王欽若等《册府元龜》卷八二《帝王部・赦宥》嘉平元年正月，以誅曹爽，丙午大赦。

《三國志》卷四八《吴志・孫亮傳》〔太元二年四月〕權薨，太子即尊號，大赦，改元。

（宋）王欽若等《册府元龜》卷八二《帝王部・赦宥》〔嘉平〕三年三月壬辰，大赦天下。

（宋）王欽若等《册府元龜》卷八二《帝王部・赦宥》〔嘉平〕四年二月，立皇后張氏，大赦。

（宋）王欽若等《册府元龜》卷八二《帝王部・赦宥》〔嘉平〕五年三月辛亥大赦。四月立皇后王氏，大赦。

（宋）王欽若等《册府元龜》卷八二《帝王部・赦宥》〔正元元年〕三月，立皇后卞氏，大赦。

《三國志》卷四八《吴志・孫亮傳》〔太平元年十月〕己酉，大赦，改年。【略】〔二年〕夏四月，亮臨正殿，大赦，始親政事。

（宋）王欽若等《册府元龜》卷八二《帝王部・赦宥》〔甘露二年〕九月大赦。

《三國志》卷四八《吴志・孫休傳》〔太平三年十月〕御正殿，大赦，改元。

《三國志》卷三三《蜀志・後主傳》景耀元年，姜維還成都。史官言景星見，於是大赦，改年。宦人黄皓始專政。

（宋）王欽若等《册府元龜》卷八二《帝王部・赦宥》陳留王以甘露五年六月甲寅嗣位，大赦，改元景元。賜民爵及穀帛各有差。

（宋）王欽若等《册府元龜》卷八二《帝王部・赦宥》景元四年十一月大赦，是月巴蜀平。

《三國志》卷三三《蜀志・後主傳》〔景耀六年夏〕大赦，改元爲炎興。

《三國志》卷四八《吴志・孫皓傳》〔永安七年七月，即位〕改元，大赦。

（宋）王欽若等《册府元龜》卷八二《帝王部・赦宥》〔咸熙〕二年五月詔，晋王加殊禮，癸未，大赦。

《三國志》卷四《魏志・三少帝紀》〔咸熙二年〕秋八月辛卯，相國晋王薨。壬辰，晋太子炎紹封襲位，總攝百揆，備物典册，一皆如前。是月，襄武縣言有大人見，長三丈餘，跡長尺二寸，白髮，着黄單衣、黄巾，柱杖，呼民王，始語云：今當太平。九月乙未，大赦。

（宋）王欽若等《册府元龜》卷八二《帝王部・赦宥》〔咸熙二年〕九月乙未大赦。

（宋）李昉等《太平御覽》卷六五二《刑法部・赦》王隱《晋書》曰：武帝咸熙二年十二月丙寅，上乃設壇受命于郊，即洛陽宫，幸太極前殿。大赦天下。

《晋書》卷三《武帝紀》〔泰始元年十二月即位〕大赦，改元。【略】除舊嫌，解禁錮，亡官失爵者悉復之。

（宋）王欽若等《册府元龜》卷八二《帝王部・赦宥》〔泰始〕八年六月壬辰，大赦。

（宋）王欽若等《册府元龜》卷八二《帝王部・赦宥》咸寧元年正月戊午朔，大赦改元。

（宋）李昉等《太平御覽》卷六五二《刑法部・赦》孫皓天璽元年，吴都言臨平湖自漢末草穢壅塞今更開通，長老相傳，此湖邊石函中有小石，青白色，長四寸，廣刻作皇帝字。於是改年大赦。

（宋）王欽若等《册府元龜》卷八二《帝王部・赦宥》〔咸寧二年〕

十月丁卯，臨軒遣太尉賈充策立皇后楊氏，因大赦。賜王公已下至于鰥寡各有差，百寮上禮。

（宋）王欽若等《册府元龜》卷八二《帝王部·赦宥》〔咸寧〕五年三月，星孛于柳，四月又孛于女御，大赦。降除部曲、督以下質任。

（宋）王欽若等《册府元龜》卷八二《帝王部·赦宥》 太康元年三月，吴孫皓降。乙酉大赦，改元，大酺五日，恤孤老困窮。

（宋）王欽若等《册府元龜》卷八二《帝王部·赦宥》〔太康〕十年四月太廟成，乙巳遷神主於新廟，帝迎於道左，遂祫祭大赦，文武增位一等，作廟者二等。

《晉書》卷四《惠帝紀》 太熙元年四月己酉，武帝崩。是日，皇太子即皇帝位，大赦，改元，爲永熙

（宋）王欽若等《册府元龜》卷八二《帝王部·赦宥》 永平元年三月，誅太傅楊駿。壬辰大赦改元。

（宋）王欽若等《册府元龜》卷八二《帝王部·赦宥》〔元康〕二年八月壬子，大赦。

（宋）王欽若等《册府元龜》卷八二《帝王部·赦宥》〔元康〕六年正月大赦。

（宋）王欽若等《册府元龜》卷八二《帝王部·赦宥》〔元康〕八年三月壬戌，大赦。

（宋）王欽若等《册府元龜》卷八二《帝王部·赦宥》 永康元年正月癸亥朔，大赦改元。

（宋）王欽若等《册府元龜》卷八二《帝王部·赦宥》〔永康元年〕四月，趙王倫矯詔廢賈后，大赦。

（宋）王欽若等《册府元龜》卷八二《帝王部·赦宥》〔永康元年〕十一月甲子，立皇后羊氏，大赦。

（宋）王欽若等《册府元龜》卷八二《帝王部·赦宥》〔太安〕元年三月，赦司、冀、兖、豫四州。十二月長沙王乂攻殺〔齊〕王冏，大赦改元。

（宋）王欽若等《册府元龜》卷八二《帝王部·赦宥》〔太安〕二年正月甲子朔，赦五歲。八月，河間王顒，成都王穎舉兵逼京師，帝出幸于城東，丙申大赦。

（清）沈家本《歷代刑法考·赦四·晉》 永興元年正月，大赦，改元永安。三月，立成都王穎爲皇太弟，大赦。七月，討穎。戊戌，大赦。六軍敗績，帝幸鄴。庚（辰）〔申〕，大赦，改元建武。八月，張方迎帝。辛巳，大赦。十一月，方劫帝幸長安。僕射荀藩等在洛陽，爲留臺。（景）〔丙〕午，留臺大赦，改元復爲永安。十二月，以豫章王熾爲皇太弟，大赦，改元。二年八月，大赦。光熙元年五月，帝還洛陽。六月，大赦，改元。

按：惠帝在位十七年，大赦二十三，又曲赦五。永康元年、永甯元年並一歲三赦，永興元年一歲七赦。是時，二后肇禍，八王搆難，政之紛拏，不足道也。

《晉書》卷九〇《喬智明傳》 喬智明字元達，鮮卑前部人也。少喪二親，哀毁過禮，長而以德行著稱。成都王穎辟為輔國將軍。穎之敗趙王倫也，表智明為殄寇將軍、隆慮、共二縣令。二縣愛之，號為神君。部人張兑為父報仇，母老單身，有妻無子，智明愍之，停其獄。歲餘，令兑將妻入獄，兼陰縱之。人有勸兑逃者，兑曰：有君如此，吾何忍累之！縱吾得免，作何面目視息世間！於獄産一男。會赦，得免。其仁感如是。

《晉書》卷五《懷帝紀》〔光熙元年十一月〕癸酉，即皇帝位，大赦。

《晉書》卷五《懷帝紀》 永嘉元年春正月癸丑朔，大赦，改元，除三族刑。

《晉書》卷五《愍帝紀》〔永嘉〕六年九月辛巳，奉秦王爲皇太子，登壇告類，建宗廟社稷，大赦。

（宋）李昉等《太平御覽》卷六五二《刑法部·赦》 愍帝建興元年夏四月壬申，上即位于長安宮，改年，大赦天下。與之更始，前後不及者皆除之。

《晉書》卷六《元帝紀》〔建武元年三月〕請依魏晉故事爲晉王，許之。辛卯，即王位，大赦，改元。其殺祖父母、父母，及劉聰、石勒，不從此令。

《晉書》卷六《元帝紀》〔太興元年〕三月癸丑即皇帝位，【略】大

赦，改元。

《晉書》卷六《元帝紀》〔太興二年〕十二月乙亥，大赦，詔百官各上封事，並省衆役。

《晉書》卷六《元帝紀》永昌元年春正月乙卯，大赦，改元。

《晉書》卷六《明帝紀》永昌元年閏月己丑，元帝崩。庚寅，太子即皇帝位，大赦。

《晉書》卷六《明帝紀》〔太寧二年七月〕王敦憤惋而死。【略】丁酉，帝還宫，大赦，惟敦黨不原。

《晉書》卷七《成帝紀》〔太寧三年閏三月〕戊子，明帝崩。己丑，太子即皇帝位，大赦。

《晉書》卷七《成帝紀》咸和元年春二月丁亥，大赦，改元，大酺五日，賜鰥寡孤老米，人二斛，京師百里内復一年。冬十月，庚辰，赦百里内五歲以下刑。

《晉書》卷七《成帝紀》〔咸和三年二月丁巳，蘇〕峻矯詔大赦。

《晉書》卷七《成帝紀》咸康元年春正月庚午朔，帝加元服，大赦，改元。

《晉書》卷七《成帝紀》〔咸康二年二月〕辛亥，立皇后杜氏，大赦。

《魏書》卷一《序紀》〔建國三十四年〕秋七月，皇孫珪生，大赦。

《晉書》卷七《康帝紀》〔咸康〕八年六月庚寅，成帝不悆，詔以琅邪王爲嗣。癸巳，成帝崩。甲午，即皇帝位，大赦。

《晉書》卷八《穆帝紀》建元二年九月丙申，立爲皇太子。戊戌，康帝崩。己亥，太子即皇帝位，時年二歲。大赦。

《晉書》卷八《穆帝紀》升平元年春正月，帝加元服，告于太廟，始親萬機。大赦，改元。【略】八月丁未，立皇后何氏，大赦。

《晉書》卷八《哀帝紀》〔升平〕五年五月丁巳，穆帝崩。【略】于是百官備法駕，迎于琅邪第。庚申，即皇帝位，大赦。

《晉書》卷八《哀帝紀》隆和元年春正月壬子，大赦，改元。

《晉書》卷八《哀帝紀》興寧元年春二月己亥，大赦，改元。

《晉書》卷八《哀帝紀》〔興寧元年九月〕癸亥，以皇生子，大赦。

《晉書》卷八《廢帝紀》興寧三年二月丙申，哀帝崩，無嗣。【略】於是百官奉迎于琅邪第。是日，即皇帝位，大赦。

《晉書》卷九《武帝紀》〔寧康〕二年春正月癸未朔，大赦。

《晉書》卷九《武帝紀》〔太元五年六月〕甲子，以比歲荒儉，大赦，自太元三年以前逋租宿債皆蠲除之。

《晉書》卷九《武帝紀》〔太元八年〕三月，始興、南康、廬陵大水，平地五丈。丁巳，大赦。

《晉書》卷九《武帝紀》〔太元八年〕十二月庚午，以寇難初平，大赦。

《晉書》卷九《武帝紀》〔太元九年十月〕乙丑，以玄象乖度，大赦。

《晉書》卷九《武帝紀》〔太元十五年〕三月己酉朔，地震，戊辰，大赦。

《晉書》卷一〇《安帝紀》〔太元〕二十一年九月庚申，孝武帝崩。辛酉，太子即皇帝位，大赦。

（清）沈家本《歷代刑法考・赦四・十六國》 漢劉淵元熙元年，稱王，赦其境内。永鳳元年，即皇帝位，大赦，改元。河瑞元年，汾水中得玉璽，以爲己瑞，大赦，改元。二年，赦其境内。

劉聰光興元年，即位，大赦。嘉平元年，克洛陽，大赦，改元。三年，立后，大赦境内殊死已下。建元元年，以太廟新成，大赦，改元。麟嘉元年，陷長安，大赦。二年，立太子，大赦。

劉粲漢昌元年，即位，大赦。

劉曜光初元年，即位，大赦，惟靳准一門不在赦例。二年，改國號曰趙，大赦境内殊死已下。三年，討句渠知，大赦。四年，終南山崩，得白玉，以爲己瑞，大赦。五年，葬其父及妻，大赦。七年，曲赦隴右殊死已下，惟陳安、趙募不在其例。十年，病瘳，曲赦長安殊死已下。十一年，以夜夢不祥，大赦。

以上前趙。

趙石勒元年，稱王，赦殊死已下。太和元年，獲黑兔，大赦，改元。建平元年二月，稱天王，大赦。九月，稱帝，大赦，改元。赦三歲刑已下，特赦涼州殊死。二年，郊，赦四歲刑。耕籍田，赦五歲刑。四年，録囚徒五歲刑已下，皆輕決遣之。

石宏延熙元年，赦殊死已下。虎拔長安，大赦。

石虎建武元年，稱導攝天王，大赦，改年。九月，遷都鄴，大赦。二年，赦二歲刑。運洛陽鐘簴九龍於鄴。三年，稱大趙天王，大赦。六年，以星虹之變，京獄見囚非手殺人，一皆原遣。大甯元年，稱帝，大赦，改元。

石遵即位，大赦。

石鑒即位，大赦。

以上後趙。

冉閔永興元年，即位，大赦，改元，國號魏。

燕慕容皝四年，稱王，大赦。十二年，黑龍一白龍一見于龍山，赦其境内。

慕容儁十五年，即位，大赦。元璽元年，稱帝即位，大赦。光壽元年正月，立皇太子，大赦。十二月，入鄴宮，大赦。

慕容暐光壽四年，即位，改元建熙，誅慕輿根等，大赦。

以上前燕。

秦苻健皇始元年，即天王位，大赦。二年，稱帝，大赦。

苻生皇始五年，即位，大赦，改元壽光。

苻堅永興元年，稱大秦天王，赦，改元。三年，鳳皇集於東闕，大赦。建元六年，平燕，大赦。十一月，以王猛病未痊，大赦殊死已下。十九年，伐晉，敗歸，赦死已下。

苻丕太安元年，即位，大赦。

苻登太初元年，即位，大赦。七年，秣馬厲兵，告堅神主，大赦。九年，聞姚萇死，大赦。

以上前秦。

燕慕容垂建興元年，即位，大赦，改元。

慕容寶永康元年，大赦。三年，蘭（州）〔汗〕奉太子策承制，大赦。

慕容盛建平元年七月，告成宗廟，大赦，改元。以長樂王稱制。十月，即皇帝位，大赦殊死已下。長樂元年，大赦，改元。二年正月，大赦，去帝號，稱庶民天王，立定爲太子，大赦。

慕容熙光始元年，即位，大赦。四年，立后，赦。建始元年，大赦，改元。

高雲正始元年，即天王位，大赦，改元。

以上後燕。

秦姚萇白雀元年，稱王，大赦，改元。建初元年，稱帝，大赦，改元。

姚興皇初元年，即位，大赦，改元。弘始元年，大赦，改元。四年，立皇太子，大赦。八年，姚額德來朝，大赦。

姚泓永和元年，即位，大赦，改元。

以上後秦。

燕慕容德燕元年，即位，大赦。建平元年，稱帝，大赦，改元。六年，立皇太子，大赦。

慕容超太上四年，郊，遇災異，懼而大赦。

以上南燕。

夏赫連勃勃龍昇元年，自稱天王、大單于，大赦，改元。鳳翔元年，大赦，改元。昌武元年，克長安，稱帝，大赦，改元。真興元年，統萬所建宮殿、苑囿成，大赦，改元。

赫連昌承光元年，即位，大赦，改元。

赫連定勝光元年，即位，大赦，改元。

以上夏。

涼張軌晉永嘉四年，赦州内殊死已下。

張茂攝州事，大赦。

張駿茂之四年，拜涼州牧，大赦。四年，赦其境〔内〕。永樂元年，拜子爲世子，大赦。

張祚和平元年，即王位，改元，赦。

張元靖和平二年，爲西平公，赦。

張天錫十年，疾瘳，大赦。

以上前涼，張氏僻在一方，故事多散逸。

蜀李特建初元年，自稱益州牧，改元，大赦。

李雄建興元年，即成都王位，大赦，建元。晏平元年，即帝位，大赦，改元，國號大成。玉衡元年，攻涪，陷之。大赦，改元。二十三年，有南中之地，赦其境內。

李期玉恒元年，大赦，改元。

李壽漢興元年，即位，大赦，改元。

李勢，即位，大赦，改元太和。嘉甯無年，誅李奕，大赦，改年。

以上蜀涼呂光大安元年，聞苻堅爲姚萇所害，哭泣三日，大赦，改元。麟嘉元年，稱三河王，大赦，改元。龍飛元年，即天王位，大赦，改元。

呂纂咸甯元年，即位，大赦，改元。

呂隆神鼎元年，即位，大赦，改元。

以上後涼。秦乞伏乾歸太初元年，爲河南王，大赦，改元。七年，稱秦王，大赦。更始元年，復稱秦王，大赦。

乞伏熾磐永康元年，即位，大赦，改元。建弘元年，立皇太子，大赦，改元。

乞伏慕末永弘元年，大赦，改元。

以上西秦。

涼禿髮烏孤太初元年，自稱平西王，改元，赦。

禿髮利鹿孤即位，大赦。建和元年，大赦，改元。

禿髮傉檀嘉平元年，稱涼王，大赦，改元。

以上南涼。

涼李暠元年，爲涼公，大赦。建初元年，大赦，改元。

李歆嘉興元年，大赦，改元。

以上西涼。

涼沮渠蒙遜永安元年，爲涼州牧，大赦，改元。王始元年，即河西王位，大赦，改元。二年，母疾，大赦。六年，大旱，大赦。承元元年，大赦，改元。義和元年，大赦，改元。執赫連定。

沮渠茂虔永和元年，即位，大赦，改元。

以上北涼。燕馮跋太平元年，即位，大赦，改元。

馮弘太興元年，大赦，改元。

以上北燕。

按：崔鴻《十六國春秋》久已散逸，兹從《晉書·載記》及《十六國春秋》輯補本摭赦事如此，弗能詳也。

《魏書》卷二《太祖紀》〔天興元年十二月己丑〕大赦，改年。

《魏書》卷三《太宗紀》〔登國七年太宗〕生於雲中宮。太祖晚有子，聞而大悅，乃大赦天下。

《魏書》卷三《太宗紀》天賜六年冬十月，清河王紹作逆，太祖崩。帝入誅紹。壬申，即皇帝位，大赦，改年爲永興元年。

《宋書》卷三《武帝本紀》〔永初元年六月丁卯〕大赦天下。【略】其有犯鄉論清議、贓污淫盗，一皆蕩滌洗除，與之更始。長徒之身，特皆原遣。亡官失爵，禁錮奪勞，一依舊准。

《宋書》卷四《少帝本紀》永初三年五月癸亥，武帝崩，是日，太子即皇帝位。大赦。

《魏書》卷四《世祖紀》〔泰常〕八年十一月壬申，即皇帝位，大赦天下。

《宋書》卷五《文帝本紀》元嘉元年秋八月丁酉，大赦天下，改景平二年爲元嘉元年。

《宋書》卷五《文帝本紀》〔元嘉三年閏正月〕丙戌，皇子劭生。二月乙卯，繫囚見徒，一皆原赦。

《魏書》卷四《世祖紀》延和元年春正月丙午，尊保太后爲皇太后，立皇后赫連氏，立皇子晃爲皇太子，謁于太廟，大赦，改年。

《魏書》卷四《世祖紀》〔太平真君元年〕六月丁丑，皇孫濬生，大赦，改年。

《宋書》卷五《文帝本紀》〔元嘉〕二十四年春正月甲戌，大赦天下，文武賜位一等。繫囚降宥。

《宋書》卷五《文帝本紀》〔元嘉二十七年〕十一月戊子，索虜陷鄒山，魯、陽平二郡太守崔邪利没。甲午，隨王誕所遣軍又攻陝城，克之。癸卯，左軍將軍劉康祖於壽陽尉武戍與虜戰敗見殺。丁未，大赦天下。

（宋）司馬光《資治通鑑》宋文帝元嘉二十九年十月　戊申，賀與尚書長孫渴侯嚴兵守衛宮禁，使尼、麗迎皇孫於苑中。魏都平城有鹿苑。麗抱皇孫於馬上，入平城，賀、渴侯開門納之。尼馳還東廟，大呼曰：宗愛弑南安王，大逆不道，呼，火故翻。劉尼僅以弑南安王爲宗愛罪，不能正其弑世祖之罪也。皇孫已登大位，有詔，宿衛之士皆還宮！衆咸呼萬歲。遂執宗愛、賈周等，勒兵而入，奉皇孫即皇帝位。帝諱濬，太武皇帝之嫡孫，景穆太子之長子也。蕭子顯曰：濬，字烏雷直勤。登永安殿，《北史》：魏太武帝始光二年，改東宮爲萬壽宮，起永安、安樂二殿。大赦，改元興安。《考異》曰：《宋索虜傳》：燾以烏弈旰有武略，用以爲太子。會燾死，使嬖人宗愛立可博真爲後。宗愛、博真恐爲弈旰所危，矯殺之而自立，號年承平。博真懦弱，不爲國人所附。晃子濬字烏雷直懃，素爲燾所愛，燕王謂國人曰：博真非正，不宜立，直懃嫡孫，應立耳。乃殺博真及宗愛而立濬爲主，號年正平。與《後魏書》不同。又云在二十八年。皆《宋書》之誤也。殺愛、周，皆具五刑，夷三族。

《魏書》卷五《高宗紀》　正平二年十月戊申，即皇帝位於永安前殿。大赦，改年。

（清）朱銘盤《南朝宋會要・刑・文帝大赦十七》　元嘉元年八月丁酉，即位。改元，大赦。《本紀》。

二年正月，車駕祠南郊。丙，大赦。《南史・本紀》。

三年正月，上西征謝晦，大赦天下。《本紀》。

六年三月丁巳立皇子劭爲皇太子。戊午，大赦天下。《本紀》。

八年六月乙丑，大赦天下。同上。

十年正月己未，大赦天下。同上。

十二年正月辛酉，大赦天下。同上。

十三年三月己未，誅檀道濟。庚申，大赦天下。同上。

十四年正月辛卯，祠南郊，大赦天下。同上。

十六年十二月乙亥，皇太子冠，大赦天下。同上。

十七年十月戊午，誅劉湛，大赦天下。同上。

十九年四月甲戌，以久疾愈，始奉初祠，大赦天下。同上。

二十一年正月辛酉，親耕藉田，大赦。《南史・本紀》。

二十三年四月丁未，大赦天下。《本紀》。

二十四年正月甲戌，大赦天下。《本紀》。

二十六年二月己亥，謁京陵。三月大赦天下。《本紀》。

二十七年十一月丁未，大赦天下。《本紀》。

三十年四月己巳，武陵王即位。大赦，長徒之身，優量降宥。《本紀》。

《宋書》卷六《武帝本紀》〔元嘉三十年夏四月〕己巳，即皇帝位，大赦天下。長徒之身優量降宥。

《宋書》卷六《武帝本紀》〔孝建二年〕六月甲子，以國哀除釋，大赦天下。

《宋書》卷六《武帝本紀》〔孝建三年正月〕壬子，立皇太子妃何氏，甲寅，大赦天下。

《宋書》卷六《武帝本紀》〔大明三年〕秋七月己巳，剋廣陵城，斬誕。悉誅城內男丁，以女口爲軍賞。是日解嚴。辛未，大赦天下。尚方長徒、奚官奴婢老疾者悉原放。孝子、順孫、義夫、節婦，賜粟帛各有差。王畿下貧之家，與近行頓所由，並蠲租一年。

（清）朱銘盤《南朝宋會要・刑・孝武大赦十一》　元嘉三十年四月己巳，武陵王即皇帝位，大赦天下。《本紀》。

孝建元年正月己亥朔，改元，大赦天下。七月丙辰，大赦天下。《本紀》。

二年六月甲子，以國哀降釋，大赦天下。《本紀》。

三年正月辛丑，祠南郊。壬子，立皇太子妃，大赦天下。《本紀》。

大明元年正月，改元，大赦天下。《本紀》。

三年七月，剋廣陵城，斬竟陵王誕。辛未，大赦天下。《本紀》。

四年正月乙亥，耕藉田。大赦天下。《本紀》。

六年正月辛卯，祠南郊明堂。大赦天下。《本紀》。

七年二月，車駕巡南豫、南兗二州。壬戌，大赦天下。十月戊申，巡南豫州。十二月甲寅，大赦天下。《本紀》。

（清）朱銘盤《南朝宋會要・刑・前廢帝大赦三》　大明八年閏五月庚申，太子即位，大赦天下。

景和元年正月乙未朔，改元永光。大赦天下。十一月丁未，皇子生。大赦天下。

《宋書》卷八《明帝本紀》　泰始元年十二月丙寅，上即皇帝位。詔曰：【略】可大赦天下，改景和元年爲泰始元年。賜民爵二級。鰥、寡、孤、獨不能自存者，人穀五斛。逋租宿債勿復收。犯鄉論清議，贓汙淫盜，並悉洗除。長徒之身，特賜原遣。亡官失爵，禁錮舊勞，一依舊典。其昏制謬封，並皆刊削。

《魏書》卷六《顯祖紀》　和平六年五月甲辰，即皇帝位，大赦天下。

《魏書》卷七《高祖紀》　〔皇興〕五年秋八月丙午，即皇帝位於太華殿，大赦，改元延興元年。

（清）朱銘盤《南朝宋會要・刑・明帝大赦七》　泰始元年十二月丙寅，即位，改元，大赦天下。二年八月，江、郢、荆、湘、雍五州平。九月癸巳，大赦天下。

三年八月癸卯，大赦天下。

四年正月己未，祠南郊，大赦天下。

五年正月癸亥，躬耕藉田。大赦天下。

六年二月癸丑，皇太子納妃。大赦天下。

七年八月庚寅，以疾愈，大赦天下。

（清）朱銘盤《南朝宋會要・刑・後廢帝大赦》　泰豫元年四月庚子，太子即位，大赦天下。

後廢帝元徽元年正月戊寅朔，改元，大赦天下。

《宋書》卷一〇《順帝本紀》　元徽五年七月戊子夜，廢帝殞，奉迎王入居朝堂。壬辰，即皇帝位。昇明元年，改元，大赦天下。

《魏書》卷七《高祖紀》　〔太和十六年〕四月，丁亥朔，班新律令，大赦天下。

《南齊書》卷五《海陵王本紀》　延興元年秋七月丁酉，即皇帝位，【略】大赦，改元。

《魏書》卷七《高祖紀》　〔太和二十三年正月〕乙酉，車駕發鄴。戊戌，至自鄴。庚子，告於廟社。癸卯，行飲至策勳之禮。甲辰，大赦天下。

《魏書》卷八《宣武帝紀》　〔太和〕二十三年四月丁巳，即皇帝位于魯陽，大赦天下。

《南齊書》卷八《和帝本紀》　〔永元〕三年正月乙巳，王受命，大赦，唯梅蟲兒、茹法珍等不在赦例。

《梁書》卷一《武帝本紀》　〔中興元年十二月〕封建安郡公。【略】下令曰：【略】可大赦天下，唯王咺之等四十一人不在赦例。

《梁書》卷二《武帝本紀》　〔天監元年四月丙寅即位〕詔曰：【略】可大赦天下，改齊中興二年爲天監元年。

《南史》卷六《梁本紀・武帝》　〔天監元年夏四月丙寅〕乃備法駕還建康宫，臨太極前殿，大赦，改元，賜人爵二級，文武位二等；鰥、寡、孤、獨不能自存者，人穀五斛；逋布、口錢、宿責勿復收；其犯鄉論清議、贓汙淫盜，一皆蕩滌，洗除前注，與之更始。封齊帝爲巴陵王，全食一郡，載天子旌旗，乘五時副車，行齊正朔，郊祀天地，禮樂制度，皆用齊典。以齊宣德皇后爲齊文帝妃，齊帝后王氏爲巴陵王妃，齊代王侯封爵，悉皆降省，其效著艱難者，別有後命。惟宋汝陰王不在除例。劫賊餘口没在臺府者，悉皆蠲放。諸流徙之家，並聽還本。以兼尚書令王亮爲尚書令，兼尚書右僕射沈約爲尚書僕射。封皇弟中護軍宏爲臨川王，南徐州刺史秀爲安成王，雍州刺史偉爲建安王，左衛將軍恢爲鄱陽王，荆州刺史憺爲始興王。自郡王以下，列爵爲縣六等。皇弟、皇子封郡王，二千户；王之庶子爲縣侯，五百户，謂之諸侯；功臣爵邑無定科。鳳凰集南蘭陵。

《魏書》卷九《肅宗紀》　〔延昌〕四年春正月丁巳夜即皇帝位。戊午，大赦天下。

《梁書》卷二《武帝本紀》　〔天監〕十四年春正月乙巳朔，皇太子冠，赦天下，賜爲父後者爵一級，王公以下班賚各有差。停遠近上慶禮。

《魏書》卷九《肅宗紀》　〔神龜元年二月〕己酉，詔以神龜表瑞，大赦，改年。

《魏書》卷九《肅宗紀》　〔武泰元年正月〕皇女生，秘言皇子。丙寅，大赦，改元。

《北史》卷五《魏本紀・節閔帝》　普泰元年春二月己巳，皇帝即位於太極前殿，羣臣拜賀。禮華，遂登閶闔門大赦。以魏爲大魏，改建明二年爲普泰元年。罷税市及税鹽之官。庚午，詔曰：自秦之末，競爲皇帝，忘負乘之深殃，垂貪鄙於萬葉。予今稱帝，已爲褒矣！可普告令知。

《魏書》卷一二《孝靜帝紀》〔永熙三年〕冬十月丙寅，即位于城東北，大赦天下，改永熙三年爲天平元年。

《魏書》卷一二《孝靜帝紀》〔天平四年〕夏四月辛未，遷七帝神主入新廟，大赦天下。

《魏書》卷一二《孝靜帝紀》元象元年春正月，有巨象自至碭郡陂中，南兗州獲送于鄴。丁卯，大赦，改元。

《北齊書》卷二《神武帝紀》〔武定〕二年三月癸巳，神武巡行冀、定二州，因朝京師。以冬春亢旱，請蠲懸責，賑窮乏，宥死罪以下。

《梁書》卷三《武帝本紀》〔太清元年正月〕辛酉，輿駕親祠南郊，詔曰：【略】可大赦天下，尤窮者無出即年租調；清議禁錮，並皆宥釋；所討逋叛，巧籍隱年，闇丁匿口，開恩百日，各令自首，不問往罪。

《北史》卷五《魏本紀·西魏文帝》〔大統〕三年春二月，槐里獲神璽，大赦。

《北史》卷一一《隋本紀·文帝》〔開皇十五年正月〕庚午，以歲旱，祀太山以謝愆咎，大赦。

（宋）王欽若等《册府元龜》卷八三《帝王部·赦宥》〔隋煬帝大業八年大赦。詔〕可大赦天下。自大業八年四月十六日昧爽已前，大辟罪已下，已發覺未發覺、已結正未結正繫囚見徒，罪無輕重，皆赦除之。其常赦所不免、謀反大逆、妖言惑衆、語及國家並不在赦例。

（宋）王欽若等《册府元龜》卷八三《帝王部·赦宥》〔大業〕十年十二月壬申，帝如東都，是日大赦天下。

（清）沈家本《歷代刑法考·赦四·隋》《隋書·文紀》：開皇元年二月，即位，大赦，改元。四月，大赦。三年正月，將入新都，大赦。九月，幸城東，觀稼穀，大赦。六年二月，大赦。九年四月，平陳，大赦。十五年正月，以歲旱，大赦。四月，大赦。十九年正月，大赦。仁壽元年正月，大赦，改元。四年正月，大赦。四月，上不豫；六月，大赦。

按：文帝在位二十四年，大赦十二，又曲赦五，降囚徒四。

《煬紀》：大業元年正月，大赦，改元。二月，入東京，大赦。二年四月，頒律令，大赦。四年八月，祠恒岳，大赦。五年六月，大赦天下。開皇已來流配，悉放還鄉，晉陽逆黨，不在此例。時西巡。八年四月，大赦。自大業八年四月十六日昧爽已前，大辟罪已下，已發覺未發覺、已結正未結正繫囚見徒，罪無輕重，皆赦除之。其常赦所不免、謀反、大逆、妖言惑衆語及國家，並不在赦例。見《册府元龜》有詔，本《紀》不載。九年正月，大赦。十年十二月，如東都，大赦。

按：煬帝在位十四年，大赦八，又曲赦三。

《恭紀》：義寧元年十一月，大赦，改元。

按：恭帝在位二年，大赦一。

（宋）王欽若等《册府元龜》卷八三《帝王部·赦宥》〔唐高祖武德元年〕可大赦天下。改隋義寧二年爲武德元年，自五月二十日昧爽已前，罪無輕重，已發露未發露皆赦除之。子殺父、奴殺主不在赦限。

（清）嵇璜等《續通志》卷一五〇《刑法略·赦宥》唐制赦令，凡會赦及降者，盗者準枉法，猶徵正贓，餘贓非見在及收贖之物限内未送者並從赦降。原諸赦前當罪不斷者，若處輕為重，宜改從輕，處重為輕，即依輕法。其常赦所不免者，依常律，凡流配人在道，赦計程過限者，不得以赦宥。謂從上道日總計行程有□者。有故者不用此律。若程内逃亡，亦不在免限。即逃者身死，所隨家口，仍準上法聽還。諸以赦前事相告言者，以其罪罪之，官司受而為理者，以故入人罪論，至死者，各加徒、流。若事須追究者不用此律。追究謂婚姻良賤赦限外。蔽匿應改正徵收及追見贓之類。高祖武德四年，帝躬録囚徒，以人因亂冒法者，衆盗非劫傷其主及征人逃亡、官吏枉法皆原之。七月，以王世充、竇建德既平，大赦天下，時赦令已下，而王、竇餘黨尚有遠徙者，治書侍御史孫伏伽諫曰：今兹大赦既云常赦，不原者皆赦除之，此非直赦其有罪，亦是與天下更新，因何既赦除，復從之，且世充尚蒙寬宥，況於餘黨所宜縱釋？帝從之。

《新唐書》卷一〇三《孫伏伽傳》〔武德四年〕東都平，大赦天下，又欲責賊支黨，悉流徙惡地。伏伽諫曰：臣聞王者無戲言，《書》稱爾無不信，朕不食言，言之不可不慎也。陛下制詔曰：常赦不免，皆原之。此非直赦有罪，是亦與天下更新辭也。世充、建德所部，赦後乃欲流徙。《書》曰：殲厥渠魁，脅從罔治。渠魁尚免，脅從何辜？且蹠狗吠堯，吠非其主。今與陛下結髮雅故，往爲賊臣，彼豈忘陛下哉，壅隔故也。至疏者安得而罪之？由古以來，何始無君，然止稱堯、舜者，何也？直由善名難得也。昔天下未平，容應機制變。今四方已定，設法須與人共之。法者陛下自作，須自守之，使天下百姓信而畏也。自爲無信，欲人之信，若爲得哉？賞罰之行，無貴賤親疏，惟義所在。臣愚以爲賊黨於赦當免者，雖甚無狀，宜一切加原，則天下幸甚。又表置諫官。帝皆欽納。

（宋）王欽若等《册府元龜》卷八三《帝王部・赦宥》〔唐高祖武德七年〕大赦天下。自武德七年四月一日昧爽已前，大辟罪已下，已發露繫囚見徒悉原免其犯十惡、刼賊、官人枉法受財、主守自盗及常赦不免、流已上道者並不在赦例。亡命山澤，挾藏軍器，百日不首者，復罪如初。**【略】**其與賊同心共爲逆亂，非被迫脅情狀難原者，不在此例。

（宋）王欽若等《册府元龜》卷八四《帝王部・赦宥》〔太宗武德九年〕大赦天下。自武德九年八月九日昧爽以前，罪無輕重，已發覺未發覺繫囚見徒悉從原免。武德元年以來責情流配者亦並放還。

《新唐書》卷二《太宗本紀》〔貞觀二年〕三月戊申朔，日有食之。壬子，命中書門下五品以上及尚書議決死罪。壬戌，李靖爲關内道行軍大總管，以備薛延陀。己巳，遣使巡關内，出金寶贖饑民鬻子者還之。庚午，以旱蝗責躬，大赦。

（宋）王欽若等《册府元龜》卷八四《帝王部・赦宥》〔貞觀四年〕大赦天下。自貞觀四年二月十八日昧爽已前，罪無輕重，自大辟以下繫囚見徒皆赦除之。**【略】**其謀反大逆，妖言惑衆及殺期親以上尊長，奴婢、部曲反主，官人枉法受財不在赦例。

《新唐書》卷二《太宗本紀》〔貞觀十七年四月〕丙戌立晋王治爲皇太子，大赦。

（清）沈家本《歷代刑法考・赦八・赦例二》 高宗永徽六年，大赦，流人達前所放還。緣王、柳、蕭等家臣欽若等曰，王皇后等並舅柳氏及蕭淑妃家也。配流者不在此限。

按：是年十月立武氏爲皇后，故后王氏、淑妃蕭氏並爲武后所害，並其舅家亦配流，復不得援赦。武后之慘忍如此，而高宗不悟何也？此赦在律疏已成之後，而流人亦得放還，是不用流配人在道之律矣。後上元元年、弘道元年之赦，長流人并放還，同在高宗之世，當出於特恩，不爲常例。

（清）沈家本《歷代刑法考・赦八・赦例二》〔唐中宗神龍元年〕十一月，大赦，前後流人非反逆緣坐者並放還。

按：此與前赦同在一年，相去三月耳，即此一端，其不同如此。此後景龍三年、開元十七年、天寶十五載、寶應元年三月四月五月、三次。廣德元年、二年、興元元年、貞元元年、四年、二十一年、元和二年、乾符四年赦書，流人並許放還，殆皆出於一時所定，不爲常例也。景龍三年赦文云親祀流人並放還，流人上有親祀二字，不甚可解，恐有譌奪。開元十七年赦文云雜犯經移近處，流人並配隸磧西、瓜州者，並宜放還，其反逆緣坐，長流及城奴，量移近處，編附爲百姓，是流人之中尚有輕重之別，非一概放還。《舊書・本紀》云流移並放還，與《册府》所載之詔語稍有不同。天寶十五載則云流人一切放還，寶應元年四月、廣德元年、興元元年、貞元元年、四年、二十一年、元和二年、乾符四年赦文大致相同。寶應元年三月赦文曰諸色流人及效力罰鎮人等並放還，五月赦文曰諸色流人及罰鎮效力配軍團人等一切即放還，廣德二年赦文曰諸應流人及量移有並罰鎮效力配隸等一切放還，是凡係流人無不放還者矣。又長慶四年赦文曰諸色得罪人，先有敕云縱逢恩赦，不在免限，並別敕安置者放還，此亦流人也。

《新唐書》卷五《睿宗本紀》〔景雲元年六月〕甲辰，安國相王即皇帝位于承天門，大赦，長流、長任及流人未達者還之。

（宋）王欽若等《册府元龜》卷八四《帝王部・赦宥》〔景雲二年四月〕大赦天下。繫囚見徒，流移未達前所及已到流所者皆赦之。

（宋）王欽若等《册府元龜》卷八四《帝王部・赦宥》〔唐睿宗景雲二年〕八月乙卯，以高祖舊宅有柿樹，天授中已經枯死，至是重生，因而大赦天下。謀殺人、造僞頭首者並免死，配流嶺南，官典取受者特免放。

（宋）王欽若等《册府元龜》卷八五《帝王部・赦宥》〔開元〕五年二月甲戌行幸至東都，大赦天下，唯謀反大逆不在赦限，餘並宥之。河南府百姓給復一年，河南北遭澇及蝗蟲處無出今年租。武德貞觀以來勳臣子孫無在位者，詳求其後，奏聞。有嘉遯逃棲養高不仕者，州牧各以名聞。

（清）沈家本《歷代刑法考·赦八·赦例二》 〔唐玄宗開元〕十一年十一月，大赦。其十惡死罪、造僞頭首、刼賊殺財主，不在赦例。就中仍慮有寃濫者，所具狀送中書門下，盡理詳覆奏聞，朕將親覽。左貶官非逆人五服内親及犯贓賄名教者，量移近處。

按：左貶官量移近處即流人移近之例。

（清）沈家本《歷代刑法考·赦八·赦例二》 〔唐玄宗開元〕十七年，大赦，大辟罪已下，罪無輕重，已發覺未發覺、已結正未結正繫囚見徒常赦所不免者，咸赦除之。自先天以來，有雜犯經移近處，流人並配隸磧西瓜州者，並宜放還。其反逆緣坐、長流及城奴，量移近處，編附爲百姓。左降官量移近處。

按：常赦所不免者咸赦除之，景雲元年赦書有此文，自餘未用，至此赦又用之，自此以後即以爲常矣。

十八年正月丁巳，親迎氣於東郊祀青帝，下制曰：大辟罪已下，罪無輕重，已發覺未發覺、已結正未結正繫囚見徒常赦所不免者，咸赦除之。其左降官及流移配隸、安置罰鎮效力之類，並宜量移近處。其官已復資，至敍用之時，不須爲累。其流人配隸并一房家口者，所犯人情非劫害身已亡歿，其家口，放還。流人及左降官考滿、載滿、丁憂服滿者，亦准例稍與量移。其亡官失爵，放還。不齒及諸色被停解免與替人等非犯贓者，宜令司存勘，責量加收敍。

按：《本紀》云：二月，免囚罪杖以下，而無正月之赦。《舊紀》兩月皆不言赦，此有詔書足據，恐兩《紀》誤也。流人量移，已前赦或不及，此後遇赦非移近即放還，亦以爲常矣。

（清）嵇璜等《續通志》卷一五〇《刑法略·赦宥》 敬宗寶曆元年正月，大赦，改元。三月，羣臣上徽號，大赦天下，時李紳貶官，李逢吉惡紳，不欲紳量移，乃於赦書節文内，但言左降官已經量移者宜與量移近處，不言未量移者宜與量移，翰林學士上疏論列，云不可為李紳一人與逢吉相惡，遂令逐年流貶官皆不得量移，則乖曠蕩之道也。帝遽命追赦書添改之。

（清）沈家本《歷代刑法考·赦八·赦例二》 〔唐玄宗開元〕二十七年二月，大赦。大辟罪已下，罪無輕重，已發覺未發覺、已結正未結正繫囚見徒常赦所不免，咸赦除之。自開元以來，諸色應員痕累人等，咸從洗滌令，許自新，所司更不須以此爲累。其有別勑停官及亡官失爵者，放歸。不齒之類，量加收敍。左降官及諸色流人，並稍量移近處。

按：痕累人始見此，《舊紀》作痕瘕人，貞元元年赦文作痕殿。

（唐）白居易《白氏長慶集》卷六一《奏狀四·為宰相賀赦表》 長慶元年正月，就南郊撰進。臣某等言：伏奉今日制書，大赦天下者。臣與百執事奉揚宣佈，與億兆衆蹈舞歡呼：自天降和，率土同慶。臣等誠懽誠忭，頓首頓首。伏惟皇帝陛下，出震御極，建元發號：大明升而六合曉，一氣熏而萬物春。肆眚措刑，滌瑕蕩穢。凡在圓首，納於歡心。矧又祇祀天地，孝享宗廟；蠲減租責，策徵賢良；褒德及先，賞功延嗣；敬賓養老，念舊睦親；生人之積弊盡除，有國之頹綱必舉。況陛下承二百祀鴻業之重，纂十一聖耿光之初。始奉嚴禋，新開寶曆。天下之目，專專然觀陛下之動；天下之耳，顒顒然聽陛下之言。斯則陛下出一言，不終日必達於朝野；舉一事，不浹辰必聞於華夷。當疲人求安思理之秋，是陛下敬始慎微之日。苟行一善，則可以動人聽而式歌舞；況具衆美，信足以感人心而致和平。康哉可期，天下幸甚！臣等謬居重位，幸屬鴻休，慙竊股肱，喜深骨髓。懽欣悚躍，倍萬常情。無任鼓舞慶幸之至！

（唐）白居易《白氏長慶集》卷六一《奏狀四·賀上尊號後大赦天下表》 臣某言：伏奉七月十三日制書，大赦天下。跪捧宣佈，蹈舞歡呼；自天降休，率土同慶。臣聞玄功盛德，非鴻名不能形容；物癘人疵，非皇澤不能滌蕩。自非上聖，莫能兼之。伏惟元和聖文神武法天應道皇帝陛下纂承大業，子育群生，信及豚魚，威殲梟獍；削平寰海，混一車書；億兆一心，願崇大號。從人欲而俯膺盛禮，賜時和而廣洽皇恩。蠲減賦租，收拔淹滯；命黜陟而別能否，開諫議而策賢良。宿弊必除，舊章咸舉。帝王能事，盡集於今。凡在生靈，孰不幸甚？臣謬當委擢，職在頒條，忭躍之誠，倍萬常品。限以守官，不獲稱慶闕庭。無任慶忭之至！

（唐）白居易《白氏長慶集》卷六六《判·得乙上封請求不用赦》 大理云：廢赦，何以使人自新？乙云：數赦則姦生，恐弊轉甚。刑乃天威，赦惟王澤；於以御下，存乎建中。上封以宥過利淫，倖門宜閉；

大理以蕩邪除舊，權道當行。皆推濟國之誠，未達隨時之義。何則？政包寬猛，法有弛張。習以生常，則起為姦之弊；廢而不用，何成作解之恩？請思砭石之言，兼詠《蓼蕭》之什。數則不可，無之亦難。

（唐）元稹《元氏長慶集》卷四〇《文武孝德皇帝赦文》 門下：昔我高祖太宗化隋爲唐，奄宅區夏，包舉四海，全付子孫。其事何哉？彼昏盈而我勞劬也。明皇承之，能大其業，六戎八蠻，罔不貢奉。由是庶尹弛政，庶吏弛刑，視人不勤，視盜不謹，燕冦勃起，洞無藩籬，六十有七年，兵革大試。其事何哉？據逸安而易萌漸也。逮我聖父，勤身披攘，斬斷誅除，天下略定，曾是幽冀，賜予懷來，荷賴景靈，丕訓不墜，環歲之內，二方平寧。粤余何功，時帝之力。而卿大夫猥以大號，加予眇身，讓於四三，益甚其請。皇太后始聞其事，歡然慰心。慈旨下臨，臣誠上迫，祇受典禮，懔乎予懷。尚念昔者七十二君，莫不升中慶成，自以爲堯舜莫己若也。然而不爲堯舜之行者，來代無傳焉。朕嘗推是爲心，不欲名浮於實。今卿大夫謂我爲文武孝德矣，其將何道以匡予？予其業業兢兢，日慎一日，慕陶堯、虞舜之行以自勉，思文祖、憲考之道以自勗。予苟不思，無忘納誨。於戲！溢美之名，既不克讓，及物之澤，又何愛焉？可大赦天下。

（宋）王欽若等《册府元龜》卷八九《帝王部・赦宥》 〔唐德宗大曆十四年〕即位，六月己亥朔，御丹鳳樓，大赦天下。自大曆十四年六月一日已前罪無輕重，常赦不原者咸赦除之。寶應元年以後，痕累禁錮及反逆緣坐等，一切洗滌。

（宋）王欽若等《册府元龜》卷八九《帝王部・赦宥》 〔唐順宗貞元二十一年二月〕大赦天下。【略】大辟罪已下，罪無輕重，已發覺未發覺、已結正未結正繫囚見徒常赦所不原者，咸赦除之。左降官並移近處。【略】亡官失爵放歸，不齒者量加收叙。流人放還。僧尼道士移隸者、罪人已亡歿家口未許歸者，一切放歸。如自情願住者，勿拗令歸。如先有勅云縱逢恩赦不在放還之限者，及別勅安置者，並宜放還。其安置之人五品已上，待進止。左降官及流人亡歿有官者，各還本官。今日已前痕累禁錮及反逆緣坐，一切並與洗滌。

《舊唐書》卷一七《敬宗本紀》 〔寶曆元年春正月〕辛亥，親祀昊天上帝于南郊。禮畢，御丹鳳樓，大赦，改元寶曆元年。先是，鄠縣令崔發坐誤辱中官下獄，是日，與諸囚陳於金鷄竿下俟釋放。忽有内官五十餘人，環發而毆之，發破面折齒，臺吏以蓆蔽之，方免。有詔復繫於臺中，宰相救之，方釋。

（唐）杜牧《樊川文集》卷一一《黄州准赦祭百神文》 會昌二年，歲次壬戌，夏四月乙丑朔，二十三日丁亥，皇帝御宣政樓，百辟卿士，稽首再拜，敢上仁聖文武至神大孝尊號于皇帝。受册禮畢，御丹鳳樓，因大赦天下，咸告天下刺史，宜祭境内神祇有益於人者，可抽常所上賦以備具。牧爲刺史，實守黄州。夏六月甲子朔，十八日辛巳，伏準赦書得祭諸神，因爲文稱讚皇帝功德，用饗神云。黄帝嗣帝，天飾天付，前壬申年，坐統大業，慈明寛恩，聖明文武。或曰誅殛，曰我父母，譬彼嬰兒，豈不可恕。或曰畋遊，苑大林深，啫嘐跳突，千毛萬羽，豹裂鵬擒，其樂無伍。皇帝曰：不，匪我不知，言豈假汝。未撫四夷，未考百度，天地宗廟，未陳簋簠。如寐未寤，如痒未愈。斥退狗馬，未可以御。或曰酒飲，順氣完神，奠樂工習，自祖自父，瑶簪繡裾，千萬侍女，酎以觥斝，助之歌舞，富貴四海，不樂何苦。皇帝曰：不，如聞四海，蝗蔽田畝，或曰亢旱，或曰淫雨。稚老孤寡，未盡得所，聞一有是，首不能舉。乃拔俊良，乃登耆老，夕思朝議，依規約矩。詳刑定法，深刻不取，摽揭典制，酌之中古。遠師太宗，近法憲宗，怵慄思惟，不治是懼，四國既平，六職攸序。黍稷稻粱，嘔啞俯僂，父子供養，嬰兒撫乳。萬里齊俗，實皇帝力，緊眠而食，罔知其故。皇帝乃曰：予見郊廟。嚴法物，旓旐旅。五帝坐壇，百神立坫。嵬嶷肸蠁，捧爵是醮。海外天内，戎狄蠻夷，奇服異貌，伏於除外，歡喜呌噪。廻御丹鳳，大赦四海，改元會昌，減論有罪，紹功嗣德，搜剔幽昧。寒暑合節，風輕雨碎，穀溢陳囷，畜繁腯大。東南西北，限岸疆紀。無有頓憚，不識災害。三事大夫、邦伯諸侯，曰皇帝德，古不能侔，謳歌謡詠，安能可稱。百工庶人，亦有聚謀，拜章口呼，願上大號，神聽天聞，欲揚宏休。皇帝曰：無功，不可虚受。懇請不已，出涕叩頭。皇帝不能止，曰：予慙羞，曰因大赦，惟新九州。不窮不詐，不饑不偷，有窮有饑，實吏之尤。予實天吏，許之省修，約束敎誡，纖悉丁寧，品類細偉，各當源流。皇帝曰：俞，股肱耳目，誠示竭力。寒暑風雨，宜神是酬。匪神之力，其誰能謀？凡爾守土，各報爾望。剥烹羹胾，無愛羊牛。天下聞命，奔走承事。牧實遭遇，亦忝刺史。齋齋惕慄，臨谷臨墜。視牲啓毛，濯爵置幕，不委下吏，餚羞具潔，罔有不備。衣冠待曉，坐以假寐，步及神宇，蹐足屏氣。神實在前，敬恭跪起。《詩》不云乎：皇天上帝，伊誰云憎。天憎罪人，天可指視，止殃其身，豈可傍熾？刺史有罪，可病可死，其身未塞，可及妻子，無作水旱，以及閭里。皇帝仁聖，神祇聰明，唱和符同，相爲表裏。黄治雖遠，黄俗雖鄙，皇符視之，近遠一致。洋洋在上，實提人紀，無負皇帝，自作羞愧。月惟孟夏，日惟辛巳，實神降祉。神如有言，我荅皇帝。寒暑風雨，其期必至，瘥癘水旱，永永止弭。爾爲官人，勉其爾治。某敬再拜，流汗霑地。

（宋）王欽若等《册府元龜》卷九一《帝王部·赦宥》 僖宗乾符元年十一月，有事於郊廟。禮畢御丹鳳樓，大赦改元。

四年正月丁丑，赦天下繫囚及徒流人放還。

（宋）王欽若等《册府元龜》卷九一《帝王部·赦宥》 中和元年七月丁巳，帝在蜀御成都府廨，大赦改元。光啓元年三月丁卯，帝自蜀還京，己巳，御宣政殿，大赦改元。

（宋）王欽若等《册府元龜》卷九一《帝王部·赦宥》 文德元年二月壬午，帝自鳳翔還京，戊子，御承天樓，大赦改元。

《舊五代史》卷四《梁書·太祖本紀》〔開平三年正月〕辛卯，祀昊天上帝於圜丘。是日，降雪盈尺，帝昇壇而雪霽。禮畢，御五鳳樓，宣制大赦天下。

《新五代史》卷五《唐本紀·莊宗》〔同光二年〕二月己巳朔，有事於南郊，大赦。

（清）嵇璜等《續通志》卷一五〇《刑法略·赦宥》 後唐莊宗同光二年二月，祀南郊大赦。按，洪邁《容齋隨筆》云：莊宗同光二年，大赦前云罪無輕重、常赦所不原者，咸赦除之，而又曰十惡、五逆、屠牛、鑄錢、故殺人、合造毒藥、持杖行劫、官典犯贓不在此限，正得其中，當分據之時乃能如此，亦可取也。時孔謙欲聚斂以求媚，凡赦文所蠲者，謙復徵之，百姓怨望。

《舊五代史》卷三八《唐書·明宗本紀》〔天成二年十月〕應天下見禁囚徒，除十惡五逆、殺人放火、劫盗、合造毒藥、官典犯贓、僞行印信、屠牛外，罪無輕重，並從釋放。

《新五代史》卷六《唐本紀·明宗》〔長興四年〕八月戊申，大赦。

（清）沈家本《歷代刑法考·赦九·赦例三》〔後唐明宗〕長興四年八月制：在京天下州府見禁囚徒，已結正未結正、已發覺未發覺，罪無輕重，常赦所不原者咸赦除之。長流人並諸色徒流人，不計年月遠近、已到配所，並放還。或有亡命山澤及爲事關連逃避人等，並放歸鄉，一切不問。如過百日不歸首者復罪如初。

按：百日不〔歸〕，首〔者〕復罪如初之法，本於《唐律》，第《唐律》不指亡命者耳。

《新五代史》卷七《唐本紀·廢帝》〔清泰元年夏四月〕乙酉，大赦，改元。

（清）沈家本《歷代刑法考·赦九·赦例三》〔後唐〕愍帝清泰二年五月御札，應王京諸道州府見禁囚徒，自五月十二日已前，除五逆、十惡、光火劫舍、持杖殺人、官典犯贓、僞行印信、合造毒藥外，委逐處長吏，據已發覺未發覺、已結正未結正，不在追呼支蔓，只正身招罪便疾速斷遣，並見欠省司錢物外，諸罪無輕重，一切釋放。

按：此赦又一辦法。至持杖殺人，當跟上文光火劫舍言，即强盗殺人。晋天福二年八月赦同，三年赦文曰光火殺人，亦即此八字之省文也。

《新五代史》卷九《晋本紀·出帝》〔天福八年〕五月甲辰，以旱、蝗，大赦。

（宋）王欽若等《册府元龜》卷九四《帝王部·赦宥》 天福九年宜改爲開運元年，可大赦天下。應今年七月一日昧爽已前，三京鄴都諸道州府見禁囚徒，除十惡五逆、光火劫殺、屠牛、鑄錢、官典犯贓、僞行印信、合造毒藥外，罪無輕重，已發覺未發覺、已結正未結正，咸赦除之。流竄之徒其實有咎，和平之道亦許自新。其流配人，除終身不齒，嘗知所在人外，未經量移者，與量移，已經量移者，與叙用。蟲蝗灾疾之邦，流夷頗甚，獵狁經過之地，凋弊尤深，須議優僥，用明軫憫，其岐雍同華蒲陝涇邠耀威管内人户，委長吏切在招攜。復業之家，免一年租税。魏博貝冀滄景德等州曾經虜騎剽攘，特放今年秋税。其餘經過之地亦量與矜蠲乃睠。親軍實推忠節，或從征醜虜，顯立勳勞，或出討叛臣，方期平定，至於邊陲守戍，藩鎮分屯，盡繫捍防，皆施勤効，雖賦稅未集，帑藏猶虚，宜示頒宣，用明獎賞，應將校兵士量與等第優給。連年失稔，嘗賦愆期，國用未充，軍須不足，是行率藉以濟贍供，誠非欲爲，葢不獲已。赦書到日，盡時罷征，出彼家財，資予國力，宜加甄別，以示優隆，出一千貫已上者特免科徭，出一萬貫已上者咸授官秩。無資給者與本處上佐有官名者，依本品序遷。

（清）沈家本《歷代刑法考・赦五・五代》 後晋高祖天福元年十一月，即位，大赦，改元。閏月，至自太原，大赦。二年三月，如汴州。四月，赦囚。八月，赦非死罪囚及張從賓、符彦饒、王暉餘黨。張從賓反，克之。三年十月，大赦。諸叛平。六年八月，如鄴都，大赦。

出帝天福七年六月，即位。七月，大赦。八年五月，以旱蝗大赦。開運元年七月，大赦，改元。二年五月，大赦。

按：後晋二主合十一年，大赦八，又曲赦九。

《舊五代史》卷九九《漢書・高祖本紀》〔天福十年〕二月丁巳朔，契丹主具漢法服，御崇元殿受朝，制改晋國爲大遼國，大赦天下，號會同十年。

《新五代史》卷一〇《漢本紀・高祖》〔天福十二年六月〕戊辰，改國號漢，赦罪人，蠲民税。

《新五代史》卷一一《周本紀・太祖》 廣順元年春正月丁卯，皇帝即位，大赦，改元，國號周。

《新五代史》卷一一《周本紀・太祖》 顯德元年春正月丙子朔，有事於南郊，大赦，改元。

《舊五代史》卷一二〇《周書・恭帝本紀》〔顯德六年七月〕丙寅，制大赦天下。

（清）吴任臣《十國春秋》卷一《吴一・太祖世家》〔乾寧五年〕八月甲子，唐赦天下，改元光化。

（清）吴任臣《十國春秋》卷一《吴一・太祖世家》〔光化四年〕夏四月丁丑，唐大赦天下，改元天復。

《新五代史》卷六一《吴世家・楊行密》〔天祐十六年夏四月〕改天祐十六年爲武義元年，大赦境内。

《新五代史》卷六一《吴世家・楊行密》〔武義二年〕明年二月，改元順義，赦境内。冬十一月，祀天於南郊，御天興樓，大赦。

（清）吴任臣《十國春秋》卷三《吴三・睿帝本紀》〔乾貞元年十一月〕甲子，大赦，改元。

（清）吴任臣《十國春秋》卷三《吴三・睿帝本紀》〔乾貞二年〕秋八月乙未，大赦。

《新五代史》卷六一《吴世家・楊行密》〔乾貞三年十一月〕〔楊〕溥加尊號睿聖文明孝皇帝，大赦境内，改元大和。

《新五代史》卷六一《吴世家・楊行密》〔大和〕七年九月〔楊〕溥加尊號睿聖文明光孝應天弘道廣德皇帝，大赦，改元天祚。

（清）沈家本《歷代刑法考・赦五・十國》 吴楊隆演武義元年，即吴王位，大赦。

楊溥順義元年二月，改元，赦。十一月，郊，大赦。七年，即帝位，改元乾貞，大赦。三年，加尊號，大赦，改元太和。七年，加尊號，大赦，改元天祚。

按：吴自楊行密至溥四主合四十六年，凡赦六。

（清）吴任臣《十國春秋》卷一五《南唐一・烈祖本紀》〔昇元三年夏四月〕癸未，大赦境内。

（清）吴任臣《十國春秋》卷一五《南唐一・烈祖本紀》〔昇元四年冬十月〕壬寅，以齊王璟讓儲位，赦殊死以下。

（清）吴任臣《十國春秋》卷一六《南唐二・元宗本紀》〔昇元七年〕二月，烈祖晏駕，秘不發喪，而下制命王監國，大赦，頒賚有差。

（清）吴任臣《十國春秋》卷一六《南唐二・元宗本紀》 保大元年春三月己卯朔，【略】是日，即皇帝位，大赦境内，改元保大。

《新五代史》卷六二《南唐世家・李昪》 交泰元年正月，大赦改元。

《新五代史》卷六二《南唐世家・李昪》〔建隆二年〕李景卒，〔李〕煜嗣立於金陵，【略】大赦境内。

（清）沈家本《歷代刑法考・赦五・十國》 唐李景交泰元年正月，大赦，改元。

李煜嗣立，大赦。宋建隆二年。

按：南唐三主合三十九年。《十國世家》記赦止此二事。

（清）吴任臣《十國春秋》卷七八《吴越二·武肅王世家》〔天寶六年〕春正月，梁友珪改元鳳曆，肆赦。

（清）吴任臣《十國春秋》卷七九《吴越三·文穆王世家》應順元年春正月，唐主改元，大赦。

（清）吴任臣《十國春秋》卷八〇《吴越四·忠獻王世家》開運四年春正月，契丹主入東京，稱會同十年，肆赦天下。

（清）吴任臣《十國春秋》卷八一《吴越五·忠懿王世家》〔乾德元年〕十一月甲子，宋有事於南郊，改元，大赦。

（清）吴任臣《十國春秋》卷九一《閩二·嗣王世家》〔龍啓元年春正月〕詣寶皇宫受用，備儀衛，入府，即皇帝位，國號大閩，大赦。

（清）吴任臣《十國春秋》卷九一《閩二·嗣王世家》永和元年春正月丙申朔，大赦，改元。

（清）梁廷柟《南漢書》卷二《高祖紀》乾亨元年秋八月癸巳，帝即位，國號大越。大赦，改元。

（清）梁廷柟《南漢書》卷二《高祖紀》乾化元年夏五月甲申朔，梁大赦。

（清）梁廷柟《南漢書》卷二《高祖紀》乾亨二年夏六月，蜀主建殂，子衍立。冬十一月，帝祀天南郊，大赦，加恩澤，改國號曰漢。

（清）梁廷柟《南漢書》卷三《高祖紀》〔大有十年三月〕帝疾愈，大赦。

（清）梁廷柟《南漢書》卷四《中宗紀》十一月丁亥，帝祀天南郊，大赦，改元，以是年爲乾和元年。

（清）吴任臣《十國春秋》卷六〇《南漢三·後主本紀》〔大寶辛冬十一月辛亥〕帝祀圜丘，大赦。

（清）沈家本《歷代刑法考·赦五·十國》南漢劉龑乾亨二年，大赦。四年，赦。

按：南漢五主合六十五年，赦二。

《新五代史》卷六三《前蜀世家·王建》〔天漢元年〕十二月，大赦，改明年元曰光天，復國號蜀。

（清）吴任臣《十國春秋》卷三六《前蜀二·高祖本紀》武成元年春正月【略】壬午，大赦境内，改元武成。

（清）吴任臣《十國春秋》卷三六《前蜀二·高祖本紀》〔永平三年〕二月壬午，大赦。

（清）吴任臣《十國春秋》卷三六《前蜀二·高祖本紀》〔通正元年〕冬十月【略】己亥，大赦。十二月戊申再大赦，改明年元曰天漢，國號大漢。

（清）吴任臣《十國春秋》卷三七《前蜀三·後主本紀》咸康元年春正月，甲午朔，受朝賀，大赦。

（清）沈家本《歷代刑法考·赦五·十國》前蜀王建武成元年正月，大赦，改元。三年十二月，大赦，改明年爲永平元年。通正元年十月，大赦，改元。天漢元年，大赦。

王衍乾德元年，大赦。

按：前蜀二主合三十五年，大赦五。

（清）吴任臣《十國春秋》卷四九《後蜀二·後主本紀》〔明德四年十二月〕戊申，大赦。

（清）吴任臣《十國春秋》卷四九《後蜀二·後主本紀》〔廣政十五年夏六月〕戊戌，大赦境内。

（清）吴任臣《十國春秋》卷四九《後蜀二·後主本紀》廣政十九年春正月，大赦，【略】以周師出境也。

（清）吴任臣《十國春秋》卷一〇一《荆南二·文獻王世家》開運元年秋七月辛未朔，晋大赦，改元。

（清）吴任臣《十國春秋》卷一〇一《荆南二·文獻王世家》乾祐元年春正月乙卯，漢大赦，改元。

（清）沈家本《歷代刑法考·赦五·十國》北漢劉永鈞天會元年，赦，改元。

按：北漢四主合二十八年，赦一。

又按：以上並據《新五代史》，參以《舊五代史》及《册府元龜》至《十國世家》，後蜀、楚、南平、吴越、閩五國不言赦，其五國赦事亦希，恐記載未具，非其實也。

《宋史》卷一《太祖本紀》　建隆元年春正月乙巳，大赦，改元，定有天下之號曰宋。賜内外百官軍士爵賞，貶降者叙復，流配者釋放，父母該恩者封贈。遣使徧告郡國。丙午，詔諭諸鎮將帥。

《宋史》卷一《太祖本紀》〔建隆元年六月〕辛卯，大赦，減死罪。

（明）何喬新《椒邱文集》卷四《有事於南郊大赦》　聖王之法，眚災則赦之，刑罰之疑則赦之，老旄幼弱蠢愚則赦之，未有不問罪之輕重、情之故誤，空囹圄而釋之者也。昔人有言赦者偏枯之物也，蓋殺人者不死則被殺者含怨於泉下矣，傷人及盜不抵罪則被傷與盜者抱憤於生前矣。故諸葛亮曰：治世以大德，不以小惠。文中子曰：無赦之國，其刑必平。二子蓋察乎此矣。宋承五代之弊，三歲必郊，每郊必赦，是何君子之不幸而小人之幸歟？秦再思之説善矣，太宗乃以問普。彼普者，刀筆之才而非王佐之器也，知五代姑息之政而不知聖王之法也。顧以為郊祀覃恩堯舜之道，何其言之謬歟？終宋之世踵為故事，遂使凶民逆知而僥倖，故蘇洵論之曰：平時小民畏法不敢趦趄，當郊之歲，盜賊公行，罪人滿獄，其弊一至於此。推本而言，豈非普之謬論有以啟之歟？

（宋）李攸《宋朝事實》卷四《郊赦》　太祖乾德元年，南郊禮成，車駕將還宫，有司請乘金輅。上顧侍臣曰：朕欲乘輦可乎？對曰：無爽典禮。乃改乘輦還。帝御明德門肆赦。前一日，有司設立文武百官、皇親及蕃國諸州朝貢使、僧道耆老位於明德門外，太常設宫縣，置鉦鼓。其日，刑部録御史臺、開封府、京城繫囚以俟。及車駕還至明德門内，就幄次改御常服。群臣就位，皇帝登樓，即御坐。樞密使副、宣徽使分侍立，仗衛如儀。通事舍人引群臣横行，再拜訖，復位。侍臣宣曰：承旨。通事舍人詣樓前，侍臣宣敕：樹金鷄。通事舍人退，詣班，宣付所司，訖，太常擊鼓集囚，少府監樹鷄竿於樓東南隅。竿木伎人四面緣繩争上，取鷄口所銜絳幡，獲者呼萬歲。樓上以朱繩貫木鶴，仙人乘之，捧制書，循繩而下，至地，以畫臺承鶴。有司取制書，置案上。閤門使承旨，引制案，宣付中書門下，轉授通事舍人，北面宣云：有制。群官再拜。宣赦訖，還授中書門下，轉付刑部侍郎，承制釋囚。群官稱賀。閤門使進詣樓前，承旨宣達，訖，百官又再拜，蹈舞而退。赦文：門下：朕以三靈眷命，五讓興邦。躬親罔憚於萬幾，德教將加於四海。屬歲時屢稔，華夏大同。干戈漸偃於靈臺，文軌皆通於象闕。俗阜而南薰風競，刑清而貫索星沉。仰觀則日月麗天，俯視而龜龍在沼。加以物無疵癘，民樂雍熙。蓋玄穹垂祐於皇家，非凉德自臻於昌運。由是考百王之舊制，緝千古之憲章。墜典必修，無文咸秩。潔犧尊而謁清廟，被大裘以郊上玄。萬乘雲屯而在途，千官星拱而就列。公侯助祭，共江漢以朝宗；鐘鼓在懸，與風雷而相薄。百靈受職，群后受釐。明德惟馨，神心有答。非烟塞望以呈瑞，嘉氣浮空而襲人。民具爾瞻，禮無違者。乃回金輅，乃御應門。律且協於黄鐘，日正臨於甲子。順三元之更始，慶萬匯之咸亨。而又藩岳勛臣，宰衡庶尹，外達蠻貊，内暨緇黄，謂予曆數在躬，以應天廣運順其美；謂予温恭允塞，以仁聖文武成其功。兼至德之隆名，盡哲王之能事。物議斯允，予衷莫違。宜覃曠蕩之恩，用慰黎元之望。可大赦天下。云云。於戲！崇德報功，取天地無私之象；眚灾肆赦，推雷雨作解之恩。更賴中外大臣，佐祐厥辟，必使萬邦黎獻，盡鮮仁壽之鄉；百姓平章，用致勛華之上。布告億兆，咸使聞知。其後郊祀，遵用此制。改是年爲乾德元年。宣制畢，御崇元殿，百僚奉王册，上尊號曰應天廣運仁聖文武聖德皇帝。壬申，大宴於廣德殿，上壽，號曰飲福宴。

《宋史》卷二《太祖本紀》〔乾德三年五月〕戊子，大赦，減死罪一等。

（宋）李攸《宋朝事實》卷四《郊赦》　乾德六年改爲開寶元年。十一月二十四日南郊赦文。門下：我國家受天景福，率土咸賓。聲明洞照於萬方，德教咸加於四海。風雨順而歲年豐稔，干戈戢而刑政澄清。域中共慶於小康，海外咸欣於至化。朕顧惟寡昧，祗奉玄穹。荷上帝之垂休，致中原之大定。遂發誠意，再舉舊章。恭陳告謝之儀，仰答自天之祐。羽衛森羅而在野，王公肆覲而在庭。六樂無不調，五禮無不備。躬奠玉爵，陟配紫壇。具物薦誠，神心昭格。非烟塞望以呈瑞，嘉氣浮空而降祥。宜與寰區，同兹胥悦。象闕既還於彩仗，鷄竿大舉於鴻恩。同玉曆之惟新，與蒼生而共慶。盡日月照臨之内，罔間幽遐；極車書混同之邦，咸均雨露。庶成端拱，永洽可封。可大赦天下。改乾德六年爲開寶元年。自今年十一月二十四日昧爽以前。云云。於戲！皇王報本之義，乾坤助順之祥。既舉彝章，諒無缺政。更賴中外宣力，將相同心。保黎庶之乂安，致邊陲之寧静。扶持景運，翊亮皇猷。長懷魚水之歡，共樂太平之化。布告億兆，咸使聞知。

赦文。門下：我國家膺上天之景命，洽四海之歡心，車書大同，聲教遐被。爰自塵清五嶺，浪静南溟，萬里之封疆，致兆民之蘇息。山川克復，日月光華。風雨順時，歲年大稔。朕君臨天下，道莅人寰。致率土之同情，自玄穹之垂貺。於是恭循典禮，親執豆籩，當愛日之選長，磬虔誠而告謝。群后執圭而肆覲，神郊備物以陳儀。柴燎既升，乾光下燭，瑞氣浮空而不散，生民鼓舞以同歡。宜覃作解之恩，用洽自天之慶。可大赦天下。自開寳四年十一月二十七日昧爽以前。云云。於戲！天地垂休，所以祚開泰；皇王報本，所以告成功。盛禮行而人神協和，慶澤流而寰海胥悦。文武列位，將相具僚，同心同德以逢時，盡節盡忠而宣力。宜勤翊亮，共致太平。

九年，太祖將幸西京。正月十三日，詔曰：定鼎洛邑，我之西都；燔柴泰壇，國之大事。今江表底定，方内大同。祇遹景靈，用伸報謝。乃眷西顧，郊兆在焉。將飭駕以時巡，躬展誠於陽位。朕今幸西京，以四月有事於南郊。及赴齋宫，先時霖雨彌旬，是日雲物晴霽。觀者如堵，垂白之民咸相謂曰：我輩少屬亂離，不圖今日復睹太平天子儀衛。皆相對感泣。赦文，門下：我國家受命開基，化民育物。荷乾坤之垂祐，致文軌之大同。内則朝政雍熙，外則武功振耀。洎兩川克復，五嶺蕩平，被聲教於寰瀛，納生靈於富壽。惟有江表，未息祆塵。頃勞動於六師，尋廓清於一境。數千里氛妖既殄，百餘年生聚知歸。蘇其久困之民，布以惟新之化。非冲人之克乂，皆上帝之儲休。今者卜首夏之良辰，就西都之正位，備其燔燎，靖乃豆籩。躬伸告謝之誠，用達恭虔之志。奠玉之盛儀既舉，普天之慶澤方行。宜覃曠蕩之恩，用表混同之化。可大赦天下。云云。於戲！牲牢報本，所以答天地之休；雷雨行恩，所以洽華夏之慶。御鳳樓而風雲助順，揭鷄竿而士庶同歡。眷惟文武之具僚，并效忠勤之亮節。佐我隆平之運，實多翊亮之勞。方切注懷，更宜宣力。

（清）嵇璜等《續通志》卷一五〇《刑法略・赦宥》 開寳元年十一月，南郊大赦，改元。自是三年而郊，必加恩肆赦，以為常制。凡赦，十惡殺人、官吏受贜者皆不原。太宗太平興國三年，郊大赦，詔自元年十二月二十二日以後，即登極赦。京朝幕府州縣官犯入己贜，除名配諸州者，縱逢恩赦不在放還之限。六年十一月，因郊禮議赦，有秦再思者按，秦再思《通考》作秦恩，今據《續通鑑》改正。上書，願勿赦，引諸葛亮相蜀數十年不赦之事以為證。帝頗疑之。時趙普對曰：凡郊祀肆，□聖朝彝典，其仁如天，堯舜之道也。若劉備區區一方，臣所不取。帝善其對，赦宥之議遂定。端拱元年正月，大赦。少府監言犯贜配役人郭冕等九人，皆嘗任京朝官，會赦當叙用。帝曰：冕等贜吏，不可復齒仕版，止令釋遣之。

《宋史》卷二《太祖本紀》〔開寳元年〕十一月癸卯，日南至，有事南郊，改元開寳。大赦，十惡、故殺人、官吏受贜者不原。

《宋史》卷二《太祖本紀》〔開寳四年十一月〕己未，日南至，有事南郊，大赦，十惡、故劫殺、官吏受贜者不原。

（宋）吕中《宋大事記講義》卷三《太祖皇帝・閲武　水戰　砲車　騎射》 開寳四年十二月，郊大赦。

《宋史》卷三《太祖本紀》〔開寳九年春正月〕壬申，大赦，減死罪一等。

《宋史》卷三《太祖本紀》〔開寳九年〕夏四月己亥，雨霽。庚子，有事圜丘，迴御五鳳樓大赦，十惡、故殺者不原，貶降責免者量移叙用，諸流配及逋欠悉放，諸官未贈恩者悉覃賞。

《宋史》卷四《太祖本紀》 開寳九年冬十月癸丑，太祖崩，帝遂即皇帝位。乙卯，大赦，常赦所不原者咸除之。

（宋）李攸《宋朝事實》卷二《登極赦》 太祖建隆元年正月初五日登極赦。門下：朕以五運推移，上帝於焉眷命；三靈改卜，王者所以膺圖。朕起自側微，備嘗艱險。當周邦草昧，從二帝以徂征；洎虞舜陟方，翊嗣君而纂位。但罄一心而事上，敢期百姓之與能屬以敵國侵疆，邊民罹苦。朕長驅禁旅，往靖邊塵。鼓旗才出於國門，將校共推於天命。迫回京闕，欣戴眇躬，幼主以曆數有歸，尋行禪讓。兆庶不可以無主，萬機不可以曠時，勉徇群心，以登大寳。昔湯、武革命，發大號以順人；唐、漢開基，因始封而建國。宜國號大宋，改周顯德七年爲建隆元年。乘時撫運，既協於歌謡；及物推恩，宜周於華夏。可大赦天下，應正月五日昧爽以前，天下罪人所犯罪已結正未結正、已發覺未發覺，罪無輕重，常赦所不原者，咸赦除之。應貶降責授及勒停等官，并與恩澤。諸配徒役男子女人等，并放逐便。其內外馬步兵士，各與等第優給。諸軍內有請分料錢者，特與加等第添給。中外見任前任職官，并與加恩。文武升朝官、內諸司使、副使、禁軍都指揮使以上及諸道行軍司馬、節度副使、藩方馬步軍都指揮使，應父母妻未有官及未曾叙封者，并與恩澤；亡父母未曾封贈者，并與封贈。諸處逃亡軍都限赦到百日內，仰於所在陳首，并與放罪，依舊軍分收管。如出百日不來自首者，復罪如初。念彼愚民或行姦盜，屬茲解網，咸許自新。諸軍有草寇處，仰所在州府及巡檢使臣曉諭招喚，若願在軍食糧者并與衣糧，如願歸農者亦聽取便。於戲！革故鼎新，皇祚初膺於景命；變家爲國，鴻恩宜被於寰區。更賴將相公王，同心協力，共裨寡昧，以致隆平。凡百軍民，深體朕意。

（宋）李攸《宋朝事實》卷二《登極赦》　昭憲太后常與太祖參決大政，及疾甚，太祖侍藥餌不離左右。太后曰：汝自知所以得天下乎？太祖曰：此皆祖考與太后之餘慶也。太后笑曰：不然，亦由柴氏使幼子主天下耳。因戒敕太祖曰：汝萬歲後，當以次傳之弟，則并汝之子亦獲安矣。太祖頓首泣曰：敢不如太后教。其後太祖遂傳位太宗皇帝。開寶九年十月二十一日登極，赦。門下：王者繼統承祧，所以嗣神器；節哀順變，所以寧萬邦。顧歷代之通規，諒舊章而可法。先皇帝勤勞啓國，宵旰臨朝，萬幾靡倦於躬親，四海方成於開泰。念農民之疾苦，知戰士之辛勤。氛祲盡平，生靈永逸。而寒暄遘癘，寢疾彌留。方臻偃革之期，遽起遺弓之嘆。猥以大寶，付於冲人。遵理命而莫能固辭，涉大川而罔知攸濟。負荷斯重，攀號莫任。宜覃在宥之恩，俾洽維新之澤，可大赦天下。云云。恭惟先皇帝推誠損己，焦思勞神。念將士之忠勤，知戰伐之辛苦。衣糧祿賜，無非經手經心；土地官封，不惜酬勛酬效。生靈是念，稼穡爲憂。罷非理之差徭，去無名之侵耗。不貪游宴，盡去奢華，減後宮冗食之人，停諸司不急之務。方岳止甘鮮之貢，殿庭碎珠玉之珍。獄訟無冤，刑戮不濫。凡關物務，盡立規繩。予小子纘紹丕基，恭稟遺訓，仰承法度，豈敢越違！更賴將相公卿，左右前後，共遵先志，同守成規，庶俾冲人，不墜洪業。

（宋）李燾《續資治通鑑長編》宋太宗太平興國元年十二月　甲寅，上御乾元殿受朝，愍而不樂。大赦，改元。

（宋）李攸《宋朝事實》卷四《郊赦》　太宗太平興國三年十一月南郊赦文。門下：王者負扆居尊，繼天垂統。順三靈之眷命，契萬國之歡心。宵衣旰食以忘疲，恤物愛民而爲念。自臨宸極，再易炎凉。朝政允釐，嘉穀屢稔。四海盡同於文軌，九州重正於封疆。顧菲薄以何功，賴穹旻之降祐。爰循舊典，親祀上玄。獻琛而率土皆來，執玉而諸侯畢會。風雲助順，羽衛增華。慶皇祚之昌隆，見禮容之繁盛。而又王公庶尹、中外具僚同傾愛戴之心，奉我龐鴻之號。億兆之願，豈獨在予，宜覃大賚之恩，用洽可封之化。可大赦天下。自太平興國三年十一月十五日昧爽以前。云云。於戲！郊天祀地，牲牢已薦於至誠；布惠行恩，雨露均沾於萬匯。灑渥澤而瑕疵盡滌，出縲囚而囹圄皆空。凡諸有位之臣，體我無私之意，更資忠力，共贊皇圖。寰宇克定於丕平，竹帛永光於千古。

（宋）李燾《續資治通鑑長編》宋太宗太平興國六年五月　己未，德音降死罪囚，流以下釋之，禱而雨故也。

（宋）李攸《宋朝事實》卷四《郊赦》　太平興國六年十一月十七日南郊赦文。門下：王者繼統居尊，握圖臨極。法二儀而行化，親萬務以忘勞。兢兢如涉於大川，蕩蕩期臻於至化。日慎一日，於茲六年。八紘之文軌大同，四序之陰陽不忒。兵鋒偃戢，年穀順成。蘇、杭千里之土疆，盡歸臨照；汾、晉一方之生聚，頓愈瘡痍。邊陲載息於烟塵，宇宙俱凝於和氣。顧惟凉德，享是豐功。蓋穹昊之降靈，兼祖宗之垂祐。爰伸大報，特備嚴禋，被衮冕以陟圜壇，薦牲牢而饗上帝。而又中外列辟、文武庶僚復以徽名加於眇質。尊崇之號，念何德以克堪；億兆之心，顧抑情而從徇。祇膺典禮，良用兢慚。宜覃作解之恩，用治普天之慶。可大赦天下。云云。於戲！玉帛薦誠，已陳於盛禮；雲雷覃慶，咸被於殊休。效忠良者，悉與旌酬；負瑕釁者，皆從滌蕩。百神受職，萬國來同。當景運之昌隆，嘉禮容之繁盛。風雲薦瑞，士庶同歡。更資有位之臣，共質無私之化。各宣忠力，永輔皇家。布告寰區，咸令悉知。

赦文，門下：惟皇撫運，樹鴻業於中區；惟辟奉天，表至誠於大報。既謹就陽之禮，宜覃及物之恩。用慶昌期，式符前典。朕自虔膺實運，嗣守瑶圖，九載於茲，一心無怠。雖寰區既乂，敢忘於旰食宵衣；

而風雨弗迷，屢睹於年豐俗阜。加以非烟甘露，霶霈繼灑於人寰；瑞獸珍禽，馴擾咸歸於御苑。四塞之干戈自息，八方之文軌大同。集是丕休，匪由涼德。斯蓋玄穹之所降鑒，清廟之所儲祥。朕所以躬事禋燔，告謝天地。千官景從，陪玉輅以供宸；諸侯駿奔，仰玄壇而助祭。矧乃文物大備，聲名孔修。當六變以升聞，荷百神之昭格。純嘏之錫，豈獨在予，思與萬邦，同茲大慶。仍改紀元之號，遐均作解之恩。可大赦天下。改太平興國九年爲雍熙元年。自雍熙元年十一月二十一日昧爽以前。云云。於戲！景運方隆，荷乾坤之眷祐；彝倫式叙，在刑政以交修。更賴文武藎臣，方岳庶尹，各伸乃力，共泰吾民。庶令擊壤之謡，不獨唐堯之代；可封之俗，復追虞舜之朝。凡爾含靈，知予至意。

（宋）李燾《續資治通鑑長編》宋太宗雍熙元年十一月　丁卯，祀天地於南郊，大赦，改元。初，太祖追尊四廟，親郊以宣祖配天。及上即位，禮官以爲：舜郊嚳、商郊冥、周郊后稷，王業因之而興也。若漢高之太公，光武之南頓，雖有父之尊，而無豫配天之法。故三年、六年再郊，並以太祖配天，於禮爲允。上將東封，詔扈蒙定禮儀，蒙乃奏議云：《經》曰：嚴父莫大於配天。請以宣祖配天，而太祖配上帝。及罷封禪爲郊祀，遂用蒙議，議者非之。自張昭、竇儀卒，朝廷諮訪典故，草立儀法，皆蒙專焉。

《宋史》卷五《太宗本紀》　端拱元年春正月己未朔，不受朝，群臣詣閣拜表稱賀。乙亥，親耕籍田。還御丹鳳樓，大赦，改元。除十惡、官吏犯贓至殺人者不赦外，民年七十以上賜爵一級。

（宋）李攸《宋朝事實》卷四《郊赦》　〔淳化〕四年正月二日南郊赦文。門下：我國家創業垂統逾三十年，禮讓興行，車書混一。外則五侯九伯，立屏翰之奇功；內則三事庶僚，罄股肱之亮節。共贊無私之化，成茲不拔之基。加以紫壇屢饗於天宗，青輅早修於農事。既禮交而樂舉，致遠肅而邇安。內顧眇躬，享茲介福。是用就上辛之良日，薦大報之至誠。乾坤既錫於鴻休，祖宗是崇於嚴配。八鑾景附，咸伸助祭之儀；百辟靈從，盡展陪鑾之禮。睹士民之繁盛，望羽衛之駢羅。思與普天，同茲大慶。自淳化四年正月二日昧爽以前。云云。於戲！郊天地以致誠明，咸尊典故；法陽春而施德澤，盡滌瑕疵。華夷遠播於懽聲，宇宙遍凝於和氣。更資有位，益勵乃誠，展安民濟物之謀，助旰食宵衣之化。庶俾照臨之內，俱躋富壽之期。咨爾萬方，咸知朕意。

南郊畢，御乾元門，下制曰：泰壇燔柴，國之大典；上辛祈穀，禮有舊章。祗見上帝，祈福天宗。癸巳，上賦南郊宿齋五、七言詩六首，賜近臣。乙未，雨雪，作立春日瑞雪詩三首。秘書監李至言：自廟徂郊，纖飈不摇，羽衛如植。升壇而星象炳煥，訖事而雲氣鬱興。應門肆赦，非烟可挹。

赦文。門下：我國家千齡啓運，百世其昌，惟列聖之在天，介鴻休於下土。朕自祗膺眷命，嗣守皇圖，垂二十餘年，居億兆之上。域中四大，常師古聖之言；天下一家，幸接隆平之運。遠肅而蠻夷率服，時和而風雨弗迷。盡禹别之九州，來修厥貢；懋堯咨之四岳，咸建庶官。刑政於是相宣，聲明以之大備。夫何涼德，集是丕休，皆由九廟之儲靈，實荷二儀之降鑒。得不討論方策，博採乎禮經；祗奉郊丘，興崇於祀事。達孝思於清廟，祈景福於上玄。用薦精誠，斯爲大報。百神效祉，諸侯駿奔。羅羽衛於康莊，烟霞動色；設宫縣於兩觀，金石成文。千官扈蹕以雲從，百姓歡呼而雷動。禮終嚴祀，喜成昭事之心；候屬載陽，廣布惟新之慶。宜覃恩宥，溥洽寰區。可大赦天下。云云。於戲！時當獻歲，禮畢嚴禋。祖宗之純嘏無疆，天地之祥符有耀。仰資玄貺，敷祐蒼生。更賴三事大臣，六師上將，炳人文而宣教化，揚我武以定疆埸。逮夫庶邦冢君，凡百執事，咸有一德，永孚於休。俾我邦家，紹統前代，盡善盡美，不其偉歟！告示萬方，明知朕意。

《宋史》卷五《太宗本紀》　〔淳化五年九月〕壬申，大赦，除十惡、故謀劫鬬殺、官吏犯正贓外，諸官先犯贓罪配隸禁錮者放還。

（宋）李燾《續資治通鑑長編》宋太宗至道元年八月　壬辰，制以開封尹壽王元侃爲皇太子，改名恒。大赦天下。文武常參官子爲父後，見任官賜勳一轉。詔皇太子兼判開封府。自唐天祐以來，中國多故，不遑立儲貳，斯禮之廢，將及百年，上始舉而行之，中外胥悦。

（宋）李燾《續資治通鑑長編》宋太宗至道二年春正月　己酉，親饗太廟。辛亥，合祭天地於圜丘，大赦天下。先是，禮儀使宋白奏曰：伏詳儀注，朝饗太廟，皇帝先詣罍洗，後奠瓚，其祀天地，望先詣罍洗，後奠玉幣。上遽召宰相以問，呂端等曰：王者親執玉帛以事上帝。玉帛者，接神之物。若沃盥而後奠獻，亦足以表虔潔之意。白曰：如允臣所請，止一次升壇。上聳然改容曰：朕親奉大祭，蓋爲萬姓祈福，若變禮爲允，當依卿奏，如合遵舊典，故不以登降爲勞。端等皆言白所陳，得禮之中也。遂從其議。

（宋）李攸《宋朝事實》卷二《登極赦》 真宗至道三年四月一日登極赦。門下：創業垂統，於以貽後昆；嗣位承祧，於以紹前烈。爲股肱之元首，俾億兆之宅心。洪惟永圖，屬在明辟。夫何涼德，享是丕休。先皇帝膺籙上玄，受遺太祖。臨御迨逾於二紀，憂勤遂冠於百王。無一日不舉皇綱，無一事不親聖覽，宵衣旰食，焦思勞神。禹迹混同，方致太平之運；堯心未倦，俄興不豫之灾。棄大寶以上仙，付冲人之神器。仰遵顧命，下迫推崇。若涉大川，罔知涯涘。黽勉負荷，兢畏交并。宜覃作解之恩，聊展奉先之意，可大赦天下。云云。恭念先朝庶政盡有成規，謹守奉行，不敢失墜。所宜開諫諍之路，拔茂異之材。鰥寡無告之民，悉令安泰；動植有生之類，冀獲昭蘇。庶幾延宗社之鴻休，召天地之和氣。更賴中外百執，左右藎臣，各盡乃職，輔茲不逮。布告遐邇，咸使聞知。

（宋）李燾《續資治通鑑長編》宋太宗至道三年夏四月 乙未朔，尊皇后爲皇太后。大赦天下，常赦所不原者咸除之。

（宋）李攸《宋朝事實》卷四《郊赦》 〔咸平〕二年十一月丙戌，合祭天地於圜丘，以太祖、太宗配。還御乾元門，下制曰：天祚明德，民懷有仁。惟景運之泰階，實昊穹之眷命。太祖皇帝以武功定亂，驅除八方，四登泰壇，親行大禮。太宗皇帝以文德柔服，混成一統，五奠玉爵，合祭二儀。粤以冲人，仰嗣丕業。三年無改，恭依典禮之文；百穀用成，亟獲豐年之瑞。退朝之暇，内省於懷，未熟化源，未成治定。夫何涼德，集是鴻休，上由天地之元符，人神協贊；復荷祖宗之餘慶，輔弼宣功。履春冰而常積戰兢，涉大川而詎知涯涘。非惕厲不能繼先業，非精虔何以答上蒼。必在乎假清廟而擁神休，舉皇儀而陳備物。於以示昭報，於以伸孝思。爰當亞歲之辰，躬展事天之禮。玉帛在笥，金石在縣。一陽生而寰海會同，九奏成而神祇下降。禮無違者，天必從之。宜覃作解之恩，共洽無疆之祐。可大赦天下。云云。於戲！國容全盛，天仗旋班。非烟散朱雀之街，旭日麗蒼龍之闕。歡聲雷動，喜氣雲從。肆士庶之榮觀，賴皇家之大慶。更賴文武多士，將相藎臣，各竭忠規，順成元化。同心同德，咸罄於嘉猷；無怠無荒，不忘乎明戒。同底於道，不其偉歟！布告萬民，咸知朕意。

（宋）李燾《續資治通鑑長編》宋真宗咸平五年十一月 壬寅，合祭天地於圜丘。大赦。諸路欠咸平四年已前殘税、河北河東欠五年貸糧并天下逋負，昇州廣德軍率分錢、洪筠州臨江軍酒麴脚錢，婺州竹園虚收孳生竹四十億六千一百五十一萬，悉除之。申嚴銷金衣物之禁。

（宋）李攸《宋朝事實》卷四《郊赦》 咸平五年十一月十一日南郊赦文。門下：禮莫大於事天，孝莫重於嚴父。因心崇陟配之義，垂訓懋翼子之規。自伯考建萬世之基，聖父纘重熙之業，莫不三年而郊上帝，九廟以饗神宗。用薦精誠，以伸昭報。顧予寡薄，獲荷慶靈。奉以周旋，焉敢廢墜！矧乃寰區底定，黎庶幾於小康；農畝豐登，稼穡呈於上瑞。皆玄穹之所降祐，繄列聖之所垂休。得不飭備物以告虔，升禋燎而報本，蠲吉之祀，廣至福於兆民；曠蕩之恩，宜大賚於四海。可大赦天下。云云。於戲！天下之至大，萬物之至繁。雖勵力以自强，願恭己而自治。更賴藩岳列辟，股肱元臣，暨御侮之群才，迨盈廷之多士，咸盡忠而奉化，各無隱於厥誠。俾予垂拱而仰成，致俗一變而至道。共臻多福，永孚於休。

《宋史》卷七《真宗本紀》 〔景德〕二年春正月庚戌朔，大赦天下，非故鬭殺、放火、强盗、僞造符印、犯贓官典、十惡至死者，悉除之。

（宋）李燾《續資治通鑑長編》宋真宗景德二年十一月 丁巳，合祭天地于圜丘，大赦。

（宋）李攸《宋朝事實》卷四《郊赦》 景德二年十一月十三日南郊赦文。門下：朕自猥紹慶基，君臨宇縣。奉若天道，馴致時雍。常念守位維艱，纂圖斯重。納隍軫慮，旰食視朝。於今九年，罔敢逸豫。幸玄穹之降鑒，荷宗廟以垂休，農祥薦臻，邊候不警。屬天正上元之日，陳吉土享帝之儀。因得躬執豆籩，祗見祖考。牲牢備物，圭幣薦誠。四海九州，皆來助祭；六變三獻，斯用降神。仰景貺之自天，慶蒼生之蒙福。報本既行於盛禮，回鑾乃御於應門。萬國來庭，集梯航而入貢；九賓就列，睹書軌之混同。宜大賚於中區，洽鴻恩於庶品。永言純嘏，豈獨在予！

爰稽肆眚之文，式布維新之澤。可大赦天下。云云。於戲！順天行慶，俾渙汗以維均；與物爲春，浹幽遐而廣被。偃革已臻於開泰，垂衣方示於穆清。更賴文武具僚，中外列辟，體君臣之同德，罄金石之純誠，資政教於和平，納生民於福壽，共扶昌運，永享於休。

《宋史》卷七《真宗本紀》 〔大中祥符元年冬十月癸丑〕大赦天下，常赦所不原者咸赦除之。

（宋）李燾《續資治通鑑長編》宋真宗大中祥符元年十月 癸丑，有司設仗衛、宮懸於朝覲壇下，壇在奉高宮之南，方九丈六尺，高九尺，四出陛，其南兩陛。上服衮冕，御壇上之壽昌殿受朝賀，中書門下文武百官、皇親、諸軍校、四方朝賀使、貢舉人、蕃客、父老、僧道皆在列。大赦天下，常赦所不原者咸赦除之。【略】

始議肆赦，上謂宰相曰：此赦與常赦不同，但常赦所不能行者，卿等並録出條目共議之，務令實惠及民也。上齋於行宮，晁迥進所草赦書。

（宋）李燾《續資治通鑑長編》宋真宗大中祥符四年二月 壬戌，御朝覲壇，受羣臣朝賀，大赦天下，恩賜如東封例。河中府特給復一年半，建寶鼎縣爲慶成軍，給復二年。距脽上三里禁樵采。文武官該叙封欲回授祖父母者，聽。四品以上官逮事太祖、太宗初潛，或嘗更邊任家無食禄者，録其子孫。建隆佐命王公將相邱冢，命所在致祭。給西京分司官實奉三分之一。諸處負犯人并部送闕下者，皆刺滿面大字，毀形頗甚，尤可憫傷，自今不得更然。律令編敕内條目，失於重者，宜令法官詳定聞奏，務從輕典。賜天下酺三日。大宴穆清殿，賜父老酒食衣幣。上作《汾陰二聖配饗銘》，河瀆、西海等贊。《湘山野録》：真宗回蹕，次河中，長安父老三千人詣行在，表乞臨幸。种放以三不便諫，乃止。按《國史》、《實録》略無此事。《野録》又言放時有兄喪及乞還山林等，皆謬誤，與《正史》、《實録》不合。今不取。

（宋）李燾《續資治通鑑長編》宋真宗大中祥符五年十月 己未，札示中外，大赦天下，常赦所不原者咸除之。兩京來年夏税放十之二，諸路十之一。賜致仕官全俸一年，幕職、州縣官先經省者權增五百員，任滿即停。《宋朝要録》，内外諸軍將士，並與特支。

（宋）李燾《續資治通鑑長編》宋真宗大中祥符七年二月 壬申，恭謝天地於東郊。還，御乾元門，大赦，内外文武官悉加恩，諸路蠲放租賦有差。舉人因事殿舉，及永不得入科場不經刑責者，許將來依例取解。自後大赦率下此制。

《宋史》卷八《真宗本紀》 〔大中祥符八年正月〕赦天下，非十惡、枉法贓及已殺人者咸除之。

（宋）李攸《宋朝事實》卷四《郊赦》 天禧三年十一月十九日南郊赦文。門下：朕以仰欽皇緒，夙奉慶基。自列聖之詒謀，逮眇躬之繼統，兵戈銷偃，海域混同，何嘗不日慎居懷，時乘在御，絕畋游而育物，戒服玩以敦風。納民歸仁壽之區，涉道究希夷之際，撫安四極，賓延萬靈。表下風以丁辰，致彌文而熙載，講求典禮，肅恭神人。燕處穆清，聿懷冲粹。荷太清之孚祐，示秘籙以降祥，靈運嘉亨，景輿臨暨。載聆諄誨，遂悟仙源。勵翼彌堅，欽修備至。考古先之盛則，畢封禪之洪徽，崇尚真宗，登隆妙號。言念元良之嗣，生知至德之方，善訪名山，特開珍館。祝壽昌之介祉，見忠孝之存誠，叠委寶文，愈昭殊應。是用答顧懷於穹厚，成禋享於壇壝，薦玉幣以告虔，陳豆籩而蠲潔。金匏協奏，文物駢羅。九賓相儀，百神受職。天旗總集，既彰祚國之休；王澤涵濡，宜洽均禧之慶。可大赦天下。云云。於戲！展嚴恭之禮，獲擁神休；覃滂霈之恩，式符衆望。諒周隆於慶賜，增激勵於神明。更賴中外信臣，文武列辟，竭以忠勤之節，傾其愛戴之心，協贊重熙，永膺多福。

（宋）司馬光《稽古録》天禧四年九月 丁卯，大赦。

（宋）李燾《續資治通鑑長編》宋真宗乾興元年二月 庚子朔，上御正陽門，大赦天下，恩賞悉依南郊例。

（宋）李燾《續資治通鑑長編》宋真宗乾興元年二月 〔時仁宗即位〕己未，大赦，除常赦所不原者。百官進官一等，優賞諸軍，山陵諸費無以賦民。京朝官服緋、緑及十五年者，並與改賜服色。改賜服色以十五年爲限。登極用東封、西祀例，自此始。

（宋）李攸《宋朝事實》卷二《登極赦》 仁宗乾興元年二月十九日登極赦。門下：天生烝民，惟君所以司牧；國有神器，有子所以傳歸。先皇帝紹累聖之丕圖，輯庶邦之大治。焦勞虔恭，二紀於兹。忽興憑幾之言，永結遺弓之慕。循顧眇質，獲嗣慶基。適屬承祧之初，宜覃在宥之澤。可大赦天下，常赦所不原者咸赦除之。恭念夙侍聖顏，備承寶訓。凡百機務，盡有成規，謹當奉行，不敢失墜。更賴宗工良佐，中外臣僚，咸竭乃誠，以輔不逮。布告遐邇，咸使聞知。

《宋史》卷九《仁宗本紀》〔乾興元年二月〕己未，大赦，除常赦所不原者。

（宋）李攸《宋朝事實》卷四《郊赦》 天聖二年十一月十三日南郊赦文。門下：三載一郊，國朝茂典。蓋所以報貺天地，致虔祖宗，盡欽翼之心，膺錫祚之福。昊穹眷命，三聖重光，化無遠而不懷，惠無幽而不浹。肆予寡昧，纂是隆平，端扆永思，臨淵匪懼。幸賴母儀申誨，先烈在民。三事群卿，裨我以公道；百工庶尹，贊我以遠圖。政常敦本閑邪，刑必蠲苛從善。邊隆撤候，方聘修歡。東南之畝屢登，陰陽之沴不作。是用採甘泉之曩制，方委粟之前經。度土就陽，占辰亞歲，豫祠真館，虔饗太宮。乃陟嘉壇，肅陳量幣。群司戒潔，工器協恭。瞻來格於窈冥，納降衷於高厚。天清日潤，禮備樂崇。克伸孚祐之文，實荷厖鴻之賜。宜均渙號，溥及含生。可大赦天下。於戲！積累之業存乎時，涵濡之澤加乎遠。邦家所著，憲度甚明。予惟遵行，罔敢失墜。班朝文武，有位忠賢，庶益藎規，以弼涼德。勿休屢省，稱朕意焉。禮成，輔臣皆進官。辛相王欽若等固辭。上謂曰：郊祀慶成，朕爲卿等進官，懇辭何也？欽若等對曰：臣等待罪近司，獲陪盛禮，幸甚！復遷官秩，益爲忝冒。上懇諭久之，欽若等再拜稱謝而退。是月甲辰，百官集尚書省，受薦饗景靈宮誓。乙巳，受朝饗太廟誓。丙午，受合祭天地誓。丁未，上謂輔臣曰：此三日，百官受誓禮當然耶？王曾等對曰：宗廟告饗，皆沿郊祀之事，止當一日受誓。今蓋循先朝舊制，請俟他日釐正之。庚戌，宿齋於天安殿，百官宿齋於朝堂。辛亥，薦饗於景靈宮，宿齋於太廟。大禮使王曾言：皇帝執圭被衮，酌獻七室，而每室奏樂章，恐陟降爲勞，請節宮架之奏。上曰：三年一饗，朕不敢憚勞也，卿勿復言。壬子，朝饗七室，宿齋於南郊。癸丑，冬至，合祭天地於圜丘。三獻終，增禮生七人，各引本室太祝。升殿，徹豆籩，赦文。門下：朕以紹膺端命，祗服睿圖。六載於兹，萬機在念。守大中之曩訓，遵聖善之懿猷。被四表以宅心，浹群倫而從乂。有祈必應，惟動斯和。歲事省成，河流順復。此皆鴻靈敷祐，列聖顧懷。乃底輯寧，愈增惕勵。奉先之道，固竭於精衷；報本之儀，聿循於舊典。既卜郊而叶吉，粵定位之載嚴。沿襲有初，講求惟允。格太宮而祼獻，率迪肅雍；類上帝以燎熏，并昭妥侑。罄齋莊而備至，荷肸蠁以居歆。矧乃真系垂謨，夙展欽崇之禮；玉虛攸館，將申哀對之文。回寶眷以博臨，介純禧而畢集。顯無疆之大慶，豈獨在予，霈作解之洪恩，式均有衆。可大赦天下。於戲！天人交感，繄默定之有孚；中外胥歡，諒寵綏而宣洽。尚賴既睦之宗戚，同體之忠良，暨諸邇臣，逮夫庶士，協一德以修輔，廣四聰而必聞。慎固基扃，振明紀律。無隱厥志，用恢永圖。主者施行。宣制畢，百官稱賀。上恭謝太后於會慶殿。內常侍贊引皇帝，皇帝自殿後幄，詣皇太后前，再拜跪奏曰：臣禎虔遵舊典，郊祀禮成，中外協心，以懽以抃。皇太后宣答曰：郊祀之祉，與皇帝同之。皇帝還內。百官賀皇太后，垂簾，賜酒三行。丙辰，宿齋於長春殿，百官宿齋於朝堂。丁巳，恭謝於玉清昭應宮。是月壬辰，上宿齋於大慶殿，百官宿齋於朝堂。癸巳，薦享景靈宮，宿齋於太廟。甲午，饗七室，又饗奉慈廟，宿齋於南郊。乙未冬至，合祭天地於圜丘，以太祖、太宗、真宗并配。赦文，門下：朕膺天地之丕貺，紹祖宗之慶基，政典咸融，兆民祗若。休祥狎應，大田屢兆於豐年；髦俊并生，多士協寧於景運。熙平在旦，燕翼有光。諸侯盡賓，納黎元於富庶；三公論道，升遺逸於簪紳。豈惟冲人，克致茂實。必修報本之義，以答上靈之心。盛服展儀，至日惟吉。欽從謨訓，率致精明。清廟肅雍，既備陳於圭瓚；閟宮静侐，復親薦於豆籩。被衮就陽，燔柴定位。嚴配并饗，昭格於至誠；陟降交歡，誕膺於純嘏。念紹庭之垂裕，顧受福之永昌。思與萬邦，同兹大澤。禮交樂舉，既明嚴上之規；雷動風行，宜覃渙汗之號。可大赦天下。於戲！大事在祀，聿從哀對之文；與物爲春，用穆好生之化。更賴良弼，賢戚維藩，文武藎臣，中外庶尹，體恭肅以修輔，本中和而在寬。俾敦孝友之倫，咸躋仁壽之域。翼宣王度，永播時雍。主者施行。太常禮院言：南郊第一龕，饗五方帝、大明夜明、神州地祇、北極天皇大帝。比歲，上差司天監保章正攝事。且五帝尊神，而獻官秩卑，饗接非稱。今詣第一龕，以少卿監或正郎爲獻官。第二第三龕以員外郎。壇下及內壝之外，以京官或保章正分獻。從之。大禮使言：宗室詣中書受誓戒，不至者六十餘員。詔停郊廟幄位。太常禮院言：皇帝行郊廟之禮，故事，止設更衣幄殿而未有小次。

是以薦獻之際，皇帝立版位，以至於禮成，未有所以裕主尊、究恭肅也。謹按《周官》：朝日，祀五帝，則張大次，朝覲會同亦如之。值成謂：大次，所往所止居也。小次，既按祭退俟之處也。引《祭義》：周人祭日，以朝及暗。雖有强力，孰能支之是以退俟，與諸臣代有事焉。故説者以爲祀昊天上帝，亦張大次、小次。古者大次在壇壝之外，猶今更衣幄殿也，小次在壇之側，今所未行。按魏武帝《祠廟令》：降神禮訖，下陛，就蕞而立。須奏樂畢，似若不愆，列祖遲祭，不速訖也。故吾坐俟樂闋，送神乃起爾。然則武帝坐俟，容須引設近次，與《周官》義符。今參驗前代，謂宜設小次於皇帝版位少東，每獻畢，降壇，若殿，就小次。俟終獻，徹豆，則復就版位，至禮畢。如此則奉神之意，在久益虔；執禮之容，有恭無缺。從之。禮畢，群臣上尊號曰景祐體天法道欽文聰武聖神孝德皇帝。三年七月己卯，孫奭子瑜上《崇祀録》二十卷。詔送史館。赦文，門下：升禋陟配，誠孝所以兼申；擁休肆眚，神靈於是交豫。朕奉承丕曆，欽率先謨。永惟置器之重，浩若涉川之廣。託在尊極，弗敢遑寧。幸席成規，浸尋至治。而疆陲賓款，歲物順繁，民罔時恫，政克用乂。斯皆昊穹開祐之貺，宗祏燕詒之謀。幽贊於兹，朕將何力内循涼寡，期保顧存。是用圖講舊章，毖修大報。袚飾壇兆，豐潔粢盛，虔會迎長之辰，躬陳合祭之典。至於前獻道祖，歷祼廟昭。蓋經禮必先之文，庶哲王能饗之義。措事之日，備物有嚴。百執駿奔，二聖參侑。獲率强力，以底盛容。居歆在上，降鑒如答。迪拜胙之吉，敢曰余勤；沛崇朝之澤，方思衆共。再念向徇群議，許加徽稱，深揆浮實之華，如乖克己之訓。宜因冠號，俾易建元。顧元專享之福，更示惟新之命。可大赦天下。於戲！逮下之慶，方與物而皆昌；屢省之思，冀後天而攸奉。尚賴三事庶尹，列辟衆司，交輸乃誠，躋格鴻化，茂對乾施，永孚於休。禮畢，宰臣張士遜等五人上表，加上尊號寶元體天法道欽文烈武聖神英睿孝德皇帝。上屢却之，謂士遜曰：唐穆宗云：强我懿號，不若使我爲有道之君；加我虚尊，不若居我於無過之地。朕常愛斯言，卿等亦宜體此意。士遜等懇請不回，上不得已，至二十九日下詔，惟不稱英睿二字，餘允其請。右司諫韓琦以京城内逼郊祀數月，盗賊公行輦轂之下，宜有禁暴之法。請南郊前一月降敕開封府，約束强盗，罪至徒并折傷人以上，如犯在敕後，毋得以赦原，其竊盜贓重者奏聽裁。從之。

（宋）李燾《續資治通鑑長編》宋仁宗天聖二年十一月　丁酉，合祀天地於圜丘，大赦。

（清）嵇璜等《續通志》卷一五〇《刑法略・赦宥》　仁宗天聖五年，馬亮上言朝廷，雖有詔，自十月後犯强竊盜者，郊赦不原，而法官斷獄乃言，終是會赦多所寬貸，惠姦宄，失詔旨。遂詔已下約束，而犯劫盗及官典受贓，勿復奏悉，論如律。七年春，京師雨彌，月不止，仁宗謂輔臣曰：豈政事未當天心耶？因言向者大辟，覆奏州縣至於再，京師至於五，蓋重人命如此，其戒有司决獄議罪毋或枉濫，又曰赦不欲數，然舍是無以召和氣，遂命赦天下。

（宋）李燾《續資治通鑑長編》宋仁宗天聖五年十一月　癸丑，合祭天地於圜丘，大赦。賀皇太后於會慶殿。

（宋）李燾《續資治通鑑長編》宋仁宗天聖七年夏四月　庚寅，赦天下，免河北被水民賦租。京師自三月朔雨不止，前赦一夕而霽。

（宋）李燾《續資治通鑑長編》宋仁宗天聖八年十一月　戊辰，合祭天地於圜丘，大赦。賀皇太后於會慶殿。戚里有毆妻致死更赦事發者，太后怒曰：夫婦齊體，奈何毆致死耶？權知開封府寇瑊對曰：傷居限外，事在赦前，有司不敢亂天下法。卒免死。

（宋）李燾《續資治通鑑長編》宋仁宗明道元年十一月　十一月甲戌，上以修内成，恭謝天地於天安殿，遂謁太廟，大赦，改元，優賞諸軍，百官皆進官一等，不隔磨勘，選人及十二考歷任無贓罪並許磨勘引見。百官進官一等，此據《本紀》。不隔磨勘，此據《朔曆》。《實録》但云加恩。若止加恩，則非進官，《實録》誤也。今州縣所有慶曆新編赦書，亦與《本紀》、《朔曆》同。《祖宗故事》云：明道改元，非次恩賞，尚有不滿之意，朝廷别爲施恩。此事當考。

（宋）李燾《續資治通鑑長編》宋仁宗明道二年二月　丁未，祀先農，行籍田禮。禮儀使張士遜奏皇帝三推而止，帝曰：朕既躬耕，不以古禮爲式，願推終畝。士遜固請，乃耕十二步而止，御觀耕臺。三公以下咸推盡壟，悉過五推之數。禮畢，御正陽門，大赦。太宗親耕耒耜，命太僕寺永祕藏之。民年八十以上，每遇長寧、乾元節，許赴州縣燕設。其父母年八十者，與免一丁，著爲式。權罷江、淮發運司今年春漕，以濟饑民。御天安殿受册。嘉祐四年祫享赦書，又申明免丁之令。《本紀》于此年失不載，遂以嘉祐四年爲事始，誤也。

《宋史》卷一〇《仁宗本紀》 〔明道二年三月〕庚寅，以皇太后不豫，大赦，除常赦所不原者。

（宋）李燾《續資治通鑑長編》宋仁宗景祐二年十一月 乙未，祀天地於圜丘，以太祖、太宗、真宗並配。大赦天下。録唐、梁、後唐、晉、漢、周及諸僞國後。建隆以來臣僚、將校沒於戰陣，無子孫食禄者，於所屬自言，宗室並與轉官，仍自諸司使以下至殿直，皆換西班官。

（宋）李攸《宋朝事實》卷四《郊赦》 康定二年，有獻議者以西事未寧，欲權罷郊天，上以爲不可。至十一月二十日南郊畢，肆赦。門下：朕誕膺寶命，嗣守鴻基。荷上靈降監之祥，奉列聖紹庭之憲。撫寧興運，司牧黎元。慎保盈成之難，思隆久大之業。祗勤抑畏，垂二十年。何嘗不中昃勵精，幽微博聽，慮一夫之不獲，期百志之惟熙。務湯盤之日新，致禹疇之時若。至於秉慈儉之訓，絶游畋之娱，器物屏雕文之功，刑政革煩苛之弊，雖未臻於淳古，庶無怠於始初。幸以諸夏謐清，百嘉匯茂，民涵豐楙之樂，物違疵癘之傷。玉燭四時，《簫》《勺》群祀。斯皆三神之所孚祐，九廟之所撫綏。豈繄眇眇之躬，克召穰穰之福。是用順考聲名之典，浸尋禋燎之儀，祓飾壇壝，祗薦瑄幣，揆天元景至之序，定國陽郊見之儀。皇穹后祇，動降瞻饗之厚；藝祖文考，毖陳升侑之嚴。本陶秫以致其誠，合膻薌以達其氣。望秩群祀，懷柔百神。冀精意之獲伸，奚備物之能稱。若乃首趨真館，前謁太宫，肅修祼獻之常，罄兹優愾之慕。所以因昭事之大，述追孝之恭，交集盛容，克成美報，禮由衆舉，慶靡專承。當天地并貺之仁，聿均大嘏；法雷雨作解之施，用霈醲恩。仍建號以紀元，美受釐而布度，可大赦天下。宜改康定二年爲慶曆元年。於戲！謹漢畤之親祠，兹爲大事；體《虞書》之肆眚，所重好生。許清多辟之流，咸沐維新之澤。尚敕臣鄰同德，官尹修方，協進忠規，允釐庶績。不格至平之治，共酬純錫之私。初設有小次壇下，又設褥爲黄道屬之神位，至是，上不御小次，徹黄道，改拜褥用緋，以盡恭肅之志。

（宋）李攸《宋朝事實》卷四《郊赦》 慶曆四年南郊，御札敕内外文武百僚等：朕荷祖宗之謀，託黎元之上，日慎夕惕，罔敢怠遑。故嘗六款圜丘，祗見上帝。今賴天之福，浹宇以和。雖右鄙留屯，南方薄稔，已加撫綏，期底靖安。匪雲交修，思有昭報。聖則能饗，誠慚於寡德；祭不欲數，既及於三年。通奉先規，講求多物。愾聞列聖之祫，哀對明靈之臻。況祈祉下民，弗爲專美。在國大事，其敢憚行。朕以今年十一月二十五日有事於南郊。咨爾攸司，各揚乃職。凡於供億，毋俾煩勞。應諸道州府不得以進奉爲名，別行科率。比者多緣嚴配，加上徽名，止循率吁之常，徒爲薦誠之累。且應神以實，何用虚文，與禮之奢，不如寧儉。其文武百官僧道父老等不得因郊祀上表，請加尊號。永言有衆，宜喻先庚。共奬至虔，以副朕意。故兹札示，想宜知悉。郊祀赦文，門下：朕聞爲國莫重於祭，報本莫尊於天。禮不欲至於煩，類當三歲；物無以稱其德，是竭至誠。比者原田有秋，辰緯澄晷，地數見寶，蝗弗爲灾，闔輔簡餉與之調，羌夏露懷徠之請。間遣近輔，分慰三垂，就恤邊吏之勤，無重編氓之困。亦克用乂，方致小康。朕用欽荷顧存，謹修禋類，抑止貢奉之費，裁節供帳之勞。前敕攸司，毋加徽稱。雖微有善之讓，姑底事神之恭。且復稽參典文，改告兹謐。從真聖之尊統，貫乾德之舊章。既款殊庭，遂見清廟。葉長日之嘉會，祗靈壇而順享。皇穹后地之合，藝祖神宗之配，六變而樂備，三獻而禮成。煬蕭烟於太霄，達爟火於群祀。兩儀洪洞，萬瑞紛綸。斯固足以表上帝之眷懷，罄冲人之明察。又念乃文乃武，有壬有林，或奉引掃除，或侍祠顯祖。八屯擁衛之格，九州獻力之常。共贊眇躬，克成毖祀。美不專饗，命則惟新。用推多福之祥，肆爲兆民之慶。可大赦天下。於戲！明德惟馨，已回蓋高之鑒；與衆更始，誠慕列辟之良。矧曰如臺，敢云自暇。益當居降祥之地，而懼其咎；席已安之勢，而念其危。弗徇非彝，弗爲無益，建中道以臨總，涣大號而胥歡。嘉與群元，共臻斯路。

（宋）李燾《續資治通鑑長編》宋仁宗慶曆四年十一月 壬午，合祭天地於圜丘，始至壇下，勑太常無得擅減樂聲。大赦。復西京、河陽府所廢縣。京西、湖南北經賊剽劫處，第蠲其租。益、梓路轉運司歲市綾錦、鹿胎萬二千，特與減半。保州舉人舊係南省下第者，特免取解，新取解者，於舊額上增解二分。陝西路解額狹處，令貢院定分數以聞。

先是，益州路轉運使袁抗言三司每歲於兩蜀市綾錦、鹿胎，比歲蜀民困甚，願少寬其力，以備秦中它日之急。赦書蓋從抗請也。

（宋）李燾《續資治通鑑長編》宋仁宗慶曆五年十月 辛酉，祔章獻明肅皇后、章懿皇后神主于太廟，大赦。前一日，文德殿奉安寶册，帝服通天冠、絳紗袍，執圭，太常奏樂，百官宿朝堂。是日，有司薦享諸廟，日加寅，帝復詣正衙，宰臣行事官贊導册寶至大慶殿廷，發册出宣德門，攝太尉賈昌朝、陳執中並受寶册升輅，陳儀衛，鳴鼓吹，赴奉慈廟上寶册，告遷，二神主皆塗太字，大赦天下。

（宋）李攸《宋朝事實》卷四《郊赦》 慶曆七年十一月二十八日南郊赦文。門下：朕嘗博覽載籍，詳觀古今。每資取於典彝，用昭施於政教。且夫大事在祀，所期奉而益恭；讓德於天，必欲善不自處。斯皆垂芳簡策，作範邦家。歷世相因，百王不易。在沿革而雖異，諒稽參而靡渝。故假廟致虔，掃地尚質，實奉先而嚴配，取報本以貴誠。粵自纘承，逾茲二紀。遵述詒謀之訓，企及欽明之風。慎恃守於盈成，念懷柔於遠邇。萬機之務，罔怠於旰宵；含生之倫，冀登於富壽。尚兢虞於譴戒，彌鑒省於昏荒。治格隆平，物無疵癘。制作禮樂，敢謂其時；協和人神，當成厥事。是用虔修毖祀，參講縟儀，抑菲德之徽稱，增先皇之顯謚。祇見覲德之室，嚴禋定位之方。圜壇載升，長日協吉。順考舊典，傾竭精衷。九州獻力以惟寅，百神受職而咸秩。紛綸之貺，仰降於高穹；曠蕩之恩，宜覃於率土。可大赦天下。云云。於戲！惟聖饗帝，益罄於齋莊；惟德動天，敢忘於惕勵。尚冀祖宗垂祐，輔弼協謀。緊維城親懿之賢，暨衛社忠勞之士，百工庶尹，咸一乃心。共贊昌期，永臻皇極。十一月四日南郊赦文。門下：燔柴報本，崇經禮之親郊；渙號宣恩，廣春秋之大眚。朕肅膺統業，寅奉政機，未昭厥涂，猶涉淵水。荷乾祇之敷佑，賴宗社之擁全，治克用平，思無不服，茂息生齒，屢登康年。蓋先烈之累仁，省眇躬之何德。比舉秩於元祀，用答揚於靈休。三紀於茲，涓衷敢怠。自合宮之訖饗，即陽位以薦誠。申命道司，詳稽舊典，卜日南之長晷，祠地上之圜丘。前詔諸儒，考正雅樂。蓋以遵達孝之述事，昭盛德之流光。遹觀厥成，升奏群祀。庶德音之致，相接於天人；沿豫象之辭，登配於祖考。率前期而戒誓，復先甲以潔齊。欽翼徂宮，款見於道祖；肅僾在廟，永懷於前人。懼饗弗能，臨祼惟惕。紫營未旦，赤霄在望。執事有恪，備物無違。蒙上帝以居歆，奉列聖之參侑。蒼璧既奠，朱燎以升。惠我無疆，肅然有感。欽惟天表之應，誕錫壽康；嘉與宇內之人，均承貺施。可大赦天下。於戲！合祫大祀，固靡神之不宗；在宥群方，思與物而更始。尚賴左右承弼，中外臣工，秉德輔予，竭忠圖治。惟休惟恤，永底康哉！太常禮院言：奉詔再詳定三聖并侑事，伏以配侑之法，前代不同。古則一王，而後或兼配，皆是變禮彌文、廣申誠愛也。國朝景祐二年曾下詔書，令次郊禋，三聖并侑。其後以太祖定配，二宗迭配，明堂大禮亦三后并侑。今陛下濬發德音，欽明大孝。况是本朝舊制，已再躬行，於義無爽。故下詔曰：王者因郊反始，無大於躬親；本孝奉先，莫尊於主侑。且明堂之配，已著於定儀；而景祐之文，蓋存於甲令。雖協事親之愛，猶慎緣情之舉，再諏群議，述考舊典。皆以謂祖宗功德，宜對越於上靈；文昭武烈，亦無嚴於祀位。息民昭德，定保永圖。自今南郊，三聖并侑。布告內外，宜體至懷。三年，罷南郊。九月十二日恭謝。敕內外文武臣僚：執圭璧以事神，嚴祖宗而配帝，雖有國之常典，亦因時而制宜。朕承三聖之丕基，撫萬邦之有衆。儉於己，思天下之民豐；勞於心，致天下之民佚。罔敢怠忽，庶幾治平。而首春以來，偶爽調適。賴三靈敷祐，百福來臻，順以節宣，獲茲康裕。加以邊隅不聳，風雨以時。雖庶物之咸和，顧眇躬而增惕。是用稽先朝之成憲，詢故實於有司，即廣殿之翼嚴，擇靈辰之良吉，式申昭謝，以格純休。宜用先期，俾茲誕告。朕取今年九月內，於大慶殿行恭謝之禮。其今年冬至親祀南郊，即宜權罷。所有合行諸般恩賞，并特就恭謝禮畢，一依南郊例施行。至日，朕親御宣德門宣制。仍令所司詳定儀注以聞。務遵典禮，勿俾煩勞。咨爾多方，咸體予意。故茲札示，想宜知悉。至九月十二日恭謝畢，降赦。門下：朕纘繩基緒，統御幅員，周視萬機，僅成三紀。思守文之尤重，念居上之至難，或未明而衣，或既旰乃食。惟正人是訪，惟公論是稽。恬然過勤，舉不知困。比春云始，平履成虧。荷高明之博臨，膺厚順之丕擁。宗社降福，士民輸忠。眇眇之躬，遄臻於綏乂；便便之政，率遂於講修。雖屬水潦遘災，河流移道，眷言方國，咸克妥安。邦經所系，朕力何有，亶茲循省，彌用戰兢。秋稟戒期，農收畢務。誕詢故事，參繹前文。約郊壝之儀，嚴路廷之制，工師虔聳，物品晏清。祇罄誠忱，潔清款見，上以答乾元之開佑，下以蕲生聚之樂康。浸通明靈，大示肸蠁。宜與兆庶，共均休嘉。式覃涣汗之恩，仍易紀年之號，以孚神貺，以順物宜。可大赦天下。云云。初，仁宗得疾。議者以太宗至道年升遐，乃深惡其年號，趣詔中書改之。是歲以郊爲恭謝天地，改元曰嘉祐。四年十月，詔罷冬至祀南郊。十三日，袷享。

（宋）李燾《續資治通鑑長編》宋仁宗皇祐二年九月　辛亥，大饗天地於明堂，以太祖、太宗、真宗配，從祀如圜丘。大赦，文武職官故分司致仕官，並特與轉官。內臣入仕及十年，亦與遷改，即不爲永例。

（宋）李燾《續資治通鑑長編》宋仁宗嘉祐四年十月　癸酉，袷於太廟，大赦。男子百歲以上者特推恩命；民父母年八十以上復其一丁；士人有節行、學術爲鄉里所推者，委轉運使、提點刑獄同加搜訪，每路各三兩人，仍與本處長吏具事實，連書結狀以聞。委中書門下再行詢察，特加試用；諸路解發有就試人多解額少處，今既並歸土著，令禮部量添解額。本文有今既並歸土著六字，《實録》删去，恐失事實，仍增之。《本紀》書云，詔諸路監司察士有學行，爲鄉里所推者，同長吏以聞。民父母年八十已上，復其一丁。

（宋）李燾《續資治通鑑長編》宋仁宗景祐五年十一月　己巳，合祭天地於圜丘，大赦。

（宋）李燾《續資治通鑑長編》宋仁宗嘉祐七年九月　辛亥，大饗明堂，大赦。文武升朝官父母妻並與官封；轉朝官在今年冬至已前者，父母亦特推恩；　臣僚合該奏薦，赦後奏至，舊例即不行，自今特展限一月。

（宋）李燾《續資治通鑑長編》宋仁宗嘉祐八年四月　癸酉，大赦。除常赦所不原者，百官進官一等，服緋紫及十五年者，與改服色。優賞諸軍如乾興故事，所費無慮一千一百萬貫匹兩，在京費四百萬。

時禁衛或相告，乾興故事，內納食物中有金。既而宮中果賜食，衆視食中無有，紛紛以爲言。殿前副都指揮使李璋呼其長謂曰：爾曹平居衣食縣官，主上未臨政已優賞，爾何功復云云，敢諠者斬！衆乃定。職方員外郎、判吏部南曹王端言：公卿子弟，襁褓得官，未嘗涖事，而錫服與年勞者等，何以示勸。請從涖日始。遂著爲令。端，質弟也。

（宋）李攸《宋朝事實》卷二《登極赦》　英宗嘉祐八年四月一日登極赦。門下：烝民之生，置君爲之司牧；神器之重，有子所以傳歸。先皇帝天資慈仁，聖德深厚，臨御歲逾於三紀，憂勤日覽於萬機，常旰昃以忘勞，因晦明而遘癘。浸違沖豫，遂至彌留。遽興憑幾之言，念及承祧之寄，猥以大業，屬於沖人。永惟負荷之艱，矧在哀迷之次，罔知攸濟，祗率舊章。宜覃在宥之恩，式表奉先之志，可大赦天下。云云。恭念夙奉聖顔，備聞聖訓。在於庶政，悉有成規，惟謹奉行，罔敢廢失。更賴中外多士，左右忠賢，各盡乃誠，以輔臺德。布告遐邇，咸使聞知。

（宋）蘇頌《蘇魏公文集》卷四五《謝英宗皇帝即位大赦》　臣某言，伏奉四月二日制書可大赦天下，常赦不原者咸赦除之，臣即時集本州官吏軍民宣讀告諭，施行訖者。風雲會而聖人作雷解，而品物榮，自邇及遐，以喜以忭，臣某誠歡誠喜，頓首，頓首。伏以人君發惟新之號，所以麗澤於四方，赦令出非常之恩，故能鼓舞於羣動，蓋春秋貴謹始之義，而典謨重肆眚之文，憲章具存，今昔豈異。伏惟皇帝陛下荷天明命，應運勃興，丕承先帝之謨，光臨大寶之位，乃於踐阼之旦，誕布好生之仁，刑無大小之差，悉從原宥。官無內外之限，咸與躋遷。軍和徧被於頒賚民里，周蒙於隱恤，舊章畢舉，美利無垠，人神為之交歡，陰陽以之順序，臣叨守州郡，親遘盛明，伏讀詔書有祗率舊章之言，又有罔敢廢失之戒，竊謂陛下，虔恭遺旨，善述先猷，足以感動人心，馴致孝治，凡在臣子孰不歡欣，昔帝堯能放上世之勳，成王能酌先祖之道，《書》《詩》所以稱載，聖賢所以詠歌，較於茲辰，未為遠過，昇平之源可見，甚盛之德在茲，丕基益隆，萬世永賴，臣限以官守，不獲稱慶闕庭，無任。

（宋）李攸《宋朝事實》卷五《郊赦》　英宗治平二年南郊，御札內外文武臣僚等：天地者生之本，先祖者類之始。故禮有報本反始，而祀天地，尊先祖，於是乎致虔恭焉。國朝之制，郊以三歲。而自皇祐癸巳，一紀於今，鑾輿之行，不踵乎經涂；皇邸之設，不嚴乎大次。交神之道，豈不缺然也哉。朕以沖眇之資，荷顧託之重，巍乎王公士民之上，凛乎宗廟社稷之寄，日慎一日，惟恐弗任。而三靈眷懷，億姓禔福。天清日潤，雷動風行。嘉生汔臻，氛祲蕩定。固可以薦四時之和氣，總萬國之歡心，以報本乎天地，而反始乎先祖也。朕以今年十一月十六日有事於南郊。咨爾攸司，務勤厥職。諸道州府不得以進奉爲名，輒行科率。必循其故，毋或煩民。故茲札示，想宜知悉。

敕文，門下：朕承祖宗之休，託王公之上，纘嗣丕業，誕隆慶基。我仁考體道誠明，率仁高厚。躬履純儉，天俾壽臧。熙然億兆之懷，隆於父母之愛。禮樂明備，制作成於百年；書軌大同，歡心達於四表。憲度著明而可則，軌迹夷易而可遵。肆朕冲人，遹當大寶。祗荷先訓，仰繄母慈。永念繼體之艱，居有涉水之懼。日慎一日，三歲於兹。曷嘗不究皇極之建中，順乾剛之正命，登吁賢俊，監循典刑。未明以求衣，中昃不暇食。宫室苑囿之好，或弛以便民；鐘鼓管弦之音，固不以足欲。前日文武多士、中外群臣連上封章，求薦稱號。朕以繼志述事，未有以揚緝熙；持盈守成，未有以彰休烈。下之方以底百室之富，上之方以接神人之歡，義所未安，抑而不受。豈自以得勤民之意，蓋將以洪修己之誠。深惟就國陽郊，肇禋吉土；振古盛節，本朝上儀。儲精迓釐，欲止不敢。惟孝能饗，庶幾與焉。是以因黄宫之氣升，迨南極之景至，躬執圭幣，潔修粢盛，祼薦清廟之廷，燔燎泰壇之奠，侑以烈祖，對越上穹。於時祥景晏温，大圓精粹，和氣充塞，積曀肅清。兹皆諸神受福於懷柔，有昊眷顧而饗答。發祥降祉，豈獨朕躬之敢專，洗心自新，嘉與海内之均慶。可大赦天下。云云。於戲！崇大報之禮，有以達於誠心；覃涣汗之恩，是用孚於至信。期爾阜安之俗，既臻耻格之風。尚賴忠藎揚庭，明謨在服，共勵敕天之志，永底無疆之休。主者施行。

是年當郊，上意未欲躬行，謂韓琦曰：初服滿，恐未當出。琦曰：大禮不可曠，兼陛下即位，未嘗郊見天地。力請行之。故事：郊廟讀祝册官，至御名，必起；上至郊宫，更衣，詣壇下，百官皆回班迎向。英宗皇帝初告廟，詔讀册官毋起，及詣壇下，又詔百官勿回班迎向，以見事郊廟之精意也。

四年，英宗手詔：放治平二年南郊赦前編管人，罷陝西衙前配買修河木植，而罷江淮近歲衙前復乞置村鄉酒場强率人沽酒者。時上不豫，猶敕輔臣即時施行之。英宗郊祀習儀，尚書省賜百官酒食，郎官王易知醉飽嘔吐，御史前劾失儀，已肆赦。韓琦以聞，帝曰：已放罪。琦奏：故事，失儀不以赦原。帝曰：失儀，薄罰也。然使士大夫以酒食得過，難施面目矣。卒赦之。帝愛惜臣子，欲曲全其名節，類如此。

赦文，門下：王者祗遹聖緒，所以永無疆之休；對越顯穹，所以凝溥將之命。朕惟列聖垂統，盛德在天。積累熙洽，付畀冲眇。夫以制作大定之丕矩，在宥耻格之休風，夷易所存，燕翼維允。肆朕述遵而無改，恭默以仰成，再期於兹，百度咸若。是以群生蒙福，方内大寧，穡人有秋而屢豐，遠夷稽服而慕義，兵革靡試，疵癘莫興。蓋昭天之功，自上仁而已厚；故祐天之澤，迨下武而方深。乃眷太和，實荷隆慶。内惟寡德，懼不克任。粤稽拜貺之文，兹有就陽之祀，報本反始，事孰重焉。夫恭之所隆，不可以恩掩；禮之所缺，尚貴乎義起。矧乃真聖舊章，著爲成訓，搢紳頤論，折衷前經，斷自朕心，博觀輿議。是用因一陽長極之叙，舉三歲親見之儀，朝薦殊庭，賓祼清廟。而後升禋燎於泰畤，合陰祀於柔祇，昭假上靈，配侑列祖。六樂備舞，萬玉旅庭。侯衛駿奔，蠻夷聳觀。至誠胥感，方交神而塞明；祥祉來臻，且日升而川至。顧予菲質，敢以專享，思與黎庶，同底日新。可大赦天下。云云。於戲！接三神之歡，惟禮可以致孝饗；均兆民之慶，惟刑可以示哀矜。兹朕一心，期底於道。尚賴股肱碩輔，陪側藎臣，共勵協恭之誠，以格可封之俗。

十一月二十五日南郊赦文。門下：王者欽崇神天，嚴奉宗祏。就郊以享，所以詔天下之恭；假廟而烝，所以教天下之孝。洪惟五聖之烈，誕輯百王之文。肆予冲人，昭事上帝。載念物無以稱，惟一誠可以展大報之儀；祭不欲煩，維三歲可以述躬行之典。協會康年之順，道迎至日之長。是用朝薦殊庭，祼將太室。乃進登於陽時，以衷對於皇穹。合祛柔祇，陟配文祖。祝燧告潔，贊犧尚純。大樂變音，舞奏而諸物至；二精揚燎，烟升而萬靈交。方丕事之獲成，敢蕃禧之專享。宜敷大號，以賚多邦。可大赦天下。云云。於戲！意盡精禋，既秩宗祈之舉；政施惠衍，亶昭慶宥之行。維時黎元，綏我德澤。尚賴謨明四近、忠藎群材，儀圖新美之功，勵相隆平之運，同底於治，永孚厥休。

（宋）李燾《續資治通鑑長編》宋英宗治平四年正月　丁巳，帝崩於福寧殿。神宗即位，時年二十。【略】

戊午，大赦，除常赦所不原者。案《宋史》作：赦天下常赦所不原者。百官進官一等，優賞諸軍，悉如嘉祐故事。惟百官拜赦不舞蹈，舞蹈者，嘉祐之失也。

（宋）李攸《宋朝事實》卷二《登極赦》　神宗治平四年正月九日登

極赦。門下：夫民之戴君，尊如元首之奉；天之與子，傳有神器之歸。先皇帝紹履至尊，欽篤先烈，圖治百王之上，垂精五載之間。玉幾留章，每及夜分之覽；紫闈訪道，多逾日昃之咨。既痞寐之積勤，因寒暄之遘癘。神機未厭，遽至彌留之憂；邦禍何勝，已聞遺訓之託。屬哀荒之靡次，固負荷之惟艱。□然自思，浩莫能濟。宜本承祧之始，用覃澤物之私。可大赦天下。云云。於戲！奉先昭孝，實本於天經；肆眚推恩，蓋循於國典。更繄文武之助，忠賢之規，各勉交修，永輔不逮。咨爾有衆，體予至懷。

（宋）李燾《續資治通鑑長編》宋神宗熙寧四年九月　辛卯，大饗明堂，以英宗配。御宣德門大赦天下，本朝嘗任中書、樞密院官及節度使、勳臣之家，後嗣無人食禄者，量材録用；無子孫者，録有服弟姪。

（宋）李燾《續資治通鑑長編》宋神宗熙寧七年十一月　己未，冬至，合祭天地于圜丘，以太祖配，赦天下。

（宋）李攸《宋朝事實》卷五《郊赦》　熙寧十年十一月二十七日南郊赦文。門下：國莫重於祭，所以作民恭之先；禮無大於郊，所以報物生之始。朕懋建丕命，寵綏庶方。夙寐晨興，任大守重。惟文武之謨烈，心罔敢弗承；惟上下之神祇，志罔敢弗肅。聿修三歲之祀，稽用一陽之正。嚴大路以備儀，款殊庭而先享。於穆清廟，怵惕以見祖宗；爰熙紫壇，明察而事天地。推本陟配，升烟合禋。哀萬靈而誠交，變六樂而物至。顧迄成於鉅典，敢專享於蕃釐。涣揚予恩，敷錫爾衆。可大赦天下。云云。於戲！答三才之奥，無以稱德産之微；均萬國之歡，有以知惠澤之至。尚賴左右勵翼，内外交修。永孚厥休，同底於道。

元豐六年十一月五日南郊赦文。門下：天者物生之始，非肇禋無以極其誠；親者民恭之先，非假廟無以致其孝。永惟五聖之烈，必躬三歲之祀。顧循冲人，嗣膺歷服。敢不祗率，以時飭修，然而禮意寖而不明，樂文雜而未正，故刺六經之説，考諸儒之言，緝熙曠儀，是正巨典。奉纍以款真宇，裸鬯以享宗祊。齋戒乎端誠之宫，清肅乎禮神之囿。陟配烈祖，對越穹昊。於時維太常之斿，備金玉之駕。乃搢大圭，以爲國之綴；乃服大裘，以放古之文。欽柴之燎四施，燭煬泰一；圜鐘之樂六變，皦繹崇丘。孝奏而日月光，靈游而風馬下。顧獲成於熙事，敢專享於蕃禧。宜大澤之肆均，與群生而共慶。可大赦天下。於戲！答三靈之介祉，既秩於宗祈；格四海之歡心，在敷於惠術。尚賴秉文之輔，經武之臣，相協厥恭，同底於治。布告遐邇，使咸聞知。

其年，遂罷合祭天地。

十一月十四日南郊，赦文。門下：朕承六聖鴻烈之休，御千載丕平之運。逖觀歷代之治，無右本朝之隆。充塞乎協氣之流，洋溢乎頌聲之作。然而重熙累洽，所以應之者惟艱；持盈守成，所以保之者靡易。顧兹冲昧，紹乃基圖。永惟幾深，罔敢逸豫。仰賴文母，維持我家。保祐八年之間，申錫九疇之叙。賓禮故老，子惠困窮。上順帝心，下從人欲。廣祖宗之遺澤，蒙天地之降康。欽言肇郊，躬行大禮。念嘗再饗乎穹昊，未始祇事乎皇祇。是用推本建隆之舊章，復舉熙寧之故實。執鬯以裸八室，奠玉以合兩儀。嚴烈祖以配天，洽百神而承宇。於時禮行而誠意格，樂變而祥光浮。誕受三神之釐，敢專四海之福。宜均博施，溥宥群倫。可大赦天下。於戲！乾坤之元始生，仰俯之觀象法，以爲群臣之道，以成覆載之功。咨爾内外之庶工，咸罄文武之致用。惟新厥德，永孚於休。

十一月二十日南郊赦文。門下：朕保極以宅師，奉先而繼統。駿惠先烈，慎懷永圖。躬攬萬機，於兹五載。顧德不敏，賴天博臨。四夷咸賓，萬邦作乂。師干獻捷，農扈告豐。錫之珍符，授以神策。嘉瑞紹至，祲氛亟消。豈眇末之克堪，實穹旻之眷祐。興言大報，莫重禋郊。是用遵昭考之詒謀，舉隆周之墜典。稽協彝制，發揮祲容。未奉皇祇之祀，先嚴蒼昊之饗。乘一陽之復，習三歲之祥。即路寢以齋居，至殊庭而朝獻。廣牡肆祀，初假廟以詔虔；欽柴宗祈，遂升壇而謁款。配侑烈祖，對越明神。樂成繹純，禮敬敕備。於時乾端澄霽，冬序晏温。靈心嘉虞，精意昭格。師象山則，孝奏天儀。申命之休，既昭受於上帝；斂時之福，其敷錫厥庶民。揚於端闈，孚我大號。可大赦天下。於戲！告成大事，敢專享於蕃釐；申有眚灾，宜溥覃於曠澤。尚賴輔弼寅亮，官師協恭，共維太平之基，永底無疆之祚。

（宋）李燾《續資治通鑑長編》宋神宗熙寧十年十一月　甲戌，冬至，合祭天地於南郊，以太祖配，大赦天下。赦日合删取。

《宋史》卷一六《神宗本紀》〔元豐五年四月〕己亥，以日當食，避殿減膳，赦天下，降死罪一等，流以下原之。

（宋）李燾《續資治通鑑長編》宋神宗元豐八年正月 壬寅，執政官詣福寧殿東閤問候，奏欲降赦天下，以屢獲豐年，中外嘉靖，方春發生，宜有惠澤爲文意，許之。

甲辰，大赦天下，其赦法用第二等。《兩紀》並書赦天下。

《宋史》卷一七《哲宗本紀》〔元豐八年二月〕己亥，大赦天下常赦所不原者。

（宋）李燾《續資治通鑑長編》神宗元豐八年三月 乙未，大赦天下，其赦法用第二等。《兩紀》並書赦天下。

（宋）李攸《宋朝事實》卷二《登極赦》 哲宗元豐八年三月六日登極赦。門下：生烝民而立之君，所以出四方之令；有天下而傳於子，所以維萬世之安。先皇帝道極聖神，德兼文武，圖治三王之上，儲精七閏之間。緝熙事功，董正法度，積勤勞於日昃，違冲豫於春元。植璧以歸，方致金縢之禱；綴衣遽設，忍聞玉幾之言。眷予冲人，屬以重器。永荷艱難之託，曷勝哀疚之懷。宜謹始於承祧，用涣恩而及物。可大赦天下。云云。恭念先朝之治，必循五聖之謀，思祇率於舊章，用荅揚於光訓。尚賴中外列辟，左右忠賢，交修厥官，以輔予治。布告遐邇，咸使聞知。

（清）沈家本《歷代刑法考·赦考十二·赦九》〔宋哲宗〕紹聖三年，大赦。中書省言：元祐編敕，惟傳習妖教託幻變之術及故沓決河堤堰不以赦降原減，餘犯一再遇非次赦或兩經大禮者，聽從原免。元符新敕删去，遂使犯法無由自新，詔依元祐法。

按：傳習妖教即唐赦例之妖言惑衆，故盗決河堤堰則唐例所無，二者並不見於諸赦文之中，知宋之赦例不可考者多矣。

《宋史》卷一九《徽宗本紀》〔元符三年春正月〕庚辰，赦天下常赦所不原者，百官進秩一等，賞諸軍。

（宋）李攸《宋朝事實》卷二《登極赦》 徽宗元符三年正月十三日登極赦。門下：朕承先帝之末命，嗣累世之丕圖，若履淵冰，未知攸濟。先皇帝睿明聰哲，克勤於邦，遵制揚功，篤紹先烈，十有六載，海内蒙休，憂勞爽和，遂至大漸。乃以神器，屬予冲人。負荷惟艱，怵惕以懼，用謹承祧之始，肆頒在宥之恩。可大赦天下。云云。恭念元豐詒謀，紹聖遺訓，具在天下，可舉而行。惟既厥心，罔敢廢失，其率循於天下，用奉若於先王。更賴忠良盡規，文武合慮，永弼乃后，共圖康功。咨爾萬邦，體予至懷。

（宋）李攸《宋朝事實》卷五《郊赦》 建中靖國元年十一月二十三日南郊赦文。門下：朕紹膺寶命，祗遹洪圖。躬勤儉以御邦，本寬仁而敷政。惟先訓是式，惟師虞是從。永言繼序之艱，克謹持盈之戒。荷皇天之降祐，蒙列聖之詒謀。方夏乂寧，蠻夷賓服。三時不害，六府孔修。建皇極而王道明，即康功而民志愜。以迪純熙之運，以彰平富之風。豈朕德之能勝，繄帝臨之下屬。肇稱禋祀，祗荅閎休。是用參酌上儀，鋪昭曠典，奉神考恭行之志，繹紹聖申講之文。將蕆事於皇祇，先致饗乎穹昊。乃候景涓日，飭躬詔虔，祼清廟以肅將，款圓壇而拜享。侑我烈祖，秩於百神。禮嚴欽翼之容，樂備雍和之奏。蒼璧既奠，紫烟具升。於時乾象潔清，靈心嘉饗，和氣洋溢，景光陸離。瑞慶大來，俾緝熙於純嘏；膏潤并受，用敷錫厥庶民。豫建新元，誕揚涣號。可大赦天下。於戲！潔誠拜貺，永祈申命之休；肆宥均釐，時乃配天而澤。尚賴成德之彦，正事之臣，率黎獻以協衷，欽庶明而懋績，贊我溥將之緒，迄兹伴奂之游。以明年正月一日改元爲崇寧元年。

十一月二十六日南郊赦文。門下：祼獻清廟，所以承祖宗之靈；禋祀紫壇，所以荅乾坤之貺。朕駿膺寶命，龍受寵禧。丕宣文、武之光，盡緝熙、豐之典。取士於學，稽古建官。亮採百工，庶幾三代。凡厥成王之式，率由昭考之行。而九廟垂休，兩儀協祐。生民底乂，年穀屢豐。修德錫符，上燦璣衡之政；鑄金象物，下隆鼎鼐之基。疵癘聿消，雨旸咸若。兹豈眇躬之能假，時惟上帝之弗違。是用奠玉陽丘，莅牲泰時，嚴配烈祖，對越皇天。於時圭景晏曙，璇穹澄鑒。二端立而禮無不洽，六樂變而物罔不興。靈心載嘉，精意咸享。受兹介福，豈予一人之敢私！錫厥庶民，思汝萬邦而共慶。我有涣號，揚於端闈。於戲！作善降之百祥，既茂膺於純嘏。惟天祐於一德，可共翼於丕平。尚賴三事股肱，百辟文武，咸勵同寅之業，永底無疆之休。

《宋史》卷二〇《徽宗本紀》〔崇寧五年春正月〕丁未，太白晝見，赦天下，除黨人一切之禁。

（宋）李攸《宋朝事實》卷五《郊赦》 政和三年十一月六日南郊赦文。門下：朕承列聖之丕基，奉至尊之休德，繼志述事，持盈守成，躬攬萬機，茲逾一紀。荷皇天之垂祐，浹函夏以底寧，年穀屢豐，雨暘式叙，羌夷請吏，川岳效珍，禹功無濫溢之灾，堯瑞告平成之治。永惟多祜，誕集冲人。屬三歲之親祠，剌六經而定制。率時昭考，欽修時祀之專；若昔大猷，盡正相沿之陋。乃齋居於路寢，乃朝獻於殊庭。得四表之懽心，嚴假於廟；乘一陽之至景，大報於郊。對越昊穹，祐我烈祖。陶匏象性，犧牷貴誠。奠蒼璧以禮神，秉玄圭而拜貺。器協商周之制，樂兼韶濩之純。紫烟燎而爟火升，靈光屬而風馬下。禮儀既備，知帝顧之不違；福禄來崇，豈朕躬之專享宜乎渙號，溥洽群倫。可大赦天下。於戲！申命用休，俾緝熙於純嘏；配天其澤，用敷錫厥庶民。尚賴同德藎臣，秉文多士，克咸勵翼，永保隆平。

壬午，上神宗、哲宗謚號。是年十月三日，御筆手詔：朕若古之訓，惟天爲大。觀天下物，無以稱之。故先王以類而求，祀於圜丘，象其形；奠以蒼璧，象其色；冬至之日，取其時；大裘而冕，法其幽。而未有以體其道。夫天玄而地黄，玄，天道也。上天顧諟，錫以玄圭，内赤外黑，尺有二寸，旁列十有二山。蓋周之鎮圭有法乎是。祇天之休，於以昭事上帝而體其道，過周遠矣。將來冬祀，可搢大圭，執玄圭，庶格上帝之心，以孚祐於下民。永爲定制。

十一月十日南郊赦文。門下：朕紹膺景命，嗣守丕基。尊臨九有之師，親攬萬機之務。翼翼敢忘夫寅畏，兢兢常謹於繼承。躬宵旰之勤，以圖天下之乂；軫淵冰之慮，以保天下之安。屬者百穀順成，五緯來叙，干戈載戢，囹圄屢空。元命之辰，九支占南極之端；誕彌之旦，三山紀黄流之清。樂作而羽鵠翔，鼎定而慶雲集。名山顯位，蕲封禪者數萬人；絶域殊方，徠臣妾者十一國。有邦之應，於朕豈功物生本乎天，唯聖人爲能饗；人道先乎祖，雖天子必有尊。迪惟古訓之循，實重國陽之報。固嘗辨先王之吉禮，庶乎革合祭之非；奉上帝之徽稱，蓋以正異名之失。茲協豐年之屢，載迎至日之長。於時歌昊天成命之詩，奏圜鐘六變之樂。奠璧以致蠲潔，升烟以適高明。克禋克祀，而精意昭；來假來饗，而珍符下。肆緝熙於純嘏，以敷錫於庶民。其播大猷，用推曠澤。可大赦天下。於戲！報本反始，得萬國之懽心；蕩垢滌瑕，對三靈之蕃祉。尚賴股肱良弼，屏翰舊臣，益殫忠藎之圖，光輔隆平之運，同底於道，永孚厥休。

十一月十三日南郊赦文。門下：觀會通以行其典禮，允符昌運之隆；美盛德而告於神明，茲迪精禋之饗。朕肇膺駿命，嗣守鴻業。撫九有之嘉師，開萬邦之壽域。兢業克艱於底乂，寅威罔怠於求端。聿承燕翼之謀，衷對博臨之貺。屬者導源闡教，帝祉凝釐。農扈載謡，黍稷報千倉之慶；明堂御曆，璣衡觀七政之齊。氐羌款塞以咸賓，狴犴空囹而不式。滎河順紀，喬岳錫符。丹闕瓊臺，屢下叢霄之蹕；彤烏秀草，共昭炎德之祥。永惟奕世之休，罔匪自天之祐。爰申毖祀，比答真祺。是用測嶰籥以迎長，備鑾輿而展採。羽林綺列，辟五門象魏之嚴；法駕星陳，正六引旗章之度。夙祗清廟，恭祓崇壇。縟王藉以奉盛，載誕豐年之報；潔宫鬣而修幣，用端永命之祈。景鐘導和樂之音，嘉秠薦大尊之齊。純精昭格，肸蠁潛通。月璧星珠，紛燎烟而上徹；雲車風馬，欻飆馭以來臨。肆均拜胙之禧，式霈滌瑕之宥。誕揚渙號，敷告多方。可大赦天下。於戲！祐烈祖以格皇天，予惟克邁乃訓；綏多福而熙純嘏，邦其永孚於休。尚賴輔弼同寅，官師勵翼，共浹無爲之化，茂隆累洽之圖。

四年十一月十五日南郊赦文。門下：事上帝而懷多福，非禋祀不足以昭報本之誠；紹大業以綏四方，非升侑不足以極奉先之孝。朕荷三靈之儲祉，奉列聖之詒謀。制治保邦，克懋持盈之訓；立政造事，敢忘繼緒之思，彌文監虞、夏之隆，成憲復熙、豐之舊，百度惟正，庶績其凝。士迪典常，盡革淫朋之習；民興淳樸，式符導紀之昌。人徯志以丕欽，天監誠而孚祐。清臺觀象，瑞占七政之齊；陽館頒常，運協四時之叙。雨澤應期而播潤，河宗聽命以回流。農扈奏功，黍稷嗣豐年之慶；燕民效順，封疆歸輿地之圖。刑清而囹圄屢空，物遂而動植咸若。驗諸福之畢至，豈成功之敢居！恭念祭不欲疏者，禮之經；物無以稱者，天之德。肇卜迎長之旦，聿修肆類之儀。【略】庶邦底貢以駿奔，多士秉文而顯相。稽魯人先事之義，以前饗於太宫；歌周王成命之詩，肆靈承於有昊。衎我烈祖，遍於群神。禮三獻而精意昭，樂六奏而靈祇下。祥光旁燭，景貺備臻。修德錫符，已應克誠之享；行慶施惠，用均拜胙之禧。嘉與萬方，共膺純嘏。可大赦天下。於戲！百神受職，知帝命之不違；五福錫民，浹海隅而丕冒。尚賴忠良修輔，文武協恭，益堅勵翼之心，永底輯寧之治。爰咨爾衆，咸體朕懷。

十一月十九日南郊赦文。門下：皇武肇禋，是創萬年之業；大明制禮，爰釐二至之祠。朕恭承休光，永念丕緒。衎我烈祖，實賴賢能之衆多；格於皇天，當由閭里之安樂。整飭百度，撫綏兆民。神明享持守之誠，華夏樂憂勤之政。屬者多稼徹燕、雲之野，齊氓安海、岱之區，遠人慕義而玉帛來，川后畏威而波濤弭。荷天休之震動，莫不率從；奏工業之艱難，庶無罪悔。是用誕舉豐年之報，肅迎景至之期。吉事有祥，先致殊庭之薦；大禮必簡，并嚴清廟之承。焜煌千乘萬騎之容，終始七戒三齋之德。乃潔誠於陽館，遂祇事於泰壇。風馬雲車，仰百靈之眷顧；星珠月璧，知四海之清明。兵錫蕃禧，用宏大賚。可大赦天下。於戲！薦馨香之治，益承九廟垂裕之休；施曠蕩之恩，更應一陽發生之候。尚賴官師協德，黎獻願忠，共扶不拔之基，永篤無疆之慶。

十一月二十二日南效赦文。門下：覲會通以行典禮，莫嚴定位以交神，遠罪疾而弭戢兵，亦或因時而致禱。朕承大統，誕受多方。屬外患之相仍，爰省方而臨幸。念父母兄弟，尚屈於敵疆；惟甲冑干戈，再淹於歲序。問寢缺温清之奉，在原深急難之情。信使屢馳，久猶未報；全師再遣，坐待底寧。復盗竊之無良，乘邊陲之多事，馮陵州縣，震擾民氓。衣冠傾僕於道途，耒耜荒殘於本業。行者未知所適，居者莫獲其安。傷閭里之疾苦，則撫循之政尚愆；閔行陣之勤勞，則休息之期猶遠。每撫心而及此，累當食以興嗟。險阻艱難，固備嘗矣。勞來還定，孰安集之豈菲德之敢圖，惟上穹之悔禍。永懷眷祐，恭俟監臨。雖丁多壘之辰，適在當郊之歲。惟祭之或祈或報，必大時物之宜；而禮之有儉有豐，特視情文之稱。是用講有虞樂巡之制，循建武二成之規。新卷冕以嚴恭，逮胥徒而齋沐。蓋高在上，聰明皆自於我民；與善惟人，治亂尤艱於天位。既殫誠悃，彌極戰兢。仰覆冒之何心，詎存時怨；况顛危之已甚，寧忍我遺！疾呼反本而必聞，精意默通而可動。庶幾來假，式燕多難。新命舊邦，協幽明而并貺；此疆爾界，一內外以均安。其敷曠蕩之恩，以廣庬鴻之施。可大赦天下。於戲！爲斯民而請命，敢忘庶戮之無辜；置大器於復安，實冀昊天之所子。尚賴六服群辟，三事大夫，共宏恢復之功，亟底隆平之業。

十一月十日南效赦文。門下：朕以菲躬，獲承大寶。賴三靈之純祐，宏濟艱難；遵列聖之詒謀，紹隆基緒。干戈載戢，囹圄屢空。田疇胥慶於豐穰，華夏迄臻於綏靖。緊神所眷，豈朕克堪念物皆本乎天，宜謹精禋之報；而德無加於孝，聿修并侑之儀。豫飭司存，肇新器用。迎土圭之至景，即皇邸之齋居。祇祓崇壇，具嚴吉禮，設陶匏而尚質，肅繭栗以貢誠。籩豆静嘉，璧琮華潤。粢盛蠲潔，出於耕藉之藏；筍虡周環，冠以景鐘之奏。佩玉鏘鳴而群心肅，燎烟升舉而協氣充。惟巨典之備成，敢蕃釐之專享。旋輿端闕，霈澤寰區。可大赦天下。於戲！降祉發祥，既荷博臨之貺；赦過宥罪，誕昭敷錫之恩。更賴文武同寅，股肱修輔，益思懋勉，永底丕平。

十一月十四日南效赦文。門下：父天母地，報莫重於精禋；尊祖欽宗，孝莫嚴於陟配。朕祇承駿命，纂紹丕圖。每念王業之難，所其無逸；矧兹神器之重，必置諸安。方撥亂而興衰，惟履信而思順。上穹孚祐，列聖垂休。甘露降而風雨時，五穀熟而民人育，邊鄙不聳，囹圄屢空。顧以眇躬，膺斯景貺。是用迎一陽之長至，舉合祭之上儀。先清廟以告虔，衎我烈祖；升圜壇而肆類，遍於群神。禮三獻而肸蠁通，樂六變而風馬降。祥光旁燭，協氣横流。載惟熙事之成，實得歡心之助。上焉承祐，豈予一人之敢專，下以錫民，惟爾萬方之并受。於戲！易薦上帝，德崇而刑罰清；詩美太平，神寧而福禄下。更賴忠良協贊，內外交修，共隆不拔之基，永底無爲之治。

十八日南郊赦文。門下：肅若古先，鋪聞典制。蓋物本乎天，而人本乎祖。肇郊廟之明禋，唯聖能饗帝，而孝能饗親。展皇王之高致，重循菲德，獲履丕圖。體昊穹率育之仁，每計安於黎庶；嗣列聖好生之訓，不輕用於干戈。陟降既孚，邇遐咸乂，九穀秀康年之畝，五辰澄宣夜之躔，犴圄簡清，疆陲整服。祇荷博臨之眷，敢忘昭事之誠。爰修三歲之彌文，式蕆一純之大報，款真庭而朝獻，假太室以祼將。遂造雲陽之宮，以迎日至之景，合袪天地，升侑祖宗。踐豆薦芳，見會通之行禮；鳴鐘應律，寫和樂以成音。佳氣焜於樵蒸，美光充於陔陛，高靈并貺，熙事備成。濟濟駿奔，有同寅之多士；穰穰山委，可專饗於蕃釐。發肆恩言，普施惠術。可大赦天下。於戲！惇將禮以秩祀，儀模日月之昭；受厚福以漸民，號法風雷之布。更賴經邦公輔，服採臣工，永肩勵翼之衷，共託隆平之業。

赦文。門下：朕膺申命之休，履中興之運。惟發祥流慶之既遠，敢昧靈承；念創業守文之爲難，每勤紹復。儲精神而聽斷，寶慈儉以化民。荷穹昊之降康，賴列聖之孚祐。五兵不試，寰宇阜安，百穀用成，刑罰清省。靈芝連葉於廟柱，昭朝饗之孝祥；嘉禾合穎於甸郊，備粢盛之潔薦。諸福畢至，豈朕敢當。是用敦報本反始之誠，備飭躬施教之義。唯天神地祇之貴，祭莫重於合袪；唯祖功宗德之隆，孝尤先於升侑。乃備乘輿之駕，乃率侍祠之臣，謁款殊庭，祼將太室。候黃鐘之初氣，奉紫時之明禋。禮三獻而有儀，樂六變而告備。神光并見，協氣横流。賚我思成，既秩精能之祀；配天其澤，爰施汪濊之恩。肆舉邦彝，誕敷涣號。可大赦天下。於戲！事上帝而懷多福，益堅不已之純；惠中國以綏四方，宜有大賚之慶。更賴爽邦哲輔，服採群工，共循宏遠之模，永保安强之治。

赦文，門下：朕欽紹慶基，肅遵昭式。謂因天事天，而因地事地，有丘澤之合祠；惟以聖繼聖，而以明繼明，宜祖宗之并侑。每躬三歲之祀，茂輯百神之釐。既益厲精，更思圖乂。體覆載無私之德，廓爾大公；奉燕詒有永之謀，丕釐庶政。中外冏懌，顯幽統和。靈臺申偃伯之占，砥路息鳴桴之警。象載昭察，甫田登成。既膺孚祐之休，當極濟明之報。是用躬飭鸞路，涓熙紫壇，斂帝藉以供粢盛，裁天歌以序金石。祇見恭館，祼將太宫。遂迎景至之長，載蕆郊禋之吉。大宗祈而宴饗，嚴陟配以宣延。實俎焚膏，旅令芳之嘉薦；展詩應律，鏘皦繹之和聲。精意洞乎九閡，祥光襲乎五瑞。清明卺矣，事既底於備成；福履綏之，美敢矜於專享。誕受函蒙之祉，普施曠蕩之恩。於戲！馨香感於神明，哀對一純之祐；膏澤洽乎黎庶，并臻四極之熙。尚賴輔弼同寅，官師率職，協亮有邦之採，永恢長世之圖。

（宋）李攸《宋朝事實》卷二《登極赦》　欽宗宣和七年十二月二十五日，受内禪，登極赦。門下：我國家創業守成，紹二百年之祚運；宅中圖大，奠三萬里之幅員。施及眇躬，嗣膺神器。永念纘承之重，懼劇春冰；載惟臨御之難，憂深朽索。矧今邊垂未靖，師旅方興，肆推曠蕩之恩，用慰邇遐之望。可大赦天下。云云。於戲！清蹕而朝萬宇，敢忘丕冒之仁；繼明以照四方，宜布惟新之澤。更賴忠良協贊，文武交修，永孚於休，同底於道。咨爾有衆，體予至懷。

《宋史》卷二三《欽宗本紀》〔宣和七年十二月〕壬戌，赦大逆、反叛以下罪，進百官秩一等，賞諸軍。

（宋）李攸《宋朝事實》卷二《登極赦》　光堯壽聖太上皇帝建炎元年五月一日登極赦。門下：皇天祐宋，卜世過於漢、唐；藝祖承周，受禪同乎舜、禹。列聖嗣無疆之曆，保邦隆不拔之基。屬以朝姦，稔成邊釁。恃中都之安富，忘外敵之憑陵，馴致金人，來犯京邑。初登城而不下，終邀駕以偕行。痛念鑾輿，遠征沙漠，宗族從而盡徙，宫闕爲之一空。仍仰臣僚，俾僭位號。朕以介弟之親而授指，開元帥之府以總師。方輸敵愾之忠，忽奉講和之詔。豈圖變改，終致阽危。蓋嘗指日以誓諸軍，使前迎而後請；不憚瀝血而檄率土，冀外附而内親。而三事大夫與萬邦黎獻共致樂推之懇，靡容牢避之私。謂亹亹萬機，難以一日而曠位；矧皇皇四海，詎可三月而無君。勉徇群情，嗣登大寶。宵衣旰食，紹祖宗垂創之基；疾首痛心，懷父兄播遷之難。吁號久隔，衆罔繫心；軍旅薦興，農多失業。慰民耳目之注，敷朕心腹之言。爰布湛恩，誕敷區夏，可大赦天下。於戲！聖人何以加孝，朕每懷問寢之思，天子必有所先，朕欲救在原之急。嗟我文武之列，同時忠義之家，不食而哭秦庭，士當勇於報國；左袒而爲劉氏，人咸樂於愛君。其一德而一心，伫立功而立事。同徯兩宫之復，終圖萬世之安。副我憂勤，躋時康乂。

《宋史》卷二四《高宗本紀》〔建炎元年〕五月庚寅朔，帝登壇受命，禮畢慟哭，遥謝二帝，即位于府治。改元建炎。大赦，常赦所不原者咸赦除之。張邦昌及應干供奉金國之人，一切不問。命西京留守司修奉祖宗陵寢。罷天下神霄宫。住散青苗錢。應死節及殁于王事者並推恩。奉使未還者，祿其家一年。應選人並循資，已係承直郎者，改次等京官。臣僚因亂去官者，限一月還任。潰兵、羣盗咸許自新。免係官欠負，蠲南京及元帥府常駐軍一月以上州縣夏稅。應天府特奏名舉人並與同進士出身，免解人與免省試。諸路特奏名三舉以上及宗室嘗預貢者，並推恩。應募兵勤王人以兵付州縣主兵官，聽赴行在。中外臣庶許言民間疾苦，雖訕訐亦不加罪。命官犯罪，更不取特旨裁斷。蔡京、童貫、朱勔、李彦、孟昌齡、梁師成、譚稹及其子孫，更不收叙。内外大臣，限十日各舉布衣有材略者一人。餘如故事。

《宋史》卷二四《高宗本紀》〔建炎元年六月〕辛未，以子旉生，大赦。籍天下神霄宫錢穀充經費。拘天下職田錢隸提刑司。還元祐黨籍及上書人恩數。

（宋）李攸《宋朝事實》卷二《登極赦》孝宗皇帝紹興三十二年十三日受内禪，登極赦。門下：《春秋》法五始之要，聿嚴受命之符。天地之大德曰生，爰下維新之令。太上皇帝慈儉爲實，通駿有聲。垂精三紀之間，圖治百王之上。神謨獨運，總一日萬機之繁；聖武旁昭，極四海九州之廣。未嘗暇逸，久積倦勤。黄屋非唐堯之心，居懷重負；泰元增漢武之策，欲介長年。顧睿訓之博臨，懼朕躬之弗稱。凡今者發政施仁之目，皆得之問安侍膳之餘。爰舉舊章，用覃曠澤，可大赦。云云。於戲！有天下傳歸於子，敢忘付託之難建皇極敷錫厥民，允副邇遐之望。尚賴股肱同德，中外協謀，共底績於中興，以益光於永世。咨爾有衆，宜體朕懷。

（宋）岳珂《桯史》卷五《劉觀堂讀赦詩》紹興己未，金人歸我侵疆，曲赦新復州縣，赦文曰：上穹開悔禍之期，大金報許和之約，割河南之境土，歸我輿圖；戢宇内之干戈，用全民命。大酋兀术讀之，以謂不歸德其國，明年，遂指爲釁，以起兵復陷而有其地。後二年，和議成，秦檜懼當制者之不能説虜也，以孽子熺及其黨程克俊補竄。故其文曰：上穹悔禍，副生靈願治之心；大國行仁，遂子道事親之孝，可謂常之盛事，敢忘莫報之深恩。而況申遣使軺，許光宗廟諱盟好，來存殁者萬餘里，慰契闊者十六年。禮備送終，天啓固陵之吉壤；志伸就養，日承長樂之慈顔。於是郵傳至四方，遺黎讀之有泣者。蜀士劉望之作詩曰：一紙盟書换戰塵，萬方呼舞卻沾巾。崇陵訪沈空遺恨，郢國憐懷尚有人。収拾金繒煩廟筭，安排鍾鼎誦宗臣。小儒何敢知機事，終望君王赦奉春。時語禁未大嚴，無以爲風者。望之有集自號觀堂，它書多謟秦，所謂奉春，竟不知指何人也。

（宋）岳珂《桯史》卷一二《龍見赦書》金國熙宗亶，皇統十年夏，龍見御寨宫中，雷雨大至，破柱而去。亶大懼，以爲不祥，欲厭禳之。左右或以爲當肆赦，遂召當制學士張鈞視草。其中有顧兹寡昧及眇予小子之言，文成奏御，譯者不曉其退託謙沖之義，乃曰：漢兒彊知識，託文字以詈我主上耳！亶驚問故，譯釋其義曰：寡者，孤獨無親；昧者，不曉人事；眇爲瞎眼；小子爲小孩兒。亶大怒，亟召鈞至，詰其説，未及對，以手劍剺其口，棘而醢之，竟不知譯之爲愚爲姦也。其年亶弑，亮於登寶位赦，暴其惡而及此。

（宋）陸游《渭南文集》卷一《謝明堂赦表》明堂總章，舉曠儀於路寢；鈎陳羽衛，敷大號於端闈，德協穹祇，春囬海縣。中謝。恭惟皇帝陛下，道繩祖武，政酌民言，乾文仰法於房心。肇稱鉅典，解澤默符於雷雨，一洗衆愆，統和天人，空虚囹圄，臣適秉使傳，遠在遐陬，奉五百里之驛書，徒深鼇抃，上千萬年之聖壽，莫綴鳧趨。

（宋）陸游《渭南文集》卷一《謝赦表》宣布仁恩，發揚孝治。觀人心之鼓舞，知天意之協從。中謝。恭惟皇帝陛下，躬舜禹之資，履曾閔之行，損又損而至道，老吾老以及人，一日三朝，雖極寧親之大養，四方萬里，尚憂庶獄之亡辜。内廣惠心，旁流霈澤，雨露所被，囹圄一空，臣適以守藩，恭聞孚號，雖與民欣戴，如瞻咫尺之天，然受命禱祈，實勞方寸之地。

（宋）周密《齊東野語》卷一〇《俞侍郎執法》又常德有舟捎程亮，殺巡檢宋正國一家十二口，累歲始獲。乃在寧廟登極赦前，吏受其賂，欲出之。澂奏援太祖朝戮范義超故事，以爲殺人於異代，既更開國大霈，猶所不赦，況亮乎？於是遂正典刑，他可紀者尚多。

《遼史》卷一《太祖本紀》神册元年春二月丙戌朔，上在龍化州，迭烈部夷離堇耶律曷魯等率百僚請上尊號，三表乃允。丙申，羣臣及諸屬國築壇州東，上尊號曰大聖大明天皇帝，后曰應天大明地皇后。大赦，建元神册。

《遼史》卷三《太宗本紀》〔天顯二年〕明年秋，治祖陵畢。冬十一月壬戌，人皇王倍率羣臣請于后曰：皇子大元帥勳望，中外攸屬，宜承大統。后從之。是日即皇帝位。癸亥，謁太祖廟。丙寅，行柴册禮。戊辰，還都。壬申，御宣政殿，羣臣上尊號曰嗣聖皇帝。大赦。有司請改元，不許。

《遼史》卷四《太宗本紀》〔大同元年〕二月丁巳朔，建國號大遼，大赦，改元大同。

《遼史》卷五《世宗本紀》〔天禄元年〕九月壬子朔，葬嗣聖皇帝於懷陵。丁卯，行柴册禮，羣臣上尊號曰天授皇帝。大赦，改大同元年爲天禄元年。

《遼史》卷八《景宗本紀》應曆十九年春二月戊辰，入見，穆宗曰：吾兒已成人，可付以政。己巳，穆宗遇弑，帝率飛龍使女里、侍中蕭思温、南院樞密使高勳率甲騎千人馳赴。黎明，至行在，哭之慟。羣臣勸進，遂即皇帝位於柩前。百官上尊號曰天贊皇帝，大赦，改元保寧。

《遼史》卷一〇《聖宗本紀》〔統和元年六月〕甲午，上率羣臣上皇太后尊號曰承天皇太后，羣臣上皇帝尊號曰天輔皇帝，大赦，改元統和。丁未，覃恩中外，文武官各進爵一級。以樞密副使耶律斜軫守司徒。

《遼史》卷一八《興宗本紀》〔太平〕十一年夏六月己卯，聖宗崩，即皇帝位於柩前。壬午，尊母元妃蕭氏爲皇太后。甲申，遣使告哀于宋及夏、高麗。是年，御宣政殿放進士劉貞等五十七人。辛卯，大赦，改元景福。

《遼史》卷二一《道宗本紀》〔咸雍十年〕十二月辛巳，改明年爲大康，大赦。

《遼史》卷二七《天祚皇帝本紀》壽隆七年正月甲戌，道宗崩，奉遺詔即皇帝位于柩前。羣臣上尊號曰天祚皇帝。二月壬辰朔，改元乾統，大赦。詔爲耶律乙辛所誣陷者，復其官爵，籍没者出之，流放者還之。

《金史》卷二《太祖本紀》〔天輔七年二月〕乙巳，詔都統杲曰：新附之民有材能者，可録用之。戊申，詔平州官與宋使同分割所與燕京六州之地。癸丑，大赦。是月，改平州爲南京，以張覺爲留守。

《金史》卷三《太宗本紀》〔天會十年〕十月壬寅，天清節，大赦。

《金史》卷三《太宗本紀》〔天會十一年〕十二月戊辰，劉豫上表謝封爵。癸未，詔改明年爲天眷元年。大赦。

《金史》卷四《熙宗本紀》〔皇統二年二月〕壬辰，以皇子生，赦中外。

《金史》卷四《世宗本紀》〔大定〕二十七年三月，世宗御大安殿，授皇太孫册，赦中外。

《金史》卷一〇《章宗本紀》〔承安元年十一月〕戊戌，有事于南郊，大赦，改元。

《金史》卷一三《衛紹王本紀》大安元年正月辛丑，飛星如火，起天市垣，有尾，跡若赤龍。壬戌，改元，大赦。立元妃徒單氏爲皇后。

《金史》卷一三《衛紹王本紀》〔大安元年〕三月甲辰，道陵禮成，大赦。詔曰：自今於朕名不連續，及昶、詠等字，不須别改。以平章政事僕散端爲右丞相。

《金史》卷一六《宣宗本紀》〔元光元年八月〕以慧星見，改元，大赦。諭旨宰臣曰：赦書已頒，時刻之間人命所係。其令將命者速往，計期而至。

《元史》卷二《太宗本紀》〔元太宗〕十三年辛丑春二月，獵于揭揭察哈之澤。帝有疾，詔赦天下囚徒。帝瘳。

《元史》卷四《世祖本紀》〔中統元年五月〕甲午，以阿里不哥反，詔赦天下。

《元史》卷二〇《成宗本紀》〔大德六年〕三月丁酉，以旱、溢爲災，詔赦天下。大都、平灤被災尤甚，免其差税三年，其餘災傷之地，已經賑恤者免一年。今年内郡包銀、俸鈔，江淮已南夏税，諸路鄉村人户散辦門攤課程，並蠲免之。

《元史》卷一八《孛術魯翀傳》文宗崩，皇太后聽政，命别不花、塔失海牙、阿兒思蘭、馬祖常、史顯夫及翀六人，商論國政，翀以大位不可久虚，請嗣君即位，早正宸極，以幸天下。帝既即位，大臣以爲赦不可頻行，翀曰：今上以聖子神孫，入繼大統，當新天下耳目。今不赦，豈可收怨於新造之君乎！皇太后以爲宜從翀言，議乃定。遷禮部尚書，階中憲大夫。

《元史》卷四六《順帝本紀》〔至正二十五年七月〕丙戌，遣使函孛羅帖木兒首往冀寧，召皇太子還京師。大赦天下。

（清）沈家本《歷代刑法考・赦九・赦例三》明太祖洪武元年，赦殊死以下。按，此大赦。

（清）查繼佐《罪惟録》紀卷三《太宗紀》〔洪武三十五年〕秋七月朔，祀南郊，以高皇帝配。大赦，惟姦籍不宥。

（清）沈家本《歷代刑法考・赦九・赦例三》 宣德元年，赦死罪以下，運糧宣府自贖。按，此改輸粟爲運糧。

（清）查繼佐《罪惟録》紀卷一二《世宗紀》〔嘉靖十二年〕八月，番彝入貢者千餘，減給茶絹。皇第一子載𡑞生，告廟，賜名必以禮。肆赦，唯大禮及大獄，馮恩不與。

（清）嵇璜等《清朝通志》卷八〇《刑法略・赦宥》〔順治元年十月〕定鼎京師，頒詔中外大赦天下。

（清）嵇璜等《清朝通志》卷八〇《刑法略・赦宥》〔順治〕五年十月，恭奉太祖高皇帝配天，並追尊四祖考妣。禮成，上親政，詔赦天下。

（清）嵇璜等《清朝通志》卷八〇《刑法略・赦宥》〔康熙〕四年三月，以星變地震，上省躬，詔赦天下。

（清）嵇璜等《清朝通志》卷八〇《刑法略・赦宥》 雍正元年二月，恭上聖祖仁皇帝尊謚，升祔太廟禮成，詔赦天下。

（清）嵇璜等《清朝通志》卷八〇《刑法略・赦宥》〔雍正元年八月〕恭上孝恭仁皇后尊謚，升祔太廟禮成，詔赦天下。

（清）嵇璜等《清朝通志》卷八〇《刑法略・赦宥》〔雍正元年〕十一月，恭奉聖祖仁皇帝配天禮成，詔赦天下是年奉旨内外實人犯今年停止處決。

（清）嵇璜等《清朝通志》卷八〇《刑法略・赦宥》〔雍正十三年九月〕皇上御極，詔赦天下。

（清）嵇璜等《清朝通志》卷八〇《刑法略・赦宥》〔乾隆〕四十二年五月，恭奉孝聖憲皇后升祔太廟禮成，詔赦天下。

（清）嵇璜等《清朝通志》卷八〇《刑法略・赦宥》〔乾隆五十年〕以國祚綿長，初逢大衍，詔赦天下。

特赦部

論説

（明）孫世芳《宣府鎮志》卷一九《法令考・漢》　武帝建元六年赦邊郡軍吏不循法者。時秦隴燕代間，軍吏多不循法。上曰：邊民固不可内郡治也，向所犯特赦之。自今有犯仍如法。按：武帝在位五十五年，凡十八赦，皆通行天下者，惟此則專行於邊郡耳。故紀之。

（明）楊士奇等《歷代名臣奏議》卷二〇八《法令》　建初中，有人侮辱人父者，而其子殺之。肅宗貰其死刑而降宥之，自後因以為比。和帝時，遂定其議，以為輕侮法。尚書張敏駁議曰：夫輕侮之法，先帝一切之恩，不有成科班之律令也。夫死生之決，宜從上下，猶天之四時，有生有殺。若開相容恕，著為定法者，則是故設姦萌，生長罪隙。孔子曰：民可使由之，不可使知之。《春秋》之義，子不報讎，非子也。而法令不為之減者，以相殺之路不可開故也。今託義者得減，妄殺者有差，使執憲之吏得設巧詐，非所以導在醜不爭之義。又輕侮之比，寖以繁滋，至有四五百科，轉相顧望，彌復增甚，難以垂之萬載。臣聞師言：救文莫如質。故高帝去煩苛之法，為三章之約。建初詔書，有改於古者，可下三公、廷尉蠲除其敝。議寢不省。敏復上疏曰：臣敏蒙恩，特見拔擢，愚心所不曉，迷意所不解，誠不敢苟隨衆議。臣伏見孔子垂經典，皋陶造法律，原其本意，皆欲禁民為非也。未曉輕侮之法將以何禁？必不能使不相輕侮，而更開相殺之路，執憲之吏復容其姦枉。議者或曰：平法當先論生。臣愚以為天地之性，惟人為貴，殺人者死，三代通制。今欲趣生，反開殺路，一人不死，天下受敝。《記》曰：利一害百，人去城郭。夫春生秋殺，天道之常。春一物枯即為災，秋一物華即為異。王者承天地，順四時，法聖人，從經律。願陛下留意下民，考尋利害，廣令平議，天下幸甚。和帝從之。

（明）余懋學《仁獄類編》卷二九《宥改過自効》　先是有吏科給事中犯法繫獄，至是其父代陳情願改過自効，上命釋之，仍諭之曰：再犯不宥矣。已而顧侍臣曰：被罰不悔，則為惡之心確，知罪思改，則向善之心萌，故許其自新而戒其再犯。侍臣對曰：昔聖王於怙終加賊刑，正謂此也。

綜述

《漢書》卷二《惠帝紀》〔高祖十二年五月〕上造以上及内外公孫、耳孫有罪當刑及當爲城旦舂者，皆耐爲鬼薪、白粲；民年七十以上若不滿十歲有罪當刑者，皆完之。

《漢書》卷四《文帝紀》〔文帝三年〕秋七月，上自太原至長安。詔曰：濟北王背德反上，詿誤吏民，爲大逆。濟北吏民兵未至先自定及以軍城邑降者，皆赦之，復官爵。與王興居去來者，亦赦之。八月，虜濟北王興居，自殺。赦諸與興居反者。

《漢書》卷六《武帝紀》〔元朔六年六月〕，詔曰：諸禁錮及有過者，咸蒙厚賞，得免減罪。

《漢書》卷八《宣帝紀》〔元康元年〕三月，詔曰：迺者鳳皇集泰山、陳留，甘露降未央宮。朕未能章先帝休烈，協寧百姓，承天順地，調序四時，獲蒙嘉瑞，賜茲祉福，夙夜兢兢，靡有驕色，内省匪解，永惟罔極。《書》不云乎？鳳皇來儀，庶（不）〔尹〕允諧。其赦天下徒，賜勤事吏中二千石以下至六百石爵，自中郎吏至五大夫、佐史以上二級，民一級，女子百户牛酒。加賜鰥、寡、孤、獨、三老、孝弟、力田帛。所振貸勿收。

《漢書》卷八《宣帝紀》〔元康二年三月詔〕又曰：聞古天子之名，難知而易諱也。今百姓多上書觸諱以犯罪者，朕甚憐之。其更諱詢。諸觸諱在令前者，赦之。

（明）張溥《漢魏六朝百三名家集》卷八七沈約《沈隱侯集・南郊恩

詔》門下：卜曰禋饗，政道莫先。厚下布澤，哲王是務。朕仰祇靈眷，俯臨億兆，歲象迴環，恭事亡及，牲玉必薦，感敬脩申，昇煙燎於窮昊，致精誠於太一。思沾覬潤，惠兹窮生。應天監三年内犯奪，勞及左降，可悉原降繼市職；不充人身及家户質繫，悉散還私家；督脩前歲三五犯謫因及隨曹景宗授司州委叛應謫役者，並量所蠲降；尚書所檢巧陳淫辭，普更開恩百日，各聽自首，不問往罪。京師三縣尤窮之民，詳加賑恤，主者速條格施行。又門下：朕肅膺乾貺，君臨率土，雖日晏劬勞而仁恕未洽。星琯驟回，履端告始，禋饗云脩，誠敬兼申，宣和布澤，情深待旦。凡内外文武可各賜勞一年，叛亡未擒，若百日内自首還役，不問往罪。女子質繫悉且散遣。文書輕重坐罪，並皆從原。主者詳爲條格，疾速施行。

《後漢書》卷二《明帝紀》〔永平十六年〕九月丁卯，詔令郡國中都官死罪繫囚減死罪一等，勿笞，詣軍營，屯朔方、敦煌；妻子自隨，父母同産欲求從者，恣聽之；女子嫁爲人妻，勿與俱。謀反大逆無道不用此書。

《後漢書》卷三《章帝紀》〔元和元年〕十二月壬子，詔曰：《書》云：父不慈，子不祗，兄不友，弟不恭，不相及也。往者妖言大獄，所及廣遠，一人犯罪，禁至三屬，莫得垂纓仕宦王朝。如有賢才而没齒無用，朕甚憐之，非所謂與之更始也。諸以前妖惡禁錮者，一皆蠲除之，以明弃咎之路，但不得在宿衛而已。

《後漢書》卷四《孝和紀》〔永元元年〕冬十月，令郡國弛刑輸作軍營。其徙出塞者，刑雖未竟，皆免歸田里。

《後漢書》卷四《和帝紀》〔永元六年〕秋七月，京師旱。詔中都官徒各除半刑，謫其未竟，五月已下皆免遣。

《後漢書》卷四《和帝紀》〔永和十一年二月〕丙午，詔郡國中都官徒及篤癃老小女徒各除半刑，其未竟三月者，皆免歸田里。

《後漢書》卷五《孝安帝紀》〔永初元年六月〕先零種羌叛，斷隴道，大爲寇掠，遣車騎將軍鄧騭、征西校尉任尚討之。丁卯，赦除諸羌相連結謀叛逆者罪。

《後漢書》卷五《安帝紀》〔永初四年二月〕乙亥，詔自建初以來，諸祅言它過坐徙邊者，各歸本郡；其没入官爲奴婢者，免爲庶人。

《後漢書》卷五《安帝紀》〔元初二年冬十月〕詔郡國中都官繫囚減死一等。勿笞，詣馮翊、扶風屯，妻子自隨，占著所在；女子勿輸。亡命死罪以下贖，各有差。其吏人聚爲盜賊，有悔過者，除其罪。

《後漢書》卷六《順帝紀》〔漢安二年〕冬十月辛丑，令郡國中都官繫囚殊死以下出縑贖，各有差；其不能入贖者，遣詣臨羌縣居作二歲。

《後漢書》卷七《桓帝紀》〔建和三年〕夏四月丁卯晦，日有食之。五月乙亥，詔曰：蓋聞天生蒸民，不能相理，爲之立君，使司牧之。君道得於下，則休祥著乎上；庶事失其序，則咎徵見乎象。閒者，日食毁缺，陽光晦暗，朕祗懼潛思，匪遑啓處。《傳》不云乎：日食修德，月食修刑。昔孝章帝愍前世禁徙，故建初之元，並蒙恩澤，流徙者使還故郡，没入者免爲庶民。先皇德政，可不務乎！其自永建元年迄乎今歲，凡諸妖惡，支親從坐，及吏民減死徙邊者，悉歸本郡；唯没入者不從此令。

《晉書》卷七《成帝紀》〔咸和〕八年春正月辛亥朔，詔曰：昔大賊縱暴，宫室焚蕩，元惡雖翦，未暇營築。有司屢陳朝會逼狹，遂作斯宫，子來之勞，不日而成。既獲臨御，大饗羣后，九賓充庭，百官象物。知君子勤禮，小人盡力矣。思蠲密網，咸同斯惠，其赦五歲刑以下。令諸郡舉力人能舉千五百斤以上者。

《宋書》卷四《少帝本紀》〔景平元年〕夏四月，丁丑，以旱，詔赦五歲刑以下罪人。

《宋書》卷五《文帝本紀》〔元嘉四年三月〕詔曰：**【略】**五歲刑以下皆悉原遣。

《宋書》卷六《孝武帝本紀》〔孝建二年九月〕庚戌，詔曰：國道再屯，艱虞畢集。朕雖寡德，終膺鴻慶。惟新之祉，實深百王；而惠宥之令，未殊常渥。永言勤慮，寤寐載懷。在朕受命之前，凡以罪徙放，悉聽還本。犯釁之門，尚有存者，子弟可隨才署吏。

《宋書》卷九《後廢帝本紀》〔元徽元年正月〕壬寅，詔曰：夫緩法昭恩，裁風茂典，蠲憲貸眚，訓俗彝義。朕臨馭宸樞，夤制氓宇，式存寬簡，思孚矜惠。今開元肆宥，萬品惟新，凡兹流斥，宜均弘洗。自元年以前貽罪徙放者，悉聽還本。

（清）沈家本《歷代刑法考·赦八·赦例二》《南齊書·高紀》：

建元元年，大赦。與宋永初元年同。又詔劫賊餘口没在臺府者，悉原放。諸負釁流徙，聽還本土。

按：此赦全襲永初，惟又詔一層爲永初所無，此赦例之增者，此後常行之。

六月，立皇太子。斷諸州郡禮慶。見刑入重者，降一等，並申前赦恩百日。

按：申前赦恩百日，舊例所無，始見於此，後常行之。

《南齊書》卷三《武帝本紀》〔永明元年三月〕丙辰，詔曰：朕自丁荼毒，奄便周忌，瞻言負荷，若墜淵壑。而遠圖尚蔽，政刑未理，星緯失序，陰陽愆度。思播先澤，兼酬天眚，可申辛亥赦恩五十日，以期訖爲始。京師囚繫，悉皆原宥。三署軍徒，優量降遣。都邑鰥寡尤貧，詳加賑恤。戊寅，詔四方見囚，罪無輕重，及劫賊餘口長徒敕繫，悉原赦。逋負督贓，建元四年三月以前，皆特除。

（清）沈家本《歷代刑法考・赦六・王國赦事》《南齊書・高紀》：宋昇明三年三月，爲齊公下令赦國内殊死以下；今月十五日昧爽以前，一皆原赦。

按：此襲曹操之故事也。

江淹、建平王赦五刑教：府州國綱紀，吾謬紲朝組，廼班恩命，重渥華蕃，踐寵懋甸。永言政惠，良攪清寐。況舊楚地曠，前郢氓殷，水帶枉渚山帀；魯陽自頃，田邑榛故封井。萊蕪財賦，方屈犴獄，實繁思所以厚風釐俗，變瑟改調。自五歲刑以下未送臺者，一皆原遣。文武彈坐，亦悉復職。主局依舊施散，薄紓此懷！

按：《梁書・江淹傳》：建元初，又爲驃騎（建安）〔豫章〕王記室，帶東武令，參掌詔册。《南齊書・建安王子真傳》：永明四年，爲輔國將軍、南琅琊彭城臨二郡太守。此教所言舊楚、魯陽，舊即指南琅琊，彭城二郡也。齊時别無建平王，恐本集有誤。梁建平王大球大寶二年遇害，年十一，淹卒於天監之初，不相及也。至六代，諸王之領州府者得自赦境内。此文及後陸倕豫章王拜後赦教皆是其證。

梁陸倕豫章王拜後赦教曰：夫議獄緩死，著在令圖，疑罪惟輕，聞諸雅誥，是以虞經惻隱，流涕冬決，鍾意垂仁，哀矜寒送。吾以虚薄，夙頒寵章，光宅襟險，奄有全粤。非有沛獻矜嚴，空紆青組。東平智思，徒舉赤帷。思所以仰述皇猷，道揚弘澤，遵彼下車，譬兹解網。

《南齊書》卷三《武帝本紀》〔永明六年正月壬午〕詔【略】三署徒隸，詳所原釋。

《梁書》卷一《武帝本紀》〔中興二年三月，進爵爲主〕令曰：【略】國内殊死以下，今月十五日昧爽以前，一皆原赦。

《梁書》卷三《武帝本紀》〔中大同元年三月乙巳〕凡主守割盜、放散官物，及以軍糧器甲，凡是赦所不原者，起十一年正月以前，皆悉從恩，十一年正月已後，悉原加責。

《梁書》卷五《元帝本紀》〔承聖元年十一月丙子〕詔長徒鏁士，特加原宥；禁錮奪勞，一皆曠蕩。

《陳書》卷二《高祖本紀》〔永定元年十月乙亥〕其有犯鄉里清議贓汙淫盜者，皆洗除先注，與之更始。長徒敕繫，特皆原之。亡官失爵，禁錮奪勞，一依舊典。

《魏書》卷七上《高祖紀》〔太和四年〕閏月丁亥，幸虎圈，親録囚徒，斬者皆免之。

《魏書》卷七下《高祖紀》〔太和二十一年十二月〕丁卯，詔流徒之囚，皆勿決遣，有登城之際，令其先鋒自效。

（清）沈家本《歷代刑法考・赦八・赦例二》《宣紀》：大象二年，詔見囚死罪並降從流，流從徒，五歲刑已下悉皆原宥。其反叛惡逆不道，及常赦所不免者，不在降例。

按：此即漢代謀反大逆無道不用此書之例也，常赦所不免之文始見於此。唐天寶赦書曰常赦所不原，元和以後，承用此語。明律常赦所不原律目即用之。

（宋）王欽若等《册府元龜》卷一五〇《帝王部・寬刑》唐高祖武德四年二月，親録囚徒，謂僕射裴寂曰：離亂之後，犯法者多。限以嘗條，死者更衆。其刼賊傷財主，征人逃走，官人枉法，如此之徒理在難恕。自餘之輩，朕欲法外赦之，於是多所原放。

（宋）宋敏求《唐大詔令集》卷八三《政事・恩宥・武德二年十月赦》朕祗膺靈命，君臨區宇，承凋弊之餘，拯横流之難。雖復蠲除徭賦，督課耕農，安集黎元，與之休息。然而鯨鯢未翦，四海多虞，師旅薦興，事不獲已。及其士卒浮惰，苟求逸樂，憚於征役，離其營伍，因此竄逃，潛匿崎嶇，竊爲爲資，規免朝夕。良由勸勵不明，部署失所，弛慢之責，在於朕躬。琴瑟不調，已云變革，多墜刑網，情兼軫悼，宜從寬宥，許以自新。其義士募人有背軍逃亡者，自武德二年十月二十日以前，罪無輕重，皆赦除之。飢寒困斃，不能自存，所在官司，隨事賑給。士非素勵，難以應敵，設法垂憲，期於不犯。自今以後，有背軍鎮征役者，隨即科處，必無容貸。宜明宣告，咸使聞知。

（宋）宋敏求《唐大詔令集》卷一二三《政事·平亂·平輔公祐赦》

詔曰：自有隋失馭，盜賊交侵，四海群飛，六合雲擾。上天降鑒，爰命朕躬，戮盡兇灾，廓清宇縣。然而江湖之外，水鄉僻遠，向化之民，未能自達。逆賊輔公祐，搆扇兇醜，蟻聚蜂屯，侵虐黎民，摇動城邑。憫兹塗炭，義在弔撫，命彼偏師，聊申薄伐。沿流而下，乘機克定，氛祲清蕩，遐邇乂安，文軌大同，朝野咸慶。今朱明戒序，時方長育，宜順天心，播兹大惠。可大赦天下，自武德七年正月一日昧爽以前，大辟罪已下，已發露未發露繫囚見徒，悉從原免。其犯十惡、劫賊、官吏枉法受財、主守自盜及常赦所不免、流已上道者，並不在赦例。亡命山澤，收藏軍器，百日不首，復罪如初。其江州道行軍，經塗悠遠，非無勞供運轉輸及從軍役者，並宜給復二年。從軍内有犯罪，除解官人立賞勛效者，並復官爵，仍依本品，隨才處分。揚、越之民，新沾大化，見在民户，給復一年。其與賊同心，共爲逆亂，非被迫脅，情狀難原者，不在赦限。

（宋）宋敏求《唐大詔令集》卷二《帝王·即位·太宗即位赦》

詔曰：惟天爲大，七政所以授時；惟辟奉天，三才所以育物。故能彌綸宇宙，經緯乾坤，大庇生民，闡揚鴻烈。我大唐誕膺嘉運，載協休期，丕受龍圖，肇開鳳紀。太上皇徇齊作聖，睿哲欽明，奄有八方，光宅四表，牢籠軒昊，躡跨殷周，金鏡俯臨，玉燭遐被。然而至德弗宰，成功不居，高謝萬邦，委兹重器，郊禋曠禮，士民翹矚，欽惟宗社，義存享獻。朕以寡昧，實膺統緒，辭不獲免，式纂洪業。靈命既臻，用昇寶位，君臨兆庶，纘軌百王，若涉大川，罔知攸濟，方資令哲，共康至道。今紹祚伊始，奉答天休，思敷惠澤，被於黎獻。可大赦天下。自武德九年八月九日昧爽已前，罪無輕重，已發覺未發覺繫囚見徒，悉從原免。武德元年以來流配者，亦並放還。凡厥庶寮，進爵一級。其五品以上先無爵邑者，開國男六品以下，各加一轉。關内及蒲、芮、虞、秦、陝、鼎六州，免二年租調。自餘率土，普給復一年。年八十以上，各賜米二石、綿帛五段。百年以上，各賜米四石、綿帛十段，加版授，以旌尚齒。鰥、寡、孤、獨不能自存者，量事優恤。其有至孝純著，達於鄉黨，徵諸闕庭，厚加褒擢。節義之夫，貞順之婦，州府列上，旌表門閭。高年碩學，直言正諫，所在長官，隨狀薦舉。亡命山澤，挾藏軍器，百日不首，復罪如初。敢以赦前事告言者，以其罪罪之。

（宋）宋敏求《唐大詔令集》卷一二一《政事·捨雪·寬宥逆人親黨敕》

敕：朕聞古先哲王，臨御天下，以刑止殺，罪疑惟輕，懲惡勸善，義不相及。管仲實仇，自爲良佐；嵇康既戮，子爲忠臣，昔人美談，前事非遠。間者元惡大憝，實繁有徒，效順行誅，法在無捨。朕惟薄德，獲承丕運，敬記群公之上，固以百姓爲心。且逆豎支黨及其親婭，頃屬多難，今屯而亨，與之洗滌，用徇寬惠，多令遷貶，孰安於反側？故一切勿論，欲明本體。而有司所奏，尚未核詳，緣累黜削，或乖平反，豈朕受天明命，作人父母之意歟！將朕之誠意，且未能諒，將義多緒，不釐其失，思之撫然，甚非所謂。其親纍人、貶人者，所司宜更詳審，務令折衷，重申朕意，咸使坦懷。俾爾周行，以凝庶績。唐隆元年七月六日。

（宋）宋敏求《唐大詔令集》卷一二一《政事·捨雪·矜放緣坐敕》

敕：朕聞古先帝王，受天之命，承天之序，萬方罪己，百姓爲心者，蓋司牧於至公，豈崇高於大寶！朕猥守丕緒，克恭嚴訓，答神祇之眷，資敬受之道，二祀於斯矣。頃逆賊竇懷貞等，首謀逆亂，敢肆兇悖，交羽林而竊發，指玉堂而睥睨。雖觸瑟之兆，禍積於猖狂；而援旗以問，變生於倉卒。太上皇震威電擊，睿略天斷，命朕恭行，應時戡剪，衆所共棄，人其乂安。已而承姑射之期，奉華胥之志，爰釋重負，鍾於薄德。顧如臨而益懼，思若濟而罔知，將何以揚四聖之休，成一人之教！伏以太上皇比親庶績，念於朕躬，逸承歡，未知爲政。而内有聲樂，外有畋漁，從魏文河曲之游，追漢宣杜城之好。因時命賞，幾忘在予之責；他日爲言，非專代天之理。令退而自省，殷鑒前弊，損之爲戒，仁豈遠乎！朕其再思，當不二也。俾爾卿士，下洎元元，體朕至誠，勉遵大化。欲使陽和時雨之惠，利有攸往；肅殺降霜之威，存而不作。故事非獲已，期在無刑，惘然永懷，將布寬典。《書》不云乎，罰不及嗣，古之制也。其逆人親黨緣坐合死者，特令放免，配爲城奴，仍差使領送；自餘支黨往還，一無所問。與更始者，令安反側；與再生者，特垂哀憫。屈彼尋常之法，矜其至重之命，庶有光武焚書之事，成湯解網之恩。凡厥遠近，咸遣知悉。先天二年七月十三日。

（宋）宋敏求《唐大詔令集》卷一〇八《政事・營繕・大明宮成放免囚徒等制》　黄門：朕聞養人者謂之司牧，非逸於人，上事天者謂之帝王。蓋御於天下，故作爲棟宇，以避燥濕，居於臺榭，以順高明，斯乃奉時而行政也。朕以不德，祇膺睿圖，寶十家之産，愛兆人之力，未嘗興功於土木，役思於池籞。冀之休艾，以致雍熙。自律應長贏，時方大暑，溽雲屢起，温風且至。伏以太上皇晏居頤衛，滌慮清閒，迹不往於甘泉，心每期於汾水。朕侍於左右，以奉晨夕。助元默之化，則虧於聽理；當炎蒸之序，又黷以囂煩。惕焉載懷，敢忘順色。然文明創造，先聖所營，即舊不加，因時而往。千門萬户，外雖謂於别宫；一日三朝，中自連於複道。下所以寧問安之懇，上所以資習静之娱，實獲我心，俾康政體。古有服珍裘者，則念人之寒；居夏屋者，則念人之熱。況比歲阻饑，甫田不稔；或愚人陷罪，圜土稱寃。凡厥庶僚，將何以恤？兩京及諸州，宜令長官親理寃獄，除犯名教及官典犯贓，並緣妖僞以外，餘罪徒以下，咸宜放免。其有茂材異等，拔衆超群，緣無紹介，久不聞達者，咸令自舉，朕當親問。其應宣撫使名聞舉人，試第四等，宜准舊例，别加優奬。見任人各量與改轉，前資常選人至各依選例與處分，其未出身者，並授散官。先天以來軍將、押官等在於戰陣亡者，令本軍勘績奏聞。其妄説灾祥，誑惑閭里，並令州縣長官等嚴加捉搦，仍令御史、金吾訪察繩糾。有能直言極諫，補朕之闕者，各封狀進，朕將親覽，如有可採，當加奬擢。其皇親諸親，其東宫承優、任員外撿試等官近停至今冬處分者，有家道貧迫，情願外任者，亦令所司勘績，量才注擬。其緣坐流人，處置有輕重不類者，令所司勘會奏聞。主者施行。開元二年六月八日

（宋）王欽若等《册府元龜》卷八五《帝王部・赦宥》〔唐玄宗開元三年二月〕，制曰：【略】兩京及天下見禁囚除犯惡逆、造僞以外，決一百，配流嶺南、磧石諸州，其餘一切放免。

（清）沈家本《歷代刑法考・赦八・赦例三》〔唐玄宗開元〕九年五月，詔天下見禁囚徒犯流已下、徒已上，並遣隨軍展效，仍令所司明爲年限條例，隨便近諸軍分配。其杖已下即令釋放。

按：流、徒並隨軍展效，即明代之充軍也。流、徒並遣，明制頗近似，隨便近諸軍則無遠處。明爲年限，限滿即可釋放，此與明制迥殊者，且係赦例非常律也。《紀》云原見囚死、流罪隨軍效力，徒以下未發者，與此文不符，此所載有詔語，當不誤，恐《紀》誤也。隨軍展效，當即後來效力名目所始，後十五年赦書亦有邊州效力之名。

《舊唐書》卷八《玄宗本紀》〔開元〕十三年春正月乙酉，以幽州都督府爲大都督府。戊子，降死罪從流，流已下罪悉原之。分遣御史中丞蔣欽緒等往十道疏決囚徒。【略】〔三月〕丙申，御史大夫程行諶奏：周朝酷吏來子珣、萬國俊、王弘義、侯思止、郭霸、焦仁亶、張知默、李敬仁、唐奉一、來俊臣、周興、丘神勣、索元禮、曹仁哲、王景昭、裴籍、李秦授、劉光業、王德壽、屈貞筠、鮑思恭、劉景陽、王處貞等二十三人，殘害宗枝，毒陷良善，情狀尤重，子孫不許仕宦。陳嘉言、魚承曄、皇甫文備、傅遊藝四人，情狀雖輕，子孫不許近任。請依開元二年二月五日敕。

（清）沈家本《歷代刑法考・赦八・赦例三》〔唐玄宗開元〕十五年八月，詔天下見禁囚犯死罪者特宜免死，配流者配邊州效力，徒已下罪並放免。官人犯贓者不在此例。

按：《本紀》云降天下死罪、嶺南邊州流人，徒以下原之，與此相合，有死罪及徒以下而不及流罪，未詳其故，《舊書・本紀》無此赦。

（清）沈家本《歷代刑法考・赦八・赦例三》〔唐玄宗開元〕十六年三月，制徒已下罪並責保放營農，令詳刑格亦非重罰，特從免放。

按：《本紀》此年正月，許徒已下保任營農；三月，免營農囚罪。

（宋）宋敏求《唐大詔令集》卷八四《政事・恩宥・遣使往諸道疏決囚徒敕》　敕：朕緬稽古訓，思致人和，爰發由衷之詔旨，行順時之政令。孟夏初吉，三農在期，禮先決於薄刑，義必寬於輕繫。既聽其令，用

軫於懷。雖囹圄之間，少聞於冒犯；澄清之使，素盡於忠公。元慮吏有煩苛，人或寃滯，是爽和平之氣，殊乖敬授之心。其天下見繫囚徒及事發應推身不禁者，即宜差使分往諸道，量事疏決，及宣佈時令。除犯贓賄、十惡死罪不赦，自流徒以下，特宜放免，回日聞奏，務在欽恤，以稱朕懷。開元二十六年四月。

（宋）沈家本《歷代刑法考·赦八·赦例三》〔唐玄宗開元〕二十九年五月，制天下見禁囚徒其十惡罪及造僞頭目並謀殺、妖訛、宿宵人等，特宜免死，配流嶺南。官人犯贓，據情狀輕重量事貶降，餘一切放免。

按：宿宵人始見於此，未詳其義。天寶七載三月，制如聞山林學道之士每被搜括，且法之防邪，本有所以。至於宿宵、妖訛、亡命聚衆、誘陷愚人，故令禁斷，郡縣遂一概迫逐，使志道之者不得安居。自今已後，審係清潔，更不得恐動以廢修行。據此詔書，宿宵當是道士以左道惑衆者，其字義則仍難以臆説也。

《舊唐書》卷九《玄宗本紀》〔唐玄宗天寶三年三月〕制天下見禁囚徒死罪降流，流已下並原之。

（宋）宋敏求《唐大詔令集》卷八四《政事·恩宥·以春令減降囚徒德音》乘時布澤，有國之彝訓，議獄緩刑，前王之茂典。由是洽其麛卵，殷湯宏解網之仁；順彼陽和，漢後有録囚之詔。育物施惠，抑惟舊章。朕纘服鴻業，祇膺寶位，日旰忘食，中夜求衣，慮一物之失所，憂四方之未乂，雖身居黄屋，而志在蒼生。今寇孽爲虞，征輸未息。猶恐提戈釋耒，未有厚於人時；寘棘理梧，或慮盈於幽繫。屬三陽啓泰，萬物遂生，宜覃在宥之澤，庶葉惟新之令。其天下見禁囚徒，死罪降從流，以下並釋放。京城宜令中書門下即分往府縣，御史臺大理寺即親自按問疏決訖，具狀聞奏。諸府州，各委所由長官，準此處分。諸色流人及左降官等，所由類例，並與量移，仍委中書門下議覆奏取處分。其先緣安禄山僞署三司有名，應在流貶者，原情議罪，負國誠深，朕已捨其殊死，竄於荒徼，固當與衆共棄，長爲匪人。然皆邦家舊臣，嘗掛纓冕，使其終没裔土，永匿魅魂，不若貸以殊私，俾令效節。亦准例處分，兼委中書門下，量輕重類例，奏取處分。比緣寇盗之内，干戈脅從，白刃臨頸，胡寧忍決，所以陷於兇黨，苟免者多，從前詔書，頻已該及。其史思明將士及僞署官屬等，有束身歸順，並率衆來降，官爵如初，一無所問。以城邑降者，仍別加封爵，餘兇黨之流，亦同此例。天實臨照，朕無食言。王者設教，務農爲首。今土工方起，田事將興，敦本勸人，寔惟政要。宜令天下刺史縣令各於所部親勸農桑。百姓中有勤勞稼穡，積其菽粟，或贍於閭里，或能益軍儲，委所繇長吏，具狀奏聞，當特與甄賞。仍令有司第其高下，量酬五品以下官員。其百司及州縣，興工力役，不急之務，一切並停。諸軍兵健，應在行營，有羸老疾病不任戰陣者，各委節度使速揀擇放還，路次州縣量加濟恤。諸色番役，各令所司減省，放其營農。且寇孽未平，軍戎當備，甿庶之内，征賦猶煩。朕所以親帥公卿，躬行節儉，而詔書屢下，蠲免蓋多。至國計軍儲取給而已，猶欲累加損益，以惠黔黎。宜委中書門下勾當，令度支使與諸供司一切減省，應可蠲免，每司各條件聞奏，當使施行。上元二年正月

（宋）王欽若等《册府元龜》卷八七《帝王部·赦宥》〔上元〕【略】其天下見禁徒囚，死罪降，流徒以下並釋放。京城宜令中書門下即分往府縣，御史臺、大理寺即自親按，問疏决訖，具狀聞奏，諸府州各委所繇長官準此處分。諸色流人及左降官等所繇類例，並與量移。仍委中書門下，議覆奏取處分。其先緣安禄山僞署三司，有名應在流貶者，原情議罪，負國誠深，朕以舍其殊死竄於荒徼，固當與衆共棄，長爲匪人。然皆邦國舊臣，嘗掛纓冕，使其終没裔土，永匿魅魂，孰若貸以殊私，俾令效節，亦准例處分。兼委中書門下量輕重類例，奏取處分。比緣寇盗之内，干戈脅從，白刃臨頸，胡寧忍決，所以陷於兇黨，苟免者多，前從詔書，頻以該及。其史思明將士及僞署官屬等，有束身歸順並率衆來降，官爵如初，一無所問。以城邑降者，仍別加封爵。餘兇黨之流，亦同此例。

《舊唐書》卷一一《代宗本紀》〔大曆四年秋七月〕癸未，以天下刑官濫刑，詔：至理之代，先德後刑，上歡然以臨下，下欣然而奉上，禍亂不作，法令可施。去聖久遠，薄於教化，簡書填委，獄訟煩興。苛吏舞文，冤人致辟，思欲刷耻改行，厥路無由，豈天地父母慈愛之意也！朕主三靈之重，託羣后之上，夕惕若厲，不敢荒寧。内訪卿士，外咨方岳，日不暇給，八年於茲，而大道淳風，鬱而不振。四郊多壘，連歲備

邊，師旅在外，役費尤廣，賦役轉輸，疾耗吾人，困竭無聊，窮斯濫矣。下庶暗昧，不見刑網，戎士在軍，未習法令，犯禁抵罪，其徒實繁。狴犴之間，未詳事實，吏議不決，動淹時月，傷沮和氣，屢彰咎徵。此皆朕之不明，教之未至，上失其道而繩下以刑，敢不罪己以答災眚。人者君之支體，害之則君有所傷；刑者教之輔助，失之則人無所措。慮有冤濫，慘然憂傷，用明慎罰之典，俾弘在宥之澤。其天下見禁囚，死罪降從流，流已下釋放，左降、流人、移隸等，委所司奏聽進止。如聞州縣官比來率意恣行粗杖，不依格令，致使殞斃，深可哀傷。頻有處分，仍聞乖越。自今已後，非灼然蠹害，不得輒加非理，所司嚴加糾察以聞。

先是，皇姨弟薛華因酒色之急，手刃三人，棄屍於井，事發繫獄，賜自盡，故有是詔。

（唐）韓愈《順宗實録》永貞元年八月　自貞元二十一年八月五日昧爽已前，天下應犯死罪特降從流，流已下遞減一等。

《新唐書》卷五六《刑法志》　憲宗英果明斷，自即位數誅方鎮，欲治僭叛，一以法度，然於用刑喜寬仁。是時，李吉甫、李絳爲相。吉甫言：治天下必任賞罰，陛下頻降赦令，蠲逋負，賑飢民，恩德至矣。然典刑未舉，中外有懈怠心。絳曰：今天下雖未大治，亦未甚亂，乃古平國用中典之時。自古欲治之君，必先德化，至暴亂之世，始專任刑法。吉甫之言過矣。憲宗以爲然。司空頔亦諷帝用刑以收威柄，帝謂宰相曰：頔懷姦謀，欲朕失人心也。元和八年，詔：兩京、關內、河東、河北、淮南、山南東西道死罪十惡、殺人、鑄錢、造印，若彊盗持仗劫京兆界中及它盗贓踰三匹者，論如故。其餘死罪皆流天德五城，父祖子孫欲隨者，勿禁。蓋刑者，政之輔也。政得其道，仁義興行，而禮讓成俗，然猶不敢廢刑，所以爲民防也。寬之而已。今不隆其本，顧風俗謂何？而廢常刑，是弛民之禁，啓其姦，由積水而決其防。故自玄宗廢徒杖刑，至是又廢死刑，民未知德，而徒以爲幸也。

（宋）王欽若等《册府元龜》卷九一《帝王部·赦宥》　〔唐文宗太和九年十二月〕京百司見禁囚徒死罪遞減一等，未結正者推問，畢日準此處分。諸色所繇官吏陷於脅從，雖有名籍，涉於詿誤者，一切不用更問，仍付左右神策、兩金吾、京兆府、御史臺，並準恩赦處分，休便追捕。其有潛藏迴避，限令出三日，各歸本司，逆人親族已處置外，其餘周親已上一切不問，所在更不用繫留聞報。其先有定名捕捉者，所在尋追，獲日奏聞，不得漏網。昨者有擅入逆人之家，盗掠財物，擁無故之利，生怙亂之心，尚有縱酒聚徒，妖言惑衆，志於掠盗，恐嚇居人，假託軍司，輒持兵器及以前月二十一日事妄相告訐者，委御史臺、京兆府嚴加伺察，擒捉奏聞，所在集衆決殺，不在恩赦之限。

《舊唐書》卷一八下《宣宗本紀》　〔大中〕四年春正月，以追尊二聖，御正殿，大赦天下。徒流比在天德者，以十年爲限，既遇鴻恩，例減三載。但使循環添换，邊不闕人，次第放歸，人無怨苦。其秦、原、威、武諸州、諸關，先準格徒流人，亦量與立限，止於七年，如要住者，亦聽。諸州府縣官如請工假，一月已下，權差諸廳判官；一月已上，即準勾當例，其課料等據數每貫刻二百文，與見判案官添給。有故意殺人者，雖已傷未死、已死更生，意欲殺傷，偶然得免，並同已殺人條處分。

《舊五代史》卷三〇《唐書·莊宗紀》　〔同光元年冬十月〕【略】己丑，御崇元殿。制曰：【略】今則已梟逆豎，大豁群情，覩曆數之有歸，實神靈之匪昧。得不臨深表誡，馭朽爲懷，將弘濟於艱難，宜特行於赦宥。應僞命流貶責授官等，已經量移者，並可復資，徒流人放歸鄉里。京畿及諸道見禁囚徒，大辟罪降從流，已下咸赦除之。

《舊五代史》卷三一《唐書·莊宗紀》　〔同光三年五月〕己未，詔天下見禁罪人，如無大過，速令疏放。

（宋）王欽若等《册府元龜》卷九二《帝王部·赦宥》　〔天成元年〕十一月庚申，敕：應天下州使繫囚，除大辟罪已下委所在長吏速推勘決斷，不得旁追證對，經過宿食之地，除當死刑外，並仰釋放。兼不許徵理天成元年四月一日已前私債。所降德音節文，仰王京諸道分明宣佈，於要害道路牓壁，不得漏落。今則上聞違犯，其後來相次條理，諸道事件皆闕念及生聚，布以優恩，多因州使幸門淹留，敕命或公然隱匿，全不施行，官吏但習舊風，百姓罔知親命，宜令徧加告諭。

《舊五代史》卷四二《唐書·明宗紀》　〔長興二年夏四月壬子〕詔曰：久愆時雨，深疚予心。宜委諸州府長吏親問刑獄，省察冤濫，見禁囚徒，除死罪外，並放。案：歐陽史作乙卯，以旱赦流罪以下囚。與薛史作壬子異。

（清）沈家本《歷代刑法考·赦考十二·赦九》 顯德元年正月制，其殺人者放罪移置他處。諸配流人，並任逐便。如刺面配軍收管者，不在此例。

按：殺人移鄉，唐法也。刺配者，有應充之軍役，故不得逐便。此赦書又云，草賊避法隱藏者，所有巡簡人諭以恩赦招呼，令歸農，如願在軍亦聽。可見軍事方重，即草寇亦許從軍也。

《舊五代史》卷一一七《周書·世宗紀》 顯德四年春正月己丑朔，帝御崇元殿受朝賀，仗衛如儀。詔天下見禁罪人，除大辟外，一切釋放。

（宋）佚名《宋大詔令集》卷二一五《政事·恩宥·赦見禁詔建隆二年五月癸亥》 王者立極開基，肇啓興隆之運。法天象地，務施亭育之心。朕荷上帝之眷懷，爲黎元之司牧，顧涉道以猶淺，念致理之惟艱，焦思勞神，晨興夕惕，何澆風久扇，而淳化未凝，三面從寬，或尚罹於憲網。萬方有過，常自責於眇躬。今屬仲夏司辰，盛德在火，明堂視朔，適當布政之朝，解象符占，用廣好生之意。應五月一日昧爽以前，天下見禁罪人，云云朕撫臨寓縣，師範哲王，止期德以勝殘，蓋欲人將知恥。是用順薰風而解愠，遵時令以恤刑，凡我蒸黎，當體茲意。

（宋）佚名《宋大詔令集》卷一五一《政事·儆災·得雨德音》 朕聞昊穹凝命，陰隲下民。貽水旱之災，雖由天降，道沴伏之氣，亦以德消。朕以眇躬恭臨大寶，未洽和平之化，遽延旱暵之灾。是用夕惕宵興，徹懸貶食，靡愛牲玉，並禱神祇。果上葉於靈心，遂普濡於甘澤，大田沃衍，群動昭蘇。耕稼咸興，豐登有望。顧感通之若此，在祇畏以彌深。宜洽寬恩，與民同慶。仰酬元貺，式表至誠。應京城諸道州軍府監縣鎮繫囚，限德音到日已前，除十惡五逆官典犯正枉法贓及謀殺、故殺、劫殺人不在赦外，餘並從釋放。諸處亡命士卒及聚山林爲群盜者，限詔到一月，並許陳首。限滿不首，即論其罪。先是黥面配隸逐處等人，並令有司件析以聞，聽候進止，云云。於戲！視民如傷，景福所以來格，慎終如始，實運所以靈長。肆予沖人，弗敢荒怠。咨爾多士，毋忘交修，啓心弼違，同底於道，布告中外，咸使聞知。

（宋）佚名《宋大詔令集》卷二一五《政事·恩宥·赦見禁罪詔乾德三年五月戊子》 王者順時育物，議獄恤刑。當華夏開泰之辰，應天地長嬴之氣。務敦養治，庶洽和平。釋囹圄之繫民，復山林之亡命。凡在遐邇，宜體朕懷，應兩京及諸道州府見禁罪人，自五月十八日昧爽以前，犯大辟減罪一等，其餘罪無輕重，咸與釋放。

（宋）佚名《宋大詔令集》卷二一五《政事·恩宥·赦見禁德音開寶九年正月五日壬申》 門下：陽春應候，率土同和。當寰瀛開泰之辰，應天地發生之氣，恩頒煦育，時慶混同，在縲紲以論辜，盡從疎理。居山林而亡命，亦許招攜。凡在聽聞，宜體朕意。應兩京及諸路州府見禁罪人，限敕命到日，死罪與減一等，餘罪並與釋放。

（宋）錢若水《宋太宗皇帝實録》太平興國八年八月 壬辰，制曰：古先哲王恭默思道，一物失所，在予之罪實深，四時不和，責躬之言尤切。今歲天降霖雨，自春徂秋，水出平原，河決近郡。下民離於昏墊，大田變於污萊。蓋念堯舜之功格，天不能逃陰陽之數。禹湯之言罪己，所以致邦國之興。朕端居九重，夕惕若厲，潔粢豐盛以懇禱，卑宮菲食以隱憂。至誠上通，和氣來應，氛霾清霽，稼穡豐穰，取萬箱而可期，食四鬴而何遠。宜伸肆眚之澤，以荅乃眷之仁。應兩京諸道州府軍監縣鎮繫囚，限德音到日，除十惡、官吏犯正枉法贓及謀殺、故殺、劫殺人外，其餘罪無輕重，特與除放。諸處亡命軍人，及聚山林爲羣盜者，限詔到一月，並許於所在陳首。限滿不首，復罪如初，配流徒役人等，並具元罪犯以聞，別聽進止。

（宋）錢若水《宋太宗皇帝實録》雍熙二年九月 丙午，制曰：朕祇膺景命，嗣守丕圖，夕惕晨興，十年於此。風雨咸若，禾麥屢登，四鄙無虞，五兵不試，富壽之福，普及生民。顧以眇躬，安能臻此。蓋乾坤之眷祐，致動植以昭蘇。特開三面之網羅，用荅二儀之覆燾。應兩京諸道州府軍監縣鎮繫囚等，限德音到日已前，除十惡、官典犯贓及謀殺、故殺、劫殺人不赦，其餘罪至死罪減一等，流罪以下並放。江浙之間亢陽爲沴，雖行賑貸，尚軫憂勞，宜行蠲除，用伸惻恤。應有曾差使臣賑貸處人戶欠太平興國九年夏秋稅賦，並沿物徵色並特與除放。

（宋）佚名《宋大詔令集》卷二一五《政事·思宥·降流罪以下德音雍熙三年九月丙寅》 門下：王者父事穹明，子育黎獻，每恭虔而守位，敢放逸以爲心。庶隆不拔之基，永洽可封之化。朕猥以薄德，臨茲萬邦，朝昏惟政理是勤，動静以生靈軫念，幸二儀之助順，兼九廟之垂休。四時常慶於和平，五稼屢成於豐稔。物無疵癘，人樂昭蘇。野多棲畝之糧，國有如京之蓄。矧惟今歲，又異常年，五風十雨以應時，萬庾千倉而有望。克致寰區之大慶，皆由覆載之元功，宜覃及物之恩，用啓自天之祐。應兩京及諸道，云云於戲！表帝王之道，無如於蕩穢滌瑕，歸億兆之心，莫若於行恩布惠。從軍旅者，無忘忠赤。業田農者，勉務耕耘。樂我昌期，共應多福，宣示中外，知朕意焉。

（宋）李燾《續資治通鑑長編》宋真宗咸平三年五月　丁丑朔，德音：降天下死罪囚，流以下釋之，十惡至死、刦殺、故殺、謀殺、犯枉法贓，論如律。淮南、江浙、荆湖等路及近京諸州民，曾經調發及新歸業者，並除其去年逋税。天下逃田，鄉縣失於開破，均税在村保者，即與放免。河北及淄、青、齊州舉人，經蕃寇蹂踐處，免取解。天下吏民，有武藝及材力過人者，令長吏薦送赴闕。益州亂軍，除王均及其同謀人不赦外，應脅從軍民，如能歸順，併當釋之。

《宋史》卷七《真宗本紀》〔咸平六年十二月〕戊寅，赦天下，死罪減一等，流以下釋之。

（宋）佚名《宋大詔令集》卷二〇一《政事・刑法・令八月一日已後持杖强盗南郊赦恩不原詔景德二年八月己巳**》**　兇狡之徒，希望恩宥。民之多僻，無甚於茲。其八月一日已後，持杖强盗，遇南郊赦恩，不在原免之限。令所在牓壁告示。

《宋史》卷八《真宗本紀》〔大中祥符五年十二月〕丙戌，詔：天慶等節日，民犯罪情輕者釋之。

（宋）李燾《續資治通鑑長編》宋真宗大中祥符六年正月　丁未，中書言：命官犯罪配諸州衙前者，承前經赦止放從便。昨赦恩内許令叙理。今請以贓重及情理蠹害者授諸州參軍，餘授判司，京朝官，幕職，令録簿尉，等第甄叙。從之。

（宋）李燾《續資治通鑑長編》宋真宗天禧二年秋七月　壬申，以星文示變，赦天下流以下罪，死罪減一等。十惡致死，故殺、刦殺、謀殺人、官典枉法贓至死，造妖惑衆者，論如律。在降官羈管十年以上者，放還。京朝官丁憂移任七年未改秩者，以聞。

（宋）李燾《續資治通鑑長編》宋真宗天禧五年正月　癸巳，以上疾稍平，德音降天下死罪囚，十惡至死、官典犯入己贓、刦盗放火、僞造符印論如律，四年秋税殘欠並除之，權罷滑州修河。

（宋）李燾《續資治通鑑長編》宋仁宗明道二年八月　始莊獻不豫，赦常所不原者，而有司屢以惠姦爲言。戊戌，詔殺人者雖會庚寅赦，並刺配千里外牢城。

（宋）李燾《續資治通鑑長編》宋仁宗景祐二年八月　丙辰，詔天下配役人，在今年五月戊申詔書前者，並釋之。

（宋）李燾《續資治通鑑長編》宋仁宗慶曆三年五月　又詔諸路配役在疏決以前者，並釋之。

《宋史》卷一一《仁宗本紀》〔至和元年三月〕庚辰，下德音，改元，減死罪一等，流以下釋之。

（宋）佚名《宋大詔令集》卷二一六《政事・恩宥・德音治平二年十一月辛酉**》**　朕祗膺駿命，光紹丕圖，言念纘服之勞，深惟置器之重。兢兢業業，日慎一日，恭勤畏懼，四載於茲，不親游畋，不邇聲色，庶政之大，敢怠於必躬。萬樞之微，咸資於聽覽，克守盈成之業，庶臻熙洽之期，尚慮普率不均。幅員至廣，囹圄之下或致於久淹；刑罰之施，或罹於失中。思布好生之德，宜撫在宥之仁，應四京及諸道州府軍監縣等見禁罪人，德音到日。云云。於戲！撫民而寬，先王之盛則，赦過無大，有國之丕彝。誕揚茂恩，式周罄宇，告於有衆，當體朕懷。

（宋）李燾《續資治通鑑長編》宋神宗熙寧六年三月　司天監言，四月朔，日當食九分。詔：自十四日，易服，避正殿，減常膳。仍内出德音，降天下死罪囚，流以下釋之。先是，三日，上批：時雨應祈，稼穡是賴，獲此嘉應，非朕敢任，其赦天下，與民均福。王安石曰：民每欲雨，陛下輒一祈，未嘗不輒應，此陛下至誠感天之效。然今歲日食正陽之月，恐宜以此降德音。上從之。

（宋）李燾《續資治通鑑長編》宋神宗熙寧六年十一月　癸丑，冬至，奉安中太一神象。德音：降天下繫囚，雜犯死罪從流，流以下釋之。應諸路災傷民户，本名税物失訴違省限，不該檢放者，監司體量檢放。其闕食之民，安撫，提舉司優加賑救，無致流移。除河北路負官物已指揮外，餘路負官物，被災傷放税及五分以上，並權停。先是，上以久旱，欲因冬至發德音，順承太一之祝，手詔令輔臣相度。王安石等請如詔旨，擬合施行目進呈，上於禁中增入檢放一節，蓋上察於政事卹民如此。

（宋）李燾《續資治通鑑長編》宋神宗熙寧七年十二月　詔大宗正司，具赦前貶官宗室及有罪婦女或削封邑、冠帔、停俸者元犯以聞。

（宋）李燾《續資治通鑑長編》宋神宗元豐二年九月　庚戌，以太皇太后服藥，德音降死罪囚，流以下釋之。

（宋）李燾《續資治通鑑長編》宋神宗元豐八年三月　壬子，詔應該登極赦官員犯自盜贓已上及强盜兇惡，除犯巨蠹者，並令具案以聞。

（宋）李燾《續資治通鑑長編》宋神宗元豐八年五月　樞密院言：中書省已得旨，應今年正月九日赦前衝替人，係事理重者減爲稍重，稍重者減爲稍輕，及差替者，便與差遣。本院欲應武臣任六等差遣見降者未牽複本等人，如該正月九日並三月一日赦，每赦與復一等，仍令刑部檢舉。從之。

（宋）李燾《續資治通鑑長編》宋哲宗元祐三年二月　乙酉，德音：降死罪囚，徒以下釋之。應諸路今春緣修河及工役所起夫並特免，如已發在路，所至告示放歸。其河上及應用急切工役，並用軍士及和雇願役貧民充，餘並權住一年。應罪人令衆者，自今年三月以後依條，災傷郡縣公私欠負展一季，去年秋税展一限。流民所至及饑貧人，並多方存恤，其給錢米拘礙條制，安撫或鈐轄司量度應副訖奏。

（宋）李燾《續資治通鑑長編》宋哲宗元祐五年九月　刑部請依元豐敕，軍人赦前逃走，經恩不首者，雖再經恩，不得原減。從之。《新》無。

（宋）李燾《續資治通鑑長編》宋哲宗元符元年五月　大理寺欲將臺察公事一月以上者，並引用五月二日德音原免，庶在京官司均被恩宥。從之。《新》無。

（宋）李燾《續資治通鑑長編》宋哲宗元符元年五月　己酉，德音降天下死罪囚，徒以下釋之。詔受寶畢，就今月十一日，宴於紫宸殿。

（宋）李燾《續資治通鑑長編》宋哲宗元符二年七月　庚申，刑部言，承受制書官文書及爲人掌寄制書官文書，在赦前亡失，不曾經官司自陳，而赦後事發者，不以赦原。從之。《新》無。

（宋）李燾《續資治通鑑長編》宋哲宗元符二年八月　辛巳，以皇子生，權侍郎已下稱賀。德音，降天下死囚，流以下釋之。

《宋史》卷二五《高宗本紀》〔建炎二年一月〕丁未，詔諭流民、潰兵之爲盜賊者，釋其罪。己酉，禁諸將引潰兵入蜀，置大散關使以審驗之。

（清）畢沅《續資治通鑑》宋高宗紹興元年正月　改元紹興。德音降諸路雜犯死罪以下囚，釋流以下；羣盜限一月出首自新，仍官〔其首領〕；令州縣存恤陣亡戰傷將士及奉使金國與取過軍前未還之家；民户今日已前倚閣税租，一切除放；復賢良方正直言極諫科；令有司條具元祐黨籍臣僚未經褒贈人，吏刑部限一月檢舉。自紹聖廢制科，至是始因德音下禮官講求故事，然未有應者。

《宋史》卷二八《高宗本紀》〔紹興七年正月〕己丑，帝成服，下詔降徒囚，釋杖以下。辛卯夜，東北有赤氣如火。

《宋史》卷三八《寧宗本紀》〔嘉泰元年〕秋七月乙卯，何澹罷。丁巳，以旱復禱於天地、宗廟、社稷。壬戌，釋大理、三衙、臨安府及諸路闕雨州縣杖以下囚。

《宋史》卷三八《寧宗本紀》〔嘉定十年〕秋七月丙子朔，日有食之。戊寅，以旱釋諸路杖以下囚。

（清）畢沅《續資治通鑑》宋理宗淳祐十年十二月　壬申，詔：諸路監司、帥守，但干攤賴、支蔓、胥墨之人，並日下釋之。

《遼史》卷一三《聖宗本紀》〔統和十三年八月庚辰朔〕丁酉，録囚，雜犯死罪以下釋之。

《金史》卷一〇《章宗本紀》〔承安二年五月〕己丑，皇子生，庚寅，詔中外，降死罪，釋徒以下。

《金史》卷一六《宣宗本紀》〔興定四年六月〕京畿不雨，敕有司閱獄，雜犯死罪以下皆釋之。

《元史》卷二《太宗本紀》〔元太宗十三年二月〕十三年辛丑春二月，獵於揭揭察哈之澤。帝有疾，詔赦天下囚徒。帝瘳。

（元）沈仲緯《刑統賦疏・第七韻》　特赦免死殺人須至於移鄉。《賊盜律》云，諸殺人應死會赦免者移鄉千里之外。《疏議》曰，殺人應死而會赦免罪，而死家有周親以上親者移鄉千里之外爲戶。其有特敕免死者亦依會赦例移鄉。何則？蓋父母之仇不與共戴天，兄弟之仇不反兵苟矜，其父仇而不斷以法則人將專殺而不可止，先王欲兩全之，是以特爲之制也。然則特敕免死者雖遇殊恩亦令移鄉以避之，此其所以見先王之意深矣。

直解：諸殺人者雖特赦免死及會赦免死者有周親以上親，則必移鄉千里以避之。

通例：至元三年七月刑部議得，于駒兒所招因爲劉帖兒將父于二打死，捉獲用繩子縛住，本人將繩解開欲行逃走，駒兒用桑棒打折賺肕，捉送到官解，後身死，即系應合殺捕之人難議治罪，都省準擬爲父報仇。天曆二年十月刑部呈移鄉之法本爲殺人應死，遇於天命，防其子孫互相仇殺，故移鄉千里之外，雖累經恩宥亦不遣還，從各處依驗地理遠近遷徙，但使離其巢穴縱肆凶惡，罪有累加不累加。

（清）沈家本《歷代刑法考・赦考十二・赦九》 元《世祖紀》：至元十年五月，詔：天下獄囚，除殺人者待報，其餘一概疏放，限以八月內自至大都，如期而至者皆赦之。八月，前所釋諸路罪囚，自至大都者凡二十二人，並赦之。按：此略用前代赦雜犯死罪之意，故除殺人者不放，其事則與唐太宗縱囚相似，但此明告以如期則赦爲差異耳，至者並赦則襲唐故事也。

（清）畢沅《續資治通鑑》元至元十年夏四月 戊辰，元詔：天下獄囚，除殺人者待報，其餘一切疏放，限以八月內自至大都，如期而至者皆赦之。

《元史》卷一二《世祖本紀》〔至元十九年十一月〕甲戌，中書省臣言：天下重囚，除謀反大逆，殺祖父母、父母，妻殺夫，奴殺主，因姦殺夫，並正典刑外，餘犯死罪者，令充日本、占城、緬國軍。

《元典章》卷三《聖政・霈恩宥》 至元二十一年正月初六日，欽奉詔書節該：應雜犯重典以下罪從釋免，自今以始，各務維新。

（清）嵇璜等《續文獻通考》卷一三七《刑考・徒流》 成宗元貞二年五月，詔諸徒者限一年釋之，毋杖。

《元典章》卷三《聖政・理冤滯》〔大德八年月日〕恤民詔書內一款，諸處重刑廉訪司官詳加審録，毋致冤滯，其官吏人等，取受財物，侵盜係官錢糧，爲盜詐僞，販良人，依例追斷，其餘雜泛罪囚，詔書到日六十七以上，減輕決免，五十七以下，並行釋免。私鹽徒役者減一年。

《元典章》卷三《聖政・霈恩宥》〔大德九年六月日〕欽奉立皇太子詔書內一款，諸處罪囚，有淹禁五年以上，非謀反逆叛，及殺祖父母、父母者，虛實難明，疑不能決者，釋之。

《元史》卷二一《成宗本紀》〔大德九年六月〕詔曰：外任官五品以下並減一資。諸處罪囚淹繫五年以上，除惡逆外，疑不能決者釋之。流竄遠方之人，量移內地。甲午，潼川霖雨江溢，漂没民居，溺死者衆，敕有司給糧一月，免其田租。

《元史》卷二二《武宗本紀》〔大德十一年五月〕甲申，皇帝即位於上都，受諸王文武百官朝於大安閣，大赦天下，詔曰：昔我太祖皇帝以武功定天下，世祖皇帝以文德洽海內，列聖相承，丕衍無疆之祚。朕自先朝，肅將天威，撫軍朔方，殆將十年，親御甲冑，力戰却敵者屢矣。方諸藩內附，邊事以寧，遽聞宮車晏駕，適有宗室諸王、貴戚元勳，相與定策於和林，咸以朕爲世祖曾孫之嫡，裕宗正派之傳，以功以賢，宜膺大寶。朕謙讓未遑，至於再三。還至上都，宗親大臣復請於朕。間者，姦臣乘隙，謀爲不軌，賴祖宗之靈，母弟愛育，黎拔力八達禀命太后，恭行天罰，內難既平，神器不可久虛，宗祧不可乏祀，合辭勸進，誠意益堅。朕勉徇輿情，於五月二十一日即皇帝位。任大守重，若涉淵冰。屬嗣服之云初，其與民更始，可大赦天下。

《元典章》卷四九《刑部・諸盜・流配・流囚釋放通例》 至大元年，江浙行省准中書省咨，近準遼陽行省咨，東平益都路等，解到出軍賊人吴喜等，未及流所，欽遇詔赦。若便疏放，未經此例。準此送刑部，照擬回呈，照得至元十三年十一月二十九日奏奉聖旨。節該：在先斷定流遠的人，每遇著赦呵，合放奉聖旨那的不是已了底事，那甚麽交流去者，欽此。照得大德九年七月日承奉中書省劄付本部，元呈江浙行省咨松江府刺斷訖，合流遠强劫事主曹曾一等家財物理物件，從賊錢萬四等一十二名，責付華定上海兩縣收管開坐到各賊所招詞狀，罪犯送本部，議得：强盜從賊錢萬四等賊人已經刺斷，聽候流遠。不意欽遇二月二十五日詔，赦已前事理，擬依例免放，都省準擬，除已移咨江浙省，依上施行。

《元典章》卷三《聖政・霈恩宥》〔至大三年十月日〕欽奉立皇太后詔書節文：自至大三年十月十八日昧爽以前，除大辟流竄不赦外，杖罪以下已未發覺、結正者，並從原免。

又條，闊二反，餘黨未發覺，並原其罪。

《元典章》卷三《聖政・霈恩宥》〔至大四年〕又一條，比年詔赦頻數，吏貪民盜，不知悛畏，賊害善良，敗亂正理。自今以始，其各處洗心革慮，以保厥身，非常之恩，不可復覬。

（明）談遷《國榷》太祖洪武二十五年二月　癸酉，詔諸將流罪以下謫戍雲貴者，復其官。曰：此皆從朕萬死一生，不戒而犯。朕不忍置於法，今既有年，必自新矣。

（明）余繼登《典故紀聞》卷一〔正統二年〕英宗謂兵部臣曰：朕臨御以來，祇體天地祖宗之心，誕敷寬恤仁民之政，輕徭役，慎刑罰，蠲逋負，一切不急之務，悉已停止，期所司敷宣德意，撫字黎元，臻於治化。邇者浙江處州等處，小民嘯聚劫掠，已命將率兵征剿。今御史具以小民所訴不得已結聚之情來聞，朕覽之惻然。聖人用法，寧失不經，仁義之師，脅從罔治。爾兵部其榜諭小民，除首惡兇犯不赦外，其餘脅從及爲官吏豪民激變爲盜者，各回原籍，悉宥前罪。其户下一切逋欠税糧課，皆與蠲免，仍復其徭役三年，公私債負，不許逼抑徵索。敢有挾私陷害者，必重罪之。所司奉法循理，推恩存恤，俾各安生業，副朕一視同仁之心。

《明英宗實録》正統二年三月　甲午，上慮法司久淹罪犯，命籍重囚以聞。遂宥都督同知劉廣等四十五人死，各杖遣戍邊。

《明英宗實録》正統五年六月〔戊寅〕上諭法司官曰：今盛暑，罪囚駢首就縶，熏蒸煩鬱，寧得無病！宜即檢看，情輕者依律發遣，重者即具奏所犯處置，勿令久淹。法司具疏以聞，上命殺人及應死者俱如律；其非真犯死罪者杖一百，發戍邊；餘皆宥之。

《明英宗實録》景泰元年五月〔乙卯〕吏科給事中翟敬等奏：竊見去冬無雪，今春不雨，加以星變月食之異，是皆刑獄失平之象。且昨者虜寇逼犯京師，人民奔竄，委棄財産，貧迫者因而竊取，及事平之後捕獲，論擬强盜，豈不致傷和氣。請自正統十四年十月至景泰元年正月有虜寇之時其犯强盜等罪者會審明白，悉從寬減。奏下三法司、錦衣衛、六科給事中審録以聞。由是得減死者頗衆。

《明英宗實録》景泰元年冬十月〔辛卯〕内外法司奉恤刑詔，以應死者一百八十餘人相繼上疏，請裁決。詔俱宥死，發戍邊衛。

《明英宗實録》景泰二年二月　乙未，刑部等衙門尚書等官俞士悦等奏：奉詔議寬恤條例，臣等以見監重囚應死者不原，其餘應死而情輕者俱發邊衛充軍，内外法司見監候提人照勘等項人犯除真犯死罪，其餘俱令輸作，聽候問結，文職官吏充軍未抵配所，並見問未完者乞宥充軍，令贖罪，原籍爲民。在京並南京法司問完追贓罪囚監久貧難無追者乞宥免追，兩京法司監候並見問常赦所不原重囚中有情罪未相當、招擬未合律、或事無證據、情有矜疑者，三法司會審，具實以聞，取自上裁。從之。

《明英宗實録》景泰二年五月〔庚戌〕户部言：刑部論犯人隱藏牛車不運口外糧者既處以罪，牛車宜没官。詔免没官，並宥其罪，令運糧二次，完日疎放。

《明英宗實録》景泰三年二月〔壬申〕吏部左侍郎兼翰林院學士江淵奏：近春以來，京師雨雪連綿不已，此蓋恒寒之罰。劉向曰：凡陰，雨也，雪，又雨之陰也。出非其時，迫近象也。兹當仲春少陽，用事之時而寒氣脅之，古占以爲人君刑法暴濫之象，近恒寒也。伏惟陛下中興繼統，威屆四夷，恩覃天下，凡一刑一罰未嘗不曲從寬宥，仁恩厚澤蔑以加矣。而何上天之示戒如此。臣竊恐有司奉行有所未至，刑獄冤濫不與辯理，且向者朝廷下明詔於景泰二年税糧三分，今復移文追徵，則是朝廷自失大信於民，怨氣鬱結之所致也。況雪者，澡滌瑕垢之謂。伏望陛下光降德音，眚災肆赦，以助順天和，發生萬類，尤戒飭臣工各雪滌已過，以匡弼庶政。疏入，詔曰：獄情法司其即審究，果有冤濫，即與辯理，毋得推避嫌疑。税糧既詔宥三分，有司何不追徵。户部其明白奏處，不可失信於民。既而法司奏讞强盜以下疑獄有死寬減者頗衆。

《明英宗實録》景泰三年秋七月〔丁巳〕刑部尚書俞士悦言：本部十三司重囚監禁多年，受苦萬狀，過赦，原乞敕三法司並六科都給事中將無主認識者、打劫贓少者、不傷人命者、照勘不明者、被賊攀指死無對證者，情罪可矜疑者，研審具聞，儻沐聖恩，宥其死罪，發邊衛充軍，終身守了，則皇上好生之德傳頌於萬世矣。詔士悦會都御史王文、大理寺卿蕭維貞並刑科給事中一員同核其實，具聞處置。

《明孝宗寶訓》卷三《仁政》　弘治十八年五月丁亥，先是上以久旱憂切於心，欲降敕諭頒寬恤十五事。

一、內外重囚情可矜疑者，令問刑衙門奏讞。一、內外緝獲强盗妖言姦細多有貪功罔利，及戮翻之徒誣陷重罪，令問刑衙門從公研審，如有冤枉即與辯理。一、監追贓物囚犯有年久家産盡絶者，查奏發落。一、做工未滿囚犯例該發遣者，俱免做工。一、京營官軍俱免做工，不急工程悉皆停止，外衛上班違限官軍五月内到者，俱免罰班問罪。一、逃亡匠役俱許自首免罪，弘治十七年以前災傷地方失班人匠俱免罰工。一、京邊騎操及各處孳牧寄養馬疋倒失虧欠，買補追陪未完者，量爲寬免。一、各處税糧並額辦坐派物料，弘治十六年以前小民拖欠者量爲寬免。一、各衙門科派物件具奏減免。一、各處解納錢糧内外管事人員，城索使用以致上納不敷，重復徵解，令該部申明禁治。一、近來冗食數多，該部查議裁減。一、各處欽賞莊田，有自收子粒管莊人等分外需索逼民逃竄，今後令有司徵收送用。一、南京運送馬槽馬椿等物勞擾軍民悉皆停止，令在京造用。一、各王府及鎮守等官貢獻方物勞擾道路，除舊例外悉皆停止。一、各處盗賊有因飢寒失業嘯聚爲非者，所司出榜曉諭，許其自首免罪。一、内外府州縣養濟院令户部及巡撫巡按官申明舊例，乞食貧民嚴督所司收養，已令内閣視草。會上不豫不果頒，今上追念先帝遺志，乃載入登極詔，及恭上兩宫尊號，詔内行之。

（清）沈家本《歷代刑法考・赦考十二・赦九》　〔明孝宗〕弘治十八年，武宗已即位。詔徒流以下，悉宥其罪。

按：此但赦徒流之例，若今時之軍流徒減等也。

《明武宗寶訓》卷一《謹天戒》　正德五年三月辛未詔：今春不雨，風霾累日，朕念愚民犯法者多，情可憫惻，自正德五年三月十六日以前逃軍、强盗、私鹽除正犯外，親屬、窩主、鄰佑、連坐發遣充軍擺站者，法司即稽其數，兵部亟移文各處，軍衛有司釋之。三法司錦衣衛見問未結，並已結未遣者，皆免發遣。枷號者即與開枷，依律問擬。徒流以下者，減等。笞罪無干證者，盡釋之。强盗正犯通行審實監候，如有攀指冤抑情可矜疑者，具奏定奪。其餘充軍者，兵部還會法司開具以聞，内外逃軍自文書到日爲始，限三個月以裏自首免罪。於是大學士李東陽等奏：伏蒙皇上以久旱風霾兩降德音，命群臣致齋祭告天地社稷、山川，仍敕兵部法司鞫讞有罪之人，多從寬貸。臣等聞命欣躍至於感泣，中外傳播歡聲動地。所以安人心回天意者，端在於此，臣等不能盡言，啓沃先事開陳負咎含愧已非一日。幸覩聖心開悟輒有一二，仰干天聽，王府逃校與軍同窩主、鄰佑、連累發遣充軍擺站並見未問結、已問結、未發遣者，乞照例釋放。傾使假銀，僞造印信，舉放私債較之强盗有間，除正犯外，窩主、鄰佑亦乞放免。仍將傾使低銀正犯，止照本律問罪犯罪。充軍正犯已故家屬該發遣隨住者，查有親男照例發遣，無子婦人一應家屬乞免發遣。已發遣者，並行釋放。死罪重囚奏訴三次者，本犯乞免加罪，家屬免充軍，婦人無夫者，免配邊軍。凡犯罪家産沒官，除謀叛以上重罪外，其餘近例該沒官者，並免沒官。兩法司、錦衣衛見監死罪重囚，除强盗已有旨，其餘乞照遞年熱本事例開奏定奪。南京見監並枷號輕重罪囚，亦照在京近奉恩例一體施行。文武官罰米違限，若實官貧不係故意遷延者，乞再限三月仍免加倍上納。各處獲盗數多，中間不無扳指冤抑，見問並續獲者，乞令各該捕盗等官用心嚴審，務見贓伏失主並同行上盗之人，明白擬奏。如或輕信妄拿，濫及無辜，希圖陞職免罪者，事發之日罪有所歸。再照正德年間問罪條例，近該給事中屈銓奏准頒行，乞令三法司議擬歸一，請自上裁，永爲遵守。上批答曰：卿等所言皆有裨於治道，具見爲國至意。朕當悉從而行之。

《明世宗實録》嘉靖四十四年十月〔戊子〕詔：免是歲行刑。仍諭刑科勿以趙祖鵬開例奏請條内。

《明神宗實録》萬曆十年九月〔辛酉〕一、充軍充徒並編發口外爲民及遷徙安置人犯已到配所者，軍除永遠遷徙，安置人除謀叛家屬不赦外，其餘悉準放回原衛、原籍，寧家開住。

一、侵欠還官銀兩，雖情重數多，例不應免，或係嘉靖年間事犯，正犯已經監故正法，拘禁家屬年久産盡者，及各項追贓人犯係查盤坐侵訪察坐入風聞參論原無證據，或正犯已故監並家屬累及親族者，户部法司備細查明，分別年月久近，贓數多寡，將應究應釋人犯，問具奏請定奪。

一、萬曆九年以前沿邊、沿海、倉場官攢商人守支糧料草束五年之外，查盤泡爛虧折不係正數者，不分正犯、家屬，軍罪以上問具奏請，徒罪以下俱准免追釋放。

《明神宗實録》萬曆三十五年九月〔甲午〕刑部奏：凌遲、斬、絞犯人五百九十七名，請定期朝審。上命今歲各省直暫免行刑，俱牢固監候。

《明神宗實録》萬曆四十二年四月〔丙戌〕奉天承運皇帝詔曰：朕以聖母違和，日夜問視，謁誠祈禱，願移眚於渺躬，恭承慈諭，内外輕罪宜與赦除，災傷、錢糧盡行豁免，聯方詔所司奉行德意，而仙馭遽昇，徽音遂邈，仰追遺訓，益愴於懷，爰沛非時之恩，用慰在天之念，所有條欵開列於後。

一、内外問刑衙門，有因正犯在逃，監禁家屬，日久不獲者，除叛逆劇賊外，其餘悉令保候。挨拏。有情罪矜疑，律例不合者，着各衙門即與辯理，奏請定奪。其人命無屍可簡，强盗贓仗不明及年久無贓，人犯無證，具題未下，原問衙門未成獄者，即比照熱審例，請查釋放。

一、内外問刑衙門，無論文武職官，有犯曾經撫按問明具題覆請未下者，查炤原擬發落，其餘正犯已故累及子孫者，酌量開釋。有因建言，内除永不敘用外，有謫戍者，着該撫按官具奏開釋，革職爲民。曾經奏薦數次堪用，的准起知縣。若奉旨降黜部覆未下的，着查炤原擬用，還都開寫奏請，不許布恩濫及。

一、内外監追贓犯，已經三年，别無家産，不論入官給主，二百兩以下者，徑自開豁，以上酌量奏免。

一、内外見監重犯，年七十以上，及篤疾者，如係監六年以上，情矜疑，奏請疏放。問完罪犯，遇恩應宥者，即行查炤發落。

一、犯罪存留養親備載《名律例》，凡軍民罪囚有祖父母、父母，年八十以上，老疾應侍家無以次成丁者，犯該死罪，除極惡重情常赦所不原及奉欽依外，若誤殺、戲殺、誣告人累死、隨行親屬等項，開具所犯情由，奏請定奪。其徒流人犯，炤萬曆三年例，發本處擺站做工，煎鹽、哨了，以便存留養親，務勘結明的，不許納賄扶同任情，朦朧混行，違者以故出論。

一、四十年、四十一年兩次朝審矜疑等項人犯，淹繫日久，俱炤原議奏請發遣發落。

一、楚府宗室，先因誣詆楚王，毆殺巡撫，已將情罪深重者正法，其餘發高墻閑宅者，禁錮日久，懲創亦深，念係天潢之派，姑準釋放，仍聽楚王鈐束，不得仍前恣肆，如不悛改，參來重治。其府禁錮宗室，除人命、强盗、敗倫傷化情真罪當不赦外，其餘署撫按官查明，奏請定奪。

一、錦衣衛見監囚犯，俱開寫明白，奏請定奪。

《明光宗實録》泰昌元年八月〔庚申〕錦衣衛題：本衛監候犯人奉遺詔悉送法司查審釋放。報聞。

《明熹宗實録》天啓七年五月〔丙寅〕詔以天氣暄熱，命法司並錦衣衛獄囚笞罪無佐驗者釋之，徒流以下即從末減，重囚情可矜疑者，具録以聞。

中國第一歷史檔案館《雍正朝滿文硃批奏摺全譯·刑部尚書勵廷儀等奏報審結犯婦四名免罪摺雍正元年十二月二十七日》 除十惡不赦外，犯法婦人盡行赦免，欽此欽遵。除臣部現審案件，尚未審結者，内有婦人犯罪，雖應援免，仍審定罪名存案。

再，各省督撫將軍現在題咨到部，與嗣後題咨到部，内有婦人犯罪者，俱分别陸續另行奏明援免外，相應將現審案内已經審結與恩詔相符之犯法婦人二姐等雜犯案件，開列於後。江南司一起，提督拏送正黄旗呀秦佐領下筆帖式五哥家人色克兔之妻二姐，因同伊夫偷盗伊主金銀，擬以枷號四十日，鞭一百。

陝西司一起，巡視西城御史覺羅莫禮博，拿送鑲紅旗費揚古佐領下，自行戳死之周世禄之妻潘氏，因將伊夫身尸移送高起當鋪門首，圖賴棺木，擬以枷號一個月，鞭八十。貴州司一起，提督拏送鑲黄旗思圖佐領下原任郎中阿穆呼郎家下婦人王姐，因正藍旗漢軍佟國燦佐領下驍騎校徐華，通同誘賣，擬以枷號二十五日，鞭七十。山東司一起，提督拏送鑲白旗原任三等護衛平凉家下婦人張大姐，同伊已故之夫英德里逃出，雇與江南民何政家使喚，知何政家有銀兩，告訴已正法之盗首王二，糾伙行劫何政家，免死減等，擬以枷號兩個月，鞭一百。

以上共枷責犯婦四口，伊等罪犯，俱恭遇雍正元年十二月二十三日恩詔，應免罪，各交與伊主。謹此奏聞。

中國第一歷史檔案館《雍正朝漢文諭旨》雍正四年十月十四日　今年情寔人犯招册，朕細加閲看，其中情罪有一綫可寬者，已降旨分别發落，其緩決人犯招册，朕昨亦逐加閲看，見其中有情罪稍可寬宥者。時召爾等公同酌議，面降諭旨從寬分别發落。馬振圖着寬免其罪，發往馬覿伯王嵩種地走効力，關保在内行走効力多年，伊子黑色着寬免其罪，交與伊父令其嚴加管教。宋師魯沈繹俱着免罪釋放，趙氏、梁氏亦俱免罪釋放，許登、許維新、孫良才同轍，着免死發往寧夏與披甲人爲奴。厄思拉米思卓忒巴札木鄂欽俱免死，發往江南浙江兩省與披甲人爲奴。劉紀龍、蕭志芳、毛柱見、邢二、邢三、高又顯俱着免死，減等發落。

（清）嵇璜等《清朝通典》卷八九《刑法·赦宥》〔雍正五年五月〕免隱匿開墾地税之罪，定限一年内令各省官民自行出首。其從前隱糧漏科之罪，悉從寬免。定援赦審釋之限，凡恩詔赦款内應免罪囚，逐一查明，登時釋放。如情罪可疑者，限赦到一月核明釋放。如躭延時日，濫行拘禁者，問官議處。停止秋決。

《清高宗實録》乾隆二年三月　丙辰，諭總理事務王大臣：朕以雨澤愆期，亢旱有象，甚爲憂灼，不勝省惕。因念刑獄一事，自大赦之後，囹圄所繫無幾。而直省通緝人犯，在恩赦以前者，向以該犯未獲，懸案緝拿。其中有不應赦者，有應赦者。其應赦之人，雖拏獲到案，仍免其罪，而該犯已受拘攣之苦，殊堪憫惻。著該部立速通行各省，除必不應赦者，仍行通緝外，其與赦款相符者，一概免其通緝。有在本案牽連待質之犯，亦即予釋放。至現今刑部羈禁之人，有似此等牽連待質者，無論赦前赦後，或釋放，或取保，著該堂官，即行酌量辦理，以示矜恤。

（清）嵇璜等《清朝通志》卷八〇《刑法略·赦宥》〔乾隆二年〕四月恭奉世宗憲皇帝配天禮成，詔赦天下：　漢軍犯軍流罪者，已照舊例以枷責完結，其從前發遣在配者，該部按其情罪具奏請旨。又軍流人犯已到配所者，向例遇赦不準放回，今特加恩此等人犯内，除情罪重大及免死減等，實係兇惡棍徒外，其餘因事議遣在配已過三年，安静悔過，情願回籍者，該督撫具奏請旨，準其回籍。

《蒙古律例》卷一二《斷獄·死罪人犯援赦免罪》　一、凡打死人命，應擬絞之蒙古等，遇赦免其絞罪，由免罪人犯追罰三九牲畜，給付屍親。

《蒙古律例》卷一二《斷獄·凡死罪人犯欲求免死叩院》　一、凡死罪重犯欲求免死，於事發以前赴院叩者，免死，鞭一百，將其妻子一並發往鄰封盟長處，賞給公事效力臺吉等爲奴，將其産畜給付事主。

《清高宗實録》乾隆四十三年正月〔癸亥〕又諭：前經降旨，將直省軍流人犯内已過十年者，查明省釋回籍。今自乾隆十一年查辦之後，歷時已久。各省到配人犯所積漸多，自應再沛恩施，用昭矜恤。況近年以來屢命將秋朝讞緩決至三次各犯，概予減等。而此項軍流之犯，其從前情罪本屬稍輕，轉未得仰邀曠典，亦殊可憫。著交各省督撫查明，各該地方，從前軍流人犯内，已過十年，安分守法，别無過犯者，分别咨部，照十一年之例核議，奏請省釋。

（清）嵇璜等《清朝通志》卷八〇《刑法略·赦宥》〔乾隆〕二十年，以平定伊犂詔赦天下，除謀故殺外，如原無讎隙，偶因一時忿激相毆傷重致死者，將兇犯免死，決杖一百，照例追銀四十兩，給死者家屬。軍流以下人犯。概予減等發落，除十惡不赦，犯法婦人盡行赦免。現在内外監候質審及干連人等，久禁囹圄，恐致無辜瘐死，著概行釋放。

《大清律續纂條例》卷三《名例律·常赦所不原》　一、直省地方偶值雨澤愆期應請清理刑獄者，除徒、流等罪外，其各案内牽連待質及笞杖内情有可原者，該督撫一面酌量分别減免省釋，一面奏聞。

《大清法規大全·法律部》卷一一《法典章案一·刑律草案》　第十四章恩赦：赦基於憲法，現在憲法尚未制定，暫依現行律例輯爲一章，俟將來再行修訂。

第六十條修凡赦，依恩赦條款臨時分别行之。

沿革：按：漢代恩赦，有赦除、減等、聽贖各法。唐律著赦降之例，疏議兼及會慮。宋刑統賦解云：赦者，全免；降者，輕減；慮者，特旨放一人罪。明律常赦所不原條，即本唐律。現行律同亦即今之東西各國大赦、特赦、減刑三項也。

紀事

（明）余懋學《仁獄類編》卷二二《莊生論楚赦》 陶朱公中子殺人，囚於楚，朱公遣其長男爲一封書，遺故所善莊生。曰：至則進千金於莊生所，聽其所爲，愼無與爭事。長男既行，亦自私齎數百金至楚莊生家，發書進千金，如其父言。莊生曰：可疾去矣，愼無留。即弟出，勿問所以。然長男既去，不過莊生，而私留以其私齎獻遺楚國用事者，莊生間時入見楚王，言某星宿某此則害於楚。楚王素信莊生，曰：今爲奈何？莊生曰：獨以德爲可以除之。楚王曰：生休矣，寡人將行之。王乃使使者封三錢之府。楚貴人驚告朱公長男曰：王且赦。曰：何以也。曰：每王且赦，常封三錢之府。昨暮王使使封之。朱公長男以爲赦，弟固當出，重千金虛棄，莊生無所爲也，乃復見莊生。莊生驚曰：若不去邪。長男曰：固未也。初爲事弟，今議自赦，故辭生去。莊生知其意，欲復得其金。曰：若自入室取金。長男即自入室取金，持去，獨自歡幸。莊生羞爲兒子所賣，乃入見楚王曰：臣前言某星事，王言欲以修德報之。今臣出道路，皆言陶之富人朱公之子殺人囚楚，其家多持金錢賂王左右，故王非能爲楚國而赦，乃以朱公子故也。楚王大怒曰：寡人雖不德耳，奈何以朱公之子而施惠乎？令論殺朱公子。明日遂下赦令。

（清）沈家本《歷代刑法考·赦七·赦例一》 〔漢文帝〕四年夏五月，復諸劉有屬籍，家無所與。

按：諸劉皆有籍，其有因事除籍者今赦之，復其屬籍。此出於特恩，不在常赦中，故凡復籍者《紀》必書之。景三年，楚元王子藝等因事除籍者也。武元光元年，復七國宗室前絶屬者。顔注：此等宗室，前坐七國反，故絶屬，今加恩赦之，更令上屬籍於宗正也。此景除之而武復之，出於特恩也。此後宣帝地節元年復宗室屬籍，和帝元興元年、順帝永建元年、四年、陽嘉元年並有此赦，皆特恩也。

（清）沈家本《歷代刑法考·赦七·赦例一》 〔漢文帝〕後四年，赦天下。免官奴婢爲庶人。

按：此並奴婢亦免之，古無世世爲奴婢之事也。武帝建元元年，赦七國帑輸在宫者亦即此意。《安紀》永初四年，詔没入宫爲奴婢者，免爲庶人。《桓紀》建和三年，詔曰昔孝章帝愍前世禁徙，故建初之元，流徙者使還故郡，没入者免爲庶民。今《章紀》建初二年有還徙之事，而没入者，免爲民，《紀》不書，蓋逸文也。

《漢書》卷五《景帝紀》 諸將破七國，斬首十餘萬級。追斬吴王濞於丹徒。膠西王卬、楚王戊、趙王遂、濟南王辟光、菑川王賢、膠東王雄渠皆自殺。夏六月，詔曰：乃者吴王濞等爲逆，起兵相脅，詿誤吏民，吏民不得已。今濞等已滅，吏民當坐濞等及逋逃亡軍者，皆赦之。楚元王子藝等與濞等爲逆，朕不忍加法，除其籍，毋令汙宗室。立平陸侯劉禮爲楚王，續元王後。立皇子端爲膠西王，勝爲中山王。賜民爵一級。

（清）沈家本《歷代刑法考·刑法分考十三·徒》 《漢書·文紀》二年，民讁作縣官及貸種食未入、入未備者，皆赦之。《景紀》：中四年，赦徒作陽陵者。《武紀》：元封二年春，幸緱氏，遂至東萊。夏四月，還祠泰山。至瓠子，臨决河，赦所過徒。《宣紀》：元康元年，詔其赦天下徒。五鳳元年，赦徒作杜陵者。《元紀》：初元四年，行幸河東，祠后土。赦汾陰徒。永光元年春正月，行幸甘泉，郊泰畤。赦雲陽徒。《成紀》：建始二年春正月，上始郊〔祀〕長安南郊。赦奉郊縣長安、長陵及中都官耐罪徒。河平四年春正月，赦天下徒。鴻嘉元年春二月，行幸初陵，赦作徒。注師古曰：徒人之在陵作役者。《哀紀》：建平二年夏四月，赦天下徒。《平紀》：元始元年秋九月，赦天下徒。二年九月，赦天下徒。

按：漢代赦徒之典，文帝時曰讁作，其後曰徒作、曰作徒、曰耐罪徒，皆謂有罪作役之人，非其刑名曰徒刑也。夷考其義，因其充徒役，故謂之徒。周之徒，庶人在官充役者也，漢之徒，有罪在官充役者也，其人異，其義同。故屬於鐵官者曰鐵官徒，《成紀》：陽朔三年夏六月，潁川鐵官徒申屠聖等百八十人殺長吏，盜庫兵，自稱將軍。永始三年，山陽鐵官徒蘇令等二百二十八人攻殺長吏，盜庫兵，自稱將軍。屬於三輔太常者曰三輔太常徒，《昭紀》、《趙充國傳》。屬於中都官者曰中都官徒，《後書·和紀》。亦三輔中都官徒，《宣紀》。女曰女徒，見下。篤癃老小女徒曰篤癃老小女徒，同上。見充者曰見徒。見下。《論衡》被刑謂之徒，張斐《律序注》罪已定爲徒，自是，徒之名專屬於有罪充役之人，而有罪未定囚禁之人亦謂之囚徒矣。

（漢）荀悦《前漢紀》漢景帝前元二年冬十二月　時内史鼂錯貴幸，穿太上皇廟壖垣為舍門。嘉奏請誅錯，自歸上。上曰：此非真廟垣，又我使為之。錯無罪。嘉曰：悔不先誅錯，為所賣。遂歐血而死。嘉為人廉直，初鄧通侍文帝，有慢。嘉曰：朝廷之禮，不可不肅。文帝曰：君勿言，吾私之。罷朝，嘉檄召通，通恐，入言文帝，帝曰：若往，吾今召若。通至，嘉責之曰：朝廷者，乃高皇帝之朝廷。通小臣，乃敢戲殿上，大不敬，當斬。通頓首出血，不赦。文帝使使持節召通，謝丞相：曰此吾弄臣也。君釋之。通乃得免。

（漢）荀悦《前漢紀》漢宣帝元康二年夏五月　詔曰：吏用法式，或以心巧析律二端，深淺不平，增辭飾非，以成其罪。奏不如實，上無由得知。或擅興徭役，飾廚傳，稱過客，越職逾法，以取名譽。二千石皆察官屬，勿用此人。今民頗被疾疫之災，其令郡國被災甚者，無出今年租。詔曰：聞古者天子之名，難知而易諱。而今百姓多上書觸諱以犯罪，朕甚憐之。其改諱詢，觸諱在令前，赦之。

《漢書》卷六《武帝紀》〔建元元年五月〕赦吳楚七國帑輸在官者。

《漢書》卷八《宣帝紀》〔五鳳元年〕夏，赦徒作杜陵者。

《漢書》卷一〇《成帝紀》〔河平四年春正月〕赦天下徒。賜孝弟力田爵二級，諸逋租賦所振貸勿收。

《漢書》卷一〇《成帝紀》　陽朔元年春二月丁未晦，日有蝕之。三月，赦天下徒。

《漢書》卷一〇《成帝紀》〔鴻嘉元年春二月〕壬午，行幸初陵，赦作徒。

《漢書》卷一二《平帝紀》〔元始元年〕秋九月，赦天下徒。

《漢書》卷一二《平帝紀》〔元始二年〕九月戊申晦，日有蝕之。赦天下徒。

（明）楊士奇等《歷代名臣奏議》卷二一八《慎刑》　桓帝時，河南尹李膺初與廷尉馮緄、大司農劉祐等同心糾罰姦倖。時膺等以罪輸作司隸校尉，應奉上疏理。膺等曰：昔秦人覲寶於楚昭，奚恤蒞以群賢，梁惠王瑋其照乘之珠，齊威王荅以四臣。夫忠賢武將，國之心膂。竊見左校施刑徒前廷尉馮緄、大司農劉祐、河南尹李膺等執法不撓，誅舉邪臣，肆之以法，衆庶稱宜。昔季孫行甫親，逆君命逐出莒僕，於舜之功二十之一。今膺等投身彊禦，畢力致罪。陛下既不聽察，而猥受譖訴，遂令忠臣同愆元惡。自春迄冬，不蒙降恕，遐邇觀聽，為之歎息。夫立政之要，記功忘失，是以武帝捨安國於徒中，宣帝徵張敞於亡命。緄前討蠻荆，均吉甫之功，祐數臨督司，有不吐茹之節，膺著威幽、并，遺愛度遼。今三垂蠢動，王旅未振。《易》稱：雷雨作解，君子以赦過宥罪。乞原膺等以備不虞書奏，乃悉免其刑。

《後漢書》卷八《孝靈帝紀》〔中平元年〕三月戊申，以河南尹何進爲大將軍，將兵屯都亭。置八關都尉官。壬子，大赦天下黨人，還諸徙者，唯張角不赦。詔公卿出馬、弩，舉列將子孫及吏民有明戰陣之略者，詣公車。遣北中郎將盧植討張角，左中郎將皇甫嵩、右中郎將朱儁討潁川黄巾。庚子，南陽黄巾張曼成攻殺郡守褚貢。

（明）梅鼎祚《東漢文紀》卷八《曹鸞》　訟黨人書《後漢紀·靈帝》熹平四年，鸞為永昌太守，上書訟黨人，有司奏檻車徵，棄市。夫黨人者，或耆年淵德，或衣冠英賢，皆宜股肱王室左右大猷者也。而久被禁錮，辱在泥塗，謀反大逆，尚蒙赦宥，黨人何罪，獨不開恕乎。所以災異屢見，水旱薦臻，皆由於斯，宜加沛然，以副天心。

《三國志》卷四七《吳志·孫權傳》〔黄武三年八月〕赦死罪。

（宋）王欽若等《册府元龜》卷八二《帝王部·赦宥》　太和二年三月丁未，幸長安。四月丁酉還雒陽宫，赦繫囚非殊死已下。

《三國志》卷三《魏志·明帝紀》〔太和二年〕夏四月丁酉，還洛陽宫。赦繫囚非殊死以下。

（宋）李昉等《太平御覽》卷六五二《刑法部·赦》　《蜀志》曰：孟光，字孝裕，河南人。延熙九年秋大赦。光責大將軍費禕曰：大赦者偏枯之物，非明世所宜有也。衰弊窮極必不得已然後乃可權而行之耳。今主上仁賢，百僚稱職，有何旦夕之危，倒懸之急，而數施非常之恩，以惠姦宄之惡乎。又鷹隼始擊而更原宥有罪，上犯天時下違人理，老夫耄朽不達治體，竊謂斯法難以經久，豈具瞻之高美所望於明德哉，禕但顧謝踧踖而已。

（明）楊士奇等《歷代名臣奏議》卷二一五《慎刑》　魏武帝時，高柔為尚書郎，轉拜丞相理曹掾，令，曰：夫治定之化以禮為首，撥亂之政以刑為先。是以舜流四凶族，皋陶作士，漢祖除秦苛法，蕭何定律，掾清識平，當明於憲典勉恤之哉！鼓吹宋金等在合肥亡逃，舊法軍征士亡者，竟其妻子。武帝患猶不息，更重其刑。金有母妻及二弟，皆給官主者，奏盡殺之。柔啟曰：士卒亡，軍誠在，可疾。然竊聞其中時有悔者，愚謂乃宜貸其妻子，一可使賊中不信，二可使誘其還心。正如前科，固已絕其意，望而猥，復重之，柔恐自今在軍之士，見一人亡逃，誅將及己，亦且相隨而走，不可復得殺也。此重刑非所以止亡，乃所以益走耳。武帝曰：善。即止不殺金母弟。

《宋書》卷五《文帝本紀》〔元嘉三年〕二月乙卯，繫囚見徒，一皆原赦。

（明）楊士奇等《歷代名臣奏議》卷二〇八《法令》　文帝元嘉初，會會稽剡縣民黃初妻趙打息載妻王死亡，遇赦，王有父母及息男稱、息女葉，依法徙趙二千里外。司徒右長史傅隆上議曰：原夫禮律之興，蓋本之自然，求之情理，非從天墮，非從地出也。父子至親，分形同氣，稱之於載，即載之於趙，雖云三世，為體猶一，未有能分之者也。稱雖創巨痛深，固無讎祖之義。若稱可以殺趙，趙當何以蒙載？將父子孫祖，互相殘戮，懼非先王明罰，咎繇立法之本旨也。向使日磾之孫，砥鋒挺鍔，不與二祖同戴天日，則石碏、秺侯何得流名百代，以為美談者哉！舊令云，殺人父母，徙之二千里外。不施父子孫祖明矣。趙當避王朞功千里外耳。令亦云，凡流徙者，同籍親近欲相隨者，聽之。此又大通情體，因親以教愛者也。趙既流移，載為人子，何得不從；載從而稱不行，豈名教所許？如此，稱、趙竟不可分，趙雖內愧終身，稱當沈痛沒齒，孫祖之義，自不得永絕，事理固然也。從之。

《南史》卷二《宋本紀·武帝》〔大明四年〕十二月辛丑，幸廷尉寺，宥繫囚。魏遣使通和。丁未，幸建康縣，原放獄囚。

（南朝宋）劉義慶《世說新語》卷下之上《賢媛》　賈充前婦是李豐女，豐被誅，離婚徙邊。《婦人集》曰：充妻李氏，名婉，字淑文，豐誅，徙樂浪。後遇赦，得還充，先已取郭配女。《賈氏譜》曰：郭氏名玉璜，即廣宣君也。

《南史》卷五《齊本紀·鬱林王》〔鬱林王隆昌元年正月〕辛亥，祀南郊，宥隆昌元年以來流人。

《南史》卷八《梁本紀·元帝》〔元帝承聖三年三月〕幸玄洲苑，復見大蛇盤屈於前，群小蛇遶之，並黑色。帝惡之，宮人曰：此非怪也，恐是錢龍。帝敕所司即日取數千萬錢鎮於蛇處以厭之。因設法會，赦囚徒。

（宋）沈樞《通鑑總類》卷二下《法令門·增新格五十三條》〔唐武德〕七年夏四月庚子朔，赦天下，是日頒新律令，此開皇舊制，增新格五十三條。

（宋）李昉等《太平御覽》卷六五二《刑法部·赦》　《隋書》曰：張奭爲天官司，會與宗伯斛斯徵素不協。徵出爲齊州刺史，坐事下獄。自知罪重，遂踰獄而走。帝大怒，購之急。奭上密奏曰：徵自以負罪深重，懼死遁逃，若不北竄匈奴，則南投吳越。徵雖愚陋，久歷清顯，奔波敵國，無益聖朝，今者炎旱爲災，可因茲大赦。帝從之，徵賴以獲免。奭卒不言。

（宋）王欽若等《冊府元龜》卷六一六《刑法部·議讞》　王晙爲殿中侍御史，朔方軍元帥魏元忠討賊失利，歸罪於副將韓思忠，奏請誅之。晙以思忠既是偏裨，制不由己，又勇智可惜，不可獨殺非辜，乃庭議爭之，思忠竟免。

（明）佘懋學《仁獄類編》卷二五《流人如期至》　隋齊州行叅軍王伽送流囚李叅等七十餘人詣京師，行至滎陽。謂曰：卿等自犯國刑，身嬰縲絏，固其職也，重勞援卒，豈不愧心。叅等辭謝，伽了悉脱其桎梏。停援卒與約曰：某日當至京師，如致前却吾，當爲汝受死。遂舍之而去，流人感悅，如期而至，一無離叛。文帝聞而驚異，召伽見與語，稱善久之，於是悉召流人，宴而赦之，擢伽爲雍令。

（宋）王欽若等《冊府元龜》卷六一六《刑法部·議讞》　隋許善心爲禮部侍郎，左衛大將軍宇文述每旦借本部兵數十人，以供私役，常半日而罷。攝御史大夫梁毗奏劾之。煬帝方以腹心委述，初付法推千餘人，皆稱被役。經二十餘日，法官候伺帝意，乃云役不滿日，其數雖多，不合通計，縱令有實，亦當無罪。諸兵士聞之，更云初不被役，帝欲釋之，付議虛實，百寮咸議爲虛，善心以爲述於仗衛之所抽兵私役，雖不滿日，缺於宿衛，與常役所部情狀乃殊，又兵多下畨散還本府，分道追至，不謀同辭。今殆一月方始，翻覆姦狀分明，此何可捨蘇威、楊汪等二十餘人，同善心之議，其餘皆議免罪。帝可免罪之奏。

（宋）李上交《近事會元》卷五《肆赦》 《唐志》云：肆赦之日，武庫令設金雞及鼓於宮城門之外，右勒囚徒於闕前，撾鼓千聲，訖宣詔為釋之。

（明）楊士奇等《歷代名臣奏議》卷二一五《慎刑》 太宗以英武定天下，然其天資仁恕。初即位，有勸以威刑肅天下者，魏徵以為不可，因為上言，王政本於仁恩，所以愛民厚俗之意。太宗欣然納之，遂以寬仁治天下，而於刑法尤慎。

（明）孫世芳《宣府鎮志》卷一九《法令考・唐》 太宗貞觀四年以克突厥赦郡中吏民。是年李靖擊破突厥於陰山，頡利可汗遁走，徃依沙托羅設蘇尼失部落任城，王道宗引兵逼之，使蘇尼失執頡利。行軍副總管張寶相取之以獻，蘇尼失舉衆來降，漠南遂空。上御樓受得，因詔沿邊從軍諸郡吏民有罪者，赦除之。

（明）楊士奇等《歷代名臣奏議》卷二一五《慎刑》 太宗有一駿馬，特愛之，恒於宮中養飼，無病而暴死。帝怒養馬宮人，將殺之。皇后諫曰：昔齊景公以馬死殺人，晏子請數其罪云：爾養馬而死，爾罪一也；使公以馬殺人，百姓聞之必怨吾君，爾罪二也；諸侯聞之，必輕吾國，爾罪三也。公乃釋罪。陛下嘗讀書見此事，豈忘之耶？太宗意乃解，又謂房玄齡曰：皇后庶事相啟沃，極有利益爾。

（清）沈家本《歷代刑法考・赦八・赦例二》 〔唐玄宗開元〕二十六年四月，赦天下見繫囚徒及事發應推身不禁者放，即遣使分往諸道。除犯贓賄名教十惡死罪，自餘徒已下，特宜免放。

按：《紀》云降死罪，流已下原之，與此異，此有敕文可據，疑《紀》誤。

（明）楊士奇等《歷代名臣奏議》卷二〇八《法令》 時同州人房彊以弟謀反，當從坐。帝因録囚，為之動容，曰：反逆有二，興師動衆，一也。惡言犯法，二也。輕重固異，而均謂之反，連坐皆死，豈定法耶！房玄齡等議曰：《禮》：孫為父尸，故祖有蔭孫令。是祖孫重而兄弟輕。於是令反逆者，祖孫與兄弟緣坐皆配沒，惡言犯法者，兄弟配流而已。

（明）楊士奇等《歷代名臣奏議》卷二一五《慎刑》 高宗時，左威衛大將軍權善才、右監門中郎將范懷義坐誤斧昭陵栢罪，當死。高宗詔誅之。大理丞狄仁傑奏不應死。帝怒曰：是使我為不孝子，必殺之。仁傑曰：漢有盜高廟玉環，文帝欲當之族，張釋之廷諍曰：假令取長陵一抔土，何以加其法？於是罪止棄市。陛下之法在象魏，固有差等，犯不至死而致之死，何哉？今誤伐一栢殺二臣，後世謂陛下為何如主？帝意解，遂免死。

（宋）王欽若等《册府元龜》卷六一六《刑法部・議讞》 韓愈，元和中爲職方員外郎。時富平縣人梁悅爲父報仇，斫殺秦果，自投縣請罪。勑：復讎之人固有彝典，以其申寃請罪，視死如歸，自詣公門，發於天性，志在徇節。本無求生之心，寧失不經，特從減死之法。宜決一百，配流循州。愈獻議曰：伏奉今月五日勑，復讎據禮經，則義不同，天徵法令，則殺人者死。禮法二事，皆王教之端，有此異同，固資論辯。宜令都省集議聞奏者，伏以子復父讎，見於《春秋》，見於《禮記》，又見於《周官》，又見於諸子史，不可勝數。未有非而罪之者也。最宜詳於律，而律無其條，非闕文也。蓋以爲不許復讎，則傷孝子之心，而乖先王之訓；許復讎，則人將倚法專殺，無以禁止其端矣。律雖本於聖人，然執而行之者，有司也。經之所明者，制有司者也。丁寧其義於經，而深設其文於律者，其意將使法吏一斷於律，而經術之士得引經而議也。《周官》曰：凡殺人而義者，令勿讎，讎之，則死義宜也。明殺人而不得其宜者，子得復讎也。此百姓之相讎也。《公羊傳》曰：父不受誅，子復讎可也。不受誅者，罪不當誅者也。誅者，上施於下之辭，非百姓之相殺也。又《周官》曰：凡報仇，讎者書於士，殺之無罪，言將復讎必先言於官，則無罪也。今陛下垂意典章，思立定制，惜有司之守，憐孝子之心，示不自專，訪議群下。臣愚以爲，復讎之名雖同，而其事各異。或百姓相讎如《周官》所稱可議於今者，或爲官吏所誅如公羊所稱不可行於今者，又《周官》所稱將復讎先告於士則無罪者，若孤稚羸弱抱微志而伺敵人之便，恐不能自言於官，未可以爲斷於今也。然則殺之，與赦不可一例。宜定其制曰：凡有復父讐者，事發，具其事申尚書省，尚書集議奏聞，酌其宜而處之，則經律無失其指矣。疏奏不從。

（明）楊士奇等《歷代名臣奏議》卷二〇八《法令》 玄宗時，武彊令裴景仙丐贓五千匹，亡命。帝怒，詔殺之。大理卿李朝隱曰：景仙，其先寂有國功，載初時，家為酷吏所破，誅夷畧盡，而景仙獨存且承嫡，於法當請。又丐乞贓無死，比藉當死坐，猶將宥之，使私廟之祀無餒魂，可也。帝不許，固請曰：生殺之柄，人主專之，條別輕重，有司當守，且贓惟枉法抵死，今丐贓即斬，後有枉法，抑又何加？且近發德音，杖者聽減，流者給程，豈一景仙，獨過常法？有詔：決杖百，流嶺南。

（宋）沈樞《通鑑總類》卷一上《治世門・張九齡言安禄山必反》

開元二十四年，張守珪使平盧討擊使左驍衛將軍安禄山討奚契丹叛者，禄山恃勇輕進，為虜所敗，守珪奏請斬之，禄山臨刑呼曰：大夫不欲滅奚契丹耶，奈何殺禄山。守珪亦惜其驍勇，欲活之，乃更執送京師，張九齡批曰：昔穰苴誅莊賈，孫武斬宫嬪。守珪軍令若行禄山，不宜免死。明皇惜其才，勅令免官，以白衣將領。九齡固爭曰：禄山失律喪師，於法不可不誅，且臣觀其貌有反相，不殺必為後患。明皇曰：卿勿以王夷甫識石勒，枉害忠良。竟赦之。

（明）楊士奇等《歷代名臣奏議》卷一七四《去邪》 二十四年，張守珪使平盧討擊使安禄山討奚契丹，敗績，守珪奏請斬之，禄山臨刑呼曰：大丈夫欲滅奚契丹，柰何殺禄山？乃更執送京師，上惜其才，赦之。張九齡固爭曰：失律喪師，不可不誅！且其貌有反相，不殺必為後患。上曰：卿勿以王夷甫識石勒，枉害忠良。竟赦之。

（唐）劉肅《大唐新語》卷四《持法》 延和中，沂州人有反者，詿誤坐者四百餘人，將隸於司農，未即路，繫州獄。大理評事敬昭道援赦文刊而免之。時宰相切責大理：奈何免反者家口？大理卿及正等失色，引昭道以見執政，執政怒而責之。昭道曰：赦云見禁囚徒。沂州反者家口并繫在州獄，此即見禁也。反覆詰對，至於五六，執政無以奪之。詿誤者悉免。昭道遷監察御史。先是夔州征人舒萬福等十人次於巴陽灘，驛人對如夢。昭道即募善游者出其尸，具酒殽以酹之，觀者莫不歔欷。乃移牒近縣，備櫓櫝歸之故鄉。征人聞者，無不感激。

（宋）沈樞《通鑑總類》卷二上《革弊門・唐順宗首革貞元之弊政》

永貞元年，順宗御丹鳳門赦天下，諸色逋負，一切蠲免，常貢之外，悉罷進奉。貞元之末，政事為人患者，如宫市五坊小兒之類，悉罷之，先是五坊小兒，張捕鳥雀於閭里者皆為暴，横以取人錢物，至有張羅網於門，不許人出入者，或張井上，使不得汲者，近之輒曰：汝驚供奉鳥雀。即痛毆之，出錢物求謝，乃去，或相聚飲食於酒食之肆，醉飽而去，賣者或不知就索其直，多被毆詈。順宗在東宫皆知其弊，故即位首禁之。

（宋）沈樞《通鑑總類》卷二上《革弊門・憲宗不從劉光琦稱舊例》

元和三年，羣臣上尊號赦天下，自今長史，詣闕無得進奉。知樞密劉光琦奏分遣中使齎赦，詣諸道，意欲分其饋遺。翰林學士裴垍、李絳奏，敕使所至煩擾，不若但附急遞，憲宗從之。光琦稱舊例，憲宗曰：例是則從之，苟為非是奈何不改。

《新五代史》卷一《梁本紀・太祖》〔開平元年十一月〕赦亡命背軍、髡黥刑徒。

《舊五代史》卷三《梁書・太祖紀》〔開平元年十一月壬寅〕帝以征討未罷，調補爲先，遂命盡赦逃亡背役髡黥之人，各許歸鄉里。

《新五代史》卷二《梁本紀・太祖》〔乾化元年春正月庚寅〕赦流罪以下囚，求危言正諫。

《新五代史》卷六《唐本紀・明宗》〔天成二年冬十月〕辛丑，德音釋繫囚。

《新五代史》卷六《唐本紀・明宗》〔長興二年夏四月〕乙卯，以旱赦流罪以下囚。

《新五代史》卷八《晋本紀・高祖》〔天福〕二年，夏四月丁亥，赦囚，蠲民租賦。

（宋）李燾《續資治通鑑長編》宋太祖開寶九年正月 壬申，德音降死罪囚，流以下釋之，男子婦人配役者聽自便。

（明）楊士奇等《歷代名臣奏議》卷二一〇《法令》 太宗端拱初，廣定軍民安崇緒隸禁兵，訴繼母馮與父知逸離，今奪資産與己子。大理當崇緒訟母，罪死。太宗疑之，判大理張佖固執前斷，遂下臺省雜議。徐鉉議曰：今苐明其母馮嘗離，即須歸宗，否即崇緒准法處死。今詳案内不曾離異，其證有四。況不孝之刑，教之大者。宜依刑部、大理寺斷。右僕射李昉等四十三人議曰：法寺定斷為不當，若以五母皆同，即阿滿雖賤，乃崇緒親母，崇緒特以田業為馮强占，親母衣食不給，所以論訴。若從法寺斷死，則知逸何辜絶嗣，阿滿何地託身。臣等議：田産並歸崇緒，馮合與滿同居，供侍終身。如是，則子有父業，可守馮終身，不至乏養。所犯並准赦原。詔從昉等議。

《宋史》卷六《真宗本紀》〔宋真宗咸平元年二月〕慮囚，老幼疾病，流以下贖，杖以下釋之。

（宋）李燾《續資治通鑑長編》宋真宗咸平四年春正月　甲戌，德音降天下死罪以下囚，杖罪釋之。

（宋）吕中《宋大事記講義》卷一二《仁宗皇帝・恤刑獄　行赦宥》　天聖四年夏五月，詔大辟疑者以聞。其後奏請多得貸議，五年十一月郊，丁謂更不原赦。古之赦者，赦無罪，今之赦者赦有罪，祖宗郊恩雖厚，贓吏有赦不原，姦臣如丁謂亦不原赦，則非赦有罪也，至崇觀姦臣及其鋒而用之，而元祐、元符之黨不以赦原矣。

（宋）胡寅《斐然集》卷一五《繳岑朝殺妹該赦》　臣取到大理寺備坐岑朝元初情節，看詳得岑朝典田與叔岑和尚。岑和尚死，岑朝持鎗就和尚妻阿劉分討所收禾。阿劉不與，岑朝便下田要奪取之時，阿劉將禾擔竿趕趂岑朝，岑朝回面以鎗柄隔阿劉擔竿。其阿劉女岑倉娘以禾擔竿趕趂岑朝，岑朝以鎗刃決著阿劉，脚面見血。其岑倉娘又以禾擔竿趕趂，要打岑朝，岑朝以鎗柄隔開擔竿，決著倉娘左肋，辜限内死。即是岑朝鬭殺，其理甚明。又況阿劉是岑朝再從叔母，倉娘是岑朝三從妹，欲奪取未贖之田禾，已是無賴。其叔母恐為所奪用擔竿趕逐，初未嘗行打而朝以鎗刃傷之見血，其妹以母被傷用擔竿趕逐要打，亦未曾及身，而朝以鎗柄打之致死，兇頑不睦，事可按見。臣以謂莫大於人倫，莫重於人命，賊害骨肉，情理深切，人情共惡，有何可憫？若從寬宥，顯見罪重斷輕，非公共之法。伏覩明朝赦文，十惡罪至死不赦，其岑朝合準於絞刑，上定斷更乞朝廷詳酌施行。所有録黄，臣未敢書行。

（明）楊士奇等《歷代名臣奏議》卷二一六《慎刑》　時刑部讞囚，宰執論殺之，有司以為可生，不奉詔。左諫議大夫鄭雍上言曰：是固可罪，然究其用心，在於廣好生之德耳。若遽以為罪，臣恐鄰於嗜殺。今使有司欲殺而朝廷生之，猶恐仁恩德意不及於天下。

《宋史》卷一五《神宗本紀》〔熙寧三年八月〕丙寅，以旱慮囚，死罪以下遞減一等，杖笞者釋之。

《宋史》卷一五《神宗本紀》〔熙寧八年〕五月辛酉朔，慮囚，降死罪一等，杖以下釋之。

（宋）李燾《續資治通鑑長編》宋神宗熙寧八年十月　九日丁酉，慧出東方。壬寅，大赦。

（明）楊士奇等《歷代名臣奏議》卷二一六《慎刑》　神宗時，陳襄乞踈放秀越二獄干繫人。狀曰：臣伏見中書劄子差屯田郎中沈衡、著作佐郎張載往秀越二州置司推勘祖無擇苗振公事。風聞其間因緣作過，及干連照證人數不少。若依制勘條例並須逐一勾追證對圓結，緣杭、明二州去勘所各經數舍，往來追攝不無搔動。竊以朝廷詔獄，本為守臣違越為害於民，以此差官取勘。若令無辜干繫之人一例拘留對辨，或因累被罪，反為平人之害，甚非陛下繩吏愛民之意。欲乞特降指揮下逐處勘官，只令取勘祖無擇苗振及現禁作過情理切害之人，所犯重罪依例追呼照證結絶，以申懲誡外，其餘罪輕，不坐。與應係干證之人，如已勾追，即畫時取狀踈放；其未勾追者，並免追究。及雖有小可罪愆，本州作過，因被連累之人，亦乞出自聖慈，特與推恩矜放，更不具案圓結施行。所貴不至滋蔓淹延，別致騷擾。

（明）楊士奇等《歷代名臣奏議》卷二一七《慎刑》　徽宗時中旨鞫享澤村民謀逆，知開封府范純禮審其故。上言曰：此民入戲場觀優，歸途見匠者作桶，取而戴於首曰：與劉先主如何？遂為匠所擒，徽宗問：何以處之？對曰：愚人村野，無所知。若以叛逆蔽罪，恐辜好生之德。以不應為，杖之足矣。曰：何以戒後人？曰：正欲外間知陛下刑憲不濫，足以為訓爾。徽宗從之。

《宋史》卷二九《高宗本紀》〔紹興十一年秋七月庚子〕以旱減膳祈禱，遣官決滯獄，出繫囚。

《宋史》卷三六《光宗本紀》〔紹熙元年〕三月丁卯，詔秀王襲封，置園廟。班安僖王諱。録趙普後一人。庚午，以久雨釋杖以下囚。

《宋史》卷二八《寧宗本紀》 〔嘉泰元年〕五月戊午，以旱禱於天地、宗廟、社稷，詔大理、三衙、臨安府、兩浙州縣決繫囚。癸亥，釋諸路杖以下囚，除茶鹽賞錢。丁卯，命有司舉行寬恤之政十有六條。

（宋）葉廷珪《海録碎事》卷二一《政事禮儀部·赦宥門·霈宥有三》 國朝之制，凡霈宥三，曰大赦，曰曲赦，曰德音。宋元憲云德音非可名，制書乃臣下奉行，制書之名，天子自為德音，非也，唐《常袞集》赦令一門，謂之德音。

（宋）葉廷珪《海録碎事》卷二一《政事禮儀部·赦宥門·牛車散載》 留臺奏請收李彪。孝文明無此事，遣左右慰勉之，聽以牛車散載送之洛陽，會赦得免。

（宋）葉廷珪《海録碎事》卷二一《政事禮儀部·赦宥門·德號》 出德號省刑罰，如言德音也。

（宋）葉廷珪《海録碎事》卷二一《政事禮儀部·赦宥門·起偃為竪》 起偃為竪，化屍為人，言減刑之恩如此。

（宋）葉廷珪《海録碎事》卷二一《政事禮儀部·赦宥門·籥動》 王充《論衡》，赦令將至則繫室籥動。

（宋）岳珂《桯史》卷二《富翁五賊》 東陽陳同父資高學奇，跌宕不羈。常與客言，昔有一士，鄰於富家，貧而屢空，每羨其鄰之樂。旦日，衣冠謁而請焉。富翁告之曰：致富不易也。子歸齋三日，而後予告子以其故。如言復謁，乃命待於屏間，設高几，納師資之贄，揖而進之，曰：大凡致富之道，當先去其五賊。五賊不除，富不可致。請問其目，曰：即世之所謂仁、義、禮、智、信是也。士盧胡而退。同父每言及此，輒掀髯曰：吾儒不爲五賊所制，當成何等人耶！既魁癸丑多士，一命而卒。先一年，嘗以註誤繫大理，光宗知其名，特詔赦之。是歲臚傳，有因廷策指時政之失，而及其事者，名亦在鼎甲，聯鑣入團司，同父見之不悦，終期集如始見云。

《遼史》卷二〇《興宗本紀》 〔重熙二十一年十二月〕釋役徒限年者。

《元史》卷四六《耶律楚材傳》 歲辛丑二月三日，帝疾篤，醫言脈已絶。皇后不知所爲，召楚材問之，對曰：今任使非人，賣官鬻獄，囚繫非辜者多。古人一言而善，熒惑退舍，請赦天下囚徒。后即欲行之，楚材曰：非君命不可。俄頃，帝少蘇，因入奏，請肆赦，帝已不能言，首肯之。是夜，醫者候脈復生，適宣讀赦書時也，翌日而瘳。冬十一月四日，帝將出獵，楚材以太乙數推之，亟言其不可，左右皆曰：不騎射，無以爲樂。獵五日，帝崩於行在所。皇后乃馬真氏稱制，崇信姦回，庶政多紊。奥魯剌合蠻以貨得政柄，廷中悉畏附之。

《元史》卷一三《世祖本紀》 〔至元〕二十一年春正月乙卯，帝御大明殿，右丞相和禮霍孫率百官奉玉册玉寶，上尊號曰憲天述道仁文義武大光孝皇帝，諸王百官朝賀如朔旦儀，赦天下。

《元典章》卷三《聖政·霈恩宥》 〔至元三十一年四月〕欽奉登寶位詔書節文：可大赦天下。自四月十五日昧爽以前，除殺祖父母父母、妻妾殺夫、奴婢殺主不赦外，其餘一切罪犯，已發覺未發覺、已結正未結正，罪無輕重，咸赦除之。敢以赦前事相告言者，以其罪罪之。

（元）張鉉《至大金陵新志》卷三中之下《金陵表》 三年庚午，賊夜劫城東南，立就擒，而横小鬱山賊皆奔散，悉奏赦之，境内奠枕晝像立祠。

（清）畢沅《續資治通鑑》元仁宗延祐元年三月 乙巳，以僧人作佛事，擅釋獄囚，命中書審察。

《明史》卷二《太祖本紀》 〔明太祖洪武〕八年，宥雜犯死罪以下及官犯私罪者，謫鳳陽輸作屯種贖罪。

（明）談遷《國榷》太祖洪武二十五年閏十二月 宥死囚輸粟於邊，凡四百四十八人。

（明）姚士觀等《明太祖文集》卷二《赦宥詔》 詔曰：釋罪宥愆，昔者未嘗輕發，發則精詳至甚，豈有罪重而脱僥倖以自歡，致寃深而含忍無訴者，故有眚災肆赦，怙終賊刑載之於書，至今明焉。漢唐及元，懦君承祖業，權由姦佞所持，因有大赦之説，雖脱君子之微，差善良之誤，失則姦頑得為漏網之魚，鬱含寃於滿地。朕德薄才疎，失倣聖人之道，相繼行之，是致五星紊度，黎庶匪寧，若悖理乖仁，非朕者誰。今不敢不察，若槩脱兇頑於僥倖，致良善以無伸，豈聖人恤刑者歟？特命中書條陳，若果真犯，雖笞罪以上俱各不原，其餘誑誤因人致罪過失者，盡在赦下，所有條畫開列於後云云。於戲！肆赦於眚災，為善良者圖，賊刑於怙終，實王綱而治惡，凡我臣庶律己修仁，勿干刑憲，故兹詔示，想宜知悉。

（明）姚士觀等《明太祖文集》卷二《赦工役囚人》　奉天承運皇帝制諭，爾故違憲章官吏人民，曩者命禮曹布令於天下，朕倣古制以禮導人，後以律至諸司，是繩不循軌度者，斯乃行刑也。且刑聖人不得已而用者，為良善弗寧故也。今朕一寰宇而兆民衆，如爾等官貪吏弊民縱姦頑詐良侮愚，若不律以條章將必傚效者多，則世將何治爾？諸所犯，若論以如律，人各盡本，犯而後已，奈何工已久矣。構成樓閣以居大覺，金仙塔就而志公之神妥其下，因是將爾等罪，無輕重一槩宥之。於戲！君子非善，何以永世志人？非功，何以名書釋迦？志公已逝數千百年，猶能生，爾等衆其善，正之道，志者可無覺乎？故兹制諭。

（明）談遷《國榷》惠宗建文二年九月　辛卯，赦流放官，録其子孫。

（明）談遷《國榷》成祖永樂元年五月　〔壬午〕宥雜犯死罪以下戍興州，文武官停俸，並輸作百日。

（明）余懋學《仁獄類編》卷二九《宥臨罪自悔》　永樂九年，直登聞鼓給事中言，有縣官以贓罪，謫戍邊，擊鼓陳情者，上命三法司審之，曰無令負冤。三法司訊之，其人言實受贓，蓋年踰七十，昏耗致此，不敢逃刑，惟皇上天地大恩，願垂哀憫，當改過自効。三法司以聞，上曰，老而不戒，得無足恤，但臨罪能悔，可恕，姑屈法宥之。然其年已七十，雖改過，無所用，令還鄉爲民。

（明）余懋學《仁獄類編》卷二九《妻代宥夫死》　永樂十年，江浦縣知縣周益以罪當刑，其妻梅氏訴益母老無養，願代其死，上憫其情物，宥益。

（明）查繼佐《罪惟録》紀卷六《英宗紀》　〔正統六年〕冬十月，復建奉天、華蓋、謹身三殿及乾清、坤寧二宫成。十一月朔，上御奉天殿受朝賀，大赦。詔京師各衙門除行在二字。

《明史》卷一二《憲宗本紀》　〔成化〕冬十一月癸丑，立皇子祐樘爲皇太子，大赦。

（明）余繼登《典故紀聞》卷一五　成化時，廣東按察司言：婦人犯笞杖并徒罪者，例俱單衣的決，但其間所犯多緣連累，且素懷廉耻之人，一被刑辱，終身莫雪，甚爲可憫。乞自後除姦盗不孝與樂婦的決，餘悉納鈔贖罪。遂著爲令。

（明）楊士奇等《歷代名臣奏議》卷二一五《慎刑》　廣州都督蕭齡之受賕，當死，詔羣臣議，請論如法。詔戮於朝堂。御史大夫唐臨建言：羣臣不知天子所以議之之意。在律有八，王族戮於隱，議親也；刑不上大夫，議貴也。今齡之貪贓狼扈，死有餘咎。陛下以異於他囚，故議之有司，又令人死，非堯舜所以用刑者，不可為後世法。帝然之，齡之，齊高帝五世孫，由是免死。

（明）楊士奇等《歷代名臣奏議》卷二一五《慎刑》　池陽令崔文康坐事，櫟陽尉魏禮臣劾，治獄成，御史言其枉。禮臣訴御史阿黨，乞下有司雜訊，不如所言，請死，鞫報禮臣不實。太宗詔如請，諫議大夫弘文館學士朱子奢諫曰：在律上書不實有定罪，今抵以死，死者不可復生。雖欲自新，弗可得？且天下惟知上書獲罪，欲自言者皆懼而不敢申矣。詔可。

（明）祁彪佳《莆陽讞牘》卷二《福州府・一起地方事》　原擬强盗得財律斬，今蒙恤審疎枷犯人一名葉白妹，前件看得葉白妹一犯，謂非劫賴子英之盗則可，謂其原不作盗似未必然。當時自供水口之劫，未云是子英之贓，而況他贓亦無一獲也。二十載不死之餘魂，七八次屢疑之積案，恤寺矜而釋之是矣。但南平初獲之際，指質未堅，何以便有水口之認？乃復無端而扳李福，無端而辯許陽，無端而認温一、金寶，此豈絶不相干之情狀也。夫盗賊就質時，有真供者以免刑，有假供者以詐財，有不供者以爲護身之符，援溥之計，其供者未可信，其不供者亦未可憑也。惟其不供，所以未敘，此時欲起諸盗於九原而質對之，得乎？此所以不能釋然此本犯也。故曰謂非劫賴子英之盗則可，謂其原不作盗似未必然也。徼秋決之例或相符乎？

（明）焦竑《玉堂叢語》卷五《器量》　薛文清爲廷尉，欲出一冤婦，王振嗾言官劾公故出入人罪，論死，公怡然曰：辯冤獲咎，死何愧焉！臨刑神色自若。會振一老僕哭於厨下，振問何以，僕曰：聞今日薛夫子將刑，故泣。振爲之動，赦歸田里。

（明）王錡《寓圃雜記》卷二《五子代死》　大理卿薛瑄有德有學，人稱爲山西夫子。王振怪其不肯出入門下，坐以聽信僚屬，故出死罪，法當大辟。將殺之，有子五人爭請代死，因得免。振敗，復爲大用。

中國第一歷史檔案館《雍正朝滿文硃批奏摺全譯·多羅順承郡王錫保奏報正法陸生楠等事摺雍正七年十二月初八日》　臣謹遵即召姚三辰、陳學海至，傳宣遺回伊等之諭旨畢，令妥善收拾衣服，撥給食米等行糧。臣下頒聖主殊旨，施恩伊等，賞賜衣服乾糧等物訖。又簡選可信明白之人，將不勞伊等，好生照管，由驛送往京城之處，以臣意曉諭之。時姚三辰、陳學海頓首泣稱：我等在軍前，雖未敢妄做一事，但確實毫無益處。聖主似此天地高厚之恩，我等未敢夢想。今我等雖粉身碎骨，亦斷不能報答等語。臣遣鑲白旗委護軍校章京巴里，明白語之曰：令好生照管姚三辰、陳學海送至京城，途中勿使勞苦等情。二十七日晨，由驛遣之去。

繼之捆綁謝濟世、陸生楠。解謝濟世衣服捆綁時，甚懼而往後跌倒。推之往營外時，謝濟世見陸生楠，勉强顫抖言一句：我二人一道去也等語。謝濟世家人持爲伊焚燒之紙張由遠喊伊哭泣時，謝濟世發呆，未言一句。到法場後，令陸生楠近前跪畢，奉旨，將爾之父、母、祖、孫、兄、弟，皆已寬免流放，惟爾正法。諭畢，向陸生楠出示正法。繼之亦如殺謝濟世，令其近前跪畢，謝濟世昏迷，喚伊頒旨：將爾寬免正法，亦免爾之妻子家産入官，令爾出苦力以贖罪等情。伊竟未懂，復又告訴一次，方才懂得，問曰：真寬我不死？問畢，即跪地磕頭。松綁之後，謝濟世才清醒叩稱：我之前罪應即誅，而不殺寬免。今日仰蒙聖主之寬我不死，我竟未想到。自今日乃我再生之日。我若存一日，則感激再生之恩一日等語。謝濟世并無逞强妄動之處。

《光緒朝黑龍江將軍奏稿·恭鏜托克湍奏請戍員邀減期滿釋放摺》

竊查已革候選知縣廖景森前在越南軍營携妾出鬭釀事，繼又妄報餉銀被刦案内，發往黑龍江當差，於光緒二年到配。嗣經前任將軍文緒以該戍員隨隊剿賊，效力甚爲勇干，志終不懈，力贖前衍，奏懇矜釋於光緒十二年四月二十六日由兵部駁回原片，内開軍機大臣奉旨，著俟二年後再行請旨，欽此。欽遵在案，奴才等復查該戍員廖景森自光緒十二年四月二十六日起至光緒十四年四月二十六日止，戍期已滿二年，邀減以來當差，益加愧疚，力圖自新，可否仰懇天恩準予免罪釋回。

曲赦部

綜述

《漢書》卷六《武帝紀》〔元光六年春〕匈奴入上谷，殺略吏民。遣車騎將軍衛青出上谷，騎將軍公孫敖出代，輕車將軍公孫賀出雲中，驍騎將軍李廣出鴈門。青至龍城，獲首虜七百級。廣、敖失師而還。詔曰：夷狄無義，所從來久。間者匈奴數寇邊境，故遣將撫師。古者治兵振旅，因遭虜之方入，將吏新會，上下未輯，代郡將軍敖、鴈門將軍廣所任不肖，校尉又背義妄行，棄軍而北，少吏犯禁。用兵之法：不勤不教，將率之過也；教令宣明，不能盡力，士卒之罪也。將軍已下廷尉，使理正之，而又加法於士卒，二者並行，非仁聖之心。朕閔衆庶陷害，欲刷恥改行，復奉正（議）〔義〕，厥路亡繇。其赦鴈門、代郡軍士不循法者。

《漢書》卷六《武帝紀》〔元封〕四年冬十月，行幸雍，祠五時。通回中道，遂北出蕭關，歷獨鹿、鳴澤，自代而還，幸河東。春三月，祠后土。詔曰：朕躬祭后土地祇，見光集於靈壇，一夜三燭。幸中都宮，殿上見光。其赦汾陰、中都死罪以下，賜三縣及楊氏皆無出今年租賦。

《漢書》卷六《武帝紀》〔元封六年〕三月，行幸河東，祠后土。詔曰：朕禮首山，昆田出珍物，化或爲黄金。祭后土，神光三燭。其赦汾陰殊死以下，賜天下貧民布帛，人一匹。

《漢書》卷六《武帝紀》〔元封〕六年冬，行幸回中。春，作首山宮。三月，行幸河東，祠后土。詔曰：朕禮首山，昆田出珍物，化或爲黄金。祭后土，神光三燭。其赦汾陰殊死以下。

《漢書》卷六《武帝紀》〔太初二年〕夏四月，詔曰：朕用事介山，祭后土，皆有光應。其赦汾陰、安邑殊死以下。

《漢書》卷一〇《成帝紀》建始二年春正月，罷雍五時。辛巳，上始郊祀長安南郊。詔曰：迺者徙泰時、后土於南郊、北郊，朕親飭躬，郊祀上帝。皇天報應，神光並見。三輔長無共張繇役之勞，赦奉郊縣長安、長陵及中都官耐罪徒。減天下賦錢，算四十。

《後漢書》卷一《光武帝紀》〔建武六年五月〕辛丑，詔曰：惟天水、隴西、安定、北地吏人爲隗囂所詿誤者，又三輔遭難赤眉，有犯法不道者，自殊死以下，皆赦除之。

《後漢書》卷一《光武帝紀》〔建武二十二年〕九月戊辰，地震裂。制詔曰：日者地震，南陽尤甚。夫地者，任物至重，静而不動者也。而今震裂，咎在君上。鬼神不順無德，災殃將及吏人，朕甚懼焉。其令南陽勿輸今年田租芻稾。遣謁者案行，其死罪繫囚在戊辰以前，減死罪一等；徒皆弛解鉗，衣絲絮。賜郡中居人壓死者棺錢，人三千。其口賦逋税而廬宅尤破壞者，勿收責。吏人死亡，或在壞垣毀屋之下，而家羸弱不能收拾者，其以見錢穀取傭，爲尋求之。

《後漢書》卷二《明帝紀》〔永平十七年五月〕制中二千石、二千石下至黄綬，貶秩奉贖，在去年以來皆還贖。秋八月丙寅，令武威、張掖、酒泉、敦煌及張掖屬國，繫囚右趾以下任兵者，皆一切勿治其罪，詣軍營。

《三國志》卷三《魏志・明帝紀》〔景初元年七月〕己卯，詔：遼東將吏士民爲（公孫）淵所脅略不得降者，一切赦之。

（清）朱銘盤《南朝宋會要・刑・原降》〔文帝元嘉〕四年二月，謁丹徒京陵。三月丙子，詔丹徒繫囚，現徒五歲刑以下，皆悉原遣。

《宋書》卷九五《索虜傳・芮芮》〔太宗下書〕：朕承天序，臨御兆民，思闡皇風，以隆治道。而荆吴僭傲，跨踦一方，天降其殃，以罰有罪，篡戮發於蕭墻，毒害嬰於羣庶。徐州刺史薛安都、司州刺史常珍奇，深體逆順，歸誠獻款。遭難已久，饑饉薦臻，或以糊口之功，私力竊盜，或不識王命，藏竄山藪，或爲囚徒，先被執繫，元元之命，甚可哀愍。其曲赦淮北三州之民，自天安二年正月三十日壬寅昧爽以前，諸犯死罪以下，繫囚見徒，一切原遣。唯子殺父母，孫殺祖父母，弟殺兄，妻殺夫，奴殺主，不從赦例。若亡命山澤，百日不首，復其初罪。

今陽春之初，東作方興，三州之民，各安其業，以就農桑。有飢窮不自存，通其市糴之路，鎮統之主，懃加慰納，遵用輕典，以莅新化。若綏導失中，今民逃亡，加罪無縱。其普宣下，咸使聞知朕意焉。

（宋）盧憲《嘉定鎮江志》卷二二《恤刑》 元嘉四年二月幸丹徒，謁金陵。三月丙子，詔蠲此縣今年租布，五歲刑以下皆悉原遣。《明帝紀》：泰始元年，赦楊南徐二州囚繫，凡逋亡一無所問。《齊武帝紀》：永明二年四月，詔：楊、南、徐等五州統内諸獄並部送還臺，須候克日斷枉直。唐正元八年，江淮、荆襄大水，遣京兆尹韋武往楊、楚、盧、壽、滁、潤、蘇、常、湖等州宣撫囚繫囚及獄訴。久不决者，望所在長吏即與疎，務從寬簡，俾絶免滯。貪官暴吏苛法害公，特加懲肅，用明典憲。

《南齊書》卷二《高帝本紀》〔建元四年二月〕上不豫，庚辰，詔原京師囚繫有差，元年以前逋責皆原除。

《南齊書》卷三《武帝本紀》〔永明元年三月〕詔申辛亥赦恩五十日。京師囚繫，悉皆原宥。三署軍徒，優量降遣。

《南齊書》卷三《武帝本紀》〔永明九年正月〕辛丑，車駕祠南郊，詔京師見囚繫，詳量原遣。

《南齊書》卷三《武帝本紀》〔永明十一年春正月〕癸丑，詔京師見繫囚，詳所原遣。

《南齊書》卷三《武帝本紀》〔永明十一年七月丁巳〕詔曰：水旱爲災，實傷農稼。江淮之間，倉廪既虚，遂草竊充斥，互相侵奪，依阻山湖，成此逋逃。曲赦南兖、兖、豫、司、徐五州，南豫州之歷陽、譙、臨江、廬江四郡三調，衆逋宿債，並同原除。其緣淮及青、冀新附僑民，復除已訖，更申五年。

《南齊書》卷八《和帝本紀》〔東昏侯永元二年十一月〕長史蕭穎胄殺輔國將軍、巴西梓潼二郡太守劉山陽，奉梁王舉義。乙卯，教纂嚴。又教曰：吾躬率晋陽，翦此凶孽，戎事方勤，宜覃澤惠。所領内繫囚見徒，罪無輕重，殊死已下，皆原遣。

（明）張溥《漢魏六朝百三名家集》卷八〇《梁武帝集·初封梁王下國中恩令》 孤以虚昧，任執國鈞。雖夙夜勤止，念在興治，而育德振民，邈然尚遠。聖朝永言舊式，隆此眷命。侯伯盛典，方軌前烈。嘉錫隆被，禮數昭崇。徒守願節，終隔體諒。羣后百司，重兹敦奬，勉兹厚顔，當此休祚。望昆彭以長想，欽桓文而歎息。思弘政塗，莫知津濟。邦甸初啓，藩宇惟新，思覃嘉慶，被之下國。國内殊死以下，今月十五日昧爽以前，一皆原赦。鰥、寡、孤、獨不能自存者，賜穀五斛。府州所統，亦同蠲蕩。

《梁書》卷三《武帝本紀》〔大同四年八月〕詔：南兖、北徐、西徐、東徐、青、冀、南北青、武、仁、潼、睢等十二州，既經饑饉，曲赦逋租宿債，勿收今年三調。

《梁書》卷三《武帝本紀》〔太清元年八月〕詔曰：今汝南新復，嵩、潁載清，瞻言遺黎，有勞鑒寐，宜覃寬惠，與之更始。應是緣邊初附諸州部内百姓，先有負罪流亡，逃叛入北，一皆曠蕩，不問往僁，並不得挾以私仇而相報復。若有犯者，嚴加裁問。

《魏書》卷九《肅宗紀》〔神龜元年〕八月癸丑朔，詔曰：朕冲昧纂曆，未閑政道，皇太后殷憂在疚，始覽萬幾，故獄犴淹枉，百姓寃弊，言念繁刑，思存降省。京師見囚，殊死以下可悉減一等。

《北齊書》卷四《文宣帝紀》〔天保十年〕以皇太子初入東宫，赦畿内及并州死罪已下，餘州死降，徒流已下一皆原免。

《隋書》卷四《煬帝紀》〔大業九年十月〕詔曰：博陵昔爲定州，地居衝要，先皇歷試所基。【略】可改博陵爲高陽郡。赦境内死罪已下。

（宋）王欽若等《册府元龜》卷一七一《帝王部·求舊》〔大業九年正月戊戌大赦，十月乙酉詔曰：博陵昔爲定州地，居衝要。先皇歷試所基，王化斯遠。故以道冠豳風，義高姚邑。朕廵撫氓庶，爰届兹邦，瞻望郊廛，懷敬思止，所以宣播德澤，覃被下人，崇紀顯號，式光令緒，可改博陵爲高陽郡，赦境内死罪已下，給復一年。於是召高祖時故吏，皆量才叙職。

（宋）宋敏求《唐大詔令集》卷八三《政事·恩宥·曲赦凉甘等九州制》 朕恭膺寶命，綏静氓黎，思俾宇内，躋於仁壽。而河湟之表，比罹寇賊，拘逼兇醜，擁隔朝風，元元之民，匪遑寧晏，夙興厘慮，旰食忘疲。重勞師旅，不令討擊，馭以遐算，且事招懷。而慕化之徒，乘機立効，兵不血刃，費無遺鏃。今兇狡即夷，西陲克定，遠人悦附，政道維新，宜播惠澤，與之更始。可曲赦涼、甘、瓜、鄯、肅、惠、蘭、河、廓九州，自武德二年五月十六日以前，罪無輕重，已發覺繫囚見徒，並從原免。桀犬吠堯，非無前喻；棄瑕蕩穢，列聖有規。惡言不順及邪謀惑計者，並從洗滌，一無所問。

（宋）王欽若等《册府元龜》卷八三《帝王部・赦宥》〔唐高祖武德〕三年六月庚申，詔曰：朕發跡太原，陳師汾澮，底定皇室，廓清函夏。惟彼晉魏事等豐宛近者，妖寇憑陵，侵斥郊境，害虐良善，擁逼吏民。大軍東討，義存拯難，芟夷醜類，實在吊民。凡厥渠魁已就殲殄，脅從之輩，情有可原。宜許自新，義深蕩滌。其晉州、潞州、隰州、并州等四總管内，自武德三年四月二十二日以前被劉武周、宋金剛等所詿誤者，罪無輕重皆赦除之，各令復業，一所不問。州縣城堡，有固守忠節，抗禦兇徒者，具録聞奏，別加褒賞。

（宋）王欽若等《册府元龜》卷八三《帝王部・赦宥》〔武德四年五月〕以竇建德平，【略】詔其亡命山澤仍爲結聚，詔書到後三十日不來歸首者，復罪如初。六月庚寅，詔曰：【略】可赦河南諸州舊爲世充所詿誤者，自武德四年六月四日已前，皆赦其罪。【略】亡命山澤，詔書到後三十日不來歸首者，復罪如初。

（宋）王欽若等《册府元龜》卷八四《帝王部・赦宥》〔唐貞觀四年〕十月壬辰，詔曰：朕恭膺寶命，握圖馭歷，屬喪亂之後，承凋獘之餘，弘宣德化，勵精治道，遐邇肅清，要荒來服。聊因暇務，觀省民風，遵彼岐櫟，言臻汧渭，百年之老，俱稱鼓腹，五尺之童，咸欣擊壤。睠言曩昔，亟隮此地，歲月踰邁，以迄於兹。周覽原隰，悵然懷舊，延問鄉黨，僚吏猶存，事異宛譙，情均豐沛，民和俗阜，上下歡洽，宜宣愷澤，俾同慶幸。可特赦岐隴二州管内，自貞觀四年十月一日昧爽已前，大辟罪以下悉從原免。二州户民無出一年租賦。八十以上鰥寡獨疾及舊任二州雜職佐史以上，賜物各有差。百歲以上就加優恤。行經咸陽始平武功，三縣見禁之囚，徒罪以上各降一等，杖罪以下並宜釋放。年八十以上及鰥寡篤疾，並武功縣舊軍主帥亦加賜物。凡此界内名山大川，望秩之禮，備加牲幣。孝子順孫、義夫節婦，隨事褒顯，旌表門閭，其賜物之差，宜依別勑，務從周厚，以稱朕意。乙卯又詔曰：武功舊居，與岐隴不異，前令減罪，未稱朕心，其武功一縣，曲赦其罪，及賜帛免租賦等，特宜同岐、隴二州。

《新唐書》卷二《太宗本紀》〔貞觀五年〕十二月丁亥，詔：决死刑，京師五覆奏，諸州三覆奏，其日尚食毋進酒肉。壬寅，幸温湯。癸卯，獵於驪山，賜新豐高年帛。戊申，至自温湯。癸丑，赦關内。

（宋）宋敏求《唐大詔令集》卷七九《典禮・巡幸・幸故宅改爲通議宮曲赦京城繫囚制》 朕恭膺大寶，克隆景祚，永言孝思，聿追罔極。肇惟自昔，胥宇舊居，王道所基，積慶攸在。桑梓之敬，每懷踐歷，日不暇給，以迄於兹。今既氛祲廓清，區夏寧謐，時和歲稔，民休俗泰。爰擇良辰，言還邑里，禮同過沛，事等歸譙。故老咸臻，族姻相會，肅恭薦享，感慶兼集。思俾歡心，逮於衆庶；愍兹幽滯，有懷寬釋。都輦之地，宗祊所居，作固萬邦，義越常等。惟時孟夏，方申長育。宜順天心，宣兹惠澤。可曲赦京城内繫囚見徒及被推問應集之人，死罪以下，並從放免。其内有於政切害情理難原者，宜降死從流。武德六年四月。

（宋）宋敏求《唐大詔令集》卷七九《典禮・巡幸・巡幸岐隴二州曲赦》 朕恭膺寶命，握圖馭歷，屬喪亂之後，承凋弊之餘。宏宣德化，勵精治道，遐邇肅清，要荒來服。聊因暇務，省視民風，遵彼岐梁，言臻汧渭。百年之老，俱稱鼓腹；五尺之童，咸欣擊壤。睠懷曩昔，亟游此地，歲月踰邁，以迄於兹。周覽原隰，愴然懷舊，延問鄉黨，僚吏猶存。事異宛譙，情均豐沛，民和俗阜，上下歡洽。宜宣愷澤，俾同慶幸。可特赦岐、隴二州管内，自貞觀四年十月一日昧爽以前，大辟以下，悉從原宥。放免二州户民無出一年租賦。八十以上，鰥、寡、篤、疾及舊任二州雜職佐吏以上，賜物各有差。百歲以上，就加優恤。行經咸陽，始平、武功二縣，見禁之囚，徒罪以上各降一等，杖罪以下並宜釋放。年八十以上及鰥、寡、篤、疾並武功縣舊主軍師，亦加賜物。凡此界内名山大川望秩之禮，備加牲幣。孝子、順孫、義夫、節婦，隨事褒顯，旌表門閭，其賜物之差，宜依別勑。務從周厚，以稱朕意。

（宋）宋敏求《唐大詔令集》卷七九《典禮・巡幸・巡幸并州曲赦》 太原之地，興運所階，全晉之人，義深惟舊。自朕恭膺寶歷，二紀於兹。何嘗不御扆長懷，想崤陵之風雨；臨軒遠感，念大麓之雲雷。當於此時，乃忘身而拯溺；實賴同德，並贏糧而樂推。役不踰年，遂清區域。諒由成都之衆，謳訟闡虞帝之功；戰牧之徒，歌舞興周王之業。仗茲協力，竟致昇平，懷彼勤勞，何忘晷刻！既因垂拱之暇，再省創業之方，周歷郊原，宛如疇昔，訪其父老，已多長謝。不見所識，魏後遂以興嗟；恤彼故里，漢皇因而式宴。前王是日，哀樂交懷，在朕深衷，義符於此。是用具陳廣樂，共申高宴，取譬還譙之賞，同彼幸代之情。仍曲赦皆州管內，大辟罪以下、繫囚見徒並赦除之，常赦所不免者，不在赦例。貞觀二十年正月。

《新唐書》卷二《太宗本紀》〔貞觀〕十四年正月庚子，有司讀時令。甲寅，幸魏王泰第，赦雍州長安縣，免延康里今歲租賦。二月丁丑，觀釋奠於國學，赦大理、萬年縣，賜學官高第生帛。

（宋）宋敏求《唐大詔令集》卷一〇八《政事・營繕・玉華宮成曲赦宜君縣制》 昔周武應天，克瑤臺而靡處；漢高作極，獲負陽而不居。散服桃林，革命先於卜洛；既遷枌社，創制肇於疏龍。朕御九成，有乖斯義，以茲撫事，尤須改作。何者？文營仁壽，槩日凌雲，煬起乾陽，銜珠帶璧。比阿房而競爽，猶且有加；擬傾宮而騁麗，全爲具體。隋德雲謝，其徵在茲，朕悼於懷，爲日既久。故違其侈義，顯然令辰。加以心懷濟育，事切於肌膚；亟犯風霜，疾纏於腠理。每至隆曦届候，大火擒芒。雖對寒泉，如昇頭痛之坂；或居珍簟，若涉炎火之林。由是嶽牧憂惶，公卿駭懼，因累陳丹款，請建山宮。歷載深惟，竊愛百金之費；詳思至理，宜順萬姓之心。朕往冒兵凶，爲黔首而忘己；今茲清暑，豈勞人而取安！但以上奉宗祧，下寧兆庶，身非己有，不可自輕。敬思休攝之方，兼履古先之道，發明二指，創此一宮。即澗疏隍，憑巖構宇，土無文績，木不雕鎪，矯鋪首以荆扉，變綺窗而甕牖。負扆協幽貞之賞，垂纊體嘉遯之情。振此冲規，方垂帝範。今既成之不日，賴洽普天，宜順發生，宏茲霈澤。可曲赦宜君縣官及百姓並督作官人、丁匠等，大辟罪以下。常赦不免者，不在赦例。其營造監當官人，量加品秩，及衛士以上，並節級賜物。先在宮苑內住，移出外者，給復三年。貞觀二十二年二月。

（宋）宋敏求《唐大詔令集》卷七九《典禮・巡幸・赦行幸諸縣及岐州詔》 朕恭膺寶命，嗣奉瑤圖，居萬乘之尊，當四海之責。遐觀往烈，詳求前古，每希蹤於哲后，常勞心於庶物，兢懼弗寧，憂勤若厲。屬天下無事，區宇有截，仰高風於汾射，暫清暑於林泉。朕昔在震宮，侍游茲壤，山川依舊，歲月不追。今既俗阜年和，中外胥悦，緬懷徽範，情兼感慰。宜遵省方之義，且順陽和之序，曲申惠澤，式彰寬宥。巡幸所經諸縣及岐州囚徒人犯罪者，流降徒，徒以下並免之。

（宋）宋敏求《唐大詔令集》卷七七《典禮・陵寢・親謁・親謁陵曲赦醴泉縣德音》 朕恭膺大寶，嗣隆景業，虔奉成則，光闡洪休，昧旦兢懷，宵分動慮。蒼旻垂祐，宗社降靈，順黎元之心，借忠賢之力，俗登仁壽，道暨昇平，遠肅邇安，時康俗阜。履端授節，陽和肇氣，親率庶僚，奉謁陵寢。遺弓茹慕，切終身之憂；撫鏡纏悲，興寒泉之思。敬深如在，哀隆罔極。薦享既畢，情理獲申，式表因心，宜弘愷澤。可曲赦醴泉縣並行從人，大辟罪以下皆赦除之，百姓免今年租調，左監門員外將軍常基在此宿衛，進爵一等，陵令、陵丞各加一階，並節級賜物。永徽六年正月。

（清）沈家本《歷代刑法考・赦八・赦例二》〔唐玄宗開元三年〕十月，詔巡游所過之縣見禁囚徒以下減放免，流以上罪具犯狀奏聽進止。大理具囚名，奏帝覽之，以所犯重者降一等，輕者並釋放。按：此流罪重降輕釋之例。

（宋）王欽若等《册府元龜》卷八五《帝王部・赦宥》〔開元三年〕十二月有司所奏，往幸鳳泉所過之縣，流以上囚奏聽進止者，凡稱原減頗詳故事，罪至死刑，寬其大戮，況聽成有法，閲實無冤，屬陽和上春，積雪未降，天地之於庶物，正亭之而毒之。皇王之撫兆人，寧以殺而止殺，申念重辟，惻然疚懷，特布湛恩，助茲生氣。其犯斯刑者，宜決一百配流遠惡處，其犯杖配流者宜免杖依前配流。已決及流三千里者，節級稍移近處，二千五百里以下，並宜配徒以殿。

（宋）王欽若等《册府元龜》卷八五《帝王部・赦宥》〔開元〕八年九月丙寅制曰：五刑之用以禁姦慝，三宥之設以矜愚耄。朕永康四海，憂在兆人，俾臻大化，爰措庶獄。而愚妄之色，抵犯或聞，向隅可哀。當寧興軫，今天地既肅，申嚴在命時分，其令罪則無留，載懷幽犴，思布生德，宜崇減死之恩，式明宥過之典，其京城內犯罪人等，時令按覆，其中造僞頭首及謀殺人斷死者，決一百配流嶺南惡處，斷死者決一頓免死配流遠處。雜犯流移者，各減一等，杖罪已下並免。

（宋）宋敏求《唐大詔令集》卷七九《典禮·巡幸·幸太原府赦境内制》朕恭承寶位，十有餘年，荷累聖之昌圖，膺三靈之睠命，日慎一日，雖休勿休。今問俗觀風，肆覲羣后，陳詩納貢，親問百年，雖念勞人，事資展禮。太原舊國，王業所興。乃睠成周，西巡豐鎬；曰惟嗣漢，東至沛鄉，皆會彼舊都，睠兹枌社。況興王始封之地，鴻圖創業之初，肇育生靈，大造區宇，永惟丕構，顧慙貽厥。且地稱用武，戎役是殷，用錫懷舊之恩，以順發生之澤。其太原府境内見禁囚徒，除十惡並僞造頭首，餘並赦免。預宴官，共賜物二千疋；父老及人吏等，共賜物萬疋。百姓各給復一年，九等户給復三年，元從家給復五年，其家籍見丁，終身免徵役。年老八十以上，賜物五段，版授上縣令，仍賜緋；婦人授上縣君。九十以上賜物七段，版授上州長吏，仍賜緋；婦人版授郡君。百歲以上賜物十段，版授上州刺史，仍賜紫；婦人授郡夫人。孝子順孫，義夫節婦，旌表門閭，終身勿事。其有沈淪草澤、抱德栖遲及武德功臣並元德子孫才堪文武未有官者，並委縣搜揚，具以名薦。開元十一年正月。

（宋）王欽若等《册府元龜》卷八五《帝王部·赦宥》〔唐玄宗開元二十四年〕十月，兩京城内及京兆府諸縣囚徒反逆，緣坐及十惡、故殺人、造僞頭首死罪，特宜免罪，長流嶺南遠惡處。其餘雜犯死罪，隸配効力五年。流罪並放。

（宋）宋敏求《唐大詔令集》卷八四《政事·恩宥·大赦京畿三輔制》

門下：古者以春季之月，布德行惠，恤刑振乏。朕親執犧牲玉帛，獲奉於上帝神祇，九年於兹矣。克己思理，明不能燭；昆夷未叙，王略猶虞。歲會三秦之師，日有千金之費，悉索幣賦，疲於餽軍。侯甸之間，徵求耗竭，百穀翔貴，關中小歉，窮則斯濫，安能懼刑！因而成盗，多有犯法。至於軍戎之士，致使廩賜不充，因之逃亡，或抵邦憲，事非獲已，情亦可察。近以露濡之思，明發有懷屬禁火之令節，方薦鮪於園寢。聖祖敷祐，景靈告祥，先天後時，載荷嘉貺，以陰以雨，又助發生。固宜順曲成之仁，布維新之命，赦罪育物，曠然滌除。其京兆府及三輔並京城内諸司諸使，見禁犯死罪以下，特宜釋放。有犯未發覺者，罪無輕重，一切放免。如妄論告者，以其罪罪之。其官典犯贓，不在免限。頃者在朝，夙著功勳，委之戎事，而徵求黎庶，空竭閭閻。加之廣有貿易，奪人賄利，京城之内，擅置刑獄，恣行忍虐，幽執無辜。部領師人，乖於撫馭，資糧刻薄，勞役煩苛，惡稔釁盈，日嬰沉痼。念其勳舊，許以優閒，令罷其兵權，遂其養疾。而宗社降鑒，明神所殛，羸瘵不起，旋至斃亡。既往無追，一切不問。所管將士等同勞王事，各効辛勤，是朕爪牙，自致勳業，並宜仍舊，勿有憂懼。蓋以朕誠未感物，明未知人，失於授任，而臻此也。今則虛懷引咎，親御禁戎，必加優寵，以表勞績。其資聖寺禁人並追捕勘責等，即宜並停。然以王畿艱弊，矜恤疲人，蠲税罷徭，與之休息，尚恐流離罕復，貧弱未安，益用憂勤，諒資約損。京兆府百姓承前應欠官物等，委所由勘責，實百姓腹内者，一切放免。其所由腹内者，不在免限。畿内官人手力資諫及府官充職掌，名額稍多，所抵供，不免煩費，並諸縣郵遞路次館驛諸色徵科，一物以上，並委中書門下與京兆尹即計會取責色目，一一商量，條件處置，務令減省，以息勞人。諸司使廻易，一切並停，不急之務，亦宜且罷，農隙之後，然後常式。宣示中外，知朕意焉。

（宋）宋敏求《唐大詔令集》卷八五《政事·恩宥·宥京城禁囚敕》

頃屬煩暑差候，愆陽積旬，處於高明之中，猶有鬱蒸之歎，而況幽閉獄户，辯對官曹。甫臨秋期，將正時憲，重循欽恤之道，載宏全宥之仁。其京城内外禁囚，犯流以下罪，並宜釋放。

（宋）宋敏求《唐大詔令集》卷八五《政事·恩宥·赦京城囚徒制》

朕以寡薄，獲守丕圖，恭默思道，克謹天戒。常懷至誠不達，景化未敷，寅畏之誠，寢興在慮。自純陽用事，霖雨愆期，麥雖有秋，禾未長畆，有阻三農之候，將貽萬姓之憂。是用齋心滌思，禱於上下神祇，雲從自郊，月未離畢，膏澤不降，憂勤益深。雖水旱成災，陰陽恒數；而政刑失中，或致愆伏。豈簡孚有爽，哀矜未誠歟！嗟我矜人，陷於刑辟，當炎蒸之序，在縲絏之中，久積幽寃，有傷和氣。所以引成湯之六事，過實在予；寬大禹之九刑，誠存育物。期於作解，以救如焚。其京城見禁囚徒，死罪以下降從流，流以下罪，一切釋放，仍委中書門下即疏決處分訖聞奏。用法從輕，或謂之長惡；宥過無小，寧失於不經。庶空夏臺，用緩秋典。宣示中外，令知朕意。

（宋）宋敏求《唐大詔令集》卷八六《政事・恩宥・曲赦京畿德音》

王者愛人如身，推己及物，恤其寒燠之苦，適其舒慘之宜，俾葉太和，用臻至理。恭默思道，憂勤在懷。時屬嚴沴，念深徽纆，當霜雪之候，滯囹圄之中，饋餉爲勞，逮捕斯擾，沍寒所迫，愁嘆必多，惻然疚心，思有矜恤。宜布在寬之令，使無留獄之嗟。應京百司及畿内諸縣見禁囚徒，應犯死罪，特降從流；流以下者，遞減一等。如欠負官錢，情非巨蠹，責保填納，不要禁繫。唯故殺人者及官典犯贓，不在此限。仍委京兆尹及諸司官長，制下日當速疏決聞奏。朕思牧黎元，存誠康濟，封甸殷廣，京師浩穰，慨觸法而罹辜，式加恩而宥罪，庶止無告，寧失不經。宣示中外，令知朕意。大和八年十二月。

《舊五代史》卷一一二《周書・太祖本紀》〔廣順二年五月〕壬午，曲赦兖州管内罪人，取五月二十七日已前所犯罪，大辟已下，咸赦除之。慕容彦超徒黨，有逃避潛竄者，及城内將吏等並放罪。自慕容彦超違背以來，鄉城内有接便爲非者，一切不問。諸軍將士没於王事者，各與賻贈，都頭已上與贈官。兖州城内及官軍下寨四面去州五里内，今年所徵夏秋税及沿徵錢物並放；十里内，只放夏税，一州管界，今夏苗子三分放一分。

（宋）王欽若等《册府元龜》卷九六《帝王部・赦宥》〔周廣順〕二年五月親征兖州，癸亥次曹州，行宫在州，禁繫罪犯人除死罪外，並釋放。【略】赦兖州管内取五月二十七日見禁罪人及未發覺者大辟以下，並赦除。元凶流毒，同黨濟姦，國有常刑，皆合顯戮，特示好生之道，俾寬連坐之誅，應曾與慕容彦超同惡之人，逃避潛藏者，並與釋放。仰於所在，自出陳首，百日不首者，獲罪如初。應已伏誅逆黨人等，於諸處有骨肉者，先已指揮放罪招安。尚慮本身抵法之後，却有驚疑，宜令所在州縣明行告諭，並釋放不問。兖州城内幕職及州縣官吏軍府將（較）〔校〕，今並放罪。其衙前州使，兩院職役人，本城軍都並敕仍舊。自慕容彦超違背已來，鄉州山寨豪强人等，接便爲非，刼掠擄殺，今因收復並與洗滌，一切不問。【略】賊據一城，民殘四境，或撤毁其墻屋，或蹂躪其田疇，槩於徵取供軍，點集應役，並宜矜卹，俾漸蘇舒。應兖州城内所有徵取，今年屋税及蠶、食、鹽、鐵諸雜税物，並與除放。城外官軍下寨處，四面去州城五里内，所毁今年夏税苗子、蠶食、鹽鐵並諸雜沿徵錢物，並與除放。五里外十里内除放今年夏苗子三分中減放一分。

《舊五代史》卷一一六《周書・世宗本紀》〔顯德三年五月〕乙卯，上至自淮南，詔赦都下見禁罪人。【略】〔六月〕壬申，曲赦淮南道諸州見禁罪人，自今年六月十一日已前，凡有違犯，無問輕重，並不窮問。先屬江南之時，應有非理科徭，無名配率，一切停罷云。

《舊五代史》卷一一六《周書・世宗本紀》〔顯德四年三月〕庚戌，詔移壽州於下蔡，以故壽州爲壽春縣。是日，曲赦壽州管内見禁罪人，自今月二十一日已前，凡有過犯，並從釋放。應歸順職員，並與加恩。壽州管界去城五十里内，放今年秋夏租税。自來百姓，有曾受江南文字聚集山林者，並不問罪。如有曾相傷害者，今後不得更有相酬及經官論訴。自用兵已來，被擄却骨肉者，不計遠近，並許本家識認，官中給物收贖。曾經陣敵處所暴露骸骨，並仰收拾埋瘞。自前政令有不便於民者，委本州條例聞奏，當行釐革。

（清）徐松《宋會要輯稿・刑法五・省獄》 太祖建隆二年六月九日，以旱詔：東京管内見禁罪人，除惡逆、不孝、刼賊、故殺、放火、官典受枉法贓不放外，其餘雜犯死罪，除同情共犯頭首處死，餘並減一等配靈武。流罪以下減三等。杖罪已下並放。所有不該釋放罪人，令開封府尹速與疎决。其大名府、滑、衛、澶、鄆、濮、齊、相、磁、（刑）〔邢〕、洺、貝、冀、博、鎮、深、趙、易、定、祁、滄、德、瀛、莫、雄、霸州，敕到日，並依此處分。

（宋）佚名《宋大詔令集》卷二二五《政事・僞國・平蜀曲赦》 門下：伐罪吊民，所以昭宣王略。眚災肆赦，所以蕩滌羣非。稽有國之舊章，蓋哲王之能事。朕飛龍撫運，躍馬興邦，雖禹别九州，盡爲王土。而蜀川一境，獨隔華風。天兵飛渡於劍門，蜀主哀號而納款。念其生聚，曲爲保全。宜覃曠蕩之恩，用慰傷殘之俗。易苛政以平恕，革重斂爲輕徭。用舉宏綱，正我王度。自乾德三年正月二十四日昧爽以前，應僞蜀管内，罪無輕重，常赦所不原，咸赦除之。云云。乃睠劍南，比爲内地。自累朝之艱否，據千里之江山。豈無沉滯之人，宜下旁求之命。所在州郡及山林，有懷才負藝，未沾寸禄者，委長吏聞奏。先賢丘壟，不得樵採，古來廟宇，咸與修崇。其餘節婦義夫，順孫孝子，有堪旌賞，當議舉明。官吏軍民，各勤職業，樂予景運，當慶新恩。告示一方，咸知朕意。

（宋）李燾《續資治通鑑長編》宋太祖建隆三年六月　己亥，德音減京畿及河北諸州死罪以下囚，旱故也。

（宋）李燾《續資治通鑑長編》宋太祖乾德元年四月　德音減荆南、潭朗州死罪囚，流以下釋之，配役人放還；蠲三年以前逋税及場院課利；管内文武官吏並依舊，仍加恩，立功者優其秩；行營諸軍厚賜之，略獲生口，各還其主。

（宋）佚名《宋大詔令集》卷二二五《政事·僞國·平廣南曲赦開寶四年二月》　門下：朕自臨御以來，撫綏天下，憂一物之失所，期四海之咸康。言念廣南，僻居嶺表，恃朝廷之遥遠，困生聚以誅求。積有歲年，漸成凋弊，羣心嚮化，無路歸明。朕爲人君，能不嗟憫。乃令問罪，聊舉偏師，壓境而列郡皆平，遇陣則妖氛盡掃。勢如破竹，威若疾雷。僞主劉鋹，出於凡庸，不識天命，猶偷延生路。詐出降辭，累遣使人，妄傾誠款，及王師之前進，縱寇黨以來當。狂計弛張，姦心敗露，殘孽則旋聞盡戮，劉鋹則果見生擒。民人有歸，天地助順，既展混同之化，宜申曠蕩之恩。限赦書到日昧爽以前，廣南管内州縣諸色犯罪人。云云。乃睠嶺南，本惟王土。盜據千里，及今累朝。豈無怨滯之人，宜下旁求之命。所在州郡，有懷才負藝，未沾寸禄者，委長吏聞奏。或有古來廟宇，仍令各與修崇。或有先賢丘墳，今後不得樵採。其有順孫孝子，節婦義夫，皆令舉明，當議旌表。太陽委照，妖氣皆平。慶此新恩，當知朕意。

（宋）佚名《宋大詔令集》卷二二七《政事·僞國·平江南曲赦開寶八年十一月》　門下：惟彼江南，久從割據。洎中原之有主，奉正朔以投誠。朝廷推恩，保護尤至，而李煜不量力分，每縱姦憸，詐爲事大之恭勤。每欲欺天而觀望，修葺城壘，彌年爲固守之方，招誘豪强，終日有包藏之志。顯然彰露，達予聽聞。猶推以異恩，許其入覲。堅心背順，稱疾不朝。向來詐欺，一朝俱敗。送蠟書則勾連逆寇，肆兇徒則劫掠王民。問罪之師，駐蹕周歲，朕念一城生聚，逃告無門，由愚騃之狂迷，致民人之塗炭，疊令招諭，堅更拒違。以致雷霆師徒，同懷忿怒，一舉而孤城自潰，臨危則逆竪擒降。南方既平，萬彙同慶。既洽昇平之化，宜申曠蕩之恩。限赦書到日昧爽以前，應江南管内州縣諸色罪人。云云。太陽委照，沴氣已平。慶此新恩，當知朕意。

（宋）佚名《宋大詔令集》卷二二七《政事·僞國·錢俶納土曲赦兩浙德音太平興國三年五月》　門下：惟皇建極，括寓縣以開階。惟辟奉天，法陽春而流惠。我國家丕承大業，光宅中區，奄三代之提封，盡歸王化。撫萬邦之生聚，皆樂皇風。近又吴越國王錢俶遠效忠規，嘉逢昌運，走梯航而入覲，叩宸扆以披誠。願輸奕世之土疆，盡入大朝之封域。睠兹恭順，特議允俞。言念吴方，久疏王澤，當混同之資始，均茂育以攸宜。爰頒在宥之文，俾預太平之化。應兩浙管内。云云。於戲！四海一家，既大同於文軌，三吴百越，屬初被於照臨，固於撫御之間，良軫寐興之念，彼中官吏，差去使臣，更施存恤之方，廣示懷柔之道，令其富庶，慰朕焦勞，告示遐方，知予厚意。

（宋）佚名《宋大詔令集》卷二二七《政事·僞國·平河東曲赦太平興國四年五月乙酉》　門下：帝王之心，黎庶爲念。儻非静亂，豈欲佳兵。乃睠并汾，比是藩鎮。頃因多事，遂隔皇風。三十年自絶朝廷，百萬户莫霑恩惠。朕嗣膺丕業，恢闡鴻猷，萬邦共慶於來庭，一物不令其失所。憫兹生聚，獨隔照臨。是以親御六師，直臨孤壘。冒暑天之炎酷，涉山路之險巇。不憚勞身，惟思救物。河東僞主劉繼元，兵窮力盡，請命來降。愍其效順之誠，特示全生之路。已從釋罪，表我推恩。廓氛祲於邊陲，出蒸黎於焚溺。既除巨孽，永洽大和。宜降曲恩，用清污俗。弛刑布惠，咸與惟新。應河東管内。云云。於戲！濟物安民，寔惟素志。勞師動衆，固非願爲。參墟既静於烟塵，武庫永韜於干戈。必令士庶，共樂昇平。凡爾生靈，宜體朕意。

《宋史》卷五《太宗本紀》　〔太平興國七年閏月〕辛亥，詔赦銀、夏等州常赦所不原者。

《宋史》卷五《太宗本紀》　〔淳化二年〕五月己亥朔，詔減兩京諸州繫囚流以下一等，杖罪釋之。

《宋史》卷五《太宗本紀》　〔淳化五年十二月〕弛忠、靖二州刑徒。

（宋）佚名《宋大詔令集》卷二《帝統·改元·改至道元年在京降流罪以下德音正月戊申朔》　朕以眇躬，纘承丕構，托於兆民之上，二十載於兹矣。夙興夜寐，罔敢荒寧，未嘗發一念不先於黎元，舉一事不先於政教。庶俗人紀，用答天工。近歲以來，薦逢災厲，蜀主暴興於狂孽，齊民頗匱於倉箱。予心浩然，罔知攸濟。是用側身思道，期洽隆平，彌增宵旰之憂，果獲昊穹之祐，妖氛漸弭，禾稼咸登，對越上元載深祇惕，當惟新於大政，冀永保於鴻猷。發號改元，與民更始，宜改淳化六年爲至道元年。云云。於戲！欽若昊天，誕革紀年之號，霈茲德澤，爰敷作解之恩，曲赦上京，式遵舊典，凡爾黎庶，當體朕懷。

（宋）佚名《宋大詔令集》卷二《帝統・改元・改淳化元年降京畿流罪以下德音端拱三年正月**》** 門下：朕受天明命，司牧黎元。荷上帝之丕休，奉祖宗之洪緒，顧惟涼德，弗敢遑寧。寰區倖致於和平，稼穡屢觀於豐稔。誕膺神眷，敷布邦家。爰念去秋，頗聞愆亢。慮將成於災沴，固深軫於憂勞。名山大川，亟令精禱。撤懸減膳，勉自勵修。精誠上通，靈應猶響，雨如膏而潤物，雪盈尺以呈祥。慰三農望歲之心，見百穀用成之象。慶茲元感，思舉舊章。是用列羽衛於彤庭，儼衣冠於著位。因斯獻歲，取象陽春。御正殿以受朝，出綸言而示衆，宜改紀元之號，仍覃及物之恩，可改端拱三年爲淳化元年。云云。於戲！聖人立言，既以慈儉爲寶。王者之道，必先兢慎爲心。永爲稽古之文，爰布順時之令。凡爾中外，當體朕懷。

《宋史》卷五《太宗本紀》 〔至道三年二月〕甲辰，降京畿死罪囚，流以下釋之。

（宋）佚名《宋大詔令集》卷二一五《政事・恩宥・在京畿縣降雜犯死罪放流罪已下德音至道三年二月甲寅**》** 門下：朕獲主萬邦，於今二紀。承昊穹之景貺，致區宇之大同，然猶業業兢兢，日慎一日。輟寐而常思至道，虛心而博訪嘉猷。務洽和平，用綏黎庶，而輦轂之下，民物浩穰，慮禁繫之稍繁，或滯淹而未決。况陽春啓蟄，農事方興，議獄緩刑，宜遵於古典，布德行惠，蓋順於天時。云云。且子育之民，遐邇無異，而王（幾）〔畿〕之內，力役所叢。須議優矜，式符欽恤，咨爾中外，宜悉朕懷。

（宋）佚名《宋大詔令集》卷一四三《典禮・陵寢・太宗山陵畢兩京畿內死罪以下減降德音至道三年十一月丙寅**》** 門下：朕欽奉丕圖，允昇大寶。將繼太宗之業，式恢寰海之基。何嘗不廢寢遐思，忘飡廣訪，虔虔翼翼，行之猶恐不及者，蓋欲臻於平泰，致於阜康，爰成開物之功，用表奉先之志。近者因山展禮，率土咸觀，風師颯爾以掃塗，共欽塵静，水伯泠然而通泒，咸歎醴甘。神休聿彰，永命斯見，宜舉欽崇之典，俾昭感格之符。惟兩京户民，祗奉陵邑，既云集事，良表能忠，特行禮恤之恩，斯慰勤勞之役，應兩京。云云。於戲！理國之宜，安民爲本。將圖明允，必賴典彝，法覆燾以制儀，生成雖一，侔陰陽而申令，勸誡則殊。期懷德以畏威，故褒善而貶惡，永言垂教，良俟措刑，適當行解之初，爰示閑邪之旨，更資列位，咸勵勤行，庶成肅穆之風，長播宣慈之化。告示中外，知朕意焉。

（宋）李燾《續資治通鑑長編》宋太宗至道三年十一月 丙寅，德音降兩京死罪以下囚，緣山陵役民，賜租有差。

（宋）佚名《宋大詔令集》卷一五一《政事・儆災・以旱減降兩京諸路繫囚制咸平二年閏三月丁丑**》** 朕欽奉丕圖，勤勞庶政，動遵明慎，罔敢怠遑，而誠信未孚，災沴斯作，陽春向盡，時雨久愆，言念烝黎，不忘宵旰。徧走群望，未獲嘉應。豈其獄訟之間，罔盡哀矜之理。致茲亢暵，能不隱憂。俾緩常刑，克謹天戒，兩京諸路繫囚，除十惡罪至死、官典犯枉法贓、劫殺、謀殺、故殺、已殺人不降外，死罪降從流，流罪降從徒，徒罪從杖，已下並釋之。徒役人並放從便，内黥面人具所犯奏裁。山林劫盜，逃亡軍士，限一月内首露並釋其罪。限滿不首，復罪如初。

（清）沈家本《歷代刑法考・赦九・赦例三》 〔宋真宗咸平〕三年正月，赦河北及淄、齊州罪人，非持仗强盜、謀故殺、枉法贓、十惡至死者，並釋之。按：契丹師退，故赦。惟言持仗强盜，則不持仗者赦矣；言謀故赦，則鬬殺赦矣；言十惡至死，則不至死者赦矣。雖是曲赦而赦例獨寬。

《宋史》卷六《真宗本紀》 〔咸平三年冬十月己丑〕詔原川峽路繫囚雜犯死罪以下。

（宋）李燾《續資治通鑑長編》宋真宗咸平四年正月 詔：應益州軍民，因賊亂殺傷刼盜，除官吏外，皆釋不問。時訴訟連結，頗難閲實，故悉許其自新也。

（宋）李燾《續資治通鑑長編》宋真宗咸平四年五月 壬申朔，御朝元殿受朝，德音降京畿流罪以下囚，杖罪釋之。

（宋）李燾《續資治通鑑長編》宋真宗景德元年十二月　壬辰，赦河北諸州死罪以下，民經戎寇蹂踐者給復二年，死事官吏追録子孫。

（宋）佚名《宋大詔令集》卷二一八《政事・武功・講和曲赦河北制景德元年十二月壬辰》　門下：朕上膺靈命，獲紹鴻圖。常持兢畏以爲心，不敢宴安而肆志。臨民布政，則思欽恤之言。保國訓兵，但肅整齊之令。昨以疆埸有警，鑾輅撫巡，近成兩地之通和，蓋念燕人之勞役。眷兹河朔，式可哀矜。宜行曠蕩之恩，庶召和平之氣。可赦自景德元年十二月十三日昧爽已前。云云。於戲！佳兵黷武，每鑒誡於前書。宥過崇仁，方順從於古訓。布告遐邇，同知朕心。

（宋）李燾《續資治通鑑長編》宋真宗景德二年九月　庚戌，以淮南旱歉，詔轉運司疏理管内繫囚。

（宋）李燾《續資治通鑑長編》宋真宗景德三年四月　壬辰，命使六人，廵撫益、利、梓、夔、福建等路，所至存問犒設官吏、將校、父老，疏決繫囚，除雜犯至死、官典犯贓依法外，流已下遞減之。仍案察官吏能否民間利害以聞。時屯田員外郎謝濤使益、利路，及還，舉所部官三十餘人，宰相以爲多，濤乃歷陳其治狀，且願連坐。奉使舉吏連坐，自濤始。《濤本傳》云：火星見西南，故命濤出使。當時所遣使並及福建、江、浙，恐不緣火星見西南也，今不取。

（宋）李燾《續資治通鑑長編》宋真宗景德三年九月　乙丑，詔釋西南納質戎人。先是，諸蕃有抄刼爲惡嘗經科斷者，恐異時復叛，故收其子弟爲質，乃有禁錮終身者，上憫而縱之，族黨感恩，皆稽顙自誓不爲邊患。

（宋）佚名《宋大詔令集》卷二一五《政事・恩宥・在京畿縣減降流罪已下德音景德四年正旦》　門下：王者欽承眷命，光宅中區。敦大德以庇民，體至仁而守位。何嘗不躬親萬務，勤恤庶邦，惟懷永圖，懋逮皇極，天聽甚邇。鑒兹勵翼之心，時令弗迷，契乃順承之望，爰從去歲，頗謂有秋，嘉品物之盛多，思群生之仁壽。矧四方之都會，是曰京師，而千里之幅員，兹惟（幾）〔畿〕甸。獄市浩穰之所寄，力役叢脞以尤繁。念多辟之人，或自投於罪罟，因發生之始，宜誕布於德音，式覃在宥之恩，載洽履端之慶。應在京並（幾）〔畿〕縣。云云。於戲！議獄緩刑，率遵於典訓，布德施惠，俯順於陽和。庶臻恥格之風，用致財成之化，宣告中外，知朕意焉。

《宋史》卷七《真宗本紀》　〔景德四年春正月〕御朝元殿受朝。詔：京畿繫囚流以下減一等。

（宋）佚名《宋大詔令集》卷一五二《政事・祥瑞・泰山醴泉發赦兖州禁囚制大中祥符元年六月庚戌》　門下：王者奉天眖以臨民，聿敦至治，順鴻禧而布澤。式表殊私，顧以眇躬，嗣承丕構，守位敢忘於日慎。保邦期致於時雍，迺者秘籙誕章，輿情固請，願舉勤成之典，肅陳昭報之儀。瞻彼岱宗，首冠群岳，因高展采，將有事於雲封。永祚垂文，薦諸祥於寶檢。當甘泉發源之地，顯圓丘眷命之仁。既福應以洊臻，見明靈之昭格。齋慄躬膺於景貺，寅威益勵於丹衷。式是魯邦，介於東夏，屬錫封而告瑞，思與物以同休。幸推在宥之恩，用洽自天之慶。應兖州禁囚死罪、十惡、官典犯正入己贓奏裁，其加役流罪並免役一年。徒以下並放。獄下巡檢廂軍等支賜，管内居民，常切安撫，不得別有差擾。應緣封禪所闕，或以官物充，或以官錢收市，無得科率。軍民負罪逃匿者，許一月内首露。所部祠廟，宜令精潔致祭，賜文武百寮泰山醴泉。云云。

（宋）佚名《宋大詔令集》卷二一五《政事・恩宥・宴開封府射堂降罪詔大中祥符二年閏二月戊辰》　昔者東漢之隆，過宛陵之故第。貞觀之盛，臨慶善之舊宫。所以申愷樂之私，宣優裕之澤，朕頃在儲邸，獲尹神京。荷先訓之至慈，總民政而多暇。俾於表署，構此射堂。用修相圃之儀，遐擬宣猷之地。逮於纘紹，久曠巡遊。屬萬務之清閒，因九陽之韶煦。聊申豫幸，亦既周爰。念歲月之屢遷，增雨露之深感。宴胥載洽，式推侑弊之恩。渥霈誕敷，更示欽刑之旨。應東京（幾）〔畿〕縣禁囚，除殺人依法外，餘並遞降一等，杖已下原之。侍宴群臣，開封府官吏，並賜器帛。將吏中有經事太宗蕃府者，優與支賜。赤縣父老，委本府犒設。年八十已上賜爵公士，九十已上者授攝助教，仍歲賜粟帛終其身。見欠貸糧和市物悉蠲。軍士亡命、盜賊結集者，限一月詣官首身，釋罪。限滿不至，復罪如初。京城商税及（幾）〔畿〕縣有事不便民者，委三司開封府具折以聞。

（宋）李燾《續資治通鑑長編》宋真宗大中祥符三年閏月　戊辰，德音降東京畿内死罪以下囚，將吏逮事太宗藩府者並賜物，赤縣父老令本府宴犒，年九十者授攝官，賜粟帛終身，八十者爵一級。

（宋）李燾《續資治通鑑長編》宋真宗大中祥符三年八月　淮南饑。詔罷諸州和糴，減直糶廩米及賑貸貧民，所在繫囚遞減一等，盜穀食者量行論決。

（宋）佚名《宋大詔令集》卷二一五《政事・恩宥・降諸路繫囚罪詔大中祥符七年六月己未》　齊民之刑，雖舜猶恤。導揚善氣，方屬於登穰。長養仁風，適當於炎暑。念茲縲紲，或有繫淹。特示寬恩，並從輕典。兩京諸路繫囚死罪，委長吏躬親詳鞫。徒流罪降等決遣，杖以下釋之。

（宋）佚名《宋大詔令集》卷一八〇《政事・營繕・玉清昭應宮成德音大中祥符七年十一月乙酉》　王者膺昊穹之寶命，握河洛之珍圖。必有嚴奉之誠，仰答延鴻之祉。顧惟菲德，祇紹元基，勵翼爲心，早臻於大定。高明降鑒，薦賜於秘符。示惟清惟浄之言，啓卜世卜年之兆。雖蒼崖報本，已躬展於縟儀。而翠檢騰文，宜永緘於福地。介厖恩於衆庶，昭景祚於億年。思致精衷，式圖不朽。是用擇神皋之爽塏，法紫宙之宏規。占星以揆其徒庸，置臬以咨乎面勢。瓌材山積，克豐構厦之資，哲匠雲臻，曲盡成風之妙。命信臣而總領，緊衆志之悦隨。内則畚築塈塗，竭乃僝鳩之力。外則楩柟赭堊，罄茲供億之勤。效規畫以彌精，歷炎涼而未久。蔚爲壯觀，陋百堵之經營，崛起重欄，廣九筵之迫隘。閟靈篇於綺閣，儼睟像於琳房。允符勿亟之文，遽覩惟新之制，事無慁素，功亦先期，落以斯干，嘉庶工之盡瘁，布茲渙汗，慶丕績之有成，宜均煦育之仁，用洽純熙之貺。應三京諸州限德音到日，繫囚死罪，十惡官典犯正入己贓應不赦外，雜犯死罪，非巨蠹者奏裁，徒流第降一等，杖已下釋之。

（宋）佚名《宋大詔令集》卷一四三《典禮・原廟・應天院奉安畢西京管内見禁減降德音天禧元年六月壬申》　門下：奉先昭孝，列辟之大猷。宥過推仁，前經之格訓。朕纂承鴻緒，奄宅中區，曷嘗不念王業之艱難。荷祖祊之眷佑，克洽至寧之治，彌增永慕之懷。惟洛師定鼎之都，實藝祖誕靈之壤。興王之氣，始兆於丕祥，布金之園，聿新於崇構，爰備彰施之彩，虔圖睟穆之容。臨遣輔臣，奉安秘宇，苾芬之薦，既罄於嚴恭。油霈之恩，宜覃於衆庶。應西京管内六月八日見禁罪人，除故殺、劫殺、鬬殺、十惡、官典犯贓不赦外，雜犯死罪降從流，内情理切害者奏裁。其餘流罪降從徒，杖已下並放。修奉應天禪院使臣官員兵匠，次第支賜，其軍校始末祗事者，具姓名以聞，當議遷改。奉迎執擎兵士並與支賜。西京諸城内耆老年八十已上者，厚加宴勞。仍賜茶帛，免本户差役。管内舊舉人，將來科場與免取解。應天禪院朔望許令士庶瞻禮。於戲！貽謀錫羡，聊仰於威神，布德均禧，俾周於京邑，庶協無疆之慶，誕昭追遠之儀，告於明庭，咸體朕意。

（宋）李燾《續資治通鑑長編》宋仁宗天聖三年三月　戊寅，詔陝西災傷州軍，持仗刼人倉廩，非傷主者減死，刺配鄰州牢城，非首謀者又減一等，仍令長吏密以詔書從事。自是，諸路災傷，即降下有司敕，而民饑盜取穀食，多蒙矜減，賴以全活者甚衆。

《宋史》卷九《仁宗本紀》　〔天聖六年夏四月〕庚寅，下德音，降畿内囚死罪，流以下釋之。

（宋）佚名《宋大詔令集》卷一五二《政事・儆災・星變曲赦開封府畿内德音天聖六年四月庚寅》　朕以嗣服丕構，撫寧庶邦。荷真聖之延祥，欽祖宗之垂裕，幾微是慎，旰昊靡遑。内奉慈闈，務協大中之訓。外繄良弼，期臻純一之風。而星緯差常，流輝示變，厥咎安在，斯可駭焉。民聽惟聰，官佔有契。此則上穹乃眷，垂誡甚明，顧循菲冲，敢忘抑畏。且都畿之攸廣，慮獄訟之尚繁。屬茲炎燠之辰，良切哀矜之念。順薰風而布令，推渥惠以爲宜。朕今前後殿不視事五日，以今月二十五日爲始，庶伸惕勵，仰答靈心，可赦開封府畿内諸縣。云云。於戲！好生卹下，用洽於群情。迪吉敷和，克遵於懿典。咨爾有衆，體朕意焉。

（宋）李燾《續資治通鑑長編》宋仁宗天聖七年秋七月　戊午朔，命户部副使、刑部郎中鍾離瑾爲河北安撫使，作坊使范宗古副之。仍詔：瑾等所至發官廩以賑貧乏，其被溺之家存三口者給錢二千，不及者一千，溺死而不能收殮者官爲瘞埋，已檢放税外聽就近輸官，權停州縣配率。其經水倉庫營壁，亟修完之，庫下者徙高阜處。水壞官物，先爲給遣。坊監亡失官馬者，不加罪，第根究送所部。官吏貪暴者奏劾之。囚繫獄者委長吏從輕決遣。其邊防事機、民間疾苦，悉具經畫以聞。

（宋）李燾《續資治通鑑長編》宋仁宗明道元年三月　戊戌，詔曰：江、淮之間，仍歲旱暵，民之失職，朕甚閔焉。比遣使安撫，其與長吏慮繫囚，流以下降一等，杖笞釋之。

（宋）李燾《續資治通鑑長編》宋仁宗明道二年十月　癸丑，德音降東、西京囚罪一等，徒以下釋之。緣山陵園陵應奉民户，免租賦科役有差。

（宋）李燾《續資治通鑑長編》宋仁宗景祐四年二月　己未，祔章惠太后神主於奉慈廟。庚申，德音降東、西京及靈駕所過州縣囚罪一等，徒以下釋之。

（宋）李燾《續資治通鑑長編》宋仁宗寶元二年八月　甲戌，美人苗氏生皇子。丙子，德音降三京囚罪一等，徒以下釋之，賜諸軍緡錢。

（宋）李燾《續資治通鑑長編》宋仁宗康定元年二月　丙午，德音：赦延州、保安軍流以下罪，背叛姦細人不赦。見屯將士，並與特支，其非中傷而潰散者不在此例。賊所刼掠，第蠲其夏租。軍民及内屬蕃部爲賊所害者，量賜其家緡錢，若諸軍吏與一季請受。

（宋）李燾《續資治通鑑長編》宋仁宗慶曆二年五月　戊午，建大名府爲北京。德音降河北諸州軍繫囚一等，杖以下釋之。嚴飭行宮，增置倉廒，營舍，並給官錢，毋得科率。

（宋）佚名《宋大詔令集》卷一四二《典禮・原廟・奉安三聖御容於鴻慶宫曲赦南京德音慶曆七年七月甲申》　門下：朕祗遹先猷，尊臨大寶。夤畏御極，勤儉保躬。曷嘗不念帝業之艱難，仰宗社之眷佑，誕孚至治，增慕永懷，惟睢陽晝壤之雄，啓烈祖興王之舊。別都肇建，靖館有嚴，爰庀衆工，一新崇構。奉三后之睟表，卜萬世之永安。克協剛辰，聿成熙事，天池日潤，焕紫電以交輝，聖德神功，亘終古而齊久。思廣因心之孝，用推及物之恩。應南京畿内，除十惡並已殺人者及持杖行劫、偷盜官物、僞造符印、放火、官典犯入己贓不赦外，雜犯死罪已下，遞降一等，徒以下釋之。應修鴻慶宫及陪位官並執儀仗、駕船軍士等，並等第與支賜，本府諸縣夏税特減五分，坊郭户屋税錢特支五分，元係災傷倚閣二税、欠折官物，本非侵盜，並與除放。本府舉人、諸科伍舉、經省試及殿試者，與免將來取解。父老年八十以上者，並加勞酒食。仍各賜絹二匹，臘茶一斤，其孝行爲鄉里所推者，當議旌表。祠廟之載祀典者，並嚴潔致祭，内商丘火祠壇廟有頹毁處加完葺之。於戲！竭志奉先，燀威靈之丕冑，均休覃下，俾畿甸之旁周，茂揚追遠之思，以示無疆之慶，告於中外，體予意焉。

（宋）佚名《宋大詔令集》卷二一八《政事・平亂・王則平曲赦河北制慶曆八年閏正月甲辰》　朕纂承寶緒，導發化源。思固本之在民，每敷仁而修政。務遵先訓，罔咈大猷。刑審厥中，處之以明慎。信孚無外，示之以懷柔。雖底萬邦之太和，每矜一物之失所。近以貝州舊壤，孽賊爲妖，嘯聚郡城，稽誅旬朔。眷兹境土，不無傷殘。當興師之翦除，且有衆之蹂踐。而又枕戈衽甲，暴露於夙宵，輓粟飛芻，疲勞於道路，暨列蕩平之效，宜推優獎之恩，逮彼封疆，並均涣澤。可曲赦河北諸州軍，自慶曆八年閏正月五日昧爽以前，見禁人除貝州妖賊王則一行，應干係徒黨，及在城失守、或屈節順賊官吏等，並犯十惡、謀殺、鬭殺、並爲已殺人者、放火、僞造符印、官典犯正入己贓不赦外，其餘雜犯罪人，罪無輕重，咸赦除之。應差在貝州城下諸軍將士，各等第優與特支。内重傷得功人，並委宣撫司開坐聞奏，議優與酬獎。其因重傷不任征役者，未得減下半分衣糧，且令全分支給。應貝州管内人户，因昨來用兵，蹂踐苗稼，及採斫桑柘，並與免税。云云。於戲！天道助順，固亂逆之無容，君德好生，惟寬仁之可尚。威恩並及，善惡用分，布告群倫，當體予意。仍改貝州爲恩州。

（宋）李燾《續資治通鑑長編》宋仁宗皇祐五年二月　丁亥，德音降江西、湖南繫囚罪一等，徒以下釋之。丁壯饋運廣南軍需者，減夏税之半，免科徭一年。賜狄青敦教坊第一區。

（宋）佚名《宋大詔令集》卷二一五《政事・恩宥・四京諸道德音嘉祐八年二月十一日》　門下：朕顧以眇躬，承於重器，綏御天下踰四十年。曷嘗不周覽萬機，舉遵先憲，垂精寥廓之治，絶意紛華之娱。雖憂懼薄於冰淵，而廑勞發於寤寐，尚慮明有所未燭，化有所未孚。方春戒中，維物在煦，言念幅員之廣，生齒素繁。囹圄之間，繫囚日至，滯冤之情未達，愁嘆之憤或多，宜涣發於至恩，庶導迎於善氣。輔宜時令，協應天心，應四京諸道。云云。於戲！天所助者順，故美祥之有來，民常懷者仁。非博愛之罔乂，蠲苛布德，其在兹虖。告於邇遐，當體朕意。

（宋）佚名《宋大詔令集》卷一三九《典禮・祔廟・仁宗祔廟畢曲赦

兩京德音嘉祐八年十一月己酉》 朕欽承先烈，嗣守丕圖，奄鍾同軌之期，甫畢因山之制，哀煢在疚，感慕增懷，然念寢園獲襄事之終，廟祏嚴反虞之祔，典章備具，營奉肅祗，茲皆中外協心，士民勤力，因舉恤勞之報，宜推惠施之恩。於戲！慎終追遠，孝理之所先，肆赦眚災，仁政之攸尚，更賴黎獻列辟，竭節懋忠，毗予一人，永底於治，咨爾群庶，當體至懷。

（宋）佚名《宋大詔令集》卷二一八《政事・武功・曲赦陝西河東德音熙寧四年三月癸卯》 門下：朕德不明，職任失當。外勤師旅，內耗黎元。秦晉之郊，並罹困擾。使人至此，咎在朕躬。其推卹隱之恩，以昭悔過之義。應陝西河東路罪人，除劫、謀故鬬已殺人至十惡不赦及情輕奏裁外，餘死罪已下，遞減一等。徒已下釋之。於戲！勞民構患，非朝廷之本謀。克己施仁，冀方隅之少息，專賴黎獻，共圖康功。

（宋）佚名《宋大詔令集》卷二一九《政事・武功・曲赦熙河制熙寧七年五月戊戌》 門下：恢復河洮，蕩定弗率，渠魁竄伏，未即靈誅。今北歸窮，爰加撫納。緊宗社之開佑，底强寇之廓平。在于菲躬，敢曰予武。言念師徒遠戍，固有暴露之勤。饟道繁興，頗多調發之擾。及茲徹警，宜布涣恩，可曲赦熙河路，應五月一日昧爽以前，見禁。云云。於戲！□□□□雖志宣王之法，安民肆眚。豈忘舜帝之仁，更賴庶工。共熙遠績，播告有衆，咸使聞知。

（宋）佚名《宋大詔令集》卷二一九《政事・武功・曲赦廣西制熙寧十年二月丙午》 門下：比者交蠻猖狂，邕管震動，爰命將帥，整我六師。祖宗之靈，天地之貺，未踰旬浹，遽以捷聞，恢拓封疆，係執醜虜，形單勢蹙硇欵轅門，願刷往愆，只順王命，朕惟討叛，乃眷西南之衞，並勤師旅之奉，士卒有暴露之苦，丁黄多調發之勞。宜覃涣恩，寵慰遠俗，可曲赦廣西路。云云。於戲，蠻荆未乂，威以戎車，徐方既庭，惠於南國。蓋武之所制者遠，則澤之所流者深。布告遐邇，當知朕意。

（宋）李燾《續資治通鑑長編》宋神宗元豐二年九月 癸未，德音：降潁州死罪囚，徒以下釋之。元豐元年終以前見欠夏稅及今年夏殘稅並緣納租課，並與蠲免。八月二十四日昇節度，兩級並書降囚罪。

（宋）李燾《續資治通鑑長編》宋神宗元豐三年正月 丙子，德音：降潁昌府死罪囚，徒以下釋之。

（宋）佚名《宋大詔令集》卷二一九《政事・武功・曲赦梓州路州軍德音元豐五年二月癸酉》 門下：比者蠻獠猖狂，封陲騷繹，爰興師旅，問罪酋渠。逮踰歲時，蕩定巢穴，言念薄伐，久戍遐陬。將士有暴露之勤，公私多餽餉之擾。勞還之始，霈澤宜先。可曲赦梓州路諸州軍，限赦書到日昧爽以前，除殺盜及贓法不赦外，枉法自盜死罪情輕者，奏取旨。鬬殺死罪情輕者，減一等，刺配千里外牢城。其餘咸赦除之。應緣瀘州軍事，厢禁軍並與特支錢，其餘軍事工役人夫並放今年夏秋稅及一料役錢。死事之家，量與給賜。本路及鄰路，因軍被差及科配、將佐士卒有功者，及文武隨軍、應副軍期有勞，並保明以聞。其因傷不任征役者，衣糧並全給。若因戰亡歿及病死之家，正兵及召募人，有借請受並欠負主典少欠損毀隨軍官物，非侵盜並除放。生界及兩屬外户首領自乞弟入寇以來，能守忠節，不從賊黨，嘗立功效者，委經制司具等第保明聞奏。士卒道亡，丁夫不赴點，懼罪藏匿者，限一月自陳。本路進士禮部下四舉、殿試下兩舉，諸科禮部下五舉、殿試下四舉，並免解，禮部不合格特奏名。今來到禮部人亦准此。編配羈管、見在本路者，並理非次一赦，其不盡事，比類以聞。於戲！醜類干誅，既已從於天討，深仁布惠，庶永宥於吾民。播告遐邇，宜知朕意。

（宋）李燾《續資治通鑑長編》宋神宗元豐五年九月 己丑，德音：降在京及畿縣死罪囚，徒以下釋之。上服藥康復故也。

（宋）李燾《續資治通鑑長編》宋神宗元豐八年十一月 辛丑，德音：降兩京畿內、河陽管內死罪一等，囚杖已下釋之，民緣山陵役者蠲其賦。

（宋）李燾《續資治通鑑長編》宋哲宗元祐元年正月 丙午，上御延和殿，疎決在京繫囚，除常赦所不原外，雜犯死罪以下降一等，杖以下釋之。

《宋史》卷一九《徽宗本紀》〔元符三年〕十一月丁卯，詔修《六朝寶訓》。降德音於端州，減囚罪一等，徒以下釋之。

（宋）佚名《宋大詔令集》卷一八〇《政事・營繕・鹽池成熙河陝西河東京西路曲赦崇寧四年六月十八日》 門下：朕荷天之休，因地之利，用紹先烈，以圖康功。眷惟池鹽，允資國計。霪雨大壞，解澤久空。比命鳩工，遽聞底績。水得其性，神薦其珍，暨於青唐，實我西土。頃嘗撫定，近輒繹騷。亟解其圍，乃獲其醜。隴右載闢，河源永清。朕樂民食之衍豐，喜邊隅之嘉靖，荐克不庭之國，復回既倒之瀾。然念餉餽夙有轉輸之勞，興修不無調發之擾。矜脅從之衆，恤甚罪之民，宜推渙恩，以惠數路。可曲赦熙河陝西河東京西路。於戲。勞來戍役，既憫其勤，潤澤黎元，肆加在宥。咨爾有衆，體予至懷。

（宋）佚名《宋大詔令集》卷二一九《政事・武功・四川曲赦政和五年十二月二十四日》　門下：昔先帝有爲之日，興瀘南問罪之師。詒厥孫謀，有指疆土。昭哉嗣服，無忘武功。朕慎德以務懷徠，體道以示容覆。蠢茲小醜，敢讎大邦。肆命濯征，用遏遐裔。罙入其阻，陟我高岡。鼓行而前，殲其醜類。首渠係頸，種附嚮風。冠帶者兩州，幅員數千里，荷皇天之全付，俾中國之乂安。廟社告成，華夏胥悅。雖征伐暫擾，供億或勞，一方敉寧，萬世永利，用敷解澤，式及坤維。可曲赦四川，云云。於戲！繼伐廣聲，終寧王之圖事，市德施惠，本聖人之好生。播告方隅，咸體朕意。

（宋）佚名《宋大詔令集》卷二一六《政事・恩宥・疎决京畿詔紹聖三年五月乙巳》　春夏以來，雨澤以時。二麥豐稔，内外康寧。和氣充溢，荷天貺施，實所滋多，然尚慮刑獄滯留，更宜深恤。可就今月二十七日疎决在京並府界諸縣繫囚雜犯，死罪已下，遞降一等，至杖釋之。其諸路州縣，委監司分詣逐處催促，結絶見禁公事。

（宋）佚名《宋大詔令集》卷二一九《政事・武功・克西夏九城陝西河東德音紹聖四年四月丁未》　門下：朕綏御九有，懷柔四境。蠢茲西戎，蕞爾小國，匪茹其力，敢拒大邦。申命邊臣，奉將薄伐，方共武服，已奏膚公。開疆復境者九城，盡要害膏腴之地。折馘執俘者萬計，皆精鋭驍勇之人。役不淹旬，捷無虚月。而財靡殫衆，力非調民。因其夭亡之時，成是席卷之勢。然念士卒有暴露之苦，雉堞有版築之勞。宜覃渙恩，以慰邊俗。應陝西河東路州縣，限德音到日已前，見禁罪人，流下遞降，杖已下釋之。云云。於戲！武之所加者廣，則澤之所及者深。尚曁乃心，剋平茲土。播告有衆，咸使聞之。

（宋）佚名《宋大詔令集》卷二一九《政事・武功・恢復黔中曲赦荆湖南北崇寧二年正月二十四日》　門下：黔中舊服，湖外要封。開拓之機，兆從列考。棄捐之失，成自姦朋。寢令徭酋，輒擾邊圉。欲恤民而除暴，爰命將以興誅。師不踰時，事無遺策。蕩平巢穴，係執馘俘，餘威布宣，蠢類懷附。按圖而歸故地，改衽以作新民。襟帶九溪，幅員千里。然念兵屯從征戍之役，糧餉起轉輸之勞。其霈渙恩，以綏遐俗。可曲赦荆湖南北路。於戲！招攜來遠，逷爾蠻方，布德行仁，惠茲南國。播告有衆，體予至懷。

《宋史》卷一九《徽宗本紀》〔崇寧二年三月〕乙酉，減西京囚罪一等。詔：黨人子弟毋得擅到闕下，其應緣趨附黨人罷任在外指射差遣及得罪停替臣僚，亦如之。

（宋）佚名《宋大詔令集》卷一四三《典禮・原廟・西京奉安哲宗御容畢曲赦西京崇寧二年三月五日》　門下：朕撫運重熙，承祧永泰。劍舄從葬，夙畏軒臺之靈。衣冠出遊，遠追漢廟之廣。祇遣近輔，肅將睟容。趨六聖之會宮，即三川之梵宇。旁開館御，仰對威神，涓選嘉時，舉行舊典，慰華夏之衆望，揚宗社之閎休。言念工徒，咸謹繕修之役，載瞻仗衛，率殫護從之勞。其布渙恩，以綏列甸。應西京管内。云云。於戲！奉先儘禮，將致友恭之心，厚下施仁，當流寛大之澤。咨爾黎庶，體予顧懷。

《宋史》卷二〇《徽宗本紀》〔崇寧五年冬十月〕庚辰，降德音於開德府，減囚罪一等，徒以下釋之。

（宋）佚名《宋大詔令集》卷二一九《政事・武功・曲赦廣西大觀元年一月六日》　門下：朕誕膺駿命，撫有萬邦。舟車所通，罔不率俾。睠是夜郎康居之屬，邈居魋結卉服之鄉。承平百年，外而不問。而能嚮風請吏，解髮來臣，獻納土疆，幾於萬里。列置郡縣，至於百城。靡煩招徠，願預聲教。言念四鄰慕義，宜示寵綏之恩。百堵鳩工，不無勞建之勤。其覃渙澤，用慰遐陬。可曲赦廣南西路。云云。於戲！□□□□，匪自師干之致，懷遠以德，更均雨露之施。咨爾有民，咸體朕意。

（宋）佚名《宋大詔令集》卷二一六《政事・恩宥・淮南兩浙等路州軍曲赦大觀元年八月十六日》　門下：東南淮海之邦，吳楚川塗之會，時當熙泰，咸懷豐豫之安。吏失禁防，或肆輕揚之習，姦人冒利而擅鑄，凶德逆謀而締交，或拘縶而伏其辜，或即訊而蔽以法。元惡斯得，雖治除之已清，小民胥漸，已昏迷之可憫。載念掩捕追呼之遠，不無驚虞。往來供億之煩，良有勞費。宜曲推於涣澤，用加慰於群情。應真光壽、舒和、宿泗、楚揚、亳蘇、常湖、潤杭、秀越、潁徐、洪拱、高郵、無爲軍、江寧、潁昌府管内、河南應天府畿内，並陳留縣。云云。於戲！雷霆之震谹谹，咸本生成之德。穹昊之明赫赫，終全覆露之仁。咨爾有知，體我厚意。

（宋）佚名《宋大詔令集》卷二一八《政事・平亂・平劉五淮西曲赦制政和八年八月十七日》　門下：朕撫九有之師，安四民之業，施仁發政，每敦博愛之風，去殺勝殘。斯立丕平之化，財豐物阜，近説遠懷，邑井相聯，踰數萬里，兵革不試，垂二百年。眷兹淮甸之衝，偶有山蹊之阻，逋逃所託，警捕靡嚴，輒興嘯聚之謀，遂肆跳梁之暴。幾彌旬月，縱害一方。迺命信臣，往遵成算，馘其群醜，快積憤於衆心。殲厥渠魁，伏大刑於都市。田廬肅静，姦宄汨銷。爰念寇黨經徒，尚多連逮。官兵討襲，或致煩勞，優恩不及於死事之家，信賞未沾於血戰之士，宜孚涣澤，用懌輿情。可曲赦淮南西路。云云。於戲！中殄戮之威，靡漏恢恢之網，推寬大之德，式均皞皞之民。咨爾有邦，咸體朕意。

（宋）佚名《宋大詔令集》卷二一六《政事・恩宥・四京諸道德音政和八年九月十六日》　門下：聖人欽若昊天，紀元命以開無疆之庥，王者懋昭大德，惠黎民以格滋至之休。朕恭紹基圖，聿臨區夏，惟上帝之眷，敢怠祗承。若前人之光，罔不篤叙。仰廸五辰之順，屢臻九穀之豐。升至治之馨香，每下高真之聽。備太平之禮樂，聿修肇祀之文。刑罰清而囹圄空，蠻夷服而干戈戢。方且辨四時之運於陽館，統一道之教於學宫。廣財成輔相之功，恢微妙元通之化，屬以著雍之歲在戊，無射之月建壬。誕熾昌，併協本始，天保定爾，我應受之。有陳歸美之詩，欲申敷錫之福，通天下之一氣，用保合於大和。介君子之萬年，宜緝熙於純嘏。肆孚涣澤，咸及庶邦，應四京諸道。云云。於戲！作善而降百祥，方對自天之祐，推恩以保四海，式均及物之仁。咨爾群倫，體予至意。

（宋）佚名《宋大詔令集》卷二一九《政事・武功・平燕河北河東路燕山府涿易檀順景薊州雲中府武應朔蔚奉聖歸化儒嬀等州曲赦宣和五年四月二十六日》　門下：制軍詰禁，昭帝王之極功。發政施仁，體天地之大德。朕祇膺駿命，嗣守鴻圖。聿臻熙洽之期，克保盈成之業。皇天全付所覆，可忘疆理之脩。先王啓佑後人，宜篤經營之念。萬邦作乂，四裔咸賓。惟邊鎖之舊鄰，侵中華之名壤。雖□□□□□□□□□□□□，青徐爲王土，割賂自五季始，盜據垂二百年，自藝祖之肇基，洎裕陵之復古。聖哲垂慮，謨訓具昭。肆予纂承，敢事怠忽。顧澶淵結誓之後，守此信書，且河朔息戰以來，重其兵舉，人心久鬱。神祚有開，相彼□□□□□賦斂暴刻，衆懷離散之思。刑罰峻深，人抱怨咨之戚。内親争叛，强敵肆侵，遺□□以逋逃。輕前盟而背覆，五都潰決，諸姓駭驚，用遣將相之行，往護封圻之宇。殆天所授，其衆自歸。簞食壺漿，迎王師而來保。旱霓時雨，慰民望以咸蘇。靡勤鋭旅之攻，盡復連城之聚。一方黎獻，初還禮義之鄉。千里山河，重載版圖之籍。言念征徒暴露之久，轉餉調發之勞，并及新民，曲覃慶宥。可曲赦。云云。於戲！師直爲壯，既昭無敵之功。道貸且成，斯致丕平之利。咨爾有衆，體予至懷。

（清）徐松《宋會要輯稿・刑法六・矜貸》　〔宣和〕七年五月十七日，詔：昨處分招安河北京東路群賊，如能出首，應已前罪犯一切不問，並與釋放，各令歸業。訪聞賊徒多有元被驅虜協從入火，已曾作過，後來未經官司招安間先已出火，並已經招安出首歸業，後去失元給公憑者，因而鄉里不敢存住，走竄他處，或投刺充填諸軍之人，既已自新，其未充軍日前若作過爲盜等，自合依所降招安前後分處，一切不問，免罪收管。如有見在官司收禁之人，依此施行。

《宋史》卷二八《高宗本紀》　〔紹興五年春正月〕己未，詔減淮南諸州雜犯死罪，釋流以下囚。

《宋史》卷二八《高宗本紀》　〔紹興五年八月〕丙寅，以諸盜平，減湖、廣、江西二十二州雜犯死罪，釋徒、杖以下囚。

《宋史》卷二八《高宗本紀》　〔紹興六年〕十二月甲午朔，詔降廬、光、濠等州死罪，釋流以下囚。

《宋史》卷二八《高宗本紀》　〔紹興七年三月〕癸酉，減建康流罪以下囚，蠲建康府、太平宣州逋賦及下户今年身丁錢。

《宋史》卷二九《高宗本紀》〔紹興十年閏月〕丁亥，詔釋順昌府流以下囚，再復租税二年，守御官吏進官一等。

《宋史》卷二九《高宗本紀》〔紹興十一年三月〕丙午，詔釋淮西雜犯死罪以下囚。

（清）沈家本《歷代刑法考・赦九・赦例三》〔遼〕道宗大安四年，曲赦西京役徒。二月，曲赦春州役徒，終身者皆五歲免。五月，詔免役〔徒〕，終身者五歲免之。

按：自唐以後，專赦役徒之事，史不多見。道宗時，赦徒凡五，亦可見爾時役徒之多。終身者五歲免之，亦一時之例也。遼之赦例多不可考，其曰赦殊死以下、赦雜犯死罪以下、赦徒以下，其大略也。其赦之事則有與歷代大異者，如飯僧、觀市、行柴册禮，並歷代所無，最異者爲再生禮。《禮志》：再生儀者，凡十有二歲一舉行，於禁門北除地置室，皇帝詣室，三過岐木之下，而卧於其旁。羣臣進襁褓、綵絡等物，若初生時然。皇帝起拜先帝諸御容，遂宴羣臣。蓋遼祖蘇爾威制此禮，以發嗣君孝思，而其後皇太后行之，皇太子亦行之。

《金史》卷二《太祖本紀》〔天輔四年五月〕趙良嗣等奉觴爲壽，皆稱萬歲。是日，赦上京官民。

《金史》卷六《世宗本紀》〔大定二年二月〕詔前户部尚書梁銶、户部郎中耶律道安撫山東百姓。招諭盜賊或避贓及避徭役在他所者，並令歸業，及時農種，無問罪名輕重，悉與原免。

（宋）宇文懋昭《大金國志》卷二六《義宗皇帝》正大元年時宋〔理宗寶慶元〕〔嘉定十七〕年也〔甲申一二二四〕。正月，降德音於河南、關陝、山東諸路，罪無輕重，皆與蠲除。其有願備行伍，爲國馳驅者，當加旌異。

（宋）宇文懋昭《大金國志》卷二六《義宗皇帝》〔天興二年〕七月癸卯朔，曲赦蔡州境内。制曰：天方悔禍，少寬北顧之憂，人亦告勞，爰啓南巡之議。惟今蔡郡，實古豫州，干戈以來，市井如故，介孤墉而抗敵，出衆力之輸勸，及聞臨幸之初，逾謹奉迎之禮，人以至于垂泣，朕亦爲之動懷。宜沛恩私，曲加慰浣。自天興二年七月一日昧爽以前，據蔡州管内支郡屬縣，雜犯死罪以下，竝行釋免，官吏、軍民各覃恩兩重。歸德以南經過去處，曾應辦者遷一官。百姓逃亡户絶者，拋下地土，聽人恣耕，竝免差税。自來（拋）〔拖〕欠官房、地基、軍需等錢，俱免追征。連年兵饑，多有暴露骸骨，仰所在官司如法埋瘗。嗚呼，奉畜爾衆，敢辭亳邑之遷！時邁其邦，尚獲周家之助。咨爾有衆，體予至懷，故茲詔示，想宜知悉。

（元）蘇天爵《元朝名臣事略》卷五《中書耶律文正王傳》國制，凡敵人拒命，矢石一發，則殺無赦。汴京垂陷，首將蘇布特遣人來報，且言此城相抗日久，多殺傷士卒，意欲屠之。公馳入奏曰：將士暴露凡數十年，所争者土地人民耳，得地無民，將焉用之。上疑而未決。復奏曰：凡弓矢、甲仗、金玉等匠及官民富貴之家，皆聚此城中。殺之則一無所得，是徒勞也。上始然之，詔除完顔氏一族外，餘皆原免。時避兵在汴者，户一百四十七萬。仍奏選工匠、儒釋道、醫卜之流，散居河北。官爲給贍，其後攻取淮漢諸城，因爲定例。神道碑。

《元典章》卷三《聖政・霈恩宥》大德十年十二月十八日，中書省欽奉聖旨，前者夏間大都、上都等側近城子裏有底見禁罪囚，每教放了來外，據行省裏不曾行來不均的一般有如今外，據行省所轄路分裏應有底罪囚，依先體例盡行疏放者聖旨了也，欽此。

《元典章》卷三《聖政・霈恩宥》〔延祐元年〕又一欵，湖廣、雲南邊境諸蠻，互相讎殺，擄掠人民，如能悔過自新，即與免罪。

《元典章》卷三《聖政・霈恩宥》〔延祐七年〕又欽奉詔書内一欵，兩廣、雲南等處，嘯聚賊人據恃巢險，出没不常。雖蠻荒之俗，固然亦由官府失於威信，不能撫懷，以致如此。詔書到限一百日内，出官自首許免本罪，各安其業，限外不悛，依例收捕。

《元史》卷四二《順帝本紀》〔順帝至正十二年二月〕，詔：徐州内外羣聚之衆，限二十日，不分首從，並從赦原。

《明太祖寶訓》卷四《仁政》洪武十七年十月壬申，廣東都司械送蠻寇餘黨九十餘人至京法司，請治其罪。太祖曰：蠻夷之人，相煽爲非，一時詿誤，若悉治其罪，情有可矜，然即戮其首惡者，脅從之人不必躬治，其宥之。又曰：南人不耐寒，命悉給冬衣而遣之。

《明太宗實録》永樂五年六月〔癸未〕【略】朝廷政令以安衆庶。安南各處關監有結繫人民守把營寨及逃避海島者，詔書到日，即便解散，其民罹黎賊困苦已久，有司宜善撫卹，使安生業，無致失所。其官吏軍民有爲黎賊所害，或黥刺徒配，或全家流徙，不得其所，及一應被害之人，詔書到日，悉放回原籍復業，所在有司即便起發，毋得停留。其有囚繫於獄者，即時放遣。安南境內，凡有高年碩德，有司即加禮待，及鰥、寡、孤、獨之人無依倚者，爲立濟院以存卹之。有懷才抱德可用之士，有司以禮敦遣至京，量才於本土敘用。安南與占城百夷等處接界，宜各守疆境，毋致侵越，亦不許軍民人等私通□境，私自下海，販鬻番貨，違者依律治罪。於戲！威武再揚，豈予心之所欲，元惡既殛，實有衆之同情。廣施一視之仁，永樂太平之治。布告中外，咸使聞知。

（明）談遷《國榷》成祖永樂六年五月　癸亥，詔悉赦交趾餘孽，使各復業。

《明太宗寶訓》卷五《恤歸勞》〔永樂七年三月丙寅〕勑行在刑部都察院北京行後軍都督府曰：北京軍民昔同艱苦，供億餽運，城守攻戰，萬死一生，朕未嘗忘之。今巡狩至此，宜加恩澤。凡奉天征討將士及始終報効人民，除十惡强盗不原，其餘有犯不分已未發覺，皆釋之。已發充軍者，官復原職，軍還原伍，民還原籍。

《明太宗實録》永樂七年夏四月　己亥，上諭行在都察院左副都御史李慶等曰：朕昔爲權姦所逼，不得已舉兵自救，賴文武之臣，軍民之力，克平禍難，奠安宗社。比經往者戰鬭之地，追思矢石交下之際，心猶凛然。因念從征將士及始終效順之民，間有誤罹刑憲者，除十惡大逆不原，其餘罪無大小，已悉宥之。尚慮或有愚頑，怙終不悛，覬圖僥倖，輕蹈刑憲，罪之則將謂朝廷少恩，不罪則是縱之爲惡，爾等其以朕意榜諭之，使之循分守法，率履善道。若有作姦犯科，國典必所不宥。

《明太宗寶訓》卷五《宥過》　永樂十六年二月癸巳，民有告言：湖廣隨州及棗强縣藏各處逃民五百餘户，有出入官府蠹政害民者，有左道惑衆者，肆行刼掠者，不治爲患將甚。上曰：人孰不欲保聚鄉里爲良善？此蓋阸於飢寒，而有司不能撫綏故耳。可遣一循良御史往諭之歸，不須治罪。遂命監察御史歐陽和行，和至諭以德意，民聞上不治其逃徙罪，皆欣出首服，和悉散遣歸，惟出入府官蠹政害民，及動衆劫掠者，論之如法。

《明太宗寶訓》卷五《宥過》　永樂十九年三月丁亥，詔諭瓦剌部落曰：瓦剌部落往年寇邊之罪已在赦，前一切不問，自今其頭目人等，能攄誠來歸，悉授以官初瓦剌爲土魯臺所敗，其部衆流散，有近我邊境者，懼爲邊將所執，故下詔安之。

（明）卜世昌等《明通紀述遺》宣德元年五月　下詔赦交趾有罪者。

《明英宗寶訓》卷二《恤民》〔正統十三年九月戊戌〕上諭兵部臣曰：朕自即位以來，惓惓以奉天，安民爲心，累頒詔勑，省刑赦罪輕徭薄賦，凡可以寬恤軍民者，無所不用其心。又戒飭官吏，非奉朝廷明文，一夫不許濫役，一毫不容擅科，期在休息天下，共享太平之福。比聞沙縣人民鄧茂七等聚衆爲盗，所司請發大軍勦捕。朕雖遣將調兵，然猶慮其出於不得已，必有激变之者，屢遣御史賫勑撫諭。今茂七等果有悔禍之心，躬於延平城下，輸情訴寃，自求生路，且乞免徭役三年。御史張海等以聞，朕悉從之，仍勑海等明正官吏激变之罪，爾兵部可備朕言揭榜曉諭，俾其知國家以至仁育萬民，以大信布天下。榜文至日，不分罪犯輕重，但能洗心改過即日退散者，俱貸其死，仍免徭役三年。凡逓年逋負悉免追征。官吏人等，敢有違詔侵害之者，治以重罪。如向首鼠兩端，或仍前結聚，或迯匿山林，必撲滅不赦。

《明英宗實録》景泰三年五月〔庚戌〕諸處迯民既蠲逋負，寬力役，復命有司振業之，而轉展亡徙所至成聚，其在河南、湖廣、鳳陽者尤甚。河南按察司使何永芳請曲加撫綏，除謀叛并殺祖父母父母、妖言不赦外，其餘罪犯宜俱宥之，撫令復業。從之。

《明武宗寶訓》卷二《弭盗》　正德七年正月丁巳，傳旨諭：直隸、山東、河南等處被賊脅從軍民人等，爾等本皆良民，被脅從賊盗，既非本心，及遇官軍又遭殺戮，朕甚憐之。累有旨許投首免罪，爾等愚頑不省，今再曉諭，使皆知悉。除賊首劉六、劉七、齊彦明、劉三、趙風子、邢老虎赦所不原，其餘但能解甲投首者，俱勿論，仍復其身三年。戒飭所在，毋得擾害，朝廷决不失信。至於各處災傷被賊地方，一應錢糧物料，俱依前旨蠲免，不許有司虚應故事。總督提督並各該鎮巡及司府州縣等衙門各謄榜曉諭。

《明熹宗實録》天啓二年六月〔癸酉〕通政使司左通政何喬遠疏言：近接齊撫章奏，見東土叛民數萬攻陷城邑，其勢不可謂不披猖。而我之斬獲首級，先後且三千餘，則兵威亦不可謂不振矣。愚臣鄙意以爲，東土用兵與遼東黔蜀異，遼東，虜也，黔蜀，蠻也，若東土則我民也。方釁之初開，僕滅貴蚤。及剿而大捷，撫諭當新。臣請及此時宏開天地之恩，出一紙詔書，大張榜文，赦以不死，許其自新，廣啚皇仁，永培國脈，方爲大聖人之作爲也。得旨：覽奏其稱朕好生之意，該部即再行彼處撫按，俾遵前諭。

（清）嵇璜等《清朝文獻通考》卷二一〇《刑考·赦宥》〔順治元年〕四月，又以陝西平定，詔赦該省罪犯。定盜賊分別免罪。御史馬兆煃奏，輦轂之下盜賊竊發，及至捕獲少長盡置之法。臣以爲殲厥巨魁，脅從罔治，其老稚不能彎刀操刀者，望加矜宥，以廣罪人不孥之意。從之。

（清）嵇璜等《清朝文獻通考》卷二一〇《刑考·赦宥》〔順治元年〕六月，又以江寧平定，詔赦河南、江北、江南等處罪犯。定爭訟小事，毋濫行監禁。從山東巡撫丁文盛論也。

（清）嵇璜等《清朝文獻通考》卷二一〇《刑考·赦宥》〔順治〕三年，以四川平定，詔赦該省罪犯。四年以浙閩平定，詔赦兩省罪犯。

（清）嵇璜等《清朝文獻通考》卷二一〇《刑考·赦宥》〔順治三年〕七月，又以廣東平定，詔赦該省罪犯。申定赦例，凡犯十惡、殺人、盜官財物及强盜、竊盜、放火、發塚、受贓詐僞、犯姦、略人略賣、和誘人口、姦黨讒言、左使殺人、故出入人罪、知情故縱、聽行藏匿、説事過錢之數，雖遇赦不原。其過悮犯罪及因人連累官吏有犯公罪，並從赦宥，赦書臨時欽定。其特免及降減從輕者，不在此限。徒流人在道遇赦計程，無故過限者不得以赦放。若曾赦在逃，雖在程限內，亦不放免。其逃者身死，所隨家口願還者，聽。遷徙安置人准此。其徒流遷徙安置人已至配所，及謀反、叛逆、造畜蠱毒、採生折割人、殺一家三人緣坐，應流者，不在此限。

（清）嵇璜等《清朝文獻通考》卷二一〇《刑考·赦宥》〔康熙〕十八年詔，赦吴逆案内滇、黔各省從逆人員罪。

（清）嵇璜等《清朝文獻通考》卷二一〇《刑考·赦宥》〔康熙〕二十一年，命山海關以外及寧古塔等處人犯死罪減等，軍流以下赦免。

（清）嵇璜等《清朝文獻通考》卷二一〇《刑考·赦宥》〔康熙三十七年〕命停止烏拉及盛京應決人犯。上以親臨烏拉，諭大學士會同將軍查明罪犯應正法者，停其處決，可緩決者，應監候，可矜者，即行完結。並諭至京、盛京時，亦照此例行。

（清）嵇璜等《清朝通志》卷八〇《刑法略·赦宥》乾隆七年三月，以天旱諭刑部將在部各案有牽連待質者，有輕罪可矜原者，或應省釋，或應末減，會同都察院大理寺詳核妥議具奏，直隸、山東、河南三省目下雨陽不均，亦著照此例行。嗣後各省凡遇災眚之年，各該督撫將清理刑獄之處，奏聞請旨。

（清）嵇璜等《清朝文獻通考》卷二一〇《刑考·赦宥》〔乾隆八年〕上恭謁永陵、福陵、昭陵禮成，赦奉天府、甯古塔、黑龍江等處罪犯，除十惡外其餘死罪減等，軍流以下俱寬釋。

（清）嵇璜等《清朝通志》卷八〇《刑法略·赦宥》〔乾隆八年九月〕上詣盛京謁陵禮成諭，自山海關以外及甯古塔等處官吏軍民人等，除十惡死罪外，其餘已結未結一應死罪，皆著減等發落，軍流以下，悉予寬免。

（清）嵇璜等《清朝文獻通考》卷二一〇《刑考·赦宥》〔乾隆十一年〕上巡幸五臺，命寬減直隸、山西二省軍流以下罪犯。

（清）嵇璜等《清朝通志》卷八〇《刑法略·赦宥》〔乾隆十三年三月〕上巡幸山東，命寬減直隸、山東兩省緩決五次及軍流以下罪犯。

（清）嵇璜等《清朝通志》卷八〇《刑法略·赦宥》〔乾隆十五年九月〕上巡幸河南，諭：朕今歲初次巡幸豫省，所有河南省軍流以下罪犯，著察明減等發落。

（清）嵇璜等《清朝通志》卷八〇《刑法略·赦宥》〔乾隆二十一年〕上東巡，諭：山東省，見在軍流以下人犯，悉予減等發落。三十六年、四十一年同。

（清）嵇璜等《清朝通志》卷八〇《刑法略·赦宥》〔乾隆二十二年〕上南巡，諭：江蘇、安徽、浙江等屬軍流以下人犯，俱著減等發落。二十七年、三十年、四十五年、四十九年並同。

紀事

《漢書》卷一下《高帝紀》〔高帝漢十年〕秋七月癸卯，太上皇崩，葬萬年。赦櫟陽囚死罪以下。

《漢書》卷六《武帝紀》〔元封二年〕，赦所過徒。

《漢書》卷六《武帝紀》〔武帝元封六年〕益州、昆明反，赦京師亡命令從軍，遣拔胡將軍郭昌將以擊之。

《漢書》卷九《元帝紀》初元四年三月，行幸河東，祠后土。赦汾陰徒。

《漢書》卷九《元帝紀》永光元年春正月，行幸甘泉，郊泰畤。赦雲陽徒。

《後漢書》卷一下《光武帝紀》〔建武十八年〕秋七月，吴漢拔成都，斬史歆等。壬戌，赦益州所部殊死已下。

《後漢書》卷四《孝和帝紀》〔永元六年〕秋七月，京師旱。詔中都官徒各除半刑，讁其未竟，五月已下皆免遣。丁巳，幸洛陽寺，録囚徒，舉冤獄。收洛陽令下獄抵罪，司隸校尉、河南尹皆左降。未及還宫而澍雨。

《後漢書》卷五《孝安帝紀》〔永初五年〕閏月丁酉，赦涼州河西四郡。

（清）沈家本《歷代刑法考·赦三·曲赦》《高紀》：十年七月，赦櫟陽囚死罪以下。九月，代相國陳豨反。上曰：豨嘗爲吾使，甚有信。代地吾所急，故封豨爲列侯，以相國守代，今乃與王黄等劫掠代地！吏民非有罪也，能去豨、黄來歸者，皆赦之。十二年，陳豨降將言豨反時燕王盧綰之豨所陰謀。上使辟陽侯審食其迎綰，綰稱疾。食其言綰反有端。春二月，使樊噲、周勃將兵擊綰。詔曰：燕王綰與吾有故，愛之如子，聞與陳豨有謀，吾以爲亡有，故使人迎綰。綰稱疾不來，謀反明矣。燕吏民非有罪也，賜其吏六百石以上爵各一級。與綰居去來歸者，赦之，加爵亦一級。

按：一赦櫟陽囚，一赦代吏民，一赦燕吏民，並曲赦也。惟漢時尚無曲赦之名，故《西漢會要》列於别赦，其無代吏民一事，則遺漏也。

《文紀》：三年五月，上自甘泉之高奴，因幸太原。濟北王興居聞帝之代，欲自擊匈奴，乃反。秋七月，上自太原至長安。詔曰：濟北王背德反上，詿誤吏民，爲大逆。濟北吏民兵未至先自定及以軍城邑降者，皆赦之，復官爵。與王興居去來者，亦赦之。八月，虜濟北王興居，自殺。赦諸與興居反者。

《景紀》：三年正月，吴王濞、膠西王卬、楚王戊、趙王遂、濟南王辟光、菑川王賢、膠東王雄渠皆舉兵反。大赦天下。遣太尉亞夫、大將軍竇嬰將兵擊之。二月，諸將破七國，斬首十餘萬級。追斬吴王濞於丹徒。膠西王卬、楚王戊、趙王遂、濟南王辟光、菑川王賢、膠東王雄渠皆自殺。夏六月，詔曰：迺者吴王濞等爲逆，起兵相脅，詿誤吏民，吏民不得已。今濞等已滅，吏民當坐濞等及逋逃亡軍者，皆赦之。楚元王子藝等與濞等爲逆，朕不忍加法，除其籍，毋令汙宗室。

《武紀》：〔元封〕四年，赦汾陰、夏陽、中都死罪以下。六年，赦汾陰殊死以下，詳祥瑞。赦京師亡命。詳從軍。太初二年，赦汾陰、安邑殊死以下。

《成紀》：建〔昭〕〔始〕二年，赦奉郊縣長安、長陵及中都官耐罪徒。

《光武紀》：建武六年五月辛丑，詔曰：惟天水、隴西、安定、北地吏人爲隗囂所詿誤者，又三輔遭難赤眉，有犯法不道〔者〕，自殊死以下，皆赦除之。初，樂浪人王調據郡不服。秋，遣樂浪太守王遵擊之，郡吏殺調降。秋九月庚子，赦樂浪謀反大逆殊死已下。

《明紀》：中元二年明帝已即位。秋九月，燒當羌寇隴西，敗郡兵於允街。赦隴西囚徒，減〔死〕〔罪〕一等。永平十七年秋八月丙寅，令武威、張掖、酒泉、敦煌及張掖屬國，繫囚右趾已下任兵〔者〕，皆一切勿治其罪，詣軍營。

《安紀》：永初元年六月丁卯，赦除諸羌相連結謀叛逆者。

按：是時先零羌叛，斷隴道，大爲寇掠，遣鄧陟馬等討之，故有是令。

五年閏月丁酉，赦涼州西四郡。

按：是時先零羌寇擾涼州，故曲赦河西四郡。

元初三年春，蒼梧、鬱林、合浦蠻夷反叛。

按：《宋志》云：赦一路或一州爲曲赦，茲別出之。曲赦之名，漢世未見，六代始有之。

（清）梅鼎祚《東漢文紀》卷一《光武皇帝旱詔五年五月》 久旱傷麥，秋種未下，朕甚憂之。將殘吏未勝，獄多寃結，元元愁恨，感動天氣乎。其令中都官三輔郡國出繫囚，罪非犯殊死，一切勿案，見徒免為庶人，務進柔良，退貪酷，各正厥事焉。

（清）梅鼎祚《東漢文紀》卷一《光武皇帝・赦天水諸郡詔六年五月》 惟天水、隴西、安定、北地吏人為隗囂所詿誤者，又三輔遭難赤眉，有犯法不道者，自殊死以下皆赦除之。

（宋）王欽若等《册府元龜》卷八二《帝王部・赦宥》 黄初五年八月，爲水軍親御龍舟循蔡潁浮淮，幸壽春楊州界，將吏士民犯五歲刑已下皆原除之。九月遂至廣陵，赦青徐二州。

（宋）王欽若等《册府元龜》卷八二《帝王部・赦宥》 甘露二年五月，以諸葛誕反，丙子，赦淮南將吏士民爲誕所詿誤者。

《三國志》卷二《魏志・文帝紀》〔黄初五年〕秋七月，巡幸許昌宮。八月，爲水軍，親御龍舟，循蔡、潁，浮淮，幸壽春。揚州界將吏士民，犯五歲刑以下，皆原除之。

《三國志》卷二《魏志・文帝紀》〔黄初六年〕六月，利成郡兵蔡方等以郡反，殺太守徐質。遣屯騎校尉任福、步兵校尉段昭與青州刺史討平之，其見脅略及亡命者，皆赦其罪。

《三國志》卷二《魏志・文帝紀》〔黄初五年八月〕揚州界將吏士民，犯五歲刑已下，皆原除之。

《三國志》卷三《魏志・明帝紀》〔景初元年七月〕璽書徵公孫淵，淵發兵反。儉進軍討之，會連雨十日，遼水大漲，詔儉引軍還。右北平烏丸單於寇婁敦、遼西烏丸都督王護留等居遼東，率部衆隨儉内附。己卯，詔遼東將吏士民爲淵所脅略不得降者，一切赦之。

《三國志》卷四《魏志・少帝紀》〔高貴鄉公正元二年正月〕，鎮東將軍毌丘儉、揚州刺史文欽反。【略】特赦淮南士民諸爲儉、欽所詿誤者。

《三國志》卷四《魏志・少帝紀》〔高貴鄉公正元二年〕十一月甲午，以隴右四郡及金城，連年受敵，或亡叛投賊，其親戚留在本土者不安，皆特赦之。

《三國志》卷四《魏志・少帝紀》〔甘露二年五月〕諸葛誕不就徵，發兵反，殺揚州刺史樂綝，丙子，赦淮南將吏士民爲誕所詿誤者。

《三國志》卷四《魏志・少帝紀》〔陳留王景元四年十一月，平蜀。十二月〕，特赦益州士民。

《三國志》卷四《魏志・少帝紀》〔咸熙元年春正月〕鍾會反於蜀，爲衆所討，鄧艾亦見殺。二月辛卯，特赦諸在益土者。

（宋）王欽若等《册府元龜》卷八二《帝王部・赦宥》 咸熙元年二月，鍾會反於蜀，爲衆所討。辛卯，特赦諸在益土者。

《晉書》卷三《武帝紀》〔泰始五年〕五月辛卯朔，鳳皇見於趙國。曲赦交阯、九真、日南五歲刑。

（宋）王欽若等《册府元龜》卷八二《帝王部・赦宥》〔泰始〕七年五月，雍、梁、秦三州饑，赦其境内殊死已下。

（宋）王欽若等《册府元龜》卷八二《帝王部・赦宥》〔泰始七年〕八月，分益州之南中四郡，置寧州。曲赦四郡殊死已下。

（宋）王欽若等《册府元龜》卷八二《帝王部・赦宥》 元康元年六月，賈后矯詔使楚王瑋殺太宰汝南王亮。太保衛瓘，乙丑又殺瑋，曲赦雒陽。

（宋）王欽若等《册府元龜》卷八二《帝王部・赦宥》〔元康〕四年八月，上谷、居庸、上庸並地陷裂，人有死者，大饑。九月丙辰，赦諸州之遭地災者。

（宋）王欽若等《册府元龜》卷八二《帝王部・赦宥》〔元康六年〕十月，泰雍氏羌叛，推齊萬年稱帝。乙未，曲赦雍、涼二州。

（宋）王欽若等《册府元龜》卷八二《帝王部・赦宥》〔永康元年〕八月，淮南王允，舉兵討趙王倫不克遇害。曲赦雒陽。

《晉書》卷四《惠帝紀》〔永平元年六月〕曲赦洛陽。

《晉書》卷四《惠帝紀》〔永平四年九月〕赦諸州之遭地災者。

《晉書》卷四《惠帝紀》〔永平六年十月〕曲赦雍、涼二州。

《晉書》卷四《惠帝紀》〔太安元年三月〕赦司、冀，兗、豫四州。

《晉書》卷五《懷帝紀》〔永嘉元年八月〕曲赦幽、并、司、冀、兗、豫等六州。

《晉書》卷五《懷帝紀》〔永嘉三年三月〕曲赦河南郡。

《晉書》卷八《廢帝紀》〔太和元年九月〕曲赦梁、益二州。

《晉書》卷一〇《安帝紀》〔元興元年十二月〕曲赦廣陵、彭城大逆以下。

《宋書》卷三《武帝本紀》〔永初元年七月〕原放劫賊餘口没在臺府者，諸流徙家並聽還本土。

《宋書》卷五《文帝本紀》〔元嘉四年正月〕曲赦都邑百里。

《宋書》卷五《文帝本紀》〔元嘉十年七月〕曲赦益、梁、秦三州。

《宋書》卷五《文帝本紀》〔元嘉十一年五月〕曲赦梁、南秦二州劍閣以北。

《宋書》卷五《文帝本紀》〔元嘉二十八年十一月〕曲赦二兗、徐、豫、青、益六州。

《宋書》卷六《武帝本紀》〔元嘉三十年五月〕曲赦京邑二百里内。

《宋書》卷六《武帝本紀》〔孝建元年二月〕曲赦豫州。

（清）孫世芳《宣府鎮志》卷一九《法令考・晉》 武帝孝建二年魏釋郡囚。時魏以平城爲其國所自立之地，每巡狩輒蠲租，肆赦上谷平城隣郡，稱畿内地，赦必及之。兒死囚以下俱得曲宥，至五年春復下此令焉，和平元年又詔郡人犯死罪，若其親年老更無成丁子孫者，仰按後爲奏待報云。

《宋書》卷六《武帝本紀》〔大明四年十二月〕辛巳，車駕幸廷尉寺，凡囚繫原遣。索虜遣使請和。丁未，車駕幸建康縣，原放獄囚。

《宋書》卷六《武帝本紀》〔大明五年七月〕曲赦雍州。

《宋書》卷六《武帝本紀》〔大明七年十一月〕曲赦南豫州殊死以下。

《宋書》卷七《前廢帝本紀》〔景和元年十月〕曲赦徐州。【略】〔十一月〕赦揚、南徐二州。

《宋書》卷八《明帝本紀》〔泰始二年二月〕曲赦吴、吴興、義興、晉陵四郡。吏部尚書蔡興宗爲尚書左僕射，吴興太守張永、右軍將軍齊王東討，平晉陵。癸未，曲赦浙江東五郡。

（清）孫世芳《宣府鎮志》卷一九《法令考・晉》 明帝泰豫元年魏曲赦郡人死罪。時平城廣甯上谷河西秦涇抱西凉諸鎮，罪殊死以下皆曲赦。至五年及承明元年，復有此令，帝以先朝用刑率尚嚴刻，一切除之，又令高閭修舊文，隨例增減，務從寬厚，漸致刑措之風焉。

《宋書》卷七《後廢帝本紀》〔元徽四年七月〕曲赦南徐州。

《南齊書》卷六《明帝本紀》〔建武二年正月辛未〕詔：京師繫囚殊死，可降爲五歲刑，三署見徒五歲以下，悉原散。

《南齊書》卷二《高帝本紀》〔建元四年二月〕上不豫，庚辰，詔原京師囚繫有差。

《南齊書》卷二《高帝本紀》〔建元元年七月丁未〕詔曰：曲赦交州部内。

《南齊書》卷三《武帝本紀》〔永明三年正月〕辛卯，車駕祠南郊，大赦。都邑三百里内罪應入重者，降一等，餘依赦制。劾繫之身，降遣有差。

《南齊書》卷三《武帝本紀》〔武帝永明八年正月庚子〕詔放遣隔城虜俘，聽還本土。

《南齊書》卷三《武帝本紀》〔永泰元年五月〕乙酉，斬敬則傳首，曲赦浙東、吴、晉陵七郡。

《南齊書》卷七《東昏侯本紀》〔永元元年八月丙辰〕詔曲赦京邑，中外戒嚴。

《梁書》卷三《武帝本紀》〔太清二年五月〕曲赦交、愛、德三州。

《梁書》卷六《敬帝本紀》〔太平元年正月癸未〕曲赦吴興郡。

《梁書》卷六《敬帝本紀》〔太平二年〕夏四月癸酉，曲赦江、廣、衡三州，並督内爲賊所拘逼者，並皆不問。時蕭勃反。

（南朝梁）江淹《江文通集》卷二《賜赦交州詔》 門下：交部昔值時詖，負海不朝。因迷遂往，歸欵莫由。今創制萬宇，煙煴造物。原形四裔，澤浹中畿。愍彼邊氓，未均王化。宣弘遠仁，蕩以更始。可曲赦彼州統内，咸同曠泰。李叔獻一人，即撫南土。其股肱文武，詳材選推。並遣大使，宣揚朝旨。

（南朝梁）江淹《江文通集》卷二《曲赦丹陽等四郡詔》　門下：朕興言民瘼，昧旦求政，所以庶存簡惠，緝茲治道。而玉燭未調，祥風尚鬱。京輔及二吳昔歲水災，秋登既罕。今茲厲疾，罹患者多。納隍之歎，爲矜良深！可曲赦揚州所統丹陽、吳興，南徐州所統義興等四郡，其遭水左劇之縣，自今年以前，三調未充，而虛例已畢，官長局吏，應共備賞者，雖即事爲愆，情在可亮。外詳所除，以弘優澤。

《陳書》卷二《高祖本紀》　〔永定元年十月〕戊寅，輿駕幸華林園，親覽詞訟，臨赦囚徒。

《陳書》卷三《世祖本紀》　〔天嘉元年六月辛丑〕赦京師殊死已下。

《陳書》卷三《世祖本紀》　〔天嘉二年二月〕庚寅，曲赦湘州諸郡。

《陳書》卷三《世祖本紀》　〔天嘉三年〕夏四月癸卯，曲赦東陽郡。

《陳書》卷三《世祖本紀》　〔天嘉四年九月〕癸亥，曲赦京師。

《陳書》卷三《世祖本紀》　〔天嘉五年秋七月丁丑〕曲赦京師。

《陳書》卷三《世祖本紀》　〔天嘉六年十二月癸亥〕曲赦京師。

《陳書》卷四《廢帝本紀》　〔光大元年〕冬十月辛巳，赦湘、巴二郡爲皎所詿誤者。

《陳書》卷五《宣帝本紀》　〔太建二年〕三月景申，皇太后崩。景午，曲赦廣、衡二州。

《魏書》卷二《道武帝紀》　〔天興二年正月〕曲赦京師。

《魏書》卷三《明元帝紀》　泰常七年十一月，曲赦司州殊死已下。

《魏書》卷四《太武帝紀》　〔太平真君十一年九月〕曲赦定、冀、相三州死罪已下。

《魏書》卷五《文成帝紀》　〔興光元年二月〕帝至道壇，登受圖籙，禮畢，曲赦京師。

《魏書》卷六《獻文帝紀》　〔和平六年九月〕曲赦京師。

《魏書》卷六《獻文帝紀》　〔皇興二年六月〕以河南鬬地，曲赦京師殊死已下。

《北史》卷二《魏本紀・孝文帝》　〔皇興五年六月〕壬申，曲赦京師死罪，遣備蠕蠕。

《魏書》卷七《孝文帝紀》　〔延興二年正月〕曲赦京師及河西，南至秦涇，西至枹罕，北至涼州諸鎮。

《魏書》卷八《宣武帝紀》　〔正始元年六月，以旱〕録京師見囚，殊死以下可悉減一等，鞭杖之坐悉皆原之。

《魏書》卷九《肅宗帝紀》　〔孝昌元年九月〕曲赦南、北兩秦州。

《魏書》卷一〇五《天象志二》　武定二年三月，齊獻武王歷冀定二州，因入朝，以今春亢旱，請蠲懸租，賑窮乏，死罪已下一皆原宥。

（清）沈家本《歷代刑法考・赦六・述赦五》　《北史・魏文紀》大統五年二月，赦京城內。十四年正月，赦潁、豫、廣、北洛、東荆、襄等七州。

按：北洛無此州名，且北洛若爲一州，只得六州。疑北下脱荆字。北荆州見《魏書・地形志》及《隋唐・地理志》中河南郡陸渾縣條。此州本東魏武定二年置，治伊陽，在今河南中部。蓋侯景降西魏後，初爲西魏所得，故赦。

《北齊書》卷四《文宣帝紀》　〔天保元年十月〕曲赦并州、太原郡、晋陽縣及相國府四獄囚。

《北齊書》卷七《武成紀》　河清三年十二月，帝至洛陽，免洛州經周軍處一年租賦，赦州城内死罪已下囚。【略】帝至武牢，經滑臺，次於黎陽，所經減降罪人。

《北齊書》卷八《後主紀》　〔武平元年十月〕曲降并州死罪已下囚。

《周書》卷四《明帝紀》　〔元年十二月〕戊子，赦長安見囚。

《北史》卷一〇《周本紀・武帝》　〔保定元年〕秋七月戊申，以旱故，詔所在降死罪已下囚。

《周書》卷五《武帝紀》　〔建德三年十月〕行幸蒲州，己卯，曲赦蒲州見囚大辟以下。

《周書》卷七《宣帝紀》　〔宣政元年十二月〕免京師見徒，並令從軍。

《隋書》卷一《高祖紀》　〔開皇三年五月〕赦黃龍死罪已下。

《隋書》卷一《高祖紀》　〔開皇七年〕冬十月庚申，行幸同州，以先帝所居，降囚徒。

《隋書》卷一《高祖紀》　〔開皇七年九月〕廢梁國，曲赦江陵。

《隋書》卷四《煬帝紀》　〔大業十一年九月〕突厥解圍而去，丁未，曲赦太原、雁門郡死罪已下。

（宋）王欽若等《册府元龜》卷八二《帝王部·赦宥》〔唐高祖武德六年〕曲赦京城内繫囚見徒及被推問應集之人，死罪已下，並從放免。其内有於政切害情理難原者，宜降死從流。

《新唐書》卷一《高祖本紀》〔武德二年二月〕赦并、浩、介、石四州，賈胡堡以北繫囚。

（宋）宋敏求《唐大詔令集》卷八三《政事·恩宥·曲赦涼、甘等九州制》 朕恭膺寶命，綏静氓黎，思俾宇内，躋於仁壽，而河湟之表，比罹寇賊，拘逼凶醜，擁隔朝風，元元之民，匪遑寧晏，夙興厪慮，旰食忘疲，重勞師旅，不令討擊，馭以遐筭，且事招懷。而慕化之徒，秉機立効，兵不血刃，費無遺鏃。今凶狡即夷，西陲克定，遠人悦附，政道惟新，宜播惠澤，與之更始。可曲赦涼、甘、爪、鄯、肅、會、蘭、河、廓九州，自武德二年五月十六日以前，罪無輕重，已發覺繫囚見徒，並從原免。桀犬吠堯，非無前喻，棄瑕蕩穢，列聖有規，惡言不順及邪謀惑計者，並從洗滌，一無所問。武德二年二月。

《新唐書》卷二《太宗本紀》〔貞觀四年十月〕赦岐、隴二州，免今歲租賦，降咸陽、始平、武功死罪以下。

（宋）王欽若等《册府元龜》卷八四《帝王部·赦宥》〔唐太宗貞觀十四年〕以交河道行軍總管侯君集擊高昌麴文泰，破之，曲赦其部内大辟罪已下，其佞邪之徒勸文泰爲惡並凶逆不變抗拒官軍者，不在赦例。可汗浮圖城及從軍兵士非犯十惡，並從赦免。其士卒有父子犯死以下罪、期親犯流、大功犯徒、小功緦麻犯杖罪，悉皆放。若妖言惑衆、殺人、官人枉法受財、劫賊、監治之主守自盗所監治，不在赦限。

《新唐書》卷三《高宗本紀》〔永徽四年十月〕幸溫湯，甲辰，赦新豐。

（唐）劉肅《大唐新語》卷四《持法》 權善才，高宗朝爲將軍，中郎將范懷義宿衛昭陵，有飛騎犯法，善才繩之。飛騎因番請見，先涕泣不自勝，言善才等伐陵柏，大不敬。高宗悲泣不自勝，命殺之。大理丞狄仁杰斷善才罪止免官。高宗大怒，命促刑。仁杰曰：法是陛下法，臣僅守之。奈何以數株小柏而殺大臣？請不奉詔。高宗涕泣曰：善才斫我父陵上柏，我爲子不孝，以至是。知卿好法官，善才等終須死。仁杰固諫，侍中張文瓘以笏揮令出，仁杰乃引張釋之高廟、辛毗牽裾之例，曰：臣聞逆龍鱗，忤人主，自古以爲難，臣以爲不難。居桀紂時則難，堯舜時則不難。臣今幸逢堯舜，不懼比干之誅。陛下不納臣言，臣瞑目之後，羞見釋之、辛毗於地下。高宗曰：善才情不可容，法雖不死，朕之恨深矣，須法外殺之。仁杰曰：陛下作法，懸諸象魏，徒流及死，具有等差，豈有罪非極刑，特令賜死？法既無恒，萬方何所措其手足？陛下必欲變法，請今日爲始。高宗意乃解，曰：卿能守法，朕有法官。命編入史。又曰：仁杰爲善才正朕，豈不能爲朕正天下耶？授侍御史。後因諫事，高宗笑曰：卿得權善才便也。時左司郎中王本立恃寵用事，朝廷懼之，仁杰按之，請付法。高宗特原之，仁杰奏曰：雖國之英秀，豈少本立之類。陛下何惜罪人，而虧王法？必不欲推問，請曲赦之，棄臣於無人之境，以爲忠貞將來之戒。高宗乃許之。由是朝廷肅然。

《新唐書》卷四《則天皇后本紀》〔垂拱二年〕十月己巳，有山出於新豐縣，改新豐爲慶山。赦囚。

《新唐書》卷四《則天皇后本紀》〔久視元年十月〕如新安隴澗山，曲赦。

（清）沈家本《歷代刑法考·赦八·赦例二》〔唐〕中宗神龍元年九月，大赦雒州境内。天下諸州見禁囚徒罪應至死者，特宜免死，配流者入徒，餘并原宥。

按：此條本《册府元龜》，新舊書本紀並云大赦，與此不同。據此文乃大赦雒州境内至天下諸州，死罪之免死、配流者入徒、流以下原之，其死罪之不得免死者，不在赦中，與尋常之大赦迥不同也。免死，配流當即配隸之流人，如景雲二年之配流嶺南，三年之配流嶺南、磧石諸州，皆是後來赦書中配隸名目，當謂此。

《新唐書》卷五《睿宗本紀》〔景雲元年十一月〕葬孝和皇帝，【略】赦靈駕所過。

（宋）宋敏求《唐大詔令集》卷八三《政事·恩宥·宥京城罪人勅》 五刑之用，以禁姦慝。三宥之設，以矜愚耄。朕永康四海，憂在兆人，俾臻大化，爰措庶獄。而愚妄之甿，抵犯或聞，向隅可哀，當寧興軫。今天地既肅，戒嚴在命，時分具令，非罪無留，載念幽犴，思布生德，宜崇減死之恩，式明宥過之典。其京城内犯罪等人，昨令按覆其中造偽、頭首及謀殺人斷死者杖一百，配嶺南惡處；雜斷罪死者，決一頓免死，配流遠處；雜犯流移者各減一年，杖罪以下並免。開元八年九月。

（宋）宋敏求《唐大詔令集》卷八四《政事·恩宥·大赦京畿三輔制》

門下：古者以春季之月布德行惠，恤刑振乏。朕親執犧牲、玉帛，獲奉於上帝神祇，九年於兹矣。克己思理，明不能燭，昆夷未叙，王畧猶虞，歲會三秦之師，日有千金之費，悉索幣賦，疲於餽軍。侯甸之間，徵求耗竭，百穀翔貴。關中小歉，窮則斯濫，安能懼刑，因而成盗，多有犯法。至於軍戎之士，致使廪賜不充，因之逃亡，或抵邦憲，事非獲已，情亦可察。近以露濡之思，明發有懷，屬禁火之令節，方薦鮪於園寢，聖祖敷祐，景靈告祥，先天後時，載荷嘉貺，以陰以雨，又助發生，固宜順曲成之仁，布維新之命，赦罪育物，曠然滌除。其京兆府及三輔並京城内諸司諸使見禁犯死罪以下，特宜釋放。有犯未發覺者，罪無輕重一切放免。如妄論告者，以其罪罪之。其官典犯贓不在免限。頃者魚朝恩夙著功勳，委之戎事而徵求黎庶，空竭閭閻，加之廣有貿易，奪人賄利，京城之内擅置刑獄，恣行忍虐，幽執無辜，部領師人，乖於撫馭，資糧刻薄，勞役煩苛，惡稔釁盈，日嬰沉痼，念其勲舊，許以優閑，令罷其兵權，遂其養疾。而宗社降鑒明神，所殛羸瘵不起，旋至斃亡，既往無追，一切不問。所管將士等同於王事，各効辛勤，是朕牙爪。自致勳業並宜仍舊，勿有憂懼。蓋以朕誠未感物，明未知人，失於授任，而臻此也。今則虚懷引咎，親御禁戎，必加優寵，以表勞績。其資聖寺禁人并追捕勘責等，即宜並停。然以王畿艱弊，矜恤疲人，蠲税罷徭，與之休息，尚恐流傭罕復，貧弱未安，益用憂勤，諒資約損。京兆府百姓承前應欠官物等委所由勘責，寔百姓腹内者，一切放免；其在所由腹内者，不在免放。畿内官人手力資課及府官充職掌名額稍多有所衹供，不免煩費，并諸縣郵遞路次館驛諸色徵科，一物以上並委中書門下與京兆尹即計會，取責色目，一一商量，條件處置，務令減省，以息勞費。其諸司使廻易，一切並停，不急之務，亦宜且罷，農隙之後，然後常式。宣示中外，知朕意焉。

《新唐書》卷七《德宗本紀》〔貞元十年四月〕赦京城。

《新唐書》卷七《德宗本紀》〔元和七年十月〕魏博節度使田興以六州歸於有司。【略】十一月，赦魏、博、貝、衛、澶、相六州。

（宋）宋敏求《唐大詔令集》卷八六《政事·恩宥·曲赦京畿德音》

王者愛人如身，推己及物，恤其寒燠之苦，適其舒慘之宜，俾葉太和，用臻至理。恭默思道，憂勤在懷，時屬嚴沴，念深徽纆，當霜雪之候，滯囹圄之中，饋餉為勞，逮捕斯擾，沍寒所迫，愁嘆必多，惻然疚心，思有矜憐，宜布在寬之令，使無留獄之嗟。應京百司及畿内諸縣見禁囚徒應犯死罪特降從流，流以下者遞減一等。如欠負官錢，情非巨蠹，責保填納，不要禁繫。唯故殺人者及官典犯贓，不在此限。仍委京兆尹及諸司官長，制下當日速決聞奏。朕司牧黎元，存誠康濟，封甸殷廣，京師浩穰，憫觸法以罹辜，式加恩而宥罪，庶止無告，寧失不經。宣示中外，令知朕意。大和八年十二月。

《新唐書》卷一〇《昭宗本紀》〔天復三年二月〕降京畿、河中鳳翔興德府、同邠鄜三州死罪以下。

《新五代史》卷八《晋本紀·高祖》〔天福三年九月〕己巳，赦魏州，蠲民税。

（宋）王欽若等《册府元龜》卷九四《帝王部·赦宥》〔晋天福七年正月〕戊午，以收復鎮州，曲赦廣晋府禁囚及襄州、鎮州惡黨一百餘人。

《新五代史》卷九《晋本紀·出帝》〔天福八年二月〕壬子，景延廣爲御營使。己未，如東京，赦廣晋府囚。庚申，次澶州，赦囚。

（宋）王欽若等《册府元龜》卷九五《帝王部·赦宥》漢高祖以晋開運四年二月即位於晋陽宫，稱天福。十二年五月辛亥，至陝府釋管内禁繫罪人。

《舊五代史》卷八一《晋書·少帝本紀》〔天福八年二月〕曲赦都下禁囚。

（清）沈家本《歷代刑法考·赦六·述赦五》漢天福十二年五月，至陝府，釋管内繫囚。《本紀》不載。九月，北征。十月，赦河北。

《新五代史》卷一〇《漢本紀·高祖》〔開運四年〕冬十月甲申，次韋城，赦河北。

《新五代史》卷一一《周本紀・太祖》〔廣順二年夏五月〕壬午，赦兗州。

《舊五代史》卷一一四《周書・世宗本紀》〔顯德元年夏四月〕庚午，曲赦潞州見禁罪人，除死罪外並釋放。

《新五代史》卷一二《周本紀・世宗》〔顯德元年夏四月〕庚午，赦潞州流罪以下囚。

《舊五代史》卷一一五《周書・世宗本紀》〔顯德二年十一月〕乙卯，曲赦秦、鳳、階、成等州管內罪人，自顯德二年十一月已前，凡有罪犯，無問輕重，一切釋放。

《新五代史》卷一二《周本紀・世宗》〔顯德三年〕五月乙卯，至自淮南，赦京師囚。六月壬申，德音赦淮南囚。

（清）吴任臣《十國春秋》卷三《吴三・東紀》〔天祚三年二月〕帝使宜陽王璟如西都，册命齊王知誥，知誥受封，赦境內。

《宋史》卷一《太祖本紀》〔建隆三年六月〕己亥，減京畿、河北死罪以下。

（宋）李燾《續資治通鑑長編》宋太祖開寶二年六月　曲赦京城繫囚。

（宋）李燾《續資治通鑑長編》宋真宗景德四年正月　庚申，次中牟縣，除逋負，釋繫囚，賜父老衣幣，所過如之。

（宋）李燾《續資治通鑑長編》宋真宗景德四年正月　丁卯，夜漏未盡三鼓，上乘馬，卻輿輦繖扇，至安陵外次，易素服，步入司馬門，行奠獻之禮。次詣永昌、永熙陵，又各詣下宫。凡上宫用牲牢祝册，有司奉事，下宫備膳羞，内臣執事，百官皆陪位。又詣元德皇太后陵奠獻，又於陵南設幄殿，祭如下宫禮。上每至陵寢，望門而哭。初，有司具儀，止常服，上特製素服。禮畢，徧詣孝明、孝惠、孝章、懿德、淑德、明德皇后陵，又至莊懷皇后陵，遂單騎巡視陵闕，以内臣從，及親奠夔王、魏王、岐王、恭孝太子、鄆王、周王、安王諸墳。辰後，暫至幄次更衣，復詣陵奉辭。有司以朝拜無辭禮，上感慕哀切，未忍遽去，故復往焉。及午而還，左右進繖，上卻之，度昭應水，乃許進，至行宫始御常膳。又遣官祭一品墳、皇諸親墓。

德音降西京及諸路，赦流罪以下囚，釋逋欠，賜畿縣民租稅有差。官吏應奉者有司考上課績。建永安鎮爲縣，改永熙陵副使、守當都監爲三陵副使、都監。度兩京及孟、鄭州僧道，籍有名者每五人放一人，不及者每院與一人。

（宋）李燾《續資治通鑑長編》宋真宗大中祥符元年六月　庚戌，曲赦兗州繫囚流罪以下。

《宋史》卷八《真宗本紀》〔大中祥符六年三月〕詔沙門島流人罪輕者徙近地。

（宋）李燾《續資治通鑑長編》宋真宗大中祥符六年五月　先是，丁謂等自建安軍奉玉皇、聖祖、太祖、太宗四像，各御大舟，迎奉使副分侍玉皇、聖祖，都監於太祖、太宗舟檢校。舟上設幄殿，皆有内侍主供具。夾岸黄麾仗二千五百人，鼓吹三百人。别列舟十艘，載門旗、青衣、弓矢、殳义、道衆、幢節。所過州縣，道門聲讚，鼓吹振作，官吏出城十里，具道釋威儀音樂迎拜。所過禁屠宰七日，止行刑二日。遣迎奉大禮使王旦詣應天府酌獻，奏青詞，宗室至故驛，羣臣至通津門奉迎。先於京城升橋北設幄殿、大次、宫懸。甲辰，聖像至，上齋於長春殿，百官宿齋於朝堂。乙巳，上衮冕朝拜，羣臣朝服，陳玉幣、册文酌獻。具大駕鹵簿，自宫城東出景龍門至玉清昭應宫，大禮等五使前導，載像以平盤輅，上加金華蓋之飾，以迎真、迎聖、奉聖、奉宸爲名。每乘二内臣夾侍，其纓轡馬色，玉皇、聖祖以黄，太祖、太宗以赤。上具鑾駕，先由宫城西出天波門，就宫門望拜，權設幄奉安，擇日各升本殿。丙午，羣臣稱賀，曲赦京城、建安軍、揚州、高郵軍、楚泗宿亳州，死罪囚降一等，流以下釋之。升建安軍爲真州，鎔範聖像之地，特建爲儀真觀。真州放今年夏稅十之三、屋稅十之二。聖像所過州軍，放夏稅十之一。淮南災傷處，去年秋稅並蠲之。

《宋史》卷八《真宗本紀》〔大中祥符七年春正月〕丙辰，赦境內及京畿車駕所過流以下罪。

《宋史》卷八《真宗本紀》〔大中祥符七年春正月〕己酉，曲赦亳州及車駕所經流以下罪。

（宋）李燾《續資治通鑑長編》宋真宗天禧三年八月　釋開封府繫囚杖以下罪。

（宋）李燾《續資治通鑑長編》宋真宗乾興元年十月　辛酉，德音降東、西京囚罪一等，杖以下釋之。

（宋）李燾《續資治通鑑長編》宋仁宗天聖元年三月　丙子，降西京囚罪一等，徒以下釋之。

《宋史》卷一〇《仁宗本紀》〔景祐三年秋七月〕辛丑，降三京罪囚一等，徒以下釋之。

（宋）李燾《續資治通鑑長編》宋仁宗康定元年六月　甲午，遣官疎決三京繫囚，雜犯死罪降從流，流降從杖，徒以下釋之。

《宋史》卷一《仁宗本紀》〔慶曆五年三月〕甲申，詔陝西以曩霄稱臣，降繫囚罪一等，笞釋之。

《宋史》卷二《仁宗本紀》〔至和二年〕秋八月戊子，減畿內、輔郡囚罪一等，徒以下釋之。

（宋）李攸《宋朝事實》卷一六《兵刑》　閏正月初五日，降曲赦，其文曰：門下：朕纂承寶緒，導發化源，思固本之在民，每敦仁而修政，仰遵先訓，罔咈大猷。刑審厥中，處之以明決；信乎無外，示之以懷柔。惟寧雖底於萬邦，失所每矜於一物。近以貝丘舊壤，孽竪爲妖，嘯聚郡城，稽誅旬朔，眷茲境土，不無殘傷。當興師之剿除，且有衆之蹂踐。而又枕戈衽甲，暴露於夙宵；挽粟飛芻，疲勞於道路。暨列蕩平之效，宜推優獎之恩，念彼封疆，并均渥澤，可曲赦河北諸州軍。云云。於戲！天道助順，固逆亂之無萌；君德好生，惟寬仁之可尚。恩威并及，善惡用分。布告群倫，當體朕意。

（宋）李攸《宋朝事實》卷一六《兵刑》　二月十三日，曲赦廣南。門下：朕膺穹昊之眷命，奉祖宗之貽謀，副億兆心，垂三十稔，何嘗不博稽教化之大，勤視蒸黎之繁，延登雋良，採納嘉謨，以補治具，以迎休風。肆惟宵旰，罔或暇逸。蠢茲蠻旅，敢冒典刑，驅馳犬羊，越去溪洞，陰窺守禦之間，寖生狡狂之謀，傷夷我版民，剽盜我州域。屬以夏秋屆候，潦霧交蒸，言涉險艱，遂稽平殄。朕託居人上，奄宅域中，豈朝經之未孚，將吏職之不舉，致是方國，困於擾攘。慮焉及斯，嗟亦良甚。爰申命於將鉞，俾總臨於師干，鼓行而前，俘馘殆盡。今雖醜類正罰，既伏於天誅，尚念編甿何辜，久罹於寇虐。宜推涣宥之澤，曲示憂勞之懷，可曲赦廣南東西路。云云。於戲！綏寧封疆，翦滅凶焰，下則賴兵戎之講律，上則繫廟社之垂靈。粵予統臨，益用祗率。眷爾官吏，參輸志誠，招懷流亡，勸勵種斂，亟復饒富，永臻治平。布告群倫，庶體朕意。主者施行。

《宋史》卷一四《神宗本紀》〔治平四年九月〕戊子，減兩京、畿內、鄭孟州囚罪一等。

（宋）李燾《續資治通鑑長編》宋神宗熙寧四年三月　壬寅，詔以慶州兵叛斬戮甚多，人命至重，惻然可傷，權罷春燕。

癸卯，德音降陝西、河東，死罪囚，徒以下釋之。兩路禁軍並因軍事役使廂軍急脚、馬遞鋪兵，並與特支。因嘗入賊界攻討接戰，並嘗捕殺慶州叛兵者，雖已經宣撫司支賜，更與特支。兩路民因軍事被科役者，其議量輕重蠲減將來稅賦及科配。其已前欠稅倚閣者，並除之。州縣不急公事及供申磨勘帳歷文字不免追擾者權住，候邊事寧息，依舊施行。緣邊熟户及弓箭手見欠貸糧皆放，其闕食者安撫司量與賑貸。其德音曰：朕德不明，聽任失當，外勤師旅，内耗黎元。秦、晉之郊，並罹困擾。使人至此，咎在朕躬。其推卹隱之恩，以昭悔過之義。又曰：勞民構患，非朝廷之本謀，克己施行，冀方隅之少息。當考草制者姓名增入。時元絳、楊繪、韓維實爲學士，朱本云：初進入德音本，上批攻戰軍士宜與運糧諸軍異等，及改定數事皆極當於理，執政皆以爲非所及也。《新録》並削去，今從《新録》。

（宋）李燾《續資治通鑑長編》宋神宗元豐元年十二月　辛亥，疏決在京繫囚，雜犯死罪以下第降一等，杖以下釋之。畿縣及三京諸縣準此。

（宋）李燾《續資治通鑑長編》宋神宗元豐四年四月　壬申，御崇政殿疎決繫囚。《舊紀》云：録京畿及三京囚，降罪一等，杖以下釋之。

《宋史》卷一八《哲宗本紀》〔紹聖四年夏四月〕丁未，以西邊板築有勞，曲赦陝西、河東路。

《宋史》卷二〇《徽宗本紀》〔崇寧四年二月閏月〕己丑，御端門，受趙懷德降，授感德軍節度使，封安化郡王。壬辰，曲赦熙河蘭湟路。

（清）孫世芳《宣府鎮志》卷一九《法令考・宋》　徽宗宣和五年赦燕雲路。時收復燕京，燕山府雲中路即石晉所賂契丹諸地也。因曲赦我土之民不被中國詔令者，至是百數十年矣。

《宋史》卷三四《孝宗本紀》〔乾道四年七月〕己丑，以久雨，御延和殿慮囚，減臨安府、三衙死罪以下囚，釋杖以下。

《宋史》卷三五《孝宗本紀》〔淳熙八年五月〕辛卯，以久雨，減京畿及兩浙囚罪一等，釋杖以下，貸貧民稻種錢。

《宋史》卷三七《寧宗本紀》〔紹熙五年十二月〕癸酉，金遣使來賀登位。上孝宗廟樂曰《大倫之舞》。甲戌，祔孝宗神主於太廟。丁丑，減臨安、紹興二府死罪以下囚，釋杖以下。蠲民緣欑宮役者賦。

《宋史》卷三七《寧宗本紀》〔慶元元年二月〕癸亥，以久雨釋大理、三衙、臨安府、兩浙路杖以下囚。

《宋史》卷三八《寧宗本紀》〔開禧二年六月〕丁卯，曲赦泗州，減雜犯死罪囚，餘皆除之，蠲其租稅三年。

《宋史》卷三七《寧宗本紀》〔開禧三年二月〕乙亥，釋兩浙路杖以下囚。

《宋史》卷三七《寧宗本紀》〔開禧三年三月〕辛丑，曲赦四川，減雜犯死罪囚，釋杖以下。

《宋史》卷三八《寧宗本紀》〔開禧三年〕夏四月戊申，以吴獵兼四川宣諭使。子塒薨，追封申王，謚冲懿。癸丑，赦兩淮、湖北、京西被兵諸州，減雜犯死罪囚，釋流以下。

《宋史》卷三八《寧宗本紀》〔嘉定四年六月〕減京畿囚罪一等，釋杖以下。

《宋史》卷三八《寧宗本紀》〔嘉定八年三月〕丙戌，釋江、淮闕雨州郡杖以下囚。

《宋史》卷三八《寧宗本紀》〔嘉定八年三月〕辛酉，詔大郡歲舉廉吏二人，小郡一人。乙亥，以旱命諸州縣禱雨。丙子，蠲臨安府茶鹽賞錢。釋兩浙諸州繫囚。

《宋史》卷四〇《寧宗本紀》〔嘉定十年〕五月辛巳，以久雨釋大理、三衙、臨安府杖以下囚，蠲茶鹽賞錢。

《宋史》卷四〇《寧宗本紀》〔嘉定十年〕冬十月乙巳朔，以久雨釋大理、三衙、臨安府及兩浙諸州杖以下囚。癸酉，蠲三衙、江上諸軍公私逋負錢。

《宋史》卷四〇《寧宗本紀》〔嘉定十二年五月〕丁酉，減兩淮、荆襄、湖北、利州路沿邊諸州雜犯死罪囚，釋流以下，仍蠲今年租稅。

《宋史》卷四〇《寧宗本紀》〔嘉定〕十四年春正月丙戌朔，以雪寒釋大理、三衙、臨安、兩浙諸州杖以下囚。

《宋史》卷四二《理宗本紀》〔嘉熙三年四月〕癸丑，詔悔開邊，責己，其京湖、興沔州軍縣鎮見繫囚情理輕者釋之。

《遼史》卷二《太祖本紀》〔天贊四年〕十一月丁酉，幸安國寺，飯僧，赦京師囚，縱五坊鷹鶻。

《遼史》卷三《太宗本紀》〔天顯四年〕秋七月庚辰，觀市，曲赦繫囚。甲午，祠太祖而東。

《遼史》卷七《穆宗本紀》〔應曆十八年六月〕己未，爲殿前都點檢夷臘葛置神帳，曲赦京畿囚。

《遼史》卷一八《興宗本紀》〔重熙六年〕秋七月辛丑朔，以北、南樞密院獄空，賞賚有差。壬寅，以皇太弟重元生子，賜詩及寶玩器物，曲赦死罪以下。

《遼史》卷一九《興宗本紀》〔重熙十五年〕十二月壬申，曲赦徒以下罪。是日爲聖宗在時生辰。

《遼史》卷二〇《興宗本紀》〔重熙十九年十月〕釋臨潢府役徒。

《遼史》卷二〇《興宗本紀》〔重熙二十年十二月〕庚子，應聖節，曲赦徒以下罪。

《金史》卷二《太祖本紀》〔天輔四年五月〕赦上京官民。

《金史》卷二《太祖本紀》〔天輔七年正月〕曲赦平州。

《金史》卷四《熙宗本紀》〔皇統七年七月〕太白經天，曲赦畿内。

《金史》卷九《章宗本紀》〔明昌二年十月〕以河北、山東旱，應雜犯及强盗已未發覺減死一等，釋徒以下。

《元史》卷四《世祖本紀》〔中統元年三月辛卯〕陝西宣撫使廉希憲言：高麗國王嘗遣其世子倎入覲，會憲宗將兵攻宋，倎留三年不遣。今聞其父已死，若立倎，遣歸國，彼必懷德於我，是不煩兵而得一國也。帝是其言，改館倎，以兵衛送之，仍赦其境内。

《元史》卷九《成宗本紀》〔大德二年十二月〕釋在京囚二百一十九人。

《元史》卷二〇《成宗本紀》〔大德六年二月〕癸巳，帝有疾，釋京師重囚三十八人。

《元史》卷二〇《成宗本紀》〔大德六年四月〕曲赦雲南諸部蠻夷。

《元史》卷二二《武宗本紀》〔至大元年正月〕曲赦御史臺見繫犯贓官吏，罪止徵贓，罷職。

《元史》卷二八《英宗本紀》〔至治二年七月〕車駕次應州，曲赦金城縣囚徒。

《元史》卷二九《泰定帝本紀》〔元泰定帝泰定元年五月〕赦上都囚笞罪以下者。【略】〔十月〕釋笞四十七以下囚及輕重流人。

《元史》卷三三《文宗本紀》〔天曆二年十月〕雲南八番爲囊嘉臺所詿誤，反側未安者，並貰其罪。

（明）談遷《國榷》惠宗建文四年十月 〔戊寅〕復遼東及在京罪人戍於邊者，仍原衛屯田。

《明英宗實録》景泰二年二月 戊子，刑部尚書俞士悦等言：南京災異，詔命三法司行在外軍民衙門疏見監罪囚情可矜疑者具聞，臣等以在京并南京法司罪囚亦有可矜疑者，乞敕兩京三法司俱審録具聞。從之。

（清）嵇璜等《清朝文獻通考》卷二一〇《刑考・赦宥》 天命六年，釋遼陽繫獄官民。

（清）嵇璜等《清朝文獻通考》卷二一〇《刑考・赦宥》〔康熙〕二十八年，上南巡，赦山東、江南、浙江經過地方死罪以下人犯，除十惡外，餘悉寬釋。

（清）嵇璜等《清朝文獻通考》卷二一〇《刑考・赦宥》〔康熙〕三十八年，赦山東、江南、浙江三省死罪以下人犯。時，上南巡，經山東、江南恩赦兩省死罪以下。及駐蹕浙江，赦通省罪犯如前例。

（清）嵇璜等《清朝文獻通考》卷二一〇《刑考・赦宥》〔康熙〕四十四年，赦福建、浙江、江南、山東等省死罪以下人犯。時，上閲視河工，特恩寬減浙江、福建、江南三省死罪以下，並四十三年秋審緩決人犯。及回次山左，赦通省罪犯如前例。

（清）嵇璜等《清朝通典》卷八九《刑法・赦宥》〔雍正元年三月〕酌免臺灣叛賊親屬死罪。

（清）嵇璜等《清朝文獻通考》卷二一〇《刑考・赦宥》〔乾隆〕三十八年，上巡幸天津，命寬減直隸軍流以下罪犯。

（清）嵇璜等《清朝文獻通考》卷二一〇《刑考・赦宥》〔乾隆四十三年〕以河南旱禱雨，命寬減開封、彰德、衛輝、懷慶、河南五府屬軍流以下人犯。尋又奉諭通省一體酌減，並清理庶獄以召和甘。

别赦部

综述

《漢書》卷一下《高帝紀》〔高祖五年〕初，田横歸彭越。項羽已滅，横懼誅，與賓客亡入海。上恐其久爲亂，遣使者赦横，曰：横來，大者王，小者侯；不來，且發兵加誅。

《漢書》卷一下《高帝紀》〔高祖八年〕秋八月，吏有罪未發覺者，赦之。

《漢書》卷五《景帝紀》〔景帝〕三年冬十二月，詔曰：襄平侯嘉子恢説不孝，謀反，欲以殺嘉，大逆無道。其赦嘉爲襄平侯，及妻子當坐者復故爵。論恢説及妻子如法。

《漢書》卷六《武帝紀》〔元封六年〕赦京師亡命，令從軍。

《漢書》卷七《昭帝紀》〔元鳳元年冬十月〕詔曰：左將軍安陽侯桀、票騎將軍桑樂侯安、御史大夫弘羊皆數以邪枉干輔政，大將軍不聽，而懷怨望，與燕王通謀，置驛往來相約結。燕王遣壽西長、孫縱之等賂遺長公主、丁外人、謁者杜延年、大將軍長史公孫遺等，交通私書，共謀令長公主置酒，伏兵殺大將軍光，徵立燕王爲天子，大逆毋道。故稻田使者燕倉先發覺，以告大司農敞，敞告諫大夫延年，延年以聞。丞相徵事任宮手捕斬桀，丞相少史王壽誘將安入府門，皆已伏誅，吏民得以安。封延年、倉、宮、壽皆爲列侯。又曰：燕王迷惑失道，前與齊王子劉澤等爲逆，抑而不揚，望王反道自新，今迺與長公主及左將軍桀等謀危宗廟。王及公主皆自伏辜。其赦王太子建、公主子文信及宗室子與燕王、上官桀等謀反父母同産當坐者，皆免爲庶人。其吏爲桀等所詿誤，未發覺在吏者，除其罪。

《漢書》卷八《宣帝紀》〔地節四年秋七月〕大司馬霍禹謀反。詔曰：迺者，東織室令史張赦使魏郡豪李竟報冠陽侯霍雲謀爲大逆，朕以大將軍故，抑而不揚，冀其自新。今大司馬博陸侯禹與母宣成侯夫人顯及從昆弟冠陽侯雲、樂平侯山諸姊妹壻度遼將軍范明友、長信少府鄧廣漢、中郎將任勝、騎都尉趙平、長安男子馮殷等謀爲大逆。顯前又使女侍醫淳于衍進藥殺共哀問，謀毒太子，欲危宗廟。逆亂不道，咸伏其辜。諸爲霍氏所詿誤未發覺在吏者，皆赦除之。

《漢書》卷八《宣帝紀》〔元康二年夏五月〕詔曰：聞古天子之名，難知而易諱也。今百姓多上書觸諱以犯罪者，朕甚憐之。其更諱詢。諸觸諱在令前者，赦之。

《後漢書》卷三《章帝紀》〔建初二年〕夏四月戊子，詔還坐楚、淮陽事徙者四百餘家，令歸本郡。

《後漢書》卷三《章帝紀》〔元和元年〕十二月壬子，詔曰：《書》云：父不慈，子不祗，兄不友，弟不恭，不相及也。往者妖言大獄，所及廣遠，一人犯罪，禁至三屬，莫得垂纓仕宦王朝。如有賢才而沒齒無用，朕甚憐之，非所謂與之更始也。諸以前妖惡禁錮者，一皆蠲除之，以明棄咎之路，但不得在宿衛而已。

《晋書》卷三《武帝紀》〔泰始元年冬十二月乙亥〕詔曰：昔王淩謀廢齊王，而王竟不足以守位。鄧艾雖矜功失節，然束手受罪。今大赦其家，還使立後。興滅繼絶，約法省刑。除魏氏宗室禁錮。諸將吏遭三年喪者，遣寧終喪。百姓復其徭役。罷部曲將長吏以下質任。省郡國御調，禁樂府靡麗百戲之伎及雕文游畋之具。開直言之路，置諫官以掌之。

《晋書》卷六《元帝紀》〔大興四年五月〕詔曰：昔漢二祖及魏武皆免良人，武帝時，涼州覆敗，諸爲奴婢亦皆復籍，此累代成規也。其免中州良人遭難爲揚州諸郡僮客者，以備征役。

《晋書》卷九《孝武帝紀》〔太元〕十四年春正月癸亥，詔淮南所獲俘虜付諸作部者一皆散遣，男女自相配匹，賜百日廩，其沒爲軍賞者悉贖出之，以襄陽、淮南饒沃地各立一縣以居之。

（清）郝懿行《補宋書刑法志》〔永和元年〕八月辛酉，開亡叛，赦限内首出，蠲租布。二年，先有資狀、黄籍猶存者，聽復本注。

《宋書》卷六七《謝靈運傳》〔元嘉中〕太祖知其見誣，不罪也。

不欲使東歸，以爲臨川内史，加秩中二千石，在郡遊放，不異永嘉，爲有司所糾。司徒遣使隨州從事鄭望生收靈運，靈運執録望生，興兵叛逸，遂有逆志，爲詩曰：韓亡子房奮，秦帝魯連恥。本自江海人，忠義感君子。追討禽之，送廷尉治罪。廷尉奏靈運率部衆反叛，論正斬刑，上愛其才，欲免官而已，彭城王義康堅執謂不宜恕，乃詔曰：靈運罪釁累仍，誠合盡法。但謝玄勳參微管，宜宥及後嗣，可降死一等，徙付廣州。

《宋書》卷六《孝武帝本紀》〔孝建二年九月〕詔：在朕受命之前，凡以罪徙放，悉聽還本。犯釁之門，尚有存者，子弟可隨才署吏。

《宋書》卷六《孝武帝本紀》〔大明三年八月〕甲子，詔曰：昔姬道方凝，刑罰斯厝；漢德初明，犴圄用簡。良由上一其道，下淳其性。今民澆俗薄，誠淺僞深，重以寡德，弗能心化。故知方者尠，趣辟實繁。向因巡覽，見二尚方徒隸，嬰金履校，既有矜復。加國慶民和，獨隔凱澤，益以慚焉。可詳所原宥。

《南齊書》卷四九《王奂傳》〔武帝永明十一年〕雍州刺史王奂伏誅。詔非犯官兼預同逆謀，爲一時所驅逼者，悉無所問。

《南齊書》卷四《鬱林王本紀》〔永明十一年八月〕詔曰：近北掠餘口，悉充軍實。刑故無小，罔或攸赦，撫辜興仁，事深睿範。宜從蕩宥，許以自新，可一同放遣，還復民籍。已賞賜者，亦皆爲贖。

《南史》卷六《梁本紀・武帝》〔天監元年夏四月〕丁卯，詔凡後宮、樂府、西解、暴室諸如此例被幽逼者，一皆放遣。若衰老不能自存者，官給稟食。

《梁書》卷二《武帝本紀》〔天監十七年八月〕詔以兵騶奴婢，男年登六十，女年登五十，免爲平民。

《梁書》卷三《武帝本紀》〔大通元年正月乙丑〕詔凡散失官物，不問多少，並從原宥。

《梁書》卷三《武帝本紀》〔大同七年十一月〕詔曰：民之多幸，國之不幸，恩澤屢加，彌長姦盜，朕亦知此之爲病矣。如不優赦，非仁人之心。凡厥僵耗逋負，起今七年十一月九日昧爽以前，在民間無問多少，言上尚書督所未入者，皆赦除之。

（明）張溥《漢魏六朝百三名家集》卷八四《梁元帝集・赦餘黨令》君子赦過，著在周經。聖人解網，聞之湯令。自獫狁孔熾，長虵薦食，赤縣阽危，黔黎塗炭。終宵不寐，志在雪恥，元惡稽誅。本屬侯景王偉，是其心膂，周石珍負背恩義，今並烹諸鼎鑊，肆之市朝。但比屯亶寇擾，爲歲已積，衣冠舊貴，被逼婾生，猛士勳豪，和光苟免。凡諸惡侶，諒非一族。今特闡以王澤，削以刑書。自太清六年五月三十日昧爽以前，咸使惟新。

《陳書》卷二《高祖本紀》〔永定二年正月〕辛丑，輿駕親祠南郊。詔曰：罪無輕重，已發覺未發覺，在今昧爽以前，皆赦除之。西寇自王琳以下，並許返迷，一無所問。

《陳書》卷二《高祖本紀》〔永定二年三月甲午〕詔曰：【略】其部曲妻兒各令復業，所在及軍人若有恐脅侵掠者，皆以劫論。

《陳書》卷五《宣帝本紀》〔太建三年三月丁丑〕詔犯逆子弟支屬逃亡異境者，悉聽歸首；見縶繫者，量可散釋；其有居宅，並追還。

（清）沈家本《歷代刑法考・赦六・述赦五》《陳書・高祖紀》：永定二年二月，南豫州刺史沈泰奔於齊。三月，詔曰：罰不及嗣，自古通典，罪疑惟輕，布在方策。沈泰反覆無行，但令朝廷無我負人。其部曲妻兒各令復業，所在及軍人若有恐脅侵掠者，皆以劫論。若有男女口爲人所藏，並許詣臺申訢。若樂隨臨川王及節將立效者，悉皆聽許。

《文紀》：〔天嘉元年二月，王琳奔齊。〕詔曰：王琳識暗挈瓶，智慙衛足，干紀亂常，自貽顛沛，而縉紳君子，多被縶維，宜加寬仁，以彰雷作。其衣冠士族，預在凶黨，悉皆原宥；將帥戰兵，亦同肆眚，並隨才銓引，庶收力用。六年三月，詔侯景以來遭亂移在建安、晉安、義安郡者，並許還本土，其被略爲奴婢者，釋爲良民。

《陳書》卷五《宣帝本紀》〔太建五年〕十二月壬辰朔，詔曰：古者反噬叛逆，盡族誅夷，所以藏其首級，誡之後世。比者所戮止在一身，子胤或存，梟懸自足，不容久歸武庫，長比月支。惻隱之懷，有仁不忍。維熊曇朗、留異、陳寶應、周迪、鄧緒等及今者王琳首，並還親屬，以弘廣宥。

《陳書》卷三六《新安王伯固傳》〔後主太建十四年〕詔曰：伯固隨同巨逆，自絶於天，俾無遺育，抑有恒典。但童孺靡識，兼預葭莩，宥之徇人，良以惻憫，及伯固所生王氏，可並特宥爲庶人。

《魏書》卷七《孝文帝紀》〔延興三年六月〕詔曰：往年縣召民秀二人，問以守宰治狀，善惡具聞，將加賞罰。而賞者未幾，罪者衆多。肆法傷生，情所未忍。今特垂寬恕之恩，申以解網之惠。諸爲民所列者，特原其罪，盡可貸之。

《魏書》卷七《孝文帝紀》〔太和七年正月〕詔曰：朕每思知百姓之所疾苦，以增修寬政，而明不燭遠，實有缺焉。故具問守宰苛虐之狀於州郡使者、秀孝、計掾，而對多不實，甚乖朕虛求之意。宜案以大辟，明罔上必誅。然情猶未忍，可恕罪聽歸。申下天下，使知後犯無恕。

《周書》卷四《明帝紀》〔元年十一月〕詔魏政諸有輕犯未至重罪、及諸村民一家有犯乃及數家而被遠配者，並宜放還。

《周書》卷五《武帝紀》〔保定五年六月〕詔曰：江陵人年六十五以上爲官奴婢者，已令放免。其公私奴婢有年至七十以外者，所在官司，宜贖爲庶人。

《周書》卷六《武帝紀》〔建德元年八月〕詔曰：以刑止刑，世輕世重。罪不及嗣，皆有定科。雜役之徒，獨異常憲，一從罪配，百世不免。罰既無窮，刑何以措。道有沿革，宜從寬典。凡諸雜戶，悉放爲民。配雜之科，因之永削。

《周書》卷六《武帝紀》〔宣政元年三月〕詔：柱國故豆盧寧征江南武陵、南平等郡，所有民庶爲人奴婢者，悉依江陵放免。

《周書》卷八《靜帝紀》〔大象二年六月〕詔南定、北光、衡、巴四州民爲宇文亮抑爲奴婢者，並免爲民，復其本業。

（宋）王欽若等《册府元龜》卷一五〇《帝王部・寬刑》　隋高祖開皇六年，詔免尉遲迥、王謙、司馬消難三逆人家口配沒者，悉官酬贖使爲編戶，因除孥戮相坐之法。

（宋）宋敏求《唐大詔令集》卷一二一《政事・捨雪・原劉武周宋金剛等詿誤詔》　朕發迹太原，陳師汾澮，底定京室，廓清函夏，惟彼晉、魏，事等豐、宛。近者妖寇憑陵，侵斥郊境，害虐良善，擁逼吏民。大軍東討，義存拯難，芟夷醜類，實在弔民。凡厥渠魁，已就殲殄，脅從之輩，情有可原，宜許自新，義深蕩滌。其代州、潞州、隰州、并州等四總管內，自武德三年四月二十二日以前，被劉武周、宋金剛等詿誤者，罪無輕重，皆赦除之，各令復業，一無所問。州縣城堡有固守忠節，抗禦凶徒者，具錄聞奏，別加褒賞。

（宋）宋敏求《唐大詔令集》卷一二一《政事・捨雪・宥劉武周餘黨詔》　祝網泣辜，彰乎舊典；赦過宥罪，著自前經。往者劉武周竊據邊陲，擁逼良善，石嶺以北，皆罹其弊。雖武周奔竄，寄命蕃夷，而殘黨餘氛，尚懷旅拒，致使朔漠猶警，關塞未寧，屢動干戈，久違聲教。代州總管、定襄王大思，勤績克著，安輯邊境，討擊未賓，率其從化。朕君臨天下，義存撫育，念彼凋弊，若納諸隍。但朔方黎元，逆命日久，今雖歸附，仍懷反側。其代州總管府內，石嶺以北，自武德四年二月二十九日以前所有愆犯，罪無輕重，悉從原宥，可並令安居復業，勿使驚擾。

（宋）宋敏求《唐大詔令集》卷一二三《政事・平亂・平竇建德赦》

自隋氏失馭，政散民流，盜賊交侵，區宇離析，慄慄黔首，俱被焚溺之災，元元無辜，並困豺狼之吻。朕受天明命，君臨八極，克除暴亂，大拯氓黎，聲教所覃，無思不服，唯彼趙、魏，尚隔朝風。建德往因喪亂，連羣結黨，竊州據邑，擅置官僚，叛渙一隅，恣行兇虐。朕愍彼河朔，久遭塗炭，納隍軫慮，無忘興寢。但以凋弊之後，惡煩士衆，且事含弘，未先討擊。然而遊魂放命，數稔貫盈。驅率犬羊，圖爲侵斥，與王世充欲相救援，輒來舉斧，以抗天軍。兵威所臨，醜徒崩潰，生擒建德，因致軍門。凡厥徒黨，皆就虜獲，歷稔逋寇，一舉廓清。蕩滌遺民，與之更始，可赦山東諸州爲建德詿誤者，自武德四年五月八日以前，皆赦其罪。

（宋）宋敏求《唐大詔令集》卷一二一《政事・捨雪・赦河南諸州為王世充詿誤詔》　朕初膺靈命，撫育萬邦，一物失宜，憂責在己。是以昧旦不顯，昃食忘勞，思流惠澤，被於率土。日者世充作梗，僭擅一方，侵虐士民，阻絕聲教。鞏、洛之地，比邑連城，受制凶威，莫能自免，翹足引領，乞師請命。朕愍彼黎庶，獨爲匪命，命將出軍，用申撫字。兵威所震，醜徒慴服，元惡頓顙，面縛軍門。殄滅氛祲，混同文軌，拯彼遺民，出乎塗炭。宜從蕩滌，與之更始。可赦河南諸州舊爲世充所詿誤者，自武德四年六月四日以前，皆除其罪。若有率其部衆，保全城邑，因事立功，以歸朝化者，量其效績，就加職任。奇才異行，隨事旌擢，鰥寡孤獨，以時恤理，亡命山澤，詔書到後三十日不來歸首者，復罪如初。

（唐）杜佑《通典》卷一七〇《刑法・寬恕》〔貞觀〕六年十二月，上親録囚徒，放死罪三百九十人歸於家，令明年秋來就刑。其後，應期畢至，詔悉原之。

（宋）王溥《唐會要》卷四〇《君上慎恤》〔貞元〕十三年四月敕：農事方興，時雨猶少。言念囚繫，慮有滯冤。京城百司及畿内，有禁囚李士政等六人合處極法，宜從寬典。各決四十，配流諸州。其餘禁繫者，委御史臺與諸司計會。敕到後五日内，疏理訖聞奏。

《新唐書》卷二《太宗本紀》〔貞觀十四年〕九月癸卯，赦高昌部及士卒父子犯死、期犯流、大功犯徒、小功緦麻犯杖，皆原之。

（宋）宋敏求《唐大詔令集》卷一二五《政事・捨雪・原免兩京被賊逼授僞官詔》朕聞古先哲王，慎罰以恤人命，脅從罔理，罪疑惟輕，成湯有解網之仁，光武有焚書之令。蓋念彼至理，緩其刑章。是以法不濫加，刑所以措也。間者時遭寇逆，患在干戈，衣冠之流，逼迫者衆，事不獲已，情稍輕焉。頃者委在三司，窮其五聽，議重者累申刑典，稍輕者猶被勾留。況時久淹延，人皆窘乏，衣食且猶不給，家屬又悉乖離，艱難之憂，無甚於此。豈朕泣辜宥罪，作人父母之意耶？況德澤頻加，科條遞減，原其事狀，稍近平人，豈可尚議遷貶，增其反側？萬方有責，罪實在予，一物失所，憂捋若厲。永言憫念，用惻於懷。其兩京官應被賊逼授僞官，三司所推問未了者，一切放免。其賊中守本官，至冬方選，曾受驅馳，既寬刑典，免其貶降，並至來冬放選，合得官時，仍委所司量事輕重注擬。其已貶官者，續有處分。乾元元年六月。

（宋）宋敏求《唐大詔令集》卷一二五《政事・平亂・平張韶德音》朕祗荷大構，屬當沖眇。九廟之嚴，因予以輕重；四海之大，由我以慘舒。每懷推誠，不敢自用，大布利澤，嘉聞讜言，庶無愆尤，少釋重負。豈虞信不及於物，德不動於人，以懷宴安，遽遭此寇。張韶、蘇玄明等，駈率工徒，劫攜兵刃，白晝竊發，暴犯宮闈，震驚朕躬。近幸禁壘，即時勒五常騎士，七萃熊羆，少命偏師，纔分左廣，自申及酉，撲滅皆盡。斯實上玄降鑒，宗社垂休，愍予沖人，俾無顛覆。其兩軍立功將士，已節級優賞；諸將校其白部領軍士者，委有司即條流甄奬，具名聞奏。其逆賊親屬，同知情之外，一切不用追擾。尚恐因緣仇隙，告訴平人，自今已後，縱爲妖黨有小詿誤者，並許自新，亦不須勘問。嗚呼！秦皇車碎於博浪，漢祖心動於柏人，或不悟而終亡，或自新而流祚。齊、晉多難而啓國，衛邢無難而喪邦，蓋謂憂勤則福興，安肆則禍稔。天其意者，警於予乎！而今而後，知玄貺可以德歸，神器難乎力恃。咨爾股肱輔臣，庶寮百辟，洎方郡侯伯，有位之士，無或棄予，謂不可教。其有違道傷理，徇欲懷安，面刺庭攻，無有隱諱。成王之紹文統，武帝之開高業，皆莅阼日早，享國歲深，夫豈佗哉？蓋大臣維之而不跌。無羞於二主者，繄爾多士乎！

（宋）宋敏求《唐大詔令集》卷一二五《政事・平亂・破李同捷德音》敕：王者誅暴亂，弔傷殘，明賞報功，拯弊綏衆，蓋爲邦之大紀也。李同捷頃自先朝，擅謀專土，輒抗成命，私行墨縗。暨朕臨御，實思含垢，授之以兖海，諭之以詔書，使臣相望，兇妄自若。而更挺妖結黨，劫衆阻兵，毒流無辜，害被闔境。繇是藩臣瀝懇，卿士獻規，至於興戈，諒非得已。自元戎環壤，王旅進攻，卵窺危巢，飆振槁葉，動必乘其機會，退皆扼其咽喉。故戴義啓入郛之殊庸，李祐展下城之勝略，累稔逋寇，一朝削平。此誠天人合符，中外叶力，永言勳勣，無忘寤思。其戴義及李祐應加爵命，并幽州及齊、德兩道行營立功將士，各有賞賜，並已從別敕處分，其賜物，仍委度支逐便速與支送。仍命使臣分往宣慰，各於當處厚加宴勞。其立功軍將，未經寵授者，委戴義、李祐即差次等第，速具聞奏，即有甄奬，用答勳勤。李同捷力屈計窮，方圖轉禍，朕好生存性，初議貸刑。而面縛在途，陰懷狡計，夜縱火號，潛誘家僮，更謀網漏，自速梟誅。憫彼兇魁，坐沉家族，顧伊貽戚，載軫於懷。其母孫氏、妻崔氏并男及家口等，並宜特從寬宥，令於湖南管内諸州有空閑處安置。其將卒不涉翻覆者，委戴義、李祐審加勘實，各與衣糧，分配驅使。其滄、景等州將士，有謀執兇黨，竟遭誅夷。或雖被招致，能全名節者，並委李祐按實條奏，量加贈録。其滄、景、德、棣等四州百姓，有是近日被賊點召團結者，並放歸營農。除非同惡相濟，以死拒命者，餘一切勿問。四州百姓，久陷污俗，每罹威虐，莫匪吾人。今既脫難，當施德令，並宜給復一年；不能自存者，量給種食。刺史縣令，仍令中書門下慎擇循良，俾加存撫。

應諸將校，自經戰伐，或致死亡，載念捐軀，每深憫歎！並委戴義、李祐審加勘定，具名銜事跡申奏，即與褒贈。其長行官健陣亡者，並令所在長吏量與收葬，同爲祭酹；其有家口有在者，各委本軍優卹，仍三年勿絶糧賜。其有因中矢石、遂致殘廢者，各委本軍厚加存養，仍給衣糧，終身勿絶。敕旨有未該者，委戴義、李祐，比類更作條件奏聞。其昭義、義武等軍，行營在賊境者，比相犄角，皆有功勤，各別有處分。於戲！整師除害，義切於安人；撫俗策勳，道存於布澤。爰申彝典，且乂新邦，咨爾多士，宜悉朕意。太和二年五月十二日。

（宋）佚名《宋大詔令集》卷二一七《政事·招諭·賜潭邵等州梅山洞主首等書》 敕： 潭邵等州管界梅山洞主首等省本人奏，汝等被避役人户，扇搖爲非，劫掠户口，其間有不願爲惡者，被豪强脅從者。朕臨御區宇，撫育黎元，惟推惠養之恩，俾遂昭蘇之性。汝等咸爲首領，素效忠勤，因被扇搖，遽行劫掠，爲惡者，偶乖思忖，脅從者，因以順隨。殊非長久之謀，自取滅亡之禍。將行勦戮，先示招攜，今已差馬步大軍，往彼除剪。如能去逆效順，改過知非，自出首身，盡當釋罪，並可各安家業，不令兵士討除。尚或拒違，不順招撫，即便四面齊進，盡底搜羅。明開轉福之門，當體好生之意，故兹示諭，想宜知悉。

（宋）佚名《宋大詔令集》卷二一七《政事·招諭·賜潭邵等界梅山洞左甲首領苞漢陽等招諭詔太平興國二年八月癸亥》 汝等保於溪洞，守在封陲，況霜露之所均，固聲教之攸暨，遽忘覆育，敢恣睢盱。毒我齊民，撓兹戎索，亦嘗訹誘，尚或逗留。既豺虎之難馴，當鯨鯢之盡戮。今遣馬步大軍，龔行天討，尚念迷途之衆，宜推祝網之心。更示招攜，庶幾悛改，若能知非効順，相率歸降，特與矜容，更不問罪。尚兹拒命，猶或執迷，便當分布大軍，同時并進。剋期殲殄，合勢剪除，若火燎原，不可嚮邇。當諭好生之旨，勉思轉禍之言，無蹈駭機，自貽後悔。

（宋）佚名《宋大詔令集》卷二一七《政事·招諭·招諭河東亡命山林人詔太平興國五年正月丙子》 河東管内諸處山林藏匿僞官吏軍民等，昨者晉土不賓，王師薄伐，初嬰城而拒令，尋納款以來降。盡滌前非，用彰大信，文武之吏，布滿於朝行。編土之民，充斥於内地，綏撫斯至，待遇甚優。如聞僞諸軍指揮使、供奉官殿直軍吏、剪刺人等，亡命山林，偷安晷刻。尚執迷而未悟，以懼死而爲辭。朕憫兹亂邦，未霑元化，金革期用，爲吊一方之民。爵賞高懸，思致千里之士，何乃疑慮，遂致逋逃。凡汝反仄之不安，蓋朕招攜之未至，用伸撫諭，式示懷徠，應諸道山林之人等，限詔到詣本處陳首。從前罪犯，盡與洗滌。仍等第給賜錢帛，長吏倍加安撫。縣次續食，傳送上都。朕當臨見，問其所欲，願仕者量材甄敍，不願者俾之歸農。凡爾軍民，當體兹意。

（清）畢沅《續資治通鑑》宋太宗雍熙元年春正月〔甲子〕有司上竊盜罪至大辟，詔特貸其死，因謂宰相曰：朕重惜人命，但時取其甚者以警衆。然不欲小人知寛貸之意，恐其犯法者衆也。

（宋）佚名《宋大詔令集》卷二一七《政事·貸雪·貸脅從人罪詔淳化五年三月甲寅》 近者兇民嘯聚，蜀郡驚擾。聊舉偏師，往伸薄伐。已聞虎旅，將獲梟巢。既顯戮於鯨鯢，慮俱焚於玉石。令招安使王繼恩，候前軍所下處。其賊黨敢抗王師，即須殺戮。其有本非同惡，受制兇徒，先被脅從，今能歸順者，並釋其罪。倍與安存，所以明好生惡殺之心，所以舉懲惡勸善之法，凡爾民庶，深體至懷。

（宋）佚名《宋大詔令集》卷二一七《政事·招諭·兩川為李順詿誤者沉潛藪澤者令諸路招攜詔淳化五年六月辛卯》 朕嗣守丕圖，削平亂略，法天地含容之德，體陰陽亭毒之仁。乃眷坤維，素稱樂土。久被雍熙之化，咸知信義之風。方洽隆平，亟逢妖亂。嘉禾忽生於蝎蠹，良田遂産於蕭稂，敗類傷和，職由於此。逆賊李順，蟣蝨微物，起作叛離，扇惑我井廬，驚擾我郡縣，兵連禍結，千里騷然。遂致朝廷，終行討伐。尚張形勢，竊據城池。及禁旅之天臨，果凶徒之瓦解，渠魁就戮，支黨咸俘，役不踰時，一方底定。然念劍門之外，全蜀之人，鑿井耕田，皆吾赤子。當狂賊暴興之際，乃王師未至之前，嘯聚山林，肆爲凶虐，咸從威制，自拔無由，爲彼毆攘，因而拘籍，或轉死於溝壑，或暴骨於郊原。朕始興兵，止於救亂，今上元悔禍，逆賊就擒，凡被李順脅從詿誤之人，咸與惟新，一切不問。猶慮驚憂罪戾，畏懼誅夷，收合敗亡，沉潛藪澤，所宜審兹朝旨，念彼家緣，不以公私，各歸本業。脱亂兵之患難，復累世之鄉閭，重見宗親，再安里社，轉禍爲福，豈不休哉。宜令諸州各招攜歸業，倍加安撫，軍人亦免其罪，依舊隸兵籍。限詔到一月，並許所在陳首，限滿不首，論罪如初。

（宋）佚名《宋大詔令集》卷二一七《政事・招諭・許劍南峽路群盜陳首詔淳化五年八月乙未》　朕奄宅區宇，大庇黎元。事惟切於吊民，志且非於黷武。日者災纏井絡，盜起坤維，尋命偏師，往清遺孽，如聞殘寇，頗懼嚴誅。嘯聚不逞之徒，藏匿無人之境。儻不開於三面，尚相聚於一方，志何能伸，困而猶鬪，必恣虔劉之戮，重傷亭育之仁。應劍南峽路聚山林爲群盜者，並釋其罪，許令歸業。限詔到一月，許於所在陳首，軍人復隸兵籍，百姓俾之歸業，願隸軍亦聽。限滿不首，即論其罪。諸州有法令未便、賦調不均等處，並令轉運使與所在長吏，便宜施行。

（宋）佚名《宋大詔令集》卷二一七《政事・貸雪・貸揚州折博羅官吏罪詔咸平元年十月壬寅》　揚州折博羅九萬二千三百餘疋，輕怯不中度，三司失於拘檢，合行推鞫，用誡因循。但以歲月稍深，干繫者衆，慮成追擾，特示矜寬，其應干繫官吏，更不問罪，儻復有犯科，斷訖仍勒備償。

（宋）佚名《宋大詔令集》卷二一七《政事・貸雪・貸益州因王均作亂曾劫奪民財殺傷人命者罪詔咸平四年正月甲申》　昨者西南之區，叛兵構孽，頗有凶旅。因滋亂階，攘奪貨財，殺害烝庶，暨茲平殄。大起訟囂，□悉置於典刑。慮紛擾於鄉縣，特行禁止，咸許自新。期乃蒼黔，漸臻恥格，應益州去年九月二十日已前，因王均作亂，曾劫奪民財殺傷人命者，除官吏使臣不放外，其軍民諸色人並釋之。

（宋）佚名《宋大詔令集》卷二一七《政事・招諭・寬利益彭州反側詔咸平四年十二月丁未》　一昨利益彭州，戍兵謀亂，自貽刑憲，悉就誅鋤。眷彼黎甿，或多反側，困寬詿誤，式廣好生。宜令逐州除逃亡徒黨見擒捕外，其餘一切不問。

（宋）佚名《宋大詔令集》卷二一七《政事・貸雪・妖人谷隱干連人等放罪詔大中祥符八年五月甲辰》　先王立法，在妖邪而必誅。有國詳刑，亦哀矜而爲務。顧小民之多僻，習左道而相傳。苟用常科，難逃極斷，屈茲彝憲，投置遠方。惟彼朋徒，合行追捕。特從寬宥，咸許自新。其谷隱下弟子，除係禁勘別行指揮外，其餘干連人並放，仰州縣安撫，各令著業，自今不得傳習。

（宋）李燾《續資治通鑑長編》宋真宗天禧二年三月　庚戌，詔諸班直、諸軍妻坐姦者，決訖即放，不須隸作坊針工，其見役者百五十七人皆釋之。

《宋史》卷九《仁宗本紀》　〔天聖元年閏九月〕詔裁造院女工及營婦配南北作坊者並釋之。

（宋）李燾《續資治通鑑長編》宋仁宗天聖五年十二月　是歲，南郊肆赦，中外以爲丁謂將復還，殿中侍御史陳琰上疏曰：亂常肆逆，將而必誅，左道懷姦，有殺無赦。丁謂因緣憸佞，竊據公臺，賄賂苞苴，盈於私室，威權請謁，行彼公朝。引巫師妖術，厭魅宫闈；易神寢龍崗，冀消王氣。今禋柴展禮，涣汗推恩，必慮謂潛輸琛貨，私結要權，假息要荒，冀移善地。李德裕止因朋黨，不獲生還；盧多遜曲事王藩，卒無牽復。請更不原赦。上然之。

（宋）李燾《續資治通鑑長編》宋仁宗天聖九年二月　壬辰，詔亡命軍士妻子拘本營者，經赦，聽從便。

（宋）李燾《續資治通鑑長編》宋仁宗皇祐四年十月　辛巳，内降手詔付狄青：應避賊在山林者，速招令復業。其乘賊勢爲盜，但非殺人，亦賊所脅從能逃歸者，並釋其罪。已嘗刺面，令取字，給公憑自便。若爲人所殺，而冒稱賊首級，令識驗，給錢米賙之。其被焚劫者，權免户下差役；見役，仍寬與假，使營葺室居。凡城壁嘗經焚毁，若初無城及雖有城而不固，並加完築。器甲朽敝不可用者，繕治之。

（宋）李燾《續資治通鑑長編》宋神宗熙寧六年五月　詔降敕榜付察訪熊本曉諭夷界，除元謀作過首領及手殺命官將校不赦外，餘人如能自首歸，並免罪。

《宋史》卷一五《神宗本紀》　〔元豐元年十二月〕詔：青州民王贇以復父讎免死，刺配鄰州。

（宋）李燾《續資治通鑑長編》宋哲宗元祐七年十一月　三省言：檢會赦文，應官吏、軍民諸色人，諸般欠負官錢，在元豐八年三月六日大赦以前者，五百貫已下並與除放，五百貫已上奏裁，差侍從官與户部同點檢催督，限一年畢。詔翰林學士顧臨、御史中丞李之純，與户部長貳依赦施行，仍就本部置司。時置司必以蘇軾奏議，當考。《喬執中傳》云：執中爲中書舍人，因降赦，乞免官逋五十萬以上者，上特許之。置司或由執中也。

（宋）李燾《續資治通鑑長編》宋哲宗元符元年五月　兩浙提刑司言：人户陳訴，爲犯私酒，遷徙往别州縣，乞依赦許放。按去年九月赦編配人，已特減三年揀放，乞比類施行。詔已遷徙人，放令逐便。

（清）徐松《宋會要輯稿・刑法六・矜貸》　欽宗靖康元年六月二十一日，詔統制官郝懷、張逵並除名勒停，隨軍自效。以擅離南北關地分，法當斬。河南制置副使解潛詣，特貸之。八月二十八日尚書省言：福州將兵作過，殺守臣柳庭俊，已就招安。緣將副劉政、姚成等，先不能彈壓兵衆，以致作亂，至南劒州乃能擒捕首惡之人，詔將官許以功贖過，其餘軍兵，並放罪。

（清）徐松《宋會要輯稿・刑法六・矜貸》　高宗建炎元年八月一日，詔余大均、陳仲、洪芻各特貸命，除名勒停，長流沙門島，永不放還。張卿才責授文州别駕，雷州安置。李彝責授茂州别駕，新州安置。王及之責授隨州别駕，南〔恩〕州安置。周懿文責授隴州别駕，英州安置。胡思責授沂州别駕，連州安置。以御史鞫治陳仲、余大均、洪芻、王及之等，皆在圍城中誘致内人爲妾，及因抄劄金銀自盜入己，論當棄市。上曰王及之等，所犯當戮，有司之法如此。但朕新政重於殺士夫，故有是命。

（清）徐松《宋會要輯稿・刑法六・矜貸》　〔高宗建炎〕四年五月二十七日，詔修職郎蔣安義、進武副尉張大任並特貸命。内蔣安義除名，免真決，刺配瓊州牢城。張大任決脊杖二十，刺配廣南遠惡州軍牢城收管。以安義等坐就番人招安投報，從僞命作知州通判，及出牓賺人入城，被番人虜殺，死不可計數，知番人去，依前入城，僞領州事，法當死。故特貸之。

（宋）熊克《中興小紀》建炎四年十一月　癸卯，詔元祐故臣吕公著、吕大防、范純仁，皆盛德元老，而遭罹貶斥，未獲昭雪。可各贈太師，追封魯宣許三國公。其餘黨籍，令有司具名取旨褒贈。

（清）徐松《宋會要輯稿・刑法六・矜貸》　〔紹興六年〕五月二十六日，詔僞都統華知剛等一十三人不合從僞，罪當誅戮。緣係朝廷赤子，並將貸命，撥與劉光世收管。

（清）徐松《宋會要輯稿・刑法六・矜貸》　〔紹興〕十七年六月十八日，詔進武校尉李福除名勒停，不刺面配，昭州本城收管。以福本太平州駐劄軍，以合伴持杖行劫，法當死。特貸之。

（清）徐松《宋會要輯稿・刑法六・矜貸》　〔紹興十八年〕六月九日，詔保義郎太平州指揮使周用特貸命，除名勒停，決脊杖二十，刺配昌化軍牢城收管。以用毆擊妻阿龔，因傷致死。又逼逐阿龔前夫朱明二子出外，且欲將明陣亡恩澤貨賣，至是爲其子所告，法寺鞫實，故有是命。二十二日，詔保義郎監潭州南嶽廟趙伯勸，特貸命除名勒停。令臨安府差人押送大宗正司鏁閉。以伯勸乘酒毆擊百姓錢三致死。法寺鞫實，乃有是命。

（清）徐松《宋會要輯稿・刑法六・矜貸》　〔紹興〕十九年三月二十四日，詔武節郎特添差嚴州准備差使韓展除名勒停，送漢陽軍編管。以展毆妻辜内致死，法當絞刑。特貸之。

（清）徐松《宋會要輯稿・刑法六・矜貸》　〔紹興十九年〕八月二日，詔承信郎建康府駐劄御前選鋒軍使臣張横除名勒停，送饒州編管。以横毆擊百姓馬臯辜内身死，法當絞，特貸之。

（清）徐松《宋會要輯稿・刑法六・矜貸》　〔紹興二十年〕六月十九日，詔保義郎竇昷除名勒停，送建州編管，以昷毆擊百姓鄭義致死，法當絞，特貸之。

（清）徐松《宋會要輯稿・刑法六・矜貸》　〔紹興二十年〕九月十一日，詔降授左承事郎、前福建路安撫司主管機宜文字吴元美除名勒停，送容州編管。以鄭煒告論元美任太常寺主簿，坐與李光交結。因言章補外，心懷怨望，遂將蠅蚊爲名，撰造《夏二子傳》，指斥國家及譏毁大臣，以快私忿。刑寺鞫實，法當死，特貸之。

（清）徐松《宋會要輯稿・刑法六・矜貸》　〔紹興二十一年〕十月十九日，詔左武大夫、充御前選鋒第一正將陳忠除名勒停，送萬安軍編管。初，忠緣公毆擊所部軍兵宰宥致死。既而聞宥妻阿崔與其婿米立，謀欲復讎，懼，即令以毒藥殺二人，於法應死，特貸之。十二月五日詔成忠郎劉俊除名勒停，送利州編管。以俊謀殺郭漸不克，法應絞，特貸之。

（清）徐松《宋會要輯稿・刑法六・矜貸》　〔紹興二十一年十二月〕二十二日，詔臨安府徑山能仁禪院僧陸清言，決脊杖二十，刺面，配廣南遠惡州軍牢城。以清言撰造偈頌蠱惑士庶，至有指斥語言，於法應絞，特貸之。

（清）徐松《宋會要輯稿・刑法六・矜貸》〔紹興二十二年〕八月九日，詔秉義郎、新添差袁州兵馬監押趙不埶除名勒停，令南安軍押送大宗正司鏁閉。以不埶前任本軍兵馬監押，因與管界進巡檢張逵宴會，戲謔發怒，不埶毆逵，限内致死，法當絞，特貸之。

（清）徐松《宋會要輯稿・刑法六・矜貸》〔紹興〕二十五年六月二十二日，詔宜州觀察使，殿前司選鋒軍統制、權發遣江南東路馬步軍副總管王升罷從軍。令日下前去之任，饒州駐箚，男忠訓郎世雄特貸命，除名勒停，決脊杖二十，不刺面，配邕州本城收管。初，世雄因赴武舉不第，心懷怨望，選造平治之書，譏訕朝政，及作詩有指斥語言，爲楊名所告，法寺鞫實，故有是命。

（清）徐松《宋會要輯稿・刑法六・矜貸》〔乾道〕二年二月六日詔，武義大夫、充殿前司神勇軍訓練官王傑特貸命，追毀出身以來文字，除名勒停，送藤州編管。以傑部轄官兵裝發馬草，因問百姓周二借房宿泊。其人不從，傑乃用拳及縱人毆打，致周二赴水而死，故有是命。

《宋史》卷二二《徽宗本紀》〔宋徽宗宣和七年正月〕詔赦兩河、京西流民爲盜者，仍給復一年。

《宋史》卷二三《欽宗本紀》〔靖康元年七月〕乙酉，詔：蔡京子孫二十三人已分竄遠地，遇赦不許量移。

（清）徐松《宋會要輯稿・刑法六・矜貸》〔乾道〕七年正月二十一日，詔武翼郎、閤門祗候建康府屯駐官薛千虎，特貸命，追毀出身以來文字，除名勒停，送連州編管。以千虎用錫板僞造官會行用，大理寺鞫實，當重杖處死。以千虎嘗立戰功，特貸之。

（清）徐松《宋會要輯稿・刑法六・矜貸》〔乾道八年〕十二月三十日，詔忠翊郎趙善諏特貸命，追毀出身以來文字，除名勒停，永不收敘。送南外宗正司，庭訓訖鏁閉，永不放還。以善諏因造私酒酤賣，爲所由所捕，乃用斧斫死所由。大理寺定斷當死，特貸之。

（清）徐松《宋會要輯稿・刑法六・矜貸》〔淳熙二年〕九月十四日，詔南安軍司户參軍蔡大廉，特貸命，除名勒停，送化州編管，永不收敘。時茶寇自吉州犯南安軍上猶縣界，漕臣錢佃委大廉應辦。鄂州都統解彦詳軍馬錢糧，廉以妻産難乞給假，有誤軍期。法當處斬，特貸之。

（清）徐松《宋會要輯稿・刑法六・矜貸》〔淳熙二年〕十一月十六日，詔儀鸞司看管官物人石安、王進各特貸命，決脊杖二十、刺面配二千里外州軍。以大内火，石安、王進輪當守宿，法寺奏並當死。緣係積油衣致火，故特貸之。

（清）徐松《宋會要輯稿・刑法六・矜貸》〔淳熙〕九年正月二十四日，詔軍人詹保，特貸命，決脊杖二十，刺面配海外州軍牢城收管，永不放還。保先因毆死葉先，貸命配道州，逃竄歸。庸顧張彦文家，因趙汝諧醉酒執刀欲殺彦文，保勸止之，併欲殺保，保遂以木槍打汝諧右足致死。法司擬罪當（寺）〔死〕後省言：保冒不測，以救顧主之死，本無殺汝諧之心，據其所爲，猶是果義，故貸之。

（清）徐松《宋會要輯稿・刑法六・矜貸》〔淳熙〕十四年三月八日，詔南康軍民婦阿梁特貸命，決脊杖二十，送二千里外州軍編管。刑部尚書葛邲言：阿梁因與葉勝同謀，殺夫程念二，葉勝身死在獄，今已九年，節次翻異，凡十差官勘鞫，已降指揮處斬。既差官審問，又行翻異，復差江東提刑耿延年親勘。今延年申請，程念二元係葉勝殺死，阿梁初不同謀。與前來十勘不同。今若便以提刑司所勘爲據，則十次所勘官吏，皆合坐以失入之罪，干連者衆，以一人所見而易十次所勘事，亦可疑。若不以提刑司所勘爲據，則又須别差官再勘。葉勝既以瘦死獄中，阿梁得以推托，淹延歲久，追逮及於無辜，委是有傷和氣。竊謂九年之獄，十官之勘，不爲不詳矣。而猶有異同，則謂之疑獄可也。夫罪疑爲輕，則阿梁當貸死。既不死，則所有前後推勘官吏，亦難坐以失入之罪。乞自聖裁，故是貸之。

《宋史》卷四七《瀛國公本紀》〔德祐元年三月〕戊戌，赦邊城降將罪，能自拔而歸者，録之，復一州者予知州，復一縣者予知縣，所部僚吏將卒及土豪立功者同賞。

（清）畢沅《續資治通鑑》宋高宗紹興三十年〔金正隆五年〕金主禁朝臣飲酒，除三國人使宴飲，其餘飲酒者死。既而益都尹京、安武節度使爽等，以立春節飲於駙馬都尉圖克坦舊作徒單。貞家。金主召而詰之曰：戎事方殷，禁百官飲酒，卿等知之乎？貞等伏地請死。金主數之曰：汝等若以飮酒殺人太重，則宜早諫。魏武帝軍行令曰：犯麥者死。已而乘馬入麥中，乃割髮以自刑。犯麥，微事也，然必欲示信。朕爲天下主，法不能行於貴近乎？朕念慈獻子四人，惟朕與公主在，而京等皆近屬，曲貸死罪。於是杖貞七十，京等各杖一百。降貞爲安武軍節度使，京爲灤州刺史，爽歸化州刺史。

《金史》卷五《海陵本紀》〔正隆五年七月〕詔東海縣徐元、張旺詿誤者，並釋之。

《元史》卷二三《武宗本紀》〔至大元年正月〕赦御史臺見繫犯贓官吏，罪止徵贓，罷職。

《明太祖實録》洪武二年十二月〔庚寅〕詔勑臨洮將士之亡匿山谷者。詔曰：天地以生物爲心，帝王以不殺爲德。自三代以下，漢高祖、唐太宗、宋太祖皆承天運，奮武威以定亂，行仁義以安人。惟秦不然，坑趙降卒四十萬。古今非之。雖能混一，享國不長，天道昭然矣。朕每遣將出師，必加訓諭，降者撫之，抗者誅之。故凡其來降，大小咸授以職，保其父母妻子。近者兵至西土，幽國公李思齊率其部屬將士悉來臣附。大將軍以其精鋭隨軍征進，老幼安居城郭，未嘗妄殺，可謂鑒秦之過，恪遵朕命矣。當臨洮受降之初，如或妄加誅戮，爾衆安能保全？今爾將士乃有懷思其家遁藏巖谷者，夫父母妻子之戀，人之常情，雖新附之衆未能悉知朕懷。朕爲民父母，可不矜念。詔書到日，凡逃竄山谷者毋自驚疑。罪無大小，並行赦之。

（明）談遷《國榷》太祖洪武三年十二月　戊辰，封右丞薛顯永城侯，賜綺帛六十匹，居海南。上諭諸將曰：自古帝王爵賞酬功，刑罰懲惡，故能上下相安，以致治也。漢高帝非功不侯，終不免誅。侯君集有功犯法，唐太宗欲宥之，執法不可。非二君之忘臣勞，其臣自冒之也。薛顯始自盱眙來歸，從朕征討，皆著奇跡，破慶陽，追擴廓帖木兒，戰賀宗哲，勇略意氣，朕甚嘉焉。惟其剛忍，屢戒不悛，至妄殺胥吏，殺獸醫，殺火者，殺騎卒，殺天長衛千户吴富，奪其孳畜，師還，富妻衰絰道哭，訴冤於朕，朕欲刑之，人將謂天下初定，即殺將帥，今仍封侯，謫海南。三分顯禄，一以養其父母妻子，一贍富家，一贍騎卒家。庶功過不相掩，國法無廢。卿等家居，戒顯所爲。諸將皆頓首謝。

《明太祖實録》洪武四年三月　戊申，贛州民有止宿逃囚者，初不知其囚，刑部逮問，坐之罪。上曰：刑者，聖人設防於天下耳，深文重法，仁者不爲。故凡斷獄，貴得其情。緣情而論罪，則刑當而民服。彼既不知其爲囚而止宿之者，人情之常也，何爲罪之。如所議，行路之人將無止宿矣。遂命釋之，給道里費遣歸。

《明太祖寶訓》卷二《厚風俗》〔洪武二十五年正月甲辰〕天策衛卒吴英父得罪繫獄，英詣闕陳情，願没入爲官奴，以贖父罪。太祖諭英曰：汝之情固有可矜，但汝平時何不勸諫汝父使不犯法？今罪不可貸，然念汝愛父之至，特曲法宥之。汝自今凡遇父有不善，當即諫止。若不聽必再三言之，使不陷於非義，斯爲孝也。又顧謂侍臣曰：此卒非知書者，能如此亦可謂難矣，故特曲法以宥其父，將以勵天下之爲人子者。

《明太祖實録》洪武六年三月　乙卯，廣西衛卒王昇因差遣還沂州，受親舊私遺。衛官以衛〔違〕法，併逮其親舊三十四人送都督府，奏罪之。上曰：人歸故鄉，孰無親故，慰勞餽贈，人情之常。命皆釋之。因謂侍臣曰：近來諸司用法，殊覺苛細，如大河衛百户姚旺，因運糧偶見舊日僮僕，收之至濟寧。民有言是其甥，不見已十年，旺即以僕還之，因受絹一匹。此皆常情，法司亦以論罪。用法如此，使人舉動即罹刑網，甚失寬厚之意。

（清）龍文彬《明會要》卷六七《刑·赦宥雜録》〔洪武六年七月〕有子犯法父賄求免者，御史欲并論其父。太祖曰：子論死，父救之，情也。但論其子，赦其父。《世法》録。

（明）談遷《國榷》太祖洪武十年十一月　江夏侯周德興有罪當下獄，特赦之，召諭將相大臣曰：昔廖永忠犯罪，屢宥不悛，又復僭侈，朕甚惜焉。朕祭祀之時，一心奏格，及遣爾輩，輒多私利慢神。國家宫室之外，未嘗築一臺榭，汝輩私取材木，自廣結構，念昔相從，皆赦不治。夫法度者，所以一天下也。爲功臣詘之再三，難矣！智人君子，既自守法，又能訓子孫，是以爵位傳於無窮。

（明）談遷《國榷》太祖洪武十八年十月　癸巳，翰林院待詔孔希善言：孟氏子孫，有以罪輸作者二人。上曰：大賢之後，當屈法宥之，遂遣還。諭工部曰：孟氏後甚微，脱或死，行凋盡矣。凡在輸作者，爾等詢其出自聖賢，即便釋還。

（明）余繼登《典故紀聞》卷三　山陽民有父得罪當杖而子請代者，太祖謂刑官曰：父子之親，天性也，然不親不遜之徒，親遭患難，有坐視而不顧者。今此人以身代父，出於至情，朕爲孝子屈法，以勸勵天下，其釋之。

（清）龍文彬《明會要》卷六七《刑・赦宥雜録》〔洪武二十年四月乙酉〕詹徽奏：有軍人犯罪當杖。其人嘗兩得罪而免，今復不悛，宜并論前罪，誅之。太祖曰：前罪既宥，今復論之，則不信矣。仍杖而遣之。

《明太祖寶訓》卷二《厚風俗》〔洪武二十四年七月乙巳〕龍江衛吏以過罰書寫，值母喪乞守制，吏部尚書詹徽不聽，吏擊登聞鼓訴之。太祖召徽，切責之曰：吏雖罰役，天倫不可廢，使其母死不居喪，人子之心終身有慊。夫與人爲善，猶恐其不善，若有善而沮之，何以爲勸？《詩》曰：孝子不匱，永錫爾類。乃獨不然耶？徽大慚，吏遂得終喪。

（清）龍文彬《明會要》卷六七《刑・赦宥雜録》〔洪武二十五年十二月〕天策衛卒吴英，父得罪繫獄，英詣闕陳情，願沒入爲官奴，贖父罪。太祖曰：汝父罪不可貸。念汝愛父之至性，特曲法宥之。

（明）卜世昌等《明通紀述遺》洪武二十六年五月　陝西民有坐事，謫戍邊，妻病，留中途。其弟夫婦請代往，監送者聽之。御史責弟不當代兄，并罪監送者。其人訴於朝。上曰：弟之代兄，義也。監送者能聽其代，是亦有仁心矣。命賜其弟道里費，而併賞監送之人。

（清）龍文彬《明會要》卷六七《刑・赦宥雜録》〔洪武二十六年十月乙亥〕大理寺奏：四川民以輸糧踰期及移易者，坐法當誅。太祖曰：四川水陸險峻，輸輓良難，故有失期及移易者。其悉宥之，給道里費遣還。

《明太宗寶訓》卷三《體群情》〔永樂元年十一月庚辰〕免教諭康孔高罪，復其官。孔高先任祁陽縣教諭，建文中謫教大理縣，至是例得復。祁陽孔高朝京師還，枉道過家省母，母適病，留侍九閱月不行，刑部逮問，孔高罪當杖，仍謫教邊縣以聞。上曰：母子之愛，本於天性，睽違萬里數年矣，一旦相會，情難遽舍，況於有病，是可矜也，免杖，復其官。

《明太宗寶訓》卷三《仁政》　永樂二年二月己丑，刑科給事中奏：强盜該死罪，其中有年十五以下者兩人，昨蒙恩宥其死，但没入習匠輸作終身。臣等揆理論之，彼雖年幼，既能行劫，亦當被刑，不宜免死。上不從，曰：童稚未成人者，本無知覺。向非成人者誘之，豈能自爲盜耶？朕特推此情矜之耳。又曰：古耄悼不加刑，二兒去悼之歲皆不遠，況試其力皆不能勝二斗粟、果有秦舞陽童區寄之能可曲貸乎？

（明）談遷《國榷》成祖永樂二年四月　辛未朔，敕曰：朕惟天下武臣，犯石矢冒霜雪累積功勤，致有爵位。或承祖父往有犯刑。朕不忍遽絶其世，皆謫之遠方。今已踰歲，其令輕者復職，重者立功自贖。

《明太宗寶訓》卷三《仁政》〔永樂二年十月庚辰〕刑部尚書鄭賜等言，比軍士初犯罪者，皆蒙宥免，小人作過，豈當全無懲戒？上曰：天不於惡木廢發生，君亦不於小人忘矜恤，朕特矜其初犯耳，如怙終固不宥也。

《明太宗實録》永樂三年六月　癸酉，賜晉王濟熺曰：昨令爾弟慶成王濟炫暫居潞州，聞爾不忍其去，甚見同氣之情。然吾以其年逾冠，宜令居外涉歷，庶幾有成，不意濟炫至彼，恣縱非爲，徇私滅公，違禮壞法。如護衛軍人盧官士等爲强盜，既不以聞，又不罪之，及朝廷遣人捕之，乃造飾僞詞曲掩蔽，豈是臣子之道。今以至親，姑容之，俾改過自新，且令仍回太原。爾愛弟之心素厚，宜朝夕訓戒之，使毋蹈前非，勉於善行，庶幾可保富貴。

《明太宗寶訓》卷五《宥過》〔永樂四年四月甲子〕禮部言廣西歲貢生員考不中式者二人，於法學官罰俸一年，提學官當杖。上曰：姑皆宥之。侍郎楊砥等復言：比定法也，宥之無以示懲。上曰：遠方之人漸化者淺，教道未易行，不可槩論。夫立法雖有定論，行法當量人情。有定論則民知所守，量人情則民用不冤，姑宥之。生員遣歸進學，再貢不中式一論如法。

《明史》卷六《成祖本紀》〔永樂四年〕秋七月辛卯，朱能爲征夷將軍，沐晟、張輔副之，帥師分道討安南，兵部尚書劉儁參贊軍務，行部尚書黄福、大理卿陳洽督餉。詔曰：安南皆朕赤子，惟黎季犛父子首惡必誅，他脅從者釋之。罪人既得，立陳氏子孫賢者。毋養亂，毋玩寇，毋毀廬墓，毋害禾稼，毋攘財貨掠子女，毋殺降。有一於此，雖功不宥。乙巳，申誹謗之禁。

《明太宗實録》永樂五年六月 甲午，詔三法司，凡内外文武官，自永樂二年六月始有犯笞杖、徒流、雜死、死罪、降謫、去職者，悉宥之，減半俸。常停減者全給。有從征交阯、功績顯著者復職，給全俸。但曾經戰陣者，亦復職，給半俸。若在途營求差遣避征及冒功得職應革，并律不應赦，與見繫獄者，不在此例。

《明仁宗寶訓》卷二《宥過》 永樂八年二月甲辰，上爲皇太子監國。南京廣德州知州楊翰以公事稽程被逮。州民耆老二百餘人詣闕，言翰善於撫字百姓，類之，乞貸罪還職。上曰：有耆老二百餘人言其善，必有及民之政矣，稽緩公事，小過可恕也。遂遣行人齎書就道諭之復職，仍賜鈔三百貫。

《明仁宗寶訓》卷二《正風化》 永樂八年三月己丑，上爲皇太子監國，南京都察院左都御史陳瑛啓，蘇州府妖婦，誣降邪神，法當絞。其子累乞代死，據法不可從，而堅請不已。上曰：此亦子情所難，可特以子之故曲宥其死。然妖人不罪，無以示懲，杖而釋之。

《明太宗實録》永樂九年五月 辛未，新進士王彦自陳，臣家與姦惡外親有連，今聞朝廷已下本貫籍沒臣家，臣雖中進士，實罪人，應就繫。上諭三法司曰：學至於中進士，亦成材矣，成材勿棄，且有罪能自陳，可矜，并其家宥之。

《明太宗寶訓》卷二《警外戚》 永樂九年十一月辛巳，建陽鎮衛撫武戡有罪逮至。戡孝慈高皇后戚屬，時守徐王墳於宿州，縱恣不法。上以先后之親特宥之。戒之曰：古之賢外戚皆務守法，法者，防制於未然，遵之則吉，違之則凶。朕爲天下主，一遵皇考成憲不敢違，爾乃敢恃恩縱肆，藏匿逋逃，輕犯國法。今念皇妣之親，姑曲法宥爾。自今宜改行爲善，庶幾享福，若復不改，國法必誅。慎之慎之。

《明太宗實録》永樂十年三月 壬戌，勑諭兵部及各處總兵官英國公張輔等曰：朕即位以來，武職犯罪情有矜者，屢法宥之，而近年犯者愈多，又皆謫戍邊，使立功自贖，無非欲其涉艱難，省己悔過，以保全之。其自永樂十年二月初七日以前，有犯笞杖徒流遷徙罪名，皆宥復職，更戒約之，如復恃恩與功再犯，必誅不赦。

《明太宗實録》永樂十三年春正月 戊午，勑諭内外諸司官曰：【略】一、軍官並旗軍將軍、力士、校尉、舍人、餘丁爲事，犯笞杖徒流罪名，自永樂十三年正月十八日以前，發遣各處立功者，盡行宥免，復還職役。一、軍官犯笞杖徒流罪名，自永樂十三年正月十八日以前，發遣各處充軍、養馬、種田等項者，悉宥復職。一、文武官員並總小旗有爲事已復職役，往支俸糧，並支半俸者，俱照舊關支。一、逃軍逃囚許令赴官自首，與免本罪，軍還原伍，囚還原配所。一、凡有軍民利病及貪官污吏作弊害民者，許諸人具實奏聞。一、軍民中有懷材抱德，或在下僚，或隱山林，許諸人薦舉，有司禮送赴京，量才擢用。

《明太宗寶訓》卷二《仁政》〔永樂十三年二月乙未〕釋工作囚徒四千九百餘人。先是，命出繫獄囚輸作贖罪，既而多亡者，有司請捕之。上謂工部尚書吴中曰：人逼於飢寒，雖慈父不能得之於子，今亡者必其衣食空乏，出不得已。遂命見役者俱還家，期秋成後赴工，令下有不願去者，七百餘人，上憫其感恩急於趨事，并其欲回者，皆釋之。

《明太宗寶訓》卷二《戒飭臣下》 永樂十四年正月乙卯，上爲皇太子監國。南京右春坊右中允吴均等言：國朝之制，京官有犯必奏聞，然後逮問。永新伯許成，擅杖工部主事王景亮，違越禮法，宜正其罪。上曰：成武人，不達事體，姑宥之。已而，召成諭曰：古之賢臣不恃功而犯法，惟能守法，然後可長保富貴，爾其慎之。

《明太宗寶訓》卷五《宥過》〔永樂十七年正月丙寅〕監察御史李偉奏：江西新淦縣逃匠雷劍南等，聚衆拒捕。上命都督馬聚、都指揮劉忠，領兵捕之，未至，而布政司按察司奏：劍南等自詣歸罪。上覽奏謂侍臣曰：民非甚不得已，孰肯以父母妻子罹死亡之禍？此有司失於撫綏。命皆宥之，遣使馳召聚等還。

（明）鄧士龍《國朝典故》卷四一《立齋閒録三》 十二月，御札付禮部尚書吕震：建文中姦臣，其正犯已悉受顯戮。家屬初發教坊司、錦衣衛、浣衣局并習匠及功臣家爲奴，今有存者，既經大赦，可放爲民，給還田土。凡前爲言事失當調充軍者，亦有爲民。

《明史》卷八《仁宗本紀》〔永樂二十二年〕十一月壬申朔，詔禮部：建文諸臣家屬在教坊司、錦衣衛、浣衣局及習匠、功臣家爲奴者，悉宥爲民，還其田土。言事謫戍者亦如之。癸酉，詔有司：條政令之不便民者以聞，凡被災不即請振者，罪之。

十二月癸卯，宥建文諸臣外親全家戍邊者，留一人，餘悉放還。

《明宣宗實録》洪熙元年冬十月　壬午，上諭行在三法司曰：卿等所奏刑名，多有軍職褫犯死罪及應徒流者。朕念其祖父立功，或本身效勞，艱難得官，一因愚戇，遂致罪戾，情有可憫。但令于邊境充軍立功，其真犯死罪死者不赦。

《明宣宗寶訓》卷一《寬仁》〔洪熙元年十月乙巳〕陝西行都司土官都指揮同知李英，至京進所獲安定番童一十五人。上謂兵部臣曰：番人作過，不得已征之，得其首惡足矣，童子何罪？即遣還本土，無父母可依者，付各衛令善養之。

《明宣宗寶訓》卷五《寬宥》〔宣德元年六月〕開平衛指揮同知方敏屯赤城交遞逃軍不遣人押送致有逃者，論敏當杖降用。上曰：朕嘗聞陽武侯言敏撫軍有方，周知邊事，今小過姑宥之。又曰：朕每聞人有一善，輒識之不忘，凡有一才可取，未嘗以小過輕棄之，不但敏也。

《明宣宗寶訓》卷五《恤刑》〔宣德元年〕九月丁酉，兵馬司引奏：金吾衛軍婦遺火燒官民房舍，當送法司治罪。上遙見其老，遣問年幾何，對曰：八十餘矣，且無子。歎曰：老而有罪當贖，况無子乎？命釋之。

《明宣宗實録》宣德三年二月　丙辰，勑湖廣都司、布政司、按察使及巡按監察御史，凡征進交阯在逃官軍俱宥其罪，限兩月内各回原衛所，如仍逃不出，禽獲至者必依軍法處治。

《明宣宗實録》宣德三年五月　辛酉，行在兵部奏，諸衛軍士多有逃亡，所管官例應降罰，兩蒙恩宥，定限期，使勾完造册回報。今天津等衛仍多不完，其忠義等衛所報之數又與前不合，皆當逮問。上曰：凡所管軍逃在赦前者免其罪，仍令勾完。赦後逃者如例降罰。

《明宣宗寶訓》卷五《寬宥》〔宣德四年七月庚午〕都御史劉觀貪贓狼籍，敗壞憲紀。其子輻交通刑部郎中許性、御史嚴暟等，過付賍私動以千計。上初有聞，猶以觀舊臣曲容。及御史劾奏其父子之罪，備得實狀，然後發之法司，論觀斬罪，輻應流。上曰：刑不上大夫，觀雖不善，朕終不忍加刑，命以輻及其黨皆謫戍遼東，觀隨子居，公議稱快。

《明宣宗寶訓》卷五《寬宥》　宣德六年四月丁未御史劾奏：四川總兵官都督陳懷奪官軍屯田及僭分等罪，懷自首實謝過。上諭行在都察院臣曰：懷武人，不學之過，姑宥之。已而顧侍臣曰：朕嘗聞皇祖言，中山王國家元勳，旦暮稍暇，輒親儒生講説禮義，而謙己下賢，老而彌篤，是以榮名令終。今懷輩，坐不親儒者，不聞善言，安得無過？

《明宣宗寶訓》卷五《寬宥》〔宣德六年〕八月刑部奏：遼東百户張富、程玘，從指揮皇甫斌巡邊，猝遇寇圍斌，而富等皆走不救，於律應斬。上曰：姑宥其死，皆杖一百，降充軍俾立功。如再失機，必斬不貸。諭刑部曰：古人有用敗將而成功者，昔皇祖亦爲朕言：使功不若使過。今姑宥之。

《明宣宗寶訓》卷五《寬宥》〔宣德八年正月丁丑〕監察御史給事中劾奏：宣府總兵官都督譚廣，杖殺萬全都司經歷蕭翔，又造虚詞飾過，請正其罪。上曰：漢大將軍衛青，統兵在外，將士有罪未嘗輕戮，皆請天子自裁。時以爲知禮，蓋擅作威福，良臣不爲，廣武夫不學，不達此道，但念其守邊久效勤勞，故宥之。都察院即封示此章，俾之知警。

《明宣宗寶訓》卷五《寬宥》〔宣德八年八月辛巳〕宥南京刑部右侍郎段民等罪。初，詔書言罪囚除謀殺祖父母、父母外，餘寬減一等。詔書未下，民兄以所鞫重囚，付大理詳審奏請。及詔下，民不待報有犯毆祖父母、父母者，一依寬減，例發遣，既而所奏者得旨斷決，乃復追還而逃逸已數人，民具以聞。上曰：《書》云予曰：宥汝惟勿，宥惟厥中。漢唐之世律有未載，得引經爲斷，今詔書有未備者，法司當量情輕重，可寬減者與寬減，不可者當奏，何得一槩釋之，此不得中矣。遂命法司宥民等罪，逃逸者令捕論如律，刑科給事中年富等執奏：民等不當宥。上曰：爾言果是，但朕已宥之，不欲反覆，其封章示之，使自勵。

《明英宗寶訓》卷二《諭臣下》〔正統八年九月庚辰〕勑諭成國公朱勇、鎮遠侯顧興祖、襄成伯李隆等曰：朝廷操練軍士，蓋欲習武藝養鋭氣，以壯國威禦外侮。今聞爾等不加撫恤，往往役使營私，借人應用，是豈國家養兵之意，亦豈朝廷委任之意哉？今姑貸爾罪，自今以往，非奉詔旨，一夫不許擅役，爾等其洗心改過，毋蹈前非，以貽後悔。

《明英宗實訓》卷三《訓外戚》〔正統十二年二月壬寅〕勅諭府軍前衛指揮孫繼宗及弟紹宗等曰：爾等皆朕外親，爰自先朝以來，洊膺顯爵，正當脩身慎行，表勵宗族，用保終譽。邇者爾族人孫奉祖父子屢恃恩玩法，恣肆凶暴，毆人至死，法司鞫問明白，請處以重法。朕念聖母皇太后在上，特推恩屈法寬貸，姑令從戍邊衛，俾其追悔自新，用蓋前罪。朕嘗觀前代外戚族屬子弟，憑藉聲勢，肆爲暴横，卒致禍敗，歷歷可鑒，況我祖宗法度嚴明，善者必褒，惡者必罰，尤非前代可比，爾等自今宜洗心改慮，務守禮分，誡約族屬，毋仍縱肆，庶幾永保爵禄，副朕親親之意。

《明英宗實訓》卷三《優遠人》〔天順元年二月戊午〕湖廣刺惹峝已故，峝長向黑稍聳，次子刺惹施並姪麥昔等三人，以罪發口外充軍。其母阿泰陳情納馬一匹以贖子罪，事下兵部議，土人犯罪例該納馬二十匹。今刺惹等三人止納馬一匹，宜當增加。上曰：朝廷一視同仁，念此遠人情有可矜，不必增加馬匹，准他贖罪，放回寧家。

《明英宗實録》天順四年冬十月〔庚戌〕兵部奏，胡虜二百犯邊，宣府總兵官武强伯、楊能等統領官軍七千餘人，不能以衆擊寡，反被射傷，官軍乞正其罪。上曰：能等罪固難容，姑記之，再犯不宥。

《明英宗實録》天順四年春正月〔丙午〕初，宣城伯衛穎以其弟顏名冒迎駕功，授正千户，是時顏實不在京也。踰月顏乃自外歸，已而顏得請往濟南省墓，過蓬萊縣，怪官吏不出迎，詈之，且私業驛馬。事覺，命山東按察司捕之。顏逃匿，及穎鎮守甘肅，請挈顏以往。顏又需所部賂無厭，事覺，穎不得已，械顏赴都察院，其奏請以顏之子理替顏職，都察院劾穎欺詐，不忠，請罪之。上曰：穎欺罔，本當究治，姑以邊境用人，宥其罪，仍移文戒之。

《明英宗實録》天順四年三月〔庚寅〕宥鎮守西寧都指揮僉事汪清罪。清在邊不趁時採草，鎮守總兵及巡撫等官遣人詰問，抗辭不服，各官迨奏其罪。詔姑宥之，戒其再犯。

《明英宗實録》天順四年三月〔甲辰〕薊州等處總兵官都指揮僉事胡鏞、左參將都指揮僉事王整嘗餽獻石亭，事覺，都察院請逮治之。上命其具實以聞，鏞等具伏。上曰：論法本當罪，姑從寬貸，自後再不守法，必罪不宥。

《明英宗實録》天順四年十一月〔乙丑〕陝西總兵官保定侯梁珤受爲事侍郎孫弘等囑，逼令訟者息詞。事覺，上命之自陳，珤陳罪，語多掩飾，刑部請正之以法。上曰：珤既服罪，其宥之。

（明）余繼登《典故紀聞》卷一四 憲宗因有自宫求進者，姑宥其罪，發原籍當差，不許投託王府勢家潛住，違者論死，隱匿之家，發邊遠充軍。

《明憲宗寶訓》卷二《寬宥》 成化五年七月乙巳，建州左衛都指揮佟那和劄等奏：乞命都督董山子脱羅、李古哈納姪完者秃，各襲其父伯之職事，下兵部請裁處。上由虜酋背恩忘義，罪當族滅，今首惡已誅，餘皆悔過嚮化。朕體上天好生之德，悉加寬宥脱羅等。既衆人奏保其授脱羅都指揮同知完者秃都指揮僉事，令統束本衛人民，依前朝貢，再犯不貸。

《明憲宗寶訓》卷二《寬宥》 成化十年七月丙子，巡撫山東左僉都御史牟俸奏：濮州所獲乘饑作亂賊首董現、房勝其黨十餘人，今皆瘐死，惟勝弟敖，依律擬斬。今詳敖初不同謀，亦未嘗拒捕，止因同居連坐，情實可矜。上曰：民以饑荒欲倡亂，有司不能撫治，例以常律處死，朕甚憫焉。同居者，既不預謀，宜宥其子，杖而戍邊，已死者家屬財産悉宥勿藉。

《明憲宗實録》成化十年十二月〔甲申〕禮部奏：陝西岷州等衛指揮使安英等，違例起送大崇教等寺番僧入貢數多，宜行所司執問。上曰：安英等姑宥不問，今後如例行之。

《明憲宗寶訓》卷二《正法》 成化十三年二月甲戌，初，樂安王奠壘奏寧王奠培慘酷貪淫不軌等事，命官勘實，惟不軌涉虚。至是仍會官議擬坐罪。上曰：寧王所爲不爲，屢降勅切責，乃不思改過，而所爲益甚，揆之祖訓，本當削爵爲庶人。念係宗支，姑從寬典，革去禄米之半。樂安王所奏重情不實，革禄米三之一，仍降勅切責，及書報各王知之。

《明憲宗寶訓》卷二《正法》〔成化十七年六月戊辰〕太子少保刑部尚書林聰等以百户張鑾所犯凶惡，擬罪失出，被責問，服罪。上曰：朝廷用刑，正以禁姦慝，鑾凶惡，如此爾等，不依舊例斷擬，本欲置之於法，姑宥之。該司官停俸一月。

《明孝宗實録》成化二十三年十二月〔庚寅〕敕禮部三法司：茲者新正在邇，萬物咸亨。在京見任文武群臣除贓罪外，自成化二十三年十二月二十五日以前所犯罪名紀録在官者，悉與湔除，俾圖自新。

《明武宗實訓》卷二《寬貸》〔正德五年五月戊寅〕諭：寧夏官員軍民旗校人等近寘鐇、何錦等謀反，神人共怒。朕念爾等皆朝廷赤子，爲其迫脅，心不自安，已有旨曉諭。其寘鐇、何錦待解至京，依法處治。有功官軍已降敕獎勵，待報功至日，另行陞賞。爾等世受國恩，縱是一時迫脅，勢非得已，並行寬宥，況朝廷節次薄税省刑，事從寬處，爾等宜各安心保守職業，同享太平之福。鎮巡等官並家口被殺者，與之棺斂；見存者與腳力口糧送在彼閑住；被傷者，聽回原籍。致仕官軍人等被殺家屬各賞銀五兩，被傷者三兩，令巡按御史查處，回奏。

《明史》卷二三《莊烈帝本紀》〔崇禎九年〕五月壬子，詔赦脅從諸賊。願歸者，護還鄉，有司安置；願隨軍自效者，有功一體敍録。

中國第一歷史檔案館《滿文老檔》天命八年二月　是日，汗曰：我勢强之地，能管束者多，我危難之地，能管束者少矣。汗取遼東城時所舉之衆臣，知我兵退，無人出而管束，皆逃避於家中。唯布三獨出管束，更番遣兵。於我危難之地，布三能獨身承當管理，故記大功，賜布三一等總兵官之職，授爲旗主，子孫世世獲死罪者，免予抵命，獲貪贓罪者，不奪其財，免其二千四百一十兩之罪。凡如布三能於我危難之地承當管理者，我與諸貝勒將予以信賴之。若濛汗與諸貝勒之信賴，亦如布三記大功，死罪不殺，貪贓罪免罰。將此諭書於八貝勒以下，至遊擊以上之掛文，懸掛之。又繕寫黄敕書，蓋印賜與布三。

中國第一歷史檔案館《滿文老檔》天命八年五月　初三日，汗曰：揚古利於歷次攻戰中皆率先立功，特賜一等總兵官之職，著其子孫世襲罔替，若犯似噶蓋、阿敦等敗壞政道之罪，則殺其身。倘因過失犯罪，犯死罪而不誅之，犯籍没財産罪而不抄之，僅以銀一千二百零五兩抵罪。將此寫於書，自八貝勒以下，備御以上皆懸掛之。並書黄敕書，蓋印，賜揚古利。

中國第一歷史檔案館《滿文老檔》天命十一年　康古里，原係納木都魯路之大臣，因棄地來歸有功，復勤修政治，善於統兵，著爲三等總兵官，免三次死罪，子孫世代勿絶恤典。汗曰：阿爾奇納、徹奇克墨爾根、巴木布里、色勒文，原係呼哈部大臣，居於東海島，與魚鳥同處，棄其祖墓，離鄉背井，跋山涉水，歷經一月來歸，殊堪憐憫。因此來歸之功，凡自彼處隨從來歸者之所有子孫，准其世世免於官賦。犯過失死罪，概行赦免。犯抄没之罪，均准免罰。如此恤典，永不絶斷。

（清）嵇璜等《清朝文獻通考》卷二一〇《刑考・赦宥》〔天命〕十一年，赦漢官、漢民罪。奉諭漢官、漢民從前有潛逃及與姦細往來者，事屬已往，雖舉首不論。

（清）嵇璜等《清朝文獻通考》卷二一〇《刑考・赦宥》天聰元年，命寬盜犯。時以歲饑，盜賊劫殺所在多有。諸臣請按律嚴懲。上惻然曰：彼皆不得已而爲盜耳。緝獲者，鞭而釋之可也。遂命是歲讞獄，姑從寬典。

中國第一歷史檔案館《清初内國史院滿文檔案》天聰八年正月　三十日，汗諭入八分諸貝勒福晋等曰：若婦人喪夫守寡未久，祭夫時不哀痛，反與男子飲酒至醉，宜治何罪，諸福晋爾等跪也。諭畢，召諸貝勒福晋集於禮部會議：若祭夫不以禮，不哀痛，祭掃時與男子飲酒作樂者，必重罪之，似此者不誅，無以訓後也。擬斬以聞。汗諭曰：爾等議誅之誠是，但念其子已失父，又誅其母，子將安恃，且免其死，爾諸福晋可往唾其面。諸福晋遂往辱詈，其罪免之。

（清）嵇璜等《清朝文獻通考》卷二一〇《刑考・赦宥》〔順治元年〕十二月又赦僞官土寇前罪，自流賊作叛以來，民間每將擄殺不赦等罪，紛紛互告。是以特諭，凡僞官投誠及明降賊官員并土寇爲亂，改過自新者，咸赦前罪。

（清）嵇璜等《清朝文獻通考》卷二一〇《刑考・赦宥》〔順治〕十年，詔赦土賊等罪。凡嘯聚山林、劫掠道路、曾爲土賊者，無論人數多寡，罪犯大小，但能自首投誠，盡赦前罪。

（清）嵇璜等《清朝文獻通考》卷二一〇《刑考・赦宥》〔順治〕十年，又矜免死罪重犯，時朝審重辟有張學者，傷人應抵，伊子玉兒泣請代死。法司以聞。上矜其請，特免死遣戍遼陽。行諭後不爲例。

（清）嵇璜等《清朝文獻通考》卷二一〇《刑考・赦宥》〔順治十七年〕命刑部審擬案內，凡係現任官員，應援赦者，交吏、兵二部議奏。著爲例。

又免被擄下海後投誠死罪。刑部奏，徐勝等下海旋經投誠仍按律治罪。上宥之，並令凡有下海後投誠者，照此例免罪。

《清聖祖實録》康熙元年八月　刑部等衙門以朝審情實各犯具奏，內絞犯衛正元一案，得旨。衛正元身爲江南巡按，當海賊入犯時，理應前進，保守江寧。乃由太平退回鳳陽，本當處死。念其在世祖章皇帝時曾經摘發姦弊，糾參貪官盧慎言，今姑從寬免死，流徙尚陽堡。

（清）嵇璜等《清朝文獻通考》卷二一〇《刑考・赦宥》　康熙二年，免海賊案內罪犯。刑部奏海賊入犯江南案內罪犯，奉有諭旨，除康熙元年以前審結外，餘從寬免。今有先結案內干連緝獲人犯，及未獲人犯，應否一並寬免，得旨：不論已結及告發者，俱著寬免。

（清）嵇璜等《清朝文獻通考》卷二一〇《刑考・赦宥》〔康熙三十七年，免死罪五百餘人。刑部議：山西寧鄉山賊安守榮等，聚衆五百餘名，刼掠村莊。安守榮等十四名應立斬梟示。餘犯一百九十四名應照律立斬，未獲各犯二百十二名嚴緝另結。得旨：安守榮等於該撫兵到即率衆迎降，俱從寬免死，發往奉天安插。賀之榮等一百九十四名俱從寬免死。李霧等二百十二名俱免緝。

（清）嵇璜等《清朝文獻通考》卷二一〇《刑考・赦宥》〔康熙三十九年〕免盜案爲從者死罪。刑部議覆廣東巡撫蕭永藻題，強盜楊三等不分首從盡行處斬，應准行。上曰：此案同謀者六十餘人，盡誅之則人命甚多，可將爲首者即行正法，爲從者俱從寬免死，發往黑龍江。

（清）嵇璜等《清朝文獻通考》卷二一〇《刑考・赦宥》〔康熙五十年〕又酌減刨參人犯罪。諭偷盜人參等案，爲從者俱照例完結。其爲首之人擬絞罪，在獄者甚多，此等人到秋審時亦應赦之。時值立夏，天氣漸熱，監犯易於染病致斃，著刑部酌量減等發落。

（清）嵇璜等《清朝文獻通考》卷二一〇《刑考・赦宥》〔雍正元年〕酌免臺灣叛賊親屬死罪。刑部議奏臺灣叛賊鄭文遠等家口，應分別定罪。得旨，凡謀反大逆按律淩遲處死正犯之親屬，皆斬。但此案事起倉卒，遠隔海洋，親屬有身在臺灣者，亦有身在內地者，若概從誅戮，情堪憫惻。除身在臺灣者，依律正法外，其在內地者，從寬免死，給與功臣之家爲奴。

（清）嵇璜等《清朝通典》卷八九《刑法・赦宥》〔雍正三年六月〕以時值盛暑，命王大臣會同三法司詳讞現審人犯，應釋放者，即行釋放。其部議枷號送門之人，亦著保釋，俟處暑後補枷。

（清）嵇璜等《清朝文獻通考》卷二一〇《刑考・赦宥》〔雍正〕五年免隱匿開墾地稅之罪，定限一年內令各省官民自行出首，其從前隱糧漏科之罪，悉從寬免，定援赦審釋之限。凡恩詔赦款內應免罪囚，逐一查明登明釋放。如情罪可疑者，限赦到一月核明釋放。如躭延時日濫行拘禁者，問官議處。

《清世宗實録》雍正七年正月　諭刑部：凡屬獲罪之人，稍有一綫可寬者，朕皆原情矜宥。而於大臣等，尤多格外開恩之處。四格黨附蘇努，不知愧耻，以蘇努之大姦大惡，爲國家巨蠹，而四格依附結交，甘心出其胯下。伊繼蘇努都統之任，將蘇努惡蹟概爲隱瞞，已屬可惡。蘇努竟敢將聖祖仁皇帝硃批摺子，塗抹褻慢，臣工見之，無不驚駭髮指，似此大不敬之罪，而四格代爲容隱。四格之罪，誠不可逭，是以照法司所擬，將伊監候秋後處決。昨朕恭閱《太宗文皇帝實録》，見四格之祖莽古爾岱，當日誠心効力，懋著功勳。四格不念其祖爲開國功臣黽勉自立，而甘爲下流，干犯國憲，此乃自作之孽。但朕心實念伊祖昔日之勤勞，不忍將伊置之重典。四格著從寬免罪釋放。爾等將朕旨傳諭四格知之。

（清）嵇璜等《清朝文獻通考》卷二一〇《刑考・赦宥》〔雍正〕七年，停止秋決。可矜疑者，寬減。又，諭八旗包衣發遣人犯，三年無過，酌子赦宥。

《清世宗實録》雍正七年十一月　諭內閣，從來開國之初，必有從龍之佐，或辟疆拓土，茂建崇勲，或陷陣衝鋒，捐軀殉節，至於承平之後，伐叛討逆，其抒誠宣力之臣，壯猷忠節，並足以垂光竹帛，流譽無窮。爲人上者，無不存篤念忠勲之心，於本身厚加贈卹，尤切望其子孫克紹前徽，永受優待功臣之澤。爲之子孫者自當謹守家風，努力奮志，砥礪廉隅，世世爲國家有用之材，以繼述先烈。即或貧寠不能自振，國家自必加以恩澤，周恤其身家，而不至於困苦無依也。乃功臣之後往往有不肖子孫，自甘敗類，或謀私結黨，欺君誤國，或貪贓壞法，虧空國帑，陷身刑辟。以致發遣遠邊，妻子入辛者庫。在國家之法，雖宗室懿親，亦不能曲爲寬宥。豈能於忠節之子孫，別開寬假之路乎。此等之人，不念先人之心跡，以致深負國恩，非惟不忠，更兼不孝。其祖父有知，亦應深惡而痛絶之。且國家遇此等人，寬之以恩，則法有所不伸，置之於法，則情有所不忍，爲君者，實處兩難之地，其人之罪，尚可言乎。然伊等忍於負國，而並忘其先人。朕豈忍不念舊勲，而不推恩及其後裔。上年降旨令各旗將功臣之子孫内，有犯法問罪，及虧空拖欠者，一一查出具奏，今年各該旗陸續查奏前來，朕詳加披覽，斟酌情罪，或其中勳節之後，嫡派止此一二人者，如施世驃等，共六十二員，名下應追未完銀共五十四萬六百九十五兩，金五百兩，米一千七百二十一石，此各項錢糧，俱係國家公帑。非朕所得私自用恩豁免者，著將内庫銀兩，照數撥補，代爲伊等完項。其或擬以充發監候，及妻子家屬入辛者庫等罪者，槩行寬釋。凡此邀恩宥貸之人，皆當捫心自愧，刻骨銘肌，並勉其子弟，遷善遠辜。毋或仍蹈故轍，儻有過犯，豈能再邀幸免。凡屬忠節之子孫，皆當以此爲戒，共加奮勉。儻因此次格外之恩，或生玩法之念，是朕之加恩，不能勸人爲善，轉至導人爲非矣，豈不重負朕念舊褒忠之至意乎。凡此寬宥人等，儻有貧乏不能自給者，准其於該都統處具呈。俟該都統奏聞，朕當另加恩恤，以存養之。

《清世宗實録》雍正八年十二月　諭内閣呂留良治罪之案。前經法司、廷臣、翰詹、科道及督撫、學政、藩臬、提鎮等，合詞陳奏，請照大逆之例，以昭國憲。朕思天下讀書之人甚多，或者千萬人中尚有其人謂呂留良之罪不至於極典者。又降旨令各省學臣，徧行詢問各學生監等，將應否照大逆治罪之處，取策該生結狀，具奏。其有獨抒己見者，令自行具呈，學臣爲之轉奏，不得阻撓隱匿。今據各省學臣奏稱，所屬讀書生監各具結狀，咸謂呂留良父子之罪罄竹難書，律以大逆不道實爲至當，並無一人有異詞者。普天率土之公論如此，則國法豈容寬貸。呂留良、呂葆中，俱著戮屍梟示，呂毅中著改斬立決，其孫輩俱應即正典刑。朕以人數衆多，心有不忍，著從寬免死，發遣寧古塔，給與披甲人爲奴。倘有頂替隱匿等弊，一經發覺，將浙省辦理此案之官員，與該犯一體治罪。呂留良之詩文書籍不必銷燬，其財産令浙江地方官變價充本省工程之用。

（清）嵇璜等《清朝文獻通考》卷二一〇《刑考・赦宥》〔雍正〕十年免侵帑官吏罪，奉諭侵蝕錢糧之官吏，應加重罪。今施恩法外，分年帶徵。若有不拘年限，先行完納者，准其開復。依限完納者，寬免其罪。胥吏中有先期及依限完納者，亦加恩免罪。是時，以天旱命法司省釋輕罪監犯。

（清）嵇璜等《清朝文獻通考》卷二一〇《刑考・赦宥》乾隆元年，釋銅案遣犯。時銅禁已弛，命將從前發遣在配者，釋放回籍。

《清高宗實録》乾隆四年十二月　諭宗人府：福寧首古弘晳一案，經平郡王公訥親一一審訊，内有弘晳聽信安泰邪術，捏稱祖師降靈一款。詢問安泰，據供弘晳曾問過准噶爾能否到京，天下太平與否，皇上壽算如何，將來我還陞勝與否等語。口供鑿鑿，殊屬大逆不道。應照例革去宗室，擬絞立決。其家産妻子，應如何辦理之處，交宗人府議奏。莊親王將官物私自換與弘晳，應照監守自盗律，革去王爵，准徒五年，係宗室交宗人府完結。安泰造作妖言，談論國事，擬以立絞，餘俱按律定擬。弘晳父子在皇祖時，身獲重罪，我皇考御極，屢次加恩，封爲親王。朕即位以來，又復恩待，乃伊並不知感，妄以伊父系舊日東宮，必懷異志，密與莊親王等交結往來，前經敗露，宗人府擬以革去王爵，永遠圈禁。朕從寬但革親王，仍准在鄭家莊居住。並將伊弟弘㬙襲封郡王，以繼理密親王之後。今弘晳聽信邪説，其所詢問妖人之語，俱非臣下所宜出諸口。所忍萌諸心者，擬以大逆重典，以彰國法，洵屬久當。但朕總念伊係皇祖聖祖皇帝之孫，若革宗室置之重典，於心實有不忍，且伊亦不過昏庸無知之人耳。著從寬免其死罪，但不便仍留住鄭家莊，著拏交内務府總管，在景山東菓園永遠圈禁。其家産妻子，不必交宗人府另議，伊子仍留宗室，但亦不便仍在鄭家莊，著來京，交與弘㬙管束。莊親王從前種種朋比黨援之事，所犯甚大，朕已經寬恩，免革王爵，今侵盜官物之案，在王亦以爲尋常之事耳。伊亦不必革去王爵，但罰親王俸録五年，以示懲儆，令王返而自思，其所庇護，乃如此妄亂之人，伊尚靦顔不知愧恥乎。安泰係附和弘晳，捏爲邪説之人，著從寬改爲應絞監候，秋後處決。餘依議。從前弘晳等朋比往來之事，朕命宗人府審奏，時朕已燭其有不軌之心，因事來顯著，是以從輕歸結，以見小懲大戒之意。彼時無知之人，未必不以朕之處分爲太過，今其悖逆之行，彰明較著，而朕仍復貸其重罪，止於禁錮。天下之人，亦當曉然於弘晳之所犯，法無可宥。而朕之所以處之者，始終念親親之誼也。況數年以來，弘晳不過隨班上朝，並未辦理公事。朕於彼無絲毫喜怒之成心，伊之居心行事如此，豈非自作之孽乎。且弘晳前案已經結局，即福寧朗首之款，亦未嘗及此悖逆之語，而安泰於審問之時，一一供出，豈非天理有所不容。皇祖皇考在天之靈昭鑒，而使之敗露乎。朕臨御以來，敦睦一本，加恩九族，逾於常格，不獨衆宗室知之，即內外臣工，無不知者。乃朕如此加恩，而近支之中，竟有如弘晳等悖亂之徒，朕不能感動其天良，朕轉用以自愧。至於衆宗室等，見朕從寬優待，益當思國法之不可犯，循理守分，永承朕寬厚之恩。至若觸法觝禁，如弘晳之行爲，朕雖以不忍之心，從寬發落，而究未嘗廢棄國法也。將此並諭衆宗室知之。

《清高宗實録》乾隆十四年五月　諭向來侵虧倉庫實犯之案，秋審朝審，概擬緩決。該犯明知其必不正法，雖有二年之限，從無交完，以致帑項虛懸。而各省侵虧之案，亦不一而足，無以儆貪風而申國憲。是以於乾隆十二年，命大學士九卿詳核議定條例，分別情節，入册候勾，其中有應入情實者五案。朕特再予限一年，或能完項自贖其罪，尚可昭法外之仁。今據刑部查奏，自定例以後，各省叅劾侵虧之案漸少，而五案中現在全完者一案，完及七分者二案，其餘二案，亦俱有交完之項。是該犯等尚知所儆惕，急圖完公，應酌量加恩寬宥，著刑部存記。所有全完之吴浩一犯，入於可矜減等發落。其餘著於勾到時，將完過分數聲明，候朕臨時酌奪，嗣後俱照此辦理。

（清）嵇璜等《清朝通志》卷七九《刑法略・赦宥》〔乾隆〕四十三年，諭交各省督撫查明各該地方，從前軍流人犯，已過十年，安分守法，别無過犯者，分别咨部核議，奏請省釋。其有在配年久，不願回籍者，仍聽其自便。

《清高宗實録》乾隆四十六年九月〔戊申〕刑部等衙門奏，江西信豐縣故民蕭維富等，創爲邪教，轉相傳惑，請依大逆例問擬。得旨，蕭維富、廖秀林、廖景淳著即戮屍。至廖景泮之父廖秀科一犯，該部擬以緣坐，固屬照例辦理。但向來緣坐之犯，無不加恩改爲監候，以示罪人不孥之義。況其父祖尤非兄弟子孫可比，此案廖秀科訊非知情縱容，著加恩免其治罪。嗣後如有逆犯祖父應行緣坐者，除訊明知情故縱，仍照例問擬外，其訊非知情者，即概予省釋，不必緣坐，著爲令。其餘應行緣坐之廖昌禮、廖明富、邱德化、邱仁禮、邱七元仔、邱仁禄、邱仁組、廖明光、廖明貴俱著從寬，改爲應斬監候，秋後處決，餘依議。

《清高宗實録》乾隆四十六年十二月〔己丑〕諭：據農起奏，審擬亳州民尹尚岳，將盜挖官隄王忝幅、王佩，用鳥鎗打傷身死一案，請照罪人不拒捕而擅殺律擬絞監候等語。此案王忝幅，因所居地近河西，雨水停積輒敢糾約王佩等數十人，前往河東盜挖官隄，希圖宣洩河西積水。時住居河東之尹尚岳，目擊隄勢將潰，情急放鎗，致將王忝幅、王佩打傷身死。核其情節，王忝幅等盜決官隄，以致該處遠近田廬，悉被淹没，情罪重大。尹尚岳，因河東地處窪下，恐隄潰水，勢在危急，放鎗嚇阻，係爲保護地方起見，並無挾嫌情事。其所用鳥鎗，亦係遵照舊例，在官編號，並非私制，所有此案原擬絞候之尹尚岳，著加恩免罪釋放。該部知道。

《清高宗實録》乾隆五十八年十一月　癸卯，諭曰：鄂輝、雅滿泰、俘習渾，因辦理藏務不善，業將伊等枷號治罪，嗣廓爾喀投誠，諸事告竣，加恩俱令來京，但總核伊等情罪，鄂輝、雅滿泰雖屬怯懦，尚有可原。俘習渾糊塗不堪，竟欲將全藏與賊，其罪實重，理應正法，因念其祖父舊勞寬免，但不便賞給差使行走，俘習渾著發往黑龍江，交該將軍委以苦差，效力贖罪。鄂輝、雅滿泰著在拜唐阿上行走。朕於臣工功罪，一秉至公，惟視其人之自取，鄂輝等益當感愧，倍加勤慎行走。

《督捕則例・旗人逃走被獲如年逾六十照例免其發遣乾隆五十七年》

查督捕例載，逃人年六十以上者，免發遣等語。此條原例本係七十歲以上。乾隆八年修例時，以雍正二年定有男女逾六十逃走者，免治逃罪之例，將此條内七字改爲六字。現在遵行檢查三十八年，有察哈爾都統咨拿獲餘丁郭多克一案。又四十五年鑲白旗包衣閒散陳四達色於二十四年逃走，四十五年自行投回一案，均經本部以該犯等年逾六十援例，免其發遣各在案。今查察哈爾閒散吹達什脱逃被獲，雖在一月以上，罪應發遣，但該犯年已六十三歲，例得免治逃罪，該都統仍請擬遣，自屬錯悞。該司查照例案，更正似屬妥協。

《清高宗實録》**乾隆五十九年九月**　甲午，諭：留京王大臣等奏，遵旨查辦節次發遣新疆重犯子嗣，及發遣官犯一摺，内王亶望等七犯之子，共二十名。又甘肅捏災冒賑及從前失誤軍機勒索既送各案官犯之子嗣等七十四名。皆因伊父等身蹈重愆，釀成巨案，以致累及子嗣。該犯等早已身伏國典，其子嗣妻妾尚在可原，均著加恩，准其釋回鄉里，俾延宗祀。又王亶望、陳輝祖案内牽連發遣官犯三十五名，前經減等治罪，分别發往黑龍江等處，及免死減流，本屬罪由自取。今姑念王亶望等正犯子嗣業經加恩釋回，此等官犯皆由王亶望等連及，亦著加恩准其一體釋回，以示法外施仁至意。至王亶望等各案内，發遣子嗣及各案發遣官犯，此次得邀釋回原籍，已屬格外恩施，其王亶望案内發遣各官犯之子，無論旗人漢人祇應准其充伍食糧，以資養贍，豈復准其應考出仕，又得幸邀禄籍。至伊等孫曾世代已遠，自可不在此例。今留京王大臣等請令伊子等俱准應考出仕，不得過六七品之處，辦理殊屬過當，著飭行。

《清仁宗實録》**嘉慶二年六月**　甲申，刑部題駮，山東巡撫伊江阿疏稱，王二毆斃無名男子，自行投首。問擬絞監候，准其援免一案，得旨：此案王二毆斃事主，係屬無名男子，案隔二年，若非該犯投首，無從破案，今既自行投首到案，尚屬畏法可矜，刑部所駮，未免過當，著照該撫所請，問擬絞候，准其援赦寬免。至所稱照例在該犯名下追埋葬銀二十兩一節，事主既無名姓，焉有屍親，所追銀兩，無從給領，亦屬有名無實。因思王二雖經自首，但究係拒捕斃命，僅以杖責完結，不足示懲。王二著免其再追埋葬銀兩，仍於絞罪上照例減等，予以杖流，用昭情法之平。

《清仁宗實録》**嘉慶三年七月**〔辛丑〕又諭：從前永保勦辦湖北賊匪時，不能設法兜圍，任令竄逸，獲咎甚重，將伊革職，交刑部監禁，並將其子寧志、寧怡革去侍衛，發往熱河。令伊兄勒保生擒賊首王三槐，著有勞績，著加恩將永保釋放。寧志、寧怡亦著加恩釋回，在上虞備用處拜唐阿上行走，以示權衡功罪，推恩曲有至意。

《清仁宗實録》**嘉慶十一年四月**　甲申，諭内閣，刑部奏：查明四川省已未入秋審斬絞常犯，酌擬應否准減並官犯二案，分别開單呈覽。朕詳加披閲，官犯周廷翰係其父出師陣亡。雖廕守備，該犯復經出師苗疆，著有勞績，昇任參將，賞戴花翎，嗣因與民人李國華之姊王李氏調戲成姦，商買爲妾。央人向其本夫王正隴説合，王正隴得銀一百兩，寫與賣休契約。是該犯之以李氏爲妾，究因本夫允從得銀，情願賣休，與搶奪良家妻女，姦占爲妻妾者，情節有間。且其父子均有軍功，業經免勾三次。周廷翰著施恩減等。又官犯楊應舉，亦曾隨征受傷，生擒賊目，賞戴藍翎。嗣因與外委李國泰偵探賊信，該犯先回得邀獎賞，李國泰馬疲後到，致被申飭。隨斥該犯先回之非，扭住拔刀向扎，該犯格落搶刀在手，被李國泰從後抱住，該犯情急，用刀戳傷其左脅殞命。是死者先行向扎，傷由情急適斃。情尚可原，楊應舉亦著施恩減等，其已入秋審各起内。絞犯石潮相因曾焕畛竊伊黄荳，業經捆縛，欲行送究。因其叫駡，該犯起意致死。將曾焕畛拖至山地，挖坑活埋，斃命。罪人已就拘執，自應送官懲辦，即被縛叫駡，亦屬人情之常，何致輒欲致死，起意活埋，情殊殘忍，石潮相著監禁二年，再行減等。又絞犯范應權因胞弟范童保行竊線帶，經雇主搜獲逐回。該犯根問抵賴，用帶套住項頸，拉往質對。被其卧地哭駡，該犯起意致死，用力拉勒殞命。死者雖係竊犯卑幼，但事屬細故，輒將胞弟勒斃，實爲殘慘。范應權著監禁四年再行減等。其未入秋審各起内，絞犯張仕元因在地用竹簽挑檢花生，適張高元向伊借用竹簽不允。撲攏奪取，該犯隨手一格，致竹簽戳傷其咽喉右，因其撲攏向毆，該犯又用竹簽嚇戳，致傷其咽喉左，疊戳致斃，情節亦屬凶横。張仕元著監禁二年再行減等。又絞犯高應斗，因年十二歲時伊嫂失落帕針，疑係該犯童養七歲之妻龔四姑檢藏，向該犯告知。該犯即向龔四姑查問，疑其抵賴。用棍先後毆傷其左額角等處，因其肆駡，又用燒熱鍋鏟烙傷其右額角等處殞命。死者雖係伊妻，但龔四姑年甫七歲，該犯既經用棍毆傷，乃復因其肆駡輒用燒熱鍋鏟烙傷致斃，情殊慘毒，且該犯年止十二已如此凶殘，成人以後必非善類。尤不可不使知懲誡，以消其桀驁之氣，高應斗著監禁四年再行減等，餘依議。

（清）嵇璜等《清朝文獻通考》卷二一〇《刑考·赦宥》　庚寅，諭内閣。刑部奏，查辦陝西省減等各案，分别開單進呈。其未入秋審酌擬監禁常犯單内，絞犯鍾有一名，係充當吏目衙門差役。緣民人郝作林負欠白宗地租，又將地畝另租與人，白宗控經吏目票差，該犯喚審未遇，該犯在郝作林門外叫罵，回向白宗店内投宿。郝作林聞知，攜棍前往，踢門進内，該犯聲言鎖帶赴審，即被郝作林棍毆偏左等處。該犯順取桌上肉刀格傷其左耳輪等處。復被郝作林疊毆致傷。該犯又刀戳其小腹左肋殞命。依鬥殺律問擬絞候。該犯並無索詐別情，刑部特以差役斃命，未便即予減等。請仍歸緩決案内監禁二年再行減等，所辦未協。在官差役人等，如果有妄拏威逼及詐贓斃命等事，自應嚴行懲辦。此案鍾有係經本官票差，將郝作林喚審，並未有向其索詐陵辱之事，乃郝作林輒攜棍先行向毆，竟與拒捕傷差無異。該犯用刀架格適戳致斃，且已身受多傷，情節尚屬可原，若以係屬差役再行監禁，是則未免偏畸。設各衙門役捕人等畏法過嚴，遇有奉公差遣，必致相率退葸，不肯盡心偵緝，於地方捕務亦有關係。鍾有著即減等，無庸再行監禁，餘依議。

《清仁宗實録》嘉慶十一年八月 〔壬辰〕諭内閣，刑部奏，據吴熊光將訪獲匪犯李崇玉家屬李蔡氏等，緣坐各犯，應否解京抑暫行羈禁之處，咨請部示一案。李崇玉結交匪類，横行鄉曲，膽敢與洋盜勾連，爲之接濟消贓，糾衆械鬭，戕害多命，甚至將人支解，種種不法，問擬凌遲，實所應得。但該犯脱逃以後，久未弋獲，嗣經那彦成設法誘致，該犯始自行投出。許以官職送京，此係那彦成辦理不善，而該犯畏罪自投，究與拏獲者稍覺有間。且此案原擬該犯罪名，祇係比照大逆定擬，與實犯者不同。從前該督撫等未將正犯拏獲，先將其父兄辦理緣坐，本不甚協。今該犯李崇玉尚在監禁，未正刑誅，亦不必將其妻子遽擬緣坐。著刑部堂官，參核例案，權衡情罪，先將李崇玉一犯應如何酌減罪名之處，悉心定擬，請旨。從前業經緣坐各犯，亦當畫一辦理，以歸平允。尋議李崇玉所犯，予以寸磔，實屬情真罪當。惟究係畏罪投回，應請改爲擬斬立決，其妻子依例應流二千里，若因比照大逆例免緣坐，仍留該省地方，誠恐滋生事端，應請於緣坐發遣上酌減安插。將已發黑龍江之李亞趙、李崇雲、李賢茂、李賢盛、李賢彩均行釋回，與犯妻李蔡氏、犯子李亞元、李亞長一並酌發不近海洋之山西、河南兩省安插。令地方官嚴加管束，於矜恤之中，仍寓懲治之意。得旨，李崇玉著照擬改爲斬決，派刑部侍郎瑚素通阿監視正法，餘依議。

《清仁宗實録》嘉慶十一年九月 〔丁巳〕諭内閣、刑部等衙門，題覆奉天省民婦段李氏，因瘋毆傷伊夫段廷儒致斃一案。將該氏問擬斬決，内閣亦以李氏著即處斬票擬進呈。閲案内情節，該氏自嘉慶四年生子時，染患瘋迷病證，時發時愈。本年三月三日，段廷儒回家，與李氏帶領子女食畢就寢。李氏尚乳哺幼女，二更時瘋病陡發，口稱見一黑怪上炕，隨持鐵鎬將段廷儒連毆致傷，閲日殞命。迨到案審訊時，供吐明晰，經該省按照本律擬抵。但該氏平素既無陵犯伊夫情事，且自染患瘋病以來，已閲數年，自非出於裝點。其爲因瘋毆夫致斃，可無疑義。因思刑部向來核議胞弟因瘋毆傷胞兄致死之案，多係改爲斬候。且秋審時並不予勾，祇令永遠監禁。即如本年四川省黄册内，有楊孔儒一起，因瘋毆傷胞兄楊孔倫殞命。刑部即以因瘋誤毆，與逞凶干犯者有間，將楊孔儒改擬斬監候。妻之於夫，與弟之於兄，名分相等，何以辦理又屬兩歧。著刑部查明舊例成案，婦人因瘋毆死本夫，是否均按本律定擬，抑亦有改擬斬候者。此案如何核覆之處，詳晰具奏，再降諭旨。

紀事

（宋）司馬光《稽古録》殷紂王 囚西伯於羑里，久乃赦之。

（唐）余知古《渚宫舊聞》卷三 江乙爲郢大夫。有盜入王宫，令尹昭奚恤以罪乙。未幾，其母亡布，乃言於宣王曰：妾夜亡布八尋，令尹盜之。王方在小曲之臺，令尹侍。王曰：令尹信盜之，不爲其富貴虧法。不盜而誣之，國有常刑。乙母曰：昔孫叔敖爲令尹，道不拾遺，民不閉關，而盜自禁。令尹之治，耳目不明，盜賊公行，故使得盜妾之布。是使盜之與身盜何異？王曰：令尹在上，寇盜在下，令尹何罪？母曰：吁！大王之言過矣！昔者妾子爲郢大夫，有盜入王宫，妾子坐絀，妾子亦豈知之哉！昔武王有言百姓有過，在予一人。上不明則下不治，相不賢則國不寧，所謂國無人者，非無人也，無治人者也。王其察之。王曰：善！非徒譏令尹，又譏寡人。命吏償其布，因賜金千鎰。母辭，王曰：母智若此，其子必不愚。乃復召江乙用之。《列女傳》辯通。

《史記》卷八八《蒙恬列傳》 趙高者，諸趙疏遠屬也。趙高昆弟數人，皆生隱宫，其母被刑僇，世世卑賤。秦王聞高彊力，通於獄法，舉以爲中車府令。高即私事公子胡亥，喻之決獄。高有大罪，秦王令蒙毅法治之。毅不敢阿法，當高罪死，除其宦籍。帝以高之敦於事也，赦之，復其官爵。

（宋）司馬光《稽古録》漢安帝元初元年 高句麗王宫卒。先是，宫數寇幽部，玄菟太守姚光請擊之。尚書陳忠以爲不若弔恤其孤，因責讓赦罪，從之。句麗請服。

（宋）鄭樵《通志》卷六〇《刑法略·赦宥》 漢景帝四年，赦有犯死罪欲腐者，許之。腐，宫刑也。丈夫割勢，不復生子，如腐木不生實。

（宋）沈樞《通鑑總類》卷二下《赦書門·吴漢願光武無赦》 建武二十年，廣平忠侯吴漢病篤，車駕親臨，問所欲言，對曰：臣愚無所知識，唯願陛下慎無赦而已。

（清）梅鼎祚《東漢文紀》卷一《光武皇帝禁殺奴婢詔十一年二月》 天地之性，人為貴，其殺奴婢，不得減。又詔十一年八月敢炙灼奴婢者，論如律，免所炙灼者為庶民。

（清）梅鼎祚《東漢文紀》卷一《光武皇帝省罪詔三年七月》 吏不滿六百石，下至墨綬長相有罪，先請。男子八十以上、十歲以下及婦人從坐者，自非不道，詔所名捕，皆不得繫當驗問者，即就驗女徒雇山歸家。女子犯徒每月出錢雇人，於山伐木，名曰雇山。

（清）梅鼎祚《東漢文紀》卷一《光武皇帝聽歸嫁賣詔二年五月》 民有嫁妻賣子欲歸父母者，悉聽之，敢拘執，論如律。

《三國志》卷二《魏志·文帝紀》 〔黄初六年〕六月，利成郡兵蔡方等以郡反，殺太守徐質。遣騎校尉任福、步兵校尉段昭與青州刺史討平之；其見脅略亡命者，皆赦其罪。

（宋）王欽若等《册府元龜》卷八二《帝王部·赦宥》 〔正元元年〕十一月甲午，以隴右四郡及金城連年受敵，或亡叛投賊，其親戚留在本土者不安，皆特赦之。

《三國志》卷四七《吴志·吴主傳》 吴令孟宗喪母奔赴，已而自拘於武昌以聽刑。陸遜陳其素行，因爲之請，權乃減宗一等，後不得以爲比，因此遂絶。

《三國志》卷五八《吴志·陸遜傳》 〔鳳凰元年〕聞武昌左部督薛瑩徵下獄，〔陸〕抗上疏曰：夫俊乂者，國家之良寶，社稷之貴資，庶政所以倫敘，四門所以穆清也。故大司農樓玄、散騎中常侍王蕃、少府李勖，皆當世秀穎，一時顯器，既蒙初寵，從容列位，而並旋受誅殛，或圮族替祀，或投棄荒裔。蓋《周禮》有赦賢之辟，《春秋》有宥善之義，《書》曰：與其殺不辜，寧失不經。而蕃等罪名未定，大辟以加，心經忠義，身被極刑，豈不痛哉！且已死之刑，固無所識，至乃焚爍流漂，棄之水濱，懼非先王之正典，或甫侯之所戒也。是以百姓哀聳，士民同戚。王蕃、李勖永已，悔亦靡及，誠望陛下赦召樓玄出，而頃聞薛瑩卒見逮録。薛瑩父薛綜納言先帝，傅弼文皇，及薛瑩承基，内厲名行，今之所坐，罪在可宥。臣懼有司未詳其事，如復誅戮，益失民望，乞垂天恩，原赦瑩罪，哀矜庶獄，清澄刑網，則天下幸甚！

（清）孫世芳《宣府鎮志》卷一九《法令考·晋》 惠帝永平四年以郡境地震赦罪人。壽春、上谷、居庸、上庸地震被災，詔賑貸，特赦有罪吏民。次年，又詔有司曰：邊郡連年受敵，或亡叛投賊，其親戚留在本土不安者，特赦之。

《晋書》卷七《郭璞傳》 〔東晋元帝〕永昌元年，皇孫生。郭璞上疏曰：有道之君未嘗不以危自持，亂世之主未嘗不以安自居。故存而不忘亡者，三代之所以興也；亡而自以為存者，三季之所以廢也。是以古之令主，開納忠讜，以弼其違，標顯切直，用攻其失。至乃聞一善則拜見，規誡則懼。何者？蓋不私其身，處天下以至公也。臣竊惟陛下符運至著，勳業至大，而中興之祚不隆，聖敬之風未躋者，殆由法令太明，刑教太峻，故水至清則無魚，政至察則衆乖，此自然之勢也。臣去春啟事，以囹圄充斥，陰陽不和，推之卦理，宜因郊祀作赦，以蕩滌瑕穢，不然，將來必有愆陽苦雨之災，崩震薄蝕之變，狂狡蠢戾之妖。其後月餘，日果薄斗，去秋以來，諸郡並有暴雨，水皆洪潦，歲用無年。適聞吴興復欲有搆妄者，咎徵漸成。臣甚惡之。頃者以來，役賦轉重，獄犴日結，百姓困擾，甘亂者多，小人愚嶮，共相扇動。雖勢無所至，然不可不虞，按《洪範傳》：君道虧則日蝕，人憤怨則水涌溢，陰氣積則下伐上。此微理潛應已著實於事者也。假令臣遂不幸謬中，必貽陛下側席之憂。今皇孫載育，天固靈基，黔首顒顒，實望惠潤。又歲涉午位，金家所忌，宜於此時崇恩布澤，則火氣潛消，災譴不生矣。陛下上承天意，下順物情，可因皇孫之慶大赦天下，然後明罰勑法，以肅理官克厭天心，慰塞人事，兆庶幸甚，禎祥必臻矣。臣今所陳，蹔而省之，未允聖旨，久而尋之，終亮臣誠。若所啓上合，願陛下勿以臣身廢臣之言，臣言無隱而陛下納之，適所以顯君明臣直之義耳。疏奏。帝納焉。

（宋）司馬光《稽古録》孝武帝太元七年 秦東海公陽等謀反，秦主皆赦不殺。

《宋書》卷九五《索虜傳》 時李元德率散卒二百人至項，劉粹使助高道瑾戍守，請宥其奔敗之罪，朝議並許之。

《宋書》卷六〇《范泰傳》 〔元嘉三年〕上乃原謝晦婦女。

（宋）司馬光《資治通鑑》宋文帝元嘉十一年夏四月 甄法護坐委鎮，賜死於獄。甄，之人翻。楊難當遣使奉表謝罪，帝下詔赦之。

《宋書》卷九一《孝義傳・孫棘》 孫棘，彭城彭城人也。世祖大明五年，發三五丁，弟薩應充行，坐違期不至，依制，軍法，人身付獄。未及結竟，棘詣郡辭：不忍令當一門之苦，乞以身代薩。薩又辭列：門戶不建，罪應至此，狂愚犯法，實是薩身，自應依法受戮。兄弟少孤，薩三歲失父，一生恃賴，唯在長兄，兄雖可垂愍，有何心處世。太守張岱疑其不實，以棘、薩各置一處，語棘云：已爲諮詳，聽其相代。棘顔色甚悦，答云：得爾，且則爲不死。又語薩，亦欣然曰：死自分甘，但令兄免，薩有何恨。棘妻許又寄語屬棘：君當門戶，豈可委罪小郎。且大家臨亡，以小郎屬君，竟未妻娶，家道不立，君已有二兒，死復何恨。岱依事表上，世祖詔曰：棘、薩甿隸，節行可甄，特原罪。州加辟命，並賜許帛二十四。

《南齊書》卷六《明帝本紀》 〔建武二年四月〕三署徒隸，原遣有差。

《南齊書》卷六《明帝本紀》 〔永泰元年〕四月甲寅，改元，赦三署囚繫原除各有差。

（宋）司馬光《資治通鑑》梁武帝天監二年十一月 馮翊吉翂父爲原鄉令，翂，撫文翻。漢靈帝中平二年分故鄣立原鄉縣，屬吳興郡。爲姦吏所誣，逮詣廷尉，罪當死。翂年十五，檛登聞鼓，乞代父命。檛，則瓜翻。上以其幼，疑人教之，使廷尉卿蔡法度嚴加誘脅，取其款實。誘者，開之以生路；脅者，威之以纆索杻械，示將拷訊之。款，誠也。誘，音酉。法度盛陳拷訊之具，詰翂曰：爾求代父，敕已相許，審能死不？所謂脅之也。拷，音考。詰，去吉翻。不，讀曰否。且爾童騃，若爲人所教，亦聽悔異。騃，五駭翻。所謂誘之也。悔異，猶律文所謂飜異。翂曰：囚雖愚幼，豈不知死之可憚！顧不忍見父極刑，故求代之。此非細故，奈何受人教邪！明詔聽代，不異登仙，豈有回貳！反前説爲回，異前説爲貳。法度乃更和顔誘之曰：主上知尊侯無罪，行當得釋，觀君足爲佳童，今若轉辭，幸可父子同濟。翂曰：父掛深劾，必正刑書，囚瞑目引領，唯聽大戮，劾，户概翻，又户得翻。瞑，莫定翻。無言復對。時翂備加杻械，法度愍之，命更著小者，復，扶又翻。杻，女九翻。更，工衡翻。著，陟略翻。翂不聽，曰：死罪之囚，唯宜益械，豈可減乎！竟不脱。法度具以聞，上乃宥其父罪。

《梁書》卷二〇《劉季連傳》 〔天監二年〕劉季連既至，詣闕謝高祖引見之。季連自東掖門入，數步一稽顙，以至高祖前。高祖笑謂曰：卿欲慕劉備而曾不及公孫述，豈無臥龍之臣乎？季連復稽顙謝。赦爲庶人。

（宋）司馬光《資治通鑑》梁武帝天監六年八月 戊子，魏有司奏：中山王英經算失圖，齊王蕭寶寅等守橋不固，皆處以極法。處，昌呂翻。己亥，詔英、寶寅免死，除名爲民，楊大眼徙營州爲兵。

《南史》卷五二《蕭恭傳》 歷位監南徐州事。時衡州刺史武會超在州，子姪縱暴，州人朱朗聚黨反，武帝以恭爲刺史。時朗已圍始興，恭至緩服徇賊，示以恩信。羣賊伏其勇，是夜退三舍以避。軍吏請追，恭曰：賊以政苛致叛，非有陳、吳之心。緩之則自潰，急之則併力，諸君置之。明日，朗遣使請降，恭杖節受之，一無所問。即日收始興太守張寶生及會超弟之子子仁斬之軍門，以其賄而虐也。有司奏恭縱罪人，專戮二千石，有詔宥之。

《梁書》卷一〇《蕭穎達傳》 遷征虜將軍、太子左衛率。御史中丞任昉奏曰：【略】穎達備位大臣，預聞執憲，私謁亟陳，至公寂寞。屠中之志，異乎飽肆之求；魚飧之資，不俟潛有之數。遂復申茲文二，追彼十一，風體若茲，准繩斯在。陛下弘惜勳良，每爲曲法；臣當官執憲，敢不直繩。臣等參議，請以見事免顯達所居官，以侯還第。有詔原之。

《梁書》卷九《王茂傳》　子貞秀嗣，以居喪無禮，爲有司奏，徙越州，後有詔留廣州。

（宋）司馬光《資治通鑑》梁武帝天監十八年　魏中尉東平王匡以論議數爲任城王澄所奪，憤恚，復治其故棺，匡造棺見一百四十七卷七年。數，所角翻。恚，於避翻。復，扶又翻。治，直之翻。欲奏攻澄。澄因奏匡罪狀三十餘條，廷尉處以死刑。處，昌呂翻。秋八月己未，詔免死，削除官爵，以車騎將軍侯剛代領中尉。騎，奇寄翻。三公郎中辛雄奏理匡，曹魏置尚書三公郎。以爲歷奉三朝，骨鯁之迹，朝野具知，朝，直遙翻。故高祖賜名曰匡。先帝既已容之於前，陛下亦宜寬之於後，若終貶黜，恐杜忠臣之口。未幾，復除匡平州刺史。幾，居豈翻。復，扶又翻。雄，琛之族孫也。辛琛見一百四十七卷天監六年。琛，丑林翻。

《梁書》卷二四《蕭昱傳》〔普通五年〕坐於宅内鑄錢，爲有司所奏，下廷尉，得免死，徙臨海郡。行至上虞，有敕追還，且令受菩薩戒。

《南史》卷七四《張景仁傳》　張景仁，廣平人也。父天監初爲同縣韋法所殺，景仁時年八歲。及長，志在復讎。普通七年，遇法於公田渚，手斬其首以祭父墓。事竟，詣郡自縛，乞依刑法。太守蔡天起上言於州，時簡文在鎮，乃下教褒美之，原其罪。

（宋）司馬光《資治通鑑》梁武帝大通元年夏四月　魏蕭寶寅之敗也，有司處以死刑，詔免爲庶人。雍州刺史楊椿有疾求解，復以寶寅爲都督雍涇等四州諸軍事、征西將軍、雍州刺史、開府儀同三司、西討大都督，自關以西皆受節度。處，昌呂翻。復，扶又翻。雍，於用翻。

《南史》卷五一《蕭正則傳》　大通二年，坐匿劫盜，削爵徙鬱林。帝敕廣州日給酒肉，南中官司猶處以侯禮。正則滋怨諸父，與西江督護靳山顧通室，招誘亡命，將襲番禺。未及期而事發，遂鳴鼓會攻州城。刺史元景仲命長史元孝深討之。正則敗，逃於厠，村人縛送之，詔斬於南海。有司請絶屬籍，收妻子。詔聽絶屬籍，妻子特原。

《梁書》卷三七《何敬容傳》〔大通十一年〕坐妾弟費慧明爲道倉丞，夜盜官米，爲禁司所執，送領軍府。時河東王譽爲領軍將軍，敬容以書解慧明，譽即封書以奏。武帝大怒，付南司推劾，御史中丞張綰奏敬容挾私罔上，合棄市刑，詔特免職。

《梁書》卷四《簡文帝本紀》〔太清三年五月壬午〕詔諸州見在北人爲奴婢者，并及妻兒，悉可原放。

《陳書》卷二《高祖本紀》　永定二年八月，前開府儀同三司、南豫州刺史周文育、前鎮北將軍、南徐州刺史、新除開府儀同三司侯安都等於王琳所逃歸，自劾廷尉，即日引見，宥之，併沒本官。

《陳書》卷三五《留異傳》　天嘉五年，陳寶應平，併擒留異送都，斬於建康市，子姪及同黨無少長皆伏誅，唯第三子貞臣以尚主獲免。

《魏書》卷四《太武帝紀》〔神䴥二年正月〕丁零鮮于臺陽等歸罪，詔赦之。

《魏書》卷四八《高允傳》　初崔浩薦冀、定、相、幽、并五州之士數十人，各起家郡守，恭宗謂浩曰：先召之人亦州郡選也，在職已久，勞勤未答，今可先補前召外任郡縣，以新召者代爲郎吏，又守令宰民，宜使更事者。浩固爭而遣之。允聞之謂東宮博士管恬曰：崔公其不免乎。苟逞其非而校勝於上，何以勝濟。

遼東公翟黑子有寵於世祖，奉使并州，受布千疋，事尋發覺。黑子請計於允，曰：主上問我，爲首爲諱乎？允曰：公帷幄寵臣，答詔宜實。又自告忠誠，罪必無慮。中書侍郎崔覽公孫質等，咸言首實罪不可測，宜諱之。黑子以覽等爲親己，而反怒允，曰：如君言誘我死，何其不直。遂與允絶。黑子以不實對，竟爲世祖所疏，終獲罪戮。

是時，著作令史閔湛、郄標性巧佞，為浩信待。見浩所注詩、論語、尚書、易，遂上疏，言馬、鄭、王、賈雖注述六經，並多疏謬，不如浩之精微。乞收境内諸書，藏之祕府。班浩所注，命天下習業。并求敕浩注禮傳，令後生得觀正義。浩亦表薦湛有著述之才。既而勸浩刊所撰國史於石，用垂不朽，欲以彰浩直筆之跡。允聞之，謂著作郎宗欽曰：閔湛所營，分寸之間，恐為崔門萬世之禍。吾徒無類矣。未幾而難作。

初，浩之被收也，允直中書省。恭宗使東宮侍郎吴延召允，仍留宿宮内。翌日，恭宗入奏世祖，命允驂乘。至宮門，謂曰：入當見至尊，吾自導卿。脫至尊有問，但依吾語。允請曰：為何等事也？恭宗曰：入自知之。既入見帝。恭宗曰：中書侍郎高允自在臣宮，同處累年，小心密慎，臣所委悉。雖與浩同事，然允微賤，制由於浩。請赦其命。世祖召允，謂曰：國書皆崔浩作不？允對曰：太祖記，前著作郎鄧淵所撰。先帝記及今記，臣與浩同作。然浩綜務處多，總裁而已。至於注疏，臣多於浩。世祖大怒曰：此甚於浩，安有生路！恭宗曰：天威嚴重，允是小臣，迷亂失次耳。臣向備問，皆云浩作。世祖問：如東宮言不？允曰：臣以下才，謬參著作，犯逆天威，罪應滅族，今已分死，不敢虛妄。殿下以臣侍講日久，哀臣乞命耳。實不問臣，臣無此言。臣以實對，不敢迷亂。世祖謂恭宗曰：直哉！此亦人情所難，而能臨死不移，不亦難乎！且對君以實，貞臣也。如此言，寧失一有罪，宜宥之。允竟得免。於是召浩前，使人詰浩。浩惶惑不能對。允事事申明，皆有條理。時世祖怒甚，敕允為詔，自浩已下、僮吏已上百二十八人皆夷五族。允持疑不為，頻詔催切。允乞更一見，然後為詔。詔引前，允曰：浩之所坐，若更有餘釁，非臣敢知。直以犯觸，罪不至死。世祖怒，命介士執允。恭宗拜請。世祖曰：無此人忿朕，當有數千口死矣。浩竟族滅，餘皆身死。宗欽臨刑，歎曰：高允其殆聖乎！

《魏書》卷七《孝文帝紀》〔延興三年正月〕相州執送妖人榮永安於京師，斬之。詔赦其支黨。

（清）沈家本《歷代刑法考・赦八・赦例二》《魏志》：熙平中，有冀州妖賊延陵王買，負罪逃亡，赦書斷限之後，不自歸首。廷尉卿裴延儁上言：《法例律》：諸逃亡，赦書斷限之後，不自歸首者，復罪如初。依《賊律》，謀反大逆，處（置）〔買〕梟首。其延陵法權等所謂月光童子劉景暉者，妖言惑衆，事在赦後，〔亦〕合死坐。正崔纂以爲：景暉云能變爲蛇雉，此乃傍人之言。雖殺暉爲無理，恐赦暉復惑衆。是以依違，不敢專執。當今不諱之朝，不應行無罪之戮。景暉九歲小兒，口尚乳臭，舉動云爲，並不闕己，月光之稱，不出其口。皆姦吏無端，橫生粉墨，所謂爲之者巧，殺之者能。若以妖言惑衆，據律應死，然更不破□惑衆。赦令之後方顯其〔事〕；律令之外，更求其罪。赦律何以取信於天下，天下焉得不疑於赦律乎！《書》曰：與殺無辜，寧失有罪。又案《法例律》：八十已上，七歲已下，殺傷論坐者上請。議者謂悼耄之罪，不用此律。愚以老智如尚父，少惠如甘羅，此非常之士，可如其議，景暉愚小，自依凡律。靈太后令曰：景暉既經恩宥，何得議加橫罪，可謫略陽民。餘如奏。

按：此赦書斷限之律當時明著於律中，殆漢以來相承之舊典也。

（明）楊士奇等《歷代名臣奏議》卷二一八《赦宥》後魏明元帝時，以郡國豪右大為民蠹，乃優詔徵之。民多戀本，所在聚結，盜賊並起，守宰不能禁。帝乃引白馬侯崔玄伯及元城侯元屈等問曰：前以兇俠亂民，故徵之京師，而守宰失於綏撫，令有逃竄。今犯者已多，不可悉誅，朕欲大赦以紓之，卿等以為何如？屈對曰：民逃，不罪而反赦之，似若有求於下，不如先誅首惡，赦其黨類。玄伯曰：王者治天下以安民為本，何能顧小曲直也？譬琴瑟不調必改而更張，法度不平亦須蕩而更制。夫赦雖非正道，而可以權行。自秦漢以來，莫不相踵。屈言先誅後赦，會於不能兩去，孰與一行便定？若其赦而不改者，誅之不晚。帝從之。

《魏書》卷一九《安南王楨傳》文明太后、高祖並臨皇信堂，引見王公，太后令曰：汝陰王天賜、南安王楨不順法度，黷貨聚斂，依犯論坐，將至不測。卿等爲當存親以毀令，爲欲滅親以明法？群臣咸以二王託體先皇，宜蒙矜恕。太后不答。高祖乃詔曰：南安王楨以懿戚之貴，作鎮關右，不能潔己奉公，助宣皇度，方肆貪慾，殖貨私庭，放縱姦囚，壅絕訴訟，貨遺諸使，邀求虛稱，二三之狀，皆犯刑書。昔魏武翦髮以齊衆，叔向戮弟以明法，克己忍親，以率天下。夫豈不懷，有爲而然耳。今者所犯，事重疇日，循古推刑，實在難恕。皇太后天慈寬篤，恩矜國屬，每一尋惟高宗孔懷之近，發言哽塞，悲慟於懷；且以南安王孝養之名，聞於內外，特一原恕，削除封爵，以庶人歸第，禁錮終身。

《北史》卷九《孝行傳・長孫慮》長孫慮，代人也。母因飲酒，其父眞呵叱之，誤以杖擊，便即致死。眞爲縣囚執，處以重坐。慮列辭尚書云：父母忿爭，本無餘惡，直以謬誤，一朝橫禍。今母喪未殯，父命旦夕，慮兄弟五人並沖幼。慮身居長，今年十五，有一女弟，向始四歲。更相鞠養，不能保全，父若就刑，交墜溝壑。乞以身代老父命，使嬰弱衆孤，得蒙存立。尚書奏云：慮於父爲孝子，於弟爲仁兄，尋情究狀，特可矜感。孝文帝詔特恕其父死罪，以從遠流。

《隋書》卷四六《長孫平傳》 後數載，轉工部尚書，名爲稱職。時有人告大都督邴紹非毀朝廷爲憒憒者，上怒，將斬之。平進諫曰：川澤納污，所以成其深，山嶽藏疾，所以就其大。臣不勝至願，願陛下弘山海之量，茂寬裕之德。鄙諺曰：不癡不聾，未堪作大家翁。此言雖小，可以喻大。邴紹之言，不應聞奏，陛下又復誅之，臣恐百代之後，有虧聖德。上於是赦紹。因勑羣臣，誹謗之罪，勿復以聞。

（宋）宋敏求《唐大詔令集》卷八三《政事・恩宥・益州夔州管内疎理囚徒制》 緩刑議獄，哲王彛訓，解網泣辜，前賢茂軌。朕君臨海内，撫育黎元，一物乖所，納隍興慮。其益州道行臺及夔州總管府衆務臻集，統攝遐長，囚徒禁繫，其數不少。或控告未申，多有寃屈，或注引肆意，濫及貞良，致使文案稽延，訟獄繁壅，念彼枉滯，情深愍惻。其益州管内諸州委御史大夫無逸檢校，夔州管内委趙郡公孝恭檢校，所有囚徒悉令覆察，務從寬簡，小大以情，但有負罪逃亡，離棄鄉邑，無問輕重，悉令歸首。明加勸導，務修墾植，庶使家給人足，稱朕意焉。武德四年四月。

《新唐書》卷八五《竇建德傳》 〔武德四年〕五月，王禽建德，併獲王琬、長孫安世，俘示東都城下，且遣安世入言敗狀。世充惶惑，將突圍出保襄、漢，謀於諸將，皆不答，遂率將吏降軍門。王受之，以屬吏，陳兵入城，發府庫賚將士。其黄門侍郎薛德音以移檄嫚逆，崔弘丹造弩多傷士，前誅之。又收段達、楊汪、孟孝義、單雄信、楊公卿、郭什柱、董濬、張童仁、朱粲、王德仁等斬洛渚上，以世充歸長安，高祖數其罪，世充曰：計臣罪不容誅，但秦王許臣以不死。乃赦爲庶人，與其族徙於蜀。

（明）余懋學《仁獄類編》卷二五《縱囚悉來歸》 唐太宗貞觀六年，上親録囚徒，歸死罪者二百九十人於家，令明年秋來就刑，其後應期畢至，詔悉原之。

（明）余懋學《仁獄類編》卷二九《宥止宿逃囚》 贛州民有止宿逃囚者，初不知其囚，刑部逮問，坐之罪。上曰：刑者，聖人設防於天下耳。深文重法，仁者不爲，彼既不知其爲囚，而止宿之者，人情之常也。何罪之爲。如所議，行路之人將無止宿矣。遂命釋之，給道里費，遣歸。

（宋）王溥《唐會要》卷四〇《君上慎恤》 〔貞觀〕六年十二月十日，親録囚徒。放死罪三百九十人歸於家，令明年秋來就刑。其後應期畢至，詔悉原之。

《新唐書》卷二《太宗本紀》 〔貞觀十二年〕始，帝語近臣曰：孝恪以八月十一日詣焉耆，閲二旬可至，當以二十二日破之，使者今至矣！俄而遽人以捷布聞。囚突騎支及妻子送洛陽，有詔赦罪。

（宋）司馬光《稽古録》高宗上元二年春 劉仁軌破新羅於七重城，新羅王法敏降，上赦之。

《新唐書》卷二二一《西域・焉耆》 太宗時，有即墨人王君操，父隋末爲鄉人李君則所殺，亡命去，時君操尚幼。至貞觀時，朝世更易，而君操窶孤，讎家無所憚，詣州自言。君操密挾刃殺之，刳其心肝噉立盡，趨告刺史曰：父死凶手，歷二十年不克報，乃今刷憤，願歸死有司。州上狀，帝爲貸死。

（唐）吴兢《貞觀政要》卷八《論赦令》 長孫皇后遇疾，漸危篤，皇太子啟后曰：醫藥備盡，今尊體不瘳，請奏赦囚徒，并度人入道，冀蒙福祐。后曰：死生有命，非人力所加。若脩福可延，吾素非為惡，若行善無効，何福可求？赦者，國之大事。佛道者，上每示存異方之教耳，常恐為理體之弊，豈以吾一婦人而亂天下法？不能依汝言也。

《舊唐書》卷一九三《列女傳・絳州孝女衛氏》 〔唐太宗時〕絳州孝女衛氏，字無忌，夏縣人也。初，其父爲鄉人衛長則所殺，無忌年六歲，母又改嫁，無兄弟。及長，常思復讎。無忌從伯常設宴爲樂，長則時亦預坐，無忌以磚擊殺之。既而詣吏，稱父讎既報，請就刑戮。巡察大使、黄門侍郎褚遂良以聞，太宗嘉其孝烈，特令免罪，給傳乘徙於雍州，並給田宅，仍令州縣以禮嫁之。

《新唐書》卷一九五《孝友傳・張琇》 高宗時，絳州人趙師舉父爲人殺，師舉幼，母改嫁，讎家不疑。師舉長，爲人庸，夜讀書。久之，手殺讎人，詣官自陳，帝原之。

（唐）杜佑《通典》卷一六九《刑法・禁屠殺贖生附》 大唐武太后聖曆三年，斷屠殺。鳳閣舍人崔融上疏曰：春生秋殺，天之常道；冬狩夏苗，國之大事。豺祭獸，獺祭魚，自然之理也。一乾豆，二賓客，不易之義也。上至天子，下至庶人，莫不揮其鸞刀，烹之鶴鼎，所以充庖廚。

故能幽明感通，人祇輯睦，萬王千帝，殊塗同歸。今者禁屠宰，斷弋獵，三驅莫行，一切不許，將恐違聖人之達訓，紊明王之善經，一不可也。且江南諸州，乃以魚為命，河西諸國，以肉為齋，一朝禁止，倍生姦弊，富者未革，貧者難堪，二不可也。加有貧賤之流，刲割為事，家業倘失，性命不全，雖復日戮一人，終慮未能總絶，但益恐嚇，惟長姦欺，外有斷屠之名，内誠鼓刀者衆，勢利倚依，請託紛紜，三不可也。雖好生惡殺，是君子之小恩，而考古會今，非國家之大體。但使奉月令，順天經，造次合禮儀，從容中刑典，自然人得其性，物遂其生。何必改革，方為盡善？

（明）楊士奇等《歷代名臣奏議》卷二一八《赦宥》 武后時，突厥入趙定，殺掠甚衆，民多脅從於賊。賊已去，懼誅逃匿。時狄仁傑為河北安撫大使，乃上疏曰：議者以為虜入寇，始明人之逆順，或迫脅，或願從，或受偽官，受為招慰，誠以山東之人重氣，一往死不為悔，比緣軍興，調發煩重，傷破家産，剔屋賣田，人不為售。又官吏侵漁州縣，科役督趣鞭笞，情危事迫，不循禮義，投跡異域，以圖賒死，此君子所愧而小人之常。民猶水也，壅則為淵，疏則為川，通塞隨流，豈有常性？昔董卓之亂，神器播越，卓已誅禽，部曲無赦。故事窮變生，流毒京室，此由恩不溥洽，失在機先。今負罪之伍潛竄山澤，赦之則出，不赦則狂。山東群盜緣茲聚結。故臣以為邊鄙暫警不足憂，中土不寧可為慮也。夫持大國者不可以小治，事廣者不可以細分，人主所務弗檢常法，願曲赦河北，一不問罪。詔可。

（明）楊士奇等《歷代名臣奏議》卷二一八《赦宥》 中宗時，張易之誅，議窮治黨與。監察御史張廷珪建言曰：自古革命，務歸人心，則以刑勝治。今唐曆不移，天地復主，宜以仁化蕩宥，且易之盛時，趨附奔走，半天下盡誅，則已暴罰一二，則法不平，宜一切洗貸。中宗納之。

《舊唐書》卷一九三《列女傳·濮州孝女賈氏》 孝女賈氏，濮州鄄城人也。年始十五，其父爲宗人玄基所害。其弟强仁年幼，賈氏撫育之，誓以不嫁。及强仁成童，思共報復，乃候玄基殺之，取其心肝，以祭父墓。遣强仁自列於縣司，斷以極刑。賈氏詣闕自陳己爲，請代强仁死。高宗哀之，特下制賈氏及强仁免罪，移其家於洛陽。

《新唐書》卷一二二《郭元振傳》 〔武后辛丑年間〕 楚客復表周以悌代元振，且以阿史那獻爲十姓可汗，置軍焉耆以取娑葛。娑葛遣元振書，且言：無仇於唐，而楚客等受闕啜金，欲加兵擊滅我，故懼死而鬭。且請斬楚客。元振奏其狀。楚客大怒，誣元振有異圖，召將罪之。元振使子鴻間道奏，乞留定西土，不敢歸京師。以悌乃得罪，流白州，而赦娑葛。

（唐）杜佑《通典》卷一六九《刑法·禁屠殺贖生附》 景龍元年，遣使往江淮，分道贖生，以所在官物充直。中書舍人李乂上疏曰：江淮水鄉，採捕為業，魚鱉之利，黎元所資。雖雲雨之私有霑於末類，而生成之惠未洽於平人。何則？江湖之饒，生育無限，府庫之物，支供易殫。費之若小，則所濟何成；用之倘多，則常支又闕。與其拯物，豈若愛人？且鬻生之徒，惟利斯視，錢刀日至，網罟年滋，施之一朝，營之百倍。未若迴救贖之錢物，減貧無之徭賦，治國愛人其福勝彼。

（唐）杜佑《通典》卷一六九《刑法·禁屠殺贖生附》 景龍二年九月勑：鳥雀昆蟲之屬，不得擒捕，以求贖生。犯者先決三十。宜令金吾及州縣市司禁斷。

（宋）宋敏求《唐大詔令集》卷一〇八《政事·營繕·大明宮成放免囚徒等制》 黄門：朕聞養人者，謂之帝王。蓋御於天下，故作為棟宇，以避燥濕，居於臺榭，以順高明，斯乃奉時而行政也。朕以不德，祗膺睿圖，寶十家之産；愛兆人之力，未嘗興功於土木，役思於池籞。冀臻休艾，以致邕熙。自律應長嬴，時方大暑，溽雲屢起，温風且至。伏以太上皇晏居頤衛，滌慮清閑，迹不往於甘泉，心每期於汾水。朕侍於左右，以奉晨夕。助玄默之化，則虧於聽理，當炎蒸之序，又黷以囂煩。惕焉載懷，敢忘順色。然文明創造，先聖所營，即舊不加，因時而往。千門萬户，外雖謂於別宮；一日三朝，中自連於複道。下所以寧問安之意，上所以資習静之娛，實獲我心，俾康政理。古有服珍裘者，則念人之寒；居夏屋者，則念人之熱。況比歲阻飢，甫田不稔，或愚人陷罪，圜土稱寃。凡厥庶寮，將何以恤？兩京及諸州，宜令長官親理寃獄，除犯名教及官典犯贓，幷緣妖偽以外，餘罪徒以下，咸宜放免。其有茂才異等、拔衆超羣，緣無紹介、久不聞達者，咸令自舉，朕當親問。其應宣撫使名聞舉人，試第四等，宜准舊例，別加優獎。見任人各量與改轉，前資常選人至各依選例與處分，其未出身者，並授散官。先天以來軍將、押官等在於陣戰亡者，令本軍勘責奏聞。其妄説災祥，誑惑閭里，並令州縣長官等嚴加捉搦，仍令御史、金吾訪察繩糾。有能直言極諫、補朕之闕者，各封狀進，朕將親覽，如有可採，當加獎擢。其皇親諸親及東宮承值、任員外検試等官近停至今冬處分者，有家道貧迫、情願外任者，亦令所司勘績，闕量才註擬。其緣坐流人，處置有輕重不類者，令所司勘會奏聞。主者施行。開元二年六月八日。

（宋）宋敏求《唐大詔令集》卷八三《政事·恩宥·原減囚徒敕》

敕：惟刑恤哉，古之道也。朕撫臨四海，茂育萬邦，思致淳風，登之壽域，期畫冠而不犯，故開羅而在宥。念茲下愚，自抵常法，時屬盛夏，天其養長，在物最靈，惟人為貴。朕處臺榭，猶有鬱蒸之毒，彼居囹圄，能無僭恒之憂，故遣紫微黃門備加按省，覽其所奏，用憫於懷，爰矜可恕之罪，必務惟輕之義，將布寬惠，從原減。宜依前件。開元三年五月十六日。

《新唐書》卷一九三《孝友傳·陸南金》 南金仕爲太常奉禮郎。開元初，少卿盧崇道抵罪徙嶺南，逃還東都，南金居母喪，崇道僞稱弔客，入而道其情，南金匿之。俄爲讎人跡告，詔侍御史王旭捕按，南金當重法，弟趙璧詣旭自言：匿崇道者我也，請死。南金固言弟自誣不情，旭怪之，趙璧曰：母未葬，妹未歸，兄能辦之，我生無益，不如死。旭驚，上狀。玄宗皆宥之。

（清）嵇璜等《續通志》卷一五〇《刑法略·赦宥》 玄宗開元十年八月，武彊令裴景仙坐贓五千匹，事覺亡命，帝怒，命集衆，斬之大理寺。李朝隱奏景仙贓皆乞取，罪不至死，又其曾祖寂有建義大功，後以非罪破家，惟景仙獨存，今為承嫡，宜宥其死，投之遠荒。帝許之。按此條，《通考》係開元十八年，《通典》係開元十年八月。考《通鑑》所載，年月亦與《通典》同，今從《通典》。天寶十三年二月，赦文左降官承前遭憂皆不得離任，孝行之道，所未宏通，情理之間，深可哀恤，如有此類，宜並放歸，仍申省計至服滿日，准法處分，自今以後，編入常式。

（宋）宋敏求《唐大詔令集》卷八三《政事·恩宥·孟夏疎決天下囚徒敕》 法以閑邪，刑以助化。因時而制，蓋非獲已。朕自臨御天下，憂勞庶務，以至誠感物，道冀有孚；以至理致和，仁或由己。豈欲以刑制政，期於以化清刑，故不用殊絶之誅。每施寬大之令，而遷善者衆，犯法者寡，斷獄十數。聞諸有司然猶一夫不獲，在予多媿，寰宇殷廣，京都浩攘，繫於徽纆或未聽理，逮捕斯擾，糧饋為勞，生業或虧，何以卒歲，言念於此，深用憫然。況今長贏在辰，耘耨斯切，順時立政，在乎恤人，思宏在寬之典，庶無留獄之弊。其天下囚徒，即令疎決，其妖訛盜賊造偽頭首既深蠹時政，須量加懲罰，刑名至死者，各決重杖一百，長流嶺南。自餘枝黨被其詿誤，矜其至愚，量事責罰，使示懲創。流以下罪，並節級處分。令中書門下就大理及府州縣詳理。開元十九年四月二十日。

（宋）宋敏求《唐大詔令集》卷八三《政事·恩宥·以春令減降天下囚徒敕》 行慶施惠，所以奉天時；緩刑恤獄，所以愛人命。今陽和布序，草樹自榮，而或入於罪隸，嬰於春藁，同被亭育之恩，未暢生成之施。言念於此，深用憫然。思宏時令，以哀庶獄。天下囚徒罪至死者，特寬宥，配隸嶺南遠惡處，其犯十惡及偽造頭首量決一百，長流遠惡處。流罪犯，罰鎮三年。其徒以下罪，並宜釋放。其有官吏犯贓推問未了者，仍准取實狀定名訖，然後準降處分。計贓一匹及與百姓灼然有讎者，並不須令却上，其上都委中書門下疎理。京城委留守。天下諸州委長官，並當日處分，其責保停務之類，並宜准此。開元二十年二月。

（宋）宋敏求《唐大詔令集》卷八四《政事·恩宥·遣使往諸道疎決囚徒敕》 三農在期，禮先決於薄刑，義必寬於輕繫。既聽其令，用軫於懷。雖囹圄之間，少聞於冒犯；澄清之使，素盡於忠公。猶慮吏有煩苛，人或寃滯，是爽和平之氣，殊乖敬授之心，其天下見繫囚徒，及事發應推身不禁者，即宜差使分往諸道，量事疎決，及宣布時令，除犯贓賄十惡死罪不赦，自餘流徒以下，特宜放免。迴日聞奏，務在欽恤，以稱朕懷。開元二十六年四月。

（宋）宋敏求《唐大詔令集》卷八四《政事·恩宥·以春令減降囚徒勅》 國之用刑，兼在於慎恤。王者布澤，亦在緩乘時。所以大易陳規，必議緩獄，周官設教，遵於中典。朕恭臨寶位，憂念黎元，乾乾之心，日慎一日，況兵戎未息，政役猶繁，哀此下人，無忘夕惕。如聞州縣之內多有纍囚，囹圄之間動淹時序。每軫納隍之慮，常懷解網之仁。屬陽春和布，品彙咸達，宜覃在宥之澤，俾叶生成之化。其天下見禁囚徒，死罪從流，流罪以下，一切放免。其十惡、反逆及造僞頭首、強盜、刼殺，官吏犯贓枉法等，害政既甚，在法難容，不在免限。其諸供司及作曹非切要外，並宜減省，京畿諸色和糴，一切並停。其天下百姓有灼然單貧，不存濟者，緣租庸先立，限長行，每鄉量降十丁，猶犯病恐編户之中懸磬者衆，限數既少，或未優矜。其實不支濟者，宜令每鄉量更矜放，待資產稍成，任依恒式。以天下未寧，頻申赦令，公私庶務，優恤蓋多，載覃宥過之恩，庶及措刑之美，宣示中外，知朕意焉。乾元二年二月。

（宋）宋敏求《唐大詔令集》卷八四《政事·恩宥·以春令減降囚徒德音》 乘時布澤，有國之彝訓；議獄緩刑，前王之茂典。由是捨其麛卵，殷湯弘解網之仁，順彼陽和；漢后有録囚之詔，育物施惠。仰惟舊章，朕纘服鴻業，祗膺寶位，日旰忘食，中夜求衣，慮一物之失所，憂四方之未乂。雖身居黄屋，而志在蒼生。今寇孽為虞，征輸未息，猶恐提戈釋耒，未有厚於人時，寘棘埋梧，或慮盈於幽圄，屬三陽啟候，萬物遂生，宜覃在宥之澤，庶叶惟新之令。其天下見禁囚徒，死罪降從流，徒以下並宜釋放。京城宜令中書門下即分往府縣，御史臺大理寺即親自按問決訖，具狀聞奏。諸州府各委所由長官，準此處分。諸色流人及左降官等所由類例，並與量移，仍委中書門下覆奏取處分。其先緣安禄山偽署三司有名應在流貶者，原情議罪，負國誠深，朕已捨其殊死，竄於荒徼，固當與衆共棄，長為匪人。然皆邦家舊臣，常挂纓冕，使其終沒裔土，永匿慙魂，孰若貸以殊私，俾令効節，亦準例處分，兼委中書門下量輕重類例奏取處分。比緣竊盜之内，干戈脅從，白刃臨頸，胡寧忍決，所有陷於兇黨，茍免者多。前後詔書頻已該及，其史思明將士及偽署官屬等有束身歸順，並率衆來降，官爵如初，一無所問。以城邑等降者，仍別加封爵，餘凶黨之流，亦同此例。天實臨照，朕無食言。王者設教，務農為首，今土膏方起，田事將興，敦本勸人，實惟政要。宜令天下刺史縣令，各於所部親勸農桑，百姓中有勤勞耕稼，積其菽粟，或贍於閭里，或能益軍儲，委所由長吏具狀奏聞，當特與甄賞。仍令有司第高下，量酬五品已下官勳。其百司及州縣興工力役，不急之務，一切並停。諸軍兵健，應在行營，有羸老病疾不任戰陣者，各委節度使速揀擇放還，路次州縣，量加濟邺，諸色番役各令所司減省，放其營農，且寇孽未平，軍戎宜備，甿庶之内，徵賦猶煩。朕所以親帥公卿躬行節儉，而詔書屢下，蠲免蓋多，至國計軍儲，取給而已。猶欲累加損抑，以惠黔黎，宜令中書門下勾當，令度支使與諸供司一切減省，應可蠲免，每司各條件聞奏，當使施行。上元二年正月。

（清）孫世芳《宣府鎮志》卷一九《法令考·唐》 肅宗至德二載赦吏民罪蠲租庸三載。甫平，上即册圈樓肆赦天下，蠲來載租庸三分之一，惟范陽、盧龍、密雲、德陽、上谷久爲安禄山所困，特蠲租庸三載，以安集之。其吏民非從逆犯他罪者，減赦除焉。按是時諸郡尚未盡復而肆青蠲租先之，亦挽回人心之一端云。

（宋）宋敏求《唐大詔令集》卷八四《政事·恩宥·原免囚徒德音》 元首之義，以人為心。外有凋傷，内懷慘怛，罪歸於己，情見乎辭。伯禹深泣辜之仁，漢王下哀痛之詔，與理同道，惟刑是恤。朕志弘覆載，運屬艱難，思措大刑，俾登壽域，風以解愠，時當發生。國有舊章，已懸書於象魏，恩成在宥，宜釋繫於狴牢。其天下見禁囚徒，罪無輕重，一切放免。其官典犯贓，情雖難恕，特從寬典，許以自新。宜納贓放所犯罪，左降官等，即與量移近處。諸色流人及効力罰鎮人等，並即放還，其有亡官失爵亦予收叙。比來兵革不息，米穀未豐，百姓流離，至於困弊，戰士暴露，頗聞闕乏，或有結聚及有違軍令，但能改過自効，前事捨而不論。艱虞以來，多冒刑辟，道存善貸，屢有德音，庶其最靈，咸自改勵。宣示中外，知朕意焉。

（清）嵇璜等《續通志》卷一五〇《刑法略·赦宥》 肅宗至德二年九月，郭子儀克華陰、弘農二郡，關東獻俘百餘人，敕皆斬之，監察御史李勉言：今元惡未除，為賊所汚者半天下。聞陛下龍興，咸思洗心以承聖化，今悉誅之，是驅之使從賊也。帝遽使赦之。十二月，克復兩京，赦天下，惟與安禄山同反及李林甫、王鉷、楊國忠子孫不在免例。

（清）嵇璜等《續通志》卷一五〇《刑法略·赦宥》 代宗大曆五年三月，赦京畿繫囚，命盡釋魚朝恩黨與，且曰：北軍將士，皆朕爪牙，並宜仍舊，勿有憂懼。帝性仁恕，常以至德以來，用刑為戒，及河洛平，下詔河北、河南吏民任偽官者一切不問，得史朝義將士妻子四百餘人皆赦之。僕固懷恩反，免其家不緣坐，諫者常諷帝政寬，故朝廷不肅，帝笑曰：艱難時無以逮下，顧刑法峻急，有威無恩，朕不忍也。

《舊唐書》卷五〇《刑法志》　代宗寶應元年，回紇與史朝義戰勝，擒其將士妻子老幼四百八十人。上以婦人雖爲賊家口，皆是良家子女，被賊逼略，惻然愍之，令萬年縣於勝業佛寺安置，給糧料。若有親屬認者，任還之；如無親族者，任其所適，仍給糧遞過。於是人情莫不感戴忻悦。

《新唐書》卷五六《刑法志》　代宗性仁恕，常以至德以來用刑爲戒。及河、洛平，下詔河北、河南吏民任僞官者，一切不問。得史朝義將士妻子四百餘人，皆赦之。僕固懷恩反，免其家，不緣坐。劇賊高玉聚徒南山，啗人數千，後擒獲，會赦，代宗將貸其死，公卿議請爲菹醢，帝不從，卒杖殺之。諫者常諷帝政寬，故朝廷不肅。帝笑曰：艱難時無以逮下，顧刑法峻急，有威無恩，朕不忍也。即位五年，府縣寺獄無重囚，故時，別敕決人捶無數。寶應元年，詔曰：凡制敕與一頓杖者，其數止四十；至到與一頓及重杖一頓、痛杖一頓者，皆止六十。

《新唐書》卷一二〇《袁恕己傳》〔建中年間〕帝曰：杞不逮，是朕之過。朕已再赦。答曰：杞天資詭險，非不逮，彼固所餘。赦者，止赦其罪，不宜授刺史。願問外廷，敕中人聽於民。若億兆異臣之言，臣請前死。諫官亦力爭帝前。

《新唐書》卷一六五《權德輿傳》〔唐憲宗元和初〕于頔以子殺人，自囚，親戚莫敢過門，朝廷無爲請者。德輿將行，言於帝曰：頔之罪既貸不竟，宜因賜寬詔。帝曰：然，卿爲吾過諭之。復拜太常卿，徙刑部尚書。

（宋）司馬光《稽古録》憲宗元和三年夏　黄少卿降，赦之。

《新唐書》卷一九五《孝友傳・張琇》　穆宗世，京兆人康買得，年十四，父憲責錢於雲陽張莅，莅醉，拉憲危死。買得以莅趫悍，度救不足解，則舉鍤擊其首，三日莅死。刑部侍郎孫革建言：買得救父難不爲暴，度不解而擊不爲凶。先王制刑，必先父子之親。《春秋》原心定罪，《周書》諸罰有權。買得孝性天至，宜賜矜宥。有詔減死。

（清）嵇璜等《續通志》卷一五〇《刑法略・赦宥》　憲宗元和六年九月，富平縣人梁悦報父仇，殺秦杲，投縣請罪，敕復讐殺人固有彝典，以其自詣公門，發於天性，本無求生之心，特從減死之法，宜決一百，配流。十二年七月，敕今後左降官及責授正員官等宜從到任後，經五考滿方許量移，如未滿五考，遇恩赦者從節文處分，如犯十惡、大逆、贓賄緣坐者奏取進止。

（宋）王欽若等《册府元龜》卷六一六《刑法部・議讞》　宇文鼎，太和中爲御史中丞，奏當司前後推覆，造僞出身文書，賣官並造僞印行用等。因張璹、劉建、胡伯忠犯罪，並在太和三年十一月十八日恩赦前，准刑部大理寺詳斷，悉處極刑。准斷獄律：赦前斷罪不當者，若處輕爲重，宜改從輕，處重爲輕，即依輕法者。臣以前件因等，雖抵極法，悉經殊恩，或自赦文全生，或因起請減等，伏緣俱引霈澤，累陳訴詞，若非得中，恐未服罪。昨者一與、一奪，事關起請，既生又死，稍覺二三。如臣所見，伏請赦書以前犯者，特許減論，赦書以後所犯者，不得援例。庶使後無僥幸，令絶披陳。敕張璹、胡伯忠、劉建等宜准元敕處分。

（宋）宋敏求《唐大詔令集》卷八六《政事・恩宥・咸通十三年五月疎理刑獄敕》　敕：慎恤刑獄，大易格言。語曰：如得其情，則哀矜而勿喜。而獄吏苛刻，務在侮文，守臣因循，罕聞親事。以此械繫之輩，溢於狴牢，追捕之徒，煩於簡牘。實傷和氣，因致沴氛。況時屬熇蒸，化先茂育，並赦罪戾，式順生成。應天下所禁繫罪人，十惡、忤逆及故意殺人、合造毒藥、持杖行劫、開發墳墓外，餘並宜疎理釋放。如或信任人吏，多有生情繫留，續察訪得知，本道觀察使判官、州府本曹官，必加懲譴，以誡慢易。敕到後十日内，疎理分析聞奏。

（清）嵇璜等《續通志》卷一五〇《刑法略・赦宥》　梁太祖開平元年十一月，赦軍士逃亡為盜者。初，帝在藩鎮，用法嚴，將校有戰没者，所部兵悉斬之，謂之跋隊斬。士卒多亡，乃命軍士皆文其面，以記軍號，逃輒執之，無不死者。由是亡者皆聚山澤為盜。至是赦其罪，聽還鄉里，盜減什七八。

《舊五代史》卷一〇〇《漢書・高祖本紀》〔天福十二年十一月〕丁丑，杜重威素服出降，待罪於宫門，詔釋其罪。

《宋史》卷二六二《李濤傳》　晋天福初，改考功員外郎、史館修撰。晋祖幸大梁，張從賓以盟津叛，陷洛陽，扼虎牢。故齊王全義子張繼祚者實黨之，晋祖將族其家。濤上疏曰：全義歷事累朝，頗著功効。當巢、蔡之亂，京師爲墟，全義手披荊棘，再造都邑，垂五十年，洛民賴之。乞以全義之故，止罪繼祚妻子，從之。

（清）嵇璜等《續通志》卷一五〇《刑法略·赦宥》　晉高祖天福三年二月，左散騎常侍張允進駁赦論，以為自古帝王遇天災多肆赦，謂之修德，假有二人訟，一人有罪，一人無罪，遇赦，有罪者幸免，無罪者銜寃，寃氣升聞，乃所以致災，非弭災也。小民遇天災，則皆喜而相勸以為惡，曰：國家好行赦，必捨我以救災。如此則是教民為惡也，且天道福善禍淫，若以赦惡人而變災為福，則是天助惡民也。凡天之降災，所以警戒人主節嗜慾、務勤儉、恤鰥寡、正刑罰而已。高祖納之。三月，中書舍人李詳上疏，以為十年以來，赦令屢降，諸道職掌皆許推恩，而藩方薦論動踰數百，乃至藏典、書吏、優伶、奴僕，初命則至銀青階，被服皆紫袍、象笏，名器僭濫，貴賤不分，請自今，諸道主兵將校之外，節度州聽奏朱記大將以上十人，他州止聽奏都押牙、都虞侯、孔目官，自餘但委本道，量遷職名而已。按，馬端臨《文獻通考》云，赦之為言，宥有罪之謂也，後來之赦，非獨宥罪而已，又從而推恩焉，於是有罪者幸免，無功者超遷，刑賞俱失，皆由於赦其無益而有害也，明矣。九月，制以范延光為天平節度使，仍賜鐵券。應廣晉城中將吏軍民今日以前罪皆釋不問，其張從賓、符彥饒餘黨及自官軍逃叛入城者，亦赦之。初，河陽行軍司馬李彥珣，邢州人，父母在鄉里未嘗供饋，後與張從賓敗奔廣晉，范延光以為步軍都監使，登城拒守。楊光遠訪獲其母，置城下以招之，彥珣引弓射殺其母，延光既降，帝以彥珣為坊州刺史，近臣言彥珣殺母，惡逆不可赦，帝曰：赦令已行不可改也，乃遣之官。按，司馬光《通鑑》論曰：治國家者，固不可無信。彥珣之罪，三靈所不容，高祖赦其叛君之罪，而治其殺母之罪，何損於信？此論最為得中。迺徒以赦令為言，不欲失信於天下，使梟獍之輩靦然人世，不亦深可慨哉。出帝開運三年八月，濮州慕容彥超坐違法科斂，擅取官麥，李彥韜素與彥超有隙，發其事，趣馮玉使殺之，李崧曰：如彥超之罪，今天下藩侯皆有，若盡其法，恐人人不安，乃敕免死，削官爵，流房州。漢高祖天福十二年六月，改國號，赦罪人，蠲民稅。

（清）嵇璜等《續通志》卷一五〇《刑法略·赦宥》　周太祖廣順元年正月，改元，大赦，凡犯竊盜及和姦者並依晉天福元年以前條制施行罪人，非反逆無得誅及親族，籍沒家貲。初，唐衰多盜，不用律文，更定峻法，竊盜贓三匹者，死。晉天福中，加至五匹。姦有夫婦者，無論強和，男女並死。漢法，竊盜一錢以上，皆死。又罪非反逆，往往族誅、籍沒。故帝即位，首革除之。二年三月，大理卿蕭儼惡范廷已為人，數上疏攻之，會儼坐失入人罪，鍾謨、李德明輩欲殺之。廷已曰：儼誤殺一婦人，諸君以為當死，儼，九卿也，可誤殺乎？獨上言儼素有直聲，今所坐已會赦，宜從寬宥，儼由是得免。四月，帝自將討兗州，慕容彥超自殺，帝欲悉誅其將吏，翰林學士竇儀見馮道、范質，與共白曰：彼皆脅從耳。乃赦之。世宗顯德三年四月，帝嘗怒竇儀，欲殺之，范質入救，帝起避之，質趣前伏地，叩頭曰：儀罪不至於死，臣為宰相，致陛下枉殺近臣，罪皆在臣。繼之以泣，世宗意解，乃宥之。四年二月，帝耀兵於壽春城，北唐節度使劉仁贍病甚，不知人，監軍周廷構等作表，舁仁贍出城降，仁贍卧不能起，帝慰勞，賜賚，復令入城養疾，徙壽州治下蔡，赦州境死罪以下。

《宋史》卷二七一《張藏英傳》　張藏英，涿州范陽人，自言唐相嘉貞之後。唐末，舉族爲賊孫居道所害。藏英年十七，僅以身免。後逢居道於豳州市，引佩刀刺之，不死，爲吏所執。節帥趙德鈞壯之，釋而不問，以補牙職。藏英後聞居道避地關南，乃求爲關南都巡檢使。至則微服攜鐵檛，匿居道舍側，伺其出擊之，僕於地，齧其耳噉之，遂禽歸。設父母位，陳酒肴，縛居道於前，號泣鞭之，臠其肉，經三日，刳其心以祭。即詣官首服，官爲上請而釋之。燕、薊間目爲報讎張孝子。

（明）丘濬《大學衍義補》卷一〇九《慎刑憲·慎眚災之赦》　五代時，温韜發唐諸陵。唐莊宗時入朝，賜姓名曰李紹冲。韜多齎金帛賂劉夫人及權貴，旬日遣還。郭宗韜曰：温韜發唐山陵殆徧，其罪與朱温相埒耳。何得復居方鎮，天下義士謂我何？莊宗曰：入汴之初，已赦其罪。竟遣之。胡寅曰：罪人不可不誅，赦令不可不守，二者將何處？必於未赦之前，揆情法，審輕重，而區別之。使預赦者，無可誅之罪。被刑者，無可恕之人。則一舉而兩得矣。

臣按：事幾多端，變故不一。人之所爲所犯，赦文所條具者，豈能一一該盡之哉！然閭閻之幽，郡邑之遠，事出於一時，或有反常殊異者，上之人固無由周知而豫料之。若夫干紀亂常之事，關於人倫，入於大惡，昭昭於天下耳目者，豈應用事秉筆之人，無一人知哉。如温韜發諸帝陵以竊取寶玉，雖婦人走卒，亦或知之。若是者，宜於群臣計議詔條之前，明舉某人某事決不可赦，豫有以處之，使吾詔條頒佈天下，有司奉行之無有妨礙。不至犯萬世之義，失一時之信，則得之矣。

《宋史》卷二五五《王全斌傳》〔乾德四年〕會有訴全斌及彦進破蜀日，奪民家子女玉帛不法等事，與諸將同時召還。太祖以全斌等初立功，雖犯法，不欲辱以獄吏，但令中書問狀，全斌等具伏。詔曰：王全斌、王仁贍、崔彦進等被堅執鋭，出征全蜀，彼畏威而納款，尋馳詔以申恩。用示哀矜，務敦綏撫，應孟昶宗族、官吏、將卒、士民悉令安存，無或驚擾；而乃違戾約束，侵侮憲章，專殺降兵，擅開公帑，豪奪婦女，廣納貨財，斂萬民之怨嗟，致羣盜之充斥。以至再勞調發，方獲平寧。洎命旋歸，尚欲含忍，而銜冤之訴，日擁國門，稱其隱沒金銀、犀玉、錢帛十六萬七百餘貫。又擅開豐德庫，致失錢二十八萬一千餘貫。遂令中書門下召與訟者質證其事，而全斌等皆引伏。其令御史臺於朝堂集文武百官議其罪。於是百官定議，全斌等罪當大辟，請準律處分。乃下詔曰：有征無戰，雖舉於王師；禁暴戢兵，當崇於武德。蠢兹庸蜀，自取姦謀，爰伐罪以宣威，俄望風而歸命。遽令按堵，勿犯秋毫，庶德澤之涵濡，俾生聚之寧息。而忠武軍節度王全斌、武信軍節度崔彦進董兹鋭旅，奉我成謀，既居克定之全功，宜體輯柔之深意。比謂不日清謐，即時凱旋，懋賞策勳，抑有彝典。而罔思寅畏，速此悔尤，貪殘無厭，殺戮非罪，稽於偃革，職爾玩兵。尚念前勞，特從寬貸，止停旄鉞，猶委藩宣。我非無恩，爾當自省。全斌可責授崇義軍節度觀察留後，彦進可責授昭化軍節度觀察留後，特建隨州爲崇義軍，金州爲昭化軍以處之。仁贍責授右衛大將軍。開寶末，車駕幸洛陽郊祀，召全斌侍祠，以爲武寧軍節度。謂之曰：朕以江左未平，慮征南諸將不遵紀律，故抑卿數年，爲朕立法。今已克金陵，還卿節鉞。仍以銀器萬兩、帛萬匹、錢千萬賜之。

（宋）李燾《續資治通鑑長編》宋太祖開寶六年十月 甲辰，特赦中書、樞密院、三司及諸司吏自前隱欺未覺等罪，使之自新。

《宋史》卷三《太祖本紀》〔開寶六年冬十月甲辰〕特赦諸官吏姦贓。

《宋史》卷二六〇《米信傳》 雍熙三年，征幽薊，命信爲幽州西北道行營馬步軍都部署，敗契丹於新城。契丹率衆復來戰，王師稍却，信獨以麾下龍衛卒三百禦敵，敵圍之數重。矢下如雨，信射中數人，麾下士多死。會暮，信持大刀，率從騎大呼，殺數十人，敵遂小却，信以百餘騎突圍得免。坐失律，議當死，詔特原之，責授右屯衛大將軍。

《宋史》卷二七八《高德驤傳》 會議事尚書省，乘酒叱起居員外郎鄭構爲盜，御史奏劾，下御史臺案問，具狀，帝止令罰月奉而釋之。

《宋史》卷二〇一《刑法志》 端拱初，廣安軍民安崇緒隸禁兵，訴繼母馮與父知逸離，今奪資産與己子。大理當崇緒訟母，罪死。太宗疑之，判大理張佖固執前斷，遂下臺省雜議。徐鉉議曰：今第明其母馮嘗離，即須歸宗，否即崇緒准法處死。今詳案内不曾離異，其證有四。況不孝之刑，教之大者，宜依刑部、大理寺斷。右僕射李昉等四十三人議曰：法寺定斷爲不當。若以五母皆同，即阿蒲雖賤，乃崇緒親母，崇緒特以田業爲馮强占，親母衣食不給，所以論訴。若從法寺斷死，則知逸何辜絶嗣，阿蒲何地托身？臣等議：田産並歸崇緒，馮合與蒲同居，供侍終身。如是，則子有父業可守，馮終身不至乏養。所犯並准赦原。詔從昉等議，鉉、佖各奪奉一月。

《宋史》卷五《太宗本紀》〔宋太宗淳化五年十月〕詔釋殿前司逃軍親屬之禁錮者。

（清）徐松《宋會要輯稿・刑法六・矜貸》 太宗至道二年八月十一日，蜀州言捕獲劫賊十人，内文次年十三，其父令持兵器從行，法當死。帝以其幼騃，特宥之。

《宋史》卷六《真宗本紀》〔咸平二年〕冬十月壬子，宜州執溪峒蠻酋三十餘人詣闕，詔釋其罪，遣還。

（宋）李燾《續資治通鑑長編》宋真宗咸平三年四月 右諫議大夫、知益州牛冕削籍，流儋州。西川轉運使、祠部郎中、直集賢院張適削籍，授連州參軍。初，冕、適奔東川，東川人弗納，詔令赴闕，至長安，就令制劾，法官議冕當死，詔特貸焉。其通判以下，並就加貶黜。初，張詠自蜀還，聞冕代己，詠曰：冕非撫衆才，其能綏輯乎！既而果然。

《宋史》卷二六八《周瑩傳》會蜀平，部送脅從者數十百人至闕下。西川轉運使馬亮因人奏，請赦其罪遣還。瑩以爲當盡誅之。令瑩、亮廷議，上是亮議，悉原其罪。

（清）嵇璜等《續通志》卷一五〇《刑法略・赦宥》 真宗咸平二年，詔：如聞小民知有恩赦，故為盜劫，自今不在原免之限。景德二年十一月，大理寺言郊禮在近，諸州奏按多不精詳，冀於駁覆延留，以俟恩宥，請自今有侵損贓私，事狀明白，公然抗拒當駁退者，即具情實定斷，以絶僥倖，詔可。天禧元年正月，上玉皇聖祖實册，大赦。時江南提點刑獄范應辰上言：伏覩辛亥制書，常赦不原者，咸除之。臣今所部州軍，過誤而被宥者，雖多竊害而蒙釋者亦衆。望自今應有知赦在近而故為罪戾及赦後彰顯情理切害者，死罪以下遞減一等；赦前殺人剽財，赦後雖不復為，若因事捕獲，決配遠惡州軍。其殺人放火、擄劫財貨，已依赦配本城者，如更犯逃亡、飲博之罪，依禁軍例，科斷其重罪。該原而情理切害者，所在長吏籍其犯由，若再黷憲綱，不以罪之大小，禁錮奏裁。其州縣官吏，侮刑受賂，望止原其罪而削其官，以申警戒。帝覽而嘉之。

（宋）李燾《續資治通鑑長編》宋真宗咸平四年正月 甲申，以右正言、知制誥趙安仁知審刑院。時有將校笞所部卒死，議致大辟，安仁以軍中之令，非嚴不整，遂獲免死。

（宋）李燾《續資治通鑑長編》宋真宗咸平四年十二月 蓬州部送劫賊王洪雅赴闕途中，守者皆亡，洪雅獨詣闕自訴，上曰：此畏法者也。庚申，特命釋之。

（清）徐松《宋會要輯稿・刑法六・矜貸》 真宗景德元年八月八日，知壽州陳堯佐言：飢民劫害藏粟麥者凡七十餘人，以强盗計贓，并合處死。詔並決脊，黥面配牢城。爲首隸五百里外，餘隸本城。四年十一月十一日，有司言捕獲象州民盧霜等，當以飲食饋賊，已減死決杖，配隸諸州。比類竄遁者，已散令擒捕，請行嚴斷。帝曰：遐方愚民爲賊所迫，供置食物，乃是常理。乃揭榜曉諭，並釋其罪，已獲者，令本州量事決責以聞。二十日，驍騎小校張信棄市，餘配隸外州。信訴指揮使蓋贇御下嚴急，鞭撻過當。陳堯叟曰：都虞候李繼和言，士卒不稟所部，合從軍令。帝曰：如罪在士卒，可以嚴斷，若捶都過當，安可不盡其理耶？馬知節曰：太祖朝，每命將校，唯取剛方有斷士卒畏威者。帝曰：此蓋時所宜爾。即下吏按劾。信疑云：贇飲酒後嗷習決責部下，信遂以弓弰擁卒四十餘，厲聲曰：我輩終爲指揮使乘醉所鞭殺，即徑詣馬軍司陳告。贇雖曰飲酒，而所鞭士卒皆有過者，繼和請斬告者十餘人，餘配沙門島，罰指揮使、部虞候。詔誅信，餘決仗配隸外州，輕者復隸本軍。贇決配許州員僚直，其都虞候不能覺察，副指揮使不能禪贊，並下本州決罰。

（宋）李燾《續資治通鑑長編》宋真宗景德二年二月 甲申，高品王懷信部送通利軍强盗三人赴闕，請行磔市之戮，其犯乃在赦前，上曰：赦令所以示信於天下也，況此等未嘗殺人。悉宥之，以隸軍籍。

（宋）李燾《續資治通鑑長編》宋真宗天禧元年六月 甲申，以武昌節度副使邊肅知光州，用辛亥赦書也。時刑部奏其元犯，上曰：肅在邢州日，方北戎侵擾，屢詔令棄城入保，肅能固守，頗著誠效。雖冒賄賂，亦累該赦宥，故特授以郡。向敏中嘗謂王旦曰：邊同年責已久，牽復可乎？旦曰：爲近臣，坐贓，豈得更陞進耶？敏中語數及之，旦曰：旦非於同年無情，公若欲用之，須旦死可也。敏中乃已。

（清）徐松《宋會要輯稿・刑法六・矜貸》 天禧元年十一月六日，開封府長垣縣民李遂與其子同盗殺驢，法並坐徒。詔特免其子。

（宋）李燾《續資治通鑑長編》宋仁宗天聖元年五月 貸拱聖卒王美死，杖配海州本城。美逃走，法當斬，上以其新隸軍籍，未嘗請月給，思母而逃，特貸之。

（清）徐松《宋會要輯稿・刑法六・矜貸》 〔天聖元年〕十一月十六日，寧州民龐張兒特貸死，罰銅百二十斤與龐惜喜家。審刑院斷張兒毆龐惜喜死，當極刑，張兒年九歲，童稚争鬭，無殺心，特矜之。

（清）徐松《宋會要輯稿・刑法六・矜貸》 〔天聖〕七年五月七日，京兆府民魏太嬌妻趙處死。特給母張錢二十千、米五石，並廩諸縣，日食米二勝，終張身。奏裁趙毆太嬌至死，當處極刑。據太嬌母張狀稱，趙有男四人，皆幼小。張年八十六，無的親。恐趙歸法之後，難以自活。府爲具奏，特有是旨。九月五日泉州民柯智特貸命，杖脊，刺配廣南。智毆養男蔡伯先死，法當棄市。本州言智養伯先爲子已五年，上請。特矜貸之。

《宋史》卷二〇〇《刑法志》 天聖初，有司嘗奏盜劫米傷主，仁宗曰：饑劫米可哀，盗傷主可疾。雖然，無知迫於食不足耳。命貸之。

（清）徐松《宋會要輯稿・刑法六・矜貸》 景祐元年正月二十八日，濠州民王泮奇，罰銅一百二十斤入楚李婆之家。泮奇相爭斫木柴，用鎌斫傷楚李婆致死，合處死。年九歲，上請，特矜之。【略】七月十三日，密州民劉道明、王真貸命，刺配廣南牢城。毛㝡三人決杖十七。道明坐妄論，王真計謀同事夜間聚會，假造劒霞草龍惑衆，准條處死。㝡等知妖妄不告，合徒一年半，特詔矜之。八月九日，濠州民謝象為、李齊打，殺母并驚殺孩兒，後却打齊致死。合決脊，情理可憫，詔象特放。四年二月七日，洪州別駕王蒙正特除名，配廣南編管，永不録用。坐私通父婢。前任取受楊澄吉金，故入温嗣良流罪，合流三千里。特有是命。司理參軍劉涣、主簿鄭照爲從，各徒三年。袁恕虚稱折買得小池莊，杖八十。並該赦釋放。詔恕照並勒停，涣衝替。蒙正女從德妻，今後不令入内，兒女見與皇族爲婚者，除已成結，更不得爲親。

（清）徐松《宋會要輯稿・刑法六・矜貸》〔景祐四年〕閏四月二十七日，武寧軍節度使真定府路總管夏守恩特貸，命除名，配連州編管。坐受軍民錢物枉法，贓六十二匹，合處死。職事官三品請議，驍武軍士周祚轉遁錢物，事發逃走，捉獲，合處斬。男内殿承制元吉，取受借錢虚妄上奏，假令其徒上書，詐不實，徒二年。本司手分孫素各不取覆，合決杖一百。詔守恩付朝堂，集百官議，據御史臺奏請依斷處死，詔特貸極刑。周祚貸命，刺配沙門島，元吉等依斷守恩差使，以兵卒三十人監伴前去。六月三日六宅副使李士彬殺義男，並堂姪女、小兒三口，法應死。詔士彬久在邊任，特貸極刑，依舊勾當。今後更有所犯，必行朝典。八月十九日太常博士曾易占除名，配廣南衙前編管。坐前知信州玉山縣密受賕事發，命監察御史裏行張宗誼按其罪，法當死，特貸之。五年五月四日，開封府言，殿侍李玉逊歸安州葬母，事訖首身。詔特原其罪。

（清）嵇璜等《續通志》卷一五〇《刑法略・赦宥》 寶元元年九月，詔：應祀事已受誓戒而失虔恭者，毋以赦原。至和二年八月，赦京輔。先是，正月已降德音，知諫院范鎮言：京輔歲一赦，而去歲再赦，今歲三赦，姑息之政，無甚於此，夫歲一赦者，細民謂之熱恩，以其必在五六月間也。姦猾為過，指以待免，況再赦、三赦乎？請自今罷所謂歲一赦，以摧姦猾而使善良得以立也。時帝尤惡人告訐陰事，一時士大夫亦習為惇厚，而小人乘間密上書，疏人過失，又數按人赦前事。翰林學士張方平言：中外官多發人積年罪狀，及奏劾事，輒請不以赦原減，快一時之小忿，失天下之大信。自今有此者，請以故違制書坐之。其後，御史吕誨復以為言，詔曰：比者，中外多上章言人過失，外託公言，内緣私忿，詆欺曖昧，苟陷善良。又赦令者所以與天下更始，而有司多舉按赦前事，殆非慎命令、重刑罰，使人灑然自新之意也。自今有上章告人罪及言赦前事者，訊之，至於言事之官宜務大體，非關朝政，自餘小過細故，勿須舉察。

《宋史》卷二九二《丁度傳》 時江西轉運使移屬州，凡市末鹽鈔，每百緡貼納錢三之一。通判吉州李虞卿受財免貼納，事覺，大理將以枉法論。度曰：枉法，謂於典憲有所阿曲。虞卿所違者，轉運使移文爾。遂貸虞卿死。

（宋）李燾《續資治通鑑長編》宋仁宗皇祐五年二月 貸知邕州、禮賓使宋克隆死，除名，杖脊刺配沙門島。溪峒都巡檢、東頭供奉官、同修城劉莊，除名，杖脊刺配福建牢城。賓州推官、權通判王方，靈山縣主薄、權推官楊德言，並除名，免杖刺配湖南本城，永不録用。坐儂賊再至棄城也。斷敕既下，其日大雨雹，上急遣中使追敕，已不及，人亦頗憫之。

（宋）潛説友《咸淳臨安志》卷八《錢彦遠》 慶曆七年知潤州，因災異上疏極言國家備寇之未至，牧民之吏未良，天下之民未安，西北二虜我之堅敵，今北戎據幽燕山，元昊盗靈武銀夏，皆我之州郡，伺我開隙，收我亡叛，非止毆略而已。往時元昊内寇，天下騷然，及納款賜命，則被邊長吏不復銓擇，一日契丹乘利入塞，豈特元昊之比耶。又湖廣蠻獠戕害劫掠，生民流離，調發督斂，軍須百出，置之不問，其憂不細。惟陛下念此三方，講長久之計，以安元元性命。大凡牧長之吏，生民之慘舒休戚，繫之守吏，失則一方弊、利害切於身，饑寒偪於内，彼不起爲盗賊，則當危苦愁厄而死，危苦愁厄之氣，所以致水旱。臣願陛下精選天下之長吏，此根本之論也。時旱蝗民乏食，彦遠在潤發常平倉賑救，部使者詰其專，彦遠不爲屈。召爲右司諫，請罷數赦釋，牧守增俸入，以養廉吏，息土木以省工費。遷起居舍人直集賢院，知諫院時楊懷敏妄言契丹宗真死，乃除入內副都知內侍。黎用信以罪竄海島，赦歸，遽得環衛官，皆上疏極論之。

（宋）**李攸《宋朝事實》卷一六《兵刑》**　王則挾妖法爲亂，既敗，州郡大索妖黨，被繫者不可勝數。仁宗聞之，嘆曰：如此得無濫及良民乎？命有司寬其禁，諸傳習妖法非情涉不順者，毋得過有追捕。

《宋史》卷二九四《胥偃傳》　會有衛卒賂庫吏求揀冬衣，坐繫者三十餘人。時八月，霜雪暴至。偃推《洪範》急，恒寒若之咎，請從末減，奏可。西塞用兵，士卒妻子留京師者犯法當死，帝不忍用刑，或欲以毒置飲食中，令得善死。偃極言其不可，帝亦悔而止。宦人程智誠與三班使臣馮文顯八人抵罪，帝使赦智誠三人，而文顯五人坐如法。偃曰：恤近遺遠，非政也，况同罪異罰乎？詔並釋之。

（宋）**李燾《續資治通鑑長編》宋英宗治平二年十一月**　先是，百官習儀尚書省，賜酒食，郎官王易知醉飽嘔吐，御史前劾失儀，及是，宰相韓琦以聞。上曰：已赦罪也。琦言：故事，失儀不以赦原。上曰：失儀，薄罰也，然使士大夫以酒食得過，難施面目矣。卒赦之。

《宋史》卷二〇一《刑法志》　蘇州民張朝之從兄以槍戳死朝父，逃去，朝執而殺之。審刑、大理當朝十惡不睦，罪死。案既上，參知政事王安石言：朝父爲從兄所殺，而朝報殺之，罪止加役流，會赦，應原。帝從安石議，特釋朝不問。

（清）**嵇璜等《續通志》卷一五〇《刑法略·赦宥》**　神宗即位，以中外臣僚多以赦前捃摭吏民，興起訟獄，詔內外言事按察官司勿得依前舉劾，具按取旨，否則糾違制之罪。知諫院司馬光上言：御史之職，本繩按百辟，糾擿姦邪，固非一日所為。國家素尚寬仁，數下赦令，或一歲之間至於再三者，若赦前之事皆不得言，則其可言者無幾矣。萬一有姦邪之臣，朝廷不知，誤加進用，御史欲言則違今日之詔，若其不言則陛下何從知之？臣恐因此言者得以藉口偷安，姦邪得以放心不懼，此乃人臣之至幸，非國家之長利也。請追改前詔，刋去言事兩字。光論至再，帝諭以言者好以赦前事誣人，光曰：若言之得，誠所欲聞，若其不實，當罪言者。帝命光送詔於中書。

（清）**嵇璜等《續通志》卷一五〇《刑法略·赦宥》**　熙寧七年二月，帝以旱欲降赦，時已兩赦，王安石曰：湯旱以六事自責，曰，政不節歟？若一歲三赦，是政不節，非所以弭災也，乃止。按，洪邁《容齋隨筆》云，安石生平持論務與衆異，獨此説為至公，近者六年之間再行覃霈，婺州富人盧助教以刻核起家，因至田僕之居，為僕父子四人所執，投置杵臼內，擣碎其軀為肉泥，既鞫治成獄而遇己酉赦恩獲免，至復登盧氏之門，笑侮之曰：助教何不下莊收穀？茲事可為寃憤，而州郡失於奏論。紹熙甲寅，歲至四赦，凶盜殺人，一切不死，惠姦長惡何補於治哉？據此則赦雖寬典，然行之太數，其流弊有不可勝言者矣。八年，編定廢免人叙格常赦，則郡縣以格叙用，凡三期一叙，即期未滿而遇非次赦者亦如之。

《宋史》卷二〇〇《刑法志》　〔熙寧〕四年，王存立言：嘉祐中，同學究出身，爲碭山縣尉，嘗納官贖父配隸罪，請同舉人法，得免丁徭。帝憫之，復賜出身，仍與注官。

（宋）**李燾《續資治通鑑長編》宋神宗熙寧七年十二月**　右武衛大將軍、道州刺史仲旻父宗説坐內亂，幽別所，仲旻屢疏乞恩。至是，因朝叩頭殿下，泣訴父老且病，願納平生官以還父，上亦憫之，釋唐突罪。未得報，退，就馬，氣塞不能言，及家而卒。贈同州觀察使、馮翊侯。

（宋）**李燾《續資治通鑑長編》宋神宗熙寧八年二月**　鄜延路蕃部凌囉策木多、伊克沁威值歲饑走外界，會赦。法當斬，詔以情理可憫，杖脊配湖南牢城。

（宋）**李燾《續資治通鑑長編》宋神宗熙寧十年十月**　詔判揚州陳升之刺配年小賊人罪，特釋之。

（清）**嵇璜等《續通志》卷一五〇《刑法略·赦宥》**　元豐元年，青州民王贇父為人毆死，贇幼未能復讐，幾冠刺讐，斷支首祭父墓，自首論當斬。帝以殺讐祭父，又自歸罪，其情可矜，詔貸死，刺配鄰州。六年，郊赦大理少卿劉袞言：赦書以赦降日昧爽以前為限，非次恩霈，人難預期，請依德音例，以赦到日為限。從之。

（宋）**李燾《續資治通鑑長編》宋神宗元豐元年十二月**　詔青州民王贇貸死，刺配鄰州牢城。初，贇父九思爲楊五兒毆迫自縊死，贇纔七歲，常欲復讐，而以幼未能。至是十九歲，以槍刺五兒，斷其頭及手，祭父墓，乃自首。法當斬，上以賨殺讎祭父，又自歸罪，可矜故也。

（宋）李燾《續資治通鑑長編》宋神宗元豐三年正月　詔世經等五人，先以趙居逆節緣坐，勒任朝參，今累經赦宥，宜聽以見降官赴起居。

（宋）李燾《續資治通鑑長編》宋神宗元豐三年十二月　涇原路經略司言，西人張靈州奴僞爲漢人，來偵邊事，會德音當釋。詔刺配郴州牢城。

（宋）李燾《續資治通鑑長編》宋神宗元豐五年正月　戊子，環慶路經略司言：涇原路第八將隊將李貴扇摇兵衆逃歸，乞特行遣以懲後。詔盧秉：昨行營軍還逃歸之人，情理巨蠹，無若貴者。及今根治，不致已經釋罪之人驚疑，即具案以聞。秉言：貴情非巨蠹，昨以出界兵將上下失律，臣即權宜傳放罪指揮，兼已奏得朝旨。若更追劾，恐致驚疑。詔釋其罪。朱本删去乞特行遣以懲後一句，今從新本，仍存之。

（清）徐松《宋會要輯稿・刑法六・矜貸》〔元豐五年〕二月二十一日桂州張頡言：昌化軍劾符破結九人，犯持杖彊盗殺人罪，皆死。緣係捕盗官招誘令解下弓刀，支與酒食，然後擒縛。若從捕獲法，慮致生黎疑懼，將來無以示信，詔釋之。

（宋）李燾《續資治通鑑長編》宋神宗元豐六年正月　大理寺言：内侍黄門宋訪下直日，闌入需雲殿裏幞被，當闌入殿門私罪徒，該赦原。詔勒歸本院班。

（宋）李燾《續資治通鑑長編》宋神宗元豐七年四月　密州民苗茂投匿名書，誣告板橋鎮監官張獻臣謀反。有司言茂已經赦，詔特杖脊二十，刺配沙門島。

《宋史》卷三〇三《陳貫傳》　官軍西征時，遣縣令佐督餉，安石謂文吏畏怯，武人邀功，乃但取敢行者。申約束以防衆潰，曰：事不豫警，俟其犯而誅之，是罔民也。王中正帥東師而西，報安石持四十日糧，而師駐白草平彌月。安石深念曰：吾頓兵益久，而秦甲未至，倘不足於食，將以乏軍興罪我。即擅發民再餉，乃以聞。李舜舉劾其專，詔置獄於潞，安石自麟州會逮，俄而他路餽糧多不繼，神宗察其無罪，赦之。

（清）嵇璜等《續通志》卷一五〇《刑法略・赦宥》　哲宗元祐元年，門下省言：當官以職事曠隳，雖去官不免猶可言，至於赦降大恩，與物更始，雖劫盗殺人，亦蒙寬宥，豈可以一事差失負罪終身，今刑部所修，不以去官赦降原減條按，《宋史・刑志》此自官上脱去字，今據《文獻通考》增入。所留尚多，所删尚少，請更删改存留。從之。六年，以上清儲祥宫成將肆赦，樞密直學士王巖叟言：昔天禧中祥源成，治平中醴泉成，皆未嘗赦，古人有垂死諫君，無赦者，此可見，赦無益於聖治也。八年，門下侍郎韓維言：請自今每近郊赦，令刑部大理寺、開封府並依當時決遣，獄訟不減日限，其情重難釋者，別為一等奏斷。從之。

（宋）李燾《續資治通鑑長編》宋哲宗元祐三年正月　司勳員外郎何洵直特展二年磨勘，以亡失司勳印及告身故也。初，議重責洵直，吕公著曰：洵直失本部印誠有罪，若加重責，則自今猾吏皆有以制主司矣。乃因赦宥，量展敘遷歲月而已。

（宋）李燾《續資治通鑑長編》宋哲宗元祐六年正月　乙未，詔前入内東頭供奉官、配汝州牢城韓永式特放從便。永式嘗爲經制瀘州夷賊司照管軍馬公事，及韓存寶逗撓不進，殺平人首級被誅，永式以罪連坐，特配沙門島，三徙汝州牢城。至是，其母復引赦乞原放，特從之。

（宋）熊克《中興小紀》紹興九年九月　初，龍神衛四廂都指揮使李顯忠歸朝，日常復其父母之讎。至是待罪，九月戊寅朔，詔顯忠有功鄜延，特與放罪。

（清）嵇璜等《續通志》卷一五〇《刑法略・赦宥》　元符三年，中書省言元祐編敕：惟傳習妖教、託變幻之術及故盗決河堤堰不以赦降原減，餘犯一再遇非次赦或兩經大禮者，聽從原免。元符新敕删去，遂使犯法者無由自新，詔依元祐法。徽宗政和五年，知興仁府夏鰭言：諸路奏獄，有因祖父母為人所毆而子孫毆之以致死者，並坐，情理可憫，奏裁多免流配，若遇赦則不復奏裁，即作鬭殺，情理減等，流配，是不遇赦者為幸，遇赦者為不幸。請自今雖遇赦，亦令奏裁。從之。

（清）嵇璜等《續通志》卷一五〇《刑法略・赦宥》　高宗建炎元年六月，尚書右僕射李綱上疏言：祖宗登極，赦令皆有常式，前日赦書乃以張邦昌僞赦為法，如赦惡逆及罪廢官，盡復官職，皆泛濫不可行，宜悉改正。詔班其議於朝。又皇長子生，大赦，李綱言：陛下登極，曠蕩之恩，獨遺河北、河東及勤王之師。夫兩河為朝廷堅守，而赦令不及，人皆謂已棄之，何以慰忠臣義士之心？勤王之師在道路半年，擐甲荷戈，冒犯霜露，雖未效用，亦已勞矣，加以疾病死亡，恩恤不及，後有急難，何以使人？願因令赦廣示德意。帝從之。

（宋）胡寅《斐然集》卷一五《繳傅雱用赦量移》 臣謹按傅雱於建炎三年為宣撫處置使司，主管機宜文字，徑至荆南自稱湖北路制置使，以撫定孔彥舟為名入其軍中，相與渡江。過澧州與澧州，通判任誼竭取民之膏血以啗彥舟，因以自潤，百姓怨苦，乃從鍾相為寇。彥舟不敢安處，遂破鼎州，遣兵擊敗。鍾相又以押送為名，直犯湖南，入據潭州，已而大掠潭、衡，旁及永邵三湘千里之內，公私舟船為之一空，最後自衡順流下。岳鄂為蘄黃路鎮撫使，雱皆與之終始其事。彥舟凶狡，初不識知文法，凡奏請文移，欺惑朝聽，侮弄三尺，詭詐百端，皆雱教之。至於州縣應副錢糧不知紀極，雱則公然乞於彥舟，動以萬計，營置田產，皆有實狀。李成江西之敗，張用已就招安。彥舟其時行次武昌，兵勢窮蹙，若乘機會，一掃無餘。雱又教之厚行賂遺，躬自押送，為之緩頰，非獨免討，且得兩州，遂使彥舟自是北遁，投於逆黨，未即授首，推究本末，皆自傅雱。人但知彥舟作賊之披猖，而不知雱畫謀之姦秘，原情定罪，豈可赦原。謹按《春秋》誅討亂賊之法，尤嚴於與惡者。夫欲為賊亂之事，而人皆莫之與，則無以自立於世，其謀尚得施乎。惟有與之者，而法不加焉，是以無所畏憚，浸淫滔天，雖陳旅誓師，加以征討，或有所不勝矣。況雱身為朝郎，職在省戶，所為如此，上干國體。按據其罪，揆以《春秋》之法，就死司寇，方為稱當。得從羈置，已是寬恩，若遇赦文，便許內徙，使懷姦黨賊者安心自肆，指日貸宥，不懼放流，恐非式遏亂畧修明軍政之道。一雱雖小，所係則大。伏望聖明深察，別降指揮將雱永不量移，以為後來羽翼亂賊之戒。所有録黄，臣未敢書行。

《宋史》卷二五《高宗本紀》〔建炎三年〕詔：傅、正彥、苗瑀、苗翊、張逵不赦，餘黨並原。壬申，立子魏國公旉爲皇太子。赦傅黨王鈞甫、馬柔吉罪，許其自歸。

《宋史》卷二〇〇《刑法志》〔建炎三年〕統制王德擅殺軍將陳彥章，臺鞫當死，帝以其有戰功，特貸之。

《宋史》卷二〇〇《刑法志》〔建炎三年〕神武軍統制魯珏坐賊殺不辜，掠良家子女，帝以其有戰功，貸之，貶瑞州。

（清）徐松《宋會要輯稿・刑法六・矜貸》〔紹興元年八月〕二十五日，宰執進呈知平江府袁說友奏乞將閻儀貸命。上曰：罪疑惟輕，既有所疑，豈可不貸。先是說友奏平江府所勘閻儀打死孫十三事，其罪有可疑者，故也。

（清）徐松《宋會要輯稿・刑法六・矜貸》〔紹興三年〕十月十八日，江南西路安撫制置大使趙鼎言：乞將喬信特降官資，免行取勘。或與放罪，責其後效。詔依奏免勘，特與放罪，令本司責其後效。以信軍馬把截捕殺彭交等賊，火徒黨數多，衆寡不敵，是致不能成功，日夕憂疑不能安職。故貸之。

（清）徐松《宋會要輯稿・刑法六・矜貸》〔紹興〕五年八月十八日，淮南東路宣撫使韓世忠言：選差統領官韓彥臣等，前往淮陽軍，活捉到知軍成忠郎王拱等，並逐人家屬共四十二人。詔王拱等不合從僞，罪當誅戮，緣皆係朝廷赤子，可特貸命，依見今官資，並送忠鋭軍第五將收管。

《宋史》卷二〇〇《刑法志》 當建、紹間，天下盜起，往往攻城屠邑，至興師以討之，然得貸亦衆。同知樞密院事李回嘗奏强盜之數，帝曰：皆吾赤子也，豈可一一誅之？誅其渠魁三兩人足矣。

（清）嵇璜等《續通志》卷一五〇《刑法略・赦宥》 紹興二十五年，郊赦，右正言凌哲言：陛下深念比年臣僚有緣誣告不測之罪，投竄遐裔，無路自明。廼因郊祀赦，曠然與之昭雪，或除罪籍，或復原官，寃憤既伸，萬物吐氣，甚盛德也。至於姦贓狼籍，已經按治，蹟狀顯著者，亦復巧飾詞理，咸以違忤權臣為詞，今陛下方開公正之路，小人乃欲啟僥倖之門，此正清議之所不容也。又況此曹嗜利之人，未易悛革，倘再臨民社，其害將有甚於前日矣。請特詔有司，應自今陳雪過名之人，並須檢會原犯事，因如係贓罪，已經勘劾者，乞止依原斷條法施行。詔刑部看詳，本部言命官犯罪，若原因論訴按發鞫勘，贓證結録，別無審異者，並欲具原斷，因依告示其餘，特放罪或因緣連坐之人，後來有司看詳，委有寃抑者，即行開具，因依申取朝廷指揮。從之。二十九年，中書舍人洪邁上言：請自今凡天下凶盜及雜犯殺人罪應至死而赦之者，量地里遠近，分配大軍，不惟可免逋亡，異日生患，而此徒輕生好殺，既隸軍伍，知有洗心自新之路，稍加閱習，必樂為用。

（清）徐松《宋會要輯稿・刑法六・矜貸》　淳熙二年三月一日，臨安府、大理寺奏北界姦細張弼、張禹案。上曰：可備所招情欵，牒還對境，夜遣姦細來，爲我所得，曲在彼。今遣還之，使知愧。宰臣葉衡等奏：此誠足以示陛下威德。但張弼累次往來刺深罪犯，與張禹不同。上曰：張弼令依法施行，只張禹牒還。

（清）徐松《宋會要輯稿・刑法六・矜貸》　〔淳熙〕六年六月十二日，大理寺奏：强盗案内八名當斬，三名當重杖處死。上曰：三名所坐稍輕，正當大暑，不欲多殺，可貸其死。

（清）嵇璜等《續通志》卷一五〇《刑法略・赦宥》　孝宗淳熙九年，大理卿王尚之言：近以民間詞訟，官司按劾多有連及赦前事者，復送有司根勘，如此則與不曾經大赦無異，非所以示信也。請降指揮，應今後送所司推勘者，止合將大赦後罪犯依法結斷，若所犯在大赦前，苟非惡逆以上，並不許推究。從之。

（宋）洪邁《容齋三筆》卷九《赦放債負》　淳熙十六年二月登極赦：凡民間所欠債負，不以久近多少，一切除放。遂有方出錢旬日，未得一息，而並本盡失之者，人不以爲便。何澹爲諫大夫，嘗論其事，遂令祗償本錢，小人無義，幾至喧譟。紹熙五年七月覃赦，乃祗爲蠲三年以前者。案晉高祖天福六年八月，赦云：私下債負取利及一倍者並放。此最爲得。又云：天福五年終已前，殘税並放。而今時所放官物，常是以前二年爲斷，則民已輸納，無及於惠矣。唯民間房賃欠負，則從一年以前皆免。比之區區五代，翻有所不若也。

（宋）李攸《宋朝事實》卷一六《兵刑》　上以蠻賊彌年逋誅，鄰境調發應副亦推恩宥，二月十六日，降江西、湖南德音。門下：朕紹承基緒，維御幅員，丕循燕翼之謀，慎固盈成之守，内之則詢求文理，外之則講練武經，冀此烝民，臻於至治。屬溪蠻之釁孽，承邊吏之失防，逾越土疆，繹騷生聚。薄言問罪，爰命行師，蕞爾狡凶，尋抵擒殄。然念江湖之列郡，實鄰海嶠之遐陬，封域犬牙，道途棋錯。或護巡城堞，或輸挽糗糧，奔馳險艱，暴露丁壯，凡此調發，豈無勞煩。兹惟眷瞻，頗用嗟惻，宜推宥典，曲示矜懷。云云。於戲！寇盜猖狂，既仗翦平之畫；生靈瘵弊，必資生養之方。咨爾庶官，體予深意。

（宋）李攸《宋朝事實》卷一六《兵刑》　儂智高入寇，廣南東西官吏有棄城而逃者，大理將議法。上諭輔臣曰：官吏不能城守，可罪也。然朕聞南方無城郭戰具，一旦有倉卒之變而責人以死，朕不忍也。若兵備可以固禦而棄者，論如法，其無城與兵力不能敵者，當末減。由是免死者甚衆。

（清）嵇璜等《續通志》卷一五〇《刑法略・赦宥》　光宗紹熙二年，殿中侍御史張釜言：國家三歲一郊霈，曠蕩之澤，以幸天下，德至渥也。然赦文與令甲牴牾者，有失參考，乞預飭省部令將各案具到赦文内合行事件逐一比照，見行條法，法意寛而條或從窄則改定，赦文令舍窄而就寬，赦文本寬，而法或從窄，則明載赦書，令舍法而從赦，毋令引法以沮赦，毋令因赦而傷恩，如此則國家曠蕩之澤不為虚文。從之。五年五月，肆赦。七月，寧宗登極。九月，宗祀明堂。尚書省契勘一歲之間三行赦放，恐有凶惡累犯之人指恩作過，内曾犯徒流罪已經登極赦恩免罪後，再犯徒流以情理深重者，未曾斷遣，别聽朝廷指揮，其指揮與赦文同降，但以白紙連書於黄牒前，蓋前所未有云。

《遼史》卷一《太祖本紀》　〔遼太祖五年〕五月，皇弟剌葛、迭剌、寅底石、安端謀反。安端妻粘睦姑知之，以告，得實。上不忍加誅，乃與諸弟登山刑牲，告天地爲誓而赦其罪。出剌葛爲迭剌部夷離堇，封粘睦姑爲晉國夫人。

《遼史》卷一《太祖本紀》　〔神册三年〕夏四月乙巳，皇弟迭烈哥謀叛，事覺，知有罪當誅，預爲營壙，而諸戚請免。上素惡其弟寅底石妻涅里衮，乃曰：涅里衮能代其死，則從。涅里衮自縊壙中，並以奴女古、叛人曷魯只生瘞其中。遂赦迭烈哥。

《遼史》卷二《太祖本紀》　天贊元年春二月庚申，復徇幽、薊地。癸酉，詔改元，赦軍前殊死以下。

《遼史》卷三《太宗本紀》　〔天顯五年〕三月丙寅，朝皇太后。丁卯，皇弟李胡請赦宗室舍利郎君以罪繫獄者，詔從之。

（清）嵇璜等《續通志》卷一五一《刑法略・赦宥》　遼太宗天顯五

年三月，皇弟魯呼請赦宗室錫里郎君以罪繫囚者，詔從之。七年八月，林牙德勒賓逸囚，復獲而鞫之，知其事本誣搆，釋之。會同三年九月，邊將奏破吐谷渾，擒其長，詔止誅首惡，餘並赦。世宗時，耶律吼有定策功，加採訪使，益以寶貨，辭曰：臣位已高，敢復求富？臣從弟達魯諸子坐事籍沒，陛下哀而赦之，臣受賜多矣。帝曰：吼舍重賞請赦族人，賢遠甚。從之。天祿三年正月，以蕭翰及公主阿里布謀反，翰伏誅，阿里布自死獄中，詔肆赦。

《遼史》卷六《穆宗本紀》〔應曆〕十一年春二月丙寅，釋喜隱。辛亥，司徒烏里只子迭剌哥誣告其父謀反，復詐乘傳及殺行人，以其父請，杖而釋之。

（清）沈家本《歷代刑法考·赦六·述赦五》 遼太宗天顯五年三月，皇弟李胡請赦宗室舍利郎君以罪繫獄者，詔從之。

聖宗開泰九年十月，詔釋宿累。國家舊使遠國，多用犯徒罪而有才略者，使還，即除其罪。

《遼史》卷九《景宗本紀》〔乾亨元年冬十月〕乙亥，詔數韓匡嗣五罪，赦之。

（清）沈家本《歷代刑法考·赦九·赦例三》《賈鉉傳》：泰和三年，拜參知政事。亳州醫者孫士明輒用黃紙大書敕賜神鍼先生等十二字，又於紙尾年月間摹作寶樣朱篆青龍二字，以誑惑市人。有司捕治款伏。值赦，大理寺議宜准僞造御寶，雖遇赦不應原。已奏可矣。鉉奏：天子有八寶，其文各異，若僞造，不限用泥及黃蠟。今用筆描成青龍二字，既非八寶文，論以僞造御寶，非本法意。上悟，遂以赦原。

按：〔青龍〕二字，既非寶文，准以僞造，實大相懸殊。此律無正條而用比附，其誤至此。若非鉉言，其人死非其罪矣。

（清）嵇璜等《續通志》卷一五一《刑法略·赦宥》 章宗承安四年二月，監察御史姬端修以妄言下吏，赦其罪，令居家俟命。十一月，亳州醫者孫士明擅用黃紙，大書敕賜神針先生等十二字，紙尾年月摹作寶樣朱篆青龍二字，以誑市人，有司捕治欵伏，值赦，大理寺議宜照僞造御寶，雖會赦不應原。參知政事賈鉉奏天子：八寶其文各異，若照僞造御寶，非本法意。遂得赦原。

（清）嵇璜等《續通志》卷一五一《刑法略·赦宥》 宣宗興定元年五月，山東行帥府事蒙古綱擅械轉運使李秉鈞，法當決，秉鈞反詈，綱應論贖。詔兩宥之。二年四月，伊爾必斯自潼關之敗逃居柘城，為御史臺覺察，繫其家屬，帝令釋伊爾必斯之罪，伊爾必斯不自詣闕，遣子上書，請圖後效，臺臣力請誅之，以懲不忠。帝曰：中丞言是也，業已赦之矣。乃除名。三年四月，林州都統霍成以疑貳誣殺降人罪當誅，元帥惟良請寬其罰，仍請立遣送降民賞格，以杜後患，帝為之赦成而命有司頒賞格焉。時有誣宗室蘇爾坦殺人者，太學生馬肩龍上書畧曰：蘇爾坦有將帥材，少出其右者，臣一介書生，無益於用，願代蘇爾坦死，留為天子將兵。帝問：汝與蘇爾坦交厚乎？對曰：臣知有蘇爾坦，蘇爾坦未嘗知臣。蘇爾坦寃人不敢言，臣以死保之。乃赦蘇爾坦哀？

《金史》卷一五《宣宗本紀》 己丑，林州都統霍成以疑貳誣殺降人，論罪當死，元帥惟良不欲以殺敵人誅邊將，請寬其罰，仍請立護送降民賞格，以杜後患。上爲之赦成，而命有司班賞格焉。護送十人以上至者遷一官，不及者每名賞錢二百緡，五十人以上兩官，百人以上兩官雜班任使。

（清）沈家本《歷代刑法考·赦六·述赦五》 金哀宗正大三年六月，詔諭高麗及遼東行省葛不靄，討反賊〔萬〕〔家〕奴，赦脅從者。

（清）嵇璜等《續通志》卷一五一《刑法略·赦宥》 元世祖中統元年五月，以額呼布格反，大赦天下。至元十年五月，詔天下罪囚殺人者，待報。其餘一切疎放，限以八月內自詣大都，如期而至者皆赦之。八月，前所釋諸路罪囚自至大都者凡二十二人，並赦之。十三年，以平宋大赦天下。時監察御史趙天璘上策曰：赦者，欲以蕩滌瑕穢，與民更始。以負罪者言之則實莫大之洪恩，以致治者論之則非太平之常事也。近世以來，郊天祝宗建儲立后未有不肆赦者，僥倖之子逆知期會，能不啟匪濫之心哉？又況大赦之後，姦邪未嘗衰止，朝脱囹圄，夕攖縲絏，其不能承化自新亦已明矣。今國家哀囚徒之孽，苦憫小民之庸騃，頻降原赦，此蓋朝廷不忍人之心形於外而不能自已也。推此以及良民，順天道以正生殺，則周文之治不難同矣。伏望陛下信賞決罰，無肆赦宥，使上下有紀，內外絶倖，則天下可運之掌上矣。

《元史》卷五《世祖本紀》〔中統三年四月〕詔博興、高苑等處軍民嘗爲李壇脅從者，並釋其罪。

《元史》卷五《世祖本紀》〔中統四年〕九月壬午，河南、大名兩道宣慰司所獲宋諜王立、張達、刁俊等十八人，遇赦釋免，給衣服遣還。

《元史》卷八《世祖本紀》〔至元十年〕八月庚戌朔，前所釋諸路罪囚，自至大都者凡二十二人，並赦之。

《元史》卷一八《成宗本紀》〔至元三十一年十二月〕，用帝師奏，釋京師大辟三十人，杖以下百人。

《元史》卷二〇《成宗本紀》〔大德六年二月〕癸巳，帝有疾，釋京師重囚三十八人。

（清）嵇璜等《續通志》卷一五一《刑法略・赦宥》成宗大德七年，左丞相達爾罕言：僧人修佛事畢，必釋重囚，有殺人及妻妾殺夫者，皆指名赦之。生者苟免，死者負冤，於福何有？帝嘉納之。按，元世西僧每歲為佛事，必請釋輕重囚徒，以為福利，謂之都勒幹。成宗時，用帝師奏釋大辟三人及杖以下者七人，厥後豪民犯法者皆賄賂之，以求免。雖大臣有罪莫不假是逭其誅。迨仁宗朝始以僧人作佛事，命中書審察，擇釋獄囚。又功德使額琳沁以佛事奏釋重囚，帝不允。時臺省亦疏上，請革其弊。然終元之世，故事相沿，迄不能革。

《通制條格》卷二〇《賞令・會赦給賞》皇慶元年正月，中書省江浙行省咨：諸人賭博錢物并犯私鹽酒稅，已招明白，罪經釋免，未納攤場錢物、犯人家產，告人賞錢，合無追給。刑部議得：賭博錢物私鹽酒稅，雖已招伏，罪經釋免，其攤場錢物并犯人家產，既未追没，欽依革撥告人賞錢，依例追給。都省準呈。

《元史》卷二六《仁宗本紀》〔皇慶五年九月〕甲戌，以作佛事，釋重囚三人，輕囚五十三人。

《通制條格》卷二〇《賞令・會赦給賞》延祐二年七月二十二日，也可扎魯忽赤奏：薛禪皇帝時分，逃驅被捉獲呵，將拐帶的財物，三分内一分與拿獲人充賞有來，那勾當在後住罷了來。如今百姓每爲不與賞麽道，見逃驅呵，多不肯拿有。准奏呵，依在前體例里三分内將一分與拿住人充賞呵，怎生？奏呵，那般者。麽道聖旨了也。欽此。

（清）嵇璜等《續通志》卷一五一《刑法略・赦宥》仁宗延祐五年三月，晉寧民侯喜兒昆弟五人坐法當死，帝嘆曰：彼一家人不幸而有是事，其擇情輕者一人杖而宥之，俾養父母，毋絶其祀。

《元史》卷二六《仁宗本紀》〔延祐六年七月〕甲戌，皇姊大長公主祥哥剌吉作佛事，釋全寧府重囚二十七人，敕按問全寧守臣阿從不法，仍追所釋囚還獄。

《元史》卷二六《仁宗本紀》〔延祐六年九月〕癸巳，以作佛事，釋大辟囚七人，流以下囚六人。

（清）嵇璜等《續通志》卷一五一《刑法略・赦宥》英宗至治元年正月，廷臣或言祀事畢，宜赦天下。帝曰：恩可常施，赦不可屢下，使殺人獲免，則死者何辜？遂命中書陳便宜行之。三年三月，命僧誦經十萬部，尋勅諸寺作水陸佛事七晝夜，敕都功德使至京師釋囚大辟二十一人，杖五十以上者六十九人。

（清）嵇璜等《續通志》卷一五一《刑法略・赦宥》文宗天曆三年六月，以伊嚕特穆爾等罪詔告中外，赦天下。

（清）嵇璜等《續通志》卷一五一《刑法略・赦宥》順帝元統時，布衣蘇天爵疏：自昔國家務明刑政，苟或赦宥之數行，必致紀綱之多紊。近歲以來，赦宥太數，誠恐姦人貪吏各懷僥倖，大為姦利，非國之福也。世祖皇帝在位三十五年，肆赦者八，近自天曆改元至元統初歲，六年之中肆赦者九。蓋敷恩宣澤雖出於朝廷之美意，然長姦惠惡，誠為政者所當慎也，伏願自今以始，追法世祖皇帝之所行，使中外臣民洗心革慮，守法奉公，知非常之恩，不可復覬天下，幸甚！

（宋）李燾《續資治通鑑長編》元文宗至順二年　庚申，寧國路涇縣民張道，殺人爲盜，道弟吉從而不加功，拘囚七年不決。吉母老，無他子孫，中書省臣以聞，敕免死，杖而釋之，俾養其母。

《元史》卷三八《順帝本紀》至順四年十月，依皇太后行年之數，釋罪囚二十七人。

《元典章》卷四九《刑部・諸盜・首原・父首子為盜免罪》大德七年九月，山東東西道宣慰司准中書刑部關：承奉中書省劄付，也可扎魯忽赤蒙古文字譯該山東宣慰司文字裏呈，濟寧路申，偷驢賊梁得兒小名的人招伏：大德六年十月十五日隻身前去邵立名字的人院内，入去將樁上元拴一個驢偷將來，濟州將軍寨村裏住的吕大根底賣與了。後頭他的爺梁寬理會得，將他孩兒打了，教道了，將元偷盜驢搽將來主人邵立根柢，用酒食告求，將偷驢賊梁得兒放了，即同自首。據這勾當，系爲例事理，怎生般定奪的，省官人每識者。送本部議得：梁得兒切盜邵立驢畜，伊父知覺，自於事主處首説，分付訖元盜驢畜，合同自首。如准也可扎魯忽赤所據，免罪，相應。都省准擬，仰照驗施行。

（明）余繼登《典故紀聞》卷四　洪武時，有以犯罪減死戍邊者，多艱於衣食，太祖聞而憐之，悉命還家取資用，定期而來，至是，五十三人先至。太祖曰：彼愚民無知，故抵於法，今先期來歸，是其畏法，良心不泯，庶幾改過遷善矣。特命宥其罪，與道里費，放還田里。

（明）談遷《國榷》太祖洪武二年八月　臨川守禦千户胡朝宗受賂，法宜死。其親老，泣訴於三山門，宥之。

《明太祖實録》洪武二年十二月　辛巳，征虜右副將軍都督同知馮宗異等至京。初，宗異守平凉，以關狹既平，胡虜畏服，不請於朝，輒引衆還。及見，上詰之曰，將軍在平凉，外禦胡虜，内鎮撫關中，國家所撫托，非輕也。乃不俟命輒引衆還，閫外之事將誰任之。宗異頓首謝。上以其勳舊，姑置之。

《明太祖實録》洪武二年八月　〔庚寅〕臨川守禦千户胡朝宗受賂，法當死。上出幸三山門，朝宗父母拜伏道左，涕泣哀訴惟有此子，死則老無所依。上閔之，俾減死論，終養其父母。

（明）談遷《國榷》太祖洪武四年十二月　漢中知府費震坐事逮至京，震多善政。值旱饑，貸倉糧十餘萬石，俾秋稔還之。饑盜俱減。上聞而嘉之。至是釋之以勸良吏。

洪武六年十月癸酉，中立行大都督府僉事章齡、王簡有罪。齡坐盜官物，法當死，論功免死，并其家遷於瓊州。簡以占營舍，論功宥之。

（明）談遷《國榷》太祖洪武八年正月　山陽民有父得罪當杖，請代。上曰：朕爲孝子屈法勵天下。釋之。

《明太祖實録》洪武八年十一月　戊午，杭州民有獲罪，律當杖而謫戍，其子爲磨勘司吏，固請以身代。上曰：此美事也，姑屈法以申父子之恩，俾爲世勸。遂命釋之。

《明太祖實録》洪武九年春正月　〔丁卯〕起鳳陽屯田官吏梅圭等五百十八人赴京。先是，官吏獲罪者，上恐法司推讞未精，或其人因公詿誤，法雖難宥，情有可矜者，悉謫鳳陽渠象屯屯田，俾歷艱難，省躬悔過。至是，特取圭等至京，命中書省量才用之。

《明太祖實録》洪武十一年五月　〔庚子〕廣東左參政劉益、右參政康濟坐事，罪當徒。上念其由國子生培養，嘗從諸王學於武英堂，命中書紀其罪，降用之。

《明太祖實録》洪武十二年三月　〔壬申〕江西參政劉璉以罪逮下獄。璉，誠意伯基之子也，上以基故，特宥之。

《明太祖實録》洪武十三年五月　〔庚子〕户部郎中劉平仲叔父有罪，當杖爲軍。上以平仲仕於朝，特免之。

《明太祖實録》洪武十五年春正月　己酉，刑部奏，湖廣江西河泊官侵盜魚課，法當死。上惻然曰：爲利而亡身，愚哉。因憐之，命減死論。

《明太祖實録》洪武十五年八月　己丑，監察御史章良以罪繫獄，上疏自陳過咎。上曰：知過能改，亦人所難。遂釋之，左遷雲南府儒學教授。

（明）談遷《國榷》太祖洪武十五年十月　桂林理定縣主簿宜君楊時敏罪戍雲南。言家有母年八十餘，失侍九年，乞便道省母就戍。上憐之，復其官，禄養。

《明太祖實録》洪武十六年九月　〔癸亥〕山東魚户以累年匿税課，逮至京，都察院論罪當流者六十人。上曰：商人匿税，自昔有之，況貧民乎。其悉宥之。

《明太祖實録》洪武十七年秋七月　〔乙卯〕民有與妻忿爭而裂其鈔者，事覺，法司以棄毁制書律罪之。事聞，上曰：彼夫婦一時私忿耳，非有意於毁鈔也。宥之。

《明太祖實録》洪武二十年三月　丙辰，常州府宜興縣丞張福生犯法當死，特宥之。先是，上以進士國子生皆朝廷培養人材，初入仕，有即麗於法者，雖欲改過，不可得，遂命凡所犯，雖死罪，三宥之。福生以國子生故得宥。

《明太祖實録》洪武二十一年春正月　〔甲午〕温州永嘉縣民因暹羅入貢，買其使臣沉香等物。時方嚴交通外夷之禁，里人訐之，按察司論當棄市。上曰：永嘉乃暹羅所經之地，因其經過，與之貿易，此常情耳，非交通外夷之比也。釋之。

《明太祖實録》洪武二十二年三月　己未，卒有告千户盜箭者。上曰：千户箭當給，但不當自取，非財物比，宥之，而賞其卒。

（明）談遷《國榷》太祖洪武二十二年四月　青州衛軍犯罪將决，妻請代夫死，釋之。

《明太祖實録》洪武二十三年春正月〔庚辰〕兖州護衛指揮曹德父廣初以宣州衛指揮坐事謫戍雲南，既没。其次子勝代役，訴於衛，衛上其事於右軍都督府，都督僉事歐陽琳以聞。上曰：曹廣昔從征伐頗有功，雖以罪謫戍而死，然念昔日之勞，宜免勝役，以給其兄德家。

（明）談遷《國榷》太祖洪武二十三年二月　癸卯，宥給事中彭與民等罪。先是論給事中，父兄伯叔來朝覲政歸，以書諭其鄉里子弟，使爲善無犯法，人予鈔遣還，而與民等下獄。父九霄來朝，上表引咎，上憐之，同宥十七八，九霄尋卒，命歸葬。

（明）談遷《國榷》太祖洪武二十三年二月　戊午，沅陵主簿張傑坐輸作。自陳有老母守節，乞宥罪歸養，許之。命禮部榜母節於天下，加俸資養。

《明太祖實録》洪武二十三年閏四月　丁丑，舳艫侯朱壽二子興能俱犯法，當死。上以壽勳勞，特宥之。

（明）談遷《國榷》太祖洪武二十三年六月　南海主簿周德任有罪，當城旦。妻高氏訴願没官贖罪，宥之。

《明太祖實録》洪武二十三年六月　乙丑，給事中朱懋坐私毁奏劄，罪當死，上以其頗有才幹，宥之。

《明太祖實録》洪武二十五年秋七月　庚辰朔，北平都司吏楊獻有罪繫獄，自陳嘗卧冰以愈父疾，詔〔劾〕〔核〕其事不妄，遂命釋之。

（明）談遷《國榷》太祖洪武二十五年九月　己卯朔，辛巳，户部左侍郎陳宗禮、大理寺丞曹瑾罪當杖，降官。命免杖，工部辦事。

《明太祖實録》洪武二十六年八月　庚寅，刑部奏，瀘州民坐侵盜官糧，罪當死。上曰：遠方愚民但知貪利，不知有法。遂命宥之。

（明）談遷《國榷》太祖洪武二十六年九月　丙辰，宥工部尚書嚴震直弟姪罪，其鄉人訴弟姪不法，即命震直按之，獄上不欺，故併釋。

（明）談遷《國榷》太祖洪武二十六年十月　丙戌，宥朝鮮海寇罪。

（明）談遷《國榷》太祖洪武二十六年十月　將校有罪削爵聽征者，悉復官。

（明）談遷《國榷》太祖洪武二十六年十一月　霑化縣典史杜護坐事當罪，縣民訟其廉幹，復之。

（明）余懋學《仁獄類編》卷二九《宥弟代兄戍》　洪武二十六年，陝西民有坐事謫戍邊，妻亡命留，中途其弟夫婦請代往，監送者聽之，御史責弟不當代兄，并罪監送者，其人訴於朝，上曰：弟之代兄，義也，監送者能聽其代，是亦有仁心矣。命賜其弟道里費，而拜賞監送之人。

（明）談遷《國榷》太祖洪武二十七年八月　丙申，禮部主事蓋霖下獄。其父上書，願以次子從軍求贖，釋之。

（明）談遷《國榷》太祖洪武二十七年九月　戊戌朔，浙江右布政使楊允恭，參政羅鐘李文華，湖州知府王楨，俱事逮非貪墨，宥之復官。歸安縣丞高彬亦連坐，耆民訴其公廉，即釋。

《明太祖實録》洪武二十八年夏四月　戊辰，遼東義州千户鄧銘以徵斂部卒財物，應杖爲軍，其子赴訴請代父罪。上許之，令代役免杖。

（明）余懋學《仁獄類編》卷二九《宥翟善死罪》　吏部尚書，洪武二十八年，翟善以受賄當死，其父謙訴於朝，乞宥子死，從軍終身，以贖。命宥之，降爲南寧府宣化縣知縣。

（明）談遷《國榷》太祖洪武二十九年九月　丙子，民有論死者，其弟請從軍代贖。上憫之，同繫三十餘人皆免死謫戍。

《明史》卷四《恭閔帝本紀》〔洪武三十一年〕釋黥軍及囚徒還鄉里。

（明）王道《朝邑縣志》卷二《周彧》　周彧，洪武中上書求仕進，上召與語，大悦，乃授觀察使。彧舉劾無所避，於是百僚皆畏，觀察使俄遷吏科給事中。同東宮治秦邸獄歸，乃陞通政使。以讒下獄籍其家，得衣一襲俸米數升。上召問曰，通政官尊禄厚，何大貧邪？彧叩頭曰：臣以草茅，待罪九卿，自知無功，能不稱任，使所得俸不敢盡受，皆歸之官耳。已而通政司乃上彧所歸俸金。上知其枉，赦之。

（明）談遷《國榷》惠宗建文四年七月　〔戊戌〕吏部請縄罪吏，上以既赦，悉除之。

（明）余懋學《仁獄類編》卷二九《宥興祖改過》　先是，廣西故都指揮葛森妾許氏訴總兵官鎮遠侯顧興祖不法十五事，詔令興祖自陳，至是首實。上語都御史劉觀曰：既不隱實，姑宥之，令改過，如不改，仍不宥也。

《明太宗實録》永樂元年十二月　〔丙申〕四川都指揮使胡淵有罪，法司論當死。上特宥之，罷歸鄉里。

（明）龍文彬《明會要》卷六七《刑・赦宥雜録》　永樂元年十二月丁丑，錦衣衛臣奏：福建送至亂寇若干人，法當棄市。上曰：朕嘗許以不殺，今殺之，是不信。來者之路塞矣。俱宥之，謫戍邊。

（清）嵇璜等《續通志》卷一五一《刑法略・赦宥》　成祖永樂二年十一月，江浦知縣周益以罪當刑，其妻梅氏訴，益母老無養，願代夫死。帝憫其情，特宥之。四年八月，宥强盗初犯，不寘重法。時侍臣有言其寬，無以示懲，帝曰：好善惡惡，人情皆同，豈本心樂於為惡，或迫於饑寒不得已為之，且為不善者能改過為善，聖人未嘗絶之。朕憐其初出於不得已，又冀其終能改過耳，若再犯必不宥矣。七年三月，詔起兵時將士及北京効力人民雜犯死罪，咸宥之，充軍者官復職，軍民還籍伍。九年三月，有縣官以贓罪謫戍邊，擊鼓陳情，言年逾七十，求免，帝命宥之。十三年正月，釋工作囚徒。先是，命出繫囚輸作贖罪，既而多亡者，有司請捕之。帝曰：此皆衣食空乏，出於不得已。遂令見役者俱還家，共釋四千九百餘人。二十二年十一月，仁宗即位，詔曰：建文姦臣，其正犯已悉受顯戮，家屬初發教坊司、錦衣衛、浣衣局，并習近及功臣家為奴，今有存者，既經大赦，可宥為民，給還田土。凡前為言事失當謫充軍者，並宥之。頒赦令三十五條，皆楊士奇代草，盡除永樂年間弊政，凡不便於民者，皆援恩詔革除之。凡以赦前事言人罪者，即坐以所告者罪。宣宗宣德時，寬詔歲下，閲囚屢放，遣有至三五千人者。諭刑官曰：吾慮其瘐死，故寬貸之，非常制也。

《明太宗實録》永樂三年夏四月　〔乙亥〕降遼東都指揮僉事吳立爲百户。立以逗撓軍機，論法當斬，特免死降職，往寧夏立功。

（明）談遷《國榷》成祖永樂四年二月　己卯，軍官有罪謫戍立功者，悉復職。

（明）談遷《國榷》成祖永樂四年十月　丙辰，有吏科給事中下獄，其父代陳悔罪，上釋之，戒其再犯。

《明太宗實録》永樂六年十一月　乙巳朔，復陳灝楊祥監察御史。初，灝等俱任御史坐罪，灝謫充錦衣衛吏，祥降鴻臚寺主簿。至是，皆以言事宥復職。

《明太宗實録》永樂七年五月　甲戌，復以尹必用爲浙江布政司右參政。必用先自吏部郎中陞浙江參政，以贓罪降應天府治中，時有勅奉天征討官軍及終始効力人民誤惟刑憲者咸宥之，必用當守城，故復其職。

《明太宗實録》永樂七年十一月　戊子，行在刑科給事中曹潤等劾奏，行在都察院左僉都御史劉翥已奏遣御史陳禮等往山西監造車，退而擅以御史竇信等易之。陳禮等受命不行，竇信等私代之行，及劉翥專擅，皆當治罪。上曰：止罪受命不行者，餘姑宥之。

《明太宗實録》永樂八年八月　丁酉，宥福建鹽場官吏罪。先是，監察御史李琳言，福建各鹽場累歲虧折鹽課，悉論其官吏死罪。上察知煎辦之難，遣人馳驛宥之。

《明太宗實録》永樂九年夏四月　乙未，宥兩淮都轉運鹽司副使劉李篪罪，命服士服，隸翰林院脩書。李篪，先任刑部侍郎，坐累繫獄，上宥之，降爲副使，以逡巡不赴，復繫獄。至是，法司上其罪狀，上憫其儒者，故有是命。

（明）談遷《國榷》成祖永樂九年五月　辛未，進士王彦自陳與姦惡外親有連。俱被籍沒，乞就繫。上以其才，并其家宥之。

《明太宗實録》永樂九年十二月　丁未，刑科都給事中曹潤等劾奏，中軍都督僉事徐膺緒縱家僮凌虐平民，邀奪官糧，請付法司正其罪。上將宥之，命坐其家僮。

（明）談遷《國榷》成祖永樂十年二月　宥雜犯武職，復其官。

（明）談遷《國榷》成祖永樂十年九月　辛卯，赦兵部軍職犯罪者，悉復職。

《明太宗實録》永樂十二年閏九月　甲辰，先是，上以皇太子所遣使迎車駕緩，且奏書失辭，曰：此輔導者之不職。遂徵在春坊大學士兼翰林院侍讀黄淮等。是日，淮先至行在，六部都察院、大理寺、通政司交奏其罪，遂下獄。後二日，左春坊、左諭德兼翰林院侍講楊士奇及司經局正字金問至。上曰：楊士奇姑宥之，朕未嘗識金問，何以得侍東宫？命法司鞫之。已而召士奇至前，親問東宫事。士奇叩首言：殿下孝敬誠至，凡所稽違，皆臣等之罪。上悦而罷。於是行在六部、都察院、大理寺、通政司，十三道監察御史交章奏士奇罪不宜獨宥。乃下錦衣衛頌繫之。未幾，特宥復職。遂徵司經局洗馬。楊溥，芮善相繼下獄，皆以金問辭連之也。

（明）談遷《國榷》成祖永樂十三年二月　乙未，釋工作囚徒四千九百餘人。初，輸作贖罪。多脱亡，有司請捕之，上曰：必其空乏。遂命見役者俱還家，期秋後赴工，令下，有不願去者七百餘人，上併盡釋之。

《明太宗實録》永樂十三年十二月　〔丁丑〕遼東都指揮僉事徐剛有罪，謫戍邊。剛領兵捕倭寇，至，畏怯不進，致其剽掠軍民，於法當斬。特命宥死充軍，遇敵當先。

《明太宗實録》永樂十四年六月　乙丑，陝西都指揮使司劉清掌寧夏衛事，私通外境，激變番夷，僭用服飾等。事覺，法司當請斬罪。特命宥死，謫戍遼東。

《明太宗實録》永樂十七年春正月　〔丙寅〕監察御史李偉奏，江西新淦縣逃匠雷劍南等聚衆拒捕。上命都指揮劉忠、都督馬聚，領兵捕之。未至，而布政司、按察司奏劍南等自詣歸罪。上覽奏，謂侍臣曰：民非甚不已，孰肯以父母妻子懼死亡之禍，此有司失於撫綏。命皆宥之，遣使馳召聚等還。

（清）查繼佐《罪惟録》紀卷四《仁宗紀》〔永樂二十二年冬十月〕方孝孺輩忠臣也，宜從寬典。至是赦姦黨族屬，凡教坊司、浣衣局、習近功臣家奴者，悉放寧家，給還生産。

《明宣宗實録》洪熙元年閏七月　癸亥，龍驤衛千户田真關軍士賞銀，多支二兩，自首請罪。尚書吕震請治之。上曰：武人不諳書算，故有此失，宥之勿問。

（明）談遷《國榷》宣宗宣德元年八月　〔乙丑〕命法司，武職有犯，悉録其案上之。凡五百二十人，除重辟外，其雜犯悉宥之復職。

《明史》卷九《宣宗本紀》〔宣德元年〕八月壬戌，漢王高煦反。丙寅，宥武臣殊死以下罪，復其官。

《明宣宗實録》宣德三年三月　〔乙巳〕行在户部辦事官劉誠、工部辦事官李春以公差齎奏牘，復命攙越班次，舉止失指，爲糾儀御史所劾。錦衣衛執之。上問何官，行在吏部臣對曰：辦事官，吏之冠帶未授職者。上曰：彼何嘗趨朝識奏對之序。命宥之。

《明宣宗實録》宣德三年三月　〔己丑〕宥行在鴻臚寺卿楊善，少卿劉順、賈庠，寺丞焦循罪。蓋所引謝恩之人，衝突御仗，爲監察御史所劾。上命錦衣衛執之，已而宥之。

《明宣宗實録》宣德四年夏四月　〔癸未〕釋方政、穆肅。降政爲行在左軍都督府都督僉事，肅爲行在錦衣衛指揮僉事。初，政以都督同知鎮守交阯，肅以都指揮僉事坐事，謫戍交阯，俱從王通棄城還，下行在錦衣衛獄。至是，上察其可用，且棄城非二人意，特宥之，而降其職。

《明宣宗實録》宣德四年八月　〔辛丑〕遼東總兵官都督僉事巫凱奏近虜寇三犯邊，雖調官軍追捕，前後被其殺傷者二十餘人，被掠者八十餘人，馬牛一百六十，其失機都指揮鄒溶及指揮千百户等三十六人皆當罪之。上命監察御史同錦衣衛官往責溶等死罪狀，罰俸有差。其守備巡哨應接應而不接應者加杖，悉復職守備，再犯不宥。

（明）余繼登《典故紀聞》卷一〇　宣德四年十月，以皇太子千秋節，下寬恤之令，減雜犯死罪以下，宥笞杖及枷鐐者。

（明）余繼登《典故紀聞》卷一〇　宣宗聞豹房勇士以民居寬好欲奪而居之者，命杖之一百，以五百斤枷號令儆衆。召六科給事中，諭曰：此曹敢輕易犯法者，恃中官爲之救解，自今但中官傳朕言釋有罪人，並須覆奏始行。

《明宣宗實録》宣德五年四月　〔甲戌〕監察御史李笴、給事中賈諒等劾奏，陽武侯薛禄朋比不敬。初，應城伯孫傑以印馬受賂，事覺，上命公侯伯文武大臣語責之，禄黨傑，有狠愎語，成國公朱勇於公朝以聞。上不問。禄不出班謝過，於是笴等交章劾禄。上曰：武臣不知禮，姑宥之。

《明宣宗實録》宣德六年二月　〔戊申〕監察御史伍宗源等劾奏，駙馬都尉焦敬縱中使阮邦擅收官馬。上曰：駙馬貴戚豈少一馬而甘爲小人之行。命下錦衣衛獄，尋宥之。

《明宣宗實録》宣德八年三月〔甲戌〕宥陝西永昌衛指揮同知馬驥等罪。初，驥領兵往來寧遠、昌寧，專督哨備，而虜寇掩其不備，分爲二道，搶掠人畜，總兵官劉廣等請治驥等罪。上命廣鞫之，至是廣奏驥等罪當死。上命姑宥之，罰俸一年，俾專守備，再失機必殺之。

《明宣宗實録》宣德九年二月 辛未，罷行在右軍都督府左都督陳懷職。初，懷坐故殺平人，失陷城寨，律當斬。繫行在都察院獄，至是訴其冤。上謂三法司官曰：懷他罪皆不論，但以私忿殺人，養寇失地，雖死何冤，念其先朝舊臣，姑屈法宥之，令罷職閒居。

《明英宗實録》宣德十年九月〔己卯〕大同總兵官都督同知方政奏：左副總兵都督僉事曹儉隱役軍伴六百人，占種軍田二十餘處，賊寇入境擄殺人馬，又不策應追勦。上命法司鞫儉罪，坐斬，特宥其死，降爲事官於甘肅立功。

《明英宗實録》正統元年三月〔癸未〕宥陽和衛指揮僉事丁永、鎮虜衛千户曹鐸等死罪。先是大同總兵官都督同知方政奏永等率領官軍巡邊，出哨堤備不嚴，被達賊掩襲，射傷軍人，搶去馬匹，遂命鎮守等官執問。至是擬罪如律。上宥其死，俱罰俸一年。

《明英宗實録》正統元年夏四月〔戊午〕時監侯未結囚多命法司録取情詞以聞，遂宥無罪情可矜者二十人，各杖一百，編發充軍擺站。

《明英宗實録》正統二年三月〔癸巳〕會甯伯李英有罪，革其爵。先是西寧衛指揮祁震死，其子幼，震庶弟之子監藏李出也謀襲職，震之叔太平與爭，俱詣京，英恃强執太平及其義子拷掠於家，義子竟死。言官劾英，下錦衣衛獄具，特宥其死，而有是命。

《明英宗實録》正統二年夏四月〔戊寅〕巡按河南監察御史苑恪奏：歸德、陳州、項城、鹿邑逃民五百四十餘户，先已寄籍近間，官司取勘，仍各逃移，及訪得逃移之人，情狀不一，有因原籍賦税浩繁家道貧窘者，有因犯强竊盜劫殺人命越獄在逃赦所不原者，有因爲事發充軍脱逃者，至今三四十年，親故不能察識，官司無所挨究，山藏谷聚，所在成群，若不招撫恐生事端。乞勅該部從長計議，務使人人有自安之心，國家無意外之慮。事下行在户部議，有罪犯者，法司銷豁，軍匠逃者，該部優免，願回原籍或願流移所在占籍者，皆聽從其便。從之。

《明英宗實録》正統二年五月〔戊申〕福建行都司都指揮僉事蔣貴受部屬賄賂，及改官房爲私室。事覺，行在刑部請械貴詣京，上命貴自陳其實，貴輸罪，宥之。

《明英宗實録》正統二年九月 壬子，宥鎮守肅州都督王貴罪。初，都指揮胡麒隸貴麾下，一旦拔副之，貴甚不平，每與之牴牾。嘗出城迎勅，聞但勅麒，遂勒騎回，竟不赴拜。有所部鎮撫以事如京，貴附百金於京官，謀所以傾麒。麒因邊報急，命城門不得蚤啓，貴憾令非己出，杖守門者曰：城中産畜如許，欲餓死邪？悉縱民出牧，虜卒至，盡爲掩取去。貴嘗匿降胡四人，及虜犯邊，令降者爲鄉道追之，降者跳身入虜，反道虜大肆殺掠士卒，死者不可數。鎮守僉都御史曹翼、行在六科、十三道劾貴，逮詣京，獄具，當斬。上念其效力邊圉日久，特宥之。

《明英宗實録》正統二年冬十月 庚午，宥獨石署都督僉事李謙罪。謙老而怯懦，不盡心邊事，且偏執己見，與遊擊將軍楊洪甚不相能，每調遣官軍，謙輒揚言曰：此非吾毒，若等皆楊洪也。洪嘗獎勵將士戮力擊虜，謙笑之曰：自來胡虜誰能滅之，徒自損耳。又私役兵士爲之佃種興販，藏匿無籍，燒鍊僞銀，貪利無厭。給事中御史劾謙之罪，上竟宥焉。

《明英宗實録》正統三年冬十月〔丁巳〕寧化王善壞奏：初，臣母墳地違式，皆臣之過，非都司及布政司官之罪。令該部以其委勘不實逮治，乞宥之。上曰：王歸罪於己，謙厚之德也。姑從王言，宥各官。

《明英宗實録》正統四年三月〔庚申〕宥都督馬亮、羅文、毛翔罪。先是羽林衛軍王友犯法，謫戍廣西，該行在右軍都督府轉送，亮等縱延，踰七月不遣，至是遇赦得釋。六科、十三道交劾其罪。上特宥之。

《明英宗實録》正統四年五月〔辛酉〕宥内使張斌罪。時斌在廣東典守珠池，擅作威福，擾害生民。人有奏其過惡者，上以斌罪本難宥，姑移文令其改過，如怙終，必誅不貸。

《明英宗實録》正統四年秋七月〔壬戌〕上命行在六科、十三道廉在京諸不法事，監察御史周瑮具得鎮遠侯顧興祖，武安侯鄭能，廣寧伯劉安，都督李通、毛翔、羅文及都指揮劉法貴等受賂縱軍諸事，交章劾奏，請治其罪。上念侯、伯、都督重臣，特宥之，令行在錦衣衛逮都指揮以下鞫問，比獄具，亦宥焉。

《明英宗實録》**正統四年九月**　〔己巳〕宥山東布政司左參政沈固罪。先是巡撫大同宣府右僉都御史盧睿等奏，固在大同管糧，提督不嚴，致大有倉官攢斗級遞年盜賣官糧共一十八萬九百八十餘石，請治其罪。上命固鞫實自陳，至是固奏核所盜皆實。緣臣在彼年久，因循度日，不能用心關防，致下人作弊如此，罪當萬死。上以固吐實服罪，故宥之。

《明英宗實録》**正統五年三月**　〔己巳〕宥定國公徐顯宗罪。

《明英宗實録》**正統五年夏四月**　〔癸酉〕宥景陵神宫監太監陳英、内使僕林罪。初，英匿御馬監小厮陳喜役於家，林挾私忿發之，且誣英娶妻。法司逮問，獄具，命固禁之。至是有詔録囚，法司列英等情狀以聞。故宥之。

《明英宗實録》**正統五年六月**　〔戊寅〕宥陝西都指揮同知戴旺罪。先是巡按御史馮誠劾奏旺私役軍餘，占種田土，飲酒宿倡。命旺自陳。至是，旺輸情服罪，上曰：旺既輸情，姑貸其罪。都察院録狀示之，如再犯，必罪不宥。

《明英宗實録》**正統六年夏四月**　〔丁亥〕宥四川按察司僉事陳治罪。初治照刷夔州府文卷，至梁山縣，其從行書吏受縣吏白金，知縣李政發其事，械縣吏詣治，治但從縣吏，自取其金，書吏得免。故奏其狀，下巡按監察御史覈實，勑治關防不嚴。上宥治，戒其再犯。

《明英宗實録》**正統六年五月**　〔甲辰〕掌潼關衛事都指揮僉事姚深擅執永樂鎮巡檢李資，問擬杖罪，令輸贖。河南布政司官奏深邊例，深具疏伏罪，遂宥之。

《明英宗實録》**正統六年五月**　乙丑，行在通政使司李暹劾奏行在户部尚書劉中敷、侍郎吴璽等先因萬全都司具奏賞賜軍士冬衣布花，直隷隆慶衛倉所收不敷，要於本司萬億倉湊支。中敷等不爲覆奏，專擅定擬，移文支給，請正其罪。於是給事中、御史交章論之。上命三法司於内廷雜治。法司言：擬法應流，請如例運磚贖罪。上曰：論法固難容，但所那移物仍充官用，情亦無他，姑宥之，再犯不宥。

《明英宗實録》**正統九年閏七月**　〔庚子〕四川威州保縣民夜至鎮夷關，圍其讎家殺之。巡按監察御史陳員韜案，守備都指揮僉事鄒寧不嚴防禦，請治其罪。上宥之，第資其罪狀，罰俸一月。

《明英宗實録》**正統九年九月**　〔己亥〕都察院録京衛指揮千百户二百二十二人受賂放軍。上曰：此屬論罪，俱當死，姑宥之，再犯不宥。

《明英宗實録》**正統九年十二月**　〔乙丑〕駙馬沐昕因閽者及家奴有罪，杖死之，奉御阮伯山以聞。詔昕陳狀，昕輸罪。上曰：人命至重，下人果犯法，當奏送法司究問，那得擅於私家杖殺之。昕罪本難宥，但念是國親，姑爲屈法。今後仍如此擅作威福，必罪不宥。

《明英宗實録》**正統十年八月**　甲子，爪哇國人蒲達剌、達魯加、密沙剌私駕舟商於暹羅國，被獲械京，既而達魯加被蒲達剌刀傷致死，刑部誤以死者爲密沙剌，而以蒲達剌爲達魯加問發牧象。事覺，尚書金濂等自劾。上宥濂等罪，命都察院執其屬官鞫之。

《明英宗實録》**正統十三年夏四月**　〔癸未〕刑部奏：奉詔寛卹罪囚，給事中王理、山東按察司副使王裕漏泄事情，應斬，南京監察御史范霖誣劾都御史周銓，應絞，請裁決。上命宥死，俱謫戍大同威遠衛。

《明英宗實録》**正統十四年十一月**　〔戊寅〕福建左布政使宋彰，右布政使孫昂，左參政彭森，左參議金敬，右參議徐傑，按察使方册，副使邵宏譽、高敏，僉事董應軫、王迪、況真坐匿賊不即奏，當斬。巡督海道右參政周禮，提督屯種僉事馬嵩，巡視銀場僉事王驥坐守備不設，當充軍。至是遇赦，降彰、昂、森、敬、禮、傑、册、敏俱爲驛丞，宏譽、應軫、迪、真、嵩、驥俱鹽課司大使。

《明英宗實録》**景泰元年五月**　〔丁未〕欽天監正許惇忿天文生唐矜等累誣己私舉屬官，輒令靈臺郎方欽亦誣矜等恃强毁詈等狀。法司鞫得情，當惇不應贖杖還職。詔特釋之。

《明英宗實録》**景泰元年秋七月**　〔甲辰〕總兵官石亨、楊洪、柳溥，右都督張軏上言：大同宣府屢報聲息，醜虜雖來請和，恐猝然侵犯，缺官調用。竊見都督宫聚、王喜先爲貪暴失機，見擬死罪繫獄，張斌降爲事官立功，復以罪逮問。緣聚等俱係武夫愚昧，觸犯刑章，罪當萬死，但以其驍勇，曾經戰陣，乞曲法垂宥，量復職事，令其當先殺賊，以圖成功。帝曰：宫聚、王喜、張斌情犯深重，於法何可容。今以用人之際，姑從爾等言宥之，俱降爲指揮僉事，令於各營操練，以備調遣。

（明）余繼登《典故紀聞》卷一二　景泰時，山東陽穀縣主簿馬彦斌坐罪當斬，其子震奏願代死，法司爲請，特宥彦斌，編震充邊衛軍。

《明英宗實録》景泰二年五月〔庚戌〕通政使李錫受朝覲官高唐州知州康泰銀布，爲校尉所緝，六科劾之，詔特宥焉。

《明英宗實録》景泰二年冬十月〔己酉〕户部奏：山西王林衛倉虧折正糧六百六十七石，究其所由，先因山西糧乏，命以官銀籴買上倉，而内官並叅將等官俱令家人支銀籴糧，雜以糠秕沙土，其後指揮、千百户放糧，簸揚潔净，加添斛面，並索要紙筆米、畫會米，經歷倉官見糧數日耗，自分必死，又侵盗之，以致虧折。請移文左副都御史年富追竟其事，犯在革前者會筭米數徵納，革後逮問追之。如無，就以各俸米償官。帝曰：邊境官軍艱苦，若奪其常俸，益至窮乏。今富斟酌行之，合逮問者俱宥其罪。

《明英宗實録》景泰三年春正月〔己未〕陝西京州衛掌衛事都指揮僉事陳斌坐盗竊衛倉官銀，不即申報，所司究理，陳狀伏罪，宥之。

《明英宗實録》景泰三年三月〔戊午〕巡按浙江監察御史程昊奏：鎮守都督僉事張真故縱都指揮僉事張勇等令軍旗虜處州避賊平民十一人，真取其二爲奴，請治其罪。詔以真鎮守年久，曾效微勞，宥之，戒無再犯。

《明英宗實録》景泰三年閏九月〔乙亥〕守備萬全都指揮江福占妓者爲妾。詔宥其罪，命給還其家，福眷戀不遣。巡按監察御史張瑩復奏其罪，詔仍宥之。

（清）沈家本《歷代刑法考·赦九·赦例三》　景帝景泰三年十二月，命婦人犯死罪蒙恩，審録當有死者，皆杖八十釋之。按：此從都御史王文等請也，免死者止杖八十，可謂寬矣。杖須的決，可見婦人之贖杖乃後來之例，非舊制也。

《明英宗實録》景泰四年秋七月〔辛巳〕命枷號百日，謫戍極邊。提督軍務右僉都御史李秉以廣犯在例前，今百日垂滿，乞釋廣。令如常例贖罪還職，開其自新之路。詔特宥之。

《明英宗實録》景泰四年十月〔壬辰〕武清侯石亨奏萬全都司都指揮僉事喬清賣放軍人，請治其罪，詔宥之。

《明英宗實録》景泰五年春正月〔乙亥〕監察御史王越巡按陝西，聞父喪，不候御史戚寧更代，輒回京。右都御史羅通請治其罪。詔宥之。

《明英宗實録》景泰五年十月〔辛丑〕宥太子少師兼吏部左侍郎翰林院學士江淵等罪。先是淵奉勅往淮安等處撫安軍民，因知府丘陵言將淮安府所屬運京在途糧船追回存留，以備賑濟，致管糧官員人等花費錢糧。爲左副都御史王竑所奏，委御史劉泰等查追，泰等劾淵宜黜爲民。至是召下廷臣議，爲淵奉勅便宜行事，别無重情，詔併陵宥之。

《明英宗實録》景泰六年四月〔乙酉〕巡撫貴州左副都御史蔣琳奏：鎮遠等處苗賊出刧，右參將都指揮同知安順領兵輕進，陷没官軍三百餘人，愈致賊勢猖獗，順復虚報功次，以掩己罪，乞罷順守備，别選都指揮代之。兵部劾順懷姦憤事，請執問如律。詔命姑宥之，仍命琳取順死罪狀，督令領軍勦賊以贖前罪，再誤事必殺不赦。

《明英宗實録》景泰六年八月〔戊辰〕提督宣府等軍務右僉都御史李秉奏：操守保安都指揮同知王俊不白知守備，長隨田靄擅發官軍修理城池，靄懷私忿輒毆之，俱宜問罪。詔俱宥之，今後再不協和必加重罪。

《明英宗實録》景泰六年冬十月〔戊午〕刑部郎中夏時正奉詔分審福建重獄之有冤者，奏聞，十數人特命宥死，充沿海衛軍。時正以爲若有福建沿海衛乃以閩，因乞凡福建宥死俱宜發北方沿海衛，庶寬仁之中寓防禁之術。都察院謂時正所言可從，但不俟奏請輒徑發充軍，宜問其罪。詔宥之。

《明英宗實録》景泰七年十一月〔癸未〕監察御史鄭冕等劾奏，英國公張懋、陽武侯薛琮、遂安伯陳韶、都督同知張斌許貴、侍郎楊鼎俞綱劉清趙榮、欽天監正谷濱、太醫院判何永慶、太僕寺丞江泰淵詣三陵陪侍而怠慢，不及行禮，請治其不敬之罪。命懋等具狀以聞，懋等皆輸罪，乃宥之。

《明英宗實録》景泰七年十二月　壬子，巡按直隸監察御史黄紀奏：正統於三年，山西管糧參政林厚以官庫銀布散給軍民爲牛具之類，約秋成還納，遭邊寇未及納。而厚以罪去，署都指揮使孫瑛、都指揮同知威廣、都指揮僉事畢瑛、大同府知府霍瑄怠慢不追徵，今四五年始得其三之一，請逮瑛等治罪。詔俱宥罪，令急徵完之。

《明史》卷一七三《郭登傳》　初，英宗過大同，遣人謂登曰：朕與登有姻，何拒朕若是？登奏曰：臣奉命守城，不知其他。英宗銜之。及復辟，登懼不免，首陳八事，多迎合。尋命掌南京中府事。明年召還。言官劾登結陳汝言獲召，鞫實論斬。宥死，降都督僉事，立功甘肅。

《明英宗實録》天順元年三月〔乙酉〕署都督僉事王瑛初以姦黨謫戍雲南，至是，其妾上章陳冤。上以瑛兄貴在先朝多效勤勞，特宥之，降爲正千户，帶俸京衛。貴即太監魯安也。

《明英宗實録》天順二年六月〔乙丑〕有遵化衛卒潛躡北虜使臣出境殺之，奪其所得賜物。事覺，都察院劾鎮守永寧、山海等處太監郁永、都督僉事宗勝寬縱之罪。上命其自輸狀，乃宥之。

《明英宗實録》天順二年十二月〔壬申〕莊浪衛指揮僉事李瑄坐虜入所守，失舉烽，當充軍。上特宥之，令降二級，聽調殺賊。

《明英宗實録》天順三年春正月　壬寅，鎮守松潘等處都指揮使周貴奏：茂州管下巴地等寨番人出没殺死官軍，搶掠運夫。其提督關堡都指揮僉事徐昇、掌堡指揮僉事郭敬宜治以重罪。上曰：姑免問，令當先殺賊以贖罪。

《明英宗寶訓》卷二《恤刑》　天順三年二月丁卯，都察院奏：廣東守備高州都指揮僉事林清嘗失機，罪當斬，已而有功。上曰：有功以贖罪，宥之。

《明英宗實録》天順三年九月〔己亥〕初，錦衣衛指揮逯杲奏英國公張懋、會昌侯孫繼宗、太平侯張瑾、錦衣衛都指揮同知孫紹宗俱侵官田，立私莊。命各具狀以聞。至是懋等皆輸罪。上曰：勳戚大臣已享厚禄，而又若此，論法本難宥，既輸罪，姑宥之。管莊人仍執問之，其田還官。

《明英宗實録》天順五年六月〔辛卯〕先是昭武伯曹欽家人曹福來以迎駕功冒陞錦衣衛帶俸百户，常貿易於外郡，欽慮其生事，令福來妻詐告福來病風出外。錦衣衛奏捕之，既獲福來，欽執福來於私宅捶楚，幾死。於是六科十三道連章劾欽專擅，請付法司究治。上曰：爾等所劾良是，欽擅作威福，其以彈文示之，令從實具聞。既而欽上章請罪。上命且貸之，如再不悛，必罪不宥。

《明英宗實録》天順六年六月〔辛未〕駙馬都尉石璟言：昨吏部奏臣舉保教書訓導梁曄爲宗人府經歷，事屬專擅，臣罪當萬死，伏乞聖恩憐憫。上曰：駙馬自令遵守禮法，却乃徇情保官，理當究問。既自認罪，姑宥之。

《明英宗實録》天順六年秋七月　壬子，守備大同右少監馬貴與都指揮杜鑑相訐奏。遣官覈之，具得貴收浣衣局所釋女婦爲妻，私役軍人耕獵，辦月錢狀。上命貴自陳，貴輸罪，遂宥之。

《明英宗實録》天順七年二月〔己巳〕刑部員外郎范鏞等覆宣城伯衛穎、太監蒙泰等及左副都御史王竑相訐事狀互有虛實。事下尚書陸瑜等奏，穎、竑俱膺重寄，而挾私詆訐，甚失大體，泰等符同穎奏亦非所宜，皆活以法。上命俱宥之。

《明英宗實録》天順七年十二月〔丁酉〕宥駙馬都尉趙輝罪。初，輝令家人陳綱商販，綱宿妓買妾盡費其貲，輝撻之不伏，白於官。綱逃赴京，奏輝荒淫無度，婢妾至百人，殖貨日不足，强奪民利，往往交通總兵官石亨、太監陳祥輩倚爲聲勢。已命錦衣衛遣官察之，具實以報，都察院請執輝等。上命輝自具狀以聞，其所連者命錦衣衛指揮吕貴往與南京錦衣衛指揮劉敬會鞫論決。至是輝自輸罪，都察院又劾之。上曰：趙輝恣意妄爲，不守禮法，本當究治，但念其先朝駙馬，姑宥之，再犯必不宥。

《明憲宗實録》成化元年三月〔甲子〕兵部尚書王竑奏，鎮守四川右少監閻禮、户科都給事中童軒等奉勑撫勦盜賊，失機誤事，以致領軍都督何洪、指揮楊瑛等被賊殺死，兩月之餘方纔告報，其餘失陷蒙蔽之事必多，比扶同隱匿，科道已連章糾舉，法當究治。上特寬宥。

《明憲宗實録》成化元年六月〔辛丑〕都察院奏湖廣桂陽所千户樊珐坐失陷城池罪，狀訴分兵守城門被賊與居民避難者混入，以致城陷，父母親屬俱被害。茶陵衛指揮僉事劉政係鄰境，不即救援。珐罪律當處死，政罪當充邊衛軍。上曰：珐罪難應死，但父母俱被害，其情可矜，并政充軍之罪，俱宥之，各降三級。

《明憲宗實録》成化元年十一月〔辛未〕後軍都督府帶俸都督同知季鐸奏，臣奉命賫勑往朶顔三衛責問犯邊之故，至泰寧衛見大頭目兀南帖木兒等，開勑宣諭責問。彼云，我三衛人自祖宗以來受朝廷大職，金衣美食，自合出力補報，豈敢犯邊，此蓋迤北毛里孩與孛來相讎殺，其人馬分散在邊攪亂。且三衛是我一人把總，其朶顔衛都督朶羅干往開平圍獵，福餘衛大頭目可台往海西趁食，今雪大難行，請以勑與我轉，差二衛頭目齎付朶羅干等。臣依所言，與之。今兀南帖木兒差三衛頭目知院奄台等一百十八人隨臣謝恩服罪。奏下兵部，劾鐸齎勑使虜，只見兀喃帖木兒一人，而朶羅干可臺皆未見之，况彼自稱是三衛把總，而又云朶羅干等各頭人馬圍獵趁食，蓋必假此爲名犯我邊圉。鐸正當責其姦言，責問爾既爲三衛把總，奈何容二衛人犯邊，即諭令遣使追還朶羅干等，宣勑戒諭，庶副朝廷簡命之意。今既不能乃信其欺罔，擅以勑付之，及至還朝廷至三日，因朝廷責問，始以兀喃帖木兒之言朦朧具奏，似此姦詐不忠，宜正其罪，以爲將來之戒。上曰：鐸奉使不職，當實於法。但念其遠勞，姑宥之。

（清）嵇璜等《續通志》卷一五一《刑法略·赦宥》　憲宗成化元年十一月，法司以申明赦例會奏，帝命人命故殺者不宥，餘皆宥之，犯在十惡者，罪雖輕亦不可宥。官吏貪淫事，無顯跡證佐者，具奏。區處邊遠為民者，自天順元年為始，於謫所成家業不願回者聽。有犯贓追未完者，悉免之。六年八月，以旱澇相仍，詔除兵犯死罪不宥外，徒以上降等發落，杖以下悉寬宥。十三年三月，河東知州徐孚為驛丞王佇所奏，坐妖言，法當斬，其妻李氏上疏求代，帝矜其情，特宥之。世宗嘉靖九年十一月，大赦天下。時以大報禮成，欽恤刑獄，法司釋放罪囚一千八百五十五人。十六年六月，九江府同知姜輅先以嚴酷事覺，為巡按御史陳褒所奏，都御史王廷相等論輅當遷發，帝曰：輅所犯在赦前，今遷發，何也？廷相對言：去年詔書遷發為民者，不言赦宥，又有户部奏准事例，詔所不原皆如律遷發，故以此擬輅。帝以輅未經逮問，仍令法司議擬以聞，於是法司言每詔書首條明開重罪不赦，其餘已未發覺、已未結正，不論罪名大小，咸准赦除。今輅未經逮問，則事屬理官，當如詔書宥免。帝是其議，赦輅罪，以都察院違詔，法司不行參奏，俱切責而宥之。

《明憲宗實録》成化二年二月　丙辰，廣東按察使黄溥奏，都指揮僉事牛循向緣事謫降廣東，聽調殺賊。然其人實有才智可用，若使之總戎一方，必能報稱。章下兵科參駁，牛循往因交結權姦，事覺，降謫。既有才智，何不少施一策禦寇，而偷安度日，營求薦用。溥等輒敢妄舉兼奏，後列銜失序，宜究問。兵部言：論薦人才是亦美事，若類指爲營求，恐阻賢路。但溥等列銜失序，宜問如律。其牛循行令軍前調用，果有破賊韜畧，宜從總兵等官奏聞擢用。上是之，仍宥溥等罪。

《明憲宗實録》成化二年三月〔癸亥〕兵部尚書王復等奏劾大同總兵官楊信等罪，宥之。先是信與寧夏總兵官都督僉事李杲、陝西鎮守寧遠伯任壽、都督僉事王瑛、巡撫都御史項忠會師延綏討虜，虜退班師。於是復等奏虜諸軍，惟李杲所統寧夏兵五千於花馬池斬獲三十餘級，楊信所統大同兵一萬，惟都指揮羅俊、吕原於河曲等處斬獲一十餘級，任壽、王瑛、項忠所統陝西兵一萬，惟都指揮林盛於環縣斬獲首虜九級，其楊信、任壽、王瑛、項忠俱未聞與賊一戰，縱賊殺掠人畜，不可勝計，畏怯失機，宜治其罪。有旨：信等既受命討賊，不能輸忠効力，以圖成功，宜治以罪。但邊境已寧，姑宥之。

《明憲宗實録》成化三年春正月〔壬午〕廣西斷藤峽賊攻破容縣城，焚燬樓堞、官民廬舍，執典史譚安、巡檢謝秀堅，殺致仕官伍思聰等男婦五十餘人，刼庫藏以去。副千户龔鐸、領軍百户馬誠棄走，都指揮葛宗蔭、守備欝林、署都指揮林聰俱按兵不赴援。提督軍務都御史韓雍以聞，事下兵部，謂鐸等棄城縱寇，宜治如律。葛宗蔭等玩寇之罪，宜令停俸立功。韓雍先稱賊退民安，今勢益猖獗，可謂罔上，王定、歐信鎮守不職，失陷城池，俱宜究治。上允之，但姑宥王定、韓雍、歐信罪，諭令盡心勦賊。

《明憲宗實録》成化四年秋七月　丙寅，户科給事中李森等言：近御史謝文祥因劾奏大臣下獄。臣於此竊見陛下有欲杜絶言路之意。夫言路者朝廷之命脉，其有益於世也大矣。古之帝王求諫如不及，納諫如轉丸，猶慮善言不至，忠言不聞。又設敢諫之鼓，立誹謗之木，無非開納諫之門，以廣求言之路也。我朝列聖相承，咸用此道，近明詔之頒，亦拳拳以求言納諫爲言。今文祥歷任未久，恣其愚戇，論列過情，固宜加罪，但原其初意，不過欲稱厥職而已。陛下若因此重遣之，則違前日下詔求諫之意，切恐大臣之中貪暴姦邪、阿諛苟容者自慶得志，大肆姦惡，誰敢爲陛下言哉？疏入，上曰：言官須用公正人，文祥挾私言事，因此罪之，豈是杜絶言路？森等所言無理，本當究問，姑宥之。

《明憲宗實録》**成化五年二月**〔甲辰〕宥南京刑部左侍郎王恕、工部左侍郎范理、大理寺左少卿金紳等罪。初南京科道因天變劾恕等，及南京吏部右侍郎章綸越禮犯法等事。上命禮部右侍郎葉盛、都給事中毛弘往按之，俱得實，奏請區處。事下刑部，尚書陸瑜覆奏：章綸縱子冒籍入試事在革前，宜行禮部改正。王恕不顧名節，范理行事欠謹，金紳參駁失當，伏乞宸斷，將各官或調用，或罷黜逮問。上曰：王恕、范理、金紳既事在革前，姑宥之。

《明憲宗實録》**成化七年五月** 丙子，漕運總兵官都督同知楊茂自陳年老有疾，乞辭督運之任，而以子代其原職。未幾，都指揮同知參將袁祐等奏茂自參將以至總兵十有餘年，熟知漕計，深得士心，請令如前視事，以慰群望。章下兵部議，以楊茂求退之疏方來，而祐等保留之章即至，蓋茂自知老聵，公論不容，陽爲求退，陰求保留，而袁祐乃公爲黨比，宜各逮治，以警將來。詔姑宥之。

《明憲宗實録》**成化八年九月**〔庚申〕巡撫遼東右副都御史彭誼等奏，八月間虜衆殺掠剌榆堝并核桃山等處修築邊墻軍士一百六十餘人，都指揮鄧鈺、王昇等不領軍防護，副總兵韓斌亦失躬親巡督，致悮事機，俱宜究治。事下兵部，言鈺等宜行巡按御史逮問，韓斌論法亦宜究治，但恐此虜乘勝復來，缺人防守，宜行令戴罪殺賊以贖。而太監葉達、總兵官都督同知歐信及都御史彭誼等擅興工役，不嚴守護，罪亦難宥，取旨裁處。上曰：韓斌、葉達等姑宥之，修築邊墻，守邊要務，今後用工之際務嚴謹防護，不許輕忽。

《明憲宗實録》**成化九年六月**〔癸未〕宥南京兵部侍郎馬顯罪。初，顯巡視鳳陽等府，爲御史劉城等劾，去其所罷黜官。命巡按御史馬進覆勘，有素稱廉能之人，揚州府知府周源、徐州知州陳廷璉、山陽縣知縣張淮爲人誣告，不能明辯，奏上。命凡爲顯所枉者悉復其官。顯處事乖錯，法當逮問，姑宥之。

《明憲宗實録》**成化十年八月**〔癸巳〕宣府鎮守等官奏報，虜寇攻破墩堡，殺傷軍士。事下，兵部言：守備指揮何勝、張文、宋昇等，宜令戴罪殺賊，右參將周賢，都指揮孫素，遊擊將軍周玉，副總兵黄瑄，皆宜罪之。得旨：俱令戴罪殺賊，待事寧後治之，周玉、黄瑄，俱宥不問。

《明憲宗實録》**成化十年十二月**〔丙戌〕總鎮兩廣太監等官陳瑄等奏：去冬以來，廣西賊首韋萬什等，越界劫廣東新會縣，那虔上下二洞賊人鄭暹等，近構新興縣那假塘宅等地賊人，流劫陽江、麻罩等村，僉事陶魯領兵撫之，執迷不服。章下，兵部言：瑄等隱蔽土官莫必勝叛亂重情，而總督軍務都御史吴琛雖踐任未久，不能論劾，亦依違妄奏，宜併究治。又新會賊徒既已嘯聚，恐後漸滋蔓，宜移文瑄等，令督廣東遊擊三司等官，畫謀勦捕。上曰：瑄、琛等貸之，令亟弭賊，不得怠玩。

《明憲宗實録》**成化十一年春正月**〔己卯〕宥陝西都指揮孫鑑等罪。先是烏斯藏闡化王，遣番僧鎖南桑爾結等進貢，還至西寧留丹等寺不復歸，又冒名進貢，得朝廷勑諭并賜物，皆匿之。闡化王令其下三人者來趣之歸，鎖南桑爾結閉之室中，率其黨縛二人手足，剜去其目，蓋奪所賫器物，一人得逸去詣鑑告，鑑執諸爲惡者寘之獄，其徒行賄於鑑及西寧衛鎮撫羅英求緩其事，鑑等受之而竟以聞，下巡按御史會官鞫實，鎖南桑爾結等四人罪皆當死，其徒因發鑑等受賄事，御史請并逮鑑等治之，都察院覆奏且言事在赦前，命俱宥之。

《明憲宗實録》**成化十二年夏四月**〔辛巳〕宥鎮遠侯顧溥罪，停禄三月。初，溥家奴有私銀，爲其婦弟所竊，錦衣衛巡邏者執其人，徵贓於家，溥遣人取贓并其人，留之不以屬吏，錦衣衛官以聞。事下，刑部尚書董方等因劾奏溥。有旨令溥自陳，溥具奏伏罪，方等言其故犯，不當寬宥。詔姑宥之，而仍停其禄。

《明憲宗實録》**成化十二年十月** 丁丑，宥刑部尚書董方、大理寺卿宋旻等罪。初，京民栗洪被隣人姦其妻，與兄永執而炮烙之以死，乃斬其首并妻首告官。刑部問擬人已就執而殺者，律坐絞，大理寺評允以聞。上以擬罪不當，令改擬，至是擬夜深無故入人家已就執而擅殺者，律坐徒。詔可，方等服罪，宥之。仍戒令今後必原情定罪，再犯不宥。

《明憲宗實録》**成化十三年夏四月**〔甲子〕法司擬福建寧右衛致仕、指揮同知楊泰罪坐斬。時泰子畢阮爲太監汪直所獲下獄死，上命太監錢喜及百户韋瑛，往籍畢家，並械泰及其同居男女百餘人至京，獄具，命泰依律處斬，其餘擬罪有差，財産悉入官，獨祠堂與田三十頃給還泰家屬。於是泰弟兵部主事仕偉調台州府通判，婿禮部主事董序調河間府通判，從弟中書舍人仕儆亦坐是調惠州衛經歷。原勘官刑部主事王應奎，錦衣衛百户高崇，皆受泰賂，爲直所遣官校在道搜得之，亦下獄。崇瘐死，應奎發邊衛充軍，後泰以審録宥爲民。

《明憲宗實録》**成化十三年十一月**〔己巳〕駙馬都尉黄鏞、順天府府尹胡睿，各乘轎馬於習儀處所出入，爲緝事者所發，下錦衣衛獄，俱宥之。

（清）查繼佐《罪惟録》紀卷九《憲宗紀》〔成化十四年秋七月〕赦私鑄人死罪。

《明憲宗實録》**成化十四年秋七月**〔戊寅〕巡按廣西監察御史謝顯等奏：鬱林州容縣等處，數被賊徒李康、胡公明等殺掠，死者及被虜者甚衆。其提督副使張斅，分守參將馬義，并哨守指揮等官李剛等十有六員，宜治其失機之罪。兵部謂：斅已逮問，義等宜行巡按御史究治，而副總兵都督僉事白玉、總鎮太監顧恒、總督右副都御史朱英、總兵官平鄉伯陳政，俱號令不嚴，宜併治之。命如所奏，玉等宥不問。

《明憲宗實録》**成化十五年六月**〔丁亥〕宥分守涼州副總兵都督同知趙英罪。先是，英部下指揮李謙將赴京奏其違法事，英執謙收其奏疏，遂與内官李瑄同奏謙不法，下巡按御史治罪。後謙始奏英前事，復下御史勘問，多誣。但英收奏疏遇赦，不首當坐罪。上以邊方用人，特宥英而調謙别衛。

《明憲宗實録》**成化十六年夏四月**〔辛酉〕錦衣衛帶俸達官指揮使馬玉，坐多支俸糧，當發沿海衛立功五年。玉具奏得罪之由，且自言夷人昧於法禁，乞免發遣。刑部爲覆奏，得旨：免玉立功，不爲例。

《明憲宗實録》**成化十六年冬十月**〔丙辰〕南京十三道監察御史徐完等劾奏：户部尚書陳鉞巡撫遼東時，爲御史强珎所劾，有旨止停鉞俸一年，此固皇上好生之仁，然鉞旨有大罪三，乃王法之所必誅而不可赦焉者，其始不守隘險，致虜侵掠貽患地方，其罪當誅一也。繼而坐視邊患，不行過彼歸路，還我良民，其罪當誅二也。終而匿不奏報，避罪邀功，其罪當誅三也。臣等伏讀律文，飛報軍情之條有曰：隱匿不速奏聞，因而失誤軍機者，斬。則是鉞之罪當斬矣！今止停俸，夫失機者至重之罪，停俸者至輕之罰，原情定罪鉞爲首惡，今罪重罰輕何以示戒？六科給事中章玄應等亦言：鉞存心陰險，制行憸邪，惟知掠美於己，賈禍於人，玩寇殃民，冒功希賞，恣犬羊之吞噬，惡鴻鴈之哀鳴，附勢招權，植黨害正，中外交章論列，皇上曲賜保全，誠恐益肆姦欺，積成厲階，有不可勝言者矣！乞將鉞明正典刑，以爲人臣不忠欺罔之戒。上曰：鉞等失機隱匿事情，前日科道官糾劾不實，已責之矣！何爲又泛言攙擾，本當執問，姑宥之，仍各罰俸半年。

《明憲宗實録》**成化十七年秋七月**乙亥，巡撫大同右僉都御史郭鏜，奉命築老軍營、妳河堡二城，以軍匠後期物料不備，劾奏都指揮袁實、徐文、梁鑑、周琮，并守備指揮千户十一員，法當逮治。都察院覆奏：請停俸督工或通行逮治。有旨：實等且勿治，令鏜責以期限，催促軍匠赴工。

《明憲宗實録》**成化十八年秋八月**〔乙丑〕南京尚膳監奉御董慶，率官船載薦新品物行及沛縣，其下毆傷縣人，至濟寧南旺湖復執人笞之，懸於牆而死。管河右通政楊恭奏其事，命刑部郎中朱守孚等往勘，因言恭與工部郎中顧餘慶、監察御史朱欽，俱以巡河爲職，不能疏通禁約，皆當究治。命宥之，停其俸二月。守孚等奏内誤及御史趙英，亦置不問。

《明憲宗實録》**成化十九年二月**丙子，分守延綏東路右參將都指揮郭鏞，先以虜寇三入境内，殺掠人畜，戴罪殺賊。後鏞率軍三千，追虜至三里塔，生擒一人，斬首七十九級，獲馬三百五十三，弓箭、盔甲七百九十一。奏捷于朝，兵部以爲可贖前罪。得旨：鏞功頗優，其陞署職一級。方鏞戰三里塔時，别有虜犯其境大柏油川，鎮守巡撫等官復請罪鏞，於是鏞上奏自辯，都察院覆奏，上曰：三塔里、柏油川皆郭鏞分守地方，顧此失彼，其勢不能兩全，况既出戰，與他閉門畏縮者不同，設更罪之，不已甚乎！姑從寬宥，俾知感激，庶可勵其異日立功之志。

《明憲宗實録》**成化十九年秋七月**〔乙未〕大同總兵官許寧等奏：分守左參將劉寧，左監丞石巖，被命至陽和，又二日，虜入其境，殺掠人畜，雖治事日淺，亦係失機，當罪。事下，兵部言二人自宣府移守，甫及信宿，罪難槩論。上曰：兵部議是，士卒非素所拊循則不識將意，難以爲用，寧等頃自宣府移守陽和甫二日，爾號令未行，威愛未立，部下之勇怯、地理之險易，俱未究治，而因一挫即以軍法定罪，可謂不酌人情，不較事勢，而欲以服人心其難矣！俱貸之，令勉圖後功，以贖前罪。

《明憲宗實録》成化十九年冬十月〔丁丑〕宥廣西右參將廣東指揮同知歐磐〔罪〕。〔初，磐〕分守柳慶，寇至失利，應坐充軍律。至是鎮守等官奏：磐所守潯、梧等處，爲廣西重鎮，峽山猺、獞反側不常，比者首惡胡公返，聚衆殺掠，磐懸重賞致敢勇士，夜入賊巢，擒斬公返，至今威震其地。其他調度可稱道者，非止一二。今理前罪，論法固宜，原情可憫，乞從輕處治，以激厲邊將，使知朝廷以功贖罪之意。上曰：古人謂使功不如使過，賞罰操縱自有權度，所以鼓舞衆志而使人樂於效命也。歐〔磐〕既功可贖罪，宜從守臣之言，姑宥之。令復舊任，悉心殺賊，以收後功。

《明憲宗實録》成化二十年春正月丙辰，六科給事中、十三道監察御史奏云：尚銘既以贓敗，宜追究其通賂之人，蓋内臣犯法既不能免，若外臣之趨附者置之不問，則内外之勢不均。小臣有過尚不可容，若大臣之通賂者，舍之不究則輕重之倫全失，外臣所以交結内臣者，無非需求於小臣，小臣所以奉大臣者，無非剥削於下民，惟察外臣結内臣之姦，下民受上官之害，痛加追究，庶國法昭明，朝綱振肅。奏入，上以其無指名，怒甚。召各官於朝，欲杖之，既而意解，乃命太監懷恩數其罪而責之曰：銘犯贓罪，朝廷已處治矣！在京在外官因銘勢逼及請求者何限！爾等言事，既無指實姓名，何可混説煩擾，且免究治。今後有再及銘事者，必罪不宥。

《明憲宗實録》成化二十一年十一月〔庚戌〕宥廣寧伯劉璇、都督同知袁彬、都指揮使楊銘等罪。時萬壽聖節，羣臣皆於隆福寺習儀，既畢，璇等於寺外蓆内坐轎乘馬而去，東廠官校見而奏之，上命自陳，皆具伏。上曰：習儀之地，臣子所當致敬，爾等乃放肆若此！當治以法，既伏罪，姑宥之。

《明憲宗實録》成化二十二年六月〔庚辰〕六科給事中、十三道監察御史劾奏：工部尚書劉昭，心懷姦險，性復剛愎，會計物料，多科少用，督造工程，有名無實，解到匠役班錢，廣納私家，抽分變賣銀兩，不充公用，居官既多不法，處家又且不齊，昭既朋比尹旻，而聲勢相倚，子紳復朋比尹龍，而夤緣陞官。尹旻父子既已明正其罪，劉昭父子亦合置之於法。章上，上曰：劉昭不能教子，事已區處，其餘不法事，悉令回奏。已而昭具陳服罪。得旨：以昭職居大臣，何爲不能謹慎以致物議，是宜究治，姑宥之。

《明憲宗實録》成化二十三年三月〔丙寅〕宥河南鎮守太監藍忠，巡撫都御史趙文博，左、右布政吴節、張謹，按察使劉珂罪。先是，忠等移文鄭州，收買古銅玩器進用。知州郭定因而多取隱匿。後定以侵欺賑濟官銀事發，勘問得實。錦衣衛請逮問忠等罪。時文博已回原籍閒住，節陞副都御史巡撫山東，謹降山西參政，珂陞廣東布政俱去任，上皆宥之。

《明憲宗實録》成化二十三年三月辛丑朔，宥錦衣衛掌衛事都指揮使朱驥等罪。驥等奉命挨捕亡匿淨軍，復命法司議報，至是刑部參奏驥并指揮使季成，同知孫瓚，劉良，僉事楊綱，不嚴督巡捕，千百户劉昂等不用心緝訪，以致日久不獲，請各究其罪。詔宥之，驥等停俸一月，昂等兩月。仍命驥等責限挨捕。

《明孝宗實録》弘治元年正月〔庚戌〕江西流賊二千餘人寇信豐、會昌、廣昌等縣，廣昌縣知縣莊英禦之，被害。巡按御史王嵩，劾所司不能防捕之罪。詔宥之，令用心防捕。

《明孝宗實録》弘治二年四月丙辰，僧録司左善世周吉祥等奏：比壽州僧告知州劉槩擅拆毁寺觀，乞治槩罪，且請令天下諸僧道司免行拆毁。禮部覆奏：槩所行非〔槩〕〔妄〕，宜坐吉祥等以故違禁例阻撓新政之罪。上曰：近年僧道不守清規，傷敗風化，及私創寺觀費耗錢糧者甚多，朝廷累有禁約，固吉祥何爲輒便奏擾！法當究治，姑貸之。吉祥乃貴戚之爲僧者也。

《明孝宗實録》弘治三年九月庚申，雲南干崖宣撫司土舍刀怕愈，欺其姪刀怕落之幼，將謀奪宗而蠻衆不附，遂起兵相攻，刼去宣撫司印者四年。按察司副使林俊等，因他事過其地知之，遂同參將沐詳等移文諭以禍福，始釋兵歸印。事聞〔知〕〔兵〕部請詰責總兵官沐琮，巡撫都御史王詔等久不奏報之故。上曰：是干崖地方不寧，琮等若罔聞，又不以時奏報，有負委任，法當究問，姑宥之。

《明孝宗實録》弘治四年二月〔辛酉〕初，周府鄢陵安僖王宫人姚氏，與其子鎮國將軍同釳同居，後同釳卒，安僖主亦薨。鎮國將軍同鋖封爲鄢陵王，數侵奪其産業，復欲（侵）〔奪〕鎮國將軍同鈕第宅，同鈕懼，亦以姚氏莊田獻之，姚氏奏之，同鋖亦奏姚氏孫輔國將軍安泔違法諸事。下河南鎮守巡撫按官會勘，同鋖詞皆虚，而姚氏亦間有不實。至是都察院覆奏，以同鋖不能撫恤幼孤，有傷骨肉。同鈕妄將他人産業授進，致起争端。俱違祖訓，而姚氏詞亦有不實。詔皆宥不治，仍降勑同鋖、同鈕切責之。

《明孝宗實録》弘治六年六月　甲子，巡撫保定等府右副都御史張琳，及錦衣衛百户仝鑾，應詔陳言内一條，俱請宥謫戍御史彭程，及左遷御史任儀。鑾奏又謂帶俸指揮許寧，都指揮張瓊，各負方鎮之才，足當一面之寄，昔因微過置之閒散，請加擢用。冒認皇親罪人李父貴、李祖旺，雖非聖母嫡親，亦本同鄉之人。初因尋訪而來，非是用計冒進。今令謫戍，恐不厭衆心，請加寬釋。兵部覆奏以琳等所言爲宜從。上命釋李父貴、李祖旺，回原籍爲民。張瓊、許寧等准議，彭程等姑置之。

《明孝宗實録》弘治七年五月　壬子，兵部奏：京營官軍逃亡者多，雖以雜差者選補，終不足原額。乞令在逃者自首，仍與之期限，如期至者免罪。從之。

《明孝宗實録》弘治七年六月　己未，遼東錦州有野火起於廠溝，備禦都指揮僉事魯勳等遣人撲之，不滅，延入營内，官軍死者九人，傷者十六人，馬死者二十三匹，傷者十六匹，焚燬甲冑弓矢器械幾盡。巡撫都御史張岫等，奏乞賑恤死者之家，并劾勳等誤事，及右參將都指揮使王銘號令不嚴之罪。詔賑恤如議，魯勳并王銘等姑宥之。

《明孝宗實録》弘治九年十二月　丁丑，周王同鑣奏：世子安潢專權嗜利，知有己而不知有父，擅收莊田，占用校尉、軍匠、庖丁諸役，凡各府及郡主、縣君禄米契券，悉減價買之，迫令布政司多給價，儀賓楊汴等，少有争辯輒被箠楚械繫，其弟定安、聊城二王没，凡有司治葬之資，悉徵入己，欺凌其故弟之妻，致生母高氏忿怒成疾，臣使人遺之湯藥，〔復〕不肯與，以致於死。至於治葬，乃令諸州給夫而税其錢，造酒分給民家，重取其息。又奪人第宅，以張酒肆，奪人塋地，以種禾黍。執富民妓女，索其財物，禮生、齋郎不由有司編定，乃自選富家爲之，開封府税課司，朝廷使官主其税而納諸王府，王府不得親蒞其事，乃擅差典仗史瀾監收，復遣人于何次攔截百貨而税之，巡撫等官啓勸，彼乃歸過于臣，當執臣弟鎮平王府之人，長史勸止，輒加凌辱，復箠殺其從者，惟聽審理吉誠、典伏史瀾、典膳顧裕等，誘引爲非，臣每教誨不聽。乞將誠等明正典刑，以革黨惡。既而王復奏，言：安潢年幼妄爲，擅用臣禄米莊田人役，臣一時忿怒妄奏，乞赦臣父子及諸人之罪。上曰：安潢違法多端，既爲其父王所奏，本當究治，念王續有息詞，姑宥之。仍降勑切責，再犯不貸。

《明孝宗實録》弘治十二年七月　丁卯，刑科給事中吴世忠，以前按趙昶等之獄，爲大理寺丞吴一貫、錦衣衛指揮余寘所反，因奏一貫奉承權貴，顛倒是非，願與一貫皆下吏會官覆治，如一貫等言是，臣甘罪無辭，儻臣言不誣，一貫等當連坐。於是一貫、寘奏世忠忿不已同，輒肆欺誕，乞置諸重典，以爲紊亂朝政之戒。互爲醜詆，俱下所司看詳，刑部尚書白昂、左都御史閔珪等，以三人言各不同，請逮昶及諸證者至京再問。上曰：此事已有旨處分，吴世忠等各逞私忿互相詆毁，又欲紛更，本當究治，姑皆宥之。

《明孝宗實録》弘治十二年九月　辛未，禮部奏：周府曲江王妃父嚴璋，例應授兵馬副指揮，但璋原任知縣，坐贓爲民，難擬授職，請賜裁處。上曰：曲江王妃婚配已久，嚴璋准授兵馬副指揮，原選勘官查勘不明，朦朧奏請，本當究問，但犯在革前，姑宥之。今後爲各王府選婚，違者治罪。

《明孝宗實録》弘治十三年十月　己酉，湖廣長沙衛經歷〔司〕劉巽，解上供紙劄赴京，中途舟壞，紙漂没者十四萬八千餘張。工部言：事〔本〕出〔於〕不測，以舟壞而紙漂没，請宥其罪。紙之漂没者，仍令所司補解。從之。

《明孝宗實録》弘治十四年七月　乙丑，監督軍務太監苗逵等，檄召宣府、大同等處，選邏卒二百五十人，赴延綏哨探。宣府總兵官張俊持不可，逵等劾俊故違節制，請治之罪。兵部議，謂：宣府邏卒止知本處鄉導，延綏、河套數千餘里，地利夷險，非素所請悉，且俊實爲地方慮，恐未可治罪。命逵等所取邏卒，發至延綏軍前聽用，張俊姑宥之。

《明孝宗實録》弘治十五年正月〔戊寅〕先是鎮守甘肅太監劉瑯，總兵官彭清，巡撫都御史劉璋，以紀律欠嚴致寇，有旨：俱令戴罪自〔効〕，清、璋仍罰俸有差。〔至是〕瑯自言到邊未久，且（常）〔嘗〕追賊有功，乞宥其罪。上命并清、璋俱宥之。

《明孝宗實録》弘治十六年十二月〔戊戌〕虜入寧夏大關口殺掠人畜，巡按御史劾總兵官郭鋐節制不嚴，請治其罪。上宥之，令戴罪殺賊。

《明孝宗實録》弘治十七年閏四月〔癸亥〕初，江西新建人謝福、陳金、徐九齡及其弟九應等，流刼鄉村，新建知縣金瑞，指揮徐麒捕九齡等，送按察司僉事沈清，吏有受賕者爲之地，清信而緩之，九齡遂逃去，又以病縱九應於外，九應亦逃。時他賊李文冨、王銘等刼高安，王佐二等刼安仁，衆已七十餘人，九齡兄弟既得脱，遂僭稱官號，四出劫掠，前後聚衆至二百餘人，王銘及王成武等衆至六百餘人，出没〔建昌〕、新喻、餘干、進賢、南昌、臨川、樂平、新昌、鄱陽、弋陽、上高、靖安諸縣，七八年間，殺照磨一人，典史一人，執瑞州知府劉瓛，困辱之，箠知縣詹實幾死，殺官兵及虜軍民四百餘人，焚室廬二千二百餘間，官兵捕斬終不能盡。九齡等二百餘人猶竄匿，所獲王詔等九人瘐死，李文冨及王成武等十八人，至是始伏誅，窩藏主、守人等備治罪有差。初，賊之起也，州縣蒙蔽，不以實聞，鎮巡等官亦不以爲意，及既熾，鎮守太監董讓始議遣兵督捕，文移稱指揮楊泰堪爲將領，官兵不用命者以軍法處治。各道巡守等官，讓皆不用。巡撫都御史韓邦問，出巡詣讓計事，不得先。巡按監察御史王哲奏之，且謂賊勢猖獗如此，而讓隱蔽不言，請徵選別用。讓亦奏哲擅作威福，凌忽鎮巡，及擅執無罪等事。有旨命清理屯田，户科左給事中蔚春，清軍監察御史何歆會問〔未竟〕，春以嫌去，刑科給事中湯禮敬繼之，哲、讓更相辯奏，遂命刑部郎中邵賁，會都御史林俊，及禮敬等按之，至是，賁奏哲所言讓事多實，哲應接鎮巡頗傷慢，易斜奏批呈，亦多不審，布政使林泮以下，申報事情失實，讓及邦問不加詳富，清故縱賊首，貽患一方，僉事茆欽避嫌不舉，並應逮問，時邦問及清等先去任，上命悉宥之，泮以下各停俸一月。

《明孝宗實録》弘治十七年十一月〔丙辰〕南京工科給事中趙欽，應天府句容人也。恃勢横行鄉里，嘗謀市山地，迫鄉民使鬻其墓而遷之他所，前後凡十有二塚。所居東青山下舊有泉，民資以灌溉，欽乃鑿溝引泉圍遶其第，獨擅水利。所居室皆過侈踰制，妻死治葬，又發宋葉學士墓而碎其誌石，巡撫都御史彭禮遣人往助役，欽乃人索其直。又以財物貸人，倍取其息，或過期不償者，輒强（助）〔取〕其田宅子女。有家奴盗財，誣民家受寄而詐取之。歲饑，官發粟賑濟，因以其家人姓名冒支稻穀四十餘石，規利請記無所不至。時欽養病家居，鄉民余浩等百餘人，各訴其不法，南京守備太監以聞，浩復奏欽謀爲不軌。上命大理寺右寺丞費鎧、錦衣衛都指揮趙良往勘，鎧等奏：欽雖無不軌之謀，然迹其所爲實多違法。而發塚尤大，律當絞。都御史彭禮，擅發人爲欽役，亦當逮問。命趙欽准擬，彭禮已去任，宥之。

《明武宗實録》弘治十八年九月　乙酉，户部侍郎王儼奏，故事隨征官軍人日支行糧一升五合，馬日給料三升。今廷綏副總兵等官張安等各部官軍多支糧五合，料一升，及保國公朱暉擅令關支，俱應究治。户部請如儼奏。上皆宥之。

《明武宗實録》正德元年二月〔丁丑〕六科、十三道交章言：近日清查各項官軍匠餘五軍等營未補應操者一萬七千八十有奇，留守中等衛所裁革應操者三萬三千六百有奇，兵部覆題，已荷俞旨。未幾，保國公朱暉，太監蕭壽，魏興、王佐、蔡用、高諒各托辭舊制，誤惑聖聽，使清查徒爲文具，營伍仍前空缺，萬一有警何以爲備？乞置興等於獄，正其阻撓兵政之罪。上詰責諸臣曰：諸事俱從舊制，況以前決此曹從，何爲輒肆奏擾，其不體憲綱甚矣。法應究治，姑貰之。

《明世宗實録》正德十六年十二月〔壬辰〕先是巡按陝西御史彭占祺參奏：原任鎮守甘肅等處地方，今取回太監王欣，假進貢爲名，扣克甘州衛官軍月糧銀六千餘兩，乞行提問。至是，都察院覆請。上以欣已革任，宥之。

《明世宗實録》嘉靖元年正月〔丙寅〕治江彬黨百户宋真、校尉張杰、王逯附勢害人之罪，發真、杰嶺南，逯附近衛各充軍。事連工部尚書叢蘭，先任巡撫鳳陽時，阿奉失察，法司言：蘭不宜處位，重犯王鋭已伏罪，請逮治。大亮，詔宥之。

（清）孫世芳《宣府鎮志》卷一九《法令考・明》〔嘉靖元年〕詔

昌圖里之兄弟妻孥。所獲之人告稱：僅昌圖里本人逃脱。遣人往尋時，甲士七名、所獲之人四名俱被殺。隋赫德應鞭一百，償被殺七人。奏聞，上命：鞭責、償人之罪俱宥之。巴哈納、吴達海鞫審。

中國第一歷史檔案館《盛京刑部原檔》一七二號　崇德三年五月十三日，因馬匹疲乏而留下的諸將至尹扎拉地方，以草惡，諸將會議曰：衆人之馬亦疲乏，皇上家二馬亦疲乏，當前往相視草地，如草惡，即還至克本地方，歇馬一二日方行。議間，正紅旗覺善曰：若如此，何不將皇上家之馬用轎抬去？兩翼留下之伊孫、雍舜等諸大臣以其言送刑部鞫訊。經審，覺善所言是實。刑部烏真親王曰：先征朝鮮時，宜希達來送進上馬匹時，皇上已安寢，宜希達詐云有急事，强請上起。翌晨，當選良馬與新附之人時，宜希達推拒曰：何必選擇，不拘何馬，令取去。又恩克爲其王多抽侍衛十名，希圖帖丁免差。及議時，恩克反妒嫉曰：獨我旗多取乎？兩黄旗亦有。及查案，兩黄旗無之。今覺善又有此言。一旗中出此類三大事，非我部所能獨審。於是集諸王、貝勒、固山額真以下，議政大臣、梅勒章京以上於大政殿告之。諸王大臣議曰：爾多羅俄親王一旗有此三大事，蓋因爾中懷悖亂，有慢上之心，故爾臣屬乃有此狂言。别旗豈有此等事！爾旗竟出此三大事！故多羅俄親王應削王爵，籍没屬人。覺善應論死，籍没家産。奏聞，上曰：議多羅俄親王此罪，非理也。爾等所議，無乃謂王不悦朕所行政令，故其有此三大事。雖説如此，又當如何？覺善與安嶺外得罪，豈可累及在家之親王？免議其罪。覺善於本旗内狂言，免其穢言污語之罪，無罪開釋。吴達海、巴哈納鞫審，已入檔子。崇德三年五月。

中國第一歷史檔案館《盛京刑部原檔》一七一號　崇德三年五月十六日，正黄旗額爾克爲本牛録黄泰所訐，在出征地方，額爾克將其所帶銀兩給貝子篇古、貝子羅托及超品公塔瞻。在發無糧人糧食時，額爾克云，由我發給牛録下人，遂承擔此事。後額爾克所發之糧欲付息償還，爲此取走其牛録下人騾馬二匹，騸馬一匹，祇給劣馬頂缺。額爾克去温泉後，率二十餘步兵圍獵。舉首人告稱，我的米在他的駝上馱之，劃破了糧袋。銀匠若不聽話，即執送皇上處，對此，固山額真譚泰云，額爾克，爾僅送〔銀〕匠一人乎，豈不連同其族人一并執送？故遣松寧噶告於法司。經審，俱實。額爾克，因不准爾用之銀之做生意，亦不讓我做買賣，故與爾不合，每旗皆給銀子〔進行貿易〕。故額爾克應除本人及妻外，盡奪其奴僕及屬人，革世職。貝子篇古、貝子羅托，爾等共議納賄，違背諭旨，收納送交皇上之銀，應削貝子爵，奪其屬人，各罰銀五百兩，又罰所持貿易銀兩。塔瞻應削超品公爵，仍給府第，奪其屬人，罰銀三百兩，又罰所持貿易銀兩。魯克都里明知係送交皇上銀兩，竟與貝子羅托合謀取之，應鞭一百，貫耳鼻。奏聞，上命：額爾克免死，准付銀三百兩贖身。貝子篇古罰銀二百兩，貝子羅托罰銀一百兩。魯克都里鞭一百及貫耳鼻之罪准折贖，罰四十二兩三錢三分。公塔瞻以其父之功，宥其罪，嚴加訓飭。首告者准離主。巴哈納、吴達海鞫審。正白旗哈什坦，鑲白旗滿都祜率兵片瓦爾喀，進入諾壘部時，有所獲之人的兄弟二人謊稱可進入，即信以爲真，遂將其派遣。又遣兩旗甲士十三人及熟悉地理之額米納牛録下佛德木隨往。拿獲四人返回時，得知潰散之敵蘇克達海踪迹後，佛德木即率十一人躡踪而去。命留正白旗班布里牛録下一人，鑲白旗阿濟格尼堪牛録下一人，將所獲四人帶來，其後，所獲四人將留守之二人殺掉逃跑。下法司審鞫哈什坦、滿都祜，不分派妥員爲首領，謊稱已分派人作首領，罪一。並未派人作首領，罪二。滿都祜應鞭五十，償被殺之一人。哈什坦復被本旗巴代牛録下色黑訥訐於法司：我兄受傷，不能走而掉隊，又無伴相隨，以至自盡身死。經審，哈什坦供稱：係餓死。或自盡，或餓死，皆爾哈什坦未盡所養所帶之責矣！故哈什坦應鞭一百，解甲喇任，離部任，償還二人。奏聞，上命：哈什坦之鞭責、解部及甲喇任、罰取兩人之罪及滿都祜鞭責、罰一人之罪俱宥之。哈什坦罰以規定之罪，償還一人。吴達海、巴哈納鞫審已入檔子。崇德三年五月。

中國第一歷史檔案館《盛京刑部原檔》一七三號　崇德三年六月初七日，固倫額駙蘇朗屬下人霍吉和禮班第往正白旗諾姆圖牛録下古門家中隱留四年。法司審實。霍吉和禮班第應論死；窩藏之古門亦應論死；牛録章京諾姆圖知而容留，應革職，鞭一百。奏聞，上命：霍吉和禮班第無罪開釋，由承政尼堪交付蘇朗之巴達瑪。免古門死，鞭八十二，貫耳，罪銀九兩，分爲兩份，一份四兩五錢入官，一份四兩五錢給蘇朗。諾姆圖罰以規定之罪。碩詹鞫審。

中國第一歷史檔案館《盛京刑部原檔》一八三號　崇德三年六月十日，超品公塔瞻之兩名朝鮮包衣女人及滿洲縫衣女人古達吉守家時，塔瞻前去，將滿洲女人姦淫。塔瞻之妻格格聞之即去，令隨侍的三女人抓住滿洲女人責打之。古達吉往戴青之門跪訴：格格依丈夫之意拿烙鐵責打。凡擒章京寧塔海送法司鞫訊。滿洲女人翻供，告稱持烙鐵責打後，又將其監禁。訊格格，格格云：並未監禁，祇因所縫之裙不好，確曾責打。又訊隨侍格格之蘇達拉、訥穆尼、詹葉三女人，答曰：未曾逼勒責打，祇因所縫之裙不好而打，對此，我等曾勸諫格格。又訊公塔瞻，塔瞻云：並未姦淫，我妹有事，心中恐懼，未云縫衣屋内；如定説有姦淫事，就任其説罷，古達吉不過是無夫之婦。又訊兩朝鮮女人，俱稱：早晨我等三人曾來屋内，不知有姦淫事。經審，姦淫是實，監禁滿洲女人一事不實，責打是實。古達吉又云：我正在薩哈布家，格格曾派婦人滿代，將我古達吉帶來，公塔瞻遂行姦。及問滿代，答曰：喀爾喀來犯歸化城，我出兵以後，格格曾差遣我，令將古達吉在諸子齋戒的房屋中看守。又問古達吉：知差遣一事的證人有否？對曰：無。格格爲夫所逼，責打古達吉，故應罰銀百兩。公塔瞻謊稱未曾姦淫，以回護其妻，應罰銀五十兩。隨侍格格之三名女人應各鞭五十。舉首的古達吉被責打一事作罷，其誣告被監禁，應鞭一百，仍還給其主。奏聞，上命：俱宥之。塔瞻餓禁兩晝夜。舉首者准離主。由星訥交付户部承政馬福塔、參政喀愷。星訥、巴哈納鞫審。已入檔子。崇德三年七月二十五日。

中國第一歷史檔案館《盛京刑部原檔》一七六號　崇德三年六月二十二日，貝子碩托所在旗下蒙古桑阿爾寨射碩托獲罪，被執日久，又違旨監禁逾限，故下法司鞫審得實。以拘執日久故，兵部承政伊孫、古爾布什、圖賴應罰以規定之罪；以監禁逾限故，兵部參政孟庫魯、衛齊應各鞭一百，貫耳鼻。奏聞，上命：伊孫、古爾布什、圖賴等俱免罪。孟庫魯、衛齊各囚禁二日。巴哈納、墨爾根侍衛鞫審。崇德三年六月二十五日。

中國第一歷史檔案館《盛京刑部原檔》一八〇號　崇德三年七月十一日，查薩克圖汗來犯歸化城，我兵往征時，阿達禮郡王去找射黄羊之箭，未獲，即去追趕哲爾吉，見葉克書牛録下侍衛胡葉、哈克薩哈牛録下侍衛布爾孫在哲爾吉處，王面訴胡葉、布爾孫：爲我侍衛，不找射出之箭，爲何不隨侍我，竟擅自妄行？胡葉、布爾孫懷忿，將此惡語往告達哈塔。達哈塔云：此府之王甚暴躁；若不勤勉出力，不可。蘇勒親王曾派我往別旗送馬，以我效力之故，王恩養我如同一人。碩詹牛録下阿爾善聞此言即往告阿達禮郡王，郡王謂達哈塔之弟阿拉密曰：爾兄非也，爲何不言它人之錯，反言我暴躁？爾對爾兄言之。阿拉密往告達哈塔，達哈塔至郡王前曰：對爾言者，誰也？可令其與我質對。僅言我話之半而隱另一半。郡王未告。達哈塔去後，郡王謂阿拉密曰：對爾兄言，乃阿爾善告之。阿拉密遂往告達哈塔。翌晨，達哈塔遇阿爾善，逼問：爾僅告我所言之一半，而隱另一半，豈非誣害我？阿爾善曰：我爲何誣害爾？從小侍奉之主，這次竟言其暴躁。母福金曾教訓，去説好，難道不好？去説壞，難道好？我豈誣害爾？阿爾善撥出小刀將中指刮出血，發誓曰：果真我誣害爾，上天鑒之！將此固山額真杜雷送法司鞫之，俱實。達哈塔，與讒毁郡王之人共同讒之；又去郡王前逼問，告爾之人爲誰；逼問往告郡王之阿爾善，爲何誣害我，並令其發誓；又將其露刃發誓之事隱而不對衆言；故達哈塔應論死。胡葉、布爾孫未護衛郡王，罪一；將未説郡王在哲爾吉處而謊稱説在哲爾吉處，罪二。故胡葉、布爾孫應各鞭一百，貫耳鼻。阿爾善往告郡王，其事可嘉，然被達哈塔逼問時違法露刃發誓，故應鞭一百。奏聞，上命：阿爾善打規定的二十七鞭；達哈塔、胡葉、布爾孫此等人定罪重，且監禁既久，傳爾丹亦多次讒毁其主，而免其罪，此亦爲讒毁其主，著免罪，達哈塔僅解管王府及議政事，送還牛録，胡葉、布爾孫免罪釋之。吴達海、巴哈納、藍泰鞫審，已入檔子。崇德三年七月十八日。

中國第一歷史檔案館《盛京刑部原檔》一八一號　崇德三年七月十一日，喀爾喀查薩克圖汗來犯歸化城，我兵往征時，多羅貝勒岳托屬下桑阿爾賽寨曾射貝子碩托，貝勒岳托聲稱桑阿爾寨爲部員，未予拘捕，而送交傳喀處。傳喀瞻徇情面，未將桑阿爾寨執告本部大臣，竟私自將人犯拿至皇上前奏聞，此其罪一。傳喀本旗鰲塔牛録下科布圖丢失一馬，鑲黄旗甲喇章京吴納海及一新蒙古亦丢失一馬，去尋馬時，獲科圖之馬，携歸時，因馬困乏，留於中途，僅將馬牌送交科布圖，並説爾馬已尋獲，因馬困乏留於彼處。科布圖因找馬未獲而訟於兵部。傳喀偏護其甥曰：爾新蒙古騎他人之馬致死，却故意説丢失。遂令新蒙古將其馬牽來給科布圖。奏聞，上曰：傳喀審理偏徇，著將傳喀之馬給科布圖。以此二罪之故，將傳喀執送刑部，令刑部嚴議傳喀身係部官不秉公之處。經審，未拿人犯桑阿爾寨而拿至皇上前奏聞及偏護科布圖，將蒙古之馬斷給科布圖兩罪俱實，傳喀應論死。奏聞，上曰：此案於兵部已了結。將其臨陣無勇且不秉公審案，偏徇之錯集衆宣示，免其罪。遂於大政殿宣示於諸王、貝勒、貝子、固山額真、大臣等。巴哈納鞫審。

中國第一歷史檔案館《盛京刑部原檔》一八一號 崇德三年七月尚未，都察院承政祖可法、張存仁，參政吴景道、王子嘉將正藍旗賽永年執送法司鞫審。一款，仗勢强勒娼妓張三姐、劉達、沈哥、賽藝、劉三哥、桂哥、田嬌哥、榮哥、劉金玉、鮑哥、劉明蘭等在其家姦宿，此事問彼等娼妓即知。一款，凡樂户新買之娼妓，先取至其家包宿三五日，然後方釋之而去。此事問新買之妓潔玉、張春哥、郭壽、梅嬌、張玉怡、張玉樓、張三姐、田大順兒等即知。一款，仗勢强買樂户張成榮之妓女爲妾，此女今天可質問之。一款，僧人韓某曾睡妓女索瑶子，被人所訐，本年正月初五日，索瑶子曾去賽永年之家，即睡一夜，事後將其全家俱免罪，反將樂户之主鞭五十。一款，僧人四鳳訐告僧人四郁、關林於本年正月外間宿妓，賽永年佯稱：四鳳正爲我誦經祝福，待誦經畢再審。嗣後，四鳳又告，賽永年復佯稱：考完秀才再審。四鳳再來告時，賽永年竟寢之。以上各款經審俱實。又吏部將賽永年送交法司，賽永年令衆工耕八十垧田；給布一百匹，勒取四百六十兩銀；令衆人砍伐其屬下蒙古家之樹，〔上述事〕被訐告後，曾罰銀四十二兩，然於考選時隱匿。經審隱匿是實。以上兩部移送之事，經審俱實，賽永年應革世職，鞭一百，籍没家産，解部任，罷管牛録。奏聞，上命：鞭責、籍家、解部任及牛録任等俱宥之，革職，贖身罰銀二百四十兩。巴哈納鞫審。

中國第一歷史檔案館《盛京刑部原檔》一八二號 崇德三年七月十八日，集衆於大政殿時，蒙古固山額真伊拜之子額爾霍洛因事未至，事下法司訊鞫。一議，未告吏部爲何外出，應罰銀五十兩；一議，額爾霍洛有事是實，不能前來，其罪應免。奏聞，上命：宥之。吴達海鞫審。

中國第一歷史檔案館《盛京刑部原檔》一八二號 崇德三年七月十八日，正藍旗和碩達爾哈額駙在挖壕處，聞其孫亡故，徑直還家。下法司鞫之，爾既爲固山額真，竟棄工地而還，倉促還家又未返，應罰銀五十兩。奏聞，上曰：爾乃固山額真也，却倉促歸家而未返。其免罪。巴哈納鞫審。正黄旗和碩額駙索嫩杜稜在衆官聚集時未至，都察院移送刑部鞫之，未至是實，應罰銀四十兩。奏聞，上命：宥之。吴達海鞫審。

中國第一歷史檔案館《盛京刑部原檔》一八二號 崇德三年七月二十一日，往查所築之路時，正黄旗鰲塔未至，吏部移送刑部鞫之，未去是實，鰲塔應罰以規定之罪。奏聞，上命：宥之。巴哈納鞫審。鑲黄旗薩素喀令其兄洪尼雅喀代替築路，自身未去，吏部移送刑部鞫之，未去是實。薩素喀應加倍罰以規定之罪。奏聞，上命：免加倍罰，罰一份規定之罪。巴哈納鞫審。正白旗雅布喀牛録下半個牛録章京多索里同其伯母庫特内之妻通姦，被本牛録拖爾畢拿獲，告於法司。經審，通姦是實。男女俱應論死。奏聞，上命：免死，將男女各鞭一百，貫耳鼻。將多索里革職。耿格鞫審。

中國第一歷史檔案館《清初内國史院滿文檔案譯編》崇德三年七月二十一日，命鑲紅旗薩蘇喀替其兄黄尼雅喀往修路，弗從。吏部送法司鞫之，得實，薩蘇喀應倍加治罪，奏聞，上命免重罪，治以應得之罪。

中國第一歷史檔案館《盛京刑部原檔》一八五號 崇德三年八月初三日，皇上引太公望功烈，諭勉諸臣。固山額真石廷柱對曰：太公望擅生殺之權，臣等能如彼生殺人乎？雖牛録章京以下，若加督責，逮至六部，比肩而跪，豈不受辱？如此其何以堪！八旗固山額真遂將石廷柱送刑部審擬，審實，以石廷柱雖身在本朝，而心猶在他國，應論死。奏聞，上命：宥之。巴哈納鞫審。

中國第一歷史檔案館《盛刑部京原檔》一八六號 崇德三年八月初四日，鑲紅旗甲喇章京祝世昌疏稱，俘獲中良人之妻不可令其爲娼妓。奏聞，命集衆漢官會審祝世昌。訊祝世昌：此疏與誰共議？祝世昌供稱：坐於官署，獨自爲之，文有不順之處，我旗啓心郎孫應時曾爲改正。寫畢，曾令正黄旗甲喇章京姜新、鑲黄旗甲喇章京馬光行觀之，二人咸稱善，且欲列名。我云，將各自所寫分別上奏。姜新云，爾若不允，我即不另疏陳奏。馬光先亦云，我獨自陳奏。姜新、馬光先供稱：令我等觀之且稱善，是實，然並未欲列名。孫應時供稱：經我改正是實。又訊祝世昌：爾弟祝世蔭曾知此事否？供曰：我弟實不知。祝世蔭亦供不知，又訊祝世蔭：爾兄有親近往來人否？供曰：我親家鮑承先章京常來說親。及訊祝世昌，供稱：鮑承先説親之事是實，然不知此事。於是，集諸漢官議罪。祝世昌，爾身在大清國而心猶在明國，策應明國，顯係姦細，祝世昌應論死，籍家。祝世蔭，爾既係同居，豈有不知之理，亦應論死，籍家。孫應時，爾既爲啓心郎，反代爲繕改，實係同謀，應論死。姜新、馬光先，爾等閱後，既不勸止，反稱善，俱應革世職，各罰銀一百兩，姜新並解部任。奏聞，上命：免祝世昌、祝世蔭死，發遣席北地方安置。孫應時依議正法。姜新有招撫大凌河時往來通使之功，免罪，解部任。馬光先有建昌來歸功，亦免罪。固山額真石廷柱、馬光遠鞫審。

中國第一歷史檔案館《盛京刑部原檔》一九一號　崇德三年八月十日，鑲藍旗喀木戚哈、塞赫往征黑龍江時，已至所指授村寨而又縱敵脱去，應論死。奏聞，上曰：各鞭一百了結。和碩烏真親王問曰：免其死罪足矣，爲何不革職、籍家？啓心郎額爾格圖答稱：因時日已久，故從輕發落。因付法司鞫之。額爾格圖未奏皇上謂爲已奏皇上，顯係偏護管部親王屬下。承政郎球、啓心郎額爾格圖應革世職，各罰銀一百兩。巴哈納應罰銀五十兩。奏聞，上曰：若鞭一百應了結之罪，鞭一百；重罪，亦鞭一百了結，豈非不分罪之大小？喀木戚哈、塞赫拘繫日久，姑免其罪。藍泰、羅奇鞫審。

中國第一歷史檔案館《盛京刑部原檔》一九一號　崇德三年八月十四日，智順王付銀四十七兩，買鑲紅旗孟庫禄牛録下哈丹代一滿洲包衣男丁。智順王以越旗買人，應罰規定之罪銀二百兩，追回所買男丁，給本牛録下窮人。奏聞，上命：宥智順王之罪，將所買男丁取回，給孟庫禄牛録下窮人。副理事官得特鞫審，崇德三年八月。

中國第一歷史檔案館《盛京刑部原檔》一九〇號　崇德三年八月二十一日，鑲黄旗希福往征朝鮮時所獲四名婦女逃去，爲涅罕牛録下滿都里捉獲，交還本主兩婦女，自己取兩婦女。滿都里又將其中一婦女給伊跟役所帶之鑲藍旗蒙古爾堆牛録下額爾特之包衣。希福遂發此事，告於兵部曰：滿都里跟役私帶鑲藍旗人，並將所得我之婦女給配之。經法司斷結，將滿都里所帶之鑲藍旗人爲奴，滿都里鞭責之。原屬希福之兩婦女還給希福，希福給滿都里一半之值。朱瑪喇命希福包衣速將半值送至，否則鞭責之。其包衣往告希福，希福來後，曰：是我告發此事，遂將鑲藍旗人爲奴，鞭責滿都里。一半之值要麼歸公，要麼我取，豈能給罪犯滿都里？朱瑪喇，爾欲鞭責我之包衣，與鞭責我有何不同？爾朱瑪喇不過眼睛大，何功之有？走，去告吧！希福言時，曾抓朱瑪喇脖頸。朱瑪喇遂告於刑部，經審，執朱瑪喇脖頸是實，因議希福應罰以規定之罪。又兵部承政伊孫、參政和碩額駙古爾布什、圖賴議罪時，曾將赦前未定之罪，在赦後罪之，把希福之逃婦給滿都里一半，故應罰以規定之罪。奏聞，上命：希福加倍罰以規定之罪；伊孫、古爾布什額駙、圖賴俱免罪；滿都里所獲四婦女之半仍給希福。納爾賽鞫審。

中國第一歷史檔案館《盛京刑部原檔》一九〇號　崇德三年八月二十一日，因案語句殘缺，故令退回了。管轄正黄旗移營蒙古衛征之屬下妥里圖係閒散人，將自妻休出，自充喇嘛，爲人醫病，衛征雖知情而未拿送。又皇上包衣將駱駝丢失欲尋找時，牧場郭麥去衛征行獵處告之，衛征云：打圍下來之後，再遣人尋找。向晚，方遣六人騎騾及朝鮮馬至郭麥處。郭麥云：天色已晚，如何去找？况且爾等騎騾及朝鮮馬，在此沙崗之處，難以尋找。言畢，令其返回。翌晨，郭麥去找衛征，請派陪從之人去找駱駝。衛征云：背着皇上，爾等自充貝勒，難道不讓我管轄部衆，反爲駱駝之長乎？因送法司鞫之，審實。衛征，爾所管屬之妥里圖詭稱喇嘛，爲人醫病，爾未查送。郭麥來告失駝，爾不迅即遣人尋找，竟稱行圍後再遣人；後令騎騾及朝鮮馬，故意於天晚時方派遣，反指稱找駝之郭麥欲充貝勒，故衛征應鞭一百，籍家。詭稱喇嘛之妥里圖應論死。奏聞，上命：衛征鞭責、籍家俱免，餓禁三日，仍留所管轄之地。妥里圖。〔原檔至此而止〕碩詹鞫審。

中國第一歷史檔案館《盛京刑部原檔》一九二號　崇德三年八月二十九日，鑲白旗巴彦獲罪，滿都户告於法司云：將我屬下獲罪之阿哈丹撥給綽和洛，（嗣後），巴彦贖回阿哈丹，與我結仇相訐。及質訊時，綽和洛云：巴圖魯郡王令我與之，即與之，我與巴彦素不相善。巴圖魯郡王云：我未嘗令給爾與巴彦以親故，私相結好而與之，何故言我令與也。

若言與巴彦素不相善，巴彦病時，綽和洛夫婦往視之，巴彦又曾與綽和洛之子一馬，是果不相善耶？巴彦曰：我求丹代轉奏，奉旨贖還。及質審，奉旨事虚。綽和洛以親故與巴彦，反誑云王令與之：與巴彦相善，又誑云不相善，綽和洛姦邪弄巧，應罰銀二百兩，革職，降參政爲副理事官。後諸王、貝勒、貝子、固山額真、議政大臣復議，綽和洛應籍家産之半，革職，催督官賦差役。巴彦與綽和洛合謀私贖入官人口，誑言奉上命，巴彦應革職，籍没奴僕、屬員及家産，僅免巴彦夫婦本身。巴圖魯郡王於綽和洛問時，未能正言斥之，反令其問該部之人，若爾不知，即應説不可。巴圖魯郡王應罰銀千兩。和碩烏真親王以滿都户訟事曾問星訥曰：巴彦何故贖取人口？星訥云：聞其奉旨而贖取。烏真親王問星訥後，未即行究此言之虚實。烏真親王及承政郎球、索海、孟喬芳，啓心郎額爾格圖，巴哈納、羅奇、碩詹、納爾賽俱應罰以規定之罪。星訥，爾既係部官，不窮詰明白，輒信巴彦誣告，於王問時，妄對有旨，星訥應罰銀百兩。奏聞，上曰：巴圖魯郡王免罰銀千兩，止罰規定之銀二百兩；綽和洛罰銀二百兩；巴彦革職，免死贖身，罰銀二百兩；巴彦妻初以其侍女爲入官人妻，又轉求丹代奏請，朕以其夫有過，不能豫行諫誡，及獲罪，始來奏懇，不准行，乃竟假稱奉旨，巴彦妻罰銀百兩；烏真親王，承政郎球、索海、孟喬芳，啓心郎額爾格圖，巴哈納、羅奇、碩詹、納爾賽無罪免究；星訥罰以規定之罪。議政大臣鞏阿岱、碩翁科羅巴圖魯、阿爾海、俄羅塞臣、多爾濟、特赫莫、韓岱、哈寧噶鞫審。崇德三年九月初七日。

中國第一歷史檔案館《盛京刑部原檔》一九九號 崇德三年十二月初十日，正黄旗寧塔海牛録下蘇拜因其妻三次求神而把家産糜費净盡，求騰奇轉奏。上曰：對此等事，管事人豈得無罪？著刑部詳審！因派包衣大伊賴往查。伊賴將蘇拜夫婦合謀上奏兩次，僅告上奏一次。送刑部質訊時，伊賴云：蘇拜妻知道一次，一次因瘋顛不知。和碩烏真親王及諸承政、啓心郎、理事官、副理事官竟信伊賴所言，未善加詳核。蘇拜令其妻裝爲瘋病，無罪。奏聞，上曰：爾等未經詳查，即擅自奏聞。經復審，未經詳查是實。因議和碩烏真親王，參政布當、李雲、孟喬芳，啓心郎額爾格圖、王廷選、申朝紀，理事官張大猷，副理事官康喀賴、龔衮、邦紐等，各按世職加倍罰以規定之罪。巴哈納未聽審，即請王上奏；即奏，查明又爲何不奏？巴哈納應罰一份規定之罪。蘇拜夫婦應論死。瞻徇情面之伊賴應鞭一百，貫耳鼻。奏聞，上諭烏真親王曰：所謂薩滿書牘者，早有考究，而今荒疏矣。罰烏真親王一官用雕鞍馬。額爾格圖，此處爾不啓心，當何處謂啓心耶？額爾格圖罰銀十五兩。巴哈納，爾既上奏，又云不知，果誠乎？巴哈納罰銀十五兩。布當、李雲，曾令爾等學習滿語，今又云不曉滿語，如此，罪能免乎？餘俱宥之。藍泰、耿格鞫審。

中國第一歷史檔案館《盛京刑部原檔》一九九號 崇德三年十二月十九日，出兵拜堂子時，正黄旗昂邦章京穆成格，正紅旗布爾奇、都木拜，鑲紅旗喀爾扈吉、洪尼雅喀，鑲藍旗羅奇、穆奈，正白旗得穆圖、阿爾津，鑲白旗車爾格、伊爾登，正藍旗巴哈納等未列於當列之處，都察院因移送刑部。部議喀爾扈吉擊鼓時未至，罪一。洪尼雅喀因未至大政殿曾罰一羊，故喀爾扈吉、洪尼雅喀應各罰銀五十兩；穆奈去修路時，私去莊屯耕墾，集於大政殿時，經傳呼未至，已有鞭一百一罪，復加此未入列之罪，應鞭七十，解牛録任；昂邦章京穆成格、羅奇、布爾奇、都木拜、巴哈納、車爾格、伊爾登、得穆圖、阿爾津等應各罰以規定之罪。奏聞，上命：喀爾扈吉、洪尼雅喀各罰銀五十兩。穆奈餓禁三晝夜；昂邦章京穆成格、羅奇、布爾奇、都木拜、巴哈納、車爾格、伊爾登、得穆圖、阿爾津等嗣後記住，此次姑免之。藍泰、龔衮、耿格鞫審。

中國第一歷史檔案館《盛京刑部原檔》一九九號 崇德三年十二月二十七日，多羅俄親王自行檢舉，來法司告曰：我失誤朝賀，請部議。經法司審實，擬罰以規定之罪。奏聞，上免之。龔衮鞫審。

中國第一歷史檔案館《盛京刑部原檔》一九八號 崇德四年正月初十日，額爾克親王於元旦慶典時，以瘸馬進上，禮部參政巴顔瞻徇部王情面，以良馬放入。巴顔應革兩世職，仍罰銀一百兩；看視牧場官員霍斯霍里應鞭一百。奏聞，上曰：巴顔乃小人，訓誡之後釋之，免其罪。霍斯霍里鞭一百。耿格鞫審。

中國第一歷史檔案館《盛京刑部原檔》二〇一號 崇德四年正月三十日，參政得穆圖鞭一百、降參政爲副理事。其餘理事官、副理事官各鞭八十，掌庫木哈連、薩珠户各鞭一百。命承政英俄爾岱往察八家買賣簿册。

奏聞，上命：著查八家簿册。經查，亦有多給者，亦有少給者，俱一視同仁。奏聞，上命：俱宥之。嗣後爾所轄之人勿得市易。耿格、羅奇鞫審。崇德四年二月初三日。已寫。

中國第一歷史檔案館《盛京刑部原檔》二〇二號　崇德四年二月初六日，鑲黃旗科西圖牛録下護軍校董國洛於其看守值班時，懷順王所屬一人越入繩墻，被内值喀勒察、多内拿獲，送法司鞫之，越入是實。護軍校董國洛、翁愛牛録下護軍佟阿泰、喀爾察之一護軍校、護軍五人各鞭一百，貫耳鼻。越入之人鞭一百，貫耳鼻，甲喇章京阿爾善、阿爾賴各鞭一百。護軍統領鰲拜巴圖魯，一議鞭七十，訥爾特免罪；一議訥爾特鞭五十，鰲拜巴圖魯宥其罪。奏聞，上命：阿爾善、阿爾賴罰以規定之罪，俱賞給拿獲越墻人之喀勒察、多内。護軍校董國洛、護軍佟阿泰各鞭一百。鰲拜巴圖魯、訥爾特俱宥其罪。喀爾察之一護軍校及五護軍訓誡之。越入者無知，宥其罪。星訥、康喀賴、耿格鞫審。正黃旗巴岱牛録下達布當值守衛時，本旗得特牛録下古尼蘭之跟役麻希納穿繩墻而入，經内值布顏之處，爲後班杜賴、阿爾賽、布根特拿獲，執送法司，經審，越入屬實。達布鞭責，貫耳鼻。布顏、朱寨、瑣諾穆、綽洛布各鞭一百。甲喇章京伊爾登鞭一百。希爾根罰以規定之罪。護軍統領索爾果鞭七十。越入者麻希納鞭一百，貫耳鼻。奏聞，上命：索爾果未找鑲黃旗諸章京察閲，罪一；兵部薩璧圖邀請審視地方未至，罪二；加倍罰以規定之罪。伊爾登，於爾甲喇處越入而未知，罪一；未找鑲黃旗諸章京察閲，罪二；加倍罰以規定之罪。布爾根罰以規定之罪，分與拿獲越墻人之杜賴、阿爾賽各一份，布根特半份。達布鞭二十七。布顏、朱寨、瑣諾穆、綽洛布，上命交付希漢，令其訓誡。越入者麻希納無知，宥其罪。星訥、康喀賴、耿格鞫審。崇德四年二月初六日。

中國第一歷史檔案館《盛京刑部原檔》二〇四號　崇德四年五月初二日，守衛鑲黃旗墩臺之鑲白旗隋孫，不等輪替接班即離職守而去，擬鞭一百。奏聞，上曰：此謂何人，宥之。奇布圖鞫審。〔崇德四年五月〕初八日，鑲藍旗鎮國公扎喀納、輔國公屯齊喀四月二十五日叩見時，未同諸王、貝勒一起叩首，而同本旗叩見。經法司鞫審，以部員未及言明，故不治罪。鑲藍旗穆車訥令奇爾泰對河石叩首，以此禮部承政超哈爾、巴顏罰以規定之罪，叩首之穆車訥、奇爾泰罰以規定之罪。奏聞，上命：俱宥之。副理事官戴都鞫審。

中國第一歷史檔案館《盛京刑部原檔》二〇四號　崇德四年五月十二日，鑲紅旗達陽阿爲本牛録阿哈納所訐，言往圍松山時，大軍起行，彼不隨衆前進，留宿於家至次日乃往。〔下殘〕未出其家之牛，而令派本牛録貧户之牛，以故〔下殘〕於法司。接取砲子時，驚呼敵至以惑衆心，以此三罪，達陽阿應論死。奏聞，上命：免死，鞭一百，貫耳鼻，夫婦並給本旗多羅額勒洪貝勒爲奴。著本貝勒籍其家産，分給本牛録窮人。理事官星訥鞫審。

中國第一歷史檔案館《盛京刑部原檔》二〇六號　崇德四年五月二十二日，正白旗伊拜旗下牛録章京得爾格爾出征以後，酗酒三次，罪一；攻城時令滿洲旗先進，稱受固山額真伊拜逼勒所致，因使兩固山額真相爭，罪二；遇敵時，固山額真差遣，竟推拒不從，罪三；得爾格爾其包衣亂行被貫耳，爲此結仇，罪四；得爾格爾應論死，奪此次所賞俘獲入官。奏聞，上命：免死，免奪所賞，罰以規定之罪，將其從牧場帶來，交付本旗固山額真伊拜。星訥鞫審。

中國第一歷史檔案館《盛京刑部原檔》二〇六號　崇德四年五月二十三日，葉克書牛録下囊球、覺善牛録下安朱户於出師處曾首正紅旗阿蘭泰臨陣退縮，護軍參領魯克都、哈寧噶欲庇之，脅令囊球等諱其事，並曾與護軍統領和爾本共議。魯克都、哈寧噶應論死。奏聞，上命：魯克都、哈寧噶免死，各鞭一百。理事官納爾賽鞫審。公和爾本在未首告阿蘭泰時，集衆於其前曰：人言我旗退縮，將我帶至貝勒處究問，爾等不看二護軍參領，勿得妄對。遂令衆退，獨留首告者葉克書牛録下囊球、覺善牛録下安朱户。二人曰：我等執囊，各隨旗依訊地而進，或可矜宥否？護軍統領曰：我當告於王，恩撫爾等。護軍統領，爾將用命者不舉，退縮者不懲，欲庇其罪，聚衆同謀箝首者之口，應削世襲罔替之公爵，奪所屬人員，罰銀百兩。奏聞，上命：和爾本身故被訐，俱免和爾本之罪。納爾賽鞫審。

中國第一歷史檔案館《盛京刑部原檔》二〇七號　崇德四年六月初二日，實勝寺督辦鑲藍旗參政楊文魁不釘衙門之重鎖鐵頁，難辭疏忽之咎，應罰銀五十兩，奪所賞入官。管工部巴顏貝勒、參政葉克蘇、吳善、囊努克、裴國基，啓心郎喀木圖等察而未覺，故罰以規定之罪。奏聞，上命：楊文魁罰以規定之罪，餘俱宥之。戴都鞫審。〔崇德四年六月〕十六日，烏真親王略錦州時，剿殺敵兵甚衆，正紅旗下阿爾海反言獲敵甚少。姨父多爾濟陣斬三人，獲馬三匹，貝子羅托問其數，阿爾海夸稱斬三十人，獲馬三十匹。阿爾海從旁譏諷，故應論死。奏聞，上命：免死，鞭一百，除本身及妻外，家産俱入官。承政索海、啓心郎額爾格圖，副理事官囊衮、康喀賴、奇布圖鞫審。

中國第一歷史檔案館《盛京刑部原檔》二〇八號　崇德四年六月十六日，理事官喀喀木、雅秦、副理事官克宜福、褚庫巴圖魯、佟代對承政明顯徇庇，奏請犯人翁克承襲父職一事瞻顧不言，俱罰以規定之罪。阿爾沁牛録下筆帖式庫魯里鞭一百。奏聞，上命：阿拜、薩璧翰罰以大罪；墨爾根親王罰以規定之罪；筆帖式庫魯里鞭一百。遵旨罰阿拜銀二百兩、薩璧翰一百兩；和碩墨爾根親王二百兩；筆帖式庫魯里鞭一百。上復諭：索尼未經奉旨，豈肯妄言，姑免罪。鮑承先、滿珠習禮、祖澤洪、喀喀木、雅秦、克宜福、褚庫巴圖魯、佟代等人俱免罪。耿格、碩詹、戴都鞫審。

中國第一歷史檔案館《盛京刑部原檔》二〇八號　崇德四年六月二十日，鑲藍旗固山額真貝子篇古急欲離去之際，替代之梅勒章京覺羅錫翰請曰：今日我旗可出樵採乎？篇古曰：去樵採。言畢遂往。爾後，覺羅錫翰遣替代之甲喇章京察喇孫率四甲喇之分得撥什庫四人，每牛録甲士五人樵採。囑之曰：當過濟南府，向正紅旗一路樵採，我等來時一路，曾見有敵人，其勿往。言畢，遣去。察喇孫違令，仍照舊路樵採，敵兵來，與喀喇沁哨探交戰。喇瑪牛録下分得撥什庫孫達爾漢謂察喇孫曰：我兵被殺，如之奈何？言後，察喇孫仍不救。於是，孫達爾漢率甲士一人冲入，救三人出。察喇孫收回樵採之人欲行，終不援戰。孫達爾漢乃復與額蒙格牛録下分得撥什庫達褚、穆奈牛録下分得撥什庫多諾及甲士二人，其五人前去追敵四人，達褚斬其一，並奪其馬。以此，部議，察喇孫，爾收回樵採之人，何以不率兵冲入，坐視軍士被殺，牲畜被奪？察喇孫應論死，妻子爲奴。與察喇孫同在之二分得撥什庫各鞭一百，貫耳鼻，本身及妻子俱没爲奴。穆奈牛録下多諾因助孫達爾漢、達褚，祇鞭一百。孫達爾漢、達褚有功應賞。固山額真貝子篇古，樵採之始，不預定官兵人數，應罷固山任，仍償所失人畜，罰以規定之罪。梅勒章京錫翰罰銀百兩。奏聞，上命：免察喇孫死，鞭一百，籍其家。與察喇孫同在之二分得撥什庫各鞭一百，貫耳鼻，本身及妻子俱爲奴。多諾鞭一百。孫達爾漢、達褚有功應賞。貝子篇古罰以規定之罪，償還所失人畜。梅勒章京錫翰罰銀百兩。崇德四年六月二十日。

中國第一歷史檔案館《盛京刑部原檔》二一三號　崇德四年七月初一日，正黄旗牛録章京季世昌所鑄紅衣砲子，内爲生鐵，外裹以熟鐵，攻松山時，砲子出紅衣砲口即碎，司砲官見之，告於固山額真馬光遠，馬光遠呼季世昌謂之曰：此事應告刑部，今免爾。章京季世昌叩謝再生之恩。啓心郎張雲漢遂告於刑部，審實。季世昌貽誤戎機，重罪在身，應論死。奏聞，上以季世昌曾鑄紅衣砲有功，免其罪。理事官碩詹鞫審。上命酌留攻臺砲子，其餘俱用盡。石廷柱旗下昂邦章京王世選違旨，將砲子留剩携還。王世選應革世職，罰銀一百兩。奏聞，上命：免罪。理事宜碩詹鞫審。上命酌留攻臺砲子，其餘俱用盡。馬光遠旗下梅勒章京孟喬芳違旨，將砲子留剩携還。孟喬芳應革世職，罰銀一百兩。奏聞，上命：免罪。理事官碩詹鞫審。上命固山額真石廷柱酌留攻臺砲子，其餘俱用盡。石廷柱違旨，謊稱砲子用盡，誑言欺上，罪一。知砲子不堪用，徇庇季世昌，不告部官議罪，罪二。不竪該旗雲梯，罪三。石廷柱應籍家産三分之一。奏聞，上命：免籍家，坐罰大罪。遵旨，罰銀二百兩。上命固山額真馬光遠酌留攻臺砲子，其餘俱用盡。馬光遠違旨謊稱已盡，誑言欺上，罪一。司砲官來告砲子不堪用，出砲口即碎，馬光遠徇庇季世昌，未告部官議罪，罪二。不竪本旗雲梯，罪三。將雲梯兩架丢棄，而未携至。馬光遠應論死罰贖。奏聞，上以馬光遠冒未無知，免議。理事官碩詹、星訥審理後，業已報請和碩烏真親王、承政索海。

中國第一歷史檔案館《盛京刑部原檔》二一五號　崇德四年七月初九日，鑲藍旗下石蘭於攻松山時，未竪雲梯，罪一；後敵人夜出掘壕未覺，罪二；天明後又追敵未獲，罪三，石蘭應論死，籍家。奏聞，上命：石蘭免死，罰贖，拴繫一月，囚禁三日。碩詹鞫審。

中國第一歷史檔案館《盛京刑部原檔》二一八號　崇德四年七月十八日，先是，正紅旗巴布賴攘奪鑲白旗塔拜阿哥果樹，經審應論死。上命免死罰贖後，令其在前攻城效力。攻打松山時，巴布賴以天氣炎熱不戰。復議巴布賴應論死。奏聞，上曰：嗣後若不戰，朕亦不管；衆覺羅何不各言爾意？遂集覺羅於刑部衙門，承政索海、大學士剛林，學士羅碩、啓心郎額爾格圖咸曰：宥之。

中國第一歷史檔案館《盛京刑部原檔》二二一號　崇德四年八月初二日，正紅旗褚庫巴圖魯將其兄劉哈之馬隱匿，不派給應戍守之人；褚庫又執腰刀將劉哈包衣一男、二婦戲耍。經法司審實。劉哈應鞭五十，奪其所隱之二馬。褚庫以執腰刀故，應鞭一百。奏聞，上命：劉哈、褚庫之罪俱宥之。理事官羅奇、副理事官康喀賴鞫審。

中國第一歷史檔案館《盛京刑部原檔》二二二號　崇德四年八月二十五日，攻打松山時，正紅旗梅勒章京覺羅布爾濟號令不嚴，致本旗汛地先被穿壕一次，復被穿壕一次，布爾濟應罰銀百兩。鑲紅旗梅勒章京洪尼喀號令不嚴，致本旗汛地先被穿壕一次，復被穿壕一次，又未竪二雲梯，並對前令其返回之侍衛滕奇巧言自辯云：曾竪雲梯一次。洪尼喀應俱革世職，仍罰銀百兩。正白旗鎮國將軍阿拜號令不嚴，致本旗汛地先被穿壕一次，又未竪二雲梯，並將兩雲梯丢棄而未携至。阿拜應革一世職，罰銀百兩。鑲白旗梅勒章京星訥號令不嚴，致本旗汛地先被穿壕一次，又未竪三雲梯，將二梯丢棄而未携至，又未將遺骸取回。星訥應將世職俱革，仍罰銀百兩。正藍旗梅勒章京覺羅巴哈納號令不嚴，致本旗汛地先被穿壕一次，又未竪三雲梯，將二梯丢棄而未携至，巴哈納應革職，罰銀百兩。鑲藍旗梅勒章京羅奇號令不嚴，致使本旗汛地先被穿壕一次，復被穿壕一次，又未竪二梯，將一梯丢棄而未携至，又本旗一人亂行找葱被殺，羅奇失於覺察。羅奇應將世職俱革，仍罰銀百兩。奏聞，上命：俱宥之。理事官碩詹鞫審。

中國第一歷史檔案館《盛京刑部原檔》二二二號　崇德四年八月二十五日，鑲白旗得木圖牛録下索嫩之妻被其包衣朝鮮婦人訐於法司：索嫩妻前夫阿拉米不貧，卻作一荷包送去一次。又去朝鮮時，作了三個荷包，内裝煙、松子、果仁、奶酥油送去。阿拉米包衣納爾麥知之。又阿拉米到鑲黄旗馬爾吉海妻家，令其包衣蒙古女人去招索嫩之妻前來相會。法司鞫訊馬爾吉海包衣蒙古女人，供曰：阿拉米來我家之後，我去找索嫩之妻一次是實。侍衛阿拉米、索嫩妻、馬爾吉海妻均應論死。奏聞，上命：將索嫩之妻正法。阿拉米，念爾伯父超品公，免死，鞭一百。馬爾吉海妻，念覺羅鰲塔，免死，交給覺羅。喀蒙愛鞭〔馬爾吉海妻〕一百餘鞭。納爾麥先言知情，後又翻供，鞭一百。問覺羅科什圖曰：爾子馬爾吉海妻死罪，豈有宥免之功乎？因無功，上曰：新滿洲、蒙古尚且奮勉矣，爾獨無受傷之處乎？爾何不欲奮勉圖功！准舉首婦人離主。

中國第一歷史檔案館《盛京刑部原檔》二二六號　崇德四年九月十八日，派圖爾格下三牛録護軍戍守時，楚虎爾貝勒欲奏上：將圖爾格三牛録護軍派往兩黄旗中何旗？乃與和碩烏真親王、墨爾根親王合議，兩王亦云：爾將此奏上。楚虎爾貝勒遂對本部承政伊孫、參政穆成格、啓心郎詹霸等曰：將圖爾格三牛録護軍並入鑲黄旗差遣，爾等將此奏上。伊孫、穆成格、詹霸將本部貝勒令奏聞之話未行奏聞，而擅將三牛録置於公中牛録。部議伊孫、穆成格應革職，各罰銀百兩。詹霸爾欲弄巧探聽消息，奏將三十録歸入原旗，應鞭一百，貫耳鼻。楚慮爾貝勒，先已定議之事，爾又重議奏聞，非理也，應罰銀五百兩。和碩烏真親王、墨爾根親王，先既定議，爾等聞楚虎爾貝勒之言，又言上奏之事，應各罰銀三百兩。奏聞，上命：俱宥之。承政索海、參政巴哈納、吴達海鞫審。〔崇德四年九月二十一日〕向外藩固倫額駙珠蘭達拉所徵用之五匹馬，逾時未送，啓程之後方送來。都察院移送法司，鞫審得實。禮部額勒洪貝勒應罰以規定之罪，參政俄莫克圖、綽和洛應各罰銀五十兩。值月官朱世啓、嫩什應各鞭九十。啓心郎窩黑應罰以規定之罪。奏聞，上命：額勒洪貝勒、參政俄莫克圖、綽和洛，啓心郎窩黑，值月官嫩什等俱宥之。朱世啓鞭五十。理事官納爾賽審理。〔崇德四年九月二十八日〕去省城追逃人時，兵部未給剿除勘合，承政伊孫，參政和碩額駙古爾布什、穆成格、葉克書、圖賴、祖澤潤，啓心郎詹霸俱應罰以規定之罪。奏聞，上曰：兵部原有定例，竟將此遺忘，致事延誤，而兵部之主既經變换，此次宥免，下次決不姑貸。理事官羅奇鞫審。〔崇德四年九月二十八日〕駐防屏城之法都即聞逃人逃走消息，未至邊口堵截，竟借故改變公篇古差遣之令，追回從本城往追逃人之奇圖勒，法都應鞭一百。駐防藩城正白旗雅欽牛録下護軍校阿固達，正藍旗德布特楞牛録下胡代，正黄旗鎮國將軍巴布海牛録下納齊喀、正紅旗圖爾哈牛録下阿代等四人遇顧爾馬洪、德爾得赫等人後，分散埋伏，聞逃人出吉林彼側，乃面山列陣，又往蘇爾吉河、索倫，於十七日返回，雖到逃人出走處追捕，但駐兩夜即匆匆而返。阿固達等四人應各鞭一百，貫耳鼻。奏聞，上命：俱宥其罪。遂免議。羅奇鞫審。納貢之庫爾喀叛入熊島，上命朝鮮國發兵討伐，擒叛首加哈禪。額益都里至，訊其叛逃緣故，言康古禮、喀克篤禮、車齊克墨爾根、薩爾糾等謀從朝鮮逃入熊島，約令我等叛逃。事下法司鞫訊，叛逃是實。遂議謀叛之康古禮、喀克篤禮子塞古德、昂阿昂邦、禧福、濟蘭、賴塔、賴他庫、莽塞、馬噶丹、洪科等俱應奪其奴僕並屬人。車齊克墨爾根之子精珠應革職，奪其奴僕。其同謀共逃之薩爾糾、班布里應論死，籍其家。奏聞，上命：將馬噶丹、昂阿昂邦、禧福、濟蘭、莽塞、賴塔、賴他庫等之漢人男婦、馬、牛、驢、騾、羊、山羊分爲三份，奪其二份，交户部，一份給原主。馬噶丹革職。精珠革職，免奪奴僕。塞古德與其父喀克篤禮首倡叛事不實，又與其父素不相篤，嗣後爾當奮勉作戰，免罪。班布里亦免罪。又薩爾糾一案，先遣班布里與加哈禪同行時，薩爾糾曾言：班布里此行，必與加哈禪叛逃不返。對此，上曰：户部承政英俄爾岱，爾等延誤未奏。薩爾糾前言是也，無罪開釋。羅奇鞫審。崇德四年十月初六日。

中國第一歷史檔案館《盛京刑部原檔》二二八號　崇德四年十一月初四日，公篇古前往戍守時，知逃人亡去，不令正白旗拜窮追，而曰：至吞堆守兩夜，第三日即返。公篇古應罰以規定之罪。奏聞，上命：宥之。理事官星訥鞫審。

中國第一歷史檔案館《盛京刑部原檔》二三〇號　崇德四年十二月二十五日，公篇古、公屯齊喀、公杜爾祜、公穆爾祜去行圍時，半途而返，去屯莊耕種，應各罰銀三百兩。奏聞，上曰：於諸王、貝勒前訓誡，免罪。戴都鞫審。正紅旗大凌河甲喇章京張良將其包衣男童齊石鞭打後殺死，其包衣達漢首於法司。經審，殺死是實，張良應鞭一百，貫耳鼻。上命：免鞭責貫耳鼻，革張良世職，償一人，舉首者准離主。理事官納爾賽鞫審。正紅旗覺善雖將律令條例繫於頸上，但於出征時酗酒，罪一；又隱没緞匹，罪二。爲其包衣喀喇沁部落之布顔代所訐。曾議覺善應論死，上命：覺善坐竊盜罪，奪其俘獲，首告者准離主。理事官綱爾賽鞫審。

《清太宗實録》崇德八年正月　戊申，先是輔國公碩託往温泉時，託疾乘轎而行。次日乘馬，放鷹射獵凡六日，至温泉，入水捕蟶爲樂。宰牛羊宴飲二次，又遣所屬敖拜，獵於瑣會，得熊一、野豕一、麅鹿百，回至旅順堡，又宰牛羊大宴。巴牙爾圖射中海薩海馬，隱匿其罪。又所許賽神銀器及馬，欲遣人送回。請於和碩睿親王多爾袞、和碩肅親王豪格不允。遂詛咒曰：願天日鑒之。敖拜又復痛哭，先在獵所被桑噶爾寨首告，抵家又馬得爾赫圖牛录、下吴什泰、阿爾賽、門圖告訐。法司審實碩託應革去公爵，奪所屬人員，罰銀三千兩。敖拜論死，奏聞。上從寬宥免，碩託坐以應得之罪，罰銀一百兩，敖拜鞭一百，原告俱令出户。

《清太宗實録》崇德八年正月〔戊申〕先是，敏惠恭和元妃薨時，多羅郡王阿達禮，在松山彈絃戲舞。又奪恩格德佩刀，轉賞門都赫。阿達禮母福金將所賞恩格德裘，復行奪回。又勒索哈克薩哈糧二十石，羊二隻。又與席北地方綽克託妻青布百疋，索貂皮七十張。爲哈克薩哈父子首告。法司審實，阿達禮應革去郡王爵，奪所屬人員，罰銀五千兩。其母福金罰銀千兩，所得貂皮入官。糧及裘，賞給原告。仍令原告出户。奏聞。上命阿達禮免罪，伊母福金罰銀四百兩，原告人出户。

（清）嵇璜等《清朝文獻通考》卷二一〇《刑考・赦宥》〔康熙〕十一年，定免死流犯有祖父母、父母老疾家無次丁者，照旗人例，折枷存留養親之例。

（清）嵇璜等《清朝文獻通考》卷二一〇《刑考・赦宥》〔康熙〕十二年，詔赦逆賊吴三桂屬下散處直隸各省不知逆情官員、親族人等罪。至十三年復勅刑部將逆案干連人等，情罪稍可矜疑者，概行省釋。

（清）嵇璜等《清朝文獻通考》卷二一〇《刑考・赦宥》〔康熙〕十三年，詔赦逆賊孫延齡所管人員、親族人等罪。又，詔赦逆賊耿精忠屬下，現任直隸各省文武官員罪。

（清）嵇璜等《清朝文獻通考》卷二一〇《刑考・赦宥》〔康熙〕十五年，詔赦逆賊尚之信親族及屬下人員罪。

（清）嵇璜等《清朝文獻通考》卷二一〇《刑考・赦宥》〔康熙二十一年〕特赦流犯回籍。時上謁陵。有尚陽堡流犯王廷、試子王德麟叩閽，稱伊父以窩逃充發。今年老懇發回籍，願以身代。督捕議不准行，上以情實可憫，著一並發回籍，仍諭後不爲例。

《清聖祖實録》康熙三十七年七月〔辛丑〕刑部等衙門議：奏山西巡撫倭倫疏報，寧鄉等州縣山賊安守榮、劉虎等，聚五百餘名劫掠村莊。官兵進勦，雖自行投首，但聚衆行劫，殺傷兵民，安守榮、劉虎等十四人應立斬梟示。其餘賊犯賀之榮等一百九十四名，亦應照律立斬。其未獲各犯李霧等二百十二名應嚴行緝獲，另結。得旨：安守榮、劉虎等於該撫等兵到，即率衆迎降，俱從寬免死，發往奉天安插。賀之榮等一百九十四名俱從寬免死。李霧等二百十二名俱免緝。

（清）嵇璜等《清朝文獻通考》卷二一〇《刑考・赦宥》〔康熙三十八年〕免茶陵叛賊黄明案内爲從人犯九十六人死罪，發往黑龍江。

（清）嵇璜等《清朝文獻通考》卷二一〇《刑考・赦宥》〔康熙五十年〕免喀喇沁盜賊逃人罪五百六十餘人。時緝獲喀喇沁地方盜賊逃人甚多，上命將盜首二人正法，餘令各歸原籍。

（清）嵇璜等《清朝文獻通考》卷二一〇《刑考・赦宥》〔康熙五十年〕免海賊死罪五十餘人。刑部題福建海賊鄭盡心等俱擬即行正法。上以正法人犯五十餘名，多迫於飢寒，搶奪財物，並未與官兵抗拒，且俱熟諳水性，特旨從寬免死，發往黑龍江、寧古塔等處充水手當差。

中國第一歷史檔案館《雍正朝漢文諭旨》雍正元年四月二十日　雍正元年四月十三日奉上諭：刑部監中永遠監禁人犯内，有不准援赦未經具題者，著行查奏。再發往杭州、新滿洲、蒙古、西北等犯，亦著查明具奏，下旨兵部，伊部有發往杭州者，亦著查奏。欽此欽遵。查原任將軍席柱家人俞二，因與席柱挑放官員，撥什庫披甲定價要銀，兵部等衙門將席柱擬絞立決，俞二擬斬立決，原任協領吴治與席柱同心行事，擬絞監候等因，於康熙五十六年四月十二日具題，尚未奉旨，俱行監禁。五十九年正月二十二日，席柱欲往軍前效力。奏准往阿爾泰處效力。近奉特旨，將吴治釋放，俞二仍在臣部監禁。原任將軍噶爾弼，令其回藏防守居住，噶爾弼借稱有病，規避不去。革職提送京師，反任意留戀來遲。硃批：將噶爾弼釋放，於家中等候，另有旨。臣部等衙門將噶爾弼擬斬立決等因，於康熙六十一年十一月初三日具題，因尚未奉旨，將噶爾弼仍行監禁。除伊等外，并無永遠監禁不准援赦，未經具題之犯。再，臣部監禁謀殺、故殺十惡不赦人犯，共六十名，亦不曾援赦具題。

再查發往杭州人犯，原任前鋒參領喀爾吉善，將布尼公遲誤三站之處，從前訊問，俱已據實具奏，交與大人訊問。因巧辯不給實供，擬以枷責。（硃批：於皇考處效力之人，既無大罪，帶回京城。）於四十六年十月二十七日奏，奉旨：并妻子發往杭州。

寧古塔居住之正紅旗巴克散佐領下拜他喇布勒哈番七哥，同伊弟閑散哈爾布馬哩因買了拐帶孩子四兒、六兒，照盛京、烏拉等處居住人等，不詳詢來歷，混行買人者，係另户，發往江寧、杭州披甲例，將七哥革職，與哈爾布馬哩俱發往杭州船廠居住。正黄旗特努佐領下閑散錫進泰因不詳來歷，混買逃人雙頂等，發往杭州。

鑲紅旗關保佐領下西北披甲厄爾忒布，因將伊本旗兔思兔佐領下西北披甲孟克戳傷，發往杭州。盛京居住之鑲藍旗包衣滿丕佐領下壯丁周大、王六，因不詳來歷，混買拐出之九兒，發往江南。

盛京居住之正藍旗拖希佐領下閑散陳國清，因不詳來歷，混典拐出之趕生，發往江南。

正黄旗岳七爾佐領下披甲昂紀爾達，因罵伊叔岳七爾，擬以枷責具題，奉旨改發往杭州。

正紅旗鄂爾渾佐領下閑散西北巴爾虎，正白旗吴達禮佐領下閑散西北諾母七，正白旗富德佐領下閑散西北白達子，鑲紅旗厄爾壽佐領下閑散西北厄爾納，鑲白旗忒呑佐領下閑散西北巴蘭太，鑲白旗忒呑佐領下閑散西北牛黄，俱因屢次行竊，發往杭州。

鑲藍旗常禄佐領下披甲西北噶爾賽，正黄旗薩爾泰佐領下撥什庫舍楞家下蒙古伊奈，鑲白旗鑾色佐領下閑散艾必哈家下蒙古班柱兒，鑲白旗保住佐領下西北披甲忒母第，鑲紅旗包衣色亨額佐領下察哈爾蒙古雅圖，正黄旗包衣佛倫佐領下閑散西北布諸庫，正藍旗桑格佐領下原任驍騎校舒布哈家下蒙古札馬，鑲藍旗七十佐領下閑散西北額林七，俱因吃酒行凶，發往杭州。

鑲黄旗侯偏圖佐領下馬上人西北阿爾圖虎，鑲藍旗蒙古塞費圖佐領下西北披甲五八十，正白旗常濟保佐領下西北披甲阿禹錫，正黄旗游牧察哈爾固山巴札爾佐領下馬群人頒達爾壘家下吴可兒忒，俱因偷賣官馬，發往杭州。

鑲黄旗察哈爾旗下張奈佐領下閑散蒙古沙進，因偷馬，經理藩院擬斬具題，奉旨免死，發往杭州。

正白旗蘇爾鄂佐領下西北披甲噶尼，因帶領伊家人將捕役王明彰所拿犯人韓世鰲搶奪放走，發往杭州。

正白旗傅成額佐領下閑散雅圖因吃酒行凶，擬發三姓地方具題，奉旨發往江南。

鑲白旗蘇拜佐領下閑散西北沙爾紀，因三次逃走，發往江南。

以上現行監禁，不准援赦，未經具題人犯，二名發往杭州，閑散蒙古、西北二十三名，家下蒙古四名，發往江南，閑散西北五名。爲此謹具奏聞。

中國第一歷史檔案館《雍正朝漢文諭旨》雍正五年四月二十四日　查嗣庭著戮屍梟示，查嗣庭之子查澐改爲應斬，著監候秋後處決。查慎行年已老邁，且家居日久，南北相隔路遠，查嗣庭所爲惡亂之事，伊實無由得知，著將查慎行父子俱從寬免具治罪，釋放回籍，查嗣庭之胞兄查嗣庭胞姪查基俱從寬免死，流三千里。案内擬給功臣之家爲奴之各犯，亦著流三千里，其應行拿解之犯，行令該撫查明一併發遣，查嗣庭名下應追家産，著該撫查明變價，留於浙江，以充海塘工程之用。

（清）嵇璜等《清朝文獻通考》卷二一〇《刑考·赦宥》　〔雍正十年〕寬免孀婦獨子鬭毆殺人死罪。時安徽巡撫程元章題報，毆死陳小厮之石兆林應絞監候，聲明石兆林係孀婦獨子，陳小厮並非獨子，奏請留養。經部議駁。具奏。上以石兆林之母青年守寡，苦節撫孤，而屍親亦呈請免抵，特加恩准其存留養親，仍追埋葬銀兩給付死者之家。

中國第一歷史檔案館《雍正朝滿文硃批奏摺全譯·常明奏陳查明烏拉等諸省流放罪犯各種情形摺雍正十三年十一月初九日》　謹查恩詔，除十惡罪犯不予寬宥外，既斬絞罪犯，均得蒙受再生之恩。今又特奉旨：以前經八旗對犯罪、虧空錢糧，其妻子打入辛者庫、撥給皇莊者，已完結之案，恐未蒙恩等因，令查奏者，實乃聖主好生、優恤在旗奴才之至意。惟先流放烏拉等諸省充軍旗人内，或有因伊等父祖之罪，而流放其子孫；或本人犯罪，今逢恩赦，有較寬宥之人而爲輕者，不可逆料。臣詳思，二三十年方得教養一旗人。請敕兵部，轉咨行烏拉等諸省，將流放充軍之旗人，不論新舊，將在地方未曾肇事本分生計，或本人身亡，子孫内能騎射、會文字，或於流放處仍不改悔又犯罪者，均逐一查清，分别繕寫，忠誠秉公報至刑部。按逐漸送來之序，由部將罪犯原犯罪情由，及伊等祖父、父先時有否效力之處，一併查明，具奏請旨。

中國第一歷史檔案館《雍正朝滿文硃批奏摺全譯·總理事務和碩果親王允禮奏報欽遵恩詔援赦之案摺雍正十三年九月二十一日》　官員、吏員、兵丁、民人等叛逃，子孫殺其祖父母、父母，同宗爲姦，妻妾殺夫，首告，奴僕、婢女殺主，無辜殺三人，食赤子，割食婦人乳房，謀殺，故殺，怪誕惑人之罪，鴆殺，搶劫，煽誘此十條死罪外，凡兵丁之罪責、隱匿滿洲逃脱之包衣之罪，亦不應寬免。此外，於雍正十三年九月初三日前，凡出首及來告，已審未結及尚未審結之罪，俱著寬免。若告赦前之罪，則罪於告人。欽此欽遵。僅由臣我部滿洲筆帖式應辦尚未審結之案，俟明白審結後，分别比照恩赦裁決可否援赦，相繼另行具奏外，凡符合恩赦奏結入内審理之七案内應斬罪犯之細數，開列謹奏聖主御覽。

山西司一案：係鑲紅滿洲旗舒泰佐領披甲司達色因其同旗披甲薩哈强留過夜，又欲接吻時，司達色無奈抽刀威脅時，不料薩哈又向前擁抱時被刺身亡，該司達色照另户滿洲殺另户滿洲之例，應即行絞決，而該旗會同刑部念司達色情實堪憫而奏請，擬絞監候。

江寧司一案：江寧將軍納哈等送來鑲藍金圖佐領披甲伊林保，因其同旗額外兵丁紐倫泰强行鷄姦，無奈刺死紐倫泰，故此，該伊林保擬絞決。

福建司一案：喇嘛三柱勒與出征之正紅明保佐領領催賞賴之妻劉氏通姦，故此，該三柱勒擬絞決。

四川司一案：正黄皓善佐領操練兵丁察爾錦與出征之鑲藍齊善佐領披甲德州之妻吴氏同姦，故此，該察爾錦擬絞決。

雲南司一案：正白蒙古旗額勒德額佐領開户披甲慶延與其同旗原佐

領普薩保之妻延氏同姦，故此，該慶延及延氏俱擬絞決。

左現審司一案：鑲紅滿洲旗費揚固佐領披甲寧柱之妻李氏，其夫出征後，與安司海同姦，故此，該李氏擬絞決。

右現審司一案：正黄蒙古旗巴格佐領護軍存柱之妻韓氏，其夫出征後，與其同宗妹夫慧孜同姦，故此，該韓氏擬絞決。

以上擬絞決罪犯共八人，其所犯之罪，俱與恩赦條款相符，則寬宥伊等之罪，恩出自聖主，俟奉旨後，臣我等謹遵辦理，爲此謹奏。請旨。

附：康熙十九年定例。康熙十九年定例内載：凡與出征者之留家之旗人同姦之案，送部具奏，由部審結之案，均不兼漢文。欽此。

（清）嵇璜等《清朝通典》卷八九《刑法·赦宥》〔乾隆二年〕五月，赦釋配所年老人犯。

（清）嵇璜等《清朝文獻通考》卷二一〇《刑考·赦宥》〔乾隆〕五十年皇上以紀元五十覃慶元正，詔赦天下。又，釋省監禁緩決人犯年在七十以上者。諭本年舉行千叟宴盛典，官民耆老咸被恩施，軍流人犯亦概予減等。其監禁緩決人犯，年在七十以上者，著加恩分别減免釋放。

又，免柘城縣民王金等聚衆抗差案内爲從人犯六千七名死罪，發往伊犁、黑龍江等處爲奴。

《各省審判廳判牘》第二編《批詞類·批馬馮氏呈詞》 爾女游馬氏因誘哄使女天喜，被俞紹清控告，管押候訊。嗣因氏女患病，取保醫治。天喜係無辜之人，故交原主暫行領回，並非完案，現在氏女病已就痊，自應提回待審，何得謂無故套拘。所訴各情實屬冒昧。至謂婦女無知可以赦免，尤屬荒誕。

減等部

綜述

《漢書》卷五《景帝紀》〔中元四年〕秋，赦徒作陽陵者死罪。欲腐者，許之。

《漢書》卷一一《哀帝紀》〔建平二年〕丞相博、御史大夫玄、孔鄉侯晏有罪。博自殺，玄減死二等論，晏削户四分之一。

《後漢書》卷一下《光武帝紀》〔建武二十二年〕九月戊辰，地震裂。制詔曰：日者地震，南陽尤甚。夫地者，任物至重，静而不動者也。而今震裂，咎在君上。鬼神不順無德，灾殃將及吏人，朕甚懼焉。其令南陽勿輸今年田租芻藁。遣謁者案行，其死罪繫囚在戊辰以前減死罪一等；徒皆弛解鉗，衣絲絮。賜郡中居人壓死者棺錢，人三千。其口賦逋税而廬宅尤破壞者，勿收責。吏人死亡，或在壞垣毁屋之下，而家羸弱不能收拾者，其以見錢穀取傭，爲尋求之。

（明）丘濬《大學衍義補》卷一〇五《慎刑憲・明流贖之意》光武建武二十九年，詔罪囚各減本罪一等。其餘贖輸作有差。

臣按：漢世輸作，有司寇、左校、右校、若盧。所謂輸作者，罰其工作于此諸司也。後世有罪罰工，亦此意。

《後漢書》卷一下《光武帝紀》〔建武二十九年四月〕詔令天下繫囚自殊死已下及徒各減本罪一等，其餘贖罪輸作各有差。

《後漢書》卷二《明帝紀》〔中元二年〕秋九月，燒當羌寇隴西，敗郡兵於允街。赦隴西囚徒，減罪一等，勿收今年租調。又所發天水三千人，亦復是歲更賦。遣謁者張鴻討叛羌於允吾，鴻軍大敗，戰歿。冬十一月，遣中郎將竇固監捕虜將軍馬武等二將軍討燒當羌。

《後漢書》卷二《明帝紀》〔永平八年冬十月〕丙子，臨辟雍，養三老、五更。禮畢，詔三公募郡國中都官死罪繫囚，減罪一等，勿笞，詣度遼將軍營，屯朔方、五原之邊縣；妻子自隨，便占著邊縣；父母同産欲相代者，恣聽之。其大逆無道殊死者，一切募下蠶室。亡命者令贖罪各有差。凡徒者，賜弓弩衣糧。

《後漢書》卷二《明帝紀》〔永平〕九年春三月辛丑，詔郡國死罪囚減罪，與妻子詣五原、朔方占著，所在死者皆賜妻父若男同産一人復終身；其妻無父兄獨有母者，賜其母錢六萬，又復其口筭。

《後漢書》卷二《明帝紀》〔永平十六年〕九月丁卯，詔令郡國中都官，死罪繫囚減死罪一等，勿笞，詣軍營，屯朔方、敦煌；妻子自隨，父母同産欲求從者，恣聽之；女子嫁爲人妻，勿與俱。謀反大逆無道不用此書。

《後漢書》卷三《章帝紀》〔建初七年〕詔天下繫囚減死一等，勿笞，詣邊戍；妻子自隨，占著所在；父母同産欲相從者，恣聽之；有不到者，皆以乏軍興論。及犯殊死，一切募下蠶室；其女子宫。繫囚鬼薪、白粲已上，皆減本罪各一等，輸司寇作。亡命贖：死罪入縑二十匹，右趾至髡鉗城旦舂十匹，完城旦至司寇三匹，吏人有罪未發覺，詔書到自告者，半入贖。

《後漢書》卷三《章帝紀》〔元和元年八月〕癸酉，詔曰：朕道化不德，吏政失和，元元未諭，抵罪於下。寇賊爭心不息，邊野邑屋不修。永惟庶事，思稽厥衷，與凡百君子，共弘斯道。中心悠悠，將何以寄？其改建初九年爲元和元年。郡國中都官繫囚減死一等，勿笞，詣邊縣；妻子自隨，占著在所。其犯殊死，一切募下蠶室；其女子宫。繫囚鬼薪、白粲以上，皆減本罪一等，輸司寇作。亡命者贖，各有差。

《後漢書》卷三《章帝紀》〔章和元年〕夏四月丙子，令郡國中都官繫囚減死一等，詣金城戍。

《後漢書》卷三《章帝紀》〔章和元年〕九月庚子，幸彭城，東海王政、沛王定、任城王尚皆從。辛亥，幸壽春。壬子，詔郡國中都官繫囚減死罪一等，詣金城戍；犯殊死者，一切募下蠶室；其女子宫；繫囚鬼薪、白粲已上，減罪一等，輸司寇作。亡命者贖：死罪縑二十匹，右趾至髡鉗城旦舂七匹，完城旦至司寇三匹；吏民犯罪未發覺，詔書到自告者，半入贖。

《後漢書》卷三《章帝紀》〔章和元年〕秋，令是月養衰老，授几杖，行糜粥飲食。其賜高年二人共布帛各一匹，以爲醴酪。死罪囚犯法在丙子赦前而後捕繫者，皆減死，勿笞，詣金城戍。

（宋）王欽若等《册府元龜》卷一五〇《帝王部・寬刑》　和帝永元元年十月，令郡國弛刑，輸作軍營其徒出塞者，刑雖未充，皆免歸田里。十一年二月，詔郡國中都官徒，及篤癃老小女徒，各降半刑。其未充三月者，皆免歸田里。

《後漢書》卷四《孝和帝紀》〔永元六年〕秋七月，京師旱。詔中都官徒各除半刑，謫其未竟，五月已下皆免遣。

《後漢書》卷四《孝和帝紀》〔永元八年八月〕詔郡國中都官繫囚減死一等，詣敦煌戍。其犯大逆，募下蠶室；其女子宫。自死罪已下，至司寇作及亡命者入贖，各有差。

《後漢書》卷四《孝和帝紀》〔永元十一年春二月〕丙午，詔郡國中都官徒及篤癃老小女徒各除半刑，其未竟三月者，皆免歸田里。

《後漢書》卷五《安帝紀》〔永初二年冬十月〕詔郡國中都官繫囚減死一等，勿笞，詣馮翊、扶風屯，妻子自隨，占著所在；女子勿輸。亡命死罪以下贖，各有差。其吏人聚爲盗賊，有悔過者，除其罪。

《後漢書》卷六《順帝紀》〔永建五年〕冬十月丙辰，詔郡國中都官死罪繫囚皆減罪一等，詣北地、上郡、安定戍。

《後漢書》卷六《順帝紀》〔陽嘉元年〕九月，詔郡國中都官繫囚皆減死罪一等，亡命者贖，各有差。

《後漢書》卷六《沖帝紀》〔建康元年十一月〕己酉，令郡國中都官繫囚減死一等，徙邊；謀反大逆，不用此令。

《後漢書》卷七《桓帝紀》〔建和元年夏四月〕丙午，詔郡國繫囚減死罪一等，勿笞。唯謀反大逆，不用此書。又詔曰：比起陵塋，彌歷時歲，力役既廣，徒隸尤勤。頃雨澤不沾，密雲復散，儻或在兹。其令徒作陵者減刑各六月。

《後漢書》卷七《桓帝紀》〔建和元年〕十一月，濟陰言有五色大鳥見於己氏。戊午，減天下死罪一等，戍邊。

《後漢書》卷七《桓帝紀》〔和平元年〕冬十一月辛巳，減天下死罪一等，徙邊戍。

《後漢書》卷七《桓帝紀》〔永興元年〕十一月丁丑，詔減天下死罪一等，徙邊戍。

《後漢書》卷七《桓帝紀》〔永興二年〕減天下死罪一等，徙邊戍。

（清）杜貴墀《漢律輯證》卷一　減死一等。《魏志・鍾繇傳》五刑之屬著在科律，科律自有減死一等之法，不死即爲減。按魏時仍承漢法。爵減。《薛宣傳》爵減完爲城旦。師古注，以其身有爵祿故得減罪而爲完也。

（清）沈家本《歷代刑法考・赦六・王國赦事》　《魏志・武宣卞后傳》：建安二十四年，拜爲王后，減國死罪一等。

按：漢帝在而自赦國内，未知曹操已帝制自爲，抑漢時有此制也。六代時，諸王之爲州將者每自赦境内矣。

（宋）司馬光《資治通鑑》宋文帝元嘉十年十一月　靈運游放自若，廢棄郡事，爲有司所糾。是歲，司徒遣使隨州從事鄭望生收靈運；使，疏吏翻。望生蓋爲江州從事。靈運執望生，興兵逃逸，作詩曰：韓亡子房奮，秦帝魯連恥。靈運自以世爲晋臣，故賦是詩。子房事見七卷秦始皇二十九年；魯連事見《考異》。追討，擒之。廷尉奏靈運帥衆反叛，論正斬刑。上愛其才，欲免官而已。彭城王義康堅執謂不宜恕。乃降死一等，徙廣州。

《南齊書》卷二《高帝本紀》〔建元元年〕六月甲申，立皇太子賾。斷諸州郡禮慶。見刑入重者，降一等，並申前赦恩百日。

《南齊書》卷三《武帝本紀》〔永明二年〕八月丙午，車駕幸舊宫小會，設金石樂，在位者賦詩。詔申京師獄及三署見徒，量所降宥。

《南齊書》卷三《武帝本紀》〔永明三年正月〕辛卯，車駕祠南郊，大赦。都邑三百里内罪應入重者，降一等，餘依赦制。劾繫之身，降遣有差。

《南齊書》卷三《武帝本紀》〔永明五年〕夏四月庚午，車駕殷祠太廟。詔繫囚見徒四歲刑以下，悉原遣，五年減爲三歲，京邑罪身應入重，降一等。

《南齊書》卷六《明帝本紀》〔建武〕二年春正月辛未，詔京師繫因殊死，可降爲五歲刑，三署見徒五歲以下，悉原散。王公以下，各舉所知。隨王公卿士，內外羣僚，各舉朕違，肆心極諫。

《魏書》卷四三《太武帝紀》太延元年春正月壬午，降死刑已下各一等。

《魏書》卷八《宣武帝紀》〔延昌二年〕秋八月辛卯，詔曰：頃水旱互侵，頻年饑儉，百姓窘弊，多陷罪辜，煩刑之愧，朕用懼矣。其殺人、掠賣人、群强盜首，及雖非首而殺傷財主，曾經再犯公斷道路劫奪行人者，依法行決；自餘恕死。徒流以下各准減降。

（清）沈家本《歷代刑法考・赦八・赦例二》《北周・武帝紀》：保定元年，詔所在見囚：殊死以下，一歲刑以上，各降本罪一等；百鞭以下，悉原免之。

按：一歲刑以上降，〔百〕鞭以下免，此專免最輕之罪也。後來宋世但釋杖以下者，正同此例。

《隋書》卷二五《刑法志》〔開皇十三年〕改徒及流並爲配防。

《新唐書》卷七八《高祖本紀》〔武德年間〕帝厚以利啖党項，使爲鄉導，其酋拓拔赤辭詣靖自言：隋擊吐谷渾，我資其軍，而隋無信，反見仇剽。今將軍若無它，我願資糧，將復如隋乎？諸將與歃血遣之。道彦至闊水，見無備，因掠其牛羊，諸羌怨，即引兵障野狐峽，道彦不得進，爲赤辭所乘，軍大敗，死者數萬，退保松州。詔減死，謫戍邊。

（宋）宋敏求《唐大詔令集》卷六八《典禮・南郊・貞觀十七年南郊德音》朕嗣宗祧，夙夜寅畏，憂勤在於政道，撫育遍於含生，十七載於茲矣。上玄儲祉，貞石表瑞，朕式修禋燎，躬謝蒼昊，逮於儲兩，亦申虔奉。朔風既切，飛雪載零，及登泰壇，六合開朗。神祇介福，豈獨在予，和樂之慶，宜備率土。可賜三日酺。自漢魏已來，或賜牛酒，牛之爲用，耕稼所資，多有宰殺，深乖惻隱。其男子年七十以上，量給酒米麵。梁州管內大辟罪以下見禁囚，皇太子慮過，諸州並遣使人分往，唯十惡不在慮限，餘皆量情降宥焉。

（宋）宋敏求《唐大詔令集》卷七三《典禮・明堂・親祀明堂赦》朕聞惟天爲大，所以上序三宗；惟帝爲尊，於是宏開七廟。故知肇興衢室，爰申宗祀之規；乃建明堂，式廣嚴禋之禮。莫不八窗四闥，分景氣於炎涼；複廟重簷，定尊卑於昭穆。實爲國之洪訓，乃經邦之茂典。我國家聖祖神宗，重光累業，道軼羲農之上，功侔造化之初，冠今昔而居尊，掩寰區而作大。朕承天撫運，纘聖開元，披鳳曆而乘時，握龍圖而建極。春秋變易，每增霜露之心；日月推移，倍切蒸嘗之思。然而城臨丹鳳，清廟久安，水控玄龜，神基未立。金輿往幸，空展望於遥祠；玉輦來廵，實幸親於碣石。三川帝里，八水皇州，豈都邑之相誇，乃都畿而有謝。所以交風奥壤，還開候曆之庭；揆日名區，更置馴龍之室。巍巍紫座，無虧薦鮪之途；奕奕丹宮，遂得獻羔之所。加以總章霧闢，重屋煙披，懸曉日於梅梁，掛晴虹於柱棟。是以用斯圭璧，奠彼牲牢，鳴孤竹之簫管，奏空桑之琴瑟。爰於附享之日，乃至禋宗之晨，景色殊長，煙雲冠古。或凱風南至，扇喜氣而分輝；或驟雨東來，引祥雲而合嚮。固可以作樂崇德，殷薦上帝，而碧海遥澄，覽三邊之霧卷；丹霄上廓，看九野之塵清。祖宗之靈既昭然，宇宙之神心可見。虔奉既展，盛禮斯弘，宜覃作解之恩，以廣奉先之德。但赦者小利而大害，始泰而終否，著小人之幸，非君子之幸。今歲以來，頻敷渥命，徒長僥倖，逾犯憲章，非所以弘獎風猷，發揮名教。深慮無知者，因兹獲罪，有識者，緣此知幾。退思管仲之編，緬想吴漢之説，恐負丕構，慨然長想。昔孔明相蜀，王猛佐秦，咸以數赦爲言，俱稱肆眚非便。朕惟新闡政，方事澄源，期望古而裁規，且修今而布澤。伏以禮申崇祔，情展泰禋，式流曠蕩之恩，兼明懲勸之道。可大赦洛州境內，天下諸州見禁囚徒應致死者，特宜免死，配流者入徒，餘並原宥。在京文武三品以上，賜爵一級；四品以上，各加一階。內外文武九品以上，賜勳一轉。皇親、嗣王，仍特許佩金魚袋。內外職事官三品以上及四品清官，並中書門下五品官，父已亡者，並量加追贈。【略】自弘道以前，繼任三年已上，及秦府、晉府僚佐，四品以上，並食實封功臣，雖經罪責，不致破家，子孫無任京官者，特宜優與一官。英府、周府舊僚，五品以上官子孫，亦宜准此。天下百姓爲父後者，各賜古爵一級，大酺三日。神龍元年九月。

《新唐書》卷二〇二《文藝傳・李邕》〔陳州刺史李〕邕素輕張説，與相惡，會仇人告邕贓貸枉法，下獄當死。許昌男孔璋上書天子曰：明主舉能而捨過，取才而棄行，烈士抗節，勇者不避死，故晉用林父不以過，漢任陳平不以行，禽息隕身不祈生，北郭碎首不受死。向若林父誅陳平死，百里不用，晏嬰見逐，是晉無赤狄之土，漢無天子之尊，秦不彊，齊不霸矣。伏見陳州刺史邕，剛毅忠烈，難不苟免。往者折二張之角，挫韋氏之鋒，雖身受謫屈，而姦謀沮解，即邕有功於國，且邕所能者，拯孤恤窮，救乏賙惠，家無私聚。今聞坐贓下吏，死在旦夕。臣聞生無益於國，書不若殺身以明賢。臣願以六尺之軀膏鈇鉞，以代邕死。臣與邕生平不款曲，臣知有邕，邕不知有臣，臣不逮邕明矣。夫知賢而舉，仁也；任人之患，義也。獲二善以死，臣又何求？伏惟陛下寬邕之死，使率德改行。興林父、曲逆之功，臣得瞑目；附禽息、北郭之迹，大願畢矣。若以陽和方始，重行大戮，則臣請伏劍，不敢煩有司。皇天后土，實聞臣言。昔吳、楚反，漢得劇孟則不憂天，以一賢而敵七國之衆，伏惟敷含垢之道，棄瑕之義，遠思劇孟，近取於邕。況告成岱宗，天地更新，赦而復論，人誰無罪，惟明主圖之。臣聞士為知己者死，臣不為死者所知，而甘之死者，非特惜邕賢，亦以成陛下矜能之慈。疏奏，邕得減死。

（宋）王欽若等《册府元龜》卷八五《帝王部·赦宥》〔開元〕三年正月丁酉，册郢王嗣謙爲皇太子，因下詔降見禁囚徒死罪者免死，徒流已下罪悉原宥之。二月辛酉，制曰：青春式序，陽和布氣，萬物熙熙，莫不遂其性而嘉其生也。申念愚人干我王度，日陷坑穽，寘之網羅。朕代天理物，爲人父母，眷言囚繫，良增隱惻，豈憲章之尚密，將教道之不明歟。順時行令，抑惟常典，兩京及天下見禁囚，除犯惡逆造僞以外，決一百配流嶺南磧石諸州。其餘一切放免。五月丁未，命宰臣親行京城諸獄省察囚徒，下詔曰：惟刑恤哉，古之道也。朕撫臨四海，茂育兆人，思致淳風，登之壽域，期畫冠而不犯，故開羅而在宥。念兹下愚自抵常法，時屬盛夏，天其養生，在物最靈，惟人爲貴。朕處臺榭，猶有欝蒸之毒，彼居囹圄，能無憯怛之憂。故令宰臣備加案察，省覽所奏，用憫于懷。爰矜可恕之罪，必務惟輕之義，將布寬惠。俾從原減，應合書罪者，宜遞降一等論。十月癸亥，詔巡游所過之縣，見禁囚，徒以下，減放免流以上罪，具犯狀奏聽進止。戊辰，大理具囚名奏，帝覽之。以所犯重者降一等，輕者並釋放。下詔曰：朕祗膺鴻圖，嗣守丕業，何曾不馭朽增惕，納隍在慮，六合之內，每勤祗綏，五刑之屬，尤用欽慎。然簡書多窒惕之訟，圜扉有幽滯之人，淹恤逾時，覊緤相，對頗異哀矜之義，實慙恢疏之網。雖刑政之典，彼則自貽，而在予之責，終以多愧。其大理禁囚前令詳覆者，宜按所犯，輕者並放，重降一等，仍依令式處分。

（宋）宋敏求《唐大詔令集》卷八三《政事·恩宥·宥京城罪人敕》

五刑之用，以禁姦慝；三宥之設，以矜愚耄。朕永康四海，憂在兆人，俾臻大化，爰措庶獄。而愚妄之甿，抵犯或聞，向隅可哀，當寧興軫。今天地既肅，戒嚴在命，時分具令，罪則無留。念憫幽犴，思布生德，宜崇減死之恩，式明宥過之典。其京城內犯罪等人，昨令按覆，其中造僞頭首及謀殺人斷死者，杖一百配嶺南惡處。雜斷罪死者，決一頓免死，配流遠處；雜犯流移者，各減一年。杖罪以下並免。開元八年九月。

（宋）宋敏求《唐大詔令集》卷七九《典禮·巡幸·將離東都減降囚徒敕》　獻歲肇春，陽和感氣，且是發生之日，寔惟布德之辰。朕將幸秦京，言離洛邑，既省方以觀俗，思弘恩以濟人。載念狴牢，又惻襟抱，宜敷大典之恩，用敦祝泣之意。其都城內見禁囚徒，除身犯十惡及僞造頭首，餘雜犯死流等罪，各減一等，徒以下並放。河南府遭水百姓，前令量事振濟，如聞未能存活。春作方興，恐乏糧用，宜令王怡檢問不支濟者，更量賑給，務使安存。開元十一年正月。

（宋）宋敏求《唐大詔令集》卷七九《典禮·巡幸·北巡狩制》　朕爰自京洛，有事省方，乘兹發生之和，因務豫動之慶。將欲恤鰥、獨，問耆老，陳詩展禮，陟幽黜明，使滯伏必申，微物咸遂。其行幸所至處，宜令刺史、縣令，存問百年老病、鰥、寡、惸、獨及行人家。如有單貧不濟，不能存活者，量加賑給。其侍老，仍各賜物三段。見禁囚徒，除十惡及身犯反逆，并僞造頭首以外，自餘雜犯流死等罪，各減一等，徒以下並放免。百姓有賢良，官人有清白，並令中書門下採訪名聞。其貪濁之吏，委御史覺察彈奏。開元十一年正月

（宋）宋敏求《唐大詔令集》卷八三《政事·恩宥·孟夏疏決天下囚徒敕》　法以閑邪，刑以助化，因時而制，蓋非獲已。朕自臨御天下，憂勞庶務，以至誠感物，道冀有孚，以至理致和，仁或由己。豈欲以刑制政，期於以化清刑。故不用殊絶之法，每施寬大之令。而遷善者衆，犯法者寡，斷獄十數，聞諸有司。然猶一夫不獲，在予多愧。寰宇殷廣，京都

浩攘，繫於徽纆，或未聽理，逮捕斯擾，糧饋爲勞，生業或虧，何以卒歲！言念於此，深用憫然。況今長嬴在辰，耘耨斯切。順時立政，在乎恤人，思宏在寬之典，庶無留獄之弊。其天下囚徒，即令疏決。其妖訛盜賊、造僞頭首，即深蠹時政，須量加懲罰。刑名至死者，各決重杖一百，長流嶺南。自餘枝黨，被其詿誤，矜其至愚，量事責罰，使示懲創。流以下罪，並節級處分。令中書門下就大理及府州縣詳理。開元十九年四月二十日。

（宋）宋敏求《唐大詔令集》卷八三《政事・恩宥・以春令減降天下囚徒敕》 行慶施惠，所以奉天；緩刑恤獄，所以愛人。今陽和布序，草樹自榮，而或入於罪隸，嬰於春藁，同被亭育之恩，未暢生成之施。言念於此，深用憫然，思宏時令，以哀庶獄，天下囚徒，罪至死者，特寬宥配隸嶺南遠惡處。其犯十惡及僞造頭首，量決一百，長流遠惡處。流罪，罰鎮三年。其徒以下罪，並宜釋放。其有官吏犯贓，推問未了者，仍准取實狀定名訖，然後准降處分。計贓一匹，及與百姓灼然有仇者，並不須令却上，都委中書門下疏理，京城委留守，天下諸州委長官，並當日處分。其保停務之類，並宜准此。開元二十年二月。

（唐）張九齡《曲江集》卷七《勑制・勑皇太子納妃》 敕：禮有謹於初，義亦重其本。凡是姻媾，且猶正於人倫；況在元良，更將承於宗祀。皇太子鴻，儲副是屬，仁孝自然，爰從吉辰，式備嘉禮；上事下繼，君子重之，言告言歸，朕豈無慰。非獨在予之慶，宜申與衆之澤。應天下囚徒，死罪特宜免死，配流嶺南遠處，流罪降至徒；徒以下罪並宜釋放。其造僞頭首、勾合知情、受僞人等罪，雖徒、流，仍便隸爲百姓，至彼勿許東西。諸道征行人家及鰥寡惸獨，委州縣長官檢校，矜放差科，使安其業；中間有不支濟者，量事賑給，仍量助其營種。長安、萬年兩縣百姓，及今月當上行騎、衛士、雜匠、掌閑、幕士、駕士、工人、樂人、供膳、主膳、官馬、主食人，並免其家今年地稅。三衛細引、飛騎、監門長上及禮生有職掌者，各減一年勞。京文武官九品已上見在外官，因公使，及當上；在京新除五品已上外官未辭並致仕官朝朔望者，各賜勳一轉。東宮官九品已上諸司緣禮會祗供官等，更加勳一轉。五禮使、兵部尚書、兼中書令蕭嵩，特封徐國公。禮會使、黃門侍郎、同中書門下平章事韓休，特與三品。妃禮會使、少府監馮紹正，賜紫金魚袋。諸副使及判官更加勳一轉。禮官儐者、夾侍官，及孔目官使典主旌節等，選日優與處分。仗內馬家內侍省給使教坊音聲人，緣太子禮會祗供者，各賜勳一轉。皇太子舅尚輦奉御趙迴進，特與三品，仍改三品官。前右武衛騎曹趙迴進，特與五品，仍改與五品官。皇太子侍讀、侍書等，各加一階。其太子諭德潘肅，特與五品。太子妃兄通事舍人薛願，特與五品，仍改與五品官。兄吏部常選薛某，特與五品，仍與六品官。今日應預會官等，各節級賜物，即宜頒取。宴會者，所以宣其情；頒錫者，所以將其意。公卿百辟，庶知朕心。

（清）沈家本《歷代刑法考・赦八・赦例二》 〔唐玄宗開元〕二十四年四月，敕天下見禁囚犯十惡死罪及造僞頭首、劫殺人，先決六十，長流嶺南遠惡處。自外死罪，先決一頓，並流嶺南。流罪情狀重者決六十，輕者決一頓，決訖並放。徒已下並放。

按：流罪決杖即放，又一例。

（宋）宋敏求《唐大詔令集》卷七三《典禮・東郊・親祀東郊德音》 皇王之化，載籍所陳，將奉天而育物，必順時而行教。雖禮文則著，而親祠蓋闕。朕自膺寶曆，且逾二紀，承宗社之蕃祉，因公卿之叶心，萬物阜成，庶務簡易，思以黎獻，臻夫仁壽。是用敦本復古，將必稽於月令；謀始作則，先有事於春郊。宜因展禮之辰，式布維新之澤。其天下見禁囚，應犯死罪者，特宜免死，配流嶺南；以下罪並放免。朕每念黎甿，弊於征戍，親戚多別離之怨，關山有往復之勤，何嘗不惻隱於懷，㾍寐增歎。所以別遣召募，以實邊軍，錫其厚賞，使令長往。今諸軍所召，人數尚足，在於中夏，自能罷兵。既亡金革之事，足保農桑之業。自今以後，諸軍兵健，並宜停遣。其現鎮兵，並一切放還。京圻之內，雜役殷繁，言念劬勞，豈忘優恤！頃者櫟陽等縣，地多鹹鹵，人力不及，便至荒廢。近者開決，皆生稻苗，亦既成功，豈專其利。京兆府界內，應新備田，並宜散給貧丁及逃還百姓，以爲永業。《書》不云乎：不作無益害有益。《語》不云乎：奢則不遜儉則固。緬惟前古，常切在心，將斫雕以爲樸，期上行而下從。自今以後，王公並不得以珍物進獻。所司應緣宮室修造，務從節儉，但蔽風雨，勿尚華飾。至如金玉器物，諸色雕鏤，朕緣蕃客所要，將充宴賞。今流俗之間，遞相倣效，既捐財於無窮，仍作巧以相矜，敗俗傷農，莫斯爲甚，並一切禁斷，以絶浮華。古者鄉有序，黨有塾，將以弘長儒教，誘進學徒，化人成俗，率由於是。斯道久廢，朕用憫焉。宜令天下州縣，每一鄉之内，皆别各置各學，仍擇師資，令其教授。其諸州鄉貢進士，每年引見訖，並令就國子監謁先師，所司設食，學官等爲之開講，質問疑義。且公侯之胤，皆稟義方，學禮聞詩，不應失墜，容其徼幸，是長慢游。如聞近來弘文館學士，緣是貴胄子孫，多有不專經業，便與及第，深謂不然。自今以後，宜一依式令考試。朕之爵位，惟待賢能。雖選士命官，則有常條；而安卑遁跡，尚慮遺才。其内外八品以上官，及草澤官有學業精博、蔚爲儒首、文詞雅麗、通於政術、爲衆所推者，各委本州本司長官，精加搜擇，具以聞奏。發生之月，實在於行仁；利物之心，莫先於作善。先斷捕獵，令式有文，所由州縣，宜嚴加禁止。其每年千秋節日，仍不得輒有屠宰。道釋二門，皆爲聖教，義歸弘濟，理在尊崇，其天下觀寺，有絶無女道士、僧尼者，宜量觀寺大小，度六七人，間擇灼然有經業戒行、爲鄉閭所推，仍先取年高者。凡百卿士，朕之同德，宜勉修所職，以合時令。禮有施惠，義兼行賞，實爲其時，固不可缺。亞獻忠王璵，宜賜物一千疋；終獻潁王璬，賜物五百疋；邠王守禮、寧王憲，各五百疋；慶王琮以下，及長公主、郡縣主、二王後、京文武官，賜帛各有差。天下諸州侍老，宜令所由長官量賜酒肉，務在優養。今朝廷無事，天下太和，美景良辰，百官等任追勝爲樂。宜即布告中外，咸使聞知。開元二十六年正月。

（宋）宋敏求《唐大詔令集》卷四《帝王・改元・改天寶三年為載制》

履端正名，義取垂範；體元設教，在乎變通。雖俗革從宜，罔不稽古。朕纘復興運，恭守睿圖，常恐至化猶微，淳風尚薄，未臻華胥之俗，以登可封之人。故未明求衣，日昃忘食，勵精爲理，思致雍和。歷觀載籍，詳求前制，而唐虞焕乎可述，是用欽若舊典，以叶維新，可改天寶三年爲三載。今春事將興，陽和布澤，發號施令之日，革故履新之時，宜弘在宥之恩，以助生成之化。其天下見禁囚徒，應雜犯死罪者，宜各降一等，自餘一切放免。其十惡，及造僞妖妄頭首，官吏犯贓并姦盗等，害政既深，情難容恕，不在免限。凡諸郡縣，仍令太守縣令勸課農桑。其先處分，太守縣令在任，有增減户口成分者，所由司量爲殿最。自今已後，太守縣令兼能勾當租庸，每載加數分成者，特賜以中上考。如三載之内皆有成分，所司録奏超資與處分，其丁户仍須按實，不得取虚掛之名，使親鄰代納，受其姦弊。凡在黎獻，實資存恤，一失生業，則流庸不歸。每軫於懷，深可憐憫。諸色當番人應送資課者，宜當郡縣具申尚書省勾覆。如身至上處，勿更抑令納資，致使往來辛苦。從閏二月至六月已來，其當上人中有單貧老弱者，委郡縣長官與所由計會便放。營農諸軍征鎮及防人，有尫羸疾病者，委節度揀擇放歸。中外庶寮，勉修其職，各副朕意，宣布遐邇，咸使聞知。正月一日。

（清）沈家本《歷代刑法考・赦八・赦例二》〔唐德宗〕興元元年正月，詔諸軍諸道應赴奉天并進收京城將士，身有過犯，遞減罪三等，子孫有犯，減罪二等。

按：此赦款之特例。

（宋）宋敏求《唐大詔令集》卷七〇《典禮・南郊・貞元六年南郊赦》

《禮》稱日至而郊，《詩》美豐年之報，然則迎日之始，時莫大焉，順成之應，慶莫重焉。朕承天眷懷，俾作神主，朝夕祗礪，日月永思，惟人安化洽是勤，惟歲稔時和是冀。上靈降鑒，豐祉聿臻，展禮郊丘，申大報之義；祗禋宗廟，極追孝之誠。四海具瞻，百神咸秩，古者凡有大澤，必與天下樂之，慶賜遂行，無思不備。内外文武及仕官諸將士等，三品以上賜爵一級，四品以下加一階。宰相及東都留守、六軍統軍、諸道節度使、神策威遠金吾六軍都團練、防禦觀察使、京兆河南尹、正員尚書、御史臺長官、太常卿，各與一子官；大禮行事官，各加一階；立仗將士及守營者，共賜十八萬端疋。故尚父子儀，與一子五品正員官；如已五品以上，量與改轉。贈太尉秀實，與一子官；張巡、許遠、南霽雲、顔杲卿、顔真卿，各與一子正員官。天下見禁囚徒，罪至流死者，各遞減等；徒罪以下，一切放免。左降官經三考，流人配隸效力之類，經三周年者，並與量移；近州縣官吏，專殺立威，杖或逾制，自今以後，有責情決罰致死者，宜令本道觀察使具事由聞奏，並申報刑部、御史臺。吐蕃比虧信約，自絶通和，邊鎮之間，事資備禦；因其犯境，累獻俘囚，既切懷土之心，復加幽縶之苦；永言覆育，何間華戎，應所獲吐蕃生口見在者，一切放歸本國，仍並差人送至界首，量事資遣，使得自全。應諸道自艱難以來，戰陣喪歿，及荒凶死亡骸骨暴露者，長史各令收瘗奠酹。守宰之任，弊在數更，自今刺史縣令，以四考爲限。嗚呼！朕獲主珪璧，十有二年於兹，天明地察，罔敢不祗，一日萬思，罔敢不慎！遷己之過，庶無吝心，致人之安，實有明志。夫祀之馨香在德，天之視聽在人，惟命不常，聖有謨訓。慶感既集於兹日，儆勵方戒於將來，冀勉增修，聿懷多福，凡百有位，所宜同之。

（宋）宋敏求《唐大詔令集》卷二九《皇太子·册太子赦·貞元二十一年册皇太子赦》 門下：惟先哲王，光有天下，必正邦本，以立人極，必建儲貳，以承宗祧，所以啓迪大猷，安固鴻業，斯前代之令典也。皇太子純，繼體秉哲，恭敬温文，德協元良，禮當上嗣。朕奉丕訓，憲章成式，永惟社稷之重，載考《春秋》之義，授之匕鬯，以奉粢盛，爰以令辰，俾膺茂典。今册禮云畢，慶感交懷，思與萬方，同其惠澤。可大赦天下。自貞元二十一年二月二十四日以後，至四月九日昧爽以前，天下應犯死罪，特降從流；流已下遞減一等。文武常參官，并州縣府官，子爲父後者，賜勳兩轉。古之所以教太子，必茂選師傅以翼輔之，俾法於訓辭而行其典禮，左右前後，罔非正人，是以教諭而成德也。給事中陸質、中書舍人崔樞，積學懿文，守經據古，夙夜講習，庶叶於中。可充皇太子侍讀。天下孝子順孫，先旌表門閭者，委所管州縣各加存恤；五嶽四瀆，名山大川，委所在長吏，量加祭祀。

《舊唐書》卷一四《順宗本紀》 〔貞元二十一年八月〕辛丑，誥：有天下，傳歸於子，前王之制也。欽若大典，斯爲至公，式揚耿光，用體文德。朕獲奉宗廟，臨御萬方，降疾不瘳，庶政多闕。乃命元子，代予守邦，爰以令辰，光膺册禮。宜以今月九日册皇帝於宣政殿。國有大命，恩俾惟新，宜因紀元之慶，用覃在宥之澤。宜改貞元二十一年爲永貞元年。自貞元二十一年八月五日以前，天下死罪降從流，流以下遞減一等。

（宋）宋敏求《唐大詔令集》卷二九《皇太子·册太子赦·元和四年册皇太子赦》 朕丕承寶圖，撫有方夏，夙夜寅畏，不敢荒寧。永惟祖宗之鴻業，歷考前王之令典，思所以垂統立極，事神保人，推明至公，安固大本；尊廟祧而主匕鬯，嚴社稷而奉粢盛，俾開春闈，乃命元子，斯古今之通誼也。皇太子寧，清明體仁，莊敬好禮，服典謨之誼，一君親之誠，允諧詢謀，用建儲貳，爰以吉日，册於明庭。鼓鐘載和，文物大備，盛禮云畢，慶感良深；是宜布澤申恩，自中達外，厥有前躅，舉而行之。自元和四年十月十八日昧爽以前，天下應犯死罪，非殺人者，降從流；流罪已下，遞減一等。左降官未經量移者，與量移。文武常參，及諸州府長官，子爲父後者，賜勳兩轉；應緣册禮行事官，賜階及勳爵有差；鄧王府官，量與進改。夫輔翼元良，教諭成德，使目睹正事，耳聞正言，形於施爲，漸於心術，非齋莊忠愨之士，不在兹選。工部侍郎歸登、給事中吕元膺，並踐履端正，行義修潔，通於經訓而得其要，達於教化而蹈其中；侍講承華，師範磐石，訪乃公議，副予精求，並可充皇太子諸王侍讀。登宜加一階，元膺宜賜紫金魚袋。天下孝子順孫，先旌表門閭者，委所管州縣各加存恤；五嶽四瀆，名山大川，委所在長吏，量加祭祀。

（清）沈家本《歷代刑法考·赦八·赦例二》 〔唐德宗〕貞元六年十二月，詔見禁囚徒罪至流死者，各遞減一等，徒罪已下，一切放免，左降官經三考，流人配隸效力之類經三周年者，普與量移。

按：此流人三年量移之例。

（宋）宋敏求《唐大詔令集》卷二九《皇太子·册皇太子赦·元和七年册皇太子赦》 王者司牧黎元，紹膺統緒，必建儲貳，以貞家邦，故《春秋》垂冢祀之文，《易·象》著震方之位。朕屬承景運，嗣守丕圖，稽前王之令模，奉列聖之懿訓，上以嚴宗祧之顧，下以繫億兆之心，無疆之休，用崇主鬯，祇荷成憲，敢怠於懷。皇太子恒，忠孝温文，率義由禮，寬粹莊重，自誠而明；慶靈所積，姿器夙茂，能辨南陽之牘，允符東海之貴。承華載啓，命以居之，選吉展儀，神人允洽；舉是典册，授之軒墀，百辟在庭，四方來賀；以言承序，所感則深，永惟固本，爲慶滋大。宜弘欽恤之令，以覃命賜之恩，與衆共之，無思不被。自元和七年七月十七日昧爽以前，天下應犯死罪，非殺人者，遞減一等。左降官、流人，並與量移；如因流貶所亡没，及得罪之人，並任歸葬。文武常參官及諸州府長官，子爲父後者，賜勳兩轉；應緣册皇太子行事官，加階賜勳爵有差；文武常參官及陪位官，並宗主諸親，賜勳一轉。遂王府，量與進官。春闈毓德，肇錫嘉名，磐石聯華，義深敦序。澧王寬宜改名惲、深王察宜改名悰、洋王寰宜改名忻、絳王寮改名悟、建王密改名恪。夫習近遷性，聖賢所慎，詳觀古昔，輔正元良；必惟其人，朝夕講訓，然後明君臣父子之道，通禮樂教化之情；自非學究宗源，行可師範，則無以膺茲茂選，式是儀刑。其皇太子及諸王侍讀，宜委中書門下精擇，以二人具名奏聞。天下孝子順孫，先旌表門閭。及高年廢疾者，委所在州縣各加存恤；五岳四瀆，名山大川，委所在長吏量加祭祀。布告遐邇，咸使聞知。

（宋）宋敏求《唐大詔令集》卷二九《皇太子・册太子赦・長慶二年册皇太子德音》　朕上奉廟祧，下寧邦國，承列祖垂鴻之慶，當累聖奕葉之尊；祇膺寶圖，敬守丕業，體明離立象之重，表青宮建嗣之崇。元良以貞，國本斯固。皇太子諱，恭孝温文，生知夙稟。日者春闈尚曠，東序未興，朕常訓以義方，舉明嚴敬，匪資調護，已達《詩》《書》。克保承休，爰當主鬯，膺茲異禮，慶感良深。夫踐位少陽，允孚明命，用弘惠澤，庶洽兆人。自長慶二年十二月二十日昧爽以前，天下應罪合死，犯除贓，降從流；流罪以下，遞減一等；左降官及流人並與量移，亡歿者任歸葬。文武常參官及諸州府長官，子爲父後者，賜勳兩轉；緣册太子攝大尉稱賀、侍中承旨宣制，進中嚴外辨，攝中書令讀册、授册，各賜爵一級；其行事職掌官及書寶、舁舉册寶禮儀使、禮官等，三品已上，賜爵一級；四品以下，加一階。撰册文官，特加一階，仍並賜物有差。導引官各加一階；鐫造册寶及禮生等，賜勳有差，文武常參官及陪位並宗子諸親，賜勳一轉。景王府官，量與進改。夫師嚴友善，庶發清明，習近性遷，必資弘道，所以慎簡師傅，用保元良。其太子侍讀，宜委中書門下，精擇二人，具名聞奏。

（宋）宋敏求《唐大詔令集》卷八五《政事・恩宥・長慶四年正月一日德音》　朕以寡昧，獲守重器，兢厲畏惕，於茲五年。皇天之事，罔不修備，而大典有闕，舉而行之。粤以元正，御示正殿，百辟咸序，萬方來庭。思欲推至仁以布和，奉天時而施令，况上玄貽慶，列聖垂休，默輔予躬，以至寧復。爰思士庶，同被慶靈，並茲囚隸，亦合流澤。自今年正月一日以前，犯死罪者，並降從流；流罪以下，遞減一等。其故殺、官典犯贓、十惡者，並不在降赦之例。降官未經量移者，與量移近處。流人各據本年限，與減一年，如本限止一年，放還。朝賀之禮，國之盛事，肅恭班位，敷讚威儀，俾升慶賀，以示宏普。其應元日緣朝賀行事官，三品以上賜爵一級，四品以下加一階。文武常參官，六品以下，及宗子應加陪位者，並諸賀正使，各賜勳一轉，諸番陪位，各賜有差。今兵革甫寧，典常粗舉，雖匪至理，可謂小康。唯水旱猶虞，蒸黎重困，公私蓄積，頗有未豐。宜令諸道觀察使、刺史，各具當處利害。其有弊事可革，有益於人者，何術可以漸致富庶，附驛以聞；亦不用專使詣闕，以省煩費。其封畿之内百姓利病，以委京兆河南尹，具以條奏。束帶立朝，必資忠讜；濟時利物，式佇讜猷。其文武百寮所上封事，極言得失，無有所隱，事可施行者，便委中書門下量加獎用。朕以執契馭時，賢在典化，教明至道，期致太和。凡在臣寮，宜知此意。

（宋）王溥《唐會要》卷四〇《君上慎恤》　〔太和〕三年三月，勅京畿之内，萬類聚居，觸刑章者多於天下，加以百役牽應，由斯致咎若一一不恕，則殺戮滋多。應京畿内見禁囚犯，死者降一等，從流當徙者，以遠近節級遞減一等處分。

（宋）宋敏求《唐大詔令集》卷二九《皇太子・册皇太子赦・太和七年册皇太子德音》　門下：帝者承天地貞邦國，法明離之象，固鴻業之本，必命元子，以備儲闈，斯皇王之令謨，古今之丕典。朕祇受眷祐，虔恭寶圖，欽若彝章，光修聖緒。皇太子永，幼稟仁智，生知孝愛，體温文以立德，資敏哲以保躬，寬裕有常，貞慎無怠。爰膺盛禮，俾奉青宮，嚴宗廟主鬯之儀，遵朝夕視膳之節。册命云畢，感悦良深，問安既慶於寢門，布澤宜覃於天下。自太和七年八月七日昧爽以前，天下應犯死罪，從流；流以下罪，遞減一等。惟官典犯贓及故殺人、劫獄奪囚、持杖强盗者，不在此限。左降官、流人，並與量移；如因流貶及諸色得罪人，所在亡歿，並任歸葬。宗周之盛，實在於維城；二漢之隆，亦由於磐石。自開元以後，累聖子孫，皆長於深宫，罔知稼穡，曾不得習《詩》《書》以修禮樂，交氣類以叙人倫，雖有間平之才，莫施魯衛之政，永言淪廢，深疚朕懷。諸王等宜以今年已後，相次出閤，具授緊望已上州刺史上佐，觀其才能，續有序用。人倫所先，婚禮爲重，笄年許嫁，別有明文；其十六宅諸縣主，亦宜選擇良偶，以時出適，仍委吏部於諸色選人中取情願者，揀擇具名聞奏，亦當別加優獎，令其就禮。漢代用人皆由儒術，故能風俗深厚，教化興行。近日苟尚浮華，莫修經藝，先聖之道堙鬱不傳；

況進士之科，尤要釐革，雖鄉舉里選，不可復行。然務實抑華，必有良術，既當甚弊，思有改張。今寰宇乂寧，干戈已戢，皇太子方從師傅，授六經；二年之後，當令齒冑國庠，以興墜典。宜令國子監於諸道搜訪名儒，置五經博士各一人。其公卿士族子弟，明年以後，不先入國學習業，不在應明經進士之限。其進士舉宜先試帖經，並略問大義，取經義精通者，次試議論各一首，文理高者，便與及第；其所試詩賦並停。其試帖經官以國子監學官充，禮部不得更奏請。弘文、崇文兩館生，齋郎，並依令式試經畢，仍差都省郎中二人復試，須責保任，不得輒許替代，苟涉情故，必加罪責。卿大夫者，群下之所視，遠方之所效。若非恭儉克己，廉貞化人，而望其服從，固不可得。況朕不寶珠玉，不御纖華，逮於六宫，皆務儉薄，卿大夫得不叶朕此志，率先兆民？比年所頒制度，皆約國家令式，去其甚者，稍謂得中；而士大夫苟自便安身於習俗，因循未革，以至於今。百官士族，起今年十月、服冬裘已後，其衣服、輿馬，並宜准大和六年六月十七日敕處分。如故違制度，九品以上量加黜責；其布衣五年不得舉選。百姓軍人，各委州府長吏漸施教化，使自遵行；不要便爲禁制，令其驚擾。惠養疲民，本於廉吏，阜其生植，在絶貪求。其諸道方鎮刺史等有聚斂貨財，潛行饋遺者，委御史臺糾察以聞，仍委度支鹽鐵分巡院，同爲訪察，不得容蔽。親民之官，切在守長，久於其道，政乃有成。方鎮刺史，三考已下，不得輒議替换。如理有異等，委中書門下訪察，就加寵奬，如灼然可録者，別與甄昇；其或政理有乖，害及百姓者，即不在滿三考限。《易》譏豐屋，《傳》美卑宫，雕刻磨礱，先賢有戒。近者，官纔昇於郎署，位始至於郡符，莫不高其閈閎，廣以池榭，非唯僭侈逾制，實亦耗蠹傷財。其百官第宅已造成者，並許仍舊；今日已後，如更有創立新宅及屋宇高大者，並委御史臺彈糾，必嚴加黜責。御史臺所置六察，分糾百司，比來因循，糾繩舉職；起今已後，諸司如有身名僞濫，盗官錢及違法等事，他時發覺者，本察御史並當貶斥。考課之法，前王所重，蓋以綜覈吏理，勵精政途；名實苟違，將何勸激？宜准故事：署内外知考使，兼令中書舍人、給事中各一人監考。百姓困窮，弊由姦吏，政苟不擾，人皆自安。其司農寺供宫内及諸司厨冬藏菜，並委本寺自供；其菜價仍委京兆府納每年時價支付，更不得配京兆府和市；其諸陵守當夫，宜委京兆府以價直送陵司，令自顧召，並不得差配百姓。寒食杏仁雞子，月進土蘇白麥樹裁選場棘樨修橋梁木尅，便於本户税錢内尅折，不得更令和市。天下諸州縣應納義倉及諸色斛斗，除准式每斗二合耗外，切宜禁斷；仍委度支鹽鐵分巡院及出使郎官御史切加訪察。如聞今歲所在豐稔，其義倉斛斗，先有借用處，委户部勾當，並須及時填足。文武常參官及諸州府長官，子爲父後者，賜勳兩轉；緣冊太子攝太尉稱賀、攝侍中承旨宣制，進中嚴外辨；攝中書令讀冊、授冊，各賜爵一級；行事職掌官及書寶、舁舉冊寶禮儀使、禮官等三品以上，賜爵一級；四品以下，加一階；撰冊文官特加一階；仍並賜物有差。道引官各加一階；造冊寶、金字、裝寶人，賜勳兩轉；行事流外及禮生等，各賜勳一轉；文武常參官及陪位官並宗子諸親，各賜勳一轉；魯王府官未經進改者，量與進改。其皇太子侍讀，宜委中書門下精擇二人，具名聞奏。天下孝子順孫先旌表門閭者，及年高癈疾者，委所管州縣各加存恤；五岳四瀆，名山大川，委所在長吏量加祭祀。布告遐邇，咸使聞知。

（宋）宋敏求《唐大詔令集》卷一〇《帝王·痊復·太和八年疾愈德音》 朕祇若天命，纘承睿圖，正統紀以清庶方，序彝倫以貞百度。慄慄寅畏，於兹九年，雖儉己飭躬，推誠育物，懼有未至，不遑安寧。屬節氣交時，疾恙攖體。列聖垂祐，涉旬復初。既上慶於兩宫，宜覃恩於兆姓，庶與寰宇，同兹福祥。自大和八年二月九日昧爽已前，天下應犯死罪，降徒，流已下罪，遞減一等；唯官典犯贓，及諸色人所由破用官物，故殺人、十惡等罪，不在此限。左降官流人，宜准去年八月十日敕，即與處分。爲政之要，必在去煩；厚下之恩，莫先己責。應度支户部鹽鐵積欠錢物，或囚繫多年，資産已盡；或本身淪没，展轉攤徵；簿書之中，虚有名數；囹圄之下，常積滯冤。言念於兹，所當矜恤。其度支户部鹽鐵應有懸欠，委本司具可徵放數條流聞奏，不得容有姦濫。在京諸司使食利錢，已納利計數五倍已上者，本利並放。其有攤徵保人納利計兩倍已上者，其本利亦放免。京邑之内，本無榷酤。屬貞元用兵之後，費用稍廣，始定店户等第，令其納榷。況萬方所聚，私釀至多，禁令既不可施，榷利自無所入，徒立課額，殊非惠人。其長安萬年兩縣，見徵榷錢一萬五千一貫八百文。若先欠者，並宜放免。其榷酒錢，起今日亦宜停。比者滄寇干紀，稽誅數年，諸道興師，累獻戎捷。時方討叛，難議釋縲，免死戍邊，已有恩貸。今滄州一道，久被朝章，念其懷土之心，必有向隅之嘆，俾之遂性，用洽優恩。其諸道所送滄州將健配流及邊鎮營田役使者，並委本道據見在人放歸本管。如有已效軍職，及自有生業不願去者，亦任便住。董昌齡自邕州累平溪洞，兵威所向，首惡皆禽，言念蒼生，無非赤子，況在荒徼，尤當撫循。其溪洞如有未歸附者，向後非因侵擾，更不用進討，仍加存撫，各使懷安。所獲黃洞百姓，並分配側近州縣，令自營生，不得没爲奴婢，將賞充給。如元是奴婢者，即任充賞。南海蕃舶，本以慕化而來，固在接以恩仁，使其感悦。如聞比年長吏，多務徵求，嗟怨之聲，達於殊俗。況朕方寶勤儉，豈愛遐琛？慮遠人未安，率税猶重，思有矜恤，以示綏懷。其嶺南福建及揚州蕃客，宜委節度觀察使，除舶脚收市進奉外，任其來往，自爲交易，不得重加率税。天下諸州府，如有寃滯未申，委御史臺及出使郎官，察訪聞奏。朕百靈所祐，獲遂痊和，虔奉神休，敢忘昭報？其五嶽四瀆，天下名山大川，各委所在長吏致祭，仍加豐潔，以副精誠。朕以寡德，上承丕構，宗社流慶，玄穹叶靈，微恙愆和，旋就康復。渥澤恩及於人寰，敬戒先自於朕躬。俾我華夷，共歡富壽，中外臣庶，宜體餘懷。

（宋）宋敏求《唐大詔令集》卷一二五《政事・平亂・誅王涯鄭注後德音》 門下：朕以翼翼之心，孜孜求理，十年之内，庶政未寧。日夜焦勞，志存博採，聿親奇士，冀獲長才，取其節焉，不顧發迹。故李訓、鄭注，咸得進言，既望沃心，每許造膝。邪人姦色，順非而澤，信行聽言，深心厚力。包藏不軌，僞辨無疑，梟獍之心，禍亂忽作，意欲剪除中外，悉去大臣，志願非常，自謀安泰。賴上天垂祐，宗社降臨，同惡雖多，姦謀竟敗，忠臣輸力，保護朕躬，是日弭已嘗敷告。上聞閭里，未悉予心，猶有浮言，謬相誑惑。朕君臣之際，疑間不行，致此妖狂，慚非哲惠。前月二十一日，王涯、賈餗、舒元輿、李訓、鄭注、李孝本、韓約、羅立言、王播、郭行餘、魏逢等，親率金吾兵仗；又郭行餘、王播，領部下將健，持兵上殿，叶謀不軌，傾覆社稷，謀害中外。況此兇徒，悉已梟戮，絶其遺類，以謝庶人。卿士百辟，體予前志，宜即自安，無惑浮言，尚相恐怖。式布惟新之慶，宜申在宥之恩。京百司禁囚徒，流、死罪遞減一等。未結正者，推問畢日，准此處分。諸色所由長吏，陷於脅從，雖有名籍，涉於詿誤者，一切不用更問。仍付左右神營、兩金吾、京兆尹、御史臺，並准恩赦處分，休更追捕。其有潛藏迴避者，限日令出，各歸本司。罪人親族，已處置外，其餘周親已上，一切不問，所在更不用繫留聞報。其先有定名捕捉者，所在尋逐，獲日聞奏，不得漏網。昨者有擅入逆人之家，盜掠財物，擁無故之利，生怙亂之心，尚猶縱酒聚徒，妖言惑衆，志於掠盜，恐嚇居人，假託軍司，輒持兵器，及以前月二十一日事妄相告訴者，委御史臺、京兆府，嚴加伺察，擒捉奏聞，所在決殺，不在恩赦之限。於戲！齊、晋之難，桓文是興；注、訓之妖，朕志方定。讖邪正之路，辨消長之言，覩衆臣宣力於急難，見禁旅摧兇於頃刻。當時危之際，識臣節之勤，藏之於心腑，何日可忘！宣示中外，宜體朕言。太和九年十二月十六日。給事中臣承瑕等：臣聞干紀之臣，竊發之寇，三代已降，不能無之。陛下御謀神斷，電擊天誅，刑雖慎恤，人鮮幸生。躬夏禹泣辜之心，行成湯解網之惠，納隍軫慮，釋縛施仁，涣汗旁流，殊私遐布，旬月之間，再有恩蕩，有以見陛下愍物之心也。而又大啓刑書，赦除中外，不疵小過，恩擴大猷。雖法設狴牢，物無維縶，咸許自新，與之更始。好生之德，達於上玄；含垢之恩，洽於下土。用和在宥，乃聖人之心；去殺勝殘，屬賢者之事。歲聿云暮，節及春陽，順覆載發生之始，敷雷雨作解之時，則率土同心，孰不欣幸！臣等忝居近侍，獲覩德音，無任忭躍、慶悦之至！謹奉制書如右，請奉制付外施行。謹言。

（宋）宋敏求《唐大詔令集》卷八六《政事・恩宥・咸通八年五月德音》 朕聞唯天爲大，唯堯則之，施及文王，昭事上帝。朕遐思古訓，順考前聞，仰止於皇王之間，規範於堯文之際。始如徒涉，而望超溟渤；中若策蹇，而求躡雲霄。思逮於三，希之則至。由是力於恭己，鋭以濟人，九載於兹，一致不怠。然而德未甚腆，信未甚孚，雖懷汔可之詩，敢企康哉之咏！尚賴社稷降祉，祖宗垂休，兵革向寧，朝野斯乂。自頃誕施渥澤，冀獲霶流，猶慮莫及昭蘇，逾多困乏。今則夏田豐稔，倍於常時，不足之憂，暫免興慮。又以西成未保，蟲蝗是虞，永惟惠恤之宜，庶叶銷禳之要。苟能利於百姓，賴於四方，可使稼穡有年，邊疆無事，則唯恐不及，豈憚於必行！是用更理闕遺，載新提舉。一陽斯始，爰開蕩滌之恩；晏陰將成，式經矜蠲之令。副我誠切，在爾司存。應京畿天下見禁囚徒，暑毒之時，要令疏理。牢獄之内，慮有滯冤，宜令臺府及該軍司並所在州縣長吏，據見禁囚徒，德音到後七日内，親詳罪名，疏理訖聞奏，不得更延引時日。除非巨蠹，有礙去年赦條外，餘並節級遞減一等，從輕處分。左降官及諸色流人，雖累有赦令，皆已霑恩，欲其悔過自新，豈悋頻施沛澤。經去年赦條已得量移者，更與量移；合復資者，准前例處分。其去年十一月十日後至今年五月以前，續有左降官及流人，亦便與量移；如令放還者，所司速與處分。内人久在宫者，常膺使令，不唯勤勞可憫，固亦親愛是恩，宜令揀選五百人放出，各歸其家屬，俾無離怨，用叶推恩。見在宫人，尚令揀放，諸節進奉，宜有指揮。應諸親及公主等每年端午及延慶並妃嬪生日所進女口，自今以後，宜並停進。鷹鷂之設，本爲畋游，朕端居穆清，不好馳騁，所宜解放，以遂物情。左右神策軍各放二十聯，五坊放三十九聯，龍飛一十一聯。其左右神策軍每年進鷹鷂，於數内停減春秋二社兩進。九月十五日各停進鷹一聯，共停一十四聯。應租莊宅使司産業莊硙店鋪所欠租斛斗草及舍課地頭等錢，所由人户貧窮，無可徵納，年歲既遠，虚繫簿書，緣咸通七年赦條不該，今宜從大中三年以後至大中十三年以前，並宜放免。京兆府奏雲陽等一十二縣百姓，論去冬宿種麥苗下子之後，旋被蝗蟲食損，今年盡不滋生。雖京畿之間，去冬蠲放不少，但以疲人懇訴，須務哀矜，已令府司差官巡檢，如有損處，特與減放，今府司具合放數指實聞奏。戍役辛苦，道途綿歷，將還鄉土，在贍供須。安南、邕州已奏放回北軍，其於頓遞過本州縣界，須如法先自備辦攤排比，切不得臨時差配百姓及借索擾人，仍録前後德音赦條，於鄉村分明榜示，不得違越。仍委所在長吏，嚴立條制，專加覺察，枷禁所施，在防姦蠹。舉便欠負，未涉重條。如聞府縣禁人，或緣私債及錮身監禁，遂無計營生，須有條流，俾其存濟。自今日以前，應百姓舉欠人債，如無物産抵當，及身無職任請俸，所住州縣及諸軍司，須寬行期限，切不得禁錮校料，令其失業；不許利上生利，及回利作本，重重徵收，如有違越，勘實奏聞。去年德音赦令條流，事件極多，責其普及生靈，惠沾寰事，聞所在未盡施行，今重舉明，俾無留滯。宜令天下長吏，差清强判官，專切勾當，更分明檢校，一一據事施行訖奏聞，如更因循，必行朝典。所差判官，速具名銜分析聞奏。好生之德，宜及禽魚，卵育之時，須加條制。舊敕每年起三月一日至五月末，不許採捕飛禽、走獸。雖有敕禁，尚恐因循，宜令臺府及諸軍司，及時禁之月，更嚴提撕，勿使違犯。儉德之修，聖賢所重，近日俗多澆靡，時尚矜誇。朕慕素風，思遵儉制，去歲赦文之内，已曾明有指揮，所宜克副朕心，用革奢僭。東川每年進蜜浸荔枝，道路遥遠，勞費至多，自今以後，宜令停進。布告中外，稱朕意焉。

《舊唐書》卷一九上《懿宗本紀》 〔咸通十四年〕四月八日，佛骨至京，自開遠門達安福門，綵棚夾道，念佛之音震地。上登安福門迎禮之，迎入内道場三日，出於京城諸寺。士女雲合，威儀盛飾，古無其比。制曰：朕以寡德，纘承鴻業，十有四年。頃屬寇猖狂，王師未息。朕憂勤在位，愛育生靈，遂乃尊崇釋教，至重玄門，迎請真身，爲萬姓祈福。今觀覩之衆，隘塞路歧。載念狴牢，寢興在慮，嗟我黎人，陷於刑辟。況漸當暑毒，繫於縲紲，或積幽凝滯，有傷和氣，或關連追擾，有妨農務。京畿及天下州府見禁囚徒，除十惡忤逆、故意殺人、官典犯贓、合造毒藥、放火持仗、開發墳墓外，餘罪輕重節級遞減一等。其京城軍鎮，限兩日内疏理訖聞奏；天下州府，敕到三日内疏理聞奏。

（宋）宋敏求《唐大詔令集》卷一〇《帝王・冊尊號赦・乾符四年冊尊號德音》 天地運無私之道，以遂群生；帝王弘在宥之仁，是章含垢。得不廣沾沛澤，昭洽寰區，爰施解網之恩，用布垂衣之化。朕君臨大寶，子育含靈。前歲中外臣僚，藩方將帥，獻我徽號，詢於憲章。雖云前赦不遥，既受鴻名，咸施慶澤。稟列聖之法嗣，致兆人之勸康。然以赦宥恐頻，變通宜審，權停舊典，再及新春。每念貶降遐荒，遷流裔土，傾心望闕，延頸祈哀，繫於朕懷，常深惻憫。宜順陽和之候，追行蕩滌之恩。自乾符四年正月五日已前，京畿及天下州府，大辟罪已下，見禁囚徒，各委長吏遞減二等，限五日決遣。惟十惡五逆、故殺人、及官典犯入己贓、持刀行劫、合造毒藥、不在此限。於戲！朕居億兆之上，於今四年，兢兢業業，如履冰馭朽，苟有闕教道，可致時雍？未嘗不更自勞心，尤思致理。況允契群臣之望，欽承列聖之規。特降鴻恩，獲遵彝典。今則已覃惠澤，俾洽生成，復遇陽春，同均煦育。宣布中外，深體朕懷。

（宋）宋敏求《唐大詔令集》卷八六《政事・恩宥・光啓三年七月德

音》　朕聞天以陽居大夏，地以陰居玄冬，是明任德而不任刑也。在帝舜則舉兩階之干羽，在成湯則開三面之網羅，是明君好生而不好殺也。朕以渺身，嗣膺大寶，垂三百年之宗社，奉十七聖之威靈，夕惕朝乾，不忘寤寐。豈謂釁生於地，譎見於天，烟塵暴起於兩京，蛇豕交横於四野。宗廟之饗，干戈莫尋，蓋獲戾於上玄，俾流灾於下土。前歲才歸大國，又及播遷，信由倚任之非良，有愧精誠之下至。貶衣損食，庶塞乎愆違；履薄臨深，每增於戰懼。方修郊廟，且復京畿，而駐蹕才安，還宮可候。虔誠罔通於穹昊，兵革又起於藩維。蓋以朕不敏不明，君臨兆民，仁不能叶生成之旨，義不能符斷割之幾，智無周物之明，信寡應時之用。陷蒸黎於涂炭，致王室之艱難，綿歷歲時，於兹八稔。顧兹頽紊，職朕之由。且朕深宮九重，跬步千里，目雖視而不見，耳雖聽而不聞，罪在朕躬，痛入骨髓。但仰天而投泣，恨無地以容身，撫几興言，何嗟及矣！今則素服避殿，減膳撤懸，食無海陸之珍，耳絶管弦之樂，惟加惕勵，冀遂感通，將宏及物之恩，在希惟新之令。應天下見禁囚徒，除十惡忤逆、官典犯贓、持杖劫殺、合造毒藥、開發墳墓，其餘罪輕重遞減一等。左降官各與詳所犯量移，如已經兩度量移者，宜並放還。仍仰所在州府，限德音到日，准敕處分訖，分析聞奏。左降官及流人身有死者，並許歸葬。其鳳翔府所管吏軍百姓等，切令招葺，務令歸安，縱與李昌符關連，情非巨蠹，及父兄在隴州城内，事出脅從者，一切不問。其隴州城内軍吏百姓，不得輒令損傷。戴禮之文，務先掩骼，應有未葬骸骨及横屍在路，委所在長吏，速與收斂藏瘞。其自兵荒以來，殺傷之處，委所在州縣，於孟冬行賞；死事之日，於北郭除地，用鷄豚設祭。所貴以導和氣，且慰幽魂。前年冬未出京之時，如聞文武朝臣，倉惶奔竄，或因凍餒，或遭鋒刃，遂致斃踣，深可憫傷。自累年來，朝臣有因謫官，遂致殞身，或制使遽聞枉横，宜令中書門下尋訪，各與贈官。孝弟承家，忠貞奉國，既顯揚名之道，宜加布澤之榮。應内外文武臣及諸道節度觀察坊御使，隨駕諸軍頭，亡父母，並准舊例，各與追贈、追封；如有母親見存者，各與進封。左右神策及隨駕諸部兵士等，荷戈負羽，侍衛勤勞，既效節以輸誠，實竭忠而排難，永言勳績，宜有甄酬。其隨駕諸部，宜各與勳爵。未有功臣名號，其將士次第填補，不得虚被衣賜，有紊典章。如覆視不實，節度使奏取進止，本判官重加貶責。其邊地沃壤極多，歲收可望。如聞耕牛素少，戍卒苟安，唯長蒿萊，俱乏衣食，委節度使，良田之處，更議添人，均配膏腴，令其耕種，制置利便，務令酌中。其南山及平下党項，盡是百姓，須令保安。長吏若能撫綏，蕃人自然寧息，切不得妄有侵擾，致其怨嗟，常須使商旅往來，部落不得阻塞。致理必先於尚儉，傷風莫甚於窮奢，朕苑囿不修，珠玉不寶，所思敦朴，每務去華。如聞卿大夫庶，近者競崇侈靡，莫辨等威，服玩車輿，皆越制度，蠹於教化，朕甚憫焉。卿大夫當助我紀綱，爲人表則，宜修儉約，以變澆風。其京師應有奢僭違令式者，聞之當行朝典。應諸道申奏，有草賊州縣，本皆齊人，迫於凍餒，多聚徒侣，遂肆猖狂。並仰所在長吏明加曉諭，有能自新，有罪一切不問；如稔惡不悛，事狀難恕，委所在長吏，設法禽捕，不得漏網。上京諸司及天下州府負犯逃走罪人，今春已降德音，除本罪合至死者，從咸平五年以前，並停追捕，歸還故土。其數至多，慮被姦人遞相恐動，悉委所在告諭，令其樂業，無致驚惶。如歸復者惡迹貫盈，不能改過，更有違犯，尋勘不虚，便仰併舉前愆，一時痛斷，不得容隱，侵害良善。江淮商賈，業在舟船，如聞近日官中擄借甚苦，或傾奪以充運米，或題關以備載軍，非理滯留，散失財貨。州縣雖云和雇，商人焉敢請錢！本求錐刀，番成損折，縱有冤屈，豈能申論，道路怨嗟，莫甚於此！自今以後，委所在長吏，切加禁斷。其所合供過軍等舟船，唯許空載航船，便給見錢雇召；如見裝貨物者，切不得强令騰倒。其州縣所合雇船脚，多無本色錢物，皆是率配疲人，起今以後，並仰以上供錢充給。如有茶鹽舟船，關繫三司榷課者，任准元敕處分。自蠻寇侵擾，連歲用兵，耗蠹生靈，海運爲甚。驅我赤子，深入滄波，覩駭浪而魂飛，泛洪濤而必死。繼有覆溺，多不上聞，仍遣陪填，急於風火。哀其已死之衆，不可復追；念兹將斃之徒，用延餘息。應江淮四道運糧，所有沉覆損米損船綱官，所由船户及元發州縣合陪填者；並從放免，更不得檢料追徵。應闕海運留係勘者，並一時釋放；唯造船官吏，須有勘覆者，不在此限。近日蟲蝗，米穀翔貴，所在州府，須使通流。况閉糴之條，著在格令。近聞州府通舟船處，不得約勒商人，固違敕旨。等候江淮錢物到，各宜優賞。以身許國，致命捐軀，慮兹盡瘁之誠，宜飾始終之典。應自兵興以來，所在都頭大將，身歿王事，未曾經贈官者，仰本道各與分析聞奏，量功勞優與贈官；如有子孫，仰本道各與補職，務令存濟。行營將士，如身殁王事者，其衣糧並仰給與兄弟男姪；如有父母無給養者，切在安存，勿令凍餒。雖累有處分，可一切施行。或有義士忠臣、圖功立事、身當國難、身殁賊鋒者，宜委中書門下優與贈官，兼訪子孫，俾沾禄仕，用申激勸，冀洽恩榮。扈從之勞，辛勤不忘，若無升進，何以獎酬！其到興元文武官等，宜令優與遷改；如已經獎擢者，特與量加階爵。自貞觀之後，建中元年以來，翊戴皇家，扶持宗社，勳績已銘於鼎彝，謀猷實在於册書。如聞子孫或多凌替，贈太師汾陽王子儀、臨淮王光弼、西平王晟、咸寧王渾瑊、贈太尉秀實、顏真卿、顏杲卿以下子孫，宜各與一子九品正員官。其子孫有才術可稱，委中書門下量才叙用，以勸勳賢。律有駈率之科，尚宜原宥；人無險波之路，固可矜寬。其陷僞庭官寮，多因迫脅，旋宜叙用，勿使棲遲。左右神策軍及沿邊諸鎮將士，或隄防藩寇，或控扼封陲，戴甲荷戈，眠沙卧磧，無抱子弄孫之樂，有離鄉去里之嗟。自亂離以來，衣糧多缺，顧兹疲弊，深軫朕懷。蓋緣諸道賦税未來，致使如此。宜委度支户部及鹽鐵使，各委官吏，催促江淮及三川上供錢物，充給兩軍及邊鎮將士衣賜。如催勘有序，其官吏各與優獎；如全無次第，必議懲責。於戲！朕以寡昧，託億兆之上，不能克相上帝，寵綏四方，履地戴天，痛心疾首！實在股肱叶力，藩翰同心，保列聖之洪基，佐冲人之薄德，共成興運，以副殷憂。爲政之方，實資共理。且一邑之政，由乎令長；一郡之政，由乎牧守；一方之政，由乎藩翰之臣。夫政修於上，則化行於下，可以安人治國，可以阜俗康時，此古今之通理也。自乾符以後，廣明之前，節制廉問之臣，州牧縣宰之吏，或掄擬不當，或銓擇非良，鎮藩翰者則惠養撫綏之術蔑聞，居牧宰者則貪婪苛虐之風益甚，或淫刑濫殺，或剥衣及膚，業亡家破，父南子北。多使饑者不得食，寒者不得衣，奔竄道途，跧藏山谷，耕桑甚廢，旱沴相仍，結爲仇讎，聚爲盜賊。冤憤之氣，上達於九天；激怒之威，横行於千里。虔劉郡邑，屠戮生靈。懷逆節者，得以逞其兇桀，恣爲暴擾；蘊忠誠者，雖欲平其禍患，益費機謀。既往難追，將來可保，切在遞加激諭，漸致和平。倘或刺史知惠養之方，縣令有撫綏之術，公清克己，廉慎當官，績效彰聞，當與遷擢；如或貪殘不理，害我疲人，委中書門下重加懲殿。仍令諸道長吏觀察判官切加察訪，每歲具善惡奏聞。自屬兵戈，全妨耕稼，遂令隴畝，盡變污萊。蓋以殺傷之餘，流亡益甚，宜加招撫，漸復農桑。如有刺史縣令，招收户口，開墾荒田，置買耕牛，修置農具者委所在觀察使精加點勘，具數聞奏，當據課效高低，優加升獎。朕端拱穆清，思弘理道，用憂勤而補過，守慈儉以律身，上展孝思，下康庶務，其於祀事，尤在精崇。常憂多難以來，有乖敬恪，至於牲幣之數，醯醢之宜，必盡吉蠲，免或簡易。宜委所司一切鈐轄，不得因循。夫儉者德之恭，侈者惡之大，唐堯土階三尺，夏禹菲食卑宫，先聖遺風，後王規範。其有司合進常膳，三分宜減一分。六宫嬪御見在者，人數不多，此外不令更有添置。或有因緣寇盜，流落外方，宜委所在長吏，便與嫁遣，任自營生，不用送到駕前，冀免虚有勞費。自此，諸道更不用進聲樂及女弟子。歌舞衣服，紋繒組繡，雕鏤珠璣，頗害女工，實妨農事；奇技淫巧，往哲所譏。况遇艱難，尤宜儉素，其諸道不得進奉紋繡、宫錦、雕鏤、輕靡、彩章之物。五坊鷹犬，以備時蒐，方當勤恤之時，寧有畋游之樂，其鷹犬並今解放，不用更置，諸道亦不須進送。艱難已久，增修未知，展端披圖，良多内愧。且以爲白烏丹鵲，不如子孝臣忠；甘露醴泉，未若風調雨順。自今以後，諸道所有祥瑞，並不要圖畫進獻。輔成教化，實在賢良，用副旁求，必資博採。宜令文武常參官，舉刺史縣令有異政殊績者，淪滯山林有奇文異行者，所期表異，無或面欺。孝子順孫、義夫節婦，各加旌表，以示鄉閭。父老有年九十以上者，賜帛二疋，粟五石，仍令所在以上供物支付。喑聾跛躄、鰥寡孤獨者，委所在切加存恤，無所栖惶。名山大川，興雲致雨，冀保順成之歲，宜申望祀之儀。太清宫及驪山、華岳、南山、廣惠宫、炭谷湫、鳳翔啓聖宫、邠州要册湫，宜各差官禱謝。其諸道應有祠廟，標於祀典，及先聖靈迹，各委長吏，差官精誠啓告。凡關百姓安危利病，俾其蘇息，切在撫綏。訛弊既多，固難遍舉，仰所在長吏審詳利害，一一條奏。所冀凋殘，漸成完緝，勿辜委遇，副我憂勤。於戲！朕爲人君父，累屬夫亂離，雖一發言未嘗不兢憂，一舉足未嘗不愧悼，徒思罪己，安敢尤人！中外臣寮，宜悉朕意。

（宋）宋敏求《唐大詔令集》卷一二五《政事・平亂・平孫儒德音》

朕以冲眇，嗣守丕圖，思我高祖、太宗創業之勞，憲宗、宣宗理平之道，何嘗不兢兢業業，旰食宵衣，上冀紹於耿光，次期臻於無事，不懈一日，於兹五年。然近者藩鎮五年未寧，兵伐屢動，復以辰垂忒，運行愆斯。每摧愛物之誠，深軫納隍之念。銷兵罷戰，前古之佳猷；宥過滌瑕，當今之令典。將敷濡澤，以遂群倫。淮南、浙西、宣州三道，自孫儒結釁已來，涂炭益甚，郡邑多成灰燼，里閭變爲丘墟，父母妻孥，不得相保，田園第宅，無以自安。如聞州府急於征徭，官吏切於課績，日夜徵科，罕有完膚，禁繫犴牢，更無生路，苟縱如此，何以和其元氣！何以致太平！須示優寬，將期臻富庶。其淮南三道管内州縣，自大順二年以前，諸色逋懸，並宜放免。自景福九年已後，夏秋兩税，委長吏斟酌鄉縣户人厚薄，其有凋殘甚處，别議矜放；縱有稍可任持，亦在薄其徵斂，所冀逋逃漸復，封境乂安，不惟减九重之焦勞，抑且顯諸侯之風化。又孫儒未破之日，兵力方强，側近專城，固難支敵，當不免與之來往，時有供須。蓋是脅從，豈皆情願？淮南節度使楊行密，位冠侯藩之上，名兼卿相之崇，自當推原下之規，修睦鄰之好，無乘時以兼微弱，無小事而結仇讎。應與孫儒踪迹交涉者，並宜免罪，不在究尋，各保封疆，用蘇疲瘵。《易》稱作解，史載泣辜，庶將罪己之興，亦冀從人之歎。應京畿及關輔内見禁囚徒，除官典犯贓及殺人外，並宜遞减，敕命分析，限赦文到後三日疏放聞奏。被褐懷玉，固逸代之奇才；灌園鬻蔬，亦超時之獨行。將期致理，豈所遺賢！應天下山林之中，衡泌之下，或懸頭刺股，枕石漱流，有士未言，無謀自達者，委所在長吏速以名聞，仍接借入京，委中書門下量才獎用。其鄉里父老八十以上及鰥、寡、孤、獨並瘖聾跛躄者，委所在長吏量加優恤，勿使棲遲。於戲！天子也，如手足之奉軀，左右上下，動須保持，本或不寧，亦難知濟，凡曰股肱，宜體朕意。宣布内外，咸使聞知。景福元年八月。

《舊五代史》卷一〇《梁書・末帝本紀》〔貞明六年四月〕應天下見禁罪人，如犯大辟合抵極刑者，宜示好生，特令减死。除准格律常赦不原外，徒流已下，遞减一等。除降官未經量移者與量移，已量移者便與復資云。

《舊五代史》卷一〇《梁書・末帝本紀》〔龍德元年五月〕應天下見禁罪人，除大辟罪外，遞减一等。

（宋）沈家本《歷代刑法考・赦九・赦例三》〔後唐莊宗同光〕四年正月制，應在京及天下州府，凡有繫囚，除十惡、五逆、官典犯贓、屠牛、鑄錢、光火劫舍、持刃殺人，準律當赦不原外，合抵極刑者遞减一等，並貸餘生。其次罪等悉與减降，疏理釋放，不得久有禁繫。自同光元年後，或有犯罪流人情非巨蠹者，並許歸還。

按：屠牛、鑄錢，唐時並不在不赦之限，即光火劫舍亦赦例有之，不載於律乃云準律，恐是當日之誤。

《舊五代史》卷三四《唐書・莊宗本紀》〔同光四年正月〕西川王衍父子及僞署將相官吏，除已行刑憲外，一切釋放。天下禁囚，除十惡五逆、官典犯贓、屠牛毁錢、放火劫舍、持刀殺人，準律常赦不原外，應合抵極刑者，遞降一等。其餘罪犯悉與减降。逃背軍健，並放逐便。

《舊五代史》卷八一《晋書・少帝本紀》〔天福八年五月〕甲辰，詔：諸道州府見禁罪人，除十惡五逆、行劫殺人、僞行印信、合造毒藥、官典犯贓各减一等外，餘並放。是時所在旱蝗，故有是詔。

（宋）佚名《宋大詔令集》卷二一五《政事・恩宥・遣官決獄减降一等詔至道元年四月辛丑》 朕撫臨區夏，勤恤黎元。每夙夜以惟寅，庶昆蟲之咸遂。而刑罰未措，獄訟尚繁。適當炎酷之時，慮鬱和平之氣，言念於此，良用惕然。是以分命使臣，往伸輕典，俾無枉撓，稱朕意焉。宜令常參官十六人，乘傳分詣諸路，與長吏同決遣刑獄，除十惡、劫殺、謀殺、故殺、官典犯贓，及損敗官物，見行徵督不赦外。其劫殺止誅其首惡，餘徒黨悉杖脊黥面，配所在本城禁錮。其流罪已下，遞减一等。所至決遣訖，具刑名事狀，疾置以聞。

（宋）佚名《宋大詔令集》卷二一五《政事・恩宥・减降見禁詔淳化二年五月己亥》 眚災宥過，有國之大猷。扇暍泣辜，前王之令德。朕恭承景命，奄宅中區。敢於黄屋之尊，但以蒼生爲念。思所以丕變風俗，歸厚人倫，庶民勞而小康，期刑措而不用。蠢兹甿庶，尚襲澆灕，比屋未至於可封，叢棘頗多於犯法。既自罹於魁網，遂久繫於犴牢。矧又國家以財賦之繁經費尤廣，大興工利，以佐邦儲，取關市之征。以禁遊惰。嚴山澤之禁，以抑并兼。誰能去之，事非獲已。而斡掌之利，或有耗登，逋欠官錢，捕繫詔獄。畫一之法，不得不言。爲人上者，何必言利。矧萬物咼茂，四時由庚。豈使愁嘆之聲，以至無告。宜覃涣汗之澤，俾之自新。兩京諸道州府軍監繫囚云云。

（清）沈家本《歷代刑法考・赦九・赦例三》〔宋太宗〕淳化五年四月，赦，除十惡、故劫殺、官吏犯正贓外，降死罪以下囚。按：贓上加一正字，蓋亦指入己贓言。

（宋）佚名《宋大詔令集》卷二一五《政事・恩宥・減降德音淳化五年四月戊戌》 門下：朕以凉德，叨承慶基，思欲答穹昊之景靈，驅黎元於壽域。雖憂勤靡怠，而獄訟尚繁。朕每思之，當食興歎。念區宇之至廣，顧刑禁以居多。憫彼罪人，寘之叢棘，爰屬炎蒸之候，特行曠蕩之恩。自四月十七日已前，應兩京及諸道州府軍監縣等刑獄罪人。云云。於戲！恤物安民，式示納隍之慮，滌瑕蕩穢，用推解網之仁。咨爾萬方，咸知朕意焉。

（宋）李燾《續資治通鑑長編》宋太宗至道元年四月 辛丑，上謂宰相曰：自春不雨至今，並走羣望而未獲嘉應，豈獄犴之中頗有冤繫乎？即日命侍御史元玘等十四人，乘傳分往諸道案察刑獄。除十惡、劫殺、故殺、鬥殺、官典犯贓及損敗官物外，其劫殺止除爲首者，餘悉減死配本城，流以下遞減一等。翌日御崇政殿，親決京城諸司繫囚，獲宥原者數百人，因謂宰相曰：刑罰者，不得已而用之，能不失有罪而得中道者，斯爲難矣。東漢劉寬止用蒲鞭，人知恥格，所謂威而不猛，足以輔成德化也。

《宋史》卷六《真宗本紀》〔至道三年十一月〕丙寅，詔兩京死罪以下遞減一等。

（清）沈家本《歷代刑法考・赦九・赦例三》〔宋真宗咸平〕二年閏月，詔天下繫囚，非十惡、枉法及已殺人者，死以下減一等。

按：言已殺人，則鬥殺亦包在內，蓋用淳化五年之例，觀於此文，則前條之至殺人者有譌奪，益可見。

（宋）佚名《宋大詔令集》卷二一五《政事・恩宥・雜犯死罪以下減降德音咸平三年五月丁丑》 門下：王者誕膺天下，司牧人倫，莫不乘五運以當陽，法四時而寓令。璣衡齊政，河洛授圖，眇觀千載之書，備見百王之制，取則非遠，擇善而行。朕嗣守丕基，僅逾三載，禋宗類帝，恭依典禮之明文。阜俗安民，未洽和平之至化。勞神焦思，弗敢荒寧，律筦蕤賓，虞琴解愠。因天地交感之際，展君臣朝覲之時，嘉與萬方，惟新大慶。爰屬長嬴之候，宜覃作解之恩，自咸平三年五月初一日，應天下見禁。云云。於戲！無黨無偏，是成於君德，有倫有要，斯謂之國經。逋租者既已蠲除，爲盗者許令自首，至於仕進，並與甄升，更緊輔弼之臣，共致皇王之道，布告遐邇，咸知朕心。

《宋史》卷六《真宗本紀》〔咸平〕四年春正月甲戌朔，詔天下繫囚死罪已下減一等，杖罪釋之。

（宋）李燾《續資治通鑑長編》宋仁宗慶曆五年三月 甲申，詔曰：朕以元元之故，已赦曩霄罪，許復爲藩臣，納誓寢兵，與之更始。朕念師興以來，陝西士暴露良苦，民疲轉餉。其降繫囚罪一等，杖笞釋之。

《宋史》卷二〇〇《刑法志》〔咸平〕五年，陝西旱，因詔：民劫倉廩，非傷主者減死，刺隸他州，非首謀又減一等。自是，諸路災傷即降敕，饑民爲盗，多蒙矜減，賴以全活者甚衆。

（宋）李燾《續資治通鑑長編》宋真宗咸平六年十月 癸巳，以萬安太后寢疾，御崇政殿親決繫囚，徒以上遞減一等，杖以下釋之。

（清）沈家本《歷代刑法考・赦九・赦例三》〔宋真宗咸平〕六年十一月，慮囚，雜犯死罪以下遞減一等，杖釋之。

按：死流徒減，杖釋，又一例。

（宋）佚名《宋大詔令集》卷二一五《政事・恩宥・宴開封府射堂降罪詔大中祥符二年閏二月戊辰》 昔者，東漢之隆，過宛陵之故第。貞觀之盛，臨慶善之舊宮。所以申愷樂之私，宣優裕之澤。朕頃在儲邸，獲尹神京，荷先訓之至慈，總民政而多暇。俾於表署，構此射堂，用修相圃之儀，遐擬宣猷之地，逮於纘紹，久曠巡遊，屬萬務之清閒，因九陽之韶煦。聊申豫幸，亦既周爰。念歲月之屢遷，增雨露之深感。宴胥載洽，式推侑弊之恩。渥霈誕敷，更示欽刑之旨。應東京幾縣禁囚，除殺人依法外，餘並遞降一等，杖已下原之。侍宴群臣，開封府官吏，並賜器帛。將吏中有經事太宗蕃府者，優與支賜。赤縣父老，委本府犒設。年八十已上賜爵公士，九十已上者授攝助教，仍歲賜粟帛終其身，見欠貸糧和市物悉蠲。軍士亡命、盗賊結集者，限一月詣官首身釋罪。限滿不至，復罪如初。京城商税、及幾縣有事不便民者，委三司開封府具析以聞。

《宋史》卷七《真宗本紀》〔大中祥符三年閏月〕戊辰，詔：東京畿内死罪以下遞減一等。

《宋史》卷八《真宗本紀》〔大中祥符七年〕冬十一月乙酉，濱州河溢，詔減諸路繫囚罪流以下一等。

《宋史》卷八《真宗本紀》〔大中祥符九年五月〕丙辰，詔天下繫囚死罪減等，流以下釋之。

《宋史》卷八《真宗本紀》〔天禧元年〕六月壬申，赦西京繫囚，死罪減一等，流以下釋之。

《宋史》卷八《真宗本紀》〔天禧二年夏四月〕庚寅，赦天下，死罪減一等，流以下釋。

（宋）佚名《宋大詔令集》卷一五二《政事·儆災·蝗旱後赦天下制天禧二年四月庚寅》 門下：朕仰膺靈命，恭守丕基。集綈素之珍圖，開聖真之明系。盛容交舉，兵刃並櫜。雖臻和平，罔敢暇逸。惟思日慎，用答天休。而間歲以來，羽蟲爲沴，躬臨庶政，在宵旰以忘勞，徧走群望，致牲玉之斯潔，果精誠之上達，致善應以克臻。爰自秋期，逮于春序，嘉雪屢降，甘澤載霑。翾飛之類自消，流寄之民咸復。歡謡塞路，多稼盈疇。此蓋穹昊降祥，祖宗垂鑒。因與萬國，均兹鴻禧。況首夏在時，薰風扇物。俯順融明之令，用新昭曠之恩，可赦天下。除十惡罪至死及已殺人不赦外，餘死罪降從流，流已下並釋之。内劫賊雖不殺人，亦具奏裁。在京諸班直諸軍，並特支賜。災傷地分，欠去年夏秋税及借種貸糧，悉與除放。今年夏税免十之三，大名府、登萊、濰、密、衛、青州，免十之四。仍不得折變及支往他處。欠負物色，未得依限科校，候豐熟日漸次催納。修造上供、追集百姓工匠，有妨農業，並令權罷。如係供軍切要者，候次年奏裁。追官責降人元不犯贓，經大赦未得敍用，雖經敍用未復舊資，許諸官司投狀。京朝官、諸司使副、閤門祗候，因公事降充監當元非贓罪者，復與親民。得替幕職州縣官及違礙人，並放其選。近日群臣屢奏諸處不係名額僧尼院宇，或匿姦盜，騷擾鄉村，況先有條貫，至今毀折，既言者頗衆，用申明舊章，尚慮州縣未能酌中，失於體察。如三十間已上，見有佛像僧衆，素不藏匿非違，及名山勝境庵嚴，有道行高尚持念進修者，雖不及三十間，並許存留。災沴頓消，豐登應感，其祀典五嶽四瀆、名山大川、歷代聖帝明王、忠臣烈士，委長吏精虔致祭。如有損壞，官修葺之。配流徒役奴婢針工，因劫盜斛㪷配軍人悉放從便。山林寇賊、逃亡軍士限一月首露，不至，論罪如法。云云於戲！惟德動天，故神歆於馨美，推誠及物，而人遂於億寧。所以和氣克升，豐祥洽至，膺兹迪吉，載惕予衷。咨爾寀寮，同增翼勵。

（宋）佚名《宋大詔令集》卷二一六《政事·恩宥·曲赦永興軍流已下減降德音天禧三年四月》 門下：國家仙源悠遠，皇祚蕃昌。爰銷偃於五兵，永混同於四海。席祖宗之積德，感天地之鴻禧。靈命紛綸，帝真臨暨，畢封崇之盛節，協億兆之驩心。乃建元良，實司匕鬯，繼明允若，逢吉昭然。獲名山祕籙之奇，超石室素書之妙，矧彼福地，時惟上腴。稽穹昊之孚休，歷古今而共貫，錫用金策，既爲鶉首之區。降資寶文，載顯鳳圖之瑞。偉珍符之所啓，顧冲質以難勝。宜推及物之恩，式洽延祥之慶，應永興軍管内。云云。於戲！九清降鑒，純祐於宗材，億載承基，誕隆於邦國。聿布涵濡之澤，仰侔覆露之心。咨爾群倫，體予深意。

《宋史》卷八《真宗本紀》〔天禧二年〕秋七月壬申，以星變赦天下，流以下罪減等，左降官羈管十年以上者放還京師。

（宋）佚名《宋大詔令集》卷二一六《政事·恩宥·諸路德音天禧五年五月乙亥》 朕撫御寰區，憂勤旰昊。屬歊蒸之戒候，慮刑罰之滋豐。是用祗率舊章，親決庶獄。雖浩穰之地，咸被於矜寬。而溥率之間，豈無於淹繫。爰申誕告，式洽至仁，應兩京諸路州府軍監流罪降從徒。云云。

（宋）李燾《續資治通鑑長編》宋仁宗天聖元年八月 丙申，德音降天下囚罪一等，杖以下釋之。

《宋史》卷九《仁宗本紀》〔天聖四年六月〕丁酉，降天下囚罪一等，徒以下釋之。

（宋）佚名《宋大詔令集》卷一五二《政事·儆災·江淮體量安撫與長吏問繫囚減降詔明道二年二月庚戌》 江淮之間，仍歲亢旱。民之失職，朕甚憫焉。比遣使體量安撫，其令與長吏問所繫囚，除死罪及情理巨蠹官典犯法外，自餘徒流，遞降一等。杖以下釋放。雜犯死罪，情可憫者，聽奏裁。

《宋史》卷一〇《仁宗本紀》〔景祐二年五月〕丙午，降天下繫囚罪一等，杖以下釋之。

《宋史》卷一〇《仁宗本紀》〔康定元年三月〕辛巳，德音：降天下囚罪一等，徒以下釋之。

《宋史》卷一一《仁宗本紀》〔慶曆元年夏四月〕乙巳，下德音：降陝西囚死罪一等，流以下釋之。

《宋史》卷一一《仁宗本紀》〔慶曆四年〕六月壬子，降天下繫囚流、徒罪一等，杖、笞釋之。

（宋）李燾《續資治通鑑長編》宋仁宗慶曆七年七月　甲申，德音：降南京畿内囚罪一等，徒以下釋之；減夏税之半，除災傷倚閣税及欠折官物非侵盜者；賜在京諸軍將校特支錢。

（宋）李燾《續資治通鑑長編》宋仁宗慶曆八年十二月　乙丑朔，德音改明年元，降天下囚罪一等，徒以下釋之。出内藏錢帛賜三司貿粟以賑河北，流民所過，官爲舍止之，所齎物毋收算。

（宋）李燾《續資治通鑑長編》宋仁宗至和元年三月　庚辰，德音改元，降天下死罪一等，流以下釋之。

《宋史》卷一二《仁宗本紀》〔嘉祐八年〕二月癸未，帝不豫。甲申，下德音，減天下囚罪一等，徒以下釋之。

《宋史》卷一三《英宗本紀》〔治平三年十一月〕辛酉，降天下囚死罪一等，流以下釋之。

《宋史》卷一三《英宗本紀》〔治平〕四年春正月庚戌朔，降天下囚罪一等，徒以下釋之。

（宋）佚名《宋大詔令集》卷一三九《典禮・祔廟・英宗山陵祔廟畢兩京鄭孟減降德音治平四年》　門下：朕祗膺駿命，紹宅丕基，遵仍几之訓言，舉因山之儉制，顧惟冲菲，屬在哀煢，賴穹厚之延休，暨臣民之協力，寢園備物，既畢於反虞，廟室寧神，已嚴於升祔。唯事經之克濟，率典禮以無愆，宜推厚下之仁，用篤慎終之制。應兩京、鄭州、孟州，雜犯死罪已下降一等，杖已下釋之。云云。於戲！奉先昭孝，實本於天經，肆眚推恩，蓋循於國典。咨爾有衆，欽予至懷。

（清）沈家本《歷代刑法考・赦九・赦例三》　神宗熙寧二年五月，減西京囚〔罪〕一等。司馬光《西京應天禪院及會聖宮奉安仁宗英宗皇帝御容了畢德音》：應西京管内限，德音到日，見禁罪人除故殺、劫殺、鬥殺、謀殺、十惡及僞造符印、放火、官典犯贓不赦外，雜犯死罪，降從流内，情理切害，奏取指揮。其餘流罪降從徒，徒罪降杖，杖罪已下並放。

按：有放火而無强盗，又一例。《宋史・禮志》神御殿：仁宗、英宗有景靈宮、應天院，而無會聖宮，當是《志》文之疏略。

（宋）佚名《宋大詔令集》卷二一九《政事・武功・置熙河路熙河秦鳳德音熙寧五年十月戊戌》　門下：洮隴故地，久閉强鄰。祖宗之靈，佑啓于後。改衽内附，作我新民。申畫州封，授之旄節。選建膚使，略而撫之。嘉與一方，永綏厥服。用覃慶宥，寵慰群黎。其以鎮洮軍爲熙州，以鎮洮爲節度軍額，以熙河洮岷州通遠軍爲一路，置馬步軍都總管經略安撫使，所應制置事，今經略安撫使司詳具以聞。應熙河秦鳳路，敕命到日以前，除常赦不原，情輕奏裁奏案外，其餘罪各降一等，杖以下釋之。云云。於戲！□□□□懷遠以德，於古有訓，朕敢弗勤，尚賴忠良，輔成斯志。

《宋史》卷一五《神宗本紀》〔熙寧六年〕十一月癸丑，中太一宮成，減天下囚罪一等，流以下釋之。

《宋史》卷一五《神宗本紀》〔熙寧七年〕五月戊戌朔，減熙河路囚罪一等，流以下釋之。

《宋史》卷一五《神宗本紀》〔熙寧十年二月〕己酉，以交阯降，赦廣南東路、荆湖南路繫囚，餘各降一等，徒以下釋之。

《宋史》卷一五《神宗本紀》〔元豐二年八月庚戌〕減天下囚死罪一等，流以下釋之。

《宋史》卷一五《神宗本紀》〔元豐二年〕九月癸未，降順昌軍囚罪一等，徒以下釋之。

《宋史》卷一六《神宗本紀》〔元豐三年正月〕丙子，降潁昌囚罪一等，徒以下釋之。

《宋史》卷一六《神宗本紀》〔元豐三年三月〕戊子，降兩京、河陽囚罪一等，民緣山陵役者，蠲其賦。

《宋史》卷一六《神宗本紀》〔元豐五年二月〕癸酉，以出師赦梓州路，減囚罪一等，民緣軍事役者蠲其賦。

（宋）李燾《續資治通鑑長編》宋神宗元豐五年三月 己亥，德音：降天下死罪囚，流以下釋之。爲日將食故也。《舊紀》書：詔以日將食正陽之月，爲異尤大。自己亥避正殿，減常膳，赦天下囚罪一等，流以下釋之。《新紀》書：以日將食，避殿，減膳，赦天下。

《宋史》卷一六《神宗本紀》〔元豐六年秋七月〕丙辰，以四后祔廟，降京畿囚罪一等，流以下原之。

《宋史》卷一七《哲宗本紀》〔元豐八年十一月〕辛丑，減兩京、河陽囚罪一等，杖已下釋之，民緣山陵役者蠲其賦。

（宋）佚名《宋大詔令集》卷一三九《典禮・祔廟・神宗山陵畢兩京畿內河陽德音元豐八年十一月辛丑》 門下：朕罹國大憂，紹天明命，七月同軌至。誕啓裕陵之封，四方以和來，遂升清廟之祔。顧惟冲眇，罔極哀恫，遵仍几之言，雖隆儉約之制。扈大升之駕，亦多營奉之勞。嘉中外之協心，暨士民之宣力。宜均霈澤，以迪舊章。應兩京畿內、河陽管內、德音到日以前，見禁罪人死罪以下遞降一等，杖罪以下釋之。應奉官量與恩澤，人户緣山陵事致妨耕種者，免租税有差。欠官物非侵盗者，特與除放。於戲！惟送終可以當大事，蓋先王之所甚難，惟推恩足以保斯民，固人心之所同悦。咨爾有衆，體予至懷。

（宋）李燾《續資治通鑑長編》宋哲宗元祐元年四月 壬辰，以時雨稍愆，疏決在京繫囚，雜犯死罪以下遞降一等，至杖釋之。

《宋史》卷一七《哲宗本紀》〔元祐二年冬十月〕辛卯，減西京囚罪一等，杖已下釋之。

《宋史》卷一七《哲宗本紀》〔元祐三年〕二月甲申，罷修金明池橋殿。乙酉，德音：減囚罪一等，徒以下釋之，工役權放一年，流民饑貧量與應副。

《宋史》卷一七《哲宗本紀》〔元祐三年八月〕辛丑，降繫囚罪一等，杖以下釋之。

《宋史》卷一七《哲宗本紀》〔元祐五年二月〕丁未，減天下囚罪，杖以下釋之。

《宋史》卷一七《哲宗本紀》〔元祐六年九月〕壬子，宫成，減天下囚罪一等，徒以下釋之。

（宋）佚名《宋大詔令集》卷一八〇《政事・營繕・上清儲祥宫成德音元祐六年九月壬子》 門下：朕承六聖之寶圖，荷三靈之孚佑，惟恐一物，弗稱前休。顧省夙宵，如臨淵谷。上清儲祥宫，實太宗皇帝所以追懷五季，靡有孑遺之民，爲之請命昊穹，以爲振拔之地。昔罹回禄，三紀圮荒，熙寧嗣功，美志未究。太皇太后乃眷孝孫基福之境，克終先帝善述之心，迄此鼇成，咸妥真馭，鑾輅謹黄流之祼，實慈躬明德之馨，神人歡嬉，道路鼓舞。朕膺天地之貺，宗廟之靈，嘉與元元，于兹康共。宜敷慶宥，悉緩庶獄，無間遐邇，均浹幽顯。應四京諸道州府軍監縣，德音到日已前，見禁罪人，除死罪依法，内枉法自盗罪至死，情理輕者奏裁，鬥殺罪至死情理稍輕者，減一等。其餘死罪降從流，流罪降從徒，徒已下並放。云云。於戲！天饗有道，無忘昭事之小心。民懷于仁，式示好生之大德。有孚以惠，出令惟行，咨予三事大夫，暨爾萬方多士，咸體朕意，同底丕平。

《宋史》卷一七《哲宗本紀》〔元祐八年八月〕癸亥，減京師囚罪一等，徒以下釋之。

（宋）佚名《宋大詔令集》卷一三九《典禮・祔廟・宣仁祔廟畢兩京河陽鄭州德音紹聖元年二月癸亥》 門下：遘難東朝，送終西洛，遺誥訓儉，因山永厚之陰，成事薦嘉，躋祔英皇之室。天時助順，民氣協恭，永懷互極於遐陬，畢給多從於近甸。神靈休嚮，始卒安行，推本德心，肆嘉惠澤。應兩京畿内、河陽、鄭州，德音到日已前，見禁罪人除常赦所不原減外，其餘死罪遞降一等，至杖釋之。云云。於戲！叙勞次賞，不遺大小之功，有罪矜刑，各底重輕之適。實承慈寶，以寵嘉師，咨爾黎蒸，咸諭朕意。

《宋史》卷一八《哲宗本紀》〔紹聖元年夏四月〕庚申，減四京囚罪一等，杖以下釋之。

（宋）佚名《宋大詔令集》卷二一六《政事・恩宥・疎決京幾詔紹聖三年五月乙巳》 春夏以來，雨澤以時。二麥豐稔，内外康寧。和氣充溢，荷天貺施，實所滋多，然尚慮刑獄滯留，更宜深恤。可就今月二十七日疎決在京并府界諸縣繫囚雜犯，死罪已下，遞降一等，至杖釋之。其諸路州縣，委監司分詣逐處催促，結絶見禁公事。

《宋史》卷一八《哲宗本紀》〔元符元年五月〕己酉，班德音于天下，減囚罪一等，徒以下釋之。

（宋）佚名《宋大詔令集》卷一四九《政事·符寶鼎圭輅·受傳國寶赦天下德音元符元年五月己酉》 門下：朕承天眷，錫以珍符，俾壽而昌，傳世無極。顧德弗類，祗奉宏休。拜貺於庭，懼不能任。告成大慶，豈朕敢私，其敷錫於庶民，以大賚於天下。應四京諸道州府軍監縣，限德音到日已前見禁罪人，除死罪並依法内枉法自盜罪至死，情理輕者減一等，刺配千里外牢城，其餘死罪降從流，流罪降從徒，徒罪已下並放。云云。於戲！受命之祥，震于珍物，宥過之澤，期于無刑。嘉與萬邦，共承景貺，惟爾有衆，體朕至懷。

《宋史》卷一八《哲宗本紀》〔元符二年夏四月〕丁亥，以旱，減四京囚罪一等，杖以下釋之。

《宋史》卷一八《哲宗本紀》〔元符二年五月癸亥〕曲赦陝西、河東路，減囚罪一等，流以下釋之。

《宋史》卷一八《哲宗本紀》〔元符二年八月〕辛巳，降德音于諸路，減囚罪一等，流以下釋之。

《宋史》卷一九《徽宗本紀》〔元符三年三月〕己丑，以日當食降德音于四京，減囚罪一等，流以下釋之。

《宋史》卷一九《徽宗本紀》〔元符三年九月〕丁卯，減兩京、河陽、鄭州囚罪一等，民緣山陵役者蠲其賦。

《宋史》卷一九《徽宗本紀》〔元符三年十二月〕戊申，降德音于諸路，減囚罪一等，流以下釋之。

《宋史》卷一九《徽宗本紀》〔建中靖國元年三月〕壬午，以日當食避殿減膳，降天下囚罪一等，流以下釋之。

《宋史》卷一九《徽宗本紀》〔建中靖國元年五月〕戊子，減兩京、河陽、鄭州囚罪一等，民緣山陵役者蠲其賦。

《宋史》卷一九《徽宗本紀》〔建中靖國元年十二月〕己酉，降德音于四京，減囚罪一等，徒以下釋之。

《宋史》卷一九《徽宗本紀》〔崇寧元年六月〕壬辰，減西京、河陽、鄭州囚罪一等，民緣山陵役者蠲其賦。

《宋史》卷一九《徽宗本紀》〔崇寧二年秋七月〕甲申，降德音于熙河蘭會路，減囚罪一等，流以下釋之。

《宋史》卷一九《徽宗本紀》〔崇寧三年〕夏四月乙巳，以火災降德音于四京，減囚罪一等，流以下原之。

《宋史》卷二〇《徽宗本紀》〔大觀三年春正月〕己未，減兩京、河陽、鄭州囚罪一等，民緣園陵者蠲其賦。

《宋史》卷二〇《徽宗本紀》〔大觀六年八月〕己巳，降德音于淮、海、吴、楚二十六州，減囚罪一等，流以下釋之。

《宋史》卷二〇《徽宗本紀》〔政和元年夏四月〕丁巳，以淮南旱，降囚罪一等，徒以下釋之。

《宋史》卷二一《徽宗本紀》〔政和四年〕十二月己酉，以禁中神御殿成，減天下囚罪一等。

（宋）留正等《中興兩朝聖政》紹興元年五月 辛亥，詔以道路未通，諸路死囚應奏讞者，權令降等斷遣。

《宋史》卷二八《高宗本紀》〔紹興七年春正月〕己丑，帝成服，下詔降徒囚，釋杖以下。

《宋史》卷二九《高宗本紀》〔紹興十年閏月〕乙酉，降陝西雜犯死罪，釋流以下囚。

（清）沈家本《歷代刑法考·赦九·赦例三》 〔宋〕孝宗隆興二年十二月，應沿邊諸軍除逃遁官吏不赦外，雜犯死罪情輕者減一等，餘並放遣。

按：此特例。

《宋史》卷三八《寧宗本紀》〔開禧元年六月〕減大理、三衙、臨安府囚罪一等，釋杖以下。

（清）沈家本《歷代刑法考·赦九·赦例三》 遼興宗重熙（八）〔七〕年，録囚。非故殺者減科。

按：故殺不減，大旨亦同于唐，鬥殺自在可原之例。

《遼史》卷二二《道宗本紀》〔咸雍五年〕十二月甲子，行皇太子再生禮，減諸路徒以下罪一等。

《金史》卷九《章宗本紀》〔明昌二年十月〕壬寅，以河北、山東旱，應雜犯及强盜已未發覺減死一等，釋徒以下。

《金史》卷九《章宗本紀》〔明昌四年五月〕己巳，上以羣臣累上尊號不受，詔諭中外，徒罪以下遞降一等，杖以下原之。

《金史》卷一三《衛紹王本紀》〔太安二年〕六月，大旱。下詔罪己，振貧民闕食者。曲赦西京、太原兩路雜犯，死罪減一等，徒以下免。

（清）嵇璜等《續文獻通考》卷一三七《刑考・徒流》〔元成宗大德〕八年正月，以災異詔雜犯之罪當杖者，減輕。當笞者並免。私鹽徒役者，減一年。

（明）談遷《國榷》太祖洪武五年十月　戊子，詔雜犯罪可矜者，免死輸作臨濠。

（清）沈家本《歷代刑法考・赦九・赦例三》〔明太祖洪武〕十四年九月，敕刑部：自今惟十惡真犯者決之，如其餘雜犯死罪，皆減死論。十五年正月，論刑官：方春，萬物發生，而無知之民有犯法至死者，雖有決不待時之律，然於朕心有所不忍，其犯大辟者，皆減死論。

按：此二條見《續通考》一百四十，《本紀》十五年正月言減大辟囚，而十四年一事《紀》不書，蓋明《紀》於減釋之事不備書也。首條專指雜犯死罪，次條但云大辟，則真犯亦得減矣。其赦較大，故《紀》書之。

（明）談遷《國榷》太祖洪武十五年正月　己丑，諭刑部：大辟俱減死論。

（清）沈家本《歷代刑法考・赦九・赦例三》〔明〕成祖永樂元年，宥死罪以下，遞減一等。

按：此死罪以下皆減。

五年，命雜犯死罪減等論戍，流以下釋之。

按：此減死、釋流以下。

《明宣宗寶訓》卷三《恤舊勞》〔洪熙元年〕十月壬午，上諭行在三法司曰：卿等所奏刑名多有軍職、雜犯死罪及應徒流者，朕念其祖父立功或本身效勞艱難得官，一因愚贛遂致罪戾，情有可憫，但令於邊境充軍立功，其真犯死罪者不赦。

《明英宗實録》景泰二年十二月　〔乙酉〕命婦人犯死罪蒙恩審録當宥死者杖八十釋之，以都察院左都御史王文等奏請也。

《明憲宗實録》成化十二年五月　〔庚申〕詔諭兩法司錦衣衛，見監問罪人徒流以下，即減等發遣，重囚情罪有可矜疑并枷項示衆者，具録以聞。

《明史》卷二四《莊烈帝本紀》〔崇禎十四年〕二月己酉，詔以時事多艱，災異疊見，痛自刻責，停今歲行刑，諸犯俱減等論。

（清）嵇璜等《清朝文獻通考》卷二一〇《刑考・赦宥》〔順治〕八年，上親政，詔赦天下。

定熱審減等之例，時以天氣漸熱，飭刑部通察五城司坊、順天府、京縣各監犯，分别減釋。嗣於順治十年定，每年小滿後十日内，外直省一體舉行。【略】

十一年以大婚禮成，恭上皇太后徽號，詔赦天下。增定熱審減等之例，定例各省犯案，在熱審之先到部者，准行減等。至是刑部奏准，各省在熱審之時，具題到部者，雖過熱審之期，亦准減等發落。

上以災異修省。詔赦天下，十二年定卹刑事例。凡卹刑官審録罪囚，有死罪可矜疑及事無證佐可結者，具奏處置。流徒以下減等發落，充軍人犯除已經發解外，其餘不分曾否詳允及雖經定衛尚未起解者，逐一關送審録。內有應釋應減者，會同巡撫酌量發落。又軍罪有不用全律，摘引例文及不分首從濫坐者，如未發遣即附入矜疑。疏內題請開釋，雜犯死罪准徒五年者，並已徒而又犯徒，總徒四年者，各減一半。例應枷號就近釋放，其餘流徒等罪各減等發落。笞罪放免。其贓犯除侵盜官銀五十兩、糧一百石以上者，照舊監追。如應還官銀不及五十兩，並入官給主百兩以上，各贓監追至五年或正犯身故，逮及子孫，勘無家產者，奏請豁免。其各處盤查坐贓追賠銀兩、草束亦聽查勘。正犯存亡家產有無具奏裁奪。

停止秋決，以直省卹刑官審録未竣也。嗣准左都御史龔鼎孳奏，每遇卹刑，年内外一體停決。【略】

〔十七年〕命監候各犯，概從減等，停止秋決。以明年辛丑，恭遇皇太后萬壽節，因有是旨。遂撤恤刑各官，定赦罪減等例，刑部議覆。給事中楊雍疏言，臣伏讀上諭，凡秋決各犯，俱令減等。第按律減死一等，皆爲流罪。而邇來則例不同，法曹聚訟或主内流或主遠徙，未有定論。若概遵新例，悉流邊遠，非所以仰體皇上矜宥生全之意。請敕法司，各照定例減等，以廣皇仁。從之。

（清）嵇璜等《清朝文獻通考》卷二〇〇《刑考・赦宥》〔康熙〕十年以天旱，命刑部清理現禁、現審人犯，如有可矜疑者，即予減等發落。尋免斬絞人犯死罪十一人。【略】

二十六年以天旱詔赦天下。又，命內外現監重犯，除十惡及貪官光棍外，概予減等。先是本年停止內外秋審。至是，太皇太后聖躬違和，因有此旨。【略】三十一年停止秋決。奉諭，朕閱秋審册內各省情實人犯甚少。除可矜者，照例減等發落。其情實各犯今年停其正法。定酌減陝西秋審人犯罪。時以秦省歲饑，特恩加宥。凡秋審情實緩決人犯，除十惡外，餘悉減等發落。【略】

四十一年，寬減內外緩決人犯。奉諭，死罪一經緩決，即皆冀望生全。而長困桁楊淹流歲月，自新無路，朕甚憫之。今方春始，和用沛矜釋之仁，現在刑部及直隸各省監禁人犯，凡經康熙四十年秋審，奉旨緩決者，通行減等。

中國第一歷史檔案館《雍正朝漢文諭旨》雍正六年十二月二十日　看得延信之妻常氏從西安將金珠等物隱匿拿出給伊家人關生等分藏一案，於雍正六年十二月二十日題，本日奉旨，延信妻子已入顯親王辛者庫，不必發遣，延信之事原係富寧安恭奏，稽查西安家產，斷無徇情瞻顧之理，且係婦女身藏以致隱匿，西安大臣各官查議之處俱著寬免，此內擬徒犯旂人，俱著枷責完結。圖納著革職□岱著降二級留任。

（清）嵇璜等《清朝文獻通考》卷二〇〇《刑考・赦宥》〔雍正〕九年，寬減監犯，時以亢旱，命法司將監禁枷號輕罪暫行保釋，其擬絞監候賊犯、已經三年者，酌量釋放減等，並諭將外省輕罪人犯已經到部，有問擬徒杖而准其折贖者，悉行寬免。又定流犯年逾六十者，准入養濟院，給與口糧。

（清）嵇璜等《清朝通志》卷八〇《刑法略・赦宥》〔乾隆二年四月〕諭：雍正四年以後十三年以前，所有不赦各案，其中或有介於疑似及屢經秋審緩決之犯，或未可定。著總理事務王大臣會同刑部，將秋審朝審招册詳加覆勘，如果有一綫可原，應行減等者，即酌定請旨。【略】

十一月，諭著九卿等，將秋審朝審緩決五次以上人犯，酌其情罪稍輕尚可貸其生路者，逐一分别請旨，比照兇盜免死減等之例，充發邊遠煙瘴地方，至情罪可惡者，雖經屢年緩決亦不在減等之例。

（清）嵇璜等《清朝文獻通考》卷二〇〇《刑考・赦宥》〔乾隆〕四年以天旱，命法司將杖徒以下等罪查明，請旨減等釋放。

（清）嵇璜等《清朝通志》卷八〇《刑法略・赦宥》〔乾隆〕五年五月，以天旱諭刑部見在監禁人犯內，有一綫可原者，著大學士軍機大臣等，會同爾部分别具奏，其輕罪人犯亦即減等。

（清）嵇璜等《清朝通志》卷八〇《刑法略・赦宥》〔乾隆七年八月〕諭今年上下兩江被水情形非常年可比，見在江蘇、安徽兩省人犯中，有情有可原當在矜疑之列者，或多年緩決不至正法久繫囹圄者，皆應減等完結，著大學士會同刑部詳閱招册，分别妥議具奏。

（清）嵇璜等《清朝文獻通考》卷二〇〇《刑考・赦宥》〔乾隆〕七年以天旱命刑部省釋輕罪，直隸、山東、江南照例行。并諭各直省，遇有災眚之年，該督撫將清理刑獄之處奏聞請旨。又，命江蘇、安徽秋審減等。時以上下兩江被水，特諭兩省秋審人犯中或情有可矜及多年緩決者，皆減等完結，以示因災恤刑之意。

《理藩院則例》卷五二《遇赦・減等》　凡毆人至死遇赦減等並緩決減等者，俱罰三九牲畜給與死者親屬，免其發遣。其無力交納者，發遣山東、河南等省，交驛充當苦差。

（清）嵇璜等《清朝通志》卷八〇《刑法略・赦宥》〔乾隆八年九月〕上巡幸五臺諭：朕此次西巡，著將直隸山西二省本年正月初三日恩旨以後所有軍流以下人犯，令該督撫分别情罪請旨減等發落。十五年、二十六年、四十六年並同。

十二年五月，以天旱，命減免緩決五次及徒罪以下人犯。

《清高宗實録》乾隆十四年四月　丙戌，以尊上崇慶慈宣康惠皇太后徽號，頒詔天下。詔曰：【略】一、現在軍流以下人犯概予減等發落。

（清）嵇璜等《清朝通志》卷八〇《刑法略・赦宥》〔乾隆〕十五年八月，詔赦天下秋審緩決五次以上人犯，量予減等，犯法婦人，除十惡不赦外，其餘槩予赦免。見在監候質審干連人等，準予保釋。【略】

十六年正月，諭直省朝審秋審各犯緩決至三次以上者，即著該部察明

酌量案情分別請旨，減等發落。二十六年、三十年、三十四年、三十六年、四十一年、四十九年並同。【略】

二十六年十一月，恭遇皇太后萬壽聖節，詔赦天下，凡軍流以下人犯槩予減等發落。三十六年同。

（清）嵇璜等《清朝文獻通考》卷二〇〇《刑考・赦宥》〔乾隆〕三十四年，命刑部將朝審、秋審曾經三次緩決者，核其案情，分別請旨減等。【略】

〔四十二年〕孝聖憲皇后升祔禮成，詔：赦天下直省軍流以下人犯，分別減等。

《清高宗實録》乾隆五十九年四月　甲子，諭刑部題覆，雲南省李氏戳傷李文有身死一本。閱其情節，李文有與大功堂弟李文玉彼此口角，將鋤頭砍傷李文玉左太陽等處，昏暈倒地。李文玉之妻李氏看見伊夫暈死，一時悲忿，順用剪刀戳傷李文有胸膛等處，傷重殞命。是李氏之戳斃李文有，實由於救夫情切，而向來辦理此等案件，仍依律擬以斬候。揆諸情理，殊未允協。夫明刑所以弼教，而教莫大於綱常。妻之於夫，何異子之於父母，身爲人妻，目擊其夫被毆，危急而安坐不救，所謂綱常者安在？乃律例所載，止有救父母情切，聲明請旨減等之條，而救夫情切者，未經著有成例，未免踈漏。李氏著即照救父母情切之例，酌予減等。並著刑部將此等案件，一切分別議減，載入例册，以示朕詳慎庶獄，扶持名教至意。尋議奏，舊例止有祖父母、父母被毆救護之條，而救夫情切者，例無明文。請嗣後如有夫被毆危急其妻情切救護，毆死人者，疏内分別減等，援例請旨。其或夫與人口角，至令其妻毆人致斃，或夫先與人尋釁，其妻踵至共毆斃命，仍照各本律科罪不得援例概予減等。從之。

（清）劉錦藻《清朝續文獻通考》卷二五六《刑考・赦宥》〔道光〕十一年，諭：國家赦宥之典，法外施仁。欲使海内咸知遷善遠罪，共爲良民，以成太平之治。朕溯查乾隆十一年，皇祖高宗純皇帝大沛恩慈，特頒省刑，諭旨亦越嘉慶十一年，皇考仁宗睿皇帝紹述前徽，復頒行曠典。朕臨御以來，祗遵成憲，兢兢業業，以愛育黎庶爲懷，兹當紀年開袠，寰宇乂安，允宜循照舊章，用宏矜恤，所有刑部及各省已經結案監禁人犯，除情罪重大及常赦所不原者，無庸查辦外，其餘著大學士會同刑部酌量案情輕重，分別請旨減等發落。其軍流徒杖以下人犯，一併分晰減等完結。俾獲邀肆赦，勉圖自新，以副朕欽恤庶獄之至意。

中國第一歷史檔案館《咸豐同治兩朝上諭檔》咸豐八年九月二十八日　札拉芬泰奏獲咎佐領疊著軍功可否免罪一摺。伊犁佐領伊克坦布於竊駝賊犯非法毆打，因傷透風身死，經部議於流罪。上查辦減等改爲杖徒，兹據該將軍奏稱，該員工年隨同征勦逆回屢著戰功，疊經保奏升階，並賞給巴圖魯名號。自應准其以功抵過，伊克坦布著撤銷勇號升階，免其杖徒罪名，并准留佐領原官，仍帶革職留任處分，以示勸懲，而觀後效。

（清）劉錦藻《清朝續文獻通考》卷二五六《刑考・赦宥》〔咸豐〕十一年，諭：國家發政施仁，尤在欽恤庶獄，朕自臨御以來，兢兢業業，惟願與吾民同臻上理，而兵戈未息，民困未蘇，仰荷天祖付託之重，未嘗不刻責自深，痌瘝在抱。上年朕三十慶辰，業經頒詔各省，軍流以下人犯俱減等發落，並將秋審緩決三次及一二次人犯分別查辦。矜恤之心内外臣民諒已共喻，粵稽乾隆十一年、嘉慶十一年均特頒省刑諭旨，大沛慈恩，亦越道光十一年，皇考宣宗成皇帝紹述前徽，復頒行曠典。朕以涼德，寅紹丕基，兹當紀年開秩，允宜祗遵成憲，以冀消沴戾而迓祥和。所有刑部及各省已經結案監禁人犯，除情罪重大及常赦所不原者無庸查辦外，其餘著大學士會同刑部酌量案情輕重分別減等，請旨發落。其軍流徒杖以下人犯，一併分晰減等完結。俾沾寬大之恩，勉圖自新之路。用副朕赦過宥罪子惠黎元至意。

（清）劉錦藻《清朝續文獻通考》卷二五六《刑考・赦宥》〔同治元年〕諭：前因京師時疫未除，諭令在京問刑各衙門，趕緊清釐庶獄，迅速次第結案。見在星變頻仍，上蒼垂警。弭災之法尤重恤刑，允宜格外推恩以承天戒。除上年十月初九日恩詔，以前軍流以下各犯業經分別飭部減等外，其自咸豐十一年十月初九日恩詔以後，至本年奉旨之日止，著刑部將見審各案所擬軍流以下等罪官常各犯，無論已結、未結，曾否發配，均著查照舊章，一併分別奏請減等。其步軍統領衙門、順天府五城及各直省督撫將軍、都統等均著遵照刑部奏定章程，一體查辦以清庶獄。

（清）劉錦藻《清朝續文獻通考》卷二五六《刑考・赦宥》〔光緒〕十一年，諭：欽恤庶獄，仁政所先。粵稽乾隆十一年高宗純皇帝，特頒省刑諭旨，大加恩施。溯查嘉慶十一年、道光十一年、咸豐十一年、同治十一年均欽奉綸音，遠紹前徽頒行曠典。朕欽奉慈禧端佑康頤昭豫莊誠皇太后垂簾訓政，仰見聖慈惠愛省刑，廑懷宵旰，祗承懿訓，勤求治理。惟願天下乂安，萬物得所。茲當紀年開秩，允宜謹循成憲，以示矜恤而召詳和。所有刑部及各省已經結案監禁人犯，除情重罪大及常赦所不原者毋庸查辦外，其餘著大學士會同刑部酌量案情輕重，分別請旨減等發落。其軍流徒杖以下人犯一併分晰減等完結，俾沾寬大之恩，勉圖自新之路。用副朕法外施仁之至意。

紀事

《後漢書》卷四《孝和帝紀》〔永元三年十二月〕庚辰，至自長安，減弛刑徒從駕者刑五月。

《宋書》卷八《明帝本紀》〔泰始七年〕夏四月辛丑，減天下死罪一等，凡敕繫悉遣之。

《宋書》卷一〇《順帝本紀》〔昇明二年十月〕壬寅，立皇太后謝氏，減死罪一等，五歲刑以下悉原。

《南史》卷七四《孝義傳・滕曇恭》 建康人張悌，家貧無以供養，以情告鄰富人。富人不與，不勝忿，遂結四人作劫，所得衣物，三劫持去，實無一錢入己。縣抵悌死罪。悌兄松訴稱：與弟景是前母子，後母唯生悌，松長不能教誨，乞代悌死。景又曰：松是嫡長，後母唯生悌。若從法，母亦不全。亦請死。母又云：悌應死，豈以弟罪枉及諸兄。悌亦引分，全兩兄供養。縣以上讞，帝以爲孝義，特降死，後不得爲例。

〔宋〕王欽若等《册府元龜》卷一五〇《帝王部・寬刑》 沈保冲爲南徐州冠軍長史，坐援連口臣欽若等曰：孝文太和二十一年，南討諸將，致於連口。退敗，有司處之死刑。孝文詔曰：保冲，文秀之子，可特原命配雒陽，作部終身。既而獲免。

《北史》卷九《周本紀・孝閔帝》 秋七月壬寅，帝聽訟於右寢，多所哀宥。辛亥，享太廟。八月戊辰，祭太社。辛未，降死罪已下囚。

《北史》卷九《周本紀・世宗明帝》 世宗明皇帝二年夏四月辛未，降死罪囚一等，五歲刑以下皆原之。

《北史》卷一〇《周本紀・高祖武帝》〔天和五年〕六月庚子，以皇女生故，降宥罪人，並免逋租懸調。

《隋書》卷一《高祖紀》〔開皇四年〕六月庚子，降囚徒。

《北史》卷一一《隋本紀・文帝》〔開皇十三年〕秋七月戊辰晦，日有蝕之。九月丙辰，降囚徒。

《舊唐書》卷一六《穆宗本紀》〔長慶二年四月〕雲陽縣角抵力人張莅負羽林官騎康憲錢米，憲往徵之，莅乘醉打憲將殞，憲男買德年十四，持木鐘擊莅首破，三日而卒。刑部奏覆，敕曰：買德尚在童年，能知子道。雖殺人當死，為父可哀。若從沉命之科，恐失原情之意，可減死罪一等。

《新五代史》卷二《梁本紀・太祖》〔開平三年〕八月辛亥，降死罪囚。

《新五代史》卷二《梁本紀・太祖》〔乾化二年〕五月丁亥，德音降死罪以下囚。罷役徒。

《新五代史》卷三《梁本紀・末帝》〔貞明六年〕夏四月己亥，降死罪以下囚。

《新五代史》卷三《梁本紀・末帝》〔龍德元年夏五月〕丙戌朔，德音改元，降流罪以下囚。

《新五代史》卷五《唐本紀・莊宗》〔同光元年冬十月〕己丑，德音降死罪囚，流已下原之。

《新五代史》卷五《唐本紀・莊宗》〔同光〕四年春正月壬戌，降死罪以下囚。

《宋史》卷二五一《韓令坤傳》 韓令坤，磁州武安人。父倫，少以勇敢隸成德軍兵籍，累遷徐州下邳鎮將兼守禦指揮使。世宗以令坤貴，擢陳州行軍司馬，及令坤領陳州，徙倫許州。罷職，復居宛丘，多以不法干郡政，私酤求市利，掊斂民財，公私患之。項城民武郁詣闕訴其事，命殿中侍御史率汀按之。倫詐報汀云被詔赴闕，汀奏之。世宗怒，追劾具伏，法當棄市。令坤泣請於世宗，遂免死流海島。

《宋史》卷一《太祖本紀》〔乾德元年〕夏四月，旱。甲申，徧禱京城祠廟，夕雨。減荆南朗州、潭州管内死罪一等，鹵掠者給主。

《宋史》卷二五九《劉廷讓傳》 初，廷讓詣闕待罪，太宗知爲李繼隆所誤，不之責。四年，復命代張永德知雄州兼兵馬部署。是秋以疾聞，帝遣内醫診視，因上言求歸京師，不俟報，迺離屯所。帝怒，下御史按問，獄具。下詔曰：右驍衛上將軍劉廷讓，朕以其宿舊，荐董軍政，擢自環尹，付之戎師，俾控邊關，式防寇鈔。而乃以病爲解，不俟報命，委棄戎重，假裝上道。矧萬旅所集，實制於中權，列燧相望，或虞於外侮。事機一失，咎責安歸。有司議刑，當在不赦。録其素效，特從寛典，可削奪在身官爵，配隸商州。又黜其子如京使永德爲濠州團練副使，崇儀副使永和爲唐州刺史。

（宋）李燾《續資治通鑑長編》宋太宗太平興國七年九月 深州陸澤縣民邢超逋官租，里胥督租，與超鬥，超毆里胥死。超子神留年十六，詣吏求代父，州以聞。戊申，詔特減死，賜里胥家萬錢爲棺斂具。

《宋史》卷五《太宗本紀》〔雍熙三年〕九月丙寅朔，減兩京諸州繫囚流以下一等，杖罪釋之。

《宋史》卷五《太宗本紀》 淳化元年春正月戊寅朔，減京畿繫囚流罪以下一等。

《宋史》卷五《太宗本紀》 至道元年正月戊申朔，改元，赦京畿繫囚，流罪以下遞降一等，杖罪釋之。

《宋史》卷五《太宗本紀》〔至道元年四月〕辛丑，遣使分決諸路刑獄，劫賊止誅首惡，降流罪以下一等。

《宋史》卷八《真宗本紀》〔天禧五年春正月〕癸巳，詔天下死罪降，流以下釋之。

（清）沈家本《歷代刑法考・赦九・赦例三》〔宋〕仁宗天聖元年三月，詔減西京囚罪一等，徒以下釋之。

按：此減死流釋徒以下，又一例。大抵宋世之赦，有減死釋流以下者、有減死流釋徒以下者、有減死流徒釋杖以下者，赦之大小，此三等概之矣。

《宋史》卷一二《仁宗本紀》〔嘉祐元年八月〕乙亥，朝謁景靈宮，減京城繫囚徒罪一等，杖笞釋之。

（宋）蔡襄《端明集》卷二三《乞罷減降疏》 臣伏覩比年以來，盛夏之月，陛下親慮京師繫囚。令天下負罪者減降便從輕典，此蓋陛下嗟憫元元重罹禁網，冒炎暑之苦而處狴犴之下。天衷惻然，下寛大之詔，實羣生之厚幸也。臣愚無智慮，不能識天地無垠之施，而竊有惑焉。臣聞古先帝王躬慮獄囚，皆以決訴冤滯，非特專宥過戾也。迫隆冬，緣亢旱，則或行之，非一定而不易之制也。向者，國家行之，比三年矣，編户之民，習蹈前事，咸知指時月輕觸憲度，豈非屢行之乃滋而爲弊。夫法者，天下大公之本也。故罪有小大，法有輕重。今所沿者大罪而所處者輕法，以非其罪邪，雖輕法不得施，安在降其等乎？誠當其罪耶，重法尚不足以禁，顧輕之，何以革小人之心而驅之嚮善哉。國家每郊禮必大赦貸民之罪，固不鮮矣，又仍歲有疎決減降之制。臣謂貧弱者多負冤，而富强者多蒙宥，爲惠甚小，而其蠹甚大，非有補於治體也。伏望陛下參前古之制，拯當今之弊，罷減降之詔，而責天下州郡吏審辨獄情而無多繫也。臣職賤而言近，不勝隕越之至，臣某昧死再拜，謹上。

《宋史》卷二〇〇《刑法志》 英宗在位日淺，於政令未及有所更制。然以吏習平安，慢於奉法，稍欲振起其怠惰。三班奉職和欽貸所部綱錢，至絞，帝命貸死免杖，刺隸福建路牢城。知審刑院盧士宗請稍寛其罪，帝曰：刑故而得寛，則死者滋衆，非刑期無刑之道。俟有過誤，貸無傷也。

《宋史》卷二〇〇《刑法志》 富國倉監官受米濕惡，壞十八萬石，會恩當減，帝特命奪官停之。

《宋史》卷一四《神宗本紀》〔熙寧元年春正月〕丁丑，以旱，減天下囚罪一等，杖以下釋之。

《宋史》卷一四《神宗本紀》〔熙寧元年秋七月〕甲午，減河北路囚罪一等。

《宋史》卷一五《神宗本紀》〔熙寧五年冬十月戊戌〕減秦鳳囚罪一等。

《宋史》卷一五《神宗本紀》〔熙寧六年三月〕丙辰，以四月朔日當食，自丁巳避殿減膳，降天下囚罪一等，流以下釋之。

《宋史》卷一五《神宗本紀》〔熙寧十年二月〕丙午，以復廣源、蘇茂等州，羣臣表賀，赦廣州囚罪一等，徒以下釋之。

《宋史》卷二〇一《刑法志》 元豐元年，青州民王贇父爲人毆死，贇幼，未能復讎。幾冠，刺讎，斷支首祭父墓，自首。論當斬。帝以殺讎祭父，又自歸罪，其情可矜，詔貸死，刺配鄰州。

《宋史》卷一九《徽宗本紀》 〔元符三年〕秋七月丙寅朔，奉皇太后詔，罷同聽政。丁卯，告哲宗欽文睿武昭孝皇帝謚于天地、宗廟、社稷。戊辰，上寶册于福寧殿。癸酉，以皇太后還政，減天下囚罪一等，流以下釋之。

《宋史》卷二〇〇《刑法志》 高宗承大亂之後，治王時雍等賣國之罪，洪芻、余大均、陳沖、張卿才、李彝、王及之、周懿文、胡思文並下御史臺獄。獄具，刑寺論芻納景王寵姬，大均納喬貴妃侍兒，及之苦辱寧德皇后女弟，當流；沖括金銀自盜，與宫人飲，當絞；懿文、卿才、彝與宫人飲，卿才、彝當徒，懿文當杖；思文於推擇張邦昌狀内添諂奉之詞，罰銅十斤：並該赦。上閱狀大怒，李綱等共解之，上亦新政，重於殺士大夫，乃詔芻、大均、沖各特貸命，流沙門島，永不放還；卿才、彝、及之、懿文、思文並以別駕安置邊郡。宋齊愈下臺獄，法寺以犯在五月一日赦前，奏裁。詔齊愈謀立異姓，以危宗社，非受僞命臣僚之比，特不赦，腰斬都市。詔東京及行在官擅離任者，並就本處根勘之。淮寧守趙子崧，靖康末，傳檄四方，語頗不遜。二年，詔御史置獄京口鞫之。情得，帝不欲暴其罪，以棄鎮江罪貶南雄州。

《明太祖實録》洪武二十七年十二月 〔辛卯〕復漢中府同知柴庸職。時庸以事下刑部獄，其僚屬與同獄者咸言其在官廉介，尚書楊靖以聞。上特宥之，復其官，凡爲庸言者，亦減罪一等。

《明宣宗實録》宣德五年正月 〔丁卯〕有保安衛指揮同知王俊死罪，降充軍立功。俊先守赤城，虜寇邊，俊與指揮方敏率軍禦之，敏戰死，俊不之援，與其麾下解甲棄弓矢脱身走，不歸赤城，徑走宣府。上聞，命法司逮至，初欲殺之，至是宥死，謫充軍，俾立功贖罪。

《明英宗實録》天順四年夏四月 〔丙寅〕湖廣都指揮僉事高昱以總兵官委守永州地方，苗賊犯全州。昱領所部官軍往捕之，見賊輒遁，官軍被賊追殺者甚衆。巡按御史及三司官劾之，下巡按御史執問，罪應斬。上命宥死，降辰州衛帶俸指揮僉事。

《明英宗實録》天順四年冬十月 辛未，右都督王禎初鎮延安，因公杖人至死，乃逼鎮撫楊緒入之獄。緒不從，禎因誣緒有不道語。事覺，法司比禎妖言，律斬。上命宥死，革職閑住。

《明英宗實録》天順五年三月 戊申，廣東都指揮僉事王剛守備靈山縣，不嚴督官軍固守，從賊駕梯入城殺官軍甚衆，下巡按御史論罪，應斬。上宥死，降三緩於廣州衛帶俸差操。

《明憲宗實録》成化十年冬十月 〔己酉〕南京刑部、都察院會官審録死罪囚，總十有三人，其二人毆詈父母，餘十一人以殺傷人及故縱强盜抵罪。情可矜疑者俱具獄上請，詔以毆詈父母者罪惡深重，宜如律誅之，餘悉減死充邊軍。

《明憲宗實録》成化十二年五月 壬戌，刑部尚書董方等奏：重囚内有僞造印信、私鑄銅錢、竊盜三犯、及鬥毆而誤殺傍人者，共十六人皆當死，而情可矜疑，又子婦爲父母所告者五人，並以具獄上請。詔十六人俱貸死，發邊充軍，其五人亦貸之，各杖一百，俾歸養。

《明世宗實録》嘉靖元年二月 〔癸巳〕宣府巡撫僉都御史寧杲既論死，在獄以病聞，得旨：免死發戍廣州雷州衛。都御史金獻民等執奏請如原擬，上竟宥之。

（明）余懋學《仁獄類編》卷二九《減死發戍衛》 五軍斷事官言，軍校四十五人皆犯重法，當死。上曰，此輩非怵于利則脇于威，故陷重辟，然其情亦有可矜者其以情之至重者，一人寘于法，餘皆減死，發戍三萬衛。

中國第一歷史檔案館《盛京刑部原檔》一九八號 崇德四年正月初九日，鑲白旗阿玉石誑稱上命其兄蘇納去温泉，罪一。阿玉石又以蘇納之妻同去温泉請於巴圖魯郡王，王曰：蘇納之妻不宜去，爾可告於貝子尼堪、貝子羅托、承政英俄爾岱、滿達爾漢。阿玉石告於貝子、承政等，貝子問曰：王言若何？阿玉石對曰：王亦允准前往。貝子、承政曰：王雖説令去，然仍不宜去盡邊之地。還告於王，王曰：我亦云不宜去。因告於刑部。阿玉石誑稱王令去，罪二。阿玉石應論死。奏聞，上命：免死，革世職，鞭八十。

中國第一歷史檔案館《盛京刑部原檔》二一五號　崇德四年七月初九日，鎮國公艾度禮將從錦州逃來之兩蒙古帶來訊問時，正紅旗巴音戴私問曰：爾等將妻孥拋棄，只管逃來者，所投何爲？經法司審實，因議巴音戴應論死。奏聞，上命：免巴音戴死，鞭八十。

中國第一歷史檔案館《清初内國史院滿文檔案譯編》崇德七年九月二十五日　翁牛特部塞桑吴巴希，當圍松山掘壕時，以誦經故，不親往監督，又不巡夜，是故，論死，籍其家。奏聞，上曰：如此愚懦無知之人，殺之何爲？遂免死，並免籍没，止罰馬五十匹，牛五十頭。

（清）嵇璜等《清朝通典》卷八九《刑法・赦宥》　〔雍正〕六年十一月，停止秋決，並酌減情實人犯。

（清）嵇璜等《清朝通典》卷八九《刑法・赦宥》　〔乾隆〕三年三月，以天旱命寬減監犯。

中國第一歷史檔案館《光緒宣統兩朝上諭檔》光緒元年二月二十八日

查辦四川福建奉天陝西秋審案内已結斬絞各犯，分別開單具奏事，同治十三年十一月十五日奉上諭，朕奉慈安端裕康慶皇太后慈禧端佑康頤皇太后懿旨，所有刑部及各省已經結案監禁人犯，除情罪重大及常赦所不原者，毋庸查辦外，其餘著軍機大臣會同刑部酌量案情輕重，分別請旨減等發落，其軍流徒杖以下人犯一併分晰減等完結。欽此。經臣等查明，朝審宗室緩決二十次以上，暨新疆貴州廣東廣西秋審案内人犯准減不准減，於二月初二日初次開單具奏，欽奉諭旨，遵行在案。今臣等會同查明四川福建奉天陝西已入秋審斬絞常犯四百三十二名口，内擬以准減者二百七十五名口，擬以監禁二年後再行減等者三十三名，擬以監禁五年再行核辦者十八名，擬不准減者一百零六名口，未入秋審斬絞常犯三百二十八名口，内擬以准減者二百六十三名口，擬以監禁二年後再行減等者十四名，擬以監禁五年再行核辦者二名，擬不准減者四十九名口，謹遵照奏定條款，摘叙各犯，犯罪案由分別開單敬呈。

御覽。恭候命下，刑部行文各該督撫府尹將軍將准減人犯遵照應減地方，發配命案内減等人犯，照矜減人犯例，各追埋葬銀二十兩給付屍親收領，報部。如本犯另有應追銀兩仍照例著追，應收贖者照律收贖。應留養承祀者，照例留養承祀。各犯内有應減發極邊烟瘴充軍者，仍照奏定章程以極邊足四千里爲限，旗下正身照例折枷發落，旗下家奴發各省駐防爲奴，蒙古人犯照蒙古例辦理，苗民夷民土民准減之犯應行折枷遷徙者，亦俱照例核辦。至不准減等各犯仍入本年秋審辦理，瘋病殺人之犯應俟監禁五年後查看，瘋病不復舉發再行核辦，其湖廣等省已未入秋審人犯。臣等會同詳核續行。分次具奏，合併聲明。

附録：中國古代刑法圖録

附录·中国古今地名对照表

説明

圖像史料與文字史料相為表裏，可補苴載籍消息之闕失，可印證子史辭章之不虚，可彰明經術義理之難述。故鄭樵《通志》立圖譜為專門，《明用》篇論列古今學術所可為之用者凡十有六，而『法制』在焉，《記無》篇著録路仁恕《五刑旁通圖》之佚，足窺其『今之所無者不可不求』之意。至清《續通志》，號稱右文圖籍大備，而於『刑法』目下僅增入明章潢《五刑六贓圖》，是知刑法圖譜自古罕有，得匯為專集者從來稀見。

本圖録所收僅以古籍插圖為主，兼及其他傳世圖畫，力求資料性與學術性并重。考其來歷，大抵有三：其一，紀實類。如歷代法典之五刑圖、類書之附圖、晚清新聞報導之配圖等。該類圖像真實準確，可信度高，足堪羽翼經史；其一，圖解類。如經史典籍、蒙學讀物之圖註圖説。該類圖像以通俗易解為鵠的，雖不免以偏概全，而勝在具體直觀、生動形象，不乏可取之處；其一，文藝類。如通俗戲曲小説之繡像插圖。此類圖像本為裝飾而設，形象誇張，不期求真。或出於臆想，憑空生造；或墨守譜法，因襲舊制。涉筆成圖，不免張冠李戴，多乖曩跡。然歷代法外雜刑，苛酷駭於書傳，正典多諱而不論，雖稗編踵謬，説部沿訛，遞相祖述，終有典型，未必皆鑿空臆斷。汲塚殘編，何可必邃古之實録；蒲柳之葺，焉知非史學之孑存，故不可得而弃也。避忌猥雜，所選則以公案、講史之類為主，他類間有可資考證者，聊以備存而已。此舉有適《中華大典》則例，故特將所收聚匯為之《附録》。

雖有意博訪窮搜，精當者不憚廣納，而庸劣者不敢溢濫，計選得三百七十餘幅，依其内容次為歷代刑制、刑名、刑具三類。每類依主題分設細目，目下列圖。每圖均註明出處，歷代刑制部份以圖像反映的時代為次，刑名、刑具部份則略依板刻或刻家時代編排。原圖無題者則依圖中所繪及原書所述代擬，以便統攝。偶有圖雖具陳而義難盡述者，則略作説明。原圖有繪形失真或悖于事實者，則存而不論。

圖輯於古，意在宜今，散必難於專攻，聚則便於通悟，故為是編。囿于聞見，所收所述，罣漏必多，通人方家，幸有教焉。

編者

二〇一〇年十月

目録

歷代刑制

先秦

圖一　咎繇像

《歷代古人像贊》
明成化十一年刻本

圖二　眚災肆赦圖

《書經圖說》
清光緒三十一年欽定本

圖三　四凶服罪圖

《書經圖說》
清光緒三十一年欽定本

圖四　皋陶明刑圖

《書經圖說》
清光緒三十一年欽定本

圖五　皋陶圖

《書經圖說》
清光緒三十一年欽定本

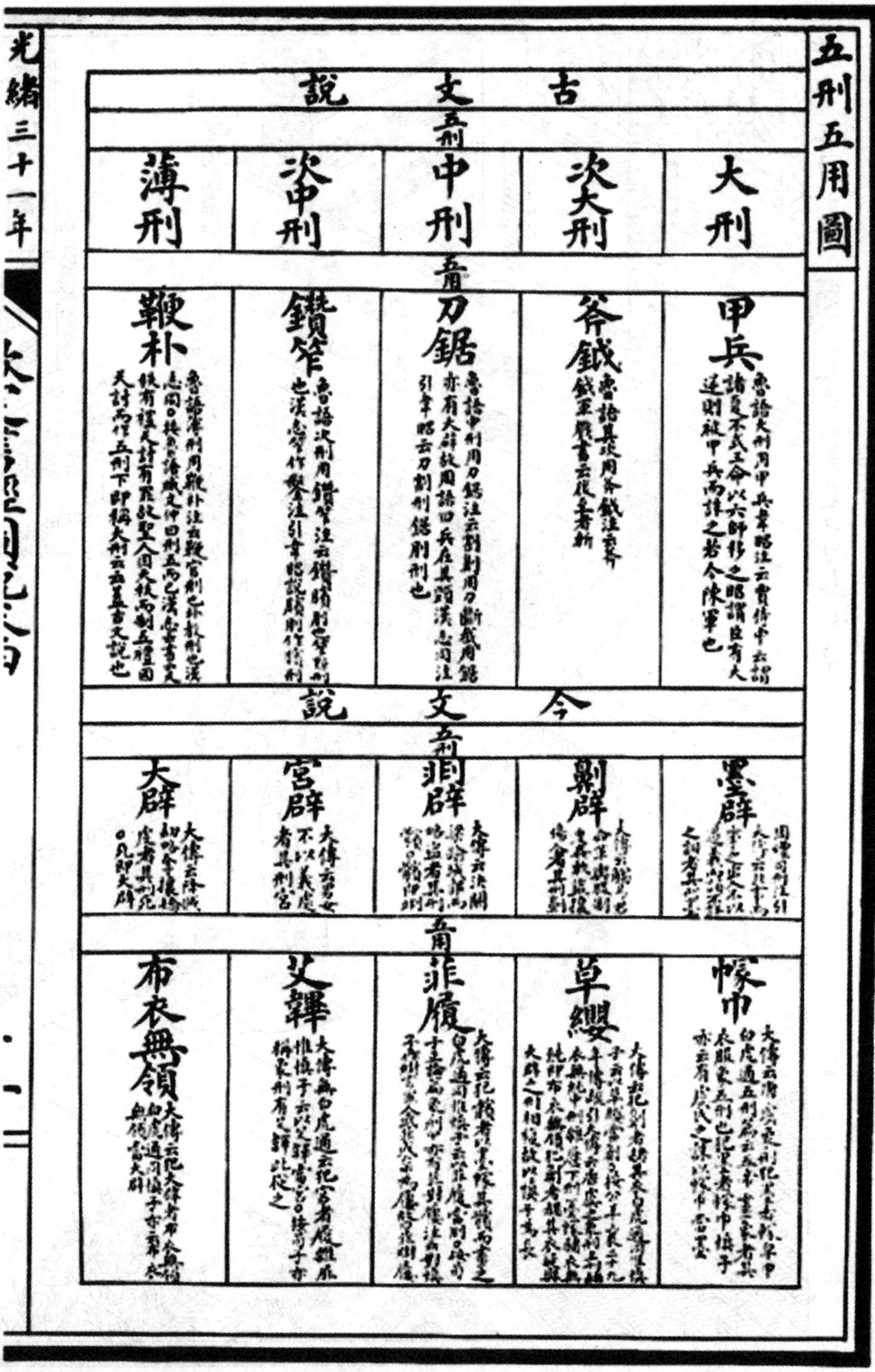

圖六　五刑五用圖

四一五二

《書經圖說》
清光緒三十一年欽定本

圖七　不虐無告圖

《書經圖說》
清光緒三十一年欽定本

山东武梁祠漢畫像石刻（左側隸書題「夏禹長於地理，脈泉知陰，隨時設防，退為肉刑」十八個字）

圖八　夏禹像

圖九　趙良教桀苛法嚴刑

《有夏誌傳》
明末余季岳刊本

圖一〇　桀命囚商侯于夏臺

《有夏誌傳》　明末余季岳刊本

圖一一　囚西伯羑里城

《列國志傳評林》
明萬曆三十四年三台館余象斗刊本

圖一二　百姓懔懔圖

《書經圖說》
清光緒三十一年欽定本

圖一三　囚奴正士圖

《書經圖說》
清光緒三十一年欽定本

圖一四　罪人斯得圖

《書經圖說》
清光緒三十一年欽定本

圖一五　明德慎罰圖

《書經圖說》
清光緒三十一年欽定本

圖一六　服念要囚圖

《書經圖說》
清光緒三十一年欽定本

圖一七　執拘羣飲圖

《書經圖說》
清光緒三十一年欽定本

圖一八　郭鄰囚蔡圖

《書經圖說》
清光緒三十一年欽定本

圖一九　要囚用勸圖

《書經圖說》
清光緒三十一年欽定本

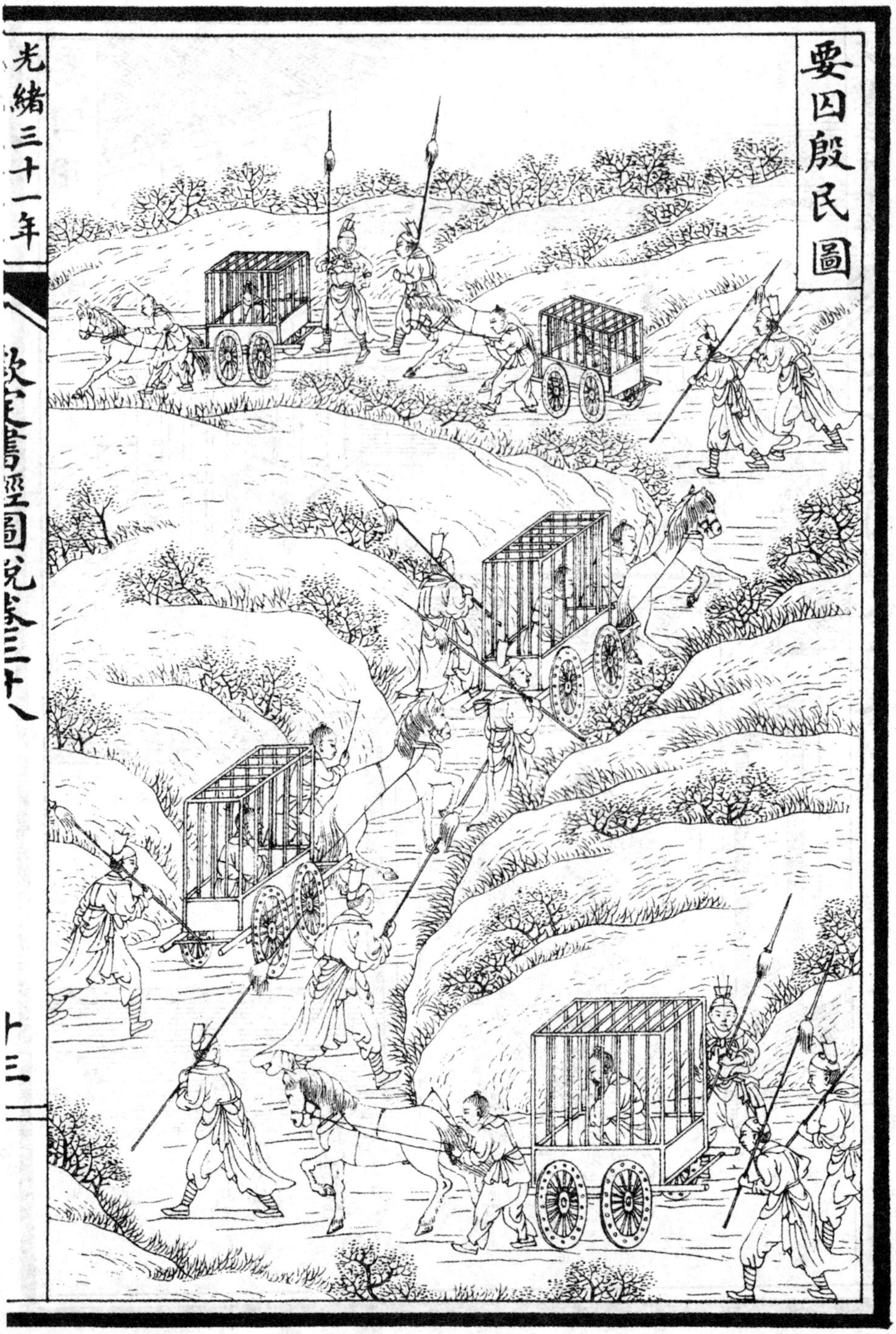

圖二〇　要囚殷民圖

《書經圖說》
清光緒三十一年欽定本

圖二一　正乂庶獄圖

《書經圖說》
清光緒三十一年欽定本

圖二二　蘇公敬獄圖

《書經圖說》
清光緒三十一年欽定本

圖二三　殷民在辟圖

《書經圖說》
清光緒三十一年欽定本

圖二四　呂侯受命圖

《書經圖說》
清光緒三十一年欽定本

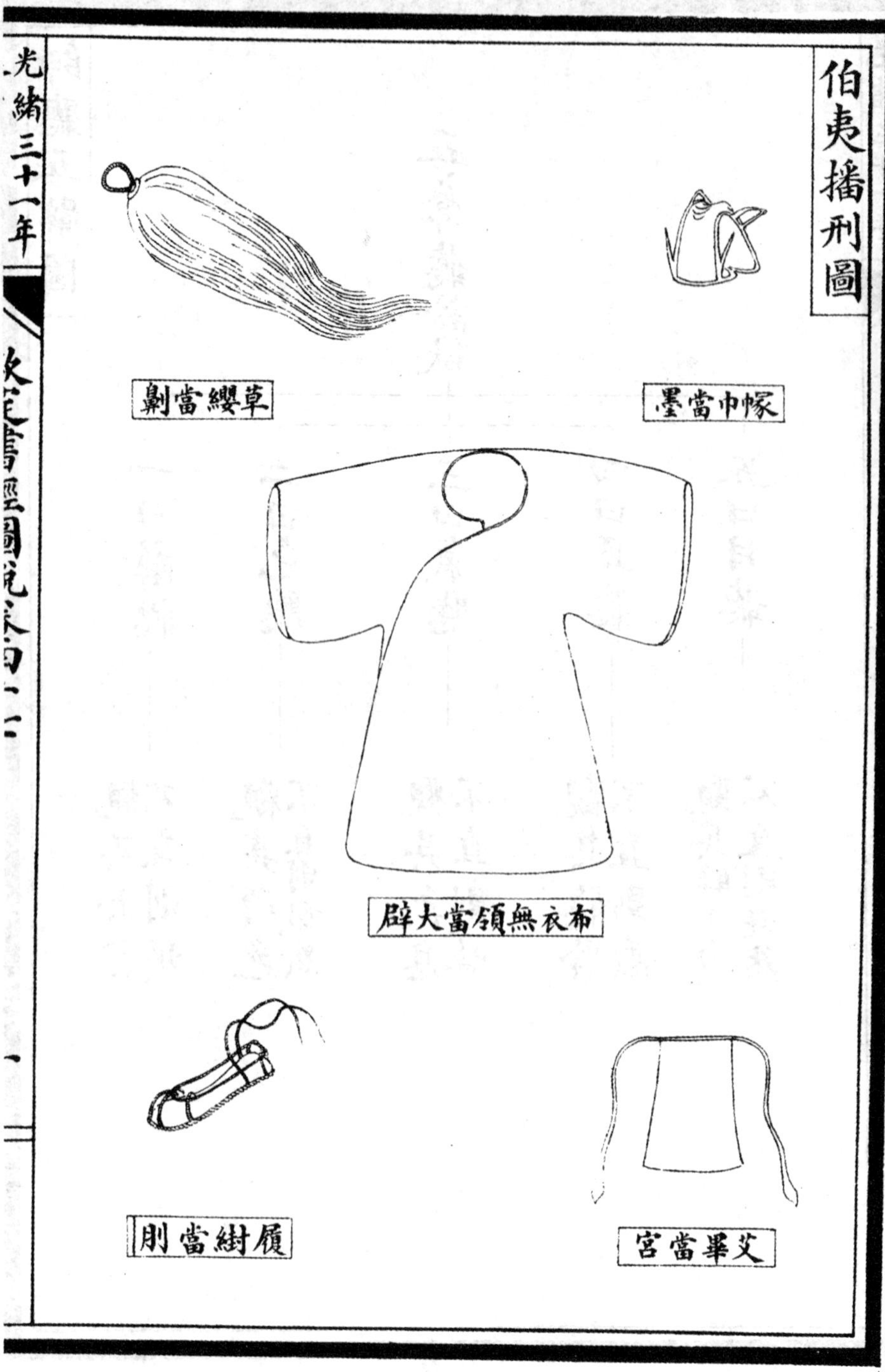

圖二五　伯夷播刑圖

《書經圖說》
清光緒三十一年欽定本

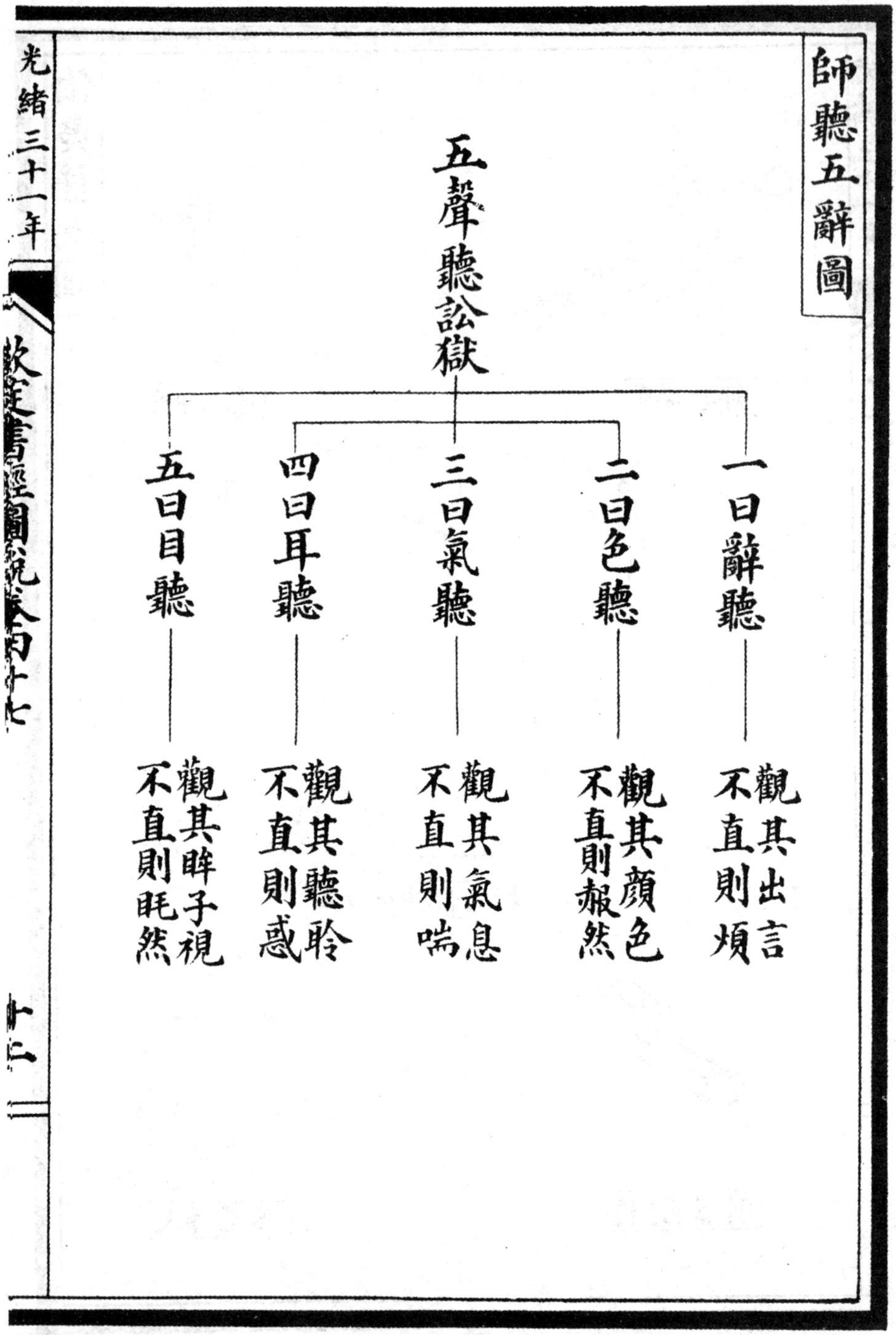
光緒三十一年
欽定書經圖說卷四十七
十七
師聽五辭圖
五聲聽訟獄
一曰辭聽
觀其出言不直則煩
二曰色聽
觀其顏色不直則赧然
三曰氣聽
觀其氣息不直則喘
四曰耳聽
觀其聽聆不直則惑
五曰目聽
觀其眸子視不直則眊然

圖二六　師聽五辭圖

刑罰比罪圖

辟（罪也）

墨辟	劓辟	剕辟	宮辟	大辟
大傳非事而事之出入不以道義而誦不祥之詞者	觸易君命革輿服制度姦軌盜攘傷人者	決關梁踰城郭而略盜者按此即李悝盜法之所本	男女不以義交者按此即李悝雜法之姦	降叛寇賊劫略奪攘矯虔者以上並從大傳

刑

墨刑	劓刑	剕刑	宮刑	大刑
周禮司刑鄭氏注云墨黥也先刻其面以墨窒之按說文黥墨刑在面也重文作剠	周禮注云劓截其鼻也按說文劓作劓云刑鼻也重文仍作劓	剕說文作跳云跀也跀斷足也周禮跀作刖注周改臏作刖按大傳史記周紀刖並作臏據周禮注稱周改臏作刖又駁異義云咎繇改臏為跳呂刑有跳跳刖刑同則本書作剕為是	周禮注云宮者男子則割其勢女子閉於宮中若今官男女也	周禮作殺注死刑也夏侯等書謂為割頭

罰

墨罰（百鍰）	劓罰（二百鍰）	剕罰（三百三十三鍰二兩）	宮罰（六百鍰）	大罰（千鍰）
史記鍰作率夏侯歐陽說同鄭云鍰六兩	經云惟倍史作倍灑	經云倍差史記周紀集解馬融曰倍二百為四百鍰差者又加四百之三分一凡五百三十三分一也正義倍中之差二百三十三分一合三百三十三鍰二兩也宮刑其罰五百臏刑既輕其數豈加故知孔馬之說非也按司馬氏差去之說較馬融說為長今從之	史記正義本作五百	大傳夏后氏死罪罰千饌一饌六兩鄭注所出金鐵也死罪出三百七十五斤用財少爾按千饌即千鍰

圖二七　刑罰比罪圖

《書經圖說》
清光緒三十一年欽定本

圖二八　明啟刑書圖

《書經圖說》
清光緒三十一年欽定本

圖二九　中聽兩辭圖

《書經圖說》
清光緒三十一年欽定本

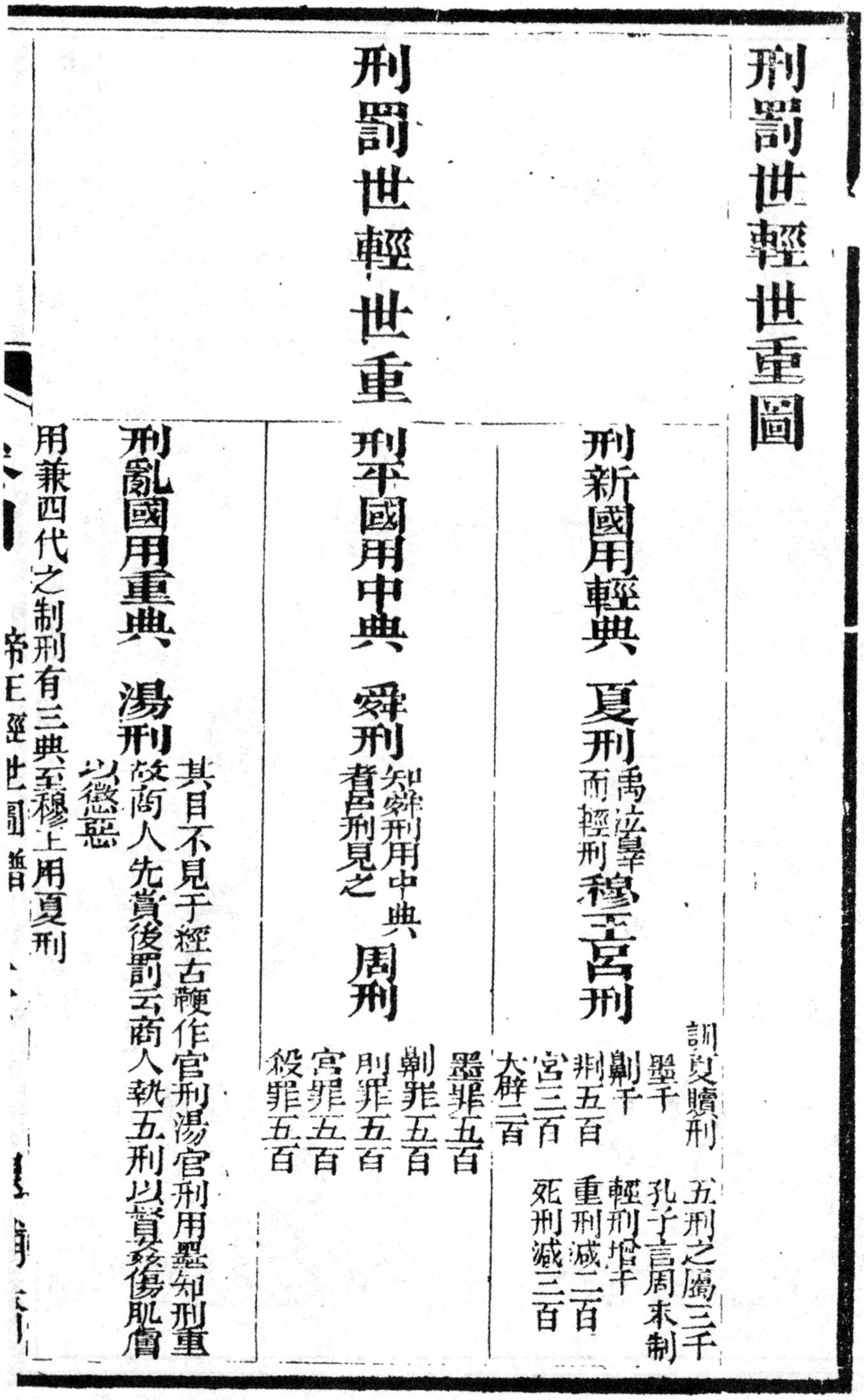

圖三〇　刑罰世輕世重圖

（南宋）唐仲友撰《帝王經世圖譜》
同治退補齋本

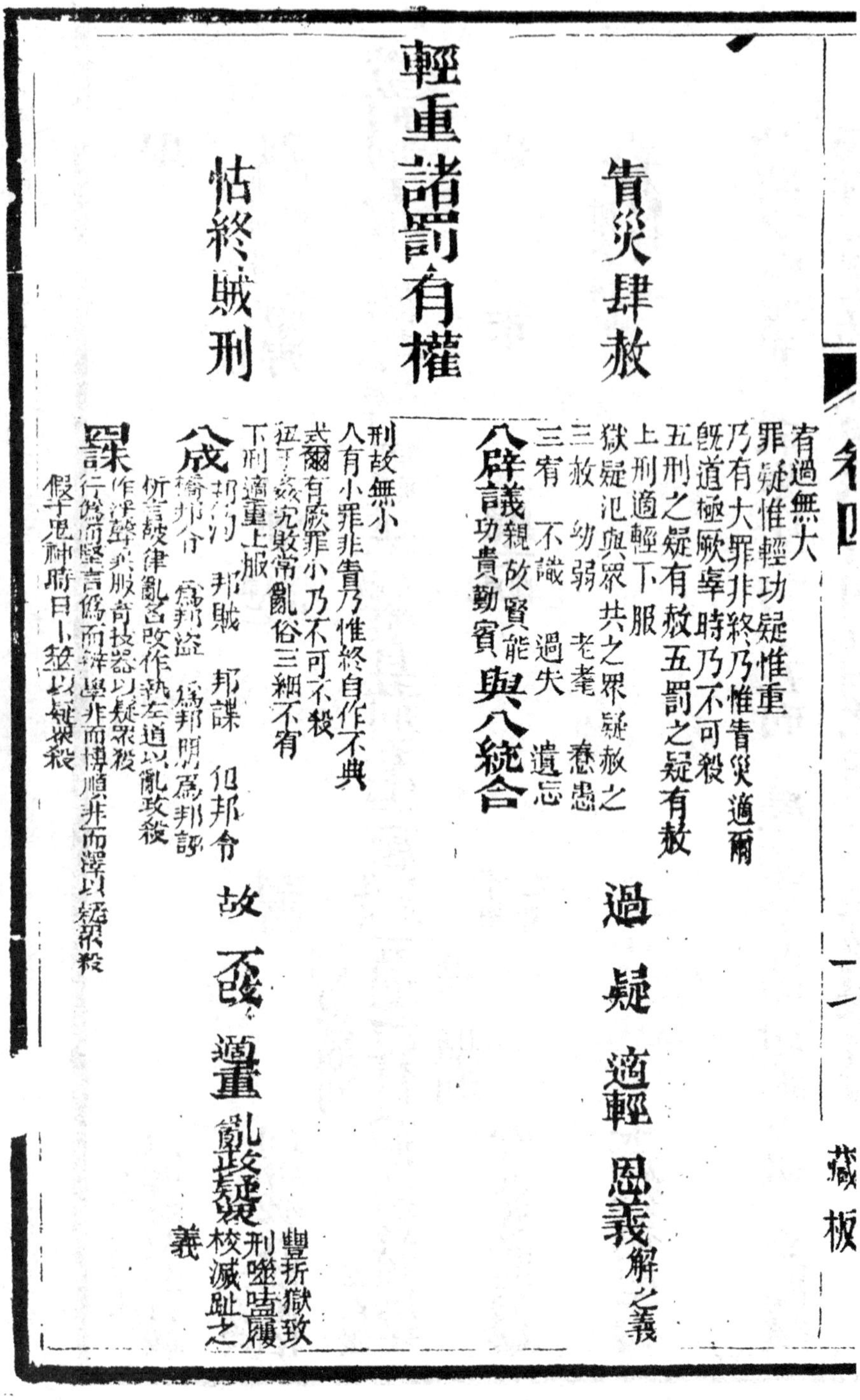

圖三一　刑罰世輕世重圖

（南宋）唐仲友撰《帝王經世圖譜》
同治退補齋本

墨　墨辟疑赦罰百鍰（六兩爲鍰鍰黃鐵也）

劓（康誥劓刵言劓同一刑劓刵耳）原野　鄉土（肆之三日）　四裔　劓辟疑赦罰惟倍（二百鍰）

訓夏贖刑

書五刑剕五服三就朝（公族于甸人）周禮遂士（郊就）流宥五刑五宅三居（九州之外）五刑之疑有赦剕辟疑赦罰倍差（五百鍰）

金作贖刑

宮　市　縣土（縣就）（千里之外）　宮辟疑赦罰六百鍰

大辟（斬焚辜踣車轘皆大辟）　大辟疑赦罰千鍰

舜典象以典刑　皋陶作士明于五刑　禹謨明于五刑以弼五教　皋陶謨

天討有罪五刑五用哉　呂刑五刑之疑有赦五罰之疑有赦

帝王經世圖譜　退補齋

圖三二　刑罰世輕世重圖

(南宋)唐仲友撰《帝王經世圖譜》

同治退補齋本

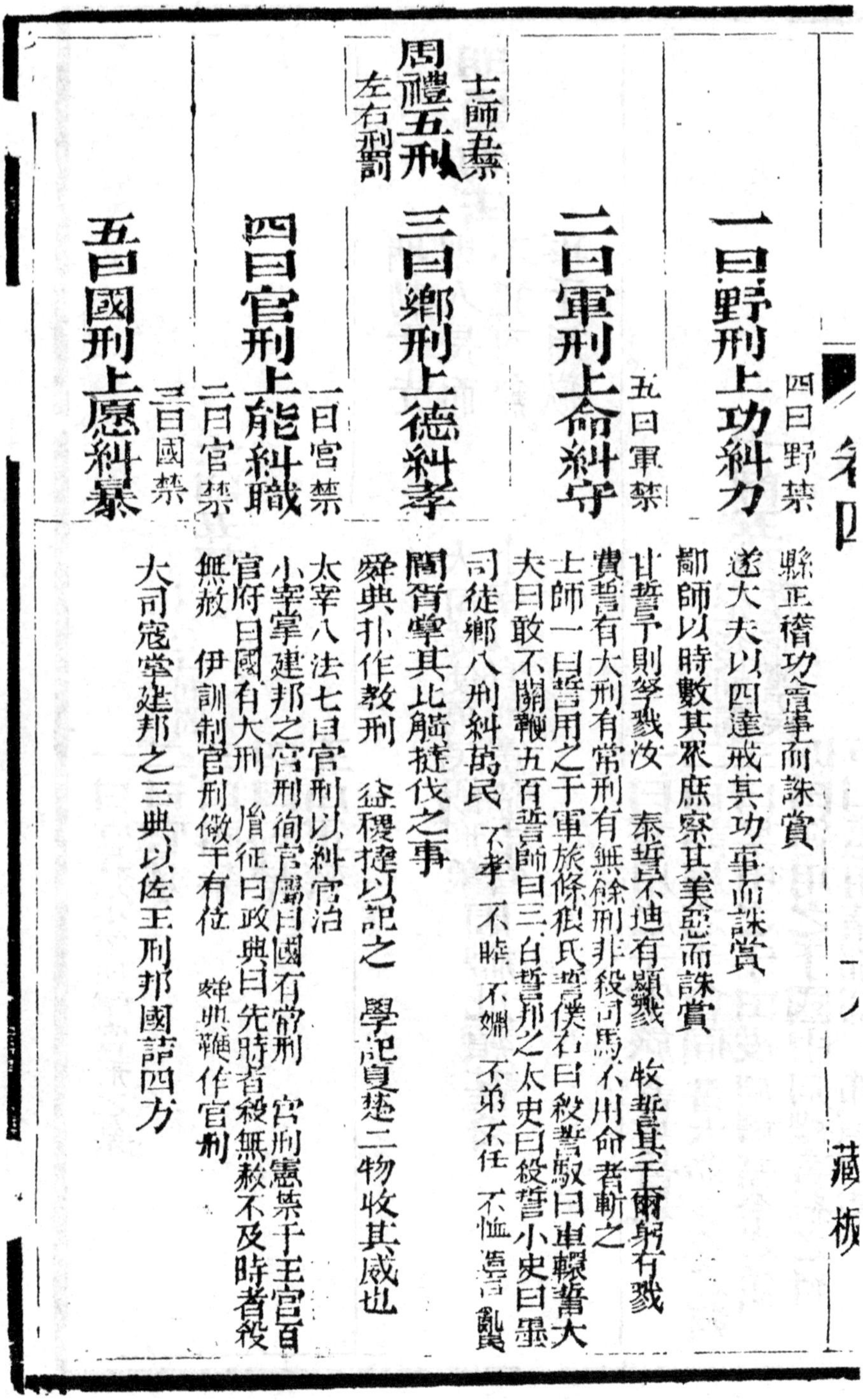

卷四　藏板

周禮五刑

士師五禁

左右刑罰

一曰野刑上功糾力　四曰野禁

二曰軍刑上命糾守　五曰軍禁

三曰鄉刑上德糾孝

四曰官刑上能糾職　一曰宮禁　二曰官禁

五曰國刑上愿糾暴　三曰國禁

縣正稽功會事而誅賞

遂大夫以四達戒其功事而誅賞

鄙師以時數其衆庶察其美惡而誅賞

甘誓予則孥戮汝　泰誓不迪有顯戮　牧誓其于爾躬有戮

費誓有大刑有常刑有無餘刑非殺司馬不用命者斬之

士師一曰誓用之于軍旅條狼氏誓僕右曰殺誓馭曰車轘誓大

夫曰敢不關鞭五百誓師曰三百誓邦之大史曰殺誓小史曰墨

司徒鄉八刑糾萬民　不孝不睦不婣不弟不任不恤造言亂

閭胥掌其比觵撻伐之事

舜典扑作教刑　益稷撻以記之　學記夏楚二物收其威也

太宰八法七曰官刑以糾官治

小宰掌建邦之宮刑徇宮屬曰國有常刑　宮刑憲禁于王宮

官府曰國有大刑　胤征曰政典曰先時者殺無赦不及時者殺

無赦　伊訓制官刑儆于有位　舜典鞭作官刑

大司寇掌建邦之三典以佐王刑邦國詰四方

圖三三　刑罰世輕世重圖

（南宋）唐仲友撰《帝王經世圖譜》

同治退補齋本

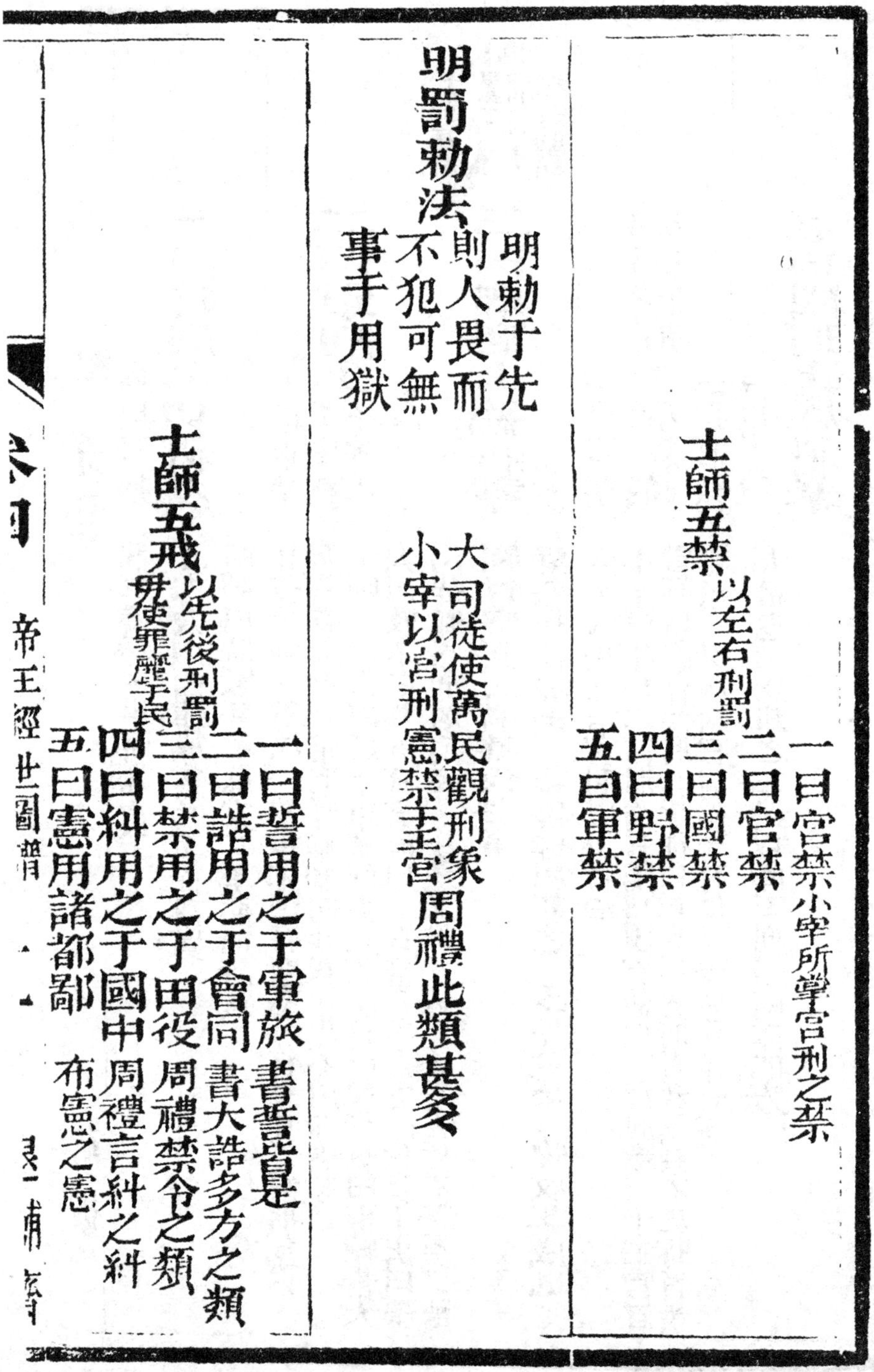

圖三四 刑罰世輕世重圖

(南宋)唐仲友撰《帝王經世圖譜》
同治退補齋本

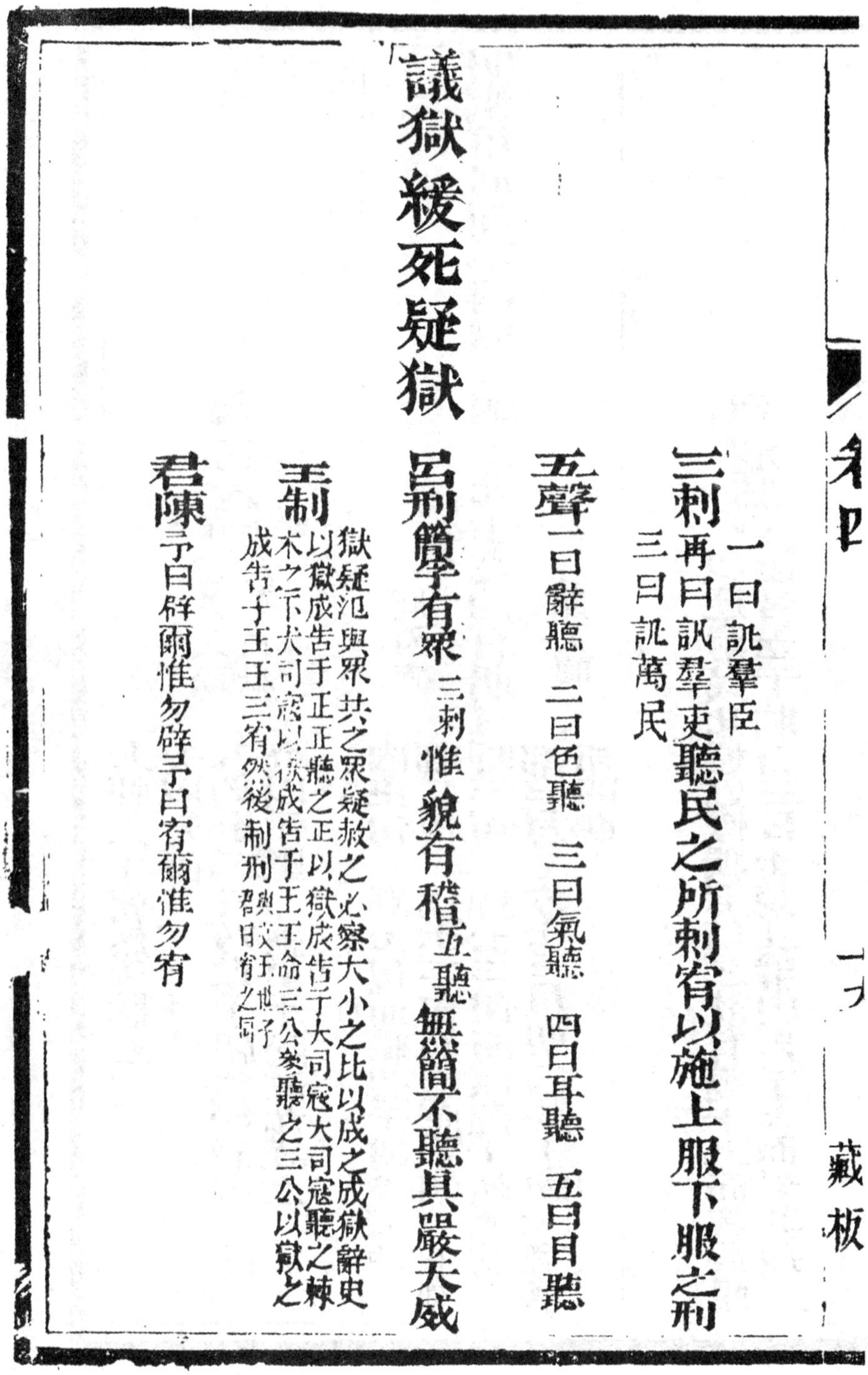

圖三五　刑罰世輕世重圖

（南宋）唐仲友撰《帝王經世圖譜》
同治退補齋本

大司寇 兩造禁民訟 兩劑禁民獄

入束矢于朝然後聽之

矢以示直

入鈞金三日乃致于朝然後聽之

金以示堅 獄重于訟故尤謹之

明慎用刑而不留獄

朝士凡士之治有期日 期內聽 期外不聽

國中旬 鄉士旬而職聽于朝 掌國中

郊二旬 遂士二旬而職聽于朝 掌四郊

野三旬 縣士三旬而職聽于朝 掌野

都三月 方士三月而上獄訟于國 掌都家

邦國期

司寇肺石 以達窮民凡遠近惸獨老幼之欲有復于上而其長弗達者立于肺石三日士聽其辭以告于上而罪其長

圖三六 刑罰世輕世重圖

(南宋)唐仲友撰《帝王經世圖譜》

同治退補齋本

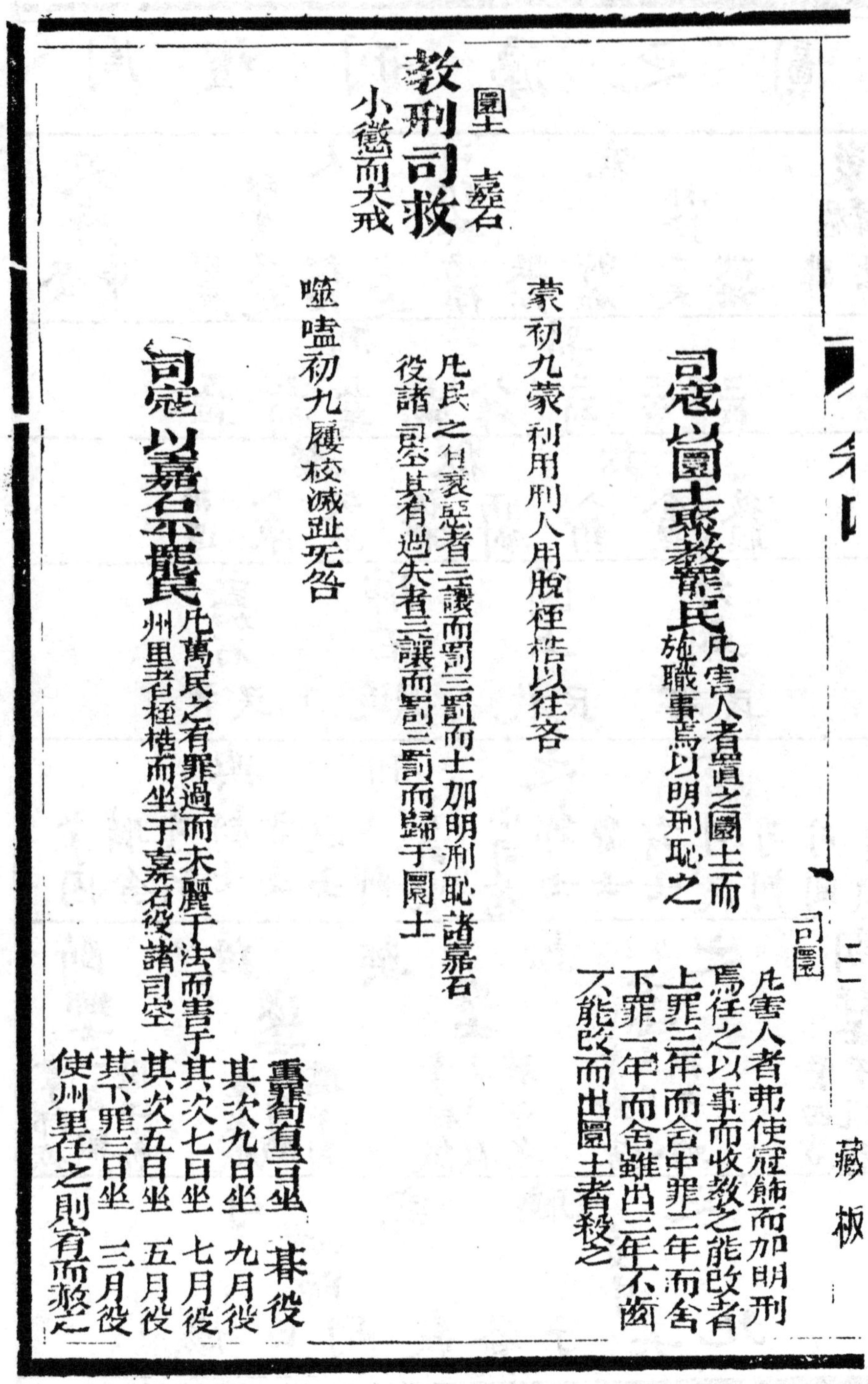

圖三七　刑罰世輕世重圖

（南宋）唐仲友撰《帝王經世圖譜》
同治退補齋本

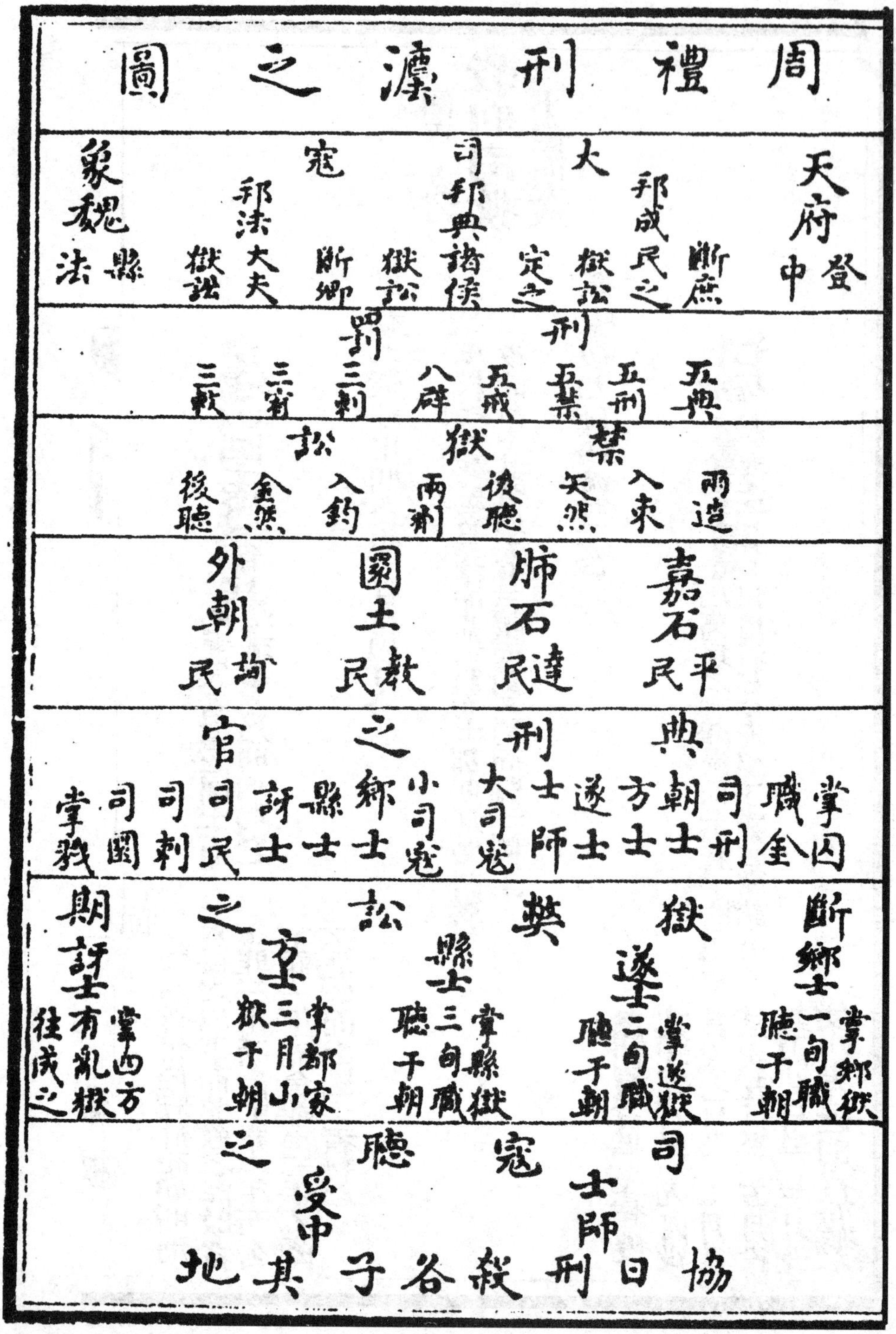

圖三八　周禮刑法之圖

(明)章潢撰《圖書編》
文淵閣四庫全書本

圖三九　廷理執法(茅門之法)

(明)焦竑撰《養正圖解》　宛委別藏本

《韓非子・外儲説右上》:荆莊王有《茅門之法》曰:羣臣大夫諸公子入朝,馬蹄踐霤者,廷理斬其輈戮其御。於是太子入朝,馬蹄踐霤,廷理斬其輈戮其御。

圖四〇　廷理執法(茅門之法)

(明)焦竑撰《養正圖解》
清光緒二十一年武英殿刻本

圖四一　衛鞅呈上法律

《列國志傳評林》 明萬曆三十四年三台館余象斗刊本

秦漢

圖四二　漢高帝入關約法

（明）张居正　吕調陽撰《帝鑑圖說》
清純忠堂刻本

圖四三　漢文帝廢除肉刑

《瑞世良英》
明崇禎車應魁刻本

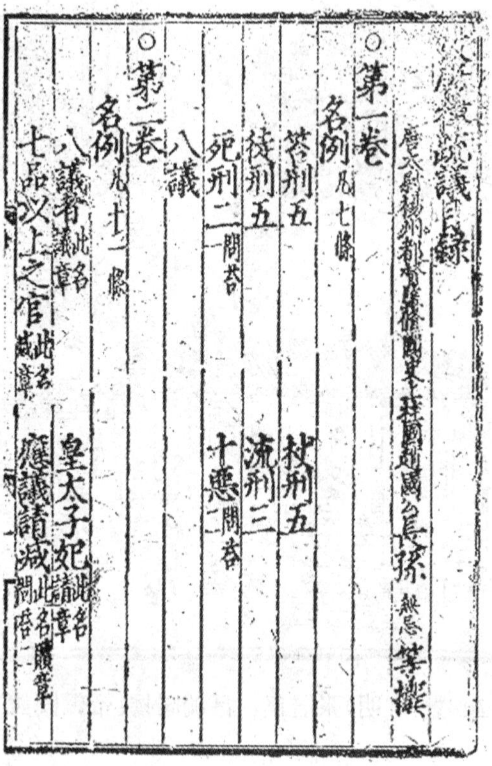
唐律疏議目錄
唐太尉揚州都督監修國史上柱國趙國公長孫無忌等撰
第一卷
名例 凡七條
笞刑五 杖刑五
徒刑五 流刑三
死刑二 問荅 十惡 問荅
八議
第二卷
名例 凡十二條
八議者 此名議章 皇太子妃 此名請章
七品以上之官 此名減章 應議請減 此名贖章 問荅二

圖四四　唐律五刑

《故唐律疏議》殘四卷
元至正十一年崇化余氏勤有堂刊本

圖四五　唐太宗覽圖禁杖

(明)张居正　吕調陽撰《帝鑑圖說》　清純忠堂刻本

圖四六　唐太宗縱囚歸獄　(明)张居正　吕調陽撰《帝鑑圖說》　清純忠堂刻本

宋

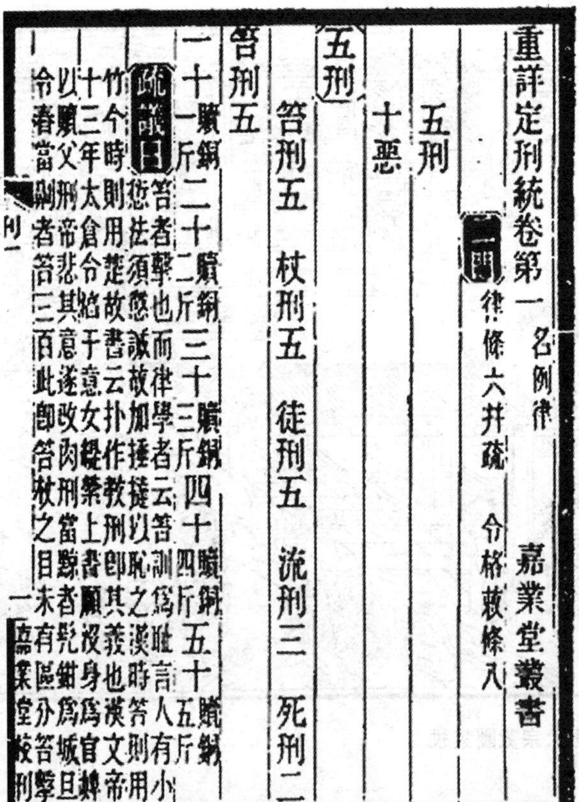
重詳定刑統卷第一　名例律　嘉業堂叢書

一門　律條六并疏　令格敕條八

五刑

十惡

五刑

笞刑五　杖刑五　徒刑五　流刑三　死刑二

笞刑五

一十贖銅一斤　二十贖銅二斤　三十贖銅三斤　四十贖銅四斤　五十贖銅五斤

疏議曰笞者擊也而律學者云笞訓爲耻言人有小愆法須懲誡故加捶撻以耻之漢時笞則用竹今時則用楚故書云扑作教刑即其義也漢文帝十三年太倉令淳于意女緹縈上書願沒身爲官婢以贖父刑帝悲其意遂改肉刑當黥者髡鉗爲城旦舂當劓者笞三百此即笞杖之目未有區分笞擊

刑一　　一　嘉業堂校刑

圖四七　宋律五刑

《重詳定刑統》嘉業堂刊本

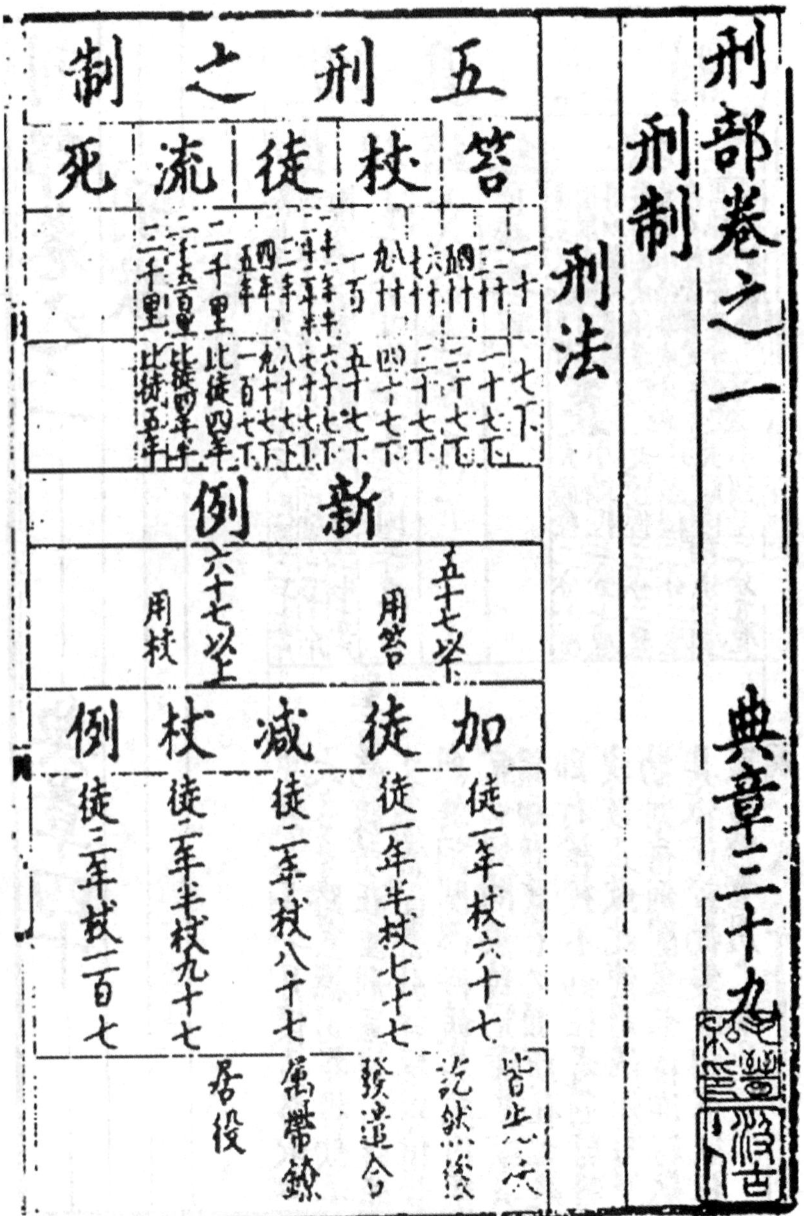

刑部卷之一 典章二十九

刑制

刑法

五刑之制

笞	杖	徒	流	死
一十 七下；二十 一十七下；三十 二十七下；四十 三十七下；五十 四十七下	六十 五十七下；七十 六十七下；八十 七十七下；九十 八十七下；一百 九十七下	[illegible] 一百七下	二千里 比徒四年；二千五百里 比徒四年半；三千里 比徒五年	

新例

五十七笞 用笞

六十七以上 用杖

加徒減杖例

徒一年杖六十七

徒一年半杖七十七

徒二年杖八十七

徒二年半杖九十七

徒三年杖一百七

皆決訖然後發遣合屬帶鐐居役

圖四八　元典章五刑之制

《大元聖政國朝典章》　元刊本

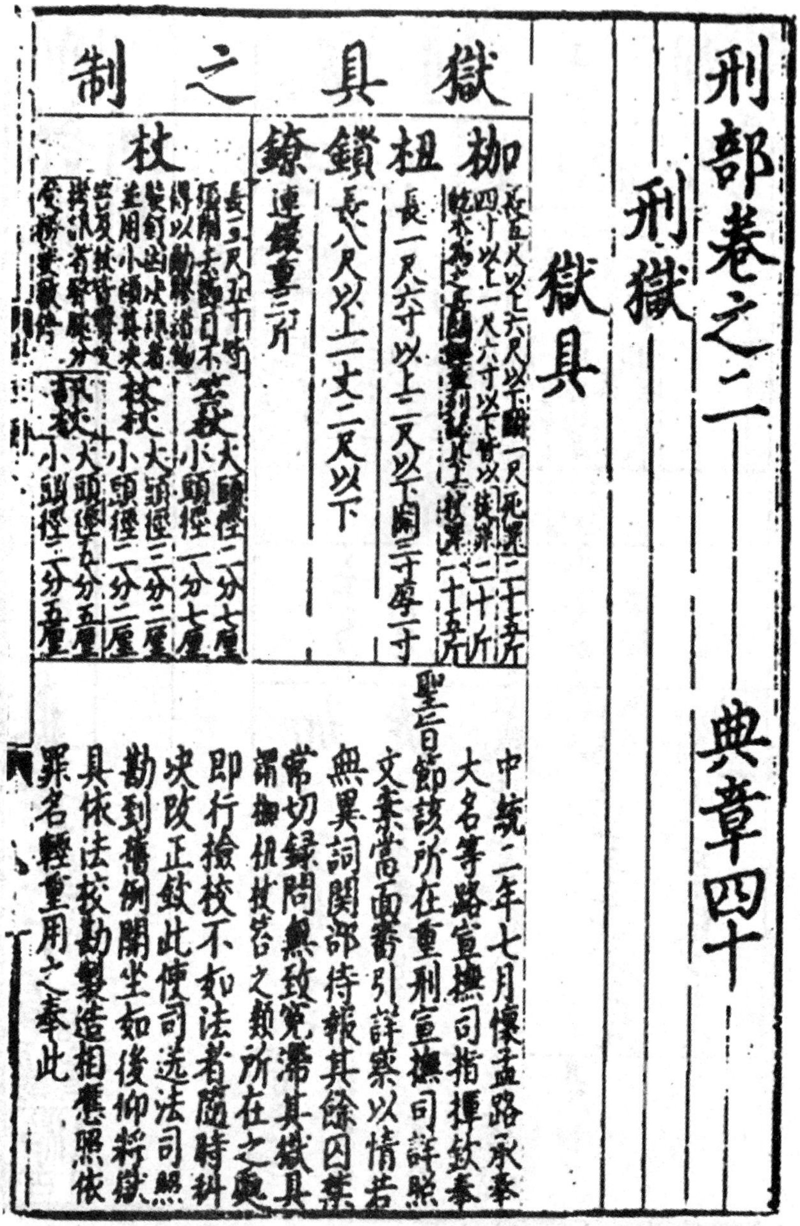
刑部卷之二　典章四十

刑獄

獄具

獄具之制

枷　長五尺以上六尺以下闊一尺四寸以上一尺六寸以下[illegible]死罪二十五斤徒流二十斤杖罪一十五斤

杻　長一尺六寸以上二尺以下闊三寸厚一寸

鎖　長八尺以上一丈二尺以下

鐐　連鐶重三斤

杖　長三尺五寸[illegible]

笞　大頭徑二分七釐　小頭徑一分七釐

杖　大頭徑三分二釐　小頭徑二分二釐

訊杖　大頭徑四分五釐　小頭徑三分五釐

中統二年七月懷孟路承奉大名等路宣撫司指揮欽奉聖旨節該所在重刑宣撫司詳照文案當面審引詳察以情若無異詞関部待報其餘囚禁常切録問無致冤滯其獄具謂枷杻杖笞之類所在之處即行撿校不如法者隨時料決改正欽此使司遂法司照勘到舊例開坐如後仰將獄具依法校勘製造相應照依罪名輕重用之奉此

圖四九　元典章獄具之制

《大元聖政國朝典章》　元刊本

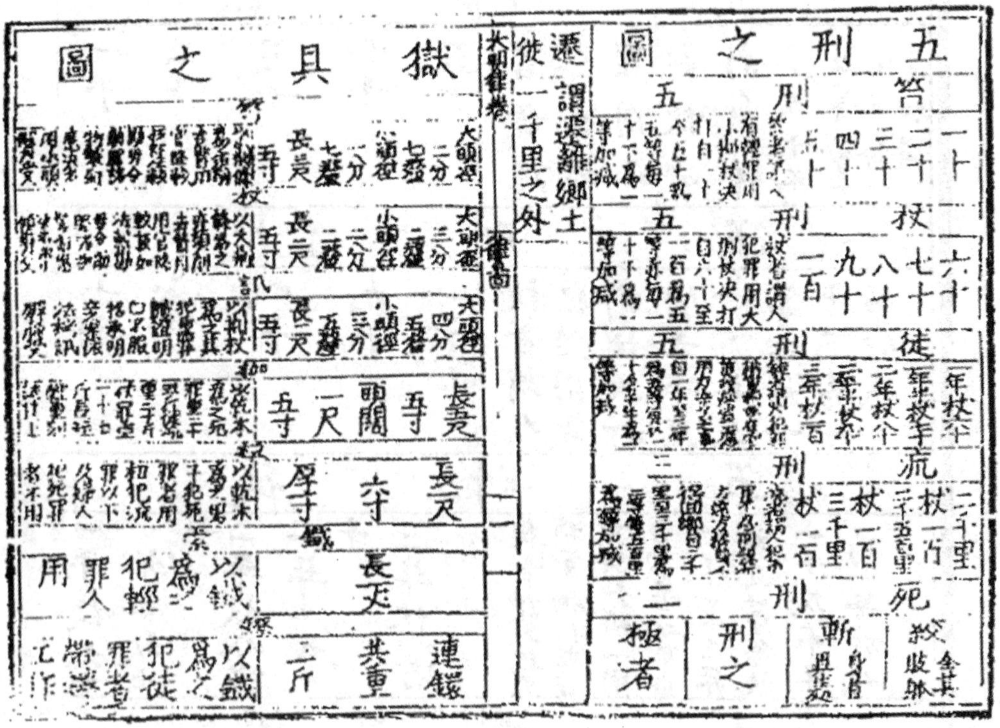

圖五〇　明律五刑之圖獄具之圖

《大明律》　明嘉靖范永鑾刻本

本朝五刑圖

笞刑五

一十　二十　三十　四十　五十

笞者謂人有輕罪用小荊杖決打自一十至五十為五等每一十下為一等加減

杖刑五

六十　七十　八十　九十　一百

杖者謂人犯罪用大荊杖決打自六十至一百為五等亦每一十下為一等加減

徒刑五

一年杖六十　一年半杖七十　二年杖八十　二年半杖九十　三年杖一百

徒者謂人犯罪稍重拘收在官煎鹽炒鐵一應用力辛苦之事自一年至三年為五等每杖一十及半年為一等加減

流刑三

二千里杖一百　二千五百里杖一百　三千里杖一百

流者謂人犯罪重者不忍刑殺流去遠方終身不得回鄉自二千里至三千里為三等每五百里為一等加減

死刑二

絞全其肢體　斬身首異處

刑之極者

遷徙

謂遷離鄉土一千里之外

圖五一　本朝五刑圖

(明)章潢撰《圖書編》
文淵閣四庫全書本

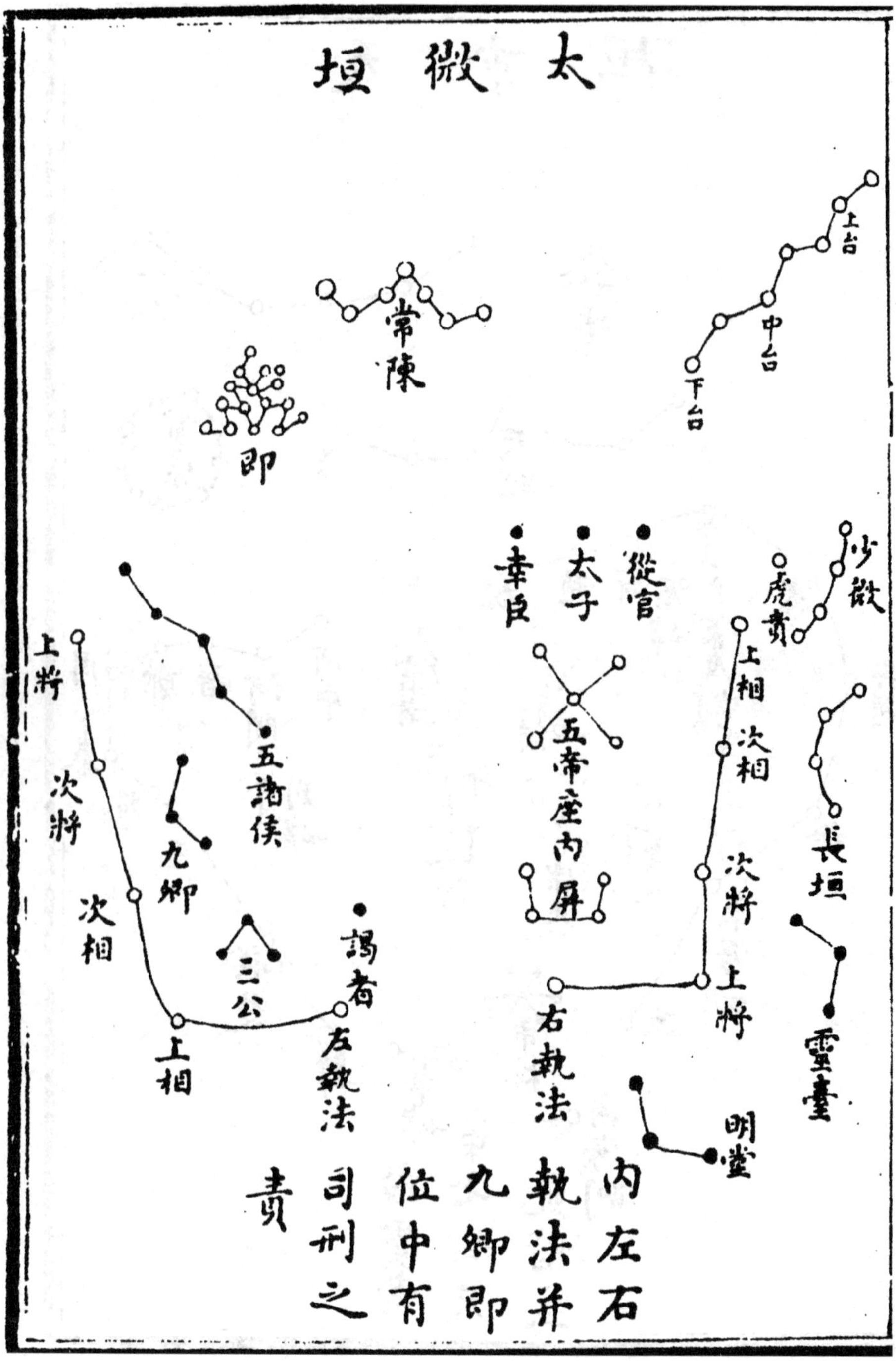

圖五二　太微垣*

（明）章潢撰《圖書編》
文淵閣四庫全書本

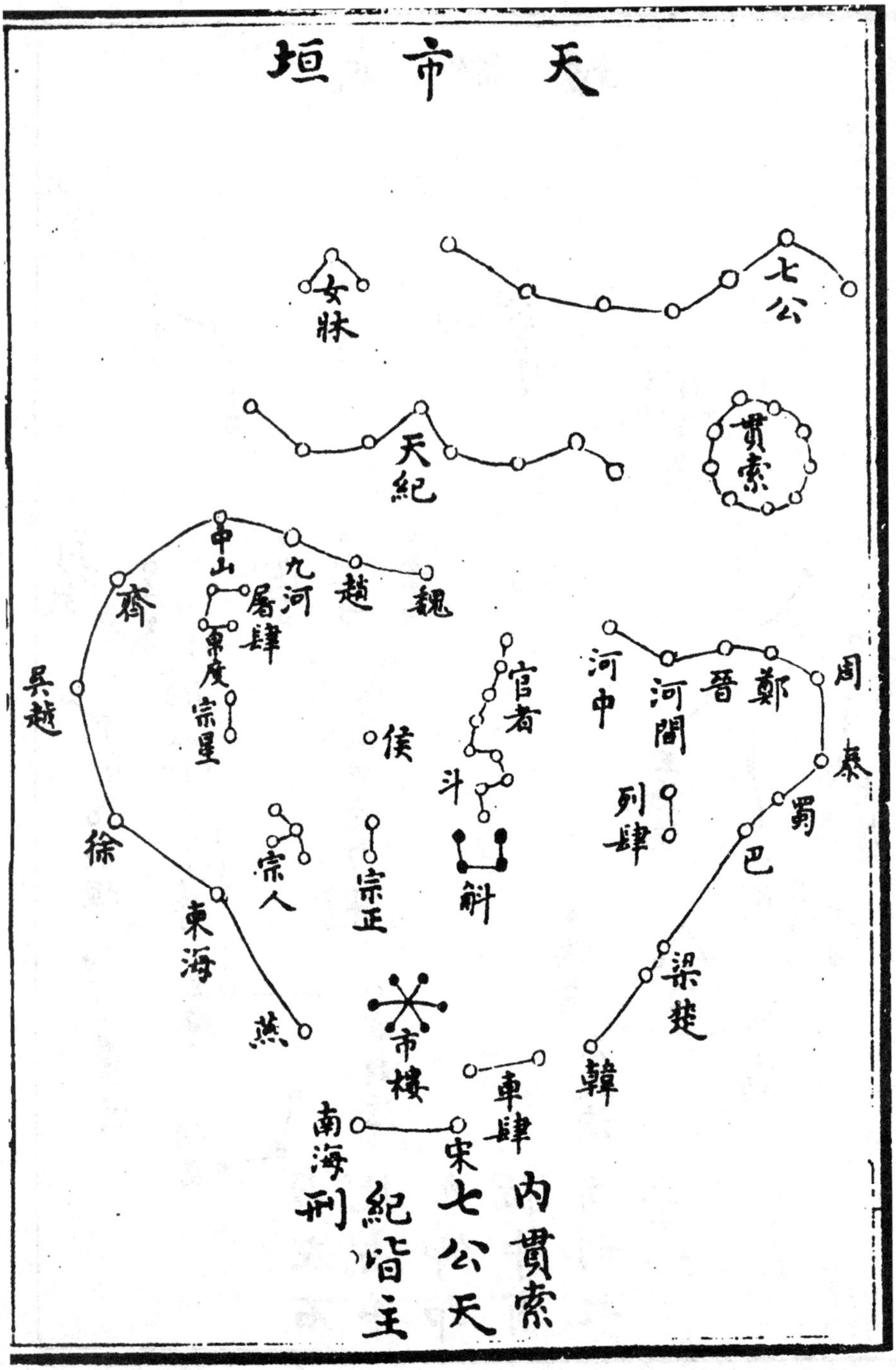

圖五三　天市垣*

(明)章潢撰《圖書編》
文淵閣四庫全書本

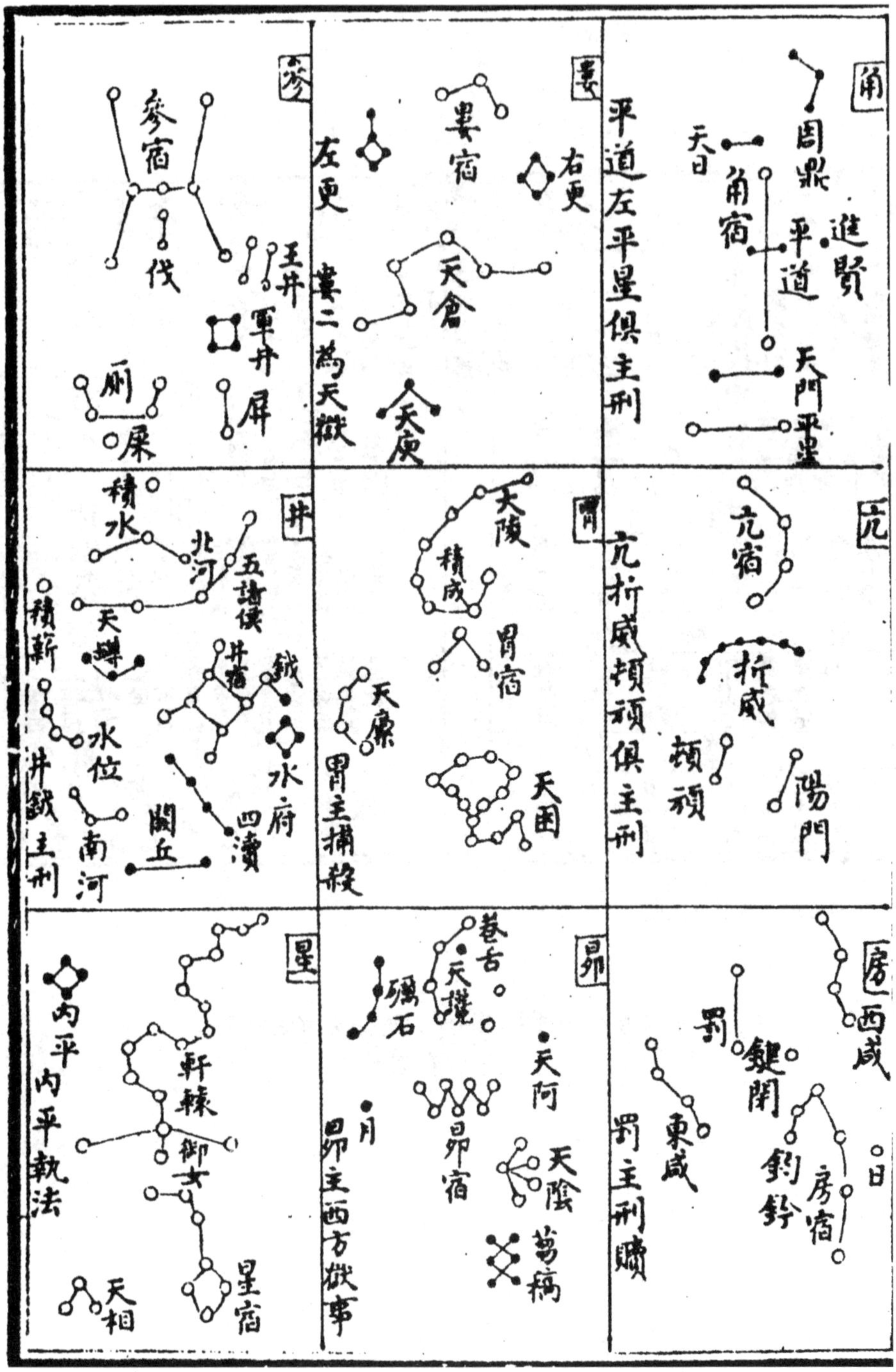

圖五四　列宿*　　（明）章潢撰《圖書編》　文淵閣四庫全書本

＊　（明）章潢撰《圖書編》卷一二二《刑曹總敘》：‘夫天討有罪，五刑五用，刑固天之刑也，盍觀之天乎？紫微垣內有左、右執法，并九卿、郎位中有司刑之責。天市垣內有貫索、七公、天紀。列宿如角之平道，亢之折威、頓頑，房之罰，其主刑者不一而足焉。’另有《法天制刑考》詳述所謂各星相與刑政獄情間‘天應人、人承天’的關係。

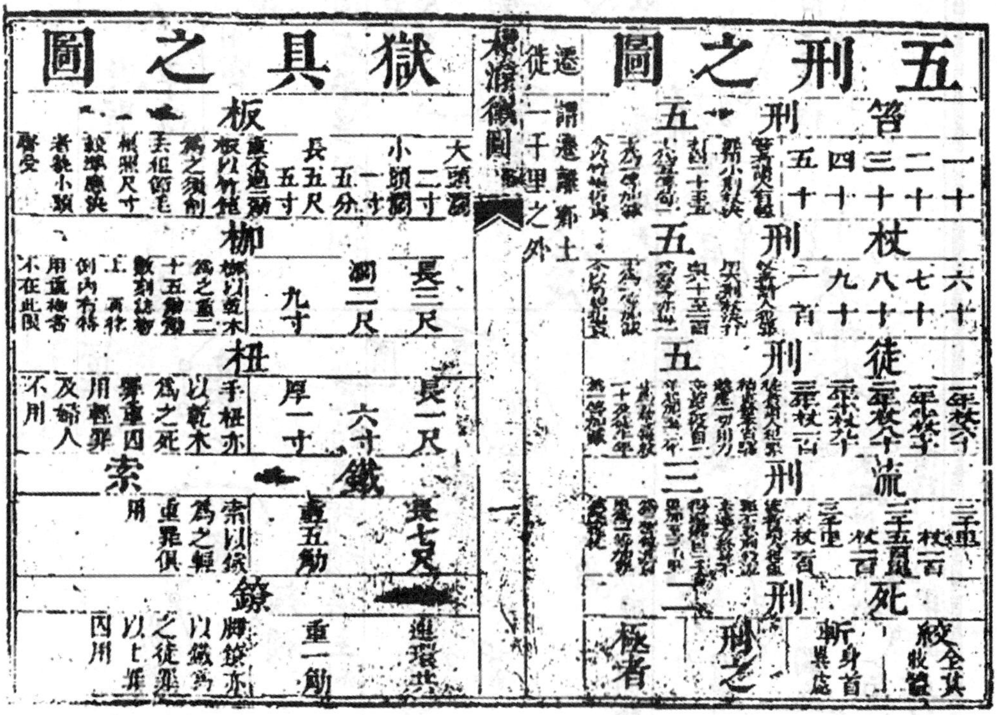

圖五五　清律五刑之圖獄具之圖

（清）朱軾　常鼐等纂修《大清律集解附例》

雍正三年內府刻本

圖五六　秋録大典

《點石齋畫報》甲集二

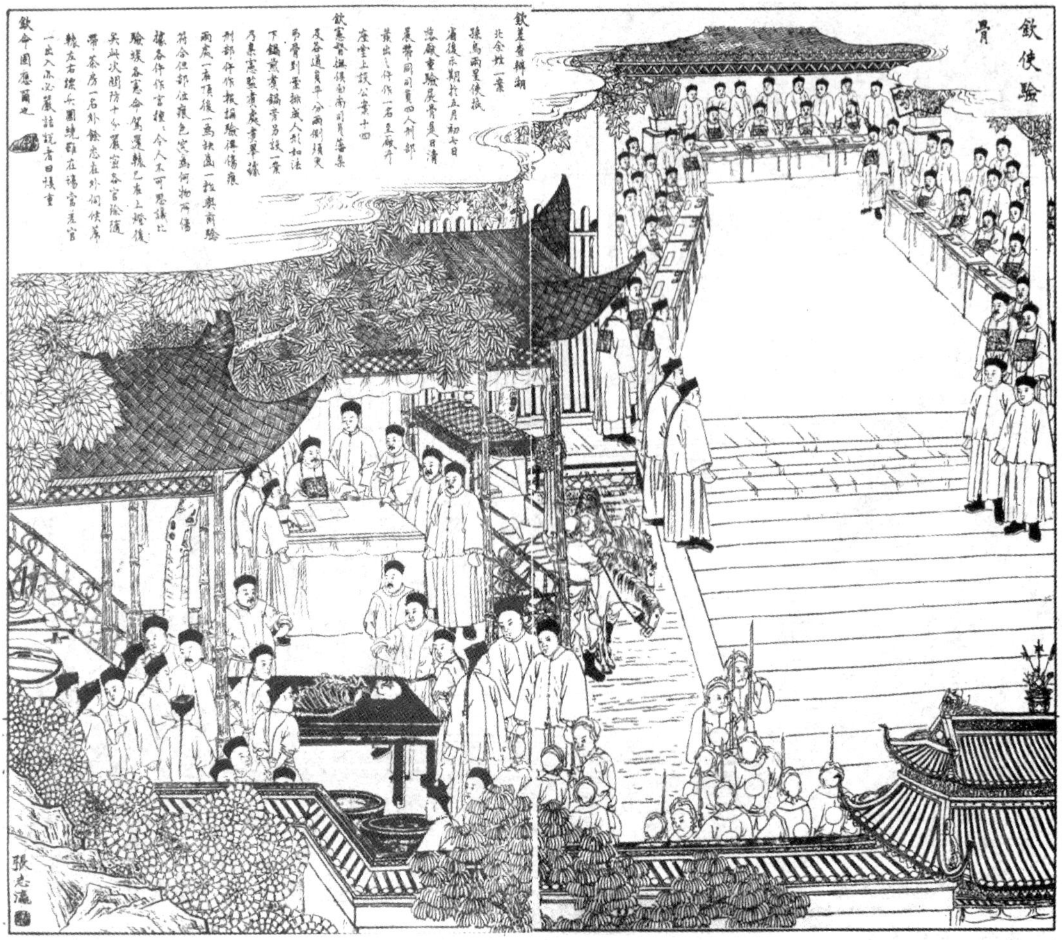

圖五七　欽使驗骨

《點石齋畫報》甲集八

刑名

笞杖

鞭

圖五八　張飛鞭督郵(左幅)

圖五九　張飛鞭督邮(右幅)

《三分事略》

元至元三十一年建安書堂刊本

答

圖六〇　鞭責女堂

《點石齋畫報》丁集九

圖六一　邑宰仁厚

《點石齋畫報》丙集十一

圖六二　李公怒打項勝

《皇明諸司公案傳》
明萬曆三台館余文台刊本

圖六三　梁公責打衆道

《皇明諸司公案傳》
明萬曆三台館余文台刊本

圖六四　判府拷打二僧

《國朝明公神斷詳刑公案》
明萬曆明德堂劉太華刊本

圖六五　知府怒打禁子孟山

《北方真武祖師玄天上帝出身志傳》
明萬曆三十年(1602)熊仰臺刊本

圖六六　府尹坐堂審究和尚

《詳情公案》殘三卷
明崇禎刊本

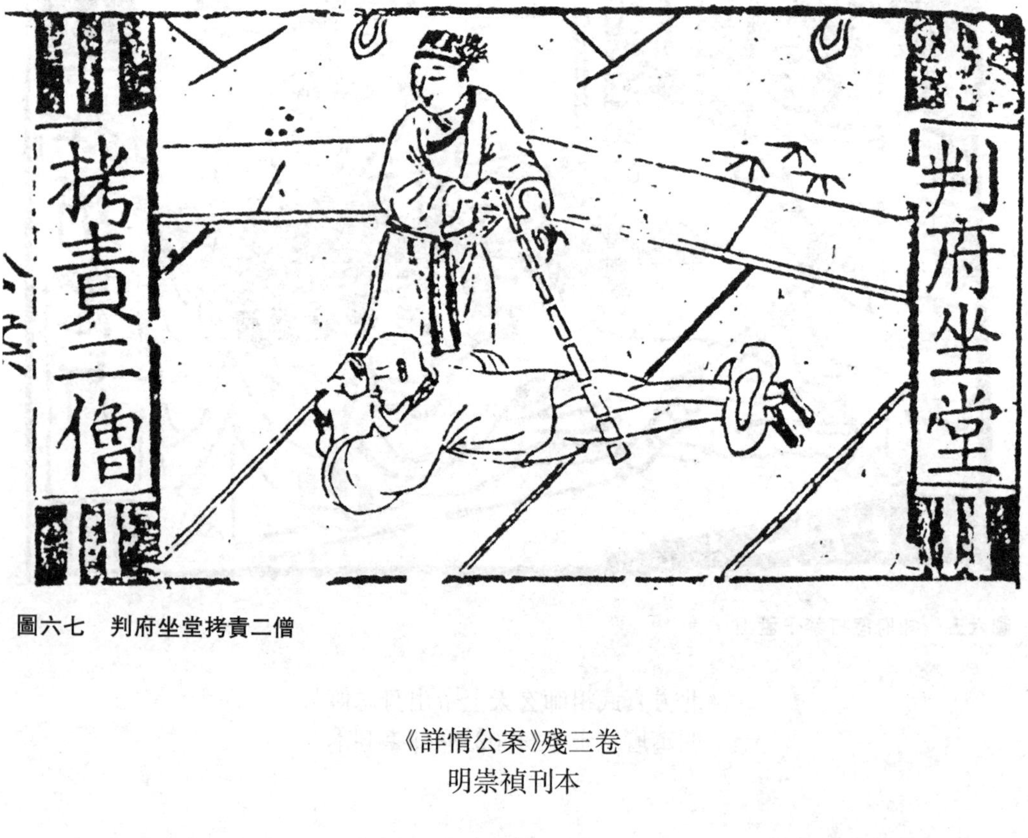

圖六七　判府坐堂拷責二僧

《詳情公案》殘三卷
明崇禎刊本

圖六八　杖臀

《醋葫蘆》第十九回《都白木醜態可摹許知府政聲勘譜》
明崇禎間筆耕山房刊本

圖六九　杖臀

《拍案驚奇》第十七卷《開封府偹棺追活命》
明崇禎間尚友堂安少雲刊本

圖七〇　跪姿受杖

《李卓吾先生批評忠義水滸傳》第七十四回《李逵壽昌喬坐衙》
明萬曆三十八年容與堂刊本

圖七一　跪姿受杖

《拍案驚奇》卷十《吴太守憐才主姻簿》
明崇禎間尚友堂安少雲刊本

杖腿

圖七二　縣尹重刑拷問丘光

《新刻海若湯先生彙集古今律條公案》
明萬曆書林蕭少衢師儉堂刊本

圖七三　弘光逐母各責三十

《詳情公案》殘三卷
明崇禎刊本

圖七四　縣尹設計哄出原贓

《詳情公案》殘三卷　明崇禎刊本

杖背

圖七五　杖背

《警世通言》卷八《崔待詔生死冤家》
明天啓年間兼善堂刊本

圖七六　府判拷打清虛悟虛

《新刻海若湯先生彙集古今律條公案》　明萬曆書林蕭少衢師儉堂刊本

圖七七　彈子僧變化惱龍圖

《天許齋批點平妖傳》　明泰昌元年刊本

徒流

徒

圖七八　包公斷虛一化二各徒罪

《包龍圖判百家公案》

明萬曆二十二年與畊堂朱仁齋刊本

圖七九　支秩連宇問徒擺站

《皇明諸司公案傳》

明萬曆三台館余文台刊本

圖八〇　起解王九當徒

《國朝明公神斷詳刑公案》
明萬曆明德堂劉太華刊本

圖八一　公差起解許達當徒

《新刻海若湯先生彙集古今律條公案》
明萬曆書林蕭少衢師儉堂刊本

發配

圖八二　縣主明斷王九准徒

《詳情公案》殘三卷　明崇禎刊本

圖八三　解衆道士於配所

《皇明諸司公案傳》　明萬曆三台館余文台刊本

圖八四　發配屠拯於驛所

《明鏡公案》　明刻本

圖八五　王慶刺配淮西李州

《插增田虎王慶忠義水滸全傳》(殘本)　明刊本

圖八六　楊六使發配汝州

《南北兩宋志傳題評》
明唐氏世德堂刊本

謫戍

圖八七　劉觀父子謫戍遼東

《明鏡公案》　明刻本

充軍

圖八八　判停妻再娶充軍

《包龍圖判百家公案》
明萬曆二十二年與畊堂朱仁齋刊本

圖八九　包公問夏賊邊遠充軍

《包龍圖判百家公案》
明萬曆二十二年與畊堂朱仁齋刊本

圖九〇　縣尹令解洪昂充軍

《新刻海若湯先生彙集古今律條公案》
明萬曆書林蕭少衢師儉堂刊本

死刑
絞

圖九一　國舅絞死袁文正

《包龍圖判百家公案》
明萬曆二十二年與畊堂朱仁齋刊本

圖九二　尹氏擬絞押獄

《皇明諸司公案傳》
明萬曆三台館余文台刊本

圖九三　吴公擬定愛姐絞罪

《新刻海若湯先生彙集古今律條公案》
明萬曆書林蕭少衢師儉堂刊本

圖九四　宫人勒死戚姬

《兩漢開國中興傳誌》
明萬曆三十三年西清堂詹秀閩刊本

圖九五　曹操勒死董妃

《三國志傳》
明萬曆三十九年鄭世容刊本

圖九六　曹操勒死董貴妃

《三國志傳》
明萬曆年間喬山堂劉龍田刊本笈郵齋重印本

圖九七　絞刑

《金山縣保甲章程》
清末刻本

絞死要犯
五刑至大辟而止降一等
即為絞同一死
也而身首不分亦視其
情罪之重輕按
律例以為準未可強而
同也故有時案
情未定犯先病故一朝
王命至亦只戮屍
其入絞案者若先期病故
檢驗得實亦無戮
屍情弊未明卽無庸議通州
州署監中有絞案
重犯二名去臘釘封文轉卽
行綁赴法場致斃
據見者述言絞死犯人頸項特
長兩目突出眶外
未絕氣之先腹膨脝如鼓
入頸足於腹氣從
下洩而後
絕命
子琳

圖九八　絞死要犯

圖九九　絞決兇犯

《點石齋畫報》忠集十二

斬

圖一〇〇　西臺御史問郭槐

《包龍圖公案詞話》
明成化年間永順堂刊本

圖一〇一　處斷違條不法人

《包龍圖公案詞話》　明成化年間永順堂刊本

圖一〇二　二等死刑一絞一斬

《新刻海若湯先生彙集古今律條公案》　明萬曆書林蕭少衢師儉堂刊本

圖一〇三　世充怒斬李公逸

《唐書志傳題評》
萬曆年間世德堂刊本

圖一〇四　世民怒斬單雄信

《唐書志傳題評》
萬曆年間世德堂刊本

圖一〇五　軒轅大勝殺死蚩尤

《盤古至唐虞傳》　明末余季岳刊本

圖一〇六　逄蒙擒出三矦斩首

《有夏誌傳》　明末余季岳刊本

圖一〇七　桀大怒喝殺關龍逢　　　　《有夏誌傳》 明末余季岳刊本

圖一〇八　斬立決　　　　　　　《金山縣保甲章程》 清末刻本

逃犯正法
上年九月間蘇臬署監內逃出積
罪重大犯人二名一名王二
一名彭學詩王二早經獲到正法
而彭學詩一犯則
於上月由清江浦淮揚中營獲住
傳首到蘇解臬憲
派提硬船迎提到省即日詳院
旋奉撫憲牌
示定於二十四日已刻恭請
王命綁赴市曹
處決闔郡之人同聲稱快
該犯行經蘇城
街時忽而高聲唱戲忽而
怒罵途人獷悍
之氣至死不改真真亡命
之尤者矣

圖一〇九　逃犯正法

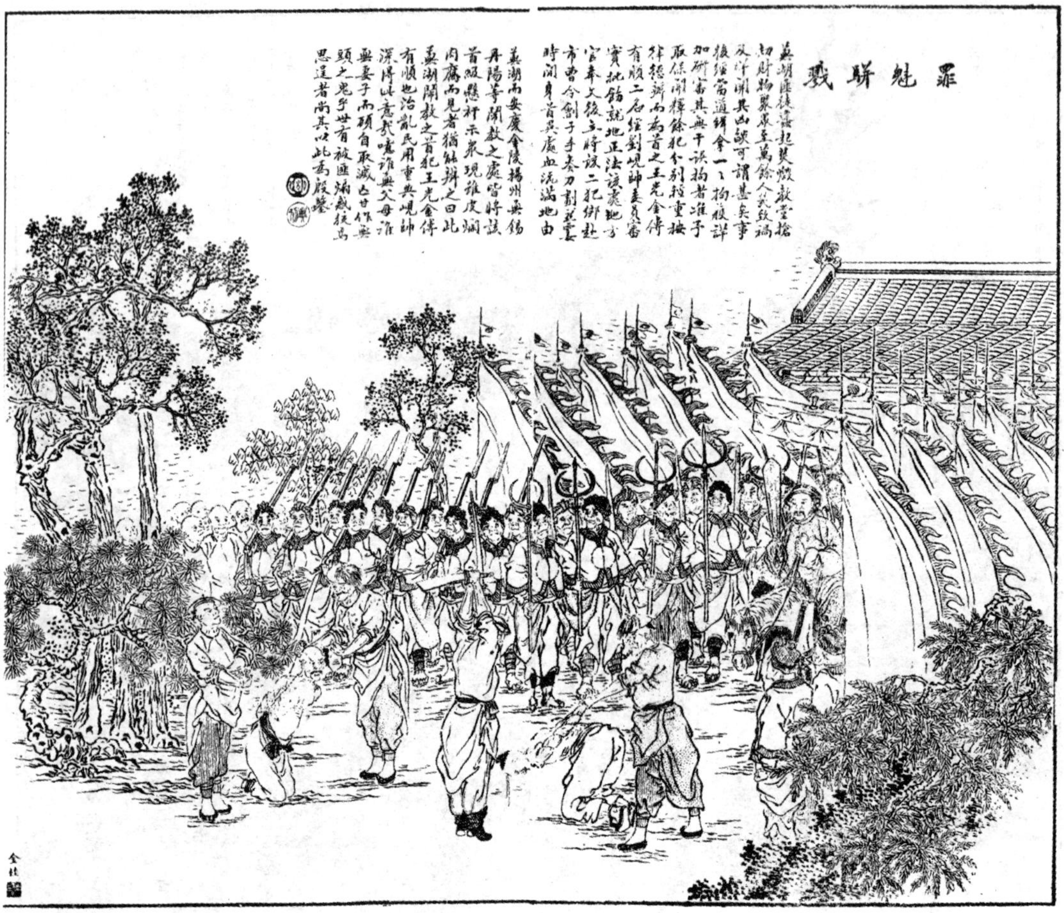

圖一一〇　罪魁駢戮

圖一一一　驚殺儈子

圖一一二　禍首伏誅

《點石齋畫報》貞集九

就地正法

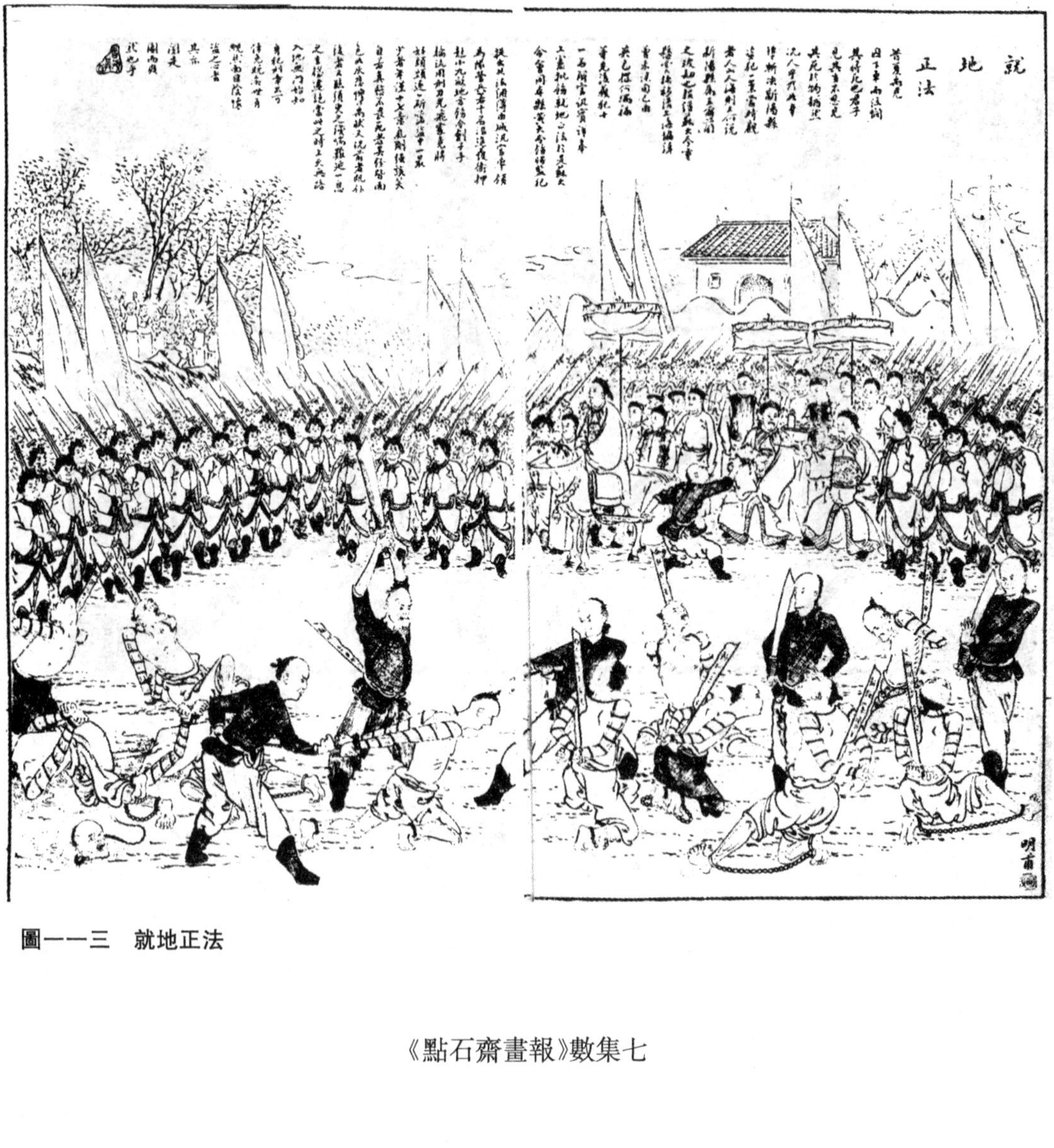

圖一一三　就地正法

《點石齋畫報》數集七

梟示

圖一一四　懸盜頭以示衆

《皇明諸司公案傳》
明萬曆三台館余文台刊本

圖一一五　王斬義和頭懸北門

《有夏誌傳》　明末余季岳刊本

圖一一六　王斬姘首懸車還都

《有夏誌傳》明末余季岳刊本

圖一一七　徐世勣一慟成喪禮

（清）褚人穫彙編《四雪草堂重訂通俗隋唐演義》
清康熙年間四雪草堂初刊本

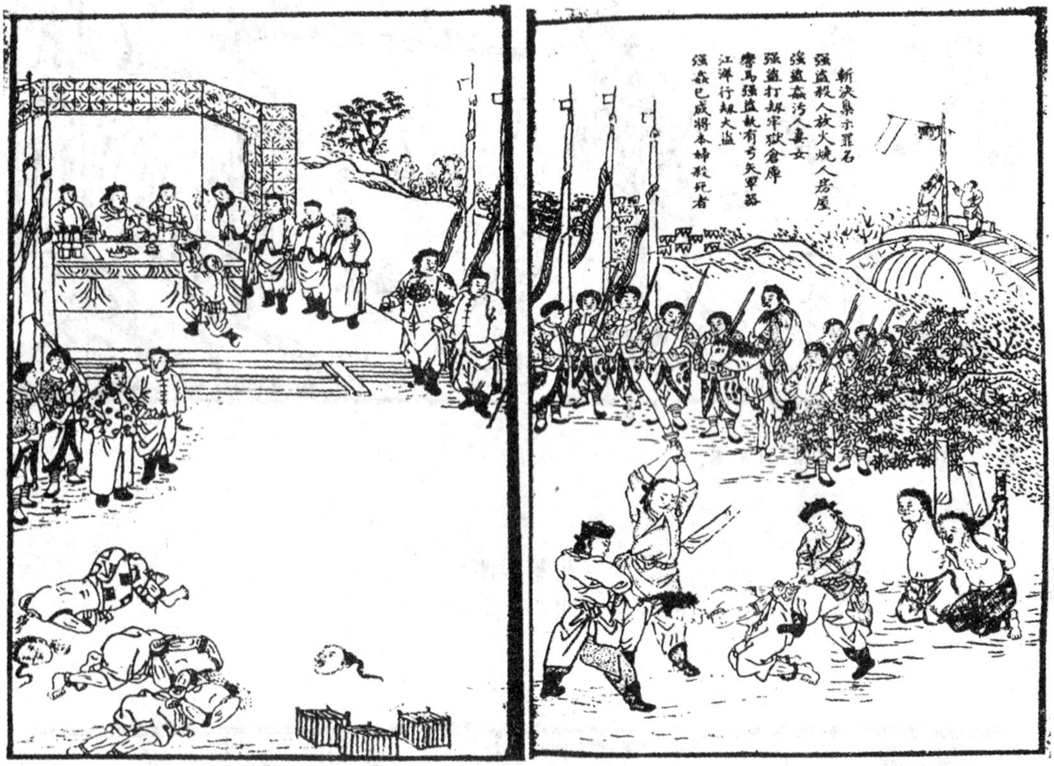

圖一一八　斬決梟示

《金山縣保甲章程》
清末刻本

陵遲

圖一一九　関索杀将祭父(右幅)

《花關索傳》

明成化十四年永順書堂刊本

圖一二〇　関索杀将祭父(左幅)

《花關索傳》

明成化十四年永順書堂刊本

圖一二一　剐王莽以祭平帝

《全漢志傳》
明萬曆十六年克勤齋余世騰刊本

圖一二二　包拯令左右将馮仁凌遲示眾

《包龍圖判百家公案》
明萬曆二十二年與畊堂朱仁齋刊本

圖一二三　西市剮元兇

《出像評點忠義水滸全書》
明萬曆四十二年袁無涯刊本

圖一二四　凌遲

《金山縣保甲章程》
清末刻本

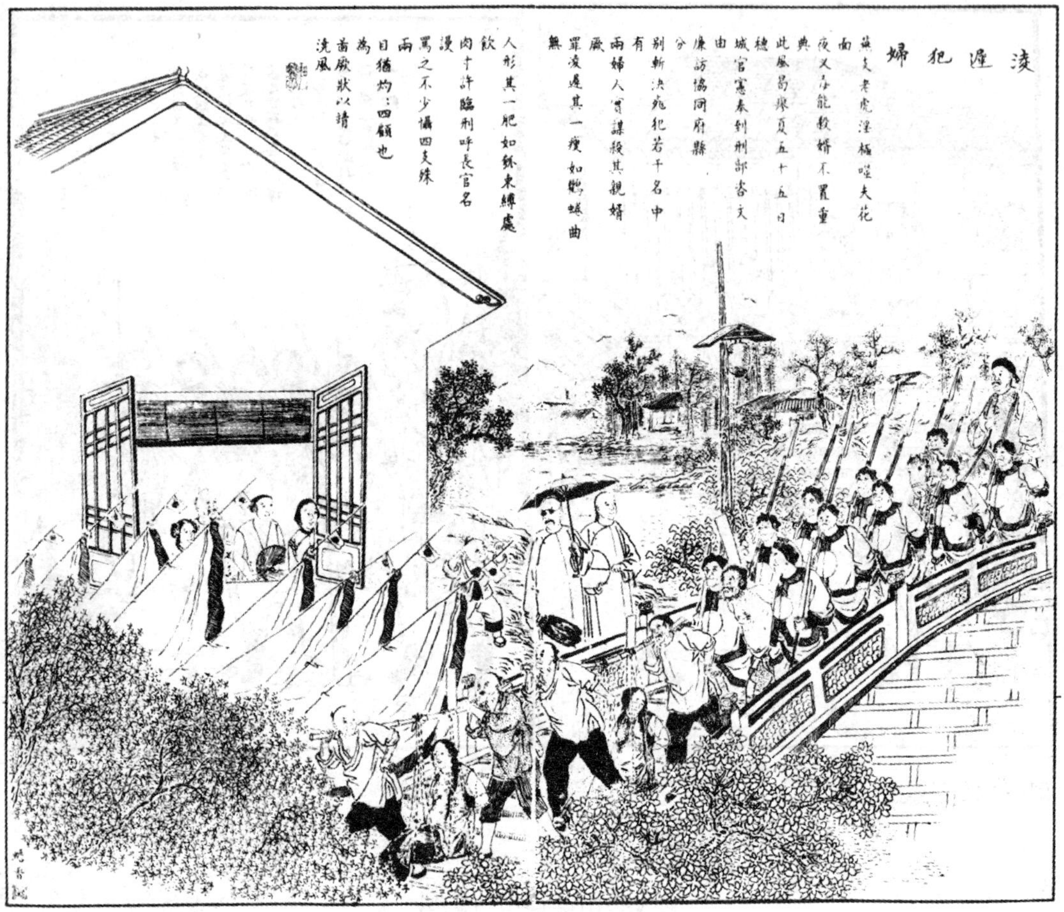

圖一二五　淩遲犯婦

《點石齋畫報》子集二

腰斬

圖一二六　斬李斯父子(右幅)

圖一二七　斬李斯父子(左幅)

《新刊全相秦併六國平話》
元至治間建安虞氏刊本

圖一二八　楊惲訕謗朝廷被誅

《全漢志傳》
明萬曆十六年克勤齋余世騰刊本

族

圖一二九　斬霍氏親族于長安

《全漢志傳》
明萬曆十六年克勤齋余世騰刊本

圖一三〇　曹操誅李郭三族

《三國志傳》 明萬曆年間喬山堂劉龍田刊本笈郵齋重印本

其他

刖

圖一三一　孫子被刖詐作風魔

《列國志傳評林》 明萬曆三十四年三台館余象斗刊本

圖一三二　卞和進璞被刖其足

《列國志傳評林》　明萬曆三十四年三台館余象斗刊本

圖一三三　孫子被刖詐風魔

《陳眉公批評列國志傳》
萬曆年間龔少山刊本

圖一三四　胤侯擒夷兵刖其足

《有夏誌傳》　明末余季岳刊本

圖一三五　孫子被刖詐風魔

《片壁列國志》　金閶五雅堂梓行本

圖一三六　殺彭越作肉羹

《兩漢開國中興傳誌》
明萬曆三十三年西清堂詹秀閩刊本

圖一三七　紂王醢伯邑考

《列國志傳評林》
明萬曆三十四年三台館余象斗刊本

炮烙

圖一三八　紂行炮烙之刑

《皇明諸司公案傳》　明萬曆三台館余文台刊本

圖一三九　妲己立炮烙刑

《列國志傳評林》　明萬曆三十四年三台館余象斗刊本

圖一四〇　妲己立炮烙刑

《陳眉公批評列國志傳》
萬曆年間龔少山刊本

圖一四一　紂王無道造炮烙

《新刻鍾伯敬先生批評封神演義》
明末刊本

圖一四二　焚炙忠良圖

《書經圖説》
清光緒三十一年欽定本

蠆盆

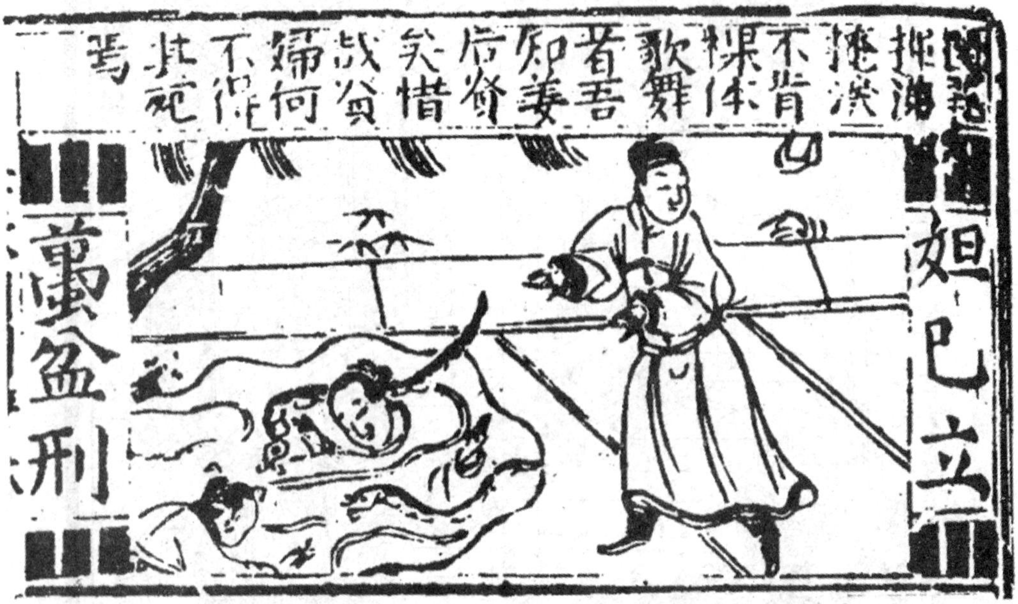

圖一四三　妲己立蠆盆刑

《列國志傳評林》　明萬曆三十四年三台館余象斗刊本

剖心

圖一四四　妲己剖比干心

《列國志傳評林》　明萬曆三十四年三台館余象斗刊本

圖一四五　斮脛剖心圖

《書經圖說》　清光緒三十一年欽定本

剖腹

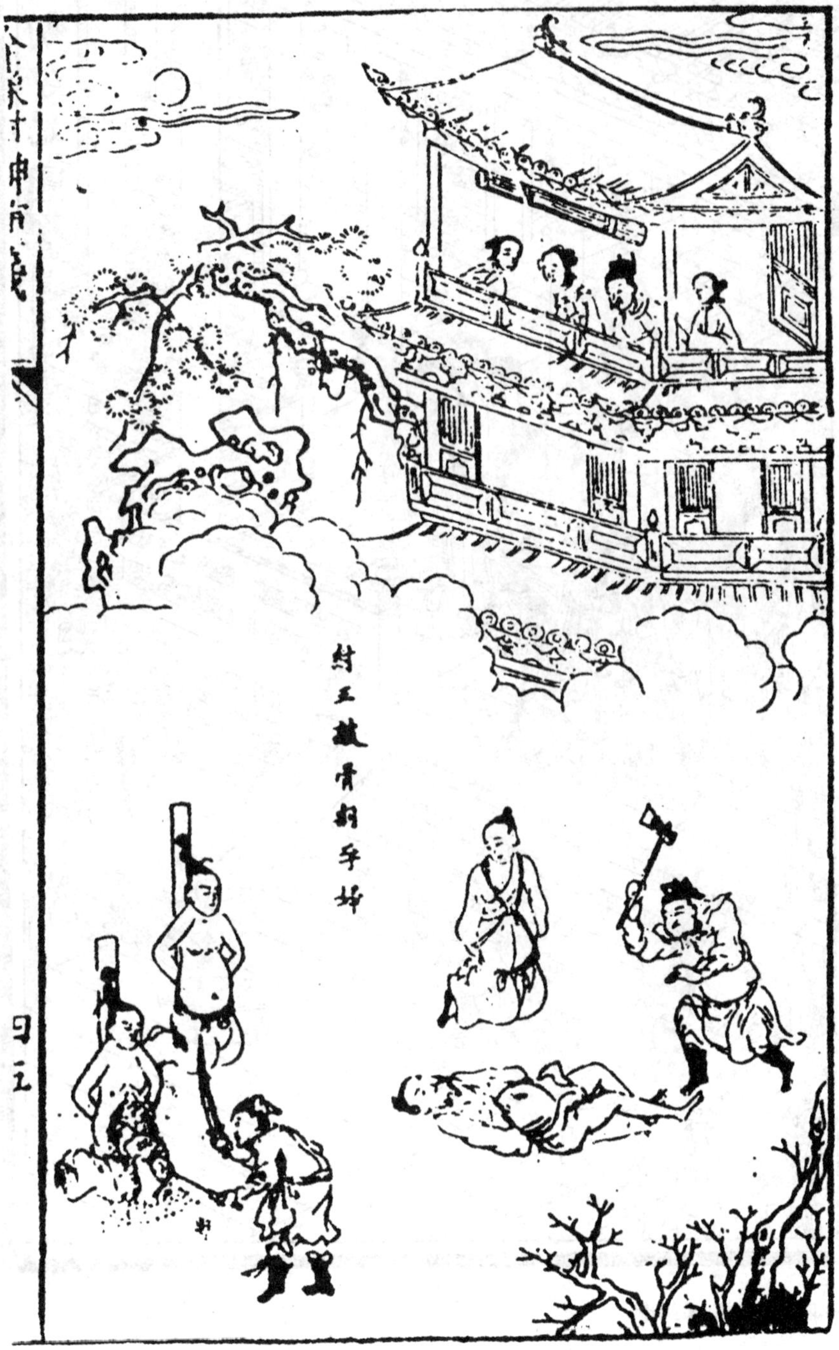

圖一四六　紂王敲骨剖孕婦

《新刻鍾伯敬先生批評封神演義》　明末刊本

圖一四七　刳剔孕婦圖

《書經圖說》

清光緒三十一年欽定本

鼎烹

圖一四八　包奏仁宗將郭槐落鼎鍋

《包龍圖判百家公案》
明萬曆二十二年與畊堂朱仁齋刊本

圖一四九　寒浞與家衆烹后羿

《有夏誌傳》　明末余季岳刊本

圖一五〇　劉唐自入鼎鑊

《兩漢開國中興傳誌》　明萬曆三十三年西清堂詹秀閩刊本

圖一五一　旌賢去姦

（明）焦竑撰《養正圖解》　宛委別藏本

圖一五二　旌賢去姦

（明）焦竑撰《養正圖解》　清光緒二十一年武英殿刻本

圖一五三　誅絕倭人

（明）焦竑撰《養正圖解》　宛委別藏本

圖一五四　誅絶佞人

(明)焦竑撰《養正圖解》　清光緒二十一年武英殿刻本

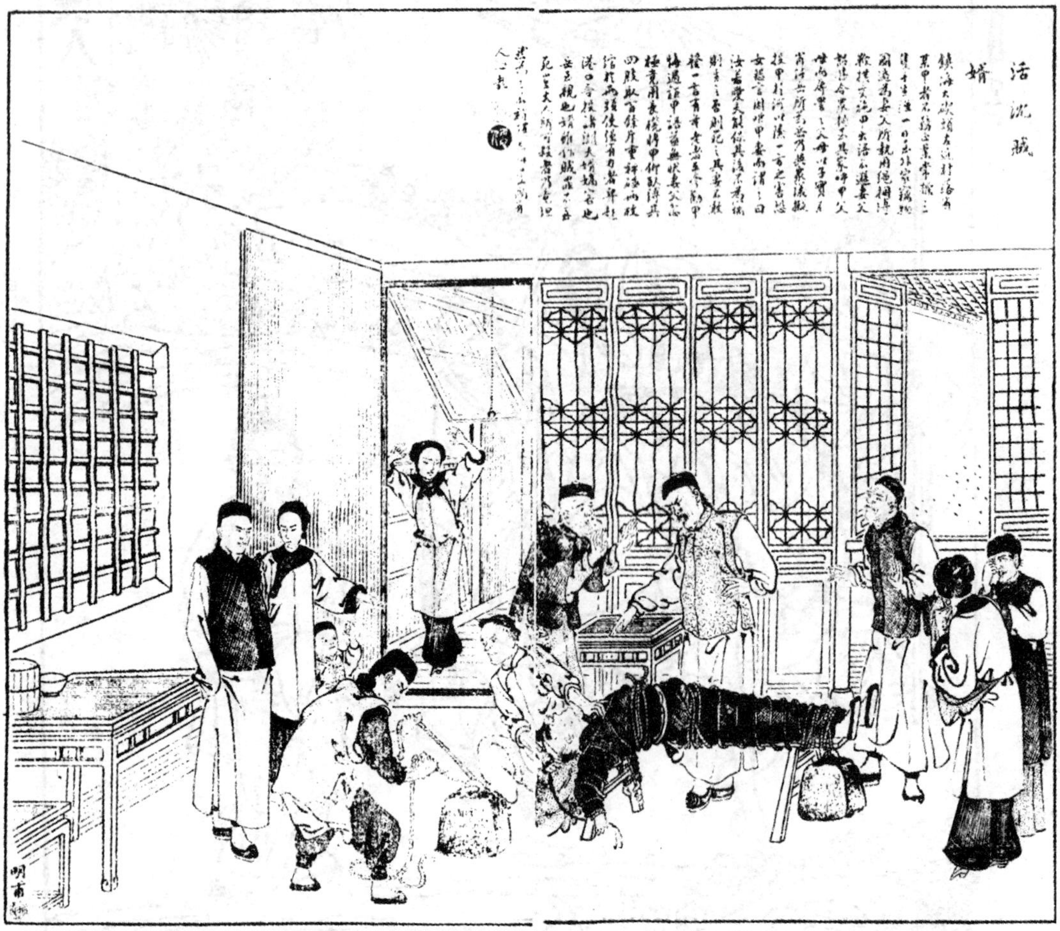

圖一五五　活沈賊婿

車裂

圖一五六　車裂

（明）墨憨齋新編《新列國志》第八十九回《咸陽市五牛分商鞅》

金閶葉敬池梓本

圖一五七　車裂

《片壁列國志》
金閶五雅堂梓行本

土囊壓殺

圖一五八　内侍壓死常山王

《兩漢開國中興傳誌》　明萬曆三十三年西清堂詹秀閩刊本

射殺

圖一五九　教場試箭綁賊箭死

《皇明諸司公案傳》　明萬曆三台館余文台刊本

圖一六〇　射殺

《梁武帝西來演義》第三十四回《遭讒譖東宮屈死》
清康熙十二年永慶堂余郁生刊本

圖一六一　焚刑

《東西晉演義》第二十六回《報怨魂柴堆鄴北》　明刊本

圖一六二　蕭望之飲鴆而死

《全漢志傳》
明萬曆十六年克勤齋余世騰刊本

銅刑

圖一六三　灌銅汁

《隋煬帝豔史》第二十四回《司馬施銅刑惧佞》　人瑞堂明刊本

襄公點首道:'司馬之言有理。因問道:榜打刑法,不知何者最苦?'華元道:'他刑雖重,俱止傷得皮膚,此人心術不正,當以銅汁燒溶,從口中灌入,叫他腸胃俱爛,此爲第一。'

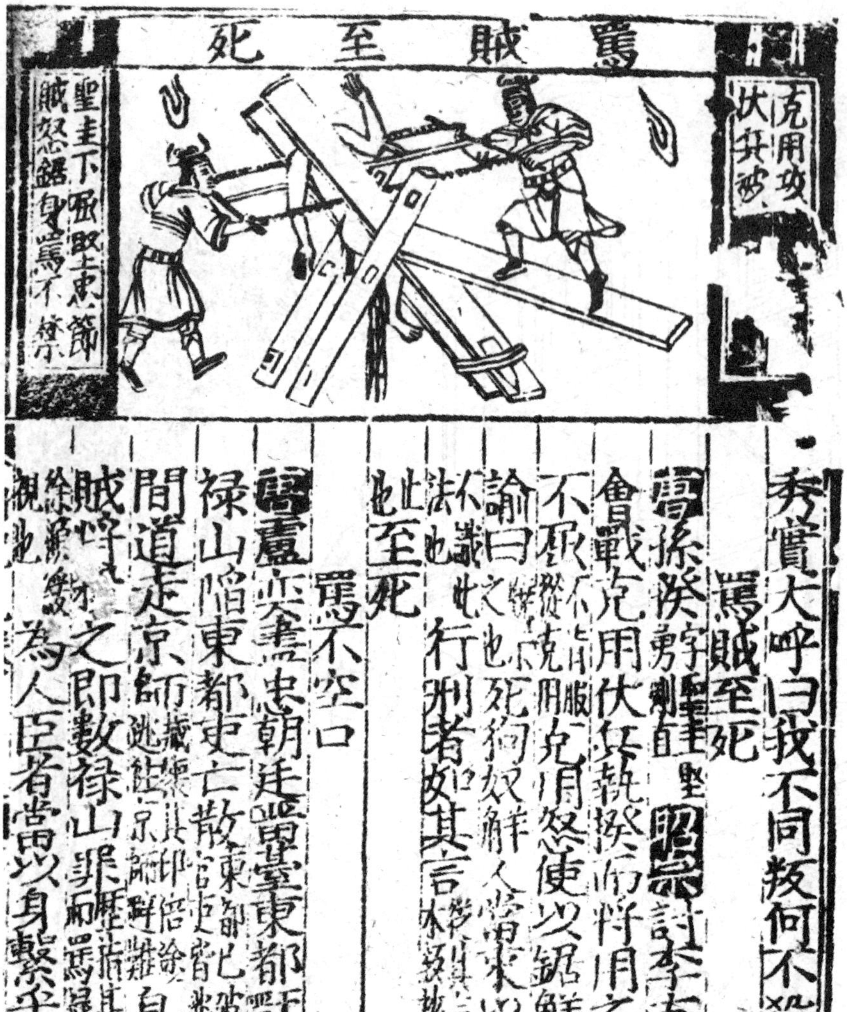

罵賊至死

克用攻 伏兵執

秀實大呼曰我不同叛何不殺我遂遇害

罵賊至死

唐孫揆 昭宗討李克用以揆本道兵

會戰克用伏兵執揆將用之揆大罵

不屈克用怒使以鋸解之鋸齒不行揆

諭曰死狗奴解人當束以板汝輩安知其

法也行刑者如其言揆罵声不輟

至死

罵不空口

唐盧奕忠朝廷留臺東都

禄山陷東都吏亡散遣妻子懷印

間道走京師自朝服坐臺被執

賊之即數禄山罪顧賊徒曰

為人臣者當以身繫乎安危不蹈失節

圖一六四　鋸殺

《日記故事》
明嘉靖二十一年刊本

圖一六五　鋸解地獄細審冤魂　　《鍾馗全傳》 明萬曆安正堂劉雙松刊本

活埋

圖一六六　鄉例埋兇　　《賞奇畫報》清光緒三十二年第一期

暴屍

圖一六七　王怒暴屍勿葬

《列國志傳評林》
明萬曆三十四年三台館余象斗刊本

割耳

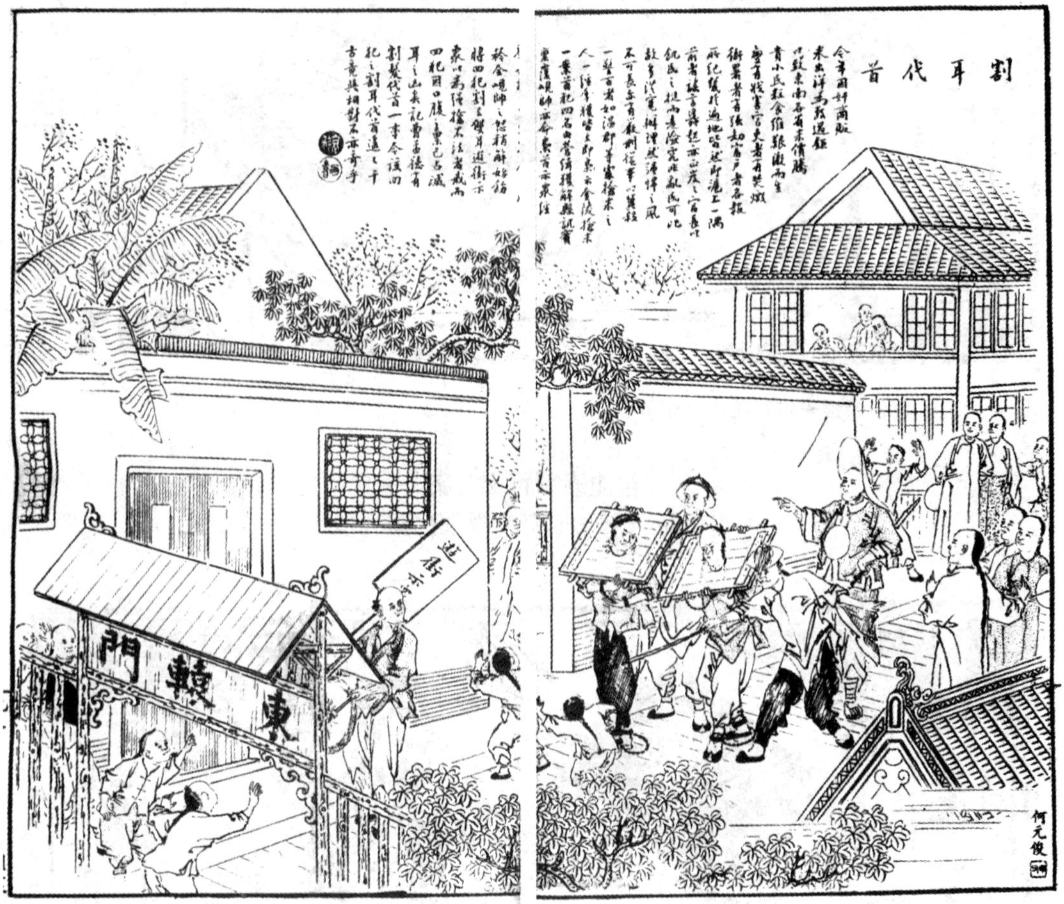

圖一六八　割耳代首

《點石齋畫報》貞集十二

枷號

圖一六九　包公令張千將章氏拷打枷號

《包龍圖判百家公案》
明萬曆二十二年與畊堂朱仁齋刊本

圖一七〇　枷號杜若佳以儆衆

《皇明諸司公案傳》
明萬曆三台館余文台刊本

圖一七一　枷號終度示衆

《皇明諸司公案傳》
明萬曆三台館余文台刊本

圖一七二　壽張喬坐衙

《出像評點忠義水滸全書》
明萬曆四十二年袁無涯刊本

求榮反辱
本朝沿有明舊制取士以制藝三年中歲科兩試以課士子之勤惰而列優等者花紅給獎焜耀比閭故一衿之青恆視納粟入監者以為榮粵東番禺文童某甲正場文字倩人代作已入選提覆之日握管不能出一字大窘乃抄他題陳文一首以塞責而將學憲所命之題擅自致竄學憲閱卷大怒傳廩保究出該童令荷校示衆夫魏武令崔季珪見匈奴使而自捉刀立牀頭是為捉刀之祖邇後人效法魏武施於文字者居多也詎不計功令所關求榮而適以取辱乎
玉尺衡才
友如繪

圖一七三　求榮反辱

遊街

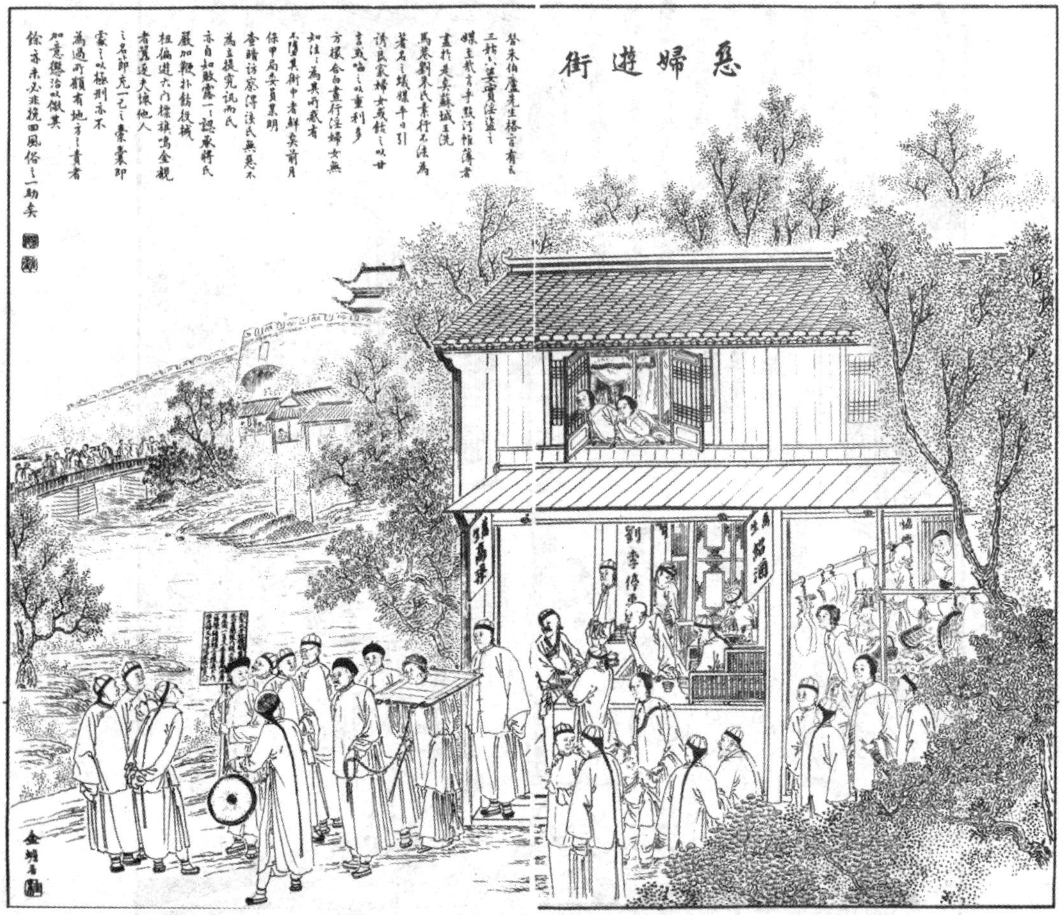

圖一七四　惡婦遊街

《點石齋畫報》乙集七

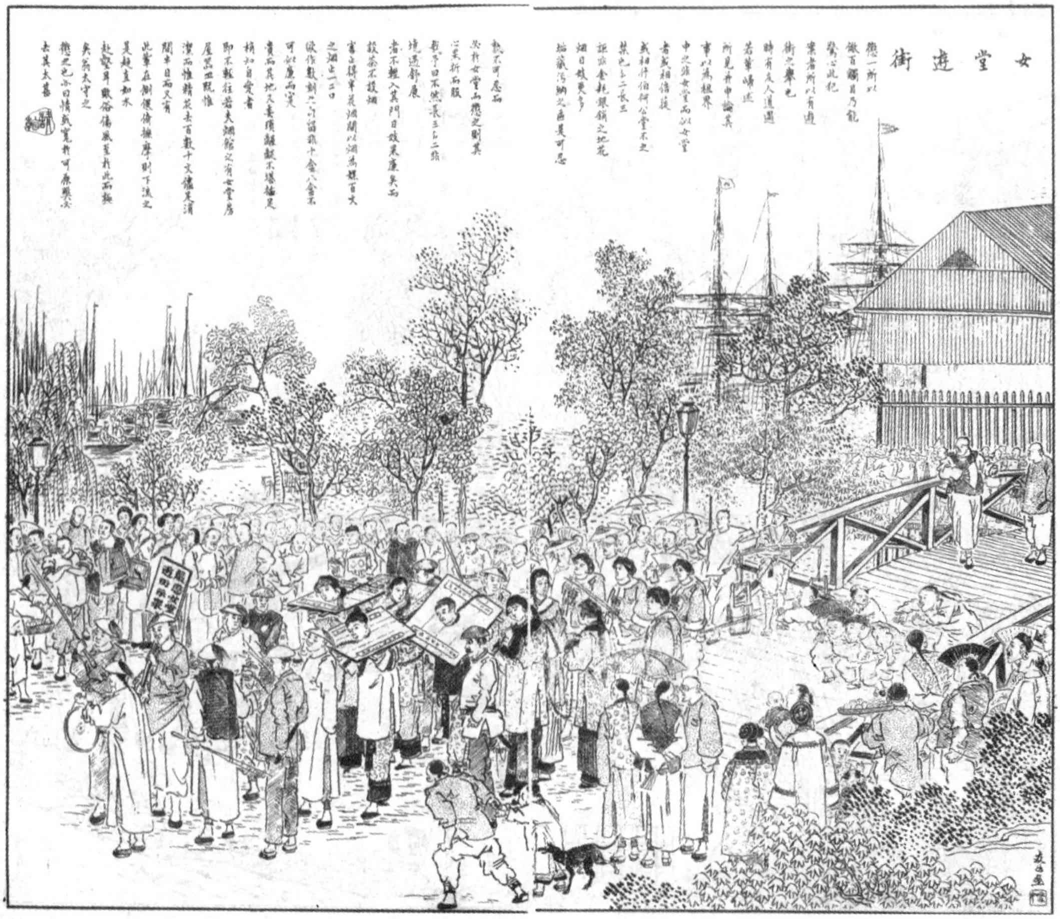

圖一七五　女堂遊街

《點石齋畫報》丁集九

圖一七六　父子遊街

《點石齋畫報》數集十二

壓杠子

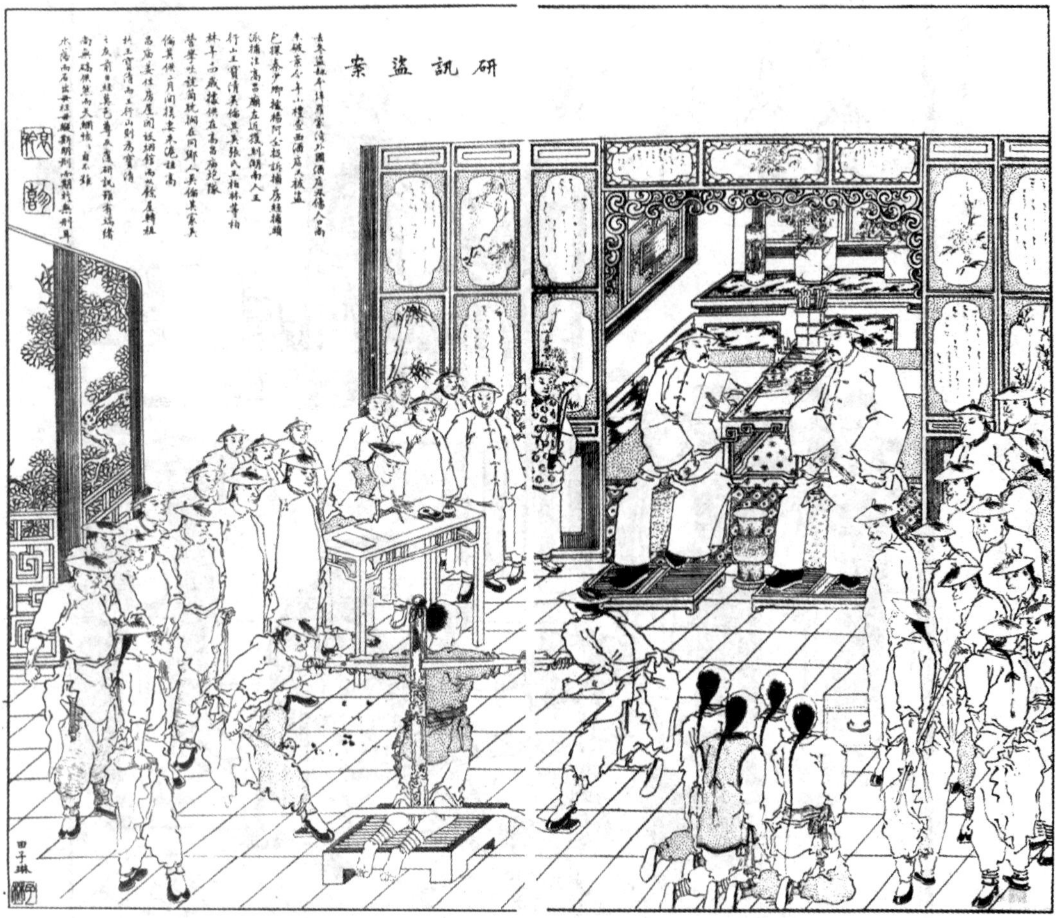

圖一七七　研訊盜案

《點石齋畫報》丁集六

五子登科、三仙進洞

圖一七八　出心裁新造兩般刑

（清）李伯元《活地獄》第十九回　清末印行本

五子登科：‘把他仰面放在門板上，先用四個鐵釘，釘住他的手腳【略】拾起鐵錘鐵釘，對準了強盜的心口，鐺鐺的釘了下去。’

三仙進洞：‘也是仰面朝天，用兩根短鐵棍，一根壓在胸膛上，一根壓在大腿上。兩面的氣不得流通，均已聚在肚子上，不多一刻，肚子已經鼓的極其圓大【略】撿起那根長的鐵棍，舉起來對準盜犯的肚子，打了下去。一聲響亮，早已肝花五臟，隨著棍子頭摽了出來，摽了滿地都是。’

刑具

明代刑具

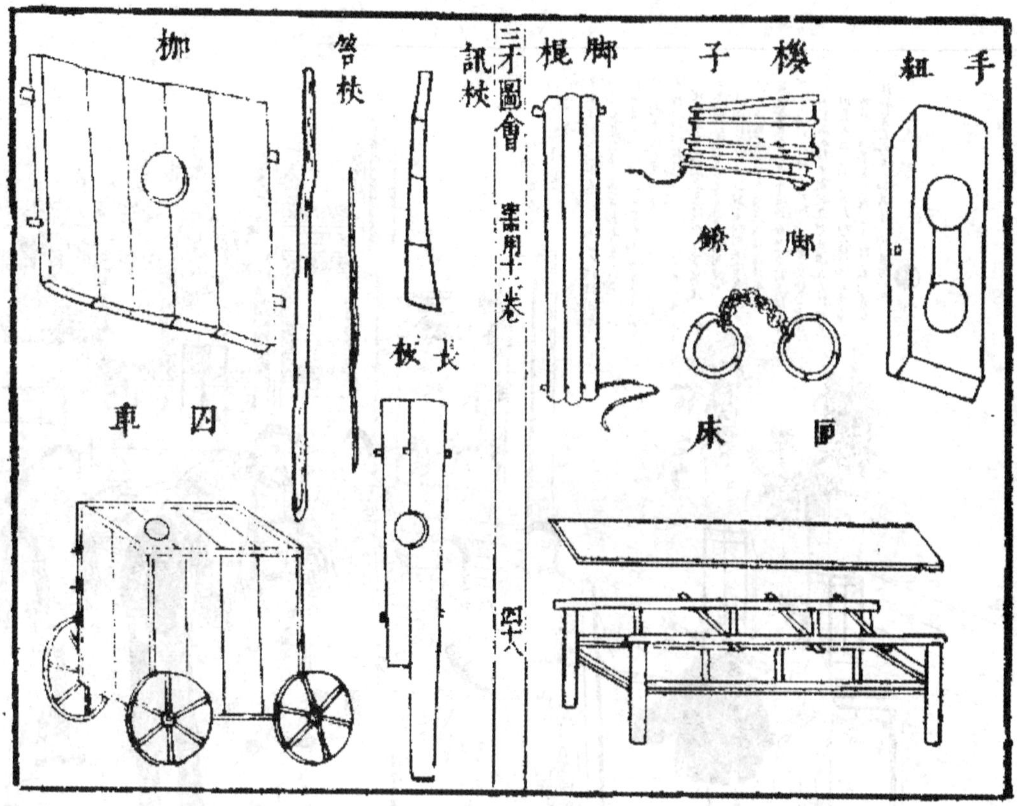

圖一七九　明代刑具

（明）王圻編《三才圖會・器用》卷一二《刑具說》
明萬曆王思義校正本

圖一八〇　請觀刑具

《點石齋畫報》數集十二

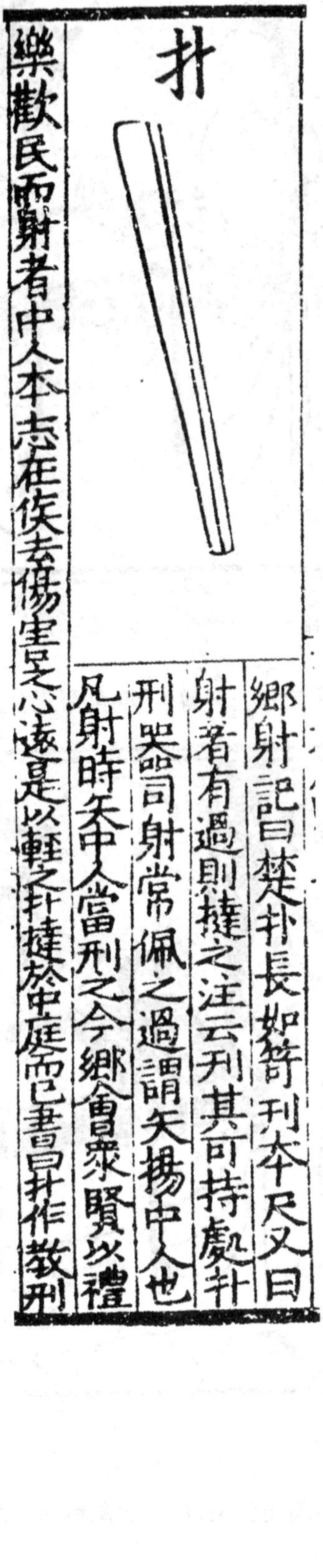
扑

鄉射記曰楚扑長如笴刊本尺又曰射者有過則撻之注云刊其可持處扑刑器司射常佩之過謂矢揚中人也凡射時矢中人當刑之今鄉會衆賢以禮樂勸民而射者中人本志在侯去傷害之心遠是以輕之扑撻於中庭而已書曰扑作教刑

圖一八一　扑

（宋）聶崇義集注《新定三禮圖》卷八《新定三禮弓矢圖》

宋淳熙二年刻本

杖

圖一八二　齊院升堂公断繼祚

《皇明諸司公案傳》　明萬曆三台館余文台刊本

圖一八三　江尹驗契怒責起濤

《皇明諸司公案傳》　明萬曆三台館余文台刊本

圖一八四　趙懌當官指進教唆

《皇明諸司公案傳》　明萬曆三台館余文台刊本

圖一八五　曾院閱修詩意大悟

《皇明諸司公案傳》　明萬曆三台館余文台刊本

圖一八六　遇豬跪吼

《海剛峯先生居官公案傳》
明萬曆三十四年金陵萬卷樓虛舟生刊本

圖一八七　斷問猴精

《海剛峯先生居官公案傳》
明萬曆三十四年金陵萬卷樓虛舟生刊本

圖一八八　周氏為夫伸冤

《海剛峯先生居官公案傳》
明萬曆三十四年金陵萬卷樓虛舟生刊本

圖一八九　判匿名害人

《海剛峯先生居官公案傳》

明萬曆三十四年金陵萬卷樓虛舟生刊本

圖一九〇　縣尹拷石究賊

《國朝名公神斷詳刑公案》　明刊本

圖一九一　衆客入觀打石

《國朝名公神斷詳刑公案》　明刊本

圖一九二　長財招祿扭入縣中

《新刻海若湯先生彙集古今律條公案》
明萬曆書林蕭少衢師儉堂刊本

圖一九三　府尹川堂訊問朝棟

《新刻海若湯先生彙集古今律條公案》
明萬曆書林蕭少衢師儉堂刊本

圖一九四　府尹拷問聖八追贓

《新刻海若湯先生彙集古今律條公案》
明萬曆書林蕭少衢師儉堂刊本

圖一九五　李秀招出謀害情由

《新刻海若湯先生彙集古今律條公案》
明萬曆書林蕭少衢師儉堂刊本

圖一九六　縣尹審問艾氏愛姐

《新刻海若湯先生彙集古今律條公案》　明萬曆書林蕭少衢師儉堂刊本

圖一九七　閻婆大鬧鄆城縣

《李卓吾先生批評忠義水滸傳》　明萬曆三十八年容與堂刊本

圖一九八　鄆哥大鬧授官廳

《李卓吾先生批評忠義水滸傳》
明萬曆三十八年容與堂刊本

圖一九九　蕭令史暗裏得錢多

（明）臧懋循编《元曲選》
萬曆四十四年刻本

圖二〇〇　陳院嚴刑拷問鄭島

《明鏡公案》　明刻本

圖二〇一　蘇氏撞詹公引導

《明鏡公案》　明刻本

圖二〇二　王院審問守恂瑜妹　　《明鏡公案》　明刻本

圖二〇三　鄭州堂卜大郎獻鼎

《天許齋批點平妖傳》　明泰昌元年刊本

圖二〇四　司理審問嫗氏顛狂

《詳情公案》殘三卷　明崇禎刊本

圖二〇五　復審茂七往來陳家

《詳情公案》殘三卷　明崇禎刊本

圖二〇六　縣主坐堂研究二氏

《詳情公案》殘三卷　明崇禎刊本

圖二〇七　魯院鐵筆名揚四海

《詳情公案》殘三卷　明崇禎刊本

圖二〇八　高太守觀句判聯姻

《鼓掌絕塵》　明崇禎刊本

圖二〇九　老童生當堂請題目

《鼓掌絕塵》　明崇禎刊本

圖二一〇　避仇人縣尹辭官

《鼓掌絕塵》　明崇禎刊本

圖二一一　鬼對案楊化借屍

《拍案驚奇》　明崇禎間尚友堂安少雲刊本

圖二一二　包龍圖智賺合同文

《拍案驚奇》　明崇禎間尚友堂安少雲刊本

圖二一三　王通判雙雪不明冤

《二刻拍案驚奇》
崇禎間尚友堂刊本

圖二一四 喬太守亂點鴛鴦譜 《今古奇觀》 明末刊本

圖二一五 懷私怨狠僕告主 《今古奇觀》 明末刊本

圖二一六　陳御史巧勘金釵鈿　《今古奇觀》　明末刊本

圖二一七　存公道猴蟹歸原　《禪真後史》　明崇禎年間同人堂刊本

夾棍

圖二一八　池源清被挾招認　　　《皇明諸司公案傳》 明萬曆三台館余文台刊本

圖二一九　再提何稽等拶問　　　《皇明諸司公案傳》 明萬曆三台館余文台刊本

圖二二〇　推府勘問虎彩

《國朝明公神斷詳刑公案》
明萬曆明德堂劉太華刊本

圖二二一　推府鞫拷各犯

《國朝明公神斷詳刑公案》
明萬曆明德堂劉太華刊本

圖二二二　官元當堂認贓

《國朝明公神斷詳刑公案》
明萬曆明德堂劉太華刊本

圖二二三　大巡訪拿奚雲細審

《新刻海若湯先生彙集古今律條公案》
明萬曆書林蕭少衢師儉堂刊本

圖二二四　二人當堂硬推不招

《新刻海若湯先生彙集古今律條公案》
明萬曆書林蕭少衢師儉堂刊本

圖二二五　縣尹拷問耿大耿遠

《新刻海若湯先生彙集古今律條公案》
明萬曆書林蕭少衢師儉堂刊本

圖二二六　范雎脫廁報仇

《陳眉公批評列國志傳》
萬曆年間龔少山刊本

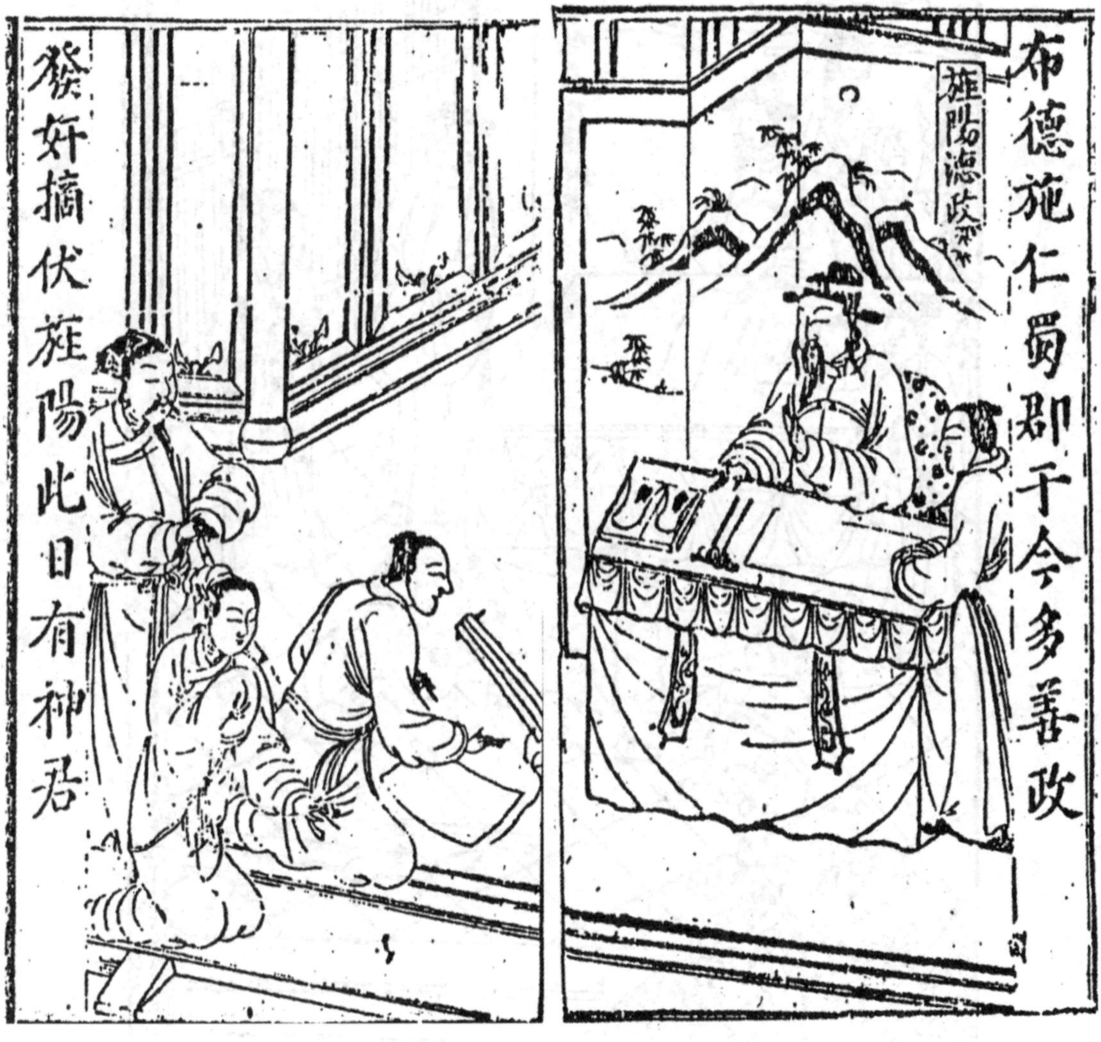

圖二二七　夾棍

《晉代許旌陽得道擒蛟鐵樹記》
明萬曆萃慶堂余泗泉刊本

圖二二八　夾棍、長板

（明）馮夢龍編《古今小說》第三十六回《宋四公大鬧禁魂張》
明泰昌天啟間天許齋刊本

圖二二九　夾棍

《閃電窗》　清初寫刻本

圖二三〇　硬勘案大儒争閑氣

《二刻拍案驚奇》
崇禎間尚友堂刊本

枷

圖二三一　扶蘇諫始皇被監

《全漢志傳》
明萬曆十六年克勤齋余世騰刊本

圖二三二　府尹判斷填命

《國朝明公神斷詳刑公案》
明萬曆明德堂劉太華刊本

圖二三三　縣鮮人犯候審

《國朝明公神斷詳刑公案》
明萬曆明德堂劉太華刊本

圖二三四　代巡審問學礼

《國朝明公神斷詳刑公案》
明萬曆明德堂劉太華刊本

圖二三五　俯断章八填命

《國朝明公神斷詳刑公案》
明萬曆明德堂劉太華刊本

圖二三六　佯問維德承獄

《國朝明公神斷詳刑公案》
明萬曆明德堂劉太華刊本

圖二三七　插翅虎枷打白秀英

《李卓吾先生批評忠義水滸傳》
明萬曆三十八年容與堂刊本

圖二三八　枷打白秀英

《忠義水滸傳》
萬曆末年刊李氏藏百回本

圖二三九　狠僕人誤投真命狀

《拍案驚奇》
明崇禎間尚友堂安少雲刊本

圖二四〇　枷犯互毆

《點石齋畫報》丙集八

圖二四一　狗亦荷枷

《點石齋畫報》元集十

圖二四二　與犬同枷

《點石齋畫報》亨集一

圖二四三　不愧孝廉

長枷

圖二四四　何隆告何達解西京决獄

《包龍圖判百家公案》
明萬曆二十二年與畊堂朱仁齋刊本

圖二四五　妻具保狀脫丈夫罪

《新刻海若湯先生彙集古今律條公案》
明萬曆書林蕭少衢師儉堂刊本

圖二四六　飛入天牢

《潛龍馬再興七姑傳》　明刻本

圖二四七　天牢敘事

《潛龍馬再興七姑傳》　明刻本

圖二四八　李固遭誣死獄中

《全漢志傳》
明萬曆十六年克勤齋余世騰刊本

圖二四九　監禁鼠盜汪澤

《國朝明公神斷詳刑公案》
明萬曆明德堂劉太華刊本

圖二五〇　太守問擬張李徒罪

《明鏡公案》　明刻本

圓形行枷

圖二五一　林教頭刺配滄州

《李卓吾先生批評忠義水滸傳》
明萬曆三十八年容與堂刊本

圖二五二　花和尚大鬧野豬林

《李卓吾先生批評忠義水滸傳》

明萬曆三十八年容與堂刊本

圖二五三　柴進門招天下客

《李卓吾先生批評忠義水滸傳》
明萬曆三十八年容與堂刊本

圖二五四　八角井衆水手撈屍

《天許齋批點平妖傳》
明泰昌元年刊

圖二五五　武松大鬧飛雲浦

《李卓吾先生批評忠義水滸傳》
明萬曆三十八年容與堂刊本

圖二五六　梁山泊吴用舉戴宗

《李卓吾先生批評忠義水滸傳》
明萬曆三十八年容與堂刊本

圖二五七　燕浪子救主

《出像評點忠義水滸全書》
明萬曆四十二年袁無涯刊本

大枷

圖二五八　張知縣誅梟成鋏案

《拍案驚奇》
明崇禎間尚友堂安少雲刊本

圖二五九　換枷駭聞

《點石齋畫報》亨集九

雙人連枷

圖二六〇　雙人連枷、長枷

《新刻全像曇花記》
明萬曆間刊本

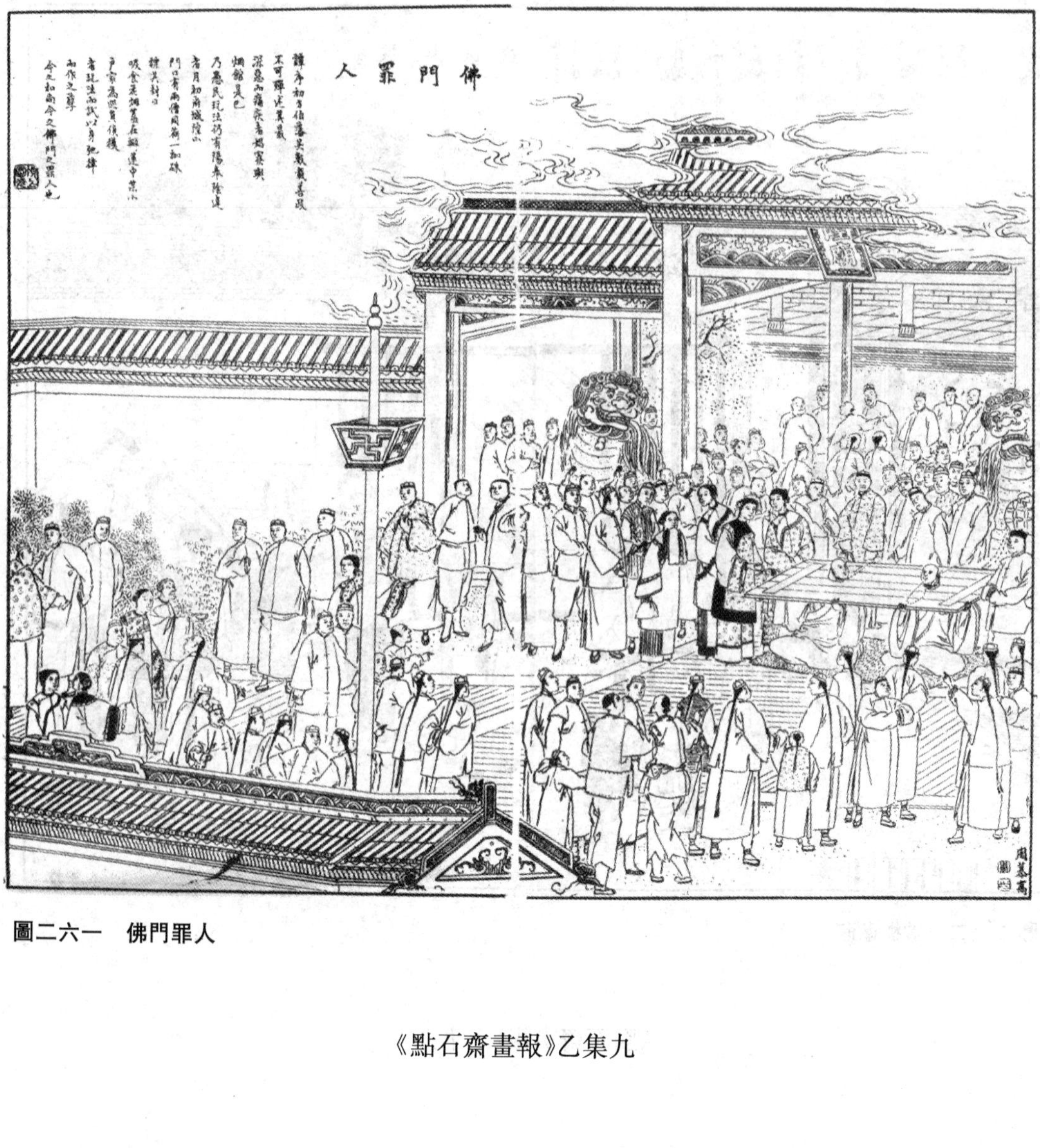

圖二六一　佛門罪人

《點石齋畫報》乙集九

三人連枷

圖二六二　披枷邀賭

《點石齋畫報》壬集九

圖二六三　包公决村婦李賔處死

《包龍圖判百家公案》
明萬曆二十二年與畊堂朱仁齋刊本

圖二六四　勘判李吉之死罪

《包龍圖判百家公案》
明萬曆二十二年與畊堂朱仁齋刊本

圖二六五　逢春自招承獄

《國朝名公神斷詳刑公案》
明萬曆明德堂劉太華刊本

圖二六六　縣主斷清成獄

《國朝名公神斷詳刑公案》
明萬曆明德堂劉太華刊本

圖二六七　縣断學礼死罪

《國朝名公神斷詳刑公案》
明萬曆明德堂劉太華刊本

圖二六八　瓔玉跪近與生総髻

《新刻海若湯先生彙集古今律條公案》
明萬曆書林蕭少衢師儉堂刊本

圖二六九　刑部開豁如錦死罪

《新刻海若湯先生彙集古今律條公案》
明萬曆書林蕭少衢師儉堂刊本

圖二七〇　大巡問擬一干死罪

《新刻海若湯先生彙集古今律條公案》
明萬曆書林蕭少衢師儉堂刊本

圖二七一　縣主審明罪擬死罪

《新刻海若湯先生彙集古今律條公案》
明萬曆書林蕭少衢師儉堂刊本

圖二七二　代巡擬定二人死罪

《新刻海若湯先生彙集古今律條公案》
明萬曆書林蕭少衢師儉堂刊本

圖二七三　縣尹斷問耿大填命

《新刻海若湯先生彙集古今律條公案》
明萬曆書林蕭少衢師儉堂刊本

圖二七四　大巡問擬章八死罪

《明鏡公案》　明刻本

圖二七五　四賊招承各罹重辟

《詳情公案》殘三卷　明崇禎刊本

圖二七六　縣主判明鄭陽就辟

《詳情公案》殘三卷　明崇禎刊本

圖二七七　縣主審斷茂七死罪

《詳情公案》殘三卷　明崇禎刊本

圖二七八　姚升姚禮招供謀害

《詳情公案》殘三卷　明崇禎刊本

圖二七九　鄭陽償命不肯扳衆

《詳情公案》殘三卷　明崇禎刊本

手杻

圖二八〇　監中取出王業二人

《皇明諸司公案傳》　明萬曆三台館余文台刊本

圖二八一　府尹誤斷婦人還昂

《新刻海若湯先生彙集古今律條公案》
明萬曆書林蕭少衢師儉堂刊本

圖二八二　吳公勘問二囚犯

《新刻海若湯先生彙集古今律條公案》
明萬曆書林蕭少衢師儉堂刊本

圖二八三　有司審問女子通姦

《新刻海若湯先生彙集古今律條公案》
明萬曆書林蕭少衢師儉堂刊本

圖二八四　縣尹審問錢胥二家

《新刻海若湯先生彙集古今律條公案》
明萬曆書林蕭少衢師儉堂刊本

圖二八五　須賈大夫誶范叔

(明)臧懋循編《元曲選》
萬曆四十四年刻本

圖二八六　包龍圖初斷冤

《警世通言》
天啟年間兼善堂刊本

圖二八七　械繫忠良入獄

《皇明中興聖烈傳》　明刻本

圖二八八　王恒訴狀無辜受刑

《詳情公案》殘三卷　明崇禎刊本

圖二八九　程尹審問大年哀辨

《詳情公案》殘三卷　明崇禎刊本

圖二九〇　魏公断玉償命

《國朝明公神斷詳刑公案》
明萬曆明德堂劉太華刊本

圖二九一　推府判二死刑

《國朝明公神斷詳刑公案》
明萬曆明德堂劉太華刊本

圖二九二　蘇公研審一干重犯

《新刻海若湯先生彙集古今律條公案》
明萬曆書林蕭少衢師儉堂刊本

圖二九三　魏爺拷審吴玉自招

《新刻海若湯先生彙集古今律條公案》
明萬曆書林蕭少衢師儉堂刊本

圖二九四　推府重究二犯齊招

《新刻海若湯先生彙集古今律條公案》
明萬曆書林蕭少衢師儉堂刊本

圖二九五　府尹寺中拷問衆僧

《新刻海若湯先生彙集古今律條公案》
明萬曆書林蕭少衢師儉堂刊本

圖二九六　代巡至獄細詢徐榮

《詳情公案》殘三卷　明崇禎刊本

圖二九七　魯院一筆明判其昌史符卿結

《詳情公案》殘三卷　明崇禎刊本

圖二九八　刁梗托禁寄書相知

《詳情公案》殘三卷　明崇禎刊本

圖二九九　周侯審斷文炳加罪

《詳情公案》殘三卷　明崇禎刊本

圖三〇〇　張平叔智勘魔合羅

(明)臧懋循編《元曲選》
萬曆四十四年刻本

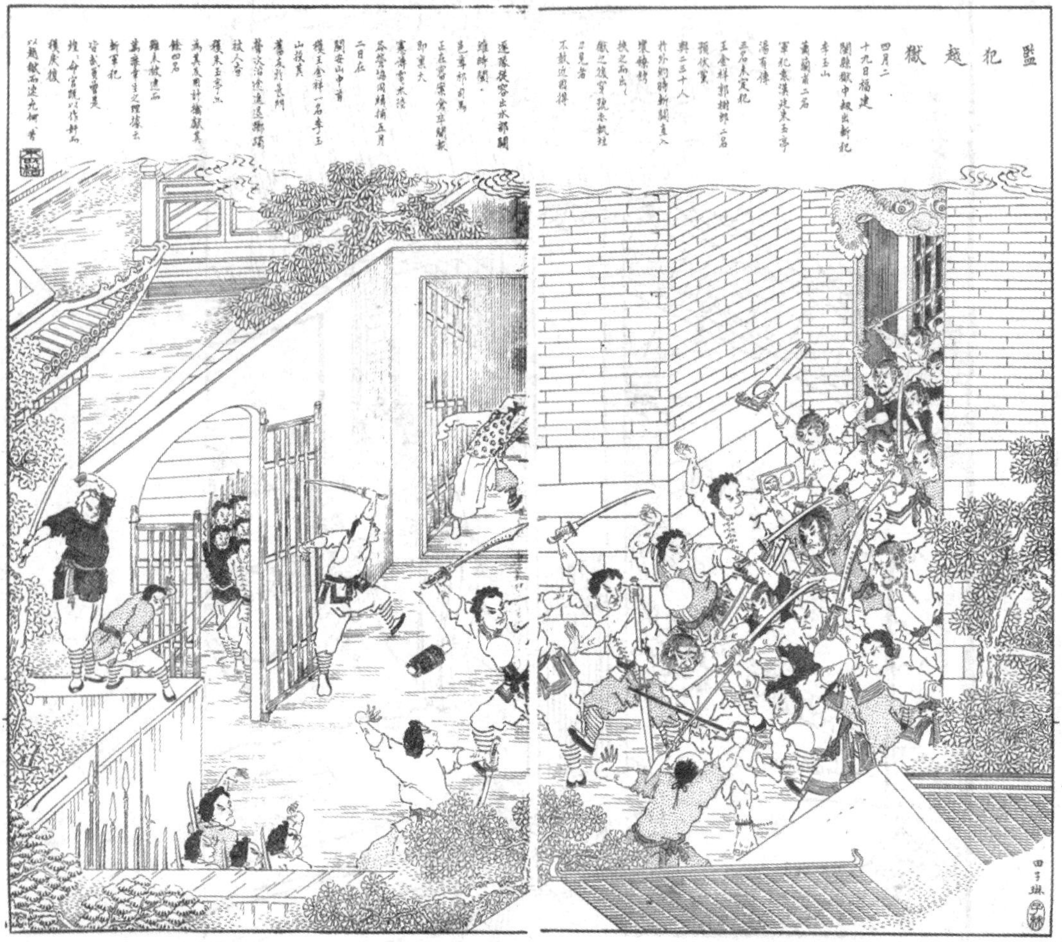

圖三〇一　監犯越獄

《點石齋畫報》丁集九

肘杻和腳鐐

圖三〇二　肘杻械送劫賊鄭島

《明鏡公案》　明刻本

圖三〇三　逃婦械足

《點石齋畫報》書集三

匣床

圖三〇四　施恩三入死囚牢

《李卓吾先生批評忠義水滸傳》
明萬曆三十八年容與堂刊本

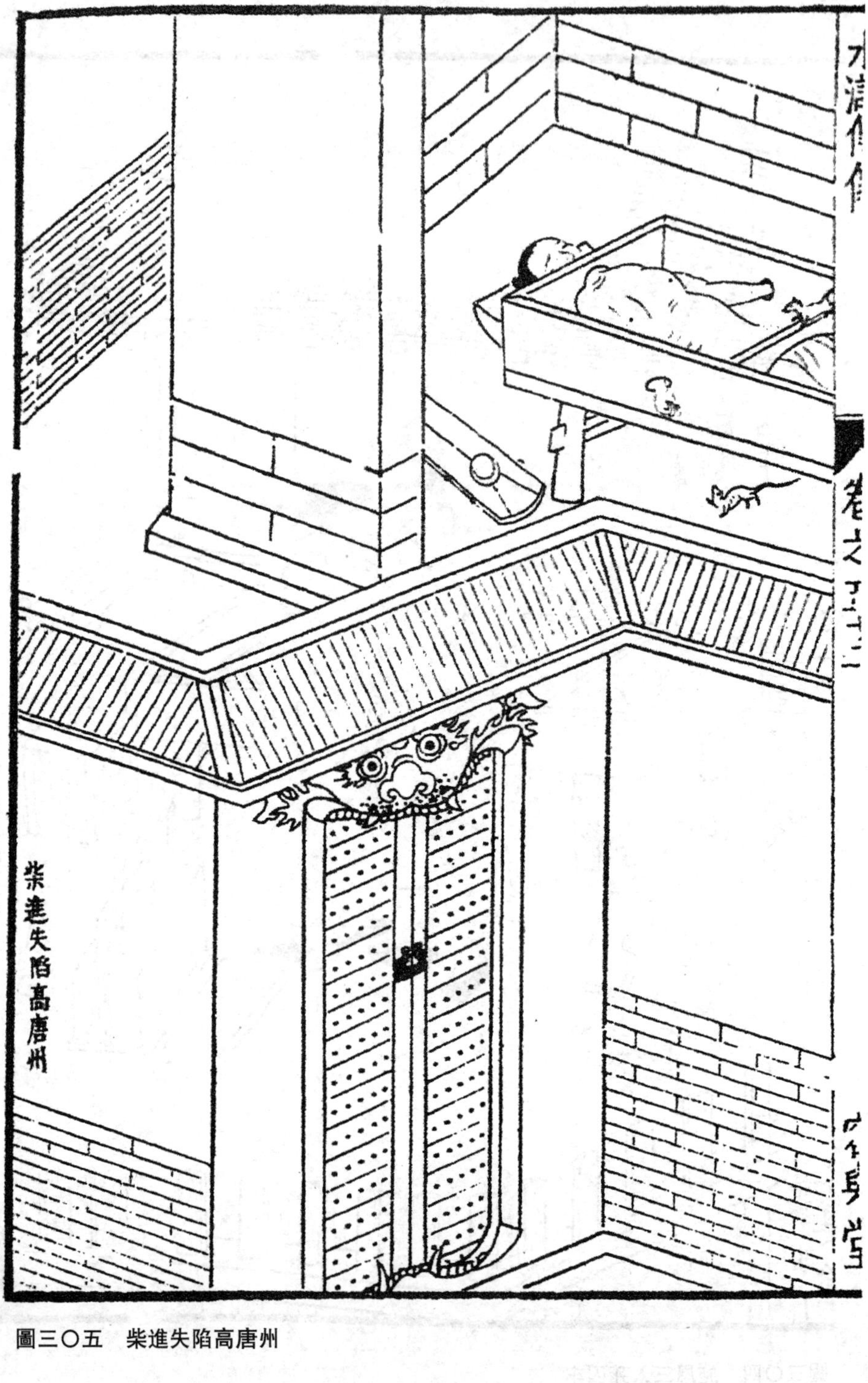

圖三〇五　柴進失陷高唐州

《李卓吾先生批評忠義水滸傳》
明萬曆三十八年容與堂刊本

圖三〇六　汪信之一死救全家

(明)馮夢龍編《古今小說》

明泰昌天啟間天許齋刊本

囚車

圖三〇七　申陽囚檻車

《全漢志傳》
明萬曆十六年克勤齋余世騰刊本

圖三〇八　蘇成途中救岑彭

《全漢志傳》
明萬曆十六年克勤齋余世騰刊本

圖三〇九　囚鄧艾父子往京

《三國志傳》
明萬曆三十九年鄭世容刊本

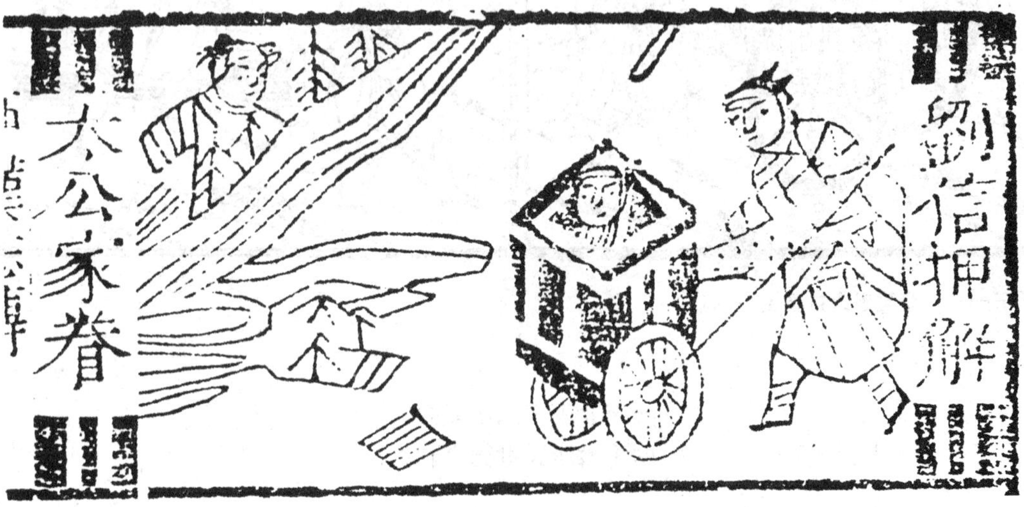

圖三一〇　劉信押解太公家眷

《繡像東西漢全傳》
寶華樓梓行本

圖三一一　李建忠力救義士

《南北兩宋志傳題評》

明萬曆唐氏世德堂刊本

圖三一二　劉黑闥囚詣昌樂

《南北兩宋志傳題評》
明萬曆唐氏世德堂刊本

圖三一三　鎮三山大鬧青州道

《李卓吾先生批評忠義水滸傳》
明萬曆三十八年容與堂刊本

圖三一四　囚車解草寇

《出像評點忠義水滸全書》
明萬曆四十二年袁無涯刊本

圖三一五　戰承州

《大宋中興演義》
明嘉靖三十一年清江堂楊湧泉刊本

圖三一六　世充詭計敗魏兵

《隋史遺文》
明崇禎名山聚刊本

圖三一七　甲士押檻車囚商矦

《有夏誌傳》
明末余季岳刊本

圖三一八　黃飛虎泗水大戰

《新刻鍾伯敬先生批評封神演義》　明末刊本

圖三一九　施青目學士識英雄

（清）褚人穫彙編《四雪草堂重訂通俗隋唐演義》
清康熙年間四雪草堂初刊本

圖三二〇　禁子監中取出趙夔

《皇明諸司公案傳》　明萬曆三台館余文台刊本

圖三二一　差人提捉步奮

《皇明諸司公案傳》　明萬曆三台館余文台刊本

圖三二二　公差拘拿近高

《皇明諸司公案傳》　明萬曆三台館余文台刊本

圖三二三　公差店獲逢春

《國朝明公神斷詳刑公案》　明萬曆明德堂劉太華刊本

圖三二四　公差押送逢春

《國朝明公神斷詳刑公案》
明萬曆明德堂劉太華刊本

圖三二五　公差拘拏二犯

《國朝明公神斷詳刑公案》
明萬曆明德堂劉太華刊本

圖三二六　推府解申梅院

《國朝明公神斷詳刑公案》
明萬曆明德堂劉太華刊本

圖三二七　公差挨獲二犯

《國朝明公神斷詳刑公案》
明萬曆明德堂劉太華刊本

圖三二八　公差帶犯聽審

《國朝明公神斷詳刑公案》
明萬曆明德堂劉太華刊本

圖三二九　公差拿捉二犯

《國朝明公神斷詳刑公案》
明萬曆明德堂劉太華刊本

圖三三〇　誤捉王恒衆工

《國朝明公神斷詳刑公案》
明萬曆明德堂劉太華刊本

圖三三一　府尹差拿汪華審問

《新刻海若湯先生彙集古今律條公案》
明萬曆書林蕭少衢師儉堂刊本

圖三三二　董僉事即拿劉信七

《新刻海若湯先生彙集古今律條公案》
明萬曆書林蕭少衢師儉堂刊本

圖三三三　禁子索騙奚雲銀兩

《新刻海若湯先生彙集古今律條公案》
明萬曆書林蕭少衢師儉堂刊本

圖三三四　謝李二人捕拿二犯

《新刻海若湯先生彙集古今律條公案》
明萬曆書林蕭少衢師儉堂刊本

圖三三五　拿獲二人送吴二府

《新刻海若湯先生彙集古今律條公案》
明萬曆書林蕭少衢師儉堂刊本

圖三三六　公差酒店捉獲賊人

《新刻海若湯先生彙集古今律條公案》
明萬曆書林蕭少衢師儉堂刊本

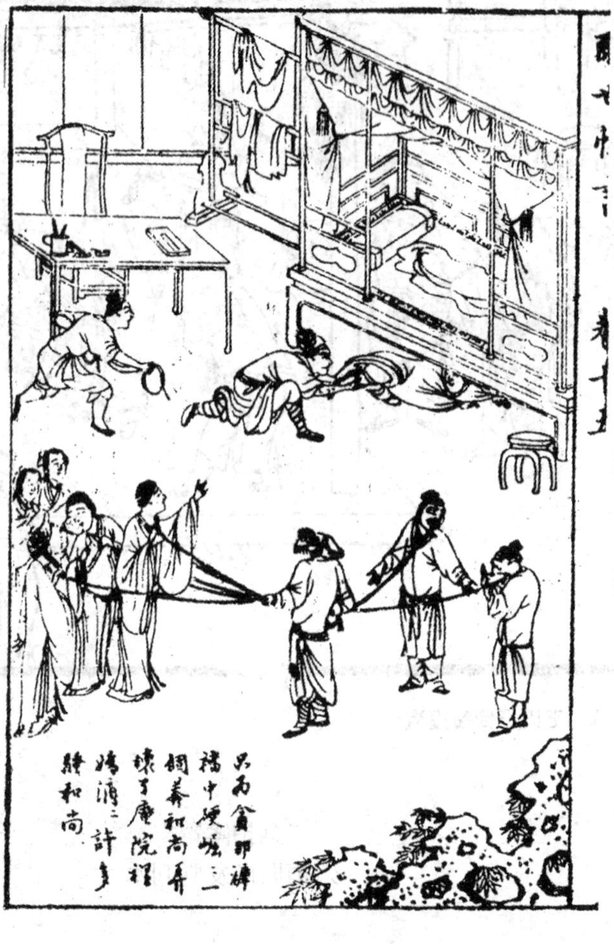

圖三三七　赫大卿遺恨鴛鴦縧

《醒世恒言》　天啟年間葉敬池刊本

圖三三八　王氏子因瘋獲盜

《二刻拍案驚奇》
崇禎間尚友堂刊本

圖三三九　公差鎖拿高泳

《皇明諸司公案傳》　明萬曆三台館余文台刊本

圖三四〇　朱必流被拿見馮爺

《皇明諸司公案傳》　明萬曆三台館余文台刊本

圖三四一　鄰里鎖荣送官　　《國朝明公神斷詳刑公案》　明萬曆明德堂劉太華刊本

圖三四二　李爺差兵鎖拿謝成　　《新刻海若湯先生彙集古今律條公案》　明萬曆書林蕭少衢師儉堂刊本

圖三四三　公差鎖拿福二福三　　《新刻海若湯先生彙集古今律條公案》　明萬曆書林蕭少衢師儉堂刊本

圖三四四　錦衣衛官鎖拿應龍

《征播奏捷傳》
明萬曆三十一年佳麗書林刊本

圖三四五　王得中河中守節

《南北兩宋志傳題評》
明萬曆唐氏世德堂刊本

圖三四六　知縣差人捉拿孛礼

《明鏡公案》　明刻本

圖三四七　公差出鎖道士

《明鏡公案》　明刻本

圖三四八　公差押盜取贓

《明鏡公案》 明刻本

圖三四九　審究秋蘭即拿鄭陽

《詳情公案》殘三卷　明崇禎刊本

圖三五〇　縣主判畢劉勝准徒

《詳情公案》殘三卷　明崇禎刊本

圖三五一　斷昂光棍即發充軍

《詳情公案》殘三卷　明崇禎刊本

圖三五二　索通門頭

《時事畫報》一九〇七年第二十一期

行刑柱

圖三五三　錦毛虎義釋宋江

《李卓吾先生批評忠義水滸傳》
明萬曆三十八年容與堂刊本

圖三五四　尤氏受刑王法昭然

《詳情公案》殘三卷　明崇禎刊本

圖三五五　斬犯

《金山縣保甲章程》　清末刻本

行刑床

圖三五六　金蘭契仇成刖足

《孫龐鬭志演義》　明崇禎刻本

圖三五七　東京市曹處決方臘

《水滸忠義志傳》
明崇禎劉興我刊本

圖三五八　澹臺渭西郊正法

《金臺全傳》
光緒乙未 1895 上海中西書局石印本

木驢

圖三五九　木驢

《鍾馗全傳》
明萬曆安正堂劉雙松刊本

站籠

圖三六〇　死有餘辜

《點石齋畫報》乙集四

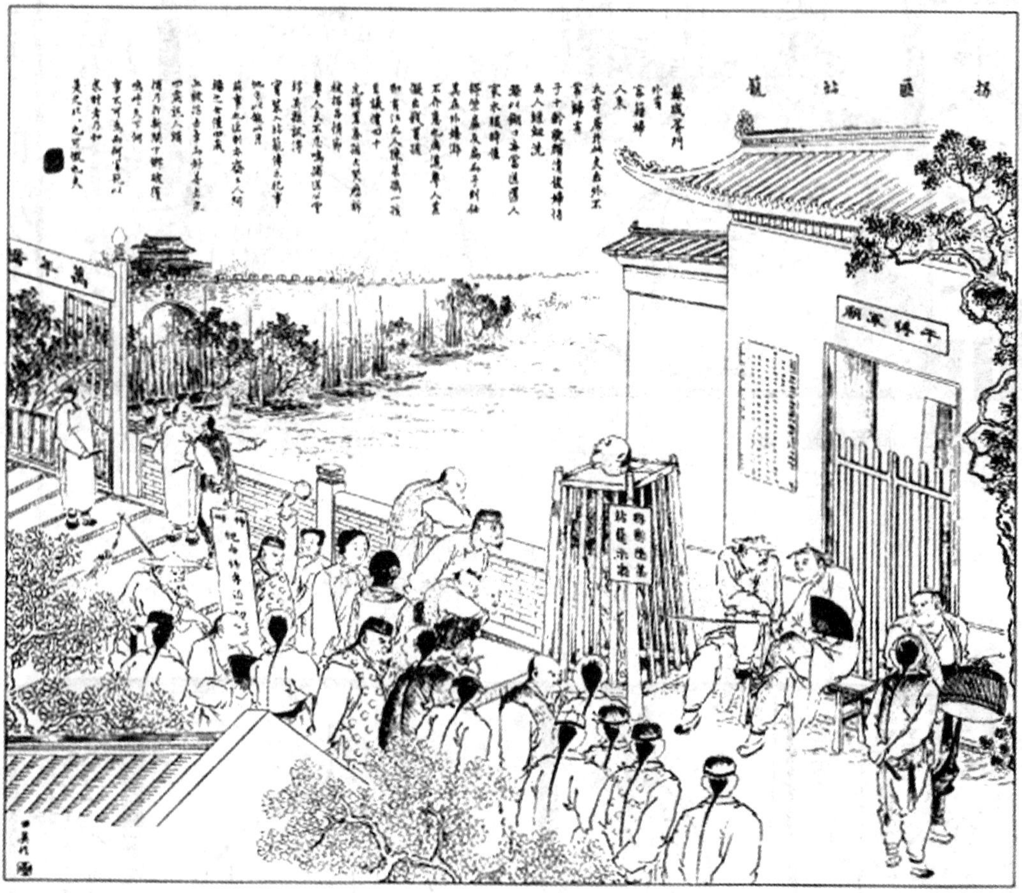

圖三六一　拐匪站籠

《點石齋畫報》庚集七

油鍋

圖三六二　周奇投鑊死忠

《兩漢開國中興傳誌》
明萬曆三十三年西清堂詹秀閩刊本

圖三六三　焦解衣欲投油鍋

《繡像東西漢全傳》　賓華樓梓行本

圖三六四　單身劫法場

《出像評點忠義水滸全書》
明萬曆四十二年袁無涯刊本

圖三六五　屈受罪千嬌赴法

（明）臧懋循編《元曲選》
萬曆四十四年刻本

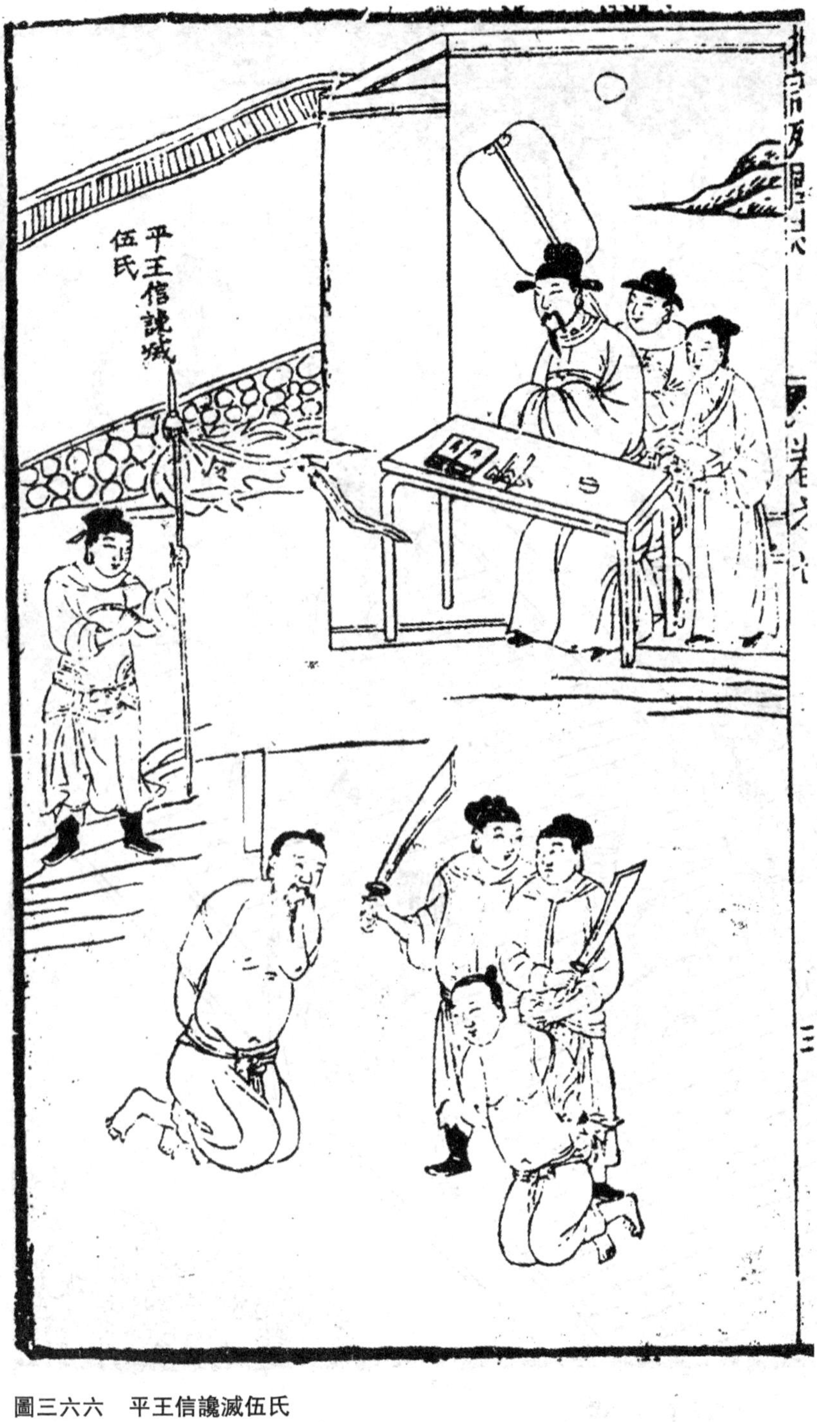

圖三六六　平王信讒滅伍氏

《陳眉公批評列國志傳》
明萬曆年間龔少山刊本

圖三六七　忠賢三旨殺劉鐸

(明)吴越草莽臣著《魏忠賢小説斥奸書》
明崇禎元年刻本

圖三六八　文王領兵伐崇侯

《新刻鍾伯敬先生批評封神演義》　明末刊本

三角形斬旗

圖三六九　官欲出囚陶訓自認

《皇明諸司公案傳》 明萬曆三台館余文台刊本

圖三七〇　明正四人典刑

《國朝名公神斷詳刑公案》 明刊本

圖三七一　弘史招成遂成大辟

《詳情公案》殘三卷　明崇禎刊本

圖三七二　推府明判二犯就辟

《詳情公案》殘三卷　明崇禎刊本

圖三七三　夏公審判之相就辟

《詳情公案》殘三卷　明崇禎刊本

圖三七四　蕭迈將就辟陶訓來自認

《詳情公案》殘三卷　明崇禎刊本

圖三七五　孫秀矯詔收石崇

《東西晉演義》　明刊本

圖三七六　徐赤特喪地罹刑

《東西晉演義》　明刊本

腦箍

圖三七七 盼佳期巧錫嘉名

（清）李伯元《活地獄》第十二回 清末印行本

這魏剝皮的鐵箍，卻用不着念咒，只要套在人的頭上，兩邊自有皮條，用兩個有力的差役，一邊一個，拿住兩頭，用力一抽，這鐵箍自然會收緊的。不上三四抽，能叫這人頭痛腦脹，兩個眼睛爆了出來，這副形狀，比起法場上絞死的還要難看【略】凡經過鐵箍箍過的人，兩隻眼睛沒有不突出來的，因此就有人送這支鐵箍一個美號，叫做盼佳期。

紅繡鞋、大紅袍、過山龍

圖三七八 制出新刑鄉紳助虐

（清）李伯元《活地獄》第四十回 清末印行本

第一件名叫紅繡鞋，是叫鐵匠打一雙鐵鞋，把他放在火里燒紅，替他着在腳上，任他是鐵石人，也經不起。不過這個人，可也從此殘廢了。

第二件名叫大紅袍，是用牛皮膠熬烊一大碗，把這人渾身塗滿，然後以麻皮按着貼上去，等到干了，卻一片一片往下撕着問供。這一撕不打緊，這麻皮被膠粘住，撕的時候，是連皮一齊下的。他身上的皮去了，自然是只剩下些血肉，那血液就掛了滿身都是，所以叫做大紅袍。

第三件叫做過山龍，是叫錫匠打一個彎曲的管子，扯直了要夠二丈多長，把犯人赤剝了，用管子渾身上下盤了起來，除掉心口及下部兩處。錫管子上邊開一個大口，下邊開一個小口，用百沸的滾水，從這頭澆進去，周流滿身，從那頭淌出去。這二個開水，卻不可間斷，任你好漢，到了十壺，也就很夠受了。

中華大典·法律典

刑法分典　引用書目

說明

一、本書目按我國傳統的經、史、子、集四部分類法依次編排。書稿中所采用的幾種期刊另設期刊類，列於本書目的最後。

二、每種書在選擇版本時擇善而從，同一種書的版本力求統一，但有的書是不同版本各有短長，故少數書使用了不止一種版本。

三、附録中所用書的版本在每幅圖下已經標明，故不再收入總書目。

書名	作者	朝代	版本	備註
經　部				
經部・易類				
周易集解	李鼎祚	唐	上海古籍出版社一九八九年版	
周易集解	孫星衍	清	巴蜀書社二〇〇四年版	
周易義海撮要	李衡	宋	上海古籍出版社一九八九年版	
易經蒙引	蔡清	明	文淵閣四庫全書本	
周易集注	來知德	明	上海古籍出版社一九九〇年版	
周易述	惠棟	清	文淵閣四庫全書本	
六十四卦經解	朱駿聲	清	古籍出版社一九五八年版	
經部・書類				
尚書正義	漢孔安國傳　唐孔穎達正義		中華書局一九八〇年版	十三經注疏本
尚書大傳			乾隆二十一年刻本	
夏氏尚書詳解	夏僎	宋	文淵閣四庫全書本	
尚書精義	黃倫	宋	文淵閣四庫全書本	
書經集傳	蔡沈	宋	上海古籍出版社一九八七年版	
書集傳或問	陳大猷	宋	文淵閣四庫全書本	
日講書經解義	庫勒納	清	文淵閣四庫全書本	
尚書今古文注疏	孫星衍	清	中華書局一九八六年版	
今文尚書考證	皮錫瑞	清	中華書局一九八九年版	
經部・詩類				
韓詩外傳	韓嬰	漢	清代刻本	
經部・禮類・周禮				
周禮注疏	漢鄭玄注　唐賈公彥疏		中華書局一九八〇年版	十三經注疏本
太平經國書	鄭伯謙	宋	北京圖書館一九九六年版	
禮説	惠士奇	清	文淵閣四庫全書本	
經部・禮類・儀禮				
儀禮正義	胡培翬	清	中華書局一九三四年版	

經部・禮類・禮記

禮記正義　鄭玄　漢　中華書局一九八〇年版　十三經注疏本
禮記集解　孫希旦　清　中華書局一九八九年版
大戴禮記解詁　王聘珍　清　中華書局一九八三年版

經部・春秋類

春秋左傳正義　晋杜預注　唐孔穎達正義　中華書局一九八〇年版　十三經注疏本
春秋公羊傳注疏　漢何休注　唐徐彦疏　中華書局一九八〇年版　十三經注疏本
春秋繁露　董仲舒　漢　商務印書館二〇〇五年版
春秋左傳詁　洪亮吉　清　上海古籍出版社一九九四年版
春秋緯　黄奭　清　清光緒影刻本　漢學堂叢書

經部・孝經類

孝經注疏　唐李隆基注　宋邢昺疏　中華書局一九八〇年版　十三經注疏本

經部・四書類

四書章句集注　朱熹　宋　中華書局一九八三年版
孟子正義　焦循　清　中華書局一九八七年版

經部・小學類

释名　劉熙　漢　文淵閣四庫全書本
匡謬正俗　顔師古　唐　文淵閣四庫全書本
説文解字注　段玉裁　清　上海古籍出版社一九八八年版
古文字論集　裘錫圭　中華書局一九九二年版

史　部

史部・正史類

史記　司馬遷　漢　中華書局一九八二年版
史記集解　裴駰　宋　文淵閣四庫全書本
漢書　班固　漢　中華書局一九八七年版
後漢書　范曄　南朝宋　中華書局一九八七年版
兩漢刊誤補遺　吴仁傑　宋　中華書局一九九一年版
三國志　陳壽　晋　中華書局一九八二年版
晋書　房玄齡等　唐　中華書局一九八七年版
宋書　沈約　南朝梁　中華書局一九八七年版
補宋書刑法志　郝懿行　清　中華書局一九八五年版
南齊書　蕭子顯　南朝梁　中華書局一九八七年版
梁書　姚思廉　唐　中華書局一九八七年版
陳書　姚思廉　唐　中華書局一九九二年版
魏書　魏收　北齊　中華書局一九八七年版

北齊書	李百藥	唐	中華書局一九八七年版
周書	令狐德棻等	唐	中華書局一九八七年版
隋書	魏徵等	唐	中華書局一九八七年版
南史	李延壽	唐	中華書局一九八七年版
北史	李延壽	唐	中華書局一九八七年版
舊唐書	劉昫等	後晋	中華書局一九九一年版
新唐書	歐陽修等	宋	中華書局一九九一年版
舊五代史	薛居正等	宋	中華書局一九八七年版
新五代史	歐陽修	宋	中華書局一九九五年版
宋史	脱脱等	元	中華書局一九八五年版
遼史	脱脱等	元	中華書局一九八七年版
金史	脱脱等	元	中華書局一九八七年版
元史	宋濂等	明	中華書局一九八七年版
元史本紀	宋濂等	明	中華書局一九八四年版
元史本證	汪輝祖	清	中華書局二〇〇四年版
元史譯文證補	洪鈞	清	中華書局一九八五年版
明史	張廷玉等	清	中華書局一九八七年版

史部・編年類

竹書紀年			文淵閣四庫全書本
前漢紀	荀悦	漢	世界書局一九八六年版
大唐創業起居注	溫大雅	唐	中華書局一九八五年版
順宗實録	韓愈	唐	清道光二十六年刻本
太宗皇帝實録	錢若水	宋	上海書店一九九四年版
資治通鑑	司馬光	宋	中華書局一九五六年版
稽古録	司馬光	宋	商務印書館二〇〇五年版
皇王大紀	胡宏	宋	文淵閣四庫全書本
中興小記	熊克	宋	文淵閣四庫全書本
中興兩朝聖政	留正等	宋	上海古籍出版社二〇〇二年版
續資治通鑑長編	李燾	宋	中華書局一九七九年版
大事記解題	吕祖謙	宋	文淵閣四庫全書本
建炎以來繫年要録	李心傳	宋	中華書局一九八八年版
續宋編年資治通鑑	劉時舉	宋	中華書局一九八五年版
西漢年紀	王益之	宋	文淵閣四庫全書本
資治通鑑後編	徐乾學	明	文淵閣四庫全書本
續資治通鑑	畢沅等	清	清嘉慶六年馮集梧等遞刻本

明實録			上海書店一九八四年版
國榷	談遷	明	中華書局一九八八年版
明通紀述遺	卜世昌等	明	齊魯書社一九九六年版
明通鑑	夏燮	清	上海古籍出版社一九九〇年版
清實録	清代實録館	清	中華書局一九八六年版
光緒朝東華録	朱壽鵬	清	學院出版社二〇〇〇年版
史部・紀事本末類			
三朝北盟會編	徐夢莘	宋	廣陵古籍刻印社一九八七年版
遼史紀事本末	李有棠	清	中華書局一九八三年版
元史紀事本末	陳邦瞻	明	上海古籍出版社一九九四年版
明史紀事本末	谷應泰	清	世界書局一九八六年版
籌辦夷務始末	文慶	清	上海古籍出版社二〇〇八年版
史部・別史類			
建康實録	許嵩	唐	上海古籍出版社一九八七年版
九國志	路振	宋	上海古籍出版社二〇〇二年版
通志	鄭樵	宋	文淵閣四庫全書本
路史	羅泌	宋	文淵閣四庫全書本
隆平集	曾鞏	宋	文淵閣四庫全書本
契丹國志	葉隆禮	宋	文淵閣四庫全書本
大金國志	宇文懋昭	宋	商務印書館二〇〇五年版
續後漢書	郝經	元	文淵閣四庫全書本
罪惟録	查繼佐	清	浙江古籍出版社一九八六年版
續通志	嵇璜	清	文淵閣四庫全書本
南漢書	梁廷楠	清	廣東人民出版社一九八一年版
史部・雜史類			
國語			上海古籍出版社一九八八年版
戰國策			文淵閣四庫全書本
貞觀政要	吴兢	唐	上海古籍出版社一九七八年版
渚宮舊事	余知古	唐	文淵閣四庫全書本
燕翼詒謀録	王栐	宋	中華書局一九八五年版
錢塘遺事	劉一清	元	上海古籍出版社一九八五年版
治世餘聞	陳洪謨	明	中華書局一九八五年版
弇山堂別集	王世貞	明	中華書局一九八五年版
典故紀聞	余繼登	明	中華書局一九九五年版
皇祖四大法	何棟如	明	齊魯書社一九九六年版

萬曆野獲編	沈德符	明	中華書局一九五九年版	
萬曆野獲編補遺	沈德符	明	中華書局一九五九年版	
崇禎朝野紀	李遜之	明	人民日報出版社二〇〇九年版	
崇禎紀聞録	佚名	明	大通書局有限公司一九九五年版	
四朝大政録	劉心學	明	清抄本	
靖海紀略	曹履泰	明	上海古籍出版社二〇〇二年版	
安龍紀事	江之春	明	清刻本	
國朝典故	鄧士龍	明	北京大學出版社一九九三年版	
汝南遺事	李本固	明	齊魯書社一九九五年版	
纖言	陸圻	清	上海書店出版社一九九四年版	
廣治平略	蔡方炳	清	江蘇廣陵古籍刻印社一九八九年版	
史部·詔令奏議類·詔令之屬				
唐大詔令集	宋敏求	宋	文淵閣四庫全書本	
宋大詔令集	佚名	宋	中華書局一九六二年版	
明寶訓	宋濂	明	齊魯書社一九九六年版	
明詔令			科學出版社一九九四年版	中國珍稀法律典籍集成乙編
雍正朝漢文諭旨			廣西師範大學出版社一九九九年版	中國第一歷史檔案館編
大清高宗純皇帝聖訓			清光緒間鉛印本	
十朝聖訓			北京燕山出版社一九九八年版	
咸豐同治兩朝上諭檔			廣西師範大學出版社一九九八年版	中國第一歷史檔案館編
光緒宣統兩朝上諭檔			廣西師範大學出版社一九九六年版	中國第一歷史檔案館編
史部·詔令奏議類·奏議之屬				
范文正奏議	范仲淹	宋	文淵閣四庫全書本	
包孝肅奏議集	包拯	宋	文淵閣四庫全書本	
盡言集	劉安世	宋	中華書局一九八五年版	
范忠宣奏議	范純仁	宋	文淵閣四庫全書本	
讜論集	陳次升	宋	文淵閣四庫全書本	
梅溪先生奏議	王十朋	宋	正統中刊本	
鄭忠肅奏議遺集	鄭興裔	宋	文淵閣四庫全書本	
宋名臣奏議	趙汝愚	宋	文淵閣四庫全書本	
商文毅疏稿	商輅	明	文淵閣四庫全書本	
王端毅奏議	王恕	明	文淵閣四庫全書本	
馬端肅奏議	馬文升	明	文淵閣四庫全書本	
見素集奏議	林俊	明	上海古籍出版社一九九一年版	
關中奏議	楊一清	明	文淵閣四庫全書本	

胡端敏奏議	胡世寧	明	文淵閣四庫全書本	
楊文忠三録	楊廷和	明	文淵閣四庫全書本	
何文簡疏議	何孟春	明	文淵閣四庫全書本	
垂光集	周璽	明	文淵閣四庫全書本	
玉坡奏議	張原	明	文淵閣四庫全書本	
潘司空奏疏	潘季馴	明	文淵閣四庫全書本	
明疏鈔	孫旬	明	明萬曆十二年刻本	
孫傳庭疏牘	孫傳庭	明	浙江人民出版社一九八三年版	
歷代名臣奏議	楊士奇	明	文淵閣四庫全書本	
名臣經濟録	黄訓	明	文海出版社一九八四年版	
明名臣琬琰續録	徐紘	明	江蘇廣陵古籍刻印社一九八八年版	
御選明臣奏議		清	文淵閣四庫全書本	
康熙朝漢文硃批奏摺彙編			檔案出版社一九八五年版	中國第一歷史檔案館編
康熙朝滿文硃批奏摺全譯			中國社會科學出版社一九九六年版	中國第一歷史檔案館編
雍正朝滿文硃批奏摺全譯			黄山書社一九九八年版	中國第一歷史檔案館編
雍正朝漢文硃批奏摺			黄山書社一九九八年版	中國第一歷史檔案館編
清奏議	琴川居士	清	文海出版社二〇〇六年版	
李文恭公奏議	李星沅	清	文海出版社一九六九年版	李概編
曾忠襄公奏議	曾國荃	清	文海出版社一九六九年版	蕭榮爵編
岑毓英奏稿	岑毓英	清	廣西人民出版社一九八六年版	
李忠節公（鑑堂）奏議	李秉衡	清	成文出版社一九六八年版	
劉襄勤公奏稿	劉錦棠	清	綫裝書局二〇〇六年版	甘肅省古籍文獻整理編譯中心編
庸盦尚書奏議	陳夔龍	清	文海出版社一九七〇年版	俞陛雲編
郭侍郎奏疏	郭嵩燾	清	清光緒十八年刻本	
光緒朝黑龍江將軍奏稿			全國圖書館文獻縮微複製中心一九九三年版	中國邊疆史地資料叢刊

史部·傳記類·名人之屬

魏鄭公諫録	王方慶	唐	中華書局一九八五年版

史部·傳記類·總録之屬

元朝名臣事略	蘇天爵	元	中華書局一九八五年版

史部·史鈔類

兩漢博聞	楊侃	宋	文淵閣四庫全書本
通鑑總類	沈樞	宋	臺灣商務印書館一九八三年版

史部·載記類

華陽國志	常璩	晉	商務印書館二〇〇五年版
蠻書	樊綽	唐	巴蜀書社一九九八年版

南唐書	馬令	宋	中華書局一九八五年版
十國春秋	吴任臣	清	文淵閣四庫全書本

史部・地理類・都會郡縣之屬

琴川志（江蘇）	鮑廉　元盧鎮補修	宋	清抄本
咸淳臨安志（浙江）	潛説友等　清黄士洵劄記	宋	清道光十年刊本
咸淳毘陵志（江蘇）	史能之	宋	清嘉靖二十五年刊本
吴郡志	范成大	宋	中華書局一九九〇年版
嘉定鎮江志	盧憲	宋	清道光二十二年刊
至大金陵新志	張鉉	元	文淵閣四庫全書本
至順鎮江志	脫因修　俞希魯纂	元	江蘇古籍出版社一九九九年版
崑山郡志	楊譓	元	清抄本
朝邑縣志（陝西）	王道　明韓邦靖纂	明	明正德十四年刊本
嘉興府圖記（浙江）	趙文華	明	明嘉靖二十八年刊本
寧波府志（浙江）	楊某	明	明成化四年刊本
宣府鎮志（察哈爾）	孫世芳	明	明嘉靖四十年刊本
寧海縣志（浙江）	宋奎光	明	明崇禎五年刊本
高陵縣志（陝西）	吕柟	明	明嘉靖二十年刊本
金華府志	王懋德	明	明萬曆六年刻本
泰安州志	任弘烈	明	明萬曆三十一年刻本
耀州志	李廷寶等	明	明嘉靖三十六年刊本
徐州志	姚應龍等	明	明萬曆五年刻本
徐州志	梅守德等	明	嘉靖間刊本影印
嘉定縣志	韓浚等	明	明萬曆三十三年刻本
江西通志	于成龍	清	文淵閣四庫全書本
陝西通志	劉於義	清	文淵閣四庫全書本
黔志	王士性	清	中華書局一九八五年版
陵縣志	沈淮	清	清道光二十六年刻本
日下舊聞考	于敏中	清	北京古籍出版社一九八一年版
太平續志	陳汝霖等	清	清光緒二十二年刻本
西藏記			中華書局一九八五年版
臺灣府志	蔣毓英	清	中華書局一九八五年版

史部・地理類・雜記之屬

嶺外代答	周去非	宋	中華書局一九八五年版
黑韃事略	彭大雅	宋	上海古籍出版社二〇〇二年版
夢粱録	吴自牧	宋	江蘇廣陵古籍刻印社一九八五年版

南中紀聞	包汝楫	明	國學扶輪社一九一五年版
赤雅	鄺露	明	中華書局一九八五年版
天府廣記	孫承澤	清	北京古籍出版社一九八四年版
臺海使槎録	黄叔璥	清	大通書局有限公司等一九九五年版
三省山内風土雜識	嚴如熤	清	蘭州古籍書店一九九〇年版
黑龍江外記	西清	清	光緒十七年鉛印本
續黔書	張澍	清	中華書局一九八五年版
嶺南雜記	吴震方	清	中華書局一九八五年版
史部・職官類・官制之屬			
唐六典	張九齡等	唐	中華書局一九九一年版
玉堂雜記	周必大	宋	臺灣商務印書館一九八三年
禮部志稿	俞汝楫	明	文淵閣四庫全書本
史部・職官類・官箴之屬			
州縣提綱	陳襄	宋	中華書局一九八五年版
晝簾緒論	胡太初	宋	商務印書館一九三〇年版
爲政善報事類	葉留	元	臺灣商務印書館一九八一年版
三事忠告	張養浩	元	文淵閣四庫全書本
南臺備要	劉孟琛	元	齊魯書社一九九六年版
薛文清公從政録	薛瑄	明	寶顔堂秘笈
實政録	吕坤	明	江蘇書局清同治十一年刻本
佐治藥言	汪輝祖	清	文淵閣四庫全書本
海陵從政録	周際華	清	清咸豐八年刻本
史部・政書類・通制之屬			
通典	杜佑	唐	中華書局一九八四年版
唐會要	王溥	宋	中華書局一九八五年版
五代會要	王溥	宋	中華書局一九八五年版
宋朝事實	李攸	宋	臺灣商務印書館一九八三年版
建炎以來朝野雜記	李心傳	宋	中華書局一九八五年版
建炎雜記乙集	李心傳	宋	文淵閣四庫全書本
西漢會要	徐天麟	宋	中華書局一九八五年版
東漢會要	徐天麟	宋	中華書局一九五年版
元典章		元	上海古籍出版社一九九八年版
文獻通考	馬端臨	元	中華書局一九八六年版
明會典	申時行等	明	影印明萬曆内府刻本
國朝典匯	徐學聚	明	書目文獻出版社一九九六年版

七國攷　董說　明　中華書局一九八五年版
續文獻通考　王圻　明　現代出版社一九八六年版
明世法録　陳仁錫　明　北京出版社二〇〇〇年版
大清會典則例　文淵閣四庫全書本
清朝文獻通考　嵇璜等　清　文淵閣四庫全書本
續文獻通考　嵇璜等　清　文淵閣四庫全書本
清朝續文獻通考　劉錦藻　清　商務印書館一九三六年版
續通典　嵇璜等　清　文淵閣四庫全書本
清朝通典　嵇璜等　清　文淵閣四庫全書本
清朝通志　嵇璜等　清　學苑出版社二〇〇三年版
續通志　嵇璜等　清　文淵閣四庫全書本
三國會要　錢儀吉　清　上海古籍出版社一九九一年版
明會要　龍文彬　清　中華書局一九五六年版
南朝宋會要　朱銘盤　清　上海古籍出版社二〇〇二年版
南朝齊會要　朱銘盤　清　上海古籍出版社二〇〇六年版
南朝梁會要　朱銘盤　清　上海古籍出版社二〇〇六年版
南朝陳會要　朱銘盤　清　上海古籍出版社二〇〇六年版
宋會要輯稿　徐松　清　中華書局一九八七年版
續修會典事例　沈家本　清　科學出版社一九九四年版　中國珍稀法律典籍集成丙編
清朝政典類纂　席裕福等　清　文海出版社一九八二年版

史部・政書類・儀制之屬

漢官舊儀　衛宏　漢　文淵閣四庫全書本
臺規　北京出版社二〇〇〇年版
八旬萬壽盛典　阿桂等　清　文淵閣四庫全書本

史部・政書類・邦計之屬

明清徽州社會經濟資料叢編　中國社會科學出版社　安徽省博物館編
荒政叢書　俞森　清　文淵閣四庫全書本
學政全書　素爾納等　清　文海出版社一九六八年版
晚清洋務運動事類匯鈔　佚名　清　全國圖書館文獻縮微複製中心一九九九年版

史部・政書類・法令之屬

唐律疏議　長孫無忌等　唐　中華書局一九八三年版
神龍刪定散頒刑部格殘卷　蘇瓌　唐　鼎文書局一九八二年版　中國法制史料第二輯
敦煌吐魯番唐代法制文書考釋　劉俊文　中華書局一九八九年版
宋刑統　竇儀等　宋　法律出版社一九九九年版

刑統賦	傅霖	宋	北京圖書館出版社二〇〇六年版	
宋律	佚名	宋	鼎文書局一九八二年版	中國法制史料第二輯
律音義	孫奭	宋	黑龍江人民出版社二〇〇五年版	中國律學文獻第二輯
慶元條法事類	謝深甫等	宋	燕京大學圖書館一九四八年版	
天盛改舊新定律令	史金波		法律出版社二〇〇〇年版	
通制條格	佰杭	元	浙江古籍出版社一九八六年版	
元代法律資料輯存·大德典章遺文	黃時鑑		浙江古籍出版社一九八八年版	
元代法律資料輯存·至元雜令	黃時鑑		浙江古籍出版社一九八八年版	
元代法律資料輯存·大元通制	黃時鑑		浙江古籍出版社一九八八年版	
元代法律資料輯存·至正條格序	黃時鑑		浙江古籍出版社一九八八年版	
大誥	朱元璋	明	明洪武內府刻本	
大誥續編	朱元璋	明	明洪武內府刻本	
大誥三編	朱元璋	明	明洪武內府刻本	
大誥武臣	朱元璋	明	明洪武內府刻本	
大明令		明	明萬曆七年張鹵刻本	
大明律	劉惟謙等	明	明嘉靖范永鑾刻本	
律條直引			科學出版社一九九四年版	中國珍稀法律典籍集成乙編
宗藩條例			科學出版社一九九四年版	中國珍稀法律典籍集成乙編
明條法事類纂	戴金	明	文海出版社一九八五年版	
問刑條例			科學出版社一九九四年版	中國珍稀法律典籍集成乙編
明代律例彙編	黃彰健		中央研究院歷史語言研究所一九九四年版	
盛京滿文檔案中的律令			科學出版社一九九四年版	中國珍稀法律典籍集成丙編
刑部現行則例			科學出版社一九九四年版	中國珍稀法律典籍集成丙編
定例成案合鐫	孫綸	清	清康熙間刻本	
西寧青海番夷成例	華爾衡		大河日報社一九一三年版	
大清律例		清	科學出版社一九九四年版	中國珍稀法律典籍集成丙編
督捕則例			清乾隆八年武英殿刻本	
大清律續纂條例		清	上海古籍出版社二〇〇二年版	
蒙古律例			成文出版社一九六八年版	
理藩院則例	福敏	清	清光緒十七年內府刻本	

兵部處分則例			上海古籍出版社二〇〇二年版	
治浙成規	佚名	清	黃山書社一九九七年版	
加減成案新編	李馥堂	清	道光十三年校勘本	
比引成案新編	李逢辰 邵繩清	清	清道光十三年刻本	虞山邵氏藏版
兩歧成案新編	李馥堂	清	道光十三年校勘本	
刑案匯覽	祝慶祺	清	清道光棠樾慎思堂刻本	
例案摘要			清刻本	
回疆則例	賽尚阿	清	科學出版社一九九四年版	中國珍稀法律典籍集成丙編
户部則例			海南出版社二〇〇〇年版	故宫博物院編
禮部則例			海南出版社二〇〇〇年版	故宫博物院編
勸毀淫書徵信録	汪棣香	清	上海古籍出版社一九八一年	元明清三代禁毁小説戲曲史料
工部則例			北京圖書館出版社一九九七年版	
吏部處分則例			海南出版社二〇〇〇年版	故宫博物院編
得一録	余治	清	上海書店出版社一九九四年版	
則例便覽	沈書城	清	江蘇書局清同治九年版	
江蘇省例			江蘇書局光緒九年刻本	
大清律例通考	吴壇	清	清光緒十二年刻本	
婦女實發律例彙説	薛允升	清	抄本	
宗室覺羅律例			清宣統間鉛印本	
大清法規大全			清宣統間石印本	北京政學社編
大清現行刑律	沈家本	清	海南出版社二〇〇〇年版	
刑案刪存	沈家本	清	中國政法大學出版社二〇一〇年版	《沈家本全集》
駁稿彙存	沈家本	清	中國政法大學出版社二〇一〇年版	《沈家本全集》
秋審比較條款	佚名	清	清末刻本	
敘雪堂故事刪賸	沈家本	清	科學出版社一九九四年版	中國珍稀法律典籍集成丙編
漢律輯存	薛允升	清	鼎文書局一九八二年版	中國法制史料第二輯
漢律類纂	張鵬一	清	鼎文書局一九八二年版	中國法制史料第二輯
漢律輯證	杜貴墀	清	鼎文書局一九八二年版	中國法制史料第二輯
晉令輯存	張鵬一	清	三秦出版社一九八九年版	
史部・政書類・公牘檔册之屬				
文明判集殘卷			中國社會科學出版社二〇〇五年版	歷代判例判牘
安西判集殘卷			中國社會科學出版社二〇〇五年版	歷代判例判牘
開元判集殘卷			中國社會科學出版社二〇〇五年版	歷代判例判牘
開元岐州郿縣尉判集殘卷			中國社會科學出版社二〇〇五年版	歷代判例判牘
永泰河西巡撫使判集殘卷			中國社會科學出版社二〇〇五年版	歷代判例判牘

棠陰比事	宋桂萬榮　明吴訥刪補		臺灣商務印書館一九八三年版	
棠陰比事補編	吴訥	明	中國社會科學院出版社二〇〇五年版	歷代判例判牘
棠陰比事續編	吴訥	明	中國社會科學院出版社二〇〇五年版	歷代判例判牘
名公書判清明集	張四維	明	中華書局一九八七年版	
四川地方司法檔案	佚名	明	中國社會科學出版社二〇〇五年版	歷代判例判牘
雲間讞略	毛一鷺	明	中國社會科學出版社二〇〇五年版	歷代判例判牘
新纂四六讞語	佚名	明	中國社會科學出版社二〇〇五年版	歷代判例判牘
新纂四六合律判語	佚名	明	中國社會科學出版社二〇〇五年版	歷代判例判牘
新鐫官板律例臨民寶鏡所載審語	蘇茂相	明	中國社會科學出版社二〇〇五年版	歷代判例判牘
谿辭	張肯堂	明	中國社會科學出版社二〇〇五年版	歷代判例判牘
按吴親審檄稿	祁彪佳	明	中國社會科學出版社二〇〇五年版	歷代判例判牘
折獄新語	李清	清	中國社會科學出版社二〇〇五年版	歷代判例判牘
莆陽讞牘	祁彪佳	明	中國社會科學出版社二〇〇五年版	歷代判例判牘
盛京刑部原檔			群眾出版社一九八五年版	中國第一歷史檔案館
清初內國史院滿文檔案譯編			光明日報出版社一九八九年版	中國第一歷史檔案館
棘聽草	李之芳	清	中國社會科學出版社二〇〇五年版	歷代判例判牘
守禾日記	盧崇興	清	中國社會科學出版社二〇〇五年版	歷代判例判牘
乾隆朝懲辦貪污檔案選編			中華書局一九九四年版	第一歷史檔案館編
清代巴縣檔案彙編			檔案出版社一九九一年版	四川省檔案館編
刑科題本			中國政法大學出版社一九九九年版	
未能信録	張五緯	清	中國社會科學出版社二〇〇五年版	歷代判例判牘
明清史料			中華書局一九八七年版	臺灣中央研究院历史語言研究所編
撫吴公牘	丁禹生	清	光緒三年鉛印本	
卞制軍政書	卞寶第	清	清光緒年間刻本	
武定土司檔案			中央民族學院出版社一九九三年版	楚雄彝族文化研究所
鴉片戰爭資料			中華書局一九九三年版	英國檔案有關鴉片戰爭資料選譯　胡濱譯
鴉片戰爭			上海人民出版社一九五七年版	中國近代史資料叢刊
戊戌變法			上海人民出版社一九五七年版	中國近代史資料叢刊
清季外交史料	王彥威	清	文海出版社一九六九年版	
各省審判廳判牘	汪慶祺		北京大學出版社二〇〇七年版	
塔景亭案牘	許文濬	清	北京大學出版社二〇〇七年版	
清末籌備立憲檔案史料			中華書局一九七九年版	故宮博物院明清檔案部編
清代檔案史料叢編			中華書局一九九〇年版	中國第一歷史檔案館編

滂喜齋藏書記　潘祖蔭　清　上海古籍出版社二〇〇七年版

史部・目録類・金石之屬

嘉興歷代碑刻集　嘉興市文化廣電新聞出版局編　群言出版社二〇〇七年版
溫州歷代碑刻集　金柏東　上海社會科學院出版社二〇〇二年版
溫州歷代碑刻二集　吴明哲　上海社會科學院出版社二〇〇六年版
上海碑刻資料選輯　上海博物館圖書資料室編　上海人民出版社一九八〇年版
廣東碑刻集　譚棣華等　廣東高等教育出版社二〇〇一年版

史部・史評類

宋大事記講義　吕中　宋　文淵閣四庫全書本

史部・考古類

殷虚書契前編　羅振玉　大東書局一九三四年版
兩浙金石志　阮元　清　江蘇廣陵古籍刻印社一九八四年版
山右石刻叢編　胡聘之輯　清　山西人民出版社一九八八年版
山左金石志　畢沅等　清　清嘉慶二年刻本
句容金石記　楊世沅　清　清光緒戊申鉛印本
匋齋藏石記　端方　清　清宣統元年石印本
武夷山文化叢書　福建人民出版社一九九三年版
崑山見存石刻録　民國二十四年鉛印本
粵西金石略　清嘉慶六年刻本
漢中碑石　三秦出版社一九九六年版
金石萃編　王昶　清　上海古籍出版社二〇〇二年版
八瓊室金石補正　陸增祥　清　文物出版社一九八二年版
睡虎地秦墓竹簡　睡虎地秦墓竹簡整理小組編　文物出版社一九九〇年版
銀雀山漢簡釋文　吴九龍　文物出版社一九八五年版
張家山漢墓竹簡　張家山二四七號漢墓竹簡整理小組編著　文物出版社二〇〇六年版
居延漢簡甲乙編　中國社會科學院考古研究所編　中華書局一九八〇年版
居延漢簡釋文合校　謝桂華　李均明　朱國炤　文物出版社一九八七年版
居延新簡　甘肅省文物考古研究所　中華書局一九九四年版
疏勒河流域出土漢簡　薛英群　蘭州古籍書店一九九〇年版
漢簡研究文集　甘肅人民出版社一九八四年版
秦漢魏晉出土文獻　散見簡牘合輯　李均明　何雙全　文物出版社一九九〇年版
中國簡牘集成　初師賓主編　敦煌文藝出版社

敦煌社邑文書輯校　寧可　郝春文輯校　江蘇古籍出版社一九九七年版
吐魯番出土文書　唐長孺主編　文物出版社一九九二至一九九六年版

子　部

子部·儒家類

孔子家語　王肅　魏　文淵閣四庫全書本
荀子集解　王先謙　清　中華書局一九八八年版
孔叢子　孔鮒　漢　商務印書館二〇〇五年版
新語　陸賈　漢　中華書局一九八六年版
新書　賈誼　漢　上海古籍出版社一九八九年版
鹽鐵論　桓寬　漢　中華書局一九九二年版
説苑　劉向　漢　文淵閣四庫全書本
新論　桓譚　漢　上海人民出版社一九七七年版
政論　崔寔　漢　上海人民出版社一九七六年版
潛夫論　王符　漢　中華書局一九八五年版
申鑒　荀悦　漢　文淵閣四庫全書本
中論　徐幹　漢　嘉靖四十四年刊本
中説　王通　隋　上海古籍出版社一九八九年版
周子全書　周敦頤　宋　商務印書館一九三七年版
政經　真德秀　宋　文淵閣四庫全書
近思録　朱熹　宋　中州古籍出版社二〇〇八年版
朱子語類　黎靖德　宋　中華書局一九八六年版
知言　胡宏　宋　文淵閣四庫全書本
大學衍義補　丘濬　明　商務印書館二〇〇五年版
明道編　黄綰　明　中華書局一九五九年版
明夷待訪録　黄宗羲　明　中華書局一九八五年版
來復堂學内篇　丁大椿　清　清道光二十年刊本

子部·兵家類

孫子十家注　孫星衍　清　中華書局一九八五年版
司馬法　司馬穰苴　春秋　中國文史出版社一九九九年版
虎鈐經　許洞　宋　中華書局一九八五年版
紀效新書　戚繼光　明　山東畫報出版社二〇〇四年版

子部·法家類

管子権　朱長春　明　齊魯書社一九九五年版
管子校正　戴望　清　上海書店一九八六年版
詮敘管子成書　梅士享　明　齊魯書社一九九五年版

商君書	商鞅	春秋	上海書店出版社一九八六年版	
韓非子集解	王先慎	清	中華書局一九九八年版	
疑獄集	和凝	晋	文淵閣四庫全書本	
折獄龜鑒	鄭克	宋	中華書局一九八五年版	
刑書釋名	王鍵	宋	黑龍江人民出版社二〇〇五年版	中國律學文獻第二輯
吏學指南	徐元瑞	元	北京圖書館出版社二〇〇四年版	
刑統賦解	郄氏韻釋　元王亮增註	元	黑龍江人民出版社二〇〇四年版	中國律學文獻第一輯
刑統賦疏	沈仲緯	元	黑龍江人民出版社二〇〇四年版	中國律學文獻第一輯
粗解刑統賦	孟奎	元	黑龍江人民出版社二〇〇四年版	中國律學文獻第一輯
別本刑統賦解	佚名	元	黑龍江人民出版社二〇〇四年版	中國律學文獻第一輯
祥刑要覽	吴訥	明	全國圖書館文獻縮微中心一九八六年版	
讞獄稿	應檟	明	天津市古籍書店一九八一年版	
法家裒集	蘇祐	明	南京圖書館縮微文獻一九九六年版	
仁獄類編	余懋學	明	全國圖書館文獻縮微中心一九九三年版	
折獄奇編	樂天子	明	臺北國立故宮博物院一九九七年版	據明翠館刊本攝製
折獄明珠	清波逸叟	明	康熙六十年重刊本	
讀律佩觿	王明德	清	法律出版社二〇〇〇年版	
疑獄箋	陳芳生	清	齊魯書社一九九五年版	
成案備考	沈廷瑛	清	清抄本	
祥刑經解	汪泩	清	黑龍江人民出版社二〇〇六年版	中國律學文獻第三輯
續刑法敘略	譚瑄	清	黑龍江人民出版社二〇〇六年版	中國律學文獻第三輯
讀律心得	劉衡	清	黑龍江人民出版社二〇〇六年版	中國律學文獻第三輯
明刑管見録	穆翰	清	光緒八年浙江官書局重刊本	
琴堂必讀	白元峰	清	黑龍江人民出版社二〇〇六年版	中國律學文獻第三輯
學治一得編	何耿繩	清	清光緒九年刻本	
爽鳩要録	蔣超伯	清	中華書局一九八五年版	
折獄龜鑒補	胡文炳	清	上海古籍出版社二〇〇二年版	
辨案要略	王又槐	清	群眾出版社一九八七年版	
秋讞輯要	剛毅	清	文海出版社一九八五年版	
歷朝折獄纂要	周爾吉	清	清光緒十六年刻本	
讀例存疑	薛允升	清	成文出版社有限公司一九七〇年版	
歷代刑法考	沈家本	清	中華書局一九八五年版	
讀律贅言	沈家本	清	科學出版社一九九四年版	中國珍稀法律典籍集成丙編
讀律要略	佚名	清	黑龍江人民出版社二〇〇七年版	中國律學文獻第四輯

墨子閒詁	孫詒讓	清	中華書局二〇〇一年版	
慎子	慎到	戰國	上海書店出版社一九八六年版	諸子集成本
呂氏春秋	呂不韋	戰國	上海書店出版社一九八六年版	諸子集成
淮南子	劉安	漢	上海書店出版社一九八六年版	諸子集成本
昌言	仲長統	漢	重刻玉函山房輯佚書	
物理論	楊泉	晉	中國書店一九九一年版	
顏氏家訓	顏之推	南北朝	上海書店出版社一九八六年版	諸子集成本
郁離子	劉基	明	上海古籍出版社一九八一年版	
本語	高拱	明	中華書局一九八五年版	

子部·雜家類·雜考之屬

白虎通	班固	漢	文淵閣四庫全書本	
近事會元	李上交	宋	文淵閣四庫全書本	
能改齋漫録	吳曾	宋	中華書局一九六〇年版	
容齋隨筆	洪邁	宋	文淵閣四庫全書本	
容齋續筆	洪邁	宋	文淵閣四庫全書本	
容齋三筆	洪邁	宋	文淵閣四庫全書本	
容齋四筆	洪邁	宋	文淵閣四庫全書本	
容齋五筆	洪邁	宋	文淵閣四庫全書本	
考古編	程大昌	宋	中華書局二〇〇八年版	
續古今攷	方回	元	臺灣學生書局一九七六年版	
賓退録	趙與時	宋	北京圖書館出版社二〇〇三年版	
日知録	顧炎武	清	中國文史出版社一九九九年版	
日知録之餘	顧炎武	清	南京圖書館一九九五年版	縮微製品

子部·雜家類·雜説之屬

論衡	王充	漢	上海書店出版社一九八六年版
風俗通義	應劭	漢	商務印書館二〇〇五年版
羣書治要	魏徵	唐	影印宛委別藏日本天明刻本
封氏聞見記	封演	唐	山東畫報出版社二〇〇四年版
夢溪筆談	沈括	宋	中華書局一九五七年版
石林燕語	葉夢得	宋	中華書局一九八四年版
卻掃編	徐度	宋	中華書局一九八五年版
老學庵筆記	陸遊	宋	臺灣商務印書館一九八三年版
齊東野語	周密	宋	中華書局一九八三年版
庶齋老學叢談	盛如梓	元	江蘇廣陵古籍刻印社一九九五年版
草木子	葉子奇	明	中華書局一九八五年版

青溪暇筆	姚福	明	上海古籍出版社二〇〇二年版
餘冬序録摘抄内外篇	何孟春	明	中華書局一九八五年版
松窗夢語	張瀚	明	中華書局一九八五年版
戒庵老人漫筆	李詡	明	中華書局一九八五年版
穀山筆麈	于慎行	明	稻鄉出版社二〇〇三年版
玉鏡新譚	朱長祚	明	中華書局一九八九年版
原李耳載	李中馥	明	文明書局民國十四年石印本
春明夢餘録	孫承澤	清	商務印書館二〇〇六年版
荷牐叢談	林時對	清	大通書局一九八七年版
子部・雜家類・雜纂之屬			
宋朝事實類苑	江少虞	宋	上海古籍出版社一九八一年版
仕學規範	張鎡	宋	文淵閣四庫全書本
言行龜鑑	張光祖	元	臺灣商務印書館一九八三年版
自警編	趙善璙	宋	文淵閣四庫全書
説郛	陶宗儀	明	文淵閣四庫全書本
稗史匯編	王圻	明	北京出版社一九九三年版
子部・雜家類・雜編之屬			
寓圃雜記	王錡	明	中華書局一九八四年版
前聞記	祝允明	明	中華書局一九八五年版
庚巳編	陸粲	明	中華書局一九八五年版
北牕瑣語	余永麟	明	清咸豐刻本
粵劍編	王臨亨	明	江蘇廣陵古籍刻印社一九八七年版　玄覽堂叢書續集
玉堂叢語	焦竑	明	中華書局一九八一年版
客座贅語	顧起元	明	上海古籍出版社二〇〇五年版
泉南雜志	陳懋仁	明	中華書局一九八五年版
湧幢小品	朱國禎	明	影印復旦圖書館藏明天啟二年刻本
續客窗閒話	吴熾昌	清	上海古籍出版社二〇〇二年版
養吉齋餘録	吴振棫	清	清光緒刻本
子部・類書類			
藝文類聚	歐陽詢	唐	上海古籍出版社一九八二年版
北堂書鈔	虞世南	唐	鼎文書局一九七九年版　中國法制史料第一輯
初學記	徐堅	唐	中華書局二〇〇四年版
太平御覽	李昉等	宋	中華書局出版社一九六〇年版
册府元龜	王欽若等	宋	文淵閣四庫全書本
事物紀原	高承	宋	上海古籍出版社一九九二年版

海録碎事	葉廷珪	宋	中華書局二〇〇二年版
記纂淵海	潘自牧	宋	商務印書館二〇〇五年版
玉海	王應麟	宋	江蘇古籍出版社一九八七年版
羣書類要事林廣記	陳元靚	宋	中華書局一九六三年版
永樂大典		明	中華書局一九六〇年版
荊川稗編	唐順之	明	上海古籍出版社一九九一年版
淵鑑類函	張英等	清	臺灣商務印書館一九八三年版
宋稗類鈔	潘永因	清	書目文獻出版社一九八五年版

子部・小説家類・雜事之屬

世説新語	劉義慶	南朝宋	文淵閣四庫全書本
朝野僉載	張鷟	唐	商務印書館二〇〇五年版
大唐新語	劉肅	唐	中華書局一九八四年版
開元天寶遺事十種	王仁裕	五代	上海古籍出版社一九八五年版
鑒誡録	何光遠	五代	中華書局一九八五年版
南部新書	錢易	宋	中華書局一九八五年版
涑水紀聞	司馬光	宋	中華書局一九八九年版
澠水燕談錄	王闢之	宋	中華書局一九八五年版
東齋記事	范鎮	宋	中華書局一九八五年版
畫墁録	張舜民	宋	文淵閣四庫全書本
揮麈録	王明清	宋	文淵閣四庫全書本
玉照新志	王明清	宋	文淵閣四庫全書本
雞肋編	莊季裕	宋	商務印書館二〇〇五年版
桯史	岳珂	宋	中華書局一九八一年版
四朝聞見録	葉紹翁	宋	中華書局一九八九年版
南村輟耕録	陶宗儀	元	齊魯書社二〇〇七年版
菽園雜記	陸容	明	中華書局一九八五年版

子部・小説家類・異聞之屬

醉茶志怪	李慶辰	清	天津古籍書店一九九〇年版
唐闕史	高彦休	唐	文淵閣四庫全書本
太平廣記	李昉等	宋	崇文書局二〇〇七年版

子部・小説家類・瑣記之屬

酉陽雜俎	段成式	唐	中華書局一九八五年版
新鐫國朝名公神斷詳刑公案	寧静子	明	東北人民大學圖書館一九五六年版
古今律條公案	海若湯	明	中國文聯出版社二〇〇四年版
金壇獄案	計六奇	清	臺湾大通书局

里乘　許奉恩　清　齊魯書社一九八八年版

子部・道釋類

莊子　上海書店一九八六年版
列子　文淵閣四庫全書本
亢倉子　中華書局一九八五年版
通玄真經　文子　戰國　中華書局一九八五年版
抱朴子　葛洪　晉　臺灣古籍出版有限公司二〇〇五年版
廣弘明集　釋道宣　唐　上海書店一九八九年版

集部

集部・別集類・漢至五代

賈誼集　賈誼　漢　上海人民出版社一九七六年版
諸葛亮集　諸葛亮　三國　中華書局一九六〇年版
魏文帝集　曹丕　三國　貴州人民出版社一九九八年版
陸士龍文集　陸雲　晉　北京圖書館出版社二〇〇四年・
梁簡文帝集　梁簡文帝　南北朝　都門書局一九一七年版
江文通集　江淹　南北朝　文淵閣四庫全書本
王子安集　王勃　唐　上海古籍出版社一九九二年版
陳拾遺集　陳子昂　唐　文淵閣四庫全書本
陳子昂集　陳子昂　唐　中華書局一九六〇年版
曲江集　張九齡　唐　文淵閣四庫全書本
翰苑集　陸贄　唐　文淵閣四庫全書本
韓昌黎文集　韓愈　唐　上海古籍出版社一九八七年版
柳宗元集　柳宗元　唐　中華書局一九七九年版
柳河東集　柳宗元　唐　上海古籍出版社一九九三年版
呂衡州集　呂溫　唐　文淵閣四庫全書本
元氏長慶集　元稹　唐　上海古籍出版社一九九四年版
白氏文集　白居易　唐　北京圖書館出版社二〇〇三年版
白氏長慶集　白居易　唐　文淵閣四庫全書本
白居易集　白居易　唐　中華書局一九七九年版
樊川文集　杜牧　唐　巴蜀書社二〇〇七年版
文泉子集　劉蛻　唐　文淵閣四庫全書本
皮日休文集　皮日休　唐　四部叢刊初編
文藪　皮日休　唐　全國圖書館文獻縮微中心二〇〇一年版

集部・別集類・北宋建隆至靖康

河東集　柳開　宋　文淵閣四庫全書本

小畜集	王禹偁	宋	文淵閣四庫全書本
文莊集	夏竦	宋	文淵閣四庫全書本
元憲集	宋庠	宋	文淵閣四庫全書本
包拯集	包拯	宋	中華書局一九六三年版
安陽集	韓琦	宋	文淵閣四庫全書本
端明集	蔡襄	宋	商務印書館二〇〇五年版
鐔津文集	釋契嵩	宋	上海書店一九八六年版
蘇學士集	蘇舜欽	宋	全國圖書館文獻縮微中心二〇〇二年版
直講李先生文集	李覯	宋	上海書店一九八九年版
蘇魏公文集	蘇頌	宋	中華書局一九八八年版
華陽集	王珪	宋	中華書局一九八五年版
司馬温公文集	司馬光	宋	中華書局一九八五年版
傳家集	司馬光	宋	文淵閣四庫全書本
温國文正公文集	司馬光	宋	上海書店一九八九年版
清獻集	趙抃	宋	世界書局一九八六年版
盱江集	李覯	宋	文淵閣四庫全書本
彭城集	劉攽	宋	中華書局一九八五年版
都官集	陳舜俞	宋	全國圖書館文獻縮微中心一九八七年版
錢塘集	韋驤	宋	江蘇廣陵古籍刻印社一九八七年版
淨德集	吕陶	宋	全國圖書館文獻縮微中心二〇〇五年版
忠肅集	劉摯	宋	中華書局二〇〇二年版
范太史集	范祖禹	宋	文淵閣四庫全書本
潞公文集	文彦博	宋	臺灣商務印書館一九八三年版
曲阜集	曾肇	宋	文淵閣四庫全書本
南陽集	韓維	宋	文淵閣四庫全書本
節孝集	徐積	宋	臺灣商務印書館一九八三年版
歐陽文忠公集	歐陽修	宋	北京圖書館出版社二〇〇五年版
文忠集	歐陽修	宋	文淵閣四庫全書本
歐陽修全集	歐陽修	宋	中華書局二〇〇一年版
樂全集	張方平	宋	臺灣商務印書館一九八三年版
嘉祐集	蘇洵	宋	北京圖書館出版社二〇〇四年版
東坡全集	蘇軾	宋	文淵閣四庫全書本
欒城集	蘇轍	宋	上海書店一九八九年版
柯山集	張耒	宋	中華書局一九八五年版
淮海集	秦觀	宋	北京圖書館出版社二〇〇三年版

龍雲集	劉弇	宋	文淵閣四庫全書本
雲溪居士集	華鎮	宋	臺灣商務印書館一九八三年版
演山集	黃裳	宋	文淵閣四庫全書本
樂靜集	李昭玘	宋	文淵閣四庫全書本
襄陵文集	許翰	宋	文淵閣四庫全書本

集部・別集類・南宋建炎至德祐

浮溪集	汪藻	宋	上海書店一九八九年版
忠正德文集	趙鼎	宋	文淵閣四庫全書本
忠惠集	翟汝文	宋	臺灣商務印書館一九八三年版
華陽集	張綱	宋	中華書局一九八五年版
苕溪集	劉一止	宋	文淵閣四庫全書本
斐然集	胡寅	宋	文淵閣四庫全書本
文定集	汪應辰	宋	中華書局一九八五年版
默堂集	陳淵	宋	文淵閣四庫全書本
香溪集	范浚	宋	中華書局一九八五年版
晦庵集	朱熹	宋	上海書店一九八九年版
朱文公文集	朱熹	宋	上海書店一九八九年版
文忠集	周必大	宋	文淵閣四庫全書本
方舟集	李石	宋	臺灣商務印書館一九八三年版
止齋集	陳傅良	宋	文淵閣四庫全書本
攻媿集	樓鑰	宋	上海書店一九八九年版
東塘集	袁説友	宋	臺灣商務印書館一九八三年版
象山先生全集	陸九淵	宋	上海書店一九八九年版
象山集	陸九淵	宋	文淵閣四庫全書本
陸九淵集	陸九淵	宋	中華書局一九八〇年版
稼軒集抄存	辛棄疾	宋	嘉慶十六年刻本
絜齋集	袁燮	宋	臺灣商務印書館一九八三年版
定齋集	蔡戡	宋	臺灣商務印書館一九八三年版
盤洲文集	洪適	宋	北京圖書館出版社二〇〇四年版
誠齋集	楊萬里	宋	上海書店一九八九年版
渭南文集	陸遊	宋	北京圖書館出版社二〇〇四年版
葉適集	葉適	宋	中華書局一九六一年版
勉齋集	黃幹	宋	文淵閣四庫全書本
北溪大全集	陳淳	宋	文淵閣四庫全書本
龍川集	陳亮	宋	臺灣商務印書館一九八三年版

鶴山集	魏了翁	宋	文淵閣四庫全書本	
西山文集	真德秀	宋	文淵閣四庫全書本	
東澗集	許應龍	宋	文淵閣四庫全書本	
篔窗集	陳耆卿	宋	文淵閣四庫全書本	
後村先生大全集	劉克莊	宋	四川大學出版社二〇〇八年版	
楳埜集	徐元杰	宋	臺灣商務印書館一九八三年版	
字溪集	陽枋	宋	文淵閣四庫全書本	
集部・別集類・金至元				
紫山大全集	胡祗遹	元	河南官書局一九二三年版	
秋澗先生大全文集	王惲	元	全國圖書館文獻縮微中心二〇〇一年版	
文忠集	王結	元	文淵閣四庫全書本	
淵穎吴先生集	吴萊	元	北京圖書館出版社二〇〇五年版	
文獻集	黄溍	元	文淵閣四庫全書本	
至治集	宋本	元	長洲顧氏秀野草堂康熙四十一年版	
積齋集	程端學	元	全國圖書館文獻縮微中心一九八六年版	
滋溪文稿	蘇天爵	元	中華書局一九九七年版	
集部・別集類・明洪武至崇禎				
明太祖文集	朱元璋	明	文淵閣四庫全書本	
文憲集	宋濂	明	世界書局一九八八年版	
王忠文集	王禕	明	臺灣商務印書館一九八三年版	
蘇平仲文集	蘇伯衡	明	上海書店一九八九年版	
滎陽外史集	鄭真	明	文淵閣四庫全書本	
遜志齋集	方孝孺	明	寧波出版社一九九六年版	
文毅集	解縉	明	文淵閣四庫全書本	
兩谿文集	劉球	明	文淵閣四庫全書本	
忠肅集	于謙	明	上海古籍出版社一九九一年版	
重編瓊臺藁	丘濬	明	上海古籍出版社一九九一年版	
椒邱文集	何喬新	明	文淵閣四庫全書本	
青谿漫稿	倪岳	明	江蘇廣陵古籍刻印社一九八五年版	
王文成全書	王守仁	明	文淵閣四庫全書本	
陽明先生集要經濟編	王守仁	明	鉛印本光緒三十二年版	施邦曜編
大復集	何景明	明	世界書局一九八八年版	
洹詞	崔銑	明	全國圖書館文獻縮微中心一九八七年版	
苑洛集	韓邦奇	明	臺灣商務印書館一九八三年版	
方麓集	王樵	明	文淵閣四庫全書本	

備忘集　海瑞　明　文淵閣四庫全書本
海瑞集　海瑞　明　海南出版社二〇〇三年版
石洞集　葉春及　明　文淵閣四庫全書本
續焚書　李贄　明　嶽麓書社一九九〇年版
楊大洪集　楊漣　明　中華書局一九八五年版

集部·別集類·清代

船山遺書　王夫之　清　北京出版社一九九九年版
湯子遺書　湯斌　清　全國圖書館文獻縮微中心一九八七年版
堯峯文鈔　汪琬　清　上海書店一九八九年版
方望溪先生全集　方苞　清　四部叢刊初編
隨園尺牘　袁枚　清　民國廣益書局石印
紀文達公遺集　紀昀　清　上海古籍出版社二〇〇二年版
惜抱軒文集　姚鼐　清　文海出版社一九七九年版
崔東壁遺書　崔述　清　上海古籍出版社一九八三年版
唐確慎公集　唐鑒　清　中华书局一九八九年版
林則徐集　林則徐　清　中華書局一九六五年版　中山大學歷史系中國近代現代史教研組　中山大學歷史系中國近代現代史研究室編
左宗棠全集　左宗棠　清　上海書店一九八六年版
丁文誠公（寶楨）遺集　丁寶楨　清　文海出版社一九六八年版　羅文彬輯
青學齋集　汪之昌　清　中國書店一九八六年版
張文襄公全集　張之洞　清　文海出版社一九六三年版　王树枏编
寄簃文存　沈家本　清　上海古籍出版社二〇〇二年版
嚴復集　嚴復　清　中華書局一九八六年版
退耕堂政書　徐世昌　清　成文書局一九六八年版
求芻集　葉晟　清　中國社會科學出版社二〇〇五年版　歷代判例判牘

集部·總集類

文苑英華　李昉等　宋　北京圖書館出版社二〇〇六年版
沈氏三先生文集　沈遘等　宋　上海書店一九八六年版
二程集　程顥　程頤　宋　中華書局二〇〇四年版
宋文鑑　呂祖謙　宋　中華書局一九九二年版
元文類　蘇天爵　元　上海古籍出版社一九九三年版
新安文獻志　程敏政　明　文淵閣四庫全書本
東漢文紀　梅鼎祚　明　文淵閣四庫全書本
漢魏六朝百三名家集　張溥　明　江蘇古籍出版社二〇〇二年版

明經世文編　陳子龍等　明　稻鄉出版社二〇〇一年版
粵西文載　汪森　清　文淵閣四庫全書本
甬上耆舊詩　胡文學　清　文淵閣四庫全書本
全唐文　董誥　清　中華書局一九八三年版
清朝經世文三編　陳忠倚　清　文海出版社一九七二年版　近代中國史料叢刊
清朝經世文新編續集　甘韓輯　楊鳳藻校正　清　文海出版社一九七二年版　近代中國史料叢刊
清朝經世文四編　何良棟　清　文海出版社一九七二年版　近代中國史料叢刊
皇朝新政文編　金匱闕鑄補齋　清　光緒二十八年上海中西譯書會石印本
全上古三代秦漢三國六朝文　嚴可均　清　中華書局一九五八年版

期刊類

東方雜誌　商務印書館
文物　文物出版社
考古　中國社科院考古研究所
歷史檔案　中國第一歷史檔案館

圖書在版編目（CIP）數據

中華大典・法律典・刑法分典／《中華大典》工作委員會，《中華大典》編纂委員會編纂．—重慶：西南師範大學出版社；成都：巴蜀書社，2010.12
ISBN 978-7-5621-5108-1

Ⅰ.①中… Ⅱ.①中… ②中… Ⅲ.①百科全書—中國②刑法—法典—中國 Ⅳ.①Z227②D924

中國版本圖書館 CIP 數據核字(2010)第 233247 號

中華大典・法律典・刑法分典

編纂：《中華大典》工作委員會
《中華大典》編纂委員會
出版：西南師範大學出版社
（重慶市北碚区天生路二號 郵政編碼 四〇〇七一五）
巴蜀書社
（成都市槐樹街二號四川出版大廈 郵政編碼 六一〇〇三一）
印刷：三河弘翰印務有限公司
（三河市黄土莊鎮二百户北）
經銷：全國新華書店
開本：七八七毫米×一〇九二毫米 十六開
印張：二八一 字數：九三〇〇千字
二〇一〇年十二月第一版 二〇一〇年十二月第一次印刷
印數：一——一〇〇〇

ISBN 978-7-5621-5108-1

定價（全五册）：一八九〇圓